D1735391

Kurt Tucholsky

Gesamtausgabe

Texte und Briefe

Herausgegeben von
Antje Bonitz,
Dirk Grathoff, Michael Hepp,
Gerhard Kraiker

Rowohlt

Kurt Tucholsky

Gesamtausgabe

Band 3: Texte 1919

Herausgegeben von
Stefan Ahrens, Antje Bonitz,
Ian King

Rowohlt

Die Gesamtausgabe der Texte und Briefe
von Kurt Tucholsky erscheint mit Unterstützung durch
die Deutsche Forschungsgemeinschaft,
das Ministerium für Wissenschaft und Kultur
des Landes Niedersachsen,
die Senatsverwaltung für kulturelle Angelegenheiten
(Literaturreferat) des Landes Berlin,
die Kurt-Tucholsky-Stiftung, Hamburg,
das Deutsche Literaturarchiv, Marbach

1. Auflage September 1999
Copyright © 1960, 1975, 1983, 1985, 1989, 1999
by Rowohlt Verlag GmbH, Reinbek bei Hamburg
Alle Rechte vorbehalten
Umschlag- und Einbandgestaltung
Walter Hellmann
Gesetzt aus der Garamond und Frutiger (WinWord 6.0c)
Kurt Tucholsky-Forschungsstelle
Konvertierung und Belichtung
Clausen & Bosse, Leck
Druck und Bindung Clausen & Bosse, Leck
Printed in Germany
ISBN 3 498 06532 7

Inhalt

Frau Übersee

Im allgemeinen ist es eine faule Sache, wenn Einer seine Geschichten in ferne Gegenden verlegt, zu den Krokodilen und zu
den Mohren, zu den Papuas und zu den bunten Riesenvögeln, die
so hübsch dekorativ zieren. Denn er ist nicht kontrollierbar, und
jedem Einwand begegnet er mit einem Achselzucken: «Diese Leute sind dort so!» Das ist die Gattung des seligen Ewers, dieses
Gaudemichés höherer jüngerer Töchter der bessern Familien.
Aber es gibt doch immerhin Bücher, in denen die Tropen oder
asiatische Städte mit wimmelnden Chinesen dazugehören und keine Folie sind für das Unvermögen, lebendige Menschen der Heimat auf die Beine zu stellen. So eines ist der kleine Roman ‹Frau
Übersee› von Fritz Reck-Malleczewen (im Kronen-Verlag zu
Berlin).

In dem Büchlein ist mit reißendem Schwung erzählt, wie ein
Europäer, der junge Herr Fred, in eine dieser südamerikanischen
Revolutionen verwickelt wird, nein, sich selbst verwickelt, so, wie
er sich in die Haare der schönen Herzogin von Lota einwühlt, und
die Herzogin, eine böse Allegorie dieses Landes, verdirbt ihn, wie
sie dort alles verderben: unter der Hand, geräuschlos, viehisch und
voll naiver Rücksichtslosigkeit.

Solche Geschichten sind in der Mode. Seit Jensen die neue weite
Welt entdeckt hat – und der hat wieder seinen Frank Norris gelesen und vor allem Kipling (keiner kann so wie Der mit der imaginären Kraft der Andern prunken; von dem haben Alle) – seit
Jensen mit einem Bein in Yokohama, mit dem andern in Frisco
entzückende Betrachtungen des Nordländers über die so ganz anders geartete Welt losließ: seitdem gehört es zum guten Ton, die
Ackerscholle, die schon immer ein bißchen anrüchig war, zu brüs-

kieren und sich den finstersten Häusern Port Saids zu widmen, als
30 sei man darin aufgewachsen. Das haben Viele so gemacht: Holitscher, der den Kipling-Jensen-Ton am besten in seiner famosen
Geschichte von der Mojawe-Wüste getroffen hat, Freiherr von
Binder-Krieglstein, der den Ton im Leibe hat, ohne von ihm zu
wissen; Stefan von Kotze kann man vielleicht noch dazu rechnen,
obwohl er keine Nerven wie Jensen, sondern Bierkanäle im Innern
hatte – Viele konnten es. Reck-Malleczewen spielt virtuos
(manchmal ein wenig zu virtuos) das Thema Südamerika auf einer
schönen Geige, mit fabelhafter Fingerfertigkeit, mit Pizzicatos
und gefährlichen Läufen und einem an Paganini gemahnenden
40 Quietschen vom höchsten Falsett herunter bis zum dumpfen Baß.
Ein lustiges Buch, obgleich es vom Sterben handelt, ein be-
schwingtes, nervöses, zuckendes und hinreißendes Buch. Denn es
predigt: Die Welt ist eine Frau, und sie wird regiert von der Kraft.

Es ist also möglich, gute, anständige Unterhaltungsliteratur zu
machen. Das ist kein Schimpfname – wir Deutschen unterschätzen
diese Gattung so sehr; wir wälzen immer gleich gewichtige Bände,
wenn wir nicht Nick Carter lesen möchten. ‹Frau Übersee› reißt
mit – und man hat sich hinterher nicht zu schämen; diese Lese-
stunde war keine schwache.

50 Und das Buch ist so besonders zu loben, weil es sich meilenfern
hält von dem Brauch junger Leute («Mein Tintenfaß ist meine
Welt»), die es für geboten halten, leicht zu analysierende Abenteuer lächerlicher Hochstapler als «das Leben» auszugeben und in
einer Allerweltscocotte (die meist spießiger ist als eine Superin-
tendentin) eine déesse de la vie zu sehen. Ach Gott! man muß
Kraft haben, um dergleichen zu schreiben, und starkes Pathos hat
keine Ironie zu fürchten. Nur muß man zugleich mit dem Pathos
immer und immer wissen, wie lächerlich das Getue auf der Erde
ist, man muß wissen, wie stark das Bürgerliche im Menschen lebt,
60 und wie hohl alle großen Gesten und Worte sind. Wenn man sich
des Untergrundes vergewissert, sich so gewissermaßen mit Ironie
gegen Ironie rückversichert hat –: dann mag man getrost etwas
von «Sehnsucht» und vom «stürmischen Verlangen» und vom
«Toben der Leidenschaften» verlauten lassen. Denn das ist ja von
Caligula bis Wilhelm dem Abgetretenen, von Cicero bis Georg

Bernhard so gewesen: der Geist hat die Literatur regiert und die Tinte und die Meinung. Aber wenn es dann zum Klappen kam, dann machte es die Faust und tat das ihre, und es kam darauf an, wer die meiste Kraft hatte.

70 Das ist gewiß sehr bedauerlich. Aber lest immerhin ‹Frau Übersee› – sie wird euch viel Vergnügen machen!

Peter Panter, WB 2.1.1919

2

Achtundvierzig

Siebzig Jahre ist das nun her.
Siebzig Jahre wiegen so schwer.
Schwarz-rot-goldne Fahnen flatterten,
Vater Wrangels Musketen knatterten –
Wofür?

Wie glühten die Herzen! wie glühten die Köpfe!
Kampf! Kampf gegen die Bürgertröpfe,
gegen die nickenden Zipfelmützen –
Klatschen in trübe Fürstenpfützen –
10 Und dann?

Der große Sieg in den siebziger Jahren
ist uns verdammt in die Krone gefahren.
Die Krone gleißte. Die Bürger krochen.
Die treusten deutschen Herzen pochen
im Proletariat.

Und dann? Die versprochenen herrlichen Zeiten!
Und dann? Wir wollen gen Frankreich reiten!
Und dann? Wir kämpfen gegen zwei Welten,
Herz und Hirn haben den Deubel zu gelten –
20 Jetzt sitzt er in Holland.

Wofür, mein Gott, hat die Freiheit geblutet?
Wofür wurden Männer und Mädchen geknutet?
Spartacus! Deutsche! So öffnet die Augen!
Sie warten, euch Blut aus den Augen zu saugen –
Der Feind steht rechts!

Zerfleischt euch nicht das eigene Herz!
Denkt an die Barrikaden im März –!
Wir litten so viel.
Wollen wir nicht endlich Weltbürger werden?
30   Wir haben nur einen Feind auf Erden:
den deutschen Schlemihl!

Kaspar Hauser, WB 2.1.1919

3

Ein Deutschland!

Feierlich treten wir nunmehr in das Jahr 1919,
und es freut uns, daß wir allhier versammelt Feind und Freund
                        sehn;
unserm tierischen Gehaben entsprechend wollen wir sie be-
                 schnuppern und betrachten,
und, je nachdem, beißen oder auf den Popo klapsen oder
                 schweigend achten.

Wie ist das zunächst mit Oberschlesien?
Sind da die Herren Schwarzröcke im Spiel gewesien?
10   oder markieren alldort die lieben Polen
den Teufel, der die Deutschen will holen?

Es knistert aber nicht nur an dieser Stelle im Reiche;
im Rheinland beobachten wir ganz das gleiche:
auch hier möchte man sich selbständig machen, und nicht minder
partikularistisch erglänzt der Vereinszylinder.

Und es ertönt die alte deutsche Musike:
Wir wollen unsere eigene kleine Republike!
Zweitausend Jahre alt ist diese Melodie –
und es scheint fast so, als lernten die Deutschen es nie.

20 Haben sie denn nicht begriffen, was vor sich gegangen?
Fühlen sie nicht im Osten und Westen die klemmenden Zangen?
Müssen sich denn die Deutschen immer untereinander zanken
und vom Kürassierstiefel zum Schlafrock hin und wieder wanken?

Ein Deutschland! Soll das niemals anders werden?
Ein Deutschland ohne diese lächerlichen Bürgergebärden –
Ein Deutschland! Freunde, seid klug und gebt euch die Hand!
Wir pfeifen auf schrilles Hurrageschrei. Wir brauchen
ein Vaterland!

Theobald Tiger, Ulk 3. 1. 1919

4

Militaria

I.
Offizier und Mann

Das Verhältnis des deutschen Offiziers zum Mann war schlecht.
Der Offizier lebte in einer ganz andern Welt und sah den Mann
nicht nur von oben herab, sondern außerdienstlich am liebsten
garnicht an. Die Lebenshaltung beider war vollkommen verschieden, und bis zur Lächerlichkeit ungerecht verschieden: der Mann
bekam zu Anfang des Krieges dreiunddreißig Pfennige täglich,
später etwas mehr – der Offizier, besonders die höhern Dienst-
10 grade, konnten zum großen Teil von ihren Gehältern sparen. Bezeichnend ist, daß – aus Gründen dessen, was man seinerzeit die
Disziplin nannte – niemals eine Gebührenordnung der höhern
Dienstgrade veröffentlicht wurde oder irgendwo zu haben war.

Diese Gehaltsregelung war geheim und hatte auch allen Grund, es zu sein.

Von einem kameradschaftlichen Zusammenarbeiten der Truppe mit ihren Offizieren war nur in den Augenblicken äußerster Anspannung und Gefahr die Rede. In allen andern Fällen stelzte der Offizier mit gelangweiltem Blick vor der Front herum, grüßte nachlässig oder garnicht, wenn er einem «Kerl» begegnete, und befleißigte sich grundsätzlich derjenigen Verachtung, die einem deutschen Soldaten nun einmal von seinen Vorgesetzten zukam. Es gab, selbstverständlich, viele Ausnahmen – betrachtet wird hier der Geist, der das deutsche Offiziercorps beherrscht hat, und der war schlecht. Es kam dem Offizier niemals in den Sinn, daß er doch grade so gut wie jeder Mann die Lasten des Krieges zu tragen habe – er beanspruchte und erhielt ohne weiteres das Zwanzigfache an Lohn und Verpflegung, und seine Quartiere standen in keinem Verhältnis zu den meist jämmerlichen der Mannschaften. In dem Abschnitt «Verpflegung» wird darüber mehr zu sagen sein.

Die sittliche Haltung des deutschen Offiziercorps im Kriege ist im ganzen als mangelhaft zu bezeichnen. Nicht, weil scharf getrunken wurde – der Mann, und besonders der Mann im Felde, muß trinken –, und es mögen darum Alkoholgegner und deren Gegner miteinander raufen. Die sittliche Haltung der deutschen Offiziere war deshalb so mangelhaft, weil sie in frechem Hochmut den eigenen Landsleuten Das wegnahmen, was denen zukam, und weil sie das (dienstlich absolut notwendige) Vorgesetztenverhältnis auch stillschweigend auf die Verteilung der Speisen und Getränke übertrugen. Daß es in den meisten Kasinos bei der Fidelitas nicht nur unfein, sondern als Gegengewicht gegen die offiziell immer noch anerkannte Steifheit geisttötend zuging, nebenbei. Beim Wein entpuppt sich der Mensch – und was da zum Vorschein kam, war nicht immer menschlich. Die Kommandeure hielten selten auf reinen Tisch – teils, weil dann den Herren der ganze Weltkrieg keinen Spaß mehr gemacht hätte, teils, weil sie selbst keine saubern Finger hatten. Mackensen sah sich, zum Beispiel, in Rumänien genötigt, noch zum Schluß der unseligen Besetzungszeit einen Geheimerlaß an die Offiziere zu richten: in Bukarest nur

anständige Lokale aufzusuchen und sich nicht öffentlich mit Huren abzugeben. «Es soll sogar», stand ungefähr in dem Erlaß, «vorgekommen sein, daß Offiziere mit nicht einwandfreien Damen in Wagen ...» Ganz Bukarest lachte; denn ganz Bukarest war voll von Pärchen und wilden Ehen. Dabei muß gesagt werden, daß der deutsche Offizier nicht etwa Roheiten, wie sie ihm der Propagandadienst der Entente andichtete, verübt hat – sind sie vorgekommen, so waren es bedauerliche Ausnahmen, für die der Stand und das Heer nicht verantwortlich zu machen sind. Es war viel-
60 mehr eine schleichende und stillschweigend vereinbarte und anerkannte Korruption auf sittlichem Gebiet: man hatte Weiber, Heimatskisten, Beziehungen für Orden und den Hochmutsteufel. Darin taten sich besonders die Fliegeroffiziere hervor: ein Erlaß vom Kommandierenden General der Luftstreitkräfte aus dem Jahr 1917 tadelt das Auftreten der jungen Fliegeroffiziere, die ältere Kameraden nicht grüßten, ihre Automobile für Privatzwecke benutzten und sich in den französischen und belgischen Etappenstädten schlecht benähmen.

Am schlimmsten trieben es die Offiziere in der Etappe. Dabei
70 darf uns nicht der deutsche Fehler unterlaufen, nur in Kollektiven zu denken und nun die Sache damit abzutun: «Ja, die Etappe –!» Der Offizier in der Etappe – und sie war recht groß geworden, die Etappe – war nichts weiter als ein gutgestellter Deutscher, und er nahm sich, weiß Gott, nicht gut aus. Wenn man unsre alten Landsturmleute so herumlaufen sah: schmutzig, alt, grau, schlecht genährt, schlecht gekleidet, krumm und gebeugt – und dann daneben den jungen Herrn, der, seit er Offizier geworden war, sich aller Pflichten ledig erachtete, so stieg es bitter in einem auf. Wunderbarerweise war die rührende Unterordnung ebenso groß wie
80 die allgemeine Erbitterung gegen den schlechten Geist der Offiziere. Ausschreitungen der Mannschaften gegen die Offiziere sind selten vorgekommen.

Der üble Geist des deutschen Offiziercorps färbte natürlich nach unten ab. Nur im vordersten Graben funktionierte der Unteroffizierston nicht – kam das Regiment in Ruhestellung, so wuchs der Vizefeldwebel zum kleinen König empor, und der Etatsmäßige schwoll zum Gott an. Die Feldwebelswirtschaft war

allgemein: der meist jugendliche Kompanieführer – Kriegsware –
übertrug seinem Feldwebel viele wichtige Geschäfte, die er selbst
90 hätte erledigen sollen, und der mißbrauchte seine Stellung: entweder er nahm Geld, oder, was schlimmer war, er bekam nero-
hafte Neigungen und tyrannisierte die paar hundert Menschen, die
ihm unterstellt waren. Der Geist ging von oben nach unten: taugte
der Kommandeur einer Formation nichts, dann spielten sich die
Gefreiten noch als die Vorgesetzten auf, und ein Deutscher hackte
dem andern Herz und Augen aus.

Besonders widerlich wirkte, wie die größten Schreier still wurden, wenn man sie beförderte: dann war auf einmal alles gut. Ich
habe häufig genug beobachtet, wie diese Leute gewissermaßen vor
100 sich selber stramm standen und am Tage ihrer Beförderung mit
einem geheimen Schauder herumliefen: Was bist du doch für ein
Kerl!

Die Befehlsgewalt, die ein Vorgesetzter dem Untergebenen gegenüber hatte, war aber auch groß, zu groß. Sie erstreckte sich
nicht nur – und das war das Gefährliche – auf den Dienst – nur
dahin hätte sie gehört –, sondern sie umfaßte alle persönlichen Beziehungen, der Mann war seinen Vorgesetzten mit Haut und Haaren ausgeliefert. Die wenigsten Offiziere hatten die nötige inner-
liche Reife, um befehlen zu können (was bekanntlich schwerer ist
110 als gehorchen). Es empörte immer wieder, zu sehen, mit welch
loyaler Geringschätzung sie dem Manne günstigstenfalls auf die
Schulter klopften oder ihn gar nicht ansahen. Die höhern Dienstgrade hatten meist überhaupt jeden Zusammenhang mit der Erde
verloren und standen da, den Kopf in den Wolken verhüllt, auf
ihren Vorteil bedacht und rücksichtslos ihr eigenes Wohl in den
Vordergrund schiebend. Es mag eine Ausnahme sein, daß ein
Divisionär in Rumänien – der Mann hieß Gentner – seinen Urlaub
damit antrat, daß er einen Engpaß, durch den Munition, Nach-
schub, Post und Kranke gefahren wurden, auf zwei Tage sperren
120 ließ, und dann kam er: flankiert von einer halben Schwadron und
einer halben Kompanie, auf einem achtspännigen Ochsenwagen;
es mag eine Ausnahme sein, daß ein Fliegerhauptmann, in einem
französischen Schloß einquartiert, morgens um halb Fünf von
zwei Burschen die Singvögel aus den Bäumen scheuchen ließ, weil

sie ihn störten: Caligula – es mögen das Ausnahmen sein, aber sie scheinen bezeichnend.

Ich glaube nicht, daß die Zahl der gefallenen Offiziere ein Argument gegen die Behauptung ist, daß ihr Geist nichts taugte. Tausende haben ihre Pflicht getan, und fast alle haben sie sie dem Mann gegenüber vernachlässigt. Die ungeheure Wut der Soldaten auf die Offiziere, die jetzt überall mit Recht zutage tritt, ist sonst garnicht erklärlich. Was der deutsche Offizier taktisch in dem Kriege geleistet hat, steht dahin – zum Volkserzieher ist sein bisheriger Typ nicht berufen.

Bevor die Artikelreihe fortfährt, Militärisches zu beleuchten, möchte ich Eines sagen. Es wird mir vorgeworfen, ich schmähte mein eignes Land. Das ist nicht mein Land. Das ist nicht unser Deutschland, in dem diese Köpfe, diese Hirne herrschen durften. Der Hinweis: «Pst! Nicht so laut! Was soll das Ausland von uns denken!» ist nun so oft erklungen, besonders dann, wenn die Wäsche wirklich schmutzig war, daß ich keinen andern Weg, das Übel auszurotten, sehe, als den der rücksichtslosen, gründlichen Ausbrennung. Ich habe neulich in einer großen Tageszeitung das Präludium zu diesem Thema angeschlagen: eine Flut von Beschimpfungen hat sich über mich ergossen. Mir ist das gleichgültig, schon deshalb, weil sie alle («Du bist nie draußen gewesen! Du bist nur nicht befördert!») auch sachlich Unrecht haben.

Worauf es uns ankommt, ist dies: den Deutschen, unsern Landsleuten, den Knechtsgeist auszutreiben, der nicht Gehorchen kennt, ohne zu kuschen – der keine sachliche Unterordnung will, sondern nur blinde Unterwerfung. Unser Offizier hat schlecht und recht seinen Dienst getan, und auch den teilweise mäßig genug – aber er hat sich überzahlen lassen, und wir haben auszufressen, was ein entarteter Militarismus uns eingebrockt hat.

Nur durch völlige Abkehr von dieser schmählichen Epoche kommen wir wieder zur Ordnung. Spartacus ist es nicht; der Offizier, der sein eigenes Volk als Mittel zum Zweck ansah, ist es auch nicht – was wird es denn sein am Ende?

Der aufrechte Deutsche.

Ignaz Wrobel, WB 9. 1. 1919

4 Militaria I. 15

Religionsunterricht

Berliner Pastöre und Zentrumsherren
durchziehen die Straßen und plärren
Choräle.

Denn die revolutionären Affen
wollen die Schulreligion abschaffen.

Wer garantiert nun der gutgläubigen Jugend
die garantiert echte christliche Tugend?

Denn was da geht in ein christlich Ohr,
fürs ganze Leben hält das vor.

Wer lehrt nun die Kleinen nach diesem Krieg
die Sätze der praktischen Metaphysik?

Als da sind: Du sollst nicht töten!
Außer, wenn die Fahne in Nöten.

Diese weisen Lehren – wie Paulus uralt ...
Und was macht, nebenbei, das Pastorengehalt?

Das Pastorengehalt – Herr Gott in Gnaden!
wolle doch die Sünder zur Hölle laden!

Sieh, der Bürger zieht ein Gesicht.
Gegen den Priester? Er traut sich nicht.

Er gedenkt seiner Jugend und wird wieder kindlich.
Gegen den Priester? Er ist plötzlich empfindlich.

Kluge Gesichter lächeln in Rom:
Deutschland war stets ein einziger Dom.

Die Herren von der Konkurrenzfakultät
tun mit, weils um dem Gelde geht.

Friede, ihr Fakultäten, auf Erden!
Es wird mit dem Umsturz so schlimm nicht werden.

Man kann sich ja euer garnicht entwöhnen!
Und paßt mal auf: meinen Herren Söhnen
30   werden im Schulunterricht wieder ertönen
        Choräle!

Kaspar Hauser, WB 9. 1. 1919

6

Justitia

Wir vermissen die bewußte Tendenz in der deutschen Rechtsprechung. Justitia hat eine Binde vor den Augen, gewiß, aber soll ohne Ansehen der Person und der Sache verhandelt werden? Ohne Ansehen der Folgen?

Als in den Jahren, da man die Schnurrbartspitzen recht gesträubt und die Gesinnung kantig gebügelt trug, die bewußte Tendenz der deutschen Gerichte zutage trat, Majestätsbeleidigungen oder was man dafür ansah, recht hart zu strafen, eiferten sich sittliches Empfinden und Satire heftig dagegen. Gegen diese Tendenz oder überhaupt gegen das Auftreten einer Tendenz im Gerichtssaal? Die Meinungen waren geteilt, und die Sache ist ja mit dem fehlenden Objekt nun abgetan. Aber ich weiß nicht, ob es geraten ist, sich gegen jede Tendenz, die bei den Gerichten auftaucht, zur Wehr zu setzen.

Es soll, lehrt die Ethik, der einzelne Fall in Betracht gezogen werden – es sollen die Motive, vor allem die sozialer Art, sorgfältig abgewogen werden, und dann erst soll der Urteilsspruch erfolgen.

Aber damit räumt man dem Menschen eine ungeheuerliche Macht ein, über den Menschen zu richten. Damit wird der Richter zum rächenden und strafenden Gott, und es ist zu bezweifeln, ob ein Erdgeborener, und der preußische Beamte alten Stils insbesondere, dazu berufen und geeignet ist. Mein ist die Rache, spricht der Herr ...

«Also Abschreckungstheorie», sagte das erste Semester. Das erste Semester weiß das alles ganz genau, und ich besinne mich sehr gut, daß ich die Welt nie besser verstand, als in diesen jungen Jahren, da man so göttlich klug und weise war. Nachher wurden die Dinge wesentlich komplizierter ... In der Tat: Abschreckungstheorie – oder, weil das besser klingt und auch der Sache, die nun erörtert werden soll, näher kommt: Erziehungstheorie. Wir haben keine pädagogische Rechtsprechung.

Ein Urteil, das nicht bekannt wird, hat seinen wahren Zweck verfehlt. Nun braucht nicht jedes Urteil durch den Trommler im Städtchen verkündet zu werden (und das wird ja auch bei dem Fabrikbetrieb in den großen Städten, wo die Schornsteine der Justiz tagaus, tagein rauchen, nicht gut durchzuführen sein) – aber die Tendenz, selbst die fehlende Tendenz, spricht sich heute schon herum und beeinflußt das Tun der Menschen, soweit das solchen Einflüssen zugänglich ist. Wir wissen und tadeln zum Beispiel alle, daß deutsche Gerichte Kindermißhandlungen manchmal so unbegreiflich milde bestrafen, daß man Tiere so gut wie ungestraft quälen darf, und daß grober Vertrauensbruch und Diebstahl öffentlichen Eigentums nicht zu den Dingen gehören, die gleich den Kopf kosten. Die Tendenz fehlt hier überall, sie wird bewußt ausgeschaltet, und unbekümmert um die Folgen solcher Urteile prüfen die Richter den Fall und urteilen gewiß nach bestem Wissen und Gewissen.

Sie sollen nun nicht Plakat-Urteile fällen. Auch bilde ich mir nicht ein, daß soziale Motive durch die Aussicht auf strenge Bestrafung aus der Welt geschafft werden können – wer Hunger hat, stiehlt, auch wenn er dafür ins Zuchthaus kommt. Aber es gibt da Nuancen, Zwischengebiete; was wir vermissen, ist der einheitliche Zug, die bewußten Grundsätze, die durch die deutsche Rechtsprechung gehen sollten. Vom einzelnen aus betrachtet, ist es so etwas wie eine Art Paragraphen-Lotterie ...

Denn der vielbeschäftigte Richter wird ja niemals die Kenntnis der Motive ganz ausschöpfen. Er wird ja niemals – das göttliche

Richtschwert in Händen – den Mann, der da vor ihm steht, voll
60 ausdeuten und niemals erklären können, warum er so und nicht
anders handelte. Und wovon dann, seine lauterste Einsicht angenommen, der Urteilsspruch abhängen kann, das hat Tolstoi im ersten Kapitel der ‹Auferstehung›, in dem die Richter wie aus Glas
erscheinen, genugsam dargetan. Damit ist es also nicht allzuviel.
Die Wirkung aber solcher Rechtsprechung im Volke ist verheerend. Unsicher tappend, weiß keiner, welche Handlung schlecht,
welche gut sei. Freispruch und Verurteilung jagen einander, bei
scheinbar gleichen Umständen: das eine Mal stammte der Angeklagte von einer belasteten Mutter ab, das andere Mal hatte er
70 vielleicht alle fünf Sinne beisammen, aber einen dolus zu wenig.
Und die Hemmung, die einzige, die den Verbrecher überhaupt ab-
halten könnte: die Angst vor Strafe, wird zum schemenhaften Gefühl vor irgendeiner Unbequemlichkeit, die aber schon erträglich
auslaufen werde.
Wir vermissen die feste Hand, die das Richtschwert führt. Wir
wollen, daß – um Beispiele herauszugreifen – Kindermißhandlungen, Bedrohung des Lebens, grobe Vertrauensbrüche Gerisse-
ner, über die es nur ein Urteil im deutschen Volke gibt, besonders
scharf bestraft werden. Zwei-, dreimal, zwanzigmal, dreißigmal –
80 es hilft.
Sagt nicht, der Mensch dürfe nicht zum Mittel herabgewürdigt
werden. Es ist wichtiger, daß einer büßt, damit Tausende die Gesellschaft verschonen. Es geht nicht an, daß dem Dieb zugute gehalten wird, die Bestohlene hätte das Portemonnaie nicht ver-
schlossen – damit bekommt die Verschmitztheit im öffentlichen
Verkehr einen Freibrief. Gerade weil er das ausgenutzt hat, soll er
doppelt gestraft werden.
Für die bürgerlichen Rechtsstreitigkeiten lassen sich ähnliche
Grundsätze aufstellen: die Bauernfängerei der Schieber in den
90 großen Städten findet immer noch viel zu sehr Rückhalt an einer
Justiz, die achselzuckend erklärt, sie sähe zwar den betrügerischen
Dreh ... aber der § 138, der den Verstoß gegen die guten Sitten
behandelt, sei nicht gut anwendbar ... Sie scheuen davor zurück.
Wir verlangen vom deutschen Richter dies: er bemesse die Stra-
fen bei Delikten, die ihm dazu geeignet erscheinen, nicht so sehr

nach dem Grundsatz der Vergeltung, sondern er verhänge sie, *um das deutsche Volk zu erziehen*; alle wissen, daß bei nachgewiesenem Mord die Todesstrafe eintritt – alle sollen auch wissen, daß bei Roheitsdelikten und ähnlichen Verbrechen mit deutschen Ge-100 richten nicht zu spaßen ist.

Augenblicklich kann ein niedriger Mensch mit geringerer Strafe davonkommen als einer, der strauchelnd fehlte.

Wir erwarten von unseren deutschen Richtern mehr, anderes, Großes. Sie in erster Linie sind dazu berufen, das Volk praktisch, durch Anwendung und Bestärkung der sittlichen Grundsätze zu erziehen, die dann erst ins Reale treten. Aber es ist schließlich nicht damit getan, von einem Stand etwas zu fordern. Erwarten wir etwas von unseren Richtern, so müssen wir sie hoch bewerten. Und nur daran ist zu sehen, in welchem Maß ein Volk seine Rich-110 ter wertet: wie es sie bezahlt. Ein plumpes Wort für eine große Sache. Aber schließlich ist alle Kritik hinfällig, wenn die unbedingte Integrität, die der Richter haben muß und bis jetzt hatte, nicht unterstützt wird von einem auskömmlichen und reichlichen Gehalt, das ein gesichertes Leben bewirkt und die schärfste Auswahl und Siebung unter der Masse der Andrängenden erlaubt. Assessoren warten heute acht Jahre und länger auf feste Anstellung – so gedeiht keine bewegliche Arbeitsfreudigkeit. Das muß anders werden. Erst dann, wenn die Regierung ihre Justizbeamten nicht nur gut bezahlt, sondern sorgenfrei stellt, werden unsere deutschen 120 Richter ganz das sein können, was sie zu unser aller Heil sein müssen: weitausschauende und tatkräftige Erzieher ihres Volkes!

Ignaz Wrobel, BT 14. 1. 1919

7

Berliner Kämpfe

Revolution? Aber kein Gedanke!
Es brodelt im Hexenkessel der Panke,
es hupen die Autos, es knattern die Flinten,
Demonstrationen vorne und hinten –

Tun sie auch so wie die Menschenfresser:
die Panke war stets ein stilles Gewässer.

Jahrelang – bängliches Zögern und Drehen.
Jahrelang – wir werden ja sehen!
Jahrelang – Krupp und Tirpitz sollen leben!
Jahrelang – rin in die Schützengräben!
Jahrelang – Reklamiertenschiß.
Kompromiß ... und Kompromiß ...
Jahrelang – Ausverkaufe an Sieg ...
Sozialisierung? Krieg ist Krieg.

Und nun ist auf einmal Friede auf Erden.
Und nun soll das alles anders werden.
Wir hassen den bauchigen Kassenschrein.
Wir wollen alle glücklich sein!

Man kann sich über das Tempo zanken.
Nicht so bei uns an der blauen Panken.

Wenn die Regierung einen wie Liebknecht hätt!
Die Regierung aber sitzt auf dem Klosett
und berät wie früher in der Reichskanzlei,
was nunmehr und ob es zu tun sei.
Es erinnert an schlechteste alte Zeiten:
das Gesellschaftsspiel der Verantwortlichkeiten,
der deutsche Streit um die Kompetenz –
der alte politische Zirkus Renz.
Unterdessen schwillt der Spartacus
zur Macht empor, weil er will und muß.

Und der Bürger? Du liebe Güte!
Es wackeln im Wind die Zylinderhüte.
Er ist gegen jede Volksempörung.
Politik ist geschäftliche Störung.
Spartacus will seine Kasse bedrohn?
Das geht zu weit mit der Revolution.

Und wenn der Bürger noch zuschlagen wollte!
Es schläft Tante Minchen, es schläft Onkel Nolte …
Spartacus packt die Geschichte beim Schopfe.
Der Bürger wackelt empört mit dem Kopfe.

Und so stehn wir am Anfang und stehn am Ende.
Deutsches Blut floß über deutsche Hände.
«Lumpen! Deserteure! Proleten!»
So kann man dem Ding nicht entgegentreten.
Ist Ruhe die erste Bürgerpflicht,
die von Empörern ist es nicht.
Gewalt gegen Gewalt, Kraft gegen Kraft:
das ist die alte Wissenschaft.
Weißt du, Deutscher, wie die neue heißt?
    Gegen Gewalt den Geist!
Nur der Geist kann die Streitaxt begraben.

Aber freilich: man muß einen haben.

Kaspar Hauser, WB 16. 1. 1919

8

Berliner Drehorgellied

Ich stehe hier am Leipziger Platz
wohl hinter meinem Kasten.
Wer mich in Feldgrau sieht, den hats
bedrückt mit schweren Lasten.
Geht auch das ganze Reich kaputt,
ich dreh die Kurbel rum –
Didel nut, nut, nut, didel nut, nut, nut,
didi nutnut, nutnut –
     Schrumm!

Der Spartakus, der Spartakus,
der möcht uns gern regieren;

er will bei diesem Friedensschluß
die Leut noch kujonieren.
Im ganzen Kriege schoß er nicht
so viel um sich herum
wie hier, nut, nut, an einem Tag –
Didel nut, nut, nut – Schrumm! schrumm!

Kamerad, weißt du noch? im August?
Man trieb uns in den Graben.
Glüht euch die Freiheit in der Brust?
Ich will Moneten haben.
Was achtundvierzig heilig war,
ist heut Spektakulum.
Ich will den Umsturz gleich in bar –
Didi nutnut, nutnut – Schrumm!

So steh ich hier am Leipziger Platz
und laß die Walzer klingen.
Wer mich in Feldgrau sah, den hats
gepackt: wer steht in Bingen?
Liegt auch mein Vaterland in Schutt,
bekümmert ihr euch drum? –
Didel nut, nut, nut, didel nut, nut, nut,
didi nutnut, nutnut –
            Schrumm!

                    Theobald Tiger, Ulk 17.1.1919

9

Militaria

II.
Verpflegung

Wenn der deutsche Soldat Das bekommen hätte, was ihm zustand,
so hätte er ausgiebig zu essen gehabt. Die Portionssätze waren so
berechnet, daß Jeder gut damit hätte auskommen können. Der

deutsche Soldat bekam aber nur einen Teil seiner Verpflegung – der Rest wurde unterschlagen.

Die Unehrlichkeit begann oben. Jedes Amt, durch das Lebensmittel gingen, behielt sich eine kleine Provision zurück, und schwer lastete auf dem ganzen System die Versorgung der Stäbe. Auf dem Papier stand dem «Selbstverpfleger», dem Offizier, genau so viel zu wie jedem Soldaten, und es gab Offiziere, die die Kühnheit hatten, sich auf diesen nie befolgten Satz zu berufen – in Wirklichkeit war es eine Ausnahme, wenn die Stäbe, beim Bataillon angefangen, fleischlose Tage innehielten. Es galt als selbstverständlich, daß beim Lebensmittelempfang alle seltenern und bessern Nahrungsmittel nicht etwa den kranken Soldaten in den Lazaretten zugeführt wurden, sondern den gesunden Offizieren in den höhern Kommandostellen. Die Lebensmittel fielen von oben wie durch ein Sieb herunter und durch noch ein Sieb und viele – unten blieben als Bodensatz Marmelade und Brot, und das bekam der gemeine Mann. Noch der Kompanieführer betrachtete es als sein gutes Recht, für sich zu empfangen; der Küchenunteroffizier war sein Untergebener und tat das Seine.

Es wäre falsch, zu behaupten, daß nur die Offiziere sich der Unterschlagung von Nahrungsmitteln zum Schaden ihrer Leute schuldig gemacht haben – der Küchen-Unteroffizier, der Fourage-Unteroffizier, der Proviantamtsinspektor, sie alle, die Lebensmittel zu verwalten oder zu verausgaben hatten, eigneten sich in großem Umfange davon an. Nun soll man dem Ochsen, der da drischet, nicht das Maul verbinden; aber diese Bullen droschen nicht und nahmen das Maul überreichlich voll. Nie hat ein Soldat seinem Kameraden, der da kochte, verübelt, wenn er ein Stückchen Fleisch für sich briet – aber sie schickten kistenweise die Lebensmittel nach Hause, und kein Offizier hinderte sie daran. Besonders zum Schluß des Krieges, als die Lebensmittelnot in Deutschland immer größer wurde, nahm die Korruption überhand.

Die Mehrzahl der Offiziere bis zum Hauptmann und alle höhern Chargen lebten über Gebühr gut und saturiert. Es fiel ihnen nicht im Traum ein, ihre Lebenshaltung mit der des Soldaten zu vergleichen. Viele Offiziere versorgten ihre Familien völlig aus

Heeresbeständen oder mit Lebensmitteln, die sie sich vermöge ihrer militärischen Stellung leicht und billig verschaffen konnten. Dem Mann blieb das meist versagt. Ein mir bekannter Hauptmann schaffte 1917 einen jener großen Auto-Omnibusse, die bei der Truppe verwendet wurden, vollständig bepackt mit Lebensmitteln nach Hause – kurz vorher hatte er einen Werkmeister einsperren lassen, weil der sich bei einem Bauern ein Viertel Pfund Butter zu erstehen versucht hatte. Die höhern Kommandostellen mißbrauchten fast alle die ihnen dienstlich zur Verfügung stehenden Transportmittel, um Lebensmittel in die Heimat zu schaffen.

Auf einem solchen Grund gedeiht der Patriotismus. Am ersten September 1917, als der erste Aufruf zur Gründung einer deutschen Vaterlandspartei erschien, weilte der Herzog von Mecklenburg-Schwerin Adolf Friedrich bei einer Etappen-Formation im Osten. Er speiste an diesem Tag im Kasino, und es gab: Klare Bouillon mit Fleischklößchen, Karpfen blau mit Meerrettich und Salzkartoffeln, Geflügel, Rindfleisch mit Kompott, Süße Speise, Kaffee und Kuchen, Zigarren und Liköre. Unter der Vaterlandskundgebung stand: Adolf Friedrich, im Felde.

Die Korruption und die Verkennung der Lage fraß nach unten weiter. Es brauchte gar nicht ein sehr bekannter berliner Kommerzienrat zu sein, der im Hauptquartier für die Mitglieder des Kaiserlichen Automobilklubs aus Steinberger Cabinet Bowle ansetzte: jeder gewöhnliche Landgendarm in den besetzten Gebieten nutzte Zeit, Kraft und Dienstwerkzeuge aller Art ausschließlich für sich aus. Dem Ansehen unsres Volkes hat das unendlich genützt.

Das Eigentumsgefühl für Lebensmittel, die dem Staate gehörten, war im Heer vollkommen verloren gegangen. Es hat wohl kaum einen Zahlmeister oder Feldwebel gegeben, der die Löhnung der Soldaten unterschlug und für sich verwendete; tat ers doch, so war das eine schimpfliche Ausnahme, der man bald auf die Sprünge kam, und die man erbarmungslos verabschiedete und bestrafte. Sobald es sich um Genußmittel handelte, schwanden alle Bedenken. Es fand auch niemand mehr etwas dabei: man bedauerte nur, nicht selber an der einträglichen Stelle zu sitzen; man schimpfte aus alter, lieber Gewohnheit, machte es aber grade so,

80 wenn man nur konnte. Der «Küchenbulle» stahl, es stahlen der Feldwebel und der Kompanieführer, und es unterschlugen wissentlich auch die höhern Offiziere. Denn sie wußten ja alle, woher diese ganze Herrlichkeit rührte, und man muß sich nun nicht den Offizier, der seinen Leuten das bißchen Essen wegnahm, so vorstellen wie den Russen in der Posse: nachts heimlich mit der Kerze in der Hand an den Wurstschrank der Kompanie schleichend – das wickelte sich alles viel einfacher und vor allem viel vornehmer ab. Der Bursche empfing. Der Herr aß und schickte nach Haus. Der Mann hungerte.

90 Wie schlecht der Geist im Heer gewesen ist, zeigte sich vor allem bei den kleinen wirtschaftlichen Unternehmungen, die jede Truppe, im Stellungskrieg und in der Etappe, angefangen hatte. Da gab es Schlächtereien und Selterswasserfabriken, landwirtschaftliche Betriebe und – die Kantine. Ach ja, die Kantine! Warum sie überhaupt etwas über den Bruchschaden hinaus verdiente, blieb unerklärlich. Der Kantinenfonds sollte dazu dienen, auf Kosten begüterter Soldaten den ärmern und der Allgemeinheit etwas zu gute kommen zu lassen. Meine Formation hatte einen Kantinenfonds von annähernd hunderttausend Mark. Ich habe nie einen

100 Pfennig davon zu sehen gekriegt. Die meisten Fonds sind überhaupt nicht aufgeteilt worden, die leitenden Offiziere oder untern Chargen haben die Beträge in die eigene Tasche gesteckt. Eine Rechenschaft wurde den Leuten über ihr Geld nicht abgelegt; das verstoße gegen die Disziplin, sagte einmal ein Offizier. Es verstieß aber nicht gegen die Disziplin, daß die Gelder in dunkeln Händen waren, daß Ein- und Verkäufe vorgenommen wurden, die das Tageslicht zu scheuen hatten. «Mit Soldaten bin ich nach Rumänien gezogen; mit schachernden Handelsleuten ziehe ich wieder hinaus», soll der alte Mackensen gesagt haben. Ich traue ihm diese

110 Kenntnis seiner Leute nicht zu.

Wir haben gesehen, daß in dem großen Organismus des deutschen Heeres für Ehrlichkeit und saubere Wirtschaft wenig Platz war. Es ist das kein Wunder: wenn der Staat im Staate, den das Militär darstellte, für anständige Gesinnung nichts übrig hatte, aber desto mehr für zuverlässige, wenn das Vorgesetztenverhältnis nicht nur über Menschen, sondern auch über Würste und Butterfässer ausgedehnt wurde – wohin sollte das führen! Ich weiß nicht, ob es bei den andern Nationen ebenso schlecht bestellt gewesen ist: verlogener kann es nicht zugegangen sein. Bei feierlichen Anlässen trat das Offiziercorps zusammen, trat die Truppe zusammen; jeder wußte vom andern, wie viel Geld und wie viel Schmutz an seinen Fingern klebte: aber doch donnerten die Reden von preußischer Sauberkeit und von der Unantastbarkeit unsres Offiziercorps. Die Zensur zu Hause tat das ihrige, um aufbrechende Beulen zu überkleben.

Es ist doch nun vorbei, nicht wahr? Warum noch einmal das Alte aufrühren? Warum noch einmal von alledem sprechen, obgleich vielleicht das Ausland diese Arbeit übersetzen wird?

Weil wir aus der Lüge herauswollen. Weil wir es nicht mehr ertragen können, in einer Fibelwelt zu leben, die den andern für viel dümmer hält, als ein Mensch nur sein kann. Wir alle wissen, daß unser Heer, daß unser Volk im Kriege moralisch nicht intakt geblieben ist, nicht sauber bleiben konnte. Es wird bei vierzehn Millionen Kriegern immer Schweinehunde zu hunderttausenden geben – aber man soll das empfinden und soll sie bestrafen. Darum ist das hier alles gesagt.

Und die Diebstähle andrer Güter? Und die kleinen Mädchen? Und die großen Requisitionen? Davon das nächste Mal.

Ignaz Wrobel, WB 23.1.1919

10

Zwei Erschlagene

Märtyrer …? Nein.
　　　　　Aber Pöbelsbeute.
Sie wagtens. Wie selten ist das heute.
Sie packten zu, und sie setzten sich ein:
sie wollten nicht nur Theoretiker sein.

Er: ein Wirrkopf von mittleren Maßen,
er suchte das Menschenheil in den Straßen.

Armer Kerl: es liegt nicht da.
Er tat das Seine, wie er es sah.
Er wollte die Unterdrückten heben,
er wollte für sie ein menschliches Leben.
Sie haben den Idealisten betrogen,
den Meergott verschlangen die eigenen Wogen.
Sie knackten die Kassen, der Aufruhr tollt –
Armer Kerl, hast du das gewollt?

Sie: der Mann von den zwei Beiden.
Ein Leben voll Hatz und Gefängnisleiden.
Hohn und Spott und schwarz-weiße Chikane
und dennoch treu der Fahne, der Fahne!
Und immer wieder: Haft und Gefängnis
und Spitzeljagd und Landratsbedrängnis.
Und immer wieder: Gefängnis und Haft –
Sie hatte die stärkste Manneskraft.

Die Parze des Rinnsteins zerschnitt die Fäden.
Da liegen die Beiden am Hotel Eden.
Bestellte Arbeit? Die Bourgeoisie?
So tatkräftig war die gute doch nie …
Wehrlos wurden zwei Menschen erschlagen.

Und es kreischen Geier die Totenklagen:
Gott sei Dank! Vorbei ist die Not!
«Man schlug», schreibt Einer, «die Galizierin tot!»
Wir atmen auf! Hurra Bourgeoisie!
Jetzt spiele dein Spielchen ohne die!

Nicht ohne! Man kann die Körper zerschneiden.
Aber das Eine bleibt von den Beiden:

Wie man sich selber die Treue hält,
wie man gegen eine feindliche Welt
mit reinem Schilde streiten kann,
das vergißt den Beiden kein ehrlicher Mann!

Wir sind, weiß Gott, keine Spartaciden.
Ehre zwei Kämpfern!

Sie ruhen in Frieden!

Kaspar Hauser, WB 23.1.1919

Ausblick

Wenn ick mir so die Welt bekieke,
besonders die am Pankefluß,
den Straßenkampf mit Tanzmusike,
den Schiebetrott des Spartakus ...
Lieg ich des Morgens still im Bettchen,
und kommt Mama auf leisen Zehn
mit unserm guten Morgenblättchen –:
Ick trau mir jar nich hinzusehn!

Der Pole stiehlt zu günstigen Zeiten,
in Rußland stiehlt der Bolschewik;
es stiehlt sich trotz der großen Pleiten
noch mancher in die Politik.
Im Kriege sah man ihn verfechten
das «Siegen oder Untergehn»!
Heut donnert er von Bürgerrechten –
Ick trau mir jar nich hinzusehn!

Und wählt nicht auch die liebe Claire
(längst ist die Süße zwanzig Jahr!)
im großen deutschen Frauenheere?
Wie dünkt mich dieses wunderbar!
Was kümmert sie der ganze Bettel –
sie fragt mich ängstlich: Wähl ich den?
Und dann nimmt sie den falschen Zettel –
Ick trau mir jar nich hinzusehn!

Und kurz und gut: Der ganze Rummel
hängt aller Welt zum Halse raus.
Sie schätzt den Schummel und den Bummel
und zieht sich keine Lehre draus.
Wir danken für des Aufruhrs Gaben!
30 So mußt es in die Binsen gehn.
Nur Arbeit füllt die leeren Waben!
Und wenn wir das begriffen haben,
trau ick mir wieder hinzusehn!

Theobald Tiger, Ulk 24. 1. 1919

12

Was darf die Satire?

Frau Vockerat: «Aber man muß doch seine Freude haben
können an der Kunst.»
Johannes: «Man kann viel mehr haben an der Kunst als
seine Freude.»

Gerhart Hauptmann

Wenn einer bei uns einen guten politischen Witz macht, dann sitzt
halb Deutschland auf dem Sofa und nimmt übel.

Satire scheint eine durchaus negative Sache. Sie sagt: «Nein!»
Eine Satire, die zur Zeichnung einer Kriegsanleihe auffordert, ist
10 keine. Die Satire beißt, lacht, pfeift und trommelt die große, bunte
Landsknechtstrommel gegen alles, was stockt und träge ist.

Satire ist eine durchaus positive Sache. Nirgends verrät sich der
Charakterlose schneller als hier, nirgends zeigt sich fixer, was ein
gewissenloser Hanswurst ist, einer, der heute den angreift und
morgen den.

Der Satiriker ist ein gekränkter Idealist: er will die Welt gut
haben, sie ist schlecht, und nun rennt er gegen das Schlechte an.

Die Satire eines charaktervollen Künstlers, der um des Guten
willen kämpft, verdient also nicht diese bürgerliche Nichtachtung
20 und das empörte Fauchen, mit dem hierzulande diese Kunst abgetan wird.

Vor allem macht der Deutsche einen Fehler: er verwechselt das Dargestellte mit dem Darstellenden. Wenn ich die Folgen der Trunksucht aufzeigen will, also dieses Laster bekämpfe, so kann ich das nicht mit frommen Bibelsprüchen, sondern ich werde es am wirksamsten durch die packende Darstellung eines Mannes tun, der hoffnungslos betrunken ist. Ich hebe den Vorhang auf, der schonend über die Fäulnis gebreitet war, und sage: «Seht!» – In Deutschland nennt man dergleichen «Kraßheit». Aber Trunk-
30 sucht ist ein böses Ding, sie schädigt das Volk, und nur schonungslose Wahrheit kann da helfen. Und so ist das damals mit dem Weberelend gewesen, und mit der Prostitution ist es noch heute so.

Der Einfluß Krähwinkels hat die deutsche Satire in ihren so dürftigen Grenzen gehalten. Große Themen scheiden nahezu völlig aus. Der einzige ‹Simplicissimus› hat damals, als er noch die große, rote Bulldogge rechtens im Wappen führte, an all die deutschen Heiligtümer zu rühren gewagt: an den prügelnden Unteroffizier, an den stockfleckigen Bureaukraten, an den Rohr
40 stockpauker und an das Straßenmädchen, an den fettherzigen Unternehmer und an den näselnden Offizier. Nun kann man gewiß über all diese Themen denken wie man mag, und es ist jedem unbenommen, einen Angriff für ungerechtfertigt und einen anderen für übertrieben zu halten, aber die Berechtigung eines ehrlichen Mannes, die Zeit zu peitschen, darf nicht mit dicken Worten zunichte gemacht werden.

Übertreibt die Satire? Die Satire muß übertreiben und ist ihrem tiefsten Wesen nach ungerecht. Sie bläst die Wahrheit auf, damit sie deutlicher wird, und sie kann gar nicht anders arbeiten als nach
50 dem Bibelwort: Es leiden die Gerechten mit den Ungerechten.

Aber nun sitzt zu tiefst im Deutschen die leidige Angewohnheit, nicht in Individuen, sondern in Ständen, in Korporationen zu denken und aufzutreten, und wehe, wenn du einer dieser zu nahe trittst. Warum sind unsere Witzblätter, unsere Lustspiele, unsere Komödien und unsere Films so mager? Weil keiner wagt, dem dicken Kraken an den Leib zu gehen, der das ganze Land bedrückt und dahockt: fett, faul und lebenstötend.

Nicht einmal dem Landesfeind gegenüber hat sich die deutsche

Satire herausgetraut. Wir sollten gewiß nicht den scheußlichen un-
60 ter den französischen Kriegskarikaturen nacheifern, aber welche
Kraft lag in denen, welch elementare Wut, welcher Wurf und welche Wirkung! Freilich: sie scheuten vor gar nichts zurück. Daneben hingen unsere bescheidenen Rechentafeln über U-Boot-
Zahlen, taten niemandem etwas zuleide und wurden von keinem
Menschen gelesen.

Wir sollten nicht so kleinlich sein. Wir alle – Volksschullehrer
und Kaufleute und Professoren und Redakteure und Musiker und
Ärzte und Beamte und Frauen und Volksbeauftragte – wir alle haben Fehler und komische Seiten und kleine und große Schwächen.
70 Und wir müssen nun nicht immer gleich aufbegehren («Schlächtermeister, wahret eure heiligsten Güter!»), wenn einer wirklich
einmal einen guten Witz über uns reißt. Boshaft kann er sein, aber
ehrlich soll er sein. Das ist kein rechter Mann und kein rechter
Stand, der nicht einen ordentlichen Puff vertragen kann. Er mag
sich mit denselben Mitteln dagegen wehren, er mag wiederschla-
gen – aber er wende nicht verletzt, empört, gekränkt das Haupt.
Es wehte bei uns im öffentlichen Leben ein reinerer Wind, wenn
nicht alle übel nähmen.

So aber schwillt ständischer Dünkel zum Größenwahn an. Der
80 deutsche Satiriker tanzt zwischen Berufsständen, Klassen, Kon-
fessionen und Lokaleinrichtungen einen ständigen Eiertanz. Das
ist gewiß recht graziös, aber auf die Dauer etwas ermüdend. Die
echte Satire ist blutreinigend, und wer gesundes Blut hat, der hat
auch einen reinen Teint.

Was darf die Satire?

Alles.

Ignaz Wrobel, BT 27. 1. 1919

Militaria

III.

Von großen Requisitionen

Als in Deutschland die ersten französischen Kriegskarikaturen bekannt wurden, die den deutschen Soldaten mit der seit 1870 traditionellen pendule darstellten, tobte ein Entrüstungssturm durch das Land. «Frechheit! Übertreibung! Der deutsche Soldat, der deutsche Offizier stiehlt nicht!»

Wollen sehen.

Es scheint mir ein unbestrittenes Soldatenrecht zu sein, alles zu
10   nehmen, was der kämpfende Mann und die kämpfende Truppe für die Kriegsführung und für des Leibes Notdurft gebrauchen. Es ist also nichts dagegen zu sagen, daß durchmarschierende Soldaten Lebensmittel und Seife, Decken und Wagen, Pferde und Verbandsstoffe requirieren. Die Wegnahme wird durch den Requisitionszettel nicht versüßt, aber es bleibt doch wenigstens der Schein eines Rechts übrig.

Bei den erfolgten deutschen Requisitionen ist sorgfältig zu unterscheiden zwischen den raschen Wegnahmen auf dem Marsch und den wohlüberlegten Eigentumsentziehungen während der
20   Besetzung.

Was auf den Vormärschen geschehen ist, entzieht sich meist der strengen Beurteilung, und ich glaube, daß besonders in Belgien die deutschen Soldaten nicht mehr und nicht weniger gehaust haben, als andre Völkerschaften das in früheren Jahrhunderten taten. Die kindischen Versuche des berüchtigten Kriegspresseamts, die Armee von aller Schuld reinzuwaschen, gehören in das Kapitel ‹Vaterländischer Unterricht›: die deutsche Klasse hat vollendet aufgemerkt, und ihre Leistungen waren – leider Gottes! – zufriedenstellend. Man hätte den Lehrer früher vom Katheder herunter-
30   schlagen sollen.

Ob es auf dem Vormarsch im Westen wirklich gar so bunt hergegangen ist, wie die Franzosen darstellen, weiß ich nicht. Ein alter Generalstabsoffizier bat den Privatsekretär einer französischen Baronin um Einzelheiten; der Mann, ein Holländer, gab sie ihm. Der Sekretär erzählte später nicht ohne Bewegung, wie der Offizier geweint habe. Und ich weiß, wie nach einem Vortrag vor Soldaten, der sich gegen gar zu haarsträubende Tendenzberichte des französischen Imperialismus richtete, ein Zahlmeister dem Redner auf die Schulter klopfte und sagte: «Das war ja sehr nett, was Sie da gesagt haben. Aber Sie hätten mal dabei sein sollen, wie wir in Belgien gewirtschaftet haben!» Und dann erzählte er einige Einzelheiten, die wir uns lieber sparen wollen.

Ich kann aber, selbst wenn die Deutschen auf ihren Vormärschen mit Requisitionen weit über das Ziel hinausgegangen sind, nicht gar so viel davon hermachen. Der Krieg ist eine üble Angelegenheit, und es wird nicht leicht fallen, dem Soldaten klar zu machen, Mord sei erlaubt, ja Pflicht, und das viel geringere Delikt des Diebstahls sei Verbrechen.

Verbrecherisch aber waren die Requisitionen, die die Verwaltungsoffiziere auf eigene Faust in allen besetzten Gebieten unternahmen. Wir kommen hier wieder an eine Art deutscher Korruption, die wegen ihres schleichenden Charakters weit gefährlicher ist als jede offene. Sie ist praktisch niemals nachzuweisen, bewegt sich meist in den anständigsten Formen und hat uns maßlos verhaßt gemacht. Denn das ist Mentalität: gut scheinen wollen und schlecht tun.

Aus dem Bericht eines deutschen Verwaltungsbeamten in Rumänien:

Es kann keinem Zweifel unterliegen, daß es vor allem die Art und Weise der Durchführung der Requisitions-Maßnahmen ist, durch die Verbitterung und Haß in der Bevölkerung entfacht worden sind. Immer wieder hört man von rumänischer Seite den Ausspruch: «Wie kommen die Deutschen dazu, sich besser und mehr zu dünken als wir? Es ist bei ihnen ganz genau wie bei uns: Wer die Macht hat, stiehlt und bedrückt und füllt seine Taschen!» Der Soldat, der in ein Haus kommt, um nach beschlagnahmten Lebensmitteln zu suchen, bekundet ein lebhaftes Interesse auch für alles Andre, was zwar nicht der Beschlagnahme unterliegt, was er aber für sich auch gut brauchen kann. Um sich besser verständigen zu können, bringen solche Kommandos vielfach ihren Dolmetscher mit, der meistens der Bestechung recht zugänglich ist. Hierdurch kommt es, daß die Durchführung von Beschlagnahmen in vielen Fällen höchst ungleichmäßig und ungerecht ist. Der davon Betroffene hat kein Mittel, sich zu schützen. Wenn auch jeder weiß, daß mal wieder «Schiebung» am Werke war, so wagen die Leute doch nicht, auf dem Beschwerdewege dagegen vorzugehen, denn damit hat schon mancher recht schlechte Erfahrungen gemacht! Sie stecken also das Unrecht ein und sind wieder in ihrer Ansicht über die Deutschen bestärkt: «Sunt ca si noi!» («Sie sind wie wir!»)

Der überall gefürchtete Kommandanturlandwirt war eine Zentrale aller Schieber, wie ja jeder, der mit Lebensmitteln beim Militär zu tun hatte, mehr oder weniger anrüchig war. Was diese Verwaltungsstellen an Einrichtungen, an Vieh, an Stoffen und Dingen requirierten, die gar nichts mehr mit der Kriegführung zu schaffen hatten: das geht weit über Menschliches hinaus. Der Kernpunkt in der Verderbnis war der, daß jede Abrechnung zugleich Disziplinssache war; außerdem steckten Unterchargen und die höhern Offiziere meist unter derselben schmutzigen Decke. Hier braucht man gar keine Akten aufzumachen: Keinem, der die deutsche Etappe
kennt, sind dies unbewiesene Behauptungen.

Einmal beschuldigte ein anonymer Brief alle Angehörigen einer Viehsammelstelle der Unterschlagung und des Mißbrauchs der Dienstgewalt unter sehr genauen Angaben. Die Beschuldigten selbst – darunter mehrere Offiziere und ein Feldwebel, von dem die ganze Gegend wußte, er habe sich während des Krieges zum reichen Mann gemacht – wurden vernommen, bestritten natürlich alles und – und? Der anonyme Briefschreiber wurde gesucht, damit man ihm den Prozeß machen könnte.

In Riga war ein Requisitionsoffizier, der brach die leerstehen-
den Wohnungen auf und nahm die Möbel weg; es blieb unberücksichtigt, ob das geflohene Deutsche oder Russen, russophile oder germanophile Letten waren: er brach auf und nahm weg. Er selber bewohnte eine herrlich eingerichtete Wohnung in Riga, die requirierten Möbel wurden aus Riga fortgeschafft, die bestohlenen Familien bekamen niemals Ersatz.

In Rumänien wurde in der ersten Zeit, besonders in Bukarest

und besonders durch Organe der Politischen Polizei, unsagbar gestohlen. Einer der Chefs reiste mit einer großen Zahl von vollgepackten Lederkoffern ab, auch die Koffer waren, wie der terminus lautet, «gekauft».

Offiziere stahlen auf dem Balkan dem Hauswirt die Badewäsche. Er wandte sich an mich, und ich vermittelte. Dabei sagte ich: «Vielleicht bekommen Sie die Wäsche wieder! Und schließlich: es ist Krieg! Denken Sie, wie die Rumänen handeln würden, wenn sie in einem feindlichen Lande wären!» «Ja», erwiderte mir der Mann, «die Rumänen! Das dürfen Sie nicht sagen! Sie sind keine Rumänen, sie sind doch Deutsche!» Ach ja.

Was hier wie überall so deprimierte, war der völlige Mangel an Bedenken. Der deutsche Offizier – und er besonders, weil er ja an den maßgebendsten Plätzen saß – stahl ohne Bedenken, allerdings fast nur im großen Stil. Es fing mit «Erinnerungen» an (manche Offiziersfrauen tragen diese Souvenirs noch heute), und es hörte mit Waggonladungen auf. Der gemeine Mann, ein getreuer Diener seines Herrn, hätte es anstandslos ebenso gemacht, wenn er nur gekonnt hätte. Angewidert wurde man durch die große Geste der Reinheit, die der deutsche Nachrichtendienst bei den Engländern gerne «cant» nannte: kühl, herausfordernd unliebenswürdig, pochend auf Reinheit – und dann doch korrumpiert. Als die Russen aus Warschau abgerückt waren, schwebte ein kleiner jüdischer Apotheker in tausend Ängsten. Er verließ seine Familie, als die Deutschen kamen, um Fühlung zu nehmen. Und kam nach einer halben Stunde wieder, triumphierend, auf beiden Beinen hüpfend und heiter bewegt. Und rief: «Sie nemmen! Sie nemmen!» Sie haben überall genommen.

Ignaz Wrobel, WB 30.1.1919

Zwischen den Schlachten

Leidige Politika!
Clementine, süßer Fetzen!
Laß mich mich an dir ergetzen –
Bin so wild, seit ich dich sah,
Venus Amathusia!

Mädchen mit dem kleinen Ohr,
mit den maßvoll fetten Beinen,
sieh vor Lust mich leise weinen,
ein verliebter heißer Tor ...
10   Hogarth nennt dies Bild: *Before*.

Aber eine Nacht darauf?
Schweigt dein Troubadour und schlaft er?
Hogarth nennt dies Bildchen: *After*.
Sieh, das ist der Welten Lauf –
hebst du die Gefühle auf?

Bald bin ich dir wieder nah.
Schau, ich kann nur manchmal lügen.
Du tusts stets in vollen Zügen.
Laß dir nur an mir genügen
20   zwischen Naumann, Kahl und Spaa –
Venus Amathusia!

Kaspar Hauser, WB 30.1.1919

15

Gute Nacht?

Gute Nacht, mein Bürger, eiapopei!
Dreh dich nur wieder herum!

Die Wahlen sind nun glücklich vorbei,
vorbei das Spektakulum.
    Sie blasen dir schon eine Nachtmusik:
    Und willst du glücklich sein,
    kümmer dich nie mehr um Politik!
      Gute Nacht, mein Kind, schlaf ein!

Sieh, das Blättchen hat sich gewandt,
zum erstenmal zeigest du Kraft;
dein eigener Wille regiert das Land,
deine eigene Vertreterschaft.
    Vertrau ihr! Mit jenem General
    fielst du zwar mächtig rein.
    Aber vertraue nur noch einmal –
    und schlaf nie wieder ein!

Draußen klagt der politische Wind.
Du liegst in der Wiege und lutschst.
Du bist mein artiges, mein deutsches Kind,
so brav, weil du selten putschst.
    Es riß im November dir die Geduld.
    Das soll dir vergeben sein.
    Lauf nicht wieder in den Tumult –
    Schlafe, mein Kind, schlaf ein!

Kind, ich habe nur Spaß gemacht.
Ich sitze an deiner Wiege
die lange, finstere, deutsche Nacht …
Was wird nach dem Wählersiege?
    Es dämmert. Ist das nun Untergang?
    oder Morgenschein?
    Die Weltgeschichte geht ihren Gang –
    Schläfst du wieder ein?

Theobald Tiger, Ulk 31. 1. 1919

Militaria

IV.
Von kleinen Mädchen

Nach Merkur wollen wir Aphroditen die Ehre geben.

Wie bekannt, schickte die Heimat, als es mit dem «Menschenmaterial» bereits haperte, Mädchen und Frauen ins Heer. Diese weiblichen Hilfskräfte machten bitterböses Blut unter den Soldaten, weil sie wesentlich höher entlohnt wurden, also von der allgemeinen Wehr- und Arbeitspflicht befreit waren, und weil ... erröte, Leserin.

10 Wir wollen uns hier richtig verstehen: es ist selbstverständlich, daß Mädchen unter Männern nicht immer unberührt bleiben, und es wäre doppelt töricht, das zu leugnen, weil wir ja alle wissen, daß neben der Ehe die nicht sanktionierte Liebe eine Selbstverständlichkeit ist. Nicht also darum handelt es sich, daß die jungen Damen mit zärteren Banden als durch die des Vertrages ans Heer geknüpft waren, nicht darum, daß sich so eine Art Weibertroß herausbildete: bezeichnend für die Moral und den Geist der deutschen ehemaligen Armee war nur, wie das geschah.

Die weibliche Hilfskraft war reserviert und trug ein Schild: Nur 20 für Offiziere. Dieses Prinzip wurde häufig durchbrochen, denn auch der Feldwebel war ein Mann. Bezeichnend aber war eben dies, wie auch hier wieder Offiziere, Unteroffiziere und der Mann auf Druckposten ganz unbedenklich Mittel und Gegenstände ihres Dienstes für die Mädchen, also für sich, gebrauchten. Miles, einer der unantastbar anständigen Offiziere, fragte neulich, ob es denn so schlimm sei, wenn der Mann, der vorne Tag und Nacht im Schützengraben gehockt habe, nun wirklich einmal auf Ruhe in Brüssel die Nacht mit einer Tochter der Freude verbracht habe. Aber gar nicht. Aber viel Vergnügen! Schlimm ist nur, daß erstens 30 einmal der Etapperich das bedeutend schlimmer trieb (und auch der war deutscher Offizier!), und daß sich zweitens auch hier das Achselstück breit machte. Wie oft haben die vielgehaßten Reservebolzen unter den Offizieren vor weiblichen Landeseinwohnern die eigenen Leute heruntergeschimpft, nur um sich zu zeigen. Ein Pfau schlägt zu diesem Behufe ein Rad.

Im Osten stellte sich ein Rittmeister vor die (nicht einmal reichsdeutschen, sondern aus Riga geholten) Helferinnen und machte ihnen klar, daß die Kluft im deutschen Heere zwischen Offizier und Mann größer sei als im russischen, und sie sollten nicht mit den Kerls und mit den Unteroffizieren verkehren. «Sie gehören zu uns Offizieren!»

Das Verhältnis der Offiziere zu den Landeseinwohnerinnen war entsprechend. Entweder brutal oder zuckrig-galant. Aus dem voriges Mal angezogenen rumänischen Bericht:

> Mit den Mißständen, die bei der Durchführung der wirtschaftlichen Zwangsmaßnahmen grassieren, hängt eng zusammen das Kapitel «Frauen». Der kleine Bürgersmann sieht mit Ingrimm und Neid, wie gut es manche Familie hat, bei der Offiziere der Besetzungsmächte ein- und ausgehen! Da werden noch Kuchen gebacken; da wird noch guter Wein getrunken; da gibt es Fleisch und Gemüse und andre Dinge, die längst vom Tische Derer verschwunden sind, die nicht in der Lage oder nicht gesonnen waren, ihr patriotisches Empfinden und Gebahren solchen materiellen Annehmlichkeiten zum Opfer zu bringen. Überhaupt zieht sich durch alles, was hier schlecht und faul ist, was die Deutschen unter das Sammelwort «Schiebung» registrieren und was uns Rumänen von ihnen sagen läßt: «Sunt ca si noi», wie ein roter Faden das Thema «Weib».

Der Einfluß des schlechten Offiziersgeistes auf die deutschen Helferinnen war, um ein beliebtes Leutnantswort zu gebrauchen, «verheerend». Ein großer Teil der jungen Damen ist in Grund und Boden verdorben nach Hause gekommen. Nicht etwa, weil sie geliebt haben. Sondern weil sie gesehen haben, daß der Mann ihnen – ohne viel Arbeit – alles bot, daß Deutscher auf Deutschem herumhackte, weil der Offizier ihnen in besetzten Schlössern, mit unterschlagenen Lebensmitteln, mit widerrechtlich erzwungenen Arbeitskräften, in widerrechtlich angeeigneten Wagen und Equipagen ein Leben vortäuschte, das zu Hause die Eltern ihnen niemals bieten können. Der deutsche Offizier, und mit ihm die Char-

Damen wie Huren zu behandeln.

Und das alles drang nicht ins Volk? Und das war nicht schon in Kriegszeiten bekannt? Denn der Kompost stank doch zum Himmel, jeder wußte allenthalben, was ausgefressen wurde – viel, viel mehr, als hier nur dünn skizziert ist ... Und die Heimat?

Sie ertrank rettungslos, hoffnungslos in dem Phrasen- und Hurra-Nebel des Vaterländischen Unterrichts, den der Soldat erst in den letzten Kriegsjahren, der Zivilist eigentlich sein ganzes Leben lang genossen hatte. Ihn, den Vaterländischen Unterricht, wollen wir in Kapitel V näher betrachten.

Ignaz Wrobel, WB 6.2.1919

17

Olle Kamellen?

Vor der Front ein junger Bengel.
Er moniert die Fehler, die Schlappheit, die Mängel.
Im Gliede lauter alte Leute.
... Schlechter Laune der Leutnant heute ...
«Das kann ich der Kompanie erklären:
Ich werde euch Kerls das Strammstehen schon lehren!
Nehmen Sie die Knochen zusammen, Sie Schwein!»
Und das soll alles vergessen sein?

Drin im Kasino ist großer Trubel.
Gläserklingen. Hurragejubel.
Sieben Gänge, dreierlei Weine.
Der Posten draußen hat kalte Beine.
Er denkt an Muttern, an zu Haus,
die Kinder, schreibt sie, sehen elend aus.
Drin sind sie lustig und krähen und schrein –
Und das soll alles vergessen sein?

Und das sei alles vergeben, vergessen?
Die Tritte nach unten? der Diebstahl am Essen?
Bei Gott! das sind keine alten Kamellen!
Es wimmelt noch heute von solchen Gesellen!
Eingedrillter Kadaverrespekt –
wie tief der noch in den Köpfen steckt!
Er riß uns in jenen Krieg hinein –
Und das soll alles vergessen sein?

Nicht vergessen. Wir wollen das ändern.
Ein freies Land unter freien Ländern
sei Deutschland – mit freien Bewohnern drin,
ohne den knechtischen Dienersinn.
Wir wollen nicht Rache an Offizieren.
Wir wollen den deutschen Sinn reformieren.
Sei ein freier Deutscher – Bruder, schlag ein!
Und dann soll alles vergessen sein!

Kaspar Hauser, WB 6. 2. 1919

18

Militaria

V.
Vaterländischer Unterricht

Wir haben gesehen, daß bei der alten deutschen Armee in der Verpflegung, in der Behandlung der Mannschaften durch die Offiziere, in Verwaltungsangelegenheiten die schlimmsten Mißstände
geherrscht haben. Es bleibt nach wie vor verwunderlich, daß die
deutsche Öffentlichkeit nicht vor dem Zusammenbruch darein
Einsicht bekam, umso mehr, als doch viele Soldaten ganz offen die
allgemeine Verrottung erörterten.

Die vergiftende Arbeit des berüchtigten Kriegspresseamts hat
hier das ihre getan. Wie diese traurige Behörde (übrigens ein Do-
rado aller reklamierten Reichen) die Zeitungen und die Landsleute

in der Heimat behandelt und belogen hat, haben Andre aufgezeigt. Der Laden der Luisenstraße wirkte aber auch vor allem ins Heer; wer zuerst Ludendorff den Gedanken eingegeben hat, die Soldaten über das Elend und den Jammer mit Flugschriften und Phrasen, mit Feldzeitungen und Reden hinwegzutäuschen, steht dahin: nach den ersten Kriegsanleihen begann jedenfalls ein prasselndes Agitationsfeuer über das Heer hereinzubrechen.

20 Die Taktik des Vaterländischen Unterrichts war wie die alte deutsche Regierung: hinterhältig, von oben herab und durchtränkt von der Unterschätzung aller Menschen, die nicht Offiziere und Regierungsassessoren waren. Daß man den armen Soldaten, die froh waren, wenn sie etwas zu essen hatten, ihren Urlaub bekamen und einmal aus dem allgemeinen Tanz heraus waren, falsche Zahlen über den U-Boot-Krieg und über Amerika auftischte, mochte hingehen – das tat man mit der Heimat auch nicht anders, und das Klappern gehörte schließlich zum schmutzigen Handwerk.

30 Widerwärtig war nur, wie man versuchte, mit Gewalt und mit albernen Darlegungen dem Soldaten einzureden, das sei eine herrliche deutsche Weltordnung, die da dem Einen alle Mühe und dem Andern allen Lohn zuwies.

Es gaben sich zu dieser schändlichen Tätigkeit fast alle deutschen Professoren – besonders die Philosophen – und fast alle bekannten Schriftsteller her. Die sogenannten «Literaten» hielten sich von diesem Gewerbe meist fern, was zu ihrer Ehre gesagt werden muß. Der große Teil der Publikumslieblinge aber tat – reklamiert oder aus freier Neigung oder des Geldes wegen – mit und
40 log das Blaue vom Himmel herunter über die Minderwertigkeit der Feinde und über die gottgefällige Verfassung des deutschen Heeres.

Der Vaterländische Unterricht bediente sich mannigfacher Kanäle, durch die er in das Heer sickerte.

Da waren zunächst die Feldzeitungen. Die ersten deutschen Feldzeitungen sind hübsche, nette Publikationen gewesen, mit nicht mehr Patriotismus, als eben grade notwendig war, mit viel Ulk und wenig Roheit, mit wenig Phrasen und viel gesundem Humor. Als die Feldprediger und die philologischen Reserve-Offi-

50 ziere und die politisierenden Generalitäten aber das Ding in die
Hand nahmen, stieg aus diesen Blättern – es gab annähernd fünfzig – eine unsagbare Scheußlichkeit auf. Nur wenige hielten sich
von der allgemeinen Schlammflut frei: die Feldzeitung der vierten
Armee tat ihr Mögliches, der ‹Champagne-Kamerad› war eine literarische Ehrentat, und so gab es noch hier und da weiße Raben.
Aber auch sie waren gezwungen, die Lügen und Verdrehungen des
offiziellen Nachrichtendienstes abzudrucken, sonst hätte man sie
verboten. Man war gradezu darauf aus, die Tendenz überall ins
Alldeutsche zu kehren: ein Zeichner der großen Zeitung der zehn-
60 ten Armee, eines Blattes von schwer alldeutscher Prägung, das zu
Wilna erschien, wurde, wenn er Wilson portraitierte, stets angewiesen, ihn recht jüdisch aussehend zu zeichnen. Dabei waren die
Militärs, wie immer, wenn sie politisieren, feige: im Februar 1918
fand in Kowno eine Pressekonferenz statt, deren Protokolle nachträglich nicht mehr aufzutreiben waren. Es war eine große Sache
gewesen, man hatte sich sogar zum Empfang der Pressevertreter
aller östlichen Feldzeitungen einen Generalleutnant verschrieben.
Ich erfuhr später von einem Kameraden, der teilgenommen hatte,
was der langen Rede kurzer Sinn gewesen war: die Feldzeitungen
70 sollten sich die Sätze der Vaterlandspartei gesagt sein lassen, nicht
etwa als offizielle Richtlinien, aber man verstünde doch hoffentlich ... Man verstand.

Die Bearbeitung der Leute, hieß es im Reichstag, sei streng un-
politisch. Wer alles da die Kühnheit gehabt hat, so frech zu lügen,
lohnt sich kaum aufzuzählen. Es kann keinen preußischen Kriegsminister gegeben haben, der nicht wußte, wie die Offiziere gegen
den Reichstag hetzten, als dieser das Schlimmste wollte, was es für
sie gab: den Frieden. Ich habe einmal mitangehört, wie ein kleiner
rabiater Leutnant, ein Koksreisender aus Ostpreußen, vor der
80 Front auseinandersetzte – es war aber in der tiefsten Etappe –:
«Der Reichstag will den Frieden, und da lassen wir uns hier die
Kugeln um die Ohren pfeifen – –.»

Was den vaterländischen Vorträgen jede Wirkung nahm, war,
daß auch der letzte Mann fühlte, wie wenig der Offizier mit dem
Herzen bei dem war, was er da vortrug. Es war ihm ja sichtlich
gleichgültig, und die schneidig herausgekrähte Drohung, Amerika

zu zerschmettern, und die hingenäselten großen Worte von deutscher Treue werden auch nicht immer die gewollte Wirkung gehabt haben. Einmal stand die Kompanie auf dem Hof zur Emp-
90 fangnahme des Vaterländischen Unterrichts, und der Kompanieführer hielt eine einleitende Rede, in der er ungefähr sagte: «Und wenn ihr nicht pariert, dann gibt es ja noch Zuchthäuser in Deutschland! In Gruppen rechts schwenkt, ohne Tritt, marsch!»

Den Offizieren fehlte eben jede Verbindung mit dem Mann. Als Mudra in der achten Armee – es war im Herbst 1917, und die Lebensmittelknappheit hatte grade begonnen – den Ausfall zweier Abendportionen in der Woche angeordnet hatte, stellte sich ein junger Oberleutnant vor die Kompanie und setzte den Leuten diese Maßnahme sehr verständig und klar auseinander. Er sagte,
100 die ersparten Portionen kämen den Schwerarbeitern in der Heimat zugute, und wir müßten Alle zusammenhalten. Das machte Eindruck. Aber es war alles zerblasen, als wir erfuhren, wohin der junge Herr nach der Rede gegangen war: in das Schloß, in dem die «Herren» lagen; dort aß er ein Abendbrot aus reichlichen Gängen. Und es wurde gut gekocht, im Schloß …

Was sich der deutsche Offizier eigentlich vom Mann gedacht hat, daß er ihn so sinnlos unterschätzte und ihn für so unmenschlich dumm und blind hielt, habe ich nie ergründen können. Auch diejenigen, die die ganze Stufenleiter vom Mann bis zum Leutnant
110 durchgedient hatten, sahen den «Kerl» als ein Wesen niederer Art an; die Zeit, die sie dem Mannschaftsstande angehört hatten, rechnete nicht, es war eine Übergangszeit gewesen. Für den Mann hatten sie Phrasen oder Gewalt übrig, von Herz zu Herz sprach kaum einer. Was ist das für eine Sprachmelodie:

Was uns auch das vierte Kriegsjahr bringen möge, eins steht bombenfest: wir lassen die Hunde von Negern, Englishmens, Franzosen, Zulukaffern und Kosaken nicht in die deutschen Gaue rein, solange wir noch eine schwere Artillerie und Flieger haben. An dem Tage, wo uns unser Kaiser und oberster Kriegsherr und Vater Hindenburg zu-
120 rufen sollten: «Auf nach Petersburg, nach Paris oder London und die Nester zusammengeschossen und ausgeräuchert, damit der Feind endlich Ruhe gibt und Frieden macht!», möchte ich grade bei Euch sein und mit Euch das erlösende Hurra schreien, und ich wüßte mir

nichts Lieberes, als dem Fußartillerie-Bataillon als Flieger voran zu fliegen und ihm Weg und Ziele zu zeigen.

Es ist ja nicht wahr, daß der deutsche Soldat «das haben will», daß er «das braucht». Vielleicht war das 1870 so, als verhältnismäßig wenig gebildete Leute unter den Mannschaften waren. Diesmal aber ist die ganze Intelligenz, und meist in den niedersten Char-
130 gen, mit zu Felde gezogen, und daher wird es auch wohl kommen, daß dieser glorreiche Krieg einen so kleinen Heiligenschein trägt ...

Im schlechten Sinne deutsch war das Ganze, der Vaterländische Unterricht und der uralte verderbliche Aberglaube, man könne mit Verfügungen, (die immer einer dem andern weitergab und die keiner ausführte) irgend etwas, die Gesinnung betreffend, errei-chen. Es fiel manchen Offizieren auf, daß nicht alles in Ordnung war. Aus einem Befehl:

> Wie stumpfsinnig und gleichgültig eine Truppe werden kann, habe
140 > ich heute morgen auf dem Marktplatz beobachtet, wo zahlreiche
> Leute, die nichts zu tun hatten, umherstanden und in einem Augen-
> blick, in dem ein Flugzeug in sehr geringer Höhe stark schwankend
> und immer wieder von neuem Gas gebend den Marktplatz überflog,
> zu faul waren, diesem auch für jeden Laien interessanten Vorgang mit
> den Augen zu folgen. Nicht ein Einziger zeigte, daß in seinem Ver-
> stand oder in seiner Seele auch nur eine Spur von Teilnahme an auf-
> fälligen und in nächster Umgebung sich abspielenden Vorgängen vor-
> handen war. Jeder blickte stumpfsinnig wie eine Kuh oder wie ein
> Ochse in irgendeine Ecke und das stundenlang. Das sind Anzeichen,
150 > die jedem Vorgesetzten unter allen Umständen erneut zu denken ge-
> ben müssen, und die ihn dazu veranlassen müssen, sich sofort auf das
> Büro zu begeben und dort ein gründliches Programm zu entwerfen,
> welches geeignet ist, energisch Wandel und Abhilfe zu schaffen.

Vom Bureau aus führt man keine Soldaten. Es hieß zwar dann weiter, man müsse mit den Leuten reden, ihnen ins Auge sehen ... Du lieber Gott! wer hatte von den Offizieren Zeit oder Lust da-zu! Das Offiziersleben und das Mannschaftsleben waren zwei ganz verschiedene Sachen.

*

Ich habe in den vorstehenden Kapiteln einige Einzelzüge aus den Hauptgebieten des soldatischen Lebens gestreift, von denen ich glaube, daß sie nicht zum wenigsten an dem allgemeinen Zusammenbruch, der so überraschend schnell gekommen ist, schuld sind. Die Frucht war reif und fiel vom Baum.

Was aber immer wieder nachwachsen kann, was in all diesen elenden Jahren bezeichnend für das deutsche Unwesen war, was heute noch keimt und doch nie wieder zur Blüte kommen soll, das sei mir erlaubt in dem Schlußwort zu sagen, in dem gezeigt werden soll, warum die Deutschen auf ihre Armee auch im Frieden so übermäßig stolz waren, und warum sich noch der letzte Bezirksvereinsvorstand in die Brust warf und schmetterte: «Unser Militär!»

Ignaz Wrobel, WB 13.2.1919

19

Christian Wagner

Der Dreiundachtzigjährige ist im vorigen Jahre gestorben; und wenn Hermann Hesse nicht seine Gedichte (bei Georg Müller) herausgegeben hätte, wüßten wir gar nichts von ihm. So aber wissen wir alles. Nur: die Deutschen lesen solche deutschen Gedichte nicht.

Kurt Hiller hat einmal von der Lyrik gesagt, es sei unausstehlich, wenn ein Mann, der Husserl studiere, sich in seinen Gedichten künstlich zurückschraube und den naiven Toren spiele. Das ist ganz richtig. Aber wie, wenn ein Mann, der nie Husserl gelesen hat, intuitiv weit über Forschungsergebnisse hinausgeht und tastend und ahnend Das berührt, was der Psychologe – der schon garnicht – niemals erreicht? Denn das scheint mir das Wesen der Lyrik zu sein: nicht Erkenntnisse zu vermitteln, überhaupt nicht in der zufällig gewählten Form eines Gedichts ein Resultat zu liefern, das man ebenso gut oder noch besser in einem Essai hätte niederlegen können – sondern eben in dieser einzig möglichen Form etwas zu geben, das keine andre Form und keine andre

Wortfolge zu geben vermag: Erkenntnis und, fußend auf dieser Erkenntnis, die Schwankungen der Seele, die man Gefühle nennt.

20 Das hat Christian Wagner getan. Aus seinen Büchern, die höchst ungleich sind – das Große steht unmittelbar neben dem fast Dilettantischen –, hat Hesse die schönsten Gedichte herausgesucht. Es fehlt wohl keines. Gleich, wenn man das Buch aufschlägt, hallen wie drei tiefe Töne machtvoll die ersten Versfolgen auf einen ein: ‹Spätes Erwachen›, ‹Freudenglaube› und ‹Im Walde›. Das sind keine Töne, die wir zu hören gewohnt sind. Es handelt sich natürlich nicht in einem Gedichtband um die Verschen – jeder kann das mehr oder weniger, und außerdem ist damit garnichts getan –, aber: Was weiß dieser Mann? Was fühlte er?

30 Er fühlte: das All. Nicht diesen verschwommenen Pantheismus, von dem schon Schopenhauer gesagt hat, daß er garnichts sei, denn ob ich Gott leugne oder in jedem Lokalanzeigerblatt finde, kommt auf dieselbe Trivialität heraus – er fühlte die tiefe Zusammengehörigkeit zwischen Tier, Mensch und Pflanze, Stein und Stern. Und er liebte das alles. Aber wiederum nicht mit dieser verzückten Krampfigkeit, die man uns aus Prag her zu importieren versucht hat, und die zu nichts verpflichtet, sondern er liebte das alles ernst und nicht unterschiedslos und im Einzelnen das Ganze, er ahnte, daß die Erscheinung nicht das Ding ist, und daß nie und 40 nimmer der Mensch etwa im Mittelpunkt dieses Treibens stehen könnte. Er war – dogmenlos – fromm.

Und weil er ein Deutscher war und die ewige Musik in sich hatte, sind ihm herrliche Verse geglückt – das ist ja erst ein Zweites –, und wenn sich Erkenntnis und Form vereinigten, dann entstand eine Kostbarkeit, die, hebbelsch grübelnd und voller Liebe die Welt umfassend, uns jäh erschüttert wie ‹Die Geschlechter›:

> Ist dies nicht ein frevles Schicksalswalten,
> Menschtum in zwei Teile zu zerspalten?

> In zwei blutige Hälften zu zerreißen,
50 > Eine Mann, die andre Weib zu heißen?

> Beide voll von heißem Sehnsuchtsdrange,
> Sich zu finden auf des Lebens Gange,

Ich dem Ich zur Opfergab' zu bringen?
Ach wie wenigen, wenigen mags gelingen,

Ohne Losung, Fährten oder Spuren
Sich zu finden auf des Lebens Fluren!

Selige Kindheit, die nicht kennt die Wirren,
Nicht der Liebe grausam töricht Irren!

Selige Blume, die nichts weiß vom Fluche
60   Lebenslanger und vergeb'ner Suche!

Er erkannte den tiefen Riß, der durch die Menschheit geht, er erkannte den Schmerz dieser Amphibien, die keine Tiere mehr und
noch keine Götter sind – und er liebte es doch, immer wieder-
zukehren. Denn unerschütterlich war sein Glaube an die Wie-
dergeburt. Man mag das nun für belanglos halten oder nicht:
dichterisch schön ist jeder tiefe Glaube, wenn er fest im Manne
wurzelt, und wenn der so tief glaubt, daß man – um diesen Glauben auszurotten – ihn töten müßte. Er hat eine ‹Totenfeier› gedichtet, in der die Kinder durch Willenskonzentration den Geist
70   der abgeschiedenen Mutter beschwören, der sich noch einmal an
ihren Tisch setzt und von ihrem Weine nippt – der schönste Ausdruck einer herzlichen Liebe über den Leib hinaus. Er hat eine
‹Geburtsweihe› gedichtet, den kleinen Sohn zu begrüßen, der
wiederkommt «nach der frommen, süßen Rast» – so fest wurzelt
in ihm der Glaube, daß es nur ein Aufenthalt ist, den das Kind
hienieden nimmt. Und diese Verse sind so schlicht und doch sicher
und tönend wie ein Lied. «Herbstwiese meiner Seele» fängt ein
Gedicht an. Der Strauß, der neben dem Krankenbett steht, ist ein
Symbol von Lebensfreude und Lebenskraft. Es strotzt von Leben.
80   Er war kein Mönch.
    Viele Gedichte sind in langen, seltsamen Zweizeilern gereimt,
kaum sind die Nähte zu sehen, und wenn ein Gedicht geglückt ist,
ist es ganz geglückt.
    Ich habe aber bis zum Schluß dieses Gedenkens nicht sagen
wollen, daß der Dichter ein Bauer war, weil falsche Assoziationen

entstehen könnten. Er war allerdings ein Landmann; er hat die Natur gekannt, aber das Hälmchen war ihm kein Anlaß, «Du-liöh!» zu schreien oder ein knallig angestrichenes Gemüt leuchten zu lassen. Er war ein in sich gekehrter Künstler und wohl wert,
90 daß wir ihn alle läsen und verehrten.

Peter Panter, WB 13. 2. 1919

20

Spartacus in Moabit

Sieh da: Justitia!
Voll mit Paragraphen
behängt, so steht wie ehedem sie da.
Sie hat natürlich alles ganz verschlafen
und weiß nicht, was im Lande jetzt geschah.
«Was ist denn uns», so spricht ein weiser Richter,
«die Politik und die Revolution!
Die Kerle sind Banditen und Gelichter,
Paßt auf, und wir besorgens ihnen schon!»

10 Ihr weisen und gerechten Richter fauchtet
auf die Empörer – nach mißlungener Tat.
Das Wahlrecht aber, das Ihr eben brauchtet,
verdanktet Ihr dem gleichen Hochverrat.
Justitia, Trauerweib, du hast geschlafen,
wie stets, wenn wir vom Fleck gekommen sind.
Wir pfeifen auf den Spruch und auf die Strafen!
Reiß deine Binde ab! Du bist ja blind!

Du armes Hascherl kannst nicht unterscheiden,
wer Räuber war und wer Idealist –
20 Du knobelst ernst und strafst gleich hart die beiden,
weil du zu faul zum Präzisieren bist.
«Noch gilt das Recht! Sie müssen eben hangen!»
Geschichte gilt – und nicht dein Tintenquark.

Willst du dir wegen Ruhestörung langen
die junge Mannschaft da von Langemark?

Das sei was andres?

Ei, denkst du der Zeiten,
wo du die Adelsfrau im Schwesternkleid,
die stahl, wo du des Schutzmanns Grausamkeiten
fein legtest still bei Seiten –
sie wüßten nichts von der Rechtswidrigkeit?
Straf du die Lumpe bei den Spartacisten.
Steck die ins Zuchthaus, die beim Kampf geklaut.
Vergreif dich nicht an den Idealisten!
Wir kennen deine Paragraphenkisten!
Nimm dich in Acht, du alte, falsche Haut!

Kaspar Hauser, WB 13.2.1919

21

Gedanken und Erinnerungen

Da gibts zu jenem Bismarck-Werke
den dritten Band – er liegt versteckt –
den Band, in dem in alter Stärke
der Alte manches aufgedeckt.
Man will ihn jetzo publizieren.
Vergangenes wird noch einmal jung.
Und träumerisch führt uns spazieren
Erinnerung ...

Hoch Schwarzrotgold! Und Achtundvierzig!
Dann Olmütz, Petersburg und Wien.
Etatsverweigerung – man wird sich
mit Gott aus der Affaire ziehn.
Konflikt? Die Volksvertreter reden.
Der König zeigt die starke Hand.

Dies alles malt – verworrene Fäden –
der erste Band.

Und dann die alten Ruhmesblätter!
Ein Bruderkrieg – Norddeutscher Bund.
Am Rhein die schweren, schwarzen Wetter.
Der Sieg. Versailles. Der Friede. Und –?
Und dann? Kongreß. Die Dreibundsware.
Im Innern schwelt sozialer Brand.
So reicht bis zum Dreikaiserjahre
der zweite Band.

Und was wird nun der dritte bringen?
Wie einer still nach Hause zieht.
Er wird von Hofkabalen singen,
vom jungen Herrn das alte Lied.
Und vier, fünf Menschen hielten offen
des Reiches Schicksal in der Hand.
Und das ist nun, wir wollens hoffen,
der letzte Band.

Theobald Tiger, Ulk 14. 2. 1919

22

Militaria

VI.
«Unser Militär»

Das rekelt sich und gähnt und sauft und hurt
und tut (versteht sich) Dienst voll Zucht und Strenge.
Ein Lustspiel von der Menge für die Menge.
So sieht Welt aus vor der Person Geburt.

Christian Morgenstern

Die Offiziere tragen immer Handschuhe, wenn sie
auch schmutzig sind.

Regiebemerkung zu einem Theaterstück

Wir haben in den vorigen Heften der ‹Weltbühne› betrachtet, wie es in der deutschen Armee zugegangen ist: ein trüber Haufe voller Qual und Greuel, Weltenklüfte zwischen Offizier und Mann, Unterschlagung und Diebstähle von Lebensmitteln zugunsten der höhern Ränge, Requisitionen ohne Ziel und Maß, falsche Schwäche und falsche Härte den fremden Landeseinwohnern gegenüber, Vaterländischer Unterricht, Mantel der Lüge über all den Jammer und alle Verbrechen: «Unser Militär». Aber unbeirrbar steht der deutsche Spießer, nein, der deutsche Bürger da, der Patriot quand même, er wirft sich in die Brust, Abner der Deutsche, der nichts gesehen hat, und als seien Krieg und Zusammenbruch nicht gewesen, ruft er stolz tönend in die Lüfte: «Unser Militär!»

Wie ist das zu erklären? Wie kann ein Volk gedeutet werden, das nach allem, was geschehen ist, nach allem, was es erfahren und gelitten hat, den verlorenen Krieg als einen kleinen Betriebsunfall ansieht – «Reden wir nicht weiter darüber!» –, und das heute, heute am liebsten das alte böse Spiel von damals wieder aufnehmen möchte: die Unterdrückung durch aufgeblasene Vorgesetzte, ein Deutscher tritt den andern und ist stolz, ihn zu treten, die schimmernden vergötterten Abzeichen, der Götze Leutnant – «unser Militär!» Wie ist Das zu erklären?

Die militaristische Schande Deutschlands ist nur möglich gewesen, weil sie die tiefsten und schlechtesten Instinkte des Volkes befriedigt hat.

Der Deutsche läßt sich für jede Arbeit, die er gewissenhaft und gut verrichten soll, mit Respekt überzahlen. Er arbeitet, aber er will dafür ästimiert werden. Ich sage absichtlich nicht «geachtet» – daran liegt ihm garnichts. Er will ästimiert werden; das Schartekenwort besagt: man soll den Hut vor ihm ziehen und das Maul ehrfurchtsvoll aufsperren. Er tritt dann aus seinem kleinen Bürgerdasein heraus, wie Heinrich Mann das in der Bibel des Wilhelminischen Zeitalters, im ‹Untertan›, formuliert hat: «Er genoß einen der Augenblicke, in denen er mehr bedeutete als sich selbst und im Geiste eines Höheren handelte.»

Der Soldat hat dafür das Wort: «Dienst ist Dienst, und Schnaps ist Schnaps» erfunden – aber es war doch Schnapsdienst, der da herauskam.

Der Wurm, der an Aller Herzen fraß, war eine ungeheure, lächerliche Selbstüberschätzung in der Arbeit. Ob Architekt oder
Bureauvorsteher, Eisenbahnassistent oder Apotheker, Oberlehrer
oder Prinzipal – sie alle waren beseligt, einmal, ach, nur ein einziges Mal, auf einen Andern heruntersehen zu können, und wär' es
auch nur ein Laufbursche gewesen.

Dieser unselige Drang feierte Orgien im deutschen Heer.
Da wurde einem kein neues Amt übertragen – da wurde einer
«befördert»: Gottlieb Schulze wachte eines Tages auf und war
Oberschulze und Herr und Gebieter über die Seelen seiner Mitschulzen. Da blühten die giftigsten Früchte. Da konnte der Vizefeldwebel dem Unteroffizier, der Major dem Hauptmann eins
auswischen, ohne daß der Gescholtene muckste: der Dienst! der
Dienst! Rangerhöhung färbte noch auf die Familie ab; welcher
Stolz, wenn ein Medizinmann der Gattin zeigte: «Der Mann da
drüben ist mein Unterarzt!» Seiner … Und diese Wallenstein-Pose behielten Alle bei, davon lebten sie; sie taten, als hätten sie
«ihre Leute» angeworben, als folgten die freiwillig dem erkorenen
Führer. Und hinter den alten Ritterkulissen schacherten und betrogen wildgewordene Kaufleute und Beamte.

Muß das sein? Werden wir ewig Vaterlandsliebe mit Patriotismus, Ordnung mit Kadavergehorsam, Pünktlichkeit mit Sklaverei,
jedes Ding mit seiner Karikatur überzahlen müssen? Gibt es zwischen Schludrigkeit und dem berüchtigten preußischen Unteroffizier kein Mittelding?

Es gibt eines, und in ihm liegt das Heil der Welt und die Genesung dieses unglücklichen, verblendeten Landes. Und es heißt:
Sachlichkeit.

Der Sturm ist vorübergebraust – der deutsche Spitzweg-Bürger
steckt die Nase zum Fenster heraus, dann den ganzen Kopf und
spricht frohbewegt: «Aber es regnet ja gar nicht mehr!» Und
nimmt den alten Stock und den alten Hut …

Schlagt sie ihm herunter! Laßt nie, nie wieder diese Burschen
aufkommen, die euch gemartert haben und gequält und gedemütigt und kujoniert!

Sie zittern und gieren auf den Augenblick, da eine neue Kompromißregierung das neue Volksheer errichtet – «natürlich nur ein

geordnetes Heerwesen mit festen Befehlsverhältnissen». Selbstverständlich. Sie pfeifen auf alle Prinzipien. Sie stehen auf dem Boden
des neuen Staates. Und der Unteroffizier wird wieder den Rekruten ins Kreuz treten – natürlich auf demokratischer Grundlage.
Aber diesmal treten wir wieder.

90 Wir erwarten gar nicht, daß eine Generation, die nur leben
konnte, wenn sie sich maßlos eitel und aufgebläht in ihrer Arbeit
überschätzen und vergöttern ließ, den alten Schleppsäbel abtut
und vernünftig und menschlich wird. Sie ist unheilbar. Wir wollen
ihr die Untertanen entziehen. Wir wollen, daß es keine Menschen
mehr gibt, die sich gefallen lassen, was jene mit der Miene der
Gottähnlichkeit verhängten. Wir sind frei.

Wir warens nicht. Wie jämmerlich die Einwände, wie spießig
der läppischste von allen: «Man darf nicht verallgemeinern.» Und
doch war alles so gemein …

100 Freilich: dem ist nicht mit Gerichtsverhandlungen beizukommen. Als damals Rosa Luxemburg von den Soldatenmißhandlungen schrieb, da sperrten sie sie ein, weil sie nicht gerichtsnotorisch
machen konnte, was sich in abgesperrten Kasernenhöfen an Be-
stialitäten abgespielt hatte. Aber nie wird sonnenklar zu beweisen
sein, was mit so viel Feigheit, mit so viel raffinierter Brutalität, mit
so viel Macht ausgefressen wurde. Ich habe in meinen Skizzen absichtlich keine Namen genannt, was kommt es auf Namen an! Der
Feldwebel Nowotnik und der Leutnant Peters und der Hauptmann Dorbritz – wer kümmert sich denn hier um die! Um was
110 hier gekämpft wird, das ist die Freiheit des Deutschen, das ist der
unerschütterliche Glaube, daß es – auch beim Militär – keine Vorgesetzten außer Dienst gibt. «Disziplin ohne moralische Einsicht
ist eine Absurdität», hat Jakob Wassermann einmal gesagt. Nun,
das deutsche Heer war absurd.

Schon regt sich allerorten die Erkenntnis, schüchtern keimen
junge Knospen.

Im ‹Tag› – man denke: im ‹Tag›! – erzählt am neunundzwanzigsten Januar Hauptmann z.D. Paschke vom Leben der höhern
Stäbe im Felde, wie sie doch nicht immer so einfach und beschei-
120 den gelebt hätten, wie sie an sich und nur an sich auf Kosten der
kämpfenden Truppe gedacht hätten; im Militärwochenblatt be-

richtet in der Nummer 28 vom dreißigsten Januar ein General – er zeichnet K. –, wieviel unsaubere Elemente im deutschen Offizier-corps gewesen seien; in der ‹Hilfe› spricht am sechzehnten Januar Miles – ein wegen seines Freimuts im Kriege verfolgter Offizier – von den Flecken, die die militärische Sonne verunzierten; in einer Flugschrift: ‹Warum erfolgte der Zusammenbruch an der West-front?› registriert Otto Lehmann-Rußbüldt die Leiden und Qua-len der gemeinen Soldaten; im Dezemberheft der ‹Süddeut-schen Monatshefte› gibt ein Oberarzt, der vierzig Monate an der Westfront gestanden hat, seine trüben Erlebnisse über die Ver-pflegung der Offiziere und die der Mannschaften zum Besten. Dämmert es?

Es sind nicht nur «Fälle» vorgekommen. Es sind beileibe nicht nur die Offiziere gewesen. Die Unteroffiziere habens nicht besser getrieben, der abkommandierte Mann nicht, wenn sie nur gekonnt haben.

Es war also nicht diese Schule der sittlichen Erziehung, von der die Fibeln und Schullesebücher und Reichstagsreden uns berichtet haben. Es war also nicht die Blüte der Nation, die da als Erzieher und Erzogene herumliefen: diese alten Unteroffiziere, die vom Leben außerhalb der Kaserne nur etwas Unterrock kannten, die aktiven Offiziere, die die Welt – auch die außerdeutsche – in «Re'ment» und «Zivil» einteilten, diese Reserve-Offiziere, die auf einmal zu fühlen begannen, wie doch auch sie zur Herrlichkeit geboren seien, und die ihr eigenes deutsches Nest beschmutzten, indem sie auf frühere Kollegen und Kameraden des Geistes traten.

Der lügt, der sagt, Das müsse so sein. Man hat viel in der letzten Zeit um den Erlaß über die Kommandogewalt debattiert – man spricht von Neuordnung und vom deutschen Volksheer. Hier hat eure Weisheit ein Ende, denn mit Verordnungen ist hier nichts getan.

«Aber wir brauchen das!» «Aber es wird stets Offiziere ge-ben!» Gewiß – nur, wenn die Deutschen wollen, nie mehr solche. Wer wehrt sich denn gegen sachliche Befehle und ihre Ausfüh-rung? Wer will denn nicht einem Führer folgen, wenn der nur einer ist? Deutschland baue sich eine Armee – aber in aller Zu-kunft wird Keiner von uns bereit sein, sich von einem andern

Deutschen – und trage er am Leibe allen Farbenschmuck eines Pa-
pageis – mit Füßen treten zu lassen; Keiner wird andern als sachlichen Befehlen folgen, und Jeder wird von dem Vorgesetzten verlangen, daß er die gleichen Mühen ertrage und den gleichen guten
Willen zur Arbeit zeige wie Der, von dem er sie fordert.

Mögen sich die Corps an der Ostgrenze zunächst ihre Satzungen nach eigenem Willen aufstellen. Das neue Heer, das mit jenen
nichts gemein habe, sei die Schule des freien Mannes, eine lebende
Einheit von Offizieren und Mannschaften. Ein Bruch mit der
alten Armee – das sei die neue. Der lächerliche Gruß-Erlaß ist
kein froher Anfang. Der Offizier sei ein befehlender Kamerad.
Das geht nicht? Dann lernts. Rücksichtslose Ausmerzung aller
Früchte vom alten Stamm, gänzliche Abschaffung der alten Kommandogewalt, ein Wirbelwind fege die «Herren» hinweg und setze Männer an ihre Stelle.

Und alle die Sprüche vom Vogel, der sein eigenes Nest be-
schmutzt, vom geschlagenen Riesen, der am Boden liegt, können
uns nicht darüber hinwegtäuschen, daß Das, was hier geschehen
ist, eine schmerzhafte, aber heilsame Operation am deutschen
Volkskörper gewesen ist. Es mußte gesagt werden, und es mußte
jetzt gesagt werden. Die Gesinnung des deutschen Offiziers hat
nichts getaugt, der Geist des deutschen Militärs hat nichts getaugt.
Wir reißen sie aus unserm Herzen – wir spielen das Spiel nicht
mehr mit.

Ein Scherbengericht? Anklage und Urteil?

Die Vorrangstellung des Offiziers im deutschen Leben ist dahin.
Die viereinhalb Jahre sind dagewesen – darüber kommt kein
Mann hinweg.

Es geht ja letzten Endes nicht um Paragraphen und Soldatenräte
und um Verfügungen und Erlasse und Kompromisse und Ver-
mittlungen. Es geht um die Wurst.

Wir Deutsche zerfallen in drei Klassen: die Untertanen – die
haben bisher geherrscht; die Geistigen – die haben sich bisher beherrschen lassen; die Indifferenten – die haben garnichts getan
und sind an allem Elend schuld.

Und mit derselben Macht und mit derselben Faust wie die bunten Burschen, aber getrieben von strömendem Herzblut, ringen

wir um die schlafenden Seelen Deutschlands. Land! es gibt Höheres, als vor der Geliebten mit einem Rang zu prunken! Land! wir
Deutsche sind Brüder, und ein Knopf ist ein Knopf und ein Achselstück ein Achselstück. Kein Gott wohnt dahinter, keine himm-
200 lische Macht ist Menschen gegeben. Doch: eine. Die Menschen zu
lieben, aber nicht, sie mit Füßen zu treten.

   Wir speien auf das Militär – aber wir lieben die neue, uralte
Menschlichkeit!

Ignaz Wrobel, WB 20. 2. 1919

23

Schäferliedchen

Der Kaiser ist ein braver Mann,
doch leider nicht zu Haus,
und mancher gute Bürgersmann
zieht still sein Schnupftuch raus.
Und er beweint so tränennaß
den kaiserlichen Bann –
   und sonst noch was und sonst noch was,
   was ich nicht sagen kann.

Wie war sie schön die große Zeit!
10 Man fühlte sich als Gott.
Man nutzte die Gelegenheit
ganz aus, bis zum Bankrott.
Der Orden reiches Übermaß
in manche Hände rann
   und sonst noch was und sonst noch was,
   was ich nicht sagen kann.

Sie standen tief im Flamenland
und tief im Russenreich.
Es herrschte dort die starke Hand;
20 bei Panjes galt das gleich.

Sie nahmen mit den tiefen Haß
von Weib und Kind und Mann
    und sonst noch was und sonst noch was,
    was ich nicht sagen kann.

Und Das ist alles nun dahin.
Was Wunder, daß es klagt:
«Weh, daß ich ohne Kaiser bin!
Wie hat mir Der behagt!»
Sie machen sich die Äuglein naß,
die Herren um Stresemann,
    und sonst noch was und sonst noch was,
    was ich nicht sagen kann.

Kaspar Hauser, WB 20.2.1919

24

Nieder, bzw. Hoch die Frauen!

Heute wollen wir ein Liedlein singen,
denn es muß einmal gesungen sein.
Pegasus, erhebe deine Schwingen –!
Wie wirds künftig mit den Frauen sein?
Sieh mal, allerorten sind sie drinnen
in dem weitverzweigten Tageslauf –
sie sind Ärzte und Budikerinnen –
    Hört das etwa auf?

Wenn die Arbeitslosen, vollgegessen,
eines Tags so fett geworden sind,
daß man schon aus sportlichen Interessen
die Saison der Arbeit froh beginnt –:
geht die Frau dann in den alten Rahmen,
pflegt sie wieder den Familiensinn?
Schalterfräulein und die Botendamen
und die schiefbemützte Schaffnerin?

Dies macht Tigern mächtig großen Kummer.
Aber eines weiß er ganz genau:
daß da manche alte, dufte Nummer
ihm erhalten bleibt. Man braucht die Frau!
So zum Beispiel jene zur Verbreitung
unserer Presse an der Straßenbahn.
Sie verkauft die ‹Deutsche Tageszeitung› –
Armes Weib – was hat man dir getan.

Und dann die, die schon alt eingesessen.
Eine, die besitzt ein kleines Haus
auf dem Magdeburger Platz. Indessen
keine Staatsumwälzung holt die raus.
Damen gibt es, die sind unentbehrlich
in dem großen deutschen Staatenbau.
Manchem ist dies manchmal recht beschwerlich.
Ach ja, ja … Zum Beispiel: meine Frau …

(Aber dafür einen Kerl – das wäre dumm.
Nur: ich tauschte sie ganz gerne um.)

O Maries! Rosalien! Josephinen!
Müßt ihr wirklich so viel Geld verdienen?
Kehrt zurück in der Familien Schöße!
Küßt dem Mann die Stirn und bratet Klöße,
daß uns armen Männern dies nicht länger fehle:
heile Strümpfe und die liebend warme Seele!

                                    Theobald Tiger, Ulk 21.2.1919

25

Spaziergänge in Berlin

Ich kenne den Asphalt nun so lange Jahr.
Aber so, wie es im November war,
im November achtzehn, so war es noch nie.
Das ist eine neue Melodie.

Man hat immer früher davon gelesen:
«Damals ist Revolution gewesen …»
Nun spüren wir sie an der eigenen Haut –
Ich muß sagen: ich bin doch wenig erbaut.

Gemeint war es gut. Seien wir mal offen:
die Herren, die jetzt davongeloffen,
waren nicht die besten. Die breiten Massen,
zerteilt in Kasten, Grade und Klassen,
waren gut genug zum Steuerzahlen.
Man konnte ja dann bei den Reichstagswahlen
einen demokratischen Zettel dran wagen –
aber der Reichstag hatte nichts zu sagen.
Und so blieb alles beim schlechten Alten –
der Landrat wollte die Macht behalten.
Und so blieb alles beim alten, Schlechten –
nun, wir wollen nicht mehr drüber rechten.
Jahrelang Lüge. Wahrheit in Wochen.
Der Kasten ist zusammengebrochen.
Nur leider: wir sind dabei mit die Dummen.
Und es muß unser Herz im Jammer verstummen.

Wie war das nun mit der Revolution?
«Freiheit! Freiheit!» – wir dachten schon,
endlich hätt' unsere Stunde geschlagen,
endlich wär' Schluß mit den nutzlosen Klagen,
endlich wird Deutschland sich selbst besinnen – –
Doch wir sitzen tief im Wurstkessel drinnen.
Da sind die Raffer und Straßenschreier,
da ist mit vollen Hosen Herr Meier –
Immer gleich so oder so übertrieben –
wo ist die gesunde Mitte geblieben?
Wo ist der aufrechte Bürgerstand?
der fehlt uns so sehr im deutschen Land!
Zwischen dem Bolschewist und dem Sklavenhalter
fehlt uns der brave, saubere Verwalter.

Pustekuchen! Die Welt steht Kopf,
recht hat der übelste Schiebertropf –
nur Berlin – das steht auf den Beinen –
auf dem Tanzbein nämlich – und alle die kleinen
Jungfräulein und die Herren des Geschlechts,
foxtrotten links und walzern rechts.
Und es näselt beim Moselersatz in der Bar,
wer früher noch nicht einmal Nachtportier war …
Weißt du, wer am Boden liegt?
Volk! Wir sind doch besiegt! besiegt!
Ist es jetzt Zeit, dumme Witze zu reißen?
Ist es jetzt Zeit, in Brillanten zu gleißen?
Ist es jetzt Zeit, uns in Streiks zu zerfleischen?
Sinnlos den vierfachen Lohn zu heischen?
Heute? Heute?
                    Spitzt doch die Ohren!
Im Osten und Westen der Feind vor den Toren!!
Räumt bei uns auf! Aber schließt die Reihn!
Wir wollen nicht nur Gehaltsjäger sein!

Geb's Gott, daß die Zeiten sich wieder ändern!
Und so laßt uns denn durch die Straßen schlendern,
über die Plätze und über die Brücken,
wir wollen uns in die Elektrischen drücken,
wollen hören, was die Berliner sagen,
mit großem Mund und kleinem Magen:
«Mutter, eins fehlt mir auf die Dauer!
Son schönes, richtiges Gänseweißsauer!»
«Ja, Vater, ich mach's, aber gib mir das Moos!»
– «Mutter, na ja, ich meinte man bloß …»
Und er denkt an die Zeit vor der «großen» Zeit –
Wie liegt das alles so weit, so weit …

Und wenn's mir gelingt, euch zu amüsieren:
gehn wir hier manchen Sonntag spazieren!

Von einem Berliner, BVZ 23.2.1919

Eisner

Da war ein Mann, der noch an Ideale glaubte
und tatenkräftig war.
In Deutschland ist das tödlich.
Denn wir haben
entweder rohe Kraft, die wir mißbrauchen,
die Gattung nennt man Patrioten – oder aber
wir haben feine Sinne und ein zart Gewissen
und richten garnichts aus.
Der aber, tatenfroh beflügelt,
10 hieb fest dazwischen – und daneben, freilich!
jedoch er hieb, daß faule Späne flogen.
Welch eine Wohltat war das, zu erleben,
daß Einer überhaupt den Degen zog,
ein Tapferer war und doch kein General.

Ein Lümmel, irgendeiner von den Schwarz-Weiß-Roten
(der letzte Zulukaffer steht uns Andern näher),
schoß ihn von hinten übern Haufen.
Kurt Eisner starb – und lebt in unser Aller Herzen!

Was aber Trauer bitter macht und schmerzlicher den Schmerz,
20 was über einer Gruft die Fäuste fester ballen läßt,
ist dies:
            Die Bürger nicken.
Es starb Jaurès, Karl Liebknecht, Luxemburg,
Kurt Eisner –.
Wir wissen wohl, wie Jener groß war,
Dieser kleiner –
wer feilscht hier um Formate!
Eine Reinheit
ging von den Vieren aus,
30 die leuchtete auf ihren Stirnen und auf ihren Händen.

Und ihre Stimme sprach:
Ihr sollt nicht leiden!
Vier Schüsse und vier Särge und vier Gräber.
Wir strecken unsre Arme in die Runde
und klagen: «Welt! schlägst du noch immer an die Kreuze
Die, die dich lieben?»
                              Und die Bürger nicken.
Behaglich nicken sie, zufrieden, daß sie leben,
und froh, die Störenfriede los zu sein,
die Störenfriede ihrer Kontokasse.
Wo braust Empörung auf? Wo lodern Flammen,
die Unrat zehren, und die heilsam brennen?
Die Bürger nicken. Schlecht verhohlne Freude.
Sie wollen Ordnung – das heißt: Unterordnung.
Sie wollen Ruhe – das heißt: Kirchhofsstille.
Sie wollen Brot – das karge Brot der Andern.

Und satt und schleimig fett und vollgesogen
hockt über diesem Lande eine Spinne:
gelähmtes Leid, gelähmte deutsche Seelen.

Und doch: nach allem, was bergab gegangen,
nach dem, was uns enttäuscht und auch betrogen,
nach Kompromiß und braven Leisetretern – –
wir wissen ihre Werke, daß sie weder kalt noch warm
gewesen sind. Ach, wärt Ihr kalt! Ach, wärt Ihr warm!
Doch sie sind lau.
                              Und dennoch, dennoch:
Wir glauben weiter unter grauem Himmel!
Wir warten deiner unter grauem Himmel!
Wir wissen, daß du kommst –
                              Du sollst nicht rächen.
Du sollst nur flammen, schüren, leuchten, brennen.
Luft! Gib uns Luft, darin wir atmen können!
Wühl unsre Seelen auf, pflüg um die Herzen
und löse uns von unserm deutschen Elend
und nimm von uns das niederste der Leiden,

die beiden mach gesund vor allen Dingen:
gelähmtes Land und die gelähmten Schwingen!

Kaspar Hauser, WB 27.2.1919

Zirkus Busch

Wenn man auf seinem Gut inmitten Polen
und alten Weibern als Inspektor herrscht,
wenn man das ungewaschene Volk versohlen
und ducken darf als angestammter Ferscht,

wenn unter hundert dummen Ochsenjungen
man jener einzige ist, der lesen kann,
wenn bei der Herrschaft, fett und machtdurchdrungen,
noch wie vor Jahren erst der Mensch begann –:

dann hat man Grund, Verflossenem nachzutrauern!
Wie schön war doch die hohe Wonnegans.
O neue Zeit! heut wollen niedere Bauern
auch Menschen sein! o alter Siegerkranz!

Im Zirkus Oldenburg sprang durch den Reifen
ein dicker Bauch, daß alles rings erbebt.
Und wenn sie noch so johlen und so pfeifen –
hilft ihnen nichts. Sie müssen jetzt begreifen:
Der Junker stirbt.
Der deutsche Landmann lebt.

Theobald Tiger, Ulk 28.2.1919

Generalstreik

Stinnes im Krieg: «Wer streikt oder muckt,
fliegt in den Schützengraben –!»
Und die Massen schweigen gequält und geduckt,
um das Leben, das Leben zu haben.

Die Räte heute: «Der Bürger mag
krepieren, und wir sind oben!»
Verloren ist jeder Arbeitstag.
Die Terroristen toben.

Es jubeln zu früh die Burschen von rechts.
Wir haben damit nichts zu schaffen:
Wir wollen die Freiheit des deutschen Geschlechts,
aber nicht der Freiheit Affen.

Wir kämpfen noch für den ärmsten Mann.
Wir wollen Neudeutschland erbauen.
Ihr alle aber seid drauf und dran,
die Revolution zu versauen!

Theobald Tiger, Ulk 7.3.1919

Die bezopfte Athene

Unter der Etikette «Nutrimentum spiritus» wurde unter Friedrich dem Großen und auch späterhin von der damaligen königlichen Bibliothek zu Berlin Weisheit verzapft und verliehen. Zum
Teufel ist der Spiritus …

Es muß einmal gesagt werden, daß diese Athene Unter den Linden einen üblen Zopf trägt, den ihr das zuständige Ministerium je
eher je lieber abschneiden sollte. Nicht nur, daß erst neulich hier

Klage darüber geführt werden mußte, wie sich bureaukratische
Bequemlichkeit die Kohlennot zum Schaden fleißiger Studenten
und Forscher zu nutze zu machen versuchte – die lächerlichen
und unwürdigen Beschränkungen dieser Anstalt müssen aufgehoben werden.

Beispiele: Zwischen Abgabe eines Leihzettels und der Ausgabe
von Büchern vergehen rund zwei Tage. – Schöngeistige Schriften,
die nach 1850 erschienen sind, werden nur verliehen, wenn der
wissenschaftliche Zweck, zu dem sie benötigt werden, dargetan
wird. Es muß also der Student, es muß also der Privatgelehrte, der
Beamte dartun, warum er den ‹Grünen Heinrich› zu lesen sich
vermißt …

Die Staatsbibliothek schließt Bücher von der öffentlichen Benutzung aus. Ein Verfahren, das in jeder öffentlichen Bücherei
üblich ist: Werke, die sich ihrer ganzen Natur nach nicht für die
Öffentlichkeit eignen, werden nur an Leute verliehen, die nachweisen, daß sie wissenschaftlich mit dem Werk zu tun haben. Dahin gehören – zu Recht – alle Erotika, ferner Schriften, die durch
ein rechtsgültiges Urteil verboten sind, Privatdrucke intimer Art
und dergleichen mehr. Die Preußische Staatsbibliothek unterfängt
sich aber, nach eigenem Gutdünken auch heute noch Bücher zu
unterdrücken, die ihrer alten Herrschaft nicht genehm waren. So
sind politische Bücher, die im Kriege verboten waren, auch heute
nicht erhältlich. Sie werden zunächst überhaupt nicht verliehen,
und nach einem Gesuch erhält man sie – aber nur zum Gebrauch
im Lesesaal.

Diese dumme Zopffrisur muß herunter. Es gibt heute in der Republik Deutschland keine politischen Werke, die der Staatsbibliothek genehm oder nicht genehm sind; sie hat sie in Bausch und
Bogen auszuleihen und sich jeden Urteils über die Werke zu enthalten. Und es ist ein vernichtendes Urteil, wenn man die Werke
sperrt.

Es ist an der Zeit, einem gänzlich verstaubten Betrieb klar zu
machen, daß er nicht dazu da ist, ein beschauliches Leben von Ver-
waltungs wegen zu führen, sondern daß er samt Büchern, Dienern
und Direktoren lediglich für die Deutschen da ist, die seine Unter-
haltungskosten tragen. Die Preußische Staatsbibliothek ist im in-

neren und äußeren Betrieb so recht ein Musterbeispiel, wie eine
öffentliche Anstalt nicht geleitet werden soll: sie dünkt sich eine
Behörde, die aus Gnade und Barmherzigkeit Bücher verleiht.

Sie ist ein schlecht organisiertes Institut, das seine ganze Kraft
auf seine Besserung verwenden sollte.

Ignaz Wrobel, BT 11. 3. 1919

30

Spaziergänge eines Berliners

II.

Aujuste tanzt. Ihr Kavalier hat heute
Verschoben zwei Waggons voll Sacharin.
Man ist bemüht, ihm seine fette Beute
so langsam aus dem Portemonnaie zu ziehn.
Er schmeißt Champagner für die lieben Bräute,
den Hut schief in der Stirn: «Wat kost' Berlin?»
«Zahl' mir ein Beffstück!» haucht sie, «weil du's kannst!» –
Aujuste tanzt.

10 Im Ballsaal schlängeln sich befrackte Schieber.
Der Lackschuh glänzt. (Ist er auch schon bezahlt?)
Die Weiblichkeit erglänzt in Nerz und Biber
und ist im ganzen rosa angemalt.
Nur wenn sie sprechen ... «Emmi! Komm' ma riba!»
Der Piefke protzt, die kleine Nutte prahlt.
Ist auch – wer sieht's? – der Unterrock zerfranst –
Aujuste tanzt.

Man tut wie lauter Jrafens und Barone.
Der Saal erstrahlt in goldlackiertem Stuck.
20 Die Preise für den Mosel sind nicht ohne –
es lebe hoch der heilige Neppomuck!
«Ich müde? Aber, Junge, nich die Bohne!»

Der Morgen graut. Sie kriegen nie genug.
   Ein Dicker hält vor Lachen sich den Wanst. –
      Aujuste tanzt.

Aujuste tanzt. Wer ist denn die Aujuste?
Wer ist die Holde, die voll Heiterkeit
Im Kriege und auch später tanzen mußte?
Kanonen gibt es, die sind wie gefeit.
30 Da war die Schicht, die stets von gar nichts wußte,
Sie machen sich in Nachtlokälern breit ...
   Wer war sie wohl, die du dort nächtlich fandst?
      Aujuste tanzt.

Von einem Berliner, BVZ 12.3.1919

31

Das Elternhaus

«Ich habe Ihnen das Giraffenhaus gezeigt», sagte unser Führer,
«und das Raubtierhaus und das Vogelhaus – wir kommen nun zu
dem Elternhaus!»

Lärm empfing uns. Wir traten an das erste Gitter.

«Sie sehen hier», sagte der Führer, «die gemeinen Hauseltern
(parentes communes domestici). Sie sind weit verbreitet, harmlos
und vererben alle ihre Eigenschaften.»

Hinter dem Gitter saßen an einem Tisch Vater und Mutter, er
trug eine hohe, steife Hausmütze mit einer Quaste, er rauchte eine
10 lange Tabakspfeife und las im Zeitungsblättchen. Die Mutter
stopfte Strümpfe, daß die Nadeln klapperten. Kinder von vielerlei
Altern krabbelten im Zimmer herum: das älteste hatte eine Brille
auf der Nase und lernte aus einem Buch, zwei Mädchen nähten
Puppenkleider, eine Junge baute unter dem Tisch eine Steinbau-
kastenburg, und das Jüngste steckte einen standhaften Zinnsolda-
ten in den weitgeöffneten Mund. Von Zeit zu Zeit erhob der Vater
den Kopf und sagte, ohne hinzusehen: «Eduard! Tu das nicht!»
und las weiter. Und die Mutter sagte dann: «Aber, Papa, laß doch

die Kinder!» Worauf alles seinen ungestörten Fortgang nahm. Wir
schritten zum nächsten Gitter.

«Dies», erklärte der Führer, «sind die Eltern mit der Affenliebe
(parentes simiarum modo amantes).»

Zunächst sahen wir nur die Eltern – sie standen um irgendetwas
herum, was zunächst verborgen blieb, und schützten es mit ihren
Armen und drückten daran umher. Dann traten sie auseinander:
und es zeigte sich ein dickes, kugelrundes Kind von vielleicht acht
Jahren, das, kaum war es frei, an den Tisch ging und dort alles Geschirr mit einer jähen Handbewegung herunterfegte. Krach! Aber
schon stürmten die besorgten Eltern herbei und schlossen das
Kind unter Jubelrufen erneut in ihre gerührten Arme. «Nein, wie
selbständig es schon ist!» sagte der Vater. «Hast du gesehen, wie
flink es zupackt?» sagte die Mutter. Das Kind prustete, ob vor Lachen oder weil es husten mußte, wußten wir nicht. «Ach!» machten die Eltern und packten es in ein Bett. Aber da stand es auf und
lief durch die Tür in einen hinteren Raum. Die Eltern lockten.
«Kunochen! Na, Kunochen! Kuno! Komm doch! Du kriegst
Schokolade!» Kuno blies ihnen etwas, und wir gingen weiter.

«Wir kommen nunmehr», sagte unser freundlicher Führer, «zu
den Nationaleltern (parentes furore teutonico affecti). Aber treten
Sie nicht so nahe heran, Sie könnten sich verletzen!»

Eine Kugel kam geflogen – hoch über unsere Köpfe hinweg. Sie
kam aus einem schwarzweißrot angestrichenen Blasrohr, das ein
feldgrau gekleideter Junge mit Brille eben absetzte. «Friedrich
Wilhelm!» donnerte eine Männerstimme. «Adalbert! Hans Oskar!» Rrrums – machte es in der Stube, und schnurgerade ausge-
richtet standen drei Jungen wie die Orgelpfeifen da. Der Vater
betrat die Szene, ein Greis von mächtigen Dimensionen, furchtbar
anzuschauen. Er nagte an einem ungeheuren Speckbrot. Als er
es verschluckt hatte, war er wie steinerner Grimm anzuschauen.
Er schrie: «Disziplin! Nur der Kadavergehorsam kann's machen!» – «Nieder mit allen Nichtdeutschen!» piepste der Jüngste.
«Schweig'! Bevor ich dich frage!» rief der Vater in erschrecklichem Baß. «Aber hast's brav gemacht!» Und dann, die Hände in
den Hüften: «Ich habe gestern wieder ein Buch in der Kinderstube gefunden! Wenn mir das noch einmal vorkommt! Bleisoldaten

spielen sollt ihr! Griffe kloppen! Felddienstübungen machen zur
Ertüchtigung der Jugend. Mama geht als Krankenschwester mit!
Ein Buch –! Rasselbande! Potz Schwerebrett! Höllendunner ...»
Wir konnten ihn noch hören, während wir schon weitergingen.

60 «Jetzt kommen wir», erklärte der Führer, «zu den modernen
Reformeltern (parentes principiis onerati).»

In sackähnliche Reformgewänder gehüllt, saß hinter diesem
Gitter ein sonderbarer Verein. Geschlechter waren nicht zu unterscheiden, nur an den etwas helleren Fingern konnte man die weiblichen Familienangehörigen vague ahnen. Aber auch dies schien
zu täuschen ... «Charlotte-Elisabeth!» säuselte ein Mitglied, anscheinend die Mutter, «du hast heute wieder Äpfel aus der Speise-
kammer entwendet. Das Eigentum ist heilig, weil wir es uns er-
arbeitet haben. Willst du dein Unrecht mit mir betrachten?» – «Ja,
70 Mama», sagte Charlotte-Elisabeth. «Charlotte-Elisabeth! Siehst
du dein Unrecht ein?» – «Ja, Mama», sagte Charlotte-Elisabeth.
«Charlotte-Elisabeth! Wer sein Unrecht einsieht, der bereut es
schon. Bereust du dein Unrecht?» – «Jaaa, Mama», sagte die
Äpfel-Charlotte. «Ich entsühne dich, mein Kind – – Paul!» schrie
die Mama. Paul hatte dem Schaukelpferd den Schwanz ausgezogen
und war damit beschäftigt, ihn sich zum Skalp aufzuputzen.
«Paul!» sagte die schon wieder gefaßte Mutter, «auch Schaukel-
pferde fühlen wie du den Schmerz!» Da aber war es mit unserer
Fassung zu Ende, und froh wallfahrten wir weiter.

80 «Hier sehen Sie», sagte unser Führer, «die alleinstehende Hausmegäre (mater terribilis).»

Hurr – wie sauste da hinter dem Gitter jemand durch die Stube!
Laut knallten die Türen, und wir hörten einen schrillen Sopran.
«Marie! Marie! Habe ich Ihnen nicht schon tausendmal gesagt,
daß die Staublappen nicht in die rechte Schublade gehören? Ma-
rie! Wo ist mein Schlüsselkorb? Marie! Der Korb! Wo ist Bubi?
Marie! Wo ist das Kind? Das Kind! Der Korb! –» Und aus einer
Ecke kroch, mit totentraurigen Augen, ein kleines, verwahrlost
aussehendes Geschöpf: ein Kind. Nein, ein Opfer.

90 Wir gingen weiter. «Hier», sagte der Führer lächelnd, «muß ich
die Herrschaften bitten, den Mann nicht zu necken. Es ist das der
kleine Haustyrann (pater tyrannicus).»

Nein, wir neckten nicht. Schade – einem Gockel gleich stelzte dort ein Herr der Schöpfung herum und warf von Zeit zu Zeit wütende Blicke auf ein kleines Mädchen, das verschüchtert am Tisch saß. «Papa ist heute wieder so schlechter Laune», flüsterte die Kleine. «Wer spricht, wenn ich im Zimmer bin!» grollte der väterliche Fürst. Sie verstummte. Und er stapfte weiter umher und war sieghaft anzuschauen, wenngleichen er Filzpantoffeln trug.

100 «Zum Schluß gelangen wir», sagte der Führer vor dem nächsten Gitter, «zu der Syndetikonfamilie. Sie kommt nur in Rudeln vor und kann auch bei Todesgefahr nicht auseinandergerissen werden. Man erzählt sich wunderbare Geschichten von ihrer Anhänglichkeit. Ihre Angehörigen schätzen einander wenig, hocken aber dessenungeachtet stets zusammen. Sehen Sie –!»

Wir sahen. Hinter dem Gitter saßen ungefähr acht Personen und gähnten. «Die kleine Ellen erwartet mich um zehn», sagte der Älteste und zog ungeduldig, aber heimlich seine Taschenuhr. «Wie gern ginge ich heute ins Theater!» flüsterte die erwachsene Toch-
110 ter. «Huach!» machte die Fünfzehnjährige, «ist das bei euch langweilig!» Dabei gehörte sie doch mit dazu! «Auf der Straße ist heute große Schlacht zwischen den Blauen und den Schwarzen!» sagte der Gymnasiast. Und als alle etwas gesagt hatten, sah sich der Vater im Kreise um und sprach: «Ich weiß mir nichts Schöneres, als wenn ich so alle meine lieben Kinder um mich versammelt habe. Nicht wahr, Kinderchen?» – «Hujaja!» gähnten alle.

Und dann gingen wir. «Sagen Sie,» fragte ich, während wir hinausschritten, den Führer, «Sie haben uns da nun so viel gezeigt – aber … wie soll ich mich ausdrücken …» – «Sie meinen, ob es
120 nicht auch vernünftige Eltern gibt?» – «So etwas Ähnliches wollte ich allerdings sagen.» – «Kommen Sie!» sagte er ruhig. Und zog mich an der Hand aus dem Elternhaus fort, in den Park. Der Abend dämmerte, die Bäume rauschten im Winde. «Kommen Sie!» sagte er. Und wir gingen, bis wir an ein kleines weißes Häuschen kamen. Wir schlichen uns heran und wurden nicht gesehen und nicht gehört.

Vor dem Haus saß ein blondes, junges Weib mit ungemein lustigen Augen. Vor ihr im Sande raffte ein kleiner Junge seine Spielsachen zusammen; er hatte einen frech gedrehten Haarbusch auf dem Kopf und einen kleinen dicken Bauch. Er schnaufte erschrecklich, weil er so viel zu tun hatte. Die junge Frau ging ins Haus. «Peter!» rief sie. «Peter!» und Peter wackelte aufjauchzend hinterdrein.

Ich sah den Führer an. Er nickte. «Das sind meine», sagte er leise. «Die werden nicht eingesperrt!»

Peter Panter, BT 13.3.1919

32

Wir Negativen

> Wie ist er hier so sanft und zärtlich! Wohlseyn will er, und ruhigen Genuß und sanfte Freuden, für sich, für andere. Es ist das Thema des Anakreon. So lockt und schmeichelt er sich selbst ins Leben hinein. Ist er aber darin, dann zieht die Qual das Verbrechen und das Verbrechen die Qual herbei: Greuel und Verwüstung füllen den Schauplatz. Es ist das Thema des Aischylos.
>
> *Schopenhauer*

Es wird uns Mitarbeitern der ‹Weltbühne› der Vorwurf gemacht, wir sagten zu allem Nein und seien nicht positiv genug. Wir lehnten ab und kritisierten nur und beschmutzten gar das eigene deutsche Nest. Und bekämpften – und das sei das Schlimmste – Haß mit Haß, Gewalt mit Gewalt, Faust mit Faust.

Es sind eigentlich immer dieselben Leute, die in diesem Blatt zu Worte kommen, und es mag einmal gesagt werden, wie sehr wir alle innerlich zusammenstimmen, obwohl wir uns kaum kennen. Es existieren Nummern dieser Zeitschrift, die in einer langen Redaktionssitzung entstanden zu sein scheinen, und doch hat der Herausgeber mutterseelenallein gewaltet. Es scheint mir also der Vorwurf, wir seien negativ, geistig unabhängige und von einander nicht beeinflußte Männer zu treffen. Aber sind wirs? Sind wirs denn wirklich?

Ich will einmal die Schubladen unsres deutschen Schrankes aufmachen und sehen, was darinnen liegt.

Die Revolution. Wenn Revolution nur Zusammenbruch bedeutet, dann war es eine; aber man darf nicht erwarten, daß die Trümmer anders aussehen als das alte Gebäude. Wir haben Mißerfolg gehabt und Hunger, und die Verantwortlichen sind davongelaufen. Und da stand das Volk: die alten Fahnen hatten sie ihm heruntergerissen, aber es hatte keine neue.

Der Bürger. Das ist – wie oft wurde das mißverstanden! – eine geistige Klassifizierung, man ist Bürger durch Anlage, nicht durch Geburt und am allerwenigsten durch Beruf. Dieses deutsche Bürgertum ist ganz und gar antidemokratisch, dergleichen gibt es wohl kaum in einem andern Lande, und das ist der Kernpunkt alles Elends. Es ist ja nicht wahr, daß sie in der Zeit vor dem Kriege unterdrückt worden sind, es war ihnen tiefstes Bedürfnis, emporzublicken, mit treuen Hundeaugen, sich zurechtstoßen zu lassen und die starke Hand des göttlichen Vormunds zu fühlen! Heute ist er nicht mehr da, und fröstelnd vermissen sie etwas. Die Zensur ist in Fortfall gekommen, brav beten sie die alten Sprüchlein weiter, ängstlich plappernd, als ob nichts geschehen sei. Sie kennen zwischen patriarchalischer Herrschaft und einem ins Räuberhafte entarteten Bolschewismus keine Mitte, denn sie sind unfrei. Sie nehmen alles hin, wenn man sie nur verdienen läßt. Und dazu sollen wir Ja sagen?

Der Offizier. Wir haben hier nachgewiesen, warum und inwiefern der deutsche Offizier im Kriege versagt hat, und was er an seinen Leuten gesündigt. Es geht ja nicht um den Stand – Angriffe gegen eine Kollektivität sind immer ungerecht –: es geht um den schlechten Geist, der den Stand beseelte und der sich tief in das Bürgertum hineingefressen hatte. Der Leutnant und seine – sagen wir immerhin: Geistigkeit war ein deutsches Ideal, und der Reserve-Offizier brauchte keine lange Zeit, in die Uniform hineinzuwachsen. Es war die infernalische Lust, den Nebenmenschen ungestraft zu treten, es war die deutsche Lust, im Dienst mehr zu scheinen, als man im Privatleben ist, das Vergnügen, sich vor seiner Frau, vor seiner Geliebten aufzuspielen, und unten krümmte sich ein Mensch. Eine gewisse Pflichterfüllung des Offiziers (und sein Geist saß auch in vielen untern Chargen) soll nicht geleugnet werden, aber sie geschah oft nur auf der Basis der Übersättigung und

der übelsten Raffgier. Die jungen Herren, denen ich im Kriege hinter die Karten gucken konnte, machten keinen hervorragenden Eindruck. Aber es geht ja nicht um die Einzelnen, und wie soll je eine Besserung kommen, wenn wir es jetzt nicht sagen! Jetzt, denn später hat es keinen Sinn mehr; jetzt, denn später, wenn das neue Heer aufgebaut ist, wäre es überflüssig, noch einmal die Sünden des alten Regimes aufzublättern. Und es muß den Deutschen eingehämmert werden, daß das niemals wiederkommen darf, und
70 es muß Allen gesagt werden, denn es waren ja nicht die Sünden gewisser reaktionärer Kreise, sondern Alle, Alle taten mit! Das Soldatenelend – und mit ihm das Elend aller «Untergebenen» in Deutschland – war keine Angelegenheit der politischen Überzeugung: es war eine der mangelnden Kultur. Die übelsten Instinkte wurden in entfesselten Bürgern wachgerufen, gab ihnen der Staat die Machtfülle eines «Vorgesetzten» in die Hand. Sie hat ihnen nicht gebührt. Und dazu sollen wir Ja sagen?

Der Beamte. Was haltet Ihr von einer Verwaltung, bei der der Angestellte wichtiger ist als die Maßnahmen, und die Maßnahme
80 wichtiger als die Sache? Wie knarrte der Apparat und machte sich imponierend breit! Was war das für ein Gespreize mit den Ämtern und den Ämtchen! Welche Wonne, wenn Einer verfügen konnte! Von allen andern Dienststellen – und es gab ja so viele – wurde er unterdrückt: jetzt durfte er auch einmal! Und die Sache selbst ersoff in Verordnungen und Erlassen, die kleinen Kabalen und Reibereien in den Ämtern füllten Menschenleben aus, und der Steuerzahler war wehrlos gegen sein eigenes Werk. Und dazu sollen wir Ja sagen?

Der Politiker. Politik kann man in diesem Lande definieren als
90 die Durchsetzung wirtschaftlicher Zwecke mit Hilfe der Gesetzgebung. Die Politik war bei uns eine Sache des Sitzfleisches, nicht des Geistes. Sie wurde in Bezirksvereinen abgehaspelt und durchgehechelt, und gegen den Arbeiter standen alle Andern zusammen. Vergessen war der Geist, auf dessen Grundlage man zu Vorschlägen und Gesetzen kam, vergessen die Gesinnung, die, Antrieb und Motiv in einem, erst verständlich und erklärbar machte, was man wollte. Der Diplomat alter Schule hatte abgewirtschaftet, «er besitzt keinen modernen Geist», sagten die Leu-

te; nun sollte der Kaufmann an seine Stelle treten. Aber Der besitzt ihn auch nicht. Eine wilde Überschätzung des Wirtschaftlichen hob an. Feudale und Händler raufen sich um den Einfluß im Staat, der in Wirklichkeit ihnen Beiden unter der Führung der Geistigen zukommen sollte. Und dazu sollen wir Ja sagen?

Daß der Bürger zetert, dem anständige Politik nichts ist als Geschäftsstörung, nimmt uns nicht wunder. Daß Geistige gegen uns eifern, schon mehr. Wozu führen denn letzten Endes die Erkenntnisse des Geistes, wenn man nicht ein Mal von den Höhen der Weisheit herunterklettert, ihre Ergebnisse auf das tägliche Leben anwendet und das zu formen versucht nach ihrem Ebenbilde? Nichts ist bei uns peinlicher und verhaßter als konkret gewordene Geistigkeit. Alles darfst du: die gefährlichsten Forderungen aufstellen, in abstracto, Bücherrevolutionen machen, den lieben Gott absetzen – aber die Steuergesetzgebung, die machen sie doch lieber allein. Sie haben eine unendlich feine Witterung und den zuverlässigsten Instinkt gegen Alles, was ihre trübe Geschäftigkeit stören kann, ihr Mißtrauen ist unsäglich, ihre Abneigung unüberwindbar. Sie riechen förmlich, ob sich deine Liebe und dein Haß mit ihrem Kolonialwarenladen verträgt, und tun sies nicht: dann Gnade dir Gott!

Hier steht Wille gegen Willen. Kein Resultat, kein Ziel auf dieser Erde wird nach dem logisch geführten Beweis ex argumentis gewonnen. Überall steht das Ziel, gefühlsmäßig geliebt, vorher fest, die Argumente folgen, als Entschuldigung für den Geist, als Gesellschaftsspiel für den Intellekt. Noch niemals hat Einer den Andern mit Gründen überzeugt. Hier steht Wille gegen Willen: wir sind uns über die Ziele mit allen anständig Gesinnten einig – ich glaube, was an uns bekämpft wird, ist nicht der Kampf: es ist die Taktik.

Aber wie sollen wir gegen kurzstirnige Tölpel und eisenharte Bauernknechte anders aufkommen als mit Knüppeln? Das ist seit Jahrhunderten das große Elend und der Jammer dieses Landes gewesen: daß man vermeint hat, der eindeutigen Kraft mit der bohrenden Geistigkeit beikommen zu können. Wenn wir Andern – die wir hinter die Dinge gesehen haben, die wir glauben, daß die Welt, so wie sie ist, nicht das letzte Ziel für Menschen sein kann –

keinen Exekutor unsrer geistigen Gesinnung haben, so sind wir verdammt, ewig und auch fürderhin unter Fleischergesellen zu leben, und uns bleiben die Bücher und die Tinte und das Papier, worauf wir uns ergehen dürfen. Das ist so unendlich unfruchtbar, 140 zu glauben, man könne die negative Tätigkeit des Niederreißens entbehren, wenn man aufbauen will. Seien wir konkret. Eine Naumannsche Rede in Weimar verpflichtet zu garnichts: der Beschluß irgendeines Gemeindekollegiums zeigt uns den Bürger in seiner Nacktheit.

Der unbedingten Solidarität aller Geldverdiener muß die ebenso unbedingte Solidarität der Geistigen gegenüber stehen. Es geht nicht an, daß man feixenden Bürgern das Schauspiel eines Kampfes liefert, aus dem sie nur und ausschließlich heraushören: dürfen wir weiter schachern, oder dürfen wir es nicht? Dürfen wir weiter 150 in Cliquen und Klüngeln schieben, oder dürfen wir es nicht? Nur Das wird gehört, und keine metaphysische Wahrheit und kein kritizistischer Irrtum.

Ist schon Alles vergessen? Gleiten wir schon wieder in den behaglichen Trott hinüber, in dem Ruhe die erste und letzte Pflicht ist? Schon regt sich allerorten der fade Spruch: «Es wird nicht so schlimm gewesen sein.» «Ihr Herr Gemahl ist an Lungenentzündung gestorben?» sagte jener Mann, «na, es wird nicht so schlimm gewesen sein!»

Es ist so schlimm gewesen. Und man mache ja nicht wieder den 160 Versuch, zu behaupten, die «Pionierarbeit des deutschen Kaufmanns» werde uns «schon herausreißen»! Wir sind in der ganzen Welt blamiert, weil wir unsre besten Kräfte tief im Land versteckt und unsre minderwertigen hinausgeschickt haben. Aber schon regen sich die Stimmen, die dem Deutschen einzureden versuchen, es werde, wenn er nur billige Ware liefere, sich Alles einrenken lassen. Das wollen wir nicht! Wir wollen nicht mehr benutzt sein, weil unsre jungen Leute im Ausland alle Andern unterboten haben, und weil man bei uns schuftete, aber nicht arbeitete. Wir wollen geachtet werden um unsrer selbst willen.

170 Und damit wir in der Welt geachtet werden, müssen wir zunächst zu Haus gründlich rein machen. Beschmutzen wir unser eigenes Nest? Aber einen Augiasstall kann man nicht beschmutzen,

und es ist widersinnig, sich auf das zerfallene Dach einer alten Scheune zu stellen und da oben die Nationalhymne ertönen zu lassen.

Wir sollen positive Vorschläge machen. Aber alle positiven Vorschläge nützen nichts, wenn nicht die rechte Redlichkeit das Land durchzieht. Die Reformen, die wir meinen, sind nicht mit Vorschriften zu erfüllen, und auch nicht mit neuen Reichsämtern, von denen sich heute Jeder für sein Fach das Heil erhofft. Wir glauben nicht, daß es genügt, eine große Kartothek und ein vielköpfiges Personal aufzubauen und damit sein Gebiet zu bearbeiten. Wir glauben, daß das Wesentliche auf der Welt hinter den Dingen sitzt, und daß eine anständige Gesinnung mit jeder, auch mit der schlechtesten, Vorschrift fertig wird und sie gut handhabt. Ohne sie aber ist nichts getan.

Was wir brauchen, ist diese anständige Gesinnung.

Wir können noch nicht Ja sagen. Wir können nicht einen Sinn stärken, der über den Menschen die Menschlichkeit vergißt. Wir können nicht ein Volk darin bestärken, seine Pflicht nur dann zu tun, wenn jedem Arbeitenden ein Popanz von Ehre aufgebaut wird, der sachlicher Arbeit nur im Wege ist. Wir können nicht zu einem Volk Ja sagen, das, noch heute, in einer Verfassung ist, die, wäre der Krieg zufälligerweise glücklich ausgegangen, das Schlimmste hätte befürchten lassen. Wir können nicht zu einem Land Ja sagen, das von Kollektivitäten besessen ist, und dem die Korporation weit über dem Individuum steht. Kollektivitäten sind nur ein Hilfsmittel für die Einzelnen. Wir können nicht Ja zu Denen sagen, deren Früchte die junge Generation darstellt: ein laues und flaues Geschlecht, angesteckt von dem kindischen Machthunger nach innen und der Gleichgültigkeit nach außen, den Bars mehr zugetan als der Bravour, von unsäglicher Verachtung für allen Sturm und Drang, den man zurzeit nicht mehr trägt, ohne Flamme und ohne Schwung, ohne Haß und ohne Liebe. Wir sollen laufen, aber unsre Schenkel sind mit Schnüren gefesselt. Wir können noch nicht Ja sagen.

Leute, bar jedes Verständnisses für den Willen, der über die Tagesinteressen hinausheben will – man nennt das hier zulande: Realpolitiker – bekämpfen uns, weil wir im Kompromiß kein Heil

sehen, weil wir in neuen Abzeichen und neuen Aktenstücken kein
Heil sehen. Wir wissen wohl, daß man Ideale nicht verwirklichen
kann, aber wir wissen auch, daß nichts auf der Welt ohne die
Flamme des Ideals geschehen ist, geändert ist, gewirkt wurde.
Und – das eben scheint unsern Gegnern eine Gefahr und ist auch
eine – wir glauben nicht, daß die Flamme des Ideals nur dekorativ
am Sternenhimmel zu leuchten hat, sondern sie muß hienieden
brennen: brennen in den Kellerwinkeln, wo die Asseln hausen,
und brennen auf den Palastdächern der Reichen, brennen in den
Kirchen, wo man die alten Wunder rationalistisch verrät, und
brennen bei den Wechslern, die aus ihrer Bude einen Tempel gemacht haben.

Wir können noch nicht Ja sagen. Wir wissen nur das Eine: es
soll mit eisernem Besen jetzt, grade jetzt und heute ausgekehrt
werden, was in Deutschland faul und vom Übel war und ist. Wir
kommen nicht damit weiter, daß wir den Kopf in ein schwarz-
weiß-rotes Tuch stecken und ängstlich flüstern: Später, mein Bester, später! nur jetzt kein Aufsehen!

Jetzt.

Es ist lächerlich, einer jungen Bewegung von vier Monaten vorzuwerfen, sie habe nicht dasselbe Positive geleistet wie eine Tradition von dreihundert Jahren. Das wissen wir.

Wir stehen vor einem Deutschland voll unerhörter Korruption,
voll Schiebern und Schleichern, voll dreimalhunderttausend Teu-
feln, von denen jeder das Recht in Anspruch nimmt, für seine
schwarze Person von der Revolution unangetastet zu bleiben. Wir
meinen aber ihn und grade ihn und nur ihn.

Und wir haben die Möglichkeit, zu wählen: bekämpfen wir ihn
mit der Liebe, bekämpfen wir ihn mit Haß? Wir wollen kämpfen
mit Haß aus Liebe. Mit Haß gegen jeden Burschen, der sich er-
kühnt hat, das Blut seiner Landsleute zu trinken, wie man Wein
trinkt, um damit auf seine Gesundheit und die seiner Freunde an-
zustoßen. Mit Haß gegen einen Klüngel, dem übermäßig erraffter
Besitz und das Elend der Heimarbeiter gottgewollt erscheint, der
von erkauften Professoren beweisen läßt, daß dem so sein muß,
und der auf gebeugten Rücken vegetierender Menschen freundliche Idyllen feiert. Wir kämpfen allerdings mit Haß. Aber wir

kämpfen aus Liebe für die Unterdrückten, die nicht immer notwendigerweise Proletarier sein müssen, und wir lieben in den Menschen den Gedanken an die Menschheit.

250 Negativ? Viereinhalb Jahre haben wir das fürchterliche Ja gehört, das Alles gut hieß, was frecher Dünkel auszuführen befahl. Wie war die Welt so lieblich! Wie klappte Alles, wie waren Alle d'accord, ein Herz und keine Seele, wie bewegte sich die künstlich hergerichtete Landschaft mit den uniformierten Puppen darin zum Preise unsrer Herren! Es war das Thema des Anakreon. Und mit donnerndem Krachen ist das zusammengebrochen, was man früher für eisern gehalten hatte, und was nicht einmal Gußeisen war, die Generale fangen an, sich zu rechtfertigen, obgleich sie es garnicht nötig hätten, keiner will es gewesen sein, und die Revolu-
260 tionäre, die zu spät kamen und zu früh gebremst wurden, werden beschuldigt, das Elend herbeigeführt zu haben, an dem doch Generationen gewirkt hatten. Negativ? Blut und Elend und Wunden und zertretenes Menschentum – es soll wenigstens nicht umsonst gewesen sein. Laßt uns auch weiterhin Nein sagen, wenn es not tut! Es ist das Thema des Aischylos.

Kurt Tucholsky, WB 13.3.1919

33

Das Lied vom Kompromiß

Manche tanzen manchmal wohl ein Tänzchen
immer um den heißen Brei herum,
kleine Schweine mit dem Ringelschwänzchen,
Bullen mit erschrecklichem Gebrumm.
  Freundlich schaun die Schwarzen und die Roten,
  die sich früher feindlich oft bedrohten.
Jeder wartet, wer zuerst es wagt,
  bis der Eine zu dem Andern sagt:
  (Volles Orchester)
10 «Schließen wir 'nen kleinen Kompromiß!
  Davon hat man keine Kümmernis.

Einerseits – und andrerseits –
so ein Ding hat manchen Reiz …
Sein Erfolg in Deutschland ist gewiß:
Schließen wir 'nen kleinen Kompromiß!»

Seit November klingt nun dies Gavottchen.
Früher tanzte man die Carmagnole.
Doch Germania, das Erzkokottchen,
wünscht, daß diesen Tanz der Teufel hol.
Rechts wird ganz wie früher lang gefackelt,
links kommt Papa Ebert angewackelt.
Wasch den Pelz, doch mache mich nicht naß!
Und man sagt: «Du, Ebert, weißt du was:
Schließen wir 'nen kleinen Kompromiß!
Davon hat man keine Kümmernis.
Einerseits – und andrerseits –
so ein Ding hat manchen Reiz …
Sein Erfolg in Deutschland ist gewiß:
Schließen wir 'nen kleinen Kompromiß!»

Seit November tanzt man Menuettchen,
wo man schlagen, brennen, stürzen sollt.
Heiter liegt der Bürger in dem Bettchen,
die Regierung säuselt gar zu hold.
Sind die alten Herrn auch rot bebändert,
deshalb hat sich nichts bei uns geändert.
Kommts, daß Ebert hin nach Holland geht,
spricht er dort zu einer Majestät:
«Schließen wir 'nen kleinen Kompromiß!
Davon hat man keine Kümmernis.
Einerseits – und andrerseits –
So ein Ding hat manchen Reiz …»

Und durch Deutschland geht ein tiefer Riß.
Dafür gibt es keinen Kompromiß!

Kaspar Hauser, WB 13.3.1919

33 Das Lied vom Kompromiß 81

[Antwort]

Lieber S. J., ich höre Sie noch lachen. Es war aber auch zu heiter. Hardt ist so fettfrei, so sauber, so unaufdringlich, so nur darauf bedacht, alle Andern an der Freude teilnehmen zu lassen, die ihm der Dichter bereitet hat, daß man erst hinterher feststellt, welch großer technischer und künstlerischer Leistung man beigewohnt hat. Er ist, gottseidank, nicht von hier, sondern aus dem Deutschland, wo es am kernfestesten ist: aus Friesland. Und weil Die an der Wasserkante literarisch von den übelsten Schreibern ausgeschlachtet worden sind, berührt es doppelt angenehm, einmal einen der Geistigen plattdeutsch sprechen zu hören, weil man weiß, daß es nicht um den Erdgeruch geht. Und dann seine Schauspieler-Portraits. Der Gipfel Bassermann: eine Satire ersten Ranges, weil trotz allen polemischen Späßen das Gesicht Bassermanns nicht zur Fratze verzogen wird. Vortragskunst ist in Berlin zu einer unerträglichen Sache geworden. Jede junge Dame, jeder junge Herr legt eine bunte Decke auf einen runden Tisch, stellt auf den Tisch die duftenden Magnolien und hebt an: «Es läuft der Vorfrühlingswind durch kahle Alleen –.» Es ist zum Davonlaufen. Aber weil Hardt ein großer Künstler ist, der mit Jenen nichts gemein hat, deswegen wünsche ich ihm endlich als sein Publikum das feinste, Leute, die sonst nicht in einen Vortragssaal gehen, weil sie – und das ist in neun von zehn Fällen richtig – der Meinung sind, lesend mehr vom Buche zu haben. Hier ist der zehnte Fall. Weil Hardt in der Auswahl seiner Stücke auch nicht die leiseste Konzession macht, weil er nun schon lange Jahre an dem Besten festhält, was wir im Bücherschrank haben, deshalb sollte er nur vor Menschen zu sprechen brauchen, die ihn ganz verstehen.

Peter Panter, WB 13. 3. 1919

Armes Berlin!

Und so muß das enden? Mit Straßenschlachten,
mit schweren Jungens, die die Geldschränke knacken?
Mit Rowdies, mit Deutschen, die Deutsche bewachen
wie fremdes Volk – mit Pankekosaken,
    mit Plünderern, die durch die Geschäfte ziehn?
    Armes Berlin!

Gewiß, wir sind auch nicht immer zufrieden!
Wir wissen, man könnte so vieles verbessern,
hätte manches besser in Weimar vermieden,
geht noch zu sanft um mit Drohnen und Fressern.
    Der Terror tobt. Gehts nicht ohne ihn?
    Armes Berlin!

Denkt ihr nicht an die andere Seite?
Sie grinsen auf ihren Rittergütern.
Sie warten auf eure große Pleite –
und sie warten mit ruhigen Gemütern.
    Die Brüder sind nach wie vor auf dem Kien –
    Armes Berlin!

Berauscht euch nicht an russischen Dämpfen!
Dergleichen wird nur von Asiaten geduldet.
Kämpft – aber in politischen Kämpfen!
und denkt an die, die den Krieg verschuldet!
    Sie leben und lachen dir straffrei Hohn –
    Arme Revolution!

Von einem Berliner, BVZ 19. 3. 1919

Berliner Spielhöllen

Die «kleinen Pferdchen», die die Romanen in ihren Ländern laufen lassen, die öffentlichen Glücksspiele, sind bei uns in Deutschland verboten. Aber das Spielbedürfnis der Leute reguliert den Druck von oben, und die Polizei läßt nur so viel Spielklubs auffliegen, wie zur Reklame dieser staatlichen Institution nun einmal unbedingt notwendig ist, und nur so viel, daß noch immer genug nebenbei bestehen können und bestehen bleiben.

Mit Verboten ist allerdings nicht viel getan. Wenn die Verführung durch öffentliche Spielunternehmer auf den Plätzen und Straßen, in den Vergnügungsparks und Variétéfoyers ausgeschaltet ist, so ist das schon eine ganze Menge. Aber zwischen Öffentlichkeit und Privatleben hat sich eine halbe Öffentlichkeit aufgetan – nicht jeder kommt hinein, aber wer will, kann es. Und wer will?

Nicht nur der Schieber. Das ist der große Unterschied zwischen dem Berlin vor dem Kriege und dem von heute, daß sich die Unsolidität dieser Zwitterschichten bis tief ins Bürgertum hineingefressen hat. Es sind durchaus nicht nur jene Gauner im Frack und weißer Binde, wie sie zum Entsetzen aller Gutgesinnten früher auf den Leintüchern der Moritaten und heute auf der Leinwand des Kinos vorgeführt werden. Die Gutgesinnten spielen heute selber, daß es eine Lust ist.

Es ist aber eine Schande.

Wir stehen nicht im Verdacht, wie jener Lizentiat Mumm, in der großen Stadt nur den Sumpf (himmelnder Blick nach oben) der menschlichen Laster zu sehen, den Pfuhl, meine Lieben, den Gott verderben möge. Wir wissen sehr wohl, daß in der Großstadt, wie überall, das soziale Moment den Ausschlag gibt, daß der eine arbeitet, weil er arbeiten muß, daß der andere faulenzt, weil er faulenzen kann, und daß der dritte schiebt, weil es hier einen Boden zum Schieben gibt. Es wäre also durchaus falsch, diese neue Erscheinung der wilden Berliner Spielhöllen bei den Frackschößen ihrer Besucher anzupacken und Moral zu blasen, wo ein ganz ander Lied gegeigt wird. Was geht denn vor?

Es spielten früher in den großen Berliner Klubs Börsianer, Schauspieler, Rechtsanwälte, Leute mit durchaus gesicherten bürgerlichen Existenzen, denen das Spiel Lebensgenuß und unentbehrliche Zugabe war. Heute wird in etwa fünfzig bis achtzig neuentstandenen Spielklubs im Berliner Westen gespielt. Der Eintritt ist für den, der spielen will, nicht schwierig zu erlangen, man kann also diese Klubs getrost als öffentlich bezeichnen. Die Einsätze sind für bürgerliche Verhältnisse hoch – der Umsatz außerordentlich, der Gewinn der Unternehmer sehr gut. Die Aufmachung der Klubs ist elegant, von jener ein wenig frischen Berliner Eleganz, – aber immerhin kostet sie Geld; es gibt dort reichlich und billig zu essen – kein Kompliment für das Kriegswucheramt und seine Nachfolger – und Sekt und Wein sind schließlich nur Tropfen auf die heißen Steine im Schmuck der Damen. Soweit gut.

Daß aber in den Spielklubs ein durchaus nicht unsolides Publikum verkehrt, daß die Unsolidität, die doch in jedem Spieler steckt, das früher anständige Bürgertum infiziert hat, halte ich für das Bedenkliche in der Sache. Es verführt: das Leben nachts ist so leicht und elegant und lockend, die Nerven schwingen, es kribbelt in den Fingern, und mit heißen Augen wird ein grauer Tag begrüßt – ein Tag, aber kein Arbeitstag. Daß nur die Unternehmer wirklichen Gewinn davontragen, die Kellner, die Fleischlieferanten – was kümmert das den Spieler, der ganz andres sucht als den rentablen Nutzen. Der wahre Spieler spielt nicht um des Geldes willen – ihn lockt der grüne Tisch, das Rascheln der Karten, die Atmosphäre von Gier, Hast, Neid und Unruhe, die um den Tisch zittert ... Geld? Ba!

Das Berliner Bürgertum ist dieser Krankheit gegenüber nicht immun geblieben. Man spielt, wo noch der alte Fontane beim Apfelsinensalat geplaudert hat, man spielt auf Damentees und Herrengesellschaften, man spielt in und außer dem Hause. Eine Verwilderung der Sitten ist eingerissen, wie man sie früher nicht einmal in dem wenig stabilisierten Berlin der ersten Jahre des Jahrhunderts gekannt hat. Da war alles unsicher und schwankend, da war vieles zu neu und noch unfertig – das alte, gute Berlin lebte nur noch in einigen Straßen, Quadern bröckelten, und Stuck entstand – freilich, aber eine gewisse arbeitsame Solidität war doch dem Bürgertum nicht abzusprechen. Wo ist das geblieben? Fast wehmütig blickt man auf diese Friedensjahre zurück, in denen doch die Moral des Kaufmanns aller anständigen Firmen so groß war, daß er mit einem Spieler, mit dem Mann der Gelegenheitsgeschäfte nichts zu tun haben wollte. Heute –?

Heute ist die Zahl dieser bodenständigen, sauberen Kaufleute immer mehr und mehr zusammengeschmolzen. Das fing an, als man begann, Kriegslieferungen zu übernehmen, von denen man nichts verstand, mit denen man handelte, und die man hin und her schob, wie der galizische Handelsmann seinen Tragekorb, der da enthalten kann, was immer die anderen brauchen: Teckel, Hosenträger und Lampenschirme. Es folgten die unsinnigen Kriegsgewinne, das Schleudern mit den Waren, das Hamstern der Vorräte, die Spekulationen, verquickt mit Politik und absichtlich herbeigeführter Hausse und Baisse. Und der Friede wurde kein Erlösungsschrei der gequälten Menschheit, sondern die traurige Bestätigung der Tatsache, daß nunmehr Schokolade doch erheblich fallen würde ...

Was so verdient wird, wird leicht ausgegeben. Wer so arbeitet, vergnügt sich entsprechend und will eines Tages gar nicht mehr arbeiten. Die Wertungen sind verschoben: der Friseur eines Spielklubs in der Bellevuestraße bekommt zehntausend Mark Jahresgehalt, wofür er die Herren, die gleich im Klub wohnen, auf neu bügelt, wenn sie die Nacht zerknittert hat.

Und der Bürger wendet sich nicht ab. Die Polizei soll's für ihn nicht besorgen; wer fallen will, mag fallen, wir haben genug Paragraphen in Deutschland. So ist dem Ding nicht beizukommen. Nur eine geistige Kultur ist dem Spielklub über – nicht der meidet das Spiel, dem es zu unmoralisch, sondern der, dem es zu dumm ist. Der Bürger aber wendet sich nicht ab. Damit ist natürlich nicht gesagt, daß nun jede bessere Familie ihren Roulettetisch unterhält, aber die Abneigung der breiten Mittelstandsschicht diesem Treiben gegenüber ist nicht so groß, wie sie sein sollte, um die Klubs zu isolieren. Heute jeuen brave, biedere Bürger. Wie lange können sie's bei dem Leben bleiben?

Was uns fehlt, ist nicht etwa ein neuer Kasten- und Standesdünkel; von dem haben wir übergenug, und werden auch, wenn der

Offizier aus dem gesellschaftlichen Leben verschwunden ist, immer noch genug haben. Was uns fehlt, ist der selbstverständlich solide Geist, der da sagt: «Ich bin ein Kaufmann, nicht mehr, nicht weniger. Nicht Ritter, nicht Professor, ‹nur› Kaufmann. Aber ich halte meinen Schild in der Hand, und der Schild ist rein.» Bei uns aber mehren sich die Leute, die zwar ein sauberes Ladenschild aufweisen können, aber das ist wohl alles …

Brodeln die Fegefeuer in den Berliner Spielhöllen? Die armen Seelen, zermürbt durch die langen Leidensjahre des Krieges und trunken vom Gold- und Gewinnrausch des Krieges, taumeln wie die Fliegen ins Licht. Laßt sie fallen. Aber sorgt dafür, daß wir anderen, die wir oben bleiben, die da unten als das empfinden, was sie sind: als soziale Schädlinge der anständigen Gesellschaft.

Ignaz Wrobel, BT 20.3.1919

37

Der Untertan

Aber es wäre unnütz, euch zu raten. Die Geschlechter müssen vorübergehen, der Typus, den Ihr darstellt, muß sich abnutzen: dieser widerwärtig interessante Typus des imperialistischen Untertanen, des Chauvinisten ohne Mitverantwortung, des in der Masse verschwindenden Machtanbeters, des Autoritätsgläubigen wider besseres Wissen und politischen Selbstkasteiers. Noch ist er nicht abgenutzt. Nach den Vätern, die sich zerrackerten und Hurra schrien, kommen Söhne mit Armbändern und Monokeln, ein Stand von formvollen Freigelassenen, der sehnsüchtig im Schatten des Adels lebt …

Heinrich Mann 1911

Dieses Buch Heinrich Manns, heute, gottseidank, in Aller Hände, ist das Herbarium des deutschen Mannes. Hier ist er ganz: in seiner Sucht, zu befehlen und zu gehorchen, in seiner Roheit und in seiner Religiosität, in seiner Erfolganbeterei und in seiner namenlosen Zivilfeigheit. Leider: es ist der deutsche Mann schlechthin gewesen; wer anders war, hatte nichts zu sagen, hieß Vaterlandsverräter und war kaiserlicherseits angewiesen, den Staub des Landes von den Pantoffeln zu schütteln.

Das Erstaunlichste an dem Buch ist sicherlich die Vorbemerkung: «Der Roman wurde abgeschlossen Anfang Juli 1914.» Wenn ein Künstler dieses Ranges das schreibt, ist es wahr: bei jedem andern würde man an Mystifikation denken, so überraschend ist die Sehergabe, so haarscharf ist das Urteil, bestätigt von der Geschichte, bestätigt von dem, was die Untertanen als allein maßgebend betrachten: vom Erfolg. Und es muß immerhin bemerkt werden, daß die alten Machthaber – ach, wären sie alt! – dieses Buch von ihrem Standpunkt aus mit Recht verboten haben: denn es ist ein gefährliches Buch.

Ein Stück Lebensgeschichte eines Deutschen wird aufgerollt: Diederich Heßling, Sohn eines kleinen Papierfabrikanten, wächst auf, studiert und geht zu den Corpsstudenten, dient und geht zu den Drückebergern, macht seinen Doktor, übernimmt die väterliche Fabrik, heiratet reich und zeugt Kinder. Aber das ist nicht nur Diederich Heßling oder ein Typ.

Das ist der Kaiser, wie er leibte und lebte. Das ist die Inkarnation des deutschen Machtgedankens, das ist einer der kleinen Könige, wie sie zu hunderten und tausenden in Deutschland lebten und leben, getreu dem kaiserlichen Vorbild, ganze Herrscherchen und ganze Untertanen.

Diese Parallele mit dem Staatsoberhaupt ist erstaunlich durchgearbeitet. Diederich Heßling gebraucht nicht nur dieselben Tropen und Ausdrücke, wenn er redet wie sein kaiserliches Vorbild – am lustigsten einmal in der Antrittsrede zu den Arbeitern («Leute! Da ihr meine Untergebenen seid, will ich euch nur sagen, daß hier künftig forsch gearbeitet wird.» Und: «Mein Kurs ist der richtige, ich führe euch herrlichen Tagen entgegen.») – er handelt auch im Sinne des Gewaltigen, er beugt sich nach oben, wie der seinem Gotte, so er seinem Regierungspräsidenten, und tritt nach unten.

Denn diese beiden Charaktereigenschaften sind an Heßling, sind am Deutschen auf das subtilste ausgebildet: sklavisches Un-

terordnungsgefühl und sklavisches Herrschaftsgelüst. Er braucht
Gewalten, Gewalten, denen er sich beugt, wie der Naturmensch
vor dem Gewitter, Gewalten, die er selbst zu erringen sucht, um
Andre zu ducken. Er weiß: sie ducken sich, hat er erst einmal das
«Amt» verliehen bekommen und den Erfolg für sich. Nichts wird
so respektiert wie der Erfolg; einmal heißt es gradezu: «Er behan-
60 delte Magda mit Achtung, denn sie hatte Erfolg gehabt.» Aber
wie wird dieser Erfolg geachtet! Würde er es mit nüchternem Tat-
sachensinn, so hätten wir den Amerikanismus, und das wäre nicht
schön. Aber er wird geachtet auf ganz verlogne Art: man schämt
sich der alten Vergangenheit und beschwört die alten Götter, die
den wirklichen Dichtern und Denkern von einst noch etwas be-
deuteten, zitiert sie, legt Metaphysik in den Erfolg und donnert
voll Überzeugung: «Die Weltgeschichte ist das Weltgericht!» Und
appelliert an keine höhere Instanz, weil man keine andre kennt.

Das ganze bombastische und doch so kleine Wesen des kaiser-
70 lichen Deutschland wird schonungslos in diesem Buch aufgerollt.
Seine Sucht, Amüsiervergnügen an Stelle der Freude zu setzen,
seine Unfähigkeit, in der Gegenwart zu leben, ohne auf die Lese-
bücher der Zukunft hinzuweisen, und seine Unfähigkeit, anders
als nur in der Gegenwart zu leben, seine Lust am rauschenden Ge-
pränge – tiefer ist nie die Popularität Wagners enthüllt worden als
hier an einer Lohengrin-Aufführung, die voll witziger Beziehungen zur deutschen Politik strotzt («denn hier erschienen ihm, in
Text und Musik, alle nationalen Forderungen erfüllt. Empörung
war hier dasselbe wie Verbrechen, das Bestehende, Legitime ward
80 glanzvoll gefeiert, auf Adel und Gottesgnadentum höchster Wert
gelegt, und das Volk, ein von den Ereignissen ewig überraschter
Chor, schlug sich willig gegen die Feinde seiner Herren») – und
vor allem zeigt Heinrich Mann, wonach eben das Buch seinen Namen führt: die Unfreiheit des Deutschen.

Die alte Ordnung, die heute noch genau so besteht wie damals,
nahm und gab dem Deutschen: sie nahm ihm die persönliche Freiheit, und sie gab ihm Gewalt über Andre. Und sie ließen sich alle
so willig beherrschen, wenn sie nur herrschen durften! Sie durften. Der Schutzmann über den Passanten, der Unteroffizier über
90 den Rekruten, der Landrat über den Dörfler, der Gutsverwalter

über den Bauern, der Beamte über Leute, die sachlich mit ihm zu tun hatten. Und jeder strebte nur immer danach, so ein Amt, so eine Stellung zu bekommen – hatte er die, ergab sich das Übrige von selbst. Das Übrige war: sich ducken und regieren und herrschen und befehlen.

Die vollkommene Unfähigkeit, anders zu denken als in solchem Apparat, der weit wichtiger war denn alles Leben, die Stupidität, zwischen Beamtenmißwirtschaft und Anarchie nicht die einzig mögliche dritte Verfassung zu sehen, die es für anständige Men-
100 schen gibt: sie bildet den Grundbaß des Buches. (Und offenbart sie sich nicht heute wieder aufs herrlichste?) Sie können Alle nur ihre Pflicht tun, wenn man sie ducken und geduckt werden läßt; unzertrennlich erscheint Bildung und Sklaventum, Besitz und Duodezregierung, bürgerliches Leben und Untergebene und Vorgesetzte. Sie fassen es nicht, daß es wohl Leute geben mag, die sachlich Weisungen erteilen, aber nimmermehr: Vorgesetzte; wohl Menschen, die für Geld ausführen, was andre haben wollen, aber nimmermehr: Untergebene. Das Land war – war ... – ein einziger Kasernenhof.
110 Und noch eins scheint mir in diesem Werk, das auch noch die kleinen und kleinsten Züge der Hurramiene mit dem aufgebürsteten Katerschnurrbart eingefangen hat, auf das glücklichste dargestellt zu sein: das Rätsel der Kollektivität. Was der Jurist Otto Gierke einst die reale Verbandspersönlichkeit benannte, diese Erscheinung, daß ein Verein nicht die Summe seiner Mitglieder ist, sondern mehr, sondern etwas Andres, über ihnen Schwebendes: das ist hier in nuce aufgemalt und dargetan. Neuteutonen und Soldaten und Juristen und schließlich Deutsche – es sind alles Kollektivitäten, die den Einzelnen von jeder Verantwortung frei machen,
120 und denen anzugehören Ruhm und Ehre einbringt, Achtung erheischt und kein Verdienst beansprucht. Man ist es eben, und damit fertig. Der Musketier Lyck, der den Arbeiter erschießt – historisch – und dafür Gefreiter wird; der Bürger Heßling, der – nicht historisch, aber mehr als das: typisch – alle anders Gearteten wie Wilde ansieht: sie sind Sklaven der rätselvollen Kollektivität, die diesem Lande und dieser Zeit so unendlich Schmachvolles aufgebürdet hat. «Dem Europäer ist nicht wohl, wenn ihm nicht etwas

voranweht», hat Meyrink mal gesagt. Es wehte ihnen allen etwas voran, und sie schwören auf die Fahne.

130 Kleine und kleinste Züge belustigen, böse Blinkfeuer der Erotik blitzen auf, der Kampf der Geschlechter in Flanell und möblierten Zimmern ist hier ein Guerillakrieg, es wird mit vergifteten Pfeilen geschossen, und es ist bitterlich spaßig, wie Liebe schließlich zum legitimen Geschlechtsgenuß wird. Eine bunte Fülle Leben zieht vorbei, und alles ist auf die letzte Formulierung gebracht, und alles ist typisch, alles ein für alle Mal. Die alte Forderung ist ganz erfüllt: «Wenn nun gleich der Dichter uns immer nur das Einzelne, Individuelle vorführt, so ist, was er erkannte und uns dadurch erkennen lassen will, doch die Idee, die ganze Gattung.» Leider: 140 so ist die ganze Gattung.

Aus kleinen Ereignissen wird die letzte Enthüllung des deutschen Seelenzustandes: am fünfundzwanzigsten Februar 1892 demonstrierten die Arbeitslosen vor dem Königlichen Schloß in Berlin, und daraus wird in dem Buch eine grandiose Szene mit dem opernhaften Kaiser als Mittelstaffage, einer begeisterten Menge Volks und in ihnen, unter ihnen und ganz mit ihnen: Heßling, der Deutsche, der Claqueur, der junge Mann, der das Staatserhaltende liebt, der Untertan.

Und aus all dem Tohuwabohu, aus dem Gewirr der spießigen 150 Kleinstadt, aus den Klatschprozessen und aus den Schiebungen – man sagt: Verordnungen; und meint: Grundstücksspekulation –, aus lächerlichen Ehrenkodexen und simplen Gaunereien strahlt die Figur des alten Buck. Man muß so hassen können wie Mann, um so lieben zu können. Der alte Buck ist ein alter Achtundvierziger, ein Mann von damals, wo man die heute geschmähten Ideale hatte, sie zwar nicht verwirklichte, schlecht verwirklichte, verworren war – gewiß, aber es waren doch Ideale. Wie schön ist das, wenn der alte Mann dem neuen Heßling sein altes Gedichtbuch in die Hand drückt: «Da, nehmen Sie! Es sind meine ‹Sturmglok- 160 ken›! Man war auch Dichter – damals!» Die von heute sinds nicht mehr. Sie sind Realpolitiker, verlachen den Idealisten, weil er – scheinbar – nichts erreicht, und wissen nicht, daß sie ihre kümmerlichen kleinen Erfolge neben den charakterlosen Pakten jenen verdanken, die einst wahr gewesen sind und unerschütterlich.

Und das Buch ‹Der Untertan› (erschienen bei Kurt Wolff in Leipzig) zeigt uns wieder, daß wir auf dem rechten Wege sind, und bestätigt uns, daß Liebe, die nach außen in Haß umschlagen kann, das Einzige ist, um in diesem Volke durchzudringen, um diesem Volke zu helfen, um endlich, endlich einmal die Farben Schwarz-weiß-rot, in die sie sich verrannt haben wie die Stiere, von dem Deutschland abzutrennen, das wir lieben, und das die Besten aller Alter geliebt haben. Es ist ja nicht wahr, daß versipptes Cliquentum und gehorsame Lügner ewig und untrennbar mit unserm Lande verknüpft sein müssen. Beschimpfen wir die, loben wir doch das andre Deutschland; lästern wir die, beseelt uns doch die Liebe zum Deutschen. Allerdings: nicht zu diesem Deutschen da. Nicht zu dem Burschen, der untertänig und respektvoll nach oben himmelt und niederträchtig und geschwollen nach unten tritt, der Radfahrer des lieben Gottes, eine entartete species der gens humana.

Weil aber Heinrich Mann der erste deutsche Literat ist, der dem Geist eine entscheidende und mitbestimmende Stellung fern aller Literatur eingeräumt hat, grüßen wir ihn. Und wissen wohl, daß diese wenigen Zeilen seine künstlerische Größe nicht ausgeschöpft haben, nicht die Kraft seiner Darstellung und nicht das seltsame Rätsel seines gemischten Blutes.

So wollen wir kämpfen. Nicht gegen die Herrscher, die es immer geben wird, nicht gegen Menschen, die Verordnungen für Andre machen, Lasten den Andern aufbürden und Arbeit den Andern. Wir wollen ihnen Die entziehen, auf deren Rücken sie tanzten, Die, die stumpfsinnig und immer zufrieden das Unheil dieses Landes verschuldet haben, Die, die wir den Staub der Heimat von den beblümten Pantoffeln gerne schütteln sähen: die Untertanen!

Ignaz Wrobel, WB 20. 3. 1919

Ein altes Lied

Fast jeder Hetzer
und Kriegesschwätzer
will heut vergessen sein
und drückt sich fein.
Er spricht von Würde
und deutscher Bürde
und gibt sich krumm und schief
noch positiv.

Die Generale
mit einem Male
sind alle mäuschenstill,
wenn Noske will.
Sie tun nicht mucken.
Sie tun sich ducken
und zanken nur zu Haus
die Alte aus.

Müßt drob nicht klagen.
In vierzehn Tagen
sind sie im Erdenlauf
wohl obenauf.
's ist nicht vermessen.
Denn wir vergessen
gewißlich dumm und schnell
des Krieges Höll.

Ihr bösen Deutschen,
man sollt euch peitschen.
Ihr merkt noch immer nicht,
was euch geschicht.
Singt fromme Lieder,
erhöht sie wieder

in unserm Vaterland –
Pfui dich der Schand!

Kaspar Hauser, WB 20.3.1919

39

Gegen rechts und gegen links

Die ihr die Häuser und die Läden
ausraubt und plündert und verdreckt,
die ihr mit Handgranaten jeden,
der grad passiert, aufs Pflaster streckt –
Ihr wollt noch Freiheitskämpfer heißen,
ihr schreit für andre nach Gericht?
Dürft ihr die Herrschaft an euch reißen?
          Ihr nicht!

Und ihr, die feinen Herrn da drüben,
ihr meine alten Freunde rechts,
ihr fischt nun heute still im trüben
und nutzt die Stürme des Gefechts.
Wir haben es noch nicht vergessen,
warum dem Land das Rückgrat bricht.
Ihr wollt zu tadeln euch vermessen?
          Ihr nicht!

Und rechts und links die Terroristen
und jeder, der Gewalt verehrt,
die Reventlows, die Spartakisten,
und wer von Unterdrückung zehrt –
Ihr sollt nicht raten und nicht taten.
Denn gegen jene Unterschicht,
da helfen wahre Demokraten.
          Ihr nicht!

Theobald Tiger, Ulk 21.3.1919

421 Gesichter

Im Verlag von Paul Baumann in Charlottenburg ist ein kleines Büchlein ‹Die verfassunggebende deutsche Nationalversammlung› erschienen, das Professor Dr. Georg Maas herausgegeben hat; eines der üblichen kleinen Nachschlagewerke und doch ein bißchen mehr.

Das Buch enthält von jedem der vierhunderteinundzwanzig Abgeordneten Porträt, Personalien, Lebensgang, Lebensarbeit und Lebensziel. Nun ist die Frage nach dem Lebensziel nicht immer leicht zu beantworten, ja, nicht einmal allzu klug, weil die
10 Frage selbst nicht allzu klug ist – aber es ist interessant, zu beobachten, wie die Vierhunderteinundzwanzig sie beantwortet haben.

Erstaunlich – nein, eigentlich nicht erstaunlich, ist, – daß man die «Lebensziele» der meisten Männer miteinander vertauschen kann, ohne daß ein größeres Unglück passiert. Diese Angaben «pax – intra et extra muros!» – «Das Glück und die freie Entfaltung der Kräfte des deutschen Volkes» – «Hebung der sozialen und kulturellen Lage der Arbeiter …» sind ebenso brav wie farblos – aber vielleicht muß die Mittelmäßigkeit ruhender Pol in der Erscheinungen Flucht sein?

20 Unsere Lieblinge verleugnen sich auch hier nicht. «Arbeit für ein reines Deutschtum, das – befreit von den Phantasien eines verschwommenen Weltbürgertums und von den zersetzenden Einflüssen jeder internationalen Strömung – getragen ist allein von der glücklichen Mischung Potsdamer und Weimarer Geistes.» Mir ist so, als hätte diese Mischung nicht allzuglücklich abgeschnitten. Pfeiffer vom Zentrum ist ganz lakonisch: Lebensziel «Freude». Das ist doch ein Wort! – Einer wird sehr intim: «Selbst ein kindergesegneter Kreuzträger, andern die Last des Lebens zu erleichtern …» Au backe! Was wird die Frau Gemahlin dazu sagen!
30 Einer ist Idealist: «Leben und leben lassen. Wer sagt, daß du anders als durch Arbeit zu etwas kommst, der lügt.» Der Mann heißt Michael Stapfer und steht bei der bayerischen Volkspartei. Michael, Michael, ich weiß doch nicht recht recht …! Stresemann

will am sausenden Webstuhl der Zeit wirken – das kann er haben –
und am aufrichtigsten ist Kahl. Unter einem mäßig gekämmten
Vollbart ist zu lesen: «Den alten Geist im neuen Reich!» Nein,
Herr Professor! Den neuen Geist im neuen Reich! –

Das hübsch ausgestattete Büchelchen ist eine Fundgrube für
den Satiriker, aber auch für den ernsthaften Politiker ein Nach-
40 schlagewerk, sorgfältig gearbeitet und für den praktischen Gebrauch auf das angelegentlichste zu empfehlen.

iwro., BT 25.3.1919

41

Kusch!

Und es öffnen sich die alten Mäuler:
«Hurra, Preußens Militärsoldat!»
Ging im Krieg es uns nicht faul und fäuler?
Ernten wir nicht blutigrote Saat?
Kehrt sich gegen jene Burschen keiner?
Und der Nationale schmunzelt still:
   «Und mein Ludendorff, und das ist meiner,
   den kann ich huppen lassen, wie ich will!»

Leben wir noch wie zu Wilhelms Zeiten?
10 Nur, wer lügt und brüllt, behielt da recht.
Könnt' der Deutsche niemals sicher reiten
ohne Peitsche – so geschäh' ihm recht.
Die Regierung lispelt fein und feiner.
Lustig klingt's im angestammten Drill:
   «Und mein Ludendorff, und das ist meiner,
   den kann ich huppen lassen, wie ich will!»

Spaß beiseite! Was in langen Jahren
sich in unserm Herz gesammelt hat:
Scham und Wut bei jenem wunderbaren
20 Offizierkorps, stolz und immersatt …

Reinen Tisch!
    Und rührt sich jene Blase,
geige du ihr eine Tanzmusik!
Klapp' den Hetzern auf die freche Nase.
Schlage! Schlage, junge Republik!

Von einem Berliner, BVZ 27.3.1919

42

Schwere Zeit

Die Jungfrau in der Nebenstuben –
ich frage mich, was tut sie nur?
Ich hör die Stimme eines Buben –
So spät am Abend? Um elf Uhr?

Wie er mutiert! Und ihre Stimmen
verklingen sacht – sie murmeln leis.
Bin ich der Zeuge einer schlimmen
Verbrechertat? Wer weiß! wer weiß!

Sie spricht ihm gütig zu. Belehrend
ertönt ihr lieblicher Sopran.
Er lacht: «Jawohl!» Dies ist erschwerend!
Was wird dem Knaben nur getan?

Sind das nicht halberstickte Küsse?

Ich frag sie später, was sie treibt …
Sie sagt: «Die geistigen Genüsse,
sie bringen nichts als Kümmernisse.
Es ist das Einzige, was mir bleibt!»

Kaspar Hauser, WB 27.3.1919

Erinnerung

Lieber S. J., wenn ich an die zweigespaltene Rundschau-Seite denke, auf der dies stehen wird, dann wird mir ganz wehmütig zu
Mute. Wissen Sie noch: unsre alte Rundschau? Ich komme mir
wie ein ganz alter Mann vor, der nicht mehr richtig essen kann
und sich immer bekrümelt, und der eine furchtbar zänkische Frau
hat, die über den «alten unappetitlichen Kerl» schimpft ... und
dabei ist es doch erst ein paar Jahre her. Es ist allerdings mancherlei geschehen, in den paar Jahren ...

Es war eine freundliche Zeit. Mancher unsrer Leser wird sich
10 der Zweispaltigkeit noch entsinnen, und ich glaube, nicht eben
ohne Bedauern. Diese kleine Rundschau enthielt so allerlei:
Dinge, die für einen feierlichen Artikel zu leicht und für eine
‹Antwort› zu gewichtig waren; kurze Besprechungen und Stim-
mungsbilder aus deutschen Städten und deren Theatern; Ernsthaf-
tigkeiten und Scherze. Was hatten wir für Sorgen! Was hatten wir
alles zu tun! Du lieber alter Käfig, in den ich jeden Donnerstag
hineingetrieben wurde, und den ich schweifwedelnd betrat, jedes
Mal mit einer andern fetten Beute im Maul! Was brachte ich Ihnen
alles angeschleppt! Marionetten und kleine Bilder und kleine Bü-
20 cher und kleine Bilderbücher und Sherlock Holmes und Prince
und Linder aus dem Kintopp und die five sisters Brodersen aus
dem Wintergarten und die Sunshine-Girls und manchmal auch gar
nichts, aber das hundertfünfundzwanzigmal eingewickelt. ... Mit
welcher Wichtigkeit wurde das alles abgehaspelt und dargetan!
Welche Fluten von Ironie verschwendeten wir an Bagatellen und
hatten unsre Freude daran! Und wenn wir einmal jemand gar zu
heftig vor den Gummibauch geknufft hatten, dann kam auch wohl
eine Beschwerde ... Nie werde ich vergessen, daß sich das selige
Linden-Cabaret über mich beklagte, weil ich gepantert hatte: «Ein
30 stilles Neppen geht durch den Raum.» Und ich bat artig ab und
machte Männchen ... Und wissen Sie noch: Gussy Holl? Der be-
zahlteste Reporter einer berliner Modenzeitung kann sich nicht
ausgiebiger ausgetobt haben als ich. Sie war aber auch zu ent-

zückend – sehen Sie, diese Liebe hat standgehalten, einen ganzen scheußlichen Weltkrieg lang ...

Und nun? Und heute? Ich glaube, wir dürfen den Zirkus noch einmal aufmachen. Wir ja. Ich glaube, wenn man jahrelang die Opposition gegen das Verbrechen des alten Deutschland so gut und scharf getrieben hat, wie die Zensur irgend zuließ, wenn man Sauberkeit verlangt, nach wie vor, in allen Wirren, und Ethos, wo Andre sich mit der Geste oder mit dem Wort zufrieden geben: dann hat man das Recht, auch einmal unter uns alten Pastorentöchtern vergnügt zu sein. Ich würde mich schämen, anderswo so auf dem Kopf zu stehen und herumzuturnen wie bei Ihnen. Hier darf ichs. Ich weiß: die richtigen Leute sehen zu, und sie sehen richtig zu und verstehen uns nicht falsch, wenn wir auch einmal lachen, und verwechseln unser Lachen nicht mit dem eines Hanswursten.

Und so lassen Sie mich denn – immer mal wieder – in die Manege. Öffnen Sie die kleine Käfigtür, knallen Sie mit der großen Hetzpeitsche wie dunnemals und lassen Sie mich mit erschröcklichem Gebrüll auf die armen zitternden, zur Lächerlichkeit verurteilten Gladiatoren stürzen. In der Loge der Kaiserin sitzt Gussy I. und wirft mir den schönsten Strauß Petersilie von ihrer Brust in den Sand, die Presse hat keine Rezensentenkarten, sondern ihre Leute werden mir scharenweise zum Fraß vorgeworfen, und je kunterbunterer es zugeht, desto gemütlicher wird es. Denn wir sind – Gott sei gelobt – unter uns. Wollen wir wieder? Das Programm soll wie damals sein: ernsthaft und launig, wie's grade auf dem Zettel steht.

Hören Sie? Die Kapelle hat schon angefangen, den Gladiatorenmarsch zu intonieren, draußen steht Georg Bernhard und sagt den Leuten, wie man solch ein Rundschau-Theaterchen richtig einrichtet, und die Galerie trampelt: «Anfangen! Anfangen!»

Fangen wir an.

Peter Panter, WB 27.3.1919

Lebensmittel! Lebensmittel!

Wenn nun die Ladung Korn und Fett
den Anfang macht zu besserm Leben,
wenn Deutschland erst zu essen hätt –:
mein Gott, was wird das alles geben!

Zum Beispiel, der, der Schinken schiebt,
wird tiefbekümmert ausverkaufen –
man wird, weil es Vergeltung gibt,
sich nicht um seine Schinken raufen.

Und Tante Malchens Eierschrank?
Und Onkel Maxens Butterkammer?
Wie ziehn sie die Gesichter lang!
In allen Häusern – welch ein Jammer!

Im Kurse fällt die Schlächterfrau,
das Butterfräulein gilt nur wenig,
der Kaufmann spricht nicht mehr so rauh –
Halli! hallo! voll Freuden dehn ich

befreit die Knochen. Dämmert es?
Dies Dasein war seit langen Jahren
in Wahrheit ein belämmertes –
Ach, wie wir einst so glücklich waren!

Kommt wirklich Brot und Speck herein?
Ich tanze einen frohen Ländler.
Die große Zeit wird wieder klein,
die große Zeit der Grünkramhändler.

Theobald Tiger, Ulk 28.3.1919

Fratzen an den Mauern

Ihr schimpft immer so über die Kubisten – aber geht doch einmal durch Berlin! Da werdet ihr euer blaues Wunder erleben, was euch da alles von den Häuserwänden entgegengrinst! Ich kannte einen alten Feldwebel, der war die Ruhe selbst. Und wenn sich unser Kommandeur so recht ausgeschrien hatte, so ganz und gar stockheiser war vor lauter Wut und Eifer, und die Tür war hinter ihm zugeknallt, dann sagte der Weibel, still und verwundert: «Was er nur hat?» – Daran muß ich denken, wenn ich diese Plakate sehe.

10   Da schleichen schauerliche Gespenster mit Affenarmen einher, im Maul halten sie zwei Säbel und eine kleine Kanone, mit dem linken Hinterfuß ermorden sie eine fünfköpfige Beamtenfamilie, mit dem rechten zertreten sie zwei Regierungsbezirke, daß die Flammen nur so herausschlagen ... Da sitzen Kinder auf Särgen herum, weil kein Stuhl da ist; wilde Tatarenfratzen sehen dich böse an, weil du morgen abend um acht Uhr nicht in einen Vortrag gehen willst, und grauenhaft geschwungene Mordmesser sind noch das mindeste ... Was er nur hat?

Die Liga zur Abwehr des Bolschewismus und andere zu lob-
20 preisende Organisationen bekleben seit Wochen die Mauern Berlins mit diesen scheußlichen Zetteln, aber ich glaube nicht, daß das irgend einen Sinn und Verstand hat. Der Bolschewismus ist kein Bürgerbubu, den man an die Wand malt, um den kleinen Kindern Angst zu machen. Diese unselige Stimmungsmache stammt noch aus der Zeit der Kriegsanleihen; ich denke, der vaterländische Unterricht hat gründlich gezeigt, daß man mit der Methode, den Deutschen für ein kleines Kind zu halten, nicht weit kommt.

Der Bolschewismus ist ein wirtschaftliches, ein politisches Problem, das ernsthaft geprüft zu werden verdient – an diese Fratzen
30 da glaubt kein Mensch. Der Gegner der Bolschewisten wird dadurch nicht geschreckt – und der Freund lacht darüber. Jetzt sind sie dabei, das alte schauerlich-schöne Gemälde ‹Die Jagd nach dem Glück›, eine bessere Zahnbürstenreklame, in ein Antibol-

schewistenplakat umzugestalten; ein Preisausschreiben ist schon in die Welt gegangen.

Wen wollt ihr überzeugen? «Die Massen …» Ja, glaubt ihr, ihr gehört nicht selbst dazu? Glaubt ihr, ihr bedürft nicht der Aufklärung? Und wer ist denn heute – nach dem widerwärtigen Feldzug des verstorbenen Kriegspresseamts – noch so dumm, an Plakate und an allerhand Allegorien zu glauben, nur, weil sie eben gedruckt und an die Mauern gepappt sind? Höchstens die Verfertiger.

Klärt die Deutschen auf, aber macht sie nicht mit Mauerfratzen kopfscheu. Hätten die Droschkenpferde Kunstverstand – sie gingen durch. Das wäre dann eine Wirkung der Plakate. Es gibt so viele schöne Dinge anzupreisen: Klaviere, Reitsessel, Schreibmaschinen, Spielklubs und Ballokale, Syndetikon und Schlagschaum und beides in einem – muß es gerade der Bolschewismus sein?

Ignaz Wrobel, BT 29.3.1919

46

Wohnungssuche

Ich und meine liebe Ehefrau Amanda
– wir leben schon siebzehn Jahre miteinanda –
begaben uns am Freitag auf die Wohnungssuche.
Heiliger Wenzeslaus! daß ich dir nicht fluche!
Denn das war wie in der Hölle mit ihren Feuern und
glühenden Zangen!
Und also ist's uns an diesem Tage ergangen:

Wir begaben uns zunächst in eine Straße des Westens;
unsere Nachbarn, die Brinkmanns, empfahlen uns diese bestens.
Und wir fanden daselbst auch ein hochherrschaftliches Haus,
aber nach fünf Minuten gingen wir eilends wieder heraus.
Denn man konnte dort nur möblierte Wohnungen mieten,
die zwar allen erdenklichen Komfort (Warmwassertoilette)
bieten –

aber fünf Zimmer kosteten jährlich dreiundneunzigtausend Mark.
«Mann!» sagte meine Amanda. «Dies ist aber wirklich stark!»
Ich aber sprach: «Mein Kind! zieh nicht solch Gesicht!
Das ist das neue Berlin – das verstehst du nicht!»

Und wir gingen nunmehr in eine Straße im Osten,
20 wo, wie ich neulich hörte, die Wohnungen weniger kosten.
Und wir fanden auch ein ganz hübsches Logis.
Und es sprach der Wirt: «Hier gleich vis-à-vis
haben wir jeden Abend eine kleine Straßenschlacht.
Wenn das den Herrschaften weiter nichts macht?
Beim Portier steht aber ein eig'nes Maschinengewehr ...»
«Nein!» schrie Amanda, «hier ziehn wir auf keinen Fall her!»
Ich aber sprach: «Mein Kind! zieh nicht solch Gesicht!
Das ist das neue Berlin – das verstehst du nicht!»

Und wir marschierten jetzo hinauf in den hohen Norden,
30 denn dort sind bisher nur wenige Schlachten geschlagen worden.
Und wir fanden auch eine ganz hübsche Etage.
Aber auf einmal geriet meine liebe Frau in Rage
und sagte: «Sieh mal!» – und da liefen die Wand entlang
Wänzchen – sieben Stück – im friedlich langsamen Gang!
Und der Wirt unterdrückte einen meterlangen Fluch
und murmelte düster: «Die sind hier nur zu Besuch!»
Und Amanda, mein Eheweib, schrie: «Huch!»
Ich aber sprach: «Mein Kind, zieh nicht solch Gesicht!
Das ist das neue Berlin – das verstehst du nicht!»

40 Und wir lenkten nunmehr unsere Beine, die müden,
in den ebenso beliebten wie erfreulichen Süden.
Und wir fanden auch ein sehr hübsches Haus.
Aber vor dem Kontraktabschluß fragte der Wirt uns aus.
«Wieviele Kinder?» – Ich sagte, der Wahrheit gemäß:
                                        «Einundzwanzig!»
Und der erschrockene Wirt machte: «Rehem!» – und wandt sich
ein wenig ab und sprach mit wieder gefaßten Mienen:
«Dann ist dies Haus wohl offenbar nichts for Ihnen!

Denn ich vermiete nur an kinderlose Ehepaare
50 oder aber an solche mit Kindern über dreißig Jahre!
Ja, wenn Sie lauter solche Kinder hätten!»
Ich sagte, für dieses Mal sei nichts mehr zu retten,
doch wollt ich fürs nächste Mal sehen, was sich tun läßt ...

Dies aber gab meiner lieben Amanda den Rest.
Und sie fiel in Ohnmacht und fiel auch wieder zurück.
Und ich flüsterte leise: «Mein fettes, blondes Glück!
Komm wieder nach Haus! Eine Wohnung finden wir nie!
Wir bleiben in unserer alten wohnen –
in der Laubenkolonie!»

Von einem Berliner, BVZ 30. 3. 1919

47

Der Mann mit den Spritzen

«Hören Sie mal, Panter,» sagte mein alter Freund Klosinski zu mir, «Sie waren noch gar nicht bei mir draußen, im Spritzenhaus. Ich erwarte Sie morgen nachmittag.»

Spritzenhaus –? dachte ich. Hat der Mann eine freiwillige Feuerwehr? Was mag das sein? Aber ich war doch neugierig und ging hin.

Professor Klosinski ist ein sehr gelehrtes Haus und einer der größten Chemotherapeuten der Zunft. Sein Laboratorium liegt weit draußen im Grünen, in der Mark, wo sie am stillsten und wo
10 sie am sandigsten ist. Flach ist das Land, am Horizont immer derselbe braune Kiefernstrich, graue Chausseen und hier und da ein See, stilles Auge der Landschaft – aber was ist es mit Klosinski? Ich hin.

«Guten Tag, Herr Professor!» sagte ich.

«Mensch, Panter!» sagte er. «Endlich sehe ich Sie mal bei mir! Setzen Sie sich da in den Sessel, nein, in den nicht, auf dem hat Edison mal gesessen, der ist geweiht – ja, ich werde Ihnen also meinen Laden vorführen. Passen Sie auf!»

Ich paßte auf.

20 «Sie haben doch sicher schon von dem guten Grundsatz gehört: Zeit ist Geld!» – Ich konnte es nicht leugnen. «Nun, sehen Sie, ich habe mir ausgerechnet, daß die Menschen viel zu viel Zeit mit den Wegen verlieren, um zum Ziel zu gelangen. Ich gebe Ihnen gleich das Ziel.»

«Mit den Wegen?» sagte ich. «Und: gleich das Ziel? Haben Sie ein neues Automobil konstruiert?»

«Papp!» sagte er. «Aber so etwas Ähnliches schon. Ihr verschwendet alle Zeit und Mühe, um einen Effekt zu erreichen – aber der Effekt entspricht meist gar nicht der aufgewendeten Ar-

30 beit. Das goldene Gesetz der Mechanik besteht, aber das Produkt von Zeit und Kraft verlohnt oft kaum der Mühe. Hier mußte eingeschritten werden.»

Ich bejahte höflich und nahm mir zur Belohnung eine wundervolle Zigarre.

«Wenn», fuhr der erfindungsreiche Klosinski fort, «wir vergleichen, wie lange und intensiv sich einer abplagen muß, um richtig betrunken zu werden, wieviel Geld, Zeit und Ärger er an dieses Bestreben wendet, so komme ich zu dem Ergebnis, daß es die oberste Aufgabe der therapeutischen Wissenschaft sein muß, hier

40 helfend einzugreifen.»

Ich lauschte gespannt. Das ging auch mich an.

«Ich habe nun zu diesem Behufe», sagte der Professor, «eine Vorrichtung ersonnen, die es möglich macht, jedes gewünschte Ziel, ich will sagen, fast jedes, ohne Mühe und Kummer zu erreichen. Kommen Sie mit!»

Ich kam mit. Wir gingen durch weißgetünchte Gänge in den Park hinaus, unter dem grauen, märkischen Himmel hin, durch Alleen und an Gebüschen vorbei, zu einem kleinen Haus. In das traten wir ein.

50 «Hier ist Zimmer Nummer eins,» sagte der Professor und öffnete eine Tür, «hier werden diejenigen gespritzt, die sich betrinken wollen. Da kommt einer!»

Ein Wärter führte einen Mann herein, der unternehmungslustig den Hut schief in die Stirn gedrückt hatte, er war völlig nüchtern und blinzelte heiter. «Darf ich bitten», sagte der Wärter. Der

Mann setzte sich. Der Wärter holte aus einem brodelnden Kessel eine kleine Spritze, die er dem Professor reichte. Sie war mit einer wasserhellen Flüssigkeit gefüllt. Der Professor näherte sich dem Herrn Patienten, streifte dessen Ärmel am Handgelenk zurück
60 und machte die Injektion.

Im Augenblick war der Mann knüppeldicke besoffen. Er grinste freundlich, schloß halb die Augen, lallte etwas von: «Anna – warum liebst du mich nicht mehr?» und entschlummerte sanft in den Armen des bereitstehenden Wärters.

Der Professor strahlte. «Na?» sagte er. «Was sagen Sie nun? – Der Mann braucht nicht in die Kneipe zu gehen, er braucht sich nicht verhaften zu lassen, wenn er randaliert und Fensterscheiben entzweigeschlagen hat, und morgen früh erwacht er glücklich, zufrieden und mit einem Mordskater. Kommen Sie weiter!»
70 Wir gingen in das nächste Zimmer. «Hier können wir an Ihnen selbst einen Versuch machen», sagte Klosinski. «Geben Sie Ihren Arm her!» – «Um Gottes will...» wollte ich sagen. Aber schon verspürte ich einen stechenden Schmerz am Handgelenk, der Professor zog triumphierend die Spritze heraus und sagte: «Nun?»

Ich war pumpssatt. Ich bin schon oft wirklich satt gewesen – als mein Freund Wrobel damals seine Geliebte los geworden war – sie war eine Individuelle und redete den ganzen Tag –, gab er seinen Bekannten ein Festessen –, damals war ich wirklich satt. Auch als ich auf der Auktion die Speisekammervorräte des Naturmenschen
80 Nagel erstand, der laut Prospekt von Pflanzenkost dahinvegetierte – auch da war ich richtig satt. Aber so satt wie jetzt war ich noch nie gewesen. Ich hatte so das angenehme Gefühl, ein richtiges Diner von drei Metern Höhe und vier Metern Breite hinter mir zu haben – es war so l'heure du café – die Stunde, da man aller Welt verzeiht, weil man gar so satt ist. Bei den Chinesen gilt es als besonders fein, nach der Mahlzeit aufzustoßen – wir dummen Europäer tun das nicht. Ich mußte mich auf einen Stuhl setzen und ächzte leise.

«Mahlzeit!» sagte Klosinski. «Wie ist Ihnen?» – «Haben Sie ei-
90 nen Kognak?» fragte ich. Ich bekam ihn und durfte in das nächste Zimmer gehen.

Da gab es Musikspritzen, nach denen einem ganz benebelt im

Kopf wurde – man brauchte nicht mehr zu denken, Töne wirbelten durch das innere Gehör, und die Welt versank – so herrlich war das. Und in einem anderen Zimmer wurde «Lyrik» verzapft, und in einem «Politik» (von dieser Spritze wurde den meisten schwer übel), und «Tanz» und ... «Sagen Sie,» fragte ich den Professor, «geht denn das Unternehmen gut?» – «Panter,» sagte er, «Berlin ist anderthalb Stunden weit weg. Kennen Sie den Berliner? Eine bessere Kundschaft ist nicht denkbar. Er will immer Neues haben. Ihm kann es nie schnell genug gehn. Er braucht Abwechslung ohne Sammlung, neue Ziele ohne Mühsal, Reisen ohne Zeitverlust, er ist ein moderner Mensch!» Wir traten in ein neues Zimmer.

«Ja ...» sagte Klosinski. «Sind Sie verheiratet, Panter?» – «Nein», sagte ich. Dabei bin ich es ein bißchen, aber was ging das ihn an? – «Dann kann ich Ihnen das hier nicht so recht zeigen», sagte er. «Sehen Sie – hier – hier werden ...» «Ich weiß schon», sagte ich und wurde rot. Und er geleitete mich hinaus.

«Die anderen Zimmer sind noch nicht in Betrieb», erklärte er. «Ich habe noch nicht die Lösung für alle Spritzen gefunden. Es ist eine mühselige Sache. Aber es lohnt sich, es lohnt sich. Wir hatten gestern 156 Patienten, und das steigt mit jedem Tag. Ja, es ist ein herrlicher Erfolg!»

«Herr Professor,» sagte ich, «aber eine Spritze fehlt!»

«Welche?» rief er.

«Nun,» sagte ich, «warum gebrauchen Sie nicht selbst eine Spritze, die Ihnen das Leben erspart? Eine, die das ganze Leben konzentriert enthält, so daß Sie nur noch zu sterben brauchen?» Ich sah ihn gespannt an.

«Wissen Sie,» sagte er gedehnt, «das – ich möchte doch lieber – leben.»

Und da schmunzelte ich mein schönstes Schmunzeln und fuhr heim, zu Muttern.

Peter Panter, BT 2.4.1919

Stufen

Es war einem Berufenern überlassen worden, das herrliche Buch aus dem Nachlaß Christian Morgensterns: ‹Stufen› (bei R. Piper & Cie. in München) eingehender und tiefer zu würdigen, als ich imstande gewesen wäre. Ich möchte nur Eines dazu sagen.

Es ist mir und meinen Freunden, die an diesem Blatte mitarbeiten, so oft «Frechheit» vorgeworfen worden. Ich weiß sehr gut, daß wir scharf zugepackt haben. Aber ich beiße niemals schärfer, ich bin nie frecher, als wenn ich etwas so Abgeklärtes, etwas so Weises, etwas so Gütiges kennen gelernt habe, wie zum Beispiel
10 Morgensterns Vermächtnis. Wenn man sieht, wie ein Stück Gottestum, solch ein Mann, solange er ernst war, ignoriert wurde; wie man ihn als Schwärmer abtat; wie man ihm dies alles, was er da von der Liebe der Menschen untereinander auf dem Herzen hatte, nur um seiner schnurrigen Galgenlieder willen verzieh – dann darf man schon sagen: Pfui!

Es ist bezeichnend, wie stark die positive Seite dieses tiefen Spaßmachers gewesen ist, die positive Seite, ohne die nun einmal keine Satire, kein Scherz, kein Ulk denkbar ist, und die bei unsern heutigen Herren Humoristen so verdammt schwach geraten ist.
20 Die Satire ist nur die Konkav-Ansicht eines Gemüts; wenn es nach hinten nicht buckelt, klafft vorn keine Höhlung, und das Ganze bleibt platt. In den ‹Stufen› ist nur ein einziger Satz, der den Verfasser der Galgenlieder erkennen läßt: «Ich hörte einen Vogel Chirur-gie pfeifen.» (Übrigens ein typisch Morgensternscher Spaß, den man nur fühlen, nicht erklären kann: wie der Vogel, wahrscheinlich ein Pirol, auf dem Baum sitzt und unheimlich wie im Märchen und fast spöttisch dieses gelehrte blutige Wort pfeift: Chirurrrgie!)

Weil ich aber weiß, daß die große Mehrzahl der Deutschen den
30 Mann abtut, weil ich weiß, daß er wehrlos war und alle gleichklingenden Seelen wehrlos sind, deshalb glaube ich: es muß ein Tier an der Hofmauer liegen und beißen. Es muß Einer da sein – nein, das ist gewiß nicht gütig und nicht vorgeschritten in der Er-

kenntnis –, Einer, der dem räubernden Wanderer in die Hosen fährt. Der nimmt ja auch keine Rücksicht; der schlägt kleine Kinder auf den Kopf, weil ihre Mama nicht getraut war; der höhnt ja auch und knallt mit der Peitsche nach dem Bettler – auch Christus war ein Bettler –; der pfeift sich einen, wenn er satt ist, und fragt den Teufel nach angewandter Ethik.

40 Sie sollen drinnen im stillen Garten ihre Blumen pflanzen und dem Sumsen der Bienen zuhören. Wir aber wollen am Tor liegen, Landsknechte des Geistes, und mit den langen Hellebarden den satten Krämern den Weg sperren. Gott verzeih uns die Sünde! Aber das haben wir von unsern Feinden gelernt, denen es in der Welt garnicht macchiavellistisch genug zugehen kann – mit Ausnahme ihres Haushaltes; und wenns denn sein muß, wollen wir dem Teutschen, niemals dem Deutschen, gern klar machen, daß der Stärkere befriedigt nach Hause trollt und der Schwächere sich plötzlich heulend auf die Bibel und alle sieben Nothelfer besinnt.

50 Still. Der Kies knirscht. Und wenn es wieder ein dicker Bursche ist, der sich noch vor Tirpitz und Ludendorff stellt, weil man unter ihnen wenigstens ungestört Geschäfte machen konnte –: Spring an!

Ignaz Wrobel, WB 3.4.1919

49

Kriegsgefangen

Wer hat in Belgiens Etappen regiert?
Offiziere! Offiziere!
Wer hat da im preußischen Ton kommandiert?
Offiziere! Offiziere!
Sollen die Belgier die Schuhe putzen:
wir haben den Spaß, wir haben den Nutzen!
Aktiver Leutnant – kleiner Rat –
einmal: Caesar! Wie wohl das tat!
«Wer nicht pariert, den stellt an die Wand!
10 (gezeichnet: Lehmann, Ortskommandant).»

Und die Belgier waren Menschen wie wir,
warteten ruhig der Jahre vier,
bis sich der fremde Spuk entfernt.
    Wen haben sie gründlich kennen gelernt?
    Offiziere! Offiziere!

Kein Stroh auf dem Boden, kein Wasser, kein Bett,
es schlottern die dünnen Jacken.
«Mutter!» Wer jetzt einen Heimatsgruß hätt!
Will der Tod uns noch nicht packen?
«Travaillez! En avant, les boches! Vite! Vite!»
Ein Kolbenstoß in den Rücken.
Ein Mann, der vorbeifährt und das sieht,
muß die Tränen unterdrücken.
    Wer frißt es aus, das für uns Vergangene?
    Kriegsgefangene. Kriegsgefangene.

Wer frißt es aus, was scheinbar vorbei?
Die eigenen, unschuldigen Leute!
Deutschland, hörst du den Marterschrei?
Deutschland, tu dies noch heute:
    Stell die Burschen von damals vor ein Gericht!
    Sie sind noch frei. Sie büßen ja nicht!
Sieh, wie sie wohl geborgen sitzen!
Mit ersparten Gehältern, mit Brüssler Spitzen –
Auge um Auge! Zahn um Zahn!
In die Hölle mit ihrem Caesarenwahn!
    Deutschland, wo ist der Tag des Gerichts?
    Deutschland, was tust du?
    Nichts. Nichts. Nichts.

Kaspar Hauser, WB 3.4.1919

Die Wanzen

Die Wanzen saßen oben an der Tapetenborte und ärgerten sich, daß es Tag war, ein strahlender, heller Tag. Der konnte noch lange dauern, und so berieten sie inzwischen, bis die liebe, dunkle, graue Nacht herankam, was sie nachts zu tun gedachten. Ab und zu kroch eine an den Rand der Borte, hinter der sie saßen, und sah auf das weiße Bett herunter, das da unten stand. Sie wußten, daß ein dickes, also liebes Mädchen in diesem Bette nächtigte. Von ihr sprachen sie jetzt.

«Ich», sagte die älteste Wanze, «krieche ihr auf dem Kopf her-
10 um und sauge ihr das Blut aus den Schläfen. Hinter den Schläfen sitzt der Verstand, und ich bin eine gebildete Wanze. Ich glaube, ich werde mit jedem Tage klüger. Das machen die klugen Gedanken der Menschin da unten. Ich bin eine politische Wanze.»

«Ich», sagte die zweite Wanze, «halte mich mehr an die fleischi-gen Partien. Das macht mich fett, ich bin die fetteste von euch allen. Handel und Wandel müssen sein – ich sauge ihr das Blut aus den Adern, sie hat ja genug. Ich bin eine ökonomische Wanze.»

«Ich», sagte die dritte Wanze, «laufe hierhin und dorthin, wenn ich da unten bin. Ich brauche nicht viel zum Fressen, ich fühle
20 mich wohl, wenn ich da herumkriechen kann, und ich sehe alles und kümmere mich um alles. Ihr schlagt euch die Leiber dick, ich aber bin über alles orientiert, was an diesem Mädchen vor sich geht. Ich bin eine lokale Wanze.»

«Ich», sagte die vierte Wanze, «fresse überhaupt nichts. Ich ge-nieße nur den Anblick der gelösten Mädchenglieder, wie sie so im Schlaf daliegen und herrlich für meine Künstleraugen anzuschau-en sind. Ich bin eine ästhetische Wanze.»

«Und wohin kriechst du?» wurde die letzte der Wanzen ge-fragt. «Ich …» sagte die kleine Wanze … «Pfui!» machten die an-
30 dern Wanzen.

Und so saßen sie und unterhielten sich und rührten die Fühler und bewegten die platten Leiber. Und da sprach die älteste unter ihnen:

«Kinder!» sagte sie, «der Tag ist noch so lang, und wir haben
nichts zu tun, aber wir haben jede unser Programm. Gründen wir
doch eine Zeitung!»

Und also geschah es, und wenn Wanzen so vom Schriftsteller
mißbraucht werden, nennt man das eine Allegorie.

Peter Panter, WB 3.4.1919

Die kleine Puppe

Im Modenhaus des Nachts. Aus der Vitrine,
am Eingang links, steigt auf gespensterhaft
ein schwarzer Pupperich mit bleicher Miene,
stelzt zu der Puppenmaid in weißem Taft,
lüpft den Zylinder, hüstelt in die Hand sich ...
«Madame –», sagt er.
                            Allein die Puppe sprach:
«Mein Herr! Ich koste sechzig Mark und zwanzig!
's steht hinten drauf! da sehen Sie nur nach!»

«Gnädige Frau!» sagt er. «Ich bin begeistert.
Sie sind so duftig, weiß und weich und zart.
Mich hat man etwas hager hingekleistert –
Jedoch mein Tanzbein ist von seltener Art.
Es geigt der Wind ums Haus ... Den Foxtrott tanz ich
wie 'n Bar-Baron!»
                            Allein die Puppe sprach:
«Mein Herr! Ich koste sechzig Mark und zwanzig!
's steht hinten drauf! da sehen Sie nur nach!»

«Gnädige Frau!» sagt er. «Im Menschenleben
ist dies nicht immer so hübsch zweifellos.
Es soll da, hört ich, manche Damen geben,
bei denen ist der Kostenpunkt dubios.

Ich habe sechzig Mark, jedoch es fand sich
kein Groschen plus.» Die kleine Puppe sprach:
«Mein Herr! Ich koste sechzig Mark und zwanzig!
's steht hinten drauf! da sehen Sie nur nach!

Wir sind hier nicht im lauschigen Liebesgarten,»
so sagt sie und hat zierlich sich verneigt,
«heut muß man klug sein und geduldig warten,
bis unser Warenpreis noch weiter steigt.
Ich habe Zeit. – Kein Speck wird heut mehr ranzig.
Vielleicht naht bald ein Jüngelingverband sich
und kauft mich auf. Ich hab das lieber so.
Ich steige noch einmal bis hundertzwanzig!
Grüß Gott –!
                    Auf Wiedersehn am Ultimo!»

Theobald Tiger, Ulk 4.4.1919

52

Spieler

Der Frühjahrswind macht die Finger klamm.
Aber da stehen am Rinnstein, auf dem Damm,
Tische, und um die Tische Leute –:
Alle der Karten wehrlose Beute.
Eine heis're Stimme ruft: «Hier noch fünf Mark!»
Das schiebt und stößt – der Andrang ist stark.
Sie wollen es alle einmal probieren;
Können gar nicht schnell genug verlieren!
Schieben von Karten. Erhitzte Gesichter.
Allerhand zweifelhaftes Gelichter.
In der Bank dicke Pinke: zweihundert Mark.
Und eine Hand streicht ein den ganzen Quark.

Damit ich auch dieses nicht versäume:
Abends im Klub. Elegante Räume.

Es taumeln wie um das Licht die Motten
Um den Spieltisch Anwälte und Kokotten,
Kommerzienräte und Herren der Bühne –
Die Bank hält grade ein blonder Hüne.
Schnapp – und er zahlt auf den Einsatz aus:
Für das Geld bekommst du ein kleines Haus;
Mit dem Geld kämst du weiter ein ganzes Stück,
Für manchen wär' das ein Lebensglück.

Das Geld geht an eine pompöse Blondine.
Der Mann an der Bank verzieht keine Miene.
Weiter! Und weiter geht das Spiel.
Sie spielen und spielen und reden nicht viel.
Und unter den schwarzbefrackten Kerlen
Sitzt eine, bekannt wegen ihrer Perlen,
Und eine andre – (man sagt mir's verblümt)
Ist gerade mit einem Direktor – berühmt …
Weiter und weiter geht das Spiel,
Und sie spielen und spielen und reden nicht viel.
Und essen billig die besten Sachen.
Vom Nebenraum hörst du gedämpftes Lachen.
In der Bank dicke Pinke: Zweihunderttausend Mark.
Und eine Hand streicht ein den ganzen Quark.
Und alles ist sehr elegant und schick …

Beide Male dasselbe Stück.
Da hinten in der Weinmeisterstraße
Dasselbe, nur in vergröbertem Maße.
Da ziehn sie im Toreingang vorne am Haus
Dem kleinen Mann das Letzte heraus.
Fällt's ihm auch schwer – er muß berappen.
Und hier geht's gleich um die braunen Lappen.
In Berlin O und in Berlin W:
Es ist beide Male derselbe Dreh.
Und in Berlin W und in Berlin O:
Sie verdienten alle auf den Popo.
Wer so verspielt, kann nicht redlich verdienen.

50

Das sind Drohnen – und keine Arbeitsbienen.
Und es kommt uns nicht nur moralisch teuer:
Der Staat verliert die dicke Steuer,
Das Geld rollt fort in nervöser Hast.
Und der Unternehmer lacht sich 'nen Ast.

Hier der Pachulke und da der Schaute –
Haute volée und Haute volaute …
Und wenn ich die beiden Typen betrachte,
Im Osten, im Westen, – dann murm'le ich sachte:
Verführte Dumme, Mutwillige, Schieber –:
Es ist doch immer dasselbe Kaliber!

Von einem Berliner, BVZ 6.4.1919

53

Idylle

Das war damals, als General Noske uns das Telephon sperrte. Alle öffentlichen Einrichtungen feierten: die elektrische Straßenbahn und die Stadtbahn und die Omnibusen und jenes Telephon – nur die Wasserspülung verband uns noch mit der übrigen Menschheit. Und doch: es war eine himmlische Zeit!

Frühmorgens stand ich auf, der beblümte Schlafrock schlurchte um meine Beine, die lange Pfeife hielt ich fröhlich paffend wagerecht, und dann begoß ich meinen Gummibaum. Ein liebes Bäumchen, aus Sachsen und sanftmütig wie eine *echte* Balme. Kein Telephon. Ich aß Brotschnitten mit Schleichhandelsbraten drauf, stocherte etwas im Ofen, steckte die Nase in die Küche und wurde von Adelgunde wieder herausgefegt – kein Telephon. Der Postbote kam nicht – unten ging eine Postbötin und schlenkerte mit den Armen, so nach der Melodie: Der Mensch ist frei geboren, ist frei –! Und kein Telephon. Wenn es klingelte, so war es Frau Nachbar Guhlke, die sich erkundigte, ob wir auch alle Blumenvasen (sie drückte sich wuchtiger aus) voll Wasser gelassen hätten, und kein Telephon! Niemand klingelte an: Claire, das süße,

wenngleich alte Mädchen nicht, nicht der Herausgeber, der aber
20 schleu…nigst ein prima lyrisches Gedicht auf Ludendorffen er-
heischte – kein Telephon. Meeresstille und glückliche Fahrt!
Ich lag der Länge nach auf dem Sofa und las. Was muß in diesem gottverlassenen Steinloch geschehen, damit unsereiner Wilhelm Raabe zu sich nehmen kann? Generalstreik. Und ich las von
Gedelöcke, den sie dreimal beerdigt haben, und vom ‹Marsch
nach Hause›, und wie der alte schwedische Sergeant im Brandenburger Moor stecken blieb …
Hölle und Teufel –! So fluchte der Sergeant, aber so fluchte
auch ich. Was war das? Ein rasselndes, rostiges Geräusch … Ver-
30 dammt! «Hier Panter.» «Großpapa! Hurra! Man kann wieder telephonieren!» Und los gings.
O schöne Zeit –! O sel'ge Zeit –! Und ich klappte seufzend
meinen Raabe zu und wartete, auf den nächsten Generalstreik.

Peter Panter, WB 10.4.1919

54

Der zwanzigjährigen ‹Fackel›

Du hast zwanzig Jahr ins Land gestrahlt.
Du hast manchen Schatten an die Wand gemalt –
    Rauchlos helle Flamme!
Und wir sprachen zu den feinen Röcken,
und wir sprachen zu den kleinen Schmöcken:
    «Daß dich Kraus verdamme!»

Gottseidank hast du noch nicht geendet!
Mancher schrie, von deinem Licht geblendet,
    manches Equipagenpferd ward scheu.
10 Viele kippelten im bloßen Gleiten.
Du hingegen – auch in großen Zeiten –
    bliebst dir selber treu!

Kaspar Hauser, WB 10.4.1919

Schlagsahne

Wenn früher unsre kecken jungen Damen
im Café schwelgten, süß in Süßigkeit:
die Sahne war dabei. – Man kennt den Namen
davon heut nur noch aus der alten Zeit.
Ein klebrig übles Zeug vertritt die wichtige
Schlagsahne; jeder lutscht zwar ganz erpicht –
  Es sieht auch beinah aus wie jene richtige:
  allein die gute alte ist es nicht.

Die Politik und so … Ach ja, ihr Lieben!
Ich kratz mich tiefbekümmert auf dem Kopf.
Du siehst, wie alle, alle etwas schieben.
Du siehst, das Kind streikt schon auf seinem Topf.
Du siehst die Nebel auf und nieder wabern.
Dies Frühjahr macht uns wirklich keinen Spaß.
Denn zwischen Lichtenberg und Zabern
wankt man so hin und her – ohn Mittelmaß.

Der Friede kommt. Ja, kommt er diesem Lande?
Was birgt die Decke, die der Frühling lüpft?
Vielleicht gibts auf der Welt noch andre Bande
als jene nur, die unser Kaufmann knüpft.
Erlaubt, daß ich die dumme Zeit bezichtige:
sie hat und ist nicht Fisch noch Fleischgericht.
  Sie sieht auch beinah aus wie eine richtige –
  allein die gute alte ist es nicht!

Theobald Tiger, Ulk 11.4.1919

Der falsche Sonntag

Am Sonntag vormittag gibt es in Berlin – und in allen deutschen
Städten – zwischen zehn und zwölf Uhr nichts zu kaufen. Die
Läden sind geschlossen, die Postanstalten geben keine größeren
Mengen Briefmarken ab – zwischen zehn und zwölf Uhr ist Sonn-

tag. Um dreiviertelzehn Uhr nicht, auch nicht um viertel Eins –
aber zwischen zehn und zwölf. Warum?

Einen Tag in der Woche soll der Mensch ruhen. Wäre dies nur
ein rein moralisches Gebot, so würde sich bald keiner mehr darum
scheren, die Kaufleute und die großen Verbände würden, ge-
10 peitscht von der Konkurrenz, den Ruhetag bald illusorisch gemacht haben, und mit dem Sonntag wäre es nichts. Der Staat hat
also eingegriffen und Verordnungen erlassen: «Am Sonntag soll
nicht gearbeitet werden. Ausnahmen – die nun einmal sein müssen
– regle ich.» So sagte der Staat, aber nach welchen Erwägungen
regelt er sie denn?

Nach rein kirchlichen. Nun ist der Sonntag ursprünglich von
der Kirche eingesetzt worden. Auf dem Dorf ist heute noch der
richtige alte Sonntag, wie er einmal überall verlebt wurde: zwischen zehn und zwölf findet Gottesdienst statt, das ganze Dorf
20 sitzt in der Kirche, und infolgedessen ruht die Arbeit. Man
brauchte gar nicht anzuordnen, die Läden geschlossen zu halten,
denn es wäre gar keiner da, der sie offen hielte. Soweit gut.

Aber wie liegt denn die Sache mit dem Sonntag in der großen
Stadt? In der heutigen großen Stadt? Es ist sehr schwer, dergleichen bei uns ruhig zu erörtern, weil man fortwährend von links
und rechts unterbrochen wird: da mengen sich die Glaubens-
eiferer und die Atheisten in den Streit, und beide geht er eigentlich
gar nichts an. Denn dies ist eben keine rein kirchliche Frage, heute
ist sie das nicht mehr, sondern es ist eine wirtschaftliche, die aus
30 Zweckmäßigkeitsgründen heraus entschieden werden sollte.

Es ist eine Tatsache – die wir hier einmal leidenschaftslos betrachten wollen, daß der Kirchenbesuch in den großen Städten,
und ganz besonders in denen mit überwiegend protestantischer
Bevölkerung, sehr schwach ist. Welche Gründe das hat, bleibe
ganz dahingestellt. Fest steht, daß der Durchschnittsbürger, daß
der Arbeiter Sonntags nicht in die Kirche geht, sondern sich aus-
schläft, einen Spaziergang macht, Freunde besucht, ins Grüne
fährt. Die große Stadt, die Mittelstadt – sie haben kein charakte-
ristisches kirchliches Sonntagsgepräge mehr, wenn man darunter
40 ein völlig anders geartetes Straßenbild versteht. Man sieht wohl
hier und da geputzte Menschen – aber das ist auch alles. Die Lo-

kale sind voller als am Alltag, ebenso wie die Straßenbahnen (wenn das noch möglich ist) – sonst geht alles seinen alten Gang. Wohlverstanden: im Privatleben des einzelnen – denn die Läden sind zu.

Und sie sind geschlossen, weil der Angestellte, weil der Prinzipal sich ausruhen will und muß. Sie sind aber nicht aus metaphysischen Gründen geschlossen, nicht, weil das Seelenheil der in ihnen Beschäftigten das erheischt.

Man hat sich – um jede Konkurrenz auszuschalten – auf eine allgemeine Sonntagsruhe geeinigt. Aber man sah sich genötigt, Ausnahmen zu machen: die Theater spielen, die Feuerwehr ruht nicht, das Telephon auch nicht, die Schutzleute stehen auf ihrem Posten – das mag im einzelnen kleine Einschränkungen erfahren –, diese Betriebe und noch einige andere funktionieren aber doch, trotz des Sonntags.

Wir kennen diesen englischen Sonntag nicht, der das Musizieren und gar das Kartenspielen und alles verbietet, was auch nur von ferne einer Arbeit gleich sieht. Wir sind laxer und ruhen uns aus – jeder nach seiner Art.

Und haben nun allerhand Ausnahmen machen müssen – wir erlauben den Lebensmittelgeschäften und den Blumenläden und einigen anderen, auch am Sonntag den Leuten das Nötigste zu verkaufen. Und zwischen zehn und zwölf –?

Da nicht. Zwischen zehn und zwölf kriegen wir es auf einmal mit der Frömmigkeit, und was uns die ganze Woche und die ganzen anderen Sonntagsstunden nicht einfällt: hier – zwischen zehn und zwölf – fällts uns ein.

Das ist nicht nur eine Überhebung der wenigen Kirchenbesucher über die andern – das ist vor allem in praktischer Beziehung der helle Wahnsinn. Dem Angestellten ist der Sonntag zerrissen, und der Käufer muß sich mit seinen Besorgungen nach einer Regel richten, die gar nicht mehr zu seinen sonstigen Lebensgepflogenheiten paßt, die aus ganz anderen Verhältnissen heraus geboren ist – ärgerlich klopft er an eine geschlossene Tür und wird erst durch sie erinnert – «ja, richtig!» –, daß zwischen zehn und zwölf – – was eigentlich? Daß die Läden geschlossen sind. Warum? Das kümmert ihn nicht.

Es wird hier keiner Mißachtung der Kirche und ihrer Einrichtungen das Wort geredet. Das liegt auf einem ganz anderen Feld.
Es scheint mir aber nicht richtig zu sein, die Sonntagsarbeit für
zwei Stunden nur deshalb zu verbieten, weil früher einmal bei uns
jeder Gewerbetreibende um diese Zeit in die Kirche zu gehen
pflegte, und weil das in den kleinen Dörfern noch jetzt so ist. Die
Sonntagsarbeit – auch die in den staatlichen Betrieben – ist nach
rein zweckmäßigen Erwägungen zu regeln: dringendes Arbeits-
gebot im Interesse der Allgemeinheit, Schonung der Arbeitskräfte
im Interesse der Angestellten.

Ich halte das Ganze für keine kirchliche Frage mehr und glaube,
wir täten gut, sie ohne unnötigen Spektakel und ohne übergroße
Empfindsamkeit zu behandeln. Will einer am Sonntag in die Kirche gehen, so sei ihm das unbenommen – er kann aber nicht verlangen, daß seinetwegen einschneidende Pausen in die Sonntagsarbeit gelegt werden, die dem Angestellten und dem großen
Publikum nur Kummer machen. Religionsfördernd wirkt das
nicht – es ist noch keiner deswegen in die Kirche gegangen, weil
er zwischen zehn und zwölf keinen Kuchen zu kaufen bekam.
Wir sind keine Kirchenbilderstürmer, aber wir sind auch keine
Frömmler. Die Kirche, die sich am gewandtesten den nun einmal
bestehenden Verhältnissen anzupassen versteht, wird sich den
Dank des Volkes erringen, die aber, die unnötig die Entwicklung
zu hemmen versucht, wird selbst den Schaden davontragen.

An der Regierung aber wird es sein, die Sonntagsarbeit in mo-
dernem Sinne festzulegen!

Ignaz Wrobel, BT 13.4.1919

57

Mit einem blauen Auge

Die alten Kegelbrüder seh ich wieder.
Sie überlebten selbst des Krieges Lauf.
Sie schicken revolutionäre Lieder
gleich Taubenschwärmen in das Blau hinauf.
Und locken sie zurück:

nun hängt ein Wenn und Aber im Gefieder
– ein Glück! Ein Glück!

Das Land im Elend. Wer ist schuld am Ganzen?
Am Krieg, und daß man ihn so schwer verlor?
Man sieht die Wackern zierlich eiertanzen.
Sie schreiten voller Schwung drei Schritte vor
 und drei zurück.
Man braucht ja doch die blanken Söldnerlanzen
– welch Glück! Welch Glück!

Der Domestik liebt seine Offiziere.
Der gute, brave, liebe Ludendorff!
Das wütete vier Jahre wie die Stiere.
Reißt einer auf den alten Wundenschorf?
 Sanft holt man ihn zurück –
und bleibt hübsch maßvoll bei dem Stammtischbiere
– sein Glück! Sein Glück!

Du Krieges-Bestie mit den tausend Armen!
Wär dieses Volk politisch stark und reif:
es riß die Fenster auf im stubenwarmen
Gemach – Luft! Luft! und Frühjahrsreif!
 Du kehrtest nie zurück.
Und keiner hätte mit dir Vieh Erbarmen
– dein Glück! Dein Glück!

Kaspar Hauser, WB 17.4.1919

58

Kleine Szene

Ich glaube, es war Nummer Fünf des Programms. ‹Brown und Philipps›. Und es fing so an, daß ein unendlich dicker Mann mit ganz weiten Hosenbeinen heiter singend die Bühne betrat. Er schlenkerte die Füße von sich, er war in einem jener angenehmen Spaziertrotts begriffen, die man so nach getaner Arbeit einzuschlagen pflegt, und er sang: in der Fistel, unbekümmert um die

Umwelt und ganz leise und vergnügt, mit dem trocknen Ernst eines Mannes, der Kummer gewöhnt ist und die Ruhe einer stillen Stunde wohl zu schätzen weiß. Die Musik war aber auch zu hübsch ... Der dicke Herr beschloß, ein kleines Mahl zu sich zu nehmen, ein Frühstück etwa, ein kleines Dinerchen – nun, man würde ja sehen. Er nahm, grau, unscheinbar und fett, an einem Tische Platz, der da grade stand. Vielleicht ist dies ein Lokal –? Es ist offenbar eines, denn ein gelackter, befrackter und spinnendünner Kellner erscheint. Als er des Fremden ansichtig wird, macht er eine ungeheure Verbeugung, wobei sein Kopf mit einem dumpfen Bums auf den Boden stößt. Dies fällt dem dicken Herrn auf, und er greift sich in die weiten Beinkleider, um aus denselben ein größeres Fernrohr herauszuziehen, mit dem er das Phänomen von Kellner betrachtet. Der Kellner springt hinzu, nimmt dem Gast das Hütchen ab, bürstet das Hütchen mit einer Bürste – Kuckuck! macht die Bürste – und lauscht den geflüsterten Bestellungen. Der Gast zieht aus den Beinkleidern Hammer, Zange, eine Säge, ein kleines Beil und ein paar Messer. Der Kellner erscheint mit den Eßplatten. Der Gast stürzt sich auf die Koteletts und zersägt sie, klopft sie weich, meißelt Stücken heraus und gibt das Ganze einem Hund zu fressen, der soeben aus dem Orchester herausgeklettert kommt. Zückt dann ein Portemonnaie, das er ein Meter zwanzig weit auseinanderzieht, sucht dort nach einem Pfennig, findet ihn und wirft ihn mit grandioser Gebärde – mais quel geste! – dem Ganymed zu, der seine Winkelhakenverbeugung macht ... Und die Musik spielt dazu den aufreizenden, monotonen Niggertanz ...

Wo ich das gesehen habe? Im Wintergarten? Ach, gar nicht. Die berliner Variétéprogramms sind noch zu langweilig, als daß sie hier beschrieben werden sollen, und so muß ich denn abends, wenn die Kinderchen – ich habe deren – schreien, ihnen dergleichen vorerzählen. Mir hat mein Fräulein Großmama seinerzeit freilich Märchen erzählt – aber das war die alte Zeit. Heute –!

Aber wäre es nicht hübsch, wenn wir wieder einmal herzlich über gute Excentrics lachen könnten?

Peter Panter, WB 17.4.1919

Fröhliche Ostern!

Ei, ei!
In einer Reih
legen die fleißigen Hasen
wohl auf den grünen Rasen
hervorragend bunte Ostereier –
denn der freie Handel wird stets freier,
und so legt denn heuer das Hasensyndikat
über acht Stunden von früh bis abends spat.
Wenn wir Menschen uns aber die Eier begucken:
ja, was haben die Hasen nur diesmal für Mucken?
Da steht «Räterepublik» auf einem Ei geschrieben,
das ist um und um mit brandroter Farbe eingerieben.
Auf einem steht: «Uns Nationalen gehts zurzeit sehr mau!»
Und dieses Ei ist mit Recht ganz und gar knallblau.
Und auf einem ist zu lesen, daß so weiß wie dies Ei
auch die Unschuld der Herren alldeutschen Kriegspolitiker sei.
Und wieder auf einem steht groß und dick und kühn:
«Deutschlands Zukunftshoffnung» – und das ist grün.
Und es sagte mir eines der kleinen Hasentierchen:
«Dir und deinen lieben Deutschen zum Pläsierchen
täte ich gern etwas gegen den innern Krieg –
denn ich kleiner Hase, ich liebe die deutsche Politik!»
Und ich sagte: «Herr Hase, meinetwegen!
Also: dann müssen Sie Rühreier legen!»
Na, finden Sie vielleicht was dabei?
Allerseits: Fröhliche Ostern!
Ei, ei! Ei, ei!

Theobald Tiger, Ulk 18. 4. 1919

Osterspaziergang
Aus einer aufgefundenen ‹Faust›-Handschrift

Faust: Vom Eise befreit sind Strom und Bäche
durch des Frühlings holden, belebenden Blick;
das deutsche Volk zahlt des Krieges Zeche,
und keiner bringt das Verlorene zurück.
Die alten Monarchen, in ihrer Schwäche,
zogen sich in die Versenkung zurück.
Von dorther senden sie, fliehend nur,
ohnmächtigen Schauer körniger Reden.
Und sie beschuldigen jeder jeden,
10   und schütten Memoiren auf die Flur.
Überall regt sich Gärung und Streben,
Alles will sich mit Rot beleben.
Doch an Blumen fehlts im Revier.
Nehmt kompromittierte Führer dafür!
Kehre dich um, von diesen Höhen
Auf das Land zurück zu sehen.
Aus dem hohlen, finstern Tor
dringt ein buntes Gewimmel hervor.
Jeder sonnt sich heute so gern:
20   die Kriegsgesellschaft, der Stahlkonzern,
denn sie sind wieder auferstanden
aus Reklamierungs- und andern Banden,
aus niedriger Häuser dumpfen Gemächern,
aus dem Druck von mitunter beschossenen Dächern,
aus der Straßen quitschender Enge,
aus der Kirchen ehrwürdiger Nacht
sind sie wieder ans Licht gebracht.
Sieh nur, sieh! wie behend sich die Menge
durch die Dörfer zum Hamstern schlägt.
30   Mancher bezieht manchmal etwas Senge,
weil er zu wenig Geld hinlegt.
Hier fühl ich wahrhaft mich erhoben:

Was kümmert uns ein verlorener Krieg!
Amerikanisches Mehl wird verschoben –
nur der Schieber erst reitet den Sieg!
Hätten wir nur genug zu essen,
wär das Alte mit Gunst vergessen;
Ludendorffen entbieten wir Huld …
Keiner ist schuld! Keiner ist schuld!
40 Ich höre schon des Dorfs Getümmel,
hier ist des Volkes wahrer Himmel.
Zufrieden jauchzt die Reaktion:
Keine Angst! sie vergessen schon!
Wagner: Mit euch, Herr Doktor, zu spazieren
ist ehrenvoll und ist Gewinn;
Doch würd ich nicht allein mich her verlieren,
weil ich ein Feind von allem Rohen bin.
Das Schreien und Sozialisieren
ist mir ein gar verhaßter Klang;
50 das will ja nur das Volk verführen –
uns Reichen wird ganz angst und bang.
Wir wollen wieder die alten Zeiten,
Wir wollen wieder die Menge leiten –
Zufrieden jauchzt dann Groß und Klein:
Ich bin kein Mensch! Ich darf's nicht sein!

Von einem Berliner, BVZ 20. 4. 1919

61

Was wäre, wenn …?

Posito, gesetzt den Fall – also nehmen wir einmal an, der Krieg
wäre glücklich ausgegangen – durch irgendeinen wahnsinnigen
Zufall wäre er glücklich ausgegangen, die Soldaten wären heim-
gezogen, man hätte sie noch monatelang in den Kasernen zurückgehalten (so war das geplant) – und Kaiser Wilhelm II. hätte, nach
all dem Rummel, sagen wir im Alter von 65 Jahren, das Zeitliche
gesegnet. Und der Kronprinz wäre auf den Thron gekommen – –

Mein Gott, was hätte es da alles gegeben! Kronprinzen sind immer ein unbeschriebenes Blatt, aber dieser wäre nicht schlecht voll geschrieben worden! Die Professoren, die ja alles beweisen können, denn das haben sie gelernt, die Professoren, sage ich, hätten bewiesen, daß Deutschland gar keinen geeigneteren, keinen tüchtigeren, keinen besseren Fürsten hätte haben können als diesen jungen Mann. Die Rätseldeuter wären aufgestanden und hätten gesagt: aus dem Umgang des jungen Herrschers mit den besten Sportsleuten der Gegenwart folgere, daß er alles zur Ertüchtigung der deutschen Jugend zu tun gedenke, und das sei ein großer Vorteil für Deutschland, denn es käme weniger auf Männer als auf Rekruten an; und, hin, her, was gilt die Wette? Der Mann wäre in der allerkürzesten Zeit außerordentlich populär gewesen. Das flotte Leben als Student, das nichtssagende Gesicht eines Tennisspielers der guten Gesellschaft, die gute Figur, ein paar Gerüchte über kleine Mädchengeschichten aus Bonn und aus Charleroi, die vielen Söhne (man bedenke, welch herrlicher Coupletstoff hier verloren gegangen ist) – kurz: er wäre der Mann der Straße gewesen! Sie hätten ihm zugejubelt, man hätte den staunenden Ausländer gefragt: «Nicht wahr, Sie sind kolossal neidisch auf unseren Kaiser? Ja, den macht uns keiner nach!» – und alle Monarchisten hätten gestrahlt, denn sie hatten es ja gleich gesagt …

Es ist nun um ein weniges anders gekommen. Die wilde Begeisterung, die in gewissen Männerbusen immer bereit wohnt, verkümmert zusehends, weil kein Zollernsproß da ist, den man feiern kann – armer Busen! Aber dazu kommt ein Anderes.

Derselbe junge Herr, der sicherlich, wäre er Kaiser geworden, über alle Maßen erhoben worden wäre, ist in eine Lage gekommen, die den ganzen Mann erweist: nämlich ins Unglück. Da konnte einer zeigen, was er wirklich ist, da konnte einer männlich schweigen, konnte dem Schicksal die Stirn bieten und sagen: «Ich gehe unter. Aber in Ehren!»

Statt dessen erleben wir ein unsagbar klägliches Schauspiel. Der Draufgänger, der gegen unbeliebte Zeitungen glorreiche Attacken ritt (bei Langemarck starben seinerzeit mehr die Bürgerlichen …), kraucht heute bei den ausländischen Reportern herum und bittet um gutes Wetter. Er sei es nicht gewesen, er habe Papa gleich …

Papa! Wie herzig das klingt! Ludendorff sei derjenige, welcher …
Die Wahrheit kommt oft spät. Aber diese *eine* Wahrheit sollte
für uns nicht zu spät kommen: der Führer eines Volkes darf nicht
vom lächerlichen Zufall spendiert, sondern er muß *auserwählt*
werden. Diesen da hätte uns beinahe Fortuna, die launische Göt-
50 tin, auf den Thron gesetzt, behängt mit allem Ornat eines veralte-
ten Berufs. Er hat sich nun splitternackt ausgezogen: ein dünnes,
jämmerliches Figürchen. Was wäre gewesen, wenn …? Nicht auszudenken.

Seien wir froh, daß uns wenigstens das erspart geblieben ist,
einen Mann auf dem deutschen Kaiserthron gehabt zu haben, der
keine Fehler des Charakters aufwies, weil er keinen hatte.

Ignaz Wrobel, BVZ 23. 4. 1919

62

Ein Königswort

Dies ergötzte Hoch und Niedrig:
Als der edle König Friedrich,
August weiland von ganz Sachsen,
tat zum Hals heraus erwachsen
seinem Volk, das ihn geliebt,
so es billigen Rotwein gibt –
als der König, sag ich, merkte,
wie der innre Feind sich stärkte,
blickt er über die Haiducken,
10 und man hört ihn leise schlucken …
Und er murmelt durch die Zähne:
«Macht euch euern Dreck alleene!»

Welch ein Königswort! Wahrhaftig
so wie er – so voll und saftig
ist sonst Keiner weggegangen.
Wenn doch heute in der langen
langen Reihe unsrer Kleber,

Wichtigmacher, Ämterstreber,
Einer in der langen Kette
20   nur so viel Courage hätte,
trotz der Ehre und Moneten
schnell gebührend abzutreten!
O, wie ich sein Wort ersehne:
«Macht euch euern Dreck alleene!»

Edler König! Du warst weise!
Du verschwandest still und leise
in das nahrhafte Civil.
Das hat Charme, und das hat Stil.
Aber, aber unsereiner!
30   Sieh, uns pensioniert ja Keiner!
Und wir treten mit Gefühle
Tag für Tag die Tretemühle.
Ach, wie gern, in filzenen Schuhen
wollten wir gemächlich ruhen,
sprechend: «In exilio bene!
Macht euch euern Dreck alleene!»

Kaspar Hauser, WB 24. 4. 1919

63

Tänzerinnen

heißt ein Büchlein von Paul Nikolaus, das im Delphin-Verlag zu
München erschienen ist. Darinnen sind sehr viele Photographien
all der Damen, die uns so oft etwas vortanzen, und im Text muß
ich lesen: «Der Tanzkünstler, der durch das zum reinen Ausdruck
gebrachte Gefühl den expressionistischen Tanz schafft ...» Ich
weiß doch nicht. Grete Wiesenthal war eine Persönlichkeit, was
das Geheimnis ihrer Kunst sein dürfte, und die Andern sinds
kaum, aber dafür heftiges Kunstgewerbe. Ist da «Entwicklung»?
Heute mittag saß mir beim Essen eine wundervolle Frau gegen-
10   über: mit dem halboffenen Mund wie eine reife Frucht und hell-

grünen Augen. Ich höre, daß sie tanzt. Vielleicht ist sie morgen die große Tänzerin. Denn die Theorie des Kunstschriftstellers machts nicht. Die Mädchen tanzen quand même.

Peter Panter, WB 24. 4. 1919

64

Schwarzrotgold

Das war damals, als Freiligrath
sang in die deutschen Ohren:
Was auch ein König für euch tat,
Toren bleibt ihr, Toren!
Sitzt so getreu in der Obrigkeit Hut,
artig, ein Kind bei der Amme –
Schwarz ist der Stahl,
rot ist das Blut.
Golden flackert die Flamme!

10   Das ist heute – und kein Fanal
leuchtet in Dunkelheiten.
Rostig der alte Burschenschaftsstahl,
weltfern die alten Zeiten.
Nirgends ein Fünkchen heiße Glut,
daß euch die Hölle verdamme!
Schwarz ist der Stahl,
rot ist das Blut.
Golden flackert die Flamme!

Hüben dicker Philister Bauch,
20   ganz wie damals, derselbe –
drüben kein Feuer, nur beißender Rauch:
«Schmeißt den Kerl in die Elbe!»
Was der eine, der andre tut,
wächst auf verkümmertem Stamme –
Schwarz ist der Stahl,

rot ist das Blut.
Golden flackert die Flamme!

Führt ihr im Banner das Portemonnaie?
Macht keine Revolutionen!
Deutsches Elend und deutsches Weh
kamen nicht nur von den Thronen.
Blickt zu den Sternen! Zeigt endlich Mut!
Auf aus dem alten Schlamme!
Schwarz ist der Stahl,
rot ist das Blut.
Golden flackert die Flamme!

Theobald Tiger, Ulk 25. 4. 1919

65

Wie mit unserer Arbeitskraft umgegangen wurde

In den vielen tiefgründigen Untersuchungen unserer Professoren über den Krieg habe ich ein einziges kluges Wort gefunden, das die Unbeliebtheit der Deutschen im Auslande besser erklärt als ein dickleibiger Wälzer. Ein Franzose, so erzählt der Professor, habe auf die Frage, warum man uns denn allenthalben nicht leiden könne, einfach geantwortet: «Ils travaillent trop. Sie *arbeiten* zu viel!» – Arbeiteten wir? Wir schufteten. Und mit welchem Erfolge? Mit welchem Erfolge?

Bei den «*Preußen*», wie die Soldaten mit Recht in Deutschland genannt wurden, wurde unsinnig gearbeitet: unsinnig viel und unsinnig unnötig. Wenn ich im folgenden einige Kriegserfahrungen erzähle, so beschränke ich sie auf ein Mindestmaß, weil ich glaube, daß es gar nicht so sehr auf die Erlebnisse eines einzelnen ankommt – die immer zufällig sind – sondern darauf, was unsereiner, der nicht vom Kommis verbildet ist, mit klaren, blanken Zivilaugen im Kriege gesehen hat.

Worunter wir in erster Linie litten, das war ein unmäßiges *Schreibwerk*. Dieses Schreibwerk lastete wie ein Block auf aller

praktischen Arbeit und lähmte sie. Es wurde viel mehr geschrie-
20 ben als getan – ja, es wurden manche Dinge überhaupt nur getan,
um «gemeldet» zu werden.

Ich leitete anderthalb Jahre lang im Osten eine kleine Felddruk-
kerei –, und wir druckten für unsere Formation von *4000* Mann
monatlich bis zu *23 000* Bogen Papier für Formulare. Jeder Feldwebel hatte seine eigenen Formulare, auf die er besonders stolz
war, jeder Kompagnieführer dachte sich extra schöne Verpfle-
gungsbescheinigungen, Stärkenachweisungen, Rapporte und Mel-
deformulare aus. Kam dann nach ein paar Monaten ein *neuer*
Mann an die Spitze, so warf er den Apparat des alten weg, und es
30 ging alles wieder von frischem an.

Dieser «Schreibfimmel», um es einmal mit einem soldatenmäßi-
gen Ausdruck zu benennen, hatte seinen Grund in der sinnlosen
bureaukratischen Organisation, mit der alles angefaßt wurde. Die
Leute waren unfähig, anders als in verwickelten Einrichtungen zu
denken, sie konnten sich gar keine Ordnung vorstellen, wenn sie
nicht ungeheure Verzeichnisse, Register, Meldungen und tägliche
Rapporte hatten. Nun ist Ordnung eine sehr schöne und notwendige Sache – Organisation ist es auch – aber dies war Wahnsinn,
war Überorganisation.

40 Ich stand einmal bei den «*Schippern*» – da ließ sich der Divisionär jeden Tag melden, wieviel Unterstände gebaut waren, wieviel Meter Schützengraben und all das. Gut und schön. Aber sei es
nun, daß er sonst nichts zu tun hatte, sei es, daß sich ein Offizier
im Stab besonders beliebt und unentbehrlich machen wollte: die
Meldungen wurden von Woche zu Woche komplizierter, und
schließlich lagen auszufüllende Formulare vor uns, die die stramme Arbeitskraft eines gebildeten Menschen während zweier Stunden erforderten, um richtig erledigt zu werden. Was sollte das?

Dieses System hat *unendlich viel Kraft und Lust verschwendet.*
50 Es fing in Berlin bei den Zentralstellen an und hörte im Graben im
Bataillonsunterstand auf. Unser Terminkalender wuchs und wuchs
– wir hatten bis zu hundertundfünfzig Meldungen im Monat – ich
bin davon überzeugt, daß viele nie gelesen worden sind. Eines Tages – das war bei den *Fliegern* – kam aus Berlin von der Inspektion
der Fliegertruppen ein Formular, das war – ungelogen – einen

Meter lang; wir haben es nachgemessen. Es war so lang, daß wir den Nachdruck nicht auf unserer Steindruckpresse besorgen konnten und arge Schwierigkeiten hatten; es enthielt achtundsechzig Rubriken. Wem nützt dergleichen? Das war eine Ord-
60 nung, die schließlich in Unordnung ausartete.

Die Schreibsucht grassierte in allen Formationen, und je weniger sie zu tun hatten, desto mehr *schrieben* sie, um ihre Existenzberechtigung nachzuweisen. Ich besinne mich, daß ich manchen Federhalter bei der politischen Polizei zerkaute, um den fälligen Bericht, den Schrecken aller Dienststellen, ans Tageslicht zu fördern. Hätten wir die Wahrheit geschrieben: «Hier ist nichts los» – ich glaube, der Chef hätte uns aufgefressen. Nun, und so schrieben wir denn, wie es verlangt wurde.

Das Schreibwesen richtete sich selten nach den Anforderungen
70 des Feldlebens und hat manchem Soldaten den Dienst zur Hölle gemacht. Ehe einer einen Zahn gezogen bekam, ehe er einen Nagel erhielt, ehe er eine Drillichjacke fassen konnte – was wurden da für Zettel aufgeschrieben und für Listen ausgefüllt! Und die «Kerls» warteten, bis ihnen die Beine steif wurden – das schadete nichts. Die Hauptsache war die schöne *Liste*. Und dabei nutzte das nicht einmal etwas: wollte der Offizier etwas haben, so bekam er es gleich, reichlich und ohne allen Listenkummer. *Kisten* wurden *gestohlen*, und um einen Nagel wurden Korrespondenzen geführt.

80 Dazu kam ein eigenartiger Erbfehler aller Dienststellen: sie hatten alle Tafeln, aus denen ersichtlich sein sollte, wo sich jedes Glied der Dienststelle – sei es Pferd, totes Material oder Mann – gerade befand. Da hingen bunt angemalte Lappen mit den gefährlichsten Zeichnungen und Quadraten und Linien, und Schemata – und es klappte natürlich niemals genau, weil man eben das *lebendige* Leben nicht in Schemata hineinpressen kann, und weil jede, auch die feinste Organisation nicht ganz auf das Leben herunterreicht. Aber das kümmerte die genialen Organisatoren nicht. Wenn sie nur ihre Listen hatten –!

90 Aus Listen allein läßt sich aber gar nichts ersehen. Das Leben triumphierte: in diesem Falle die *Schiebung*. Was ist nicht alles bescheinigt worden! Was wurde nicht alles registriert! Alles, einfach

alles! Da sprachen sich Fliegeroffiziere die Zulage von 150 Mark monatlich zu, die ihnen nicht zustand – aber man fand irgendeinen Dreh, die Angelegenheit buchstabengerecht zu machen – da fuhren Offiziere auf «Urlaub zur Wiederherstellung der Gesundheit», weil sie dann irgendeine Fahrgeldvergütung hatten – – bescheinigt? bescheinigt wurde alles. Da hagelte es ärztliche Atteste, da regnete es Bescheinigungen, – war nur das Papier da, dann war
100 alles in Ordnung.

O, wir arbeiteten! O, wir haben gearbeitet! Aber fragt mich nur nicht, wozu und zu welchem Nutzen! Unsere Kriegskorrespondenten und Berichterstatter konnten gar nicht genug Rühmens machen von der musterhaften Sauberkeit und Ordnung unserer Feldgrauen – ach! wenn sie hinter die Kulissen gesehen hätten! Wo hat der deutsche Soldat wirklich bequeme und leicht zu erreichende *Bade*gelegenheit gehabt, wer von uns hat sich täglich von Kopf bis zu Fuß waschen können? Ich rede nicht von den Grabenbesatzungen in «schönen Gegenden» – die konnten es
110 nicht, aber was wurde in der Etappe gebaut und gebaut, und wie wenig hat der Mann von der ganzen Schufterei gehabt! Kennt ihr das Schild: «Nur für Offiziere»? Ich kenne es.

Gebaut wurde immer. Ich erinnere mich noch mit Schaudern und mit Vergnügen, wie es niemals abbrach: wir konnten ein halbes Jahr, ein *ganzes* Jahr in einer Ortsunterkunft liegen – es wurde immer weiter und immer wieder gebaut! *Wieviel Material ist da verschleudert worden!* Welche Unsummen von Geld und in Deutschland so notwendigen Baumaterialien sind da draufgegangen und sind jetzt in fremden Händen! Nur damit der betreffende
120 Kompagnieführer den Inspizierenden durch «seinen» Laden führen konnte: «Dies alles ist mir untertänig!» Welch Stolz, wenn die Muschkoten wochenlang geschuftet hatten, und sich die Landschaft nun dem entzückten Auge des besichtigenden Beschauers präsentierte: kleine Gartenwege, geharkt und gekiest – alles, auch die unsinnigsten Sachen, in einer Reihe aufgebaut (wenn die Preußen einmal die Sterne in ihre Gewalt kriegen, bauen sie die auch in einer Reihe auf), und vor allem: die Birkenzäunchen! Wer entsinnt sich ihrer nicht! Was wurde aus den Birken für alberner Schmuck hergestellt! Nebenbei gesagt, waren die Dinger alle geschmacklos:

130 diese Gartenläubchen und diese Stege, diese Bismarckbrücken und diese Pförtchen zu Ehren irgendeines Generals! Dafür war Zeit vorhanden, dafür war Arbeitskraft vorhanden, dafür waren die Kerls gut genug! Kam die nächste Formation, riß die den Plunder zusammen und baute sich etwas ganz Neues. Und so verging die schöne und große Zeit …

Dieser Wahnsinn steckt tief im deutschen Volk. Er muß herausgetrommelt werden – er hat uns unzählige Millionen in bar gekostet, und der Schade, den der Unfug der Überorganisation in unseren verärgerten und verbitterten Gemütern angerichtet hat, läßt

140 sich zahlenmäßig gar nicht ausdrücken – so groß ist er. Es war hirnverbrannt, neben dem Maschinengewehr im Graben kleine Blumenrabatten anbringen zu lassen – und das geschah nicht etwa, weil sich die Mannschaft langweilte. Sie langweilte sich nicht – o nein – sie ruhte sich aus … Aber die Stabsoffiziere mußten doch einen fröhlichen Kriegsschauplatz dargeboten bekommen! Und sie bekamen ihn. Es ist hirnverbrannt, überall ein Riesenbureau aufzumachen; es ist hirnverbrannt, das Geschäftszimmer zum gefürchteten Mittelpunkt all und jeder Tätigkeit zu machen.

Haben wir gelernt? Ist die Überzeugung von der Unsinnigkeit

150 des Militarismus schon ganz allgemein in Deutschland? Fast scheint es nicht so. Ich habe in der ‹Weltbühne›, in den Nummern 2 und 4 bis 9 dieses Jahrganges die ‹Militaria› beleuchtet – und ich hatte allerdings erwartet, daß die Getroffenen aufschreien würden. Aber ich hatte nicht geglaubt, daß ihrer so viele wären. Wer meldete sich da nicht alles! Stellenjäger und Stelleninhaber, Offiziere und Etappenschweine mittleren Kalibers, sie waren alle, alle noch da. Verstehen kann man es, wenn denen unsere Kritik in die Knochen fährt: denn ihre große Zeit ist dahin. Dahin die durchtollten Nächte in den Kasinos, dahin die Befehle an den Küchenunter-

160 offizier, dahin die gemüselosen Tage, dahin der billige Sekt und dahin die dunkeln Lebensmittelgeschäfte. Die Zeit ist wieder *klein* geworden, nicht wahr? Aber wir wollen aufpassen, daß sie nicht wieder groß wird – denn wir haben gesehen, wieviel Schufte in so eine große Zeit hineingehen!

Was allein für uns von Belang ist, das ist die *Gesinnung*. Da helfen keine Paragraphen, das wissen wir alle von unserem beruf-

lichen Leben her. Jeder macht's doch nur so, wie er wirklich will –
und stören ihn Bestimmungen, dann dreht er sich die zurecht, bis
sie passen.

170   Pflegt die Gesinnung! Wer hat sich im Kriege um den Geist der
Leute gekümmert? Wer hat wirklich den Dingen auf den Grund
gesehen und sich den Teufel um die Paragraphen geschert? Keiner.

Und weil wir denselben Jammer, wie wir ihn beim Militär kennen gelernt haben, immer wieder und wieder auch im Zivil bei der
Verwaltung sehen, deshalb rufe ich: *Nieder mit der Überorganisation! Es lebe der gesunde Menschenverstand!*

Ignaz Wrobel, BVZ 1.5.1919

66

Der erste Mai

Ich falle lyrisch in die Saiten,
klim plum – es sprießt im Blumentopf.
Der Lenz rumort in diesen Zeiten
auch in dem ernsten Denkerkopf.
    Ists recht, wenn ich ein Liedlein quarre?
    So komm, du Trösterin, herbei,
    du buntbewimpelte Gitarre –
        am ersten Mai!

Der Tag, da jene bunte Rotte
10   klim plum – voll Freuden Mordio schrie,
scheint heute fern.
        Dem Rachegotte
bleibt treu die alte Kompagnie.
    Wer im August so sehr versessen
    gewesen ist auf Kriegsgeschrei,
    den wollen wir doch nicht vergessen
        am ersten Mai!

Wir haben nun bei freien Eiern
klim plum – den neuen Feiertag.
Wir dürfen endlich jenen feiern,
den nie kein guter Landrat mag.
    Doch müßt ihr stets Programme stammeln!
    Laßt uns, was auch gewesen sei,
    zu neuer Arbeit Kräfte sammeln,
        am ersten Mai!

So horch, Auguste meiner Seele,
wie süß mein Lied die Luft durchzieht!
Was ich mir hier herunterquäle,
kommt aus dem weichesten Gemüd.
    Und was wir brauchen an Moneten
    verdienst du mit der Filmerei –:
    So laß uns in die Ehe treten
        am ersten Mai!
            Klim plum!
        Am ersten Mai!

Theobald Tiger, Ulk 1.5.1919

67

Das Heil von außen

Was wir bereits gestorben glaubten,
ist, hols der Teufel, wieder da:
die alten achselstückberaupten
Commis der Militaria.

Das wandelt wie in alten Tagen,
für alles Neue gänzlich taub:
man trägt nur manches auf dem Kragen
und ist ein Kerl wie Eichenlaub.

Das sind doch alles Kleidermoden:
der Ärmelschmuck und wie das heißt ...

Man stellt sich einfach auf den Boden
der neuen Welt – im alten Geist.

Und haben wir den Krieg verloren:
die Herren, silberig besternt,
verschließen ihre langen Ohren –
sie haben nichts dazugelernt.

Und nur ein Friede kann uns retten,
ein Friede, der dies Heer zerbricht,
zerbricht die alten Eisenketten –
20   der Feind befreit uns von den Kletten.
Die Deutschen selber tun es nicht.

Kaspar Hauser, WB 1.5.1919

68

Das Bild als Narr

Unter diesem Titel gab Ferdinand Avenarius, von der besten
Überzeugung, wie immer, durchdrungen, im Krieg eine Sammlung feindlicher Kriegskarikaturen (bei Callwey in München)
heraus.

Nun, da die Zeiten, was die kriegerische Begeisterung anbetrifft, etwas ruhiger geworden sind, sehen wir uns das Büchlein,
das übrigens sehr gut ausgestattet ist, mit kühlen Blicken an.

Gleich der Anfang beweist, wie man so eine Karikaturensamm-
lung nicht an- und auffassen soll. Da handelts sichs um eine Serie
10   des himmlisch frechen Hermann Paul in der ‹Assiette au beurre›,
diesem von keinem deutschen je erreichten französischen Witzblatt. Das Sonderheft ‹La guerre› stammt aus dem Jahre 1901 und
geht gegen den Krieg, und zwar gegen den Krieg überhaupt, gegen die Soldaten, gegen alle Soldaten. Und weil die romanischen
guten Witzblätter nicht, wie unsre lauen, streicheln und spotten
und versteckt kichern, sondern mit Keulen schlagen und mit Pfeilen töten, so hat der Zeichner in wenigen Bildern das Thema rest-

los bis zu Ende erledigt. Die Heuchelei, die Kraftprotzerei, die Wonne der Frau über ihren tötenden Mann, wenn er nur siegt und nicht von den andern getötet wird – alles ist drin. Und was liest nun Avenarius heraus? «Was man drüben sich selber nachsagt.» Aber das ist ja garnicht wahr! Paul mußte Franzosen als Vorbilder nehmen, weil die Satire sonst chauvinistisch gedeutet werden konnte. Er wollte aber sagen: cosi fan tutte. Natürlich sind die Franzosen nicht ausgenommen, aber das sind keine französischen tadelnden Glossen gegen die eigenen Soldaten, sondern es geht um die Soldaten der Welt. (Übrigens lohnt es schon wegen dieser Reproduktionen aus der bisher in Deutschland verboten gewesenen Zeitschrift, das Buch zu erwerben.)

Der alte Vorwurf gegen Avenarius, er schulmeistere zu viel – hier muß ich ihn unterschreiben. Es geht nicht an, hinter jeder Karikatur mit dem Bakel zu stehen und zu deuten: erstens, zweitens und drittens … Karikaturen sind der Ausdruck eines Willens – die guten der Ausdruck des künstlerischen, die schlechten der des nationalen Willens –, und man kann ihnen nicht mit Tinte, nur mit dem Herzen begegnen.

Damit steht es nun faul. Natürlich haben wir in Belgien nicht Kinderhände zum Frühstück gegessen und Frauen grundsätzlich nur aufgespießt und gebraten. Dagegen sind die viel geschmähten Zeichnungen Raemaekers nicht übel, und, halten zu Gnaden, nicht einmal ganz falsch. Und was die «allerlei Propheten» anbetrifft, so wäre es klug gewesen, mit ihrer Verspottung bis nach Kriegsende zu warten. Und Widersprüche besagen garnichts, denn die Karikatur ist kein logisches Kolleg … Was bleibt?

Es bleibt die Konstatierung von wirklichen Geschmacklosigkeiten, die nicht entschuldigt werden können und sollen. (Solche hat der Verlag Curtius in einer sehr verdächtigen Publikation gesammelt; Preis und Inhalt lassen fast befürchten, daß sie für Sadisten und solche, die es werden sollen, berechnet ist.) Es bleiben Lügen und ungeheuerliche Übertreibungen. Aber, Herr Avenarius, erlauben Sie mir eines zu sagen: Lieber noch das als die von Ihnen geschätzte deutsche Karikatur, die zu mau und zu flau – Sie sagen: zu vornehm – ist, um wirklich aufzupeitschen. Man muß hassen, wenn man karikiert, nicht nur reklamiert sein wollen. Mag sich im Haß die Stimme überschlagen, mögen Fratzen ans Licht kommen, Ausgeburten der Hölle – es fließt Herzblut darin, zum mindesten das Herzblut Derer, die es bejubeln. Ich wünsche uns solch kräftige Hasser und solch freche Lacher.

Aber als kleine wohlfeile Sammlung feindlicher Karikaturen
60 stellen wir uns das Buch gerne ins Regal.

Peter Panter, WB 1.5.1919

69

Die Prostitution mit der Maske

Der Berliner Arzt Magnus Hirschfeld hat seine, wie der Prospekt besagt, wissenschaftliche Unterstützung einigen Filmwerken angedeihen lassen, und weil einer dieser, wie der Prospekt besagt, Aufklärungsfilms jetzt über die Spulen der Berliner Lichtspieltheater läuft, wollen wir uns den Fall einmal näher betrachten.

Seit die Filmzensur in Fortfall gekommen ist, wetteifern die großen Filmgesellschaften darin, dem Publikum den gewohnten Kinokitsch mit derjenigen Würze anzurühren, die vorher im Polizeipräsidium sorgfältig aus dem Kochtopf entfernt wurde, bevor
10 die Öffentlichkeit davon essen durfte: und diese Würze ist die Sexualität.

Nicht ungeschickt, wie die Herren Kinoregisseure nun einmal sind, überlegten sie sich: bringen wir unsere Hintertreppenromane nun noch mit dem Zusatz von öffentlichen Häusern, Messerkämpfen zwischen Zuhältern und Dirnen, Verführungen und ähnlichen aufregenden Dingen, dann haben wir bald die öffentliche Meinung gegen uns, die Zetermordio schreien wird und uns irgendwie das Handwerk legt. Was tun? Aber haben wir nicht die Aufklärungsfilms? Haben wir nicht eine Einrichtung, die sich
20 herrlich mißbrauchen läßt? Her mit der Aufklärung! Und nun klären sie auf.

Die außerordentlich schwierige Frage, welche Ursachen die Prostitution hat, wie man sie einschränken oder gar abschaffen könne, wie man sie so erträglich gestalten könne, daß sie dem

Volkskörper nicht gar so sehr schadet – all das wird, um ein Beispiel herauszugreifen, etwa so behandelt:

In einer Familie sind zwei Töchter. Der Vater ist ein Säufer, der seine eigenen Töchter verkuppeln läßt und mit einem Mädchenhändler gemeinsames Spiel macht. Bei einer Tochter glückt das, sie gerät in ein öffentliches Haus und verkommt dort – sie endet durch einen Lustmord. (Diese Szene wird im Film dargestellt.) Die andere Tochter wird entführt, betäubt und wacht in demselben Hause auf, wird aber durch ihren Freund befreit. Dazwischen spielen reizende kleine Szenchen: Tanz in dem Haus, diese Szenen schrecken nicht ab, sondern reizen höchstens an – eine Treppe ist nur zu dem Behufe da, damit Leute herunterkollern, daß es kracht, und eine Schlägerei in dem Zimmer einer Dame vor einem breiten Bett gehört wohl zu dem Ekelhaftesten, was ich seit langem im Kino zu sehen das Vergnügen hatte – und richtig! damit wir die Sozialhygiene nicht vergessen! Man sieht ein paar dumme Statistengesichter, die den Mund auf und zu machen, man sieht einige Glatzen von hinten, die einem Redner lauschen, und das ist, wie der Text sagt, eine wissenschaftliche Versammlung. Die Worte der Redner erscheinen im Text und enthalten einige Plattheiten, die die Prostitution weder erklären, noch entschuldigen, sondern verherrlichen.

Dazu gibt ein Arzt seinen Namen her und spricht vor einer solchen Vorführung von Maria Magdalena und der «taktvoll angebrachten Wahrheit», aber das hat er schließlich mit sich und seinen Kollegen abzumachen. Was uns hier angeht, ist folgendes:

Die großen Filmgesellschaften verfolgen lediglich den Zweck, Geld zu verdienen. Diesen Zweck können sie nur erreichen, wenn sie sich sklavisch an die Bedürfnisse des Publikums halten. Das Publikum verlangt Spannung und Hintertreppe: sie geben ihm Spannung und Hintertreppe. Das Publikum verlangt Rührseligkeit und Sieg der Tugend: sie geben ihm Rührseligkeit und den Sieg der Tugend. Aber, verlangt das Publikum, die Tugend soll zwar siegen, – aber erst, wenn man sich an dem Laster genügend ergötzt hat. Das Stück geht nach der Melodie: Pfui! wie schön! Und der Filmregisseur tut, was er kann.

Diese gesamten Aufklärungsfilms, von denen einige schon in

den Vorstellungen für Kinder auftauchten, sind ein öffentlicher Skandal. Sie haben nichts, nichts, nichts mit Aufklärung oder irgendwelchen ethischen Zwecken zu schaffen: sie dienen lediglich dazu, die Leute zu kitzeln. Den angehängten Moralspruch liest kein Mensch, und wenn das arme Opfer der sozialen Verhältnisse unter Harmoniumbegleitung zu Grabe getragen wird, dann schnupft befriedigt das ganze Parkett.

Die Wirkung aber ist diese: Die Sehnsucht unverdorbener jun-
70 ger Mädchen nach ein bißchen Paprika wird hier auf das trübste befriedigt – die anständigen Frauen lernen dies und lernen das, und die Ausgekochten grinsen freudig, denn sie wissen es alles besser und können es nach der Praxis erklären und ergänzen. Das Ganze aber ist eine Anreißerei schlimmster Sorte und jenen Kolportageromanen vergleichbar, die, mit der Flagge des Patriotismus versehen, den üblichen Rinaldo Rinaldini verbreiteten.

Der Film hat mit der Kunst nichts zu tun, und wenn sich das Kino tausendmal gute Schauspieler mietet (was es tut), und wenn es die besten Maler und die besten Photographen bezahlt (was es
80 nicht tut) – niemals wird eine reine Kunstleistung herauskommen, sondern stets ein trauriger Ersatz für ein gutes Theater.

Diese Films aber sind Schund. In der ‹Prostitution› zum Beispiel hat die, wie der Prospekt besagt, wissenschaftliche Mitarbeit des Doktors Magnus Hirschfeld nicht vermocht, einen orthographisch richtigen Kinobrief herzustellen, und die Inneneinrichtung eines Bordells hätte man schließlich auch ohne diesen Berliner Gelehrten gut und sicher getroffen. Was man aber ohne ihn nicht getroffen hätte, das ist diese schmierige Mischung von Sentimentalität und wissenschaftlicher Phrase, von Roheit und ethi-
90 schen Schlagworten, von Scheinaufklärung und Detektivroman. Mit euch, Herr Doktor, zu spazieren, ist ehrenvoll und bringt Gewinn ...

Gewinn bringt es. Und macht zugleich die guten Aufklärungsarbeiten der Gesellschaft zur Bekämpfung der Geschlechtskrankheiten zu schanden, die mit wuchtigen Tatsachen und vernünftigen Vorträgen und Demonstrationen, die übrigens meist für Männer und Frauen getrennt abgehalten werden, das ihre tut. Sie klärt auf. Diese Filmisten aber werfen nur Steine in den Sumpf,

daß er gurgelt, Blasen steigen auf, die Wasserrosen schaukeln trä-
100 ge, die Irrlichter huschen, die falschen Volksfreunde verdienen
Geld –, es geht die Sage, der Doktor wolle nächstens auch die Homosexualität verfilmen, was uns noch gefehlt hat – und, im ganzen
genommen, haben wir ein neues Laster: die Prostitution mit der
Maske.

Ignaz Wrobel, BVZ 7. 5. 1919

70

Preußische Studenten

Wir haben in Deutschland keine Revolution gehabt – aber wir haben eine Gegenrevolution.

Die Technische Hochschule in Charlottenburg stellte sich auch
ihrerseits auf den Boden der neuen Regierung, und es bildete sich
im November 1918 ein Studenten-Rat, bestehend aus sieben
Mann, der sich hauptsächlich um wirtschaftliche Fragen zu kümmern hatte; er vermittelte Wohnungen und trieb ähnlichen fanatischen Umsturz. Im Februar 1919 wurde auf Grund eines komplizierten Wahlrechts eine Studenten-Vertretung gewählt, bestehend
10 aus fünfzehn Mann.

Diese Studenten-Vertretung tat nichts und tut nichts. Denn das
ist das Wesen jeder Organisationstätigkeit gebildeter Menschen in
Deutschland: sie bleiben alle im Apparat stecken. Die Kommissionen sind ihnen wichtiger als die Sache, die Maschinerie näher
als der Zweck ihrer Arbeit. Jeder einigermaßen gewerkschaftlich
geschulte Leiter könnte den Herren zeigen, wie man etwas erreicht. Sie aber arbeiten Verfassungsentwürfe aus und Vorschläge
und Wahlordnungen und Geschäftsordnungen, und jede Gruppe
und jedes Grüppchen arbeitet streng getrennt und gesondert von
20 den andern, und alle zusammen erreichen garnichts.

Nun sitzt in der Technischen Hochschule ein Verbindungsoffizier der Freicorps. Die Hochschule war früher ein wissenschaft-
liches Institut: sie scheint heute so eine Art Soldatenmarkt zu sein,
denn der Verbindungsoffizier, der inzwischen in die Studenten-

vertretung hineingewählt worden ist, wirbt und agitiert für den Eintritt in die Freicorps.

Offenbar doch nicht mit großem Erfolg. Am zwölften April berief der Rektor der Hochschule eine Studentenversammlung ein. In dieser Versammlung berichtete ein jenaer Student, wie er mit
30 einer kleinen Delegation in Colberg gewesen sei und dort mit Hindenburg und Groener gesprochen habe. Hindenburg habe sich zurückhaltend und sachlich wie immer benommen – Groener habe die Formationen an der Ostgrenze zwar als genügend stark für den Grenzschutz bezeichnet, benötigte aber für den Fall innerer Unruhen Offiziere und Studenten als Stützen, als «Corsettstangen» für die Freicorps. Man solle unter den Hochschülern werben: für die nächsten drei oder vier Monate würden Zeitfreiwillige gebraucht.

Nun war die Frage: unterstützten die Hochschulen diese Werbungsaktion, so waren Die im Nachteil, die dem Ruf zu den Waffen folgten; es mußten also die Drückeberger angetrieben werden. Aber wie? Nun, durch Schließung.

Eine frühere Versammlung im Kaiserhof war für die Schließung gewesen: die Hochschüler von Hannover liegen in Bereitschaft, Erlangen und Leipzig haben geschlossen, Darmstadt hat keine Bedenken, und Berlin will die Studentenschaft befragen. Noske, von der Kaiserhof-Versammlung antelegraphiert, antwortet: er sehe nach dem Vortrag der militärischen Dienststellen nun auch ein, daß die Beteiligung der Studenten am Grenzschutz nötig sei; auf
50 die Frage der Schließung ging er nicht ein. Mit dieser Versammlung hatte es übrigens eine eigne Bewandtnis: sie war zwar von Universitätsbehörden einberufen worden, aber auf den Wunsch des Herrn Lüttwitz von der Knüppel-Garde-Schützen-Kavallerie-Division. Der Soldat winkte, und es erschienen: die Rektoren (oder deren Vertreter) aller Hochschulen sowie Vertreter der Studentenschaft, aber Vertreter, von denen die Studentenschaft nichts wußte.

In der Versammlung der Technischen Hochschule am zwölften April befürwortete ein Sprecher der Korporierten die Schließung
60 nicht.

Dagegen haben die wichtigsten und größten Studenten-Verbän-

de ein Flugblatt herausgegeben, das zum Eintritt in die Corps auffordert; den Freiwilligen werden darin die größten Versprechungen gemacht. «Das Opfer der Studentenschaft muß herrlichen
Lohn finden. Wenn sie das feldgraue Kleid wieder anlegt, dann
folgen auch andre Stände, die bisher sich zurückgehalten haben,
dann haben wir das Heer, nach dem wir rufen.» Es wird gedroht:
«Dafür, daß diejenigen Studierenden, welche dem Ruf zu den
Freiwilligen-Regimentern nicht folgen oder nicht folgen können,
70 doch in dieser Zeit zum ‹Hilfsdienst› jeder Art sich stellen, werden wir ... sorgen.» Das heißt: wer nicht Soldat wird, soll durch
neue Maßnahmen in seinem Studium geschädigt werden.

Dieses der Tatbestand.

Wir resümieren: Die deutschen Hochschulen stellen sich in ih-
rer Gesamtheit den Freiwilligen-Formationen zur Verfügung. Die
Minderheit, die sich dieser Bewegung nicht anschließt, soll durch
Einführung einer neuen, den Reichsgesetzen widersprechenden
Dienstpflicht geknebelt werden. Über den Wert der Freiwilligen-
Formationen gehen die Ansichten auseinander; wir vertreten hier
80 die Meinung, daß sie nicht nur Unrecht bekämpfen, sondern auch
Unrecht verteidigen, und daß man gut täte, sie je eher desto besser
aufzulösen. Es zeugt gegen Noske, wer alles ihn lobt. Aber die
Studenten?

O alte Burschenherrlichkeit! Der Student von heute ist ein geistiger Commis, der nicht studiert, sondern zum Examen paukt.
Ein paar Idealisten sind darunter, die an der Universität denken
lernen wollen, die sich voll Freude mit abstrakten Dingen beschäftigen – der größte Teil schiebt sich gelangweilt und langweilig
durch die Semester, paukt und bezahlt seine vorgeschriebenen
90 Kollegs und macht dann das Examen, das die Tür zum Brotstu-
dium öffnet. Stellenanwärter.

Die Politik ist ihnen Hekuba. Das heißt: so ganz doch nicht.
Das Wort Sozialismus schreckt auch die Mutigsten, die Vorstellung, die Sitzbank mit einem begabten Volksschüler teilen zu müssen, füllt die Hosen. Sie stehen fest wie ein Mann zum alten System, das ihnen zwar nichts zu essen, aber die Ehre gab, jene Ehre,
die uns in der ganzen Welt lächerlich und verhaßt gemacht hat.
Dazu kommt der Typ des zurückgekehrten und im Kriege beför-

derten Reserve-Offiziers: die jungen Herren können sich schwer
in das Zivilleben hineinfinden – hier wird nicht gebrüllt, und hier
wird nicht mit den «Kerls» herumkommandiert; hier werden
nicht unkontrolliert Lebensmittel unterschlagen, und hier wird
bezahlt, was man braucht. Und ob die Bedienung so ausgezeichnet
ist wie damals im Felde, als noch wehrlose Menschen anschwirr-
ten, wenn man pfiff ... o alte Burschenherrlichkeit!

Wer ist schuld an dieser neuen Militarisierung? Niemand weiß
es. Einer verkriecht sich hinter den Andern.

Wir haben aber dieses alberne Spiel mit der Kompetenz satt.

Wir verlangen von der Regierung: sie möge sich klar entscheiden, ob sie den Bestrebungen betriebsamer Militärs länger ruhig
zusehen will, oder ob sie sie gradezu billigt. Wir wollen wissen,
woran wir sind. Haben wir eine Dienstpflicht, oder haben wir keine? Soll diese aufwachsende Generation wissenschaftlich noch
weiter verludern, oder soll sie arbeiten, was doch den Handarbei-
tern immerzu vorgepredigt wird? Leben wir in einer Republik
oder in einem Kasernenhof?

Und was die Notwendigkeit dieser militärischen Maßnahmen
angeht, so liest mans heute so und morgen anders: Noske selbst
ist unsicher, schwankt und erklärt bald den Eintritt der Studenten
für dringend erforderlich und bald für nur wünschenswert.

Am neunundzwanzigsten April tagte ein zweiter Kongreß der
Vertreter der Senate und Studentenschaften von siebenunddreißig
Hochschulen und bittet Noske, die politischen Verhältnisse dar-
zulegen. Noske: der Ernst der Stunde mache es zur Pflicht, die
Studentenschaft unverzüglich zum Anschluß an die Reichswehr-
verbände aufzufordern. Die Versammlung befürwortet nun allerdings die Schließung der Hochschulen nicht, will aber im Herbst
ein Zwischensemester für das ausgefallene Sommersemester der
Freiwilligen einlegen. Wichtig ist ferner, daß «alle Prüfungs-
erleichterungen und Vergünstigungen über (?) Anrechnung des
Kriegsdienstes, die bis zur Beendigung des Kriegszustandes in
Geltung waren, auch auf die Freiwilligen ausgedehnt werden sollen». Die Folge? Die aufwachsende Generation verludert wissenschaftlich immer weiter.

Noske spricht vom Ernst der Stunde. Wir Andern werden alle

das Gefühl nicht los, daß die mühsam konstruierten Gründe für diese Aktionen Vorwände sind. Der Kern liegt tiefer.

Traurig genug, daß dieses Volk seinen gottverfluchten Militarismus erst los werden wird, wenn ihm die Sieger das Waffentragen verbieten. Die wollen für sich, und sie wirken für uns. Die Deutschen kommen schon «in der Welt voran»; aber sie brauchen immer einen fremden Napoleon.

Wir leben in keiner Republik. Wir leben in einem verhinderten Kaiserreich, in einem Kaisertum, dessen Oberhaupt grade einmal hinausgegangen ist. Die volle Sympathie der sogenannten gebildeten Stände ist auf der Seite des verjagten und geflohenen Monarchen: käme er heute wieder, sie steckten all ihre Flaggen zum Fenster hinaus! Was sind das für Köpfe: sie pappen Bolschewistenplakate an die Mauern, aber als unsre Väter, Brüder und Söhne in den Gräben verdreckten und verlausten, als sie zu tausenden verreckten – da warben sie für die Kriegsanleihen, und kaum eine Hand rührte sich für die unschuldigen Opfer einer verbrecherischen Politik.

Vom Geiste spürest du keinen Hauch. Das jagt und wimmelt umher – immer auf der Suche nach einer Brotstelle, ohne alle Ideale, ohne den leisesten Schwung einer Idee, die über die Karriere hinausgeht. Und es ist ja nicht bedeutungslos, wie dieser wissenschaftliche Nachwuchs ausfällt: denn das sind unsre künftigen Verwaltungsbeamten und Staatsanwälte und unsre technischen Beiräte und Regierungsbaumeister und Oberlehrer und Theologen.

Diese Kaste ist rettungslos monarchistisch verseucht. Vielleicht kommt eines Tages eine andre Schicht an ihre Stelle, eine andre Jugend, wirklich junge Menschen mit bebendem Pulsschlag, mit heißen Köpfen – anstatt dieser traurigen, ledernen Gesellen, denen Repräsentation über alles geht, und die heute noch nicht eingesehen haben, daß wir einen großen Krieg heraufbeschworen, verschuldet und durch eigne Schuld verloren haben. Sie halten sich noch für das auserwählte Volk Europas, der Welt – und der Entente werden sies besorgen. Haben wir nicht den Bolschewismus?

Was uns fehlt, ist eine Revolution. Die Gegenrevolution haben wir. Wird unser Volk so viel Kraft haben, diese träge, an ihren al-

ten Vorteilen und Vorurteilen klebende Minderheit wegzufegen
und die stickige Atmosphäre wahrhaft zu reinigen?
Das ists, worauf alles ankommt.

Ignaz Wrobel, WB 8.5.1919

71

Die Flöhhatz

Im Jahre 1573 erschien zu Straßburg: ‹Ein New geläs auff das
vberkurtzweiligest zubelachen, wa anders die Flöh mit stechen
einem die kurtzweil nicht lang machen› von Johannes Fischart.
Und in unsern Tagen fing sich ein Namensvetter des alten Fischart
den ganzen Flohzirkus der deutschen Politik, die muntern Tierchen hüpften auf sein Geheiß über die ‹Weltbühne›, und nun liegen diese Charakteristiken gesammelt vor: ‹Das alte und das neue
System. Die politischen Köpfe Deutschlands›. (Im Verlage von
Oesterheld & Co. zu Berlin.)
10   Ich weiß in Deutschland nichts dieser Sammlung Gleichgearte-
tes. Die Unart, über einen Mann entweder eine große Monographie oder ein kurzatmiges Feuilleton zu schreiben, ist hier erfreulich vermieden. Material und Darstellungskunst gehen in einander
auf und sind so verschmolzen, daß eines ohne die andre nicht
denkbar ist. Und das Material ist reichlich, und die Darstellung ist
bunt.
   Der Reigen schlingt sich vom Freiherrn von Zedlitz bis zu Karl
Liebknecht, und da fehlt Keiner, der im fünften Akt der alten und
im ersten der neuen Zeit eine Rolle gespielt hat. Da sind sie alle,
20   alle: der genius loci Ebert und der fröhliche Erzberger, und, lögenhaft to vertellen, Tirpitz, und Paasche, der Agentenkönig, und
Payer, der strenge Demokratenlehrer, und so weiter und so weiter.
Ich habe die Arbeiten, wie sie im Buch zu lesen sind, mit ihrer
Fassung in der ‹Weltbühne› verglichen: sie sind außerordentlich
sorgfältig überarbeitet, das Tagesgeglitzer ist verschwunden, und
an seiner Stelle strahlt ein ruhiges, kräftiges Licht.
   Den Lesern der ‹Weltbühne› ist bekannt, wie Fischart seine Sa-

che zu machen pflegt: in einem zierlichen Rahmen lacht oder grämelt uns das Bild des Helden an; und nicht nur die Data aus der polizeilichen Anmeldung sind alle hübsch beieinander, sondern es ist auch immer gezeigt, wie der Mann und sein Werk in der Zeit wirkten und mit der Zeit zusammenhingen, wie er so geartet sein mußte und nicht anders: wir lernen seine leiblichen und seine seelischen Eltern kennen, und das ist viel wert.

Nicht, als ob ich mit allem einverstanden wäre, nicht, als ob das Jeder mit jedem Charakterbild sein kann. Was mich betrifft, so finde ich die Unabhängigen, Eisner, Liebknecht, Luxemburg, nicht allzu ähnlich; der Herr Photograph hat retuschiert, aber nicht sehr glücklich. Andres dagegen ist wieder prachtvoll: der Film Ludendorff ist das Witzigste, was über den Mann geschrieben wurde; ausgezeichnet das Kabinetbild Erzbergers; Tirpitz ist (wie immer) täuschend getroffen; und ich lache noch in dankbarer Erinnerung an die entzückende Tagebuchstelle über den dahingegangenen Michaelis: «Als er seiner Frau telephonisch von seiner Ernennung Mitteilung machte, erzählte mir heute Einer aus der Reichskanzlei, habe die ganz erschreckt bloß gesagt: ‹Ach, du bist ja verrückt!›» Und Fischart fügt vorsichtig hinzu: «Ob er ein salbungsvolles Amen dazu gesprochen hat, weiß ich nicht.»

Der Flohzirkus ist komplett. Wenn Einer einmal in spätern Jahren das seltsame Gelüst verspüren sollte, sich mit dieser großen Zeit und ihren kleinen Menschlein zu befassen, so wird er nach diesem amüsanten und gut fundierten Buch greifen müssen. Uns Mitlebende und Mitleidende aber wird es noch lange belehrend unterhalten – denn die große Geschichte, die einmal über uns geschrieben wird, werden wir vermutlich kaum mehr erleben, und sie wird ja schließlich auch nicht mehr und nicht weniger Unrichtigkeiten bringen als die Geschichtsbücher gemeinhin. So halten wir uns denn an den Historiker des Tages, der nicht weit sieht, aber scharf. Und nur einen wirklichen Fehler weist das Buch auf (für den aber der Verfasser nichts kann), und das ist der Untertitel. ‹Die politischen Köpfe Deutschlands›. Köpfe? Köpfe? Ich zähl' die Häupter meiner Lieben – wo ist nur ihr Gehirn geblieben? Nein, Köpfe waren das, mit wenigen Ausnahmen, wohl kaum.

Flöhe waren es. Wie sie kribbeln und krabbeln! Wie sie alle

brav und artig an dem einen Strang ziehen, an dem kleinen Wägelchen, das sie in den Reichtum, in den Ruhm, in das gelobte Land
ziehen soll. Fischart hat die Tierchen wohl erfaßt. «Ehe nun die
Vorstellung beginnt, lockt er seinen Hund, langt aus dem haarigen
Urwalde einige stattliche Wildfänge hervor, ‹dressiert› ihnen mit
70 einer kleinen Schere die Achterbeene, tupft ihnen etwas Gummi
auf den Rücken – das Stück beginnt – und was sonst gehupft,
krabbelt nun.» Aber es ist gehupft wie gekrabbelt. Wie hieß der
Untertitel? Die politischen Köpfe Deutschlands? Das Volk kratzte
sich, weil es gar zu sehr juckte, die Insekten sprangen, und es gab:
eine Flöhhatz. Und ein hübsches, gutes Buch.

Peter Panter, WB 8.5.1919

72

Sehnsucht nach der Sehnsucht

Erst wollte ich mich dir in Sehnsucht nah'n.
Die Kette schmolz.
Ich bin doch schließlich, schließlich auch ein Mann,
und nicht von Holz.

Der Mai ist da. Der Vogel Pirol pfeift.
Es geht was um.
Und wer sich dies und wer sich das verkneift,
der ist schön dumm.

Und mit der Seelenfreundschaft – liebste Frau,
10 hier dies Gedicht
zeigt mir und Ihnen treffend und genau:
es geht ja nicht.

Es geht nicht, wenn die linde Luft weht und
die Amsel singt –
wir brauchen Alle einen roten Mund,
der uns beschwingt.

Wir brauchen Alle etwas, das das Blut
rasch vorwärtstreibt –
es dichtet sich doch noch einmal so gut,
wenn man beweibt.

Doch heller noch tönt meiner Leier Klang,
wenn du versagst,
was ich entbehrte öde Jahre lang –
wenn du nicht magst.

So süß ist keine Liebesmelodie,
so frisch kein Bad,
so freundlich keine kleine Brust wie die,
die man nicht hat.

Die Wirklichkeit hat es noch nie gekonnt,
weil sie nichts hält.
Und strahlend überschleiert mir dein Blond
die ganze Welt.

Kaspar Hauser, WB 8. 5. 1919

73

Volk in Not

Und während in Versailles die Würfel rollen –
das Spiel steht schlecht …
Und während in Versailles die Würfel rollen,
tanzt dieses Volk in nimmermüdem Foxtrott
um seine alten goldnen Kälbergötzen:

Der Spielklub stippevoll. Die feinen Leute,
die vormittags geschlummert, nachmittags
hingegen vierte Hypotheken sanft verschoben,
erblühn im hellen Schein der gelben Lampen
zu neuem Leben. Poker. Meistens Bac.

«Die Frau da drüben ist die Freundin
des großen Brauereibesitzers … Ja, die Perlen –!
Er kanns und hats, und sie verliert am Abend,
was er am Tag verdient. Ich bitte Sie! Er lacht!»
Ein großer Schlag – der Jüngling, der die Bank hält,
zahlt (Haltung! Haltung! Halt dir senkrecht, Karle!)
auf einen Sitz an einen hagern Alten
einhundertfünfzigtausend Mark.

Versailles? –
Ah! Versailles!

Es rauscht der Ball. Das Ganze: dritter Klasse.
Hier tanzt das Glück auf ziemlich großen Füßen,
hier lacht das Glück von ziemlich dicken Lippen,
hier schiebt der Mann mit der Matrosenmütze –
und eine heisre Stimme ruft: «Du, Orje! Orje!
Schmeiß mir doch ma det schwachze Meechen riba!»
Und eine andre Stimme übertönt den Reigen,
hart, im Kommandotone: «Bitte woiter!»

Versailles? –
Ah! Versailles!

Im Kino nicht ein Platz. Vorn, auf der Leinwand,
ist Mord und Totschlag. Seidne Betten kippen,
die Dirne hebt beschwörend dürre Arme,
der Ludewich zieht voller Hast ein Messer,
und hinten lauscht, im Cutaway, der Gent.
Ein Brief:
                «Da du mich nicht mehr liebst,
                    schieß ich mir tott. Auf Wiedersehen! Luzie.»
Das Publikum: ein Tier mit tausend Köpfen –
kein Laut – die Frauen atmen schwerer –
der Regisseur legt einen kleinen Mord ein – –

Versailles? –
Ah! Versailles!

Und so beim Rennen, so bei Künstlerspielen,
und so im Café, in Hotels und Dielen …

Versailles? –
Ah! Versailles!

So sollt man also trauern? Und: es hilft nichts?
Es kommt ja alles, wie es kommen muß?
50 Und keiner achtete auf eure Haltung?
Ich weiß doch nicht.
                    Ein Volk in schweren Nöten,
ein Volk vor bitterster Entscheidungsstunde,
vergibt sich nichts, wenn es in Würde schweigt.
Ich hielt euch einen Spiegel vor. Saht ihr nur Fratzen?
Das Glas zerrt nicht – es wird wohl Wahrheit sein.
Bedenkt: der Panter mit den scharfen Tatzen
spielt jetzt mit uns. Er tastet nach dem Rhein …
            Wacht Deutschland noch? Dann soll es höher streben:
60 Gebt uns das alte deutsche saubre Leben!

Theobald Tiger, Ulk 9.5.1919

74

Politische Couplets

Deutschland hat keine großen politischen Coupletdichter hervorgebracht. 1848 nicht und heute nicht und noch niemals. Man müßte denken, daß in einer Zeit wie der jetzigen das politische Lied
aus allen Gassen hervorsteigt, aber weit gefehlt. Dieses Volk leit-
artikelt sich seinen Kummer von der Seele, es reimt nicht, wenn's
um die Wurst geht. (Gereimt, entsetzlich gereimt hat es nur, als
damals der Krieg ausbrach, aber daran wollen wir uns lieber nicht

erinnern, so schön war das.) Und heute fehlen uns die politischen Coupletdichter und natürlich auch die Coupletsänger.

Sie fehlen wirklich, aber man kann beide nicht machen: die Dichter nicht und die Sänger erst recht nicht. Sie fehlen, denn das Lied ist ein gutes Ventil, durch das viel Leidenschaft unschädlich verpufft, wenn der Kessel einmal stark geladen ist, und das ist er ja heute. Und künstlich herstellen läßt sich dergleichen nicht.

Das hat sich gezeigt, als das Kriegspresseamt, dessen vergiftende Tätigkeit niemals vergessen sein soll, alle neun Musen (allerdings ohne die Grazien) in den Dienst seiner verderblichen Aufklärungsarbeit stellte: da wurde gedichtet und gemalt, gefilmt und komponiert – und geholfen hat es schließlich doch alles nichts. Denn die Musen sind, alle neun, freundliche und liebreizende Mädchen, aber eines lassen sie sich nicht gefallen: sie schätzen keine Vernunftsheirat und wollen um ihrer selbst willen geliebt sein. Will einer eine Reichsanleihe auflegen, dann mag er's sagen – aber deshalb braucht er noch kein Gedicht zu machen. So ein Gedicht muß – in Haß oder Liebe – aus dem Herzen kommen, und es muß von Apollo und nicht von der Furcht diktiert werden, die Reklamation könne eines bösen Tages aufhören. Man riecht das solchen Poemen gleich an, daß sie nur eine Ermahnung in Versen sind, und nun wirken sie nicht. (Das ist auch, beiläufig, der Grund, warum die gesamte Antibolschewistenpropaganda ins Wasser fällt: sie arbeitet mit falschen Mitteln.) Aber haben wir denn keine politischen Coupletsänger?

Wir haben schon. Aber es ist nicht hübsch, was da ans Rampenlicht kommt. Der einzige Otto Reutter hat wenigstens Charme und will schließlich nicht mehr, als die Leute aufheitern und hier und da ein wenig zum Nachdenken bringen. Einer bestimmten politischen Richtung hat er sich nicht verschrieben, denn – –

Die Zensur, nicht wahr? Und die Behörden, die Schwierigkeiten machen, wie? Ach! das war einmal eine bequeme Ausrede, denn heute funktioniert der einst so viel zitierte Rotstift des Herrn v. Glasenapp nicht mehr, und –? Und?

Es ist alles beim alten.

Das liegt daran, daß die härteste und unerbittlichste deutsche Zensur gar nicht in dem Amtszimmer der Behörden sitzt, sondern im Parkett. Mitten im Parkett sitzt sie rund und dick und erlaubt keinem Künstler, der da oben sein Liedel bläst, auch nur einen Finger breit von der herkömmlichen Linie abzuweichen.

Nun ist das eine traurige Angelegenheit: der Mittelstand, der Bürger ist empört und in seinen heiligsten Gefühlen verletzt, wenn einer da oben etwa wagen würde, anderer Meinung als er zu sein – Radikalismus duldet er nicht im Varieté und verzeiht ihn seinem Sänger nie. Der Arbeiter ist vielleicht toleranter, aber er ergötzt sich leider, leider immer und heute noch an Dingen, die ja von seinem Standpunkt aus sehr gesinnungstreu sein mögen, die aber an Stärke des Kitsches einem besseren Kriegervereinskaisergeburtstagstheaterstück nichts nachgeben. So geht es nicht.

Wir müssen endlich, endlich ein politisch reifes und mündiges Volk werden. Wir müssen endlich, endlich – nach so vielen Jahren behördlicher Bevormundung und artiger Haltung – lernen, daß ein Theater der gesamten Öffentlichkeit gehört, und daß ein Coupletsänger das Recht hat, ein monarchistisches Lied vorzusingen, und ein anderer mag ein ultrarevolutionäres bringen – jeder seins. Wem's nicht paßt, der braucht nicht zuzuhören und nicht hinzugehen. Aber es ist kindisch, auf die Coupletsänger einen so großen moralischen Druck auszuüben, daß ihnen die Lust und der Wagemut zu einer politischen Stellungnahme überhaupt vergeht, so daß sie nun das dünne und farblose Zeug vortragen, das wir heute anzuhören haben.

Denn wie dürftig ist das alles! Ein lauer und flauer Witz auf Ebert und auf Scheidemann, die Räteregierung, die «sich keinen Rat weiß», eine Anspielung auf die Tatsache, daß die Lebensmittel noch immer teuer und rar sind – das sind so die wesentlichen Themen der Varietépolitik. Und das ist schade, denn der Bühnenboden ist ein guter Boden, auf dem manche Frucht reifen könnte.

Und haben wir denn keinen, keinen, der Temperament und Kraft genug hätte, die Massen hinzureißen? Wir haben einen, und dieser eine ist eine Frau.

Frankfurt hat zwei große Männer hervorgebracht: Goethe und Gussy Holl. Diese seltene und prachtvolle Frau wäre wie keine zweite deutsche Künstlerin befähigt und berufen, die große politische Sängerin zu werden. Sie ist kein Kind des Volkes, es ist nicht

seine elementare Kraft, mit der sie fortreißt. Es ist Kunst, aber
eine von der stärksten und sieghaftesten Sorte. Sie kann alles: hassen und lieben, streicheln und schlagen, singen und sprechen, – da
ist kein Ton, der nicht auf ihrer Leier wäre. Sie kann machen, daß
aller Herzen denselben Takt schlagen, – sie singt irgendeine kleine
Dummheit, und die Leute bekommen weiche Augen, – sie lacht,
und eine unbändige Heiterkeit breitet sich aus. Ich sehe hier ganz
ab von ihrer fabelhaften Kunst des Parodierens, von ihrer Fähig-
90 keit, auch die gewagtesten Dinge mit einem graziösen Sprung zu
überflitzen, – uns interessiert hier nur die Künstlerin, die einem
dichtgefüllten Saal voller politisch denkender Menschen mehr zu
sagen hätte, als zehn Leitartikler. Wenn – –

Ja, wenn sie eben Texte hätte. Wer schreibt ihr die? Es ist politisch unklug, einen solchen Schatz ungehoben verkümmern zu
lassen. Und es ist, künstlerisch, bedauernswert, diese strahlende
Blondheit nicht einmal voll entfaltet sehen zu können: eine seltene
Vereinigung von Humor und Geschmack, von Kunst und herr-
lichem, unbekümmertem Leben, ein Nervenbündel und eine gra-
100 cile Frau, ein Wille, ein Witz, eine Leidenschaft und ein ganzer
Kerl!

Ignaz Wrobel, BT 12.5.1919

75

Bilanz

Deutsches Land geht in fremde Hände.
Goldablieferung. Weltenwende.
Ratlos Weimar. Ratlos Berlin.
Da habt ihr ihn!

Wir: nur Verlust. Sie: nur Gewinn.
Und in meinem patriotischen Sinn
tret ich vor Ludendorffs Bildnis hin:
«Danke!»

Hat Wilson sich und uns verraten?

10 Die kapitalistischen Potentaten
läßt der Ruhm der Gekrönten nicht ruhn –
Was nun?

Bis zum Ende grade stehen?
Lieber «in Ehren untergehen»?
Untergehn, wenn der Sturmwind braust?
Ein Volk geht nicht unter –
ein Volk verlaust.

Werden wir also nicht unterschreiben?
Wird uns was andres übrig bleiben?
20 Aber habt ihr euch nun von dem Alten entfernt?
Habt ihr gelernt?

Fühlt ihr, was dieser Friede bedeutet?
Eine große stählerne Glocke läutet
neue, ganz neue Zeiten ein.
Morgenschein?

Ich mag heute keinen Deutschen lästern.
Doch der Kompromiß ist ein Ding von gestern.
Kippeln – Wippeln – wie weit! wie weit!
Faust auf den Tisch!
30 Eine neue Zeit!

Kaspar Hauser, WB 15. 5. 1919

76

Die lebendigen Toten

«Ich bleibe dabei: nur eine gute Kinderstube gibt uns Fonds
fürs Leben.
Baron Frimmel, Oberleutnant Berghammer – aber in Zivil –
und ich – wir gingen einmal im Prater spazieren. Eigentlich

kein Spaziergang, sondern ein Gewaltmarsch zum Zweck des Lokalwechsels – drei Uhr früh – und wir hielten einander um die Schultern gefaßt, um nicht den Anstrengungen des Tages zu erliegen.

Drei Uhr früh. Frimmel hatte eine Dogge mit, Berghammer einen Gummiknüppel und ich etwas Jiu-jitsu.

Hierauf wurden wir verhaftet, weil der Raseurgehilfe Kamillo Lendecke (ledig, katholisch, Novaragasse 26) mehrfache Verletzungen davongetragen hatte.

Vom Moment der Verhaftung an hatten wir kein Wort miteinander gewechselt.

Trotzdem sagten wir, einzeln befragt, übereinstimmend aus: Lendecke habe sich, unserm gütlichen Zureden zum Trotz, mit dem Kopf in einen Zaun von Stacheldraht gelegt.

Die drei identischen, mit ruhiger Sicherheit vorgetragenen Aussagen bewirkten denn auch unsre Freilassung.

Und wir hatten uns doch gar nicht verabreden können.

War auch nicht nötig. Was ein taktvoller Mensch ist, wird sich in jeder noch so difficilen Lebenslage richtig zu benehmen wissen.»

Roda Roda

Cause fameuse im Großen Schwurgerichtssaal: Mordprozeß in Sachen Liebknecht und Rosa Luxemburg. Die Anklagebank gesteckt voll: acht Offiziere und ein Mann, aber was für einer! Das Bild, das unser frechster und bester Karikaturist George Grosz von dem Husaren Runge gezeichnet hat, ist eine Schmeichelei, der Mann sieht noch viel übler aus: kleine schiefe Augen, eine niedrige Stirn, roh und ungeschlacht. Die Herren daneben – sie befinden sich in der besten Gesellschaft – die üblichen Offiziersgesichter: Köpfe, wie man sie auf Sekt- und Zigarettenplakaten zu sehen pflegt. Die Marineoffiziere meist brav und stumpf, mit Ausnahme von Pflugk-Harttung, der so gescheit aussieht, wie er sich später benimmt. Es geht los.

Die Angeklagten werden vernommen. Runge legt Pathos und bieder vibrierenden Schmerz in seine Stimme: als er der Luxemburg und Liebknechts ansichtig geworden sei, habe ihn eine solche Wut über sein zertretenes Vaterland erfaßt ... Auch habe Liebknecht, ihm, dem Dreher Runge, früher einmal eine Pistole auf die Brust gesetzt, mit der Drohung, wenn er noch weiter arbeiten würde ... Die Offiziere «weisen die Anklage aufs schärfste zurück». Die Pflugk-Harttungs (es sind zwei Brüder) am gewandtesten, Vogel und Weller am ungeschicktesten. Vogel ist eine Katastrophe für jede Monarchie, so dumm benimmt sich der Mann. Er gibt zu, falsche Angaben gemacht zu haben, «um die Division nicht zu kompromittieren». Weller tapst durch die Materie, als sei es ein Kinospaß und kein Mordprozeß. Stolz steht er da im strahlenden Schmucke seiner Orden, versehen mit viel Vaterlandsliebe und einer leeren Revolvertasche ... Die Zeugen fahren auf ...

Aber was wird denn hier gespielt? Eine Tragödie? Rache und Sühne? Kaum, höchstens deren fünfter Akt. Vier Akte, vier lange, dunkle Akte sind vorhergegangen, und man kann nur vage ahnen, was in ihnen geschehen, und vor allem, was nicht geschehen ist.

Geschehen ist dies: Die Wilmersdorfer Bürgerwehr, brave Einwohner einer westlichen berliner Gemeinde, die am übelsten und reaktionärsten von allen regiert wird, gründeten in den bewegten Revolutionstagen des Januar einen kleinen Feuerwehrverein zur Aufrechterhaltung gottgewollter Abhängigkeiten und begaben sich – ohne einen Auftrag, ohne einen Befehl, ja ohne das geringste Recht dazu zu haben – in die Wohnung, in der sich damals grade Liebknecht und Rosa Luxemburg aufhielten. Sie verhafteten beide. Das war ungesetzlich. Es ist notwendig, darauf hinzuweisen, weil sich unsre Ordnungshüter, denen Ordnung über die Freiheit geht, nicht genug mit Gesetzeszitaten aufspielen können und sich gar so sehr über den Doktor Kurt Rosenfeld erbosen, der ein Revolutionstribunal für diesen Fall gefordert hat. Die Angeklagten dürften ihrem ordentlichen Richter nicht entzogen werden, sagen die Leute. Aber er soll, meine Geehrten, seinem außerordentlichen Richter entzogen werden! Dies hier ist ein Kriegsgericht, zusammengesetzt aus Kameraden der Angeklagten. Und es tut nicht gut, nun beständig mit den Anschauungen zu wechseln: einmal heißt es, wir hätten eben Revolution gehabt – so muß die ungesetzliche Verhaftung erklärt werden – und einmal heißt es wieder, es müsse alles laufen wie im tiefsten Frieden. Hier klafft ein Widerspruch.

Liebknecht und Rosa Luxemburg also wurden verhaftet, ins
80 Edenhotel gebracht, und aus diesem Paradies sollten sie ins Gefängnis transportiert werden. Liebknecht wurde unterwegs erschossen, Rosa Luxemburg kam abhanden und fiel in den Land-
wehrkanal. Während ich dies schreibe, ist das Verfahren noch
nicht abgeschlossen. Die Dinge stehen so, daß im Falle Liebknecht
außer den üblichen kleinen Disziplinarvergehen nicht viel heraus-
springen wird – non liquet. Im Falle Luxemburg hat Vogel den
großen Unbekannten eingeführt, der, von hinten auf den Wagen
aufspringend, die von Kolbenschlägen Runges Halbtote erschoß –
die Herren warfen sie, die ihnen zum Transport übergeben wor-
90 den war, ins Wasser. Der Fall liegt also wesentlich schwerer, und es
besteht die Wahrscheinlichkeit, daß das Gericht hier zu einer Verurteilung gelangen wird.

Denn das Gericht ist des besten Willens voll. Der Verhandlungsleiter ist ein sympathischer jüngerer Mann, der mit viel Takt
und Umsicht arbeitet, wenn ihm auch hier und da einige Sugge-
stionsfragen durchrutschen. Aber was nutzt das alles?

Ich bin des trocknen Tones nun satt, und es soll einmal gesagt
werden, was zu sagen bitter nottut:

Wir pfeifen auf ein solches Verfahren. Wir kennen nun alle,
100 meist aus eigner Anschauung, die Schliche und armseligen Pfiffe
dieses Militarismus, der sich hinter die Maske der tadellos korrekten «Meldung» verkriecht, nachdem er seine Schiebungen inszeniert hat. So, wie damals auf die Angaben Vogels hin die gesamte
deutsche Presse über den Hergang bei der Ermordung belogen
worden ist, so kann es diesmal wieder gehen – wer garantiert uns,
daß nicht wieder bei den Angeklagten «Zweckmäßigkeitsgründe»
maßgebend sind? Wir lassen uns nicht dadurch fangen, daß uns
gesagt wird, «zwei gewählte Vertrauensleute der Garde-Kavallerie-Schützen-Division» säßen unter den Richtern. Wer beim Mili-
110 tär gewesen ist, weiß, wie Wahlen zustande kommen – man denke
nur an die berüchtigten Küchenkommissionen. Und wenn sie
selbst richtig und ordentlich gewählt sind: sind sie nicht befangen? Sind nicht ihre Kameraden, die Angeklagten, tausendmal in
der oppositionellen Presse auf das heftigste angegriffen worden?
Wer ist denn heute noch Soldat? Die Besten sinds nicht, die da

Unterkommen und Arbeitsersatz suchen, und die Idealisten auch nicht. Und die sollen richten? Man nennt das: In eigner Sache.

Die Formation urteilt über sich selbst. Man stelle sich doch nicht das, was wir hier meinen, so ungeheuer plump und simpel vor: gewiß ist der untersuchende Kriegsgerichtsrat nicht nachts beim Schein einer düster qualmenden Lampe zu den Angeklagten in den Kerker geschlichen und hat ihnen dort kleine Zettel zugesteckt! Gewiß hat keiner das Stubenmädchen bestochen, das gehört haben wollte, wie ein Offizier gesagt hat: «Die Herren werden unten im Tiergarten erwartet, um Liebknecht zu begrüßen» – gewiß hat keiner den Jäger gemeuchelt, der gesehen hat, wie Vogel auf Frau Luxemburg schoß. So einfach ist das nicht. Aber diese unwägbaren Dinge, die da mitsprechen, geben den Ausschlag: die Formulierung eines Protokolls, der Verzicht auf diesen oder jenen Zeugen, die lange Zeit, die verstrich – am 15. Januar wurden die Beiden ermordet, am 15. April wurde der Beschluß zur Hauptverhandlung ausgesprochen. Umsonst sind die Mitglieder der U.S.P.D., über deren Mitwirkung bei der Voruntersuchung sich die Verteidiger so sehr entrüstete, nicht zurückgetreten. Sie hatten das Gefühl, mit dem großen Krummen zu kämpfen, dem noch jeder unterlegen ist, der ihm nicht mit seinen eigenen Waffen zu Leibe ging: mit schärfster Rücksichtslosigkeit.

Es sind zwei Welten, die da zusammenstoßen, und es gibt keine Brücke. Hüben wir. Drüben die Offiziere alten und ältesten Stils – kein Klang der aufgeregten Zeit drang je in diese Einsamkeit. Von Liebknecht wird nur als dem «Feind» gesprochen; einer bedauert, daß er nicht unter der schimpfenden Menge gestanden habe und nur Begleitmann war – sie leben wie in einer Glaskugel.

Der Verhandlungsleiter war – von seinem Standpunkt aus mit Recht – bestrebt, die Politik bei dem Verfahren auszuschalten. Aber es geht nicht. Sie hatten alle, alle den politischen dolus eventualis. Die Luft, die im Gerichtssaal wehte, war für sie und gegen Liebknecht. Und käme heute wieder solche Gelegenheit – sie täten es noch einmal: sie würden schießen und ertränken und verheimlichen und stünden da als die Retter des Vaterlandes. Ihres Vaterlandes, denn unsres ist das nicht.

Ist das nur ein Einzelfall? Nein, es ist keiner. Der Militarismus ist nicht tot, er ist nur verhindert. Die kümmerlichen Reste verkriechen sich in die Noskegarden, die deshalb so unendlich schädlich sind, weil da unter der neuen Flagge die alten Ideale hochgehalten werden. Da ist wieder dieser falsche Kollektivgeist, der «die Division», diesen fabelhaften Begriff, höher stellt als alles Menschliche – da ist die Schiebung, aber immer unter der Tünche der Korrektheit – da ist die alte, schlechte Gesinnung, die wir nicht mehr wollen. Eben das lehnen wir ab und werden es bekämpfen, bis keine Spur mehr davon vorhanden ist: den Zusammenschluß einer Gruppe von Menschen als Staat im Staate, das Pochen auf den angeblich makellosen Ehrenschild, dessen beschmutzte Kehrseite wir alle kennen, das Über- und Unterordnen von lebenden Menschen, die nicht fähig sind, zusammenzuarbeiten – kurz: Kasernenhof.

Es gibt keine Brücke. Sind es nicht alles nette und ordentliche Menschen? War der Verhandlungsführer nicht sauber? Sind es nicht alle brave, ehrenhafte Männer? Es sind nicht einmal Männer, diese Offiziere, die eine wehrlose Frau und einen verwundeten Mann in maiorem patriae gloriam beseitigen. Ich glaube nicht, daß das unter die Rubrik «Tapferkeit» fällt.

Nichts gleichgültiger als das Urteil. Blut kann nicht durch Blut gesühnt werden, das ist ein Wahn. Was wir aber können und was wir tun werden, ist dieses:

Wir wollen bis zum letzten Atemzuge dafür kämpfen, daß diese Brut nicht wieder hochkommt. Wir wollen ebenso konsequent sein wie sie und nicht vergessen: Eulenburg nicht, der nicht im Zuchthaus sitzt, weil er ein Fürst ist, den Grafen Arco nicht, der Eisner erschoß, und diese Herren nicht, die sich nur einmal in ihrem Leben mit einem gewöhnlichen Mann ganz verstanden haben: auf der Anklagebank.

Es ist völlig uninteressant, zu wissen, ob Noske im guten Glauben handelt oder im schlechten. Er ist ein Schädling, denn schlimmer als die exploitierenden Reichen sind ihre Handlanger, schlimmer als der Großbauer ist sein Hund. Der Helm muß und wird heruntergeschlagen werden.

Hetzen wir? Sind wir nicht sachlich genug? Nur ein Mal noch, nur dieses eine Mal noch erlaubt mir, daß mein Herzblut spricht, und nicht das Gehirn. Das soll euch werden: die kälteste und klarste Sachlichkeit. Aber dieses Mal nicht. Aus ihren Gräbern rufen zwei Tote. Ihr könnt die Schreie nicht hören, denn ihr seid taub. Wir aber hören sie. Und vergessen sie nicht. Was da in dem großen Saal unter dem Bildnis «Seines» glorreichen Großvaters, Kaiser Wilhelms des Großen, vor sich gegangen ist, ist in unsre Herzen eingebrannt. Und eben, weil alle feinen Leute noch für den letzten Verbrecher und Rohling eintreten, wenn er nur Liebknecht totschlägt, und eben weil die schlechtesten Deutschen aufatmeten, als zwei Idealisten ermordet wurden, eben deshalb bewahren wir unsre Trauer und unsern Schmerz und vergessen nicht.

Die drüben kleben zusammen wie die Kletten – wir sind aneinander geschmiedet durch das Gedächtnis an Eisner und seine Brüder. An unsre Brüder. Und haben weder Zeit noch Lust, euren dicken Aktenbänden zu folgen, euren Plaidoyers und euren Proklamationen. Das Ding liegt so: da steht der Militarismus, da stehen wir. Und weil die Welt nicht in Staaten, wohl aber in Fortstrebende und Zurückzerrende zerfällt, müßt ihr beiseite gehen, in voller Uniform, in Feldbinde, Ordensschmuck und Helm. Und was die Toten rufen, ruft unser Herz: Ecrasez l'infâme!

Ignaz Wrobel, WB 15. 5. 1919

77

Max Adalbert

ist – was? Die reinste Inkarnation des neuen Berlinertums. Welch sprudelnde Hast! Welche Trockenheit! Welche Kodderschnauze!

Er ist eigentlich immer aggressiv und immer auf dem Sprunge, und seine schauspielerischen Mittel werden immer feiner und immer lustiger und immer verblüffender. Er braucht gar keine Pointen, er macht sich welche.

Zwei Augenblicke sind es besonders, die das Parkett jedes Mal in ein Meer von Lachen verwandeln, in dem rettungslos alles ersäuft: seine Kräche und seine Bemerkungen à part. Das geht so vor sich. Er, Max Adalbert, der neue Urberliner aus Posen, verkracht sich mit wem. Dann nimmt er dessen Worte auf und jongliert zornig und hastig mit ihnen. «Gengans zue, Herr Schulze!» hat einmal eine Münchnerin zu ihm zu sagen, «seins doch stad!» Au backe! Gengans zue! «Sie! Vastehn Sie! Gengans zue! Ich werd Ihnen das mal zeigen, gengans zue! Ich schmeiß den Kerl raus, gengans zue!» Und kollert und tobt und kullert und rummelt – der Berliner auf der Elektrischen, das Schulbeispiel von Unsachlichkeit. Die Sache hat er längst vergessen, aber sein Mund spricht noch immer weiter und weiter. Oder er ist ein feiner Mann

20 und arrangiert die kleinen Zufälligkeiten des Lebens hinter den Kulissen durch halb gemurmelte Bemerkungen zu seinen nähern Angehörigen. Ich habe noch nie einen Schauspieler gesehen, der in die hastig hervorgestoßenen Worte zu seiner Frau: «Geh weg!» eine solche Fülle von Heiterkeit hineinlegt wie dieser kesse Junge. Es ist die Komik Donat Herrnfelds: in Augenblicken der höchsten Spannung irgendeine kleine Äußerlichkeit heranzukriegen. Er ist das Tollste an Herz- und Gemütlosigkeit. Wenn die ganze Familie auf dem Kopf steht, hat er doch noch Zeit, ganz schnell seiner ehelich Angetrauten zuzuflüstern: «Geh ab, du siehst verboten aus!»

30 und der bleibt die Spucke stehn. Unvergeßlich der Ton, mit der er seiner Frau von ihrer verstorbenen Jugendfreundin vorschwärmte, die er zu heiraten leider zu unschlüssig gewesen sei … Und auf ihren schüchtern Einwurf: «Na, laß man, du bist auch ganz komisch!» Das geht alles ganz schnell, hingehuscht, keine Zeit, keine Zeit: Berlin.

Und dazu Napoleonsblicke des kleinen Mannes, immer auf dem Posten, immer startbereit, immer mit einem Bein im Auto und mit dem andern im Telephon und mit dem dritten sonstwo. Nichts possierlicher als der Gegensatz des alten Berliners aus den Weiß-

40 bierpossen und dieses Sohnes unsrer lieben Stadt. Und obgleich man sonst nichts von dem erzählen soll, was ein Schauspieler außerhalb seines Berufs tut – hier sei eine Ausnahme gemacht, weil der ganze Adalbert in der kleinen Geschichte sitzt. Als Hans Waßmann einmal grausam verrissen wurde, ganz besonders von der B.Z., da hockte er im Bühnenklub und muckschte in einem Klubsessel und sprach kein Wort. Unfern von ihm saßen drei ernste Männer und spielten Skat, darunter auch Adalbert. Und ob-

gleich sie genau wußten, was die einsame Träne bedeuten sollte, sprachen sie eine halbe Stunde kein Wort. Bis schließlich Adalbert, mit der Zigarre im Mund, hinüberwarf: «Na, Waßmann, wer lisst schon die B.Z.!»

Er ist immer quick und kregel, und Gott erhalte ihn und uns diese Fröhlichkeit!

Peter Panter, WB 15. 5. 1919

78

Kopf hoch!

Was auch immer kommen mag –
Schwerer Tag und dunkler Tag –
Da uns Klauen fest umkrallten –:
Stange halten! Stange halten!

Drüben spricht aus Clemenceau
jener trübe Reventlow.
Hetzer bleiben stets die alten –
Stange halten! Stange halten!

Reißen sie dem deutschen Haus
auch den letzten Grenzpfahl aus:
Trotzt den feindlichen Gewalten –!
Stange halten! Stange halten!

Wenn sie gierig Länder rafften,
denkt an jene Eigenschaften,
die noch stets bei uns was galten:
Deutsche Treue! – Stange halten!

Theobald Tiger, Ulk 16. 5. 1919

Ein sauberer Vogel

Fing ein Gericht ein Vögelein –
Hm, hm – So, so –
Und steckt es in 'nen Käfig 'nein –
Hm, hm – So so!

Man sagt, man weiß es nicht genau –
Hm, hm – So, so –
Er schoß auf eine alte Frau –
Hm, hm – So so!

So ein Kanal ist tief und naß –
Hm, hm – So, so –
Wer tut denn einem Leutnant was –
Hm, hm – So so!

Da flog das Vöglein aus dem Haus –
Hm, hm – So, so –
Und lacht die dummen Deutschen aus –
Hm, hm – So so!

Von einem Berliner, BVZ 19. 5. 1919

Buschkämpfer

Es begann so, daß im November vorigen Jahres das Faß zum Überlaufen voll war und nun überlief: der Katerschnurrbart preußischer Strammheit fiel schlaff herunter, der Kaiser floh, die Soldaten ließen Kanonen und Offizierkasinos stehen und liegen – der Krieg war aus. Revolution?

Wie, wenn es nun eine wirkliche Revolution geworden wäre?

Und damit die nicht etwa eines Tages kommen könnte – denn

noch ist sie nicht gekommen –, deshalb erstand uns ein Retter, und dieser Retter ist der Antibolschewismus.

10 Was gibt es nicht alles! Da gibt es Arbeitsbünde und allgemeine deutsche Heimatsschutzorganisationen, Osthilfevereine und Bünde zum Schutze der deutschen Kultur und Ligas zum Zusammenschluß der Volkskraftverbände – und das schießt wie die Schimmelpilze aus dem Boden und vermehrt sich wie die Karnickel, nur ohne so nützlich zu sein wie diese.

O! diese Vereinigungen waren nicht müßig. Sie verschandelten ganz Berlin mit derart fürchterlichen Plakaten, daß die kleinen Hunde an den Straßenecken, die mit den Plakaten geschäftlich zu tun hatten, den Blasenkatarrh bekamen; sie überschwemmen uns

20 mit Drucksachen, sie halten Versammlungen ab und vertreiben sich auf die reizvollste Art die Zeit. Denn weiter haben sie nichts zu tun.

Wer sie bezahlt, das weiß man nicht.

Nun ginge uns das Ganze nichts weiter an, wenn es nicht eine verdammt ernste Seite hätte.

Dieses Treiben vergiftet den anständigen politischen Kampf. Dieses Blatt hier steht gewiß nicht in dem Verdacht, bolschewistische Ideen zu begünstigen, und meine Kameraden und ich haben hier immer, wenn es uns nötig erschien, kräftig auch nach

30 links hin die Wahrheit gesagt, selbst auf die Gefahr hin, daß es dort manchen Ohren nicht gefällig erklang. Wir sind auch heute noch der Meinung, daß eine uneingeschränkte Räterepublik für Deutschland nicht das richtige wäre. Aber wir erörtern diese Frage doch sachlich. Wir erkennen an, daß die Vertreter des Rätesystems ernsthafte Politiker sind, mit denen zu reden ist, daß sie das beste wollen und erstreben, und daß letzten Endes im Bolschewismus ein tief religiöser Gedanke steckt – der nur nicht zu verwirklichen ist. Das Ganze wird im ehrlichen Meinungswechsel ausgemacht. Aber diese anderen da –?

40 Sie stehen nicht an, mit den plumpsten und dümmsten Mitteln seit Monaten den braven Bürgern und auch den gutgläubigen Arbeitern in die Köpfe zu trommeln, daß jeder, der auch nur um Haaresbreite anderer Meinung sei als sie, ein Schuft wäre, ein Verbrecher, ein versoffener Lump, ein Dieb, ein Mörder und ein

Plünderer – kurz: ein Bolschewist. Sie verbreiten systematisch den Glauben, daß jeder politisch Radikale eine Bombe bei sich trägt, einen kleinen Schlagring und eine Taschenkanone. Meine Lieben, das waren die Waffen des alten Systems, und es ist noch gar nicht so lange her, daß mit diesen Vorstadtmitteln solche verfolgt wurden, die da glaubten, es gäbe doch noch etwas Höheres als jenes stumpfsinnige «Durchhalten», das diesem Lande die Existenz gekostet hat.

Davon aber wollen die Antibolschewisten nichts wissen. Die schlimmsten und übelsten Fälschungen sind ihnen gerade gut genug.

Wer sie bezahlt, das weiß man nicht.

Sie predigen tagaus, tagein. Sie sind unermüdlich, Drucksachen zu verschicken, Tabellen an die Mauern zu pappen, die Leute in großen und kleinen Versammlungen zu betrügen. Denn immer mehr wird deutlich, wohin sie zielen, und wen sie eigentlich meinen. Sie meinen den Fortschritt.

Pensionierte Majore und alte Beamte, denen das ein Dorn im Auge ist, daß nun endlich einmal Ernst gemacht werden soll, daß nun endlich – vor allem auf dem Lande, wo es am bittersten not tut – ein paar bevorzugten Familien das Heft aus der Hand geschlagen werden soll – diese Kreise, unterstützt durch Mächtigere, malen den Teufel an die Wand. Mit einem Bubu aber schreckt man Kinder. Keine erwachsenen Politiker.

Wer sie bezahlt, das weiß man nicht.

Und es ist eine maßlose politische Unanständigkeit, den Gegner jeder kriminellen Straftat zu verdächtigen, ihm alle Ausschreitungen aufs Konto zu setzen, die den Umständen so sehr wie der Zeit entspringen. Es ist unwahr. So hat man seinerzeit unter dem Sozialistengesetz gearbeitet –: der Sozialdemokrat (der heute Ministerpräsident ist) wurde den schaudernden Bürgern als Säufer, als Nichtstuer und Tagedieb, als Strolch und Lumpenkerl vorgestellt. Das verbitterte, und der Erfolg war schließlich der neunte November 1918.

Wer sie bezahlt, das weiß man nicht.

Aber man ahnt es. Denn wenn Kaufleute mit neuen Waren das Land bereisen und die Straßen durchwandern, wer bezahlt dann

Buschkämpfer, die die ahnungslos des Weges Ziehenden aus dem
Unterholz her anzuschießen bestellt sind?
   Eine alte, untaugliche, mit Recht des Landes verwiesene Kon-
kurrenz.

Ignaz Wrobel, BVZ 22. 5. 1919

81

Preußische Professoren

Eigentlich solltet Ihr Pallas dienen.
Aber Pallas kippt aus den Pantinen
und flieht,
wenn sie solche Magister sieht.

Damals, Vierzehn, Kanonengebrumm.
Und sie fielen Alle, Alle um.
Es beteten zum Himmel die Theologen,
daß sich die Kanzelverzierungen bogen.
Es bewiesen klipp und klar die Juristen
die englisch-französisch-belgischen Listen.
Der Generalstab bringt sie auf den Trab:
Philosophen schwören das Fremdländische ab.
Und kraucht auch ein Deutscher noch so mau:
die Mediziner riefen: «Kv.!»
So schreitet jede Fakultät
den Weg, der zum preußischen Himmel geht.

Aber sie waren auch geistig am Werk.
Seis nun Berlin oder Königsberg,
sei es Breslau oder Halle –
dieses nämlich taten sie Alle:

Sie verliehen den Doktor, den häufig bezahlten,
den silbern und golden und rötlich bemalten

Generalen –!
Und die brauchten nichts dafür zu bezahlen!
So wurde ohne alle Prämissen
der Doktor vor die Soldaten geschmissen.
Armes Diplom, schwarz-weiß umrändert,
armes Diplom! hast du dich verändert!

Und heute?
                     Heute, wie ehedem.
Reden ist ja so bequem.
Da ist Roethe, der maulfeste Rufer,
ein Thersites im Bart vom Panke-Ufer,
und jener Birnenbauch Wilhelm Kahl –
und Allen ist der Zusammenbruch egal.
Sie sehen nur die alten Fahnen,
die schlanken Leutnants von den Ulanen,
sie sehen die Prinzen und die Haubitzen,
sie sehen die preußischen Orden blitzen,
sie sehen die ganze schuldige Schicht –

Die neue Ära sehen sie nicht.

Deutschland, sind das deine geistigen Spitzen?
Sie haben einen Hintern zum Sitzen,
sie haben auch einen servilen Rücken,
um sich vor jeder Macht zu bücken –
Kopf hingegen ist nicht vorhanden.

Arme Jugend in deutschen Landen!
Diese hochgelahrten Nauken
sind gut genug zum Examenpauken.
Brauchst du aber klaren Wein –:
Komm, den kaufen wir anderswo ein!

Kaspar Hauser, WB 22.5.1919

81 Preußische Professoren 169

Variété

An dieser Stelle sollen fortan, wenn sichs lohnt, also wahrschein-
lich in nicht zu kleinen Zwischenräumen, die zwei, drei berliner
Variétés von einigem Niveau besprochen werden – zu Nutz und
Frommen aller Derer, die gleich uns glauben, daß ein tüchtiger
Jongleur ein größerer Künstler ist als ein schlechter Schwank-
dichter.

Das Variété wird in Deutschland maßlos unterschätzt. Philoso-
phische Excentrics und dressierte Affen, Kunstpfeifer und witzige
Zauberkünstler: das wird alles mit derselben überheblichen Geste
10 in einen Topf geworfen, und die Tageszeitungen widmen diesem
ganzen Treiben kaum eine Zeile, und nur, wenn viel Platz ist,
einmal einen Waschzettel, der alles ohne Unterschied lobt. Wir
glauben, daß vollendete Technik und ein Geist, der die Technik
fast vergessen macht, immer zu loben sind, und wollen demgemäß
verfahren.

Im Wintergarten, um rasch nachzuholen, ging es im April noch
recht mäßig zu. Nun darf man ja allerdings die Schwierigkeiten
nicht unterschätzen, mit denen diese Institute jetzt kämpfen: die
Ausländer, und besonders die Engländer und Amerikaner, sind
20 nun einmal fürs Variété garnicht zu entbehren, und Gott behüte uns vor einem falsch verstandenen Nationalstolz auf diesen
Brettern.

Wirkliche «Nummern» hatte das Aprilprogramm nur zwei: einen ausgezeichneten Zauberer Ernst Thorn; der Mann hält in der
Hand einen kleinen Drahtkäfig mit einem Kanarienvogel, hebt ihn
über den Kopf, macht: «Hau!», und weg ist er. Er wiederholte das
Kunststück mitten im Parkett, und Vogel und Käfig wurden nicht
mehr gesehen. Tato und May erinnern an die großen englischen
Excentrics, die sie zum Vorbild haben: ein langer, verzeichneter
30 Mann jongliert ganz für sich mit weißen Bällchen, nimmt auch
wohl einen davon in den Mund, singt sich ein kleines Lied und ist
sehr glücklich.

Der Rest ist Schweigen. Daß unsere Coupletsänger sich nicht

trauen, wirklich einmal politische Kampfcouplets zu singen, wissen wir seit langem und gaben die Schuld, wir Naiven!, dem Alexanderplatz. Die Zensur sitzt aber nicht nur da, sondern vor allem im Parkett, und die ist unerbittlich. Doppelt peinlich wirkt heute diese üble Sucht des deutschen Spießers, seine Ruhe über alles zu stellen und Den erbarmungslos auszupfeifen, der es wagt, andrer
40 Meinung zu sein. Wenn die Lieder einmal nicht farblos albern sind, dann sind sie bestimmt nationalistisch. Gott segne dieses Volk!

Was vor allem vom Varieté gefordert werden muß, ist: es halte Dinge von sich fern, die anderswo hingehören. Ich will im Varieté keine Kunsttänze sehen, ich habe so genug von diesen nachgemachten Nijinskys mit den aufgerissenen Nasenlöchern und diesem ganzen Gespreize und Getue. Ich will im Varieté überhaupt keinen schwachen Abklatsch andrer Künste sehen: das Varieté sei nur Varieté und weiter nichts. Ists das gut, so ist das Kunst und
50 ästhetische Freude genug.

Peter Panter, WB 22.5.1919

83

Friede?

Ihr schlagt den Besiegten kurz und klein
und laßt ihn verdorren und sticken.
Ihr raubt an der Weichsel und am Rhein,
wir sollen ein Amen euch nicken.
   Ihr sprecht vom Säbel und seiner Gefahr,
   von teuflischen deutschen Listen,
   die Schuld am Kriege sei klipp und klar –
   Und ihr?
   Die dicksten Imperialisten!

10 Ihr gebt den Polen, wie ihr sagt, ihr Recht.
Ihr beglückt sogar noch die Dänen.
Ihr rechnet nach bis ins sechste Geschlecht.

Ihr handelt in Kühen und Kähnen.
Den andern gebt ihr, was ihnen gebührt,
zum Heile wohl für Pazifisten ...
Ihr wollt nicht, daß je einer Kriege führt –
Und ihr?
Die dicksten Annexionisten!

Und ihr? Ihr spracht vom Völkerbund.
20 Wir trauten den vierzehn Punkten.
Wir dachten, ihr machtet Europa gesund,
als wir Waffenstillstand funkten.
Jetzt hetzt ihr aufs neue Nation auf Nation
und schiebt unglaubliche Kisten ...
Friede? Das ist der blanke Hohn!
Und ihr?
Die fettesten Nationalisten!

Theobald Tiger, Ulk 23. 5. 1919

84

Flora, die Göttin der Blüten, spricht:

Hier stehe ich mit meinem Blumenflor
und komme mir unsagbar dämlich vor.

Denn durch mein Körbchen geht ein Raunen:
Was nun? nach all den Kriegeslaunen?

Was nun? nach so viel widrig wilden Winden?
Wann werden wir uns selbst in Ruhe finden?

Wenn ich mir so den Weltenlauf betrachte,
so rief ich gerne: Sachte, Kinder, sachte!

Ihr tobt und kollert, speit und spukt und kakelt
10 und nennt euch gegenseitig schwer bemakelt;

ihr lebt so rasch und habt so viele Sorgen
und denkt nur immer hastig an das Morgen ...

Blaublümelein? Ihr macht euch nichts daraus.
Ich glaub, drum seh ich etwas trübe aus.

Selbst jetzt im Lenze bin ich stark verschnupft.
Die großen Zeiten haben mich zerrupft.

Der Zephyr krault mein seidenweiches Haar.
Ich aber beut euch eine Rose dar.

Ach! seit die ersten Biwakfeuer glommen,
fühlt ich mich immer mehr herunterkommen.

Mein Formenreichtum muß sich ja vermindern.
Was macht ihr aber auch aus meinen Kindern.

Ein dicker Protz schenkt seinem Cancanöschen
zum Namenstag im Mai ein zart Mimöschen.

Dem Wucherreichsamt schickt ein Schieber
– natürlich anonym – Jelängerjelieber!

Und unserm Volk schickt man ins Haus
den schwärzesten Tollkirschenstrauß.

Und Rosen, Tulpen und Narzissen – –
Das ganze Leben scheint mir jäh zerrissen.

Wie aus Pandoras Buchsen mag entfliehn
der Hoffnungsstrahl! – Ich danke ab!
Und werde Blumenmädchen in Berlin!

Theobald Tiger, Ulk 29. 5. 1919

84 Flora, die Göttin der Blüten, spricht: 173

Der Schnellmaler

Wenn in Deutschland die Kanalisationsröhren polizeilicherseits erweitert werden, wenn der Kirchenaustritt erschwert oder der Drill erleichtert wird, so schreibt Walther Rathenau dazu ein Buch. Man muß sich darein fügen – es gehört das nun einmal dazu, und wir brauchen nichts zu tun, als das Opus ungelesen still beiseite zu legen.

Wenn wir hier das Heft ‹Der Kaiser› (erschienen bei S. Fischer) in den Kreis unsrer Betrachtungen ziehen, so geschieht das, um einmal an einem Beispiel den ganzen politischen Jammer dieses Landes aufzuzeigen.

Hätte dieses Heft Amadeus Hugendubel geschrieben – es wäre schließlich wenig einzuwenden gewesen. Der Verfasser hat Heinrich und Thomas Mann nicht ohne Nutzen gelesen, und so enthält es, aus entlehnten Stilen zusammengesetzt, abgesehen von der Charakteristik des Kaisers, unbestreitbare Wahrheiten: da ist die Feststellung von der deutschen Passivität in politicis; die Registrierung der Tatsache, daß das Volk so regiert werden wollte, wie es regiert worden ist, und daß es überhaupt nur regiert werden wollte; die Erwähnung der Würdelosigkeit der Bevölkerung – kurz: alles was man nach Heinrich Manns ‹Untertan› über diese Dinge sagen konnte, ist gesagt.

Was aber dem Heft den Wert und die Zuverlässigkeit nimmt, ist eben die Angabe, daß Walther Rathenau sein Verfasser ist. Das geht nicht: wir weisen diese schlanke Fingerfertigkeit zurück, diese stete Alarmbereitschaft, heute so und morgen so, auf alle Fälle aber immer schreiben zu können, diese Fixundfertigkeit, dieses geölte Diktaphon und die stets vorhandene Willigkeit, alles über alles zu sagen. Und es nicht einmal gut zu sagen. So erzählt der Meister von der «schlechthinnigen» Genialität des Kaisers. «Jeder Sudler», spricht der Weise, «legt, ohne Umstände, seine Tatzen an, die deutsche Sprache zu verbessern.»

Aber außerdem ist die Charakteristik Wilhelms des Zweiten falsch. Woher ich das weiß? Ein Mann, der im Unglück so hemmungslos versagt, ein Mann, der nach der Katastrophe seine Generale auf das schlimmste bloßstellt, und der seine Würde nicht darin sucht, sich männlich zu benehmen, sondern sie hohl, wie sie ist, attestiert zu haben wünscht, um nicht vor Gericht erscheinen zu müssen – ein solcher Mann kann nicht die Gaben gehabt haben, die Rathenau ihm nachsagt. Johannes Fischart hat an dieser Stelle einige hübsche, von Augenzeugen belegte Charakterzüge aus dem Leben des Kaisers erzählt, wie er auf der «Hohenzollern» den sich verbeugenden Generalen von der Kommandobrücke den Caviar heruntergeworfen hat – ein solcher Mann war kein edler und kein rechtschaffener Mensch und kein ganzer Mann. Was Rathenau vom Kaiser aussagt, ist noch im Tadel byzantinisch – dem Herrn Verfasser unbewußt, aber ganz und gar byzantinisch. Noch zittern die beseligenden Stunden nach, da er «Gelegenheit hatte», Seiner Majestät persönlich gegenübertreten zu dürfen. Das ist ganz made in germany: noch in den harmlosen Worten, in denen Rathenau sagt, er habe mit dem Kaiser soundsooft gesprochen, liegt eine Lakaiendemut, die fast unerklärlich ist.

Aber nicht das werfen wir dem Schreiber vor, daß er seinen Fürsten nicht verstanden und nicht gut abkonterfeit hat. Ganz etwas Andres werfen wir ihm vor.

Schämt er sich nicht? Wer ist das? «Um diese Schicht» – es ist von dem preußischen Adel die Rede – «lagerte sich das plutokratische Bürgertum, Einlaß fordernd um jeden Preis, und bereit, alles zu verteidigen, für alles einzustehen. Die Theorie zu seinem Willen saugte es von den Kathedern, die von Historismus troffen, die Führungsatteste seiner Gesinnung erschmeichelte es von der Beamtenschaft.» Wer ist das?

Wer hat dauernd die spitzfindige Denktätigkeit über jede positive Reform gestellt, wer hat wolkig und verschwommen in nebligen Idealen herumgefuhrwerkt, und wer hat die Geistigen, die nun endlich zur Tat drängten, mit vornehmen Gesten bedeutet, sie hätten immer noch zu wenig nachgedacht, viel mehr spekuliert müsse werden …? Übrigens: spekuliert wurde.

Vor dem Kriege voll träumerischer Süße, im Kriege immer hinter dem Erfolg her, immer Dem recht gebend, der grade die erste Flöte spielte, kann er gewiß den Vorwurf von sich abweisen, er ha-

be um seines Fürsten Gunst gebuhlt. Er hatte diese Tätigkeit, die für einen gebildeten, wohlhabenden Mann so legendär wie das Wort ist, nicht nötig. Aber diese unbegrenzte Hochachtung vor jedem Erfolg, ganz gleich, mit welchen Mitteln der errungen war, diese stete Bereitschaft, für alles, aber auch für alles einzustehen, und morgen nicht mehr zu wissen, was man gestern predigte, scheint mir doch zu einem gewissen Mißtrauen zu berechtigen. War es nicht Walther Rathenau, der die levée en masse noch an jenem schwarzen Oktobertag anempfahl, da sogar Ludendorff Wil-
80 len und Waffen streckte? War es nicht Walther Rathenau, der in den langen Kriegsjahren die plumpe Realität des Imperialismus für den ästhetischen Salon metaphysisch umdeutete und verschönernd verfärbte? Ich glaube, er war es. Er prangt unter den schlimmsten Alldeutschen in dem Raemaekerschen Bilderbuche ‹Devant l'histoire› (von E. Giran bei Georges Bertrand in Paris) – dort ist er zitiert, weil er im Berliner Lokalanzeiger prophezeit hatte, man werde sich für den nächsten Krieg besser zu rüsten wissen … Er war eben immer dabei.

Er war immer dabei. Sie waren alle dabei. Sie sind alle dabei.
90 Und das eben scheint mir der Kernpunkt des Jammers hierzulande zu sein: daß kein deutscher Politiker sich auch nur denken kann, er werde einmal nicht dabei sein. Er werde still in der Ecke sitzen und auf seine Zeit warten, wenn diese hier nicht günstig für ihn ist. Dafür fehlt ihnen das Organ. Überzeugungen haben? und mit festem Sinn warten und warten, jahrelang, wie es Clemenceau getan hat, wie es alle parlamentarisch geschulten Politiker des Auslands tun? Aber nein! Aber garnicht! Hinein ins volle Menschenleben, wo es am dicksten ist – und mitgeschwommen! «Die Fensterläden knarrten – oho – sie wußten hundert Arten – soso!»
100 Sie wissen alle Arten: sie können oppositionell und patriotisch und annektionistisch und pazifistisch und bolschewistisch und gemäßigt und radikal und liberal und für und gegen und hinten und vorn. Es sind Tausendkünstler. Nicht das ist eine Schande, im Kriege geirrt zu haben und für den Pangermanismus auch dann noch eingetreten zu sein, wenn er Verbrechen beging. Nicht das. Aber es ist eine Schmach und eine Charakterlosigkeit, nun hinterher, wenn diese Gesinnung nichts mehr trägt – und sei es auch nur

Ruhm –, sofort die neue Melodie mitzublasen. Und sie blasen alle, alle mit. Da hat keiner den Mut – wie ihn zum Beispiel der Graf Ernst zu Reventlow hat –, bei der alten Stange zu bleiben. Das ist Wahnsinn, schön, aber es ist anständig und ehrlich. Sie aber wissen hundert Arten. Keiner hat Furcht, man werde in ihren alten Schmökern nachschlagen: 1914 – 1915 – 1916 – 1917 – 1918 – sie verlassen sich auf das schlechte Gedächtnis ihrer Leser, und das ist gut. Diese bedeutenden Köpfe feiern nicht. Sie sind alle, alle da. Naumann und David und die Herren Dichter – das reicht über die Grenzen hin die tintenbefleckte Bruderhand, daß es eine Freude ist – und wenn morgen wieder Krieg ist: Halali! was gilt die Wette, daß sie ihren reklamierten Mann stehen!

Walther Rathenau ist Einer von ihnen. Er hat mitgeholfen, die Köpfe zu benebeln, ohne Mitverantwortlichkeit, ohne den ehrlichen Willen, auch für das einzustehen, was er predigte, ohne männliches Rückgrat – ein ganzer Kaiser. Wir lehnen ihn ab. Was uns not tut, sind nicht diese prompt arbeitenden Köpfe, die überall dabei sind, nicht die ewig alte Galerie derselben Leute, die allen Ereignissen fröhlich prostend Pate standen und stehen, nicht die falschen Interessanten, die so klug, gar so klug schnacken.

Neue Anschauungen müssen von neuen Männern vorgetragen werden.

Kurt Tucholsky, WB 29. 5. 1919

86

Unser Militär!

Einstmals, als ich ein kleiner Junge
und mit dem Ranzen zur Schule ging,
schrie ich mächtig, aus voller Lunge,
hört ich von fern das Tschingderingdsching.
Lief wohl mitten über den Damm,
stand vor dem Herrn Hauptmann stramm,
vor den Leutnants, den schlanken und steifen …
Und wenn dann die Trommeln und die Pfeifen
übergingen zum Preußenmarsch,

fiel ich vor Freuden fast auf den Boden –
die Augen glänzten – zum Himmel stieg
Militärmusik! Militärmusik!

Die Jahre gingen. Was damals ein Kind
bejubelt aus kindlichem Herzen,
sah nun ein Jüngling im russischen Wind
von nahe, und unter Schmerzen.
Er sah die Roheit und sah den Betrug.
Ducken! ducken! noch nicht genug!
Tiefer ducken! Tiefer bücken!
Treten und Stoßen auf krumme Rücken!
Die Leutnants fressen und saufen und huren,
wenn sie nicht grade auf Urlaub fuhren.
Die Leutnants saufen und huren und fressen
das Fleisch und das Weizenbrot wessen? wessen?
Die Leutnants fressen und huren und saufen ...
Der Mann kann sich kaum das Nötigste kaufen.
Und hungert. Und stürmt. Und schwitzt. Und marschiert.
Bis er krepiert.
Und das sah Einer mit brennenden Augen
und glaubte, der Krempel könne nichts taugen.
Und glaubte, das müsse zusammenfallen
zum Heile von Deutschland, zum Heil von uns Allen.
Aber noch übertönte den Jammer im Krieg
Militärmusik! Militärmusik!

Und heute?
                    Ach heute! Die Herren oben
tun ihren Pater Noske loben
und brauchen als Stütze für ihr Prinzip
den alten trostlosen Leutnantstyp.
Das verhaftet, regiert und vertobackt Leute,
damals wie heute, damals wie heute –.
Und fällt Einer wirklich mal herein,
setzt sich ein Andrer für ihn ein.
Liebknecht ist tot. Vogel heidi.

10

20

30

40

Solchen Mörder straft Deutschland nie.
Na und –?
        Der Haß, der da unten sich sammelt,
hat euch den Weg zwar noch nicht verrammelt.
Aber das kann noch einmal kommen …!
Nicht alle Feuer, die tiefrot glommen
unter der Asche, gehen aus.
Achtung! Es ist Zündstoff im Haus!
Wir wollen nicht diese Nationalisten,
diese Ordnungsbolschewisten,
all das Gesindel, das uns geknutet,
unter dem Rosa Luxemburg verblutet.
Nennt Ihr es auch Freiwilligenverbände:
es sind die alten, schmutzigen Hände.
Wir kennen die Firma, wir kennen den Geist,
wir wissen, was ein Corpsbefehl heißt …
Fort damit –!
        Reißt ihre Achselstücke
in Fetzen – die Kultur kriegt keine Lücke,
wenn einmal im Lande Der verschwindet,
dessen Druck kein Freier verwindet.
    Es gibt zwei Deutschland – eins ist frei,
    das andre knechtisch, wer es auch sei.
    So laß endlich schweigen, o Republik,
    Militärmusik! Militärmusik!

                    Kaspar Hauser, WB 29.5.1919

87

Herren und Kerls

                        «Hallo, Tomkins!»
                        «Hallo, Präsident!»

In Deutschland gab es zwei Sorten von Menschen: Herren und
Kerls.
    Die eine Sorte hatte Pflichten, und die andere hatte Rechte. Die

eine hatte es bequem, und die andere übel. Die eine nahm Bildung, gute Umgangsformen und alle äußeren Vorteile für sich in Anspruch, die andere mochte sehen, wie sie auskam. Mußte das sein?

10 Gefördert wurde diese Teilung durch den Militarismus, der sich tief in das Bürgertum hineingefressen hatte. Die abgrundtiefe Kluft zwischen dem Offizier und Mann griff über: es war so hübsch, die Menschheit in zwei Klassen zu teilen – hier wir, und da die anderen, und eine Brücke gibt es nicht.

Was beim Militär manchmal bis zum verbrecherischen Wahnsinn gesteigert war, das tobte sich nun im bürgerlichen Leben, wo es ging, aus: stellten sich zwei Leute vor, so streckte der eine nach dem andern seine Fühler aus, ob er auch das Abitur habe, ob er also auch zur Klasse der «Herren» gehöre, ob er auch ein Mensch

20 sei, mit dem «man» reden könnte ... Und gnade ihm Gott, war er das nicht! Pfui! Dann war er ja ein «Kerl».

Man muß hören, wie solch ein Herr das Wort «Volk» ausspricht – wenn's nicht so traurig wäre, dann wäre es lächerlich. Gehört er nicht dazu? Ist er denn nicht auch Volk? Nein, er bildet sich's wenigstens nicht ein. Denn noch herrscht in unzählig vielen Köpfen diese Bilderbuchvorstellung vom Volk, dieser ungebildeten Masse, die abends mit Kind und Kegel sauft oder grölt oder sonst etwas Gemeines treibt. Daß aber in jeder Schicht Proleten gedeihen, und Träumer und feine Menschen und Idealisten und unbekümmerte

30 Dummköpfe, daß die soziale Umgebung viel, aber bei weitem nicht alles am Menschen ausmacht – das wissen sie nicht und wollen sie nicht wissen.

Sie wollen es nicht, denn es ist bequem, die Kerls von den Herren zu scheiden. Wir haben das ja alle Tage im Kriege erlebt: mußten die Kerls Kalbsbrägen essen? Nein, das mußten sie nicht. Es war ja auch so wenig vorhanden ... Und anstatt ihn den Kranken zu überweisen, aßen ihn die Herren, weil sie so wenig waren, daß sich das lohnte ...

Und es ist ja so maßlos einfach, die Güter der Welt nach diesem

40 Maßstab zu produzieren und aufzuteilen: die Sahne den Herren, das Wasser den Kerls.

Ich denke, es lassen sich doch Brücken schlagen, und schlagen sie die Herren nicht –: die Kerls sind dabei, und es hat gar nichts mit Politik zu tun, sondern ist eine primäre Forderung der Demokratie, beim Brückenbau dabei zu sein.

Der oberste Grundsatz: das Amt schafft keinen Unterschied. Der liebe Gott hat die Menschen wahrhaftig nicht gleich gemacht, und es wird immer so sein, daß die Stärkeren die Schwächeren leiten. Aber es seien das die von Natur Stärkeren, es seien das Leute, die moralisch oder intellektuell überlegen sind. Da es aber nicht möglich ist, daß jeder Beamtete diese Eigenschaften restlos erfüllt, da der bekannte Satz heute so lautet: «Wem Gott Verstand gibt, dem gibt er auch ein Amt!» – so empfiehlt es sich, wir täten diesen Aberglauben ab, als sei ein Oberregierungsrat ein Gott und ein Moloch, und ein Briefträger eine Fußbank seiner Vorgesetzten. So geht's nicht mehr.

Das war einmal. Es mag sein, daß die Hohenzollern zu Potsdam im achtzehnten Jahrhundert einmal so regieren konnten – heute geht's nicht mehr, und es ist Pflicht jedes Demokraten, dafür zu sorgen, daß dieser preußische Untertanentyp ausstirbt, der so viel Elend angerichtet hat. Er hat seine Aufgabe mehr schlecht als recht erfüllt, und er kann gehen.

Was wir brauchen, das ist eine Arbeitsgemeinschaft freier Menschen. Die Tatsache, daß der eine dem andern sachliche (sachliche!) Vorschriften macht, berechtigt ihn keineswegs, sich nun auch als menschlich überlegen zu fühlen. Wie schwer geht das hier in die Köpfe! Wie mühsam, ihnen beizubringen, daß es keine Vorgesetzten außer Dienst gibt! Sie glauben immer noch an den «Herrn» Leutnant und sprechen immer noch von «dem» Albert Müller, der sich zu melden hat. – Die Zeit ist vorbei.

Spotten unsere Reiseschriftsteller über den Abscheu der indischen Kasten voreinander? Unsere Kasten sind weitaus schlimmer. Unsere wissen nichts voneinander, und wollen nichts voneinander wissen und glauben, der Titel «Exzellenz» sei etwas. Er ist aber nur eine Reihe Buchstaben, die zu nichts anderem berechtigt, als seine Pflicht zu tun.

Fort mit der Kluft! Warum geht's bei den anderen? Warum nicht bei uns? Einmal erzählt Holitscher die Geschichte eines Eisenbahnaufenthalts in Amerika; an der Maschine ist etwas nicht in

Ordnung, und der Präsident der Gesellschaft, der zufällig im Zuge sitzt, springt an die Lokomotive und will wissen, was da vorgeht. Und sie rufen sich an, der Zugführer und der Präsident: «Hallo, Tomkins!» – «Hallo, Präsident!» – Bei uns? Du großer Gott –! Den deutschen Militarismus werden wir wohl los werden. Was aber keine Friedensbedingung diktieren kann, das ist der Geist, in dem wir weiter leben. Soll's wieder der alte werden?

Er darf es nicht. Der verärgerte Feldwebel, dem die Felle fortge-schwommen sind, der Offizier, der heute nicht recht weiß, was be-ginnen – sie alle dürfen die Entwicklung nicht aufhalten. Es darf 90 nicht deswegen gemordet werden, weil Messer da sind. Es muß in die Köpfe hinein, daß Militarismus auch noch anderswo als auf dem Kasernenhof existiert, und dieser andere ist der gefährlichere.

Wir erkennen keine «Herren» an – und wir wollen nichts von den «Kerls» wissen. Wir wollen andere Typen.

Was wir wünschen, ist, daß sich aus den beiden unmöglichen Arten eine neue entwickelt. Wir haben genug und übergenug von dem Herren und auch von dem Kerl.

Wir erhoffen den Mann.

Ignaz Wrobel, BT 2. 6. 1919

88

Preußische Presse

Niemand hat eine so große Fresse
wie die preußische Presse.
Und ehe wir wieder mit bunten Aurikeln
die Harfe umschlingen
und leise singen –
laßt uns ein bißchen leitartikeln.

Vor dem Kriege waren sie da,
schrieen täglich zweimal Hurra,
rasselten mit dem glorreichen Säbel,
10   schimpften auf Auer und schimpften auf Bebel,

beteten Gott an und die Offiziere,
und rollten sich abends in Rudeln zu Biere.

Soweit war das schön und gut.
Aber Vierzehn, da schwoll ihr Mut!
Endlich war ihre Zeit gekommen,
auf die sie so viel Vorschuß genommen,
von der Bernhardi immer geschrieben –
nun hatten sie uns hineingetrieben.
Und von ihren Freunden, den Offizieren,
ließen sich Alle reklamieren,
und schrieben dafür die hübschesten Sachen:
Wie weit da hinten die Mörser krachen,
wie die braven, lieben, ordentlichen, guten
Feldgrauen gar so gerne verbluten,
wie sogar manchmal die Herren Obersten schwitzen,
wenn sie beim Trinken im Stabsquartier sitzen,
und wie so freundlich und loyal
zu ihnen gesprochen der Herr General.
Und so ging das ein, zwei, drei, vier lange Jahre – – –

Aber auch diese wunderbare
große und erhabene Zeit
schien uns Allen zu groß und weit ...
Und plötzlich wurde die Zeit wieder klein –
Ludendorff fiel mit allem herein
und besuchte plötzlich und eiligst Schweden.
(Übrigens, darüber ist nichts zu reden:
Er tat das nur aus Gesundheitsrücksichten.
Denn als hier zuhause die tollen Geschichten
sich wieder beruhigt und gelegt,
kam er gleich wieder angefegt;
und jetzt sitzt er an einem Geschreibe dran
und wird zur Belohnung ein reicher Mann.)

Aber die Presse!
daß ich die nicht vergesse!

Wir dachten doch nun, jetzt seis mit ihr aus!
Das überlebe sie nicht, dies Gebraus.
Denn nun liegt es doch klar am Tage:
Für wen ertönte die Totenklage?
Wer hat die Mannschaft aufs Blut geschunden?
50 Wer bereicherte sich noch an Totwunden?
Wer klaute in viereinhalb langen Jahren
Kantinenfonds, Marketenderwaren?
Wem verdanken wir diese Niederlage?
Nun, dachten wir, liegt es klar am Tage ...

Weit gefehlt!
Sie haben sich garnicht lange gequält
und spotten schon heute voller Hohn
auf die Revolution!
Und wenn wir in Verhandlungen traten,
60 so geschah das nur wegen der lumpigen Soldaten,
diesen hundsgemeinen Hallunken,
und überhaupt: deshalb sei alles gesunken ...
Die Kerls sind an allem, allem schuld – – –

Deutschland! hast du eine Lammsgeduld!
Läßt dir heute nach diesem allen
Frechheit von Metzgergesellen gefallen?
Lern ihre eiserne Energie!
Die vergessen nie.
Die setzen ihren verdammten Willen
70 durch – im lauten und im stillen
Kampf, und sie denken nur an sich.
Deutschland! wach auf und besinne dich!

Nur Einen Feind hast du deines Geschlechts!
Der Feind steht rechts!

                              Kaspar Hauser, WB 5.6.1919

Der Offizier der Zukunft

Arno Voigt, als «Miles» einer der wenigen deutschen Offiziere, die im Kriege die Wahrheit zu sagen sich nicht gescheut haben, gibt (bei Engelhorn in Stuttgart) «Gedanken eines Unmilitärischen» heraus: ‹Der deutsche Offizier der Zukunft›.

«Vielleicht», heißt es einmal bei Nietzsche, «habe ich niemals etwas gelesen, zu dem ich dermaßen, Satz für Satz, Schluß für Schluß, bei mir Nein gesagt hätte wie zu diesem Buche: doch ganz ohne Verdruß und Ungeduld.»

Der einleitende Rückblick zwar ist ausgezeichnet. Er faßt noch
10 einmal die schweren Sünden des Offiziercorps im Kriege zusammen, in einem Kriege, der den deutschen Offizieren für immer den Ruf der Unbemakeltheit genommen hat, und das von Rechts wegen. Leute, die heute noch an dem alten Idol festhalten, tun dies aus politischen Gründen – sie wollen nicht erkennen, und verdienen daher nicht, überzeugt zu werden. Wir Andern wissen, was auch Voigt bestätigt: «Offiziere – Bürger – Lanzer: das war die Gliederung.» Und: «Das Charakteristikum des alten Offiziers war seine Isoliertheit.» Und weiter jene Melodie, die heute noch viel zu wenig und viel zu zaghaft bei uns gesungen wird: das Lied
20 vom deutschen Offizier im Kriege – und es ist ein etwas mißtönendes Lied.

Aber das Buch heißt: ‹Der deutsche Offizier der Zukunft›. Wie nun ändern? Wie bessern? Und Voigt schlägt vor.

Der deutsche Offizier der Zukunft soll ein geistiger Mensch sein. Das ist in einem Satz das Postulat dieses Offiziers, der selbst sicherlich ein guter Offizier war. Er verlangt von einem Führer mit Recht größere Qualitäten, als sie in dem kümmerlichen Offiziersexamen und in der mangelhaften Casinoverziehung heraussprangen: er verlangt menschliche Qualitäten.

30 Wozu? Zum Mord. Denn hier ist Das, was das ganze Buch wertlos und die Vorschläge utopisch macht: es wird sich eben kein geistiger Mensch bereit finden, sein Leben und seine Person für einen solchen Quark, wie es die nationalistischen Interessen eines

Staates sind, aufs Spiel zu setzen. Er wird, wenn er ein wertvoller Mensch ist, dieser kümmerlichen Angelegenheit sein Leben eben nicht widmen. Wohl wird er Führer sein wollen – aber niemals Schlächtermeister. Und die Gedankengänge Voigts erinnern an die Schilderungen Hearns, wenn er von den japanischen Geishas spricht: vor lauter Lyrismen vergißt er ganz, daß es sich doch immerhin um Frauen handelt, um Frauen aus Fleisch und Blut, die man sich kaufen kann und die jeden Abend einem Andern gehören.

Wenn der Offizier der Zukunft all diese guten Ratschläge Voigts befolgt, so wird er ein Adelsmensch werden, meinetwegen auch vielleicht ein Führer seiner Volksgenossen: aber er wird kein Mann sein, der Blut vergießt um des Staates willen. Denn die Mittel und die Werkzeuge des Geistes lassen sich nicht prostituieren (wie der Militarismus irrtümlich 1914 glaubte, als er die reklamierten Dichter mobil machte) – sie sind um ihrer selbst willen da und gänzlich unpraktisch. Es war klug vom ancien régime, dem Offizier nicht so viel zum Lesen in die Hände zu geben; denn dann hätte er denken gelernt, und das war nicht gut. In den Büchern stand: Du sollst nicht töten!

Wir sehen zu sehr auf die Außenseite. Wir hatten Alle vergessen – aber jetzt wissen wir es –, daß ein Mörder ein Mörder ist, auch wenn er hohe Lackstiefel trägt und ein blonder, schlanker, eleganter und amüsanter junger Mann ist. Und wir haben nicht gearbeitet, um dessen Stellung zu befestigen.

So wird also Arno Voigt, der es so gut gemeint hat, fragen: «Ja, aber wie denn? Ungeistig ist es nicht recht – und nun versuche ich es geistig, und da ist es wieder nicht recht …? Welcher Offizier der Zukunft wird denn von dir herbeigewünscht?»

Und wir antworten: Gar keiner.

Ignaz Wrobel, WB 5. 6. 1919

Die dritte Kugel

Ludwig Thoma hat einmal auf Wilhelm Raabe das Wort «Kachelofenwärme» geprägt, und das gibt auch am besten wieder, was uns an dem Alten so sehr reizt. Die Herren von heute haben weniger Zeit, weniger Behaglichkeit und sind meist so pressiert, daß sie mit ihren atemlosen Geschichten schon immer fertig sind, ehe der Braunschweiger auch nur die Einleitung fertiggestellt hätte. Wo, seit meinen Jugendtagen, habe ich solche Sätze wieder gelesen? «Der Alvarado schrie auf und starrte den Cortez totenbleich und voll Entsetzen an, aber der Cortez hatte jetzt eine Truhe ergriffen und leerte sie aus, daß die goldenen Ringe über den ganzen Damm hin hüpften und tanzten, und mit dem Fuß stieß er eine Tonne um, aus der sogleich goldene und silberne Schüsseln klirrend ins Wasser liefen.» Nirgends habe ich das mehr gelesen, und wenn Leo Perutz nicht ‹Die dritte Kugel› (im Verlag Albert Langen zu München) geschrieben hätte, auch heute noch nicht.

Das ist ein hübsches Buch. So eins, das man, wenns draußen furchtbar regnet, mit einem Teller Knackmandeln neben sich, tot für die Umwelt, verschlingt, mit der einen Hand blättert man um, mit der zweiten stopft man sich langsam eine Knackmandel nach der andern in den Mund …

Es dreht sich um die Abenteuer eines verschlagenen deutschen Fürsten in der Neuen Welt, und alles Wilde, was geschieht und geschehen ist, hat deshalb einen so wehmütigen Klang, weil es sich nicht vor unsern Augen und Ohren begibt, sondern in der Erinnerung dem Manne noch einmal vorbeizieht: er hört, wie ein spanischer Reiter neben seinem Zelt den aufhorchenden Musketieren das wirre und krause Zeug erzählt, das die Lebensgeschichte eines alten Mannes, seine Schlußgeschichte, ausmacht.

Der Ton erinnert – wie wohltuend! – ein wenig an manche historische Novellen Raabes, an Gedelöcke etwa oder an die Schwarze Galeere – das altertümliche Deutsch ist nicht philologisch gerecht, sondern nur andeutend durchgeführt, aber das macht nichts, im Gegenteil! Es ist eine wilde Geschichte, mit vielen wundervollen Einzelheiten, und was daran Literatur ist, das gibt sich so anspruchsvoll und bescheiden, daß man den Dichter über dem Gedichteten vergißt, und das ist schließlich die Hauptsache.

Wer aber wissen will, wie Cortez die Indios wirklich unterworfen und gemordet hat, und wie der große Goldschatz umkam, 40 und wie sie den Teufel beschwörten, «und was dann weiter geschah» – der verlustiere sich mit diesem wunderhübschen Büchelchen, das wie ein schöner alter Holzschnitt herübergrüßt aus den Tagen, wo alles noch so simpel war und einfach: aus der Knabenzeit.

Peter Panter, WB 5. 6. 1919

91

Rheinische Republik

Hier offenbart sich erst die Größe:
Als es in Frankreich vorwärts ging,
aß man die dicken Stahltrustklöße
und warb für einen U-Boot-Ring.

Das hetzt und zetert, treibt und rummelt:
«Werft Bomben über ganz Paris!»
Und jene Presse schreibt und schummelt,
wie Ludendorff die Wege wies.

Nun aber steht doch schon bei Bölsche
10 vom Liebeswerk in der Natur –
So schnitt nun plötzlich unsre Köllsche
Volkszeitung der Entente die Cour.

Denn heute gehts uns nicht zum Besten.
Denn heute lohnt die Treue nicht.
Denn heute sinds nicht mehr die Gesten ...
man muß auch tun, was man verspricht.

Dafür sind diese nicht zu haben.
Im Kriege krähen? Gern, es sei!
Doch nunmehr überkömmt die Knaben
20   verdammte Eigenbrödelei.

Ist das nicht alter deutscher Jammer?
Das spaltet dieses Land entzwei:
Ein jeder will 'ne eigne Kammer –
Verdammte Eigenbrödelei!

Und jeder hat Privatmeriten.
Und jeder spielt Zentralgewalt.
Sanft lächeln heimlich Jesuiten –
Wie alt ist dieses Lied! wie alt!

Sie schleichen in der Nacht gleich Dieben
30   sich von uns fort – wir sind allein.
Und nur ein Trost ist uns geblieben:
Es werden nicht die besten sein.

Theobald Tiger, Ulk 6. 6. 1919

92

Ein merkwürdiger Fall

Ein dicker Mann sitzt in der Elektrischen und liest in einem Buch
und schmunzelt. Sein fettes Gesicht strahlt – die Speckfalten graben sich ein, die Plusterbacken werden breiter und immer breiter
– und plötzlich kann sich der Dicke nicht mehr halten, und er
pruscht mir die ganze Heiterkeit seiner Seele ins Gesicht. Das
macht nun keinen Spaß. Aber immerhin muß ich doch sehen, was
er da hat. Was mag es sein, das ihn so zum Schmunzeln – der
schönsten Form des Lachens – bringt und sogar zum Lachen
selbst? Und mir auf den Kragen? Ich gucke unter das Buch auf die
10   Titelseite und lese – Ach so! Ihm sei alles verziehen. Der Mann
hat Zetterström gelesen.

Die Welt der Clowns ist eine merkwürdige Welt, und mancher findet sich nie darin zurecht. Wer aber darüber lachen kann, wo ernste Männer nichts Lächerliches sehen, wer schon in der Schulstunde eine Stunde Arrest bezog, weil er plötzlich so lachen mußte («Warum hast du gelacht?» ... «Ich ... Wegen nichts!» «Alberner Bengel!» – Konnte ich ihm sagen, daß ich über seine kleine Warze gelacht habe, die immer am Kragen auf und ab tanzte?) – wer also so veranlagt ist, der dürfte sich bei Hasse Zetterström tot
20 und wieder gesund lachen.

Von dieser eigentümlichen Nummer liegen (im Verlage Dr. Eysler, Berlin) zwei Bücher vor: ‹Der Dynamithund› und ‹Meine merkwürdigste Nacht›. Es stehen Kostbarkeiten in beiden.

Was Zetterström auszeichnet, ist ein sanftes Schweigen, wenn's um die Wurst geht. Das hat schon Mark Twain gekonnt: er sagt ganz still seins, und nur eines sagt er nicht: die Pointe. Die muß man sich denken. Es sind Witze mit Spätzündung. Alles mit toternster Miene: Twain erhielt eines Tages ein Gedicht: ‹Warum lebe ich?› – «Weil Sie Ihr Gedicht nicht persönlich übermittelt haben!»
30 antwortete er. So Twain. Und so noch viel schneller und ulkiger Zetterström.

Was sich in diesen beiden Bänden alles begibt, das ist nicht zum Blasen. Aber Zetterström ist der Mann, den nichts mehr wundert. Er ist immer so still und bescheiden und erinnert im ganzen an jenen Mann, der einem verrückten Freund von ihm begegnete. Der hatte den Trick, alle fremden Menschen anzureden, weil er glaubte, daß wir zu weit auseinander lebten. Er nimmt jenem Mann den Hut vom Kopf, fragt ihn, ob seine Haare echt sind ... Und der ist immer still und bescheiden. Und wird schließlich gefragt, warum
40 er sich denn nicht wehre. «Ach», antwortete der Mann mit dem frommen Aussehen und dem dicken Haar, «ich bin Wärter in einer Anstalt für solche Leute gewesen – ich weiß, wie die zu nehmen sind – nur Milde und Geduld, nur Milde – –!» Nur Milde. Es kann geschehen, was will, Zetterström verliert die Fassung nicht. Da ist ein entzückendes Stückchen, das heißt ‹Glückliche Rettung› – wie da ein Dienstmädchen nebst einer Schwiegermutter ins Wasser fällt, und die beiden beschaulichen alten Herren sehen sich das an – das erinnert an eine Mischung von Spitzweg, Trier

und Callot – es ist etwas hervorragend Ulkiges. Er ist der Urenkel
50 des unvergessenen Gustav Wied.

Und weil wir ja alle soviel Telephonkummer haben und weil
Zetterström das Telephon zu geradezu infernalischem Unfug benutzt, und weil das Dasein zurzeit nicht übermäßig ergötzlich ist
– deshalb empfehle ich lachlustigen Leuten und solchen, die es
werden sollen, Hasse Zetterström zu lesen. Er ist ein merkwürdiger Fall.

Peter Panter, BT 11.6.1919

93

An den Unteroffizier Noske

Hör' Er: alles, was Er da tut,
bewacht von Seinem Corps,
ist ja soweit ganz schön und gut –
nur eins nehm' Er sich noch vor:
    Vergeß Er die Kameraden nicht,
    die von damals allerdings!
    Vernimmt Er die scharfe Stimme, die spricht:
    «Die Augen links!»?

Da stehen wir Alle und sehen Ihn an
10 und warten auf unsre Zeit.
Er ist der brave Vertrauensmann
der Herren im blitzenden Kleid.
    Da kriecht Er ihnen nun hinten herein –
    was schiert Ihn Gesinnung und Ehr'?
    Nicht wahr, Er will doch ein Preuße sein?
    «Präsentiert das Gewehr!»

Da stehen wir Alle, verfolgt vom Staat,
und bewahren nur mühsam die Ruh'.
Der übt im tiefsten Herzen Verrat,
20 der die Heimat verhetzt wie Du.

Konservativ nach Aufstandsgebärden,
gegen die Arbeiter barsch ...
Noske, Er sollte noch Feldwebel werden –
und dann:
«Kehrt, marsch!»

Kaspar Hauser, WB 12.6.1919

94*

Der Mörder Ludendorffs

Vorsitzender: Sie sind dann also als kriegsbeschädigt entlassen worden – die Krücken haben Sie vom Staat geliefert gekriegt, nicht wahr? – und kamen nun nach Berlin. Erzählen Sie mal weiter!

Angeklagter: Ich habe hier in Berlin versucht, Arbeit zu finden, aber es gab keine. Sie wollten mich aufs Land schicken –

Staatsanwalt: Warum hat der Angeklagte dieses Angebot nicht angenommen?

Angeklagter: Es sollte zehn Mark Wochenlohn geben und freie Verpflegung. Und als sie mich mit meinen Krücken sahn, da wollten sie mich überhaupt nicht.

Vorsitzender: Wie kamen Sie nun auf den Gedanken, Seine Exzellenz den Herrn General Ludendorff zu erschießen?

Angeklagter: Liebknecht und Rosa Luxemburg waren ermordet worden. Ich war davon wochenlang sehr erregt, und meine Aufregung steigerte sich noch, als ich hörte, daß auch Eisner erschossen worden sei.

Vorsitzender: Warum waren Sie darüber aufgeregt? Sind Sie mit diesen Leuten verwandt oder verschwägert?

Angeklagter: Nein. Es sind meine Gesinnungsgenossen.

Vorsitzender: Was geschah nun am sechzehnten März?

Angeklagter: Am sechzehnten März ging ich im Tiergarten spazieren, begab mich dann durch das Brandenburger Tor auf den Pariser Platz und wartete vor dem Hotel Adlon, bis Ludendorff herauskommen würde.

Staatsanwalt: Ich möchte den Herrn Vorsitzenden bitten, den Angeklagten zu ersuchen, daß er von Seiner Exzellenz als von Seiner Exzellenz spreche. Die Unterlassung dieser militärischen Sitte nimmt mich allerdings nicht wunder von einem Mann, der, wie aus einem mir vorliegenden Stammrollenauszug hervorgeht, im Jahre 1916 zweimal mit je einem leichten Verweis bestraft worden ist.

Angeklagter: Das war, weil ich dem Kompanieführer seine Heimatkisten nicht mitnehmen wollte. Die Verweise sind später gelöscht worden.

Vorsitzender: Fahren Sie fort!

Angeklagter: Ludendorff –

Staatsanwalt: Ich bitte, den Angeklagten in eine Ordnungsstrafe von dreihundert Mark wegen Ungebühr vor Gericht zu nehmen!

Vorsitzender: Das Gericht wird später beschließen. Weiter!

Angeklagter: Seine – Exzellenz – Ludendorff kam aus dem Hotel heraus, und ich schoß.

Vorsitzender: Warum? Was hatte er Ihnen getan?

Angeklagter: Mir nichts. Ich habe keine Beine mehr – aber das verdanke ich nicht ihm allein. Aber er hat mein Vaterland ins Unglück gestürzt. Ich schoß, weil ich sah, daß sich wieder überall die Offiziere und Unteroffiziere breit machen. Ich schoß, weil er das angebetete Haupt einer verbrecherischen Clique ist, die Deutschland ins Unglück gestürzt hat. Ich schoß, weil ich schießen mußte.

Staatsanwalt und Vorsitzender (zugleich): Der Ausdruck «verbrecherische Clique ...» Pardon! Bitte, nach Ihnen!

Vorsitzender und Staatsanwalt (zugleich): Bitte, nach Ihnen!

Vorsitzender: ... ist unzulässig. (Blick nach rechts und links.)

Beschlossen und verkündet: Der Angeklagte wird mit einem Tage Haft wegen Ungebühr vor Gericht bestraft. Abführen!

(Es geschieht.)

Vorsitzender: Bevor wir in der Verhandlung fortfahren, möchte ich eine Aufforderung an die hier erschienenen Pressevertreter richten. Es ist gestern in den Verhandlungsberichten von einer radikalen Zeitung gerügt worden, daß das Gericht der hochbetagten Mutter des Angeklagten nicht gestattet hat, ihrem Sohne die Hand zu reichen. Der Verkehr des Angeklagten mit der Außenwelt ist absolut unzulässig. Das Gericht wird diesem Grundsatz zur Geltung verhelfen. Die Gerechtigkeit nimmt in Deutschland immer ihren Lauf! Fiat iustitia –

(Der Vorhang fällt.)

Anonym, WB 12.6.1919

95

Krieg dem Kriege

Sie lagen vier Jahre im Schützengraben.
Zeit, große Zeit!
Sie froren und waren verlaust und haben
daheim eine Frau und zwei kleine Knaben,
weit, weit –!

Und keiner, der ihnen die Wahrheit sagt.
Und keiner, der aufzubegehren wagt.
Monat um Monat, Jahr um Jahr ...

Und wenn mal einer auf Urlaub war,
10 sah er zu Haus die dicken Bäuche.
Und es fraßen dort um sich wie eine Seuche
der Tanz, die Gier, das Schiebergeschäft.
Und die Horde alldeutscher Skribenten kläfft:
«Krieg! Krieg!
Großer Sieg!
Sieg in Albanien und Sieg in Flandern!»
Und es starben die andern, die andern, die andern ...

Sie sahen die Kameraden fallen.
Das war das Schicksal bei fast allen:
20 Verwundung, Qual wie ein Tier, und Tod.
Ein kleiner Fleck, schmutzigrot –
und man trug sie fort und scharrte sie ein.
Wer wird wohl der nächste sein?

Und ein Schrei von Millionen stieg auf zu den Sternen.
Werden die Menschen es niemals lernen?
Gibt es ein Ding, um das es sich lohnt?
Wer ist das, der da oben thront,
von oben bis unten bespickt mit Orden,
und nur immer befiehlt: Morden! Morden! –
30   Blut und zermalmte Knochen und Dreck …
Und dann hieß es plötzlich, das Schiff sei leck.
Der Kapitän hat den Abschied genommen
und ist etwas plötzlich von dannen geschwommen.
Ratlos stehen die Feldgrauen da.
Für wen das alles? Pro patria?

Brüder! Brüder! Schließt die Reihn!
Brüder! das darf nicht wieder sein!
Geben sie uns den Vernichtungsfrieden,
ist das gleiche Los beschieden
40   unsern Söhnen und euern Enkeln.
Sollen die wieder blutrot besprenkeln
die Ackergräben, das grüne Gras?
Brüder! Pfeift den Burschen was!
Es darf und soll so nicht weitergehn.
Wir haben alle, alle gesehn,
wohin ein solcher Wahnsinn führt –

Das Feuer brannte, das sie geschürt.
Löscht es aus! Die Imperialisten,
die da drüben bei jenen nisten,
50   schenken uns wieder Nationalisten.
Und nach abermals zwanzig Jahren
kommen neue Kanonen gefahren. –
Das wäre kein Friede.

                Das wäre Wahn.
Der alte Tanz auf dem alten Vulkan.
Du sollst nicht töten! hat einer gesagt.
Und die Menschheit hörts, und die Menschheit klagt.

Will das niemals anders werden?
Krieg dem Kriege!
60   Und Friede auf Erden.

Theobald Tiger, Ulk 13.6.1919

96

Ach, sind wir unbeliebt!

Wenn man, wie wir, den Umsturz liebt,
macht man sich häufig unbeliebt.

Die Herren mit dem hohen Kragen,
die können dieses nicht vertragen.

Das Fräulein Ännchen reicht mir Tee.
Der Herr Assessor will Calais.

Wir sprechen auch vom Liebknecht-Mord.
Sie gleiten hurtig drüber fort.

Man denkt voll Freuden des Gerichts.
10   Ich räuspre mich und sage nichts.

Der Herr Assessor guckt mich an:
Ist das ein Bolschewistenmann?

Und auch das Fräulein Ännchen schaut.
Wie zart ist ihre weiße Haut!

Doch je auf meinen Kissen ruhn –
das wird sie ganz gewiß nicht tun.

Ich fühl es leider ganz genau,
sie ist wie jede kleine Frau:

Sie liebt nicht Den, der revoltiert –
brav muß er sein, dem sie gebiert.

Wie ist sie süß! wie ist sie munter!
Ich falle langsam hinten runter.

So zeigts sichs wieder, Bruder – nämlich:
Gesinnung ist oft unbequemlich,

wenn man sich sozialistisch gibt ...
Ach Gott, wie sind wir unbeliebt!

Kaspar Hauser, WB 19.6.1919

97

Aufklärungsfilms

Lieber S. J.,
nur mit dem äußersten Widerstreben beschäftige ich mich in Ihrer
‹Weltbühne› mit diesem Thema, für das mir die Seiten zu schade
erscheinen. Ich schätze unsern Leserkreis viel zu hoch ein, um ihm
noch einmal vordemonstrieren zu müssen, wie dumm und schädlich diese sogenannten Aufklärungsfilms sind, die auch nicht das
Geringste mit Kunst oder mit Aufklärung zu tun haben.

Daß aber nicht wir nur die Aufklärungsfilms für schauderhaft
dummes Zeug halten, geht aus der Nummer 22 der ‹Lichtbild-
bühne› hervor, in der ein Fachmann der Kinoleute sagt:

Ich persönlich bin verschiedene Male im Auslande gewesen und die
Äußerungen der ausländischen Fabrikanten über den jetzt erschei-
nenden Kultur- resp. Aufklärungsfilm sind für uns deutsche Fabrikanten derart erniedrigend, daß man sich als deutscher Fabrikant
schämen muß. Der Ausländer bezeichnet diese Films nicht als Aufklärungsfilms, sondern als Films, die dem etwas zweifelhaften, un-
festen jungen Mädchen den Weg zeigen, wie es auf den Weg des Ab-
grundes und des Leichtsinnes gelangen kann, um wenig zu arbeiten,
trotzdem aber recht viel Geld zu verdienen.

20　Der ausländische Käufer wird niemals geneigt sein, solche Films zu kaufen; auch sagt der Ausländer «Ist denn Deutschland tatsächlich so schrecklich verseucht, daß nach Angaben der Fabrikanten, die solche Films herstellen, eine solche Menge derartiger Films fabriziert werden müssen, um die Verseuchung Deutschlands zu heben?»

Inzwischen bilden die Leute Queue, wenn Parvus Rehwiese wieder einen Paragraphen des Strafgesetzbuches verfilmt hat (es stehen noch aus: § 176,3 – wer mit Personen unter vierzehn Jahren unzüchtige Handlungen vornimmt …; § 177 – Notzucht; § 183 – Öffentliche Erregung eines geschlechtlichen Ärgernisses; und nur
30　der § 184 ist vor dem Filmisten sicher, weil er selber drunter fällt: Verbreitung unzüchtiger Schriften.) Die Leute also stehen von der Kasse bis auf die Straße, unser Mahnruf wird da auch nichts helfen, und es bleibt schon bei unserm guten alten Spruch: Jeder seins.

Ihr
Ignaz Wrobel

Ignaz Wrobel, WB 19. 6. 1919

98

Variété

Weil wir grade sonst keine Sorgen haben: im Apollo-Theater geht es im Juni sommerlich zu. Unter den Spezialitäten ragt der einzige Garcia hervor – ein Schattenspieler großen Formats. Darüber ist gar nichts zu lachen: warum soll man einen Humoristen nicht ernst nehmen, nur weil sein Stoff die zwei großen schwarzen Schattenhände auf der weissen Leinwand sind? (Witziger als die dumme Kinoleinwand ist die noch allemal.) Der Mann ist himmlisch; als ich noch ein ganz kleiner Panter war, habe ich ihn schon einmal umschmeichelt, und er ist in der Zwischenzeit wohl noch
10　besser geworden. Seine Schattenhunde, seine Schattenmänner und Schattenfrauen sind – vor allem in den Einzelheiten – so reizend,

daß man aus dem Lachen garnicht herauskommt. Wie sich ein Schattenherr den Hut in die Stirn setzt, bevor er pfeift; wie sich zweie nur küssen können, nachdem sie ihre Nasen gegenseitig ein bißchen hoch gestülpt haben; wie einer einen imaginären Busen der Geliebten beschnuppert – «sie sprach mit leisem Weinen: ich habe keinen». Am ulkigsten eine gradezu callothafte Predigerszene: der Herr Pastor stehen auf der Kanzel unter einem Baldachin; und aus dem Baldachin wird von Zeit zu Zeit ein Affe, der predigt
20 es alles nach. Dann sieht der Geistliche ganz entsetzt nach oben, aber da ist nun nichts mehr als eben ein Baldachin. Und predigt weiter. Und wieder dasselbe Spiel. Bis er sich garnicht mehr recht zu predigen getraut – und dann sind zwei große schwarze Hände da und ein kleiner dicker Mann im Smoking, der sich lächelnd verbeugt. Ein famoses Spiel.

Was man von der angestaubten «Herrnfeldiade» nicht behaupten kann. Anton Herrnfeld ist noch da und bömakelt sich so durchs Leben; manche Töne sind noch recht heiter, wenn er heiser und voll falscher Vokale trompetet: «Was mir da passiert ist! Mei-
30 ne Frau ist mir durchgebrannt! Ich schrei mir tutt!» Und wenn er sein Gesicht macht – so hängt er auch mit Recht an den Plakatsäulen – das Gesicht, das eine Zitrone intus hat und sehr säuerlich in die Welt hinaussieht ... das ist alles ganz komisch. Und doch war es wie ein Requiem den ganzen Abend, und wenn Anton H. auf die Frage, was sein Schwiegersohn nun tun solle, antwortete: «Laß dir die Haare schneiden!» – dann gedachten wir doch seines großen Bruders, der viel zu früh dahingegangen ist. Ehre seinem Andenken! Das war Einer –! Sowas stirbt, und Georg Bernhard lebt.
40 Und so gern ich auch erschöpfend wie eine Lokalchronik sein will, aber Nelsons Künstlerspiele – das könnt Ihr mir denn doch nicht zumuten. Der kleine Napoleon des Cabarets benebst Gemahlin war nicht da – er spielte im Wintergarten –, und unterdessen sprangen zuhause die Mäuse über Tisch und Bänke. Bis auf Willi Schaeffers, der diskret und lustig ist, war es schaudervoll, und weil ich schon einmal – gebranntes Kind scheuts Feuer – von einem Cabaret belangt worden bin, weil ich panterte: Da wird geneppt – so sage ich gar nichts mehr.

Das Variété aber schreit nach wie vor nach Politik – und keiner
50 legt das Kind trocken.

Peter Panter, WB 19.6.1919

99*

[Antwort]

Gregor H. ‹Das politische Werbewesen im Kriege› und ‹Das politische Werbewesen in der Umsturzzeit› heißen zwei hübsch gemachte Heftchen von E.E.H. Schmidt, aus denen allerlei zu
ersehen ist. Wie im Kriege von der Presse gelogen wurde, wie das
‹Zensurbuch für die deutsche Presse› die Wahrheit ganz und gar
unterdrückte, so lange unterdrückte, bis die Militärpartei das
Land zu Grunde gerichtet hatte: das ist hundertmal gezeigt worden und kann bei der Neigung der Deutschen, ihr Unheil Andern
in die Schuhe zu schieben, nicht oft genug wiederholt werden.
10 Und wie liegen die Dinge in der Zeit der sogenannten Revolution?
Hier erweist sich noch einmal, wie bitter wenig dieser Rummel
mit einer wahren Revolution zu tun hatte. Kaum ein Tausendstel
aller Plakate und Flugschriften reizen das Volk zum Handeln auf –
sie wiegeln es alle ab. Sie stammen fast sämtlich von zahlungs-
kräftigen Organisationen, die das größte Interesse an der Wiederherstellung oder Aufrechterhaltung des *status quo ante* haben: sie
warnen alle vor dem Bolschewismus, und es ist nur erfreulich, wie
der Verfasser der Schriftchen beide Male auf die Verlogenheit der
Hetzer hinweist: einmal auf die Kriegshetzer und das andre Mal
20 auf die Bolschewistenhetzer – das sind schließlich dieselben Leute.
Aber Revolutionsplakate? Die haben wir nicht gehabt. Woher
sollten sie kommen? Die Plakatmaler, von den Kinogesellschaften
und den Modehäusern seit Jahren systematisch aufgekauft, könnten auch nicht mit Talent und gutem Willen die Aufgabe lösen. Es
genügt eben nicht, Revolutionen oder Gegenrevolutionen nur gra-
phisch kalt zu veranschaulichen, wie mans mit Seidenstoffen oder
einem Kinostern tut: es gehört Herz dazu. Herz und Gefühl für
die Wahrheit. Aber wo wären die?

Anonym, WB 19.6.1919

Ich dachte schon ...

Ich dachte schon, als Willi türmte,
nun wärs für Unsereinen aus.
Was mich, ich muß es sagen, würmte,
denn gern geht kein Acteur nach Haus.
Ich schnallte schon die Harfe ab
und wankte in ein frühes Grab.

Doch hundert Schritte vorm Portale –
was hört da mein entzündet Ohr?
Aus Phrasenlärm mit einem Male
schallt ein Kommando frisch hervor.
    Der Vater Noske ... Ach, zum Speiben ...
    Ich dachte mir: Da kannst du bleiben!

Ich blieb, und was ich nun erlebte,
gemahnt mich an die alte Zeit ...
Wenn ich den Herren eine klebte,
geschahs aus liebem Zeitvertreib –
    Ich dankte fröhlich Gott dem Herrn:
    Heut tu ich es noch mal so gern.

Da haben wir den alten Kummer,
den alten Dreh, den alten Wahn –
die beste wilhelminische Nummer
hat mir es nicht so angetan.
    Wenn Weimar singt, grins' ich erbaut:
    Wie ist mir dieses Lied vertraut!

Ich dachte schon, ich sei erledigt ...
Gott nahm mich unter seinen Hut.
So eine fette Fastenpredigt
ist nach wie vor für viele gut.

So lang ihr diesen Schiebern borgt:
Ich bleibe da –
Für mich ist ausgesorgt!

Kaspar Hauser, WB 26.6.1919

101

Erinnerung

Im Jahre 1908 restaurierte Reinhardt Nestroys ‹Revolution in Krähwinkel›, und Egon Friedell und Alfred Polgar polierten die Verse ein bißchen auf. Inzwischen ist allerlei vorgefallen, optimistische Leute behaupten sogar, wir hätten in Deutschland eine Revolution gehabt, und vielleicht macht es Einem oder dem Andern Spaß, eine Strophe aus dem alten Stück zu hören, die heute wie ein Leitartikel anmutet und auf alle Fälle eine famose Prophezeiungsgabe verrät. Der Paragraph über alles! Das Couplet schildert, wie die einzelnen Länder eine Revolution machen würden. Würden – denn damals lag das noch außer aller Möglichkeit. Die Strophe aber heißt so:

In Deutschland hingegen
tuns erst lang überlegen,
dann schreib'n sie sich ein
in ein' Aufruhrverein,
wähl'n ein' Obmann, wie's Brauch,
zwei Schriftführer auch,
ein' Kontrollor, zwei Kassier,
Ehrenjungfrauen vier,
dann schreib'n 's nach'm Buch
ein Freiheitsgesuch: –
So machen's dort die Revolution,
das liegt im Charakter der Nation!

Charakter? Ich glaube, sie hat keinen.

Peter Panter, WB 26.6.1919

Kino

Das hat mir am Kino besonders gefallen,
und deshalb ist er auch unter allen
Künsten, die es im Leben gibt,
diejenige Kunst, die am meisten beliebt:
Er macht dem Gehirn so gar nichts zu schaffen!
Du brauchst nur zu gaffen.

*

Auf der Leinwand zucken Figuren, Gestalten:
Der Graf kann die schöne Ilona nicht halten,
die schöne Ilona sehnt sich heraus,
und sie verläßt, weiß Gott, das gräfliche Haus!
Ein Automobil hält an der Türe,
es wackelt Ilonas hohe Coiffüre –
der Graf sinkt zurück – ein gebrochener Mann. – –
Was geht mich das an?

*

Ilona führt ein sündhaftes Leben.
Sie liebt gradezu, und sie liebt daneben,
sie winkt von einem hohen Balkon,
sie trippelt durch einen kitschigen Salon. –
Sie verdient auf diese Weise viel Zaster –
und es seufzt im Saale: «Wie schön ist das Laster!»
Aber es tut doch schließlich nicht gut.
Und nun kommt der verkörperte Edelmut,
der Mann, für den alle Backfische schwärmen,
der Mann, um den sich die Frauen härmen, –:
und während Ilona, die ruchlose, flennt –
erscheint der Gent!
Und er hebt den Zylinder, den spiegelblanken,
und er lenkt die Herzen, die lustentflammten,
und er löst Ilona aus unseligem Bann. – –
Was geht mich das an?

*

Und so jagt auf der Leinwand ein Gauner den andern.
Wir können mit ihnen durch Texas wandern,
es laufen die Pferdchen, die Büchse knallt –
(Texas liegt übrigens im Grunewald)
und wir sehen die allerfurchtbarsten Dinger:
die Heldin soupiert im Löwenzwinger –
die Heldin in furchtloser Attitüde –
(die Löwen sind sterbensmatt und müde) –
Mal geht die ganze Geschichte schief. –
Aber wozu ist man Filmdetektiv?
Verborgene Perlen, versteckte Pretiosen,
rollende Augen, gebügelte Hosen,
Diener mit Teebrett, verblühte Röschen,
Eisenbahnzüge und seidene Höschen. –
Ein schauriger Bildertext dann und wann – –
Was geht mich das an?

＊

Und es drängt sich das Volk vor den Kinotüren:
da lernt man die allerfeinsten Allüren,
man braucht nicht zu sinnen, man braucht nicht zu denken,
man braucht sich nicht in die Kunst zu versenken. –
Man hat keine Skrupel, man hat keinen Einwand,
man sitzt einfach da und starrt auf die Leinwand …

＊

Es gibt aber immerhin noch Leute,
die – denkt! – der Kino noch niemals erfreute.
Sie sagen:
                    Amüsement ist fein.
Aber muß es denn grade Stumpfsinn sein?

Von einem Berliner, BVZ 1. 7. 1919

Ein untergehendes Land

Wenn wir Raabe und Storm und Keller und Fontane lasen, so bemerkten wir, uns umsehend, wie wenig doch das neue Deutschland noch mit diesem vergangenen guten da zu tun hatte: die alten
Herren erzählten von Zügen feinster Menschlichkeit, und über
den staubigen Asphalt der Gegenwart kullerten wild gewordene
Petroleumschieber und solche, die es werden wollen. Stetigkeit?
wir haben keine Zeit; Charakter? wenn darunter die Zähigkeit
verstanden werden mag, Geld und unter allen Umständen Geld
zu verdienen, dann ja – und Boden unter den Beinen? eine Miets-
10 wohnung, und alle paar Jahre eine andre. Und das Elend war
fertig.

Es ist nun ganz merkwürdig, zu beobachten, wie die Deutschen, die die Geschichte und der Zug der Welt vom Vaterlande
abgesplittert hatten, sich im Ausland alles oder nichts bewahrten,
sich zu immer bessern Deutschen fortentwickelten oder ganz und
gar in den fremden Volksteilen aufgingen. Verloren wir sie, so war
das kein Wunder bei einer Politik, die in den Landsleuten nur Untertanen und Objekte zum Regieren sah – behielt sie auch das
Land nicht, so zogen sich doch hie und da spinnewebdünne Fäden
20 vom Mutterboden zur fremden Kolonie, die auch die Jahrhunder-
te nicht zu zerstören vermocht hatten.

Kurland. Was wußten wir von Kurland? Bis zum Kriege nicht
eben viel. Daß da, ein paar hundert Meilen von uns fort, Deutsche
der edelsten Art lebten und litten, mit hartnäckiger Zähigkeit an
einem Deutschland und zu einem Deutschland hielten, das es
längst nicht mehr gab – wer wußte das? Sie hätten sich nicht
schlecht erschrocken, die deutschen Balten, wenn sie das deutsche
Kaiserreich Wilhelminischer Prägung in seinen Bund aufgenommen hätte: die Rohen die Feinen, die Hastigen die Stillen, die
30 Oberflächlichen die Sorgfältigen. Und als der Krieg das Land in
den Bereich der Zeitungsleser rückte –

Man braucht sich nur vorzustellen, wie der verstorbene Dichter
Eduard Graf Keyserling in einem neupreußischen Offizierkasino

gewirkt hätte, so kann man sich diesen Zusammenklang von Preußen und Kurland denken. Ich möchte nun hier einfügen, daß ich
mich in diesem Aufsatz ausschließlich mit der kulturellen Seite
der baltischen Frage beschäftige: meine Kollegen von der hohen
Politik mögen ergründen, was dort politisch vor sich geht. Es ist
das nicht ganz einfach. In die zwei großen Strömungen, die im
40 Lande auf- und niederwogen, hat der deutsche Okkupationsoffizier mit harter Hand eingegriffen: er unterstützt natürlich die
baltischen Barone, die durchaus nicht immer zweifelsfrei zum
Deutschtum gehalten haben, sondern auch ein wenig Opportu-
nisten gewesen sind. Sie sind weder so engelsrein, wie sie das Auswärtige Amt im Kriege hinmalte, noch solche erzreaktionären
Ketzer, wie die Unabhängigen von heute in ihnen sehen. Aber
freilich: es sind Konservative, oder wir würden sie wenigstens so
nennen.

Ja, aber wie ging es nun mit den einrückenden Deutschen in
50 Baltenland?

Wir wurden mit offenen Armen aufgenommen. Aber ich muß
doch sagen, daß ich schon anfangs das Gefühl hatte: Flitter-
wochen. Hier verstanden sich zwei nicht ganz. Wir hatten sie von
den Russen «befreit» – nun, mit diesen Befreiungen ist das so eine
Sache; man begrüßt oft den neuen Mann schon aus lauter Freude
über die Abwechslung ... Allerdings, die Russen hatten es, besonders seit dem Jahre 1905, sehr toll im Lande getrieben, sie hatten
eine groß angelegte Russifikation mit allen Kräften ihrer verwal-
tungstechnischen Rücksichtslosigkeit durchgeführt, und die Bal-
60 ten sehnten sich nach ihrer alten Ruhe. Auch nach uns? Das wird
sich zeigen.

Als Riga im Jahre 1917 von den Deutschen besetzt wurde, stand
die Stadt vor lauter Glückseligkeit auf dem Kopf. Ein Jahr später
war sie wieder in ihre normale Lage zurückgekehrt: wir hatten
kolonisiert – und mit dem gewohnten Erfolg.

Der Deutsche kanns nicht. Ob ers überhaupt nicht kann, oder
ob es nur an der Mustersammlung seiner übelsten Typen lag, die
wir da in unserm Offiziercorps den Fremden vorführten: genug,
wir waren nach einem Jahr Reglementierens, Paragraphierens, Re-
70 gierens reichlich unbeliebt, so unbeliebt, daß man die deutsche

Okkupationsmacht zwar politischen Zwecken nutzbar zu machen versuchte, sie aber – und das ist natürlich – nur noch grade dem Bolschewismus vorzog.

Diese Dinge muß man wissen, wenn man das kleine Büchlein ‹Baltische Bilder› von Hans Vorst (erschienen im Verlag Der Neue Geist zu Leipzig) recht verstehen will.

Über Kurland ist viel und vielerlei in diesem Kriege geschrieben worden; es gibt hübsche Bildersammlungen und Feuilletons und dicke Wälzer – aber keines ist so unmittelbar aus dem Herzen ge-
80 schrieben wie dieses Buch eines Balten. Der ganze Reiz einer unrettbar verlorenen Kultur dieses Grenzvolkes ist in dem Büchelchen eingefangen – es war, als ob sich an einem toten Ast noch einmal eine herrliche Blüte entfaltete. Wie die Siebenbürger Sachsen die besten Seiten des guten alten Deutschtums, das hierzulande längst untergegangen ist, fortentwickelt haben, so gab es in Kurland noch das deutsche Landleben aus dem Anfang des neunzehnten Jahrhunderts. Nur ist der Landbewohner niemals ein «Onkel aus der Provinz», weil er mit den großen Städten, wie Riga und Dorpat, in reger Verbindung stand, und weil er sehr viel las
90 und sehr viel wußte. Das Buch über den großen Chirurgen Ernst von Bergmann, auf das sich auch Vorst bezieht, erzählt mehr von diesem eigenartigen Leben auf dem baltischen Lande. (Es ist von A. Buchholtz verfaßt und bei F.C.W. Vogel in Leipzig erschienen.) Man war ein bißchen spießig, aber sehr solide und in allen Dingen des äußern Lebens von einer erstaunlichen Kultur, wie sie auf dem Lande fast nur noch in England zu finden ist; man war beharrend (ich möchte absichtlich das Wort «konservativ» vermeiden), aber doch auch rege und voll Interesse für alles, was Kunst und die Wissenschaften hergaben – man war fromm, dabei
100 frisch und stark und gleich weit entfernt von diesem entsetzlich altjüngferlichen Protestantismus mit den zusammengekniffenen Lippen wie von dem frechen Monismus der großen Städte, in denen der Koofmich «uffjeklärt» war und alles besser, viel besser wußte ... Mit einem Wort: es waren Menschen. Richtige lebendige Menschen.

Das ist dahin. Die Deutschen, die in den Okkupationsjahren das Land bereisten, sahen es als zukunftsreich an, und es mag ihrem Urteil überlassen bleiben, ob es ein politischer Segen für das Land geworden wäre, wenn die dünne Oberschicht der sechshunderttausend Balten ihren früher aussichtslosen Kampf gegen die bäurischen Letten und gegen die Russen in einen Sieg verwandelt hätte. Ich weiß es nicht. Ich weiß nur, daß der feine Reiz des Landes endgültig dahin ist, wenn die fade Reichssauce sich über Felder und Auen ergießen wird. O, gewiß! da ist «noch so viel zu machen»: Kattunreisende und Lokalredakteure, brave Theaterdirektoren und Städtebauer, Organisatoren (solche, die immer und überall ein «Amt» gründen müssen) und Truppenlagerkommandanten – sie alle hätten ein bequemes Auskommen in diesem Lande gefunden, das seine Bewohner nicht zur Hälfte ausgenutzt hatten. Was lag da alles brach!

Was aber nun wird, das weiß kein Mensch. Wenn diese Zeilen im Druck erscheinen, ist vielleicht in großen Zügen entschieden, wer einmal da oben sitzen wird. Wir? Die Slaven? Wer weiß es.

Und haben sie auch die Kultur fast entzwei geschlagen: eins können sie nicht morden, und das ist die landschaftliche Schönheit des Landes. Es ist, wie wenn der liebe Gott einmal hätte zeigen wollen, wie man es machen muß: alles ist so klar und sauber und eindeutig und so unsagbar deutsch. Es ist fast, als sei Deutschland eine Skizze, und Kurland, das sei erst das fertiggestellte Werk. So blau der Himmel und grün die großen Wälder und klar die Luft – weit wellt sich das Land, Städte siehst du auf Meilen und Meilen nicht, nur hier und da Gehöfte, kaum Dörfer, und dann und wann eines dieser herrlich einfachen, vornehmen, versonnenen kleinen Schlösser ... Das ist Kurland.

Wieviel sie aber auf der Welt dadurch zerstören, daß sie die Ruhe zerstören, das sieht man aus dem Kapitel «Kinderglück». Das Leben, das da bei Hans Vorst vom kleinen Peter geschildert wird, wünschte ich uns allen, aber es ist wohl schon zu spät ... Wie ausgeglichen ist da alles, wie fundiert, wie ein für allemal bestimmt und wie hübsch! Da ist Ostern noch ein richtiges Fest mit bunten Eiern, da ist Mittagessen noch eine bedeutsame Angelegenheit – und schließlich ist es, wie Tantchen zu Mama sagt: «Mathildchen, bei Ihnen ist alles so soigniert!»

Und du? Wo magst du jetzt sein? Damals, als ich dich kennen

lernte, wolltest du mit aller Gewalt aus Riga fort und aus diesem Lande, das dir so klein erschien und so eng. Und ich lächelte und sagte, du wüßtest gar nicht, was du da an Kurland hättest. Steck einmal die runde Nase in unser Deutschland, und du wirst erschrocken zurückprallen. Weißt du, was du an deinem Heimat-
150 lande gehabt hast, kleine Dame? Komm und laß es dir von dem alten Bauerndichter Christian Wagner sagen, der Kurland nicht gekannt hat, aber wohl den Segen eines stillen Jugendlandes:

> Was kündet dir von ihrem Baum Frau Holle?
> Das reinste Glück hängt an der Heimatscholle.

> Aus diesem Baume sprechen deine Ahnen,
> Sie wollen dich zum Bleiben hier gemahnen.

> Das Vaterhaus, von Holder übersponnen,
> Wird bergen dir den reichsten Liebesbronnen.

> Das niedre Dach, verhängt von Blütendolden,
160 > Gerät dir wohl zu einer Halle golden.

> Denn nicht die Arbeit birgt sich drin von heute,
> Auch des Vergangenen ferne Siegesbeute.

> Es haust ein Ahnherr drin, ein grauer Alter,
> Es wohnen Geister drin als Hausverwalter.

> Was das Geschlecht zusammen sich gewoben,
> Dir, ihrem Enkel, ist es aufgehoben.

Das war einmal, Blonde, und über all das hinweg geht eine neue Zeit.

Peter Panter, WB 3. 7. 1919

Die Schweigende

Erst haben wir davon gesprochen
– du hörtest freundlich zu –,
ob unsre alten Männerknochen
sich jemals in den Hörselberg verkrochen ...
Und du?

Er sagte: «Ach, ich bin ein böses Luder!
Die Frauen fehlen mir.
Ich fresse jedes Jahr ein halbes Fuder,
wild tobt mein Herz, stäubt nur ihr weißer Puder ...»
Was klopft denn dir?

Er sagte: «Rausch! Nur Rausch vor allen Dingen!
Vor dem Verstand verblich
schon manche Göttin mit den Strahlenschwingen –
Mich packt es jäh, wenn meine Sinne singen ...»
Und dich?

Ich sagte: «Rausch ist eine schöne Sache,
deckt er uns zu.
Doch geben Sie mir auch die eine wache
Sekunde nur, in der ich rauschlos lache ...»
Und du?

Du sprichst kein Wort. Du siehst nur so auf jeden
von uns – und während alles weit verklingt,
und während wir voll Männerweisheit reden:
blitzt auf in einem dunkeln Garten Eden
dein sieghafter Instinkt.

Kaspar Hauser, WB 3. 7. 1919

Na, mein Sohn?

Besinnt ihr euch noch auf die Inspektionen eurer Truppenteile bei den Militärsoldaten? Wenn da die hohen und höhern und höchsten und allerhöchsten Offiziere durch die starren Reihen gingen und hier und da ein leutseliges Wort an die Kerls richteten? Erinnert ihr euch daran? «Na, mein Sohn, wo hast du dir denn das Eiserne Kreuz verdient?» Und der also Angeredete nahm die Nase noch steifer gradeaus und gab eine brave und leere Antwort, grade so dumm und leer wie die interesselose Frage, und der Inspizierende ging befriedigt weiter, und alles war gut ...

10 War wirklich alles gut? War es die Aufgabe und der Lebenszweck der Führer, mit dieser falschen und gemachten Loyalität, die so viel Herablassung mit ebenso viel Menschenverachtung verband, zu dem niedern Volke herunterzusteigen? Es schien so. Denn sie hatten ja allesamt in diesem Kriege nicht begriffen, daß sie nicht mehr, wie in seligen Friedenszeiten, unter ihren Bauernjungens standen, unter denen der Leutnant so eine Art Gott war, weil er fließend lesen und schreiben konnte – (meist das Einzige, was er konnte). Diesmal aber stak unter den grauen Kitteln ein gut Teil der Intelligenz des Landes, und wie hat es die berührt, wenn 20 irgendein bunter Popanz ihnen leutselig und ganz von oben herunter die Frage stellte: «Na, mein Sohn?»

Wir verzichten auf diese Soldatenväter. Sie sind nicht ausgestorben. Es gibt immer noch viele unter den bürgerlichen «Vorgesetzten», die annehmen, sie seien so etwas wie der alte Fritz und wir Andern seien die braven potsdamer Rekruten, die sich stundenlang über ihren König unterhalten. Vorbei, vorbei –. Wir wollen Sachlichkeit im Betrieb und verzichten gut und gern auf diese kleinen menschlichen Kniffe.

Die Deutschen sind noch lange nicht dazu erzogen, miteinander 30 zu arbeiten. Sie können nur wirken, wenn man sie Einen über den Andern stellt. Das kommt uns zum Halse heraus. Zusammenarbeiten! ist die Losung, nicht: Unterstellen! Hand in Hand arbeiten heißt es, nicht: Überordnen. Damit ist gar nichts geschafft; das nutzt nichts, sondern schadet nur: diese Kompetenzstreitigkeiten, dieses Raufen, wer nun mehr zu sagen hat, und wer am allermeisten zu sagen hat. Das führt uns nicht weiter, sondern treibt nur von der Arbeit ab. Und vielleicht erleben wir doch noch einmal die Zeit, wo sich kein Deutscher mehr zu dem eigenen Landsmann leutselig und ohne innere Anteilnahme herabläßt, und ihm

40 gutmütig auf die Schulter klopft und kopfnickend zu fragen geruht: «Na, mein Sohn?»

Ignaz Wrobel, WB 3.7.1919

106

Die Fahrt ins Glück

Ich zum Beispiel mit meiner Frau
wohne weit draußen in Friedenau
und beschäftige mich in der Zeiten Wandel
am liebsten mit dem «freien Handel»
in Butter, in Leder, in Films und Kalendern. –
(Man muß das von Zeit zu Zeit verändern.)
Und wie jeden Morgen, seit fünfzehn Jahren,
wollt ich heute ins Städtchen fahren.

Die Straße ist leer. Die Straße schweigt.
10 Nämlich: die Elektrische streikt.
Sie hat eigentlich nicht gestrikken,
und darum markieren die Herren den Dicken –
und ich seh übern Park die Schwalben ziehn.
Also, wie komm ich heute rein nach Berlin?

Sieh da, sieh da! Ein Gemüsewagen!
Ich also werde den Kutscher fragen:
«Sagen Sie mal,» sag ich, «was kostet die Fahrt?»
Und der Wackre murmelt in seinen Bart:
«Achtzehn Märker! Steijen Se in!»
20 Und ich tu's – denn irgendwie muß ich hin!

Da saßen nun schon viele Personen,
die alle bei mir in der Nähe wohnen;
zwei alte Jungfern, ein Soldat,
ein Stück Oberregierungsrat,
eine Dame mit Anführungsstrichen,
und dieser Dame schenkte ich 'n
freundlichen Blick und setzte mich hin.
Und dachte in meinem arglosen Sinn,
nun ginge es sicherlich gleich los.
30 I! was denken wir Menschen bloß!
Der Kutscher wartete eine Stunde
auf alle Leute in der Runde.
Und dann war der Wagen zum Brechen voll.
Aber er brach nicht. Es rief: «Pascholl!»
Und dann ging's los, und wir fuhren ab
in einem gemächlichen Zuckeltrab.

Und wir begegneten vielen Gefährten:
hübschen Wagen mit gut genährten
Gäulen mit breitem Hintergestell –
40 die liefen lustig und mächtig schnell,
Und Kremsern mit achtzig Personen drauf, –
und viele standen auf Rollwagen drauf,
und manche waren ohne Schaden
für ihren Leib auf Kartoffeln geladen –
und einer – was soll ich Ihnen sagen? –
fuhr in einem Puppenwagen.

Und an jeder zweiten Straßenecke
bremste der Kutscher die edle Schecke,
und wem's nicht paßt, sagt er, könne spazieren,
50 er aber wolle nun wieder kassieren!
Und bezahlen müßten vor allen Dingen,
die da draußen am Wagen hingen!
Und dann stieg er auf und dann fuhren wir ab
in einem gemächlichen Zuckeltrab.

Und so am Bahnhof Bülowstraße
wuchs das Getümmel in schlimmem Maße,
und die edle Schecke riß sich los,
und es gab einen kleinen Zusammenstoß.
Da hättet ihr aber was hören sollen!
– «Paß doch uff, do, mit deine ollen
Rennbahnjäule – die jib bei'n Schlächter!
Der Schimmel is Jauerscher! aber echter!»
Und der andere sprach von «dußligem Hund»,
und er sei wohl im Koppe nicht gesund –
und valleicht käme er mal runter vom Bock,
aber dann nähm' er seinen Peitschenstock …
Und dann fuhren wir weiter und fuhren ab
in einem gemächlichen Zuckeltrab.

Und so bin ich zweieinhalb Stunden gefahren.
Und es fuhren neben uns Wagen in Scharen.
Das kostet mich täglich ein dickes Geld.
Ich kann mir das leisten. Ich bin so gestellt.
Was macht aber der *kleine Mann* an den Tagen?

Da müßt ihr die Straßenbahner fragen.

Von einem Berliner, BVZ 4.7.1919

107

Erzberger

Du guter Mond aus Buttenhausen!
Du leuchtest durch den Wolkenflor.
Wenn auch die bösen Stürme brausen –
sanft strahlt dein mildes Rund empor.
Und ob der ganze Schnee verbrennt,
ob uns ein leiser Zephir fächelt –

wie immer auch das Firmament:
Mathias lächelt.

Was hattest du im Krieg zu schuften!
Du reistest in und aus der Schweiz.
Tät wo ein kleines Stänklein duften,
du, Lieber, wußtest es bereits.
Gewiß, du hast den Zimt erkannt,
hast Tirpitz wacker durchgehechelt ...
Ein Trost blieb uns im Weltenbrand:
Mathias lächelt.

Was bist du alles schon gewesen!
Ein wilder Weltannexionist
(man kann es leider heut noch lesen),
dann, als es schief ging, Pazifist ...
Man sah dich stets mit wem paktieren,
du machtest dich dem Reich bezahlt ...
Wir wußten: Uns kann nichts passieren –
Mathias strahlt.

Du sanft Gestirn stehst nun am Himmel
und – leider Gottes! – im Zenith.
Gewiß, du bist in dem Gewimmel
der schlimmste nicht, den man da sieht.
Die Sterne in der hohen Halle,
die übler Kriegsgewinst geeint,
du überstrahlst sie alle, alle – –
Mathias grinst.
Und Deutschland weint.

Theobald Tiger, Ulk 4. 7. 1919

Ordnung muß sein!

Es ist so warm, daß ich nicht schlafen kann, und ich habe schon Bromuraltabletten genommen, aber sie helfen auch nicht. Ohne poetische Veranlassung wälze ich mich schlaflos auf meinem kärglichen Lager ...

Horch, ein Stimmchen! Und was für eins! Es ist so die Stimme, die ein ausgewachsener Mann nachts um halb zwei Uhr zu haben pflegt, wenn er – Aber woher mag der Kerl all die Spirituosen haben, die nötig gewesen sind, um ihn in diesen Zustand zu versetzen? Denn er hat gehörig einen weg. Hört doch nur, wie er
10 rummelt –!

«Alle schlag ich sie zusammen – ich! – ein Revolver – Sie werden den Zaun nicht pinseln, mein Herr, Sie nicht – –» Offenbar sind andre gewichtige Baßstimmen am Werk, den Wütenden zu bändigen, aber es scheint nicht viel zu helfen. «Was – was wollen Sie von mir?» brüllt er.

Wenn er nun haut? Ich bin zu faul aufzustehen. Und jetzt bringen sie ihn überhaupt zu Bett – – das Getöse verzieht sich ...

Klirr! macht es. Und noch einmal: Klirr – bautsch! Der Herr mit den Spirituosen hat offenbar die Fensterscheiben einer Woh-
20 nung zerhauen. Großes Palaver. «Der Mann muß weg – der haut ja alles kurz und klein!» (Als ob das in Deutschland ein Grund wäre, weg zu müssen – so ein politisches Kind!) – «Einfach in'ne Droschke – und der Fall ist erledigt!»

Offenbar ist der Fall wirklich erledigt, denn nun ist alles still.

Und da stehen doch nun wahrhaftig die vier biedern Baßstimmen von vorhin unten auf der Straße und tun was –? Sie erörtern die Rechtslage. Sie stellen sorgfältig und genau fest, weswegen dieser Mann verurteilt, belangt und eingespunnt werden könne. Sie sind selbst nicht mehr so ganz fest auf den Beinen – aber juristisch
30 geklärt werden muß der Fall doch noch, bevor sie ins Bett gehen. Einer plädiert für Ruhestörung und öffentlichen Lärm – offenbar ein delictum sui generis – einer ist für Sachbeschädigung, und einer leitet aus dem betrübenden Vorkommnis ein Kündigungsrecht

des Hauswirts her. Und da stehen sie nun – aber nun muß ich doch aufstehen – da stehen sie nun im Mondeslicht, schwankend, vier Mann hoch mitten auf dem leeren Damm, durchaus von Spitzweg, und erörtern die Rechtslage. Die Blätter rauschen sanft, und die vier deutschen Männer sind fünferlei Meinung. Gott segne dieses Land –!

40 Es gibt ein altes Wort: «Wenn der Deutsche hinfällt, steht er nicht auf, sondern sieht sich um, wer ihm schadenersatzpflichtig ist.»

O stünde er doch bald auf! –

Peter Panter, BT 7.7.1919

109

Zehn Gebote

Vor mir liegt ein kleines Bändchen, das im Buchhandel ganz vergriffen ist. Es ist nur wenige Seiten stark, das kleine Druckbild ist auf jeder Seite mit einem kräftigen roten Rand umgeben, die Blätter sind einseitig bedruckt. Und es ist wahrscheinlich von Schleiermacher.

Bekanntlich fängt die Weltgeschichte immer zehn Jahre vor der Geburt eines jeden Menschen an: was vorher liegt, lernt er zwar in der Schule, aber es ist ihm gleichgültig. Aber das hat jeder empfunden: den Knack, den es zwischen seiner Generation und der 10 seiner Eltern gegeben hat, den «Fortschritt», die aufbegehrende Opposition, die da sagte: Achtung! Jetzt kommen wir!

Das Spiel ist alt und immer neu. Und weil es manchmal gut tut, sich zu überlegen, wie so sehr Recht jener Ben Akiba hatte, und wie das mit dem Fortschritt so seine eigene Bewandtnis hat, hört zu:

Im ‹Athenäum›, jener Zeitschrift, die die beiden Schlegel begründet hatten, erschienen zwischen 1796 und 1798 anonyme Fragmente, die zum Teil von den Schlegels, zum Teil von Schleiermacher stammten. Dilthey hat in seinem Werk ‹Leben Schleiermachers› (1. Band, Berlin 1870) untersucht, wem die einzelnen

Fragmente zuzuschreiben wären, und hat herausgefunden, welchen Anteil Schleiermacher an diesen Dingen hat. Nun findet sich im Anhang zu dem Werk Diltheys etwas so Wunderschönes, daß es einem jetzt eingegangenen Verlag, Ernst Frensdorff zu Berlin, nur allzu richtig dünkte, diese ‹Idee zu einem Katechismus der Vernunft für edle Frauen› abzudrucken. Das Büchelchen war bald vergriffen und ist seitdem nicht mehr neu aufgelegt worden.

Kannte Schleiermacher Ibsen? Kannte er Wynecken? Ich glaube nicht. Wußte er etwas von den «Menschenrechten der Frau»?

30 Wer hatte ihm das gesagt? Schmachtete die Frau damals nicht noch in den Eisenketten der Tradition, die ihr den Eintritt in das Leben verwehrte? Unsere Modernen behaupten es. Mag sein, daß die unbarmherzige Wirtschaft die Frauen noch nicht in das hinausjagte, was man heute euphemistisch Leben zu nennen beliebt – sicherlich aber hatte schon Schleiermacher eines gewußt: die Frau ist ein Mensch mit vollem Rechte, aber sie ist kein Mann. Sie hat Rechte –: aber ihre eigenen.

Und weil das so gar nicht pastoral ist, was er da sagt, so gar nicht eingedämmt und eingeengt, sondern frei und offen, und weil

40 es auch heute noch – auch heute noch – am Platze ist, Fundamentalwahrheiten zu hören, deswegen sollen diese zehn Gebote hier stehen:

1. Du sollst keinen Geliebten haben neben ihm; aber du sollst Freundin seyn können, ohne in das Kolorit der Liebe zu spielen und zu kokettieren oder anzubeten.

2. Du sollst dir kein Ideal machen, weder eines Engels im Himmel, noch eines Helden aus einem Gedicht oder Roman, noch eines selbstgeträumten oder fantasierten; sondern du sollst einen Mann lieben, wie er ist. Denn sie, die Natur, deine Herrin, ist eine strenge Gottheit

50 welche die Schwärmerey der Mädchen heimsucht an den Frauen bis ins dritte und vierte Zeitalter ihrer Gefühle.

3. Du sollst von den Heiligthümern der Liebe auch nicht das kleinste mißbrauchen: denn die wird ihr zartes Gefühl verlieren, die ihre Gunst entweiht und sich hingiebt für Geschenke und Gaben, oder um nur in Ruhe und Frieden Mutter zu werden.

4. Merke auf den Sabbath deines Herzens, daß du ihn feyerst, und wenn sie dich halten, so mache dich frey oder gehe zu Grunde.

5. Ehre die Eigenthümlichkeit und die Willkühr deiner Kinder, auf
daß es ihnen wohlgehe, und sie kräftig leben auf Erden.

6. Du sollst nicht absichtlich lebendig machen.

7. Du sollst keine Ehe schließen, die gebrochen werden müßte.

8. Du sollst nicht geliebt seyn wollen, wo du nicht liebst.

9. Du sollst nicht falsch Zeugniß ablegen für die Männer; du sollst
ihre Barbarey nicht beschönigen mit Worten und Werken.

10. Laß dich gelüsten nach der Männer Bildung, Kunst, Weisheit und
Ehre!

Denn sie, die Natur, deine Herrin, ist eine strenge Gottheit …

O Hysterie! O Hedda! Und das um 1797!

Ich glaube aber, daß das vierte Gebot Schleiermachers die
knappste und härteste Formulierung dessen darstellt, um das ganze Literaturen gerungen haben: der Liebe.

Peter Panter, BT 10. 7. 1919

110

Die blonde Dame singt

Für Gussy Holl

Ich habe mir mein Deutschland angesehen
in seiner großen, in der kleinen Zeit.
Ich sah den Kaiser in die Oper gehen;
der Hermelin war diesem Mann zu weit.
Und dann die Schranzen! und die Generäle!
Grau an Humor, am Rock indianerbunt …
Und leicht enttäuscht fragt meine liebe Seele:
      «Na und …?»

Das wühlt und wimmelt in den großen Städten.
Der Proletarier schuftet wie ein Tier.
Der deutsche Bürger läßt sich ruhig treten;
er macht Geschäfte und schluckt biedres Bier.

Und Kunst und immer diese selben Jungen,
nur Not und Kummer hält die Brut gesund.
Erfolg? Dann haben sie bald ausgesungen.
Ich frage mich, wenn all der Lärm verklungen:
    «Na und …?»

Dann gab es Krieg und hohe Butterpreise.
20 Es deliriert das Land. Revolution!
Dem ganzen deutschen Bürgerstand geht leise
der Stuhl mit Grundeis, nun, man kennt das schon.
Es rufen hier und da Idealisten,
sie gründen Räte, Gruppen, einen Bund …
Ich sehe Bolschewiki, Spartacisten –
    Na und …?

Und steh ich einstmals vor dem Weltenrichter,
(der liebe Gott ist schließlich auch ein Mann),
streckt er sein Flammenschwert steil hoch und spricht er:
30 «Dich böses Mädchen seh ich nicht mehr an!
Hinweg! du sollst ins Fegefeuer pultern!
Werft sie mir in den tiefsten Höllenschlund!»
Dann sag ich leis und hebe müd die Schultern:
    «Na und …?»

                            Kaspar Hauser, WB 10. 7. 1919

III

Geschichten

sind doch das Allerschönste, und ich kann stundenlang zuhören,
wenn einer welche erzählt. Diese beiden habe ich von Gussy Holl
gehört.

Als der Graf Stürgkh von Friedrich Adler beim Mittagessen in
dem Restaurant Meisl & Schaden erschossen worden war, da begab sich – schweren Herzens, und bibbernd, wie ers dem greisen

Kaiser beibringen sollte – ein Graf aus dem Gefolge hinaus nach Schönbrunn und traf dort den alten Herrn im Garten. Der winkte schon von weitem und war guter Laune. «Ah, grüß Gott, grüß Gott –!» Ein schwerer Fall – aber es mußte sein. Nach dem üblichen Hinundher entschloß sich der Graf. «Majestät! Ich muß Eurer Majestät eine traurige Mitteilung machen.» «No, was denn?» «Majestät, der Graf Stürgkh, der Graf Stürgkh – ist erschossen worden!» «Der Stürgkh? Aber der war ja gar nicht an der Front!» «Nein, Majestät, er war gewiß nicht an der Front! Er ist bei Meisl & Schaden erschossen worden!» Und darauf der Kaiser, langsam und nachdenklich: «Meisl und Schaden? Ja – is denn das noch in unserm Besitz?»

Die andre Geschichte spielt viele Jahre vorher, in der Zeit, wo der alte Kaiser Franz Joseph noch galanten Abenteuern nachgehen konnte. Da war eine Hofdame, die er mit seinem Besuch beehrte; auch als sie dann später an einen Grafen von Soundso verheiratet worden war. Der Kaiser pflegte abends um halber Neun zu kommen, plauderte oben zwei Stündchen oder drei und ging spätestens um halb Zwölf wieder nach Hause. Kleine Uniform, strenges Incognito. Nun weiß jeder gebildete Mensch, daß Wien, die Stadt der Lieder, ihren Einwohnern keinen Hausschlüssel anvertraut; sondern Jeder, der nach neun Uhr ins Haus oder wieder heraus will, muß sich durch ein Sperrsechserl beim Hausmeister auslösen. Der Kaiser gab nie ein Sechserl, die Frau Gräfin schickte allmonatlich ein paar Gulden an den Hausmeister hinunter, und soweit war die Sache in Ordnung. Nun traf es sich, daß ein neuer Hausmeister in das gräfliche Haus einzog, der von diesem Abkommen nichts wußte, und als der fremde Offizier das erste Mal ins Haus und wieder hinaus wutschte, da wunderte sich der Neuling und sprach zu seinem Weib in der Hausmeisterloge: «Also bittä! Es kommt da ein Generalischer, der niemals nicht keinen Sperrsechserl geben tut. Bittä, wenn der Generalischer noch einmal zum Haus hinausgeht, so bittä ihm zu sagen: wo ist der Sperrsechserl?» Gesagt, getan. Punkt halb Zwölf steigt der Offizier mit hochgeschlagenem Kragen die Treppe herunter und klingelt nach dem Hausmeister. Es erscheint die Frau: in Babuschen, mit wirren Haaren, im Nachtjäckchen, und in der Hand eine kleine, matt leuchtende Lampe. Sie öffnet die Tür, sie krümmt die Hand … Der General tut nichts dergleichen. Da faßt sie sich ein Herz und spricht: «Bitte, Herr Generalischer! Also wo ist –» Der Sperrsechserl, wollte sie sagen. Aber da leuchtet sie näher hinzu, ihr Blick fällt auf die so oft geschauten Züge, die Lampe zittert in ihrer Hand, und, eingedenk des fast begangenen crimen laesae maiestatis, singt sie mit Stimme Nummer drei, meckernd und doch loyal melodisch: «Gott erhalte – Franz – den Kaiser –!»

50

Gussy Holl hat schön gelacht, als ich sie gefragt habe, ob diese Geschichten auch wahr seien.

Peter Panter, WB 10.7.1919

112

Noch immer

Zunächst einmal: der Deutsche schreibt,
wenn ihm nichts anders übrig bleibt. –
Er fertigt sich für jeden Krempel
als erstes einen blauen Stempel
und gründet um den Stempel froh
ein großes Direktionsbureau.
Und das Bureau beschäftigt Damen
und trägt auch einen schönen Namen
und hat auch einen Kalkulator

10

und einen braven Registrator
und einen Chef und Direktoren
und vierzehn Organisatoren
und einen Pförtner für die Nacht.

Ihr fragt, was so ein Amt nun macht?
Es macht zum Beispiel Schwierigkeiten.
Denn diese muß es ja bereiten,
zu zeigen, daß es auf der Welt,
und daß es andern überstellt.

(Und all das kostet wessen Geld?)
So schwitzt nun über wunderbaren
und komplizierten Formularen
und schreibt sie voll und füllt sie aus
und dann geht artig nur nach Haus!
Und damit ist die Sache richtig.

Was macht es noch? Es macht sich wichtig.
Und es erläßt mit Schwung Erlässe
und prüft Papiere und prüft Pässe.
Verordnung folgt auf Paragraphen
«betreffend Straßenhandel mit Schafen»,
«bezüglich Alligatorenfutter» –
aber die Butter
ist für den kleinen Mann verratzt
und leider offenbar zerplatzt,
und all dies hat das Amt verpatzt.

Von dieser Sorte gibts weit über hundert.
Ihr seid darüber so verwundert?
Ach Gott, ihr müßt nicht traurig sein:
Wir bilden uns noch immer ein,
mit §§ seis getan.
Der alte dumme deutsche Wahn.
Ein Amt kann keine Nüsse knacken.
Das *Leben* müßt ihr kräftig packen.
Denkt an die Wirtschaft! Denkt an morgen!

Aber ihr müßt euch ja mit Ämtern versorgen.

Theobald Tiger, Ulk 11.7.1919

Nicht wahr?

Die deutsche Umgangssprache ist in den letzten Jahren arg heruntergekommen. Das läßt sich vor allem daran beobachten, daß kaum einer mehr fähig ist, ohne die nichtssagenden Floskeln auszukommen, die jede Rede verunzieren. Sehn Sie mal, der Berliner, ich meine, der hat das offenbar vom Hamburger übernommen, nicht wahr? Ich meine, das ist eine große Unsitte. «Sehn Sie mal, ich habe doch eine achtundzwanzigjährige Nichte, nicht? Und die ist doch taubstumm, nicht?» –

Durch diese Flickwörter bekommt die deutsche Umgangssprache etwas Unsicheres, Tastendes, Zaghaftes. Die Sätze verhallen, wie wenn einer alles mit drei Punkten am Schluß sprechen würde ... nicht? Ja, es gilt geradezu als unfein und wenig höflich, einfach zu sagen, was man will. «Geben Sie mir, bitte, die Streichhölzer!» – das ist eine ausgemachte Grobheit. «Geben Sie mir doch mal, bitte, eben die Streichhölzer rüber!» muß es heißen.

Ach, dieses «doch!» – Sie flicken es überall ein, und es bedeutet einmal das lateinische inter omnes constat, unser deutsches «bekanntlich». Dann aber wird durch die vielen Dochs die Sprache auch rechthaberisch und ganz egozentrisch. «Geh doch da weg!» – «Schreib doch mal an Tante Amalia!» – «Wir wohnen doch schon lange da!» –

Niemand denkt sich mehr etwas dabei, wenn er so daherplappert, und man kann die Flickwörter alle fortlassen, ohne daß der Sinn des Satzes etwa verloren ginge. Man muß einmal mitangehört haben, wieviel Sätze der Nord- und Mitteldeutsche braucht, um auszudrücken, daß ihm etwas zu teuer ist. Ich dachte früher immer, dazu genüge einer: «Das ist mir zu teuer.» Jawohl! So, wie andre Leute in Begriffen denken, so denkt der Deutsche in ganzen Sätzen, die ihm sektionsweise aus dem Munde kullern. Etwa so: «Was? Drei Mark und achtzig? Das ist ja unerhört, was Sie für Preise verlangen! Drei Mark und achtzig? Vor einem halben Jahr hat es noch zwei Mark und fünfundsiebzig gekostet! Aber da überteuern Sie die Leute, das ist ja der reine Wucher ist das! Ich meine, ich bin doch hier in einem bessern Geschäft, ich meine, da könnte man doch andre Preise verlangen, nicht?» –

Singt's und bezahlt. Der Tonfall aber der neuen deutschen Umgangssprache, den du überall erlauschst, klingt nicht lieblich vor deinen Ohren, und voller Sehnsucht flüchtest du dich zu den alten deutschen Meistern edler Prosa und fragst dich verwundert, ob 40 denn früher die Leute auch so gesprochen haben.

Denn, sehn Sie mal, ich meine, nicht wahr, das ist doch nicht … wie?

T. T., BT 12. 7. 1919

114

Die Zeitbremse

> «Wenn ich zum Augenblicke sage:
> Verweile doch, du bist so schön …!»

… tempus sistere … die Zeit aufhalten … Ich bekam eine Stunde Arrest, weil ich *sistere* damals nicht richtig konjugieren konnte – und ich bekäme sie heute wieder, denn ich kann es noch immer nicht … tempus sistere … Wer das könnte –!

Mein Freund Sylvius Antenkogel konnte es. Das war überhaupt ein Kerl –! Gott verzeih mirs, aber dagegen ist der Professor Eucken gar nichts. S. Antenkogel wurde uns dahingerafft – am 29. 10 Februar 1923 – er starb an zu schnell und in maßlosen Quantitäten hinabgeschlungener Hamburger Sülze. Doch das nebenher.

Wenn Antenkogel mir – wie auch diesmal – eine unfrankierte Postkarte schrieb, wußte ich schon immer, was die Glocke geschlagen hatte. Auf der Karte stand nur das eine Wort: «Komm!» – Weiter nichts. In jener undeutlichen, krakeligen Schrift, die erst den wahren Gelehrten ausmacht. Ich wußte genug, ließ meine Roßschlächterei Roßschlächterei sein, packte das Nötigste zusammen und setzte mich auf die Bahn. Antenkogel wohnte in Werneuchen – wie man dahin kommt, ist eine Sache für sich – und 20 ich fuhr hin.

Sein Schlößchen, in dem er experimentierte, lag ein wenig außerhalb der Stadt – ein hübsches Villachen in einem jener Stile, von denen sich manche Leute ihr ganzes Leben lang ernähren. Ich verstehe nichts davon, aber es war ein hübsches Häuschen – ein kleiner, verschwiegener Fuchsbau im Grünen eines majestätisch rauschenden Parks. Die Hausdame ließ mich ablegen – Antenkogel war zurzeit unverheiratet – und geleitete mich in das Empfangszimmer.

Da saß mein Freund Sylvius Antenkogel am Schreibtisch, dick
30 und fett. «Sylvius!» rief ich. «Wie siehst du aus, Junge? Wo hast du dich so erholt?» Er grinste von einem Ohr bis zum anderen, was seinen feinen Zügen etwas mädchenhaft Schüchternes verlieh. «Ich habe etwas gefunden, Peter», sagte er. «Ich habe etwas gefunden. Komm mit!» – Und ich kam.

Wir gingen durch die ganze Wohnung: durch das Wohnzimmer und das Skatzimmer und das Bridgezimmer und das Pokerzimmer, traten auf den Korridor und kletterten in den Keller. Hier pflegte Sylvius mit seinen Apparaten zu hantieren, tief unter der Erde – der Keller war ausgehöhlt und vertieft worden – und kein
40 Mensch durfte ihn stören. Dröhnend fiel die schwere Tür ins Schloß.

«Peter!» sagte Antenkogel, «ich weiß, du bist ein Trottel.» – «Sylvius,» sagte ich, «du darfst nicht verallgemeinern. Manchmal freilich –». – «Du bist ein Trottel», sagte er fest. «Und doch will ich dir, weil du es bist, meine jüngste Erfindung vorführen. Es ist die statio temporis, die Zeitbremse. Kannst du dir vorstellen, was das ist?» – Ich konnte es nicht.

«Peter», sagte er. «Hast du schon einmal in deinem verruchten Leben einen glücklichen Moment gehabt? Oder mehrere?» – Ich
50 konnte es nicht leugnen und wurde rot. «Nein, nicht nur die», sagte er. «Überhaupt – ist es dir noch nicht vorgekommen, daß du das Gefühl hattest: jetzt müßte die Zeit enden, Sonne, steh still im Tale Gibeon?» – «Ja», sagte ich. – «Nun gut», sagte er. «In diesem Zimmer kann ich die Sonne, kann ich die Zeit still stehen lassen!»

Ich sah mich um. Wir waren in einem niedrigen, grau getünchten Gemach, nichts Auffälliges war darin zu entdecken. An der

Wand hing eine Kuckucksuhr mit großen bleiernen Tannenzapfen als Gewichte. Antenkogel schloß eine Klappe in der Wand auf und machte sich daran zu schaffen. «Paß auf», sagte er.

Und ich fühlte, wie mein Herzschlag zu stocken anfing und hörte, wie die Uhr langsamer tickte. Quälend und träge floß die Zeit dahin, schien es mir. «Wie fühlst – du – dich?» sagte Antenkogel – in endlosen Zeiträumen kamen die Worte aus seinem Munde. «Gut», sagte ich schleppend. Und immer langsamer und langsamer kroch die Zeit daher und auf einmal: blieb sie stehen. Mein Herz blieb stehen. Jetzt war gar nichts, fühlte ich. Die Welt stand still. Das war die Ewigkeit. Der Kuckuck hatte wohl gerade eine volle Stunde ausrufen wollen, denn er steckte seinen kleinen Holzkopf zum Fensterchen hinaus und guckte in die Gegend. Er rief nicht. Niemand und nichts bewegte sich. Wir saßen wie die Wachsbilder, reglos stumm – Sylvius unbeweglich in seiner Ecke – und sahen uns an … Wie lange? Das kann ich eben nicht sagen. Es gab kein wie lange …

Aber dann gab es einen Klapp, der Kuckuck schrie mit beängstigender Schnelligkeit viele Male, die Uhr schnarrte, mein Herz pochte stürmisch, und Antenkogel tat, wie es mir schien, viele Dinge hintereinander mit unglaublicher Fixigkeit.

«So», sagte er. «Jetzt sind wir wieder richtig. Wir haben der Zeit unseren Tribut gezollt, und waren wir erst etwas zurückgeblieben, so gehen wir nun wieder mit der übrigen Menschheit d'accord. Voilà!» – Und er verbeugte sich wie ein Zauberkünstler.

Ein Wunsch durchzuckte mich heiß. «Leih mir das Ding!» bat ich. «Leih mir die Maschine!» – Und er lieh sie mir.

∗

Ich stürzte auf die Bahn. Die geheimnisvolle Maschine hatte ich in meine Reisetasche gepackt – da lag sie, mit dem Griff nach oben, und ich brauchte nur zu ziehen. Ah – würde ich ziehen!

Das Zügelchen der Kleinbahn fuhr ab, und ich dachte und spintisierte und träumte …

Ich würde an dem Griff ziehen, wenn ich wieder einmal wegen Vergehens gegen § 146 Absatz 2 der republikanischen Verordnung über den Handel mit Pferdefleisch angeklagt war, und stehe vor meinen Richtern: vor mir der Rechtsanwalt Rothspon, bekleidet

mit einem koketten Seidenmützchen, und redend, wie einer redet,
der ein anständiges Honorar bekommen hat – fassungslos, an allen Gliedern zitternd und gänzlich ermattet, sprechen die Richter
mich frei. Ah – ist das ein schöner Moment! Den heißt's auskosten. Ich werde am Griff ziehen.

100 Ich werde ziehen, wenn ich am Traualtar mit Adelgunden stehe,
meine Frackbrust ist gestärkt, der Organist spielt eine schöne,
fromme Weise, und der Prediger fügt unsere Hände zusammen,
und seine Bäffchen zittern leise. Und ich weiß noch nichts von den
Regentropfen, die in eine junge Ehe fallen können, weiß noch
nichts von einem Dienstmädchenkrach, einer angebrannten Mahlzeit und einem verheulten Frauenantlitz ... Alles ist rosig, von jenem zarten, impertinenten Rosa, wie es kein zweites auf der Welt
gibt ... Diesen Augenblick werde ich bis ins Endlose verlängern
... Ich werde ziehen.

110 Am Griff werde ich ziehen, wenn ich leicht angeschwipst zu
Füßen meiner angebeteten Auguste sitze. Sie hält eine leere Sekt-
flasche auf dem Schoß, deren Hals sie angelegentlich streichelt,
ihre Augen glitzern, und sie erzählt phantastische Geschichten aus
Amerika, die alle nicht wahr, aber alle ungeheuer amüsant sind.
Morgen ist ein grauer Arbeitstag ... Heute! Heute! Ewig soll das
Heute dauern! Ich werde ziehen.

Ich werde am Griff ziehen, wenn beim Roulette vor mir der Pa-
piergeldhaufen groß und immer größer geworden ist, ein dickes,
schmutziges Bündel Banknoten liegt aufgeschichtet da, und ich
120 sitze dahinter und atme durch meine Nüstern voller Schaden-
freude den Haß und die Angst und den nervenerregenden Kitzel
ein, die da über dem grünen Tisch brodeln. Gewonnen habe ich,
gewonnen –! Wer weiß, was die nächste Minute bringt! Lange –
lange –! Ich werde am Griff ziehen.

Und ich werde ziehen, wenn Hulda, das Mädchen aus guter
Familie ...

Aber da wurde mein Gesicht lang und länger. Der Zug stucker-
te über die letzten Weichen, wir waren kurz vor Berlin.

Werde ich ziehen? Werde ich wirklich ziehen? Hat es einen
130 Wert, die Zeit anzuhalten? Ist es nicht viel, viel schöner, die Zeit
auskosten zu müssen, hastig, gierig, schlürfend – weil man Angst

hat, daß sie zerrinnt und verfliegt? Besteht nicht darin der Wert aller großen und kleinen Freuden, daß sie vergänglich sind? Vergänglich die paar glücklichen Wochen in dem kleinen Försterhaus und vergänglich ein Vierundzwanzigstundenglück? Würde ich wirklich ziehen?

Und da hielt der Zug, und ich packte mit entschlossenem Griff meine Reisetasche mit der Zeitbremse, sah noch einmal lange auf das qualmende und neblige Berlin – und fuhr zurück – nach Werneuchen.

Ich gab die Zeitbremse ab und habe sie nie wiedergesehen.

Peter Panter, BT 13.7.1919

115

Die Herren von gestern

«Eine Satire! Schreiben Sie uns eine Satire!» sagte der Redakteur. Und da stand ich nun; denn so schwer es manchmal ist, *keine* Satire zu schreiben – so schwer ist es auch, eine zu schreiben, und das sollte ich nun tun ...

Am Nachmittag hatte ich keine Zeit – der war reserviert, ich mußte für meine Tante Amalie eine Auskunft auf einem Ministerium holen, und das dauert schon einen guten Nachmittag lang. (Wenn Dienststunden sind. Es waren aber keine.) Ich verlegte also die Angelegenheit auf den späten Abend. Aber was? Aber worüber? –

Da saß mir gegenüber, jenseits des Ganges, am weißgedeckten Tisch – da saßen vier Personen beim Abendbrot, eine Dame und drei Herren. Sagte ich schon, daß ich bei Karlemanns esse? Ja, ich esse bei Karlemanns – es ist eine gute Pension, und ich kann sie sehr empfehlen. Da saßen also diese vier Leute, und ich wußte, wer das war. Der lange Dunkle war der Sohn einer Exzellenz – er war früher Landrat gewesen, aber nun war er weggegangen oder weggegangen worden, das wußte ich nicht genau. Und sie war seine Frau, und die beiden andern waren seine Freunde.

Sie benahmen sich durchaus anständig. Ich mußte ihn immerzu

ansehen. Ich fraß mich in dieses hochmütige, langweilige, nichtssagende Gesicht hinein – ich sah ihn bei seinen kleinen Amtshandlungen, wie der schnauzbärtige Gendarm vor ihm stramm stand, wie alle ihn zuerst zur Türe herausgehen ließen, wie er vorn und hinten hofiert wurde. Und ich sah auch, wie er vor seinen Vorgesetzten katzbuckelte, einstmals dieselben nichtssagenden Jünglinge wie er – aber nun hatten sie dicke Bäuche und große Gehälter und waren mächtige Herren … Herren von vorgestern …

Er hatte einen Brief hervorgezogen, einen Brief aus München, wie er sagte, und den las er vor. Im Tonfall, in der Gebärde – unnachahmlich – ein Schauspieler hätte es nicht besser machen können. «Was wir hier durchgemacht haben,» las er, «kann ich euch nicht alles erzählen. Das Pöbelpack ist ja heutzutage obenauf – früher hätte man diese Burschen zusammenkartätscht. Hoffentlich kommt's auch mal wieder anders! Die Stimmung der Befreiungskriege wird sich ja bei euch in Berlin bemerkbarer machen als hier!»

Und seine Frau und die beiden Freunde hörten ihm mit glänzenden Augen zu. Die Befreiungskriege! Das wäre etwas! Und er las.

Und wie er so las – von den «herrlichen Tagen Kaiser Wilhelms» und von den «törichten Bestrebungen der Straße» – da überkam es mich blitzartig, wie fremd, wie entsetzlich fremd mir doch diese Leute seien. Das waren nun Deutsche, Landsleute – ja, waren denn das überhaupt noch meine Landsleute? Hatte ich mit denen irgendetwas gemein, außer der Sprache?

Nichts. Das war eine *andere Welt*. Wir würden uns nie verstehen und verstanden uns sicherlich nicht. Was sie herrlich nannten, erschien mir verbrecherisch, und was sie den Pöbel der Gasse nannten, das sah ich vor mir: verhärmte und von dem langen Kriege ausgelaugte und ausgesaugte Frauen und Kinder, alte Männer, Krüppel, Kriegskrüppel … Was wollten diese da? Auf wen warteten sie? Die Felle waren ihnen weggeschwommen, und sie glaubten, sie kämen wieder. Herren von gestern. Auch Herren von morgen?

Herren von morgen, wenn törichte Fanatiker und Radaupolitiker ihnen den Gefallen tun, sie unentbehrlich zu machen. Herren

von morgen, wenn man ihnen Gelegenheit gibt, die dreimal verfluchte Gewalt herauszukehren. Herren von morgen, wenn nicht
60 alle freiheitlich Gesinnten einsehen, daß es nur *ein* Mittel gibt,
diese da im Zaume zu halten und gänzlich unterzukriegen: *Ordnung, Ruhe* und *gesunde Entwicklung!*
Dann sind sie gewesen, die Herren von gestern, und endlich
wird verschwinden, was Deutschland in der Welt so verhaßt gemacht hat: eine dickschädlige Schicht von Unterdrückern der eigenen Landsleute, ein Verein von Sklavenaufsehern und Gefängnis-
wärtern, ein Ring von Privilegierten und leeren Uniformen. Das
waren deine Herren, Deutschland! Gelüstet dich wieder nach
ihnen?
70 So dachte ich, als der junge Landrat a. D. las, und dann ging ich
nach Hause und schrieb dieses hier auf.
Aber nun ist es doch keine Satire geworden.

Ignaz Wrobel, BVZ 15. 7. 1919

116

Kammerspiele

Und vor mir saß ein dicker Mann.
Der schlürfte mit der Unterlippe
die Konstantin, die auf der Kippe
dem Bett entgegenrann.

Er schnauft behaglich voller Lust.
Und neben ihm grollt seine Olle ...
Das ist mal eine Bombenrolle
für eine runde Brust!

Die Konstantin schmeißt ihren Kram.
10 Du hörst sie locken, pfeifen, balzen,
die liebe Frau spielt alle Walzen –
bis ach! das Unglück kam:

Sie wirft sich auf ein Ruhebett.
Der Held – Herr Loos – versetzt in Eile
ihr ihre längst verdiente Keile.
Und sie stöhnt: «Ei! wie nett!»

Dies ist uns aber doch zu dumm!
Das Sofa stäubt vor dicken Hieben –
So also soll man Frauen lieben?
20   Laut lacht das Publikum.

Und doch: wie eminent sie spricht!
Sie murmelt finster, zwitschert Frohsinn –
ich fühl: welch eine Virtuosin!
Das will ich aber nicht.

Ist außer Kleidern noch was da?
Und kurz und gut: wir haben Sommer
und – immerhin – noch andern Kommer ...
Es war soso lala.

Kaspar Hauser, WB 17.7.1919

117

Noch immer ...

Noch immer werden in den deutschen Schulen Schlachten gelehrt
und Kriegsberichte der Ludendorffe aller Zeiten, und es wird den
Kindern gesagt, daß Das: Blutvergießen und Generalsanmaßung
das Leben und die Geschichte sei.

Noch immer regiert in den Ämterstuben der hochfahrende Ton
abgetakelter Militäranwärter, die hier ihre kleine Herrschsucht
austoben. Noch immer kollern brave, sonst geduckte Bürger größenwahnsinnig, wenn sie das «Regieren» überkommt.

Noch immer blähen sich Dienststellen auf, die keinen andern
10 Beruf haben. Sie machen uns Schwierigkeiten und hemmen das
ohnehin nicht leichte Leben bis zum Überdruß mit ihren leeren

und machtlosen Verordnungen. Noch immer werden Lappalien reglementiert, und ohne ein Reichsamt für ... gehts nicht.

Noch immer herrschen in den kleinen Kommunen die finstersten Patrone, und kein Hauch einer Änderung, geschweige denn einer Revolution dringt bis nach Klein Piepen-Eichen. Es ist alles beim alten.

Noch immer sind die widerlichsten und übelsten Paragraphen in Geltung: der von der widernatürlichen Unzucht – der Hexenhammer kann ihn nicht scheußlicher ausgebrütet haben – und der von der Kuppelei, der die Mitmenschen die Nasen in fremde Betten stecken heißt – und der von der Gotteslästerung – und der – und der – und der –.

Noch immer beherrschen Sittlichkeitsfanatiker das öffentliche Leben in den kleinen Städten.

Noch immer thronen in den Alumnaten und in den Erziehungsheimen und in den Arbeitshäusern und überall, wo unglückliche junge oder alte Menschen gehorchen müssen, die alten schlechten Häuptlinge: Kerle, die von nichts wissen als von ihrem finstern Drang, zu herrschen, zu befehlen, zu knuten und zu treten.

Noch immer ist der Deutsche in allen kleinen Angelegenheiten des äußern Lebens unfrei, ein harmlos randalierender Tropf, so lange er nicht selbst ein Ämtchen sein eigen nennt, und hat ers: auch er ein Kaiserchen.

Was habt Ihr gespielt? Revolution?

Kinder. Politische Kinder.

Ignaz Wrobel, WB 17.7.1919

118

Der Gefangene, der sang

«Peer, du lügst!» Ja, mein Gott, man kann es auch lügen nennen, obgleich dazu eigentlich recht viel trockner Philistersinn gehört. Er erzählt Geschichten, weil sie ihm Freude machen. Ach, sie machen ihm so viel Freude ...

Der neue Peer Gynt heißt Andreas «und war ein roter, draller, kleiner Bursch mit blondem Haar und geflickter Hose». Und er ist der Held der Geschichte von Johannes Bojer: ‹Der Gefangene, der sang› (bei Georg Müller in München). Es ist eine ganz merkwürdige Geschichte.

10 Sie fängt fast so an wie die seines großen Bruders Peer – Andreas; träumt und phantasiert in die Wolken und betrügt dann auch wohl so ein bißchen ... Aber dann packte ihn doch eine ganz andre Gier als nur die nach Geld, ja. «Gesetzt den Fall, daß ein Mann kommt und dir anbietet, Pfarrer zu werden? Ja, für ein Jahr. Aber ein ganzes Leben – – huf!» Er sah nicht ein, daß es nicht möglich sein sollte, morgen Missionar und im nächsten Jahre Sergeant zu sein ... Und er ist es.

Unterhaltsam und nachdenklich ist nun in der Geschichte erzählt, wie er das alles nach einander ist: ein Schauspieler und ein
20 Missionar und ein Bankbote und ein Ingenieur und ein reisender Engländer ... Er kostet die Seligkeit dieser Leben aus, er ist vielfältig ein Mensch, er ist alle diese Menschen, solange er sie spielt ... und das Spiel wird Ernst, und einer fühlt plötzlich den Zusammenhang aller Menschen, und wie das doch alles nur eines ist. Er durchschaut das prinzipium individuationis, würde der Weise sagen – und als er so weit ist, da sperren sie ihn ein. Und es gehört zu den feinsten Szenen des kleinen Buches, wie nun der Gefängnispastor zu ihm kommt und ihn bessern will. Ja, er will sich bessern – aber wen? Den Reisenden oder den Ingenieur oder den Pa-
30 stor ...? Der Geistliche verbittet sich die Witze. Aber ihm sinds keine. Er war alle diese Leute, er hatte sie nicht nur gemacht und sich ihre Bärte angeklebt. Er hat, so erklärt er, die verschiedenen Dinger personifiziert, die da in Einem herumspucken, auftauchen, verschwinden und auch wer weiß, ein gesondertes Leben führen können ... Ja, das hat er getan. Auch hat einer dieser Schemen die Liebe eines reinen Mädchens gewonnen, die sich nun härmt ... Denn die liebte doch einen, dens gar nicht gab. Das ist schlimmer als Tod. Und als der Pastor herausgegangen ist, sinnt der Gefangene noch lange nach, die Wände der Zelle weiten sich, er träumt
40 sich in Lebewesen und andre Menschen, in die, die gewesen sind, und in die, die kommen werden ... Er denkt an den und an jenen

... «Wie wird er aussehen? Kannst du seine Gestalt annehmen?»
Und nun haben sie seinen Erdenkörper hier eingesperrt, er kann
jetzt nicht heraus und ist hier im Gefängnis ja nun unleugbar nur
Einer. Und dennoch:
«In den Nachbarzellen hörte man in dieser Zeit einen glück-
lichen Gefangenen, der hin und her ging und sang.»

Peter Panter, WB 17.7.1919

119

Die Orden

Luise, geh mal in die gute Stube
und mach dich an das braune Vertiko –
da liegt gleich oben in dem linken Schube
ein schwarzer Kasten – den bring hinter – so!
In dem sind alle, alle meine Orden,
die mir so sachtechen verliehen worden –
und voller Rührung seh ich alter Mann
mir meinen Kasten mit den Orden an.

Da ist zum Beispiel in der bunten Masse
– es hat sich, Frau, doch mit der Zeit summiert –
der gute Kronenorden vierter Klasse,
den hat mir mein Ressortchef angeschmiert.
Ich sollte ihn ja eigentlich nicht haben,
doch damals waren alle andern Knaben
auf Urlaub, und ich war grad in Berlin;
und, siehst du, Kindchen, so bekam ich ihn.

Und dieses Kreuz am weiß und schwarzen Bande
verlieh man mir in unserm großen Krieg.
Ich war nicht mit. Ich saß im Hinterlande
und feierte recht tüchtig jeden Sieg.
Ich hab doch aber schließlich nichts verbrochen
und war beim Chef und hab mit ihm gesprochen,

und der Erfolg war prompt und ganz enorm –
denn das gehört nun mal zur Uniform.

Und der – und dieser – und die hübschen Sterne!
Und hier das Kreuz – und dieses Glitzerstück –
Ich trug sie alle stolz und gar zu gerne ...
nun lege ich sie traurig all zurück.
Ich kann die Monarchie doch nicht vergessen.
30 Ich hab sie mir erschoben und ersessen.
Die schöne Zeit! Man war doch schließlich wer.
Pack ein! Stell weg!
's hat keinen Zweck!
Mich freut der ganze Dienstkram nun nicht mehr!

Theobald Tiger, Ulk 18. 7. 1919

120

Berlin! Berlin!

Quanquam ridentem dicere verum
Quid vetat?

Über dieser Stadt ist kein Himmel. Ob überhaupt die Sonne
scheint, ist fraglich; man sieht sie jedenfalls nur, wenn sie einen
blendet, will man über den Damm gehen. Über das Wetter wird
zwar geschimpft, aber es ist kein Wetter in Berlin.

Der Berliner hat keine Zeit. Der Berliner ist meist aus Posen
oder Breslau und hat keine Zeit. Er hat immer etwas vor, er telephoniert und verabredet sich, kommt abgehetzt zu einer Verab-
10 redung und etwas zu spät – und hat sehr viel zu tun.

In dieser Stadt wird nicht gearbeitet –, hier wird geschuftet.
(Auch das Vergnügen ist hier eine Arbeit, zu der man sich vorher
in die Hände spuckt, und von dem man etwas haben will.) Der
Berliner ist nicht fleißig, er ist immer aufgezogen. Er hat leider
ganz vergessen, wozu wir eigentlich auf der Welt sind. Er würde
auch noch im Himmel – vorausgesetzt, daß der Berliner in den
Himmel kommt – um viere «was vorhaben».

Manchmal sieht man Berlinerinnen auf ihren Balkons sitzen. Die sind an die steinernen Schachteln geklebt, die sie hier Häuser nennen, und da sitzen die Berlinerinnen und haben Pause. Sie sind gerade zwischen zwei Telephongesprächen oder warten auf eine Verabredung oder haben sich – was selten vorkommt – mit irgend etwas verfrüht – da sitzen sie und warten. Und schießen dann plötzlich, wie der Pfeil von der Sehne – zum Telephon – zur nächsten Verabredung.

Die Stadt zieht mit gefurchter Stirne – sit venia verbo! – ihren Karren im ewig selben Gleis. Und merkt nicht, daß sie ihn im Kreise herumzieht und nicht vom Fleck kommt.

Der Berliner kann sich nicht unterhalten. Manchmal sieht man zwei Leute miteinander sprechen, aber sie unterhalten sich nicht, sondern sie sprechen nur ihre Monologe gegeneinander. Die Berliner können auch nicht zuhören. Sie warten nur ganz gespannt, bis der andere aufgehört hat, zu reden, und dann haken sie ein. Auf diese Weise werden viele Berliner Konversationen geführt.

Die Berlinerin ist sachlich und klar. Auch in der Liebe. Geheimnisse hat sie nicht. Sie ist ein braves, liebes Mädel, das der galante Ortsliederdichter gern und viel feiert.

Der Berliner hat vom Leben nicht viel, es sei denn, er verdiente Geld. Geselligkeit pflegt er nicht, weil das zu viel Umstände macht – er kommt mit seinen Bekannten zusammen, beklatscht sich ein bißchen und wird um zehn Uhr schläfrig.

Der Berliner ist ein Sklave seines Apparats. Er ist Fahrgast, Theaterbesucher, Gast in den Restaurants und Angestellter. Mensch weniger. Der Apparat zupft und zerrt an seinen Nervenenden, und er gibt hemmungslos nach. Er tut alles, was die Stadt von ihm verlangt – nur leben … das leider nicht.

Der Berliner schnurrt seinen Tag herunter, und wenn's fertig ist, dann ist's Mühe und Arbeit gewesen. Weiter nichts. Man kann siebzig Jahre in dieser Stadt leben, ohne den geringsten Vorteil für seine unsterbliche Seele.

Früher war Berlin einmal ein gut funktionierender Apparat. Eine ausgezeichnet angefertigte Wachspuppe, die selbsttätig Arme und Beine bewegte, wenn man zehn Pfennig oben hineinwarf. Heute kann man viele Zehnpfennigstücke hineinwerfen, die Puppe bewegt sich kaum – der Apparat ist eingerostet und arbeitet nur noch träge und langsam.

Denn gar häufig wird in Berlin gestreikt. Warum –? So genau weiß man das nicht. Manche Leute sind dagegen, und manche Leute sind dafür. Warum –? So genau weiß man das nicht.

60 Die Berliner sind einander spinnefremd. Wenn sie sich nicht irgendwo vorgestellt sind, knurren sie sich in der Straße und in den Bahnen an, denn sie haben miteinander nicht viel Gemeinsames. Sie wollen voneinander nichts wissen und jeder lebt ganz für sich.

Berlin vereint die Nachteile einer amerikanischen Großstadt mit denen einer deutschen Provinzstadt. Seine Vorzüge stehen im Baedecker.

In der Sommerfrische sieht der Berliner jedes Jahr, daß man auch auf der Erde leben kann. Er versucht's vier Wochen, es ge-
70 lingt ihm nicht – denn er hat es nicht gelernt und weiß nicht, was das ist: leben – und wenn er dann wieder glücklich auf dem Anhalter Bahnhof landet, blinzelt er seiner Straßenbahnlinie zu und freut sich, daß er wieder in Berlin ist. Das Leben hat er vergessen.

Die Tage klappern, der Trott des täglichen Getues rollt sich ab – und wenn wir nun hundert Jahre dabei wären, wir in Berlin, was dann –? Hätten wir irgend etwas geschafft? gewirkt? Etwas für unser Leben, für unser eigentliches, inneres, wahres Leben, gehabt? Wären wir gewachsen, hätten wir uns aufgeschlossen, geblüht, hätten wir gelebt –?
80 Berlin! Berlin!

＊

Als der Redakteur bis hierher gelesen hatte, runzelte er leicht die Stirn, lächelte freundlich und sagte wohlwollend zu dem vor ihm stehenden jungen Mann: «Na, na, na! Ganz so schlimm ist es denn aber doch nicht! Sie vergessen, daß auch Berlin doch immerhin seine Verdienste und Errungenschaften hat! Sachte, sachte! Sie sind noch jung, junger Mann!»

Und weil der junge Mann ein wirklich höflicher junger Mann war, wegen seiner bescheidenen Artigkeit allgemein beliebt und
90 hochgeachtet, im Besitze etwas eigenartiger Tanzstundenmanieren, die er im vertrauten Kreise für gute Formen ausgab, nahm er

den Hut ab (den er im Zimmer aufbehalten hatte), blickte gerührt gegen die Decke und sagte fromm und fest: «Gott segne diese Stadt!»

Ignaz Wrobel, BT 21.7.1919

Die Schule

Wer die Schule hat, hat das Land.
Aber wer hat die bei uns in der Hand!

Du hörst schon von weitem die Schüler schnarchen.
Da sitzen noch immer die alten Scholarchen,
die alten Pauker mit blinden Brillen,
sie bändigen und töten den Schülerwillen.
Und lesen noch immer die alte Fibel
und lehren noch immer den alten Stiebel:

Wie in alten Zeiten die wichtigen Schlachten
die großen Völkerentscheidungen brachten,
wie die Fürsten und die Söldnerlanzen
den großen blutigen Contre tanzen,
und ohne die heilige Monarchie
sei die Hölle auf Erden – und schließlich, wie
die Völker nur eigentlich Statisten seien.
Man müßte ihnen die Dumpfheit verzeihen.
Könnten eben nichts weiter dafür ...

Und sie lernen vom Kupfercyanür.
Und von den braven Kohlehydraten.
Und von den beiden Coordinaten.
Und von der Verbindung mit dem Chrome.

Lernen auch allerhand fremde Idiome.
Ut regiert den Konjunktiv.

Polichinelle ist ein Diminutiv.
Und was so dergleichen an Stoff und an Wissen.

Himmelherrgott! ist die Schule beschmissen!
Seelenmord und Seelenraub!
Unter die Kruste von grauem Staub
drang auch kein Luftzug der neuen Zeit.
Der alte Schulrat im alten Kleid.
Wundert euch nicht! Was kommt aus dem Haus
schließlich nach Oberprima heraus?

Ein nationalistischer langer Lümmel.
Gut genug für den Ämterschimmel.
Gut genug für die alten Karrieren –
als ob die heute noch notwendig wären!

Türen auf und Fenster auf!
Lege deine Hand darauf,
lieber Herr Haenisch, und zeige den Jungen,
wie die alten Griechen sungen –
aber ohne die Philologie
und ohne die Kriegervereinsmelodie!

Wer die Jugend hat, hat das Land.
Unsre Kinder wachsen uns aus der Hand.
Und eh wir uns recht umgesehn,
im Handumdrehn,
sind durch die Schulen im Süden und Norden
aus ihnen rechte Spießbürger worden.

Kaspar Hauser, WB 24.7.1919

Lachkabinett

Das war wieder einmal ein Fest. Mäxchen Pallenberg trat in einem
neuen Schwank umher, am Zwerchfell jedes Besuchers war eine
Strippe befestigt, die Kordeln liefen vorn an der Rampe zusammen, und wenn Max zog, wackelte das Haus in Seligkeit und Lachen. Gewiß, er hats nicht mehr schwer und macht sichs mitunter
leicht – aber schließlich wirft es einen doch immer wieder um, und
das ist die Hauptsache.

Von seiner Rolle ließ er nicht viel übrig: sie war aufgeplatzt wie
eine Pellkartoffel. In diesem Meisterwerk ‹Auch ich war ein Jüng-
10 ling …› spielt er gleich zwei Rollen: einmal einen jüngern Herrn,
mit keck-schiefem Strohhut, mit zwei hingeklatschten roten Flek-
ken auf den Backen, als welche die Jugend anzudeuten bestrebt
sind – und einen ältern Herrn mit einer sehr unangenehmen Frau:
«Mutter», sagt er zu ihr, «Mutti» zittert seine brüchige Stimme
… Und die Schleusen seiner Beredsamkeit ergießen sich: «Nur
über deine Leiche geht meine Leiche», und: «Ich ging auf und etwas ab», und «Walter von der Vogelwiese» erscheint – es geht sehr
heiter zu. Er schwatzt, wie ein Regierungsvertreter, der eine Interpellation beantworten soll – sehr wortreich, aber am Schluß der
20 Rede ist gar nichts. Er schwatzt und hat wirklich gute Züge erfunden: da ist, zum Beispiel, eine berliner Reflexbewegung, wie er
in der höchsten Not ans Telephon springt und zunächst einmal
den Hörer abnimmt – das hilft auf alle Fälle, und man kann nie
wissen.

In dem Stück ging es zu wie in einem mittelkräftigen Irrenhaus
(dieses schöne Wort stammt von Auburtin) – es spielte in einem
richtigen deutschen Schwankhaus: der Kunstmaler Schneegans ist
garnicht der Kunstmaler Schneegans, sondern der Sohn, der sich
aber als Diener des Grafen von Monte Christo verkleidet, aber der
30 ist gar kein Graf, so wie seine Frau nicht seine Frau ist, sondern
nur die unverheiratete Nichte des Onkels aus Holland –: und dazwischen wird Pallenberg herumgestoßen und pultert einher und
tut, was von ihm verlangt wird, und hängt mit seinen blanken lee-

ren Augen in der Finsternis des Parketts und begreift nicht, was es
da zu lachen gibt. Die Andern waren auch nicht übel: Friedrich
Kühne, braun und grün angestrichen, sah aus wie ein Holzschnitt
aus den Fliegenden Blättern, so: «Unter Mimen» – und Wolfgang
Heinz tremolierte mit der Stimme wie ein erwachsener Moissi, das
Publikum raste, Einer zischte sogar, weil er dachte, es sei ein Sa-
40 krileg, und der Geist des Gewaltigen schwebte segnend über der
Stätte seiner winterlichen Triumphe.

Zum Schluß aber trudelte sich doch Mäxchen ganz allein auf die
Szene und nahm die spontane Huldigung seines Volkes entgegen
und die fröhliche Quittung, daß ers wieder einmal ganz famos gemacht habe.

Peter Panter, WB 24. 7. 1919

123

Deutschnationaler Parteitag

Das gibt es noch. Nach dieser Zeit,
nach so viel langen Jahren
stehn voller Schwung und voller Schneid
die Herrn, die schuldig waren.

Steig ab, steig ab vom Pegasus
und laß sie uns betrachten,
die all noch leben, bis zum Schluß,
nach soundso viel Schlachten:

Da ist zum ersten der würdige Gehrock von Herrn Trauben,
10 der bat den Herrn, ihm zu helfen von seinem Unglauben.

Aber der Herr sprach: «Nein, Gottlieb, das tu ich nicht;
ich kann dir nicht helfen bei so einem Gesicht!»

Da ist zum zweiten Herr Helfferich, ein feiner Finanzmann,
der unterschätzte den Angeln, den Jingo und den Franzmann.

Aber es kommt da leider kein Zivilist und kein Soldat rum:
diese beiden sind – weiß Gott – ein par nobile fratrum.

Auf deutsch: wir wollen uns freuen, daß wir zwei solcher Kerle
                                                        haben!
Dann aber tät uns Freiherr von Loringhoven erlaben.

20 Und er verübte eine kleine Katzenmusik
auf die verfluchte und gottverdammte Republik.

Weil man nicht einmal mehr – so geht das nicht weiter –
schinden dürfe seine geliebten Landarbeiter!

Und sie sprachen alle viel vom alten preußischen Geist.
Ich weiß nicht genau, was das eigentlich heißt.

Wahrscheinlich ist das so ein Ausdruck für Laien
für den Geist aus den guten pommerschen Schnapsbrennereien.

Und unter Absingung von verschiednen frumben Liedern
ging auseinander dieser Verein von Schützenbrüdern.

30   Steig auf, steig auf – der Pegasus
        will laufen, laufen, laufen!
        Er stand nur, weil er durchaus muß,
        aus diesem Quell zu saufen.

        Die Quelle ist ein trübes Loch.
        Komm, neues deutsches Leben!
        Die gibt es noch. Die gibt es noch.
        Und soll es nicht mehr geben!

                                    Theobald Tiger, Ulk 25.7.1919

Krieg und Friede

Während des Krieges verboten gewesen

Die fetten Hände behaglich verschränkt
vorn über der bauchigen Weste,
steht Einer am Lager und lächelt und denkt:
«'s ist Krieg! Das ist doch das Beste!
Das Leder geräumt, und der Friede ist weit.
Jetzt mach ich in andern Chosen –

Noch ist die blühende, goldene Zeit!
Noch sind die Tage der Rosen!»

10 Franz von der Vaterlandspartei
klatscht Bravo zu donnernden Reden.
Ein ganzer Held – stets ist er dabei,
wenn sich Sprecher im Saale befehden.
Die Bezüge vom Staat, die Nahrung all right
laß Stürme donnern und tosen –

Noch ist die blühende, goldene Zeit!
Noch sind die Tage der Rosen!

Tage der Rosen! Regierte sich je
so leicht und bequem wie heute?
20 Wir haben das Prae und das Portepee
und beherrschen geduckte Leute.
Wir denken an Frieden voll Ängstlichkeit
mit leider gefüllten Hosen –
Noch …

Noch ist die goldene, die blühende Zeit!
Noch sind die Tage der Rosen!

Kaspar Hauser, WB 31. 7. 1919

Über die Cacteen

Die Zeiten des guten Bierulks sind ja längst dahin. (Apropos: dahin – aber das ist ein langes Kapitel …) Ja, diese guten Stamm-
tischwitze gibts garnicht mehr, weil der heutige Biertisch sich in
dummen Schimpfereien über die neue Zeit ausgibt, die er nicht
versteht und nicht verstehen will. Die Behaglichkeit ist zum
Teufel.

Nun hat Einer aber das Glück und die Geduld gehabt, sich mit
solch einem alten Spaß befassen zu können und hat ihn ausgegraben: ‹Über die Cacteen (de cactibus) von Dr. H. W. Nach dem
10   hinterlassenen Original-Manuscript herausgegeben von A. König›
(im Verlage Johann Georg Holzwarth, Bad Rothenfelde, Teuto-
burger Wald). Das ganze Buch ist nur zehn Seiten stark – aber
man lacht für hundertunddreiundzwanzig.

Derlei Späße sind sonst nicht recht erträglich, weil das erotische
Bedürfnis bei dem Bürger, versetzt und unterdrückt, meist sehr
übelriechend entweicht. Bezeichnend ist zum Beispiel, daß in unsern guten braven Witzblättern ein kräftiger geschlechtlicher Spaß
stets auf entrüstete Ablehnung stößt, dagegen ein Witz von den
P. P.-Örtlichkeiten mit großer Heiterkeit aufgenommen zu wer-
20   den pflegt. Weil dieses aber hier eine entzückende Travestie auf
deutsche Gründlichkeit ist, weil es von herrlichen Einfällen
strotzt, weil es mit einer unerschütterlichen Ernsthaftigkeit vorgetragen ist – deshalb bestellt euch für die paar Pfennige das Heftchen, laßt es eurer Frau nicht in die Hände fallen (Frauen mögen
dergleichen nicht, außerdem kommen auch so viele lateinische
Namen drin vor) – und wenn euer Papa noch lebt, der vielleicht in
Tübingen studiert hat oder in Jena, dann schenkt ihm ein Paket
anständigen Tabak und das Buch. Ihr sollt sehen, wie er auf dem
Sofa sitzt und, leise lachend, den Rauch von sich stößt und brum-
30   melnd liest: «Die Semi- oder Halbcacteen. Ein kleines, aber sehr
bedenkliches Geschlecht. Zu demselben gehören: a) cactus necessarius interruptus …». Viel Vergnügen!

Peter Panter, WB 31. 7. 1919

Zueignung / Von J. W. Goethe
Unter freundlicher Mitwirkung von Theobald Tiger

Ihr naht euch wieder, schwankende Gestalten,
Die früher sich dem trüben Blick gezeigt.
Versuch ich wohl, euch diesmal festzuhalten?
Fühl ich mein Herz noch jenem Wahn geneigt?
Ihr drängt euch zu! Nun gut, so mögt ihr walten,
Wie ihr aus Dunst und Nebel um mich steigt;
Mein Busen fühlt sich jugendlich erschüttert
Vom Zauberhauch, der euren Zug umwittert.

Ihr bringt mit euch die Bilder böser Tage,
Und tausend schwarze Schatten steigen auf;
Gleich einer alten, halbverklungnen Sage
Steigt U-Boot-Krieg und Brest-Litowsk herauf.
Der Schmerz wird neu, es wiederholt die Klage
Des Lebens labyrinthisch irren Lauf,
Mahnt an Millionen, die, um schöne Stunden
Vom Glück getäuscht, von uns hinweggeschwunden.

Du, Kahlkopf, und du, Bierbankredner Roethe,
Du, gläubiges Sonntagskind, mein Helfferich!
Und Bethmann, du – ich, dein Kollege Goethe,
Sag es dir schüchtern: Mir gefällste nich!
Ihr tanztet alle, alle nach der Flöte
Des großen Hasardeurs – das wundert mich …
Doch hat im Leichtsinn und frivolen Hoffen
Ein Admiral im Bart euch übertroffen.

Und mich ergreift ein längst entwöhntes Sehnen
Nach einem friedlich-freien Deutschen Reich,
Mit Mühe nur verkneif ich mir das Weenen,
Die Kehle knarrt, dem Grammophone gleich.
Ein Schauer faßt mich, Träne folgt den Tränen,

Auf steigt mein Beten, wehmutsvoll und weich:
O Herr, vergib den deutschen Diplomaten –
Sie wußten leider all nicht, was sie taten!

Theobald Tiger, Ulk 1. 8. 1919

127

Leichenreden

«Versehn is *ooch* verspielt!»
Berliner Redensart.

«Mensch,» sagt der Berliner, wenn er beim Skat sitzt und der
Gegner klaubt ihm gar zu genau auseinander, wie er hätte spielen
sollen und wie er nicht hätte spielen sollen, «nu halt dir nich bei
die Leichenreden auf! Spiel!» –

Wir halten jetzt bei der Zeit der Leichenreden – die Hasardeure,
die das Spiel verloren haben, setzen dem deutschen Volk ausführlich auseinander, warum es hat verlieren müssen, und wie es hätte
gewinnen können. Und wir möchten ihnen so gern zurufen: Haltet euch nicht bei den Leichenreden auf! – Bessert!

Unter dem Wust von Entschuldigungsschriften der Militärs fi-
sche ich ein Heftchen heraus ‹Das Marne-Drama des 15. Juli 1918›
von Kurt Hesse (Berlin 1919 bei Mittler und Sohn). Der Verfasser
war Oberleutnant und hat viereinhalb Jahr im Felde gestanden.
Das Büchlein scheint mir so typisch für den deutschen Offizier
und seine Welt, daß ich es hier näher betrachten will.

Ich zitiere: «Unsre Presse hat unendlichen Schaden angerichtet.
Wie weit sie ‹auf Befehl› handelte, weiß ich nicht. Darum erhebe
ich auch nur bedingt gegen sie einen Vorwurf. Am Silvestertage
schrieb ich nach Haus: ‹Die Zeitungsnachrichten bringen immer
nur Siegesnachrichten, wir merken hier tatsächlich wenig vom Siegen. Wir wissen nur das zu sagen, daß wir niemals so schwer zu
kämpfen gehabt haben, wie in den letzten Wochen.›»

Wenn ein Pressemann es wagen würde, über militärische Angelegenheiten zu schreiben, ohne zu wissen, daß die Ulanen keine

Infanterieformation sind, würde ihn der Offizier mit Recht für unzuständig halten. Daß aber ein deutscher Offizier heute noch nicht weiß, daß wir im Kriege überhaupt keine Presse, sondern nur ein machtloses Druckinstrument hatten, das sich vollkommen in Händen von Militärs, also von Offizieren befand, das ist beschämend. Zugegeben, daß es Zeitungsmänner gab, die der Kriegskoller übermannte – sie sind hier oft genug bekämpft und angeprangert worden. Aber hätte denn die Stimme der besonnenen Anständigkeit und der ruhig überlegenden Vernunft durchdringen können? Wäre nicht die Zeitung sofort verboten worden, die nicht in diesen Siegestaumel mit eingestimmt hätte, ja, sind solche Zeitungen nicht verboten worden? Wir brauchen nicht weit zu gehen, um auf Beispiele zu verweisen ... Davon weiß der Offizier nichts. Von dieser maßlosen Schuld seiner eigenen Kameraden, die in Deutschland etwas machten, was sie Politik nannten, was aber verbrecherischer Unfug war – davon weiß er nichts.

Ich zitiere: «Viel Schuld, daß zwischen Heer und Heimat nicht die Harmonie bestand, die hätte sein müssen – sie war äußerlich sehr innig, aber nicht tief gefestigt, weil eben einer vom anderen die Wahrheit nicht wußte – sehr viel Schuld daran trug die tägliche Heeresberichterstattung. Gewiß, ihre Sprache war zeitweise stolz, klassisch, deutsch. Aber was nützen die besten Worte, wenn sie über die Wirklichkeit hinwegtäuschen. Lügen enthielten sie zwar nie, aber sie sagten vieles nicht.» Folgen eine Reihe schwerwiegender Beispiele, Verschweigungen, Lügen. Lügen über Fliegerei («Wir sind die Herren der Luft»), Lügen über das Sanitätswesen, die Aushungerung des Gegners. Und zwei Seiten später: «Ludendorff ... Da faßten wir fester noch Vertrauen zu ihm, und er täuschte uns nicht.» –

Was uns hier aber besonders angeht, das ist nicht der mangelnde Mut des Verfassers, aus gut beobachteten Einzelheiten nun auch die einzig mögliche Schlußfolgerung zu ziehen, sondern das sechste Kapitel der Schrift «Vom Offizier, Unteroffizier und gemeinen Mann». Hier haben wir den preußischen Ungeist in Reinkultur, und ihn wollen wir uns vornehmen.

«Erzogen zum Führer, war der Offizier der Halt im Gefecht. Um ihn scharten sich die Leute. Sie wußten einfach nicht, wo sie

ohne ihn bleiben sollten.» Also waren sie schlecht ausgebildet. Also hatte der nicht zum Erzieher getaugt, der sie unterrichtet hatte: denn was sind das für Soldaten, die nur arbeiten können, wenn der Dresseur neben ihnen stand! Und weil ich das Gefühl habe, daß Hesse einer der Ehrlichen ist, die ihre Sache lieben und um der Sache willen vor der bitteren Wahrheit – soweit sie sie erkennen –
70 nicht zurückscheuen, deshalb freue ich mich, meine alten Behauptungen, wegen deren man mich fast gestäupt hätte, auch hier bestätigt zu finden.

«In erster Linie wird dem Offizier jetzt vorgeworfen, er hätte auf Kosten der Mannschaften gelebt. Man soll offen sein: es ist vielfach geschehen. Es ist aber im Felde energisch dagegen angegangen worden, viel mehr von unten als von oben. Es wurde – das muß ich ehrlich sagen – der eiserne Besen vermißt, der mit dem Wohlleben energisch aufräumte; aber da durfte nicht vorn angefangen werden, sondern hinten war das Übel am größten. Auch
80 nicht mit schriftlichen Verboten, sondern mit der Tat.» Die Tat hat gefehlt, mein Herr Oberleutnant. Die Tat war da, wenn es galt, einen unbequemen Soldaten abzutun, der sich darüber aufhielt, daß Heimatskisten, Wein, Annehmlichkeiten nur für die «Herren» da war. Die Tat blieb aus, wenn irgend ein Etappenkaiserchen das halbe Dorf für sich requirierte. Die Tat blieb aus.

Es ist eine andre Welt, in der die da lebten (und noch leben). «Ich komme zum gemeinen Mann», steht in der Schrift. «Soll ich noch sagen, daß mein Herz für ihn schlägt?» – Du sollst es nicht sagen. Das Herz soll nicht für ihn schlagen, darauf verzichtet er.
90 Du sollst dazu gehören, als Deutscher zum Deutschen; du sollst dich nicht besser dünken denn er, der den Dreck ausfrißt. Wir pfeifen auf dein Herz. Sei einer von den unsern! Komm heraus aus deiner Kaste!

Denn eine Kaste wars. Eine Kaste, die sich nicht denken konnte, daß gute militärische Erziehung ohne Drill denkbar sei – auch heute noch nicht denken kann. Eben nur durch den Drill kommt keine Disziplin in die Truppe; da kommen wohl jene vielgeliebten strammen Ehrenbezeugungen hinein. Ach! die schlimmsten Schieber rissen am knallendsten die Knochen zusammen, und wohlge-
100 fällig ruhte das Auge des Herrn Kommandeurs auf ihnen. Durch

den Drill entstand jener widerwärtige preußische Kadavergehorsam, mit dem Friedrich der Große noch seine Kriege gewinnen konnte. Die Welt hat ihn überholt und überflüssig gemacht. Seine Zeit ist vorbei.

Und ihr habt den Krieg gewollt. «Der Wille zum Kriege lag in unserm Blut, das einer Reinigung bedurfte.» Eures vielleicht, unsres nicht. Wir hätten ganz gut leben können, ohne halb Europa mit dem Blut unserer Besten zu düngen. Wir haben ihn nicht gewollt.

Ihn nicht und den Popanz eurer fossilen «Ehre» nicht, die ihr noch bei den Unteroffizieren vermißt, die sie weiß Gott nicht hatten.

Wir haben den Krieg nicht gewollt, wie wir eure Welt nicht wollen, die noch heute – 1919 – fest und treu glaubt, ein halbes Jahr Blutvergießen mehr hätte uns genützt, noch weiter, durchhalten, noch zwei Monate, drei, vier … Und ihr sammelt mühsam Entschuldigungsgründe: die «gegnerische Propaganda» – als ob ein innerlich gesundes und zufriedenes Heer solchen Dingen zugänglich wäre; – der fehlende Diktator – hatten wir einen? und was für einen – dies und das, dieses und jenes …

Und nur das eine seht ihr nicht. Wollt ihr nicht? Könnt ihr nicht?

Daß ein unfreies Volk, in gezüchteter Sklaverei gehalten, nimmermehr andre befreien kann, daß Kastenwirtschaft aus dem vierzehnten Jahrhundert nicht den Siegeslauf in der heutigen Welt antreten kann, daß diese Armee, dieser Geist da mit vollem Recht zusammengebrochen sind. Und daß wir uns deutsche Tüchtigkeit, deutschen Stolz, deutsche Geltung ganz, ganz anders denken, als blitzend auf dem Kasernenhof, gleißend emporgereckt auf dem Rücken gebeugter, stummer, wehrloser Tausender! – So nicht.

Das Marnedrama war eine militärische Angelegenheit, über die militärische Sachverständige rechten mögen. Wir sehen weiter als bis über die nächste Nachbarfront.

Der Krieg ist nicht verloren worden, weil der herrschende Ungeist in Deutschland nichts getaugt hat. Der Gründe sind wohl mancherlei. Aber weil er nun einmal verloren ist, laßt uns daran arbeiten, daß dergleichen nicht wiederkehrt.

Das Heftchen ist mir von einem Freund mit dem Bemerken zugeschickt worden: «So ungefähr denke ich mir positive Kritik.»
140 Ich nicht. Salben und Quacksalbereien helfen nichts, wenn das Bein brandig ist. Messer!
Das Spiel ist aus. Die Partner halten aufgeregt Leichenreden und beschuldigen einander des Versehens und der Unterlassungssünden. Sie hätten sich «versehen».
Wir andern zucken die Achseln. «Versehn is *ooch* verspielt!»

Ignaz Wrobel, BVZ 3. 8. 1919

128

Ilka Grüning

«Nein, und was Sie für ein schönes, neues Kleid anhaben, Frau Hummelpummel! Und wie es Ihnen aber auch steht, so helegant, so direkt vornehm! Nur natürlich, es is 'n bißchen teuer, und wenn man so viel Kinder hat wie Sie – ja –!» Und watschelt, befriedigt, diese kleine Bosheit angebracht zu haben, zu einem ungeheuern Makartstrauß, den sie liebevoll abstäubt …

Wenn es eine Seelenwanderung gibt, so hat diese Frau in ihrer vorigen Existenz jahrelang Zimmer vermietet. Welch ein Horizont! Welch eine Atmosphäre: ein wenig muffig, ein wenig
10 schlecht gelüftet, aber doch bürgerlich, im Aspekt der berühmten «bessern Tage» immer auf tenue bedacht und doch ein ganz, ganz kleines bißchen Kuppelmama. Die blanken Jettaugen kugeln aufmerksam und flink im Kreise herum und sehen alles, was auf derselben Etage liegt und sogar noch eine darunter: das neue Kleid der Frau Portier, die Möglichkeit, daß der Zimmerherr mit der Schneidermamsell von nebenan ein kleines Verhältnis anfangen könnte, den Kehricht in Nachbars Garten und die Splitter in aller Andern Augen. Und Das muß man sagen: ordentlich ist sie. Und schön bedachtsam und ein wenig niederträchtig, denn man will
20 doch im Leben weiter kommen, nicht wahr?

Die Witwe Truelsen, bei der Paul Alfred Abel von Zwei mal
Zwei bis Fünf zur Miete wohnte, war solch ein kleines Meister-
stück, wie diese seltene Frau uns viele geschenkt hat. Wie sie da
herumschlurchte, packschierlich gekleidet, einen Schmelzskalp auf
dem Kopf und bestimmt am Hals eine Brosche mit dem bunt
kolorierten Bild ihres Seligen, eine Henne ohne Küchlein, ohne
Eiernest, aber doch eine Henne, eine ewig besorgte, gluckernde,
gackernde Henne; wie sie ganz, ganz fein und in der vierten Hin-
terhand andeutete, daß man doch niemals wissen könne, ob – nun,
30 wer spricht gleich von einer Heirat mit dem Herrn Abel, aber ob
man nicht doch – wie? Und wie sie, ganz Bürgerkönigin, die Dame der Straße, «so eine mit Haare» verachtete, denn es war ja
nicht legitim, und wie sich Nippes, Staub, Zichorienkaffee und ein
letzter Rest Sinnlichkeit in ihr balgten! Es gibt da eine Stelle, wo
sie Abel, der Lumich, fragt: «Glauben Sie an Mohamed, Frau
Truelsen?» Und sie, prustend und kreischend: «Nein, aber Herr
Abel –!» Darin lag: ich verstehe es zwar nicht ganz genau, aber es
ist was mit ... huch! und: Sie sind ein Schlimmer! und: Aber wir
zwei beide Erwachsenen dürfen uns schon eine kleine Cochonne-
40 rie erlauben. Und nichts davon stand in der Rolle.
   Das ist tausendmal belacht worden, in diesem Stück von Wied
und in hundert andern. Der Provinzkritiker telegraphierte seinem
Blatt: Komische Alte. Aber sie war viel mehr. Sie ist viel mehr.

*

Was ist das: eine alte Dame? Eine alte Dame ist das angewandte
Fazit einer Erinnerung. Die neue Zeit ist da und hat Anschauungen und Grundsätze gewechselt, Tanzarten und Anstandssitten,
aber weil eine Frau der Natur näher steht als ein Mann, erkennt sie
lächelnd: «Es ist alles noch wie früher, die Hüte sind jetzt ein we-
50 nig kleiner, aber das macht nichts, wenn sie nur gefallen.» Und das
unterscheidet sie von einem Greis, daß sie niemals nur zusehend
meditiert, sondern immer noch, in der letzten Ecke ihres Unbe-
wußtseins, mitmacht, mitmachen möchte, teilnehmen ... und sei
es auch nur in leichten, leisen Gedanken. Es steht in einer alten
Geschichte, wie jene Junge aufgeregt und weinend ins Zimmer
weht, der grauhaarigen Dame zu Füßen: «Wann, sagen Sie mir,
wird mich endlich Amor in Frieden lassen!» Und die alte Dame

lächelt über den gebeugten Scheitel hinweg, lächelt ganz leise und sagt: «Kindchen, da müssen Sie eine Ältere fragen –.» Der Funke 60 erlischt nicht; und sei sie noch so weise und abgeklärt: ein Quentchen bleibt. Sie begütigt und beruhigt und vermittelt; aber bei all ihrer Objektivität ist immer noch etwas dahinter.

Es ist immer noch etwas dahinter. Das ist es ja, was so wenige unsrer Schauspieler können (und daran wohl zu allererst erkennt man die Großen): nicht nur eine Figur geben, wie sie ist, sondern eine ganze Figur, wie sie geworden ist, ihren Lebensaspekt mit der langen, langen Zeit des Wachstums dahinter. Wer kann das? Sie sind an den Fingern aufzuzählen, und eine davon ist Ilka Grüning.

Sie ist die feine alte Dame – aber so gar nicht diese gluckenhafte 70 Mama des höhern Staatsbeamten, die, ängstlich und beschränkt, päpstlicher ist als ihr Sohn, der Papst – sie ist eine feine alte Dame, die viel gelebt und gesehen hat, die geliebt hat, und die nicht vergessen hat. Sie ist weise, soweit eine Frau weise sein kann. Sie hat sie kommen und gehen sehen, sie hat so viele Schwüre gehört und heiße Worte, und es ist alles verweht. Nein! es ist nicht alles verweht. Die Luft ist geblieben, die weiche, zärtliche Luft, die einem den Kopf benimmt, und es bleibt das tiefe, lächelnde Bewußtsein: Ich weiß zwar, daß es alles nichts war – aber – dennoch –.

Ich möchte sie gern einmal als alte Ninon oder als greisenhafte 80 Camargo sehen; was sie da wohl sagen würde! Das hat sie noch nie gespielt.

Sie hat so viel gespielt: das ein wenig krächzende, gebrochene Organ konnte Milde ausdrücken und Schmerz und Mutterliebe, alles verzeihende und verschönernde, beschönigende Mutterliebe. Und sie starb nicht als Peer Gyntens Mutter: sie erlosch.

*

Märchen kann sie den Kindern erzählen, daß es einem warm über den Buckel läuft, so, wie die Märchentante aus dem Bilderbuch, mit emporgehobenem Zeigefinger und leise singendem Tonfall: 90 und alle Figuren und Dinge der Welt hingen an diesem Finger.

Und das ist das Letzte aller Schauspielkunst, ist Ingenium. Ich habe ihr einmal in die Augen gesehen: sie sahen gütig und doch durchdringend in die bunte Welt. Und weil sie von unsern Besten ist, laß mich ihr – heute noch – eine Blume geben, die der jugend-

liche Verliebte sonst wohl seiner Siebzehnjährigen scheu an die
Brust heftet: eine dunkle rote Rose.

Kurt Tucholsky, WB 7.8.1919

129

Nach fünf Jahren

Und Vater tot und Bruder tot
und einer kriegsgefangen;
und Mutter sitzt in Rentennot:
Was essen meine Rangen ...?
   So stehn wir da im schäbigen Kleid
   und denken an die alte Zeit.
      Und hassen.

Und hassen jenen Preußengeist,
der uns geduckt, betrogen.
Und hassen, was von Orden gleißt.
Ihr Aar ist fortgeflogen.
   Er hinterließ als armen Rest
   uns nur ein ganz beschmutztes Nest
   und graue Elendsmassen.
      Wir hassen.

Hör, Bruder, standest du nicht stramm
vor Knechten und vor Schiebern?
Du gingst zur Schlacht als Opferlamm.
Wir fiebern, fiebern, fiebern ...
   Wach auf! Du warst so lange krank!
   Es dauert nicht ein Leben lang!
   Mußts nur nicht gehen lassen!
      Wir hassen.

Brenn aus! Brenn aus! Mit Stumpf und Stiel!
Greif mutig in den Himmel!

Die Oberschicht – sie zählt nicht viel –
versinkt in dem Gewimmel.
In Dreck und Blut und Schlamm und Schmerz
blieb uns ein warmes Menschenherz.
30   Schlag zu mit wuchtigen Hieben!
Wir lieben!

Kaspar Hauser, WB 7.8.1919

130

Solneman, der Unsichtbare

Die absunderliche Tatsache, daß Einer gerne einmal allein sein
wollte, und daß die bösen Nachbarn dieses aber unter gar keinen
wie immer gearteten Umständen duldeten, bildet die Basis eines
höchst amüsanten Buches von A.M. Frey. ‹Solneman der Unsichtbare› heißt es und ist im Delphin-Verlag zu München erschienen.
Noch vor dem Kriege; ja, es gibt sogar eine billige Ausgabe, die
für die Feldpost hergestellt worden ist – aber es ist ja falsch, von
euch die Kenntnis aller hübschen Bücher vorauszusetzen. Ich denke immer, daß unsre Bücherbesprecher einen großen Fehler ma-
10   chen, wenn sie sich nun grade an die letzte Nummer des Buch-
händler-Börsenblatts halten – es gibt so viel alte hübsche Dinge,
die kein Mensch kennt, und die ihr Dasein in der ersten Auflage
sanft verträumen … Ich könnte euch immer wieder vorschwär-
men, wie schön ‹Wie wir einst so glücklich waren› von Willy
Speyer ist – dieser Solneman ist so ein Buch, das Viele kennen,
aber noch lange nicht Alle, die's angeht.
    Es geht Alle an, die Spaß an barockem Humor haben. Ich sage
absichtlich nicht: grotesk – das ist dieser Humor auch –, aber da
ist doch noch ein Ton, der aufhorchen macht, und der nicht auf
20   der Mohnwiese E.A. Poes gewachsen ist: ein schneidender, eis-
kalter Ton.
    Die Sache ist einfach die, daß Hciebel Solneman (mit Einem N,
bitte!) eines Tags in die kleine Stadt geschneit kommt und sich
den Bürgerpark kauft. Er legitimiert sich mit einem kindskopf-

großen Diamanten, zahlt 75 – in Worten: fünfundsiebzig – Millionen auf den Tisch des Hauses – oder waren es hundertfünfzigtausend? – und macht sichs behaglich in seinem Park.

Und baut eine riesige Mauer um den Park, wie er sich auch ausgemacht hat, daß sich keiner vermessen dürfe, in den Park einzu-
30 dringen – und das Spiel geht los.

Die ganze Stadt zerbricht sich den Kopf: Was macht dieser Mann? Und wie sieht er aus? Denn als er dort einzog, hat er seine Vermummung, die man bisher an ihm wahrnahm: Zylinder, Perücke, Bart und Brille, vor die Mauer gelegt – und nun weiß niemand, wie er eigentlich aussieht. Und er macht die tollsten Dinge, und dieser ganze quecksilbrige Unfug kontrastiert so lustig mit dem entzückend geschilderten Spießertum der Stadt, daß man sich vor Freude schüttelt. Die Geschichte geht über Leichen, Chansonetten, Bürgermeister und Polizeisekretäre – ja, sie macht auch
40 vor der weiland allerhöchsten Person nicht Halt und überkugelt sich vor Freude, Allen eins auswischen zu können. Kaum eine Länge ist drin, kaum einmal schöpft man Atem und meint, nun sei es aber genug – Frey erfindet immer noch spaßigere Capriolen, schlägt noch einen Kobolz und noch einen (in Kurland nennt man das «Kuckerball machen») – daß man aus dem Lachen nicht herauskommt. Ganz reizend ist ein zu Unzeiten adhibierter Protokollstil – der Einfluß der Brüder Mann ist angenehm erkennbar: in der satanischen Freude, den Spießer zu verhohnepipeln und in der maßvollen, fast abstrakten Komik der Schilderung. Die Figu-
50 ren sind messerscharf ausgeschnitten, der Dialog von telegrammatischer Knappheit, und wenns pathetisch wird, denken wir an die gesamten opera operata Meister Holzbocks. (Den gibts übrigens, und er lebt immer noch. Ein berliner Filmschauspieler soll neulich, als er ihn sah, gesagt haben: «Hm – gute Maske!»)

Was aber Solnemanen anbetrifft, so überschwemmt er die ganze Stadt, sodaß sich die Bürger genötigt sehen, auf den Straßen in Küchenschränken wie auf den Lagunen Venedigs einherzufahren, und schließlich dringt man doch in den Park ein. Und entdeckt, daß man das Opfer einer bübischen Mystifikation geworden ist,
60 denn Hciebel Solneman ist ein Mann, der sich rückwärts lesen läßt, um unerkannt zu leben. Und der entzückende Schlußsatz,

mit dem das Buch schließt, die aufatmende Beruhigung, daß der
Leutnant von Eckern-Beckenbruch, der nackt im Affenkäfig sitzt,
seine Hosen wiederbekommt, verlohnt allein, daß Sie das Buch an
einem stillen Sonntagnachmittag ganz allein auf dem Sofa durch-
lesen und durchlachen.

Peter Panter, WB 7.8.1919

131

Im Bade

Die Welle bricht sich. Kann mans ihr verdenken?
Es taucht ins Meer ein feister Menschensack:
die Glieder badet dort, die ungelenken,
Frau Zademack.

Im Bademantel tritt mit hastigen, schnellen
Bewegungen Herr Baccer aus der Tür.
Neptun persönlich aus den tiefsten Wellen
sagt: «Ab dafür!»

Es rollt sich an das arme Seegestade
Lu Lora, mit 'nem ganzen kleinen Stich.
Und der Verehrer Chor spricht: «Schade, schade!
Heut filmt se nich!»

Es rudert wie beim Sprechen mit den Händen
Herr Moppelmann am deutschen Ostseekap.
Er denkt beim Wogenspiel an Dividenden:
Mal auf – mal ab!

Und der ist da und die. Von der Regierung
schwimmt dort ein Mann – pomadig, faul und schlapp …
Man bricht sich auch im Bade die Verzierung
nur ungern ab.

Und die ist da und der – in vollen Rudeln – –
O lieber Gott! willst du mal freundlich sein?
Dann laß mich schwimmen in den blauen Strudeln
allein, allein –!

Theobald Tiger, Ulk 8.8.1919

132

Der Krieg ohne Namen

Frühere große Zeiten hatten so schöne Namen, die wir schwitzend in der Schule lernen mußten. Da gab es einen Siebenjährigen Krieg, und einen Kartoffelkrieg, und einen Bayerischen Erbfolgekrieg – wer dessen Vorgeschichte aufsagen konnte, war bei unserm Geschichtslehrer, dem Rotbart, fein heraus – und einen Spanischen Erbfolgekrieg und einen Freiheitskrieg – und viele schöne andre.

Aber wie heißt nun dieser? Ich muß «Dieser» sagen – denn er hat noch keinen Namen. Ich weiß ja nun nicht, ob die andern schönen Kriege ihren glorreichen Namen gleich angehängt bekommen haben, während sie noch geführt wurden – bei dem dreißigjährigen ist das zum Beispiel zweifelhaft – aber «dieser» hat noch keinen. Bekommt er mal einen?

Vorläufig irrt er noch, blutig und übel, durch das Gedächtnis der Lebenden, und er hat so wenig einen Namen, wie die Sonne einen besondern Vornamen führt. Es gibt nur die eine. Und es gibt nur den einen. «Der Krieg» sagen die Leute. Und man weiß schon …

«Und dann habe ich im Kriege …» – «Dann kam der Krieg.» (Berühmter Satz in Novellen.) – «Während des Krieges ist dann …» – Und jeder weiß merkwürdigerweise genau, welcher Krieg gemeint ist, und denkt gar nicht an den Spanischen Erbfolgekrieg und an den zweiten Türkenkrieg – sondern nur an den einen, an diesen einen …

Aber kann das so weiter gehen? Wird dieser Krieg nicht auch

einmal einen Namen bekommen? Wie werden ihn unsere Enkel lernen?

Als «Weltkrieg»? – Da habe ich Bedenken. Denn die Propheten, die vom Prophezeien und von den Kriegen leben, weissagen uns
30 einen baldigen schrecklichen Krieg zwischen Amerika und Japan, und ob das nicht auch eine Art Weltkrieg werden wird, steht noch sehr dahin. Also wie denn?

Also wie denn?

Ich schlage vor, wir einigen uns auf das Etikett, das man den vier Jahren angehängt hat, als man noch reklamiert und im Vollbesitze der heimischen Butter war. Als alles noch so glatt war und so einfach: die einen starben, und die anderen machten Haßgesänge. Die einen verkamen im Dreck, und die anderen lobpriesen das …

Einigen wir uns, wenn wir von diesen Jahren und von diesem
40 Kriege sprechen, freundlich und mit fast unmerklicher Ironie das Ding so zu benamsen, wie man es damals nannte, als noch die Oberste Heeresleitung täglich ihren Kleinen Katechismus drucken ließ:

Die große Zeit.

Ignaz Wrobel, BT 12. 8. 1919

133

Zwei Mann: Gitarre und Mandoline

Im Waldlager 1917. Der Major steht vor dem Bataillonsunterstand und spiegelt sich in der Sonne. Wir stehen im Stellungskrieg, seit langen Monaten im Stellungskrieg, und jetzt ist August, der Feind ist ruhig, die Marketenderei klappt, die Herren trinken abends ihren Sekt und denken sich am Tage immer etwas Neues aus, um das Leben ein bißchen abwechslungsreicher zu machen. Birkengeländer um die Offiziersunterstände haben wir schon. Es werden zwar die feindlichen Flieger auf uns aufmerksam werden, aber dafür sieht es schön aus. Schön wie eine Ansichtskarte. Schilder an
10 allen Ecken und Kanten haben wir auch. Die Offiziersunterstände

sind pompös ausgebaut. Wir haben alles, Verzeihung, die Herren haben alles.

Und nun steht der feiste Kommandeur in der Sonne und glänzt und strahlt und denkt nach, was man jetzt aufführen könnte. Richtig! – «Waren da nicht neulich zwei Kerls, die Musik machen konnten? Jeije oder so was?» – Der Adjutant wippt nach vorn. «Gewiß, Herr Major! Sehr wohl, Herr Major! Zwei Mann aus der dritten Kompagnie. Einer spielt Gitarre, der andere Mandoline. Hört sich sehr hübsch an. Vielleicht könnten die heute abend,
20 wenn ich mir den Vorschlag erlauben darf …?» – «Kerls sollen heute abend antreten. Um neun Uhr. Kriegen Freibier.»

Und sie treten an, und die kleinen Lampions schaukeln im Winde, das Kasino hat in der Birkenlaube decken lassen, und es gibt schöne Sachen, die so ein Musketier noch nie im Kriege zu sehen bekommen hat: Gänseleberpastete und Gurken und kalten Fisch und Rotwein und Sekt und Weißwein und viele, viele Schnäpse … Die Spieler stehen schüchtern am Eingang der Laube. Dem einen schluckt's im Halse – seine Frau schreibt, sie stehe täglich zwei Stunden nach Kartoffeln an … «Na, spielt mal was, ihr beiden!»
30 ruft der Major gutgelaunt herüber. Und sie fassen ihre Instrumente fester, verständigen sich durch einen Blick, und durch die lauten und lustigen Gespräche der Offiziere zimpert es – drohend? warnend? – klar und melodisch: «In der Heimat – in der Heimat – da gibt's ein Wiedersehn …»

*

Staubiger Stadtsommer 1919. Am Ausgang eines Berliner Stadtbahnhofs stehen zwei Mann, krüppelig und zerlumpt: Gitarre und Mandoline. Jedesmal, wenn die Fahrgäste eines Zuges auf die Straße herunterströmen, fassen die beiden ihre Instrumente fester,
40 verständigen sich durch einen Blick, und los geht's: «In der Heimat – in der Heimat – da gibt's ein Wiedersehn …»
Wo habe ich die beiden Grauen nur schon einmal gesehn? –

Ignaz Wrobel, BVZ 14. 8. 1919

Militaria

Zur Erinnerung an den Ersten August 1914

Die Ausführungen, die unter dem Titel ‹Militaria› in den Nummern 2 und 4 bis 9 dieses Jahrgangs der ‹Weltbühne› erschienen sind, haben in der deutschnationalen Presse keine ernsthafte Kritik, wohl aber Beschimpfungen hervorgerufen. Der deutsche Offiziersbund zu Berlin hat an den Preußischen Kriegsminister die Anfrage gerichtet, ob es nicht möglich sei, gegen mich wegen dieser Ausführungen Strafantrag zu stellen.

Die Aufsätze enthielten folgende Behauptungen:

Die Stellung des deutschen Offiziers zum Mann war etwa die eines Dresseurs zu einem verprügelten Hund. Das Offiziercorps hat sich im Kriege auf dem Dienstwege Verbesserungen in der Verpflegung verschafft, die ihm nicht zukamen. Das Offiziercorps hat von unrechtmäßigen Requisitionen seiner Angehörigen gewußt und hat sie stillschweigend geduldet. Der deutsche Offizier hat in sittlicher Beziehung im Kriege versagt. Der Geist des deutschen Offiziercorps war schlecht.

Meine Gegner wiederholen nun bis zur Erschöpfung ihren einzigen Einwand, aus dem hervorgeht, daß wir uns nicht verstehen: Man dürfe nicht generalisieren, sagen sie. In den vielen entrüsteten Briefen, die der Herausgeber und ich erhalten haben, kehrt das immer wieder. Wenn wirklich, heißt es dort, einige oder selbst viele Offiziere – wie zugegeben sein mag – solche Dinge begangen haben, so ist damit noch lange nicht gesagt, daß das gesamte deutsche Offiziercorps solche Vorwürfe verdient, wie sie hier erhoben worden sind.

*

Den Deutschen ist besonders seit dem Jahre 1870 systematisch eine Hochachtung vor dem Offizier eingebläut worden, die dem schlecht bezahlten Soldatenführer über seinen pekuniären Kummer hinweghelfen sollte, und die an Ehren gab, was der Staat an Geld zu geben nicht imstande war. Der preußische Leutnant wurde wohl angewitzelt, im Grunde aber heimlich bewundert. Seine sogenannten Ehrbegriffe galten Studenten, Beamten und höhern Handlungsbeflissenen als vorbildlich. Kamen Verfehlungen von Offizieren vor, so wurden sie vertuscht; mußte Jemand wirklich einmal aus dem Offiziercorps hinausgetan werden, so geschah das in aller Heimlichkeit.

Der Geist des deutschen Offiziercorps war auch vor dem Krie-
40 ge nicht gut. Um alle die seit Generationen geltenden Vorurteile seiner Kaste aufrecht zu erhalten, wurde der Offizier in künstlicher Isoliertheit gehalten und nahm am tätigen Leben so gut wie garnicht teil, wenn man von Pferderennen und der Verbindung mit Wucherern absieht. Man glaubte, die Disziplin auf dem Kasernenhof und den Truppenübungsplätzen nur mit der Fiktion aufrecht erhalten zu können, daß man den Offizier für ein höheres Wesen in und außer Dienst, ganz besonders außer Dienst, anzusehen befahl. Der deutsche Offizier war gewöhnt, in dem «Kerl» – anders wurde der Deutsche, der seiner Wehrpflicht genügte, von
50 seinen militärischen Vorgesetzten kaum genannt – ein Wesen minderer Art zu sehen.

Dieser schlechte Geist zog sich bis tief in das Bürgertum hinein und verdrehte auch hier die Köpfe. Er erzog die Leute, nur auf den äußern Erfolg zu sehen, und eine Beförderung galt in diesen Kreisen so viel wie ein Gottesurteil. Sie wußten alle, wie sie zustande kam, kannten den Strebergeist, der seit Wilhelm dem Zweiten das Heer korrumpierte, und kannten die Schleichwege der Schiebung und der guten Beziehungen, auf denen der Erfolg zu erreichen war. All das war aber vergessen, wenn er sich eingestellt
60 hatte, und es wurde Das ernst genommen, was man mit unlautern Mitteln jeden Tag erlangt sehen konnte. Es bestand die große kulturelle Gefahr, daß ein schlecht erzogener Soldat seine ganze Familie verdarb. Die Braut stolzierte doppelt stolz am Sonntag mit ihm einher, weil «Ihrer» seine Untergebenen anschnauzen und nachlässig grüßen durfte, die Frau Feldwebel sah wohlwollend auf die Frau Unteroffizier herunter – und dieser ganze kindliche Kasperlkram ragte bis hoch hinauf in die Kreise der Stabsoffiziere.

Die Reserve-Offiziere standen dem nicht nach. Durchdrungen von der erheblichen moralischen Minderwertigkeit ihrer selbst ge-

70 genüber den «richtigen» Offizieren, bemühten sie sich wenigstens, ihren unerreichbaren Vorbildern so nahe wie möglich zu
kommen, und parodierten und karikierten mit mehr oder weniger
Ungeschick den schneidigen Leutnant. Sie erstarrten gleichsam zu
Salzsäulen, wenn sie, Oberlehrer oder Juristen, ins Kasino kamen
– sie wurden offiziell, und etwas blieb für ihr bürgerliches Leben
auf immer haften.

Die Deutschen fühlten sich nicht allzu unwohl dabei. Sie emp-
fanden kaum die unerhörte Erniedrigung, die darin lag, daß ein
Kreis mäßig begabter Landsleute, durch den Ring des Standes-
80 bewußtseins fest von der Welt abgeschlossen, es unternahm, sie
derart zu verachten. Die Gebildeteren unter den Dienenden – die
Einjährigen – halfen sich mit Spaß und guten Mienen über das
böse Spiel hinweg bis zu dem Zeitpunkt, wo sie selbst die Achselstücke erhielten, und bemühten sich dann, es den aktiven Offizieren in Verachtung ihrer eignen bürgerlichen Standesgenossen
gleichzutun.

Das geistige Niveau des deutschen Offiziers aus der Zeit vor
dem Kriege ist als kläglich zu bezeichnen. Der Verteidiger der
Kaste zieht hier gern den Generalstab und die militärischen Aka-
90 demien heran. Das ist irreführend. Die Angehörigen dieser An-
stalten machten nur einen winzig kleinen Bruchteil des ganzen
Offiziercorps aus, und es steht noch dahin, ob auch sie in ihrer
Gesamtheit die Ansprüche erfüllten, die man an einen Menschen
von universeller Bildung zu stellen gewohnt ist. Vor allem ist der
Durchschnitt – also der Linien-Offizier – für den Beurteiler in Betracht zu ziehen.

Vor mir liegt ein Wettbuch aus dem Kasino einer Dragoner-
kaserne in einer kleinen Stadt Ostpreußens. Es ist im Jahre 1907
angelegt worden und wurde bis zum Jahre 1914 fortgeführt. Die
100 Personennamen im Folgenden sind fingiert. Da heißt es:

Oben stehende Zuckerdose (Zeichnung) steht bei Schackelmann,
Mißhusen behauptet: Wenn bei dieser Dose die Stange A grade ist,
geht der Deckel genau ebenso weit aufzumachen, als wie es jetzt der
Fall ist. Leutnant Wientoch bestreitet dieses. Gegenstand: 25 Flaschen
Biesinger.

Mißhusen behauptet, er könne während der Dauer einer Schleppjagd das Monokel im Auge behalten, Schlitz wettet dagegen. Hintertüren sind abgeschlossen, kontrollieren darf jeder Mitreitende. Gegenstand: eine Pulle Biesinger. – Mißhusen gewinnt.

110 Schempin behauptet, daß Müller Ostermann keinen Kuß geben würde, Müller tut es trotzdem vor Zeugen und gewinnt einen Schnaps. Wippermann, Hente und Hietschler sitzen im Café. Keine kleinen Mädchen. Musik à la Stadtmusikanten von Bremen. Man zählt die Fensterscheiben der Boxwände. Wippermann behauptet, daß in einer Wand höchstens 80 Scheiben sind. Hente meint: mehr. Gegenstand: eine Drokner. Hente gewinnt, da 82 Scheiben.

Nimmt man die Zote aus der Gegend des Wirtshauses an der Lahn hinzu, so hat man das Bild einer Kasino-Unterhaltung und hat die geistigen Interessen der Edelsten der Nation.

120 So wenig es möglich ist, über eine Rasse ein abschließendes gerechtes Urteil zu fällen, weil zu viele Vermischungen, Abschwächungen und Abweichungen vom Typus vorkommen, so leicht ist es, eine soziale Institution sauber zu rubrizieren. Der preußische Offizier stellte als Ideal eine ganze bestimmte Erscheinung auf, und mit dieser Erscheinung gilt es sich zu beschäftigen.

*

Eben das, was man gemeinhin unter einem deutschen Offizier verstand, taugte nichts.

Es wird eingewandt, der deutsche Offizier habe seine Tüchtig-
130 keit genugsam dadurch gezeigt, daß so viele seiner Kameraden im Felde getötet worden sind. Es hat ihm niemand Feigheit vorgeworfen. Kamen Fälle von Feigheit und schlechter Haltung im Feuer vor, so sind sie nicht auf die Erziehung im Corps zu schieben, das in dieser Beziehung auf strengste Pflichterfüllung hielt und sie besonders in den untern Chargen durchsetzte. Der aktive Offizier hat sich einen Beruf erwählt, dessen ganze Erfüllung erst im Kriegszustand möglich war, und der Stand hat nun keinen Grund, sich die letzte Aufgabe des selbst gewählten Berufes als besondere Heldentat ankreiden zu lassen. Mit seinen übrigen Charakterei-
140 genschaften hat das nichts zu tun. Wie es auch nicht der Versicherung bedarf, da es zu selbstverständlich ist, daß eine große Menge

Offiziere sich vom ersten bis zum letzten Tage des Krieges untadelig geführt haben. Ich wiederhole immer und immer wieder, daß hier nicht der einzelne Offizier angegriffen wird, nicht einmal achtzig oder hundert Fälle, sondern der Geist des deutschen Offiziercorps.

Es ist nicht richtig, die Gründe des allgemeinen Offiziershasses in einer sogenannten Verhetzung zu suchen.

Die Angriffe gegen den deutschen Offiziersstand, die in so großem Maße eingesetzt haben und nicht verstummen wollen, rühren daher, daß in diesem Kriege zu viel Geistige hinter die Kulissen gesehen haben.

Die ungeheuerliche Machtfülle, die der einzelne Offizier grade im Kriege über Leib und Leben und Gut und Geist seiner Landsleute und der Einwohner okkupierter Gebiete in die Hand bekam, hätte wahrscheinlich auch eine sittlich gereiftere Kaste, als sie der Offiziersstand darstellte, zu Fall bringen müssen. Auch nicht ein Tausendstel der vorgekommenen Ungeheuerlichkeiten ist in die Zeitungen gelangt, aber dieses Tausendstel hätte genügen müssen, um den deutschen Offizier vor gerecht und anständig denkenden Menschen auf das Tiefste bloßzustellen. Ein Regimentskommandeur und Oberstleutnant Bode zu Insterburg gibt in einer Preßberichtigung als ordnungsmäßig und selbstverständlich zu, daß der Silberschatz des Königs Peter von Serbien als Andenken unter die achtundfünfzig Offiziere des Infanterie-Regiments 45 verteilt worden ist. Der General v.d. Borne unterschlug, laut ‹Vorwärts›, mit seinem Stab den ihm unterstellten Erdarbeitern Fleisch und Bier und ließ hunderte von Leuten monatelang an seinem Privatquartier bauen, dessen elektrische Anlage nach Fertigstellung schließlich den Wert von vierzigtausend Mark erreichte. Was den Offiziersstand so schwer bemakelt, ist nicht die Tatsache, daß sich viele seiner Angehörigen zu solchem Mißbrauch ihrer Dienstgewalt hinreißen ließen, sondern die Indolenz ihrer Kameraden, die jede Verfehlung gegen berechtigte Angriffe von außen deckten. Der Offiziersstand trägt insofern für jede Verfehlung seiner Angehörigen die volle Verantwortung, als er sie nicht geahndet hat. Es ist auch nicht richtig, wie die bürgerliche Presse behauptet, daß nur konservative Offiziere an diesen Ausschreitungen gegen die

eignen Leute und gegen die Einwohner der okkupierten Gebiete
180 beteiligt gewesen sind; es waren vielmehr Offiziere aller Partei-
richtungen, und mit am schlimmsten haben sich diejenigen Reserve-Offiziere aufgeführt, die aus kümmerlichen Zivilstellungen
plötzlich zu ungeahnter Macht emporrückten, unter ihnen besonders die Volksschullehrer. (Es ist in solchen Fällen bei uns üblich,
daß die Kollektivität des Standes derartige Angriffe mit Entrüstung zurückweist, statt die Unheiltäter aus ihren Reihen zur
Verantwortung zu ziehen: durch diese Ausübung einer falsch verstandenen Ehre macht sich der gesamte Stand mit verantwortlich.)
Wie sehr der sittliche Fonds des Offiziercorps und des Unter-
190 offiziercorps im Kriege versagt hat, gestehen die Verteidiger dadurch ein, daß sie sagen, die lange Dauer des Krieges habe das Offiziercorps verdorben. Das heißt: Es hat dem Ernstfall, für den es
da ist, nicht standgehalten. Die gegenseitigen Schuldvorwürfe helfen nichts. Der aktive Offizier schiebt die Schuld auf den Reserve-
Offizier, der Reserve-Offizier beschimpft den Aktiven, beide den
Unterführer, der die Stabsoffiziere – und so dreht sich der ganze
Apparat kreiselnd um sich selbst. Die aber, die unter ihm gelitten
haben, kehren sich nicht daran, sondern fassen zusammen:
Es ist im Kriege gestohlen worden – und Ihr habt keinen be-
200 langt. Es ist im Kriege Unrecht getan worden – und Ihr habt kaum
Einen zur Rechenschaft gezogen. Es ist im Kriege geschoben und
gelogen und betrogen worden – und Ihr habt bis auf den heutigen
Tag aus alter Hochachtung vor dem Idol Offizier nichts getan, um
Schuldige zu ermitteln. Um der Disziplin willen? Was ist das für
eine Disziplin, die solchen Schutz nötig hat!
Es mag für nationalistisch gesinnte Deutsche eine Schmach bedeuten, wenn Heerführer und Fürstlichkeiten dem Feind ausgeliefert werden sollen. Es stellt aber eine ungleich größere Schmach
dar, daß die Deutschen in acht Monaten keine Zeit gefunden ha-
210 ben, Etappenräuber und Offiziersrohlinge so bestrafen zu lassen,
daß vor der Welt und vor dem Volk dokumentiert wird, wie wenig
Raubritter und Deutsche mit einander zu tun haben. Das ist nicht
geschehen, und man kann der feindlichen Welt eine Identifikation
leider nicht verdenken. Der Haß gegen das Deutschtum, ein Haß,
von dessen Größe die Wenigsten bei uns zu Lande etwas wissen,

und von dessen berechtigten Gründen fast Niemand, ist ins Maßlose gewachsen.

Was wir hier betrachten, angreifen, bewerten und für ethisch
hoffnungslos halten, ist das Treiben, das sich Tag für Tag draußen
220 abgespielt hat, und über das sich kaum Einer mehr – bis auf die
Leidenden – aufhielt. Nicht die großen Skandale sind es, nicht die
Sonderfälle, die sich überall einmal ereignen, sondern der tägliche
Wust von Unehrlichkeit, Diebstahl an Nahrungsmitteln, den Niemand mehr als Diebstahl empfand, Mißbrauch der Dienstgewalt
und brutaler Unterdrückung der fremden Nationen. (Übrigens
wurde durch diese Roheit nichts erreicht; die Einwohner der okkupierten Gebiete wurden schikaniert und malträtiert und tanzten
den deutschen Behörden, wenns zum Klappen kam, auf der Nase
herum.) Der deutsche Offizier wirkte bei diesen Übeltaten mit,
230 war stets durch Befehl gedeckt und sah bestenfalls untätig zu.

Das ist der Grund für den gerechten Haß gegen den deutschen
Offizier.

*

Artur Zickler hat (im Firn-Verlag zu Berlin) die Erinnerungen eines Feldwebels herausgegeben, der jahrelang in einem Feldlazarett
tätig war. Jeder, der das preußische Militär kennengelernt hat, wird
sie als glaublich bezeichnen. Das Buch trägt den Titel: ‹Anklage
der Gepeinigten›.

Im August 1914 wurde das Feldlazarett vom Chefarzt Wacker zusam-
240 mengestellt. Schon tagelang haben wir an Verpflegung nichts weiter
als Brot erhalten. Die Herren nehmen für sich Büchsenfleisch.

Die Kranken verhungern uns, einige laufen uns fort. Jannecki (der
Lazarett-Inspektor) sorgt nur dafür, daß der Offizierstisch im Garten
reichlich gedeckt ist. Die Verwundeten und Kranken bekommen
durch Fahrer zusammengekochten Dreck und sehen von den Fenstern aus auf die reich gedeckte Mittagstafel im Garten.

Die wenige Milch kam fast ausschließlich den Sanitätsoffizieren zugute. Trotzdem Jannecki genügend Spirituosen hat, gibt er nichts heraus, obwohl das Leben der Kranken oft davon abhängt. Nur weil der
250 Chefarzt wörtlich erklärt hat: «Tee ohne Rum saufe ich nicht!»

Die Pferde haben denselben guten Tag wie wir, da den armen Tieren
alles Futter gestohlen wird. Wenn das elektrische Licht im Orte aus-

setzt, was oft vorkommt, brennen im Offizierskasino mehr als ein halbes Dutzend Kerzen, aber in den Stallungen ist kein Licht, und die Pferde schlagen sich die Knochen kaput. Ich mußte gestern deswegen ein Pferd erschießen.

Im Schloß liegt ein Offizier, der sich eines Tages durch Militärkrankenwärter Wolf rasieren läßt und sich dabei über Wolfs schlechtes Aussehen wundert. Da sagt ihm Wolf offen, das käme davon, daß die Herren uns alles unterschlagen; wenn wir das Empfangene alles bekämen, würden wir schon satt werden und nicht so schlecht aussehen. Abends im Kasino trägt der Leutnant unserm Spitzbuben den Fall vor. Der stellvertretende Chefarzt erwidert darauf: «Diesem Mann dürfen Sie nichts glauben, der ist zu belesen, der schmökert zu viel in den Büchern herum.»

Ich frage mich wieder und immer wieder, wie lange dieser Schwindel, dieser niederträchtige Betrug noch andauern soll. Wir empfangen täglich 80 bis 100 Liter Milch von der Ortskommandantur, darunter 14 Liter Vollmilch für Schwerkranke (Nierenentzündung, Gasvergiftung), das übrige ist Magermilch. Die Vollmilch wandert sofort in zwei Eimern ins Kasino. Hier werden für die notleidenden Sanitäts-Offiziere Streusselkuchen gebacken, desgleichen Torten. Das geschieht täglich ohne Ausnahme. Unsern Schwerkranken, die mit dickgeschwollenen, aus den Höhlen tretenden Augen liegen und sich vor Schmerzen winden, für die die Vollmilch bestimmt ist, weil sie keine fette Nahrung zu sich nehmen können, gibt man für den ganzen Tag zwei Becher blaues Wasser, genannt Magermilch, davon sollen sie leben und wieder gesund werden.

Wilke fährt heute auf Urlaub. Er nimmt für die Herren Oberapotheker Frühling, den Chefarzt, Jannecki und Rudolf große Pakete nach der Heimat mit. Im Gepäck des Chefarztes ist gestohlenes Fett. Für die Verwundeten empfängt Unteroffizier Schüler, abgesehen von den Liebesgaben, 118 Flaschen Wein und 75 Flaschen Bier. Sie wurden nicht verteilt, weil sich der Chef und der Inspektor darüber einig geworden waren, daß die Verwundeten schon genug hätten. Der Chef sagte: «Wir wollen hier keine Mastkur aufmachen.»

In der Offiziersküche hat man den Pudding versaut. Er will nicht fest werden. Unsre Apotheke muß schnellstens sterilisierte Gelatine herausgeben, die man sonst nur Schwerkranken bei Lungenbluten gibt. Auch das so dringend notwendige Olivenöl aus der Apotheke wandert ausnahmslos ins Kasino.

Der uns zugeteilte evangelische Pfarrer Möller fährt den ganzen Tag in der Umgebung herum, um für seine Familie einzukaufen. Heute bringt er aus Etre Opon für 100 Mark Käse an. Wir können keinen Käse kaufen, weil er uns durch die aufkaufenden Offiziere verteuert wird. Die Herren machen den ganzen Tag Postpakete, der Dienst bleibt liegen. Auch der Pfarrer belastet unsere Urlauber stets mit Paketen. Von der Kanzel sprach er vorigen Sonntag: «Sorget nicht, was Ihr essen und trinken werdet ... sehet die Lilien an auf dem Felde ... Herr, wie Du willst, so Dein Wille geschehe!» Besteht die Aufgabe eines Pfarrers darin, den Soldaten die Lebensmittel wegzukaufen und obendrein die Soldaten und die Religion zu verhöhnen?

Wer da sagt, der Feldwebel hätte sich beschweren sollen, der ist ein Heuchler.

Richard Dehmel urteilt in seinem Kriegstagebuch ‹Zwischen Volk und Menschheit› (bei S. Fischer) sehr hart über die Offiziere und Unteroffiziere. Der Dichter ist im einundfünfzigsten Lebensjahre als Freiwilliger ins Feld gegangen und ist heute noch übervoll von Begeisterung für ein Deutschtum, das es gar nicht mehr gibt. Er sagt:

1914 war es so bei uns, daß der Offizier, solange wir im Felde lagen, grundsätzlich kein andres Menü speiste als die übrigen Soldaten. Später hat sich leider im ganzen Heer mit sehr wenigen Ausnahmen die Oberschicht immer rücksichtsloser auf besondre Küche verlegt. Die Vorgesetzten wußten recht gut, wie das den einfachen Mann verbittern mußte, versteiften sich aber umso grundsätzlicher auf ihren bequemen Standesdünkel.

Besonders die aktiven Feldwebel und Sergeanten, die mit der Verwaltung und Verpflegung zu tun haben, sind fast durchweg ein übles Pack. Da ich mehrmals mit ihnen zusammenlag, konnte ich sie beobachten und war erstaunt, wie ungeniert sie ihre Durchstechereien betreiben; und aus ihren renommistischen Gesprächen zu schließen, ist es bei den anderen Bataillonen nicht anders. Es hält schwer, sich bei solchen Erfahrungen sein Vertrauen zur deutschen Zukunft zu wahren; diese Leute bilden doch schließlich den Durchschnitt unsres «kleinen» Beamtenstandes. Die Sache wird nicht besser dadurch, daß man sich sagt: der Krieg verwildert die Sitten. Diese Kerls sind doch dazu da, die Entsittlichung zu verhüten. Statt dessen sorgen sie jetzt dafür, daß bei den vielen Beförderungen, die der Krieg grade im Unteroffiziersstand verursacht, möglichst nur Gelichter ihresgleichen aufrückt, der alte biedere Sergeant und Feldwebel, saugrob von wegen des Amtstones, aber im Grunde ein Fridolin, scheint auszusterben; der neue ist ein entsetzlicher Streber, scharwenzelnder Rohling mit einem schleimigen Anstrich von sogenanntem deutschen Gemüt. Und diese Troßknechte werden später ausführende Stellvertreter der Obrigkeit mit einer in ihrem kleinen Amtskreis fast unbeschränkten Machtbefugnis. Aber mögen sie noch so klein sein, alle diese Kreise greifen in einander und schnüren wie ein großes Netz von eisernen Ringen den Volkskörper ein. Wenn unsre Regierung nicht dafür sorgt, solchen Wachthunden der öffentlichen Ordnung, die in Wahrheit Hetzköter sind, den gebührenden Maulkorb anzulegen, dann sind wir in zehn bis fünfzehn Jahren wieder genau so verbiestert, wie vor dem Kriege.

340

Sehr bezeichnend die Klage des durchaus nicht rigorosen Majors G., dem das Einquartierungsbüro unterstellt ist, daß fast niemand mehr mit seinem Quartier zufrieden sei; man wolle es womöglich noch komfortabler haben als auf einer Badereise im Frieden. Dabei sind den mehr als 500 Offizieren, die hier in der Stadt beisammen hocken, selbstverständlich die besten Zimmer der wohlhabenden Bevölkerung eingeräumt. Man sollte jeden solchen Querulanten auf ein paar Monate in den Schützengraben schicken, denn die meisten dieser Kanzlei-Offiziere würden das nicht als Ehre empfinden, sondern lediglich als Strafe; man merkt das aus der hundsschnäuzigen Art, wie sie selber mißliebige Mannschaften in die vordere Linie spedieren.

350

Der neue Kommandant Oberstleutnant Bl... hat sein Amt gleich damit eröffnet, zur Verpflegung der Offiziere von der Einwohnerschaft allerlei Extralieferungen gegen Gutscheine zu erheben, die unter dem vorigen Kommandanten jeder Offizier aus eigner Tasche bezahlen mußte. Und an einem der nächsten Tage veranstaltete er im Rathaushof eine Versammlung der Jagdhunde des Bezirks, um sich den besten auszusuchen. Natürlich gleichfalls gegen «Bon».

360

Noch schädlicher für den militärischen und kameradschaftlichen Geist sind die Rivalitäten im Offiziercorps, weil sie unter «Gebildeten» nicht mit rascher Handgreiflichkeit, sondern mit dem schleichenden Giftdunst der schlimmen Nachrede ausgekämpft werden.

Ähnliches findet man in Karl Vetters ausgezeichneter Broschüre: ‹Ludendorff ist schuld› (im Verlag für Volksaufklärung zu Berlin, Burg-Straße 29). Sie behandelt hauptsächlich die letzten Tage vor dem Zusammenbruch, den die Militärkaste verschuldet hat.

370 Die Fälle lassen sich ins Beliebige vermehren. Korrupt war alles: korrupt das Leben eines Standes, der garnicht mehr empfand, daß schon eine kleinbürgerliche Behaglichkeit im Felde unerhörten Luxus bedeutete; korrupt die Gehaltsempfänger, die Geld sparen konnten, während man den Mann mit einem sogenannten Ehrensold abfand; korrupt der selbstverständliche Brauch, daß Jeder, der Materialien zu verwalten hatte, von diesen Dingen in großen Quantitäten unterschlug. Ich habe oft genug im Felde die Redensart gehört: «Er wäre ja dumm, wenn er nicht ...» Korrupt war auch der Ärztestand; zum Teil ließen hier üble Elemente ihrer Roheit und Habsucht freien Lauf. Anzeigen hätten nichts geholfen.
380 Der Einwand, daß alle diese Übelstände nur in der Etappe zu finden waren, besagt nichts. Auch der Etappen-Offizier war ein Offizier, den die Erziehung seines Corps gegen Laster hätte widerstandsfähig machen sollen. Auch der Etappen-Offizier kam oft genug von vorn und verfiel sofort der allgemeinen Verderbnis, ein Zeichen, daß er sich im Graben nur notgedrungen anständig benommen hatte. Dort konnte er nichts unterschlagen: denn es war nichts da.

Das deutsche Offiziercorps hat seine Rolle bei den denkenden
390 Deutschen, wenn das vielleicht auch wenige sind, ausgespielt. Was so erbittert hat, war der Geist, der durch starre Erziehung dort eingeimpft war: der Geist, der die eignen Landsleute verneinte und verachtete. Der Einzelne hatte kein Verantwortungsgefühl mehr: die Kollektivität hatte es ihm abgenommen und schützte ihn.

Die Kollektivität ist aber nun auch schuld an den maßlosen Übergriffen Einzelner, die unsre Friedensbedingungen zweifellos verschlimmert haben. Keine Ärzte-Organisation, kein Offiziercorps hat Kollegen und Kameraden öffentlich zur Verantwortung
400 gezogen. Die Straftaten wurden sehr leicht inszeniert und ausgeführt. Ehe aber Einer dafür abgestraft wird, stellen sie eine sehr sorgfältige Untersuchung an, die dem publizistischen Ankläger Gefängnis und dem Angeschuldigten in den seltensten Fällen etwas einbringen wird. So subtil kann Justitia manchmal sein.

*

Die Entwicklung des deutschen Militarismus ist nicht als abgeschlossen zu betrachten.

Es handelt sich hier um eine wesentlich kulturelle Frage, und es zeigt sich immer mehr, daß in diesem Kampf zwei Welten aufeinander stoßen, die nicht dieselbe Sprache sprechen. Als auf meine erste Artikelreihe ein pensionierter Oberstleutnant aus Magdeburg an den Herausgeber schrieb, ich solle Material mit vollem Namen veröffentlichen, schlug ich diese Bitte ab. Der Oberstleutnant publizierte meinen Brief in der Deutschen Tageszeitung, und es hieß dort, ich sei ein Buschklepper und feiger Verleumder. Ich hatte geschrieben, daß es garnicht auf die acht oder zehn Fälle ankäme, die ich damals herangezogen hatte, sondern auf den Offizier schlechthin, und daß sein Typ zum Wohl unsres Volkes auszurotten wäre. Es stehen in der Tat nicht die einzelnen Fälle zur Diskussion. Die lassen sich heute, wo die Beteiligten in alle Winde zerstreut sind, sehr schwer beweisen, und wenn sie sich wirklich beweisen lassen, und wenn wirklich Einer oder der Andre – was nicht anzunehmen ist – bestraft wird, so rechtfertigt das in den Augen der Offiziersanhänger immer noch nicht unser scharfes Urteil.

Sie ruhen nicht. Als der Kaiser ausgeliefert werden sollte, hätte man von einem aufrechten Offiziercorps die Abdankung erwartet. Kaum Einer ging. Ich will die Beweggründe, aus denen die Herren blieben, unerörtert lassen.

Bezeichnend für die ungeheure Lebenskraft dieser Kreise und für ihre Ungeistigkeit ist das maßlose Erstaunen darüber, daß die kleinen Fortschritte der Republik für sie persönlich etwa Nachteile im Gefolge haben sollten. Sie hielten ihre militärischen Dienststellen aufrecht, und ein Spiel mit Ämtern hub an ganz wie im Kriege. Da gibt es Staffelstäbe und Brigade-Stabsquartiere und Detachements und Corps und Oberkommandos Süd und Nord … Die zerrüttete Finanzlage des Reiches ist für diese nutzlose Arbeit offenbar kein Hinderungsgrund. Man meinte: Erholungsurlaub – und sagte: Inspektionsreise; man sagt: Verteidigung der Heimat gegen die Bolschewisten – und meint: Stellenversorgung.

Noch arbeitet alles im alten Trott, kein militärisches Amt wird aufgelöst, nichts hat sich geändert. Zu einer Reise in die Schweiz läßt sich das Berliner Polizeipräsidium vom Bezirkskommando die militärische Abkömmlichkeit des Reisenden bescheinigen. Die Dienstpflicht «ruht». Kein Parlament hat bisher gewagt, sie abzuschaffen, jedes sieht den jetzigen Zustand als ungewöhnlich und nur vorläufig an, von der Voraussetzung ausgehend, daß die allgemeine Dienstpflicht das Ursprüngliche und ihre Nichterfüllung eine Ausnahme sei. Es ist aber umgekehrt. Und es muß um jeden Preis mit dem Grundsatz gebrochen werden, daß im Ernstfall die Machtkompetenzen einer geistig fossilen Kaste ins Maßlose schwellen.

Grade im Ernstfall dürfen sies nicht.

Der letzte Akt des Kriegsspiels, das man im Osten krampfhaft fortzusetzen bemüht war, ist aus. Wir werden dafür zu sorgen haben, daß ohne zerschlagene Fensterscheiben und ohne politische Morde in den Köpfen unsrer Volksgenossen eine geistige Revolution entsteht, wie sie bisher gefehlt hat.

Mit Argumenten kommen wir nicht weiter. Hier steht Wille gegen Wille: alles, was zum Nachteil des deutschen Offiziers gesagt wird, trifft den Deutschen von heute ins zusammenzuckende Herz. Er will das nicht hören. Sein Wille verdunkelt die Erkenntnis, und merkt er, wo der Befreier hinaus will, wendet er sich empört ab.

Es führt zu nichts, dem Offizier seine überlebte und menschenfeindliche Sendung klar zu machen und etwa zu versuchen, sie durch ein Kompromiß zu mildern. Wir sprechen nicht zu ihm.

Wir sprechen zu unsern Landsleuten, zu dem Deutschland, das wir lieben, und wir wollen, daß es immer und unter allen Umständen Denen den Gehorsam verweigert, die Menschenunwürdiges von ihm verlangen. Menschenunwürdig aber ist eine Disziplin ohne moralische Einsicht, ist die Annahme, Einer stehe vermöge seines Amtes auch menschlich über dem Andern; menschenunwürdig ist die Unterdrückung sogar innerhalb der eignen Nation.

Wir bekämpfen nicht den einzelnen Offizier. Wir bekämpfen sein Ideal und seine Welt und bitten alle Gleichgesinnten, an ihrer Zerstörung mitzuhelfen. Nur sie kann uns eine neue, reinere Heimat geben.

Ignaz Wrobel, WB 14. 8. 1919

Strafgericht?

Sie sprachen Tage, lange, lange Tage –
und klagten an in bitterböser Klage.

Sie wiesen nach: der Krieg verschluckte brausend
und ohne Nutzen Sechsmalhunderttausend.

Sie wiesen nach: der Ludendorff, der große,
stieß Deutschland in die schmutzigrote Sauce.

Sie wiesen nach: Herr Tirpitz tats nicht minder.
Die Industrie besaß recht artige Kinder.

Sie wiesen nach … Und nun? Was wird geschehen?
Wir werden sie nach Hause schlurchen sehen.

Und schaut ein General noch so verrucht aus:
Man steckt ihn nie und nimmermehr ins Zuchthaus.

Also zum Tode? – Aber, Kind, mit nichten!
Die Weltgeschichte wird ihn einmal richten –!

Die Weltgeschichte aber richtet keinen.
Stumpf, ungerührt hört sie die Mütter weinen.

Und unterdessen freuen sich die Krieger
des rosigen Lichts – auch heute noch die Sieger.

Wir sind in Deutschland.
        Da hat Ein Paar Glück:
Die Großbank und ein buntes Achselstück.

Kaspar Hauser, WB 14. 8. 1919

Auftrittslied

Aus der tragikomischen Originalposse «Deutsche Politik»

Wir Bürger in Deutschland, wir habens nicht leicht,
wir führen ein trauriges Leben.
Wir müssen, was irgend der Fiskus erreicht,
dem Steuerbureau übergeben.
Die goldnen Pretiosen,
getragene Hosen,
geräucherte Schweine,
gestempelte Scheine –
Zum Glück hab ich alles schon längst in Luzern –
Sonst wärs etwas viel für 'nen einzelnen Herrn!
Ja, sonst wärs etwas viel für 'nen einzelnen Herrn!

Es gab im November den riesigen Krach,
es stürzten die Kronen herunter.
Und wurd auch dem Volke so bang und so schwach,
die Rechte, sie bleibt doch stets munter.
Sie hetzte im Kriege,
erschwindelte Siege,
sie schiebt noch nach Flandern
die Schuld auf die andern –
So hörst du Herrn Graefe vom Vaterland plärrn ...
Das ist etwas viel für 'nen einzelnen Herrn!
Ja, das ist etwas viel für 'nen einzelnen Herrn!

Mathias, mein Mond, o du Vater der Nacht!
Du leuchtest im silbrigen Scheine.
Was hast du schon alles im Leben gemacht
(du weißt schon, wie ich das meine).
Warst Annexioniste,
und mal Pazifiste.
Jetzt sprichst du die Wahrheit

in leuchtender Klarheit –
Mal bist du beliebt – mal hat man dich gern ...
Das ist etwas viel für 'nen einzelnen Herrn!
Ja, das ist etwas viel für 'nen einzelnen Herrn!

O Lärm und Spektakel! O Reichsmilitär!
Ich ginge so gerne nach Hause –
Hier Streik und da wieder das alte Heer –
stumm stehe ich unter der Brause:
Es fehlen die Kohlen,
es schmälen die Polen,
Revolten am Tiber,
dumpf grollten die Schieber ...
Die Erde ist doch ein vergnüglicher Stern!
Es ist etwas viel für 'nen einzelnen Herrn!
Ja, es ist etwas viel für 'nen einzelnen Herrn!

Theobald Tiger, Ulk 15. 8. 1919

137

Krieg

So heißt eine Mappe mit sieben Blättern von Willibald Krain, die
bei Orell Füßli in Zürich erschienen ist.

Wenn die literarischen und illustrierenden Künstler, die heute –
scheinbar plötzlich erwacht, in Wirklichkeit von der behördlichen
Zensur befreit – gegen den Krieg etwas zu sagen haben, das Gleiche mit gleichen Mitteln für ihn sagten, so würde man sich vieles
nicht ansehen. Es reizt in den meisten Fällen – wie bei Latzko –
nur das Stoffliche und die anständige Gesinnung.

Die Bilder Krains sind vor allem zu loben, weil sie – mitten im
Kriege geschaffen – erklären: Jedes Ding hat zwei Seiten. Auch
euer Krieg. Nein – er hat nur eine Seite: diese da! Und dann ist sie
dargestellt: vom Einfall ausgehend, vom malerischen oder vom
literarischen, man fühlt sich – was die Konzeption angeht – etwas

an Kubin erinnert. Nur hat Krain keine Visionen gehabt, sondern nur sehr gute Einfälle.

Das erste Blatt, fast das stärkste: ‹Die Kabinette›. Zwischen schwarzen Felsen schiebt sich eine dunkelgraue Menge – aber über ihren Häuptern glühen rote Drähte, gezogen von einem Felsen zum andern. Und unten gehen sie und wissen nicht, was da über ihnen knistert. ‹Gerüchte› heißt das zweite Blatt: in leeren graden Gassen flattern Fledermäuse. ‹Gebet um Sieg›. Sie liegen zu Füßen des Gekreuzigten, aber über ihren Köpfen ist eine große graue Wolke, sodaß sie sein Antlitz nicht sehen: einen grinsenden Antichrist. ‹Blutrausch› heißt das vierte Blatt – ein Löwe in roten Schwaden, das haben wir schon stärker gesehen. ‹Die Frauen› das fünfte – an Grabkreuze gebunden hängen dort die Frauen. Ich halte das Blatt für nicht erschöpfend – die ‹Weltbühne› stritt schon einmal in Antworten und Gegenantworten um die Frage: ist die Frau friedensliebend oder ist sie nicht nur seine Frau, die Frau des Mannes, des Siegers? Ich möchte, rückständig, wie ich einmal bin, das zweite annehmen. Das siebente Blatt: ‹Sieg› – ein ungeheures Schwert steckt in einem Blutmeer.

Schlagend und kühn ist allein das sechste: ‹Die Fahnen›. Da hängen in einer traulichen Bürgergasse, winklige Häuser stehen darin, Blumen an den Fenstern, und der Himmel ist ausgestirnt – da hängen Fahnenstangen an den Häusern. Aber an den Stöcken baumeln keine Fahnen, sondern nackte tote Körper. Das sind die Gefallenen, die jedes Haus verloren hat. Die sagen: Jede Fahne, die ihr aushängt, bedeutet einen Toten. Das Siegesgeschmetter der Schwadron, die durch das Tor einreitet und Lokalredakteure und Frauen gleichmäßig begeistert – weil die immer bei den Siegern sind – ist ein Totenmarsch, und der Rausch in den Blättern und in den Büchern riecht nach Blut. Das ist die andre Seite. Ehre dem Künstler, der 1916 gegen den Blutstrom schwamm! Unsre deutschen Bürger aber laufen herum, ohne Götzen und ohne Hausgötter, kein Krieg und keine sanktionierte Brutalität mehr, kein Ruhm und keine lobende Erwähnung im Wochenblatt. Humanität? Fortschritt? Völkerbund? Es fehlt ihnen etwas.

Peter Panter, WB 21.8.1919

Das politische Plakat

‹Das Plakat› (Charlottenburg, Kant-Straße 138) gibt im amtlichen Auftrag ein Heftchen heraus: ‹Das politische Plakat›.

Mir liegt ein Brief Paul Zechs an den Herausgeber vor, worin er auseinandersetzt, was er als Chef des Werbedienstes der deutschen Republik alles gewollt und erreicht hat und nicht erreichen konnte. Die Schwierigkeiten und den besten Willen zugegeben: das sind gar keine politischen Plakate.

Wie schon einmal hier in den ‹Antworten› auseinandergesetzt worden ist, wiegelten diese Blätter alle ab und waren mehr oder
10 minder für Geld i. A. angefertigt. So gehts aber nicht.

In dem ganzen sauber ausgestatteten Heft findet sich nicht ein Blatt, aus dem etwa der Haß gegen das alte Regime flammte. Das aber wäre Revolution, das wäre ein politisches Plakat. Sie setzen bieder und brav auseinander, daß man nun arbeiten müsse – und man riecht förmlich den Geheimrat dahinter, der dem Graphiker gesagt hat, was er machen solle. So entsteht nimmermehr etwas Brauchbares und Gescheites.

Und es wirkt auch nicht. Ich persönlich halte die Verwendung Pechsteins und der Expressionisten zur Plakatverfertigung für ei-
20 nen Mißgriff – denn die Augen der Massen sind gar nicht erzogen, so zu sehen, und so einfach ist das schließlich nicht, aus einem Wirrwarr des Malers Richter sich erst den Mann herauszuklauben, der inmitten roter Fahnen auf ein paar umständlich formulierte Abstrakte deutet: «Drei Worte: Ungestörte Demobilmachung, Aufbau der Republik, Frieden.» Abgesehen davon, daß es Friede heißt: ehe man das begriffen hat, ist der Mond schon auf die Erde gefallen.

Das sitzt nicht. Das haut nicht. Das peitscht nicht. Und kann es das denn, wenn die Überzeugung fehlt?
30 Und wenn selbst die Überzeugung da wäre, wo sollte man sie denn plakatieren? Und hier kommen wir auf ein außerordentlich bedenkliches Gebiet.

Ich halte es für selbstverständlich, daß Firmen, die ein Monopol haben, keine Zensur ausüben dürfen. Sie wird aber – stillschweigend – ausgeübt. Das geht nicht und darf nicht sein. Es darf Keiner, der im freien Handel tätig ist – zum Beispiel: ein Buchhändler – gezwungen sein, dieses oder jenes Werk zu vertreiben: es darf aber auch Keiner, der allein an bestimmten Stellen verkaufen darf, zensieren. Wir haben immer noch nicht begriffen, daß Litfaßsäulen und Bahnhofsbuchhandlungen dem öffentlichen Leben gehören, Allen gehören, und daß die Regierung klug und weitherzig genug sein sollte, auch ihren Feinden eine öffentliche Propaganda nicht zu verwehren, die im geheimen weit wirksamer, also gefährlicher ist.

Ich glaube aber, daß es diese Widerstände aus Gummi nicht allein waren, die das politische Plakat bisher in Deutschland garnicht aufkommen ließen und uns an seiner Statt zahme Fibelsprüche, übers Bett zu hängen, bescherten.

Uns fehlt der volkstümliche Zeichner, der hassen kann und sie alle mitreißt: den Droschkenkutscher und den Obstverkäufer und den Eisenbahner und den geworbenen Soldaten und Alle. Bei den Antibolschewisten drängen sich die Meister des Kitsches und erreichen nichts. Was müßte Einer bewirken, der die Sprache des Volkes auf seinen Blättern spricht und dann noch seiner oppositionellen Überzeugung Form verliehe!

Daumier! Wo bist du? Aber ach, es meldet sich ein Berliner aus Breslau und zeichnet auch hierfür ein hübsches, gefälliges, nettes Vierfarbenplakat.

Ignaz Wrobel, WB 21. 8. 1919

139

Wir auch! (Gott behüte!)

Dies aber reißt mir jach durchs Herz:
Die Ungarn haben einen König.
Wir auch! Denn, seht mal, ich gewöhn mich
so schwer an einen Freiheitsmärz.

Die habens fein. Da ist doch wer,
dem sie die Stiefel lecken dürfen,
und hundert dicke Lippen schlürfen
die hohe Gunst ... Und dann das Heer!

Die haben noch ein Ideal!
Wie blitzen Helm und Epauletten!
Und um die Monarchie zu retten,
trabt noch der älteste General.

(Und keiner wird nicht pensioniert.)
Und dann: wie hübsch sind jene Cliquen,
die den Monarchen fast ersticken –
Man hätt ihn gerne separiert ...

Kurz: da ist alles, alles da!
Die Schieber und auch ein Geschobener –
man fühlt sich wesentlich gehobener ...
Heil, Königreich Ungaria!

Wir auch! wir auch! –
                    Ach, kleine Lieder
pfeif ich mir froh, daß es vorbei.
Doch käm er heute nochmal wieder –:
Es gibt noch welche, dumm und bieder –
Sie grüßten ihn, wie einst im Mai.

Theobald Tiger, Ulk 22.8.1919

140

Schuldbuch

Die Reichskanzlei hat im Auftrage des Reichsministeriums amtliche Urkunden herausgegeben: ‹Vorgeschichte des Waffenstillstands› (bei Reimar Hobbing in Berlin). Dieses Buch sollte auf
keinem deutschen Familientisch fehlen.

Es gibt zwei Bücher, bei Eugen Diederichs in Jena erschienen: ‹Der Fenriswolf› und ‹Das Weltreich und sein Kanzler›, worin ein namenloser Autor den Versuch gemacht hat, moderne Geschichten aus der Finanzwelt nur durch die Wiedergabe von Aktenstükken, Protokollen, Telegrammen und Briefen zu erzählen. Das geht schließlich auch (obgleich es keine Umwälzung der Epik bedeutet). Aber diese Werke wirken nicht, sind von schläfriger Langsamkeit, gehalten gegen dieses Meisterwerk der Weltgeschichte, gegen eine Kasperliade, die nur deshalb keinen Heiterkeitserfolg haben kann, weil sie mit Blut geschrieben wurde.

*

Die ‹Vorgeschichte des Waffenstillstands› ist ein Meisterwerk. Wie plastisch erscheinen alle Gestalten! Wie lebendig sind die Menschen, die Heerführer, die Beamten, der Kaiser, die Staatssekretäre – wie lebendig die Formung der wirbelnden Dinge, die sich hinter der Scheinruhe der trocknen Aktenstücke abrollen! Das alte Gesetz der Kunst hat sich hier einmal erfüllt: leidenschaftlichste Aktivität der Ereignisse, objektive Ruhe der Darstellung.

Bevor ich loslege, will ich zur Sprache bemerken, daß sie abgehackt ist – Protokollstil; dadurch ist genau der Jargon des Potsdamer Gardeoffiziers erreicht. Generäle haben Kram geschmissen – aber leider janze Porzellankiste kaput.

Am vierzehnten August des gottgesegneten Jahres 1918 wetterleuchtete es zum ersten Mal offiziell. Man gesteht es sich zum ersten Mal im internen Kreise ein – anwesend: der Kaiser, der Kronprinz, der Reichskanzler, Hindenburg, Ludendorff, der Staatssekretär des Äußeren, Generaladjutant, zwei Hofbeamte – man gesteht sich zum ersten Mal ein, daß es nicht so recht klappt. Bis dahin hat man sich wohlig in den Lügen der Militärnachrichtenabteilungen gebadet – jetzt gehts nicht mehr weiter. Es ist dies die einzige Sitzung dieses Buches, in der der Kaiser zu Worte kommt. Man muß sagen: kläglich. Man sieht ordentlich die aufgebürsteten Schnurrbartspitzen. Ganz die Marionette aus Heinrich Manns ‹Untertan›, der dergleichen nicht hätte bringen dürfen, ohne den Vorwurf der Übertreibung einzuheimsen. Mehr Ordnung! Besser auskämmen! (Das ist der Ausdruck, dessen sich die

Götter bedienten, um anzudeuten, daß man mehr Leute zur Schlachtbank bringen müsse. Die Deutschen scheinen also so eine Art Läuse gewesen zu sein.) «In Berlin laufen noch eine Menge junger Leute frei herum.» (Und seine Söhne? Er ist wahrscheinlich der einzige Deutsche, der sechs kräftige Jungens in dienstpflichtigem Alter nebst einem genau so beschaffenen Schwiegersohn kerngesund aus dem Kriege zurückbekommen hat.) Aber auch vom Feind spricht das kaiserliche Ingenium: es würden ihm eine Menge Menschen totgeschlagen. (Der Mann wußte alles.)

50 Dann sagt er auf, was man ihn gelehrt hat: wie schlecht es England ginge und so. Aber immerhin: Notwendigkeit, sich mit dem Feind zu verständigen. Dann, ganz Wilhelm: «Flammende Reden müßten gehalten werden von angesehenen Privatpersonen (Ballin, Heckscher) oder von Staatsmännern.» Das war es, was der deutsche Kaiser in der Stunde höchster Not seinen Führern zu sagen hatte. Jeder Zoll ein Denkmalstandbild. Und Der hat Deutschland dreißig Jahre lang regiert.

Aber die Andern sind auch nicht ohne. Schon in der ersten Sitzung klingt in Leitmotiven wie in einer Ouvertüre alles an, was

60 nachher das Werk durchbebt: die verlogene Unfähigkeit, die Lage zu erkennen; die Fähigkeit, sie vor sich selbst mit Redensarten zu verschleiern; die kleine Stirn; das große Mundwerk.

An der Spitze Ludendorff.

Grundlegend für die Beurteilung dieses Mannes ist das Telegramm, das der Kaiserliche Legationsrat Lersner am ersten Oktober 1918 an das Auswärtige Amt schickte: «General Ludendorff erklärte mir, daß unser Angebot von Bern aus sofort nach Washington weitergehen müsse. Achtundvierzig Stunden könne die Armee nicht noch warten.» Vier Jahre sind vergangen; vier Jahre

70 hat er Zeit gehabt. Wie nennt man einen Feldherrn, der für die wichtigste letzte Entscheidung achtundvierzig Stunden Frist gibt?

Das war am ersten Oktober. Schon am zweiten aber läßt er durch seinen Abgesandten, den Major Freiherrn von dem Bussche, den Parteiführern des Reichstags sagen: «Noch ist das deutsche Heer stark genug, um den Gegner monatelang aufzuhalten, örtliche Erfolge zu erringen und die Entente vor neue Opfer zu stellen.» Und er selber sagt in der Großen Sitzung vom siebzehnten Oktober: «Wenn die Armee über die nächsten vier Wochen hinüberkommt und es in den Winter geht, so sind wir fein heraus.» Man macht ihn auf seine damalige Eile aufmerksam. «Es ist auch heute so, daß wir jeden Tag eingedrückt und geschlagen werden können. Vorgestern ist es gut gegangen; es kann auch schlecht gehen.» So sind seine Antworten; nach dem Wetter gefragt, antwortet er regelmäßig: «Kräht der Hahn auf dem Mist, ändert sich das Wetter oder es bleibt, wie es ist.» Der Hahn krähte etwas viel, und das Wetter änderte sich.

Habt Ihr einmal Quallen in der Hand gehabt? So muß dem armen Prinzen Max zu Mute gewesen sein, als er mit diesem Menschen verhandelte. «Ich habe schon dem Herrn Reichskanzler gesagt, ich halte einen Durchbruch für möglich, aber nicht für wahrscheinlich. Innerlich wahrscheinlich halte ich den Durchbruch nicht. Wenn Sie mich auf mein Gewissen fragen, kann ich nur antworten, ich fürchte ihn nicht.» Hatte er ihn zu fürchten? Im Hauptquartier? Aber die politische Leitung, oder was sich so nannte, fürchtete ihn; denn sie besaß wenigstens ein klein wenig Verantwortlichkeitsgefühl für das Land. Der Reichskanzler: «Und wenn er sie erkämpft hat, wird er uns dann nicht noch schlechtere stellen?» General Ludendorff: «Schlechtere gibt es nicht.» Der Reichskanzler: «O ja, sie brechen in Deutschland ein und verwüsten das Land.» General Ludendorff: «So weit sind wir noch nicht.» Wenn ein Gefreiter seinem Feldwebel solche Antworten gab, bekam er – rechtens – einen Anschnauzer, daß ihm Hören und Sehen verging. Aber so unterrichtete der oberste Heerführer den obersten Staatsbeamten. Und blieb straflos.

Was war das nun für ein Mensch? Hatte er Charakter? Und welchen? Auch darüber gibt das unschätzbare Buch Auskunft.

Die Reichsleitung will nach trüben Erfahrungen ihre Entschlüsse nicht auf Ludendorffs Angaben allein stellen und hat die Absicht, auch noch andre Heerführer zu befragen. Ludendorff erfährt dies: «Der General habe in großer Erregung geantwortet, dann würde er sofort seinen Abschied nehmen und mit ihm General Hindenburg.» Man nennt das eine Erpressung. Und vielleicht vergleichen die hochpatriotischen Herrschaften von heute einmal dieses Verhalten ihres Abgotts mit dem der Eisenbahner.

Ich habe den Eindruck: der General hat sich wesentlich unanständiger benommen. Und blieb straflos.

Was ist das für ein Mensch? Und die Antwort lautet: ein ergrauter Kadett. Sein Jargon, seine Weltanschauung: Kadettenhaus. «Noch im Juni glänzender Eindruck der Bulgaren. Sprachun-
120 kenntnis erschwert Eindringen in bulgarische Psyche.» Der Protokollführer, gewiß kein Sprachfuturist, hat durch die Abkürzungen den Ton Ludendorffs wundervoll getroffen. Ach! erschwerte nur die Sprachunkenntnis dem General, in die Psyche fremder Völker einzudringen? Ich habe das Gefühl, daß er in die deutsche Seele so wenig eingedrungen ist wie in die bulgarische. Er kannte beide nicht.

Aber vielleicht war er ein großer Feldherr? Der nur den Umständen unterlag? Ganz abgesehen davon, daß ein Feldherr eben dazu da ist, auch über die Umstände zu siegen – so spricht kein
130 Stratege von Format: «Wir müssen das Vieh haben; woher wir es bekommen, darüber kann ich mir nicht den Kopf zerbrechen.» Das hat auch Niemand von ihm verlangt – aber so rechnet kein genialer Stratege. Er rechnet nicht mit dem, was er «bekommen muß» – sondern mit der Realität. Aber die war hart, unbequem und gar nicht gedrillt.

Er für sein Teil blieb, was er war: ein Kadett bis zu allerletzt. «Ich kann Ihnen nur meine Überzeugung sagen. Die Verantwortung dafür, was ich sage, trage ich und habe sie getragen vier lange schwere Jahre.»
140 Dann zieht ihn jetzt zur Verantwortung! Dann nehmt sie ihm heute ab, die Verantwortung! Er berief sich auf sie, als es nichts kostete – und kniff, als die Gefahr bestand, daß wir ein revolutionäres Deutschland bekamen, floh nach Schweden und kehrte erst zurück, als es hier wieder gut bürgerlich zuging. Er trägt die Verantwortung! Er trägt sie nicht, läuft frei herum und ist straflos geblieben – bis auf den heutigen Tag.

Wer wie Der gewohnt war, mit Menschenleben zu spielen, und schlecht zu spielen – der gehört nicht ins Hotel Adlon. «Die Division hat am achten August völlig versagt. Das war der schwarze
150 Tag in Deutschlands Geschichte. Jetzt schlägt sich dieselbe Division glänzend auf dem Ostufer der Maas. Das ist Stimmungssache.

Die Stimmung war damals schlecht. Die Division hatte Grippe, es fehlten ihr Kartoffeln.» Die Division hatte Grippe? Die ganze Division? Ich hätt' es in diesem Augenblick nicht sagen können, und wenn es das Wohl meines ganzen Vaterlandes betroffen hätte. Die Division hatte Grippe! Es geht mir durch die Seele, dieses gräßliche: Die Division hatte Grippe! Ein Lebewesen, vieltausendköpfig, angesetzt, verpflegt und zur Ruhe beordert – ein Tier aus Menschenleibern. Und Mütter weinten. Und Ludendorff blieb
160 straflos.

Wie der Herr, so's Gescherr. Sie standen nicht einmal bei den Zivilbehörden in bestem Geruch: «Herr von Lersner telephoniert mir ... Auf Grund seiner langjährigen Erfahrung im Großen Hauptquartier und seiner über die gegenwärtige militärische Lage gemachten Beobachtungen ... könne er nur auf das dringendste davor warnen, etwaigen Versprechungen der O.H.L. Glauben zu schenken.»

Sie bildeten sich aber ein, ein wichtiger politischer Faktor zu sein, und man nährte sie in diesem Glauben. Wirft man den Ar-
170 beitern von heute vor, sie trieben Erpresserpolitik? Nun wohl: diese da verrichteten ihren Dienst nur, wenn sie mitbestimmen durften über Dinge, die sie nichts angingen. Man höre: «... Waffenstillstandsbedingungen. Dann folgte die Erklärung, diese seien für das Militär unannehmbar.» Wer ist das: das Militär? Hat Ludendorff seine Soldaten befragt? Wird ein Friede mit einem Lande und mit dessen Streitkräften abgeschlossen? Trieb das Heer Politik? Das Heer durfte keine Politik treiben. Seine Führer mißbrauchten ihre Stellung dazu.

Das Militär hatte zwei Feinde. Einen berufsmäßigen, der lag
180 vorn. Hätte es seine ganze Kraft gegen den verwendet – wer weiß, wie es abgelaufen wäre ... Einen grimmigen und bittern, den Todfeind: der lag hinten und war die Heimat. Das Militär haßte die Heimat. Es hat immer im Kriege – instinktiv einmal richtig – da hinten die große Gefahr gewittert. Da war Unordnung, Auflehnung, Menschlichkeitsgefühle, Allotria, Nebendinge neben dem Kasernenhof – ja, es gab sogar Leute, die den preußischen Offizier nicht recht für voll nahmen. Von Gallwitz: «Ebenso habe oft der Heimatsurlaub schlecht gewirkt. Die Leute seien oft in schlech-

terer Stimmung aus der Heimat zurückgekommen, als sie dahin
gegangen seien. Ungünstig habe sich auch bemerkbar gemacht,
daß wir die Presse aller Richtungen ungehindert hätten im Heere
verbreiten lassen.» Das ist mein Preußen, das Land der Offiziere!
Daran erkenn' ich meine Pappenheimer!
O, sie wußten, was sie wollten! Sie wollten für sich und nur für
sich! «Dazu ist aber erforderlich, daß auch in der Heimat alles
getan wird, um die Stellung und das Ansehen des Offiziers wieder
zu heben und jeder verhetzenden Propaganda scharf entgegenzutreten.» Er selbst aber, der Offizier, hob sich weniger. Im Gegenteil: er sank immer tiefer. «Bei der Zurücknahme der Front ist es
nicht zu vermeiden, daß ein großer Teil Belgiens wieder schwer
geschädigt wird. Wenn auch durch schärfste Befehle jede Verwü-
stung des Landes verboten ist, so sind die aus militärischen Gründen notwendigen Zerstörungen und Härten für die betroffene
Bevölkerung nicht zu vermeiden.» Sind militärische Zerstörungen
überhaupt noch Zerstörungen? Und die Offiziere des 64. Pommerschen Infanterieregiments gingen hin und trösteten die Frauen
und Mädchen von Lille, die sittenpolizeilich untersucht und zur
Zwangsarbeit geschleppt wurden, und sprachen: «Seht, es ist militärisch notwendig, was wir tun! Freuet euch und jubelt mit uns!»
Die Stimmung! Diese vielzitierte Stimmung! Was mußte nicht
alles getan werden, um sie aufrechtzuerhalten! Stimmung gra-
deeeee – aus! Aber sie wollte nicht. Immer neue Klagen kamen.
Die Kerls erdreisteten sich sogar, durch diese Bonzen im Reichstag auf die mangelhafte Verpflegung und auf die Kasinos hinzu-
weisen. Ludendorff stand auf. Am siebzehnten Oktober 1918.
«Daß der Stab sich die Sache besser zubereiten läßt, ist doch zu
verstehen – man wird uns nicht zumuten, aus der Feldküche zu
essen.» Nein – man wird euch nicht zumuten! Den Mut hatte
Keiner: die Zivilisten nicht und Ihr auch nicht. Es war eine große
Zeit.
Man hatte immer das rechte Wort am rechten Ort. Ludendorff:
«Die Flieger der beiden Heere verhalten sich schon jetzt wie 1:3.
Trotzdem ist die Überlegenheit bei uns.» Oberleutnant Kurt Hes-
se im ‹Marne-Drama des fünfzehnten Juli 1918›: «Wir sind die
Herren der Luft! – wie oft habe ich das auf Urlaub in der Heimat

gehört. Ich möchte nicht Lügen strafen, aber was ist grade hier
verschwiegen worden! Ganz selten nur, für Wochen, haben wir
tatsächlich die Luftherrschaft gehabt! Meist waren wir völlig unterlegen.»
230   Die Pausen wurden durch die Clowns ausgefüllt. Aber das
Schmierentheater barg nicht nur Excentrics edelster Art, sondern
auch krumme Intriganten. «Das neue Kabinett soll alle Kräfte des
Volks auf breitester nationaler Grundlage zusammenfassen und
der Verteidigung des Vaterlandes nutzbar machen. Die auf diese
Weise neu gebildete Regierung würde im gegebenen Momente an
den Präsidenten Wilson heranzutreten haben ...» Hannemann,
geh du voran! Du hast die längern Stiefel an! Eine dünne Maske.
    Sie spielten alle Karten aus – nach innen. «Militärische Lage ist
stärkstes Druckmittel gegenüber unsinnigen und anspruchsvollen
240   Parteien.» Wozu hat man einen kleinen Weltkrieg, wenn man ihn
nicht zu benutzen weiß?
    Und sie verzichteten sogar, wenns zum Klappen kam, auf Flan-
dern und auf alles – nur noch weiter Krieg führen! Nur dieses
herrliche Spiel nicht einstellen, bei dem Orden und Sektflaschen
heraussprangen, Gehälter, Ehren und – wer weiß? – auch volle
Waggons aus Flandern. Admiral Scheer: «Der Ausfall der beiden
U-Boot-Basen in Flandern und im Mittelmeer hat auf unsern U-
Boot-Krieg nach meiner Auffassung und der meiner Mitarbeiter
keinen Einfluß.» Ich besinne mich, dieses Lied schon mal in einer
250   andern Melodie gehört zu haben.

*

Lest dieses Buch! Ihr lernt was fürs Leben! Darin ist alles: das
Deutschland, wie es sich zugrunde gerichtet hat, seine Führer, sein
Ressortkrieg, sein nervöses Hin und Her, die Kopflosigkeit und
die Weltfremdheit seiner Soldaten und Diplomaten.
    Die Regierung, die dieses kostbare Material in Händen hat,
wertet es nicht voll aus. Warum nicht?
    Man wird das Gefühl nicht los, als schone man – entfernte Ver-
wandte. Als sei Noske irgendwie der Fortsetzer von Ludendorffs
260   Tradition. Als schlage man nur deshalb nicht fest zu, weil man
selbst beteiligt war, ist und sein wird.

Gott segne sie alle miteinander! Um so mehr wollen wir tun,
was sie in berechtigter Scham unterlassen.

Ignaz Wrobel, WB 28. 8. 1919

Der Wintergarten

hat ein ganz unterhaltsames August-Programm. Es ist immer noch
nicht die alte, gute, erste Klasse: woher sollte die jetzt kommen!
Die historischen Sterne leuchten zwar verheißungsvoll in der Zwi-
schenpause auf – aber das ist auch beinah alles.
Ein Bauchredner ist da, der hält seine kleine Puppe auf den
Knien und läßt sie ziemlich mäßige Witze produzieren. Da war
mal früher einer in Berlin, dessen Püppchen war mit ihm nicht einig, unterbrach ihn ständig und kokettierte ins Publikum. Kniff
das eine Auge zu und sagte: «Pst, Sie, Fräulein!» Es sah maßlos
10 unanständig aus, und alles lachte. Dieses hier kann zwar hübsche
Grimassen schneiden – eine Puppe, die die Augenbrauen hoch-
zieht, ist schon ganz nett – aber der richtige Charme war nicht da.
Den hatte die Humoristin soundso auch nicht – wenn man nicht
Claire Waldoffn bekommen kann, muß man sich nicht mit einer
schlechten Nachahmerin begnügen. Überhaupt die Humoristen!
Herr Bernhard ist auch keiner, weil es Liebenswürdigkeit alleine
nicht macht – und diese Texte! Die letzte Nummer fiel aus, und
Herr Hanussen ist ein mäßiger Hypnotiseur, wie's deren viele
gibt ...
20 Also wäre nichts zu loben? Oho! Mia und Gerti sind ein paar
nette Rollschuhläuferinnen, Maria Rapp von der ehemaligen Kai-
serlich Russischen Oper – aber sehr ehemalig! – ein derartig phan-
tastisches Stück Unkultur, daß man den Sturz des Zarismus leicht
begreift ... aber Ferry Corwey riß den ganzen Laden heraus.
Gute Sachen sind nie neu – und alles, was dieser musikalische
Clown vortingelte, war alt. Aber es ist so gut, und er macht es so
anmutig, daß der Abend seinethalben mit einem Plus abschloß. Er
tritt auf wie die Königin Elisabeth, angetan mit einem riesigen

rotplüschenen Reifrockgewand, aber dann klettert er da heraus,
30 schickt die Krinoline nach Hause, die geht ab – und er stellt sich
an einen Tisch und klingelt da mit allerhand Kuhglocken ein hübsches Lied mit Orchesterbegleitung. Das alte Lied: je unauffäl-
liger, anscheinend absichtsloser so eine Handfertigkeit herauskommt, je weniger Aufmerksamkeit der Excentric anscheinend
auf seine (schwierigen) Leistungen verwendet, desto spaßhafter ist
es. Die folgenden Szenen haben nur den einen Fehler, daß sie von
einer leisen kleinen Musik begleitet sein müßten, damit sie noch
filmhafter, noch leichter wirkten. Einzelheiten sehr gut: wie er
sich mit seiner Kinderpistole viele Teddybären aus Stoff herunter-
40 schoß, einem fehlte der Schwanz, Lupe her! und einen neuen
Schwanz aus der Luft geknallt, der drei Nummern zu groß ist –
ein Schwanz für einen Löwen – und weil man immer eine bren-
nende Kerze bei sich tragen muß, holt er sie aus der Hosentasche,
und alles geht sehr fix und amüsant und leicht, und erweckt die
Sehnsucht nach den großen Excentrics von Rasse, die so unter
dem schweren Leben leiden und sich so sehr über ebendieses
lustig machen.

Peter Panter, WB 28. 8. 1919

142

Interview mit sich selbst

«Herr Panter lassen bitten!» sagte der Diener.

Ich trat näher.

Die hohe Tür zum Arbeitszimmer des Meisters öffnete sich, der
Diener schlug die Portiere zurück – ich ging hinein, die Tür
schloß sich hinter mir.

Da saß der Meister massig am Schreibtisch – ein fast dick zu
nennender Mann, er trug ein gepflegtes Cäsarenprofil zur Schau,
an dem nur die Doppelkinne etwas störten. Borstig stachen die
Haare in die Luft – in den blanken Knopfaugen lag wohlig-zu-
10 friedenes Behagen. Er erhob sich.

«Ich begrüße Sie, junger Mann», sagte er zu mir. «Nehmen Sie Platz und erörtern Sie mir Ihren merkwürdigen Brief!»

Befangen setzte ich mich.

«Sie fragten mich,» sagte der Meister und legte seine dicke Hand mit den blankpolierten Nagelschildchen so, daß ich sie sehen mußte, «ob ich Ihnen einen Rat für Ihre Zukunft zu geben vermag. Sie fügten hinzu, Sie seien von dem hohen Streben nach einem Ideal durchdrungen. Sie stießen sich am Leben, das Ihnen kantig erschiene – das war Ihr Wort –, und Sie wollten sich bei mir Rats holen. Nun, junger Mann, der kann Ihnen werden!»

Ich verbeugte mich dankend.

«Zunächst,» sprach der Meister, «was sind Sie von Beruf?»

«Ich bin gar nichts», sagte ich und schämte mich. «Meine Mama ist Lebensmittelhändlerin.»

«Hm –» machte der Meister und wiegte bedenklich das Haupt. «Wozu brauchen Sie da noch Rat? Nun – immerhin – ich bin zu Ihrer Verfügung.»

«Meister,» sagte ich und faßte mir ein Herz, «lehren Sie mich, wie man zu Erfolg kommt. Wie haben Sie Erfolg gehabt? Diesen Erfolg?» Und ich wies auf das komfortabel hergerichtete Gemach: Bücher mit goldverzierten Pergamentrücken standen in wuchtigen Regalen, eine bronzene Stehlampe strahlte behaglich gedämpftes Licht aus, und der breit ausladende Aschbecher, der vor mir stand, war aus schwarzgeädertem Marmor. «Woher das alles?» sagte ich fragend.

Der Meister lächelte seltsam –.

«Erfolg? Sie wollen wissen, wie ich Erfolg gehabt habe, junger Mann? Junger, junger Brausekopf! Nun: ich habe mich gebeugt.»

«Nie täte ich das. Nie!» sagte ich emphatisch.

«Sie müssen es tun», sagte er. «Sie werden es tun. Was taten Sie im Krieg?»

«Ich war», sagte ich und sah auf meine Stiefelspitzen, «Schipper».

«Falsch!» sagte er. «Wären Sie ein tüchtiger Kerl und lebensklug, so hätten Sie anderswo sitzen müssen: in einer Presseabteilung, bei der politischen Polizei, was weiß ich. Wissen Sie, was ein Kompromiß ist? Können Sie Konzessionen machen?»

«Niemals!» rief ich.

«Sie müssen sie machen. Sie werden sie machen. Sehen Sie mich
50 an: ich bin die nahrhafte Frucht der Kompromisse. Man muß im
Leben vorwärtskommen, junger Freund!»

«Aber die Wahrheit? Aber die Ideale?» rief ich lauter, als
schicklich war. «Aber das, wofür sich zu leben verlohnt? Noch bin
ich ein Stürmer und Dränger, und das will ich bleiben! Mord
Mord heißen, auch wenn eine Fahne darüber weht, – einen Streber
einen Streber, auch wenn er Geheimer Regierungsrat ist, – eine
Clique eine Clique, und stände eine ganze Stadt dahinter! Das ist
es, was ich will! Helfen Sie mir! Weisen Sie mir den Weg, wie ich
meine Pläne verwirklichen kann, zu meinem Heile, und, wie ich
60 glaube, zum Heile der Menschen!»

Ich hatte mich in Begeisterung gesprochen – meine Wange glüh-
te, meine Lippen waren geöffnet und zitterten leise.

Der Meister lächelte. Der große Meister Peter Panter lächelte.

«Mein lieber junger Freund,» hob er an, «hören Sie mir genau
zu. Auch ich begreife Ihre edle Gesinnung, die Ihnen alle Ehre
macht. Auch ich wünsche, daß die Menschheit so edel wäre, wie
Sie sie machen möchten. Auch ich bin, ich kann es wohl sagen, ein
Vertreter des Guten, Wahren und Schönen. Ich liebe das Gute,
Wahre und Schöne, ja, ich verehre es. Aber, mein lieber junger
70 Freund, hart im Raume stoßen sich die Sachen! Man muß mit der
Realität rechnen, sich klug beugen, wenn's nottut ...»

«Ich mag mich nicht beugen», unterbrach ich ihn trotzig.

«Sie werden sich beugen. Sie müssen sich beugen. Eines Tages
werden Sie, wenn Ihre geehrte Frau Mutter des Mehles zum Schieben ermangelt, auch Ihrerseits Geld verdienen wollen, und Sie
beugen sich. Es ist so leicht. Es ist so süß; ein kleines Nachgeben,
ein leichtes Wiegen des Kopfes, ein winziges Verleugnen der
Grundsätzchen, und Sie sind ein beliebter, angesehener, überall
freundlich aufgenommener junger Mann! Wollen Sie das?»

80 Ich schüttelte verächtlich den Kopf.

«Aber, aber!» begütigte der Meister. «Bedenken Sie, was Sie
machen! Sie werden heiraten wollen, eine Familie gründen, einen
Hausstand – und Sie werden sich beugen. Was haben Sie und alle
anderen von Ihren Prinzipien, von Ihrem starren Festhalten an der

Wahrheit oder was Sie so nennen! Da sehen Sie hingegen: was
kostet es mich denn? Ich bin freundlich zu allen Leuten, ich sage
zu allem Ja, wo Sie vielleicht entrüstet Nein schreien würden und
– ich kann schweigen. Schweigen kostet gar nichts. Schweigen ist
die Perle in der Krone der menschlichen Künste. Schweigen Sie!»
«Ich muß sprechen!» sagte ich laut.
«Sie müssen nicht. I, wer wird denn müssen! Schweigen Sie,
beugen Sie sich! Beugen Sie sich vor dem Geld und beugen Sie
sich vor dem Ruhm, beugen Sie sich vor der Macht – vor der zu
allererst – und beugen Sie sich vor den Frauen – und was wird Ihr
Lohn sein?»
Er lehnte sich zurück und lächelte satt.
«Ich lebe,» fuhr er fort, «wie Sie sehen, auf gutem Fuß, und ich
bin recht zufrieden. In meinem Hause verkehren Priester und
Ärzte, Offiziere und Künstler – und keinem tue ich je etwas in
meinen Schriften zuleide, und jeder bekommt eine gute Flasche
Rotwein. Glauben Sie, ich sehe nicht, was dahintersteckt? Aber es
kümmert mich nicht. Sie lesen meine Werke, sie kaufen meine
Bücher – was will ich mehr? Bin ich angestellt, ihnen die Wahrheit
zu sagen, die unbequeme, harte Wahrheit?»
«Wir alle sind angestellt, den Menschen die Wahrheit zu sagen!» sagte ich.
«Ich nicht,» sagte der Meister, «ich nicht. Ich habe diese An-
stellung gekündigt, und seitdem geht es mir sehr gut. Und seitdem
habe ich, was ich brauche, mehr, als ich brauche – meine Tochter
heiratet demnächst einen Fabrikbesitzer. Ja.»
«Soll ich heiraten?» fragte ich.
«Die, die Sie lieben, nicht – denn ich ahne, sie hat kein Geld.
Heiraten Sie die Tochter eines reichen Mannes – Raum ist in der
kleinsten Villa – aber eine Villa muß es sein! Rauchen Sie?»
«Nein», sagte ich. «Ich rauche nicht. Ich – – –»
Der Meister erriet meine Gedanken.
«Rauchen Sie!» sagte er freundlich. «Es dämpft ab. Und hören
Sie auf mich, der ich oben auf der Leiter stehe, die Sie zu besteigen
im Begriffe sind. Der Erfolg ist alles. Sie erwerben ihn durch vie-
rerlei: durch den Kompromiß; durch Schweigen; durch Zuhören
und durch Schmeichelei bei den alten Leuten. Verstehn Sie das,

sind Sie ein gemachter Mann! Und es ist so angenehm, ein gemachter Mann zu sein!»
Er strahlte fett und sah aus, wie ein Mime nach dem Applaus.
Ich erhob mich und sah ihn fragend und erhitzt an.
«Sie werden mir heute noch widersprechen», sagte Peter Panter.
«In dreißig Jahren tun Sie's nicht mehr. Sorgen Sie, daß es dann
nicht zu spät ist! Gehaben Sie sich wohl und lassen Sie es sich gut
gehn!»
130 Ich nahm die dargebotene Hand und stürzte hinaus.

*

Drinnen saß der Meister an seinem prunkvollen Diplomatenschreibtisch und schüttelte lächelnd den Kopf. «Diese jungen
Leute», flüsterte er. «Das will mit dem Kopf durch die Wand und
schlauer sein als unsereiner. Nun – jede Erfahrung muß jeder an
sich selber machen! Aber nun will ich ein wenig Tee trinken gehn!
Franz!» Und er schellte.
     Draußen aber, am Gitter stand ich, die gußeiserne Türklinke
des Parktors in der Hand, von Haß geschüttelt, von Wut verzerrt,
140 ohnmächtig, giftig-böse und im Innern irgendwie fühlend, daß
der andere recht hatte.
     Und ich sagte: «Ein ekelhafter Kerl!»

Peter Panter, BT 3.9.1919

143

Henny Noske

Der Reichswehrminister Noske und die Filmkünstlerin Porten
haben je ein Buch in die Welt gehen lassen, beide unter dem Titel:
‹Wie ich wurde›. Damit uns das nicht durcheinander kommt –
Gustav Porten und Henny Noske –, laßt uns nach der Chrie einen
Vergleich ziehen: Henny Porten – Gustav Noske, Zwei Deutsche.
a) Ähnlichkeiten. b) Die kleinen Verschiedenheiten. Schluß: Freuen wir uns, daß wir zwei solche Kerle …
     Noskes Büchlein zieren zwei Bilder. Einmal: der Noske von
heute. Er sieht ungefähr aus wie ein trauriger Chocoladenfabri

kant, dem eine kleine Spekulation schief gegangen ist. Dann: der junge Noske. Es ist nach diesem Bild nicht anzunehmen, daß die hohen Herren, die ihn heute in der Hand halten, sorglich in der Hand halten, auch den Jungen von damals umschmeichelt hätten. Sie hätten ihn – wären sie mit ihm in Berührung gekommen – stramm stehen lassen.

Das Büchelchen des Reichswehrministers ist, wie das Vorwort sagt, von bleibendem pädagogischen und volkserzieherischen Wert. Das hat uns noch gefehlt. «Werde einmal ein Noske!» spricht der Pastor zu dem Täufling in der Kirche, während sich die Paten ergriffen schneuzen.

Was unterscheidet nun die bedeutende Filmschauspielerin und den unbedeutenden Reichswehrminister als Autobiographen?

Henny erzählt ihre kleinen Erlebnisse so hübsch dumm, wie es sich für ihr Publikum geziemt, und man kann ihr nicht böse sein.

Gustav draht auf, läßt in schlechtem Kolportagestil die Szenen seines Lebens an uns vorüber rollen, hier und da rutschen einige Verstöße gegen die Grammatik und die anständige Gesinnung durch, und wenns fertig ist, hat man ein rundes und klares Bild von dem vielmißbrauchten Mann.

Sie waren Beide etwas, sie sind Beide etwas geworden, und werden – wenn Gott will – auch etwas bleiben. Lasset uns beten.

*

Kaum war dies geschrieben, als Beide dementierten. Sie hätten von dieser Publikation in dieser Form nichts gewußt, sie hätten niemand ausdrücklich dazu autorisiert, sie lehnten alles ab, sie seien unbeteiligt und unschuldig. So Henny und Gustav.

Es hat sich aber der eigentümliche Fall ereignet, daß beide Male beide Biographen die Leben der Beiden besser enthüllt haben, als die es selbst zu tun vermocht hätten, und es haben sich uns gezeigt:

Eine Filmkünstlerin mit der Seele eines Seifenplakats. Gott hab sie selig.

Und ein Reichswehrminister, der in dem verdächtigen Eifer der hohen Offiziere, mit denen er umgehen darf, und die ihm ungeheuer imponieren, nicht merkt, wie da Stellen um der Stellungsuchenden willen geschaffen werden, wie der alte Unfug genau so

auflebt, wie er damals hoch zum Himmel blühte: mit Ämtern und
Posten und Pöstchen und Dienststellen und Bureaustuben und
Beförderungen um der Gehälter willen ... und wie der ganze Ap-
50 parat eine unangenehme Ähnlichkeit mit einer Hundehütte hat,
darinnen ein Kettenhund sitzt, der die zerlumpten Bettler zähne-
fletschend ankläfft und dafür eine Wurst hingeworfen bekommt.
Ich mag keine Kettenhunde. Sie sind bösartig, wedeln mit dem
Schweif und haben einen schlimmen Charakter.
Ach, entschuldigen Sie, haben Sie nicht einen andern Reichs-
wehrminister? Dieser ist uns drei Nummern zu groß.

Ignaz Wrobel, WB 4. 9. 1919

144

Kleine Zeit

heißt ein Sammelband (der bei Fritz Gurlitt in Berlin erschienen
ist) und von Alfred Polgar herrührt.

Erwägt man, daß Polgars Kritik – nicht am bedeutendsten, aber
am amüsantesten funktioniert, wenn sie so einen rechten halbech-
ten Schmalzfetzen österreichischer Prägung vor sich hat, ein
Stück, aus allen Küchen der Literatur zusammengekocht, mit tausend Rezepten, abgeguckt und nachgemacht ... und dabei doch
mit der Prätention ganz großer Kunst: dann wird man verstehen,
wie ihm diese schlechte Rühroperette gelegen kommen mußte:
10 Die große Zeit, Spektakeldrama in fünf Jahren, nach einer Idee
von Joseph von Lauff für die Weltbühne eingerichtet von Wilhelm
Großkopf und Karlchen Kleinkopf, in Szene gesetzt von Ober-
spielleiter Erich Ludendörffer. Musik von Krupp und Skoda. Dekorationen vom lieben Gott. Im Souffleurkasten: Hans Mors.

Alfred Polgar hats ihr ordentlich gegeben. Wie er im Vorwort
sagt: nur maskiert, nur mit der Sordine auf der Geige, nur gehemmt. Aber das macht wohl den Hauptreiz des Büchleins aus:
daß die Dinge gesagt sind, ohne gesagt zu sein. Wie dumm muß
die österreichische Zensur gewesen sein – Verzeihung, aber die
20 deutsche war auch nicht schlecht –, wenn sie nicht merkte, daß

Polgars Franzosen und Russen waschechte Österreicher sind: Musterung und Abschied auf dem Bahnhof und all das. Und in den Scherzen ist so eine Art fatalistischer Müdigkeit; es ist kein starker Grimm, kein Berserker fegt die Stuben rein – es hält sich nur Jemand die Nase zu, in tiefer – und leider nicht falscher – Erkenntnis, daß es ja alles doch keinen Sinn habe.

Und am witzigsten ist, wenn immer wieder gezeigt wird, wie der Mensch mit der Geschichte aufeinanderprallt – wie der Mensch unterliegt und sie übrig bleibt: ein Schemen, der Blut getrunken hat und doch leer ist. Am witzigsten ist es und am traurigsten.

Ich mag euch nicht die Rosinen herausnehmen, all die feinen kleinen Spitzen der Geschichten, die nur zum Teil in der ‹Weltbühne› gestanden haben – Ihr müßt das selbst lesen.

Dieser Eine hat das schier Unmögliche fertig bekommen: er hat sich die große Zeit vertrieben.

Peter Panter, WB 4. 9. 1919

145

Panizza

Die Zensur ist fort. Es ist nicht zu merken: die Zeitungen erscheinen in derselben Tonart wie vor ihrem Fall, das Einerseits-Andrerseits, das Erwägen nach beiden Seiten, das zage Streicheln ist geblieben. Man hätte meinen sollen, daß nach dem Sturz des Zensors die Luft im Kessel mit einem Knall durch die Ventile puffen würde – aber es war offenbar keine drin.

Dem Bürger ist noch nicht wohl in der Freiheit. Er wackelt hin, er wackelt her, als wie ein alter Zottelbär. Und seine Theater?

Ja, da bringen sie nun ‹Die Büchse der Pandora› und eine bisher verbotene Groteske und den ‹Sohn› und ‹Hans im Schnakenloch› – aber wie das so mit dem exorcierten Teufel ist: fein sauber gebügelt, im Frack und im hellen Licht der Lüster ist er längst nicht so pompös graulig wie damals im Flackerschein der Kellerlampen. Und eine leise Enttäuschung wird wach: Das ist alles? Die Zensur

hat eine wunderschöne Reklame gemacht und ein unnützes Aufsehen dazu. Denn das Gehirn der Zensoren, soweit von einem solchen die Rede sein kann, ist nicht ganz das unsre.

Weil wir denn aber einmal bei den verbotenen Stücken sind: wie
wäre es, Ihr führtet nun doch einmal das ‹Liebeskonzil› von Os-
20 kar Panizza auf? Dramatis personae sind der liebe Gott, als welchen Pallenberg zu spielen hätte, und sein Sohn und die Mutter
Maria, und dazu der Teufel und seine Erfindung: die Syphilis.
Nun ist dieses heitere Schäferspiel nicht jedermanns Sache, und
man soll gewiß die Gefühle, und zumal die religiösen, seiner Mitbürger schonen. Aber es wäre eine Anmaßung der Mitbürger, zu
verlangen, wir sollten im selben Tempo fühlen wie sie und im selben Rhythmus leben wie sie. Ihr Lachen ist nicht unser Lachen,
und ihr Schmalzpathos ist uns keines.

Aber das ‹Liebeskonzil›? Panizza wurde wegen seines gran-
30 diosen Dramas zu anderthalb Jahren Gefängnis verdonnert, die er
auch abgesessen hat. Das Stück ist etwas sehr Seltenes: nämlich
eine wirkliche Gotteslästerung. Er hat Gott gelästert, aber aus einer tiefen Liebe zu jenem andern Ding heraus, das die Besten aller
Zeiten im Herzen trugen, und das keinen Namen hat. Die Buchausgabe des Dramas ist heute selten genug, es gibt nur die alte verbotene Originalausgabe und einen Privatdruck mit Bildern von
Kubin; sonst verkümmert das Stück wie fast alles Andre, was Panizza geschrieben hat, unter dem Urheberunrecht, das in diesem
Falle einer alten bigotten Verwandten gestattet, diese Feuerströme
40 in der Lavendelkommode zu halten. Das Drama behandelt also
die Erfindung der Syphilis durch den Teufel auf Wunsch des lieben Gottes, der die Menschen ad suam maiorem gloriam ihre Ab-
hängigkeit fühlen lassen will. Es gibt Stellen in dem Stück, gegen
die Wedekind wie eine brave Gartenlaube wirkt.

Traut sich keiner der Herren Theaterdirektoren? Es müßte ein
Abend sein, bei dem der selige Wedekind Pate stünde, der Wedekind von anno 1890, der alte, schweflige, lachende.

Und damit sich Keiner beleidigt fühle: druckt eine kurze Einführung zu dem Stück und macht eine geschlossene Vorstellung!
50 Es ist ja auch nichts für Kinder und Kappsteine. Denn wir wollen
diese ruchlose Satire nicht hinterher ästhetisch beschönigt haben:

der Dichter habe es nicht so schlimm gemeint, in Wirklichkeit sei er Ehrenmitglied der Gesellschaft zur Bekämpfung der Geschlechtskrankheiten ... Gott bewahre! Panizza hats gewagt. Wer wagts noch?

Wir wollen wieder einmal aus dem Theater gehen: im Innersten geschüttelt, zwischen Grauen und Komik hin und her geschleudert und zutiefst von dem Bewußtsein erfüllt, daß es eine pathetische Affenkomödie ist hienieden.

60   *

Was übrigens diesen Oskar Panizza angeht, so hat er dem Münchner Dichterkreise angehört, dessen damaliger Mittelpunkt, Michael Georg Conrad, heute ein alter Mann ist, der nicht mehr ahnen läßt, was da einst unter seiner Obhut gärte. Der politische Wille dieser Münchner war – wie hätte es in dem Wilhelminischen Deutschland auch anders sein können! – viel zu eingeengt, und eine Verbindung mit der praktisch arbeitenden Sozialdemokratie, die die Literaten wieder geistig hätte befruchten können, war kaum vorhanden. So blieb alles ästhetische Geste, was doch befeu-
70 ernde politische Kraft hätte sein müssen, um wirken zu können, und verebbte schließlich in Bürgerbohème. Ähnlich wie in Friedrichshagen. Aber wie in Friedrichshagen Gerhart Hauptmann Kreis Kreis sein ließ und selber Einer wurde, so ragte über die Münchner der unglückliche Oskar Panizza weit hervor.

Er hat noch hassen können, wie heute nur Heinrich Mann haßt. Er hat sein Land geliebt und Die verabscheut, die es zu einem Kasernenhof und zu einer Tretmühle gemacht haben, derweil sie selbst nicht mitzutun brauchten: denn für sie galten keine Gesetze. Vorschriften gelten nie für Die, die sie gemacht haben.
80 Aus einem Versbüchlein Panizzas, ‹Parisiana› geheißen, pflücke ich einige bunte Blüten, die heute noch nicht verwelkt sind, und die der lieben Mama Germania ins schwarz-weiß-rote Glas zu stellen mir eine besondere Freude ist.

Es sind erstaunlich prophetische Verse in dem Buch. So dieser:

> Denn Blut wird fließen, Blut soll fließen –
> mit Worten werdet Ihr nicht quitt –
> soll neu Gedankensaat euch sprießen,

wills Einen, der am Kreuze litt,
und wollt Ihr neue Bünde schließen,
bedarfs des Bluts dazu als Kitt.

Aber der Prophet kehrte sein Gesicht nicht nur in die Zukunft,
sondern sah auch in die Gegenwart, und sein Blick von Paris nach
Berlin herüber war schärfer als der mancher Braven im Lande.
Prallen Romanen und von ihnen beeinflußte Geister mit den
schlechten Seiten des Deutschtums zusammen, so gibt es immer
denselben Klang; und wenn er den Deutschen nicht lieblich in den
Ohren klingt, wessen Schuld mag das sein? Heinrich Mann haben
wir hier neulich betrachtet; in einem sonst mäßigen Tendenzwerk
von Maurice Barrès: ‹In deutschen Heeresdiensten› steht: «Ein
deutscher Soldat sieht immer wie ein geprügelter Hund aus», und:
«In dem dritten Saale bemerkten wir den großen Tisch, wo sich
allabendlich die Offiziere einfanden. Meine Kameraden waren
überzeugt, daß ein Lokal, welches Hauptleute und Leutnants be-
suchten, dadurch ein vornehmer Ort wurde; wenn sie ihre Vorgesetzten auch nur aus der Ferne betrachteten, schien ihre Kleinheit
einen Anteil an dieser Größe zu haben.» So Panizza in Versen.

Sein Haß schäumt wie jeder gute Haß weit über die Ufer; es ist
die maßlose Verbitterung eines Mannes, der in der Welt gesehen
hat, daß eine solche Unterdrückung wie die der Deutschen nirgends sonst möglich wäre, und das nicht etwa, weil die Unter-
drücker fehlten, sondern weil es Keinen gibt, der sie sich gefallen
ließe. Es heißt einmal: «Ein Volk, das im Lakaientume sich wohl
fühlt als geborner Knecht».

Das hat ihn so maßlos gewurmt und bohrend und quälend an
ihm gefressen, daß das Volk seiner Fürsten wert war, und er sah
mit haßgeschärftem Blick die groteske Außenseite und das Herz.
Die Außenseite:

Der Männerchor – o wie phantastisch
der schwarzgefrackte Männerbauch,
wie glasig-schön und wie bombastisch
das aufgeschlag'ne Männeraug',
vielleicht ein bißchen päderastisch

der weiblichen Tenöre Hauch …
So singt denn, wie die Redwitz sangen,
und zeigt, was Ihr vierstimmig wert,
mit Flöten zähmt man wilde Schlangen,
zähmt Ihr mit Singen euer Pferd.

Denn eigentlich, bei Licht betrachtet,
was Deutsche, ist denn eure Lust?
130 Materie habt Ihr stets verachtet,
Ihr schwärmt nur, wenn in eurer Brust
ein riesiges Empfinden nachtet,
das zu Musik wird unbewußt.
Ließt Ihr euch nicht absichtlich treten
von euern Fürsten Tag und Nacht,
und habt aus euern Schmerzensnöten
dann einen Männerchor gemacht?

Das Herz:

Ihr meint: von Siebzig, Einundsiebzig
140 wär das 'ne heitere Vision –
das Siegen, das vererbt sich, gibt sich,
so weg vom Vater auf den Sohn,
und auch das Einkassieren übt sich
von Gold Milliarde und Million?
Nun, übt euch fleißig nur im Hoffen,
doch sagt es hier nicht allzulaut!
Was mich betrifft, so wünsch' ich offen,
Ihr würdet ordentlich gehaut,
Gleichviel von wem, von welchem Feinde.
150 Eu'r Untergehn ist unser Sieg –
die große, geistige Gemeinde,
sie kennt nur einen einz'gen Krieg …

Der Haß Panizzas gegen das Haupt des deutschen Unheils war so
groß wie die Liebe zu seinem Volk, und was ihm damals den
Scheiterhaufen eingetragen hätte, ist heute kaum mehr wert als ein
bejahendes Achselzucken:

Wo bist Du, Deutschland? O, in deinen Tannen
der dunkle und geheime Flüsterwind,
in dem du deine Seele auszuspannen
160   gewohnt, und der so freundlich und so lind,
er rauscht nicht mehr – die Geister all entrannen
vor einem Nordwind eisig und geschwind …
Du Büffelherde, trotzig-ungelenke,
die durch die Wälder raset mit Gestank,
folgst heute einem einz'gen Stier zur Tränke,
und dieser eine Stier ist geisteskrank.

Und als Mahnung und Aufschrei klingt durch die ungestüm pol-
ternden und holpernden Verse (wie schön hat diese Ottave rime
Liliencron gehandhabt!) die Aufforderung an seine Deutschen:
170 Tut etwas! Seid aktiv und tut etwas! Er glaubt nicht recht daran;
er sagt, die Marseillaise würde in Deutschland erst ertönen, die
Gendarmen würden erst präsentieren und Volk und Heer befreit
sein:

Wenn einmal auf die Schlösser springen
und in der Spree fließt roter Wein,
dann wird man solche Lieder singen,
dann hört man solche Melodeien!

Und sein Traum ist, die Deutschen würden eines Tages so viel Verstand bekommen, die Bataillone nicht nur zu Schirm und Schutz
180 vor die Fürsten aufzupflanzen, sondern zu ganz etwas anderm:

Herr Moltke brauchte einst die Phrase:
«Das Heer ist gegen Deutsche da,
man säubert damit von der Straße
die Menschen, die dem Schloß zu nah'
gewagt sich» – beim Champagnerglase
fand seine Rede viel Hurrah!
Doch irrt euch nicht, Ihr lieben Kinder
der Gasse, denn kommt einst die Uhr,
macht gegen Kronen und Cylinder
190   Ihr Front, und sagt: Choc en retour!

Und weil wir heute nicht mehr und noch nicht wieder – denn wir kennen unsre Pappenheimer – zensurpflichtig sind, deshalb sollten diese Klänge hier ertönen, aus denen noch einmal aufsteigt, was sich dieses Volk Jahrzehnte lang hat bieten lassen. Die Revolution vom neunten November war keine: um eine etwas erregt verlaufene Statutenänderung wird heute etwas reichlich viel Spektakel gemacht. Eingeschlagene Fenster und eingeschlagene Köpfe besagen garnichts für einen Umsturz: aber es besagt wohl etwas, den Mut zu haben, das Alte herunterzureißen, daß es kracht und 200 dann – dann erst! – etwas Neues aufzubauen.

Manches, was 1899 frisch klang, ist heute ein wenig veraltet, jung aber wie je sei unser Haß gegen die Pickelhauben und ihre Schützer, deren Väter und deren Söhne.

Wir gedenken des tapfern Oskar Panizza und grüßen die gefallenen Helden der deutschen November-Unruhen! Wird sich der Traum eines glücklich erwachten Deutschland einmal verwirklichen?

Ignaz Wrobel, WB 11. 9. 1919

146

Der Gingganz

Morgenstern ist der Busch unsrer Tage. Wie unsre Väter sich an den niederdeutschen Holzschnittzeichnungen des großen Philosophen verlustierten – unter uns: in dieser Beziehung bin ich mein eigner Papa –, so kugelt sich ein ganzes junges Geschlecht über Palmström, Korfen und Muhme Kunkel, daß es eine Art hat. Es ist aber auch zu hübsch: man lacht sich krumm, bewundert hinterher, ernster geworden, eine tiefe Lyrik, die nur im letzten Augenblick ins Spaßhafte abgedreht ist – und merkt zum Schluß, daß man einen philosophischen Satz gelernt hat. So kommt es denn, 10 daß es uns gar nicht mehr wundert, in Morgensterns Nachlaß (‹Der Gingganz› bei Bruno Cassirer in Berlin) Kantsche Sätze in Gedichtform zu finden; dergleichen verdaut man heute, erzogen durch Palmströms Galgenlieder, mühelos.

Das Bändchen enthält vielerlei: Galgenlieder – das sind die schwächsten Seiten; darunter allerdings eine Pallenbergsche Monatstafel (Jaguar, Zebra, Nerz, Mandrill ...), ein famoses Taschentüchergespenst und ein sehr fein pointiertes Gedicht von drei Advokaten. Dann nachdenkliche und fast wissenschaftliche Gedichte, über die Ohnmacht der Sprache, die Relativität aller Dinge, über
20 das Ding als Ding an sich und Vorstellung, und was man sonst so braucht. Die schönsten Dinge stehen in Abschnitt III: Korfens Rat, in allzulauten Welthändeln einfach die Zeitungen von übermorgen zu lesen, ist sehr aktuell – wenn da aber steht:
«Korf erfindet eine Zimmerluft,
die so korpulent, daß jeder
Gegenstand drin stecken bleibt»,
so muß gesagt werden, daß er eine solche Luft nicht erst zu erfinden braucht. Es gibt sie. Beim Militär. Dann eine herrliche Ode an eine Palmströms Nachtruhe störende Nachtigall, die sich lieber
30 in einen Fisch verwandeln solle – ich möchte die Nachtigall sehen, die sich auf eine solche inbrünstige Bitte hin nicht sofort in eine fliegende Makrele verkleidet. Von den Spatzen ganz zu schweigen, die gegen das Frösteln kleine Pelzchen aus Palmströms Spätzemäntelfabrik m.b.H. anziehen. Und der Herr von Kriegar-Ohs (der so heißt, damit er sich auf Figaros reimt)? Und die herrliche Definition des Bürgers? Lest, lest –!
Und lest vor allem den kleinen Prosa-Anhang, der eine ganz neue Art Humor darstellt.
Wenn Das, was man so leichtsinnigerweise «modernes Leben»
40 zu nennen pflegt, und die Romantik zusammenstoßen, dann gibt es einen guten Klang – und es kommt ganz auf den Zusammenstößer an, obs tragisch oder humoristisch ausläuft. Morgenstern ist von der gradezu lächerlichen Schematisierung ausgegangen, die uns gefressen hat – einmal steht bei O.A.H. Schmitz: Nächstens wird man bei einer Aktiengesellschaft etwas einzahlen, und dafür wird man dann gelebt. Das ist es – und was Morgenstern auf ein paar Seiten aus diesem Thema macht, das ist einfach hinreißend. (Man könnte auch umgekehrt die Romantik verbürgerlichen: es wird nächstens von einem Freunde von mir ein Buch erscheinen,
50 das das versucht.) Da wimmelt es bei Morgenstern von Anzeigen,

in denen künstliche Köpfe angepriesen werden ... «*English church*, aus Gummi, zusammenlegbar; samt Koffer 1250 Mark» – oder: «Violinspieler, vorzüglicher – zum Vorspielen für meine Eidechse gesucht –»: so in der Art tobt das über die Blätter. Und man weiß zum Schluß nicht, was man mehr bewundern soll: die Clownerie oder die tiefe Weisheit; und es bleibt der tiefe Schmerz übrig, daß dieses reine Herz und dieser Kopf zu früh von uns gegangen ist. Wer ihn liebt, liebt das beste Teil am Deutschtum, fern, fern allen Ludendörfern.

Peter Panter, WB 11. 9. 1919

147

Damals, im Kleinen Theater

Also, du kannst dir garnicht denken, wie nett es war. Ich lief zu allen Premieren, aber auch in die siebzigsten Vorstellungen, und es war immer gleich gut. Man war so garnicht verwöhnt in Berlin: man hatte stets die Wahl zwischen schwerer Literatur, Ausstattungsstück und dem entsetzlichen deutschen Familienschwank mit den verwechselten Schwiegermüttern. Damals aber, als Barnowsky noch unter den Linden regierte, hatte man beinah das kleine Souper-Theater, das uns so sehr fehlte. Das waren Friedenssorgen ...

10 Was gab es da alles Hübsches zu sehen! Die großen Repertoire-Stücke, die dreihundertundfünfundsechzig Mal hintereinander gingen: ‹Moral› von Thoma – er war selbst bei der Premiere da und zeigte den Saupreußen so etwas Ähnliches wie ein Gesicht, ich sehe noch den hellen Fleck auf der Bühne, der das Antlitz darstellen sollte, und seine damalige Frau saß in der Loge, jene hellbraune, rassige Kreolin (Slevogt hat sie gemalt), die, glaube ich, aus Hamburg stammte, und alle feinen Leute waren da und lachten sich krumm. Es war aber auch sehr heiter. Die Grüning spielte mit, eine alte Dame. Wie nachdenklich und langsam sagte sie diese
20 Verse: «Als dein Wonnedienst noch glänzte, wie ganz anders, an-

ders war es da; als man deine Tempel noch bekränzte, Venus Amathusia.» Und ahnungsvoll erkundigte sie sich bei einem jungen Herrn der Gesellschaft nach der politischen Konstellation. «Ich dachte doch immer ... damals, zu meiner Zeit, waren Liberale und Konservative etwas Grundverschiedenes –.» Und der Schauspieler machte seine wehmutvollsten Augen und sagte schwermütig und kopfnickend ins Parkett: «Ja, damals –!» Ach, Thoma.

Und der prachtvolle Alexander Rottmann – der ist nun auch tot – spielte bei Thoma mit und lachte sich in der ‹Ersten Klasse› in
30 aller Herzen hinein. Er war so bunt und saftig und voller Kraft! Und ‹Zwei mal zwei ist fünf› wurde gespielt, Jahre, Jahren, Jahrenden hindurch. Alfred Abel, der säcksche Lumich, machte den Paul Abel – das ganze Stück, den ganzen Abend ein einziges Lächeln. Er sprach garnicht so viel. Und dann war da ein Balte, ein Landsmann von dir – der gab den Jüngling namens «Frieda». Hör ich doch den Klang noch dieser Stimme! ganz geziert und gefistelt, die Konsonanten scharf und spitz: «Ihre Mutter, das Biest, ist leider außer Bett!» Man kippte um.

Und dann gab es so entzückende kleine Abende, an denen ge-
40 wiß kein neues Genie ans Rampenlicht gehoben wurde, wie das heute so üblich ist; aber es war so gemütlich und witzig und freundlich: ‹Der Nachtwächter› von Guitry mit dem lausejungenhaft kessen Adalbert; und der ‹Mann mit der grünen Krawatte›, in welchem Stück die angstgefüllten Hosen des Herrn Guido Herzfeld eine erschütternde Rolle spielten; und hier und da Wedekind; und eine mißglückte Dramatisierung der ‹Tanzmäuse› mit den fettesten Herzenstönen der Grüning («Mulle!» sagte sie zu Abel – «mein Mulle!»), und in der Loge, die sie jetzt fortgerissen haben, saß der kleine Wied und besah sich mit seinem etwas schiefen
50 Lächeln, was er da gemacht hatte.

Wo ist das geblieben? Wied ist tot, das Kleine Theater ist in andre Hände übergegangen, und wenn du die Kritiken von S. J. liest, siehst du, daß es da auch nicht mehr zum Totlachen zugeht. Wo ist das alles hin? Die Zeit ist groß und wieder klein geworden, ich habe einen Spitzbauch, Ludolfchen wird unter dem demokratischen Zepter aufwachsen statt unter dem monarchischen, aber es ist kein Unterschied – und nur du bist jung und blond und hell,

wie du es gewiß schon damals warst. Bleibs auch. Und wenn sich
vielleicht wieder einmal ein kleines hübsches Theater auftut: du
60 sollst in der ersten Reihe sitzen und es dir alles anbekucken.

Peter Panter, WB 18. 9. 1919

148

Alte Plakate

Man sollte eine Ausstellung machen: Alte Plakate. Und darin
müßten alle die bunten Fetzen Papier aus der Kriegszeit ausge-
stellt sein, mit den vollen Namen ihrer Anfertiger und Besteller.
Die Plakate der neun Kriegsanleihen, die da Unmögliches ver-
sprachen, und die logen, logen, logen. «Die Kriegsanleihen sind sicher!» «Die Kriegsanleihen sind bar Geld!» «Durch Sieg zum
Frieden!» «Noch eine letzte Anstrengung!» Und dann immer
dringlicher, immer hilferufender, immer großmäuliger!
Die Plakate, die da bewiesen, daß wir Belgien haben müßten,
10 müßten, wollten wir nicht verhungern, verdursten, sterben und
elend untergehn. Die Plakate, so die Verluste der feindlichen Handelsflotten – jetzt müssen wir sie bezahlen – mit schönen kleinen
und großen Schiffen ausmalten und ankreideten.
Die Plakate – aber nun kommen wir in die neue Zeit, und was
gestern noch ein Plakat, ist heute ein schlechter Witz: die Plakate zur Werbung für die Freiwilligenverbände, die morgen alle
aufgelöst werden müssen. Die Plakate gegen einen Bolschewismus, von dem die Besteller einmal etwas hatten läuten hören, und
unter dem sie sich so eine Art tatkräftigen Sozialismus vorstell-
20 ten – Gott sollte sie bewahren, alle miteinander! Die Plakate, die
da bewiesen – das dürfte vier Monate her sein –, daß dieser Friede niemals unterzeichnet werden könnte, dürfte, solle! O schöne
Zeit –!
O schöne Zeit! Man pappte seins an die Mauern und ging befriedigt nach Hause. Das Papier! Das Geld! Die Arbeit! Der
Leim! Aber der war noch das Realste bei der ganzen Geschichte.

Ignaz Wrobel, WB 18. 9. 1919

Heimkehr

Ich schüttle mir den Seesand aus der Hose.
Da rinnt er hin – und draußen tobt Berlin.
Ich spintisiere und ich lasse lose
die schöne Zeit an mir vorüberziehn.

Es rauschen freundlich blaue Meereswellen.
Der Schwarzwald grüßt. Ein spätes Sonnenlicht
färbt blutigrot im Wald die moosigen Stellen –
Und keine Morgenzeitung las ich nicht.

Ich las auch keine dumme Abendzeitung.
Ich lebte meins und dacht mir nichts dabei ...
Nun hör ich wieder von der Streikverbreitung,
von Reinhards I–III.

Und Noskes Gustav wirkt noch immer, immer,
der arme, gute, ungediente Mann –
Mit seiner Reichswehr geht es schlimm und schlimmer,
weil er nicht pfeifen, sie nicht tanzen kann.

Der Schwarzwald grüßt ... Nach solcher Waldesstille
erzählt mir was in Heften grün und blau
ein Proletarierfreund, ganz wie von Zille –:
Ach, Rathenau –!

Und all der Zimt ... Die zagen Demokraten,
die leise Hand, ehs Generale trifft –
die Knäbchen, die in blasser Tinte waten –
Herr! Schenk mir für 'nen Sechser Rattengift!

Der Tanz geht los. Die Musen werden lüstern.
Rein ins Vergnügen! Ölt mir mein Klavier!
Doch, lieben Freunde, laßt mich eins noch flüstern:
Es war da draußen heiterer als hier.

Kaspar Hauser, WB 25. 9. 1919

Das Geheimnis der Lebenden

Das Geheimnis der Zeit beschäftigt die Menschen, seit sie denken können. Diese Tatsache: daß der Stoff in der Zeit wechselt, die Form aber beharrt, die Tatsache, daß wir altern, daß die Zeit verrinnt und eines in uns doch zeitlos dasselbe bleibt – das war Anreiz und Fundament von Zauberformeln und Untersuchungen, von Dissertationen und bunten Märchenerzählungen. Die Phantastik ignoriert entweder die Zeit – woraus abenteuerliche Folgen entstehen –; oder sie stellt sich die Zeit geometrisch als eine Linie oder eine Fläche vor, auf der man beliebig herumrutschen kann
10 (was sie aber nicht ist; sie ist eine Vorstellungsform der menschlichen Erkenntnis – über diesen heute wieder als trivial verschrienen Satz wird man wohl nicht hinauskommen). Wie dem auch sei: nichts erschüttert so wie Phantastik in der Zeit. Phantastik im Raum ist schließlich technisch vorstellbar. Ob ich wirklich einmal auf den Mars (ich lebe in Berlin, also natürlich mit ermäßigten Billets) werde fahren können, steht noch aus – daß ich aber weder fünf Minuten vorwärts noch rückwärts springen kann, steht sicherlich fest. Und so macht es uns denn eine heitere oder bewegte Märchenfreude, einen mit dem Zeitbegriff jonglieren zu sehen.
20 Wells hats einmal getan; in der ‹Zeitmaschine› (bei Bruns in Minden erschienen). Das Buch ist aber vor allem eine (vorzügliche) Utopie, und wer daran Spaß findet, lese nach, wie der Reisende sich auf die Zeitmaschine setzt und in die Zeit reist. In dem Büchlein, das vor mir liegt, geht es um etwas andres. Es ist ‹Das Geheimnis der Lebenden› von Claude Farrère (bei Rütten & Löning in Frankfurt am Main erschienen). Dieser Farrère, ein französischer Schiffsoffizier namens Charles Bergone, ist den Deutschen zuerst durch Hanns Heinz Ewers empfohlen worden, ein Grund, ihn nicht zu lesen. Überwindet man aber die berechtigte
30 Abneigung gegen den Vermittler zwischen Laster und Bürgerlichkeit, so muß ich doch sagen, daß Farrère manchmal recht amüsante Sachen zu Tage fördert.
Diesmal ist es eine ganz unwahrscheinliche Geschichte, eben

von dem Rätsel der Zeit. Sie handelt davon, wie drei alte Männer sich mit einem noch ältern Mittel unsterblich zu machen gewußt haben, drei Männer aus dem Zobtenberge; aber während diese bösen Verzauberten ihr schauerliches «Hic nulla, nulla pax» stammeln, sind jene drei kreuzfidel und brauchen nur eines: Ergänzung ihrer Lebenskräfte durch frische lebendige Menschen. Der
40 Glaube an Sunamitinnen wird lebendig, und wie sich die drei Alten das frische Menschenblut holen, wie sie dabei an die Dame Madeleine geraten und so auch an ihren Liebsten, den Rittmeister Charles André Narcy, das ist ebenso nett wie grauslich in dem Buche erzählt. Der Mann wohnt schließlich seinem eigenen Begräbnis bei, ist in drei Tagen um Jahrzehnte gealtert und nimmt Abschied von den Menschen, die ihm nicht mehr helfen können.

Gewiß, das ist alles Literatenzauberei – und doch ein klein wenig mehr. Liegt es an der Grazie des Erzählers, liegt es am Stoff: man fühlt sich mehr gepackt als sonst bei Büchern dieser Art.
50 Irgendetwas von verschollener Zeit und von dem unwandelbaren Gang der Sterne klingt an – der Leierkasten der Erinnerung wird wach, und, der Made gleich unter der alles bedeckenden Käseglocke, müssen wir sagen: «Wir gehören auch mit dazu!» Wir gehören auch mit dazu …

Weil aber das Büchlein in gut dosierter Mischung die richtigen Portionen von Spannung, Erotik, Übersinnlichkeit und guter Darstellung enthält, lesen wir es auf einen Sitz herunter, gucken eine Zeitlang tiefsinnig ins Leere und stellen es mit einem befriedigenden Aufseufzer ins Fach. Und mehr kann man nicht verlangen.

Peter Panter, WB 25.9.1919

151

Klein-Piepeneichen

Alles, was seit dem November geschehen,
wird im Reiche nicht gern gesehen.
Besonders der Stammtisch der kleinen Stadt
furchtbar viel zu schimpfen hat.

Der neue Kurs, die neuen Leute,
das gloriose Gestern, das nüchterne Heute,
die Machtlosigkeit der Landratsfamilien,
die scheußlichen Revolutionsutensilien,
als da wäre: der Arbeiterrat – –
Wo ist der alte preußische Staat?
Umsturz, Krach und Thronverzicht:
Für Klein-Piepeneichen gilt das nicht.

In Klein-Piepeneichen ist Vater und Kind
Gott sei Dank stramm monarchisch gesinnt.
Da weiß man noch nichts von der Schuld am Kriege,
da feiert man noch die erträumten Siege,
lobt sich die gußeisernen Generale,
sonnt sich am alten Ruhmesstrahle,
glaubt noch immer die alten Lügen,
schlürft beseligt in vollen Zügen
den altwilhelminischen süßen Brei,
schimpft auf das Neue und denkt nichts dabei.
Abrechnung? Aufklärung? Staatsgericht?
Für Klein-Piepeneichen gilt das nicht.

Und wer will an alte Rechte rühren?
Wer wagt sich heran an die alten Gebühren?
Der gnädige Herr auf dem Rittergut
weiß, wie wohl ihm der Flitter tut;
er kann den Nimbus von falschen Ehren
durch seine Kerls nun mal nicht entbehren.
Soll nur der Herr Minister rügen,
sollen sie in Berlin verfügen –
Wir gehen unsern alten Schritt
und heizen uns unsre Stuben damit.
Tarifvertrag? Abgabe? Saatenbericht?
Für Klein-Piepeneichen gilt das nicht.

Der Haß der wildesten Kommunisten,
der menschenfressenden Bolschewisten

ist nicht so heiß und ist nicht so schlimm
wie des Stammtischs fürchterlicher Grimm.
Der stellte am liebsten das halbe Land,
das ihm nicht paßt, glatt an die Wand.
Da ist Blutdurst und da ist Roheit.
Das spürt noch immer die alte Hoheit
der Ritterkaste im engen Gemüt.
Wilhelm ist fort. Sein Unkraut blüht.
Sie hängen am Tand. Sie hängen an Bildern.
Ihre ohnmächtige Wut ist nicht zu schildern.
Mag die Regierung schalten und walten –
Ihr Herz hängt noch immer am schlechten Alten.
Nichts will ihnen vom Neuen passen.
Sie können vom Haby-Schnurrbart nicht lassen.
Und sehnen sich nach des Kaisers Segen.
Ihretwegen. Ihretwegen.
Sie wollen nicht, sie fügen sich nicht.
Bis einer ihren Willen bricht.

Revolution in Klein-Piepeneichen:
werden wir die in Deutschland erreichen?

Theobald Tiger, Ulk 26. 9. 1919

152

Wir hätten sollen ...

Alexander Moszkowski hat einmal die Gefühle einer Familie nach
der großen Sommerreise geschildert; in dieser Schilderung begannen alle Sätze mit den Worten: «Wir hätten sollen ...» – «Wir hätten sollen schon am Freitag abreisen – wir hätten sollen über den
Brenner fahren – wir hätten sollen nicht den großen Koffer mitnehmen» – und es hörte auf: «Wir hätten sollen überhaupt zu
Hause bleiben!» –
    Wir hätten sollen ... das ist ein nachdenkliches Wort. Wenn ich

es auf meinem Gedankenklavier, der Schreibmaschine anschlage,
klingt es lange nach – es ist fast wie ein Thema, das mit vielen
Variationen gespielt werden kann. Wir hätten sollen ...
Als wir selbdritt, Karlchen, Jakopp und ich, aus Rumänien her-
auffuhren, damals als der große Krieg liquidiert wurde, kamen wir
eines Nachts durch die ungarische Station Szolnog. Da gabelten
sich die Wege: man konnte über Budapest an die Panke fahren,
oder aber über Böhmen. Was nun? In Böhmen, verlautete es, herr-
sche Aufstand und Rebellion, der andre Weg war nicht sichrer ...
Wir fuhren über Pest und kamen richtig nach Hause. Aber von all
dem Randal, den Rotweinnächten im Coupé, dem jungen rumänischen Offizier, der aussah wie ein Berliner Barschieber, den vielen bunten Schnäpsen im großen Bad in Pest, von Salzburg und
von München – von all dem hat Karlchen nichts behalten. Sehe ich
ihn heute, dann nickt er schwermütig mit dem Kopf und sagt vor-
wurfsvoll: «Wir hätten doch sollen in Szolnog umsteigen!»
Hätten wir wirklich? Wäre dann alles anders gekommen? Es
gibt ja Leute, die behaupten, ihr ganzes Leben wäre anders verlau-
fen, wenn sie in Szolnog umgestiegen wären – und es sind dieselben Leute, die hinterher, wenn alles vorbei ist, furchtbar schlau
sind, und uns erzählen, wie man es hätte machen müssen, aber leider nicht gemacht hat, und wie alles gekommen wäre, wenn ...
Ich glaube diesen Leuten nicht so recht. Ich werde das leise
Mißtrauen nicht los, daß das eine böse Gabe ist, hinterher die
«Lage zu spannen», hinterher zu wissen, wie es hätte gemacht
werden müssen – man lernt doch nichts daraus.
Wir hätten sollen ... Einmal ging ich mit Augusten aus, es war
ein schöner Sonnabendabend, sie trug ihr gutes Kleid, verhältnismäßig neue Stiefel und sah furchtbar fein aus. Ich traute mich gar
nicht, Du zu ihr zu sagen ... Und wir gingen auf den besten Platz,
der im ganzen Theater zu haben war, Proszeniumsloge links – das
Theater lag in der Großen Frankfurter Straße – und es wurde gespielt: ‹Doppelt geschändet› oder ‹Die Liebe des Freimaurers›. Es
war schrecklich aufregend. Auguste unterbrach das Spiel mit pas-
senden Bemerkungen, und es bedurfte meiner ganzen Geschicklichkeit, einen Hinauswurf zu vermeiden. Der Held wurde in eine
Art Kohlenkasten gelegt, der an diesem Abend als Sarg auftrat,

die Heldin mischte sich in die Freimaurersitzung, wo lauter ernste Männer nicht Skat kloppten, sondern unheimliche Formeln beteten, weil der Held in diese Innung aufgenommen werden wollte, der Souffleur flüsterte vor lauter Feierlichkeit so leise, daß die
50 Schauspieler stecken blieben – und Auguste schneuzte sich ergriffen in mein Taschentuch. Und als alles fertig war, die Schürzung des Knotens, und die Katastrophe und das Finale mit den beiden Paaren und den erschütterten Statisten und dem Applaus und dem Auf und Ab am Vorhang – da sagte ich: «Na?» – Und Auguste sprach: «Wir hätten doch sollen in den Jäger von Kurpfalz gehen!» – Frauen sind selten dankbar.

Wir hätten doch sollen ... Es gibt Leute, die sprechen am Ende einer jahrzehntelangen Ehe so, und es gibt welche, die sagen es vor sich hin, wenn sie einen folgenschweren Entschluß ausge-
60 sprochen haben, den sie vorher so genau erwogen hatten. Nach einer Reise sagt man es immer, und nach einer unterlassenen freundlichen Leichtsinnigkeit sehr häufig. Ganz kann man es sich nie verkneifen.

Es ist eine ganze Philosophie, dieses «Wir hätten sollen ...» – Und es ist eine billige, eine unterhaltsame, und eine nicht zu widerlegende Philosophie. Klappt nicht alles ganz wundervoll, wenn man es sich hinterher ausdenkt? Den Weg rechts ist man gegangen, und es hat Schwierigkeiten gegeben und Kummer und arge Enttäuschung. Aber den Weg links, den man hätte gehen sollen,
70 das war ein glatter Weg! – Und lieblich schweifen die Gedanken ab, dorthin, wo alles nach unserm Willen läuft, ohne Hemmungen und Katastrophen – der hätte keine Hürden gehabt, der Weg, der wäre geradezu ins Ziel gegangen.

Wir hätten doch sollen ... Manchmal ist es auch ein Stachel im Fleisch, ja, es gibt Frauen, die einen ganzen Igel aus diesem Wort machen können. Es war alles sehr schön: wir andern haben roten Wein getrunken und getanzt, und ein kleines bißchen geküßt – was eben so grade in eine unbewachte Minute hereinging – und Hallo gemacht. «Na, Mama, wie wars?» – «Es war ganz hübsch,
80 mein Junge. Aber ich habe mich zu sehr geärgert: Papa hat sich ein Sahnenschnitzel bestellt, und nachher sah ich auf der Karte, daß es noch ein andres, billigeres Schnitzel gab ... Zwei Mark her-

ausgeworfen ... Er hätte doch sollen ...!» – Aber es muß gesagt werden, daß es auch unter den Männern solche Frauen gibt. Einmal fuhren wir über die ungarisch-rumänische Grenze, nach Orsova. Vom Alkohol will ich gar nicht reden, um mir das Herz nicht schwer zu machen – aber es war herrlich. Der Oberleutnant hatte nicht genug ungarisches Geld mit, gab seine rumänischen Lei-Noten in Zahlung, wurde selbstverständlich übervorteilt, und wir schoben ab. Auf dem Rückweg fuhren wir durch die hohe Pappelallee – grün und matt ausgestirnt spannte sich der Himmel darüber hin, die Berge verdämmerten und in der Ferne blitzten die Lichter der Stadt. Unten rauschte die Donau, die man hören konnte, wenn einmal der Kutscher die Pferde verschnaufen ließ. Wir schwiegen. Und auf dem Bock saß, wütend, leise murmelnd, böse und durchaus beleidigt, der Oberleutnant und haderte mit den Leuten, die ihm ein Agio abgenommen hatten ... ein Agio –! Und er blies auf einer großen Trompete das alte, herrliche Lied: «Wir hätten sollen ...» – Und verdarb sich den ganzen schönen Abend.

Vergeblich sagt sich der Weise den Spruch auf, den ein alter Feldwebel auf einem Porzellanteller in Goldmalerei über seinem Arbeitstisch aufgehängt hatte: «Wie man's macht, ist's falsch!» – Das ist kein Trost. Einem obstinaten Baß gleich, wie ein immer unruhvoll arbeitendes Thema rollt und rumort es unablässig in der Tiefe: «Wir hätten sollen!» – Wir hätten sollen den Burschen ordentlich anschnauzen! Wir hätten sollen ihr ein paar Blumen schicken! Wir hätten sollen die Rechnung lieber nicht bezahlen! Wir hätten sollen sagen, das Kind ist nicht von uns! Und, schließlich, ganz und gar unzufrieden und rigoros aufräumend: Wir hätten sollen als Kinoschauspieler auf die Welt gekommen sein! –

Wir hätten sollen ... Und das alte faltige Gesicht Schopenhauers taucht auf, bärbeißig, mit den alles durchdringenden Augen und grimmig noch, wenn es lachte: «Ihr hättet sollen! Narren! Hättet ihr denn *können*?» –

Wir nicken. Wir haben die Traktate über die Freiheit des Willens wohl gelesen und wissen, daß das Wasser nur sprudelt, wenn es den Berg herunterläuft, daß es nur schneit, wenn es kalt ist, daß die Auerhähne nur balzen, wenn ihre Zeit ist – wir wissens wohl.

120 Und dennoch, dennoch ... Ist alles vorbei, dann klopft etwas im
Innern an, unser Gesicht verdüstert sich, und nach Glück, Unglück, Geburt und Tod sagt eine leise Stimme: «Wir hätten doch
sollen ...!»

Peter Panter, BT 2.10.1919

153

Neuer Militarismus

Von dem derzeitigen Reichswehrminister ist die Anregung ausgegangen, die Schutzmannschaft in den großen deutschen Städten
zu entmilitarisieren. Das soll so geschehen, daß man der alten
Schutzmannschaft nur noch die Gewerbe-, Gesundheits- und Ver-
kehrspolizei überläßt, sowie den Bureaudienst – dagegen sämtliche andern Zweige einer neu zu gründenden Truppe übergibt.
«Eine Truppe aus jungen, meist unverheirateten Unteroffizieren,
die von ehemaligen Offizieren des Heeres in streng militärischer
Organisation zusammengefaßt wird. Die Unterbringung dieser
10 mit allen modernen Waffen ausgerüsteten Truppe erfolgt in bereit-
gestellten Kasernen, ihre Stärke wird, zum Beispiel, für Berlin
etwa neuntausend Mann betragen.»
Inwieweit das eine Verletzung des Friedensvertrages darstellt, ist
eine Sache für sich. Die streng militärische Organisation der Truppe macht sie zu dem, was sie in der Tat ist: zum stehenden Heer –
denn es kommt nicht auf ihre Verwendung, sondern auf ihre Organisation an. Uns interessiert hier etwas andres.
Wie der Oberverwaltungsgerichtsrat Lindenau in einem guten
und schneidigen Artikel dargetan hat, sind bei dieser Neueinrich-
20 tung weder das Polizeipräsidium noch der Justizminister noch die
berliner Stadtverwaltung gefragt worden. Der Reichswehrminister
sagte in der letzten Nationalversammlung, er könne nur einige
Andeutungen geben und die Angelegenheit nur «mit einiger Reserve» erörtern. Ich will ihm aus der Reserve heraushelfen.
Wer beim preußischen Militär war, weiß, daß der Mann die Stel-

le macht, nicht umgekehrt. Muß ein Offizier untergebracht werden, dann wird eben eine Stelle für ihn geschaffen – das tatsächlich vorhandene Bedürfnis ist dabei nicht maßgebend.

Der Reichswehrminister hat sich von Anfang seiner Amtstätig30 keit an auf die Offiziere der alten Monarchie gestützt und muß ihnen nun etwas bieten.

So hat er bereits den Obersten des Dritten Garde-Regiments zu Fuß zum Kommandeur der neuen Polizeitruppe ernannt. Daß der Mann den Posten angenommen hat, wundert uns nicht. Er hat der Monarchie gedient (die auf Sozialdemokraten schießen ließ) – er dient den Sozialdemokraten – und er wird wohl auch einem gemischten System dienen. Aber was geht denn hier vor? Es bereitet sich die Konservierung des dreimal verfluchten militärischen Geistes vor. Wenn alle größern deutschen Städte mit 40 einer solchen Truppe bedacht werden, dann haben wir neben dem bewilligten Heer noch weitere hunderttausend Mann, die sich in Drill, Formen, Gesinnung und Roheit durch nichts von dem alten Heer unterscheiden werden. Der alte Geist wird rein erhalten. Und er muß und wird entfernt werden.

Es geht also alles wieder von vorn an: Paraden; Ansprachen an die kleinen Götter bis zum Unteroffizier abwärts, die ihrerseits bestrebt sein werden, den Druck nach unten weiter zu geben; der widerliche Geist der blanken Gewalt, der durch die angeworbenen Militäranwärter alten Stils deren Familien vergiftet wird; der Ka50 sino-Rummel; der Gamaschendienst; die kindlichen kleinen Eitelkeiten, das Spiel mit den blanken Abzeichen, die zahllosen Titel und Ränge, die Orden (man wird schon eine verkappte Form, auch gegen das bißchen Verfassung, aushecken) – all das beginnt von neuem.

Das neue Spiel ist von einem ehemaligen Sozialdemokraten angeregt und begünstigt worden. Diese Katastrophe wird ja eines Tages aus der Regierung ausgebootet werden müssen, denn ich weiß nicht, wie ein anständiger Parlamentarier mit einem Mann zusammenarbeiten kann, der längst nicht mehr Herr seiner Ent60 schlüsse ist.

Was nützt nun alle Schulreform, was nützen alle Anstrengungen der Gutgesinnten, wenn die Regierung Prämien für rohe Gewalttat bezahlt? Wenn sie die alten schlechten Offizierstypen wieder hochzüchtet, deren Ära wir verblichen wähnten? Die neue Polizeitruppe wird ihren Dienst schlecht erfüllen und wird uns unbändiges Geld kosten. Sie wird – denn aus diesem Mehl ist sie gebacken – Leute mit reinem Kragen zuvorkommend und Leute ohne einen solchen pöbelhaft behandeln. Woher wir das wissen? Aus dem Wirken der Reichswehrtruppen, aus ihrer Art, mit Schutzhäftlingen umzugehen, und vor allem: aus ihrem Material.

Ich besinne mich noch – und wir tuns wohl alle –, wie sehr Deutschland über die «englischen Söldner» schäumte, als die zu Anfang des Krieges aufrückten. Wollt Ihr nicht einmal nachlesen, was da alles stand? «Der Beste läßt sich nicht anwerben.» «Es werden immer arbeitslose Herumlungerer sein, die für Geld fechten.» «Kein vernünftiger und arbeitsamer Mann verläßt um eines solchen Handwerks willen seine Stellung.» Das wurde nachher übertrieben – man sprach den Söldnern nun alles ab: aber daß es wirklich nicht die besten Elemente sind, die sich für Geld anwerben lassen, ist richtig. (Wohl England! Unsre Besten liegen in fremden Ackergräben.) Es wird sich also auch bei uns alles das ansammeln, was beim Militär zu kapitulieren pflegte – das war nicht die Creme – und an diesem zusammengekauften Rudel werden abgetakelte Offiziere ihre alten schlechten Herrschaftsgelüste spielen lassen und das verderbliche Gift im Volk verbreiten helfen.

Das darf nicht wiederkommen.

Es ist Pflicht aller sauber denkenden demokratischen Parteien jeder Richtung, die Bildung einer solchen Truppe für Stellungslose zu verhindern. Ruhe und Ordnung sollen und müssen gewahrt werden. Die kompakte Masse aber von monarchistischen Edelmenschen, die gar nicht umlernen wollen, dürfen nicht wieder aus Staatsgeldern bezahlt werden.

Daß Noske nur mit dem Belagerungszustand zu regieren versteht, wissen wir. Es ist allgemach an der Zeit, Einen ins Amt zu setzen, ders auch ohne ihn kann.

Ignaz Wrobel, WB 2.10.1919

Ich schnitt es gern ...

Wie schön ist doch des Pfolkes Neigung!
Wen es mal liebt, den liebt es ganz
und beut entflammt, in jäher Steigung,
dem Helden seinen Ruhmeskranz.

Die Männer des Paradeschrittes
umjubelt es tagaus, tagein –
es segnet auch ihr Haupt und schnitt es
sich gern in alle Rinden ein.

So auch der Knab' dort.
          Auf der Straße
steht er in Abendsonnenglut
und tut für sich in kleinem Maße,
was sonst die Straßenreinigung tut.

Zieht er auf dem Asphalt Figuren?
Liebt er das alte Ornament?
Sieh da: er zeigt des Fleißes Spuren
der Jugend, die dergleichen kennt.

Laßt uns noch einmal wiederkehren.
Wie ist dies Volk doch wohlgesinnt!
Ich lese voller Wehmutszähren:
«N.O.S.K. ...»
          Du gutes Kind –!

Kaspar Hauser, WB 2.10.1919

Feuerwerk

Die kleinen Bändchen aus dem Verlag der Weißen Bücher in Leipzig kennen Wenige. Es sind entzückende Sächelchen darunter, so von Alain und von Bottom, davon ein andres Mal. Diesmal wollen wir uns nur über eines unterhalten: über Chestertons ‹Verteidigung des Unsinns, der Demut, des Schundromans und andrer mißachteter Dinge›.
Seit Oscar Wilde mit seiner Blume im Knopfloch ganz Wien verpestet hat, sind Paradoxa hierorts nicht mehr gesellschaftsfähig. Man tut das einfach nicht mehr. So, wie man die Sauce nicht mit
10 dem Löffel aufschöpft oder den Hausherrn nicht dazu beglückwünscht, daß sein ältester Sohn nun endlich in den Verband Deutscher Bolschewisten eingetreten ist, so wenig sagt man noch: «Die Kunst ist wie die Frau. Beide sind ...» Man trägt das längst nicht mehr. Als Harry Walden noch jung war ... Na, da lachen Sie.
Aber so eine Art Feuerwerk ist das hier gar nicht. Haben Sie einmal ein Bild von Chesterton gesehen? Nein? Also stellen Sie sich einen ungeheuer dicken und etwas griesgrämigen Mann vor, mit Kneifer und etwas Schnauzbart, und es ist ja anzunehmen, daß der Verfasser des ‹Mannes, der Donnerstag war›, und der ‹Ortho-
20 doxie› und der ‹Heretiker› und der ‹Magie› – daß dieser dicke Mann, sage ich, in dem von Tirpitz mit Erfolg ausgehungerten England in der Zwischenzeit noch dicker geworden ist. Er hat so viel Fett wie Humor.
Ob der ohne Shaw nicht zu denken ist, wie Manche behaupten, weiß ich nicht. Kenner der englischen Literatur mögen ergründen, wieviel irischer Humor das ist, und wieviel adaptierter irischer Humor. Jedenfalls ist es eine der lustigsten Arten von Gehirnakrobatik, die sich denken läßt. Das ist im wahrsten Sinne des Wortes paradox – denn dem Schreiber hat erst etwas geschienen, und das
30 hat er übertrudelt. Die Verteidigungen der Planeten, der Detektivgeschichten und des Schundromans gehören zu den besten Leistungen des literarischen Variétés. Rauchen gestattet! Stets wechselndes Programm! Und Sie lachen mehr als in einem deutschen Tivoli.

Am schönsten und hellsten aber strahlt der letzte Aufsatz: ‹Verteidigung des Patriotismus›. Dazu muß allerdings gesagt werden, daß er, pazifistisch, antinationalistisch und ganz befreit von allen Dogmen, vor dem Kriege geschrieben worden ist, vor jener Zeit, wo sogar G.K. Chesterton in der berechtigten Abneigung gegen
40 Potsdam eine Grube fand, in die er hineinfiel, der dicke und kluge Mann – und daß der Aufsatz so recht auf Niemand geht. Er ist um seiner selbst willen geschrieben worden. Und das sind meisthin die klügsten Dinge, die wir so einfach dahin sagen: ohne Interesse an Jemand, ohne Ranküne gegen einen Andern, ohne die Absicht, zu gefallen oder zu mißfallen. Es wäre hübsch, wenn sich recht viele Deutsche an dieser blitzenden Weisheit eines Krämergeistes jenseits des Kanals erfreuten. Wir habens nötig.

Peter Panter, WB 2.10.1919

156

Die Histörchen

Wir sitzen zusammen auf lustiger Bank.
Erzähle drum jeder einen Schwank.
Wer ausgetrunken hat, fängt an!
Das trifft mich selber – nun wohlan!
   «Die Nationalen ... es ist doch keiner am Tisch?»
– «Nein, noch ist er draußen, erzähl Er nur frisch!» –
   «Im Saal sitzt versammelt ein Areopag:
Die Plittwitz halten Familientag
im Jahre fünfzehn, es steigen die Chancen,
10 alle Welt macht den Plittwitz Avancen:
der Alte, Stadtkommandant bei Lille,
herrscht dort im alten Cäsarenstil
und schiebt seine Kisten und schickt seine Kisten ...
Sein Bruder sitzt bei den Nationalisten
und läßt sich von denen reklamieren.
Die Söhne braucht niemand zu protegieren,

Jott sei Dank Jardekavallerie …
Und man ergreift das Glas mit dem Henessy:
‹Prösterchen!› Wir wissen Bescheid …
‹Hurra, die große eiserne Zeit!›
Die Nationalen … doch – da kommt einer herein,
da muß ich wahrhaftig stille sein.» –
«Guten Tag, Herr Nationaler, setzet Euch,
trinkt und erzählt ein Histörchen!» –
                                        «Gleich!
Die Unabhängigen … es ist doch keiner am Tisch?»
– «Nein, noch sind sie draußen, erzähl Er nur frisch!» –
– «Die Unabhängigen sind nicht gerade dumm,
doch kommen sie oft ums Wahre herum.
Sie wünschen durchaus ein baldiges Ende
der neuen Freiwilligenverbände.
Kriechen aber selber herfür,
pochen bescheiden an deren Tür
und fragen höflich beim Führer an:
‹Was kostet Ihr Heer, mein lieber Mann?›
Der will aber gar nicht ausverkaufen,
und so tun sie wieder von dannen laufen.
Da kommt eben ein Unabhängiger an …
Heran, heran, nur immer heran,
Herr Unabhängiger, kommt und setzet Euch,
trinkt und erzählt ein Histörchen!» –
                                        «Gleich.
Die Mehrheitler … es ist doch keiner am Tisch?»
– «Nein, noch sind sie draußen, erzähl Er nur frisch!» –
– «Die Mehrheitler kennen nur eine Plage:
das ist die unbequeme Frage,
wer am Kriege wohl schuldig sei;
die ist für sie ein Kolumbusei.
Fragt einer danach an des Tisches Rund:
sie legen den Finger an den Mund –
Pst … fein still …!
Wer nur davon reden will?
Doch da kommt ein Mann

von den Mehrheitlern. Still! – Heran, heran,
Herr Mehrheitler, kommt und setzet Euch,
trinkt und erzählt ein Histörchen!» –
      «Gleich!
 Die Klerikalen ... es ist doch kein Klerikaler am Tisch?»
– «Nein, noch sind sie draußen, erzähl Er nur frisch!» –
60 – «Die Zentrumsleute sind im Land
als superkluge Leute bekannt.
Konfessionslose Einheitsschule?
Da wird den Herren aber mächtig schwule ...
Und es spricht der Pfaffe zu seiner Stütze:
‹Dies Teufelsding ist zu gar nichts nütze!
Ich bleibe fest im frommen Sinn:
Unsre Kinder gehn da nicht hin!›
Die Klerikalen ... still, wer tritt in die Tür?
Ein Zentrumsmann – schön willkommen hier,
70 Herr Klerikaler, kommt und setzet Euch,
trinkt und erzählt ein Histörchen!» –
      «Gleich!
 Die Demokraten ... es ist doch kein Demokrat am Tisch?»
– «Nein, noch sind sie draußen, erzähl Er nur frisch!» –
– «Die Demokraten sind brave Leute,
doch vergleich ich das Gestern mit dem Heute,
muß ich doch manches recht beklagen
und sagen:
Wo sind die Tage der Lasker und Richter,
80 der Bamberger, Virchow ... all die Gesichter
leuchten nicht mehr – diese aufrechten Herrn
säh ich heute gar zu gern.
Sie leben nur von Erinnerungen.
Es fehlt das Neue. Es fehlen die Jungen.
Platz! Macht Platz für die Generation
der Hoffnung ... aber wo seh ich die schon? –
Lieben Freunde, reicht euch die Hand,
Uns brauchen sie alle im deutschen Land:
Seht zu, wen man in den Reichstag wählt!
90 Wir haben hier immer von andern erzählt.

Es geht der Krug die Reih herum!
Dankt Gott, daß keiner von uns so dumm!»

Frei nach August Kopisch

Theobald Tiger, Ulk 3. 10. 1919

157

«An alle Frontsoldaten!»

Der Verfasser greift meine Arbeiten, die ich in der ‹Volkszeitung›
und in der ‹Weltbühne› über das böse Thema Offizier und Mann
veröffentlicht habe, heftig an. Nicht deshalb nehme ich hier das
Wort, um ihm zu antworten. Wir kennen alle diese läppischen
Einwände: «Ich kenne Ihre Kriegsstammrolle nicht im einzelnen.» – «Die republikanische Staatsgewalt aber regt sich heute mit
keinem Finger, wenn ein Judasgeist von dem Popanz der Ehre
eines Führerkorps zu sprechen wagt ...» – «Hetzartikel». – «Judas Ischarioth». – Es ist, wie wenn ein gefaßter Dieb dem Schutzmann sagt: «Sie haben aber mal früher eine Disziplinarstrafe gehabt!» – Die steht nicht zur Diskussion. Es geht um den Dieb.

Und ich glaube, wir haben ihn. Bilden sich diese Herren ein,
noch heute einem gescheiten Mann einreden zu können, daß es
etwa im Felde *nicht* ungerecht und verlogen hergegangen sei?
Glauben sie, wir wüßten nicht alle, wie sich der deutsche Offizier
immer und immer wieder einen guten Tag gemacht hat – auf wessen Kosten denn? Glauben sie, saubere und anständige Leute ließen sich noch jemals eine «geistige Mobilisation» gefallen, wie sie
eine Wiederaufrichtung der empörendsten Unfreiheit zu nennen
belieben? Sie wünschen einen Wahrheitsbeweis?

Es ist behauptet worden, daß die Offiziere unverhältnismäßig
besser gelebt hätten als der Mann. Der Einwand, daß es im Schützengraben demokratischer hergegangen sei, ist nicht stichhaltig.
Sollte der Bataillonsstab vielleicht im Stollen ein Kasino aufmachen? (Übrigens ist das vorgekommen.) Es handelt sich um die
Fälle, in denen die Möglichkeit zu besserem Leben vorlag – diese
Möglichkeit ist von den sogenannten «Herren» in vollem Umfan-

ge ausgenutzt worden. Das ist durchaus keine Äußerlichkeit, wie der Verfasser gern glauben machen möchte. Essen ist für einen

30 kräftigen Mann im Felde fast die Hauptsache – und es mußte mit Recht verbittern, wenn die Truppe in ihren Offizieren Leute sah, die mit keinem Mittel zu bewegen waren, das gleiche harte und entbehrungsvolle Leben zu führen, wie man es vom Mann verlangte. Ludendorff schreibt in seinem (übrigens belanglosen) Buch, er habe den «Herren in Berlin» versprochen, dann aus der Feldküche zu essen, wenn sie's selbst täten. Das ist eine Ungezogenheit. Die Staatssekretäre waren keine Soldaten und verlangten von anderen nichts Übermenschliches. Ihr konntet in den höheren Stäben mit dem Soldatenessen nicht auskommen? Ihr hattet so

40 viel zu tun? Vom Mann, der häufig genug im Frieden gutes Essen gewöhnt war, wurde es verlangt, schwere Anstrengungen bei dürftigem Essen zu ertragen.

Bezeichnend für diese Schichten ist es, daß sie niemals die Schuld an den verrotteten Umständen in ihren Reihen suchten, schuld waren die anderen. Man höre: «Die mittlere Führung vom Divisionskommandeur bis zum Gruppenkommando aber, mit wehem Herzen muß es ausgesprochen werden, die allerhöchste Spitze haben die Front in den ernstesten Lagen oftmals, und gerade zuletzt am Ende schwer enttäuscht. Hier, und nicht in dem

50 Verhältnis zwischen Frontmann und Frontoffizier, klaffte die Kluft. Man gebot uns Frontoffizieren immer, nach unten aufzuklären, man gestattete es aber nicht, nach oben ein offenes Wort zu sprechen, und wenn sich doch einmal über die aus dem Rücken nahenden Sturmzeichen eine warnende Stimme erhob, so wurde diese im Gefühle der eigenen Unfehlbarkeit in den Wind geschlagen oder gar als Unbotmäßigkeit vermerkt.» Das kommt mir alles so bekannt vor –! Genau so, genau so war das Verhältnis vom Mann zum Offizier – hier klaffte die Kluft und klafft sie noch. (Und auch die getadelten Stabsoffiziere waren Offiziere.)

60 Alles andere im Buch ist dagewesen, aber dafür falsch. Der falsche Einwand, nicht «der» Offizier sei verderbt gewesen, sondern nur einige (die andern) – viele seien doch gefallen, und viele seien doch anständig gewesen ... Wir haben den Typ des deutschen Offiziers gewogen und zu leicht befunden. Der falsche Einwand von

der «radikalen Wühlarbeit» – alle rechtsstehenden Schriftsteller fußen hierbei auf der großsprecherischen Erklärung des Sozialdemokraten Vater aus Magdeburg, der behauptet hatte, die Unabhängigen hätten die Front zermürbt. Man müßte doch einmal – besonders in der Etappe – etwas davon gemerkt haben. Nichts.

70 Nein, wir brauchten keine Unabhängigen: die Wühlarbeit wurde mühelos von den Offizieren selbst betrieben. Als mich im Jahre 1918 ein Unterrichtsoffizier befragte, was man denn gegen die Gerüchte über das gute Leben der Offiziere unternehmen könnte, durfte ich ihm die rechte Antwort nicht geben. Heute kann ich es. Ihr hättet eben anständiger leben sollen – dann wären die Gerüchte unterblieben. Der falsche Einwand, meine Arbeit und die meiner Kameraden sei «negativ». Meine Lieben, Mist karren ist allerdings eine negative Arbeit – aber er muß nun einmal heraus.

Ich glaube, wir verstehen uns nicht recht. Hier stoßen zwei
80 Welten aneinander, und es gibt keine Brücke. Was wir wollen, ist dieses:

Wir wollen nicht, daß sich Leute unterfangen, *von obenher* vom Himmel zu steigen und nun gnädig und loyal uns andre mindere Sterbliche zu regieren. Wir wollen nicht auf die Schulter geklopft werden. Wir wollen nebeneinander arbeiten. Das schließt gar nicht aus, daß es Leute gibt, die sachliche Weisungen erteilen, daß es gute und schlechte Kerls gibt ... aber wir wollen nicht, daß ein geschneidertes Achselstück für 29,50 Mark einen Menschen abstempelt.

90 *So* war es:

Der Offizier	Der Mann
bekam nicht unter 300 Mark Gehalt, meist bedeutend mehr (Zulagen, Tagegelder usw.).	erhielt ein paar Pfennige und im Bedarfsfalle unzureichende Familienunterstützung.
hatte Bewegungsfreiheit, ritt aus, besah sich das fremde Land, in dem er stand, und führte ein ziemlich freies Leben.	war eingeschnürt im Dienst. Spaziergänge in seiner dienstfreien Zeit wurden erschwert; er war immer im «Dienst».
hatte die Möglichkeit, dauernd Einkäufe zu machen und Eingekauftes mit nicht immer einwandfreien Transportmitteln nach Hause zu schicken.	konnte wenig einkaufen, weil ihm die Preise verdorben wurden; stellenweise wurde ihm die Transportmöglichkeit erschwert.

aß gut und fast immer ausreichend; in der Etappe ausgezeichnet, dort niemals aus der Feldküche. Sein Essen war billig.

aß mäßig und manchmal monatelang das gleiche, schlabbrige Essen. Kantinenpreise durch dunkle Berechnungen nicht billig. Andere Aufbesserungsmöglichkeiten nicht vorhanden.

wurde von seinesgleichen in jeder Weise unterstützt: bei Urlaubssperre, Dienstfahrten, kleinen Schiebungen auf der Kammer in Bekleidungsangelegenheiten, ärztlichen Attesten.

wurde herumgestoßen, und es wurde ihm das Leben in jeder Weise erschwert. Der Vorgang eines Stiefeltausches war meist eine Qual durch drei Instanzen mit vielen Anschnauzern.

wurde in allen kleinen Äußerlichkeiten, die das Leben so sehr beeinflussen, unterstützt, das berüchtigte Schild «Nur für Offiziere» beherrschte die Kriegsschauplätze.

sah in den Mond.

Und *so* soll es *nie wieder sein!*

Ignaz Wrobel, BVZ 6. 10. 1919

158

Politische Satire

Paul: Wir haben ja das Lächeln, Frau Konik ... das erlösende Lächeln.
Frau Konik: Man kann doch nicht über alles lächeln.
Paul und Konik (zugleich): Über alles! Über alles!
Frau Konik: Meint Ihr nicht, daß das ein bißchen gefährlich ist ...?
Konik: Ja ... für Die, denen es gilt!

Gustav Wied

Der echte Satiriker, dieser Mann, der keinen Spaß versteht, fühlt sich am wohlsten, wenn ihm ein Zensor nahm, zu sagen, was er leidet. Dann sagt ers doch, und wie er es sagt, ohne es zu sagen – das macht schon einen Hauptteil des Vergnügens aus, der von ihm ausstrahlt. Um dieses Reizes willen verzeiht man ihm vielleicht manches, und verzeiht ihm umso lieber, je ungefährlicher er ist, das heißt: je weiter die Erfüllung seiner Forderungen von der Wirklichkeit entfernt liegt.

Das war eine schöne Zeit, als der einzige ‹Simplicissimus› – der alten Prägung – frech war, wie die Leute damals sagten. Die satirische Opposition lag im Hinterhalt, schoß ein Pfeilchen oder wohl auch einmal ein gutes Fuder Feldsteine aus dem Katapult ab, und wenn sich der Krämer in der Lederhose und der Ritter im starren Visier umsahen, weil sie einen wegbekommen hatten, gluckerte unterirdisches Gelächter durch den Busch: aber zu sehen war Keiner.

Das ist vorbei. Die Satire ist heute – 1919 – gefährlich geworden, weil auf die spaßhaften Worte leicht ernste Taten folgen können, und dies umso eher, je volkstümlicher der Satiriker spricht. Die Zensur ist in Deutschland tot – aber man merkt nichts davon. In den Variétés, auf den Vortragsbrettern der Vereine, in den Theatern, auf der Filmleinewand – wo ist die politische Satire? Noch ist der eingreifende Schutzmann eine Zwangsvorstellung, und daß ein kräftiges Wort und ein guter Witz gegen eine Regierungsmaßnahme aus Thaliens Munde dringt, da sei Gott vor! Denn noch wissen die Deutschen nicht, was das heißt: frei – und noch wissen sie nicht, daß ein gut gezielter Scherz ein besserer Blitzableiter für einen Volkszorn ist als ein häßlicher Krawall, den man nicht dämmen kann. Sie verstehen keinen Spaß. Und sie verstehen keine Satire.

Aber kann der Satiriker denn nicht beruhigend wirken? Kann er denn nicht die «Übelstände auf allen Seiten» geißeln, kann er denn nicht hinwiederum «das Gute durch Zuspruch fördern» – mit einem Wort: kann er nicht positiv sein?

Und wenn Einer mit Engelszungen predigte und hätte des Hasses nicht –: er wäre kein Satiriker.

Politische Satire steht immer in der Opposition. Es ist das der Grund, weshalb es bis auf den heutigen Tag kein konservatives Witzblatt von Rang gibt und kein regierungstreues. Nicht etwa, weil die Herren keinen Humor hätten oder keinen Witz. Den hat keine Klasse gepachtet. Aber die kann ihn am wenigsten haben, die auf die Erhaltung des Bestehenden aus ist, die die Autorität und den Respekt mit hehrem Räuspern und hochgezogenen Augenbrauen zu schützen bestrebt ist. Der politische Witz ist ein respektloser Lausejunge.

Es gibt ja nun Satiriker so großen Formats, daß sie ihren Gegner überdauern, ja, der Gegner lebt nur noch, weil der Satiriker lebt. Ich werde nur das Mißtrauen nicht los, daß man den Ehrentitel «großer Satiriker» erst dann verleiht, wenn der Mann nicht mehr gefährlich, wenn er tot ist.

Der gestorbene Satiriker hats gut. Denn nichts ist für den Leser süßer als das erbauliche Gefühl der eignen Überlegenheit, vermischt mit dem amüsanten Bewußtsein, wie gar so dumm der Spießer von anno tuback war. Nun gehört aber zur Masse immer Einer mehr, als Jeder glaubt – und die Angelegenheit wird gleich weniger witzig, wenns um das Heute geht. Dem Kampf Heines mit den sechsunddreißig Monarchen sieht man schadenfroh und äußerst vergnügt zu – bei Liebknecht wird die Sache gleich ganz anders.

«Ja,» sagt Herr Müller, «das ist auch ganz was andres!» Ja, Bauer, das ist ganz was andres – und weils was andres ist, weil der Kampf gegen die Lebenden von Leidenschaften durchschüttelt ist, und weil die nahe Distanz das Auge trübt, und weil es überhaupt für den Kämpfer nicht darauf ankommt, Distanz zu halten, sondern zu kämpfen – deshalb ist der Satiriker ungerecht. Er kann nicht wägen – er muß schlagen. Und verallgemeinert und malt Fratzen an die Wand und sagt einem ganzen Stand die Sünden Einzelner nach, weil sie typisch sind, und übertreibt und verkleinert –

Und trifft, wenn er ein Kerl ist, zutiefst und zuletzt doch das Wahre und ist der Gerechtesten einer.

Jedes Ding hat zwei Seiten – der Satiriker sieht nur eine und will nur eine sehen. Er beschützt die Edlen mit Keulenschlägen und mit dem Pfeil, dem Bogen. Er ist der Landsknecht des Geistes.

Seine Stellung ist vorgeschrieben: er kann nicht anders, Gott helfe ihm, Amen. Er und wir, die nie Zufriedenen, stehen da, wo die Männer stehen, die die Waffen gegen die Waffen erheben, stehen da, wo der Staat ein Moloch geheißen wird und die Priesterreligion ein Reif um die Stirnen. Und sind doch ordnungsliebender und frommer als unsre Feinde, wollen aber, daß die Menschen glücklich sind – um ihrer selbst willen.

Ein Büchlein, zu dem dies hier die Vorrede ist, das ‹Fromme Gesänge› heißt und von Theobald Tiger stammt (und das im Verlag
Felix Lehmann zu Charlottenburg erscheint), gibt eine Reise-
beschreibung der Route 1913–1919.

Was der Wochenbetrachter der ‹Weltbühne› in diesen Jahren be-
sungen hat, wurde einer Durchsicht unterzogen; bei der Sichtung
entfernte ich, was für den Tag geschrieben wurde und mit ihm vergangen ist. Weil es aber das Bestreben der ‹Weltbühne› ist, zwar
100 für den Tag zu wirken, aber doch auch über ihn hinaus, so blieb
eine ganze Reihe, vermehrt um anderswo erschienene Gedichte
sowie um manche noch unveröffentlichte.

Im Grünen fings an und endete blutigrot. Und wenn sich der
Verfasser mit offenen Armen in die Zeit gestürzt hat, so sah er
nicht, wie der Historiker in hundert Jahren sehen wird, und wollte
auch nicht so sehen. Er war den Dingen so nah, daß sie ihn schnit-
ten und er sie schlagen konnte. Und sie rissen ihm die Hände auf,
und er blutete, und Einige sprachen zu ihm: «Bist du gerecht?»
Und er hob die blutigen Hände – blutig von seinem Blute – und
110 zuckte die Achseln und lächelte. Denn man kann über alles
lächeln …

Und daß inmitten dem Kampfeslärm und dem Wogen der
Schlacht auch ein kleines Gras- und Rasenstück grünt, auf dem
ein blaues Blümchen, ebenso sentimental wie ironisch, zart er-
blüht – das möge den geneigten Leser mit dem grimmen Katerschnurrbart und dem zornig wedelnden Schweif des obgenannten
Tigers freundlich versöhnen.

Ignaz Wrobel, WB 9.10.1919

158 Politische Satire 329

Saisonbeginn

Nun schnüren sich die Musen in ihr Mieder.
Auf neu gebügelt wird der Kintop-Beau.
Sogar den alten Holzbock kitzelts wieder –
Rideau!
Rideau!

Es tauchen auf die ältsten braven Possen.
Vor jeder Bude gibts ein Mordsgeschrei.
Der Kritiker bei Ullstein, Scherl und Mossen
spitzt Ohr und Blei.

10 L. Fulda und der Knabe Hasenschiller,
sie schreiben monatlich ein neues Stück;
schon sitzen beide je in einer Villa –
ein Glück! ein Glück!

Beim Kino rast die Hausse in den Kassen.
Ich hoff, wenns wieder mal im Lande kracht,
daß die Regie bei den Verschwörermassen
Herr Lubitsch macht.

Schon steht der Inspizient an den Kulissen.
Die Orska bibbert: «Gredchen lahst mich sain!»
20 Die Rolle nimmt sich doch als fetten Bissen
das Pfräulein Pfein.

Thalia tingelt froh in jeder Scheune.
Ihr lieben Leute des Theaterbaus!
Gemach, gemach! Und denkt stets dran: Nach Neune
ist alles aus …!

Kaspar Hauser, WB 9. 10. 1919

Sieben Anekdoten

Wilhelm Schäfer hat einmal dreiunddreißig Anekdoten erscheinen lassen, denen er siebenundsechzig anzugliedern versprach. Dieses Versprechen hat er leider nicht gehalten – im Vorwort zu einem kleinen Novellenband: ‹Die begrabene Hand› (bei Georg Müller in München) spricht er von Dingen, von denen sich Neigung und Ziel seiner gegenwärtigen Arbeit weit entfernt hätten. Schade. Es war etwas – und auch diese kleine Nachlese ist noch etwas, und wenns nun statt hundert nur vierzig sind, so tut uns das leid, und die entstandenen sind uns doppelt so lieb.

10 Schäfer hat in den kleinen Geschichten, die er Anekdoten nennt, in meisterhaft gebundener Form irgendein kleines lehrreiches Erlebnis erzählt, meist ohne die Moral zu nennen, und, nannte er sie doch, dann geschah es so brokaten und zierlich-gravitätisch, daß man seine helle Freude daran haben mußte.

Diese sieben Anekdoten sind nicht seine mattesten. Am schönsten vielleicht die Klopstock-Geschichte: ‹Der Brief des Dichters und das Rezept des Landammanns›. Das ist so menschenklug und weise, wie da der alte Rat des alten Landammanns befolgt wird: Zwischen vertrauten Menschen muß Vertrauen herrschen. Die 20 Tochter schreibt sich jahrelang ihren Kummer und ihre kleinen Beichten für den Vater von der Seele herunter, der Vater sagt nie ein Wort, nimmt die Briefe in Empfang – und hat sie, wie sich später herausstellt, niemals gelesen. Das Rezept wendet die Tochter auf den verliebten jungen Klopstock an und beschämt ihn tief und belehrt ihn tief. Eine nachdenkliche Geschichte.

Entzückend erfunden ist ‹Das Heckerlied› – landschaftlich wohl die beste der sieben Geschichten. Es ist fast unheimlich, wie bei Wilhelm Schäfer die deutsche Landschaft aus ein paar Sätzen ersteht – und eben nicht eine Landschaft, sondern diese da, die 30 belaubten Hügelzüge seines Gaus, eines ganz bestimmten Landstrichs. Dergleichen gemahnt an Keller.

Ein Freund sagte mir neulich: «Ah, man mag das nicht mehr!» Ich weiß doch nicht. Wir sind nicht jünger geworden, das ist wahr,

und seit die Dreiunddreißig Anekdoten erschienen sind, haben
wir allerhand dazu gelernt. Aber wir sollten nicht mürrisch älter
werden. Das Alte ist deshalb noch nicht schlecht, weil wir es
schon kennen – man überholt nichts, man holt es höchstens ein,
und wenns gut ist, bleibts immer bei einem. Diese sieben Novellen Schäfers sind schön wie seine ersten, und
40 wer die einen liebt, wird auch die andern mit Freude und Genuß
lesen und lieb behalten.

Peter Panter, WB 9. 10. 1919

161

Kino-Atelier

Da vorne klemmt ein Jraf sich das Monokel
platt ins Gesicht – die Bogenlampe zischt.
Ein Gazefräulein steht auf einem Sockel –
der dicke Regisseur brüllt: «Das is nischt!»

Zweihundertvierzig Mädchen trippeln zierlich
auf einer Treppe, steil bis unters Dach –
Ein kleines dickes Baby schluckt manierlich
die Milch –
der Chef macht mit der Diva Krach.

10 In dieser Ecke stößt ein Intrigante
dem Helden – brr! – das Messer in den Bauch.
In jener Ecke spritzt die gute Tante
der böse Neffe mit dem Gartenschlauch.

Die Dirne lümmelt sich an ihren Buhlen.
Der Herr Beleuchter macht sich nichts daraus
und knipst behufs Erzeugung einer schwulen
Verführungsszene eine Lampe aus.

Und wenn ich mir dies Atelier bekieke,
voll Kitsch und Lärm und Rummel, Schmerz und Spaß –:
dann seh ich vor mir unsre Politike.
Da spielt auch jeder nur die eigene Musike –
und an das Ganze denkt kein Aas.

Theobald Tiger, Ulk 10. 10. 1919

162

Der verbotene Kaiser Wilhelm

Der Film ‹Kaiser Wilhelms Glück und Ende› ist vom Oberkommando verboten worden.
Dieses Verbot ist so töricht wie der Film. Über ihn ist hier das Nötige gesagt worden: daß er in der Tendenz (einmal über einen lächerlich überschätzten Mann die Wahrheit zu sagen) löblich, in der Ausführung mäßig und in der Anlage charakterlos ist. Nicht etwa – damit wir uns richtig verstehen – weil er es wagt, über den Herrn aus Amerongen, der heute in Deutschland noch eine Achtung genießt, die ihn am liebsten mit dem Majestätsbeleidigungsparagraphen schützen möchte, das zu verbreiten, was längst not getan hatte – sondern weil vor allem Herr Ferdinand Bonn am allerwenigsten Grund hat, über seinen ehemaligen Gönner, der ihn vor mehr als einer Theaterpleite errettete, Kübel von Schmutz auszugießen. Der nicht. Als der Kaiser noch, was man so sagte, regierte, war Ferdinand Bonn nicht zu sehen – er stak in seinem kaiserlichen Herrn. Jetzt kommt er herausgekrochen und mimt wider ihn. Der Künstler steht über den Parteien … manchmal aber auch erheblich darunter.
Das Verbot ist vor allem deshalb töricht, weil es auf den Lärm einer vorlauten Clique wiederum – zum wievielten Male in dieser Republik? – zu große Rücksicht, überhaupt Rücksicht nimmt. Störung der öffentlichen Ordnung? Wenn ihr das Volk durch geschickte Regierungspropaganda nicht so aufzuklären wagt, daß es diese Dinge heute leidenschaftslos sieht, dann tut ihr mir leid. Das

Verbot ist weder ritterlich noch politisch klug – es ist ein Zeichen gänzlicher Ohnmacht.

Von Gustav, der bleiben muß, nicht zu reden. Von den anderen Partnern des Spiels schon eher: sie hätten einsehen müssen, daß die alten, schlechten Mittel des alten schlechten Obrigkeitsstaates zum 9. November geführt haben und wieder zu einem führen können, wenn sie weiter so dumm, so geistlos, so klobig angewandt werden.

Wir tadeln den Film. Wir tadeln sein Verbot.

Ignaz Wrobel, BVZ 11. 10. 1919

163

Kandidaten! Kandidaten!

Die Bodenreformer täten ihren Führer, den Herrn Damaschke,
                                      neu anpellen
und denselben als Kandidaten für den Reichspräsidentenposten
                                              aufstellen.
Und der Herr Damaschke sagte: Ja! – und er wäre der Mann.
Und wenn Vater Ebert gegangen wäre, käme er heran.

Dieses Beispiel tut mich zur Nacheiferung anfeuern.
Und ich schlage vor, daß wir alle unsere Vereinspräsidenten mit
                                      Seife abscheuern
und ihnen einen reinen Kragen schenken und einen
                                      Schappohklapp,
und dann bringen wir mal die Präsidentenwahl auf den Trab!

Zum Beispiel in der Vereinigung der westfälischen Groß-
                                      industriellen
sitzen sicherlich in den diversen Aufsichtsratsstellen
solche Leute, die mächtig geschoben haben im Krieg.
Die sind richtig. Das braucht man in der Politik.

Oder aber der Verein gerichtlich vereidigter Bücherrevisoren
tut sich ein bißchen um, ob ihm nicht ein Kandidat geboren.
20   Lieben Herren, nur keine falsche Bescheidenheit! –
Sie wissen wenigstens mit einer Konkursmasse Bescheid!

Oder aber es wäre für uns vielleicht bequemer,
wir nähmen einen Mann aus dem Klub ehemaliger Spielklub-
                                                    unternehmer.
Spiel und Politik – das ist ja beinah derselbe Zimt,
indem es bei beiden gleich ist, wer grad den Zaster nimmt ...

Oder aber – wir nehmen von den Deutschnationalen – –
Nein. Stehen wir schon einmal bei den Wahlen:
dann schon lieber vom Spielklub irgendein Galgengesicht.
30   Der ist zwar kein ehrlicher Mann.
                        Aber er sagt es auch nicht.

                        Von einem Berliner, BVZ 12. 10. 1919

164

Eindrücke von einer Reise

Ich komme aus der Provinz, habe ihre Zeitungen gelesen und
mich mit Leuten unterhalten, die ich sonst nicht zu sehen bekomme. Was zunächst auffällt, ist die gänzliche Unberührtheit des gesamten Mittelstandes von irgendwelchen neuen Gedanken. Diese
kleine Umwälzung ist ganz und gar ohne das Bürgertum gemacht
worden, ja, unter verdrossen-ärgerlicher Ablehnung der mittlern
Schichten unsres Volkes.

Es gibt jetzt viele Verteidiger des deutschen Bürgertums, ja, es
ist gradezu Mode geworden, den modisch-verlästerten Bourgeois
10   damit zu verteidigen, daß man ihn gegen die wilden Empörer als
Inkarnation aller Tugenden aufstellt. Ich habe von diesen Tugenden nicht viel gesehen. Es hat Niemand geleugnet, daß menschliche Anständigkeit auch in diesen Kreisen so zuhause ist wie an-

derswo – aber der Stand hat ein Beharrungsvermögen, das man mit dem eines Gallensteins vergleichen darf. Betrachten wirs im Einzelnen.

Der Krieg. Diese Leute wissen garnichts, außer dem, was das Kriegspresseamt unter Ludendorff ihnen mitzuteilen für gut befand. Ich sprach eine gutsituierte Dame aus dem Norden. «Warum
20 graben nur die Leute alle die Kriegsgreuel noch einmal aus?» Ich erwiderte: «Um die moralische Atmosphäre zu reinigen. Was sagen Sie zu der sittenpolizeilichen Untersuchung anständiger Frauen in Lille durch deutsche Soldaten?» «Ist das wahr?» fragte sie. Sie hatte nie davon gehört. Daß es überhaupt gewichtige Zweifel an der deutschen Harmlosigkeit im Kriege, an der deutschen Reinheit, an der Politik der Kaiserberater gibt, wissen sie kaum. Die Regierung hat in zehn Monaten keine Zeit gefunden, sie darüber aufzuklären.

Es ist ein durchaus nachbismärckisches Geschlecht, das da lebt
30 und webt –: Untertanen jenes Herrschers, der, wie kaum ein zweiter, die deutsche Kultur veräußerlicht, untergraben und zerstört hat. Jetzt haben wir die Folgen.

In diesen Köpfen besteht die merkwürdige Gabe, zwiefach zu denken: privat und offiziell. Es ist falsch, wenn behauptet wird, der Deutsche belüge andre Leute über amtliche Vorgänge: er belügt sich selbst. Die Entstehung von offiziellen Aktenstücken und Berichten kennt Jeder – in dem Augenblick ihrer Fertigstellung sind sie über allen Zweifel erhaben und werden starr geglaubt. Vor der Gemeinderatssitzung wird gewühlt und geschoben, geflüstert
40 und gedreht – nach dem Beschluß gehen die Herren mit unbewegten Mienen kalt aus einander. Die Motive sind vergessen, obgleich sie die Hauptsache waren.

Das Militär. Sie schwärmen für das Militär. Sie tun das zunächst aus sehr gewichtigen Gründen, denn es macht sich gut bezahlt. Es ist kaum glaublich, wie viele Leute noch heute, bei diesem Finanzenstand, bei diesem Elend, bei diesem Jammer, vom Staat Lohn für irgendeinen imaginären «Dienst» beziehen. Ich kenne die Kunst, sich Stellen einzurichten. Aber ich muß doch sagen, daß die Soldaten im Kriege Stümper gegen die Friedensheroen sind.
50 Lösen die Behörden einen Stab auf, dann tut er sich als «Abwick-

lungsstelle» wieder auf; erweist sich die Tätigkeit einer Kriegsorganisation als überflüssig, dann wirkt sie als Übergangsorganisation, als Friedensgesellschaft weiter. Und wozu hätten wir denn die «Bolschewisten»? An dem verkleinerten, schwankenden Boot des Militärstaates hängen hunderte, tausende, zehntausende zweifelhafter Existenzen, die, zu faul und zu feige und auch wohl zu unfähig, im bürgerlichen Leben den Kampf mit dem Dasein aufzunehmen, den Staat in räuberischer Weise belasten. Das wimmelt noch von Adjutanten und Kommandeuren und Führern und
60 Gruppenkommandanten. In vielen kleinen Städten laufen so viele Soldaten herum wie in den Mobilmachungstagen. In Bürgergesprächen tauchen Vettern auf, die da und dort «stehen», als Fähnrichs, als Feldwebel, als Offiziere; es muß ein auskömmlicher, ein bequemer, ein gefahrloser Beruf sein, der Beruf eines Soldaten von heutzutage. Und die Bürger finden das durchaus in der Ordnung. Schützt doch diese Garde, vermeinen sie, ihre Geschäfte. In welchem Geist sies tut, das ist ihnen so gleichgültig, wie ihnen dieser Geist unter Wilhelm dem Zweiten gleichgültig war.

Es scheint, daß Knechte einen Herrn brauchen. «Meinen Sie,»
70 steht einmal bei Panizza, «daß ein Volk, welches jahrhundertelang gefrondet wurde und in der Fron sich wohlbefand, jemals aus eignem Antrieb den Blick zum Himmel erheben werde, jemals den Kopf aufrecht tragen lernen werde? Daß aus Ägyptern jemals Römer werden?» Wohl kaum.

Die Einwohnerwehren, ursprünglich als Schutz gegen die allgemeine Sicherheit gedacht, fangen langsam an, wie die Pflanzschulen des alten Militärgeistes den Unflat aufzubewahren, dessen Ausrottung wir so herbeisehnten. Wer von uns hat denn bestritten, daß Ordnung sein müsse, und wer will denn unsern Lands-
80 leuten das Recht nehmen, ihr Privateigentum gegen Einbrecher zu schützen? Untrennbar aber ist beim Deutschen von diesem Zweig menschlicher Tätigkeit der Drang, Andre zu unterdrücken, untrennbar eine Versklavung, die aber immer noch die Möglichkeit eines weitern Druckes nach unten offen läßt – wir sind garnicht mehr fähig, Pflichterfüllung und Persönlichkeitskultus, der sich in eigner Überhebung ein nicht mehr vorhandenes Mittelalter vortäuscht, auseinanderzuhalten. Dazu kommt, daß die Einwohner-

wehren heute schon halb politisch sind: noch ein paar Jahre – und
sie sind es ganz; noch ein paar Jahre – und wir haben sie obli-
90 gatorisch; noch ein paar Jahre – und Ludendorff kann zufrieden
sein.

Die Revolution. Man spricht ungern von ihr. Und wenn, mit
unverhohlener Verachtung. Sie ist selbst daran schuld – denn sie ist
Keinem ernstlich zu Leibe gegangen. Kämen ihre Gegner heute
ans Ruder: wir erlebten in Deutschland eine Menschenschlächte-
rei, von der Liebknechts und Landauers Ermordung ein unzurei-
chender Vorgeschmack war. Der Haß der besitzenden Schichten
gegen den Arbeiter ist ins Grenzenlose, ins Erschreckende gewachsen. Mit Feuer und Schwert würde dieser Stand unter seinen
100 Gegnern wüten, käme er heute wieder hoch. Er würde reinen
Tisch machen. Die «Revolutionäre» krümmen Keinem ein Haar,
erlauben verbrecherischen Offizieren frei herumzulaufen, und lächeln freundlich, wenn sie davon hören, daß insgeheim die Corps
Proskriptionslisten ausfertigen. Ist das komisch? Mir fehlt der
Sinn für diese Komik.

Die geistige Struktur dieses Bürgertums ist traurig. Sie bewegen
sich in den Ausdrucksformen, Ideen, Gedankenkomplexen und
auf den Lebensgrundlagen ungefähr einer Opportunitätsphiloso-
phie der achtziger Jahre des vorigen Jahrhunderts. Die Kulissen
110 sind neu, die Schauspieler alt. Unten rumort und gärt es – sie mögen das nicht hören, sie hoffen, es werde auch im neuen Reich mit
Wasser gekocht (es wird leider nur mit Wasser gekocht), sie erspä-
hen kleine Ritzen, um durch Vorschriften zu schlüpfen, und wissen sichs so einzurichten, daß die Praxis, das tägliche Leben in
garnichts vom guten schlechten Alten abweicht. Und man läßt sie
gewähren.

Die Presse. Ihr Glaube an ihre Presse ist bewundernswert. An
dieselbe Presse, die sie vier Jahre lang mitbelogen hat; man müßte
glauben, ihr Vertrauen wäre wankend geworden durch die Ereig-
120 nisse, die so gar nicht mit den Leitartikeln übereinstimmten.
Nichts dergleichen. Sie schwören auf ihr Blatt.

Rührend ihre fingerfertige Geschicklichkeit, mit vorher fest-
stehendem Resultat Denkarbeit zu leisten. Man beweist sich ja nur
das, was man glauben will – und die abenteuerlichsten Windungen

dünken sie gut, wenn sie zum gelobten Land der Verdienstmöglichkeiten führen.

Am traurigsten die Jugend. Was da heranwächst, läßt die schlimmsten Befürchtungen wach werden. Immer wieder ist mir begegnet, daß um den runden Tisch herum die Ältern noch allenfalls, hier und da, ein klein wenig, herber Kritik zustimmten. Aber die Jungen? Begeisterte Leutnants, begeisterte Regierungsreferendare, begeisterte Anhänger eines Systems, das der Jugend Ideale aus Gips gab (während die Neuen allerdings nicht einmal dergleichen zu vergeben haben). Wehe der Jugend, die nicht ein Mal in ihren Jahren umstürzlerisch gesinnt ist – hat einmal in diesen Blättern gestanden. Wo ist unsre Jugend? Ist sie das, das? Dann habe ich keine gesehen.

*

Wissen unsre oppositionellen Staatsmänner und Publizisten nicht, was in der Provinz vorgeht? Auf dem flachen Lande und in den kleinen Bergdörfern? In den Organisationen und Gruppen, die nicht vom Arbeiter gezwungen werden, wenigstens ein wenig nach links zu rücken? Wissen sies nicht?

Dies scheint mir der schwerste Fehler unsrer Opponenten zu sein: sie sind theoretisch den Ereignissen weit voraus. Unsre jungen Leute in den großen Städten haben (stellenweise) den Himmel gestürmt, aber auf der Erde haben sie nicht viel zu sagen. Man ist in literarischen Vereinigungen, in politischen Zirkeln, in Zeitungen und Zeitschriften ultraradikal, schwankt zwischen Kommunismus und Räte-Republik, und wir halten noch nicht einmal bei einer einigermaßen durchgeführten Demokratie. In Berlin liest man Toller, in Göttingen Dietrich Schäfer. Mit Pathos allein ist da nichts zu machen. Was fehlt, ist die Kleinarbeit und der Mut zum Trivialen.

Es kommt hinzu, daß die Beharrenden und die fortstrebenden Schichten in Deutschland in fast gar keinem Zusammenhang stehen. Es sind zwei Welten. Noch hat selbst die Futterkrippe des Staates die Überzeugungen nicht zu beeinflussen vermocht, denn alle Die da halten den gegenwärtigen Zustand für etwas Vorübergehendes und hoffen auf ihre Zeit.

Der Herausgeber dieses Blattes erhielt jüngst einen Brief, darin

stand: «Neulich gehe ich mit einer ältern Offiziersfrau auf der Straße, ein Wägelchen kommt vorbei, in dem einfache Leute spazieren fahren. Da faßt die Dame entsetzt meinen Arm: ‹Sehen Sie nur! die Sorte fährt jetzt spazieren – wir, die wir eigentlich in dem Wagen sitzen müßten, haben kein Geld dazu und müssen laufen!› Der älteste Sohn dieser Dame ist Major und beim sogenannten ‹Ortsschutz›. Das heißt: er lebt kreuzfidel im Schloß von F., hat alle vierzehn Tage mindestens acht Tage Urlaub und sitzt mehr in
170 der Bahn als im Dienst. Aber Uradel und … ‹Wo mein Sohn doch im Corps immer Page war …› Das ist ihr drittes Wort.»
Aber nicht ihr letztes.

Wir Deutschen sind ein merkwürdiges Volk. Es ist schon viel, wenn so mit einer großen Handbewegung revolutioniert wird. Ins Einzelne geht Niemand. In den Amtsstuben, in den Behörden des Landes, in den Arbeitshäusern und militärischen Dienststellen, überall da, wohin die Großstadt nicht reicht, herrscht guter alter Friedens- und Kriegsbetrieb, und während sich die Intellektuellen der Städte in Phantasien erschöpfen, arbeitet dort das alte Preu-
180 ßen, der alte Ungeist, die alte Gesellschaft.

Über allen aber, über den Beharrenden und den falschen Radikalen, den ungefährlichen Radikalen, schwimmt strahlend und im Speck glänzend der Kaufmann der neuen Zeit, zu Unrecht Schieber genannt (denn er läßts fahren), kümmert sich den Teufel um Prinzipien und alte und neue Formen und macht die Geschäfte, die ihn eine stark beschäftigte Regierung machen läßt.

Der Bürger haßt in noch ohnmächtiger Wut den Arbeiter und sieht dem Mann im Speck zu und beneidet ihn und eifert ihm nach – der Arbeiter eifert ihm nach und beneidet ihn und bekämpft den
190 Bürger und läßt die Schlimmsten laufen. Wir aber suchen vergeblich nach einer Gedankenrevolution, haben eine Reise getan, wußten was zu erzählen und gehen in einen berliner Winter, der wohl der schauerlichste unsres Mißvergnügens werden wird.

Ignaz Wrobel, WB 16. 10. 1919

Kurländisches Landsknechtslied

Vier Jahr durch Blut und Dreck marschiert
und niemals nicht ein Ende.
Wen Achselstück und Tresse ziert –
's hat alles schmutzige Hände.
Wir tragen einen Elendsrock
und einen Knotenstock.

Nach Hause? Pah – das gehn wir nicht!
Wir wolln uns Weiber kaufen.
Wir fressen unser Leibgericht
und saufen, saufen, saufen.
Ha, Kadja, welch ein schönes Land!
Und reich mir deine Hand!

Ob Gustav lockt, ob Gustav ruft:
wir bleiben Grenadiere.
Als Truppe, die Ihr selber schuft,
Muschkot und Offiziere.
Wir fragen, wenn Herr Noske prahlt,
wer uns am meisten zahlt.

Feinslieb, Feinslieb, so weine nicht!
Ich kauf dir goldne Ringe.
Die dickste Kirchentür, die bricht,
wenn ich mein Verslein singe.
Ich bin, bei Gott, kein Kommunist –
weiß gar nicht, was das ist.

Ich pfeif auch auf die Monarchie
und auf die Republike.
Und hungern in der Heimat Die,
und kracht die Politike –:
Ich schneuz mich fest bei aller Not
in die Fahne Schwarz-Weiß-Rot –!

Kaspar Hauser, WB 16. 10. 1919

Eugen Klöpfer

Was war das? Wer war das? Hatte ich das nicht schon einmal alles erlebt?

Neulich saß ich neben S.J. bescheiden und artig auf meinem Klappsesselchen, und geduldig ließen wir eine Komödie an uns vorüberwälzen. Sie hatte viele Akte und war immer noch nicht zu Ende. Ab und zu machte der Herausgeber vor, wie die Orska als Milfordsche gemaunzt hatte, und ich mußte furchtbar lachen. In einer Komödie darf man doch lachen?

Aber da kam ein Kerl auf die Bühne ...! Eine knarrende, rosti-
10 ge, verraucherte Stimme, kleine, tückische, kassubisch-wendische Augen – so die verdammte Mischung von Germanen und Slawen, die von beiden Rassen das Schlechte und von keiner das Gute angenommen hat. Auf dem Zettel stand: Eugen Klöpfer. Das Stück hieß: ‹Die letzten Ritter›. Aber das war ja ganz gleich ...

Der Kerl da kam herein, lümmelte sich an einen Tisch – wie er diesen abgekauten Stumpen der Zigarre im Maul hielt, wie er ihn anfaßte! – hatte den Kopf vorgestreckt und unterhielt sich mit seiner Kebse. Hier müßte ein noch viel gemeineres Wort stehen – so sprach er zu ihr. Frech und dreckig und doch unterwürfig, denn er
20 brauchte sie, des Nachts. Und da stand noch ein Landarbeiter, ein Wasserpolacke, so einer dieser Wanderarbeiter, die der deutsche Großgrundbesitzer, von Vaterlandsliebe strotzend, gern anzuwerben pflegte – die Kerls fraßen Mehlsuppe, schliefen im Koben und waren herrlich billig. Da stand der und katzbalgte sich um irgendwelche drei Mark. Klöpfer sah ihn an. Ach, wie sah er ihn an –! Wie die Katze die Maus, wie ein hungriges Raubtier einen Menschen. Und knarrte. Und spuckte. Und hielt an sich, geballt und wütend, weil er den da nicht schlagen durfte. Das hatte schon einmal fünfhundert Mark gekostet. Verdammte Rechtsprechung! Na,
30 warte! «Haste die drei Mark nicht bei dir, mein Sohn?» Was kochte nicht alles in der Stimme! Ein Meer von Gemeinheit! Nein, er sagte, er hätte sie nicht. «Haste se vielleicht im Stiebel? Zeig mal

her!» Der Pole zog sich den Stiefel aus, Klöpfer sah hinein, nein, da war nichts, er legte den Stiefel hinter sich – den andern! Auch der wurde ausgezogen, nichts war drin. Klöpfers Augen funkelten und wurden auf einmal ganz groß. «Nu kannste gehen, mein Sohn!» sagte die satte, knarrende Stimme. Seine Stiefel wollte der wieder haben ... Seine Stiefel? Triumph! Sieg! Victoria! Er könne ihn ja verklagen, ihn, den Agronomen Petermann – raus! Und der

40 Pole flog raus.

Was war das –?

Wo hatte ich das schon einmal gesehen, gehört, geschmeckt, miterlebt?

Aber das war der preußische Feldwebel, der Wachtmeister, der Unteroffizier! Das war er, der geduckte und tretende Kerl, dieser rohe Bauernknecht, der, zum Mistfahren zu dumm und zu faul, kapituliert hatte und nun Menschen unterdrückte, bis ihnen das Blut aus den Fingernägeln spritzte. Das war er, das war er in Reinkultur.

50 Eine Meisterleistung. Ein Kerl, fest mit den beiden klobigen Beinen auf der preußischen Muttererde stehend, die Hände an der Hosennaht oder in den Taschen des Andern oder unter einer Schürze, die kleinen Augen glitzernd, wenns einen zu heben gab – und immer bereit, dem Andern, Freund oder Feind, in den Rükken zu fallen.

Der Herausgeber mag beurteilen, ob Eugen Klöpfer immer Das kann, was er dies Mal gekonnt hat: Einen für Alle zu geben, eine ganze Menschenschicht, einen Schlag, eine Sippe. Macht ers weiter so, ist er ein großer Schauspieler.

Peter Panter, WB 16. 10. 1919

Saurer Traub

Jener Gottfried, der zu wiederholten Malen,
gleichend einem Erzchamäleon,
Farbe wechselnd sprach in Bierlokalen:
«England stirbt!» – (es wußt nur nichts davon),

jener Gottfried, dessen sanfter Speichel
vorne über seine Bäffchen rann,
der die deutsche Eichel mit Geschmeichel
lobte als ein haussekundiger Mann ...

Dieser Gottfried stund im Reichstagssaale
auf – gebügelt, platt und glatt,
und er donnert nun mit einem Male
von dem Bild, das er gesehen hat.

Hat dies Bild nicht einst im ‹Ulk› gestanden?
Sah man drauf nicht Seine Majestät?
Der Respekt kommt leider ganz abhanden,
wenn heut so was in der Zeitung steht.

Und er räkelt sich aus dem Gestühle,
und er sagt es brav ins Stenogramm,
und er spricht von seinem Zartgefühle,
und er steht vor seinem Fürsten stramm.

Gottfried, hast du mal in langen Jahren
an die Krüppel, die jetzt blind und taub,
an die Mütter nur gedacht in grauen Haaren,
deren Söhne in den Krieg gezogen waren?
Und sie wurden *deines* Krieges Raub ...
Deutschland ist nicht Wilhelm. –
                    Mahlzeit, Traub!

                    Theobald Tiger, Ulk 17. 10. 1919

Die Baltischen Helden

Sollt ich einem Bauern dienen
und mein Brot mit Schweiß verdienen?
Bruder, nein, das mag ich nicht!
Ich will lieber in dem Felde
mir verschaffen Brot und Gelde,
wo man von den Waffen spricht.
Keinem Bauern dien ich nicht.

Altes Landsknechtlied

Das Etappenleben der ehemaligen deutschen Achten Armee hat
schon während des Krieges das Bild einer eigenartigen, teils no-
madisierenden, teils seßhaften Soldatenexistenz geboten. Alles,
was auf kleinen Kommandos saß – Gendarmerie, Holzfäller, Köh-
ler, Forstarbeiter aller Art – hatte sich in dem Lande behaglich
eingenistet, und Offizier und Mann sogen mit vereinten Kräften
an dem Mark des Landes, und durchaus nicht immer im Interesse
des Reiches, sondern sehr oft im eignen. Nach kurzer Zeit war der
Deutsche bei Balten und Letten gleich unbeliebt: die Korruption
der russischen Verwaltung, der die unsre nicht nachstand, war bequemer und loyaler gewesen, und zu der großen Enttäuschung,
die man über die ehemals geachteten Deutschen empfand, kam der
Haß gegen eine robust einherpolternde oder klebrig galant auf-
tretende Führerkaste. Während die Not in der Heimat stieg und
stieg, lebten die deutschen Besatzungstruppen, und ganz besonders das Offiziercorps, in Kurland weit besser und reicher, als sie
jemals in der ausgehungerten Heimat vermocht hätten. Nichts zog
sie hierher – alles hielt sie dort.

Als der Zusammenbruch im November 1918 erfolgte, fuhr ein
jäher Schreck durch die aufwachenden Formationen. Ein großer
Teil der Leute, die zuhause eine feste bürgerliche Existenz hatten,
ging nach Deutschland zurück, froh, ihre gewohnte, wenn nun
auch mühevolle Arbeit wieder aufnehmen zu können. Nicht so
die aktiven Offiziere und diejenigen Soldaten, denen in Deutschland kein Heim winkte.

Bei der Betrachtung des kurländischen Problems ist, wie überall und immer, davon auszugehen, welchen Willens die Beteiligten sind. Politische oder gar ethische Raisonnements haben noch nie zu einem Denkergebnis geführt, das dem im Unterbewußtsein wurzelnden Willen widerspräche. Das gibt es nicht. Es kommt also bei einer Kritik der baltischen Verhältnisse nicht darauf an,

40 was an Programmen, politischen Flugschriften und Reden der Generalstabsoffiziere verfaßt und verbreitet worden ist, sondern einzig darauf, was diese Leute eigentlich wollen.

Sie wollen ihr altes Leben weiterführen. Sie wollen fortsetzen, was sie 1914 begonnen, und durch vier Jahre getrieben haben: geschäftig zu sein, ohne stark zu arbeiten, zu disponieren, ohne eine Verantwortung zu tragen (denn wie am Fall Ludendorff ersichtlich, ist diese Verantwortung ein leeres Wort) – sie wollen das Mißverhältnis zwischen Leistung und Löhnung nicht aufgehoben haben und auch fürder in einer Gemeinschaft, ja, in einem kleinen

50 Staat leben, wie er sonst nirgends zu finden sein kann, weil er unrettbar zusammenbrechen müßte.

Die Letten, ein von den Balten kurz und proletarisch gehaltenes Volk, das die numerisch weitaus überlegene Unterschicht in Kurland ausmacht, witterten 1918 Morgenluft und versuchten, sich der Gewalt im Lande zu bemächtigen. Es ist nicht ganz aufgeklärt, welche Rolle der Bolschewismus in dieser Politik gespielt hat: sicher ist, daß die Letten nicht so menschlich wertvoll sind wie die Balten, daß sinnlose und verurteilenswerte Ausschreitungen vorgekommen sind, und daß der lettische Ministerpräsident Ulmanis

60 keine sehr saubere Rolle in diesem Treiben gespielt hat. Aber was ging das die deutschen Soldaten an?

Ulmanis hat ihnen Land versprochen. Er bestreitet das heute. Die deutsche Regierung förderte die Werbetätigkeit der baltischen Freicorps, und Tausende liefen noch nach dem neunten November 1918 hinüber und verstärkten die dort zurückgebliebenen Scharen. Niemand kämpfte etwa aus Idealismus. Sie kämpften überhaupt wenig: sie standen in Kurland einfach, weil sie dort frei waren, gut zu essen und zu trinken hatten, hoch bezahlt wurden und fast alle wild und ohne Verpflichtung für später verheiratet sein konnten.

70 Von dem Geist dieser baltischen Corps ist fast nur Ungünstiges

zu berichten. Die Offiziere tanzten und tranken, konnten längst nicht mehr auf Manneszucht halten und waren hauptsächlich bestrebt, die Nachkommenschaft des Landes sicherzustellen. Mit welchen Mitteln die als idealistisch ausgeschriene Befreiungstat der Besetzung Rigas ins Werk gesetzt wurde, geht aus der Forderung der sogenannten Eisernen Division in Mitau hervor: Am achten Oktober lief ein Ultimatum an die Letten ab, des Inhalts, daß sie die angeblich versprochenen zweitausend Mark für jeden bei der Einnahme Rigas Beteiligten sowie das Ansiedlungsrecht verlangten, widrigenfalls sie Riga besetzen wollten. Diese Erpressertaktik hat mit Politik wenig zu tun. Natürlich sind die treibenden Elemente, deutsche aktive Offiziere und Balten, der deutschen Republik nicht hold und würden aus persönlichem Interesse je eher je lieber das alte Regime wieder aufgerichtet sehen. Das hält sie aber heute nicht mehr ab, sich Jedem zu verkaufen, der sie gut bezahlt. Die Bolschewisten, die in Kurland fürchterlich gewütet haben, stehen höchstens eine halbe Stufe unter diesen ordnungsliebenden Elementen, und im Grunde gehören sie alle zusammen. Der Haß der deutschen Soldaten gegen die Bolschewisten umfaßt in gleicher Weise Bolschewisten, Juden, Sozialisten und eigentlich alles, was ein Landsknechtstum stören könnte, das wie ein Anachronismus wirkt, aber leider keiner ist.

Mir liegen einige Extrablätter der ‹Trommel› vor, einer mitauer Soldatenzeitschrift, und ich muß sagen: Was da jetzt – Oktober 1919 – noch im Druck erschienen ist und erscheinen konnte, läßt mit erschreckender Deutlichkeit erkennen, wo wir stehen. Ich gebe Proben:

Die Aufrufe, die die Reichsregierung auf Befehl der Entente an uns richtet, damit wir endlich zur «Vernunft» kommen und unser «Abenteuer» hier draußen aufgeben, hängen uns bald zum Halse heraus. Deshalb kümmern wir uns um die Regierungsaufrufe nicht – in diesen Tagen umso weniger, da es Arbeit im Felde gibt, und gilt, das lettische Hindernis aus dem Wege zu räumen, das uns verbieten will, dem roten Gesindel an den Hals zu springen.
Auf zwei Stellen der Regierungsaufrufe möchten wir dennoch kurz zurückkommen, denn sie sind im höchsten Grade beleidigend für uns. Die Regierung ruft uns nämlich zu: «Euer Volk verhungert, der

Rest seines Volksvermögens verkommt, wenn im Laufe dieses Monats die deutschen Truppen nicht aus dem Baltikum abziehen.» Diese Art der Einschüchterung, dieser Appell an unser Gewissen ist nichts weiter als Mache. Und noch mit einer Frage wendet sich die Reichsregierung an unser Gewissen. Sie stellt die drohende Behauptung auf, die Entente verlangsame den Abtransport von deutschen Kriegsgefangenen nach Deutschland, weil wir gegen den Willen der Alliierten im Baltikum bleiben. Auch das ist Leim und Mache.

General von der Goltz hat bekanntlich an den englischen Oberkommandierenden eine Antwort auf dessen Forderungen gerichtet, die politisch ungewandt und falsch war, weil sie mit nicht vorhandener Macht drohte. Der ‹Kladderadatsch› besang diesen faux pas in hallenden Versen, und die ‹Trommel› freut sich über den ‹Kladderadatsch›:

Die mannhaften Worte des Grafen haben in Deutschland gezündet, haben Begeisterung ausgelöst. So sehr hungert man in Deutschland nach Gesinnung und Stolz, daß man selbst dem Brief unsres ehemaligen Führers die Bedeutung einer Tat beimißt. Gemach, Ihr Volksgenossen in der Heimat, euch wird geholfen werden! Die Worte haben die Tat eingeleitet, und die Tat wird Graf von der Goltz sicherlich tun, wenn der Augenblick dazu gekommen sein wird.

Welche Tat, ist nicht gesagt; Jeder mag sie sich ausmalen. Die Moral dieser Truppen aber mag das folgende Gedicht aus der ‹Trommel› illustrieren:

Die Sonne blinkt golden, der Himmel ist blau,
und doch stehen wir drin im Oktober.
Leb wohl, süßes Mädel! Leb wohl, kleine Frau!
Und grüßt mir unsern Heuschober!

Der Hauptmann verlas heut den Tagesbefehl:
«Marsch-marsch gegen den Bolschewiken!»
Wir bläuen ihm die Jacke, wir schießen nie fehl
und klopfen ihm dann auf den Rücken.

Den Sommer durch lagen wir gern im Quartier
und griffen manch Mädel ums Mieder;
doch wir sind Soldaten, nicht Puppen zur Zier.
Vom Rasten rosten die Glieder.

Ich nehm die Patronen und lad mein Gewehr.
Platz da, du Sau-Bolschewike!
Es pfeift meine Kugel, der Kerl fällt verquer,
ich treff in den Kopf jede Mücke.

Potzbombengranaten! Potzschockschwernot!
150   Nun schert euch zum Teufel, ihr Luder!
Ihr stehlt unserm Herrgott jedes Pfund Brot,
solang eure Juden am Ruder.

Nie wart ihr Soldaten, ihr Helden vom Maul,
nur Meuchelmörder und Räuber,
eure Knobloch-Regenten, stinkend und faul,
sind Schuster und allerhand Schreiber!

Wir weisen euch, Schuster, den würdigen Platz
und stellen euch an die Wände ...
In Petersburg sind wir mit mächtigem Satz
160   und schütteln dort Brüdern die Hände.

Neben den zurückgebliebenen Fliegerabteilungen, die ihre alten
Nummern weiter führen, haben sich in Kurland – wie aus einem
Aufruf des Kapitäns Siewert an «die Kulturvölker der Erde» im
vierten Extrablatt der ‹Trommel› hervorgeht – Truppen und Frei-
corps mit meist adligem Namen gebildet, und aus diesen kleinen
Kontingentsbildungen ist am besten zu ersehen, wohinaus das
Ganze will.

   Dieser Militarismus baut seine Waben unermüdlich, eine an die
andre, und zeugt sich selber fort; maßgebend ist allein das
170   menschlich verständliche Bedürfnis, Führer- und Adjutanten-
posten zu bekleiden, möglichst unabhängig zu sein, sich nicht
zum willenlosen Kettenglied degradieren zu lassen. Es ist den
Postenmachern auch gleichgültig, welche Folgen ihre verderbliche

Abenteuerlust für das Land haben kann. Von jeher ist es Grundsatz des altpreußischen Militarismus gewesen, zunächst einmal sich als einen rocher de bronce zu stabilisieren: die Mitwelt mochte sich dann mit dem Fremdkörper irgendwie abfinden. So hier. Gewiß sind diese kurländischen Truppen, die auch heute, am dreiundzwanzigsten Oktober, noch nicht zurückgekehrt sind, korrumpiert. Aber es ist nicht richtig, sie als gänzliche Außenseiter des militärischen Systems zu betrachten. Sie sind seine natürliche Frucht.

Und dies scheint mir die schreckliche Lehre dieses kurländischen Abenteuers zu sein, eine Lehre, die unsre Regierung nicht ziehen kann und nicht ziehen will. Wir haben genug versteckte Kurländer im Lande: die Reichswehr, die Sicherheitspolizei, Teile der Einwohnerwehr. Die monarchistische Putschgefahr wird von den deutschen Radikalen stark überschätzt, die geistige Gefahr ebenso stark unterschätzt. Was hier droht, ist nicht ein so dicker und plakathafter Fall, wie die Landsknechte im Baltenland ihn bieten; was hier droht, ist ganz etwas andres.

In der Regierung sitzt zur Zeit kaum ein Mann, der weiß, was der Militarismus auf geistigem Gebiet bedeutet, und wie man einen geistigen Kampf gegen ihn inszenieren kann. Ich halte es nicht für meine Aufgabe, in einem Blatt wie diesem ernsthaft über Herrn Noske zu debattieren. Wenn wir die Ritterkaste bekämpften, so meinten wir damit nicht, daß ein Wachtmeister die Führung übernehmen solle. Die Bürger laufen heute, von Rentenpsychose getrieben, zu Jedem, der ihnen Schutz vor Verdienstminderung verspricht; sie halten sich, wie früher, bissige Hofhunde und wundern sich dann später, wenn die nach ihren Herren schnappen.

Die Regierung hat dreiviertel Jahre lang die Öffentlichkeit über das kurländische Abenteuer hinweggetäuscht und zweimal bewußt die Unwahrheit gesagt: einmal hat sie eine Grenzsperre angekündigt, die nicht vorhanden war, und das zweite Mal eine Abberufung des Generals von der Goltz proklamiert, die nicht ausgeführt wurde.

Kurland ist ein Stoffmuster des großen Tuchballens der Republik: die Regierung zage, die Offiziere wacker zugreifend und das

Ganze eine Katastrophe in der äußern Politik. Muß man in Deutschland als kommunistischer Unabhängiger verschrieen sein, weil man leidenschaftslos und kühl-objektiv die Wahrheit sagt?

Ignaz Wrobel, WB 23.10.1919

169

Klagelied eines Einsamen

Nun schütteln wieder Mixer an den Tischen
den blank polierten Nickeltopf mit Eis.
Die Glastür geht. Die Droschkenautos zischen.
Man zahlt für alles den Valutapreis.
Musik steigt auf. Auf plüschbelegten Treppen
läßt sich der Zigarettenmann aus Frankfurt neppen.
Um halb Zwölf kommt die Landespolizei ...
Und ich bin nicht dabei –!

Auf der Estrade steht im Reichstagssaale
10   ein Vollbartgreis im Gehrock – und er schwitzt.
Ein freier Mann – jedoch das Nationale
hält er steil in die Höh – der Speichel spritzt.
Die Hörerschaft spürt zwischen Schlaf und Wachen:
man muß – zur Volkswohlfahrt – Geschäfte machen.
Und man verteilt die Posten, die noch frei ...
Und ich bin nicht dabei –!

Maria strahlt. Sie ist nur schwach bekleidet:
die Armbanduhr schmückt glitzernd ihr Gelenk.
Worum sie manche Frau so sehr beneidet,
20   beut sie den lieben Gästen als Geschenk.
Weiß hebt die Haut sich ab von grünem Rupfen.
Man sieht zwei Herrn ein Kokainchen schnupfen.
Sie tanzt. Ganz leise haucht ein kleiner Schrei ...
Und ich bin nicht dabei –!

Im Kino huscht die Diva auf der Leinwand.
Ein Riesenauge, glotzt das Publikum.
Die Kohlennot ist für dies Fach kein Einwand.
Laut ist die Stadt und leider haltlos dumm …
Da draußen schwankt ein Weidenbusch im Winde.
30 Ein alter Herr träumt unter einer Linde,
wer heut zum Skat noch einzuladen sei …
Und ich bin nicht dabei –
noch nicht dabei!

Kaspar Hauser, WB 23. 10. 1919

170

Saisonbeginn

Reicht mir den Frack! Reicht mir die schwarzen Buxen!
Aurelie, plätte mir den weißen Schlips!
Ich will nicht länger krumm am Schreibtisch drucksen;
auch Theobald gebührt ein kleiner Schwips.
Der Schappohklapp – – wo ist das Dingrichs bloß?
Jetzt geht es los –!

Jetzt geht es los –!
Die ältsten jungen Mädchen
sind frisch auf neu gebügelt von Mama –
10 Sie lächeln hold. Es weiß das dümmste Gretchen:
Saisonbeginn! Nun ist die Heirat nah!
Hervorgezaubert prangt auf manchem Kopf
ein falscher Zopf.

Jetzt geht es los –!
Der Dielenwirt dreht sachte
die Wasserleitung für den Weinverkauf.
Es wacht der Gent des Morgens früh um achte
in einem Treppenflur voll Kummer auf.

Die Uhr, das Geld, der kleine, blonde Schneck
sind leider weg.

Jetzt geht es los –!
                Der Kientopp schnattert heftig.
Die kleine Diva dreht sich lieb und nett.
Der dicke Regisseur verfilmt geschäftig
das Strafgesetzbuch sanft von A bis Z.
Und läßt nicht nach, bis die Million erreicht,
und hats nicht leicht.

Und in der Politik ... Allmächtiger Schöpfer!
Da ist ja schon das ganze Jahr Saison.
Die liebe Zunft der Schuster und der Töpfer
gibt unsrer Wilhelmstraße die Fasson.
Wenn wer den Teufel an die Wände malt –:
Matthias strahlt.

Saisonbeginn –!
                Ich friere an den Beinen.
Das Thermometer fällt, die Miete steigt.
Aurelie, kümmre du dich um die Kleinen.
Hörst du, mein Kind? Hunyadi Janos geigt ...!
Dein lieber Mann muß fort. Steig mir vom Schoß –
Jetzt geht es los –!

                    Theobald Tiger, Ulk 24. 10. 1919

171

Man muß dran glauben ...

Ich hatte mal einen dicken Freund, der sagte mir auf die Frage, ob
er denn schwimmen könne, immer: «Ja – ich kann schwimmen.
Aber – ich glaube nicht recht dran.» Das ist ein merkwürdiges
Wort, und ich kann es nicht vergessen.

Es ist nämlich die kürzeste Formulierung für die eigentümliche

Tatsache, daß es letzten Endes hienieden gar nicht aufs Können ankommt, gar nicht auf die Technik, auf das Äußerliche, auf das, was erlernbar ist. Es kommt einfach darauf an, daß man das glaubt, was man macht.

Das kann man nun keinem beibringen. Es gibt gewachsene Dinge und gemachte – die meisten sind gemacht. Die gewachsenen sind die, bei deren Herstellung der Schöpfer sich das geglaubt hat, was er machte. Es ist merkwürdig, ein wie tiefes und feines Gefühl alle Leute für diesen Unterschied haben. Falsche Herzenstöne gibt es nicht. Es gibt nur falsche Herzen. Ein leises Schwanken, ein bängliches Zögern – und vorbei ist's mit aller Wirkung, mit der künstlerischen und mit der menschlichen. Aus und vorbei.

Eine ausgewachsene Zote in einem Salon ist etwas Unmögliches. Schon deshalb, weil keiner da ist, der sie mit saftiger Freude, mit vollem Bewußtsein ihrer Unmöglichkeit, mit dem vollen Glauben erzählen kann. Ich habe im Felde von altgedienten Intendanturbeamten Dinge erzählen hören, die einen vom Stuhl warfen – wurden sie dann von irgendeinem schwächlichen Vertreter wiederholt, verpufften sie und wirkten übel, weil der dabei feixte und sich im Grunde seines Herzens für viel zu fein für diese Dinge hielt. Der andere aber war angetreten, hatte voller Lebensfreude vorgemacht, wie ein Mann, der sich Unter den Linden nicht sehr fein benommen hatte, aufgeschrieben wurde (dabei ist mir noch die prächtige Bewegung in der Erinnerung, wie der imaginäre Schutzmann mit behördlichem Schwung in seiner hinteren Rocktasche nach dem dicken Buch wühlte) – und das alles war so lebenswahr, so famos beobachtet, so massiv und selbstverständlich wiedergegeben, daß man nur seine helle Freude haben konnte. Rot wurde niemand. Und es war auch gar nicht nötig.

Das ist beim Schauspieler so, der sich irgendwie glauben muß, was er uns da vormacht – sonst glauben wir's auch nicht. Das ist beim Redner so, und das ist schließlich, wenn man genau hinsieht, bei jedem Menschen so. Zuerst muß er glauben, dann erst können wir's.

Mir ist die alte Sage vom Reiter über dem Bodensee, der über die gefrorene Fläche des Wassers ritt, immer recht als Symbol schwersten Kalibers erschienen. Der glaubte auch, über festes

Land zu reiten – er sah den Abgrund unter seinen Füßen nicht; er fühlte die Gefahr nicht, in der er schwebte, und bestand sie, weil er sie nicht zu bestehen brauchte. Was der Berliner in dem einen kurzen Satz auszudrücken pflegt: «Der hat's gut – der ist blöd!» Und das ist manchmal wirklich kein Schade.

Denn die Reflexion tötet. Maeterlinck hat einmal in einem sehr interessanten Aufsatz erzählt, wie bei Automobil-Unfällen allemal derjenige verunglückt, der noch im Augenblicke der Gefahr nachdenkt, was er nun zu tun habe – daß aber der unbehelligt davonkomme, der sein Gehirn völlig ausschalte, der gar nichts tue. Das Unterbewußtsein, das ja viel stärker, raffinierter und zweckbewußter arbeitet als die Überlegung, regelt dann alles von selbst. Das Gehirn ist eben nicht allen Dingen gewachsen.

Wohl aber die gesunde Lebenskraft. Wohl aber jener Saft, der in den Pflanzen sein Wesen treibt und in den Tieren – und in den Menschen nicht minder. Wohl aber jener Glaube, der Berge versetzt, und der – Wunder über Wunder – sogar über Menschen etwas vermag.

Es brauchte nicht erst Krieg zu sein, um uns zu belehren, wieviel solch ein Kerl wert ist, der immer Rat weiß – aber nicht jenen erklügelten Rat, den wir uns schließlich auch selbst erschwitzen können, sondern einen andern, bessern. Einen gewachsenen, einen immer fertig parat liegenden, einen erdgeborenen Rat. Aber wo wächst der –?

Es ist ja kein Zufall, daß alle die Leute, «die daran glauben», ständig mit der Natur in Berührung leben. Es ist, als zögen sie, deren Füße die braune Erde treten, eine Kraft aus dem Boden, der Asphaltmenschen versagt ist.

Also kämen wir dahin, Primitivität zu fordern? Blauäugige Blondheit? Robuste Stiernacken? Simpelste Kraft? – Nicht doch. Nicht sie allein.

Glauben fordern wir als Grundlage aller menschlichen Dinge. (Daß hier nicht an Dogmenglauben gedacht ist, braucht wohl nicht erst betont zu werden.) Wir fordern den Glauben, weil wir alle instinktiv wissen – Frauen wissen das noch besser als wir Männer – daß das Wesen des Menschen, das, was er eigentlich ist, da beginnt, wo seine Reflexion aufhört. Die ist erworben und

80 künstlich ausgebildet, die ist nicht immer adäquat; die ist nicht er
selbst. Aber das andere, das, was Schopenhauer «Wille» und andre
anders genannt haben: das ist er.

Es muß ein Punkt da sein, wo einer, nach allem Grübeln, nach
allem Denken und Knobeln, einmal, klar und erfrischend auf den
Tisch schlägt und sagt: «Grad durch!» und dann seinen Weg geht.
Denn es lassen sich die Dinge dieser Welt nun einmal nicht alle
restlos mit dem Gehirn erledigen. Wenn man mit dem mathema-
tischen Denken fertig ist, bleibt etwas zurück, das sich nur mit der
robusten Kraft bewältigen läßt. Und das ist ganz gut so, sonst
90 säße ein Rabulist auf dem Thron, und das werden wir doch nicht
wollen, nicht wahr?

Das Ideal – das Ideal wäre freilich: beides zu haben. Die Kraft
und das Gehirn. Die Faust *und* den Kopf. Hierzulande ist das heftig getrennt.

Die einen haben Gehirn, viel Gehirn. Sehr viel Gehirn. Dann
taugen sie meist wenig zum aktiven Tun – und wenn sie sich darin
versuchen, verfallen sie immer wieder in den alten Fehler, alles mit
den Regeln der Logik abmachen zu wollen – was nun einmal nicht
geht.
100   Die andern haben die Faust. Aber keinen Kopf – und ganz ohne
ihn geht's auch wieder nicht.

Wenn das einmal zusammenträfe! Wenn das einmal bei uns vereinigt wäre, was doch allem Anschein die Japaner haben, und was
sie zur gefährlichsten Rasse der Welt macht: brutale Kraft und
feinstes Gehirn! Damit ließe sich etwas ausrichten! Wenn unsere
Junker klug wären! Wenn unsere Intellektuellen kräftig wären!
Aber sie sind leider nur kräftig und nur intellektuell.

Bliebe übrig, den lieben Freunden zu predigen, vor allem und
vorerst zu glauben. An sich und das, was man macht. Das ist nahr-
110 haft: denn der gewandteste Gehirnakrobat ist gar nicht fähig, einen solchen eisernen Steher zu werfen.

Und die Freundinnen –! Geehrte, ihr wißt, wie subjektiv alles
ist, was mit euch zu tun hat: die Eifersucht und die Ablehnung
und die freundliche Gewährung und – entschuldigen Sie – die Liebe. Man muß dran glauben, auch an sie.

Kommt es denn darauf an, wie ihr, Schönste, seid? Genügt es

nicht vollkommen, zu glauben, ihr seid so, wie wir euch lieben?
Ihr braucht euch nicht einmal zu verstellen – wenn wir nur glauben. Vater Zille hat einmal eine blinde Frau gezeichnet, die fährt
120 ihrem Führer, einem versoffenen, übeln Kerl, über das Gesicht
und sagt: «Wilhelm, du mußt ein schöner Mann sein!» Diese Geschichte hat er selbst erlebt – und es ist eine tiefe Geschichte.

Freundinnen, wir streichen euch über das Gesicht und sind
blind und murmeln: «Agda – du hast viel Herz!» Aber Agda hat
gar kein Herz, sondern nur eine runde Brust, und das ist schließlich auch etwas wert.

Wir aber glauben an ihr Herz und sind sehr glücklich.

Peter Panter, BT 27. 10. 1919

172

Mißachtung der Liebe

Ach, Tante Julla, du in Neu-Ruppin
liest schaudernd von berliner Scheußlichkeiten,
und wie die Damen ihre Glieder spreiten,
und denkst: Dies Sündenbabylon Berlins!
Und deine Äuglein öffnen sich in Lüsten,
weil deine Kaffeeschwestern gerne wüßten
von einem Paar, gelagert Bein an Bein …
Wie mag das sein?

Ach, Tante Julla – komm mal an die Spree.
10 Und sieh dir dieses Wogen aus der Nähe,
ganz aus der Nähe an, wie ich es sehe.
Und denk dir nur ein Chambre séparée.
Sie quietscht. Der Kellner schummelt. Dünne Geigen
verleiten sie, sich ziemlich ganz zu zeigen.
Ein Mieder noch und noch ein Brüstchenlein …
Was kann da sein –?

Ach, Tante Julla – wir sind nicht blasiert.
Und doch: wie eng ist dieser Markt der Liebe!
Der liebt die Knaben, jener schätzt die Hiebe,
und der ist nur von Zöpfen enchantiert.
Die Themis bullert mit Moralgesetzen.
Man muß Erotik nicht so überschätzen.
Bleib nur in deinen bürgerlichen Träumen,
du hast hier nämlich garnichts zu versäumen.
Bleib, Tante Julla, in dem Stübchen klein –
Was kann da sein –?
Was kann da wirklich sein –?

Kaspar Hauser, WB 30. 10. 1919

173

Präsentiert das ... Gwä!

Die bisher unwiderlegten Feststellungen über das deutsche Offiziercorps, die ich in diesen Blättern zu wiederholten Malen getroffen habe, lassen die Freunde eines Systems nicht ruhen, das
den deutschen kleinen Privatmann einmal herrlich über sich selbst
hinaushob.

Da ist bei Scherl eine Flugschrift erschienen – ‹An alle Frontsoldaten› heißt sie –, in der bekomme ich es aber ordentlich. Ich
bringe nun bei Polemiken niemals die erforderliche Rage auf, weil
ich weiß, daß man stets an einander vorbei spricht. Ich habe gesagt, daß deutsche Offiziere im Kriege dem Manne Essen gestohlen haben. Wer draußen war, wird das bestätigen. Soll ich mich
deshalb öffentlich mit Einem auseinandersetzen, der in etwas
quietschigem Pathos aufschreibt: «Ignaz, bekenne dich als Juden
oder Christen, als Katholiken oder Atheisten, egal, egal. Judas
Ischarioth bleibt doch dein erster Ahn!»? «Egal, egal» ist ja nun
ganz ulkig; aber ich bekenne mich nur als Einen, der den Vorgesetzten in jedem Deutschen bis zur Siedehitze haßt. Was ist denn
hier gesagt worden?

Es ist gesagt worden, daß deutsche Offiziere – und damit auch

20 die von ihnen benötigten Militäranwärter und Unteroffiziere –
allemal dann, wenns ihnen gut ging, den Versuchungen nicht wi-
derstanden, die [die] gehobene dienstliche Lage ihnen darboten.
Ich habe niemals über die wenigen Fälle von Feigheit gesprochen,
die überall vorkommen und vorkommen können – ja, ich habe sie
ausdrücklich ausgenommen. Behauptet wurde: deutsche Offiziere
haben ihre Pflicht als Vorgesetzte nicht getan. Und sie haben sie
nicht getan, weil Welten sie von ihren Untergebenen trennten.
Die Unterscheidung: Etappe – Front ist falsch. Die Offiziere
wurden alle nach einem Schema, in einem Corps, nach einem Plan
30 ausgebildet – wo blieb die Erziehung? Da, in Warschau, in einem
kleinen belgischen Dörfchen, da hätte sie sich zeigen können. Der
Hauptmann, der im Graben mit seinen Leuten Feldküchenessen
ißt, kann Keinem imponieren – denn verhungern wollte er nicht,
und andres war nicht da. Aber der Offizier, der auch dort, wo
Weiber, Sekt, Kasino-Nächte und fette Diners winken, sich be-
scheidet, um den Leuten, die es nicht so haben können, mit gutem
Beispiel voranzugehen – der wäre ein Kerl gewesen. Wo gab es
ihn?

«Von den Offizieren der Etappe handle ich nicht», sagt die
40 Flugschrift. Aber ich. Denn was wir von dieser Führerschaft –
auch im Frieden, besonders im Frieden – zu erwarten gehabt hätten, ist nicht auszudenken. Sie sahen im eignen Landsmann ein
Instrument, «sie hetzten ihren Willen durch die Räume», wie einmal so gut bei Latzko steht, sie betrachteten das Ganze lediglich
vom egozentrischen Standpunkt aus und ließen sich das bißchen
Dienst mit Geld, Ehren und sehr guten Lebensumständen in einer
lächerlichen Weise überzahlen.

Schuld sind immer die Andern. Fragt man einen Frontsoldaten,
dann sagt er: Ja, die Etappe! Fragt man einen Stabsoffizier, so sagt
50 er: Ja, die radikale Wühlarbeit! (Ich habe in dreieinhalb Jahren
nichts von ihr zu sehen bekommen.) Fragt man die Heimat, so
sagt die: Ja, das Heer –! Mich will es schier bedünken …

Es handelt sich nicht um das einzelne Stück einer Flugschriften-
Reihe, in der die dümmsten und unverfrorensten Vertreter der al-
ten Firma munter weiter schreiben: jener Oberst Bauer, Otto
Ernst, der noch im August 1918 England für völlig niedergerun-

gen erklärt hat (es wußte es nur noch nicht) – sie Alle sind auf dem Plan, werden gehört und genießen Achtung. Es handelt sich nicht um das Heftchen. Das ruft in freundlicher Weise nach dem
60 Staatsanwalt wider Wrobeln (als ob sich dergleichen in einer preußischen Gerichtsverhandlung abzuwickeln hätte), zitiert ein Kitschgedicht von Otto Anthes als Argument für den Leutnant und ist im Ganzen bestrebt, Löcher in der Logik mit Bombast zu verdecken.

Dieses Blatt wendet sich an euch, die Ihr unter ihnen gelitten habt. Es wird nichts weiter übrig bleiben, als sie nie wieder hochkommen zu lassen. Sie rühren sich. Habt Acht! Und bleibt frei!

Logik? Sie wollen nicht. Ihr Resultat steht von vorn herein fest: für den deutschen Ungeist zu zeugen, der dieses Land vernichtet
70 hat.

Wir Andern wollen weiter gegen ihn streiten.

Ignaz Wrobel, WB 30. 10. 1919

174

Fahrt mit der «Bodensee»

«Und wenn vielleicht in hundert Jahren
ein Luftschiff hoch mit Griechenwein
durchs Morgenrot käm hergefahren –
Wer möchte da nicht Fährmann sein?

Dann bög ich mich, ein sel'ger Zecher,
wohl über Bord, von Kränzen schwer,
und gösse langsam meinen Becher
hinab in das verlaßne Meer.» –

So sang vor Jahren Meister Keller.
10 Es rinnt die Zeit. Es rinnt der Sand.
Bis man das Luftschiff mit Propeller,
bis man den Zeppelin erfand.

Ich steige ein. In sieben Stunden
fliegst du von Lindau nach Berlin.
Ich lasse unter Gondelkunden
die Welt an mir vorüberziehn.

Es steigt das Schiff. Und klein und kleiner
wird Wald und Feld und Bodensee.
Am Tische hinter mir trinkt einer,
20 weil ihm nicht wohl, Kamillentee.

Ich schaue abwärts. In der Tiefe,
gibts da wohl Riesen, deren Huld
und Kraft das Volk zum Himmel riefe –?
Fast scheint es, als ob alles schliefe ...
Dran ist gewiß die Höhe schuld.

Ich schaue abwärts. Was so wichtig
da unten schien dem Tageskult –
hier oben sieht mans gar nicht richtig ...
Dran ist gewiß die Höhe schuld.

30 Ich schaue abwärts. Weg sind jene
Krakeeler auf dem Rednerpult,
die reklamierten Heldenbeene ...
Dran ist gewiß die Höhe schuld.

Wo ist der anoch nicht korrupte
Zollmensch im Westen? – Mit Geduld
späh ich, wann er sich uns entpuppte ...
Dran ist gewiß die Höhe schuld.

Wo ist die Reichsversorgungsstelle,
die noch kein Schläfchen eingelullt?
40 Ich sehe nichts. Das Schiff fährt schnelle ...
Dran ist gewiß die Höhe schuld.

Wo ist der Friede? Wo die Freude?
Wo ein Gemüt, das nicht verschrullt?
Wie kommts, daß ich die Zeit vergeude ...?
Dran ist gewiß die Höhe schuld.

Nur einer tät sich nicht verstecken:
Auf dieser Fahrt, im Windeswehn,
im platten Land, in Stadt und Flecken,
am Bach, am Fluß, in grünen Hecken –:
50   Der Schieber war genau zu sehn –!

Theobald Tiger, Ulk 31. 10. 1919

175

Was fehlt dem Kino?

In dem großen Filmwerk ‹Madame Dubarry› hat sich der vortragende Minister Ludwigs des Fünfzehnten darüber zu entrüsten,
daß sein König ihn zur Erledigung der Geschäfte «im Lustschloß
seiner Maitresse» empfängt. Das ist ein grober psychologischer
Schnitzer. So empfindet heute vielleicht der Geschichtsforscher –
aber niemals ein Mann der damaligen Zeit. Dieser sittlich entrüstete Minister ist ein Filmsymptom. Er kommt in jedem Film
vor.

Es gibt wohl kaum einen Film, in dem nicht an irgendeiner Stel-
10 le ein falsches Versatzstück, ein Anachronismus, eine dicke Ge-
schmacklosigkeit störten. Rokoko und Barock wimmeln durcheinander, weil die Regisseure den Unterschied nicht kannten; in
einem Biedermeierzimmer werden Petroleumlampen angezündet,
die es damals so wenig gegeben hat wie elektrisches Licht – man
brauche Öllampen – klobige Unmöglichkeiten sind aufeinander-
gehäuft, und man kann nicht einmal sagen, daß sie um der Wirkung willen da sind – es ist Schwäche und Unfähigkeit und Mangel ... woran?

An einem Bremser. An einem Mann mit Takt und Geschmack,
20 der dem filmwütigen Regisseur in den Arm fallen müßte und sag-

te: Das geht nicht. Das darfst du nicht. Das tut man nicht. Aber der weiß es besser, und so haben wir die traurige Erscheinung, daß das Kino heute noch nicht seinen Hintertreppengeruch abgestreift hat. Ob es überhaupt etwas mit der Kunst zu tun hat, ob die Reproduktion der Maschinen die Kunst nicht ausschaltet, ob es je künstlerisch auszuwerten sein wird, ist hier nicht zu erörtern. Tatsache ist, daß ein geschmackvoller Zuschauer fast in jedem Programm den bekannten Schlag in die Herzgrube verspürt.

Nun wirkt das um so peinlicher, als sich die Filmindustrie heute
30 mehr denn je daran macht, die Literatur zu verfilmen. Die Haltung dieses Blattes in der Streitfrage des verfilmten Dichterwerkes ist bekannt – wie man aber auch dazu stehen mag: sicher ist, daß eine solche Verfilmung von Leuten vorgenommen werden müßte, die über dem Filmregisseur stehen und nicht *unter* ihm. Gewiß, er hat die Kenntnis der Branche voraus. Er kennt seine Leute, mit denen er arbeitet, er weiß, was aus den einzelnen Schauspielern herauszuholen ist und was nicht. Er weiß, wie man einen Abgang gut herausbringt und einen Auftritt inszeniert, und was die Massenszenen anbetrifft, so kann ihm da heute keiner mehr etwas er-
40 zählen. Aber was weiß er von der Literatur und vom Geschmack und von der Psychologie?

Wenig, zart gesagt.

Als Messter damals anfing, die ersten kleinen Films zu stellen, ging man bald dazu über, sich einen Innenarchitekten zu verschreiben, der die Dekorationen aufzubauen hatte. Erst viel später begannen kühne Neuerer, auch den Maler hinzuziehen, der das Bildhafte zu besorgen hatte. Der Filmregisseur hat damals gemurrt: was wollte ein Malersmann beim Film? Das verstand er alles viel besser. Und überhaupt ... Heute würde der verlacht wer-
50 den, der einen großen Film aufbaut, ohne den Maler gefragt zu haben, wie die Bilder wohl auf ihn wirkten. Aber weiter ist man noch nicht. Am Kern der Sache ist man noch nicht.

Der Kern der Sache ist der, daß die Seele des Filmwerks – denn irgendeine hat es ja – heute noch in Händen von Leuten ruht, die selbst keine haben. Wie seelenlos ist das alles! Wie äußerlich! Wie ganz und gar an der Oberfläche haftend! Wir haben neulich mit Schaudern ein solches Beispiel erlebt. Da hatten sie den ‹Prinz

Kuckuck› verfilmt, und wenn der gute Ottju das aus dem Fegefeuer, in dem er sich wahrscheinlich seiner vielen schlimmen Ge-
60 dichte wegen befindet, angesehen hat, dann hat er sicherlich ein
noch viel verdammenswerteres gemacht, vor lauter Zorn und
Ärger. Es war wieder die alte Geschichte: alles Bildhafte war von
dem Maler, der die Angelegenheit bearbeitet hatte, in musterhaf-
ter Weise gelöst worden – von der Seele des Romans spürtest du
keinen Hauch. Das Ganze hatte gar nichts mit dem ‹Prinzen
Kuckuck› zu tun – es war irgendeine Mordstragödie, die zufällig
denselben Namen hatte. Man hatte eben einen Maler, aber keinen
– keinen was?
    Nennt den Mann Dramaturgen. Nennt ihn Literaten. Sucht
70 euch einen Namen für ihn aus. Aber es genügt nun nicht, sich irgend einen Namen von Klang zu kaufen und mit dem krebsen zu
gehen. Es fragt sich vor allem, wie viel ein solcher Mann zu sagen
hat. Er muß in Dingen des Geschmacks, der Psychologie, der Mo-
tivierung, der kulturhistorischen Gestaltung unbedingt erste und
oberste Instanz sein. Wird ihm letzten Endes vom Unternehmer
gesagt: «Man muß das schon so machen, wegen des Publikums,
und sonst kauft den Film keiner» – dann ist er überflüssig. Man
muß es eben nicht so machen, weil man ja dauernd den Anspruch
erhebt, ernst genommen zu werden, unter die hohen Künste auf-
80 genommen zu werden. Und so wie Goethe von Menschen gesagt
hat, er würde sie, wären sie Bücher, nicht lesen, so habe ich häufig
das Gefühl: Mit dem Regisseur würdest du keine zwei Worte
sprechen können und wollen – warum sollst du dir die Leistung
eines solchen Gehirns ansehen?
    Was dem Kino fehlt, ist der maßgebende und durchdringende
Einfluß der Männer von Geschmack und Bildung. Verträgt es diesen Einfluß wirtschaftlich nicht, so ist es gerichtet. Verträgt es ihn
aber – und ich glaube, daß es sich heute diesen Luxus getrost erlauben kann, – so bedeutet es eine Vernachlässigung der Filmindu-
90 strie, sich solche Männer nicht heranzuziehen. Es gibt sie.
    Das Odium, das dem Kino immer noch anhaftet, wäre zu besei-
tigen. Es ist so nicht zu beseitigen, wenn in den ernstesten Films
die Unternehmer nicht einmal imstande sind, die Textinschriften
in richtigem Deutsch abfassen zu lassen, geschweige denn, Cha-

raktere darzustellen und Anachronismen zu vermeiden. Und es ist
auch kaufmännisch unklug, mit minderwertigem Zeugs Geld
«scheffeln» zu wollen – denn der Goldstrom läßt bald nach. Auf
die Dauer erhält sich doch immer nur der solide Kaufmann, der
den Leuten gute Ware liefert. Er überdauert den Schieber, der
100 schnell massenhaft Geld verdient hat, und sich in ein paar Jahren
nach neuen Erwerbsquellen umsehen muß, weil die alten versiegt
sind.
Was fehlt dem Kino?
Der Dramaturg.

Ignaz Wrobel, BT 2. 11. 1919

176

Bakterienkultur

Am 10. Oktober 1919 (in Worten: neunzehnhundertundneunzehn)
wurde in Gleiwitz, Oberschlesien, ein Bootsmannsmaat von Offizieren verhaftet, die er nicht gegrüßt hatte. (Was er auch nicht nötig hatte.) Er wurde von den «Herren» angepöbelt, in einem Ton,
der noch aus der großen Zeit stammte, auf die Wache gebracht,
dort wiederholt beschimpft und beflegelt und schließlich von einigen Angestellten der dortigen Militärinnung blutig geschlagen.
Von einer Untersuchung oder Bestrafung verlautet bisher nichts.
   So darf das nicht weitergehen. Noske sollte für seine angegrif-
10 fene Gehörkraft etwas tun – versteht er nicht, was immer wieder
hier und von anderen gemeint ist? Bestreiten wir, daß *Ordnung*
sein muß? Daß die Regierung eine *Macht* haben muß? Gar nicht!
Aber Herr Noske, der jetzt in der Nationalversammlung so erheblich für seinen recht großen Etat eingetreten ist, weiß nicht,
daß er die Bakterien, die das Land verseucht haben, nicht ausrot-
tet, sondern nur ein bißchen an dem Glas herumkratzt, in dem sie
aufbewahrt sind. Er soll den *Boden*, auf dem sie gedeihen, nicht
düngen. *Er soll ihre Kultur vernichten!*
   Es ist nicht wahr, daß er heute noch Leute in seiner Reichswehr
20 braucht, die sich ihm nur zur Verfügung gestellt haben, weil ihnen

das Handwerk und das Gehalt Spaß machen und die – vor allem – *politische Nebenabsichten* haben. Wie wäre es, wenn einer zu ihm käme und sagte: «Gustav, ich bin zwar im Privatberuf *Kommunist*, aber zurzeit stehe ich auf dem Boden der gegebenen Tatsachen, und da tue ich bei dir so ein bißchen mit.» Er würde ihn *heraus-jagen*, und das mit Recht!

Die *Rechten* aber behält er. Dieselben Männer, für die Disziplin gleichbedeutend mit Unterdrückung ist, dieselben, die die Deut-schen heute noch in «Herren» und «Kerls» einteilen, dieselben, die – in Uniform oder nicht in Uniform – nur arbeiten können, wenn sie andere unterdrücken.

Das Land ist krank. Und Gustav ist ein schlechter Arzt.

Ignaz Wrobel, BVZ 2.11.1919

177

Krankheit und Besserung

«Wenn wir Berliner eine Lust entfachen,
Dann jehn wir feste ran (Verschtehste: Schwung!)»
Peter Scher

Die Worte, die Hans Landsberg über die Neu-Berlinische Unkul-tur vor einiger Zeit an dieser Stelle sagte (‹Berliner Tageblatt› Nr. 460 vom 30. September 1919), waren, wie sich aus zahlreichen Zu-schriften ergab, vielen Menschen, denen es vergönnt ist, in dieser Stadt zu leben, aus der Seele gesprochen. Sie gelten natürlich nicht für alle Berliner; es gibt zum Glück noch immer eine, auch der Zahl nach, sehr anständige Minderheit. Die andern aber, die sich nicht mehr Spreeathener, sondern Pankeleute nennen sollten, lie-ben nicht zufällig das Kino heiß und innig: auch bei ihnen ist es gleich, was gespielt wird, wenn nur die Aufmachung schick ist. Gut braucht sie nicht zu sein.

Bei ihnen ist alles auf das Roheste, auf das Dickste, auf das Sim-pelste gestellt. Auf Geld. Auf öffentliche Anerkennung. Auf weite Bekanntschaft. Auf «Beziehungen». Und was das schlimmste ist: jene Unsicherheit, jene Unsolidität, die früher Schieberkreise aus-

zeichnete, die man kannte und mied, hat sich heute tief in das
Bürgertum hineingefressen; das alleräußerlichste Leben, das keine
Flecken meidet, findest du heute zuweilen in Familien, die noch
vor zwanzig Jahren dergleichen weit von sich gewiesen hätten. In
diesem Falle haben die Großmütter recht.

Wären die Enkel lasterhaft! Sie sinds nie und nimmer. Sie sind
bestenfalls unanständig, in Charakter und Lebensführung, aber
immer von einer Bürgerlichkeit, die doppelt übel anmutet, weil
sie nur an Sonn- und Festtagen getragen wird. Über den Bürger
läßt sich diskutieren – der verdorbene Bürger ist eine üble Erscheinung.

Die Stadt ist krank. Alle haben das erkannt, fühlen ihr den Puls,
geben ihr kleine Pülverchen ein oder belächeln die Krankheit, die
sie im Grunde sehr reizvoll finden. «Der gnädigen Frau kleidet
das Blaß so nett!» – Ich kann's nicht finden.

Die Person wird anämischer von Tag zu Tag. Denn es ist ja kein
Kraftüberschuß vorhanden, der die Leute toben läßt und uns vergessen macht, in welcher Zeit und in welchem Jammer wir eigentlich hierzulande leben. Es ist der Rausch einer nervösen und kör-
perlich heruntergekommenen Person. Und Hans Landsberg und
Hunderte mit ihm rufen nach dem Doktor.

Ihr habt ihn im Haus. Mit Plakaten ist das nicht getan und nicht
mit lehrhaften Predigten und nicht mit moralischen Entrüstungs-
stürmen und nicht mit Traktätchen. Mit denen schon gar nicht.
Fangt bei euch selber an! Ihr habt den Arzt im Haus.

Es muß sich ermöglichen lassen, daß eine Reihe guter alter Familien sich von dem Krankheitsdunst frei macht. Es muß sich
ermöglichen lassen, daß sie sich, in deren Salons eine alte, feine
Geistigkeit früher einmal zu Hause war, auf ihre Vergangenheit
besinnen und grundsätzlich alles von ihrem Umgang ausschließen,
«wat mit Schwung» Betrieb macht. Es geht. Aber es muß einer
den Anfang machen.

Besäße heute ein kleiner, aber einflußreicher Kreis den Mut,
sich bewußt von der berlinischen Riesenschaukel loszumachen,
auszusteigen, nicht mehr mitzutun – vielleicht könnte er den
Grundstein zu einer bessern Kultur legen. Aber ein Verein darfs
nicht sein, kein Klub, keine snobistische Gründung. Derlei kann

aus einer starken Familienfreundschaft zweier, dreier Geschlechter wachsen, die ihren Einfluß weite Kreise ziehen lassen. Sie müßten nur erbarmungslos sein.

Sie müßten nur sagen: Wir wollen keine Schieber in unsern Zimmern haben. Keine Leute, die morgen nichts und übermorgen viel und überübermorgen alles haben. Keine, die die Scheinkultur einer größenwahnsinnig gewordenen Äußerlichkeits-Welt anbeten und danach ihr Leben regeln. Keine, die sich geschmeichelt zur Ehre anrechnen, mit irgendeinem «Star» verkehren zu dürfen; keine, die spielen; keine, die nicht wissen, was ein stilles Buch und eine stille Stunde bedeuten.

Freilich, man kann sich damit nicht «zeigen». Man wird nicht photographiert. Man kommt nicht in die illustrierten Zeitungen. Man ist, mit einem berlinischen Wort, überhaupt keine «Nummer». Haltet ihr das aus –?

Wers aushält, mag vorangehen. Wers aushält, mag einmal seinen Freunden zeigen, daß es auch ohne diesen ganzen Lärm und Schwindel geht, daß man besser, gesünder, billiger, vernünftiger und vor allem menschlicher lebt als das Rudel Spektakelmacher, die heute den Ton angeben – und was für einen Ton!

Gute Hausmusik, um ihrer selbst willen ausgeführt, Freude an Bildern, die nicht der letzte Expressionisterich gemalt hat, stille Freude an aller Kunst – und vor allem Freude an edelm Menschentum der andern: sie mögen solche Dinge pflegen.

Kennt ihr das stille Schmunzeln, das einen im Kino ergreift, wenn wir sehen, wie sich der Berliner erwähnter Sorte die Welt vorstellt? Wie er sich die vornehme Welt vorstellt, die großen Damen, das Leben auf Schlössern, in Sälen, am Badestrande? Es ist immer wieder die Panke – laßt mich die einzelnen Gegenden an ihren Ufern nicht näher bezeichnen. Aber Panke bleibts.

Macht einen Anfang. Geht in euch. Tut keine Buße – aber beginnt wieder zu leben. Und denkt an das schöne Wort des gefallenen Hermann Löns: «Die Füße fest auf der Heimaterde, aber die Gedanken darüber: so soll es sein.»

Es wird an uns sein, diese Heimaterde sauber zu erhalten.

Peter Panter, BT 3. 11. 1919

Revolutions-Rückblick

Ich schau zurück. Die Pressegenerale
ergriff vor einem Jahr der große Schreck.
Die O.H.L. verstummt mit einem Male.
Vorbei. Die Phrase lag im Dreck.
Vorbei die Pläne und die dicken Thesen,
vorbei die plumpen Renommisterein –
Behüt dich Gott, es wär zu schön gewesen,
behüt dich Gott, es hat nicht sollen sein!

Soldaten vor! Der Kaiser hat verzichtet.
Nun wolltet Ihr alleine weiter sehn.
Das ist im Leben häßlich eingerichtet,
daß bei den Eberts gleich die Noskes stehn.
Kaum ist das Land von einer Pest genesen,
fällt es mit Grazie in die nächste rein –
Behüt dich Gott, es wär zu schön gewesen,
behüt dich Gott, es hat nicht sollen sein!

Wir dachten schon: Jetzt gilts den Offizieren!
Wir dachten schon: Hier wird nun Ernst gemacht.
Wir dachten schon: Man wird sich nicht genieren,
das Feuer brennt einmal … es ist entfacht …
Wir dachten schon: Nun kommt der Eisenbesen …
Doch weicht der Deutsche sich die Hosen ein –
Behüt dich Gott, es wär zu schön gewesen,
behüt dich Gott, es hat nicht sollen sein!

Kommt diesem Lande niemals denn ein Retter?
Die graue Regenluft weht naß und fahl.
Zum Abschiednehmen just das rechte Wetter:
Fahr wohl, fahr wohl, November-Ideal!
Denn erstens kostest du zu hohe Spesen,
und zweitens singt Ihr noch die Wacht am Rhein –

Tatü-tata – es wär zu schön gewesen,
behüt dich Gott, es hat nicht sollen sein!

Kaspar Hauser, WB 6. 11. 1919

Kaiserbilder

Die Anhänglichkeit und Treue der Mannen ist rührend. Auch unerklärlich? Garnicht, wenn man genau hinsieht. Sie meinen nämlich nicht den Kaiser. Nicht den da. Nicht Wilhelm den Zweiten.
Das Kaiserbild sagt «Ich war eine schöne Zeit. Ich strahlte über
euch Allen, aber ich lieh Jedem ein bißchen Glanz, mit dem Ihr
prunken konntet, nach unten hin. Ich erhöhte Jeden, damit er die
Andern erniedrigte. Jeder galt etwas, und zwar immer ein bißchen
mehr als sein Hintermann. Ich war eine schöne Zeit.»
　　Die gesträubten Schnurrbartspitzen sagen: «Heil und Sieg!
10　Wessen Heil und wessen Sieg – das gilt uns gleich. Wir brauchen
nach des Tages Last und Arbeit ein idealähnliches Geräusch, mit
dem wir uns betäuben. Wir brauchen etwas, zu dem wir aufsehen,
etwas, dem wir die Stiefel lecken können, etwas, an dem wir unsre
Treue auslassen können. Denn wir haben einen ganzen Bauch voll
Treue. Wem waren wir nicht schon alles treu! Heil und Sieg!»
　　Die Brust voll Orden sagt «Der Mann alleine ist nichts. Nur ein
Mensch … Ich mache euch erst zu etwas. Ich gebe euch Bedeutung, Orden, Rang und Sprossennummer. Durch mich werdet Ihr
etwas, könnt euch heraustrauen, weil Ihr abgestempelt seid, dürft
20　herauskriechen aus der engen Häuslichkeit, ohne euch lächerlich
zu machen; weil Ihr ein Teil von mir seid, ein Teil vom Ganzen.
Erhabenes Gefühl der Angehörigkeit! Wurm von einem Mensch,
der du dich vermissest, einsam und allein zu stehen! Ich – ich mache dich zum Supernumerar. Der Mann alleine ist nichts.»
　　Und die Leute sagen: «Als Der noch da war –». Und sehen
leuchtenden Auges zur Wand.
　　Warum eigentlich? Es ist doch noch alles beim alten.

Ignaz Wrobel, WB 6. 11. 1919

Die Konstantin

Eine kräftig gerundete Frau tritt hinter die Theke und schänkt aus. «Was darf ich Ihnen alles anbieten? Ich habe da ein picksüßes Kinderlächeln, erstaunte Füßchen, eine sprudelnde Redegabe mit unterschlagenem Atem – o! ich habe alles – was befehlen der Herr? Zorn? Haß? Liebe? Eifersucht? Das alles gemischt? Bitte sehr, bitte gleich!» Und mischt und sprudelt und schnattert und gluckst und kichert und piepst und weint und lacht und tut so, als wenn sie nur täte ... Aber ich kaufe nichts und gehe einen Laden weiter.

10 Der schrecklichste der Schrecken ist wohl der Star, der gar keiner ist. Ich kann mir allenfalls denken, daß ganz Burg (bei Magdeburg) dieser Frau zu Füßen liegt, da gehört Burg hin. Aber daß ein berliner Parkett sich dieses Stück Unnatur gefallen läßt, daß es Versager belächelt und Töne beklatscht, die es nicht gibt – ich habe sie gehört, aber ich glaube nicht daran –: das scheint unbegreiflich. Man ziehe von der Bernhardt die Persönlichkeit und die Technik ab – dann bleibt die Konstantin.

Der armselige Schreiber, den das Zeitungsgewerbe ins Theater schickt, haspelt sich Komplimente von «Virtuosität» ab. Wenns 20 die noch wäre! Aber es ist Kälte und Mangel, und das ist ein bißchen viel auf einmal. Eine einzige Kraft hat diese Frau: einem die Schreibmaschine zu lähmen. Sie entwaffnet völlig. Man kann ihr nicht böse sein. Nach dem zweiten Akt der ‹Cyprienne› sind wir still aus dem Deutschen Künstler-Theater gegangen, und die ersten Worte, die die Garderobenfrau zu uns sprach, waren ein Labsal, ein Quickborn, eine Freude.

«Was haben Sie gegen die Frau?» Fontane: «Man soll artig, verbindlich, galant sein, keiner schönen Dame den Erfolg, die Gage, das Engagement oder den ‹Ruhm› verderben, aber was unserei- 30 nem alles verdorben wird, darum kümmert sich niemand; und wenn man auch halbtot geödet würde, dazu ist man da.»

Peter Panter, WB 6. 11. 1919

An unsre Kleine

Da liegst du, Mädchen, in den Kissen,
du junge deutsche Republik.
Ein Jahr erst alt. Du kannst nichts wissen
von jenem grauenvollen Krieg,

der dich gebar. Du bist noch niedlich.
Doch eines Tages bist du groß.
Dann arbeit du und lebe friedlich
und mach dich von den Ammen los.

Es säugte diese dich und jene.
Die Milch war sauer. Die gesund.
Und bald kriegst du die ersten Zähne
und steckst den Beißring in den Mund.

Bald bist du groß. In späten Tagen
steh du einst stark und glücklich da!
Dann sollen alle Leute sagen:
Famoses Kind –!
                                  Und gar nicht der Papa!

                              Theobald Tiger, Ulk 7. 11. 1919

Gedenktag

Vor einem Jahr … Es traten die geduckten
und totgeweihten Männer schweigend an,
und jagten jene Herren, die sie bespuckten,
zum Tempel raus – da zeigte sich der Mann!
Klein, schäbig, feige krochen die Besternten
ins Mauseloch – und wenn es Schweden war –

Da hofften wir aus blutiger Saat zu ernten –
Vor einem Jahr.

Vor einem Jahr ... Die Hoffnung hat getrogen.
Rechts rappelt sich der schlimme Klüngel auf.
Es wächst der Mut, es wächst der hohe Kragen –
kein gutes Pöstchen steht mehr zum Verkauf.
Links spürst du keines Geistes Hauch. Die *Löhne*
sind alles, was man will, ideenbar –
Dafür, Germania, schäumten deine Söhne
vor einem Jahr?

Und in der Mitte die Parteischablone.
Die alte Innung und der alte Tanz.
Geht es beim Deutschen denn nun niemals ohne
den Vollbart und den Cliquenfirlefanz?
Mit Krach gehts nicht und nicht mit
Putschgebärden.
Mit harter Arbeit – da erreicht man's
schon!
So war es nichts.
Vielleicht kann's einmal werden:
Revolution! –

Von einem Berliner, BVZ 9. 11. 1919

183

«Aufgezogen»

Die deutsche Sprache ist um ein schönes Wort reicher. Erfunden
haben es die Offiziere im Krieg, und so ist es ins Volk gedrungen,
und weil es das ist, was der lateinische Grammatiker eine «vox
media» nennt – wir anderen sagen: Verlegenheitswort –, so erfreut
es sich großer Beliebtheit und wird beinahe so oft angewandt wie
«nicht wahr?» – Das neue Wort heißt «aufziehen».

Für «aufziehen» hat Sanders zwölf Erklärungen, aber die neue

ist nicht dabei. Man zieht ein Uhrwerk auf, die Segel werden aufgezogen, die Wache zieht auf, und die Wolken ziehen auf, man
10 zieht jemanden auf, verspottet ihn … aber Sanders, der gute, alte
Mann, wußte noch nicht, daß man auch einen «Laden aufziehen»
kann. Einen Laden aufziehen – das heißt: Schwung in die Sache
bringen. «Das Geschäft wird ganz groß aufgezogen» – das heißt:
es steht auf finanziell breiter Basis. «Wir werden das Ding schon
aufziehen» – das heißt: wir werden es schon machen.

Aber nun geht's weiter: Fragen werden aufgezogen, Untersuchungen werden aufgezogen, eine Propaganda ist gut aufgezogen,
es ist so ein richtiges Soldatenwort, denn es paßt immer.

Wustmann nennt solche Wörter Modewörter, – sie kommen
20 und gehen, und lange gehalten hat sich noch keines. Wer sagt heute noch «voll und ganz» ohne die Anführungsstriche mitzuspre-
chen? Wer sagt noch ernsthaft «unentwegt»? Wer «naturgemäß»?
Von «schneidig» ganz zu schweigen. Man trägt sie alle nicht mehr.

Es ist eine neue Zeit aufgezogen, in der die Soldaten nicht mehr
so aufziehen wie früher, und wenn wir die neuen Vorschriften auf
Pappe aufziehen, sehen wir, daß wir andere Kinder aufziehen als
damals. Aber immerhin: es wird schon werden. Wir müssen es nur
richtig aufziehen.

Peter Panter, BT 10. 11. 1919

184

Erweckung

Heut, nach Jahren, sah ich Josephine.
Welch ein Schreck!
Ach, ich kannt sie mit der Unschuldsmiene –.
Die ist weg.
Kannte sie noch, als sie leise senkte
Lid und Wimper, wenn ein Mann sie kränkte.
Durft ihr niemals nach halb Neune nahn …
Wer hat diese Augen aufgetan?

Ihre Blicke waren einstmals züchtig.
Keusch und blind
küßte sie ihr gutes Muttchen flüchtig,
wie ein Kind.
Heute rufen ihre blauen Sterne:
Bleib! Ich sterbe küssend gar zu gerne –!
Wer geleitet sie auf süßer Bahn?
Wer hat diese Augen aufgetan?

Von der Liebe immer fortzugleiten,
ist mein Fluch.
Finster schreib ich Tagesneuigkeiten
in dies Buch.
Ach, Germania, sieh auf Josephinen!
Dir ist noch kein starker Mann erschienen.
Glaubst noch immer deinem Kinderwahn ...
Wann wird dir die Seele aufgetan?

Kaspar Hauser, WB 13.11.1919

185

Amüsiervergnügen

Ich gehöre ja im allgemeinen zu den lachenden Tieren (Felis pardus ridens) – aber wenn ich euch über eine so ernste Sache, wie es
die berliner Lustbarkeiten sind, erzähle, dann darf ich doch auch
wohl einmal den Katerschnurrbart sträuben und ernst mit dem
Stert wackeln, nicht wahr?

Es ist zu traurig. Da laufe ich nun für dieses rote Heft seit Wochen herum, um mich einmal ordentlich auszulachen und auch
Andre lachen zu machen – aber es glückt mir immer vorbei. Ich
war ... laßt mich nicht aufzählen, wo ich alles war – Ihr würdet
mich verspotten. Aber woher soll ich auch wissen, wo es lustig zugeht? Die Presse?

Die Welt fällt darob nicht ein; aber laßt mich einmal sagen, daß
die Zeitungskritik über die leichtern Dinge des Theaters, über das
Variété, über das Kino von jener Unzuverlässigkeit ist, die auch

von der ernsten Kritik nicht übertroffen werden kann – und das will etwas heißen. Soll ich konkret werden?

Soll ich sagen, daß die Neueinstudierung der ‹Bummelstudenten› im Berliner Theater hölzern und ledern ist? Daß Hilde Woerner weniger als nichts kann? Daß die Kinos von Tag zu Tag weniger Geist und mehr Spektakel machen? Daß die vielgerühmte Dubarry – wenn man einem Berliner von der Kino-Dubarry spricht, zieht er die Augenbrauen hoch, runzelt die Stirn und sagt: Fa-a-belhaft! – daß die Dubarry eine mächtig inszenierte Belanglosigkeit ist und ein Schmarrn dazu? Daß die Variétéprogramms matt und schwunglos sind?

Der Einfluß der Presse auf diese Dinge ist merkwürdig genug. Ich glaube nicht an ihre Wirkung auf das große Publikum. Meiner Meinung nach laufen die Leute in den Wegener-Film, auch wenn ihn die gesamte «Fachkritik» (Sie müßten die Jungens mal sehen!) ablehnt. Eigentümlicherweise aber richtet sich der Markt danach und die Direktoren. Die schlechte Kritik schadet dem Künstler in erster Reihe im Theaterbureau, nicht beim Publikum. Warum, keine Ahnung, wie …?

Wer nun weiß, auf welche Weise diese Kritiken zustande kommen, wer weiß, welches Unmaß von Beziehungen, Überredungen, Drehungen und Schiebungen notwendig ist, um eine halbwegs interessierte Kritik herauszukitzeln, der wundert sich nicht, wenn er ihre Unzuverlässigkeit bestätigt findet. Sie stimmt nicht. Es ist ja nichts richtig: ich bin seit zwei Wochen auf alle Empfehlungen der Tagespresse hereingefallen, und es war stocköde.

Liegt es an den Schreibern, die in die Stücke geschickt werden? Nun, es sind nicht die besten (so viel beste gäbe es auch garnicht). Es sind auch nicht einmal die mittelguten (die gäbe es aber). Es ist Ausschuß, aus Indolenz, aus Verachtung der leicht geschürzten Muse (na, Muse …), aus Faulheit, und weils nichts kosten soll. Liegt es – Felix pardus tristis – liegt es vielleicht gar an uns?

Es ist wahr: wir sind nicht jünger geworden. Aber noch nicht so alt, um alle Schuld auf uns zu nehmen. Die Stadt trägt ihr gerüttelt Maß. Und ich kann alle Die so begreifen, die da sagen: Ich habe es bis dahinaus, mich interessierts nimmer, wie Fräulein Woerner ihrs hinlegt, und ob Frau Durieux und ob sie nicht, und wie Pola

Negri … Und die das Hütchen ergreifen, es sorgsam und liebevoll
aufstülpen und sich still und schweigsam zurückziehen: in die
böhmischen Wälder.

Peter Panter, WB 13. 11. 1919

Treue

Der Kronprinz, dieser gute Mann,
schleppt neuerdings viel Zeugen an
und sagt: «Auf daß ihrs alle wißt!
Ich war von je ein Pazifist!»
Der Weise fühlt sich froh gestärkt
und denkt: Das ham wir nie bemerkt!

Jetzt aber tät man aus Papieren,
die schon vergilbt, was publizieren.
Drin steht: «Das Friedenspack ist dof.
Mein Reich ist der Kasernenhof!»
Der Weise liest es voll Behagen
und denkt: Was wern die Leute sagen?

Die Leute aber sagen nischt.
Der «nationale» Speichel zischt
doch nur, wenn wir die Hohenzollern
mal nicht mit Lobgesang umkollern.
Es hängt der Politikbanause
am angestammten Herrscherhause.

Warum? tut sich der Weise fragen.
Ich will es, Freunde, gern euch sagen:
Man schätzte nämlich das System,
als welches nahrhaft und bequem
und niemals nicht den Landrat kränkt.

Das liebt den Fürsten, weil er schenkt.

Theobald Tiger, Ulk 14. 11. 1919

[Fromme Gesänge]

Ich gucke freundlich um die Oecke
und greife voller Seelenruh
der Muse unter ihre Röcke ...
Und dabei, Leser, siehst du zu –?

Sie quitscht. Ich grinse. Sie verstehen:
Nicht immer gilt der Klassik Maß.
Denn was wir im Verborgnen drehen,
macht uns am allermeisten Spaß –!

                           Th. Tiger.

Theobald Tiger, Fromme Gesänge 1919

188

Gute Nacht!

Ich geh mit meinen Wanzen schlafen,
rotbraun und platt.
Quartiert bin ich bei einem Grafen,
der viele hat.

Des Nachts, wenn alle Sterne funkeln,
dann ziehen still
die fleißigen Scharen hin im Dunkeln,
wie Gott es will.

Sie kommen aus den schmalen Ritzen,
aus dem Parkett;
die feinern aber fastend sitzen
des Tags im Bett.

10

Sie pieken mich. Es schwillt zu riesigen
Fleischklümpchen an, was sie gepackt;
das macht die Beißekunst der Hiesigen –
die sind exakt.

Sie pieken mich. Es juckt. Zum Glücke
ist morgen alles wieder rein.
Und wenn ich eine sanft zerdrücke,
gedenk ich dein.

20

Theobald Tiger, Fromme Gesänge 1919

189

Mit einem japanischen Gott

Da hockt der dicke Gott und grinst,
der schwere Bauch in düstern Falten ...
und über des Geschickes Walten
sitzt jener ruhig da und blinzt ...

O Wandrer, lüfte deinen Hut!
Denn dieser strebt zum Idealen.
Was weiß er von des Denkens Qualen?
Er existiert und damit gut!

Theobald Tiger, Fromme Gesänge 1919

190

Versunkenes Träumen

Lieblich ruht der Busen, auf dem Tisch,
jener Jungfrau, welche rosig ist und frisch.

Ach, er ist so kugelig und gerundet,
daß er mir schon in Gedanken mundet.

Heil und Sieg dereinst dem feinen Knaben,
dem es freisteht, sich daran zu laben.

Jener wird erst stöhnen und sich recken;
aber nachher bleibt er sicher stecken.

Heirat, Kinder und ein häusliches Frangssäh –
10 nichts von Liebesnacht und jenem Kanapee ...

Ich hingegen sitz bei ihren Brüsten,
und – gedanklich – dient sie meinen Lüsten.

Doch dann steh ich auf und schlenkre froh mein Bein,
schiebe ab,
bin frei –
und lasse Jungfer Jungfer sein! –

Theobald Tiger, Fromme Gesänge 1919

191

Persisch

Omar Chab, der Hofflötiste,
auf dem Markt zu Teheran,
steht auf einer Eierkiste,
stimmt die neue Sure an:
 Oh kaleika, leika, leika –
 Oh kaleikalé –
 Oh kaleika, leika, leika –
 piddljué – éeeeeh! –

Und das Volk tanzt ganz begeistert
10 (wie es Brauch) auf einem Bein;
Forscher, die gefühlsbekleistert,
schreiben es in Bücher ein:
 Oh kaleika, leika, leika –
 Oh kaleikalé –

Oh kaleika, leika, leika –
piddljué – éeeeeh! –

Theobald, der dies gelesen,
kriecht bei Clairen tief herein –
wo er einst entzückt gewesen,
bläst er nunmehr tief und fein:
    Oh kaleika, leika, leika –
    Oh kaleikalé –
    Oh kaleika, leika, leika –
    piddljué-éeeeeehh! –
    Tje ...

Theobald Tiger, Fromme Gesänge 1919

192

Verfehlte Nacht

Heute wollte die Gnädige bei mir schlafen –
und ich freute mich auf unsres Glückes Hafen.

Aber die, die längstens in den Gräbern ruhen,
weiß betogat und mit weißen Schuhen,

jene alten, weisen, würdigen Kirchenväter
wandern schaurig hinteinander durch den Äther ...

Ach, ich muß sie alle, alle lernen,
und dann ziehn sie wieder in die nebelhaften Fernen.

Meine Nacht beim Teufel – die verfluchten Frommen!
Wirst du nächste Woche zu mir kommen? –

Sieh, dann sind sie fest in meinem Kopf gefangen.
Und ich will vergnügt nach deinen Brüsten langen!

Theobald Tiger, Fromme Gesänge 1919

An ihren Papa

Amici! Plaudite! – Die bunten Bänder
und Wimpel flattern froh im Wind!
Wie danke ich dir gütigem Spender
für dieses Kind! –

Du würdiger Greis – vor so und so viel Jahren
erzeugtest du's in einer Nacht ...
Ich weiß, daß dies bei ungebleichten Haaren
schon Mühe macht.

Und du, im rüstigen Mannesalter,
du produziertest dies bébé –
ein Frauenseufzer ... leis verhallt er ... –
Dir Evoë! –

Dir Evoë! – Ich gratuliere!
Dein denk ich, Autor, ist sie da –
Dein denk ich, wenn ich kokettiere –
Grüß Gott, Papa!

Theobald Tiger, Fromme Gesänge 1919

Er verheiratet sie

Reicht mir den Kranz, reicht mir den Myrtenschleier!
Der Unschuld grünes Kränzlein tragt herbei!
So schick ich Clairen an Direktor Meyer – –
(Mitgift anbei).

Bedenk: Du schreitest nun ins wilde Leben!
«Zum ersten Mal» – ein schwerer Schritt, mein Kind!

Was früher war, Gott, das vergißt man eben …
und er –
           ist blind.

10
Sein Tastsinn sei ein wenig unentwickelt,
und tobt er brüllend wie ein brünstiger Leu:
dann glänzt die liebe Unschuld frisch vernickelt
so gut wie neu …

So zeuch denn hin, du liebe Maculata!
Zart überhaucht von bräutlich rosa Glück …
Ich hätt gelacht? Todernst. Wie eine Fata
Morgana verschwindest du – –
                    ich grüße leicht zurück.

Theobald Tiger, Fromme Gesänge 1919

195

Mit dem Weininger

Ja … da sitzt du nun auf deines Bettes Rand,
und die ganze Welt scheint dir nicht recht …
Lies du nur in diesem Lederband
und erkenne dein Geschlecht!

Wisse, Mädchen, du bist null und nichtig!
bist ein subsidiäres Komplement!
Tier und Fraue! Nimmst nur eines wichtig:
Wenn der Phallus dich erkennt.

Mit den sieben heimelichen Lüsten
beugst du klaren, starken Mannessinn –:
Wenn wir nur nicht mit euch schlafen müßten!

Er hat recht, und *du* bist Königin!

Theobald Tiger, Fromme Gesänge 1919

Entrée

Die Peitsche knallt. Es riecht scharf nach Pferden.
Sei mir gegrüßt, verehrtes Publikum!
Da sitzt du nun und fragst: Was will das werden?
Ich sehe mich in der Manege um.
Paß auf – ich führ' dir unter Clownsgebärden
All unsere Nummern vor – und stell mich dumm ...
Ich will dir das Programm entrieren!
Zirkus Berlin!   Ihr sollt euch amüsieren!

10   Zuerst erscheint, im Sattel hoch und zierlich,
kunstreitend: Berolina – (Schwergewicht).
Schwankt auch der Gaul: sie sitzt fest und manierlich,
und niemand bringt sie aus dem Gleichgewicht.
Mal steht sie Kopf, mal nicht – perpetuierlich
habt ihr zwar Angst, daß sie die Knochen bricht ...
Doch sie schreit: Hussa! – Und fällt nie herunter;
die Jüngste ist sie nicht – doch ejal munter!

Wir haben dann den Mann mit bunten Bällen.
Er ist Jongleur – doch auch Ästhetikus.
20   Er schleudert die Prinzipien und die schnellen
Holzkugeln, daß euch schwindlig werden muß.
Euch flimmerts schon ... Er weiß in allen Fällen,
woran er ist – ein wahrer Hochgenuß.
Er wirbelt so mit seinen sieben Sachen –
man sollte ihn zum Dramaturgen machen.

Und einen gibts, zweihundertzwanzig Pfunde,
der ist der allerstärkste Mann der Welt –:
ein Schieber nämlich – aus dem Löwenschlunde
zieht er das liebe Haupt, wenns euch gefällt.

Und einen am Trapez – und in den Pausen
seht ihr die dicken Clowns im Kreise sausen – –
Die Peitsche knallt. Musik! Die Sorgen fliehn!
Zirkus Berlin! –

Zirkus Berlin! –

Theobald Tiger, Zirkus Berlin, [1919]

197

Berliner Geselligkeiten

Wenn ich an den alten Fontane und sein Berlin denke, fällt mir immer Apfelsinensalat ein. Ich weiß nicht recht, warum – aber diese geschliffene Kristallschüssel mit den gelblich-nassen Scheiben, ihr herber und doch harmloser Geschmack, dazwischen einige Apfelstücke, die artig und zuckrig darin umherschwammen: daran erinnert dieses Berlin, das längst vergangen ist.

O, wir hatten ein neues bekommen!

Es blühte vor dem Kriege, gedieh und lärmte; es lärmte vielleicht mehr, als ihm und uns gut war. Und heute –? Heute, nach
10 dem Kriege –?

Laßt uns einen Rückblick tun, lieben Freunde, und wir sehen mit Schrecken, daß die Satire und der Gesellschaftsspott der Stadt aus dem vorigen Frieden dahin sind. Hieb und Lob lassen uns heute fast kalt, muten uns an wie ein Märchen aus immer derselben Nacht. Aber sie sind nicht tot. Poppenberg ist dahingegangen, Rideamus ist heute so weit, daß ihn unsere Kinder in den Schullesebüchern lesen werden – ihre Stoffe aber leben, ihre Figuren sind noch da: ein Scheinleben.

Die Geselligkeit – ach, Oskar Bie, muß ich deine dicken ent-
20 zückenden Bücher wälzen, um den Leuten noch einmal klar zu machen, was Geselligkeit ist? Die Geselligkeit ist ja nicht jene Summe von zartem Rehbraten, schwerem Burgunder, Importen, Tanz und Klatsch und jungen Mädchen, jungen Frauen und jungem Mittelalter – wenn es mit rechten Dingen zugeht, dann soll

sie mehr sein. So, wie ein Verein nicht gleich der Summe seiner Mitglieder ist, sondern etwas Neues, Andres, Geheimnisvolles.

Die Berliner Geselligkeit trennt aber heute nur noch eine obla-tendünne Schicht von jener realen Summe: sie ist kaum mehr als diese.

30 Gib mir die Hand, eleganter Leser – du, schöne Leserin, warte züchtig in meinem Arbeitszimmer – ich will mich anziehen, und dann gehen wir weg. Ich habe noch meinen alten Frack. (Auf diesem «noch» beruht ein Drittel der Berliner Gesellschaft.) Ich stürze mich in jenes Hemd, das schon so manchen Strauß erlebt, ich zaubere leicht hingehaucht den weißen Selbstbinder an den Kragen, ich besprenge mich mit ein wenig, ach, so wenig Lawendel – und ergreife den stumpfen Zylinder und, mit einer erhaben gleichgültigen Miene, meine Brieftasche, und dann steigen wir selbdritt in einen Wagen und fahren davon.

40 Und stellen beruhigt fest: es hat sich nichts geändert. Es sind dieselben Leute da, dieselben Gesichter wie vor dem Krieg, dieselben dekolletierten, ein wenig magern, ein wenig fetten Hälse – nur der Zug um den Mund bei den Herren ist schärfer und härter geworden, nur die Augen sind noch ein wenig unbeteiligter, jetzt, da es nicht ums Geldverdienen geht, gleichgültiger, kälter. Noch kälter …

Es ist viel Börse da, und du weißt also, in welchen Salons du dich befindest. Das ist eine ganz bestimmte Luft – die sich ja auch in Oberhof nicht verleugnet, in Westdeutschland nicht und nicht

50 in Binz. Noch heute: alles ein wenig zu neu, zu laut, zu bunt, oder – sehr schick – zu diskret. Und erschreckend ungeistig. Ein «Salon» wie der Rahelsche ist heute in Berlin undenkbar, weil er augenblicks in Snobismus ausarten würde. Theater, das unerläßliche Kino, Ballett und Oper sind Themen, deren Variationen der Gewandte mühelos spielt – aber so, wie er auch aus der Fuge: Frau Bertelsheimer ist ihrem Manne nicht ganz treu – mühelos ein entzückendes Arpeggio heruntertändelt, daß die Tischnachbarin ganz beseligt lauscht … In einer alten Berliner Sozialistenversammlung stand einmal ein Schutzmann auf und sagte gravitätisch: «Über

60 Thema darf nicht gesprochen werden!» – Es wird in der Berliner Gesellschaft ein bißchen viel über «Thema» gesprochen.

Und erschreckend ungeistig. Dabei waren wir wohl stehen geblieben. Der Magen des Kopfes ist groß: da geht Sudermann hinein und Hasenclever und Pfitzner und Gilbert – alles geht hinein, was gut und teuer ist und Erfolg hat. Erfolg muß es gehabt haben – sonst wirds nicht verdaut.

Und was machen wir, wenn wir das immer noch gute Diner oder schon wieder gute Diner gegessen haben? Wir stehen auf und warten, bis getanzt wird.

70 Sieh dir die Gesichter an –! Ein neuer Typ ist darunter, den es früher nur vereinzelt hier gab: der Kinotyp. Modebilder und Kintopbeaux sind Ideale und Vorbilder; sie sagen: «So müßt ihr aussehen, junge Leute!» – Und sie sehen so aus, und sie wollen so aussehen, und sie können so aussehen. Glatt, eiskalt, elegant – aber nicht soigniert – irgendwie immer ein wenig, ein ganz verteufelt klein wenig, an Friseur erinnernd. Fatal, wenn sich diese Marke mit geistigen Dingen befaßt, die sie verfälscht, für den bürgerlichen Gebrauch adoptiert, umlügt – aus dem Blut der andern sich eine sanfte Limonade quirlend ... Und da tanzen sie.

80 Nun, sie tanzen schon viel, viel angenehmer als damals vor dem Kriege, als es durchaus noch nicht unpassend war, in der Gesellschaft zu «schieben». Das ist vorbei. Man tanzt sehr ruhig – auch der Foxtrott wird vorbeigehen – man tanzt elegant, aber man tanzt nicht freudig. Die Damen vielleicht, die Herren tun ein Gesicht machen, wie als ob sie eine schwere Arbeit verrichteten. Sache –! Die Unmittelbarkeit ist beim Teufel, Kultur ist es noch nicht – das Ganze hängt zappelnd in der Mitte und weiß nicht genau, was es werden soll. Dünkt sich aber, eine Menge zu sein.

Unberührt davon ist jene preußische Geselligkeit, die wohlhabende Beamtenfamilien alten Stils noch immer pflegen. Da wimmelt es noch von Titeln – heute noch – da herrscht noch eine subtile Rangordnung nach Anciennität, Dienstgrad und einer Stufenfolge, für die nur Frauen und sehr junge Regierungsassessoren das untrüglich richtige Gefühl haben. Dies ist noch Potsdam – leicht angekränkelt von Berlin, aber doch würdig, sehr selbstbewußt, gerade so ungeistig wie das andere auch – aber doch im Grunde bedeutend sympathischer, weil es von einem Hauch Kultur überzogen ist.

Du blätterst in diesem Almanach, du siehst dir die bunten Puppen an, die der freundliche Illustrator in diesen Aufsatz hineingezeichnet hat – und du vermeinst, Peter Panter solle nur kräftig «die ätzende Lauge seines Spottes» über den Berliner Geselligkeitsbetrieb ausgießen. Ach, man kann nur spotten, wenn Kultur prätendiert wird und keine da ist. Es ist keine da – aber sie pfeifen auf Kultur. Der ist da und die und der – und man weiß von denen, daß sie ... und von denen, daß sie nicht ... Werdet ihr nicht müde? – Sie sind wach wie je. Überwach. Und unverwüstlich.

Das ist aber so auffällig in Berlin: wie wenig der bürgerliche Gesellschaftskreis von angefaulten Dingen, von Bar und Nachtamüsement getrennt ist. Früher, zu Zeiten unserer Papas, gingen die Ehemänner, deren Frauen auf Reisen waren, und die jungen Herren zur Erholung und Entspannung aus der gut bürgerlichen Gesellschaft in die Bar. Heute haben sie das nicht mehr nötig. Die Bar im Haus erspart den Zimmermann.

Lockerung der Sitten ist kein Gewinn und kein Verlust – es fragt sich, was und wie sie gelockert werden. Bei uns wird gerissen. Es ist kaum noch Geheimnis um die Dinge (wie ja die Berlinerin überhaupt keine Geheimnisse hat, sondern eine rationelle Dame ist) – und während die alten Herrschaften ein département pour Cythère veranstalteten, haben wir das nicht mehr nötig, weil wir ja die gelobte Insel in eine Achtzimmerwohnung verlegt haben. Aber das geht nicht, und darum gibt es in Berlin wenig ausgesprochenes Laster (welch ein Papierwort), und die ganze Welt und die halbe treffen sich genau in der Mitte und verstehen sich *au fond* recht gut miteinander.

Schade. Denn was die Geselligkeit im Haus verloren hat, hat sie außerhalb des Hauses nicht gewonnen.

Vielzitierte und oft geschilderte, in die Provinzzeitungen telegraphierte Nachtbars: werft mich einmal um! Ich bitte euch so: verdreht mir nur einmal den Kopf – aber nicht mit dem Preis von zehn Mark für einen Flip – macht mich einmal jung, lustig und töricht. Sie tuns nicht, dudeln ihre zuckersüßen Geigenwalzer weiter in die rauchige Luft und sind ein Geschäft. Ein kaltes, nicht immer reines, nichtsnutziges Geschäft.

Eine unterirdische Geselligkeit tobt sich in dieser Stadt aus. Die

neue Regel besagt: Wo es nach halb zwölf Uhr hell ist, da ist nichts los; denn nach halb zwölf Uhr ist es nirgends hell. Aber wo es dunkel ist ... da ist was los. Was denn? Eine kaum unverhülltere Aphrodite als jene vor der Polizei-
140 stunde. Sollen die Paare auf den Tischen sitzen und mit den Beinen strampeln? Dazu sind wir viel zu fein. Das Risiko der Nachtlokale läßt die Preise in die Höhe schnellen – das Amüsement kaum. Werft mich um! Werft mich um! – Und ich kann lange bitten, und stehe nach wie vor auf meinen zwei Beinen.

Berlin ist nicht mehr Berlin, auch das gesellige nicht. Wir tun noch alle so, als wären wir die alten – aber es ist nicht wahr. Man bemüht sich krampfhaft, an die alten Formen und Vorstellungen anzuknüpfen – sie entgleiten einem unter den Händen, sind brüchig geworden, passen nicht mehr und stimmen nicht mehr. Es ist
150 da ein neues Berlin, das erschreckend schnell herauf- und heranwächst, und niemand kann sagen, wie es aussehen wird. Es wird scheußlich aussehen.

Vor mir liegt – fleißig, wie ich mich habe – ein altes Buch: ‹Berlin und die Berliner. Leute. Dinge. Sitten, Winke.› Das Buch ist steinalt; es stammt aus dem Jahre 1905. Einen Verfasser hat es nicht; ich habe mal auf den verstorbenen Walter Turscinsky geraten – aber das wird wohl nicht stimmen. Es ist amüsant, zu lesen, wie sich da schon ganz allmählich etwas herausgebildet hatte, das man beinahe berlinische Kultur zu nennen veranlaßt gewesen wä-
160 re – wenn man nicht genau wüßte, daß es so etwas in unserm Jahrhundert bisher wirklich nicht gegeben hat. Da steht nun alles aufgezeichnet, ironisch und mit jenem bissigen Berliner Akzent, aber doch immerhin: was man tue und nicht tue, welche Gesichter man und wann man sie schneide, wie man den tituliere und den, wie man schreibe, gehe, fahre, Tennis spiele, in Premieren die Logen bevölkere – dahin, dahin! – Denn man kann heutzutage alles auch ebensogut ganz anders machen – und das ist das Gegenteil von Kultur.

Schadet es dir heute, wenn du in Henny Porten verliebt bist?
170 Nein. (Dein Dienstmädchen ist es auch.) Schadet es dir, wenn du als Salonbolschewist verkleidet einhergepoltert kommst? Gar nicht. Schadet es, wenn du Fulda liebst? Nein. Darfst du expres-

sionistische Revolutionäre schätzen? Ja. Darfst du einen schwarzen Schlips zum Frack ... Erlauben Sie mal! Wir haben doch Kultur!

Zeichne Zeichner, zeichne! Zeichne die kleinen Mädchen, die ausgeführt werden und sich ausführen lassen, zeichne die Damen, die ins Opernhaus fahren und gut in der Loge wirken, solange sie sitzen, zeichne die Tänzerinnen, die aussehen wie Damen, und die
180 Damen, die nicht so aussehen, und die sich beide wenig unterscheiden, zeichne die Gesellschaftsleute, die sich am Tage angestrengt haben und das des Nachts weiter tun, zeichne, zeichne! Zeichne die Herren undefinierbaren Alters, die jung aussehen wollen und es auch durchsetzen, und zeichne die Gesichter der zweiten Generation, die so schrecklich gern mit zweiundzwanzig Jahren Papas Habitus aufweisen möchte und es auch durchsetzt; zeichne die Mamas, die mit einem Erlösungsseufzer in den Fauteuil sinken, wenn die letzte Tochter glücklich verlobt ist – Kinderarzt, gute Praxis, wenig Vorleben, bescheidene Ansprüche –
190 zeichne den Mann, der immer Geld hat – warum, keine Ahnung, wie? – und den, der immer keins hat – (und die sich beide wenig unterscheiden) – zeichne, zeichne! Und so hübsch du zeichnen wirst und so genau du beobachtest, so nervös und so klar, so prikkelnd und so beschaulich –: du wirst diesen Berliner Ton von Gefühlskälte nicht erreichen, diese unbedingte Unbeteiligtheit an allen Dingen, diese Kälte, die keine Blasiertheit, sondern Schwäche ist. Zeichne, zeichne!

Und du, Leserin? Bist du mir böse –? Habe ich Unrecht getan? Ist Berlin anders? Bin ich nur ein fetter, unzufriedener, literarisch
200 angehauchter junger Mann, der hinten heruntergefallen ist und die sauren Trauben schilt? Spotte nicht! Erstens ist fett sein keine körperliche Eigenschaft, sondern eine Weltanschauung, und zweitens: der zopfigste Stil Hamburger Kreise ist diesem da vorzuziehen. Wir entwickeln uns, gewiß – aber frage nicht, wohin, Leserin. Kennst du es anders?

Du bist gereist. Ja, du bist gereist – aber du hast – einer Zauberin gleich – jene Luftschicht mit dir genommen, die ich dir hier vormalte, und die dich umgab wie eine Glaskugel. Du kennst es nicht anders. Komm in die deutschen Städte, geh nach Genf, geh nach Rußland, wo es noch heil ist, geh nach Budapest ... Ah, da sind Flecke und manches so ganz anders, wie man es sich wünschte. Aber Leben ist da, meine Liebe, und manchmal – verzeih das harte Wort – Kultur. Nur freilich: man muß sie aufzusuchen verstehen und nur sich, und nicht diese Stadt, im Koffer mitbringen.

Das hast du gelesen, und die Saison ist auf ihrer Höhe, du blätterst und rauchst eine Zigarette und wunderst dich, was es wohl für wunderliche Männer auf der Welt gibt. Gib mir deine Hand. Ich will sie dir sehr lange und ernsthaft küssen, gar nicht so, wie man sonst in Berlin jemandem die Hand küßt – innerlich widerstrebend oder für den Photographen. Ganz, ganz anders.

Und erlaube, daß ich mich verbeuge und entlaß mich – denn du gehst jetzt wahrscheinlich in eine Gesellschaft und wirst um dich sehen. Hat Peter Panter gelogen –?

Peter Panter, Zirkus Berlin, [1919]

198

Die Hausgeister

> «Doch siehe! da stehet ein winziger Wicht,
> Ein Zwerglein so zierlich mit Ampelenlicht,
> Mit Rednergebärden und Sprechergewicht ...»
> *Goethe.*

Das war so, daß Emmy die Tür zuklappte und nach hinten schlurchte. Sie ging ins Bett. Und dann war es in der großen Achtzimmerwohnung ganz still, so still, daß du die Hypotheken auf dem Dache knistern hören konntest. Die große Abzahlungsuhr im Wohnzimmer tickte. Eine Fliege, die nur wenig Pension zahlte und deshalb nicht ins Eßzimmer durfte, flog schläfrig hin und her, hin und her ...

Was war das für ein Stimmlein? Wer burrte durchs Zimmer? Was klang für ein Glöckchen?

Von bläulichem Schein umflossen, stand ein winzig kleiner Gnom, noch nicht einen Bezugscheinstiefel hoch, mitten auf dem

Tisch, im Marmoraschbecher neben der Zigarrenkiste, und schwang unermüdlich ein silbern zirpendes Glöcklein. Pingelinge-lingelingelingeling – machte das Glöcklein, und da wurde es überall lebendig.

20 Es schurrte hinter den Gardinen und rumorte in den Ritzen, es summte auf den Schränken und purzelte über die Simse, es kletterte an Stühlen hinauf und wieder hinunter und witschte durch die Schlüssellöcher – das ganze große Wohnzimmer war in Aufregung.

Und weil es deutsche Hausgeister waren und keine Botokuden, gruppierten sie sich artig und ordentlich um ihren Vorsitzenden, den Klingelmann, auf dem Tisch, nahmen Plätze ein und vergaben sie wieder, ordneten und teilten ein und saßen schließlich da: ein kleines zierliches Parlament. Es waren ihrer eine ganze Menge, 30 wohl an die fünfzig, Männlein und Weiblein, und sie saßen jeweils um ihren Stubenältesten herum und trugen die Tracht ihrer verschiedenen Berufe. Wir werden bald sehen, welche.

«Pingelingeling!» machte der mit dem Glöckchen. Das Summen und Schnattern der Stimmen legte sich, man hörte nichts als das Surren der wenig bemittelten Fliege. «Pingelingelingeling!»

«Meine Damen und Herren!» sagte der Klingelmann. «Ich habe Sie durch die Mäusepost hierher gebeten, um uns wieder einmal die Freude zu machen, einander von Angesicht zu Angesicht zu sehen. Die Zeiten sind ernst. Wir werden nachher unsere politi-40 schen Sachverständigen hören, den Wohnzimmermann und den W.-C.-Mann, die ja leider Zeitungen lesen müssen – aber soviel kann ich Ihnen jetzt schon sagen: So geht es nicht weiter. Auch wir Hausgeister haben unsere Rechte (Bravo!), und wir werden sie zu wahren wissen. Ich habe Sie einberufen – (hier reckte sich der Klingelmann erheblich, und das sah sehr ehrfurchtgebietend aus) –, um einen Hausgeisterrat ins Leben zu rufen!»

Ein ungeheurer Tumult brach aus. Kleine Männer im Arbeitsanzug warfen mit Juchhe ihre Mützen in die Luft, eine dicke Badefrau hob ein wenig ihren runden Rock und walzte vergnügt ein 50 paar Schritte, die besseren Herren saßen da und amüsierten sich mit eingeklemmtem Monokel über das harmlose Vergnügen des niederen Volkes – kurz: es war sehr heiter.

Der Klingelmann gebot Ruhe. «Pingelingelingeling!» – «Meine Damen und Herren! Bevor wir zur Konstituierung schreiten, erteile ich unseren Spezialreferenten das Wort zur Berichterstattung über die Lage der einzelnen Ressorts. Herr Salonmann von Nippes.»

Der Salonmann bestieg das Zigarrenkistenpodium. Er war sehr vornehm gekleidet: er trug blauseidenen Frack, kleines Plüsch-
60 mützchen und einen Antimakassar auf dem Hintern. Er war Herr über zweihundertdreiunddreißig Nippsachen aus allerlei Materialien, die aber alle etwas anderes vortäuschten, als sie wirklich waren – und nun hub er an zu sprechen.

«Verehrte Anwesende!» sagte er. «Ich komme geradeswegs aus dem Salon und muß Ihnen sagen, daß es so nicht weiter geht. Der Staub türmt sich in meinem Reiche meterhoch. Die Abfuhr ist ganz ungenügend. Es wachsen Geister auf in meinem Salon, die überhaupt nicht wissen, was ein Staublappen ist. Auch ist der Salon in der letzten Woche zweimal benutzt worden! Ist der Salon
70 vielleicht ein Wohnraum? Der Salon ist von je in der deutschen Familie das unumstrittene Reich der Hausgeister gewesen und soll es auch bleiben fürderhin. Herrscht Wohnungsnot? Haben die Menschen Platzmangel? (Der Salonmann war ein ausgezeichneter Redner, er las gern feingeistige und daher goldgeschnittene Bücher, die auf dem Mitteltisch lagen, und wendete sein Wissen gut an.) Mangelt es den Menschen an Platz? Dann sollen sie anbauen, für sich und ihre Kinder. Der Salon aber – den Hausgeistern!»

Donnernder Applaus lohnte den Redner. «Pingelingelingeling!» machte der Glockenmann. «Das Wort», sagte er, «hat der
80 Wohnmann, Herr Schaukel. Ich bitte.»

Der Wohnmann Schaukel betrat das Podium. Er war ein fetter, mürrisch dreinschauender Mann, der immer beleidigt war, denn er beherbergte zumeist die gesamte Familie in seinen Räumen. «Meine Herren!» brummte er. (Von den Damen wollte er offenbar nichts wissen.) «Mir paßt es nicht mehr. Hier ist das historische Sofa, auf dem Tante Julla saß und übelnahm – niemand sitzt mehr drauf. Tante Julla ist zerplatzt, und nur das jüngste Kindermädchen und Erwin sind manchmal die einzigen, die abends zu Hause bleiben. Und wie lange kann auch das noch so gehen?

90 Dann kommt die Geschichte heraus, das Mädchen fliegt und Erwin kommt in eine Pension. Er hat zwar erzählt, sie hätten in der Schule jetzt Aufklärung, und wenn sie ihn erwischten, wollte er sagen, er mache gerade seine Schularbeiten – aber was hilft das? Und alle anderen liegen in den Kinos, im Theater, im Klub und in Betriebsversammlungen. So geht das nicht weiter. Es muß etwas geschehen. Es muß etwas geschehen!»

Gemurmel erhob sich. Manche Damen bargen ihr Gesicht hinter ihrem Fächer. Dann aber wurde es still, und es erhielt das Wort der Eßmann Wurstmax.

100 Der Wurstmax sprach etwas Berlinisch, hielt aber auf feine Ausdrücke. «Indem», so führte er etwa aus, «nu doch det Essen imma schlechta werden dut, weil die Schiebapreise nich zu bessahlen sin, beantrage ick, det uns zehn Prozent von die Reste missen schtantepeh aufbewahrt wern. Indem wir sonst wie Bolle aufm Milchwagen dasitzen un gucken inn Rauch! Diss wollte ick jesagt haben!»

Die Versammlung stimmte zu.

Es sprach nunmehr der Kindermann, der Beherrscher des Kinderzimmers. Er war unzufrieden wie seine Vorgänger. So ginge es

110 nicht weiter. Ebenso der Fremdenmann. Und es sprachen die Männer aus dem Zimmer des ältesten Sohnes, der nachts manchmal nicht nach Hause kam, weil er geschäftlich in der Stadt zu tun hatte – dann schlief er gewöhnlich von morgens acht Uhr bis mittags um eins –, und es sprach der Hausgeist der ältesten Tochter, die unter ihrem Kopfkissen den Casanova liegen hatte und am Fußende des Bettes ‹Was muß ein junges Mädchen von der Ehe wissen?› (Dieses Buch war unter den Hausgeistern von Hand zu Hand gegangen.) Und sie sagten alle, alle dasselbe. So ginge es nicht mehr weiter!

120 Nun traten auf, mit großer Spannung erwartet, der Schlafmann und seine Frau – die Beherrscher des ehelichen Schlafzimmers, zu dessen Bewirtschaftung ein Hausgeist nicht ausreichte – dazu waren zwei nötig. Und sie erstatteten ihren Bericht. Und es sprach die Frau:

«Meine Damen und Herren! Wenn wir so abends in den Betten liegen und das mit anhören, was sich unser Ehepaar erzählt, da

muß ich denn doch sagen: So geht das nicht weiter! Wo ist die alte
Zucht und Sitte geblieben? Das war ja nun früher immer so, daß
sie Männe fragte, was denn das für ein unanständiger Witz gewesen sei, den Herr Fritschke heute bei Tisch erzählt habe, und dann
versuchte er, ihn ihr zu erklären – und dann schwieg sie und verstand ihn nicht und sagte: Pfui – und dann hatte er es, und dann
schliefen sie ein ... Aber heute! Das wird Ihnen mein Mann aus-
einanderdefendieren. Meine Zunge vermag es nicht.»
Und der Schlafmann setzte es auseinander. Er schilderte – aber
das könnte Ihnen so passen, daß ich das alles aufschreibe, wie? Er
schilderte Szenen, wie man sie nur in Aufklärungsfilms für Jugendliche zu sehen bekommt; ich werde rot und blaß, wenn ich
nur daran denke. Pefui –! Aber es war ganz interessant, und wenn
Sie, freundliche Leserin, an den Herausgeber des ‹Almanachs› eine
Postkarte mit bezahlter Rückantwort schreiben, wird er Ihnen gewiß sagen, wo Peter der Panter wohnt, und dann ließe sich vielleicht ... Aber das nur nebenbei. Und als der Schlafmann ausge-
schildert hatte, da ging ein Schauer durch die Versammlung über
die große Verderbnis der Zeiten, und ein gewaltiges Kopfschütteln
und Händeschwenken hob an, bis das Glöcklein um Ruhe rief.
«Pingelingelingeling!»
Das Wort hatte der Mädchenzimmermann. Er sagte: «Ich kenne
keine Dienstmädchen mehr, ich kenne nur noch Aushilfen!» Und
er sagte, er könne ja nicht klagen – er hätte es ganz gut; bei ihm sei
den ganzen Tag Fröhlichkeit und eitel Freude und viel Geld, und
die Mädchen hätten offenbar einen Schatz, der hieße Achtstundentag, und ...
Und dann sprang die Versammlung auf und warf den zufriedenen Hausgeist von dem Zigarrenkistendeckel herunter.
Und es stieg auf die Schachtel der Bademann. Der Bademann
war in ein kleines Stückchen Frottiertuch gehüllt, das er irgendwo
entwendet haben mochte – und seine Haare fielen ihm in nassen
Strähnen ins Gesicht.
«Hadschi!» machte er. «Wenn die Menschen innen so sauber
wären wie außen, dann mag's angehen. Baden baden sie ja, und
doch geht das nicht so weiter. Die Seife ist ja besser geworden –
aber was ich da alles sehen muß – na, ich danke!»

Und es erschien der Speisekammermann und sagte, er wolle nun bald nichts mehr mit der ganzen Wirtschaft zu tun haben. Zucker habe er schon seit Wochen nicht mehr gesehen, und zum Totlachen sei es mit den Lebensmitteln überhaupt nicht, und er müsse bessere Verpflegung beantragen, und er wolle versetzt werden!

Und es erschien zum Schluß der W.-C.-Mann, und er sah die
170 Versammlung lange an und sagte dann endlich: «Meine liebe Versammlung! Das Leben ist kurz und ...!»

Und das konnte ihm ja von seinem Standpunkt aus niemand verdenken.

«Pingelingelingeling!» machte der Glockenmann und erhob sich zu voller Höhe.

«Wir wollen uns nunmehr zusammentun, um zu einem Ziele zu kommen!» sagte er. «Mit den Menschen ist es nichts mehr. Wir werden unsere angestammten Rechte nur wahren, wenn wir geeint vorgehen. Wir verlangen:
180 Freie Liebe,

½ Pfund Zucker wöchentlich,

Badezimmerbenutzung,

Freie Kleidung,

Erhöhung der ethischen Forderung (des sogenannten früheren ‹Trinkgeldes›) auf 20 Prozent,

Abschaffung der Mausefallen, die unsere Postverbindungen stören,

Anerkennung des großen Hausgeisterrates.» –

Und bei diesen Worten erhob sich die ganze Versammlung wie
190 ein Mann und defilierte an einer Streichholzschachtel vorbei, und jeder nahm ein Streichholz hinaus und steckte es an, und dann formierten sie sich zu einem Fackelzug und gingen dreimal langsam und feierlich um den Tisch herum, bis die Streichhölzer abgebrannt waren. –

Und daß die Geschichte wahr ist, könnt ihr daraus ersehen, daß die Streichhölzer bei meinem Onkel Julius immer noch auf dem Teppich liegen. Denn die heutigen Mädchen ... aber das ist ein anderes Kapitel.

Die Hausgeister aber sind seit jener Nacht streng organisiert,
200 und wenn ihr im Leben Glück haben wollt und zu Hause Frieden

und Ordnung, dann rate ich euch sehr, ihre Forderungen zu erfüllen.

Peter Panter, Almanach 1920, Berlin 1919

199

Monarchistenkundgebung?

So hat es Schiller eigentlich nicht gemeint.
Sein Drama, das man zu Berlin gegeben,
‹Fiesco› heißt es, und es ist wohl neben
dem Kunstwerk durchaus revolutionär.
Und für die Republik von A bis Z.
Doch das Parkett
sah nur das eine, was es sehen wollte.
Und Fräulein Mudrigkeit und Hauptmann Nolte
versetzten sich im Geiste tief hinein
in den gesinnungstüchtigen Verein.
Und «Bravo!» schrie es fett aus hundert Kehlen.
Und «Bravo! Uns kann keiner nischt erzählen!» –
«Und Schiller! Bravo! Das ist unser Mann!» –
«Und einen Kaiser her! Der alles kann!»

So hat es Schiller eigentlich nicht gemeint.
Indem wir leider keinen Löwen hatten.
(O, teurer Leser, frag mich jetzt nicht: «Wat'n?»
ich müßte dir sonst etwas Böses sagen.)
Gewiß: der Löwe hat nur einen Magen.
Doch in dem Stücke siegt die Republik.
Macht im Theater ihr schon Politik,
so macht das wenigstens an einer Stelle,
die paßt.
            Und die paßt nicht.
                        Auf alle Fälle:
Es dröhnt das Pathos und das fette Schmalz
in manchem braven deutschen Rednerhals –

hört man nur etwas von der Monarchie,
ertönt ein siegesfrohes: Kikriki!

30 Wenn ihr durchaus Zusammenhänge wittert:
Bis jetzt sind wir mit ihr nur reingeschliddert.
Und was da gut war, das war nicht durch sie –
gut war es trotz der Monarchie!
Was aber mancher nicht zu wissen scheint. –

So hat es Schiller eigentlich nicht gemeint.

Von einem Berliner, BVZ 16. 11. 1919

200

Die Kunst des Couplets

Die Ansicht der Deutschen, daß es keine «Kunst» sei, ein Couplet
zu schreiben, hat diese Liedgattung hierzulande so niedrig sein
lassen, wie sie eben ist. Ein Couplet … das ist eine mehr oder
minder roh zusammengehauene Sache, ein Sammelsurium faulster
Witze, ein grobes Gedicht – zum Schluß mit dem unvermeid-
lichen Refrain, der möglichst zweideutig und möglichst unsinnig
zu sein hat, damit er zieht. Ist das ein Couplet? Es könnte anders
sein.

Die Begabung, ein gutes Couplet zu schreiben, ist vereinzelt,
und eine Angelegenheit, die nur wenig mit sonstigen Begabungen
zu tun hat. Sicher ist, daß ein sonst untadliger Literat, ein Vers-
künstler, ein Humorist nicht durchaus brauchbare Couplets zu
liefern braucht.

Das Couplet hat seine eigenen Gesetze. Es muß zunächst einmal mit der Musik völlig eins sein (das ist eine große Schwierig-
keit), und dann muß es so aus dem Geist der Sprache heraus geboren sein, daß die Worte nur so abrollen, daß nirgends die geringste Stockung auftritt, daß die Zunge keine Schwierigkeiten
hat, die Wortfolge glatt herunterzuhaspeln. Nun verwechseln die
Leute bei uns mit dieser scheinbar kleinen Klasse der Technik

(Leichtgewicht) den Inhalt, und der ist denn auch meistens danach. Was steht denn in unseren Couplets meistens drin? Das deutsche Couplet, das keineswegs literaturfähig ist, steht fest auf zwei dicken Säulen: auf dem Stumpfsinn und auf der Zote. Auf der einen Seite: «An dem Baume – da hängt 'ne Pflaume» – und auf der anderen: «Fischerin, du kleine – zeig' mir deine Beine!» Vereinigt das Couplet beides, so schmunzelt der Theaterdirektor und klopft dem Textmacher befriedigt auf die Schulter. Das ist etwas fürs Sonntagspublikum.

30 Wir anderen aber vom Wochentag hätten gern auch etwas und wären zufrieden, wenn begabte und geschmackvolle Literaten sich die Technik, diese unendlich schwierige Technik des erfolgreichen Couplets zunutze machten, um *ihre* Gedanken und ihre Wertungen darin auszudrücken. Aber wer kann das?

Die Geringschätzung, der sich das Couplet hierorts erfreut, beruht nicht auf seiner Technik: sie beruht auf seinem Inhalt. Zunächst und heute noch mit Recht. Unter der alten Zensur konnte das politische Couplet überhaupt nicht wachsen – und die faustdicke Konzession, die da ans Parterre gemacht wurde, war sicherlich nicht dazu angetan, Sympathien für eine Kunstgattung zu

40 entwickeln, die bei der schwerflüssigen Art unserer Gebildeten sowieso das böseste Mißtrauen von vornherein wachrief. Ein Couplet? A bah!

Dabei sind die Möglichkeiten, aus dem Couplet etwas durchaus Salonfähiges und Geistvolles zu machen, gegeben. Freilich gehören einige Kleinigkeiten dazu: Gesinnung, Geschmack und großes Können.

Gesinnung: Der neue Coupletdichter müßte nun einmal nicht nur die untere Partie des Menschen in den Kreis seiner Betrachtungen ziehen, er müßte – so frei und frech er auch die Liebe

50 behandeln könnte – nun einmal nicht das Spitzenhemd der Gnädigen als Zentrum der Welt ansingen. Er müßte politisch mutig sein – ob er da nun Hindenburg oder Kautsky feiert, ist, objektiv betrachtet, gleichgültig – wenn er nur dran glaubt und diese Feier nicht nur des Parketts wegen unternimmt. Heute liegen die Dinge noch so, daß Textdichter, Unternehmer und Schauspieler eine Heidenangst vor dem Publikum haben und ihm nur das servieren,

was es erfahrungsgemäß beklatscht. Falsch. Man kann nämlich –
aber nicht drüber sprechen – auch mit guten Dingen ein gutes Ge-
60 schäft machen. Geschmack: Der neue Coupletdichter müßte den unerlernbaren
Takt besitzen, gewisse Dinge nicht zu sagen. Nichts ist bezeich-
nender für einen Schriftsteller, als die Dinge, von denen er gar
kein Aufhebens macht, das, was für ihn selbstverständlich ist, das,
was er als ständige Vokabel im Munde führt: seine Welt. Und daß
heute nicht die beste aller Welten daran und dabei ist, die Couplet-
verse zu schreiben, ist leider evident. Die Gesinnung des Couplet-
schreibers schwankt heute noch – von wenigen Ausnahmen abgesehen – im Winde, und das ist schade, um des Couplets und um
70 der politischen Sache willen. (Eine solche rühmliche Ausnahme ist
übrigens der junge Walter Mehring, der Sohn Sigmar Mehrings.
Eine Hoffnung.)

Technik: Der neue Coupletdichter müßte das feinste Handgelenk besitzen. Es ist schwer, Worte in Verszeilen miteinander ab-
zuwägen, es ist schwer, den einen kleinen, leisen Fehler zu vermeiden, der ein ganzes Couplet umwerfen kann, es ist schwer – und
das ist nun am schwersten – den Refrain zu gestalten, daß er
«sitzt». Es gibt solche und solche: die Reuttersche Technik, einen
an sich farblosen Refrain durch den Vortext zu färben, ihm nun
80 erst Gestalt und Inhalt zu geben, mag wechseln mit einem festen,
sinnvollen Refrain, der durch seine drei- oder viermalige Wieder-
holung immer plastischer, immer stärker wirkt. Aber wer kann
das?

Das alte französische Kabaret – ich denke da besonders an
Aristide Bruant – hatte solche Schriftsteller, die einen Refrain her-
ausgrölen konnten, ohne je derb zu sein, ohne platt und geschmacklos zu sein. Manchmal trifft man bei uns Ansätze, aber sie
gedeihen nicht.

Und sie gedeihen deshalb nicht, weil keine Kritik da ist, die sie
90 fördert. Die Operette, wie sie heute ist, das Varieté – sie wollen
keine Kritik, wenigstens keine ernsthafte, und sie brauchen sie,
von ihrem Standpunkt gesehen, auch gar nicht: denn eine gute
Kritik nützt ihnen kaum (die Häuser sind auch ohne sie voll) –
und eine schlechte kann höchstens das Geschäft schädigen.

Schade. So wie man früher auf die Gegenstände des täglichen
Gebrauches keinen Geschmack angewendet wissen wollte und
sich den für hohe Sonn- und Feiertage vorbehielt, so glaubt man
heute, Kunst sei gut für die philharmonischen Konzerte, aber für
ein Couplet ...?

100 Aber nicht in dem, was Auserwählte ergötzt, zeigt sich der
Geist eines Volkes. In dem, was Tausende und Hunderttausende
allsonntäglich und heute auch allwochentäglich erheitert, rührt
und aufpulvert, kannst du erkennen, wes Geistes Kinder da wohnen. Ach, es sind meistens Stiefkinder.
Hier ist ein Feld, ein Acker, eine Scholle – sie liegen brach.
Bebaut sie!

Ignaz Wrobel, BT 18. 11. 1919

201

Badetag

Wie munter ist das in Berlin!
Der Hauswirt, schwer gepeinigt,
läßt Freitags warmes Wasser ziehn,
und Jeder wird gereinigt.
　　Es baden sich zu gleicher Zeit
　　wohl hunderttausend Beine,
　　die Bürgerschaft, die Obrigkeit
　　und selbst Herrn Heine seine.
Fern Andra wäscht sich. Ebert auch.
10 Er spült sich heiter seinen Bauch
und denkt: Es kann nichts schaden –
du könntst mal wieder baden ...
　　Und nun sitzt er in der Wanne und nun wäscht er sich
　　und bürstet nicht zu knapp.
　　Und planscht und manscht und seift sich ein
　　und schwemmt sich wieder ab!

Frau Durieux plätschert. Rauscher braust
(viel Strahlen – wenig Wasser).

Kahl fürchtet, daß sein Bart zerzaust –
er ist ein Badehasser.
Die Orska wird im Bad rasiert.
Bei Veidtens filmt es Einer.
Nur Mäxchen Pallenberg markiert –
es sieht ja schließlich Keiner!
Auch Noske spricht zum Adjutant:
«Verpatzen Sie derweil das Land!»
Und denkt: Es kann nichts schaden –
du könntst mal wieder baden ...
Und nun sitzt er in der Wanne und nun wäscht er sich
und bürstet nicht zu knapp.
Und planscht und manscht und seift sich ein –
doch die Flecke gehn nicht ab!

Es baden Fuhr- und Bassermann,
frottiert wird zart Frau Porten.
Ein Fischer trieft als nasser Mann –
sie baden aller Orten.
Gar manche sehr bekannte Frau
montiert sich ab die Locken.
Auch Klöpfer nimmts nicht so genau –
er sitzt nicht gerne trocken.
Selbst Ludendorff steigt tapfer rein;
weil er das kann, seift er sich ein.
Und ganz Berlin denkt: Schaden
kanns nichts, wir wolln mal baden ...
Und sie sitzen in der Wanne und sie waschen sich
und nehmen Bad an Bad.
Die Sintflut tät es schließlich auch!
Gott segne diese Stadt –!

Kaspar Hauser, WB 20. 11. 1919

Tollers Publikum

In dem kleinen Theaterraum des Hauses an der Berliner Straße zu Charlottenburg sitzen etwa zweihundert Menschen und starren auf das Stückchen Bühne, das da in fahlem Licht vor ihnen steht. Was denken sie sich? Neben den wenigen Verständigen, neben den berliner Literaturschiebern saß das kompakte Theaterpublikum, das nie alle wird. Man hörte ordentlich durch die Dunkelheit, wie es in ihren Schädeln knirschte. Sie versuchten, Das da oben in ihre Schablonen einzuordnen, und es ging nicht; sie versuchten, Episoden zu er-
10 haschen, Bonmots und geflügelte Worte, und es ging nicht; sie versuchten, dem Ding beizukommen, wie man eben so irgendeinem Theaterstück von Hardt oder Blumenthal oder Schönherr beikommt, und es ging nicht.

Es konnte nicht gehen, hier ist völlig Neues. Wenigstens für unsre Zeit Neues – denn es scheint, daß ostasiatische Völker ein solch stilisiertes Theater, das nicht vortäuscht, sondern eine selbständige Sache ist, schon längst haben. Und es ging auch so –! Welche Überraschung: es ging auch so. Es ging ohne die Scharen murmelnder, gleichgültiger, verrosteter und verstaubter Statisten,
20 ohne das Ab und An und Auf von Mimen und Virtuosen, ohne Kulissenkram, ohne Rummel und ohne Spektakel. Es ging. Was nämlich die gesamten Stadttheater Deutschlands zusammen nicht mehr haben: Geist – das war hier. Es war Ernst, und es ging uns etwas an, und eine Faust griff in unsre Brust und preßte das Herz zusammen, das zuckende Bündel. Und wir schwiegen.

Das Publikum aber war stumm. Nach jener fürchterlich-herrlichen Szene, wo die fünf Soldaten – blutendes Quintett – sich parallel aus den stinkenden Kissen erhoben und nur Eine Stimme aus ihnen schrie, nur Ein Mund aus ihnen sprach, Ein Herz klopf-
30 te, Eine Lunge atmete: da weinten einige Frauen in weißen handgestickten Blusen. Die lieben Frauen –! Haben sie im Kriege geweint? Haben sie damals geweint, als die «Lusitania» torpediert wurde? Als auf hoher kalter See Leute gemordet wurden? Wasser

schluckten und versanken? Als Tausende und Tausende in den
Stacheldrähten hingen, in den Ackergräben verröchelten? Sie
weinten vielleicht, wenn ihr Junge, ihr Mann, ihr Geliebter dabei
war. Wußten sie Den in Sicherheit, dann jauchzten sie und freue-
ten sich, denn siehe! das Hauptquartier hatte eine gewonnene
Schlacht gemeldet. Und der Begriff «französische Mütter» war
40 hierorts ausgelöscht. Die lieben Frauen –! War ihr Herz nicht immer bei den Siegern? Bei Denen, die obenauf waren? Bei den Starken? Da standen sie, die drei Krankenschwestern auf der kleinen
Bühne, und da saßen die Andern unten im Parkett – aber nur Die
da oben brachen mit einem Wehlaut zusammen vor dem, was da in
den Betten lag. Die Blusendamen weinten. Es war so rührend. War
es das? War es das wirklich? Hätten nicht dieselben Damen einer
Kriegsliteratur zugejubelt, die Gott behüte entstanden wäre, wenn
dieser Krieg gewonnen worden wäre? Sie hätten gejauchzt, wenn
die Witze auf die feigen Franzosen und ekelhaften Engländer und
50 schmutzigen Russen nur so gehagelt wären. Keine Sorge: sie haben gejauchzt. Besinnt Ihr euch noch auf die Kriegspossen des
Kriegsanfangs?

Zwei Reihen vor mir saß ein Mann mit martialischem Kragen
und furchterregenden Schmissen im Gesicht, getränkt von Offen-
sivgeist. Was dachte er sich? Wie muß er ein Stück gefühlt haben,
das seine heiligsten Güter in den Staub zog, oder wie man zu sagen pflegt? Er folgte dem Judenjungen da oben noch allenfalls,
wenn der in der Idee «Vaterland» aufging – höher hinauf reichte
es bei ihm nicht. Phrasen. Drückebergerei. Utopie.

60 Das Publikum blieb stumm. Doch: einmal lachten sie. Das war,
als der Medizinprofessor den Totkranken Rhizinus verordnete.
Ach, wir haben nicht gelacht, als uns das bei lebendigem Leibe
passierte. Schade: ich hätte es lieber gesehen, wenn dieser Men-
schenarzt nicht zur Marionette stilisiert worden wäre – er hätte einen gut sitzenden Gehrock tragen müssen oder, noch besser, eine
prall sitzende Uniform, und das Gehirn des Publikums hätte ihn
durchaus ernst nehmen sollen. Schade: er war durchsichtig dumm.
Und daß seine große Rede («Die Rüstungsindustrie schlägt das
analytische Verfahren, wir, die Ärzte, das synthetische ein») eine
70 blutige Parodie auf das salbungsvolle Pathos dieser Helfershelfer

zum Morde war: das merkte keiner von denen. Man muß ihre Götter nicht travestieren. Es genügt, sie darzustellen.

Das Publikum blieb stumm. Ergriffenheit? Du lieber Gott, auch die Kuh bleibt stumm, wenn man ihr die Neunte Symphonie vorspielt. Sie rupft ihr Gras. Und Realforscher schreiben einen gelehrten Essai über die Wirkung der Musik auf die pflanzenfressenden Tiere.

Das Publikum blieb stumm. Und da oben riß Einer sein Herz auf und predigte das Evangelium der Liebe – zum wievielten Mal
80 auf dieser Welt? Und ich dachte: Aber es ist ja nicht neu. Es ist ja immer Dasselbe, von Christus bis Tolstoi immer dasselbe, nur, daß der es wieder einmal als erschütternd neu und lebendig gefühlt hat, daß das Erstarrte sich in ihm zu lösen begann, und daß er die alten Worte durchblutete und zu neuem Leben aufschrie.

Das Publikum blieb stumm. In diese Köpfe geht nichts mehr. Verdummt, eingeschüchtert, verängstigt, durch ein vierjähriges Trommelfeuer von Lügen und Übertreibungen eines verlogenen Presse-Apparates zu Grunde gerichtet, lassen sie apathisch alles vorbeigehen, was gepredigt wird, und wachen erst auf, wenn das
90 Straßenbahnabonnement erhöht wird. Und vor einem kleinen Stückchen Holz, vor ein paar schwarzen Vorhängen stand Einer und schrie Das hinaus, was uns alle angeht, was unsre Sache ist, was wir wollen und sind und erstreben und nicht erreichen. Schrie von dem Haß, mit dem allein es nicht getan sei … und ich wurde ganz klein auf meinem Stuhl. Ich bekenne: ich habe gehaßt, vier, fünf, sechs Jahre lang, und ich hasse heute noch mit der ganzen Kraft, deren ich fähig bin. Ich weiß, daß es nicht recht ist. Ich weiß, daß ich so nur das Korrelat eines alldeutschen pensionierten Obersten bin. Ich weiß, ich weiß. Und doch hasse ich den Typ des
100 Deutschen, wie er sich in diesen Stabsärzten, in diesen Offizieren, in diesen Verwaltungsbeamten, in diesen Subalterngeistern darstellt, und fühle mich dem letzten slawischen Bauern näher als Diesen da.

«… und hätte der Liebe nicht.» Auch diese seien arme, verblendete Menschen, sagt Toller. Vergib mir.

Vor wem sprechen diese Gestalten? Vor wem öffnet sich ein Herz weit, weit, vor wem strömen Blutbäche, rinnen Adernbahnen? Vor einem Parkett, das auch nicht auf der untersten Stufe zu dieser Leiter steht. Vor Leuten, die zum allergrößten Teil und bestenfalls dem «Kommis des Tages» nachlaufen, den brandhaarigen, argumentgewandten Podiumssatrapen, die heute so können und morgen so. «Marschiert! Marschiert!» sagt da oben der Mann des Stückes zur Masse. Aber zuvor: Habt den Geist! Ein freundlicher Imperativ. Und eine blanke Unmöglichkeit.

Das Stück gehört nicht in dieses Theater. Es ist ein Wagnis gewesen, es aufzuführen, und ein dankenswertes Wagnis. Ein gekrümmter Knöchel schlug an verschlossene, dicke Bohlentüren. Es ward nicht aufgetan. Toller telegraphierte aus dem Gefängnis, in das man ihn geworfen, weil nach § 9 b des Gesetzes über den Belagerungszustand vom Jahre 1851 die derzeitige Revolution als beendet anzusehen war: sein Stück gehöre den Arbeitern, nicht den Bürgern. Himmel, entsinnt Ihr euch, welche unglaublichen Charakteristiken über Ernst Toller durch die Blätter gingen, als er in München politisch tätig war? Ein lächerlicher Verbrecher. Ein verrückter Schwarmgeist. Ein Hanswurst. Ein Rowdy. Ein eitler Geck, der Napolium äfft. Gott schenke uns viele Solche.

Das Stück gehört den Arbeitern. Wenn die's nicht verstehen, ist es ein Schmarrn. Wenn sie's nicht ganz verstehen, nicht auf den ersten Anhieb verstehen: so mögen sie es zweimal sehen und es lesen und sich erklären lassen. Aber in der Masse gärt und brodelt es, der Zahlabend der Bezirksorganisationen gibt bei keiner Partei – auch bei den Unabhängigen nicht – die geistige Nahrung, die nottäte und die dem jungen ringenden Arbeiter Brot schenkte und Segen. Das Stück gehört vor die richtigen Augen, vor die richtigen Köpfe, vor die richtigen Gehirne. Hier ist es bestenfalls eine kleine Sensation.

«Wenn wir das gewußt hätten», sagte hinter mir eine junge Dame zur andern jungen Dame, «dann wären wir nicht hingegangen! Sonst sieht man doch immer am Titel, was los ist – aber hier ...!»

Laß mich noch kämpfen, Toller. Kämpfe du mit dem Kreuz, ich kann es noch nicht. Ich will zu dir kommen und dir sagen, wenn ich den langen Weg gegangen bin, der zur Liebe führt.

Ignaz Wrobel, WB 20.11.1919

Die beiden Bindelbands

Gebrüder Rotter haben den Menschendarsteller Wegener als Schauspieler zu sich engagiert und zahlen ihm für zwei Monate eine Gage, die sonst nur das Kino zu zahlen in der Lage ist. (Allerdings muß er dafür Sudermann spielen.) Ich glaube aber, daß dieser Fall mit Wegener und den beiden Bindelbands ... Setzer, halten Sie die Maschine an! – es geht nicht mehr – gedruckt ist gedruckt ... gemeint sind die Rotterschen – daß dieser Fall etwas Symptomatisches an sich hat.

Der Lauf der Dinge ist gewöhnlich der, daß sich eine geistige Stätte – in unserm Fall ist es Reinhardt gewesen – dafür einsetzt, einen Mann aus idealen Motiven zu «machen». Jahre harter Arbeit gehen dahin. Der Künstler ringt. Sein Direktor (oder Verleger oder Redakteur) setzt den Mann mit allen Mühen langsam durch. Verfolgt von höhnischen Stimmen, von den Spöttereien der Besserwisser, von böswilligen Kritiken Derer, die nur Fertiges anerkennen, aber nichts Werdendes – gegen dieses Alles wird der neue Mann durchgehalten. Endlich ist die Zeit der sieben magern Jahre um. Die fetten folgen. Fett für wen –?

Fett für die Andern. Fett für das Kino. Fett für die Bindelbands. Den, welchen groß werden zu lassen sie niemals imstande gewesen wären, Den, der jahre- und jahrelang bei seinem Entdecker und Förderer geschuftet hat in harter geistiger Arbeit, aber in dem erleichternden Gefühl der künstlerischen Sicherheit – Den nehmen sich die Bindelbänder und zeigen ihn dem erstaunten Publikum vor. Seht –! Da ist er –! Unser Wegener! Unser Moissi! Unser ... Ihrer wars nicht. Es ist ein erpumpter Ruhm.

Wir erleben täglich die trübe Ernte, die das Kino unter den Gewordenen hält. Wir erleben täglich, wie sich die ganze Rotte der Rotters vergeblich bemüht, auch nur ein Mal einen solchen Mann aus ihren Reihen erstehen zu lassen. Das kann man nicht, wenn man ins Publikum schielt. Das kann man auch nicht, wenn man keine geistige Spannkraft und Bildung hat. Aber es ist so einfach, mit dem dicken Geld den Andern Den wegzunehmen, den Die

gemacht haben. Ein feiner Gärtner zieht eine wundervolle Maréchal Niel auf, mit unendlicher Mühe, mit hingebender Sorgfalt –
gekauft wird sie von Herrn Generaldirektor Vegesack, der schenkt
sie seiner Betthäsin. Die schöne Rose ...
Aber Gottes Mühlen mahlen so langsam wie ein preußischer
Instanzenzug und wesentlich sicherer. Ein Fluch lastet auf diesem
40 Tun. Der also Weggekaufte strahlt, lacht womöglich des alten
Herrn (ich spreche jetzt nicht etwa von Wegener), freut sich, wie
kinderleicht alles beim neuen läuft und eilt auf Flügeln des Gesanges froh einher. Bis er plötzlich merkt – oder bis die Andern
plötzlich merken, wie er schlecht und schlechter wird, wie die
künstlerische Sorgfalt schwindet, und wie nach ein paar Jahren ein
leergepumptes Wrack dasteht. Dahin, dahin.
Aber das ist der Lauf unsrer Welt. Kunst? Feinheit? Fingerspitzen? Das geht ein paar Jahre, bis die Leute darauf aufmerksam geworden sind, bis auf diese feinen Töne alle Welt lauscht, bis man
50 sie erzogen hat, zu lauschen ... Und dann?
Und dann: Großaufnahme! Licht! Bewegung!

Peter Panter, WB 20.11.1919

Lamento

Wenn ich bei meiner Marmeladenstulle
(tief liegt im Schrank die teure Gilkapulle) –
wenn ich als weiser und gereifter Mann
mir so den Weltenlauf genau betrachte,
und wer und was den großen Brand entfachte –:
kömmt mich ein tiefes Weh im Bauche an.
Und alle meine innern Sinne singen:
    Du guter Götz! Du Götz von Berlichingen!

Da stehn am Königsplatz vor Zivilisten
10 die Herren, die, in strammer Uniform,
verknackten damals alle Pazifisten. –

Was war der U-Boot-Krieg? «Na, janz enorm!»
So lang enorm, bis alle Kräfte splittern.
Und dennoch hörst du heut von diesen Rittern
das alte Lied genau so laut erklingen ...
Du guter Götz! Du Götz von Berlichingen!

Die Kohle fehlt. Die Arbeit stockt. Die Züge
sind auf der offnen Strecke eingeschneit.
Und doch – in dieser jämmerlichen Zeit –
steht auf der fixe Agitator mit der Lüge.
Ideen? Und Geist? I, nicht doch diese Töne!
Es geht durchaus und nur um höhre Löhne –
Wofür die Väter auf die Barrikaden gingen ...
Du guter Götz! Du Götz von Berlichingen!

Und doch, wenn alle dicken Stricke reißen –:
Der Kientopp spielt. Die bessern Stücke heißen
zum Beispiel: Schicksalsstunde im Bordell.
Und: Julchen in dem Lebemannshotel.
Es staunt das Volk. Da kann man noch was lernen.
– –
Mein Sang steigt auf zu fühllos kalten Sternen:
Du lieber Gott! sag ich. Und dann, vor allen Dingen:
Du guter Götz! Du Götz von Berlichingen!

Theobald Tiger, Ulk 21. 11. 1919

205

Das erdolchte Heer

Die Generale habens gesagt
und haben die Heimat angeklagt.

Die Heimat – heißt es – erdolchte das Heer.
Aber die Heimat litt viel zu sehr!

Sie schrie und ächzte unter der Faust.
Es würgt der Hunger, der Winterwind saust.

Ihr habt der Heimat erst alles genommen
und seid noch besiegt zurückgekommen.

Besiegt hat euch euer eigener Wahn.
10   Dreimal kräht jetzt der biblische Hahn.

Und nach soviel Fehlern und falschen Taten:
habt ihr nun auch die Heimat verraten.

Die Heimat, die Frauen, die Schwachen, die Kranken –
Wir danken, Generale, wir danken!

Von einem Berliner, BVZ 23. 11. 1919

206

Ich habe noch ...

«Ich habe noch meinen alten Paletot» – auf diesem traurig merkwürdigen Satz beruhen heute unendlich viele Existenzen. Sie haben noch ... Die alten Dinge aus dem Frieden, die Anzüge, die
Kragen, die Möbel und die Teppiche – Dinge, die während des
Krieges still auf ihren Herrn gewartet haben, und nun sind sie
noch da. Noch ... Wie lange noch ...?
    Eine ganze Schicht lebt heute das alte Leben weiter fort, aber es
ist ein Scheinleben; das Rad läuft, aber der Antrieb ist gehemmt.
Noch läuft es. Eine ganze Schicht fragt sich jeden Morgen besorgt
10   und beschwert, wie lange es noch so wird weitergehen können.
Denn die alten Sachen, die noch vorhanden sind, das Material, das
heftig in Anspruch genommen wird: es wird eines Tages verbraucht sein, es muß erneuert werden, aber das kostet Geld, es
wird also nicht erneuert werden – nun gut, und dann –?
    Dann wird eine Schicht, die heute nicht das schlechteste am

Mittelstand darstellt, untergegangen sein, leise, klanglos, still, ohne daß es einer merken wird. Untergehen – die Menschen gehen nicht unter. Sie verelenden. Und das geschieht ohne viel Lärm und Aufsehen.

20 Aber wird es keiner merken? Wir merken's schon. Wir merken, daß jener feine, unwägbare Einfluß fehlt, der von diesen Leuten, die da heute am Verelenden sind, immer ausgegangen ist. Die Lauten treten an ihre Stelle, die Robusten, jene, die zu jeder Konzession bereit sind, und die Geld verdienen, haben, scheffeln. Und so geht unser Bestes langsam vor die Hunde.

Es geht langsam. Im Kriege wurden diese Dinge humoristisch genommen – man lachte, weil dies oder jenes so rar oder so teuer war und wurde, daß man es sich nicht zulegen konnte – aber das ist der Krieg, nicht wahr, und er wird vorbeigehen … Aber er ging
30 nicht vorbei, er ist bis heute nicht vorbeigegangen, und die Dinge, die über den Etat gehen, werden immer zahlreicher, und die kleinen, nagenden Sorgen werden immer mehr und mehr … Es geht ganz langsam. Es fing mit einer ganz unbedeutenden Qualitätsminderung im Handschuhkauf an und bei den Stiefeln; es begann damit, daß man zufrieden war, überhaupt Butter zu bekommen, deren Beschaffenheit längst nicht mehr zur Diskussion stand; es begann damit, daß man dies und jenes unterließ, dieses oder jenes liebe Buch nicht kaufte und der gnädigen Frau ein paar Rosen weniger zu schicken in der Lage war … Es ging langsam.
40 Bis das Tempo lebhafter wurde. Bis aus den kleinen Unbequemlichkeiten große Unannehmlichkeiten, und aus diesen nackte Sorgen wurden. Bis eine ganze Schicht in diesem Lande erkannte: Ruin! So geht das nicht weiter! Und bis aus einem bescheidenen Mittelstand etwas wird, das noch immer der Tod allen geistigen Lebens gewesen ist: wirtschaftliches Proletariat. Ehre dem Proletarier, der trotz der Mietkaserne Bücher liest! Ehre dem jungen Arbeiter, der sich fortbildet, und der es zu etwas bringt! Helden. Und Ausnahmen. Wer kann das –?

All die kleinen Lehrerinnen, die Beamten, die kaufmännischen
50 Angestellten und ihre Angehörigen – diese ganze Schicht, die bis dahin den empfänglichsten Boden für die Gaben der Künstler gebildet hatte, die so dankbar waren für alles, was ihnen gegeben

wurde – sie sind in der Nähe des Unterganges. Heute haben sie noch. Und dann –?

Unsere Väter sind alt und sitzen in ihren Möbeln. Unsere Kinder werden vielleicht einmal wieder in der Lage sein, sich in die ihren zu setzen. Aber wir? Aber die Dazwischenlebenden? Es besteht gar kein Zweifel, daß es heute für den Mann des Mittelstandes eine blanke Unmöglichkeit ist, eine Frau heimzuführen, die nicht im Besitz großer Geldmittel ist. Es besteht gar kein Zweifel, daß diese Lage nicht nur wirtschaftlich von den schwersten Folgen begleitet sein wird, sondern vor allem geistig. Wohin treiben wir? Wohin werden wir getrieben?

Noch geht im großen und ganzen das Spiel mit den alten Kulissen weiter. Noch wird verlangt, daß jeder reine und gut gepflegte Leibwäsche trägt – und er kann das ja auch, weil er sie noch besitzt. Aber wenn sie abgenutzt ist, was dann –? Noch täuscht man sich selbst mühsam vor, es habe sich ja im großen und ganzen nichts gewandelt, und es sei gewiß eine schwere Zeit, aber man werde wohl immerhin … Nun sind aber wirtschaftliche Gesetze stark, sehr stark – und ich sehe über das Land: angestrengt, die Lippen zusammengekniffen, mit gefurchter Stirn, stemmen sich Tausende und Tausende gegen das Rad des großen Wagens, der unaufhaltsam seinen Weg zu machen gesonnen ist, sie ächzen, die beste Manneskraft geht dahin – aber der Wagen rollt.

Der Typus des stillen Helden, den Thomas Mann für die deutsche Literatur entdeckt hat – er ist nie größer gewesen als in dieser Zeit. Nicht nur, daß die feinsten Köpfe gezwungen sind, für Geld Dinge herzustellen, die mit ihrem innersten Wesen nichts zu tun haben – wieviel Energie gehört dazu, wieviel Zähigkeit, wieviel Glaube!

Denn noch glauben sie. Die Schuhe sind nicht mehr sehr gut, die Anzüge bieten das Bild jenes leisen und schrecklichen Verfalls, das nur ein Frauenauge zu sehen in der Lage ist, die Möbel sind in ihren Ersatzteilen nicht mehr harmonisch – es geht langsam, ganz langsam bergab. Aber der Glaube blieb.

Noch glauben sie alle. Noch glauben sie, es könne damit nicht abgetan sein. Es könne so nicht aufhören. Dafür könnte die Generation ihrer Väter und Vorväter nicht gerungen haben («Mein Jun-

90 ge soll mal was Besseres werden!») – noch glauben sie. Und ich
weiß zwar nicht, ob die Nationalökonomen, die restlos alles nach
ökonomischen Gesetzen erklären wollen, lächeln werden: aber ich
denke, daß dieser Glaube stärker ist als wirtschaftliche Gesetze.
Laßt nicht ab! Bleibt diesem Glauben treu! Er ist euer Bestes.
Wir alle sehen, wie es bergab geht, unaufhaltsam bergab, und wie
wenig Hoffnung ist, daß wir jemals die Zeiten des billigen Inselbuches (das mir geradezu als Symptom dieser Schicht erscheint),
wieder erleben werden. Glaubt dennoch! Ihr seid nicht allein.
Die unerbittliche Mühle des Tages klappert. Tagaus, tagein.
100 Leuchtendes Jugendland versinkt – das, was wir geliebt haben, ist
Luxus geworden, heute fast ausnahmslos in den Händen derer, die
es sich mit Geld erkaufen wollen – aber das geht nicht, geht zum
Glück nicht. Wir hatten gehofft, es später, in besseren Zeiten, wie-
derzuerlangen – dafür haben wir gearbeitet, dafür durchgehalten.
Was der beneidenswert robustere Teil der Bevölkerung nicht
merkt: wir haben es empfunden. Und wollten es bewahren. Und
nun laufen die Tage, rinnen dahin – und was bleibt für uns? Noch
geht es, noch können wir – noch einen Arbeitsmonat, noch dies,
noch das – gewiß, noch geht es. Aber wie lange? Und besser wer-
110 den wir nicht dabei.
Glaubt, glaubt. Haltet fest, ihr kleinen Kaufleute, und ihr, Lehrer, haltet fest, Angestellte und Arbeiter und Handwerker! Haltet
fest. Die Valuta ist gefallen, *diese* Valuta darf nicht sinken. Ihr
tragt sie in euern Händen. Und haltet fest, ihr Mädchen, die ihr
das Kostbarste im Herzen habt, das es für die gibt, die euch lieben. Und halt auch du fest, liebste Frau – und warte. Warten ist
schließlich das Schönste auf der Welt.
«Wir haben noch …» Nicht lange mehr, und ein härterer
Kampf wird beginnen, als der war, der um jenes Fort Douaumont
120 tobte. Und ein schicksalsreicherer. Trösten kann niemand. Aber
anfeuern und ausharren machen. Und an eins der schönsten Worte
Christian Morgensterns erinnern:

«Dulde. Trage.
Bessere Tage
werden kommen.

Alles muß frommen,
denen, die fest sind.
Herz, altes Kind,
dulde, trage!»

130 Es wird – scheltet mich nicht einen Metaphysiker – doch einmal
belohnt werden.

Peter Panter, BT 24.11.1919

207

Das nervöse München
Übergriffe subalterner Organe

Seitdem in Bayern die Räterepublik niedergeworfen ist, verstummen dort die Klagen über Rechtswidrigkeiten der Regierungs-
organe nicht. Nun mag das in der ersten Aufregung nach dem
Kampf hingehen – obgleich auch da, wie die Ermordung Landauers gezeigt hat, sehr gesündigt worden ist. Aber daß heute, wo
der Prozeß gegen den Mörder Eisners zwar angekündigt, aber
immer noch nicht verhandelt wird, noch fortgesetzt solche Übergriffe stattfinden, kann nicht gebilligt werden.

10 Nach einem uns vorliegenden Bericht einer durchaus glaubwür-
digen Frau arbeitet die Münchner Polizei folgendermaßen: Die
Dame, eine Deutschösterreicherin, kam am 3. November nach
München, um dort eine Stellung anzunehmen. Sie erhielt auf der
deutsch-österreichischen Gesandtschaft einen Paß. In der Nacht
vom 9. auf den 10. November wurde sie als «Ausländerin» verhaftet; man machte ihr den Vorwurf, sie sei nicht richtig angemeldet.
In einem durchaus unsachlichen Verhör, das von häßlichen Beschimpfungen strotzte, wurde sie in eine schmutzige und kalte
Zelle gesperrt. Dort befand sich bereits eine Studentin, die *im Mai*
verhaftet worden war, drei Monate als angebliche Spartakistin im
20 Gefängnis zu Stadelheim gesessen hatte und dann ohne Angabe
von Gründen entlassen worden war. Ende Oktober hatte man sie
wieder aus Angst vor dem 9. November verhaftet. Die unbescholtene Dame ist dann *sittenpolizeilich untersucht* worden; am näch-

sten Morgen wurde sie mit fünfzehn anderen Personen im grünen
Wagen nach dem Amtsgericht Neudeck übergeführt. Die Verhältnisse in dem dortigen Gefängnis waren schlimm: vor allem die sa-
nitäre Versorgung war ungenügend, das Essen war ungenießbar.
Der Gefangenenaufseher überschritt auch hier seine Befugnisse,
indem er die Gefangene beschimpfte. Eine Vernehmung vor dem
30 diensttuenden Amtsrichter ergab *die völlige Unschuld* der Dame,
er verfügte ihre Freilassung. Diese verzögerte sich noch um eine
Nacht, die die Verhaftete in einer übelriechenden schmutzigen
Zelle verbringen mußte. Erst am nächsten Tage bekam sie (zum
erstenmal seit zwei Tagen) gegen Bezahlung etwas Eßbares und
wurde dann freigelassen. Die Dame hat durch diesen rechtswidri-
gen Eingriff, ungerechnet den Schaden an ihrer Gesundheit, die
Stellung in München verloren.

Die Münchener Regierung tät gut daran, ihre subalternen Organe darauf hinzuweisen, daß österreichische Volksgenossen keine
40 «Ausländer» sind, und sie sollte verhindern, daß sich stumpfer
Haß gegen Intellektuelle jeder politischen Schattierung in so häßlichen Formen austobt. Wir haben die Schritte, die man gegen die
Münchener Geiselmörder unternommen hat, hier durchaus gebilligt, wir verlangen aber auch im allgemeinen Interesse, daß Sicherheit, Ruhe und Ordnung nicht von den Organen gestört werden,
die zu ihrer Erhaltung bestellt sind.

Anonym, BT 24. 11. 1919

208

Zwei Mann in Zivil

Also das hat Deutschland vier Jahre lang regiert! Also das hat vier
Jahre lang den Ton angegeben und kommandiert und unterdrückt
und gemaßregelt und Weltpolitik gemacht! Also das waren die
Heroen eines Volkes, das in ihnen sich selbst verehrte! Also das
waren sie! Das? Du lieber Gott.

*

Am achtzehnten November 1919, vormittags um einviertelelf Uhr,
treten Hindenburg und Ludendorff in den braunen, wenig feier-

lichen Saal. Der Alte im Gehrock, der viereckige Kopf hat etwas
10 Mongolenhaftes, aber Figur, Schnurrbart und Backenknochen –:
ein Nationalheld, wie man sie auf Weißbiergläser malt. Ludendorff, hölzern-steif, sehr aufgebracht und sehr unsicher, im
schwarzen Jackettanzug; um die Nasenflügel ein böser Zug, der
sagt: Schweden … Ein Wachtmeister in Zivil und ein höherer Ver-
waltungsbeamter. Sie setzen sich.

Die Geschichte fängt damit an, daß Ludendorff den § 54 der
hier geltenden Strafprozeßordnung heranzieht: «Jeder Zeuge kann
die Auskunft auf solche Fragen verweigern, deren Beantwortung
ihm selbst oder einem Angehörigen die Gefahr strafrechtlicher
20 Verfolgung zuziehen würde.» Fühlt er, daß er solches Bollwerks
bedarf?

Die Vernehmung beginnt. Eine Vernehmung, wie sie in keiner
Privatbeleidigungsklage vor dem Amtsgericht Berlin-Mitte möglich wäre: die Zeugen denken garnicht daran, die ihnen gestellten
Fragen zu beantworten, sie lesen aus fertig vorliegenden Schrift-
stücken unentwegt vor, was sie vorzulesen sich vorgenommen haben, sie gehen nur auf Das ein, was ihnen bequem ist. Es bestehe
keine Aussagepflicht, sagen sie. Und der Ausschuß kuscht.

Eine Welt stand auf. Da saßen sie: Bethmann, ein alter, zusam-
30 mengefallener Mann; Zimmermann, rötlich-blond und robust und
gewöhnlich; Bernstorff; der «Rayonchef» Helfferich, mit blanken, allzuklugen Augen, schmalem Kopf und abstehenden Ohren
– und vorn, an einem kleinen Tischchen, die beiden Heroen der
Nation. An der Seite die Sachverständigen, unter ihnen der Nuß-
knacker Dietrich Schaefer – wozu man diesen steglitzer Gymna-
siarchen hierher geholt hat, wird nicht recht klar. Er spricht
manchmal mit hoher, machtloser, ewig beleidigter Stimme. Im
Publikum die Konjunkturschieber der neuen Regierung; das gelbe
Gummigesicht Georg Bernhards; ein blanker, sauber gewaschener
40 und appetitlicher Offizier von vollem, rosigem Fleisch, wie ein
kleines Schweinchen, die schräg gestellten Augen sagen: Ich stehe
auf dem Boden der gegebenen Tatsachen! und: Ich mache alles!
und: Bitte sehr, bitte gleich! – Major von Gilsa, Gustavs durchaus
rechte Hand. O, wäre er linkshändig!

Die Vernehmung hat begonnen. Eine Welt steht auf. Welch eine

Welt! Wenn Bethmann sagt: «Qui tacet consentire videtur» – so fühle ich: Schulpforta, Philosophie, Universität – und wenn ich das auch alles nicht wüßte, so empfände ich doch: Das ist Einer von den Unsern, das ist Einer, der irgendwie etwas mit Geist zu
50 tun hat, mag er schwach, mag er nachgiebig, mag er unselbständig gewesen sein – er ist doch schließlich ein Mann unsrer Welt. Aber diese Beiden da –? Es ist die größte Enttäuschung meines Lebens gewesen. Sie waren beide schlechtweg nicht vorhanden. Keine Persönlichkeiten, keine Köpfe – nichts. Zwei alte, grau gewordene Kadetten. Hindenburg menschlich durchaus der Größere von Beiden. Dem Manne schlägt ein Herz in der Brust; wenn er barsch einherpoltert, so fühlt er irgendetwas – es sind nicht unsre Empfindungen –, aber er fühlt, sein Blut strömt. Der Andre eiskalt. Nicht
60 jener grauenhafte Typ glatt rasierter Etappenoffiziere, wie sie da in Zivil massenhaft umherstehen – aber von derselben Gefühlskälte wie sie, von derselben unerschütterlichen, unfaßbaren, sich selbst unbewußten Roheit.

Das Weltbild, das sich da entrollt, ist erschütternd. Nichts von Erfahrung, nichts von Menschenkenntnis, nichts von Goethe oder Dostojewski. (Man braucht keine Zeile von ihnen gelesen zu haben – aber es geht ja nun einmal doch nicht ohne einen von ihnen.) Die dachten mit dem Biceps und schrieben mit den Fäusten. Wenn Ludendorff sagt, er und Bernstorff hätten verschiedene
70 Weltanschauungen, so ist das nicht richtig. Sie haben zusammen nur eine. Und die hat Bernstorff.

Der General wehrt sich gegen die fernsten Dinge. Man habe ihm vorgeworfen, daß er auf vierundneunzig Photographien nie gelächelt habe – nun, er habe vor lauter Verantwortung nicht lächeln können. Ach, wir glauben ihm die Schwere dieser Verantwortung gern – aber er hätte sie nicht nur fühlen: er hätte sich auch von ihr leiten lassen sollen. Lächeln hätte er können.

Der Zuschauerraum hält den Atem an, wenn Ludendorff spricht. Die Augen der Offiziere in Zivil glitzern hart. Aber so
80 war es hier immer: wenn Helfferich seine ganz und gar unsachlichen Zahlen, die uns heute nicht mehr trösten können, aufsagte, wenn Schaefer mit professoraler Lehrhaftigkeit Begriffe dozierte –

macht euch doch nichts vor! Es ging ja nicht um Holz und um Metalle und um 21 % Kohle – es ging nicht um Begriffe. Sprach Ludendorff, so atmete der Zuschauerraum: Ja – und sprach Doktor Sinzheimer, so sagten die deutschen Seelen: Nein – und die Offiziersfrauen, die da saßen, fühlten: Unser Reich soll wiederkommen! Unser Reich, in dem wir glücklich gewesen sind und von Einfluß, in dem wir mehr Nahrungsmittel hatten als die Andern, in dem unsre Gatten und Freunde befehlen konnten, ohne selbst gehorchen zu müssen, daß es ihnen wehtat – unser Reich! unser Reich! Darum ging es, und das war die Frage.

Zwei Welten stoßen auf einander. Aber die eine, die alte, die schlechtere, macht einen erbarmungswürdigen, einen entwaffnenden Eindruck. Wie es die Journalisten rechts fertig bekommen werden, diesen Augenblick welthistorisch «aufzumachen» – es muß eine harte Arbeit sein.

Vier Jahre lang haben sich Diese da jede Einmischung in ihre Tätigkeit mit dem Hinweis auf die große Verantwortlichkeit verbeten – und nun ist sie da, die Möglichkeit, sich zu verantworten – nun haltet Stange! Und nun kneifen sie. Man faßt sie auch nicht. Haben Sie, General Ludendorff, die Berichte, die gegen den U-Boot-Krieg sprachen und die von guten Fachleuten abgefaßt waren, so sorgfältig gelesen wie die, die für ihn sprachen – ja oder nein? Waren Ihnen die einzelnen Stadien der Wilson-Aktion bekannt – ja oder nein? Haben Sie stichhaltige Gründe gehabt, anzunehmen, man könne England wirklich auf die Knie zwingen – ja oder nein?

Und Ludendorff liest und liest. Und ein Ausschuß wartet auf Antwort.

«Ich hatte nur mit dem Reichskanzler zu verhandeln – die Äußerungen des Grafen Bernstorff waren für mich nicht dienstlich», sagt der General. Das ist mein Deutschland.

Der sinnlose Trieb, um der Arbeit, nicht um des Zwecks willen zu arbeiten, um der Organisation willen zu organisieren, lähmte schließlich die Kräfte Aller. Man sah ja nichts. Die Frage nach einem Grund war Ketzerei – alles wurde eingeteilt, weil arithmetische Ordnung die Stütze aller Schwachen ist, die sich im Strom des bunten Lebens nicht mehr zurechtzufinden wissen, und dazu

120 kam ein andres schweres Unglück. Der Deutsche kann sein Bestes nur geben, wenn er diktatorisch gestellt ist. Ersprießliches korporatives Arbeiten ist ihm fast unmöglich – er bleibt dann augenblicks im Apparat stecken, in Geschäftsordnungsdebatten, in Formen, in sich selbst. Jede Organisation, jede Kollektivität – auch die geistige – in Deutschland ist jederzeit bereit, um der Formalien willen die Materie zu vergessen. Sie lähmen einander, weil jeder zu sagen haben will. Arbeite in diesem Lande, und es fallen dir Drei in den Arm, die dir zeigen, wie dus anders machen mußt – aber Keiner, der dich unterstützt. Arbeite – und du wirst ein Lied da-
130 von zu singen wissen, wieviel Hemmungen, Bedenken, Erwägungen, Bleigewichte sich dir an die Gelenke hängen. Arbeite – und du merkst, wie unleidlich mit Denen zu arbeiten ist. Nun waren sie diktatorisch gestellt, und es ging auch nicht. Es konnte nicht gehen, weil alle «nachgeordneten» Stellen eben nichts waren als dies, und weil auf dem Papier haften blieb, was in die Herzen hätte dringen sollen. Selbst wenn Ludendorff ein ganzer Kerl gewesen wäre, hätte er sich nicht in diesem Haufen wirrer Knäule durchsetzen können. Er wäre hängen geblieben. Ein entarteter Militarismus hat jede freie Arbeitskraft aus den Deutschen herausge-
140 prügelt. Denn es war die Degeneration des Militarismus, die da gewirkt hat, es ist nicht einmal fritzisch, es ist nicht das Erbe jenes Königs, der ein Philosoph gewesen ist sein Leben lang. Dieses hier war eine große Zeit: der Feldwebel.

Ressortpatriotismus und Instanzenzug – hier sind sie in Reinkultur. Die vollkommene Unfähigkeit dieser Gehirne, zu begreifen, daß es nicht auf die Akten, sondern ausschließlich und lediglich auf den Erfolg ankommt, ausschließlich darauf, alles, einfach alles zu erfassen, auch wenn es nicht von der vorgesetzten Dienststelle herrührt – sie entwaffnet einen. Quid dicam, quod –? Sie
150 habens nicht besser gelernt.

Die Verlesungen nehmen ihren Fortgang. Der Alte liest seins vor, rauh, ungefüge, unlogisch und von einem erstaunlich mäßigen Niveau. Ob Helfferich vorher probiert hat, weiß ich nicht; hat ers getan, ist er ein sehr schlechter Regisseur. Die Luft im Saale wird erdrückend – sogar der gute, alte Holzbock ist erschienen und sieht sich seine Kollegen von der Armee an. Es gibt eine

Pause, in der der Ausschuß berät – Wilhelm Bruhn tritt auf Ludendorff zu, er sieht aus wie ein Linoleumfabrikant, und Beide schütteln sich die Hände. Ein herzerfreuender Anblick. Georg Bernhard schmeißt sich an Alles und Alle heran – ich sehe ihn mit einem dicken alten Obersten sprechen, der in einen viel zu engen Kaiserwilhelmsgedächtnisgehrock eingewickelt ist – ich höre kein Wort, aber ich sehe die Hände des ollen ehrlichen U-Boot-Einheizers. Deutschlands Helden aus großer Zeit.

Helden? Helden? Was haben diese Beiden da mit dem Heldenbegriff zu schaffen? Der Landser war ein Held, und der arme Kompagnieführer war einer, der im Dreck stak und seine Leute herausriß, und der Vizefeldwebel draußen war einer und der Mann am Schiffsrohr. Aber diese da –? Verwaltungsbeamte, gut genährt, stets außer Gefahr und stets – wie Ludendorff im November Achtzehn – auf dem Sprung, auszureißen. Auch hier Hindenburg, der weiter seine Pflicht tat und sich erst da zu einer gewissen Größe aufschwang, wertvoller als der Andre.

Aber schlägt nicht das Herz des Volkes für die Beiden? Nun, des ganzen Volkes nicht. Aber wie erkenne ich meine Deutschen wieder? Sie sind doch sonst nicht so ritterlich, so zartfühlend, so unendlich taktvoll – und das bei zwei Erfolglosen? Es ist nicht verecundia. Wäre sies! Hier spricht das Herz. Und der Zug des Herzens war des Schicksals Stimme. Hier spricht nicht das Gehirn – hier spricht nur das Herz.

Und hätten diese Beiden einen scheußlichen Totschlag begangen: eine halbe Nation stünde auf und nähme sich ihrer an. Sie lieben in diesen Männern nicht die Personen: sie lieben die Repräsentanten eines geliebten Systems, das Jedem das Seine gab und Jedem die Möglichkeit, auf dem Andern herumzutreten. Das ist derselbe Grund, der den Kaiser in öffentlichen Diskussionen fast tabu macht, nicht das menschliche Mitleid und nicht Großmut.

Das sind die Führer gewesen, das die Verderber. Die gigantische Gefahr, die im Militarismus steckt, ist heut noch nicht ganz erkannt. Das gesamte Bürgertum hält ihn für eine Tugend, bedauert nur, daß dieser Krieg verloren gegangen ist, und greift allenfalls diese Beiden an. Falsch. Sie waren die besten Vertreter des schlechtesten Systems. Millionen tragen noch den königlich preußischen

Wachtmeister mit sich herum, diesen feilen Gesellen, der die Vorschriften peinlich genau beobachtete, am peinlichsten dann, wenn es galt, einen Unbeliebten zu schikanieren. Denkt doch ja nicht, daß die kleinen Menschlichkeiten, die anderswo offen zutage treten (worüber sich die Deutschen zu lächeln erlauben), hier ausgeschaltet seien! Sie treten versteckt auf, eine schleichende Gefahr. Tief unehrlich ist das alles – bis in den Kern hinein war die Armee, war die Verwaltung verlogen. Und dies sind ihre Repräsentanten. Die Wirkung auf das Bürgertum, auf die Arbeiter war katastrophal. Jeder Straßenbahnschaffner, jeder kleine Portier –: Ludendorff, Oberbefehlshaber, Kaiser und Feldwebel in einer Person.

Und als ich die Beiden hier sitzen sah, fern aller Geistigkeit, fern von alledem, was wir als wertvoll anzusehen gewohnt sind, begriff ich wieder und stärker als je: der Militarismus ist eine Geistesverfassung. Oder vielmehr: das Geistesmanko.

Die Sitzung wird geschlossen. Eine primitive, dickköpfige Obstruktion der Heroen setzt ein. Der Ausschuß kuscht. Und vertagt sich auf unbestimmte Zeit. Man hört Ludendorffs scharfe, abgehackte Stimme schelten. Unter brausendem Hurra des Spalierpöbels verlassen die Herren das Lokal. Man muß einen Krieg verloren haben, um so gefeiert zu werden.

Draußen. Im beschneiten Tiergarten stehen Hunderte hinter einer Kette grüner Sicherheitssoldaten und winken und drohen und rufen Hoch und rufen Nieder. Die Haltung der Sicherheitssoldaten ist einwandfrei sachlich und überlegen. Das Auto fährt ab. Und so wenig sympathisch die Gasse ist, die da «Nieder mit dem Massenschlächter Hindenburg!» ruft – was falsch ist –, so aufgehetzt noch das Land ist, in dem ganze Kasten um ihre alte wirtschaftliche Vorherrschaft ringen, so wenig die Gefahr eines militaristischen Deutschlands gebannt ist – so befriedigt fühlt man, dem davonsausenden Auto durch das Schneegestöber nachblickend, das Eine: Aus.

Ignaz Wrobel, WB 27.11.1919

209

Die Morgenpost

Was bringt mir morgens so die Post?
Da liegt ein kleines Häuflein Briefe –
ich tue noch, als ob ich schliefe
und dreh mich brummelnd wieder um ...
Noch nicht, du Tag! Noch kein Spektakulum!
Es tickt die Uhr. Da kommts aus West und Ost ...
Was bringt mir morgens so die Post?

Ganz oben liegt ein großes Dings.
Ich öffne. «Bürger!» muß ich lesen,
«Sie sind doch auch Soldat gewesen!
Einwohnerwehr! Schützt euer Haus!»
Ach, Spiegelberg, so siehst du aus!
Mein kleiner Tisch – er wackelt links –
ich stütz ihn nachher mit dem Dings.

Ein blaues Brieflein. Zarte Hand ...
O Minnie, ist es dir gelungen?
Verlobt! So fingst du dir den Jungen?
Mein Segen ruht auf diesem Paar.
Ich sage nichts von dem, was war.
Wie schön ist Hymenaios Band
(für Andre). Liebe zarte Hand ...

Da nahts. Der Aufdruck so vertraut –
«Ich habe», schreibt S. J., «gebeten
um ein Gedicht – Sie schickens nie!
Gebt Ihr euch einmal für Poeten,
so kommandiert die Poesie!»
Und kommandiere ich auch noch so laut:
Die Muse ist doch schließlich keine Braut!

Ein Schreiben noch. Im Eifer des Gefechts
fiels auf den Boden. Viele Listen.
Verein der Antibolschewisten ...
Nun steh ich auf. Ich weiß Bescheid:
Nach jener winzigen, großen Zeit
sei dies der Wahrspruch des Geschlechts:
Der Feind steht rechts! Der Feind steht rechts!

Kaspar Hauser, WB 27.11.1919

210

Selbstanzeige

Mein ziemlich guter Freund Kaspar Hauser hat seine Weltbühnen-
Gedichte in einen Band hineingesammelt, ihn ‹Fromme Gesänge›
betituliert, als Verfasser Theobald Tiger angegeben und das Ganze
bei Felix Lehmann in Charlottenburg erscheinen lassen. Man weiß
ja, wie Kritiken zustande kommen – Kaspar Hauser ist ein ange-
trauter Stiefzwilling des für die ‹Weltbühne› verblichenen Theobald Tiger, der ist wieder mit mir verwandt, und dann wundert
sich noch Einer, daß die Gedichte hier lobend erwähnt werden!
Da kann selbst Hasenschiller noch lernen.

Weil der p. Hauser aber auch mich angedichtet hat, und weil die
Gedichte wirklich fast alle in der ‹Weltbühne› gestanden haben,
sei hier eine kleine Selbstanzeige erlaubt.

Der politische Versemacher hats nicht leicht. Er soll jede Woche
seinen Purzelbaum schlagen, und ich glaube, daß das «Wochen-
gedicht» dann, wenn es «das» Thema der Woche behandelt, ein
purer Schwindel ist. Es gibt fast niemals nur Ein Thema – es gibt
immer sechs. So ist also das Büchlein nichts als der Spiegel, in dem
sich die Welt von acht Jahren abbildet, und obs ein Convex- oder
Concav-Spiegel ist, das mögen Berufenere entscheiden. Sie sind
alle über einen Löffel balbiert, die Gedichte, ein einziger Ton geht
durch das Buch, und Eine Melodie singt. Wem sie gefallen hat, der
wird wissen, was ihn in dem Bändchen erwartet. Wirklich neu ist
die Gattung nicht – der alte Ludwig Thoma hat dergleichen auch

schon ganz hübsch gemacht, und manchmal ganz prachtvoll.
Auch Doktor Owlglaß wäre als Papa zu nennen. Neu ist nur die
Gattung «Die blaue Blume» – eine Abteilung, auf die der p.
Hauser besonders stolz ist; besingt sie doch ziemlich zum ersten Mal
das erotische Problem (ist es eins?) auf eine zart ironische Weise.
War das schon da? Hauser kennts kaum.

30 Und nun wollen wir einmal ein Terzett anstimmen, Panter,
Tiger und Hauser, und uns zu Dritt einen singen: Wir wollen dem
Herausgeber unsern Dank sagen für Das, was er in acht langen
Jahren an uns getan hat. Er hat uns gedruckt, wie wir noch so
klein gewesen sind, und er hat – geh mal raus, S.J., daß Du das
nicht hörst! – uns erst zu dem gemacht, was wir heute sind. Er hat
mit uns und an uns gearbeitet und hat uns nicht nur gedruckt,
sondern gefördert. Annehmen und zurückschicken kann schließlich jeder Redakteur – aber einen Baum begießen, daß er wächst,
aber ein wildes Tigertier aufziehen, das kann nicht jeder. Und
40 wenn wir heute die blauangemalte Flöte so geläufig zu blasen verstehen, so verdanken wir das alle Drei vor allem dem Herausgeber.
Panter! Tiger! Hauser! Angetreten! Ausrichten! Tiger, Kopf hoch,
Panter, Hinterteil still halten! – die Augen links! (Der Herausgeber von rechts): «Guten Morgen, Leute!» «Guten Morgen, Herr
Herausgeber!» (in einer Silbe zu schreien).
Und Dank für alles, was gewesen ist.

Peter Panter, WB 27.11.1919

211

Die kleinen Parlamente

«Zur Geschäftsordnung!»
Achtzig intelligente Deutsche: das ist, wenn man sie einzeln vor
sich hat, eine herrliche Sache. Sie sind nicht nur gescheit, nicht nur
so sprunghaft gescheit, wie es wohl viele andere Rassen sind, in
ihren Köpfen herrscht Ordnung, die Schubfächer sind aufge-
räumt, und es ist eine helle Freude, sich mit ihnen zu unterhalten.

Wenn aber dieselben intelligenten achtzig Leute zu einer Sitzung zusammenkommen, dann geschieht etwas ganz Furchtbares. Hat man einmal beobachtet, daß achtzig Leute bei uns nicht mehr achtzig Leute sind, wenn sie der Teufel der Kollektivität besessen hat? Daß sie zu einem neuen, unfaßbaren, schrecklichen Ding werden, das viele Köpfe, aber kein Gehirn hat, das ungestalt, schwerfällig, träge, sich und den andern das Leben schwer macht? Da müssen sie hereingetreten sein – das müssen sie gesehen haben.

Die achtzig Mann setzen sich also in einem mittelgroßen Raum zusammen und werden nun, denkt der Unbefangene, ihre Sache durch gemeinschaftliche Ansprache fördern und weitertreiben. – Wie? Aber gar nicht. Aber ganz im Gegenteil. Diese achtzig Leute bilden nun ein kleines Parlament, und das ist der Anfang vom Ende.

Sie sind behext. Sie sind gar nicht mehr sie selbst. Sie sind hypnotisiert. Sie sind verwandelt. Was vorher, noch eben, in einer kleinen klugen Privatunterhaltung, klar und faßlich erschien, das wird nun auf unerklärliche Weise verwirrt, wolkig, kompliziert und von einer unauflöslichen Verkettung. Hier ist ein Wunder, glaubet nur!

Der Vorsitzende erhebt sich, ein braver und guter Mann mit uhrgeschmücktem Bauch. Aber kaum hat er drei Sätze gesprochen, so erhebt sich eine dünne Fistel: «Zur Geschäftsordnung, zur Geschäftsordnung!» – Nein, die Fistel bekommt jetzt das Wort nicht. Aber dann wird sie eine Abstimmung darüber herbeiführen, ob nach Paragraph 17, Absatz 5 der Satzungen der Vorsitzende in der Lage sein dürfte – he? Über diese zu veranstaltende Abstimmung erhebt sich eine Debatte. Schlußantrag zur Debatte. Dringlichkeitsantrag vor dem Schlußantrag. Gegenantrag. Und wenn sie nicht gestorben sind, dann debattieren sie heute noch.

Und die Sache? Und die Sache, um deretwillen man doch immerhin – entschuldigen Sie – zusammengekommen war? Aber pfeif' doch auf die Sache! Aber wer denkt denn jetzt hier an die Sache! Hier geht es um wichtigere Dinge. Hier geht es darum, ob die Vorkommission, die damals von den Vertretern der Ausschußkommission gewählt worden war, auch wirklich legitimiert ist, der Vollversammlung diejenigen Vorschläge zu machen, die ... «Mir auch ein Bier! Der Herr Vorredner ...»

Meine Lieben, ihr lacht. Lacht nicht. Man muß das gesehen haben, wie Schornsteinfegermeister und Wäschefabrikanten und Schriftsteller und Kegelbrüder aller Arten – wie alle hierzulande in einen eigentümlichen, fast psychopathischen Zustand verfallen, wenn sie vom Parlamentsteufel besessen sind. Es muß da etwas ganz Eigenartiges in den Gehirnen vorgehen: der Stolz, nun einmal endlich nicht als Privatperson, sondern gewissermaßen als öffentliche Person zu sprechen – die kleine, rührende und unendlich gefährliche Freude, den schlichten Bürger auszuziehen und als Cicero, Mann des Staates und Bevollmächtigter dazustehen – sie sind es wohl, die so viel positive Arbeit in einem lächerlichen Wust von Kleinkram untergehen lassen.

«Herr Kollege Karschunke hat das Wort!» – «Ich habe vorher zur Geschäftsordnung sprechen wollen!» – «Herr Kollege Karschunke ...» – «Satzungsbruch! Unmöglich! Ja! Nein!» (Beifall rechts. Links Zischen. Zuruf aus der Mitte: «Falsche Fuffzijer!») Glocke des Präsidenten.

Und um elf Uhr geht das Licht aus. Mein Freund Vindex hat einmal den Schluß einer solchen Versammlung so geschildert: «Aber die Uhr zeigte fünf Minuten vor zwölf, und es war eigentlich alles gesagt worden, was zu sagen war. Jeder hatte sich sozusagen leer geredet, und weil sich niemand mehr zum Worte meldete und auch die Straßenbahnen der Stadt um vierteleins ihren Betrieb einzustellen pflegten, beschloß man, sich zu trennen.» Nicht etwa, weil man seine Arbeit getan hatte. Nicht etwa, weil man nun etwas geleistet hatte. Aber die parlamentarischen Formen waren gewahrt worden.

Nun hat die Sache neben der komischen Seite eine verdammt ernste. Der gesamte Betrieb ist nämlich tief unehrlich und verlogen. Man sagt: «Zur Geschäftsordnung!» und meint: «Herr Pannemann ist ein Schweinehund!» – Man sagt: «Der letzte Satz der Resolution enthält unseres Erachtens einen schweren Fehler» und meint: «Dem wollen wir mal eine auswischen!» – Nirgends wird so viel persönliche Feindschaft unter so viel scheinbar sachlichen Argumenten kaschiert, wie in den kleinen Parlamenten.

Diese scheinbare, unbeirrbare Sachlichkeit, dieses ganze Drum und Dran, dieser eherne Apparat von Formeln und Formalitäten ist unwahr. Vor vielen Jahren erlebte ich einmal in einer solchen Versammlung, wie mitten in dem feierlichen Getriebe wegen der schlechten Luft im Lokal eine Resolution eingebracht wurde, die ein Rauchverbot enthielt. Die Resolution sollte gerade angenommen werden; da stand ein kleiner, hagerer Mann auf, bat um das Wort zur Geschäftsordnung und sagte mit Stimme Nummer drei: «Ich ... Meine sehr verehrten Herren! Ich möchte doch dafür plädieren, daß denjenigen Herren, die eine Tabakspfeife rauchen, wenigstens erlaubt wird, dieselbe zu Ende zu rauchen!» – Er hatte nämlich eine in der Hand. Zur Geschäftsordnung! Und wenn dieser ominöse Ruf ertönt, dann muß ich immer an den kleinen Mann mit der Tabakspfeife denken. Ich sehe sie hinter vielen Anträgen brennen.

Aber ich denke gar nicht an die Fälle offener und versteckter Obstruktion oder persönlicher Interessenvertretung. Wie umständlich ist das alles! Wie humpelt so eine Verhandlung dahin! Wie ruckelt jeder, der ein bißchen Blut in den Adern hat, auf seinem Stuhl, wenn er sieht, wie vierzig ernsthafte, ältere, mit Kindern gesegnete Familienväter und zwanzig nicht minder würdevolle Junggesellen in zwei Stunden um einen riesigen Tisch herum nichts als leeres Stroh dreschen! Muß das sein?

Aber sie platzen lieber, wenn sie nie ihrs nicht aufgesagt haben. Sie müssen das alles sagen – auch wenn sie genau fühlten, daß es die Sache um keinen Zoll weiter bringt. Aber sie fühlen's nicht. Der Drang, sich reden zu hören, die Sucht, unter allen Umständen nun auch noch ihren Klacks Senf zu dem Gericht dazuzugeben, treibt sie, aufzustehen, den Männerarm in die Höhe zu recken und mit gewichtiger Stimme zu rufen: «Ich bitte ums Wort. Meine Herren – –» Ach, du lieber Himmel!

Liebe Ehefrauen! Wenn ihr wüßtet, welchen Kohl eure Männer in den Versammlungen zu bauen pflegen, in die sie mit so sorgenschwerer Miene zu eilen pflegen, daß ihr denkt: «Ich will ihm lieber doch nicht abreden – es scheint etwas gar Wichtiges zu sein» – wenn ihr wüßtet, mit welchen Nichtigkeiten und Kleinlichkeiten da die Zeit vertrödelt wird –: ihr würdet noch viel böser sein, daß euer Anton abends nicht zu Hause bleibt, und ihr würdet – und das mit Recht! – mit noch viel mehr Emphase eure kleinen Tees verteidigen, die jener Anton manchmal so überlegen spöttisch tadelt. Aber da lob ich mir eure Tees! Immerhin ist da doch wenigstens ein hübsches Mädchen da – und manchmal sogar zwei – oder, was noch erfreulicher ist, eine hübsche Frau; es wird ganz offen geklatscht, zwei Damen erzählen sich in einer Ecke eine skan-da-lö-se Geschichte (wenn man genau hinhört, erhascht man die Schlagworte und ist im Bilde) – kurz: Tändelei – aber amüsante Tändelei.

Jedoch Anton? Generalvollversammlung, Abstimmung, Vorredner, Diskussion, Schluß der Debatte, namentliche Abstimmung, zur Geschäftsordnung! zur Geschäftsordnung! Da lob ich mir die Tees. Getan wird auf beiden Zusammenkünften wenig.

Und das geht so siebenmal in der Woche in tausenden deutschen Bierlokalen, damit wird die Zeit verbracht, damit beschäftigen sich erwachsene Männer, erwachsene Menschen. Ist das Parlamentarismus? Oder seine Karikatur? Muß das so sein?

Ach, es sind nicht nur die kleinen Parlamente. Auch in den großen ... Aber die Politik steht da oben.

Ignaz Wrobel, BT 28.11.1919

212

Untersuchungsausschuß

Immer wieder: der alte Status.
Was ist Wahrheit? sprach Pontius Pilatus.
Was aber Helfferich da spricht:
Bei aller Liebe – das ist sie nicht.

Jeder schilt immer des andern Fach.
Schmerzend wird die Erinnerung wach.
Was Herr Ludendorff aber spricht:
Bei aller Liebe – so war es nicht.

Tannenberg steht auf der Creditseite.
Aber schließlich: wir haben die Pleite.

Doch daß die Heimat ein Heer ersticht:
Bei aller Liebe – so war das nicht!

Verfallen wir nicht in eure Methoden.
Zieht hin in Frieden. Wir liegen am Boden.
Lebt wohl, ihr Herren, ihr führtet uns nieder.
Mit euch niemals wieder!

Niemals wieder!

Theobald Tiger, Ulk 28. 11. 1919

213

Eine neue Bücherzensur

Kaum sind die Kriegsmacher und ihre stimmungerzeugende Pres-
semeute vom Schauplatz der Katastrophe verschwunden, macht
sich eine Schar Männer ans Werk, die Arbeit der Abgetretenen
von neuem aufzunehmen. Der deutsche Buchhandel führt selbständig – gegen die Verfassung – eine *neue Zensur* ein.

Auf daß der Laie Bescheid wisse: der Verleger, der ein neues
Buch anzeigt, damit es die einzelnen Buchhändler, die Sortimenter, vertreiben, ist nach den Satzungen seiner Organisation, die
fast alle deutschen Verleger und Buchhändler umfaßt, verpflichtet,
10 seine Ware im ‹Börsenblatt für den deutschen Buchhandel› anzuzeigen. Ein anderes Organ für diese Anzeigen gibt es nicht. Das
‹Börsenblatt› erscheint täglich, es wird von allen Verlegern und
Buchhändlern des Landes gelesen, und eine Anzeige in diesem
Organ ist – neben der kostspieligen Sonderpropaganda – die einzige Möglichkeit, den Kreis der Bücherhändler kaufmännisch zu
erfassen. Nun hat die Redaktion dieses Blattes nach ihren Satzungen das Recht, Bücheranzeigen zurückzuweisen. Sie tat das bisher
immer dann, wenn es sich um ein Werk handelt, das zwar noch
nicht beschlagnahmt war, das aber seinem ganzen Charakter nach
20 nichts darstellte als eine glatte Schmutzschrift. Wer einmal die Kataloge der in Deutschland verbotenen Bücher durchblättert hat,

weiß, wie groß die Anzahl dieser unsittlichen Werke war, Bücher, die mit Recht vom Staatsanwalt verboten wurden und die zu vertreiben sich kein anständiger Buchhändler hergab.

Neuerdings ist nun aber das ‹Börsenblatt für den deutschen Buchhandel› dazu übergegangen, auch die Anzeigen *politischer* Werke zurückzuweisen. Es müssen ihm wohl von aufrechten Männern des Sortiments darüber Klagen zugegangen sein, denn es sieht sich am 25. Oktober 1919 zu einer großen Erklärung veran-
30 laßt, die ‹Unsittliche Literatur› überschrieben ist. Es wird darin von jener erwähnten Schmutzliteratur gesprochen, die das ‹Börsenblatt› von je zurückweise, und es heißt dann:

«Es hieße den Begriff der *Unsittlichkeit* verengen, wollte man ihn ausschließlich auf *sexuelles Gebiet* beschränken. Obwohl sich der Börsenverein *auf den Boden der gegebenen Tatsachen* gestellt hat, können wir es nicht mit den Aufgaben seines Organs vereinbaren, durch Aufnahme *von Anzeigen bei dem Vertrieb* von Büchern mitzuwirken, die auf eine *Herabsetzung unseres Volkes oder auf die Beschimpfung (nicht Beurteilung!)* einzelner, vielen Deutschen noch
40 heute verehrungswürdiger Männer gerichtet sind und keinen anderen Zweck verfolgen, als Deutschland noch tiefer in den Sumpf zu ziehen und seinem Ansehen in der Welt zu schaden. Es genügt, wenn diese, meist aus dem Auslande und dort aus recht trüben Quellen stammende Literatur in der Bibliographie verzeichnet wird, falls ein deutscher Sortimenter mit ihrer Besorgung betraut werden sollte. Reklamehafte Anzeigen darüber in das ‹Börsenblatt› aufzunehmen, hieße nichts anderes, als sich an einer Irreführung des Sortiments beteiligen, das in Kenntnis der wahren Natur dieser Schriften und der Absichten ihrer Verleger und Verfasser schwerlich sich für sie einsetzen würde.»

50 Das ‹Börsenblatt› hat nun Grellings Werke von der Anzeige ausgeschlossen, mit der brieflichen Begründung, das Buch sei verboten, was wahrheitswidrig ist. Alle Bücher Grellings dürfen in Deutschland verkauft werden. Es hat Ankündigungen des Freien Verlages in Bern zurückgewiesen, die über die Schuld Deutschlands am Weltkriege Ansichten verbreitete, die sich allerdings nicht mit denen des unseligen Kriegspresseamts decken.
Wer entscheidet nun, was «Beurteilung» ist, und was «Be-

schimpfung»? Das Manifest ist von vier Herren unterzeichnet: Paul List, Paul Eger, Oskar de Liagre und Dr. Hermann v. Hase.
60 Dieses Quartett bestimmt nun fortan, welche politischen Ansichten dem gesamten deutschen bücherkaufenden Publikum vorgetragen werden dürfen, und welche nicht. Das Manifest der vier Männer spricht von einem «ohnehin nicht leichten, dafür aber um so undankbareren Amt». Wer hat es ihnen verliehen? Sie haben es sich angemaßt. Es ist mit jeder politischen Freiheit unverträglich, wenn sich eine Strömung innerhalb des Verkäuferkreises zu einer Zensur aufschwingt. Es ist eine Überheblichkeit, Bücher, deren Niveau weit über der politischen Haltung des ‹Börsenblattes› im Kriege liegt, mit widerwärtigen Schmutzschriften aus Budapest
70 gleichzustellen. Wenn hier etwas gleichzustellen ist, so muß ich sagen, daß mir das ärgste Dirnenbuch immer noch lieber ist als eine kriegsbegeisterte Sudelei Max Bewers.

Aber es geht hier nicht um politische Standpunkte. Es handelt sich darum, daß diese vier Männer den deutschen Buchhandel und damit das deutsche Publikum geistig bevormunden wollen, und im Begriff sind, die geistige Freiheit des Landes, die ohnehin nicht allzu groß ist, zu knebeln. Ich nehme nicht an, daß sie bei diesem Vorgehen den ganzen Buchhandel hinter sich haben. Wir anderen verlangen, daß das ‹Börsenblatt›, das ein Monopol hat, seine
80 Machtstellung nicht zu politischen Übergriffen mißbraucht. Es ist seine Aufgabe, Bücher zu vertreiben. Die Beurteilung mag es anderen überlassen.

Es empfiehlt sich, jeden Fall der Zurückweisung einer politischen Anzeige durch das ‹Börsenblatt› sofort an die Öffentlichkeit zu bringen. Der deutsche Buchhändler aber mag sich gegen die Dunkelmänner in seinem eigenen Lager verteidigen!

Ignaz Wrobel, BVZ 30. 11. 1919

Motzstraße 38

Darf ich einmal sagen, daß diese Angelegenheit mir in Berlin reichlich überschätzt zu werden scheint? Und daß wir nun genug davon haben? Und daß es wirklich nicht so wichtig ist? Der zuständigen Stelle im Polizeipräsidium ist diese Reklame ja wohl zu gönnen – aber was zu viel ist, ist zu viel. Was ist denn eigentlich geschehen, was ist vorgegangen, daß eine ganze Behörde vor der Öffentlichkeit den Anschein erweckt, als habe sie nun einen ganz großen Coup gemacht, und als habe sie weiter nichts zu tun?

10 In einer Privatwohnung haben sich ein Mann und eine Frau bereit gefunden, Zuschauer bei einer Szene zu dulden, die sich sonst im allgemeinen privat abzuspielen pflegt. Aber nun Berlin –! Aber nun die Biederen in allen Richtungen der Windrose –! Unerhört sei das! Und nun werde wohl nächstens der Himmel einfallen. Und was sage man. Und Babylon, die große. Und Sodom & Gomorrha, oder wie die Firma heißt. Und überhaupt.

Ich kann's nicht finden. Ihr werdet nicht glauben, daß ich ernsthaft solche Schmutzerei verteidigen wolle. Aber wenn ich adlig wäre, so ließ ich mir ein Wappenschild bauen, darin müßte eingeritzt stehen: «JEDER SEINS». Wenn es den Leuten, die dafür 35 Mark bezahlen, recht ist – verdorben werden diese Parkettgäste, die dagewesen sind, sicher nicht mehr! Und neu ist's auch nicht (nicht einmal für Berlin). Und wie mir jemand erzählt hat, der das zweifelhafte Glück hatte, zuzusehen: eine Enttäuschung dazu. Selbstverständlich – wer hätte das anders erwartet?

Nein, es ist nicht richtig, daß eine ganze Stadt aus dem Häuschen gerät, weil irgendeine Schweinerei aufgeflogen ist. (Mit dem Unterton übrigens: «Schade, das wir die Adresse nicht früher gewußt haben!») – Es ist auch nicht hübsch, daß die gar nicht besonders löbliche Polizei nun so tut, als lägen hier die wirklichen Gefahren für eine zu behütende Kultur. Ach, es gibt schlimmere Dinge, die sich in aller Öffentlichkeit abspielen, viel schlimmere Dinge. Wenn auch nicht so umflort mit dem Schein einer falschen Romantik.

Überschätzung der Liebe. Überschätzung des «Lasters». Welch ein Papierwort! Eine angefaulte Sippschaft hat sich für Geld verkauft (der Berliner nennt so etwas treffend: «Bruch!»), unehrsame Bürger, ein Pfarrer, ein Ehepaar und andere erfreuliche Erscheinungen, sind darauf hineingefallen, haben für ihr Geld erhalten, was sie wollten, und eine Stadt steht auf dem Kopf.

Liebste Berolina! Stell dich wieder auf die Beine. Es sieht besser aus.

Peter Panter, BT 4. 12. 1919

215

Körperkultur

Und wie sich auch die weißen Glieder ranken;
wie sie sich, wenn die letzten Hüllen sanken,
wollüstig aalt –
es kann mich nicht von meiner Brunst erlösen.
Es ist doch alles, teure Voyeusen,
bezahlt! bezahlt!

Es rast die Polizei. Die Kommissare,
sie nutzen dies als eine wunderbare
Reklame aus.
«Die Orgje». Und: «Entkleidet bis zum Nabel»
(von unten her) – und: «Welch ein Sündenbabel!
welch Pfreudenhaus!»

Du Polizei vom Alexanderplätzchen!
Es liebt doch jeder gern sein eigenes Schätzchen
und sein Plaisir.
Dies Schauspiel war, zum Beispiel, für die Dümmern.
Du mußt dich aber nicht um alles kümmern –
wir schenkens dir.

Und, Presse, du! Laß das Moralgeflenne –
willst du, daß ich dir etwas Schlimmeres nenne
als dies Lokal?
Die gaben nackt sich hin im Lasterloche.
Das Liebste, tust du schließlich jede Woche
wohl dreizehn Mal.

Kaspar Hauser, WB 4. 12. 1919

216

Ein weißer Rabe

Im Verlag Neues Vaterland zu Berlin ist ein kleines Heft erschienen, das heißt: ‹Das verlorene Afrika› und ist von Hans Paasche, Kapitänleutnant a. D. Ein Idealist, ein Wahrheitsfreund, ein weißer Rabe.

Paasche ist unten in den deutsch-afrikanischen Kolonien gewesen – und erzählt von der deutschen Kulturarbeit da unten, und davon, was er unter dieser Kultur gelitten hat, und endlich, endlich steht das erlösende Wort da: «Eine Änderung des Denkens tut not.» Haben wir das in der Revolution oft gehört?

Von den Kolonien ausgehend, behandelt Paasche nun dieses wilhelminische Deutschland, und man kann es nicht genug behandeln – nur nicht sanft. Man kann nicht oft genug wie Paasche sagen, daß alles, aber auch alles schief und schlecht in diesem Lande gewesen ist, soweit es sich zu einer – sagen wir: Geistigkeit manifestierte. Grade die gipsernen Ideale dieser nicht genügend zerstörten Welt müssen gänzlich entzweigeschlagen werden, ehe an die Errichtung neuer zu denken ist. Wir sehen doch täglich, wie die Leute an diesen alten Kriegervereinstiraden hängen – und grade um die geht es.

Paasche spricht vom Spuk «Schwarz-weiß-rot». Der ist verdammt real. Heute noch. Und fast alle Leute glauben an Gespenster.

Paasche zählt auf, was da gespielt worden ist: die Roheit der herrschenden Macht, der Aberglaube an die geistliche Gewalt, die

falsche und schlechte Ambition, die Welt zu beherrschen (ohne die Mittel, sie zu beherrschen – das war das Schlimmste), die mangelnde Intelligenz und die unerhörte Verbohrtheit dieses Volkes. Beschmutze nicht dein Nest – wispert es, schreit es, dröhnt es. Wir könnens nicht mehr: Ihr habts reichlich besorgt. Und Paa-
30 sches Name ist nicht Thersites, sondern Herkules im Augiasstall. Wenn der gereinigt ist, dann mögt Ihr wieder Kolonien aufmachen. Eher nicht.

Ignaz Wrobel, WB 4.12.1919

217

Im Saal

Es ist immer dasselbe Bild, und es kommt einem nun schon bekannt vor: auf der Anklagebank irgendein gleichgültiges Leutnantsgesicht, Offiziere in Breeches und Monokel und steil abfallenden Hinterköpfen. Der Vorsitzende aus dem berüchtigten Vogel-Prozeß ist da; auf der Zeugenbank jener Oberst Reinhard. Vor der Tür des großen Schwurgerichtssaales stauen sich die Zeugen; unter ihnen jener einzige Überlebende, der Zeuge Lewin, der stundenlang blutend unter den Leichen lag und sich tot stellte ... Er zeigt seine tiefe Schußwunde im Unterarm. Eine Erinnerung
10 fürs Leben. Eine Erinnerung woran –?
Es muß jetzt einmal gesagt werden, daß es so unter keinen Umständen weitergehen darf und weitergehen kann. Ich habe seit den Januartagen wohl alle politischen Prozesse dieser Art besucht: ich habe die schlechte Luft dieser Säle geatmet, und was ich hier ausspreche, sage ich nicht für mich, sondern in der Gesinnung aller anständig gesinnten Politiker. Es ist nicht verständlich, wie Noske schon aus Anstandsgründen nicht seine Entlassung eingereicht hat. Das hat gar nichts mit Politik zu tun, was da vorgegangen ist. Hier sind *elementare Menschheitspflichten* verletzt worden.
20 Eine Bewegung ging durch den Zuhörerraum, als einer der vernommenen Offiziere – Leutnant Wehmeyer – die zynische Äußerung wiedergibt: Oberst Reinhard habe sowieso nicht gewußt,

was er mit den ganzen Gefangenen beginnen solle! Also der Mord als Wohnungsfrage! Das ist neu. Das ist originell. Und eröffnet freundliche Aussichten für die Zukunft.

Die Vernehmungen gehen ihren Gang. Die Verteidigung ist nicht ungeschickt damit befaßt, die Verantwortung auf die andern abzuwälzen. Mit am schwersten belastet scheint der Hauptmann v. Kessel. Urkundenfälschung bei Ausgabe der Pässe? Hilfelei-
30 stung zur Flucht? Begünstigung? Falsche Dienstmeldungen? Herr v. Kessel macht im gegebenen Augenblick von dem Recht der Zeugnisverweigerung Gebrauch – der Vorsitzende arbeitet lange nicht klar genug heraus, daß er es tut, weil er sich mit strafbar ge-macht hat. Und das ist inzwischen zum Hauptmann befördert worden (der Mann war früher, zur Zeit des Mordes, Oberleut-nant) – das steht bei der Sicherheitswehr, die ihn in ihrem Offi-zierkorps duldet. Aus Aussagen und Auftreten dieses Offiziers geht hervor, daß die Sicherheitswehr, entgegen den Behauptungen des Ministers Heine, *eine durchaus militärische Institution* ist.
40 Und eine Äußerung nach der andern fällt – so schnell kann kein Stenograph kritzeln – eine nach der andern, und aus allen zusam-men geht hervor, mit welch teuflisch kalter Roheit dieser Mord vonstatten gegangen ist. Die Anklage geht nicht auf Mord – ohne Überlegung habe Marloh, heißt es, die Leute in den Hof herunter-führen lassen, wo man sie abschoß wie die Hirschbullen. Ohne Überlegung ... Aber der schlimmste Zuhälter hat mehr Impuls und mehr menschliche Gefühle, wenn er ein Ding «mit's Messer» dreht, als diese Kollektivität von Offizieren. Daß sie sich selbst nicht wohl dabei fühlten, geht aus der intensiven Nacharbeit her-
50 vor, die sofort einsetzte, nachdem alles vorüber war. Mit Hilfe zweier Staatsanwälte, die beide nicht dabei waren, als man die un-schuldigen, waffenlosen Menschen zusammenschoß, werden drei Berichte in die Welt gesandt. Der zweite gefällt dem Obersten Reinhard nicht; ein Offizier fährt spazieren und holt sie alle wie-der zusammen, und man «macht» einen neuen. Die unbequemen Berichte werden unterschlagen und sind verschwunden ... Und das Gericht?

Das Gericht geht diesen Spuren nicht in genügendem Maße nach. Es wäre für einen geschickten Dialektiker bei einiger Aktenkenntnis ein Leichtes, die dünnen Stellen auf dem Eis aufzuzeigen – aber das ist nicht nötig.

Ich habe aufmerksam zugehört und sage unter vollem Bewußtsein meiner Verantwortung: *Dieses Gerichtsverfahren!!* Darf die Militärjustiz, die es ermöglicht hat, noch einen Tag länger existieren?

Statt die ganze Gesellschaft einzusperren, hat man sie ein halbes Jahr untereinander konspirieren lassen, hat ihnen erlaubt, sich zu verständigen und hat ihnen eine bequeme Verteidigungsmöglichkeit gegeben. Die Richter, Kameraden des Angeklagten, die der Anklagevertreter nur deshalb nicht ablehnen kann, weil er selber einer ist. Ist das auch im Interesse der Allgemeinheit?

Und bevor ich gehe, sehe ich mir diesen unbedeutenden, kurzstirnigen Offizier da in der Anklagebank an, und seine Genossen, die ihn decken bis zum äußersten. Und ich denke an den Münchener Geiselmord, und an das Hallo der Presse – und wie dies hier doch viel schlimmer ist.

Das sauber gesinnte demokratische Bürgertum täte gut, sich mit dem Gedanken vertraut zu machen, daß es auch ohne einen so maßlos kompromittierten Minister wie Noske geht, und daß wir bei seinem Abgang, der nun eine Frage der Zeit sein dürfte, nicht gleich dem Bolschewismus in die Arme fallen.

Wir sind hier immer für Ruhe und Ordnung eingetreten und tun es heute noch. Aber man erlaube uns – ohne parteipolitische Erwägungen – einen Mörder einen Mörder zu nennen. Dreihundert gingen in die Menschenfalle: zweiunddreißig blieben zuckend und zerschossen auf dem Hof. (Ob nur auf dem Hof, wird sich heute zeigen.) Keiner will es gewesen sein. Die Kollektivität trägt die Verantwortung. Aber schuldig sind sie alle.

Die Verhandlung wird für heute geschlossen.

Und die Strafe?
Und die Strafe?

Ignaz Wrobel, BVZ 5.12.1919

Philosophie

Der Weise liest in einem Buch.
Und denkt: Dies ist ein Erdenfluch,
daß wir zwar mit dem Kopf im Blauen
den Zimt da unten überschauen;
jedoch die Beine haften klamm
hienieden auf dem Asphaltdamm.
So las ich jüngst in einem Blatte,
das meine Frau aus Pommern hatte:
«Der Mensch lebt nicht von Kunst allein –
es muß auch mal ein Foxtrott sein!»

Welch weises Wort! Der Mann, beseligt,
weil er das niedre Volk befehligt,
nimmt hier und da gelegentlich
ein Bad im Moor. Drin aalt er sich.
Es klebt die Konnexion wie Harz
(es reimt sich hierauf Brüder Sklarz).
Der reinste Mann, am stillen Ort,
befolgt er jenes weise Wort:
«Der Mensch lebt nicht von Kunst allein –
es muß auch mal ein Foxtrott sein!»

Und die Theater? Lieben Leute,
wie kommts, daß sich der Thespis scheute,
daß er am ganzen Leibe zittert,
wenn er die Kunst von fern nur wittert?
Er kennt die Kunst – doch auch die Masse
und denkt an die Theaterkasse.
Und fern von Goethe winkt zum Glück
das Operettenserienstück …
«Der Mensch lebt nicht von Kunst allein –
es muß auch mal ein Foxtrott sein!»

So wars im Frieden, wars im Krieg.
Und auch mit jener Politik –
Wer hat uns in den Sumpf gerudert?
Die Clowns sind mehlweiß überpudert:
Mal ein General, mal ein Professer,
und das kommt alle Tage besser.
    Für die Erheiterung sorgt doch schon
    der Tanz der lieben Reaktion ...
    «Der Mensch lebt nicht von Kunst allein –
    es muß auch mal ein Foxtrott sein!»

Theobald Tiger, Ulk 5. 12. 1919

219

Die Unentwegten

Ein blinder Mann ist zu bedauern,
weil er die Welt nur hört und schmeckt.
Doch packt dich jäh ein Wehmutsschauern,
siehst du den preußischen Defekt.
    Historie kann noch so geschwind sein –
    die Leute *wollen* eben blind sein!
    Das singt noch heut auf jeden Fall:
    «Es braust ein Ruf wie Donnerhall!»

Trotz Marneschlacht, trotz der Etappe,
trotz Lille und andrer Schweinerei
reißt auf die alldeutsch-große Klappe
der Vogel Strauß und legt ein Ei.
    Schwarzweiß sind alle Straußenfedern,
    klein sein Gehirn, das Fleisch ist ledern ...
    Er steckt den Kopf in Sand hinein –
    «Fest steht und treu die Wacht am Rhein!»

Das hat den Krieg erst angezettelt,
dann schlecht geführt und dann verratzt.
Und viel zu spät um Frieden bettelt
die O. H. L. – die Bombe platzt.
Erst schwere Fehler. Und dann heute
beschimpft das uns und Land und Leute;
vom «Dolch der Heimat» hörst du sagen –
und dem geht keiner an den Kragen …!
Da schlag' doch gleich der Deubel rein!
Wir pfeifen auf *die* Wacht am Rhein –!

Von einem Berliner, BVZ 7.12.1919

220

Entree mit einer alten Jungfer

Du gute, alte, liebe Holzschnittmuse –!
Was? Wir zwei beide roll'n in's Cabaret?
Dreh dir den Dutt! Zieh' an die Seidenbluse!
Umschnür dich mit dem Feiertagscorsé!
Komm' mit, mein Kind! Heut' geh'n wir unter Leute –
Zum ersten Mal – dein Ehrentag ist heute!
Und tanzt mit dir dein lieber, fetter Mann –:
Geh' 'ran!

Und bleib' mir treu! Da sitzt an kleinen Tischen
Das ganz moderne Volk – **du Dunnerkiel!**
Geh' da nicht hin! Du künntest was erwischen,
Was sich nicht ziemt als Gesellschaftsspiel!
Ich tue, was ich kann. Die andern Knaben
Soll'n dich bewundern, doch nicht gerne haben.
Bleib du, trotz Gent und Reichswehroffizier,
Bei mir!

Und tanz! Sie wollen sich bei uns erheitern.
Sieh an, sie hatten so am Tag' zu tun –

Mit ihren Schecks, mit ihren Hilfsarbeitern – –
20 Nun mögen sie des Abends lachend ruh'n.
   Hilf deinem THeObALd, du dickes Mädchen!
   Bei *jedem* drunten fehlt ein kleines Rädchen –
   Zieh' sie durch den Kakao von **A** bis **Z** –
   Mach's nett!

Theobald Tiger, Schall und Rauch, Dezember 1919

221

Wenn der alte Motor wieder tackt ...

– Blandine –

Schiebung! Schiebung!
Schiebung! Schiebung!
Schiebung! Schiebung!

Wohin du siehst, wohin du kuckst,
wohin du hörst, mein Lieber!
Sehr wichtig!
Wohin du trittst, wohin du spuckst:
nur Schieber! Schieber! Schieber!
10 Aber richtig!
Nur Noske ist uns lieb und wert,
der treibt es täglich bunter.
Wie lange noch und Justav fährt
die Linden rauf und runter.
O Publikum, ich frage bloß:
Wann werd'n wir den und andre los?
   Wenn der alte Motor wieder tackt,
   wenn die Räder roll'n, die Weiche knackt,
   wenn der Dreher in die Hände spuckt,
20   wenn der Strom den Dynamo durchzuckt,

wenn der Autobus für 'n Sechser fährt,
wenn das Grünkramfräulein uns beehrt,
wenn die olle gute Rolle wieder wie gewöhnlich schnurrt,
sitzt die Neese wieder vorne! Marke: «Neugeburt!»

Schiebung! Schiebung!
Schiebung! Schiebung!
Schiebung! Schiebung!

Ich drehe still am Wasserhahn,
das Ding ist kalt und krötig.
30 Verzicht' ich!
Das Baden ist ein schöner Wahn,
und doch hat's mancher nötig!
Aber richtig!
Denn viele Westen sind nicht weiß,
und tangofarbene Finger,
die drehn für den Valutapreis
die allertollsten Dinger!
Der Rubel rollt, der Schilling klirrt.
Wann das bei uns mal anders wird?
40 Wenn der alte Motor wieder tackt,
wenn die Räder roll'n, die Weiche knackt,
wenn der Schweißer schwingt den Hammerstiel
nicht für's Achselstück nein für's Civil!
wenn der Hauswirt gern uns einquartiert,
nicht als «Obersteiger» kostümiert,
wenn die olle gute Rolle wieder wie gewöhnlich schnurrt,
sitzt die Neese wieder vorne! Marke: «Neugeburt!»

Schiebung! Schiebung!
Schiebung! Schiebung!
50 Schiebung! Schiebung!

Man tanzt in London und Paris
den Tanz um gold'ne Kälber!

Verzicht' ich!
Da rauscht das Leben, spritzt der Kies, –
wir bleiben doch wir selber!
Aber richtig!
Man ist bei aller Politik
mal unten und mal oben,
drum merk dir, junge Republik:
60 Fortuna wird verschoben!
O Publikum, ich frage bloß:
Wann geht bei uns der Segen los?
Wenn der alte Motor wieder tackt,
wenn die Räder roll'n die Weiche knackt,
wenn der Dreher in die Hände spuckt,
wenn der Strom den Dynamo durchzuckt,
wenn man wieder seine Ruhe hat,
steht nichts drin in ‹Voß› und ‹Tageblatt›,
wenn die olle gute Rolle wieder wie gewöhnlich schnurrt,
70 sitzt die Neese wieder vorne! Marke: «Neugeburt!»

Sie rufen mich noch einmal raus
Und klatschen in die Hände.
Aber richtig.
Ich danke schön für den Applaus
Und auf die Blumenspende
verzicht ich.
Wer lacht, dem bleibt in seinem Bauch
Kein trauriger Gedanke;
Und schließlich liegt ja ‹Schall und Rauch›
80 Doch dichte bei der Panke.
Es wird schon wern mit die Mutter Bern
Mit die Mutter Horn is auch jeworn …
Wenn der alte Motor wieder tackt,
Wenn die Räder roll'n die Weiche knackt,
Wenn die letzte Kriegsgesellschaft kracht,
Und der Kaufmann seins alleine macht,
Wenn erst toi-toi-toi mal klappt die Post,
Wenn Berlin nicht mehr 'n Dollar kost.

Wenn die olle gute Rolle wieder wie gewöhnlich schnurrt,

90 Sitzt die Neese wieder vorne – Marke: «Neujeburt!»

Theobald Tiger, Schall und Rauch Nr. 3, 1919

222

Der Vereinshumorist singt

Meine sehr verehrten Damen und Herren! Ich bitte Sie, den Refrain mitsingen zu wollen! Die Hauskapelle spielt ihn einmal vor. Musik!

Nun zieh ich mir, ach! zum wievielten Male
den Frack an und den guten Schappohklapp –
und stell mich auf das Podium vorn im Saale
und sing mir, wies kontraktlich, einen ab.
Mir ist heut abend nicht zum Lachen –
doch strenge kommandiert S.I.
10 Da kannste garnichts, garnichts machen –
da stehste machtlos vis-à-vis!

(Chor): Da kann er garnichts, garnichts machen –
da steht er machtlos vis-à-vis!

Herr Oberst Reinhard ist ein doller Knabe.
Er pfeift auf Justav, auf die Republik.
Er pfeift noch froh auf einem Massengrabe
und bringt dann Hindenburg die Standmusik.
Will Noske denn noch nicht erwachen?
Herr Gilsa, der erlaubts ihm nie!
20 Dann kann er garnichts, garnichts machen –
da steht er machtlos vis-à-vis!

(Chor): Da kann er garnichts, garnichts machen –
da steht er machtlos vis-à-vis!

O Mädchen, wie oft hab ich schon geschworen:
Ich lebe keusch. Du schwächst des Sängers Herz.
Die Kleine küßt mich kitzelnd in die Ohren ...
Verflucht – schon detoniert die große Terz.
Erst will das Feuer sie entfachen.
Dann löscht sies. Und dann schlummert sie.
30   Da kannste garnichts, garnichts machen –
da stehste machtlos vis-à-vis!

(Chor, nur die Herren): Da kann er gar nichts, gar nichts
machen –
da steht er machtlos vis-à-vis!

Mentalität ist, wenn der Nationale
an Potemkinsche Ludendörffer glaubt.
Dem schwer geschlagenen lieben Generale
drückt er den Lorbeerkranz aufs Scheitelhaupt.
Tät auch das Reich zusammenkrachen –
40   das feiert seine Monarchie!
Da kannste garnichts, garnichts machen –
da stehste machtlos vis-à-vis!

(Chor): Da kannste garnichts, garnichts machen ...

Eine Gruppe Reichswehr ist in den Saal getreten. Der Führer:
«Meine Herren! Ich bitte Sie, antimonarchistische Kundgebungen
nach Möglichkeit zu unterlassen! Wir leben in einer Republik!»

(Chor): Da kannste garnichts, garnichts machen –
da stehste machtlos vis-à-vis!

Kaspar Hauser, WB 11.12.1919

Sozialisierung der Presse

Als ich einen dicken Mann einmal fragte, was er denn von der Sozialisierung der Presse dächte, sah er mich einen Augenblick erstaunt und pfiffig an und sagte dann gelassen: «Wenn die Presse
sozialisiert wird, bekommen Sie kein anständiges Gehalt mehr!»
Auf diesem Niveau bewegen sich die meisten Diskussionen über
diese ernste und wichtige Frage; und weil Sozialisierung bekanntlich etwas ist, das immer nur für andre Branchen paßt, aber niemals für die eigne, so berührt es uns doppelt angenehm, einmal
vernünftig und sachlich über die Sozialisierung dieses glorreichen
10 Instituts reden zu hören, und zwar von Erich Schairer in der kleinen Schrift: ‹Sozialisierung der Presse› (Deutsche Gemeinwirtschaft Heft 12, verlegt von Diederichs in Jena).

Der bestehende Zustand wird zunächst außerordentlich gut geschildert und außerordentlich scharf kritisiert. Mit Recht. Der Zustand ist eben der, daß aus Annoncengeschäft und Nachrichtenübermittlung jene üble Mischung herauskommt, die sich heute
Presse nennt. Von ganz wenigen Ausnahmen abgesehen, muß
das Annoncengeschäft doch irgendwie einen starken Einfluß auf
die politische und kulturelle Haltung der Blätter haben. Begehrt
20 nicht auf. Das geschieht nicht so plump und simpel – täte es das
doch! –, daß der Inseratenchef in die Redaktionsräume tritt und
proklamiert: «Von morgen an wird nichts mehr gegen den Alkohol geschrieben; von übermorgen an werden die Kinos gelobt.»
Der Einfluß ist stiller und gefährlicher. Die Zeitung von heute ist
ein Geschäft und muß als solches auf einen guten Absatz bedacht
sein. Dadurch ist eine wirklich kulturfördernde Tätigkeit ausgeschlossen.

Es ist ja nun die Frage, ob die Zeitung überhaupt dazu berufen
ist. Der hitzigste Vorkämpfer im Streit, Kurt Hiller, sagt Ja. Ich
30 weiß nicht recht. Ich weiß nicht, ob es nicht vielleicht doch för-
derlicher wäre, wir hätten reine Nachrichtenblätter, die sich so
weit wie möglich von aller Einwirkung auf fremde Gebiete fern
hielten. Aber sicher ist – und darin stimmen wir mit Hiller ganz

überein –: der Zustand von heute ist eine Schmach. Eine Schmach deshalb, weil den allerwenigsten Leuten – auch denen vom Bau nicht – aufgegangen ist, was hier eigentlich getrieben wird. «Die Zeitung verkauft die Publikationskraft an die Inserenten», sagt Schairer. Die Folgen sind bekannt.

Nun hat das Insertionsgeschäft mit der Nachrichtenübermitt-
40 lung organisch gar nichts zu tun, und es ist das auch nicht immer so gewesen wie heute. Die Leute haben vergessen, daß früher Nachrichtenblätter und Annoncenblätter lange Zeit etwas ganz Verschiedenes gewesen sind. Und das war sauberer. Denn die Zeitung von heute ist vollkommen vom Leser, der zugleich Inserent sein kann, abhängig. Wir alle sind gezwungen, wenn wir einen alten Mantel verkaufen wollen, die übelsten und reaktionärsten Käseblätter der kleinen Gemeinden zu unterstützen.

Richtig betont Schairer, daß die schlimmste Zensur der Zeitungen nicht im Polizeipräsidium, sondern im eignen Hause sitzt.
50 Und da zensiert letzten Endes und genau betrachtet –: der Inserent. Die Presse hat an dem Schiebertum, das sie heute bekämpft, Millionen verdient – was besagt gegen die Annoncen der eine allgemein gehaltene Leitartikel?

Also: Reform. Die Vorschläge Schairers sind nicht neu, aber gut. Er verlangt Staatseingriff – er verlangt völlige Trennung von Annoncengeschäft und Nachrichtenübermittlung. Er will die sinnlose Konkurrenz der vielen Nachrichtenapparate vermeiden, er will der Presse endlich wieder – wieder? sie hat es nie gehabt – kulturelles Niveau geben. Ob seine Mittel die richtigen sind, steht
60 dahin – aber hier sind positive Vorschläge.

Dieser Aufsatz ist eine Ketzerei, und ich weiß, daß viele meiner Berufsgenossen mich anklagen werden, ich verlästerte meinen eignen Stand. Falsch. Ich will ihn heben. Ich will aus dem dienenden Redakteur einen herrschenden Volkserzieher machen. Das ist er heute nicht und kann es heute nicht sein. In zweihundert Jahren ist dies alles, was ich hier geschrieben habe, vergessen und verweht. Oder verwirklicht.

Ignaz Wrobel, WB 11. 12. 1919

Eine Enttäuschung

Aber eine angenehme. Der Panter kam in das Palast-Theater am
Zoo geloffen, leckte sich blutrünstig die Lefzen und gedachte, diesen Film ‹Die Puppe› mitleidslos zu zerreißen und zu zerbeißen.
(Eine nette Objektivität ist das!) Er sah sich um. Da saßen die
Filmschieber aller Grade, fett in die Sessel gelehnt, und dufteten
nach Prozenten. In einer Loge saßen die höhern Herrschaften –
annähernd sechs Meter über dem Glatzenspiegel. Es ging los.
So leid es mir tut: es war wirklich ganz nett. Es ging – mit einigen traditionellen Ausnahmen – ohne die üblichen Geschmack-
10 losigkeiten ab, man sah nicht klaftertief von oben und von unten
an den Damen entlang, und es brauchte Keinem das Wasser in der
Luftröhre (Setzer!) zusammenzulaufen. Eine hübsch stilisierte
Spielerei: ein lustiger Mann, Theodor Hilarius, ist ein Puppenma-
cher, er fertigt eine Puppe nach dem Bilde seiner Tochter an, der
Lehrjunge schlägt die Puppe entzwei – nicht ohne vorher durch
seine Witzens bekundet zu haben, daß er vordem Lehrling in einem Konfektionsgeschäft am Hausvogtei-Platz gewesen sei –, die
Puppe, die gar keine ist, kommt zu Mönchen in ein Kloster (der
Film ist in Süddeutschland unmöglich) – und so jagte ein Witz
20 den andern. Aber die Späße waren nur alt und nicht häßlich, die
Tatsache, daß Eine ein wirkliches Mädchen ist, wird nicht anato-
misch bewiesen, sondern durch ihre Angst vor einer Maus, die
Kalauer sind harmlos, und manche Stilisiertheiten sind gradezu
witzig. Zwei Pferde, die hier und da etwas Schwanz verlieren und
vorher von dem Postillon mit dem Hut in der Hand gefragt werden, ob sie nun wohl weiterfahren möchten, machten viel Vergnügen, besonders wenn sie sich ruhend – wie die Hündinnen – auf
den Hintern setzten, die kleine Kutsche kroch durch eine spaßige
Mondnacht, und dies ganze ulkige Gemisch von Spielzeugkasten
30 und Film amüsierte die Leute und amüsierte sie sauber und nett.
Nachher soll da vorn auf der Bühne Herr Charell mit seiner
Truppe getanzt haben: aber da diese Bühne allein so groß ist wie
das Theater, in dem der Tänzer tanzen müßte, um zur Wirkung

zu kommen, so kann ich darüber nicht viel sagen. Wir konnten zusammen nicht kommen – die Bühne war viel zu tief ...

Das war kein Fressen. Schnurrend, hungrig und den Schweif ringelnd, zog der Panter seiner Wege, neue Atzung zu wittern und suchend, wen er verschlänge. Jetzt so einen fetten Fulda oder einen Zahn voll Konstantin oder eine Bügelhose mit Filmheld ...
40 Und Appetitfäden hingen, Schnüren gleich, aus seinem starrenden Bart.

Peter Panter, WB 11. 12. 1919

225*
Stammtisch

Der Major a. D. : Dieser Rump gehört meiner Meinung nach vor ein Kriegsgericht. Meine Herren, der Mann hat keine Ahnung von den militärischen Notwendigkeiten. Und die militärischen Notwendigkeiten sind nun mal das A und O jeder Politik!
Der Assessor: Gestatte mir gehorsamst, Herr Major!
Der Major a. D. : Danke, danke ganz ergebenst! Wer hat ihn geheißen, den ganzen Kram auszusagen? Der Mann mußte wissen, wie die Blätter nun wieder vom Leder ziehen werden. Schlappe Regierung! Wenn der bei mir im Rement Feldgeistlicher gewesen
10 wäre ...!
Der Oberst z. D. : Als ob noch nicht Skandal genug ist! Lille! Und Belgien! Und die Auslieferung! Lieber alle Trockendocks als unsern Kaiser, als Seine Majestät den Kaiser. Wie?
Der Leutnant der Sicherheitswehr: Aprico Lille: da hatten wir mal im Kasino eine französische Hure ...
Der Oberst z. D. : Meine Herren, da können die Leute nun sagen, was sie wollen: die Erinnerung bleibt uns doch! Deubel noch mal, eine schöne Zeit! Wie? Eine große Zeit! Was?
Der Leutnant der Sicherheitswehr: Da hatten wir mal im Ka-
20 sino ...
Der Oberst z. D. : Wenn ich so denke: morgens fuhr ich mit meinen Herren im Kraftwagen nach vorn – die Kerls marschierten und sangen – das war eine Freude war das. Ich habe nie was von Kriegsmüdigkeit bemerkt. Mein Rement wenigstens war bis zu-

letzt auf der Höhe. Verpflegung: tadellos. Wir hatten jeden Tag zweimal Fleisch. Meldungen der Bajone: tadellos. Stimmung der Leute: ausjezeichnet. Verstehe das nicht. Heut vor zwei Jahren lagen wir in Montvilliers. Ich hatte die Schloßherrschaft ausquartieren lassen – ob Panjes oder Franzosen – das war mir gleich. Erst
30 kamen Wir! Herrliche Räume. Sehr schönes Klavier. Mein Adjutant spielte famos. Und ein famoser Weinkeller … Aber immer korrekt, meine Herren, immer korrekt. Wir ließen für jede Pulle einen Requisitionsschein da. Für jede Pulle. (Trinkt.)
Der Assessor: Das ganze Verfahren ist lächerlich. Herr Major haben ganz recht. Wenn wir im Felde – ich war doch lange genug Gerichtsoffizier – um jeden Mann so'n Trara gemacht hätten: du lieber Gott! 'n paar Akten vollgeschmiert und dann fertig. Na – und ist auch gegangen. Na – und hat sich Keiner beschwert. Prost, Herr Leutnant!
40 *Der Leutnant der Sicherheitswehr*: Prost, Herr Assessor. Komme gleich nach. Übers Kreuz, Herr Major!
Der Major a. D.: Danke. Keine Ahnung hat der Rump. Will den Jungen da rausreißen und reitet den ganzen Laden rein. Zweiunddreißig Mann – nee, einunddreißig. Sollte festgestellt werden, wer daneben geschossen hat. Gehörte vors Kriegsgericht, der Kerl.
Der Leutnant der Sicherheitswehr: Da hatten wir mal im Kasino …
Der Oberst z. D.: Wenn ich so denke: aus dem Vollen wirtschaf-
50 ten – das kann man doch bloß im Krieg. So ohne Rechenschaft – na ja, die Meldungen. Aber das machte mein Adjutant. Prächtiger Kerl. Ja, wir hätten noch jahrelang Krieg führen können. Jahrelang.
Der Major a. D.: Hätten wir auch. Haben die Leute aber nicht eingesehen. Und wo sind wir heute? Nur die Erinnerung, meine Herren, und die Hoffnung auf bessere, größere Zeiten. Ja. Nur die …
Der Leutnant der Sicherheitswehr: Da hatten wir mal im Kasino eine französische Hure …

Anonym, WB 11. 12. 1919

Wenn die Flocken fallen ...

Grübelnd ging ich heut in meinen Laden.
Und ich dachte mir: Es kann nichts schaden –
   Mach mal Inventur!
O, Matthias, wird das Leben aber teuer!
Jetzt kommt, Gott behüte, eine Umsatzsteuer –
   Wer bezahlt die nur?
Und ich frag mich: Mitten in Berlin?
Kann der Mensch da Steuern hinterziehn?
   Eben wars noch trocken.
   Plötzlich schneit es dichte, dichte Flocken ...
     Und mir fällt beim Wandern
     eine nach der andern
       leise auf den Hut.
     Denk im Schneegeriesel:
     Ich bin doch ein Stiesel –
     weil die ganze Welt dergleichen tut!

Welch ein gutes Kind ist Eveline!
Trägt das Kind mit Recht die Unschuldsmiene?
   Oder täusch ich mich?
Nein, sie läuft doch als verlobte Braut rum,
und der brave Ehrenmann, er schaut drum
   weg und schämet sich.
Und er fragt sich: Mitten in Berlin?
Nah ich solchem Mädchen auf den Knien –?
   Eben wars noch trocken.
   Plötzlich schneit es dichte, dichte Flocken ...
     Und mir fällt beim Wandern
     eine nach der andern
       leise auf den Hut.
     Denk im Schneegeriesel:
     Ich bin doch ein Stiesel –
     weil die ganze Welt dergleichen tut!

Als in München neulich Kommunisten
schoben scheußlich-schauervolle Kisten,
nannte man das: Mord.
Aber läßt bei uns, ganz kalt und steinhart,
dreißig Mann erschießen Oberst Reinhard –
tönt kein Wort.
Und ich frag mich: Mitten in Berlin –
40 Wann, o Gustav, wann belangst du ihn?
Eben wars noch trocken.
Plötzlich schneit es dichte, dichte Flocken ...
Und mir fällt beim Wandern
eine nach der andern
leis auf den Schapoh.
Denk im Schneegeriesel:
Ich bin doch ein Stiesel –
In der Republik, da ists mal so –

Theobald Tiger, Ulk 12.12.1919

227

Nacht!

Wenn aus den Löchern und aus den Kaschemmen
Gesichter steigen, die man niemals sah –
wenn Spezialisten ganze Schränke klemmen,
wenn aus dem Skatvereine kommt Papa –
wenn jene Mädchen mit dem falschen Busen
von einem Gulasch zu zwölf fuffzig schmusen,
wenn brav und treu die Schließgesellschaft wacht –:
dann ist es Nacht, die Neu-Berliner Nacht ...
Der Asphalt glitscht. Die Bogenlampen funkeln.
10 Der Regen rinnt. Die Nebelschwaden ziehn.
Die Tugend wackelt – bis sie fällt – im Dunkeln ...
Wie hast du dich verändert, mein Berlin!

Wenn man für eine Fahrt vom Leipziger Platze
im Omnibus zwei lumpige Märker zahlt –
wenn Meta mit dem Portokassenschatze
sich in der (doch noch offnen) Bar beim Whisky aalt –
wenn Ludewiche an den Ecken raufen,
wo feine Leute billige Seife kaufen,
wenn das Roulette noch schnell Geschäfte macht –:
dann ist es Nacht, die Neu-Berliner Nacht ...
Der Asphalt glitscht. Die Bogenlampen funkeln.
Der Regen rinnt. Die Nebelschwaden ziehn.
Die Tugend wackelt – bis sie fällt – im Dunkeln ...
Wie hast du dich verändert, mein Berlin!

Wenn knackend voll und zischend durch die Hallen
der letzte Untergrundbahnzug mit Pfeifen saust –
wenn du den Mädchen, die dir sehr gefallen,
von wegen morgen früh nicht gerne traust –
wenn sie diskret dich in die Bar verschleppen
und dich dort neppen, neppen, neppen, neppen –
bis ihr am Alexanderplatz erwacht –:
dann ist es Nacht, die Neu-Berliner Nacht ...
Der Asphalt glitscht. Die Bogenlampen funkeln.
Der Regen rinnt. Die Nebelschwaden ziehn.
Die Tugend wackelt – bis sie fällt – im Dunkeln ...
Und schöner bist du nicht, du mein Berlin –!

Theobald Tiger, Ulk 12.12.1919

228

Der Mantel

Gegenüber von mir, in der Elektrischen, sitzt eine Frau mit einem
dicken, *feldgrauen Mantel*. Das Tuch ist an manchen Stellen merkwürdig dunkel, an manchen heller – es ist kein sehr feiner Mantel
mehr. Nein. Und wie sie da so sitzt, muß ich auf einmal daran
denken, was dieser Mantel schon alles gesehen hat.

Lieber, alter Mantel! Wo bist du überall gewesen? In Flandern hat er dich getragen, durch Lehm und Dreck, in grauen Regentagen und in den langen, dunkeln Nächten, wenn er Posten schob – in Polen vielleicht und in Rumänien. Du tratest mit dem Stück
10 Mensch, das da in dich eingewickelt war, zum Appell an, und du marschiertest in Reih' und Glied mit tausend anderen Mänteln an Seiner Majestät vorüber, und der freute sich, wie viele Mäntel doch seine Armee hätte. Die Menschen sah er nicht ... Du wurdest gebürstet und geklopft, und wie ein Anhängsel begleitete dich in deinen Feldzügen ein kleines, unglückseliges Menschenkind, das sich so nach Hause sehnte und nach Ruhe, und das endlich, endlich wieder bei Muttern sitzen wollte. Was da in dich eingewickelt war, Mantel, das war nicht faul und nicht träge, und die Front hat es auch nicht erdolcht. Aber es war ein Mensch ...
20 Du hattest es gut, lieber Mantel. Du fühltest nichts, warst also gewissermaßen das Ideal eines Soldaten. Und es kam ja auch schließlich, wenn man es recht bedenkt, bei dieser Armee viel mehr auf den Mantel als auf das an, was drinnen war. In der Kammer wurdet ihr Mäntel gepflegt und gehegt und ausgezählt und sorgsam behütet. Die Menschen waren billig, billig wie zweiunddreißig Matrosen ...
Lieber, alter Mantel! Was hast du schon alles gesehen! Brutalitäten und Not und Hunger und Blut und Todeszuckungen und Offiziere in hellen, bequemen Kraftwagen und Paraden und Lü-
30 gen, Lügen, Lügen ... Du bist weit in der Welt herumgekommen, und jetzt trägt dich seine Frau oder seine Schwester, und sie versucht, sich in deinem dünnen, fadenscheinig gewordenen Stoff zu wärmen. Kriegsjahre, diese Kriegsjahre zählen siebenfach – schier dreißig Jahre bist du alt. Ruh' dich aus, du hast genug erlebt. Hast gesehen, wie ein Volk zugrunde ging, weil vierzehn Millionen Mäntel da draußen waren und kein Kopf. Aber wozu braucht der alte Preuße einen Kopf? ...
Leb wohl! lieber alter Mantel.

iwr, BVZ 14.12.1919

Das Buch des Jahres 1919

Im Jahre 1910 erschien zum erstenmale ein Katalog einer damals neuen Verlegergruppe, der sich fast alle bedeutenden belletristischen Verlage Deutschlands angeschlossen hatten. ‹Das moderne Buch des Jahres 1910› hieß das Heft. Bis zum Unglücksjahre 1914 ist dann alle Jahr so ein Heft erschienen, in dem die Neuheiten auf dem Büchermarkt aufgezeichnet waren. Dann gab es eine Pause, eine böse Pause. Und nun haben wir in diesem Jahre 1919 wieder den alten lieben Katalog ‹Das Buch des Jahres 1919›. Und wir blättern und erinnern uns und blättern.

10 Diese Verlage sind in dem Katalog vertreten: Klinkhardt u. Biermann, Albert Langen, Rütten u. Löning, Georg Müller, R. Piper, Schuster u. Löffler, R. Voigtländer, Metzlersche Verlagsbuchhandlung, Der Tempel-Verlag, Kurt Wolff, Hyperion-Verlag, Delphin-Verlag, Bruno Cassirer, Fritz Gurlitt, Julius Bard, Otto Reichl, Paul Cassirer, Eugen Diederichs, S. Fischer, Julius Hoffmann, Roland-Verlag, Eugen Rentsch und Anton Schroll.

Nichts hübscher, als in einem Bücherkatalog – und noch dazu vor Weihnachten – zu blättern. Es macht so viel Spaß, in der Vorfreude all die hübschen schönen Bücher zu genießen, die es da

20 gibt. Sehen wir uns ein bißchen um.

Erfreulich ist zunächst, daß wir aus der stumpfsinnigen Belletristik, jener, die immer nur in bunt wechselnder Reihenfolge Geschichtenbuch auf Geschichtenbuch produzierte, herausgekommen sind. Immer mehr wächst das Bestreben, alle Dinge dieses vielfältigen Lebens heranzuziehen und sie sauber und sachlich zu schildern: Malerei und Skulptur und Städtebau und Historie und Geographie und Mode und Musik und Literaturgeschichte. Eine Zeitlang hatte der deutsche Buchverlag die Anthologiekrankheit: das scheint glücklich vorüber. Die Zusammenstellungen, auf die

30 der Katalog aufmerksam macht, sind meist – so weit sie mir bekannt sind – gut und nützlich und sorgfältig eingerichtet.

Langen hat so eine Art Inventur gemacht; Walter von Molo hat aus den altbekannten Autoren dieses vorzüglichen Verlages überall «Das Schönste» herausgesucht: Dauthendey und Storm und Lagerlöf und Hamsun und Gogol und Sealsfield und andere. Und da sehe ich auch das schöne Daumierbuch angezeigt, und muß gleich an jenen Doré-Band denken, der bei Langen herausgekommen ist und das «heilige Rußland» schildert. – Rütten & Löning haben sich stattlich herausgemacht: Bonsels – seine Indienfahrt

40 hat jetzt das 75. Tausend erreicht und ist dennoch ein gutes Buch, merkwürdigerweise … – Rolland (der dicke Unroman Johann Christof liegt vollständig vor), der gute alte Hearn existiert noch – duftet dieses Parfüm nicht schon ein bißchen fade? – auch die alte Sammlung ‹Die Gesellschaft› grüßt. – Georg Müller hat von seinem Riesenbaum etliche Äste abgesägt, und nun präsentiert sich das Ganze um so erfreulicher: neben Schönheitsflecken sehr gute Geschichtswerke. – R. Piper, wohl der konsequenteste deutsche Verlag, zeigt seine schönen Kunstbücher an, die große Schopenhauer-Ausgabe von Deussen, und vor allem einen neuen herrlichen

50 Morgenstern ‹Epigramme und Sprüche›. So wie er seinen Leuten immer wieder sagte: Lest Lagarde – so müßte man den heutigen sagen: Lest Morgenstern –! Piper hat auch die beste und größte deutsche Dostojewski-Ausgabe, sowie eine Sammlung der Reden Buddhas, veranstaltet von dem verstorbenen Prager Neumann. – Schuster und Löffler brillieren in Musik – Voigtländer in der Literaturgeschichte, auf ein wenig altväterische Art. – Die schönen Tempelausgaben werden uns ins Gedächtnis zurückgerufen, und dann kommt Kurt Wolff. Da gibt es alles, was neu und gut ist – die großen Meyrinkerfolge ziehen noch einmal vorüber (auch ein

60 Gustav, der bleiben muß) und die modernen Lyriker, teils echt, teils auf Zanderbütten und gar nicht echt. – Der Hyperionverlag kündigt seine neue Strindberg-Ausgabe an, offenbar aus dem Scheringschen ins Deutsche übersetzt. Der Delphin-Verlag erinnert an seine entzückenden Quellenbücher: keine schönre Spitzwegpublikation ist denkbar als die Bernayssche, Trost stiller und nachdenklicher Stunden. Ein schönes Buch über den Tanz von Frank Thieß fällt auf. Und Solneman der Unsichtbare von A. M. Frey … aber das müßt ihr selbst lesen. Da sind Bruno Cassirers Märchenbücher – allerdings nicht für die Kinder. – Fritz Gurlitt

70 ist neu auf den Plan getreten und hat neben dem hinreißenden

Polgar (‹Kleine Zeit›) sehr wertvolle und gut ausgestattete Bücher im Katalogschaufenster. – Julius Bard wie immer monumental und ganz ersten Ranges – er ist unser bedeutendster Museumsverlag, und die Preise sind sogar erschwindlich. – Paul Cassirer zeigt seine bewährten Luxusausgaben an – man sieht aber daneben, wie sich dieser Verlag immer mehr zu einem sozialistischen Buchvertrieb entwickelt. Das ist gut, denn wir hatten dergleichen in dieser Qualität nicht. – Eugen Diedrichs ist sich treu geblieben – seine geistige Richtung ist nicht in allen Punkten jedermanns Ge-
80 schmack und Sache – aber anzuerkennen bleibt die zähe Energie, mit der hier geistige Ziele, die der Verleger einmal für gut befunden hat, weiter verfolgt werden. – S. Fischers alte und neue Garde marschiert auf – bei manchem macht der freundliche Leser: «Bä!», und bei manchen freut er sich, daß sie noch arbeiten. Eugen Rentsch zeigt illustrierte Werke an, und Anton Schroll charmante kleine Geschenkbücherchen für die Damen.

Ja, und was die Preise angeht, so ist darüber nicht einmal so sehr zu jammern. Wer die unermeßlichen Schwierigkeiten kennt, mit denen heute Material beschafft werden muß, wer da weiß, wie
90 langsam und holperig diese ganze komplizierte Maschine des deutschen Buchhandels läuft, der muß die Agilität dieser Verleger bewundern, trotz allem doch noch einen derartigen Katalog auf die Beine zu stellen.

Da haben wir nun also alle wieder. Sie wissen ja, wie das mit dem Anblättern dieser Kataloge ist – man kauft die Hälfte der angestrichenen Bücher doch nicht, sei es, daß gerade der 28. im Monat ist, sei es, daß man sie selber geschenkt bekommt … So vieles wird vergessen.

Also, Dame, wünsche dir ein Buch! Du tust's nicht? Die Stirn
100 in Falten gezogen, blättere ich angestrengt im neuen Katalog, denn ich muß dir doch etwas unter den Weihnachtsbaum legen. Aber wie es schon so auf der Welt zugeht: zum Schluß schenke ich dir gar nichts Modernes, sondern einen alten, alten Halbfranzband mit diesem Titel:

Überzeugende und
bewegliche
Warnung

vor
allen Sünden
Darin aus medicinischen und Theologischen
Gründen
vernünftig vorgestellt wird,
I. Was für Gefahr und Schade,
II. Was für Schulden und Gerichte, und
III. Was für Rettung-Mittel vorhanden sind.
Aus Liebe und Verbindlichkeit zum menschlichen Geschlecht
sonderlich zur studierenden Jugend
mit züchtiger Feder entworfen von
Georg Sarganeck,
Insp. Adj. des Paedagogii Regii zu Glaucha an Halle.
Zweyte Auflage.
Züllichau
1747.

Uff! Denn das kannst du brauchen.

Peter Panter, BT 17. 12. 1919

230

Berichtigung

Lieber Onkel Setzer, heute morgen bin ich vor Schreck fast in den Kaffee gefallen. Da lese ich in meinem Aufsatz ‹Das Buch des Jahres 1919› von den Büchern des Verlages Julius Bard «Die Preise sind sogar erschwindlich.» Aber Onkel! Julius Bard ist ein sehr solides Unternehmen, es ist unerfindlich, wie du mich so blamieren kannst, und wir wollen beide alles zurücknehmen und erklären, daß Bards Preise nicht *unerschwinglich* sind. Grüß Gott, Onkel! Dein *Peter Panter*.

Peter Panter, BT 17. 12. 1919

Der Tag der Wahrheit
Eindrücke aus einer Versammlung

Auf diesen Augenblick hatte ich mich vier Jahre lang gefreut.
Endlich, endlich einmal laut und offen die Wahrheit sagen dürfen
– endlich einmal sagen können, wie es wirklich draußen zugegangen ist, endlich einmal vom Krieg nicht im Stil jenes Kriegspresseamts sprechen dürfen: «Der brave Musketier ... der Todesmut
unserer Truppen ... stramme Manneszucht ... Ritterkaste der
deutschen Offiziere ...» Endlich, endlich. Wenn wir draußen unter irgendeinem minderwertigen Leutnant oder verzogenen Militäranwärter gelitten hatten, entrang sich den Gequälten der
Wunsch: «Jetzt sind wir stumm. Wenn wir sprechen dürften –!»
Und nun konnten wir sprechen.

Der Bericht dieses Blattes über die Kundgebung des Friedensbundes der Kriegsteilnehmer wird den Lesern erzählt haben, wie
es zuging. Darf ich an dieser Stelle all denen danken, für die Sache
danken, die meinen Freunden und mir zugestimmt haben? Es war
schön, zu wissen, daß man nicht ganz allein stand.

Hübsche Dinge gingen vor sich. Am nettesten war wohl der
Zwischenruf, der den Hauptmann Meyer unterbrach, als er gesagt
hatte: «Ich stehe hier als alter, aktiver, preußischer Offizier und
sage ...» – «Pfui! Pfui!» riefen die anwesenden Soldaten unbekannter Herkunft. Das heißt: wenn einer einem verlogenen System gedient hat, so ist es seine Pflicht und Schuldigkeit, sein ganzes Leben lang fortzulügen, so hat er die Verpflichtung, niemals
mehr die erkannte Wahrheit auszusprechen. Was sagt ihr dazu?

Aber ihr stimmt uns zu. Es tat so wohl, zu fühlen, daß die Erkenntnis von der Übelkeit dieses Kriegsbetriebes in viele Gemüter gedrungen ist, daß sich langsam, ganz langsam, die Einsicht
Bahn bricht: Ja – wir sind behandelt worden wie die Hunde –
schlimmer als die Hunde – wir waren «Leute», «Kerls», «Untergebene» – eine graue, geduckte, willenlose Masse. Aber keine
empfindungslose Masse, und was sich vier Jahre lang aufgespeichert hatte, hier brach es wie mit einem Knall heraus, das Ventil

platzte, und es entwich die zischende und berechtigte Wut der Erinnerung.

Nichts scheint mir falscher, als die kleinen eigenen Erlebnisse als Grundlage für die Beurteilung dieses Offizierkorps zu nehmen. Darauf kommt es nicht an. Die Angelegenheit ist nicht, wie die anwesenden Radaubrüder meinten, eine Stammrollenfrage. Es ist gänzlich gleichgültig, ob der Beurteiler des deutschen Heeres ein Drückeberger war oder ein Held. Worauf es allein ankommt, ist dies:

Ist es wahr, daß der Offizier dem Manne das Essen wegaß – ja oder nein? Ist es wahr, daß die gesamte Lebenshaltung des deutschen Offiziers im Kriege unverhältnismäßig besser war als die des Mannes, so daß kein kameradschaftliches Verhältnis mehr zwischen ihnen bestand – ja oder nein? Ist es wahr, daß sinnlos Tausende und Tausende einem wahnsinnigen militärischen Ehrgeiz geopfert wurden, wie es der Kindermörder von Ypern machte – ja oder nein? Nur *das* steht zur Diskussion und nicht persönliche Dinge.

Ich habe viele Eindrücke aus der Versammlung mit nach Hause genommen – der leuchtendste und unvergeßlichste ist dies Bild: Ich hatte gesagt, daß die letzte kurländische Hure dem deutschen Offizier näher gestanden hat als sein eigener Landsmann, der Muschkot – der Saal erbrauste. Unten stand ein lehmgrau gekleideter schwarzer Mann, er schwenkte seine Mütze, und in seinen Augen war so viel Dankbarkeit. Er hörte nicht mich – er hörte sich.

Kamerad, ich grüße dich. Es ist schön, zu fühlen, daß man nicht allein steht.

Ignaz Wrobel, BVZ 17.12.1919

Prozeß Marloh

Ceterum censeo, Noske esse eundum

Der Spitzel einer Organisation, deren Mitglieder Mord und Totschlag brauchen, um ihre gut bezahlten Stellungen zu behalten, meldet dem Nachrichtenoffizier eines der Freicorps, die Volks-Marine-Division beabsichtige, in der Französischen Straße einen regierungsfeindlichen Putsch zu unternehmen. Die Meldung wird nicht geprüft, sondern mit Freuden aufgenommen, weitergegeben und übertrieben. Ein junger Offizier mit fünfzig Mann wird entsandt; die Räume der Division werden besetzt. Dreihundert Leute gehen in die Menschenfalle. Der junge Offizier, aufgehetzt und getrieben von den sich jagenden Befehlen seiner Vorgesetzten, sucht sich, damit irgend etwas geschehe, und ohne daß die Festgenommenen Widerstand leisten, neunundzwanzig Mann heraus – von seinem preußischen Offiziersstandpunkt aus diejenigen, die klug aussehen – und läßt sie erschießen. Dann erscheint in der Presse ein falscher Bericht dieses Vorgangs; der Offizier ist gezwungen, falsche Berichte an seine Vorgesetzten zu machen, die die Wahrheit kennen; dann flieht er. Er wird später gefaßt, einem ordentlichen Gericht entzogen und vor ein Sondergericht gestellt; seine Kameraden sprechen ihn frei.

Die Beurteilung dieses Mordes kann nur erfolgen, wenn man die Welt, aus der er hervorgegangen ist, genau kennt. Diese Welt ist skrupellos, tief unwahrhaftig und von einem großen Teil des deutschen Volkes heut noch verehrt und geschätzt. Die Verhandlungen haben gezeigt, wie verlogen dieser Apparat arbeiten kann: in dem Augenblick, wo über eine Lüge das Wort «Bericht» gesetzt wird, verstummt der Zweifel; in dem Augenblick, wo das Wort «Dienst» fällt, hat alles in Ordnung zu sein. Der preußische Offizier lügt nicht. Er tat Schlimmeres.

Es scheint mir nun einmal an der Zeit, hier öffentlich auszusprechen, was ich seit langem auf dem Herzen habe. Ich weiß, daß das taktisch nicht richtig ist; ich weiß, daß man den Mitkämpfern den Mut nicht nehmen soll, ich weiß auch, daß ich trotzdem nicht aufhören werde, für Menschen gegen das alte deutsche Offiziercorps zu kämpfen. Aber ich muß es einmal sagen: Dieser Kampf scheint aussichtslos.

Das deutsche Volk, in einer beispiellosen Katastrophe zusammengebrochen, die es zur guten Hälfte selbst verschuldet hat, befindet sich heute in schwerem wirtschaftlichen Niedergang. Wir
40 haben realiter den Staatsbankrott. Die Fähigkeit weiter Volkskreise zu irgendwelchen Emotionen ist völlig erschöpft. Die Leute können nicht mehr. Das Gefühl für Anstand, für Recht und Gerechtigkeit – es ist völlig geschwunden.

Wärs nicht so, dann brauchte nicht Punkt um Punkt nachgewiesen zu werden, daß dieser Vorgang, von der Spitzelmeldung bis zum Freispruch des Marloh, ein einziger Sumpf ist. Die menschliche Minderwertigkeit, mit Unwahrheiten und Verschleierungen zu arbeiten, um ein Verbrechen zu verdunkeln, die unfaßbare Roheit, Deutsche, die andrer politischer Meinung sind, wie
50 Tiere abzuschlachten – das wächst ausschließlich auf dem deutschen Kasernenhof. Die Leichen der Unglücklichen sollen furchtbar ausgesehen haben: es sind offenbar nicht alle auf jenem Hof erschossen, sondern sechs Geflüchtete sind im Keller massakriert worden; der Überlebende hörte ihre Todesschreie. Einem war die Wade von oben bis unten aufgeschlitzt; einem der Schädel eingeschlagen. Nach dem Mord spazierten die Offiziere auf dem Hof herum, betrachteten die am Boden liegenden Leichen, und einer sagte: «Seht mal, wie anständig die Hunde angezogen sind! Man sollte ihnen die Stiefel ausziehen!»
60 Der Pfarrer Rump hat in eine Korruption hineingeleuchtet, die man nicht erwähnen durfte, ohne von Tausenden maßlos beschimpft zu werden – bis tief in die demokratische Partei hinein. Dem Pfarrer Rump fiel es sichtlich schwer, gegen Leute, die er kollektiv verehrt hatte, derartig auszusagen. Er hat es trotzdem getan. Was sagte er?

Er sagte, daß alle diese Offiziere, einer wie der andre, bestrebt waren, bewußt, unter bewußtem Mißbrauch ihres moralischen Kredits, die vorgesetzten Dienststellen und die gesamte Öffentlichkeit zu belügen. Er sagte, daß mit Bestechung, Begünstigung,

70 Urkundenfälschung und dienstlichen Falschmeldungen gearbeitet worden ist, um ein System, das noch lange nicht genug Feinde hat, vor Anfeindungen zu bewahren. Nicht das, wie ich hier in meinen ‹Militaria› immer wieder und wieder betont habe, ist ja das Schlimme, daß in einer großen Organisation Übergriffe vorkommen, sondern daß der Kernpunkt da sitzt: Wie stellen sich die Kameraden, wie stellt sich die Kollektivität dazu? Es muß gesagt werden, daß noch der letzte Verbrecher, wenn er nur Offizier ist, von seinen Kameraden in einem ganz falsch angebrachten Zusammengehörigkeitsgefühl gestützt und geschützt wird. Sie halten zu-
80 sammen wie die Kletten. Dann müssen sie sich auch zusammen bewerten lassen.

Kleine menschliche Einzelheiten bleiben haften. «Es ist doch hochanständig,» sagt Reinhard, «daß Kessel noch heute seine Hintermänner deckt.» Aber auch Einbrecher haben ein gewisses korporatives Ehrgefühl, das jeder Kenner ihnen zubilligen wird, ohne es deshalb anders als losgelöst von seinen Trägern hoch zu bewerten. In allen Betrachtungen wird fast immer vergessen, daß der Urgrund dieser Dinge kriminell ist, und daß ein Befehl und eine Anordnung irgendeines Gehaltempfängers eine verbreche-
90 rische Handlung nicht sakrosankt machen. «Der Oberst», sagt ein junger Leutnant aus, «wußte auch garnicht, was er mit den vielen Gefangenen anfangen sollte.» Und ließ sie, infolge mangelnder Unterbringungsmöglichkeit also, erschießen? Ich war dabei, als diese viehisch rohe Äußerung vorgebracht wurde – Reinhard saß auf der Zeugenbank, und kein Muskel zuckte in seinem Gesicht. Tapfer – und unbehelligt – stand er seinen Mann. Das Wort «Hintermänner» tauchte auf. Finanzleute waren da, Menschen, die helfen wollten. Verbluten kann Einer von uns – sie würden noch nach dem Zuckenden treten. Marloh hatte die Möglichkeit, Geld, Aus-
100 weise, Reisegelegenheit zu erhalten, und Alles, was er sonst brauchte.

Über das Verfahren soll hier nicht ernsthaft gesprochen werden. Man erspare es mir, mein Juristenherz auszuschütten. Vielleicht war das früher anders – wir hatten immer geglaubt, daß der Vorsitzende in einem strafrechtlichen Verfahren Alles zur Ergründung der Wahrheit tun müsse. Das ist hier nicht geschehen. Viele wichtige Dinge sind nicht untersucht worden: Wer hat die verlorenen und noch nicht genug gefälschten Berichte entwendet? Warum verweigern die Zeugen die Aussage? (Es wäre Sache des Vorsitzenden gewesen, diese Gründe sorgfältig herauszuarbeiten.) Wie kam Reinhard zu der Annahme, daß dort in der Französischen Straße wirklich eine regierungsfeindliche Aktion im Gange war? Wie sind die gefälschten Papiere zur Flucht zustande gekommen? Die Größe unsres Vertrauens zur bürgerlichen Rechtsprechung geht aus unserm Ruf nach ihr hervor: jeder bürgerliche Strafrichter hätte besser gearbeitet. Der geschickte Verteidiger des Angeklagten hatte leichtes Spiel.

Und hier möchte ich aufnehmen, was ich anfangs andeutete: Es scheint aussichtslos. Wir kämpfen hier gegen das innerste Mark des Volkes, und das geht nicht. Es hat keinen Sinn, die Berichte Punkt um Punkt durchzugehen, hier Widersprüche nachzuweisen und da Lügen, Roheiten und Minderwertigkeiten. Daß die Dienststellen der sogenannten Zeugen keinen Mann dieser Gesellschaft auch nur vom Dienst suspendiert haben, war nicht anders zu erwarten. Daß der Reichswehrminister sich der Lämmer annahm, ist selbstverständlich. Er steht und fällt mit diesem Pack. Er hat sie benutzt, sie wollen Lohn. Und er zahlt.

Noske, der Mann von der Straße, der Revolutionsminister, ist beim Gros der Bevölkerung fast beliebt. Soweit er aus den Decken, in die ihn sein Adjutant eingewickelt hat, hervorguckt: ein kopfloser Mann. Ich habe eigentlich noch niemals in der deutschen Politik – außer beim Kaiser – ein solch erschreckendes Maß von Einsichtslosigkeit in alle tiefern Zusammenhänge gesehen. Er weiß garnicht, worum es sich handelt. Er weiß nicht, daß der Militarismus eine geistige Gefahr ist; er weiß nicht, daß hier Mächte am Werk sind, alles schlechte Alte zu konservieren und einer gradezu barbarischen Schicht wieder auf die Beine zu helfen. Er weiß es nicht und hilft mit. Nach dem Bibelwort müßte ihm der Herr vergeben – daß er die deutsche Welt täglich um Jahre zurückbringt, sollte ihn die Absolution kosten. Die deutsche Welt tut ihm Alles, was er verlangt.

Das kindliche alte Spiel der Aufrechnung beginnt. Die Kommunisten in Dresden haben ... die Kommunisten in München haben

... Aber gewiß haben sie. Und? Entschuldigt das? Hier handelt es sich doch nur darum, ob die traditionelle Erziehung des deutschen Offiziercorps solches unmenschliche Verbrechen begünstigt hat oder nicht. Sie hat es hervorgerufen.

Das kindliche alte Spiel der Kompetenz beginnt. Das ist nicht Sache des Kriegsgerichts, das ist nicht Sache der vorgesetzten Dienststelle, das ist nicht Sache des Reichswehrministers. Mir sagte einmal eine Russin, ihre zaristische Rechtsprechung sei die beste der Welt gewesen. «Und Sibirien?» wandte ich ein. «Aber», sagte sie, «das ist nicht Sache der Rechtsprechung – das macht die Verwaltung!» So feine Unterschiede gibts.

Ich resigniere. Ich kämpfe weiter, aber ich resigniere. Wir stehen hier fast ganz allein in Deutschland – fast ganz allein. Denn was sollen wir mit Parteien, was mit Publizisten anfangen, die in den wichtigsten Punkten eine reservatio machen und sagen: «Ja – aber ...» Und wir sagen: Nein. Fest steht: die Mörder der deutschen Radikalen sind bis jetzt straflos ausgegangen. Was die Voruntersuchung nicht schafft, besorgt das sogenannte Gericht; gibts hier ein Unglück, dann tut die Exekutive das Ihre; hilft Alles nicht, läuft der Mann weg oder wird krank. Ihm kann nix g'schehn.

Ist heute ein müder Tag? Ich will mich ja gern beschimpfen und anklagen lassen, ich will ja gern Alles auf mich nehmen – wenn ich nur nicht sehen müßte, wie grauenhaft allein wir stehen. Ist denn moralische Sauberkeit wirklich nicht mehr das absolut erste Erfordernis des öffentlichen Lebens? Wohin geraten wir? Wo treiben wir hin? Wohin soll es führen, wenn nun auch die Rechtsprechung anfängt, zu wanken: wenn politische Gesichtspunkte ganz offen Sondergerichte beeinflussen? Wie lange noch, und die ordentlichen Gerichte folgen. Und dann ists aus.

Pathos tuts nicht und Spott nicht und Tadel nicht und sachliche Kritik nicht. Sie wollen nicht hören. Sie hangen mit ihrem ganzen Herzen an den «Herren», an Menschen, die nicht einmal leidenschaftlichen Haß verdienen, sondern nur Verachtung. Ist heute ein müder Tag? Ich habe hier gerufen und gerufen – laßt mich heute still sagen: Die Kaste verlangt für sich eine besondere Beurteilung, sie stehen Alle für Einen – sie sollen die Beurteilung haben. Immer und immer wieder. Aber ist das Vertrauen der Deutschen zu diesen Burschen zu erschüttern? Noch heute würden sie auf diese Berichte und Meldungen schwören – und käme morgen eine neue Gelegenheit, sie handelten Alle grade so. Sie sehen nicht, sie hören nicht, und der himmlische Noske ernährt sie doch. Der Prozeß ist morgen vergessen. Übermorgen bekommen wir wieder etwas von dem tüchtigen Geist des deutschen Offiziercorps zu hören. Die Kindlein, sie hören es gerne. Und, kurzstirnig, stets im Begriff, durch eine Pistolenknallerei Ehrenflecke aus der Welt zu schaffen, hartherzig und ungeistig, ragt der Koloß des eisernen Hindenburg aus dem Trümmerhaufen.

190

Trotzalledem: wir wollen doch sehen, daß man ihn als Abbruch verkauft. Das Ziel ist fern. Aber es gibt eins.

Ignaz Wrobel, WB 18. 12. 1919

233

Nach einer Nacht

Wie sieht die Welt heut freundlich aus!
Du lachst vergnügt am Spiegel
und kratzst dir etwas Rouge heraus
aus dem Pomadentiegel.
　　Ich lieg noch auf dem Tigerfell.
　　Und alles ist so hell, so hell.

Die Morgenzeitung. Während du
mir sagst: «Du Dummer! Dummer!»,
les ich vom neusten deutschen Clou,

10

vom Krach der Baltikumer.
　　Herr Winnig schützt noch die Bagasche.
　　Ach! laßt mich allesamt zufrieden!

Das Sonnenlicht scheint abgeblaßt.
Du bastelst schwer geschäftig.
Was du da so zu schuften hast!
Jetzt planschst du, aber kräftig.

Das Zeitungspodium betritt
Herr Noske als ein Kesselschmied.

20
Gefangenenfrage und der Papst,
die Kleiderlausverbreitung –
was du mir liehst, was du mir gabst,
frißt gierig meine Zeitung.
Ein Nachhall zittert und verklingt …
Die Stimmung sinkt, die Stimmung sinkt.

Die Mark in Holland steht neun Cent.
Wie ist Germania billig!
Doch findet jeder Leutnantsgent
noch heut das Mädchen willig.
Und les ich nun voll Kümmernis
30
auch noch vom Zentrumskompromiß –:
dann fall ich leise vons Gerüst.
Wir haben ganz umsonst geküßt.

Kaspar Hauser, WB 18. 12. 1919

234

Einkäufe

Was schenke ich dem kleinen Michel
zu diesem kalten Weihnachtsfest?
Den Kullerball? Den Sabberpichel?
Ein Gummikissen, das nicht näßt?
Ein kleines Seifensiederlicht?
Das hat er noch nicht. Das hat er noch nicht!

Wähl ich den Wiederaufbaukasten?
Schenk ich ihm noch mehr Schreibpapier?
Ein Ding mit schwarzweißroten Tasten;
10
ein patriotisches Klavier?
Ein objektives Kriegsgericht?
Das hat er noch nicht. Das hat er noch nicht!

Schenk ich den Nachttopf ihm auf Rollen?
Schenk ich ein Moratorium?
Ein Sparschwein, kugelig geschwollen?
Ein Puppenkrematorium?
Ein neues gescheites Reichsgesicht?
Das hat er noch nicht. Das hat er noch nicht!

Ach, liebe Basen, Onkels, Tanten –
20   Schenkt ihr ihm was. Ich find es kaum.
Ihr seid die Fixen und Gewandten,
hängt ihrs ihm untern Tannenbaum.
Doch schenkt ihm keine Reaktion!
Die hat er schon. Die hat er schon!

Theobald Tiger, Ulk 19.12.1919

235

Die Flecke

In der Dorotheenstraße zu Berlin steht das Gebäude der Kriegsakademie. Ein roter Ziegelbau im Geschmack jenes wilhelminischen Zeitalters, dem die Fassade über alles ging. Diese Fassade
nun ist ziemlich nüchtern, dunkelrot und langweilig. Unten, in
guter Mannshöhe, läuft um das ganze Haus eine Granitlage herum, Platte an Platte.

Diese Platten sehen seltsam aus: sie sind weißlich gefleckt, der
braune Granit ist hell an vielen Stellen, Spuren von früheren Dingen ... Was mag das sein?

10   Ist er weißlich gefleckt? Aber er sollte rötlich gefleckt sein. Hier
hingen während der großen Zeit die *deutschen Verlustlisten* aus.

Hier hingen – fast alle Tage gewechselt – diese schrecklichen
Zettel aus, diese endlosen Listen mit Namen, Namen, Namen ...
Ich besitze die Nr. 1 dieser Dokumente: da sind noch sauber die
Truppenteile angegeben, wenig Tote sind auf der ersten Liste, und
sie war sehr kurz, diese Nr. 1. Ich weiß nicht, wie viele dann her-
ausgekommen sind – aber sie gingen hoch hinauf, bis über die

Nummer tausend. Namen an Namen – und jedesmal hieß das, daß ein Menschenleben ausgelöscht war oder («vermißt») für die nächste Zukunft ausgestrichen – oder verstümmelt, schwer oder leicht. Da hingen sie, da, wo jetzt die weißen Flecke sind. Da hingen sie, und vor ihnen drängten sich Hunderte schweigender Menschen, die ihr Liebstes draußen hatten und zitterten, daß sie den Namen, diesen einzigen Namen unter all den Tausenden hier lesen würden. Was kümmerten sie die Müllers und Schulzes und Lehmanns, die hier aushingen! Mochten Tausende und Tausende verrecken – wenn *er* nur nicht dabei war! Und an dieser Gesinnung ertüchtigte der Krieg.

Und an dieser Gesinnung lag es, daß er vier lange Jahre so gehen konnte. Wären wir alle für einen aufgestanden, alle wie ein Mann –: wer weiß, ob es so lange gegangen wäre. Man hat mir gesagt, ich wüßte nicht, wie der deutsche Mann zu sterben wisse. Ich weiß es wohl. Ich weiß aber auch, wie die deutsche Frau zu weinen weiß – und ich weiß, wie sie heute weint, da sie langsam, qualvoll langsam erkennt, wofür er gestorben ist. Wofür ...

Streue ich Salz in die Wunden –? Aber ich möchte das himmlische Feuer in die Wunden brennen, ich möchte den Trauernden zuschreien: Für nichts ist er gestorben, für einen Wahnsinn, für nichts, für nichts, für nichts.

Im Lauf der Jahre werden ja diese weißen Flecken da langsam vom Regen abgewaschen werden und schwinden. Aber diese andern da kann man nicht tilgen. In unsern Herzen sind Flecke eingekratzt, Spuren, die nicht vergehen. Und jedesmal, wenn ich an der Kriegsakademie mit ihrem braunen Granit und den weißen Flecken vorbeikomme, sage ich mir im stillen: Versprich es dir. Lege ein Gelöbnis ab. Wirke. Arbeite. Sags den Leuten. Klär sie auf. Befreie sie von dem Nationalwahn, du, mit deinen kleinen Kräften. Du bist es den Toten schuldig. Die Flecke schreien. Hörst du sie?

Sie rufen: Nie wieder Krieg –!

Ignaz Wrobel, BVZ 21.12.1919

Gefühle nach dem Kalender

Eigentlich ist es ja ein bißchen merkwürdig: wenn nur noch wenige dünne Kalenderblätter den Abreißer vom 24. Dezember trennen, so senkt sich jenes weihnachtliche Gefühl auf ihn hernieder, das ihr alle kennt. Er wird ein bißchen weich, er wird ein wenig träumerisch, und wenn der ganze Apparat des Einkaufs vorbeigeklappert ist, wenn all das Tosen und Wirken vorüber ist, dann saugt er doch an seiner Weihnachtszigarre und denkt sich dies und das und allerlei. Aber wie denn? Kann man denn seine Gefühle kommandieren –? Kann man denn – nach dem Kalender – seine
10 Empfindungen regeln?

Man kann's nicht. Der Schnurriker Mynona erzählt einmal die Geschichte vom Schauspieler Nesselgrün, dem es plötzlich einfiel, sein ihm zustehendes Weihnachten im August zu feiern – und unter unendlichem Hallo geht denn diese deplacierte Festlichkeit auch vor sich. Aber wir haben doch gelacht, als wir das lasen. Könnten wir andern das auch? Es ist wohl nicht nur die Furcht, uns lächerlich zu machen – es muß noch etwas anderes sein.

Der Grund, daß wir wirklich – jeden Weihnachten – in jedem Jahr – immer aufs neue imstande sind, genau um den 25. Dezem-
20 ber herum die gleichen starken Gefühle zu hegen, liegt doch wohl darin, daß sie sich angesammelt haben. Es muß doch irgend etwas da sein, das tropfenweise anschwillt, das ganze Jahr hindurch.

Schließlich ist doch der Kalender etwas ganz Äußerliches, Relatives, wir sind in gewisser Hinsicht mit ihm verwachsen – aber die Zeit ist nicht in uns, wir sind in der Zeit. Und das kleine Blättchen, das den Vierundzwanzigsten anzeigt, ist kein Grund, es ist ein Signal und ein Anlaß.

Ich habe immer das Gefühl, als ob wir jede Woche im Jahr weihnachtliche Empfindungen genug aufbrächten – aber gute
30 Kaufleute, die wir sind, legen wir sie «in kleinen Posten» zurück, bis es sich einmal lohnt. Im Dezember ist dann das Maß meist voll.

Ist es nicht schließlich mit jedem Gedenktag so –? Warum sollen wir gerade am neunzehnten an sie denken, und warum nicht einen Tag später –? «Heute vor einem Jahr – –» ach Gott, entweder wir empfinden immer, daß sie auf der Welt ist – oder wir empfinden's am neunzehnten auch nur konventionell. Gefühle nach dem Kalender –: das geht nur, wenn der Kalender sie ins Rollen bringt.

40 Gefühle nach dem Kalender ... Wir haben alle nur keine Zeit, um gut zu sein, wie? Wir haben alle nur keine Zeit. Und müssen tausend- und tausendmal herunterschlucken und herunterdrükken, und sind vielleicht im Grunde alle froh, allweihnachtlich einen Anlaß gefunden zu haben, den gestauten Sentiments freien Lauf zu lassen. Wer erst nach dem Kalenderblatt sieht, sich vor den Kopf schlägt und «Ach, richtig!» ruft – dem ist nicht zu helfen.

Vielleicht hat diese neue – ehemals große – Zeit manches am deutschen Weihnachtsfest geändert. Ich weiß nicht, ob's inner-
50 licher geworden ist. Es täte uns so not – nicht aus Gründen der Religion, die jedermanns Privatsache ist – sondern aus Gründen der Kultur. Diesem Volk schlägt ein Herz, aber es liegen so viel Kompressen darauf ...

Reißt sie ab. Wagt einmal (was besonders dem Norddeutschen schwer und sauer fällt), wagt einmal, geradeaus zu empfinden. Und wenn euch das Fest nach all dem, was geschehen ist, doppelt lieb, aber doppelt schwierig erscheint, dann denkt daran, wie ihr es im Feld gefeiert habt, und wo – und denkt daran, wie es ein Halt gewesen ist gegen die Lasten des äußern und innern Feindes,
60 und wie schon das Datum, wie schon der Kalender Trost war in verdammt schwarzen Tagen. Und – weil wir hier gerade alle versammelt sind – denkt schließlich und zu guter Letzt – auch an etwas anderes.

Nach dem Kalender fühlen ... Aber habt ihr einmal geliebt ...? Die Damen sehen in ihren Schoß, und die Herren lächeln so unmerklich, daß ich von meiner Kanzel her Mühe habe, es zu erkennen. Also ihr habt geliebt, und ihr – ich sehe keinen an – liebt noch. Nun, ihr Herren, und wenn sie Geburtstag hat? Nun, ihr Herren, und wenn der Tag auf dem Kalender steht, an dem ihr sie
70 zum erstenmal geküßt habt –? Nun?

Ihr feiert das. Was im ganzen Jahr künstlich oder zufällig zurückgedämmt war – es bricht – wenn's eine richtige Liebe ist – elementar an solchem Tage hervor, aus tiefen Quellen. Der Tag, dieser dumme Tag, der doch gleich allen anderen sein sollte, ist geheiligt und festlich und feierlich und freundlich – und ihr denkt und fühlt: sie – und nur sie. Nach dem Kalender ...? Nicht nach dem Kalender. Ihr tragt alle den Kalender in euch. Es ist ja nicht das Datum oder die bewußte Empfindung, heute müsse man nun ... Es ist, wenn ihr überhaupt wißt, was ein Festtag ist, was Weihnachten ist: euer Herz.

80 Laßt uns einmal von dem Festtags-«Rummel» absehen, der in einer großen Stadt unvermeidlich ist, laßt uns einmal daran denken, wie Weihnachten gefeiert werden kann, unter wenigen Menschen, die sich verstehen. Das ist kein Ansichtskarten-Weihnachten. Das ist nicht das Weihnachten des vierundzwanzigsten Dezembers allein – es ist das Weihnachten der Seele. Gibt es das –?

Es soll es geben. Und gibt es auch, wenn ihr nur wollt. Grüßt, ihr Herren, die Damen, küßt ihnen leise die Hand (bitte in meinem Auftrag) und sagt ihnen, man könne sogar seine Gefühle nach dem Kalender regeln: zum Geburtstag, zum Gedenktag – und zu Weihnachten.

90 Aber man muß welche haben.

Peter Panter, BT 24.12.1919

237

Berichtigung

Mit ausdrücklicher Berufung auf den § 11 des Reichspreßgesetzes vom 7. Mai 1874 ersuche ich Sie um Abdruck folgender Berichtigung in Ihrem geschätzten Drachen:

Es ist unwahr, daß – wie im Heft 11 des dortigen Drachen vom 10. Dezember 1919 auf Seite 23 zu lesen steht – die ‹Frommen Gesänge› von Theobald Tiger im Verlag *Fritz* Lehmann erschienen sind.

Wahr ist vielmehr, daß sie da nicht erschienen sind, sondern
sind dieselben im Verlag von *Felix* Lehmann zu Charlottenburg
10 erschienen.

In vorzüglichster Hochachtung
Ihr ergebenster
Theobald Tiger.

PS. Bist Du eigentlich sehr beliebt in Leipzig?

Theobald Tiger, Der Drache 24.12.1919

238

Friedens-Weihnachten

Der Weihnachtsengel schwebt ins Zimmer,
Leise, ganz leis.
Es strahlt um ihn ein heller Schimmer
In Nacht und Eis.
Er weht um die Kerzen. Er weht um den Baum.
Es träumen die Kinder den Weihnachtstraum.

Der Weihnachtsengel prüft die Gaben.
Kinderlein, seht!
Und wer soll diesen Helm da haben,
10 Der blinkend steht?
Er ist für den jüngsten Jungen im Haus.
Der Himmlische zieht seine Stirne kraus.

Der Weihnachtsengel probt zum Scherze
Eben den Helm.
Der blitzt noch kurz im Glanz der Kerze.
Dann lacht der Schelm.
Und spricht: «Von allen diesen Gaben –:
Den Helm soll Michel nie mehr haben!»

Ein Berliner, BVZ 25.12.1919

Briefe an einen Kinoschauspieler

«Heute bin ich wieder furchtbar berühmt!»

Vor mir liegt ein Päckchen Briefe, blauer, weißer, gelb getönter und tangofarbener; hübsche, kleine Briefe. Sie sind alle an einen Mann gerichtet, an einen sehr bekannten Kinoschauspieler, dessen Namen hier nicht genannt sein soll. Ich blättere und raschele in den Papieren, und eine ganze kleine Welt tut sich auf.

Wir glauben, die Menschen zu kennen, wenn wir ihre Zeitungen lesen und in die Theater gehen und die Bücher lesen, die gerade Erfolg haben. Falsch. Heute, 1919, müssen wir sie im Kino
10 aufsuchen: da sind sie ganz, da sind sie Mensch, da darf man's sein – da ist Leben und Liebe, Leidenschaft und leichter Sinn – da sind sie ganz. Denn auf der mittleren Linie zwischen Kunst und Moritatenleinwand hat sich eine neue Gattung Kunscht gebildet – eine, die die Gemüter völlig im Bann hält, bezaubert, fesselt und einlullt.

Wenn ein großes Meisterwerk Erfolg hat, so kann man in neunzig Fällen von hundert darauf schwören, daß sich das Publikum aus dem Ding etwas zurechtgemacht hat, das nur noch gerade die äußeren Umrisse mit dem ursprünglichen gemein hat. Es gibt
20 einen Publikumshamlet, einen Publikumsbeethoven, einen Publikumsrembrandt –, und kommt der Nachtreter, der das große Vorbild kitschig kopiert, so hat er denselben Erfolg, weil sie den Unterschied nicht merken.

Beim Kino bedarfs des Umwegs nicht. Hier sind ihre Lüste und ihre Passionen, ihre Probleme und ihre Seligkeiten. Hier ist alles. Hier ist ihre Welt.

Und weil die Welt Götter braucht, so schufen sie sich welche und haben welche und verehren sie mit einer Leidenschaft, die mit der alten Liebe zum Schauspieler wenig zu tun hat. Gewiß, als wir
30 klein gewesen sind, standen auch wir einmal am «Bühnentürl» und warteten in der bittersten Winterkälte, bis, blond und vermummt, Lucie Höflich auftauchte oder Rosa Bertens oder eine

andere Königin unseres Herzens, und wir nahmen bescheiden den Hut ab und brachten wirklich der Kunst unser kleines Opfer dar, und nicht nur der Frau. Dieses hier aber ist ganz etwas anderes.

Durchdrungen von der naiven Annahme, der Kinoschauspieler sei im Leben gerade so wie in den aufregenden Rollen, legen die jungen Damen und Herren ihren Idolen Eigenschaften bei, die denen schon manche Träne der Heiterkeit entlockt haben (wenn sie
40 klug sind – das gibt's). Und sehe ich von den üblichen Bettelbriefen ab, so bauscht sich der Vorhang vor einer Komödie von Eitelkeit, Sinnlichkeit, Neugierde, Dummheit und falsch angebrachtem Charme, daß es einen Hund, einen Panther jammern kann. Blättern wir.

«Da ich die Einsamkeit nicht mehr ertragen kann, wage ich es, an Sie zu schreiben, denn Sie *müssen* verstehen können. Ich sah Sie als ... in ... Jene Stunden im Kino – wie banal das klingt – zähle ich zu den wertvollsten meines Lebens. Ich sah nie einen Menschen spielen mit dieser beinahe krampfhaften Innerlichkeit, die Ihnen eigen ist, und
50 die alle anderen Schauspieler in den Schatten stellte. Es war, als wollten Sie alle anderen mit Ihrer starken Innerlichkeit anfeuern; ich zitterte vor Erregung. Ich will Ihnen keine Komplimente sagen, denn es kommt mir nicht zu, aber darf man Empfindungen, die aus tiefster Seele kommen, unterdrücken? Nein, nicht wahr? Sie sind so gut, daß ich es einmal wage, Ihnen mein Herz auszuschütten, werden Sie mich verstehen, oder wenigstens versuchen, mich zu verstehen?»

Und nun nach der Melodie: Hedda aus der Prenzlauer Allee:

«Ich bin so jung und doch so müde schon; denn die Menschen traten meine schönheitsdurstige Seele in den Schmutz des Alltags. Ich habe
60 keinen Menschen, der zu mir hält, denn für so exzentrische Geschöpfe, wie ich eines bin, hat die Masse ja kein Verständnis. Wie ein Geschenk habe ich es daher empfunden als ich Sie spielen sah, und seitdem ist ein tiefinnerliches, unaufhaltsames Weinen in mir – – Ich sehe immer noch Ihre wundersam weiße Hand, die geschaffen ist zum Guttun, und mit Entzücken träume ich von Ihren schwarzen Augenlidern, die sich beinahe wie aus Angst so seltsam schmerzhaft auf die Wangen senkten. Ich bete Sie an, mir zum Leide und der Welt zum Trotz – – Ganz allein für mich sollten Sie einmal spielen – – ganz

allein für mich – – Ich kann nicht anders: antworten Sie mir auf meinen Brief, es hängt alles davon ab. – Ich küsse Ihre Hände!»

Eine fragt geradezu, ob der Künstler und der Mann des Lebens – nicht: der Lebemann – sich decken:

«Habe bis jetzt noch keinen Film versäumt, in welchem Sie spielten. Spielen Sie einen großen Freund oder Kameraden, bin ich glücklich, ist aber das Gegenteil der Fall, stimmt es mich tieftraurig. Habe den Wunsch zu wissen, ob meine Annahme bestätigt ist, ob Sie in Ihrem sonstigen Leben so sind wie auf der Bühne. Oder sollte es nur Kunst sein?»

Nur – du himmlische Verehrerin!

Aber man kann auch böse werden, und wenn der Gefeierte nicht gleich antwortet, bekommt er folgenden Brief:

«Da ich bis heute noch keine Antwort auf meinen *dritten* Brief vom 5. d. M. erhielt und auch nicht mehr damit rechne, bitte ich Sie nur noch, mir mein Bild, das für Sie schwerlich noch Interesse haben kann, unter Benutzung des *nochmals* angefügten Freibriefumschlags zu retournieren. Eigentlich ist es wohl unter ‹gewöhnlichen Sterblichen› üblich, eine höfliche Anfrage zu beantworten, je wie man es für möglich hält, entgegenkommend oder ablehnend. Aber natürlich gibt es auch eine gewisse Art von Menschen, die hoch über der erwähnten Gattung mit ihren Lebensregeln steht. Wie zum Beispiel käme ein ‹umschwärmter› Schauspieler wohl dazu, auf die Briefe eines ‹kleinen unbedeutenden Mädels› zu antworten, geschweige denn näher darauf einzugehen!? Da genügt doch schon die Einsendung eines Autogramms. Nicht wahr, das ist sicher auch Ihre Ansicht, deren Richtigkeit ich Ihnen auch durchaus nicht absprechen möchte?!? In diesem Sinne bin ich mit ganz besonderer Hochachtung ...»

Mit ganz besonderer Hochachtung – das ist die wahre Liebe nicht. Da lob' ich mir diese junge Dame, die durchaus weiß, was und wen sie will:

«Berlin, den 15. August 1919. (Das Ganze auf der Rückseite einer Porträtkarte.) Du, ich hab' Dich so furchtbar lieb! Möchtest Du mir nicht ein einziges Mal ein Küßchen geben? Mein Muttchen ist gestorben – – und ich bin so allein! Nicht bös sein – – daß ich Du sage – – aber ‹Sie› ist so fremd! – – – Wenn Du meinen Wunsch erfüllen willst so sei so gut und rufe mich an!»

Die Entschuldigung mit dem Mütterchen ist eben so übel nicht. Manche Mädchen wissen aber doch, was sich gehört; so schreibt eine: «In vielen Fällen habe ich Sie bewundert, in denen Sie Idealrollen hatten. Aber in ... war Ihre Rolle abschreckend für ein junges Mädchen.»

Und eine andere legitimierte sich: «bitte mir ein Bild außer der Bühne mit einigen Worten der Erinnerung zu verehren. Es kommt bestimmt nicht in unwürdige Hände. Sie sollen wissen, wer ich bin. (‹Meinen Namen sollt Ihr nie erfahren: Ich bin der Kaiser Franz Joseph!›) Bin Generalstochter (adlig), genügt das?» – Ach ja, es genügt, und um wie viel bürgerlicher und kaufmännischer denkt da ein junger Herr, der eine Menge Karten zur Bemalung mit Autogrammen schickt und dazu schreibt: «Für Ihre nun sehr vielen Bemühungen erlaube ich mir, Ihnen freundlichst zwei Mark zu übersenden.» Überschrift: Des Kinoschauspielers erstes ehrlich verdientes Geld ...

Was überhaupt auffällt, ist die entzückende Mischung von Liebe und Geschäftsstil. Roda Roda erzählte einmal eine Geschichte von einem Buchhalter, der bei den Worten: «Liebe Hulda, ich liebe dich leidenschaftlich!» – das letzte Wort zweimal – dick und dünn – mit dem Lineal unterstreicht ... So weit kann einen die Leidenschaft manchmal treiben. «Ich werde stets bemüht sein, Ihre werten Briefe prompt und ausführlich zu beantworten.» Eigentlich müßte es heißen: «und werde ich stets bemüht sein» –, aber es ist auch so schon ganz hübsch.

Eine will zum Film empfohlen werden; sie kann alles: «Tanzen (sämtliche moderne wie Bühnentänze), Reiten, Schwimmen, Rudern, Klettern, Schlittschuhe laufen, Klavierspielen und Singen. Genügt doch, gelt? Es wurde mir auch schon von vielen Seiten versichert, daß ich talentiert wäre. Nur die Beziehungen fehlen.» Aber die werden schon kommen ...

Und auch das Ausland ist in dem bunten Reigen vertreten:

«Sehr geehrter Herr! 10. September habe ich Sie in das Schauspiel ...
als ... gesehen und habe richtige Freude erlebt. Am Sonntag nach-
140 mittags habe ich Sie in Elektirische Bahn Stadt Ring 1 sofort erkannt.»

(Dabei ist der Mann so fein, daß er niemals die elektrische Bahn
besteigt.)

«Sie haben mich auch bemerkt ..., aber das war bloß ein flüchtiger
Moment, eine lichthelle Sekunde, weil ich früher als Sie weggestiegen
bin ... Ihre Kunst und Ihr Aussehen sind anders, als man jeden Tag
trifft, und weil ich selbst eine Künstlerin bin, so bemerke ich alles,
was nicht originär ist. Von meinem Schreiben werden Sie erraten, daß
ich Ausländerin bin, und bitte, meine Fehler nicht zu streng zu urtei-
150 len. Wenn Sie Lust finden werden, da antworten Sie bitte an meinen
Brief, und vielleicht können wir Mahl treffen. Bedauern werden Sie
hoffentlich nicht, und werde mich herzlich freuen, in Ihre Gesellschaft zu sein. Hochachtungsvol ...»

Und so rummelt das durcheinander, Verse und Schmalz und bon-
bonblaue Briefe und marzipanrosane und junge Damen und alte.
Der schönste aber von allen ist dieser hier, der eine so prächtige
Idylle darbietet, wie sie Meister Spitzweg nicht besser hätte malen
können oder sein Enkel Paul Scheurich. Beim Lampenschein ...
nein, zu diesem Brief muß das ‹Elterngrab› gespielt werden –
160 dann ist's richtig. Hier ist er:

«Geehrter Herr ... Verzeihen Sie, daß Ihnen eine unbekannte Frau
mit diesen Zeilen belästigt, doch ist es eine Mutter, die ihren einzigen,
vergötterten, guten Jungen verlor und nichts weiter besitzt, denn
mein Mann ist acht Jahre tot.
Ich sah Sie im Frühjahr in ... und erschrak, wie sehr Sie meinem
Sohn ähnlich sind, nicht in den Zügen, sondern wie er sich gab. Ich
sah zufällig in eine Kinovorstellung, ich war nie eine Freundin für
diese Art Sachen, doch nun gehe ich zu diesen Vorstellungen, so oft
ich Ihren Namen lese, blödsinnig ist so etwas. Und nun werden Sie
170 vielleicht sagen, die Frau hat wohl keine Arbeit? Ich habe mehr wie
zu viel zu tun und mein anständiges Auskommen. Nein, die Sorge
um etwas Liebes fehlt mir. Herrgott, da schreibe ich ja gerade, als ob

ich abends meinem Paulchen das Herz ausschüttete. Ich fahre auf ein paar Tage nach L. zu meinen Verwandten, denn ich bin dorther, und wenn ich wiederkomme, werde ich Ihnen eine uralte Geschichte schreiben oder erzählen, wenn Sie es für gut befinden, ich würde, wenn Sie zu mir kommen, Sie gut empfangen, eine anständige Tasse Kaffee und selbstgebackenen Kuchen. Vielleicht kommen Sie, ich würde mich unendlich freuen. Sie brauchen sich meiner nicht zu schämen, ich bin eine Frau von untadlichem Ruf. Mein Großmütterchen, die tief im Spreewald wohnt, hat mir mehr wie einmal diese furchtbare Geschichte aus einem schönen, alten Buch vorgelesen, denn es war eine Schrift, die ich nicht verstand, mit wunderbaren Bildern dazu. Die Geschichte spielt in der Nähe meiner Großeltern, ein gewaltiger Wendenfürst hat ein edles Grafenehepaar in den Tod gehetzt, sie ist schön, diese Geschichte, es ist etwas andres mal. Die Rache einer edlen Frau nennen Sie dann das Stück. Mein geliebter Spreewald ist reich an Geschichten und Sagen. Ihnen würde ich sie erzählen, wiewohl ich sonst wie meine Kunden sagen, wenn ich mal bei ihnen bin sagen, ich sitze wie ein Ölgötze. Unendliche Grüße von Ihrer mütterlichen Freundin ...»

Und wenn er nun hingegangen wäre –? An diesem Abend lasen sie nicht weiter ...

Ist das nicht rührend? Da schmilzt des harten Spötters Herz, er beugt demutsvoll sein Haupt, hebt betend die Arme empor und spricht zu seinem Kinomann: «Wahrlich, wahrlich, Du bist berühmt! Wir aber modern im Schatten dahin! Glanz und Sonne auf deinen lackierten Scheitel!»

Peter Panter, BVZ 25. 12. 1919

240

Weihnachten

Nikolaus der Gute
kommt mit einer Rute,
greift in seinen vollen Sack –
dir ein Päckchen – mir ein Pack.

Ruth Maria kriegt ein Buch
und ein Baumwolltaschentuch,
Noske einen Ehrensäbel
und ein Buch vom alten Bebel,
sozusagen zur Erheiterung,
zur Gelehrsamkeitserweiterung ...
Marloh kriegt ein Kaiserbild
und 'nen blanken Ehrenschild.
Oberst Reinhard kriegt zum Hohn
die gesetzliche Pension ...
Tante Lo, die, wie ihr wißt,
immer, immer müde ist,
kriegt von mir ein dickes Kissen. –
Und auch hinter die Kulissen
kommt der gute Weihnachtsmann:
Nimmt sich mancher Leute an,
schenkt da einen ganzen Sack
guten alten Kunstgeschmack.
Schenkt der Orska alle Rollen
Wedekinder, kesse Bollen –
(Hosenrollen mag sie nicht:
dabei sieht man nur Gesicht ...).
Der kriegt eine Bauerntruhe,
Fräulein Hippel neue Schuhe,
jener hält die liebste Hand –
Und das Land? Und das Land?
Bitt ich dich, so sehr ich kann:
Schenk ihm Ruhe –
            lieber Weihnachtsmann!

Theobald Tiger, Ulk 25. 12. 1919

Der alte Fontane
Zum hundertsten Geburtstag

«Nach Neune ist alles aus.»

«Ich weiß nicht – ich kann seine Romane nicht mehr lesen!» sagt mir Der oder Jener, den ich nach ihm frage. Wir wollen uns nichts vormachen: sie sind ein wenig verblaßt und verstaubt – diese umständlich sorgsame Art, Dinge zu erzählen, die uns nicht halbwegs so wichtig erscheinen wie einstmals ihm, diese rührend einfach verschlungenen Probleme, die wir nicht etwa überwunden haben (das gibt es gar nicht), sondern die er nicht so tief, nicht so menschlich erschütternd empfunden hat, daß sie uns heute noch
10 fest packen. Seine Tragik ist nicht die unsre ... Die Romane: schön. Und dann kennen die Leute noch einige Gedichte (meist nicht die aus dem Nachlaß) – und sie wissen nicht, daß der alte Fontane einer der feinsten und entzückendsten Theaterkritiker gewesen ist, die es je gegeben hat.

Der Theaterkritiker hats schlecht mit der Nachwelt. Die holt ihn wohl einmal hervor, wenn sie etwas nachschlagen will – aber im großen Ganzen kümmert sie sich nicht viel um den Mann, der damals das theatralische Tuch mit der Elle gemessen hat. Und doch: Lest vom alten Fontane seine ‹Causerien über Theater› (bei
20 F. Fontane & Co. in Berlin erschienen) – und Ihr werdet schmunzeln und lächeln und blättern und lesen und immer weiterlesen ...

Es zeigt sich hier einmal wieder, um wie viel wichtiger eine fest fundierte Kultur ist als alles, alles Andre. Fontane brachte nicht nur seinen Kopf ins Theater mit (wie Viele geben den in der Garderobe ab!) – er brachte eine Welt mit. Und stieß diese seine private Welt mit dem Mann da vorn an der Rampe zusammen: dann gab es einen guten Klang.

Ich bin kein Theaterhistoriker und sehe ganz davon ab, was denn eigentlich der alte Fontane in seinen vielen Zeitungsaufsät-
30 zen beschrieben hat. Kenner und Kundige werden aus diesen Aufsätzen das alte Theater-Berlin herauslesen, sie werden ihre Wis-

senschaft über die Literatur bereichern – davon laßt mich hier ganz schweigen.

Und laßt mich schwärmen. Diese Feinfingrigkeit in Fontanes Arbeiten ist, wenn ich mich unter den Heutigen umsehe, am ehesten mit Alfred Polgars Grazie zu vergleichen. Auch hier die schmerzlich-freundliche Ironie, das tiefe Wissen, daß es ja schließlich alles nicht so wichtig ist – auch hier die entzückende Feinheit in den leisen Lichterchen, in den hingehauchten Pointen, in den kleinen Bosheiten und in den charmanten Liebeserklärungen an Kunst und Künstler. Auch dies verbindet Polgar mit Fontane, daß Beide in der Ablehnung fast noch besser sind als in der Anerkennung, und daß es aus ihrem Tadel, besonders aus dem ironischen Tadel unendlich viel zu lernen gibt. Und blieb Fontane nicht ewig jung? Seine Haltung in Sachen Naturalismus, der den ganz anders empfindenden und erzogenen Mann in die Herzgrube stoßen mußte, soll ihm unvergessen bleiben. Es ist eine gute Gabe Gottes, noch aus Wildenbruch das Letzte herauszuholen und vor Ibsen nicht zu versagen. Ganz und gar nicht zu versagen.

Aber was ist das alles gegen den Ton, den Hauch, den Takt, der diese Aufsätze zu einem der schönsten deutschen Sprachgüter macht! Da ist noch nicht der grauenhafte österreichische Feilletonismus neuer Observanz, auch nicht die silbrig französische Schreibart der Herren, die, frisch aus Paris zurückgekehrt, von den Boulevard-Blättern etwas mitgebracht hatten, das sie ebenso gut daheim in Pinne hätten vorfinden können. Nein, dies ist Anmut, und alle Gesetze der Schwere sind aufgehoben.

Die Probe aufs Exempel – genau wie bei Polgar – ist die, daß wir die Schauspieler, von denen die Rede ist, garnicht kennen. S.J. in seinem Bücherkäfig weiß, wer Johanna Jachmann-Wagner und Clara Meyer und Hans Julius Rahn und die kleine Buska waren – ich kenne nicht einmal ihre Namen. Aber ich sehe sie vor mir! Ich sehe sie Alle, Alle: die Zimprigen und Die mit der großen Schleppe und die auf «edel» Frisierten und die Polterer und die Bartträger und die Dämonischen.

Die Zieglern sehe ich vor mir – er hat sie immer wieder in wenigen Sätzen eingefangen. Ich sehe den Heldenspieler Matkowsky,

den Fontane nicht liebte und doch so tief verstand. Ich sehe die
kleinen Götter und die Gastspiellöwen und die Heroinen – Herr
Gott, wie groß ist dein Tierpark!
Er ist unerschöpflich in Vergleichen. Er holt, um einen Eindruck den Sinnen des Lesers nahezubringen, der ihn doch nicht
mit wahrgenommen hatte, die unmöglichsten Dinge heran, die
scheinbar ganz fern liegen – und wupp! ist der Eindruck da.
Von einem Rührstück Benedixens: «Das Ganze erinnerte mich
an die bekannten Toaste wohlgenährter alter Herren (meist mit
Pontac-Nase), die sich, wenn alles im heitersten Geplauder ist und
einige Pärchen schon Knallbonbons gezogen und Conditorverse
gelesen haben, plötzlich erheben, um völlig unmotiviert ‹Dem, an
den wir Alle längst gedacht haben, ein stilles Glas zu weihen›.
Alles legt auf fünf Minuten das Gesicht in traurige Falten – Die
am meisten, die sich still erkundigen, von wem denn eigentlich die
Rede sei –, bis die unbequeme Störung im Schaum des Cham-
pagners untergeht. Gott sei Dank! Nichts verwerflicher, als völlig
nutzlos die heitern Minuten dieses Lebens auch nur um eine kürzen zu wollen!» Solcher Stellen gibt es hunderte in dem Buch.
Das Putzige dabei ist nun, daß Alles, was Fontane zum Vergleich
heranzieht, ihm unter der Hand – unter welch feiner Hand! –
zum Kunstwerk, zum Bildchen, zum entzückenden Pastell wird.
Ob ernst oder heiter: alles ist abgerundet, im Bild und Klang
gleich durchgebildet und graziös. Vom Bildchen in die beste Reflexion: «Im zweiten Akt der ‹Wildente› sitzt die Ekdalsche Familie am Tisch, Mann, Frau, Tochter, und die Frau rechnet eben ihr
Wirtschaftsbuch zusammen: ‹Brot 15, Speck 30, Käse 10 – ja – 's
geht auf›, und dabei brennt die kleine Lampe mit dem grünen
Deckelschirm, und die Luft ist schwül, und das arme Kinderherz
sehnt sich nach einem Lichtblick des Lebens, nach Lachen und
Liebe ... Es ist wahr, ein Stück wie die ‹Wildente› entläßt uns
ohne Erhebung, aber muß es denn durchaus Erhebung sein?»
Wer so sprach, hatte das Recht, mit feinstem Humor Dinge in
einer Kritik zu gestalten, die ein Andrer, erlaubte er sie sich, sicherlich verbiegen würde. «Was von Zwischenfällen sich einstellte,
steigerte nur noch die gute Laune. So beispielsweise während des
zweiten Aktes. In demselben Augenblick, da Herr Berndal die

Worte gesprochen hatte: ‹Gegen den Unverstand eines alten Weibes hat auch der beste Mann keine Waffen›, erscholl vom zweiten Range her ein vereinzeltes, aber intensives und die vollinnerlichste Zustimmung ausdrückendes Bravo. Jeder im Hause fühlte, daß nur ein Schwergetroffener eines solchen Herzenstones fähig sei, und drückte sein Beileid durch Beifall aus.»

Diese Filigranarbeit ist doppelt erstaunlich bei Einem, der, wie man aus dem prachtvollen Vorwort Paul Schlenthers erfährt, diese Kritiken «nie für den Buchdruck bestimmt hat – die Zeit zum Schreiben und Drucken war so knapp, daß dem Verfasser selbst fast nie ein Bürstenabzug vorgelegt werden konnte». Und doch ist Alles so ziseliert, als hätten Jahre daran gefeilt.

Das haben sie auch. Aber Jahre vorher. Man muß aus der Stille kommen, um etwas Gedeihliches zu schaffen. Nur in der Stille wächst dergleichen.

Ich müßte das ganze Buch ausschreiben, um zu zeigen, wie unendlich fein die Zeiger dieses kritischen Apparats ausschlugen. Wie er sich niemals vom Bombast täuschen ließ. Wie immer der gesunde Menschenverstand, der bürgerliche Verstand genau dann revoltierte, wenn Einer seine Schwächen durch Radau verbergen wollte. Wie er aber sehr gern bereit war, sich durch einen Dichter, der ein Kerl war, auch über den Gendarmenmarkt hinaus entführen zu lassen.

Verspielt, wie ich bin, liebe ich an diesem Buch am meisten die zart ausgepinselten kleinen Bilderchen. So dieses: «Und nun endlich war der Sand durchs Glas gelaufen; der Vorhang fiel, und der bis dahin zurückgedämmte Enthusiasmus machte sich in schäumenden Kaskaden Luft. Wenn einst Perserpfeile den Himmel verfinsterten, so hier Kränze und Buketts. Immer mehr; letzte und allerletzte; und dann wieder von neuem. Die Scheidende sprach kurze herzliche Worte des Abschieds. Und als sie so dastand, halb versteckt in Kränzen und die Krone noch auf Haupt und Haar, glich sie einer blumengekleideten Flora, einer Königin des Sommers. Und so wird sie fortleben in unser aller Erinnerung: ein helles Bild, ein freundlicher Klang.» Nichts herrlicher, als wenn sich über einen possierlich hitzigen Pudel die kalte Dusche eines berliner Witzes ergießt – irgendeine der Anekdoten, von denen Fon-

tane voll war, wird beiläufig erzählt, und Held und Dramatiker können einpacken. Aber bei aller preußischen Verstandesschärfe doch immer wieder der glühende Wunsch, hingerissen zu werden und die stets wiederholte Aufforderung an die Dichter: «Entwaffnet mich! Bezaubert mich! Reißt mich hin!» Und welch Takt, welche Delikatesse: «Einer Vorstellung wie der vom Mittwoch gegenüber» – es handelte sich um den Abschied einer Schauspielerin
150 – «gibt es keine Kritik. Auch die rigoroseste Mutter wird in dem Momente, da sie von ihrer aus dem Hause scheidenden Tochter Abschied nimmt, nicht ein tränenersticktes ‹Sitz grade!› sprechen; in solchem Augenblicke wird auch das leiseste Bedenken, die taktvollste Frage zur Taktlosigkeit. Vielleicht ist schon diese bloße Reflexion ein Verstoß.»

Und welche prächtigen Dinge alle in der Abteilung «Aphoristisches» stehen, das müßt Ihr selbst nachlesen. (So die himmlische Geschichte von dem sympathischen jungen Schauspieler, der beim Kritiker Besuch macht, in einem etwas blaß gewordenen
160 Plüschfauteuil sitzt, sich als reizender Mensch entpuppt und um gütiges Interesse bittet. «Und nun endlich bricht der Abend seines ersten Auftretens an, und der Zauber ist hin, und alle guten Vorsätze fallen zu Boden. Ein verkleideter Mensch tritt aus der Kulisse, schlenkert hin und her und behauptet, Der oder Jener zu sein. Aber er ist nicht Der und nicht Jener, ja nicht einmal er selbst.») Es zeigt sich wieder, wie unendlich wertvoll das ist, wenn Einer gefestigt von draußen hereinkommt. Fontane hat immer Distanz zu den Dingen. Er kommt immer von draußen herein.

Und die alten Lustspielkritiken … Aber da hinten drängt schon
170 der nächste Artikel seinen dicken Kopf hervor, und ich muß schließen. Zum Abschiedsgruß: Lest dieses seltene Buch und lernt wieder einmal, wo Kultur und Geschmack und Charme und Kraft und schwebende Leichtigkeit wachsen und gedeihen. In der Stille.

Kurt Tucholsky, WB 25. 12. 1919

Die Pausen werden durch die Clowns ...

Die Schulreiterin im blauseidenen Ballettröckchen hat sich vom
Pferde geschwungen, knickst zierlich, führt die Hände an die Lippen, sieht aus wie eine Odol-Reklame und geht ab durch die Mitte. Ein tritt
Der Clown: Aoh – good morning! Hä Kepellmaister – bitte
aine klaine Mjuuhsik! (Die Kapelle: Schnedderengdeng!) Ach –
isch bin hier hereingekommen, mich hinkt der linke Fuß – isch
bin auf den Boden der gegebenen Tatsachen gestiegen, und der
war so voll, da bin isch runtergefallen – aoh yes –! Feine Leute
10 haben da gestanden; sie haben alle gesagt: Wir können links rum
schreiben – wir bleiben, bleiben, bleiben – es waren fürnehme
Leute –! Ja, was ist das? Eine kleine Pferdeappel – o mein kleiner
Pferdchen, laß den nicht Mister Erzberger sehen, sonst mußt du
Zusatzsteuer zahlen! Ich werd das Pferdchen suchen gehen und
steck ihm wieder ... Guten Tag, Hä Stallmeister! Wie geht Ihre
liebe Frau? Und Ihrem gnädigen Verhältnis –? Nicht hauen –! Isch
schenk Sie auch dreißig Mark – isch kann mir das leisten, isch
habe vorhin ein Dollar gefunden – da – davon will isch in Germany heiraten, und was übrig bleibt, kriegt Herr Sklarz. Yes – isch
20 gebs ihm freiwillig – er kriegts ja doch eines Tages ... Du dummer
Junge – geh weg! Weißt du nicht, wen Sie vor sich haben? Ich bin
ein Clown – eine richtige Clown – isch kann auf den Kopp und
auf die Beine – nein, isch bin kein deutsche Ministe, isch seh bloß
so aus. Guten Tag, Herr Wachtmeiste – wie komm – können Sie
mir vielleicht – wie komm isch hier am besten nach die Bendler-
Straße? Ja, was isch da will? Isch muß mein Freund Noske eine
kleine Besuch machen! Ist mein gute Freund, Gustav! Sehn Sie
mal, Herr Stallmeister, was brauchen Sie die lange Peitsche – Gustav sein Stallmeister hat gar keine Peitsche – hat klein Säbelchen,
30 heißt Adjutantchen, und geht auch! Ja – geht gut! Aoh yes –
Gustav muß bleiben! Gute von Freund von mir, der Gustav ...
Was ist das –? Sieh mal, wer da im Parkett sitzt! Die Sarah Bernhardt! Wie kommt denn die in den Zirkus? Die gehört doch

bei die beiden Bindelbands –? Das sind Zustände, Zustände sind
das –! Hä Kepellemeister, spielen Sie nicht so laut – isch kann
garnicht hören, wie die Valuta fällt –. Hä Kepellmeister! Will
nicht ... Hä Stallmeister – wissen Sie den Unterschied zwischen
die alten und den neuen Regime – nää? – ich auch nicht ... Nicht
hauen –!

40   Die nächste Nummer erscheint: ein knallrot behoster Athlet.
Der Clown geht durchaus o-beinig ab.

Anonym, WB 25.12.1919

243

Sylvester

So viel Tage zerronnen,
so viel Monate fliehn;
stets etwas Neues begonnen,
dorrt es unter der Sonnen ...
Hexenkessel Berlin!

Ich, der Kalendermacher,
blick nachdenklich zurück.
Mal ein Hieb auf den Schacher,
mal auf den Leutnant ein Lacher –
10   Aber wo blieb das Glück?

Schau, sie sind kaum zu belehren.
Denken nur merkantil.
Halten den Noske in Ehren,
können ihn nicht entbehren –:
Handgranatenstil.

Mädchen – euch halten die Schieber!
Denn sie sind obenauf.
Geist –? Es ist euch viel lieber
Lack und Erfolg und Biber –
20   Das ist der Welten Lauf.

Nur mit dem Armband bekleidet,
wandelt Melpomene.
Börsenfaun, er entscheidet,
woran die Loge sich weidet –:
kugeliges Decolleté.

Wie verbring ich Sylvester?
Gib mir dein blondes Haar.
Fasse die Arme mir fester,
gib dich, du liebliche Schwester –
30   wolle aus deinen Händen
Nacht und Entzücken mir spenden
und ein besseres, anderes Jahr!

Kaspar Hauser, WB 25. 12. 1919

244

Gesichter

Neulich fuhr ich mit einem bekannten Zeichner durch Berlin. Er
sagte zu mir: «Sehn Sie sich die Gesichter der Leute an! Sind die
Köpfe besser geworden? Ist das der Gesichtsausdruck eines Volkes, über dem ein Schicksalssturm dahingebraust ist? Sehen Sie
sich die Gesichter an!»
    Ich sah sie mir an. In der Tat: genau so ausradierte helle Flächen
wie vor dem Kriege. Nirgends ein Atom seelischen Lebens, nirgends eine Spur innerer Erlebnisse. Gewiß, man hat sich in Saloni-
ki entlausen lassen, hat in Finnland Zigaretten empfangen, ist in
10 Flandern vom Feldwebel angeschnauzt worden – aber nichts blieb
haften. Warum nicht?
    Weil Berlin immer mitging. Aber nicht die Heimat ging mit –
haben denn diese entwurzelten Leute aus den Mietswohnungen
überhaupt eine Heimat? –, sondern der alles verwischende und
verwaschende Bureaukratismus ging mit, die öde militärische
Gleichmacherei, die viel, viel schlimmer war als der schlimmste,
uns stets angedrohte Zuchthausstaat der Sozialdemokraten. Er

ging mit und ließ keine innern Erlebnisse aufkommen. Es wurden zwar welche gedruckt, aber die stammten fast alle aus der
20 Literatur.
Sind die Augen geöffnet worden? Der ‹Simplicissimus› – als er
noch gesund war und ein freches Hundevieh – druckte einst im
tiefsten Frieden ein Lob des Krieges aus einer Kriegervereinszeitschrift ab, darin gesagt wurde, der Krieg sei schon deshalb so zu
begrüßen, weil durch ihn die deutschen Soldaten fremde Gegenden kennen lernen müßten. Nun kann ich mir zwar eine angenehmere Art zu reisen denken, aber diesen Unsinn hat man dann
später, als Reklamation und vaterländische Begeisterung die Seelen
stärkten, im Ernst lesen können. Aber ach! was haben sie denn
30 kennen gelernt?
Immer wieder dieselbe preußische Etappenstadt: «Zur Entlausungsanstalt» – «Nur für Offiziere» – «Durchreisende Mannschaften haben sich auf der Kommandantur zu melden» – «Verboten» – «Verboten» – «Verboten» –.
Und wenn die Deutschen den Nordpol erreicht hätten, sie hätten auf die Spitze der Erdachse eine Tafel befestigt: «Das Betreten
des Pols ist nur nach eingeholter Genehmigung durch die Etappen-Kommandantur Nord II gestattet. Die Mannschaften haben
bei einer Temperatur von dreißig Grad abwärts umgeschnallt zu
40 erscheinen.»
Nein, den Gesichtern ist nichts anzumerken, und den Seelen –?
Ich fürchte, ich fürchte, auch denen nicht.

Ignaz Wrobel, WB 25. 12. 1919

245

Was wäre, wenn ...

Eines Tages – das war ungefähr acht Jahre, nachdem die Schwerindustrie ihr Geld in den Berliner Lokalanzeiger gesteckt hatte –
beschloß ein großes Konsortium edler Menschenfreunde, diese
Zeitung für pazifistische Bestrebungen anzukaufen, und es entspannen sich lebhafte Verhandlungen mit dem Verlag, die denn

auch zum Abschluß führten. Der neue Herr fragte an, zu welchem Termin die Redakteure ihren Posten verlassen wollten – aber da kam er schön an! «Wir haben schon so viele Schwenkungen mitgemacht,» wandten die Herren ein – «auf eine mehr oder weniger kommts auch nicht an! Wir bleiben.»

Und so geschahs, und nun spielten sich auf der neuen alten Redaktion folgende Szenen ab:

«Telegramm aus Amerongen – Seine Majestät, pardon, der Exkaiser ist leicht unpäßlich! Holzbock? Wo ist Holzbock?»

«Lärmen Sie doch nicht so! Der Exkaiser kann uns leid tun; sagen Sie lieber: Was ist mit der Großnichte von Bebel? Kriege ich nun das Bild oder kriege ichs nicht?»

«Wir bringen nicht nur ihr Bild, wir bringen auch einen Leitartikel von ihr. Die Frau kann zwar nicht schreiben, aber das haben unsre Leitartikler schließlich auch nie gekonnt. Vergessen Sie übrigens nicht: morgen ist der fünfte Jahrestag von Liebknechts Ermordung – einen flammenden Artikel und Erinnerung an den edeln Verblichenen ... Holzbock! Wo ist Holzbock?»

«Der ist nicht da. Er interviewt Radekn – hier, den Anfang haben wir schon: ‹Ich stehe nicht an, vor coram publico zu erklären ...›»

«Herr Meyer! Herr Meyer! Wollen Sie entlassen werden? Dann sagen Sies. Was soll uns der siebenundzwanzigste Januar? He? Was soll er uns? Diese lächerlichen Anachronismen lassen Sie besser weg, Sie – Sie – Monarchist! Nur die Völkerversöhnung auf republikanischer Grundlage ... Sie, was wird aber doch, wenn die Nationalen die Oberhand bekommen? Es sieht fast so aus. Und dann? Und dann? Wo ist Holzbock? Dann sitzen wir am Ende in der Opposition!»

Der Chefredakteur tritt ins Zimmer und spricht mit Emphase: «Ein Lokalanzeiger steht niemals in der Opposition!»

Peter Panter, WB 25.12.1919

Fontane und seine Zeit

Einer, der am 30. Dezember 1919 hundert Jahre geworden wäre,
wenn Menschen im allgemeinen so alt werden würden. Und der es
nicht geworden wäre.

Dieser märkische Goethe wirkt auf uns so lange nach – nicht als
Künstler: denn leicht angestaubt scheinen heute schon seine Romane, in der Technik, in altbacknen Stellen, die unsere Zähne
nicht mehr recht beißen wollen, in der Linienführung und schließlich auch in der Anschauung von Gut und Böse. Wir denken anders, wir werten anders, wir fühlen anders, und wir urteilen an-
10 ders. Und ein solcher Riesenkerl, daß er uns das vergessen machen
könnte, war Fontane nicht. Der Romanschreiber Fontane schwindet mit seiner Zeit. Anders steht's schon mit den Gedichten, besonders mit denen aus den letzten Jahren des Alterns. Das sind
Töne, die so bald nicht vergehen; da ist Herzschlag und eine weise
Resignation, die niemals tränenselig ist. Schlagt die Altersgedich-
te von Wilhelm Busch auf, und ihr habt in (herrlichen) Versen,
noch einmal niederdeutsch, was Fontane auf seine graziöse Art
gesagt hat.

Aber der Literaturhistoriker wird diesen Mann nicht ganz er-
20 fassen. Er war mehr, ja er war eigentlich erst ganz er selbst, neben
der Literatur. Nicht neben der Kunst. Er war kein Lebenskünstler,
kein Held und kein Weltbefahrer. Alles, was menschlich und literarisch in den Briefen, in den viel zu wenig gekannten Theaterkritiken reizt, hat irgend etwas mit Kunst zu tun – ist künstlerisch
empfunden bis in die Fingerspitzen –: Werke des Mannes aus einer Mischrasse. Märker und Emigranten – dieses Konglomerat hat
der Mark Brandenburg schon manchen guten Mann geschenkt.
Aber es war ja nicht die Literatur, nicht die Kunst und all das.

Was diesen Mann uns unvergleichlich macht, das ist – wie bei
30 Goethe – die Luft, in der er lebte und die er atmete. Das ist jene
Aura um die Dinge seines Seins herum, dieses Undefinierbare, das
Fontane zu einem Symbol macht, zu einem Symbol einer Zeit,
und mehr: zu dem einer ganzen kleinen Welt. Sie ist dahin.

Was war es denn schließlich mit ihm –? Er schrieb seine Bücher, und arbeitete – er war einer der gewiegtesten Techniker, die die deutsche Literatur je gehabt hat, ohne daß man Versen und Sätzen ansieht, wie sie gebosselt sind – er schrieb und lebte bescheiden daher. Und das Leben auf der großen Weltbühne rauschte vorbei, umbrauste ihn, und er lächelte. Wer so lächeln kann –!

40 Es war ein Gemisch, ein prachtvolles Gemisch von Lavendelduft und neuer Zeit, wie er sie verstand, aus edelstem Menschentum und jenem Schuß Ironie und Skepsis, die den Mann so anziehend machten. In seinen Augen lag immer das gewisse leichte Zwinkern, der kleine Berliner «Plinzler», der die Möglichkeit zum Rückzug offenläßt, und der deshalb jedes Pathos erträglich macht – weil man weiß: *der* bullert keinen Theaterdonner.

Andere mögen entscheiden, was er uns als Künstler gewesen ist. Thomas Mann tut's in dem neuen Fontane-Gedenkbuch, das jetzt bei S. Fischer in Berlin erschienen ist; in einem wunderschönen

50 Aufsatz (da ist Seelenverwandtschaft) zeigt er den Spießer auf, der gar keiner war, und den Künstler, der jene unstillbare Sehnsucht nach dem Philistertum, nein, nach den Menschen hatte. Andere mögen untersuchen, was er der von ihm versifizierten preußischen Geschichte genommen und gegeben hat, welch ein Theaterkritiker der Mann war und welch ein Briefschreiber. Laßt mich hier den Menschen Fontane betrachten, das Symbol seiner Zeit.

Wie war es denn? Er lebte dahin, wohl wissend, daß alles gedrückt und klein war um ihn, und daß er niemals Geld machen würde, und daß Amerika auch ein Land sei, aber Gott sei dank –

60 ein fernes. Er lebte und lächelte leise, wenn er merkte, daß ein ordensbedeckter Kanzlist der alten Schule ihm bei Festlichkeiten vorgezogen wurde. Er lächelte, aber es war ein seltsam trauriges Lächeln. Denn er gehörte zu diesen unglückseligen Naturen, die auf der bösen Kippe stehen: auf dem schmalen Grenzseil zwischen Literatur und Leben. Und er liebte beides gleich heiß, und er wußte von beiden viel und sehnte sich nach beiden. Und wenn er das Leben heißer liebte als die Literatur, so geschah das deshalb, weil er ein größerer Literator war als ein Mann dieses lauten Lebens.

70 Sein Einfluß reichte weit. Durch die Jahre, durch die Jahrzehnte

war der alte Fontane ein Wappenschild, so, wie der alte Raabe eins war oder Wilhelm Busch oder vielleicht noch Keller. Einem Induktionsstrom gleich glitt durch unsere Herzen derselbe Takt des Blutes, wenn wir ihn lasen – die scheinbar improvisierten Verse der Alterszeit und die Briefe, diese vollen, satten, tiefen Briefe. Das war bis zum Kriege nicht eben ohne Wichtigkeit. Man konnte sich doch damals noch schließlich bei einiger Anstrengung vormachen, die Zeiten hätten sich nur wenig gewandelt, und man sei selber so ein Stück alter Fontane und gehe durch das kleine
80 Hafenstädtchen und verachte durchaus nicht die «neue Zeit» – bewahre! – aber stehe ihr doch ein wenig zweifelnd gegenüber, nicht wahr? und habe so seine eigenen Gedanken, und dies und jenes sei eben ein weites Feld, das man nicht so obenhin beackern könne. Und heute –?

Der alte Fontane ist nicht am 20. September 1898 gestorben. Er starb am 1. August 1914. Er wäre heute etwas völlig Unmögliches.

Nichts dokumentiert den Abstand dieser beiden Weltalter so sehr, wie die Vorstellung, der Alte wandele heute noch unter uns. Jeder reichgewordene Schieber würde ihn verlachen. Nicht wegen
90 seiner hausväterlichen Anschauungen – die sind dem neuen Mann gleich – sondern wegen seiner Hemmungen, wegen seiner Bedenken, wegen seiner Schwäche. Das Bootsverdeck ist verdammt kleiner geworden, und es ist nun die Frage, wer da hinunter muß und wer oben bleiben darf. «Es ist eine Frage der besseren Ganglien», sagte mir neulich jemand. Ach, ich fürchte, es wird auf die gröbern hinauslaufen, und die hat nicht jeder. Ein neues Zeitalter ist aufgezogen, und das kommt nicht allein von der Valuta her. Ihr wollt tatkräftige Männer, zum Sinnieren ist jetzt nicht die Zeit, und die Jugend lernt spanisch und will hinaus, auf den Weltmarkt,
100 hinaus, wo es bunt hergeht und laut, und wo die Möglichkeiten schlummern. Liebe, wolltest du nicht auch in die Welt? Ist es nur eine solche Beschaffenheit deines Blutes, die dich ruhelos macht? Du bist ein Kind dieser Zeit; Amerika und die englischen Kolonien und eine Farm und vielleicht die Gesandtschaften in Lissabon – nur Leben, wildestes, bewegtestes Leben! Genrebilder aus dem Biedermeier (denn der alte Herr ist für dich schon fast Biedermeier) – pah! Und wir andern, die wir leider, leider immer noch

so fontanisch sind, wir wollen dich halten, halten. Aber die Uhr tickt, und du gehst weiter. Und bist doch nur ein Mädchen; also wie sind die, die du liebst, wie sind deine Männer? Sie sind – in ihren besten Exemplaren – so, daß auch nur ein innerliches Gespräch zwischen ihnen und dem alten Fontane eine Unmöglichkeit wäre. Er war fein und still; er ging über den Asphalt und kannte alle geistigen Leute in Berlin und umspannte gewiß nicht die ganze Menschenwelt, aber alles war so klar und einfach und wohl abgegrenzt – bis hinunter zur Rangordnung der preußischen Verwaltung, die er ironisierte, aber doch irgendwie ernst nahm. Und das konnte er damals ja auch.

Vorbei, vorbei. Dieser Gedenktag bietet noch einmal Anlaß, sich liebevoll in die Einzelheiten dieses kargen und reichen Lebens zu versenken, noch einmal abzutasten, wie er arbeitete und sich mühte, wie er mit freundlichen Händen über die Dinge strich, und wie er so unendlich mühevoll erreichte, was er wollte. Das mögen die Gedenkschreiber untersuchen, das und sein altes Berlin, seine alte Mark. Beide sind endgültig dahin. Vielleicht entwickelt sich einmal aus dem Neuen etwas Ersprießliches, vielleicht geht ein neuer alter Fontane in hundert Jahren durch diese graue Stadt und wird vielleicht – obgleich er uns heute wie ein Löwe erschiene – von seinen Leuten genau so ein ganz klein wenig belächelt wie dieser: mit seiner entzückenden Vorliebe für die kleinen Anekdoten, für das Reale, für die winzigen Menschlichkeiten, die aus allen Löchern gucken, mit seinem scharfen Blick und mit seinem tiefen Herzen. Vielleicht. Wir stehen aber da, daß wir Geschichte treiben, wenn wir vom alten Fontane sprechen, wir stehen da, wo die junge Generation wenig von ihm weiß und gar nichts von ihm wissen will, und erkennen wieder, daß Geld auf alle Fälle, ob man's hat oder nicht, ein Malheur ist. Worauf der Alte sicherlich ein charmantes Gedicht gemacht hätte … Aber dann wäre er, lebte er heute noch, schlafen gegangen.

Theodor Fontane ist nicht am 20. September 1898 gestorben. Er starb am 1. August 1914 – gerade zu Beginn der großen Zeit.

Peter Panter, BT 27. 12. 1919

Ungesicherte Texte

247*

Guckkasten

Erster Tag des Truppeneinzuges in Berlin! Neben mir auf dem Dache eines Palais am Pariser Platz steht eine Mutter mit ihrem Töchterchen. Die ersten Truppen ziehen vorüber, und die Kleine schaut begeistert auf das Treiben unter uns. Nun tauchen einige durchmarschierende Bayern mit ihren blauweißen Fähnchen auf, und neben mir erhebt sich ein jubelndes Stimmchen: «Mutti, Mutti, jetzt kommen die Aschinger!»

*

Wir waren auf dem Rücktransport von der Front. Auf einer Sta-
10 tion in nächster Nähe Berlins wurden wir verpflegt. Natürlich gleiche Kost für alle. Der «Offiziersspeiseraum» war geschlossen. Da wir Offiziere aber leider über keine Kochgeschirre verfügten, mußte man uns doch Geschirr und einen Raum zur Verfügung stellen. Es sei hervorgehoben, daß die Holztische und Bänke sauber abgewischt waren. Die Teller waren von Porzellan, es gab Sauerkraut mit Kartoffeln und ein großes Stück Fleisch dazu. Das Besteck bestand indessen nur aus Löffel und Messer. Auf unser Ersuchen um Gabeln erhielten wir die Antwort: «Jabeln hat der Soldatenrat verboten; die Offiziere solln lernen mits Messer
20 essen!»

*

– «Soldaten! Matrosen! Helft! Die Polen und Tschechen kommen!»
– «Wir haben jetzt keine Zeit. Wir müssen uns Löcher in die Köpfe schießen!»

*

– «Vater, was ist das, ‹die Büchse der Pandora›?»
– «Wahrscheinlich ein neues Gewehr!»

*

Haut ihn! Herunter von der Tribüne! Ausgerechnet! Hast wohl 'n Vogel? Zur Geschäftsordnung! Pfui Deibel! Jacke wie Hose! Schlu-u-uß!
Überschrift: Die Wahlversammlung.

*

Ja und nein – schwarz und weiß – groß und klein – dick und dünn – lang und kurz – rund und eckig – hell und dunkel.
Überschrift: Dr. Stresemann.

*

40 Hmhm. Ist das alles? Schon wieder! Nun habe ich die Geschichte aber satt! Danke für Obst!
Überschrift: Das Mittagessen.

*

Die Papiernot
– «Ist die Zeitung noch nicht da?»
– «Doch, der Briefträger hat sie eben durch Schlüsselloch geschoben!»

Anonym, Ulk 3. 1. 1919

248*

Rausch

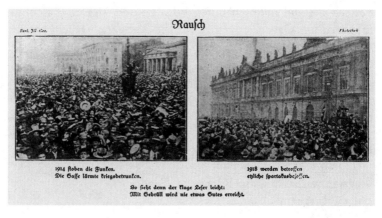

Anonym, Ulk 3. 1. 1919

249*

Wahl

Du hast die Wahl!
Sieh, wie sie dich umgaukeln!
Sieh, wie im Wind Flugblätter schaukeln –
Du hast die Wahl!

Wer steht da links?
Sie lassen Barrikaden bauen.
Wie Zabern ist Berlin zu schauen –
Wer steht da links?

10

Wer steht da rechts?
Die alten, alten Unheilstifter,
die Machtanbeter, Volksvergifter –
Wer steht da rechts?

Wen wirst du wählen? den Flammenwerfer
oder den großmäuligen Säbelschärfer –
Beide umschmeicheln dich: Bitte ! Bitte!

Auge um Auge! Tu ihnen ein Gleiches!
Denk an die Zukunft des Deutschen Reiches!
Wir stehn in der Mitte!

Anonym, Ulk 17. 1. 1919

250*

Am Telephon

– «Hier von Brandenstein auf Brandenheide. Wer dort?»
– «Hier Regierungsassessor Klentze. Erlaube mir ganz erge-
benst, einen guten Tag zu wünschen, Exzellenz!»
– «Guten Tag, mein lieber Klentze. Na, wie gehts, wie stehts?»

– «Danke gehorsamst, Exzellenz! Und das Befinden von Exzellenz?»

– «Na, macht sich. Wie es eben alten Knochen gehen kann. Es will ja nicht mehr so recht – neulich nach dem Herrenabend – – wir hatten 'n bißchen scharf getrunken – war ich doch etwas runter. Ja.»

– «Und die Frau Gemahlin? Und Fräulein Tochter?»

– «Danke, danke, alle wohlauf. Na, was gibts denn Neues, Klentze?»

– «Ja, Exzellenz, Neues so eigentlich nicht. Hier im Amt ...»

– «Nee, nich im Amt. Draußen, im Reich! Was hören Sie aus Berlin?»

– «Schauervoll, höchst schauervoll, Exzellenz! Was sagen Exzellenz zu den neuesten Nachrichten?»

– «Sie meinen die Vorbereitungen zum Generalstreik? Unser Wurstblatt bringt ja nicht viel, und die Post aus Berlin ist ausgeblieben.»

– «Nein, aber wissen Exzellenz denn gar nicht? Es sind reguläre Straßenschlachten in Berlin im Gange, die Regierungstruppen schießen mit Artillerie, die andern auch, Tote und Verwundete – –»

– «Was Sie sagen! Erzählen Sie mal!»

(Klentze erzählt.)

– «Ah! Allerdings stark – allerdings sehr stark!»

– «Was glauben Exzellenz in bezug auf die politische Lage, wenn ich mir die Frage erlauben darf ...»

– «Aber glänzend! Aber ganz ausgezeichnet!»

– «Wie meinen das Exzellenz?»

– «Aber, mein lieber Klentze: je mehr das da drunter und drüber geht, desto höher steigen unsere Aktien. Glauben Sie denn, die schlappen Sozialdemokraten werden der Sache Herr? Können sie ja gar nicht – haben sie ja gar nicht gelernt.»

– «Sehr wahr, Exzellenz!»

– «Na, sehen Sie, und passen Sie mal auf: ich kenne doch unsre Leute. Die haben die Nase von der Revolution schon so voll, die sehnen sich ja ordentlich nach dem Kaiser und nach uns und nach all dem guten Alten. Je mehr die Kommunisten und Spartakisten, und wie sich die Burschen nennen, da herumtoben, desto leichter haben wirs nachher bei den nächsten Wahlen und in der Politik. Ich verpflichte mich schon heute, hier im Kreise eine Resolution mit zweihundert, na, dreihundert Unterschriften zusammenzukriegen, in der steht: Monarchismus, Wehrmacht, Ausdehnung in der Welt – Sie kennen ja mein Programm!»

– «Sehr gut, Exzellenz! Und Exzellenz glauben, daß uns Berlin auf die Dauer nützt?»

50 – «Aber nicht bloß Berlin, mein lieber Klentze, nicht bloß Berlin! Das ganze Reich. Passen Sie mal auf: wenn die Unruhen nicht aufhören, dann kommen die Leute bald dahin, uns wieder zu rufen. Wenn wir sie nur Geld verdienen lassen, dann ist ihnen die Politik ganz egal. Aber uns ist sie nicht egal!»

– «Famos, Exzellenz!»

– «Ich sage Ihnen: warten Sies ab. Geht das noch ein halbes Jahr so, dann sind wir wieder auf der Höhe. Auch mit Stimmzahlen und allem – Sie werden den alten Brandenstein mit der Division noch mal hoch zu Gaul da bei Ihnen einziehen sehen!»

60 – «Dann hätten also die Aktionen der Herren Revolutionäre doch einen Sinn gehabt?»

– «Aber natürlich haben Sie den gehabt! Sehn Sie, der Sinn war der: das Schicksal will, daß wir uns wieder aufrappeln. Wir sollten eigentlich dem Radek ein Denkmal setzen, was?»

Rrrrrrrrrrrrrchrrrrrr ...

(Das Gespräch ist unterbrochen. Aber nicht gegenstandslos.)

Anonym, Ulk 21.3.1919

Aus dem Berliner Telephonbuch
Vor neuem Anruf mindestens ½ Stunde warten!

Aus dem Berliner Telephonbuch
Vor neuem Anruf mindestens ¹/₂ Stunde warten!

A–Z

Aa, Allgemeine Anziehungsanstalt für Säuglinge, Berlin-Wedding. Norden 36 45

Bimstein, Margarete, Bureau für Herzensnelgungen. Garantiertes Lebensglück gegen mindestens 2¹/₂ %. W, Tauentzienstrasse 208. Steinplatz 47 46

Bahnke, Klara, Putz- und Engelmacherin, 30, Schönhauser Allee 465. Alexander 74 63

Bureau der rheinisch-westfälischen Republik. Zentrum 19 19

Cohns Dienstmädchen, Tägliches Plauderstündchen 4–6 Uhr nachmittags. Stephan 815

Ehrlich, Traugott, Nollendorfstr. 14. Bitte während der Nachmittagsstunden nicht anzurufen, da während dieser Zeit auf Zigarren stehe. Nollendorf 444

Entente, Kein Anschluss.

Hurra! Hurra! Hurra! G. m. b. H. für Veranstaltung patriotischer Kundgebungen aller Art. Herstellung wirkungsvoller Gratulationsadressen für das Ausland. Vermittlung von Ordensauszeichnungen und Hoflieferantentiteln a. D. Königstadt 67 23

Klamotten-Ede, Schwerer Junge mit leichten Damen. Spezialist für Aus- und Einbrüche. Virtuose auf dem Sauerstoffgebläse. Moabit 13 30

Krause & Co., Gottlieb, Anlagen von Warmwassertolletten. Alle Aemter 00

v. Lammers, Baron Reichsfreiherr, Hotel „First class", SW, Grossbeerenstrasse 100. Vorstand des Allgemeinen Deutschen Anglervereins zur Veranstaltung von kleinen geselligen Abenden. Alexander 30 und 40

Lehmann, Otto, Familienpension. Zivile Preise von 150 M. aufwärts täglich. Eigenes Polizeirevier im Hause. Kurfürst 45 60

Leisegang, Waldemar, Schieber en gros & en détall. Verschlebt angreifbar, greifbar und selbst nie greifbar: Eier, Butter, Rasierseife, Weckeruhren, Stiefelsohlen, Büchsenfleisch, Kindersärge, Grammophone, Klosett- und Zahnbürsten, Parfümerien, Stiefelwichse, Zahnstocher, Stahlfedern, Lachsschinken, Bettvorleger, Schnürsenkel, Briefpapier, ff. Konfitüren, Spucknäpfe. Hansa 324 26
Falls unter obiger Nummer nicht erreichbar, Anruf unter „Schieber-Café". Kurfürst 77 99
Wenn auch hier Antwort nicht erfolgt, Anruf unter „Zellengefängnis Moabit".

Lieblich, Hulda, Institut für Massage und Nächstenliebe. Salons zur Pflege einer veredelten Geistigkeit. Mitglied des Vereins zur Hebung des gesunkenen nächtlichen Verkehrs. Heimersatz für bessere ältere Herren. (Nebenanschluss zu vergeben.) Zentrum 75 98

Lieschen am Nollendorfplatz. Nollendorf 100

Ludendorff, Erich, immer noch Exzellenz, Vorsitzender der ehem. Kaiserl. Unterschätzungskommission. Stellvertretender Dalai-Lama, z. Z. harmloser Spaziergänger an der Spree. Wilhelm 1914–1918

Meyer, gen. Brillantenmeyer. Eigenes Amt. Meyer I

Naumann, Friedrich, Direktor der Schlafwagengesellschaft Mitteleuropa. Weimar Nationalversammlung. Weimar 18 48 (Danebenanschluss)

Nationalversammlung. Besetzt! Bitte später rufen!

Roethe, Gustav, Professor und Prophet. Weissagt nach dem Kaffeesatz und der Obersten Heeresleitung je nach Wunsch. Berlin-Obenauf. Kurfürst 16 14

Schepphahn, Justav, Laubenkolonie Nr. XIII (z. Z. Nummer Sicher). Reinickendorf 28 39

Dr. Stresemann, wechselt ebenso wie die politische Anschauung auch die Telephonnummer ständig. Jetzige Nummer daher unbekannt.

Taubstummenanstalt siehe Vereinigte Berliner Fernsprechämter.

Tellermann, Frau Berta, Spielschule für grosse und kleine Kinder. Harmlose Gesellschaftsspiele (Bakkarat, Poker usw.) Charlottenburg, Kantstrasse. (Nummer zu erfragen bei den Chauffeuren). Steinplatz 14 66

Tirpitz, Exzellenz von, Ritter vom Barte des falschen Propheten, Niederzwinger Deutschlands, Sachverständiger für U-Boot-Bekämpfung, Direktor der Alteisen-G. m. b. H. „Deutsche Flotte". (Leitung z. Z. gestört.) Wilhelm 888 88

Veranda, Vera, Kinofilmistin. Erste tragische Rollen. Die naive Kuhmagd auf der Alm, dämonische Salonschlangen, verführte, jedoch missverstandene Frauen. Pfalzburg 99 86

Vereinigte Berliner Fernsprechämter siehe Taubstummenanstalt.

Westarp, Graf von. Seit dem 9. November schlecht zu sprechen.

Zirkus Busch. Versammlungsort für patriotisches Stallpersonal. Generalproben zu der Pantomime: „Schwarzweissroter Spartakus." Königstadt 18 71

Anonym, Ulk 4. 4. 1919

O schöne Zeit! O selige Zeit!

Blatt aus dem Haushaltungsbuch meiner
Frau 1914

Anonym, Ulk 23. 5. 1919

Albumblätter

Anonym, Ulk 13.6.1919

Die Bilanz

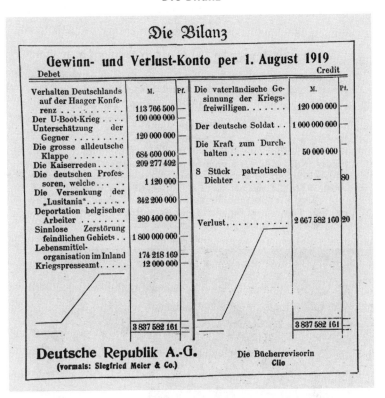

Anonym, Ulk 1. 8. 1919

Illuſtrierte Weltgeſchichte

Der frühere Ordonnanzoffizier des Deutſchen Kronprinzen, Rittmeiſter Arnold Rechberg, hat folgendes Schreiben an Clemenceau gerichtet:

„Berlin, den 9. Juli 1919,
3. 3. Hotel Eſplanade.

Herr Präſident!

Für den Fall, daß ein Verfahren gegen Seine Kaiſerliche und Königliche Hoheit den früheren Deutſchen Kronprinzen eingeleitet werden ſollte, erkläre ich mich in meiner Eigenſchaft als ehemaliger Ordonnanzoffizier im Stabe Seiner Kaiſerlichen und Königlichen Hoheit bereit, unter Eid und auf meine Offiziersehre zu bezeugen:

1. Daß der Deutſche Kronprinz vor dem Kriege mit Energie politiſche Bemühungen unterſtützt hat, deren Verwirklichung den Ausbruch eines europäiſchen Krieges unmöglich gemacht haben würde..."

Der bekannte Pazifiſt im Kreiſe ſeiner Friedensfreunde

Anonym, Ulk 1.8.1919

Vier Aktenstücke

I.

Hierorts, den 6. Oktober 1914.

Seiner Hochwohlgeboren
Herrn Mathias Erzberger, M. d. R.
J-Nr. 5766 / 14 III. 4. 6.

Auf Ihr dortiges Ersuchen, auch weiterhin vom Militärdienst enthoben zu sein, erlauben wir uns, Ihnen mitzuteilen, daß das Generalkommando nicht die Absicht hat, Sie vorerst einzustellen und Ihre Bitte um Reklamation selbstverständlich gern zu berücksichtigen in der Lage ist.

In vorzüglicher Hochachtung mit den besten Empfehlungen Ihr sehr ergebener

von Biberfeld
Generalmajor und Chef des Stabes.

II.

Hierorts, den 22. Juli 1917.

An den Landsturmmann
Mathias Erzberger
J-Nr. 5766 / 17 IIIa. 4. 6.   Hier.

Sie haben sich am 23. Juli d. J. in reingewaschenem Zustande im Etablissement Viktoria morgens 5 Uhr zwecks weiterer militärischer Verwendung zu gestellen. Weitere Reklamation kommt, da Sie als k. v. Fußartillerie gemustert sind, nicht in Frage.

Der Bezirksfeldwebel
Karnauke.

III.

Lieber Biberfeld,
Sie kennen doch meinen Schwiegersohn, den jungen Fuhrmann, der sich vor kurzem mit meiner Tochter verheiratet hat und Ihnen

30 damals 200 Eier schickte. Es wäre mir sehr lieb, wenn der Junge
seine Gutsverwaltung nicht aus der Hand zu geben brauchte. Er
ist bei der letzten Musterung durch unsern famosen Oberstabs-
arzt g. v. Heimat geschrieben worden. Können Sie das Weitere ver-
anlassen? – Wir haben einen Kapitalbock, und ich würde mich
freuen, wenn Sie dazu mein Gast sein würden.

Ihr alter

von Heidborn.

IV.

Telegramm. Dringend!

40 Bezirkskommando VIII.

Landsturmmann Liebknecht sofort einziehen. Reklamation bzw.
Zurückstellung genehmigt von: Fuhrmann pp. Konservative und
nationalliberale Parteivorstände wie Fuhrmann behandeln.

Der Chef des Stabes

von Biberfeld.

Anonym, Ulk 15. 8. 1919

257*

Der Alldeutsche singt

Einen Adler ohne Krone
bringt dem Reich die neue Zeit.
Mit dem Zepter, mit dem Throne
schwand die alte Herrlichkeit.

Doch ob man im deutschen Walde
Stamm auf Stamm auch frech entlaubt –
unser Vogel bleibt der alte,
mit der Krone auf dem Haupt.

Dir allein gilt unser Sehnen!
10 Fern tönts wie Parademarsch.
Laß dich küssen unter Tränen,
edler Hohenzollernaar!

Anonym, Ulk 10. 10. 1919

Rauf, runter, rauf – ein kleines Pünktchen drauf!
Eine kleine graphologische Auskunftsstelle

Anonym, Ulk 21. 11. 1919

Zum Neunten November

Name	Beruf	Schicksal
Eisner	Wahrheitsfanatiker	Gemeuchelt
Landauer	Idealist	Abgeschlachtet
Liebknecht	Radikaler Politiker	Abgeschlachtet
Luxemburg	Revolutionäre Heldin	Abgeschlachtet
Vogel, Hans	Mörder und Oberleutnant	Nach freier Ueberfahrt in Brasilien als ehrenhafter Bürger ansässig geworden (Oberkellner)
Ludendorff, Erich	Landeszerstörer	Umjubelt und königlich honoriert
Wilhelm, Kaiser	Keiner	Empfänger von täglich tausend Huldigungstelegrammen
Tirpitz, Vollbart	Märchenerzähler	Unbehelligt, geehrt, gekauft
Pichulla	Vizefeldwebel und energischer Mann: hat in umsichtiger Weise Gustav Landauer abgeschlachtet	Zum Offizierstellvertreter befördert. Nicht auffindbar

Anonym, WB 6.11.1919

Am Schalter

Ringkämpfer. Wir haben Ihnen in der vorigen Nummer empfohlen, Ihrem Beruf als Fahrgast der Berliner Straßenbahn nachzugehen. Es gibt aber noch etwas Besseres. Sehen Sie in den Berliner Arbeiterrat. Da wird den ganzen Tag gehauen.

J. B. Sie schreiben uns:
«In der Zeit, der ernsten, schweren,
muß man vielerlei entbehren:
Gänse, Enten, Hühnervieh,
auch die Tauben sind perdu.
10 Alles ging mit Preiserjagen

Wir antworten:
«Lieber Leser, du willst wissen,
wo wir unsre Eule ließen?
Nun, so sei es dir verraten:
Sie zog aus zu wackern Taten.
Zwischen Tanne, Buche, Kiefer

in des Kriegsgewinnlers Magen:
Was mit Federn sich geschmückt,
hat er unserm Blick entrückt.
Doch daß du, dem wir gewogen,
uns die Eule hast entzogen – –!
Sag uns schwer geprüften Leuten:
Was soll solches Tun bedeuten?
Ist das liebe Vieh verreist?
Oder hast dus gar verspeist?
20 Künd uns ein Beruhigungswort:
Warum ist die Eule fort?»

jagt sie heut auf Ungeziefer,
auf die jetzt noch viel zu vielen
Mäuse, die im Dunkeln wühlen,
die an unsern Wurzeln nagen,
ohne sich ans Licht zu wagen.
Hat sie solch ein Vieh erwischt,
wird im ‹Ulk› es aufgetischt.
Dieses Tun, das sehr ersprießlich,
es entschuldigt sie wohl schließlich.
Darum gaben – Wort darauf! –
wir nur unsern Vogel auf!»

Kutscher. Du gibst uns deine Weisheit zum besten:
Dem Kutscher geht es am besten, wenn ihm das nötige Kleingeld fehlt – zum Herausgeben.

Unsereinem gehen die Fahrgäste öfter durch als das Pferd.

Wer lange auf dem Bock sitzt, dem wird zuletzt alles Wurscht, sogar das Pferd.

Es gibt Wagen mit zwei, drei und vier Rädern, mit fünf aber nur, wenn ein Ehemann mit seiner Familie ausfährt.

30 *Namenloser ‹Ulk›-Leser.* «Ein garstig Lied, pfui! ein politisch Lied?» – Aber mir scheint, wer heute – heute noch nicht – politisch denken, wer heute noch nicht politisch sehen und politisch scherzen gelernt hat, der ist ein schlechter Deutscher. Denn ihr habt doch nun gesehen, wohin euch die gottgewollte Obrigkeitsregierung geführt hat, und wohin uns das wüste Toben der Rinnsteinkaiser führt. Habt ihr noch nicht genug? Wollt ihr das noch einmal erleben? Wir haben genug, wir wollens nicht mehr. Und nehmen daher – gleich dem bösen Knaben – das Pusterohr und blasen unsere Spitzen denen, die immer noch nicht umgelernt ha-
40 ben und die immer noch träumen, dorthin, wohin sichs gebührt.

Tänzerin. Einen großen grünen Ring auf dem Zeigefinger, zwei nicht eben gerade Beine und einen Maler im Gefolge, der alles mit bunten Perlen behängt ... so betrittst du die Arena des Berliner Kunstlebens und bist nun ein bißchen erstaunt, auf einmal Säle und Beleuchtung zu andern Zwecken verwendet zu finden. Um dich ists nicht schad, kleines Fräulein, und wenn man dir eingere-

det hat, es sei Kunst, wie du da zu allen möglichen Melodien her-
umhopst, mit langsam-schleppenden Gebärden und mit neckisch-
zuckrigen, so soll man dir das wieder ausreden. Tanzkunst? Du
50 lieber Gott, zwischen deinem aufgemachten Kram und zwischen
den Pärchen, die die Querstraßen der Friedrichstadt und die Bars
im Berliner Westen durchtanzen – sie, bezahlt bis in die letzte Fa-
ser ihres Herzens, er, mit emporgezogenen Schultern, krummem
Rücken und einem Gesicht wie der weiland regierende Herzog
von Großgerolstein («Was kostet die Welt? Hier meine Porto-
kasse!») – zwischen euch drei beiden habe ich Sehnsucht nach
guten, alten, deutschen Tänzen. Weißt du, kleines Fräulein, solche,
die das Volk selbst tanzte, der Bürger und der Arbeiter, solche, die
man heute hört, und die damals alle Welt ausführte: so mit einer
60 altväterisch-feierlichen Einleitung, er reicht ihr die Hand, steife
Röcke knistern rauschend, man macht ein Paar zage Probetritte,
und dann, in vollen Akkorden, der Walzer. Meine Liebe! Wie
reinlich, wie brav und lustig war das alles, wie erfüllt von jener altpreußischen Sauberkeit, die wir leider nur von Hörensagen kennen! Wie sie sich wiegen und schleifen! Rechtsherum, linksherum
– – Und für diesen alten, dummen, schönen deutschen Walzer,
kleines Fräulein, schenke ich dir alle deine bonbonfarbenen Tänze,
alle, wie sie da sind! Hüpf hin in Frieden!

Anonym, Ulk 3. 1. 1919

An alle!
Wenn links und rechts und rechts und links
die Schüsse knallen, krachen,
vergeht so manchem allerdings
die Lust zum Witzemachen.

Doch uns schreckt kein Kanonenschlag,
sie kriegen uns nicht unter:
stimmt auch nicht alles auf den Tag,
wir bleiben froh und munter.

10 *Spartakus.* Die Besetzung des Mosse-Hauses war ein schlechter Witz. Mehr als zehn Mark Honorar können wir Ihnen dafür nicht bewilligen.

Adolf Hoffmann. Der böse Feind hat uns unserm Setzersaal unter anderem auch ein Bändchen ‹Duden, Deutsche Rechtschreibung› gestohlen. Da Sie der einzige sind, an den das Ding abgeliefert werden wird, bitten wir nach Gebrauch um gelegentliche Rückgabe.

H. H. v. Twardowski. Wir bestätigen Ihnen gern, daß Sie kein Pseudonym sind.

20 *Kriegsmillionär a. D.* Sie suchen eine leichte, aber anregende Beschäftigung. Werden Sie Geldscheinaufplätter bei der Reichsbank.

Anonym, Ulk 17.1.1919

G. Z. Sie fragen an, wie es denn nun heiße: Spartakisten oder Spartaciden oder Spartaküsse oder Spartakusse. Alle Formen sind gleich schön und lieblich. Nur Spartakuden ... das gibts nicht. Es gibt zwar Botokuden, die im Gegensatz zu den Bolschewisten noch die bessern Menschen sind – aber Spartakuden ist nur ein Kosename und keine korrekte Bezeichnung.

Neutraler Freund. Holland war während des Krieges in der Tat für uns häufig ein Hol-land in Not.

Bolschewist. Sie sind wohl nicht von hier?

10 *Dr. Z.* Sie schreiben uns: «Eine junge Dame vom Breslauer Deutschnationalen Verein hielt im Vaterländischen Frauenverein einen Vortrag über das Wahlrecht der Frauen. Dabei stellte sie den Major Tellheim aus ‹Minna von Barnhelm› als Muster des preußischen Offiziers im Kriege auf, mit dem Hinzufügen für die, die es nicht wußten, daß dieses Lustspiel von einem jüdischen Dichter geschrieben sei. Unsere Parteifreunde waren zunächst sehr ver-

blüfft, bis sich ergab, daß sie Lessing mit – Nathan dem Weisen verwechselt hatte.»

Dieses Fräulein wäre eine große Rednerin geworden, selbst wenn sie ohne Mund auf die Welt gekommen wäre. Aber Ephraim der Weise hat schon geschrieben: «Wir wollen weniger erhoben und fleißiger gelesen sein.» Tut nichts, der Jude wird verbrannt.

Elsa S. Sie wollen Ihre Abstimmung vom Sonntag nachträglich ändern, da Sie erfahren haben, daß Ihr Kandidat nicht unverheiratet, sondern glücklicher Familienvater mit sechs Kindern ist? Wo denken Sie hin?

Schulze. Nein, Sie können nicht gezwungen werden, beim Wechseln eines Hundertmarkscheins Goldstücke zu nehmen. Wenn man Ihnen kein Papiergeld geben will, so rufen Sie einen Mann der Sicherheitswehr!

Anonym, Ulk 24. 1. 1919

Alter Leser. Einbanddecken (Sammelmappen) zum Preise von 1,50 Mark sind noch beim Verlag zu haben.

Globetrotter. Sie wollen eine größere Reise unternehmen und fragen, wohin Sie Ihren Weg nehmen sollen. Nun, fahren Sie doch mit der Elektrischen die Potsdamer und Leipziger Straße entlang – dann sind Sie sehr lange unterwegs.

Höhere Tochter. Sie wollen auch streiken? Das ist Ihr gutes Recht. Aber ein bißchen Geduld müssen Sie schon haben. Vorläufig sind noch 2781 Berufs- und Arbeitergruppen vorgemeldet, die ebenfalls, eine nach der andern, ein bißchen die Arbeit niederlegen wollen. Also nicht drängeln!

Politiker. In Süddeutschland haben sie einen Weingärtnerbund für die Nationalversammlung aufgestellt und in Mitteldeutschland eine Eisenbahnpartei. Es ist aber nicht gut, wenn wir eine nur ständische Vertretung bekommen. Wir haben an den alten Schustern gerade genug.

Anonym, Ulk 31. 1. 1919

Hans. Du hast auch nach der Revolution nicht das Recht, deine lieben Eltern in die Ecke zu stellen oder sie hart anzufassen, wenn sie die Suppe nicht essen wollen. Bedenke immer das eine: Mit Güte erreicht man viel mehr als durch Härte. Das wirst du erst recht erkennen, wenn du größer geworden bist. Eine Empfehlung an deine Erzeuger!

Wißbegierige. Ja, Hundekuchen bekommen Sie natürlich nur auf Hundemarke.

Emil. Jawohl, ein Kohlenstäubchen, das Ihnen ins Auge geflogen ist, und das Sie mit Mühe herausgepolkt haben, gehört Ihnen, und Sie können es ohne weiteres zum Heizen verwenden.

Gymnasiast. Nach statistischen Berechnungen sind in Deutschland im letzten Jahre 50000 Doppelzentner an Ziegenwurst mehr verspeist worden, als es überhaupt Ziegen in der ganzen Welt gibt. Weiß der Teufel, wie das zugeht!

Anonym, Ulk 7.2.1919

Grübler. Sie wollen nicht mehr arbeiten, weil Ihr Freund Emil auch nicht arbeitet. Und Ihr Freund Emil arbeitet nicht, weil sein Freund Paul auch nicht arbeitet. Sie fragen, woher eigentlich die Arbeit stamme. Sie wurde, wie Sie in jedem guten Lexikon lesen können, im Jahre 1376 von einem Lübecker Bäckermeister namens Meyer erfunden. Meyer ließ sich die Geschichte patentieren und verdiente viel Geld damit. Später hatte er Gewissensbisse und bereute sein Vorgehen bitter. Er schlug nun ins Extrem um und wurde faul, so faul, daß er zu faul war zu atmen. Daran starb er.

Prof. Kahl, z. Z. Weimar. Sie suchen einen Photographen, von dem Sie sich noch nicht haben photographieren lassen. Da Sie in Deutschland herum sind, müssen Sie schon warten, bis die Grenzsperre aufgehoben ist.

Verein der Mädchenhändler E. V. Der Film ‹Das Tagebuch einer Verlorenen› geht nicht von Ihnen aus? Wir dachtens.

Oberkonsistorialrat Löckner. Nein, zur ‹Büchse der Pandora› können Sie Ihre Frau Großmutter nicht mitnehmen. Führen Sie sie in sittlich erhebende Stücke, wie ‹Kurmärker und Picarde›, oder ‹Die keusche Susanne›.

Anonym, Ulk 14.2.1919

Roethe. Geheimrat und Professor, der Sie sind, stehen Sie nicht an, gesagt zu haben, daß … Aber hören wir den Bericht: «Der Vortragende erwähnte noch, daß er tagtäglich Briefe bekomme, er solle helfen, für das Wort Reichspräsident ein deutsches Wort zu finden. Das lehne er ab. Für die jetzige Republik sei das Wort Präsident gut, dazu sei ein gutes deutsches Wort zu schade. Wenn das deutsche Volk erst wieder eine Spitze habe, die es braucht, dann habe es nicht nötig, nach einem deutschen Wort für seinen Führer zu suchen.» – Geheimrat und Professor: für einen Chauvinisten
10 ist ein gutes deutsches Wort zwar zu schade, aber es gibt eines. Es ist berlinisch, kurz und prägnant, und es paßt immer. Wir schenken es Ihnen: «Töpper».

Nationale Musikenthusiasten. Der Kapellenmeister Scheinpflug hat bei der Totenfeier zu Ehren Karl Liebknechts mitgewirkt und damit seinen Stab besudelt? Horridoh? Und: «Haut ihm?» Musik wird oft nicht schön empfunden, wenn sie mit Schnüffelei verbunden; stört euch am Sarge der Choral? Die Kunst ist nicht deutschnational!

Theaterbesucher. Lassen Sie sich doch keinen Bären aufbinden.
20 Was bei der neuesten Premiere Georg Kaisers zischend entwich, war nicht ein Teil des Publikums, sondern eben das «Gas». Das Stück hatte einen guten Erfolg. Sonst entzündet das Publikum das Gas, hier entzündete umgekehrt das Gas das Publikum.

Neugierige. Sie fragen an, ob es sich bewahrheitet, daß in den letzten Tagen ein Spielklub geschlossen und dessen Gerätschaften, eiserne Würfel und Generalstabskarten, beschlagnahmt wurden. Wir wissen es nicht, hoffen es aber.

Anonym, Ulk 7.3.1919

Präsident Fehrenbach. In Holzhausen ist noch eine Stelle als Kleinkinderbewahranstaltsvorsteher frei. Ihre Tätigkeit in der Nationalversammlung läßt das Beste erhoffen: melden Sie sich!

An viele. Sie haben recht: es würde mit Freuden begrüßt werden, wenn die Herren Mitglieder der Nationalversammlung in Weimar in einen Redestreik eintreten würden. Dann würden sie nämlich Zeit finden zum Handeln.

Aufruf. Ihren Notschrei veröffentlichen wir gern. Er lautet: «Eine Schande ist es, wenn man sieht, wie sich Hunderte von Männern und Frauen in der Großstadt anstellen und stundenlang warten müssen, ehe sie ins Kino gelangen können. Mehr Kinos! Das ist das Gebot der Stunde. Wer im Kino sitzt, der sündigt nicht, der baut keine Barrikaden, der ißt und trinkt nicht, der ist ein zufriedener Mensch. Das einzige Mittel gegen den Bolschewismus sind mehr Kinos! Darum hinein ins Kino! Wir brauchen den Achtstunden-Kino-Tag! Nur dann wird wieder Ruhe und Ordnung einkehren!»

Für Wahrheit und Recht. Wir sind ganz Ihrer Meinung. Trotz der bei uns herrschenden Stoffknappheit haben wir noch immer einen großen Vorrat an Mänteln der christlichen Nächstenliebe, mit denen wir die Vergehen der Kriegstreiber und Kriegsverlängerer zudecken. Nur wenige Politiker fordern mit besonderer Dringlichkeit den Staatsgerichtshof für die Herren Tirpitz und Genossen. Übrigens, mein Lieber – wenn Ihre Frau die neuen Gardinen aufsteckt, hält sie doch vorher großes Reinemachen ab. Bei uns zulande zieht man die umgekehrte Praxis vor: erst steckt man die neuen Gardinen auf und dann – – – verspricht man uns das große Reinemachen. Wahrscheinlich wegen des besseren Eindrucks vor der Mitwelt.

Anonym, Ulk 21.3.1919

Frank Wedekind. Hierdurch erlauben wir uns, Ihnen mitzuteilen, daß Ihre Werke dem Kientopf überantwortet sind. Es dürfte manches dabei verlorengehen. Um dem gediegenen Geschmack des Kinopublikums entgegenzukommen, sind einige kleine Einlagen angebracht worden: in ‹Frühlingserwachen› 1300 m Aufklärung von Dr. Magnus Hirschfeld; in ‹Erdgeist› Gesangseinlage der Lulu: ‹Freiheit, die ich meine› unter Begleitung der Scheidemannschen Hofkapelle der Republikanischen Soldatenwehr; in der ‹Büchse der Pandora› Spezialauftreten des internationalen Meisteraufschlitzers Jack the ripper mit seinen berühmten Schnittmustern. – Ihren Nachlaßverwaltern vergnügte Verrichtung wünschend, empfehlen wir uns Ihnen.

Wehrminister. Sie haben in vorbildlicher Weise so oft nach den Linken gesehen – vielleicht sehen Sie auch einmal nach dem Rechten!

Emil S. Wenn Ihr Freund Waldemar hin und wieder ein wieherndes Gelächter losläßt, so ist damit noch nicht gesagt, daß er Roßfleischesser ist. Wissen Sie übrigens, woher er es bezieht? – Wenn eine Pferdeschlächterei «Weiße Woche» ankündigt, so gibt es nur Schimmelbraten.

T. F. Sie suchen einen guterhaltenen Tank für kurze Geschäftstouren zwischen Spittelmarkt und Alexanderplatz zu kaufen oder zu mieten und fragen, ob wir uns beteiligen wollen. Tanke!

Geschichtsschreiber. Herr von Tirpitz ist nicht, wie Sie in Ihrer Zeitung gelesen haben, nach Berlin zurückgekehrt; Herr von Tirpitz hat sich seinen Bart nicht, wie Sie in Ihrer Zeitung gelesen haben, abnehmen lassen; Herr von Tirpitz legt sich große Zurückhaltung auf. Wie gern hätte ihm das deutsche Volk noch einen Umhängebart dazugeschenkt, wenn er sich zwanzig Jahre früher große Zurückhaltung auferlegt hätte!

Große Berliner Straßenbahn.
Ihr habt den Fahrgast aber fest beim Wickel!
Gibts einen Streik, wird von der Direktion geflennt.
Wofür bezahlen wir nur unsre Nickel?
Für eure Dividende:
7½%!

Anonym, Ulk 28.3.1919

Neugierige. Sie wissen nicht, ob der Stadtverordnete Cassel auf Grund seines echt demokratisch-republikanischen Eintretens für die Beibehaltung der Kaiserbilder in den Schulen für die Verleihung des Hohenzollernschen Hausordens in Vorschlag gebracht werden soll. Verdient hätte er es schon.

Kommunist. Die Kommunisierung der Frauen soll sich allerdings nur auf Frauen bis zu vierzig «Lenzen» erstrecken. Wie es mit den wenig reizvollen Frauen gehalten werden soll? – Ja, mein Lieber, Frauen-Kommunisierung «mit Aussuchen» gibt es nicht!

10 *Dr. G. B., Konstanz.* Sie schicken uns den nachstehenden Zeitungsausschnitt: «Sehr starke, im Konzertsaal kaum zu übertreffende Wirkung erzielte das Künstlerpaar aber in der mit Siegmunds ‹Liebeslied› beginnenden Schlußszene des 1. Aufzuges der ‹Walküre›, in der Sieglinde in ihrem Gast, den sie den ‹hehrsten Helden› heißen darf, den Bruder erkennt und sich ihm, dem Zwange ihres Geschickes folgend, im Zauber der Lenznacht vermählt. Hans Morgenstern erwies sich als treuer Helfer. Er bemühte sich bis zur äußersten Grenze der Möglichkeit.»

Anonym, Ulk 25. 4. 1919

‹*Freiheit*›. Du kündigst eine neue Wochenschrift an und sprichst dazu also: «Während die Bourgeoisie in ihren zahlreichen illustrierten Zeitschriften weitverbreitete Mittel der Propaganda, der patriotischen Verdummung und der geistigen Versklavung besitzt, haben sich die Arbeiter Deutschlands noch kein entsprechendes Organ dieser Art schaffen können.» – Na, was nicht ist, kann ja noch werden! Mit diesem Stil seid ihr auf dem besten Wege!

Fifi. Du gutes Hündchen mußt jetzt einen Maulkorb tragen, sonst, läßt das Polizeipräsidium dir sagen, schließt man dich 10 krumm. Die Nationalen mit dem großen Mündchen, sie laufen, leider, leider, gutes Hündchen, noch ohne Korb herum!

Meißner Männer. Ihr veröffentlicht im ‹Meißner Tageblatt› vom 4. Mai 1919 diesen Schmerzensruf: «Aufruf! Die Revolution hat uns gleiche Rechte für Mann und Weib gebracht. Infolgedessen for-

dern wir die Jugend von Meißen und Umgegend auf, die Damen in Zukunft nicht mehr freizuhalten. Warum sollen wir männlichen Arbeiter, die wir das Geld mit unseren zehn Fingern verdienen müssen, an einem Sonntage 3–4 M. vertanzen, evtl. eine Flasche Wein spendieren, um uns den Damen gegenüber als Kavalier zu
20 zeigen, außerdem im Café noch Kuchen und Schlagsahne bezahlen? Wenn die werten Damen gewillt sind, sich Sonntags mit uns zu amüsieren, dann sollen die Kosten zu gleichen Teilen getragen werden. Wie kommen wir zu diesem ‹Vorrecht›, da wir doch unser Geld im Schweiße unseres Angesichts verdienen müssen? Daher Sonntagsparole für die Damen: Die Geldbörse lockern, andernfalls das Zuhausebleiben dringend empfohlen wird. Viele, die zur Vernunft gekommen sind.» – Es ist hübsch, daß ihr von den Damen nur verlangt, daß sie die Geldbörse lockern. Im übrigen: guten Erfolg! Nicht wahr, wir Männer wollen um unserer selbst
30 willen geliebt sein?

Den Berlinern ist ein Belagerungszustand hingefallen. Der Reichswehrminister wird gebeten, ihn baldmöglichst aufzuheben!

Anonym, Ulk 16.5.1919

Stellungsuchender Jagow. Sie annoncieren: «Ich suche Betätigung (Privatdienst, Genossenschaftswesen, Wohltätigkeits-Organisation). Dr. jur. von Jagow, Regierungspräsident, z.Zt. Breslau, Regierung.» – Nein, wir können Sie auch nicht brauchen!

Pensionierter Dickkopp. Du schickst uns einen «Merkspruch» aus deinem Leibblättchen: «Rasse hält Zucht – und Zucht erhält Rasse, – keinen Pakt mit dem Pack, – kein Maß nach der Masse!» – Wir entgegnen: «Pack lag oben, unten liegts heute. – Keinen Pakt mit dem Pack – nur freie Leute!» –

10 *H.G.* «Der Oberpräsident von Ostpreußen, von Batocki, veröffentlicht in Königsberger Blättern eine beherzigenswerte Mahnung, alles zu tun, um unsre Ernährungsplage sicherzustellen.» Der Druckfehlerteufel ist ein gebildeter Teufel, und zu ermahnen braucht er Herrn von Batocki nicht. Die ist sichergestellt.

Garde-Kavallerie-Schützen-Division.
Ist euch der Vogel durchgebrannt?
Ach Gott, ihr braucht drob nicht zu weinen.
Ersatz dafür ist rasch zur Hand:
Ihr habt doch sicher mehr als einen –!

20 *F. H.* Die weimarische Landeszeitung ‹Deutschland› vom 6. Mai
dieses Jahres gibt folgenden Anzeigen Raum: «Achtung! Die
Aussprache führte zu recht interessanten Bekenntnissen über die
‹Hamsterei›. Fräulein v. Freytag-Loringhoven betonte energisch,
daß sie die langen Jahre hindurch nur von den von der Stadt gelieferten Lebensmitteln lebe und sich recht wohl dabei befände.
(Große Heiterkeit.) – So steht zu lesen im Gemeinderatsbericht
dieser Zeitung am 3. Mai d. J. Huhui, huhui! Wenn man als ‹Wirt-
schafterin› die ganze Kriegszeit hindurch die Tochter eines auswärtigen Fleischermeisters engagiert hat, diesem Fleischermeister
30 auch selbst des öftern mal Besuche abstattet, sich daselbst tage-
weise einlogiert, natürlich um an diesem Ort Vorträge über Tier-
schutz zu halten, na, dann unterliegt es keinem Zweifel, daß man
‹nur› mit den von der Stadt gelieferten Lebensmitteln auch aus-
kommt und dabei sich obendrein noch ‹recht wohl› fühlen kann.
Gustav Weisbescheid.» – Und darunter:
«Richtigstellung! ‹Hier ist ein Wunder! Glaubet nur!› Zahlreiche in Frage kommende einwandfreie Zeugen können die Berechtigung des wohlwollenden Heiterkeitserfolges bestätigen. Es
ist bedauerlich, daß es Leute gibt, die der Wahrheit weniger glau-
40 ben als der vorgefaßten Meinung. Im übrigen verbitte ich mir
ebenso dringend wie höflich alle falschen und anonymen Unter-
stellungen. M. v. Freytag-Loringhoven.»
Wenn nicht alles täuscht, hat da eine durchgehalten.

Patriot. Wenn das Haus brennt, helfen wir mit löschen. Aber ohne
damit zu sagen, daß wir mit allen Löschmannschaften ein Herz
und eine Seele sind. Wir wissen, es sind Brandstifter darunter.

Anonym, Ulk 6. 6. 1919

Hans Sch. In das ‹Schneidemühler Tageblatt› hat einer einrücken lassen: «Achtung! Meine Frau habe ich deshalb verlassen, weil sie mir nach dem Leben trachtet und ich vor Ungeziefer in ihrer Wohnung nicht verbleiben kann als 4 ½jähriger Krieger. Leiste auch keine Zahlung für sie. F.S.» – Achtung! Dies ist eine verwahrlauste Ehe!

M. K. Sie schicken uns eine Heiratsanzeige aus dem ‹Oeynhauser Tageblatt›, die so lautete: «Herzenswunsch! Augenblicklich bin ich im Besitze von 1000 M., ich verfüge über blaue Damenstoffe ich kann hamstern und ich bin sparsam. Welche j. Dame macht mir 31jähr. einen Heiratsantrag? Angebote unter P.P. 71 an die Geschäftsst. ds. Bl.» – Er hat aber nicht gesagt, wieviel er jede Nacht im Bac gewinnt, ob er Heeresware verschieben kann – und wie ist es denn mit dem Seifenvorrat? He? Dann erst, wenn wir das wissen, können wir sagen, ein moderner Mann!

G. F. Die ‹Volksstimme› in Halle schwingt sich in ihrer Nr. 122 zu einer Varietekritik auf, die folgenden Passus enthält: «... und schließlich noch einen wirklichen glänzenden erotischen Dressurakt des Fräuleins Sahib Notschura mit Pferd, Kamelen und einem riesigen Elefanten, alles auf der Bühne. Der Elefant vor allem war großartig dressiert, und wie das ganze Stück, so fanden auch diese Akte starken Beifall des ausverkauften Hauses.» – Das ist wirklich mal ganz was anders.

Anonym, Ulk 6.7.1919

G. H. In Dresden hat sich etwas ganz Seltsames begeben. Wie die ‹Dresdener Neuesten Nachrichten› in ihrer Nr. 150 berichten, gab der Lehmann-Osten-Chor «am Dienstag ein etwas verspätetes Konzert», und sie fahren dann fort: «Bei den Frauenchören saß Bernhard Schwarz am Klavier.» – Wie mag das edle Instrument geklungen haben!

Heraldiker. Die Flagge des Reichspräsidenten (Reichsfarben mit Adlerschild in der Mitte) und die Flagge des Wehrministers (Reichsfarben mit Eisernem Kreuz in der Mitte) sind nicht mit der

Reichs-Kriegsflagge zu verwechseln, in deren bisheriges Muster
der neue Reichsadler in der Mitte und die Reichsfarben mit Eisernem Kreuz in der innern obern Ecke sind. Wenn Sie ein richtiger
Heraldiker wären, fragten Sie nicht so neugierig, ob denn der
Reichswehrminister nichts anders zu tun hat, als bunte Tücher zu
entwerfen. Damit kann er keine Fahnen herausstecken.

Sammler. Sie finden diese Anzeige: «Was ist der Frau erlaubt,
wenn sie liebt? Betrachtungen über Wesen und Werden der Frau
von Käthe Sturmfels. Leicht kartoniert Mark 2,40. Aus dem Urteil
einer Frau: ‹… Ich möchte das Buch in Tausende von Frauen- und
Mädchenhänden legen; die Leserinnen werden oft erröten und er-
blassen, und heiß und kalt wird es Ihnen werden ob der gewaltigen Beichte einer für viele, viele – ob der scheinbar harten Worte:
Vergeßt nie, daß ihr selber schuld seid an allem, worunter ihr vom
Manne zu leiden habt! Und denkt daran, daß ihr ihn im guten
beeinflussen könnt!› Martha Rammelmeyer. – Zu beziehen durch
G. Bereiter, Verlagsbuchhändler, Leipzig.»

Stratege. Die ‹Bergedorfer Zeitung› vom 3.11. läßt einen Leitartikel beginnen: «Nach dem bekannten Wort von Claus P. Witz soll
der Krieg eine Fortsetzung der Politik mit andern Mitteln sein.» –
Gemeint ist wahrscheinlich Saphir.

Byzantiner. Sie inserierten am 4.10. in der ‹Deutschen Tageszeitung›: «Speisekarte der Kais. Familie tauscht gegen Lebensmittel …» – Dafür werden Sie wahrscheinlich einen Kaiserschmarren
bekommen.

Ulkiger Leser. Im ‹Kamerad› erschien einmal dieses Inserat: «Offene Beinkleider, Krampfadergeschwüre, alte Wunden, die nicht
heilen wollen, werden sicher und schmerzlos geheilt durch Drae-
sels Heilsalbe. Seit alters her als Wundersalbe bekannt und angewendet. – Das muß wirklich eine Wundersalbe sein. Aber Zu-
knöpfen hilft auch.

Anonym, Ulk 28.11.1919

Anhang

Benutzungshinweise und Danksagung

Die Editionsprinzipien dieser Ausgabe sind in der «Editorischen Einleitung» in Band 1 dargelegt. Im folgenden noch einige Hinweise zur Handhabung des Kommentaranhangs. Der Kommentar und mehrere Verzeichnisse erschließen die Texte. Diese sind chronologisch geordnet, in jedem Band durchnumeriert und mit Zeilenzähler versehen. Im Kommentar hat jeder Text einen entsprechenden Eintrag mit Nummer und Titelzeile.

Im *Kommentarkopf* erfolgt zuerst die Nennung des Namens, Pseudonyms oder Kürzels (V: Verfasserangabe) mit dem Tucholsky den jeweiligen Text gezeichnet hat; bei nicht gezeichneten Beiträgen lautet die Angabe «V: Anonym». Diesem Eintrag folgen die bibliographischen Daten des Erstdrucks (D^1) und gegebenenfalls Angaben zu weiteren, von Tucholsky betreuten Drucken (D^2, D^3 usw.). Weicht die Verfasserangabe weiterer Drucke von derjenigen des Erstdrucks ab, wird dies bei der Verfasserangabe in der ersten Zeile festgehalten, z.B.: V: Peter Panter (D^1); Kurt Tucholsky (D^2). Im Anschluß an die Verzeichnung dieser Drucke folgt im Kommentarkopf der Hinweis auf die bibliographischen Nachweise (Bibl.) des betreffenden Textes bei Bonitz/Wirtz (mit Vermerk der dortigen Erfassungsnummer, z.B. D 652) oder der Ergänzungsbibliographie von Ackermann bzw. Ackermann/Nickel. Ebenso ist dort die Anzahl der von Bonitz/Wirtz ermittelten Nachdrucke zu Lebzeiten (NdzL) und der postumen Nachdrucke (Nd) vermerkt, die für texteditorische Fragen nicht relevant sind, und deren vollständige bibliographische Angaben bei Bonitz/Wirtz nachgeschlagen werden können. Am Schluß der bibliographischen Nachweise (Bibl.) wird jeweils auf den Abdruck des betreffenden Textes in den «Gesammelten Werken» (GW mit Bandangabe) oder den Nachtragsbänden zu den «Gesammelten Werken» (DT bzw. Rep) hingewiesen. Alle verwendeten Siglen für die Einzel- und Werkausgaben Tucholskys sowie die allgemeinen Abkürzungen, die in den Kommentaren und Registern benutzt wurden, sind im *Siglen- und Abkürzungsverzeichnis* aufgelöst.

Handelt es sich bei einem Text um eine Buch-Rezension (Rez.) oder die Aufführungs-Besprechung (Bespr.) eines Theaterstücks oder eines Films, werden die bibliographischen, theatergeschichtlichen oder filmographischen Angaben zu dem Buch, Stück bzw. Film unter dem Kommentarkopf genannt. Rezensierte Bücher und besprochene Aufführungen und Filme sind jeweils in alphabetischen Verzeichnissen zusammengefaßt.

Unter dem Kommentarkopf folgen gegebenenfalls editorisch und philologisch relevante Notationen. Sofern zu einem Text eine Handschrift (H) oder ein Typoskript (T) erhalten ist, werden diese in der Rubrik *Überlieferung* mit Angaben über die Überlieferungsform, Bogen- und Seitenzahl und die benutzten Schreibmittel beschrieben. Am Ende dieser Angaben folgt in Klammern der Hinweis auf den Verwahrort (z. B. DLA). Unter *Lesarten* werden alle aussagefähigen Änderungen von Tucholskys Hand (Streichungen, Ergänzungen, Überschreibungen) notiert, lediglich geringfügige Korrekturen von offensichtlichen Schreibfehlern werden nicht festgehalten.

Sind von einem Text mehrere Drucke zu Lebzeiten Tucholskys überliefert, die nachweislich von ihm selbst bearbeitet wurden, sind im Abschnitt *Varianten* alle aussagefähigen Änderungen der späteren Drucke (D^2, D^3 usw.) gegenüber dem Erstdruck (D^1) festgehalten. Auch hier werden Emendationen von offensichtlichen Druckfehlern nicht extra ausgewiesen.

Sofern das exakte Erscheinungsdatum eines Textes nicht durch den Druckträger vorgegeben ist und die Datierung auf Recherchen beruht, wird das Ergebnis in der Rubrik *Datierung* dargelegt. Wenn ein Nachweis von KTs Verfasserschaft erbracht werden mußte, wird dieser im Abschnitt *Zuschreibung* erläutert. Gelegentlich werden Angaben zur *Entstehung* und *Wirkung* eines Textes in entsprechenden Rubriken gemacht.

Den Zeilenkommentaren werden, soweit erforderlich, (ohne Überschrift) allgemeine Informationen zum geschichtlichen Kontext vorangestellt. Ebenso sind dort Hinweise auf einschlägige Artikel und Debatten in anderen Zeitungen vermerkt – sowie Querverweise zu anderen thematisch relevanten Texten von Tucholsky.

In den *Zeilen-Kommentaren* werden die erforderlichen Sachinformationen zu der betreffenden Textstelle gegeben. *Querverweise* innerhalb dieses Bandes erfolgen unter Angabe der Text-Nummer und der Zeile. Eine kursivgestellte Zeilenzahl verweist auf einen Kommentareintrag, geradegestellte Zeilenzahlen auf Textstellen; [72], 14 bedeutet also: Text Nr. 72 und dessen Zeile 14 ([72], *14* weist auf Zeilenkommentar 14 zu Text [72]). Verweise auf andere Bände dieser Ausgabe erfolgen unter Angabe der Band- und Text- bzw. Briefnummer sowie der Zeilenzahl; z.B. Bd. 1 [6], 2 oder Bd. 20 [B 10], 3. Verweise auf noch nicht in dieser Ausgabe gedruckte Texte Tucholskys erfolgen unter Angabe der Daten des Erstdrucks und der Erfassungsnummer in der Bibliographie von Bonitz/Wirtz (z.B. D 1416). Abgekürzt zitierte Literatur ist mit vollständigen Angaben im *Literaturverzeichnis* aufgeführt. Für den direkten Zugriff auf Angaben zu erwähnten Personen und deren Werken ist dem Band ein Personen- und Werkregister angefügt.

Am Schluß des Anhangs findet sich ein alphabetisches Titelverzeichnis aller in diesem Band gedruckten Texte Tucholskys, sowie ein chronologisches Titelverzeichnis, das zugleich als Inhaltsverzeichnis dient.

Für die Mitarbeit an diesem Band danken die Herausgeber herzlich Gregor Ackermann, Bärbel Boldt, Elin Bornemann, Horst Grimm, Sarah Hans, Doris Langner, Ute Maack, Mara Munderloh, Viktor und Peter Otto, Hans Werner Schroeder, Renke Siems, Bernhard Weck und insbesondere Christa Wetzel. Der Dank gilt außerdem der Leiterin des Archivs der Bibliothek für Zeitgeschichte in Stuttgart Irina Renz, der British Newspaper Library in Colindale, den Mitarbeitern der Universitätsbibliothek Oldenburg, besonders Gisbert Kleinhalz und Rainer Vogt, sowie im Verlag Joachim Düster und unserem Lektor Hans Georg Heepe.

Siglen der Schriften von Kurt Tucholsky

AB	Kurt Tucholsky: Ausgewählte Briefe 1913–1935. Hg. von Mary Gerold-Tucholsky und Fritz J. Raddatz. Reinbek 1962
AB 2	Kurt Tucholsky: Ich kann nicht schreiben, ohne zu lügen. Briefe 1913 bis 1935. Hg. von Fritz J. Raddatz. Reinbek 1989
BK	Kurt Tucholsky: Briefe an eine Katholikin 1929–1931. Reinbek 1970
BS	Kurt Tucholsky: Briefe aus dem Schweigen 1932–1935. Hg. von Mary Gerold-Tucholsky und Gustav Huonker. Reinbek 1977
DD	Kurt Tucholsky: Deutschland, Deutschland über alles. Montiert von John Heartfield. Berlin 1929
DT	Kurt Tucholsky: Deutsches Tempo. Ergänzungsband 1 der GW. Hg. von Mary Gerold-Tucholsky und Fritz J. Raddatz. Reinbek 1985
FG	Theobald Tiger: Fromme Gesänge. Mit einer Vorrede von Ignaz Wrobel. Berlin-Charlottenburg 1919
GW	Kurt Tucholsky: Gesammelte Werke. Bde 1–10. Hg. von Mary Gerold-Tucholsky und Fritz J. Raddatz. Reinbek 1975
LL	Kurt Tucholsky: Lerne lachen ohne zu weinen. Berlin 1931
ML	Kurt Tucholsky: Das Lächeln der Mona Lisa. Berlin 1929
5 PS	Kurt Tucholsky: Mit 5 PS. Berlin 1928
Pyr	Peter Panter: Ein Pyrenäenbuch. Berlin 1927
Rep	Kurt Tucholsky: Republik wider Willen. Ergänzungsband 2 der GW. Hg. von Fritz J. Raddatz. Reinbek 1989
Rh	Kurt Tucholsky: Rheinsberg. Ein Bilderbuch für Verliebte. Berlin-Charlottenburg 1912
SG	Kurt Tucholsky: Schloß Gripsholm. Eine Sommergeschichte. Berlin 1931
TpK	Kurt Tucholsky: Träumereien an preußischen Kaminen. Berlin-Charlottenburg 1920
UuL	Kurt Tucholsky: Unser ungelebtes Leben. Briefe an Mary. Hg. von Fritz J. Raddatz. Reinbek 1982
QT	Kurt Tucholsky: Die Q-Tagebücher 1934–1935. Hg. von Mary Gerold-Tucholsky und Gustav Huonker. Reinbek 1978

Abkürzungsverzeichnis

A	Abendausgabe
AA	Auswärtiges Amt
a.a.O.	am angegebenen Ort
Abb.	Abbildung
Abg.	Abgeordneter
abgedr.	abgedruckt
Abt.	Abteilung
a.D.	außer Dienst
ADGB	Allgemeiner Deutscher Gewerkschaftsbund
Adj.	Adjektiv
AdK	Akademie der Künste
allg.	allgemein
alR	am linken Rand
aoR	am oberen Rand
arR	am rechten Rand
auR	am unteren Rand
amer.	amerikanisch
angestr.	angestrichen
Anm.	Anmerkung
Art.	Artikel
AT	Altes Testament
Aufl.	Auflage
Ausg.	Ausgabe
ausgew.	ausgewählt
Ausw.	Auswahl
B	Brief
bayr.	bayerisch
BBC	Berliner Börsen-Courier
Bd.	Band
Bde	Bände
Beibl.	Beiblatt
Beil.	Beilage
Bespr.	Besprechung
Bibl.	Bibliographie
BIZ	Berliner Illustrirte Zeitung
Bl.	Blatt

BLA	Berliner Lokal-Anzeiger
BNV	Bund Neues Vaterland
brit.	britisch
bspw.	beispielsweise
BT	Berliner Tageblatt
BVP	Bayerische Volkspartei
BVZ	Berliner Volks-Zeitung
B.Z.	B.Z. am Mittag
CvO	Carl von Ossietzky
D	Druck
dän.	dänisch
DAD	Das Andere Deutschland
DAZ	Deutsche Allgemeine Zeitung
DDP	Deutsche Demokratische Partei
demokr.	demokratisch
ders.	derselbe
DFG	Deutsche Friedensgesellschaft
d.h.	das heißt
d.i.	das ist
div.	diverse
DLA	Deutsches Literaturarchiv, Marbach
DLfM	Deutsche Liga für Menschenrechte
DNVP	Deutschnationale Volkspartei
d.R.	der Reserve
d.S.n.	dem Sinn nach
dt.	deutsch
DTZ	Deutsche Tageszeitung
DVLP	Deutsche Vaterlandspartei
DVP	Deutsche Volkspartei
DZ	Deutsche Zeitung
EA	Erstaufführung
ebd.	ebenda
eigentl.	eigentlich
emend.	emendiert
engl.	englisch
Erg.	Ergänzungen
ersch.	erschienen

erw.	erweitert
ev.	evangelisch
evtl.	eventuell
Ex.	Exemplar
expl.	exemplarisch
F	(Druck)Fahne
Faks.	Faksimile
FdK	Friedensbund der Kriegsteilnehmer
frz.	französisch
FZ	Frankfurter Zeitung
GA	Gesamtausgabe
geb.	geboren
gegr.	gegründet
gen.	genannt
gest.	gestorben
gestr.	gestrichen
griech.	griechisch
GRP	Gruppe Revolutionärer Pazifisten
H	Handschrift
H.	Heft
Hbj.	Halbjahr
hg.	herausgegeben
Hg.	Herausgeber
HM	Hedwig Müller
hs.	handschriftlich
Ill.	Illustrationen
ill.	illustriert
intern.	international
i. S. v.	im Sinne von
ital.	italienisch
Jg.	Jahrgang
Jh.	Jahrhundert
K	Kommentar
Kap.	Kapitel

kath.	katholisch
kgl.	königlich
Korr.	Korrektur(en)
korr.	korrigiert
KPD	Kommunistische Partei Deutschlands
KT	Kurt Tucholsky
KTA	Kurt Tucholsky-Archiv im DLA
KTF	Kurt Tucholsky Forschungsstelle, Oldenburg
KTG	Kurt Tucholsky-Gesellschaft
lat.	lateinisch
LfM	Liga für Menschenrechte
lib.	liberal
LT	Landtag
lt.	laut
luth.	lutherisch
M	Morgenausgabe
1. M	Erstes Morgenblatt
2. M	Zweites Morgenblatt
MdL	Mitglied des Landtages
MdR	Mitglied des Reichstages
militär.	militärisch
Mitarb.	Mitarbeiter / Mitarbeiterin
Mitgl.	Mitglied
ms.	maschinenschriftlich
MSPD	Mehrheitssozialdemokratische Partei Deutschlands
MT	Mary Gerold-Tucholsky
mtl.	monatlich
Nachw.	Nachwort
NL	Nachlaß
Nd	Nachdruck
NdzL	Nachdruck zu Lebzeiten
nat.	national
nat.-soz.	nationalsozialistisch
niederl.	niederländisch
Nr.	Nummer
NS	Nationalsozialismus
NSDAP	Nationalsozialistische Deutsche Arbeiterpartei

NV	Nationalversammlung
NWK	Nie wieder Krieg
OC	Organisation Consul
o. D.	ohne Datum
öffentl.	öffentlich
österr.	österreichisch
OHL	Oberste Heeresleitung
o. J.	ohne Jahr
Orgesch	Organisation Escherich
o. S.	ohne Seitenangabe
polit.	politisch
preuß.	preußisch
PrLT	Preußischer Landtag
Pseud.	Pseudonym
PT	Prager Tagblatt
Red.	Redakteur / Redaktion
rep.	republikanisch
Repr.	Reprint
Rez.	Rezension
RF	Rote Fahne
RGBl	Reichsgesetzblatt
RT	Reichstag
Rub	Rubrik
russ.	russisch
RWM	Reichswehrministerium
s.	siehe
S.	Seite
s. a.	siehe auch
SB	Die Schaubühne
schweiz.	schweizerisch
SDS	Schutzverband Deutscher Schriftsteller
SJ	Siegfried Jacobsohn
Slg.	Sammlung
s. o.	siehe oben
sog.	sogenannt
SPD	Sozialdemokratische Partei Deutschlands

stellv.	stellvertretend
StGB	Strafgesetzbuch
s. u.	siehe unten
T	Typoskript
TB	Das Tage-Buch
Tbl	Tucholsky-Blätter
Td	Teildruck
Tsd.	Tausend
türk.	türkisch
u. a.	unter anderem, und andere
UA	Uraufführung
u. d. T.	unter dem Titel
Übertr.	Übertragung
übers.	übersetzt
Ufa	Universum Film Aktiengesellschaft
unterstr.	unterstrichen
u. ö.	und öfter
urspr.	ursprünglich
USPD	Unabhängige Sozialdemokratische Partei Deutschlands
V	Verfasserangabe
Var.	Varianten
v. Chr.	vor Christi Geburt
veränd.	verändert
Verf.	Verfasser
Verl.	Verlag
Verh. d. NV	Verhandlungen der Nationalversammlung
Verh. d. RT	Verhandlungen des Reichstages
vermutl.	vermutlich
vgl.	vergleiche
vielm.	vielmehr
Vol.	Volume
Vors.	Vorsitzende(r)
Vorw.	Vorwort
Voss	Vossische Zeitung
WaA	Welt am Abend
WaM	Welt am Montag

WB	Die Weltbühne
WR	Weimarer Republik
WRV	Weimarer Reichsverfassung
W.T.B.	Wolff's Telegraphisches Bureau
Z.	Zeile
zahlr.	zahlreich
ZAS	Zeitungsausschnitt-Sammlung
zit.	zitiert
Ztg.	Zeitung
zus.	zusammen
zusgest.	zusammengestellt
z.S.	zur See
z.T.	zum Teil
z.Z.	zur Zeit

Kommentar

I

Frau Übersee

V: Peter Panter
D[1]: WB Jg. 15, Nr. 1, 2. 1. 1919, I, S. 11–13
Bibl.: Bonitz / Wirtz D 413
Rez.: Fritz Reck-Malleczewen: Frau Übersee. Roman. Berlin: Mosse 1918

6 *Ewers*] Von Hanns Heinz Ewers lagen 1919 zwei Reisebücher vor, die hohe Auflagen erreichten: ‹Mit meinen Augen. Fahrten durch die lateinische Welt› (1909); ‹Indien und ich› (1911).

7 *Gaudemichés*] Eigentl.: Godemiché, künstlicher Penis. KT bedachte Ewers immer wieder mit neuen Beinamen. 1918 nannte er ihn im Zusammenhang mit Reisebüchern einen «Poseur der Roheit» (s. ‹Etwas vom Humor›, FZ 29. 10. 1918; D 390); 1920 sah er ihn als «parfümierten Salonsadisten» (s. Bd. 4 [112], 20); 1933 drückte er seine Verwunderung darüber aus, «[d]aß die Nazis der alten Hure Ewers aufgesessen sind!» (s. Bd. 20 [B 10], 50 und K). Vgl. auch ‹Hanns Heinz Vampir›, Bd. 5 [80].

21 f *neue weite Welt*] Zu Jensens Essays über ‹Die neue Welt› (1907, dt. Berlin 1908) äußerte sich KT auch in dem Artikel ‹Amerika heute und morgen›, s. Bd. 1 [70], 36 ff; s. a. ‹Besuch bei J. V. Jensen› (Bd. 9 [75]).

22 *Frank Norris*] Verf. naturalistisch orientierter Romane wie: ‹McTeague: A Story of San Francisco› (1899, dt. 1937: ‹Gier nach Gold›); ‹The Octopus›: A Story of California› (1901, dt. 1907: ‹Der Oktopus›); ‹The Pit› (1903, dt. 1912: ‹Die Getreidebörse›).

3 *Kipling*] Jensen selbst lehnte es ab, daß Kipling als einer seiner geistigen Väter genannt werde: «Bei aller Bewunderung seines Könnens nennt er [Jensen] dessen Haltung während des Krieges infam [...] und er erklärt das mit der von Kipling bis zur Raserei abgestrittenen Mischblütigkeit» protokollierte KT aus einem Gespräch bei seinem ‹Besuch bei J. V. Jensen›, s. Bd. 9 [75], 43 ff.

2 *Geschichte von der Mojawe-Wüste*] Holitscher: Mojave-Wüste, in: ders.: Geschichten aus zwei Welten. 2. Aufl. Berlin 1914, 61–100.

3 *Binder-Krieglstein*] KT nannte ihn 1933 Hasenclever gegenüber seinen «Liebling Krieglstein» und empfahl zur Lektüre: ‹Zwischen Weiß und Gelb› und ‹Im Lande der Verdammnis›; s. Bd. 20 [B 30], 63 ff.

34 *Stefan von Kotze*] Vgl. KTs Rezension zu Kotzes ‹Australischen Skizzen› (1918), in der er Kotze zwar Humor bescheinigte, aber feststellte: «Stil hat Kotze gar nicht. [...] Man darf ihn auch gar nicht literarisch werten [...]»; s. ‹Etwas vom Humor›, in: FZ 29. 10. 1918; D 390.

47 *Nick Carter*] Von dem Amerikaner John Russell Coryell erfundener, populärer Romandetektiv. Die Verbreitung der Romanserie in Deutschland begann 1906; 1911 waren bereits über 250 Folgen erschienen.

55 *déesse de la vie*] Göttin des Lebens.

65 *Wilhelm dem Abgetretenen*] Wilhelm II. war am 10. 11. 1918 vom Hauptquartier in Spa nach Amerongen in den Niederlanden geflüchtet, wo er am 28. 11. in aller Form endgültig auf alle Rechte an der Krone Preußens und der dt. Kaiserkrone verzichtete; s. a. [2], *1*.

65 f *Georg Bernhard*] Der Chefred. der Voss wurde von KT und anderen WB-Autoren häufig angegriffen; vgl. z. B. [98], 38; [208], 39, 159 f; Bd. 4 [160] und K, sowie die «Antworten»: ‹Wilhelm A.› (WB 1919, I, 238), ‹Neugieriger› (WB 1919, I, 332) und ‹Straßenmädchen› (WB 1919, II, 648); s. a. Fischarts Porträt ‹Publizisten. III. Georg Bernhard› (SB 1918, I, 152–155).

2

Achtundvierzig

V: Kaspar Hauser (D^1); Theobald Tiger (D^2)
D^1: WB Jg. 15, Nr. 1, 2. 1. 1919, I, S. 20
D^2: Fromme Gesänge 1919, S. 45–46
Bibl.: Nd s. Bonitz / Wirtz D 414; 4 Nd; GW 2

Varianten
Die Varianten sind nach D^2 verzeichnet
23 Spartacus] Spartakus **24** Augen] Adern

0 *Achtundvierzig*] Die «Märzrevolution» (sog. bürgerliche Revolution) von 1848.

1 *Siebzig Jahre*] Im Nov. 1918 fand die polit. Revolution statt, die den Hintergrund vieler Texte KTs im Jahr 1919 bildet. Infolge der militär. Niederlage und als Reaktion auf soziale Not, ausgehend von meuternden Marinesoldaten in Wilhelmshaven und Kiel, erfolgte im Dt. Reich eine polit. Umwälzung, die am 9. 11. in der Verkündung der Abdankung Wilhelm II. durch Reichskanzler Prinz Max v. Baden, sowie der Ausrufung der Republik durch Scheidemann (SPD) gipfelte. Es bildeten sich Arbeiter- und

Soldatenräte, deren innere Konstellation im wesentlichen in der Konfrontation radikalsozialist. Kräfte (USPD, Spartakusbund), die für eine Räterepublik eintraten, und parlamentarisch orientierter Mehrheitssozialisten bestand. Eine Art Abschluß fand die Revolution, die nicht zu einer sozialen wurde, mit der Einberufung der Nationalversammlung und der Wahl Eberts zum vorläufigen Reichspräsidenten im Febr. 1919.

3 *Schwarz-rot-goldne Fahnen*] Die Farben Schwarz-Rot-Gold, 1832 nach dem Hambacher Fest durch Bundesgesetz verboten, waren 1848 die Farben der Revolutionäre; der Bundestag in Frankfurt erklärte sie am 9.3.1848 zu den dt. Bundesfarben. Art. 3 der WRV vom 11.8.1919 bestimmte sie als Reichsfarben; s. auch KTs ‹Flaggenlied›, WB 18.5.1926, I, 773; D 1636.

4 *Wrangels Musketen*] F.H.E. Graf von Wrangel war 1848 Oberbefehlshaber der Bundestruppen in Schleswig-Holstein, dann in den Marken. In dieser Funktion unterstanden ihm die Einheiten, die im Nov. 1848 die preuß. Nationalversammlung in Berlin auseinandersprengten.

7 *gegen die Bürgertröpfe*] Die 48er-Revolution in Deutschland wurde anfängl. von allen Schichten des Volkes getragen. Im Verlauf traten verstärkt Gegensätze zwischen Bürgertum und Arbeiterklasse hervor, die radikalere polit. und soziale Forderungen erhob. Sie lehnte sich gegen Fürsten und Adel, aber auch schon gegen das neue Besitzbürgertum auf.

1 *Der große Sieg*] Durch den Sieg über Frankreich im Deutsch-Französischen Krieg 1870/71 fand die Einigung Deutschlands ihren Abschluß. Am 18.1.1871 fand im Versailler Schloß die Proklamierung des Königs von Preußen Wilhelm I. zum dt. Kaiser statt.

6 *Die versprochenen herrlichen Zeiten.*] Wilhelm II. versprach seinem Volk, er führe es herrlichen Tagen entgegen (Rede vom 24.2.1892 beim Festmahl des Brandenburgischen Provinziallandtags).

8 *kämpfen gegen zwei Welten*] Als Konsequenz aus der bestehenden Bündniskonstellation hatte sich im Weltkrieg für Deutschland ein «Zweifrontenkrieg» ergeben, bei dem als Hauptgegner im Westen England und Frankreich, im Osten Rußland agierten.

O *Jetzt sitzt er in Holland.*] Wilhelm II.; s. [1], 65.

3 *Spartacus*] Die nach dem röm. Sklavenführer benannte radikalsozialist. Gruppe, die aus dem äußersten linken Flügel der Vorkriegs-SPD hervorgegangen war, hatte sich 1914 zunächst unter dem Namen «Gruppe International» als parteiinterne Opposition gegen die Bewilligung der Kriegskredite konstituiert. Als «Spartakusbund» trat sie im April 1917 der USPD bei, aus der sie Ende Dez. 1918 wieder ausschied, um gemeinsam mit anderen linksradikalen Kräften die KPD zu gründen. Vgl. das Mani-

fest ‹Was will der Spartakusbund?›, in: Die Rote Fahne 14.12.1918. Luxemburg und Liebknecht waren die geistigen Führer des Spartakus-
bundes und der neuen Partei, die sich für das Rätesystem und gegen die
Teilnahme an der Wahl zur Nationalversammlung einsetzte; s.a. [7].
25 *Der Feind steht rechts!*] Der Slogan, von Scheidemann in der Sitzung der
Nationalversammlung am 7.10.1919 öffentlich geprägt, von Gewerkschaften und Sozialdemokraten nach dem Kapp-Putsch im März 1920 als
Kampfruf aufgenommen, verdankt seine histor. Dauer Reichskanzler
Wirth, der seine Reichstagsrede am Tage der Ermordung Rathenaus, am
24.6.1922 mit diesem Ausruf schloß.
31 *Schlemihl*] Urspr. aus dem Jidd.: Pechvogel, Taugenichts; seit dem 19. Jh.
vor allem in der Bedeutung «pfiffiger, schlitzohriger» Mensch, nach
Adelbert von Chamissos ‹Peter Schlemihls wundersame Geschichte›
(1814), in der Schlemihl seinen Schatten für ein ständig mit Dukaten ge-
fülltes Glückssäckel verkauft.

3

Ein Deutschland!

V: Theobald Tiger
D[1]: Ulk Jg. 48, Nr. 1, 3.1.1919, [S. 2]
Bibl.: Nd s. Bonitz/Wirtz D 415; 4 Nd; GW 2

0 *Ein Deutschland!*] Im Zuge des militär. Zusammenbruchs, der Novemberrevolution und der territorialen Neuordnung entwickelten sich im Inneren des Reiches separatistische Bestrebungen, die in der zeitgenöss.
Presse auch als «Los-von-Berlin-Bewegung» bezeichnet wurden. Besonders zugespitzt formulierten sich diese Tendenzen in den rheinisch-westfälischen und in den oberschlesischen Gebieten. Der «Rheinische Separatismus» ging vor allem von der Redaktion des Zentrumblattes ‹Kölnische
Volkszeitung› aus, die am 10.12.1918 eine Reichsteilung in die Republiken: Rheinland-Westfalen, Nordostsee, Donauländer und Mitteldeutschland vorschlug.
4 *unserm tierischen Gehaben*] Anspielung auf das Pseudonym «Theobald
Tiger», mit dem alle Leitgedichte im ‹Ulk› von KT gezeichnet waren. Als
KT im Dez. 1918 den ‹Ulk› als Chefred. übernahm, wurde eine Verein-
barung getroffen, nach der das Pseud. Theobald Tiger ausschließlich für
KTs Beiträge im ‹Ulk› verwendet werden durfte, in der WB trat «Kaspar
Hauser» an dessen Stelle. KT informierte seine Leser über die ‹Namens-

änderung> in der WB am 5.12.1918 (II, 540; D 400) und gab nach seinem Rücktritt als Chefred. des ‹Ulk› im April 1920 wiederum in der WB bekannt: «Ich darf nun wieder Theo Tiger heißen», s. Bd. 4 [70]. Kaspar Hauser wechselte zu den USPD-Blättern ‹Die Freiheit› und ‹Freie Welt›.

8   *Oberschlesien*] In Oberschlesien verbanden sich die vielgestaltigen Autonomiebestrebungen u.a. mit der Furcht vor einem Anschluß an den neugegründeten poln. Staat. In der Agitation für ein unabhängiges Oberschlesien wurde auch die Gegnerschaft großer Teile der Bevölkerung gegen die laizistische Position der Regierung genutzt (vgl. [5]). Zu KTs späterer Arbeit für den Oberschlesischen Ausschuß im Vorfeld der 1921 erfolgten, im Versailler Vertrag geregelten Abstimmung über den Verbleib bei Deutschland oder den Anschluß an Polen s. Bd. 4 [267] und K.

13   *im Rheinland*] Am 4.12.1918 hatten die führenden Zentrumspolitiker Karl Trimborn und Wilhelm Marx in Köln eine Großversammlung einberufen und dort den Beschluß durchgesetzt, eine eigenständige (kath.) Republik Rheinland-Westfalen zu gründen. Zur weiteren Entwicklung s. [91].

4

Militaria I. Offizier und Mann

V: Ignaz Wrobel
D[1]: WB Jg. 15, Nr. 2, 9.1.1919, I, S. 38–41
Bibl.: Bonitz/Wirtz D 416; 6 Nd; GW 2

Der erste Artikel von KTs ‹Militaria›-Serie. Dazu gehören auch die Aufsätze ‹Verpflegung› [9], ‹Von großen Requisitionen› [13], ‹Von kleinen Mädchen› [16], ‹Vaterländischer Unterricht› [18], ‹Unser Militär› [22], ‹Zur Erinnerung an den Ersten August 1914› [134] und ‹Militaria›, Bd. 4 [17].

0   *Militaria*] Emend. aus ‹Offizier und Mann›, gemäß der Richtigstellung des verantwortl. Herausgebers Jacobsohn im folgenden Heft der WB: «[...] die Überschrift: Offizier und Mann von Ignaz Wrobel. I. Offizier und Mann – das ist ein Malheur. [...] Der Titel der Serie ist: Militaria. Kapitel II sollte diesmal erscheinen. Die berliner Straßenkämpfe habens verhindert»; s. die «Antwort» an den ‹Pedantischen Leser› in der WB vom 16.1.1919 (I, 72); Teil II der ‹Militaria› erschien am 23.1.1919, s. [9].

30 *Abschnitt «Verpflegung»*] s. [9].
48 *Mackensen*] Der Feldmarschall befehligte die dt. Besatzungsarmee in Rumänien, der KT zwischen Mai und Nov. 1918 angehörte, s. u. *146.*
143 *Ich habe neulich*] Vermutl. handelt es sich um den Artikel ‹In Zivil›, der am 5. 12. 1918 im BT erschienen war.
144 f *Flut von Beschimpfungen*] Direkte Reaktionen auf «In Zivil» sind nicht überliefert. In der Folgezeit häuften sich jedoch Angriffe gegen KT, in denen ihm Amtsanmaßung und Drückebergerei während seiner Kriegsjahre vorgeworfen wurden. Zur öffentl. Auseinandersetzung über die Vorwürfe vgl. Bd. 5 [175]; [203]; [230]; [240]; [259] sowie ‹Wo waren Sie im Kriege, Herr –?› (WB 30. 3. 1926, I, 489–492; D 1601).
146 *draußen gewesen*] KT hatte am 10. 4. 1915 als Armierungssoldat (auch «Schipper») im Armierungs-Bataillon 26 der 3. Kompagnie (Njemen-Armee. Ost) den Dienst angetreten. Zwischen dem 10. 4. und dem 10. 5. 1915 hat er am Stellungskampf zwischen Augustow, Mariampol und Pillwiski teilgenommen, vom 29. 9. 1915 bis zum 20. 8. 1916 am Stellungskampf gegen Jakobstadt. Am 24. 4. 1917 wurde KT zur Artillerie-Fliegerschule Ost (Alt-Autz, Kurland) versetzt und am 8. 5. 1918 an die Zentralpolizeistelle Bukarest. Die Angaben sind dem «Militärpaß für Kurt Tucholsky» (DLA) entnommen. Letzter Eintrag ist die Entlassung «ohne Versorgung» gemäß Verfügung vom 15. 11. 1918. Vgl. [65].
147 *befördert*] Lt. Militärpaß (DLA) war KT am 8. 4. 1917 zum Gefreiten, am 11. 9. 1917 zum Unteroffizier, am 2. 4. 1918 zum Offiziersaspiranten und am 12. 4. zum Vizefeldwebel ernannt worden. KTs letzte Beförderung bei der Politischen Polizei zum Leiter der Polizeistelle Calafat am 20. 10. 1918 ist im Militärpaß nicht mehr eingetragen, die Urkunde («Beleihungsverfügung»; DLA) des «Oberkommandos des Besatzungs-Heeres in Rumänien» besagt: «Vizefeldwebel Tucholsky, Politische Polizei, wird gem. Erlaß des K. M. vom 28. 11. 1917 [...] – mit einer oberen Beamtenstelle – Feldpolizeikommissarstelle auf Widerruf wirklich beliehen.»
156 *Spartacus*] s. [2], *23.*

5

Religionsunterricht

V: Kaspar Hauser
D[1]: WB Jg. 15, Nr. 2, 9. 1. 1919, I, S. 47
Bibl.: Nd s. Bonitz / Wirtz D 417; 1 Nd; GW 2

Aus der Novemberrevolution war in Preußen eine Regierung hervorgegangen, die sich aus USPD- und MSPD-Mitgliedern zusammensetzte
(vgl. [2], *1*). Einer ihrer Grundsätze bestand in der Trennung von Kirche
und Staat, den das von Adolph Hoffmann (USPD) und Konrad Haenisch
(MSPD) gemeinsam geführte Kultusministerium umzusetzen versuchte.
Am 27. 11. 1918 wurde die geistliche Schulaufsicht aufgehoben. Am 29. 11.
folgte ein Erlaß über die Aufhebung des Religionszwanges in der Schule:
abgeschafft werden sollten das Schulgebet, die Religionslehre als Prü-
fungsfach und die Teilnahmepflicht am Religionsunterricht. Nach Protesten v. a. der kath. Kirche und der Zentrumspartei, die schon im Kulturkampf gegen Bismarck den kirchl. Einfluß in der Schule erfolgreich verteidigt hatten, nahm Haenisch den Erlaß vom 29. 11. zurück; Religion
wurde wieder Pflichtfach. Am 3. 1. 1919 verließ Hoffmann mit den anderen
USPD-Ministern die preuß. Regierung. Weiteres s. [121] und [156], *62*.

1   *Pastöre und Zentrumsherren*] Am 1. 1. 1919 protestierten Katholiken und
Protestanten gemeinsam gegen die preuß. Schulpolitik im Zirkus Busch
in Berlin. Die Demonstranten zogen vor das Kultusministerium, be-
schimpften Hoffmann und sangen die Choräle: ‹Großer Gott, wir loben
dich› und ‹Ein' feste Burg ist unser Gott›; s. ‹Straßendemonstrationen
der Zentrumspartei›, BT 2. 1. 1919, M.

5   *um dem Gelde*] Die Kirchen befürchteten, daß die Verwirklichung des
Regierungsprogramms eine Einstellung der staatl. Zuwendungen zur
Folge haben oder gar zur Säkularisierung des kirchl. Vermögens führen
könnte.

6

Justitia

V: Ignaz Wrobel
D[1]: Berliner Tageblatt Jg. 48, Nr. 11, 14. 1. 1919, M, [S. 2]
Bibl.: Bonitz / Wirtz D 418; Rep

Die Justizkritik wurde 1919 und in den folgenden Jahren eines der wichtigsten Themen KTs, s. in diesem Band [20]; [76]; [232] und vor allem die
große Serie ‹Deutsche Richter› im Jahre 1927, s. Bd. 9.

5   *Gesinnung kantig gebügelt*] Von der kantschen Rechts- und Tugendlehre
geprägt; Immanuel Kant: ‹Metaphysik der Sitten›, Teil 1: ‹Metaphysische

Anfangsgründe der Rechtslehre› (1797), Teil 2: ‹... der Tugendlehre›
(1797). Im folgenden nahm KT mehrfach auf Begriffe aus Kants Rechts-
und Strafrechtslehre Bezug (z.B. Z. 15, 81).

7   *Majestätsbeleidigungen*] Nach dem Reichsstrafgesetzbuch vom 15.5.1871
    strafbar gemäß §§ 94–101. Das «Gesetz, betreffend die Bestrafung der
    Majestätsbeleidigung» vom 17.2.1908 (RGBl., S. 25) führte zu einer Ein-
    schränkung der Strafbarkeit. Spektakuläre Verfahren richteten sich u.a.
    gegen Ludwig Quidde, dessen Aufsatz ‹Caligula, eine Studie über römi-
    schen Cäsarenwahnsinn› (1893) als verkappter Angriff auf Wilhelm II.
    galt, gegen Maximilian Harden oder den ‹Simplicissimus›-Verleger Albert
    Langen.

22 *Beamte alten Stils*] In einer Verordnung vom 16.11.1918 hatte die preuß.
    Regierung sich zum Prinzip der Unabhängigkeit und damit Unabsetz-
    barkeit der Richter bekannt (‹Reichsanzeiger› Nr. 273, 18.11.1918). Von
    dem Recht, ohne materielle Einschränkungen aus dem Dienst auszuschei-
    den, machten lt. Angabe des preuß. Innenministers lediglich 0,15 % der
    preuß. Richter Gebrauch.

23 f *Mein ist die Rache, spricht der Herr ...*] Römer, 12, Vers 19.

25 *Abschreckungstheorie*] KT vertrat hier und in den nachfolgenden Passa-
    gen weitgehend Positionen der Strafzwecklehre seines akademischen
    Strafrechtslehrers, des bedeutenden Strafrechtsreformers Franz von Liszt,
    der von 1899 bis 1916 als Ordinarius in Berlin lehrte. Den Gegenpol bil-
    dete die klassische Strafrechtsschule, die den Vergeltungsgedanken ins
    Zentrum rückte.

26 *ich besinne mich*] KT immatrikulierte sich am 7.10.1909 an der Juristi-
    schen Fakultät der Königlichen Friedrich-Wilhelms-Universität Berlin,
    1915 promovierte er als Externer zum Dr. jur. an der Universität Jena.

63 ‹*Auferstehung*›] Im zit. Kapitel wird Jekaterina Maslowa aufgrund eines
    Justizirrtums zu vier Jahren Zwangsarbeit verurteilt. Die Geschworenen
    hatten den entlastenden Satz «ohne den Vorsatz, zu töten» aus ihrer Be-
    gründung herausgelassen.

70 *dolus*] Im röm. Recht: Vorsatz.

89 *Schieber*] Der Begriff des Schiebers, urspr. Bezeichnung für Spekulanten
    an der Börse, die ein Termingeschäft prolongieren, hatte sich während des
    1. Weltkriegs als Bezeichnung für Personen eingebürgert, die mit
    Schleichhandel, Preistreiberei u.a. gegen die Wirtschaftsgesetze verstie-
    ßen; vgl. KTs Gedicht ‹An Meta Kupfer› (SB 15.2.1917, I, 166; D 328)
    über die Gründerin der «Nahrungsmittel- und Kriegsbesorgungsgesell-
    schaft».

Berliner Kämpfe

V: Kaspar Hauser (D^1); Theobald Tiger (D^2)
D^1: WB Jg. 15, Nr. 3, 16. 1. 1919, I, S. 69–70
D^2: Fromme Gesänge 1919, S. 47–48
Bibl.: Nd s. Bonitz / Wirtz D 419; 4 Nd; GW 2

Varianten
Die Varianten sind nach D^2 verzeichnet
19 zanken.] zanken, 29 Spartacus] Spartakus 35 Spartacus] Spartakus
39 Spartacus] Spartakus 39 Schopfe] Schopf 40 Kopfe] Kopf

Bezieht sich auf den «Januaraufstand» («Spartacusaufstand») in Berlin
vom 5. bis 12. 1. 1919. Anfang Jan. 1919 spitzte sich die Krise zwischen der
im Rat der Volksbeauftragten allein regierenden MSPD und den Kräften
der Linken (Spartakus, Revolutionäre Obleute, der linke Flügel der
USPD), die eine weitergehende soziale Umwälzung anstrebten, zu. Am
3. 1. traten die USPD-Minister aus der bisher paritätisch besetzten preuß.
Regierung zurück. Der Berliner Polizeipräsident Eichhorn (USPD) ver-
weigerte den Rückzug aus seinem Amt, auch als er von Ministerpräsident
Hirsch (MSPD) entlassen wurde. Spartakisten unter Liebknecht und linke Unabhängige wie Ledebour riefen zu Demonstrationen zugunsten
Eichhorns und gegen die Regierung Ebert–Scheidemann auf. Zehntausende folgten der Aufforderung; die Revolutionäre besetzten Zeitungs-
gebäude, den Schlesischen Bahnhof und das Polizeipräsidium und beschlossen den Sturz der Regierung. Diese übertrug ihrem neuen Chef des
Militärressorts Noske den Oberbefehl. Zur Niederschlagung des Auf-
stands trieb Noske u. a. die Bildung sog. Freikorps (s. [70], 22) voran, die
in der Folgezeit neben den regulären Reichswehreinheiten bestanden und
zum Grenzschutz im Osten sowie zur «Wahrung der inneren Sicherheit»
eingesetzt wurden. Die äußerst rigoros vorgehenden, häufig antirepublikanischen und polit. rechts stehenden Freikorps trugen wesentlich zur
Niederschlagung des Aufstandes bei. Liebknecht und Luxemburg, die
Führer des Aufstandes, wurden am 15. 1. von Freikorpsoffizieren ermordet; s. [10].

2   *Panke*] Nebenfluß der Spree im Nordosten Berlins, von KT meist als
Synonym für Berlin genannt.

9   *Krupp und Tirpitz*] Gustav Krupp von Bohlen und Halbach gelangte

1906 an die Spitze der größten dt. Rüstungsfirma. Großadmiral Alfred von Tirpitz forcierte durch sein Engagement für die Flottengesetze den Aufbau der kaiserl. Marine. Er galt als Anhänger des uneingeschränkten U-Boot-Krieges und war 1917 maßgeblich an der Gründung der DVLP beteiligt.

11 *Reklamiertenschiß*] In der Militärsprache bedeutete «reklamieren»: um Zurückstellung vom aktiven Dienst nachsuchen. KT war Anfang Nov. 1918 von der Redaktion des BT als künftiger Chefred. des ‹Ulk› (s. [3], *4*) bei den Militärbehörden reklamiert worden, s. KT an MT 2.11.1918 (UuL, 200): «Die Reklamation ist da. Sie lassen mich natürlich nicht gehen, und ich hoffe, daß mich das nicht die Stellung kosten wird.»

14 *Sozialisierung?*] Am 18.11.1918 hatte der Rat der Volksbeauftragten beschlossen, die traditionelle SPD-Forderung der Sozialisierung der dazu reifen Industriezweige durchzuführen, was nach allgemeiner Auffassung in erster Linie auf den Kohlenbergbau zutraf. Zuvor sollte eine Sachverständigenkommission Modelle zur praktischen Umsetzung entwickeln. Die Sozialisierungskommission unter dem Vorsitz Karl Kautskys, der neben Vertretern von MSPD und USPD auch Gewerkschaftsvertreter und bürgerliche Ökonomen angehörten, trat erstmals am 5.12.1918 zusammen. Ihre Arbeit wurde von Beginn an von seiten des Reichswirtschaftsministeriums, dem sie unterstand, behindert. Die Kommission trat am 9.4.1919 zurück. Eine Vergesellschaftung der Industrie fand nicht statt.

28 *Zirkus Renz*] Von Ernst Jakob Renz 1842 begründetes Großzirkusunternehmen mit erstem festen Zirkus-Gebäude in Berlin.

29 *Spartacus*] s. [2], *23*.

45 *Ruhe die erste Bürgerpflicht*] Sprichwörtl. nach dem öffentl. Anschlag, den Minister Graf von der Schulenburg-Kehnert nach der verlorenen Schlacht bei Jena 1806 in den Straßen von Berlin anbringen ließ; verbreitet durch den gleichlautenden Titel des Romans von Willibald Alexis.

47 *Gewalt gegen Gewalt*] In einem Aufruf vom 8.1.1919 hatte die Regierung der Volksbeauftragten über die Aufständischen und ihre Behandlung verkündet: «Gewalt kann nur mit Gewalt bekämpft werden», s. Reichsanzeiger Nr. 7, 9.1.1919.

8

Berliner Drehorgellied

V: Theobald Tiger
D¹: Ulk Jg. 48, Nr. 2/3, 17.1.1919, [S. 2]

Bibl.: Nd s. Bonitz/Wirtz D 420; 1 Nd
Mit einer Zeichnung von Willibald Krain

10 *Der Spartakus*] s. [2], *23*; [7], *0*.

12 *diesem Friedensschluß*] Gemeint ist das Waffenstillstandsabkommen, das, nachdem die dt. Regierung am 3.10.1918 ein Waffenstillstandsangebot an den Präsidenten der USA abgegeben hatte, am 11.11.1918 vereinbart und von dem Vertreter der Alliierten General Foch, auf dt. Seite von dem Zentrumspolitiker Erzberger unterzeichnet worden war. Am 16.1.1919 wurde das Abkommen in Trier um einen Monat verlängert. Der Friedensschluß erfolgte erst am 28.6.1919 in Versailles, vgl. [75]; [83].

18 *im August*] 1914 beim Kriegsausbruch.

22 *achtundvierzig*] s. [2], *0*, *7*.

29 *wer steht in Bingen?*] In Bingen und Kreuznach hatte sich das Hauptquartier der OHL zwischen Febr. 1917 und März 1918 befunden. Nach dem Waffenstillstand besetzten die Alliierten alle linksrheinischen Gebiete und richteten auch Brückenköpfe rechts des Rheins bei Mainz, Koblenz und Köln ein. Bingen wurde dabei von den Franzosen besetzt.

9

Militaria II. Verpflegung

V: Ignaz Wrobel
D[1]: WB Jg. 15, Nr. 4, 23.1.1919, I, S. 87–89
Bibl.: Nd s. Bonitz/Wirtz D 421; 6 Nd; GW 2

0 f *Ochsen, der da drischet*] In sein Notizbuch ‹Fremdes› (DLA) hat KT dazu folgendes Zitat notiert: «Wer zieht jemals in d. Krieg auf seinen eignen Sold? Wer pflanzet einen Weinberg, und isset nicht von seiner Frucht? Oder wer weidet eine Herde, u. nährt sich nicht von d. Milch d. Herde? … Denn im Gesetz des Moses stehet geschrieben [5. Mos. 25, 4]: ‹Du sollst d. Ochsen, der da drischt, d. Maul nicht verbinden.› Sorget Gott für die Ochsen? I. Korinther 9; 7 und 9.» (Eintrag 231).

4 f *deutschen Vaterlandspartei*] Die DVLP war eine überparteiliche Sammlungsbewegung nationalistisch gesinnter Rechter, der viele Verbände korporativ beigetreten waren; sie besaß zeitweilig 1 ¼ Mio. Mitglieder, meist aus dem Bürgertum, aber auch Gruppen rechtsgesinnter Arbeiter, unterstützt von Alldeutschen, Deutschkonservativen und Nationalliberalen. Sie entstand als Protest gegen die «Friedensresolution» des RT (19.7.1917), in

der ein Verständigungsfrieden ohne Gebietserwerbungen gefordert worden war; die Vaterlandspartei agitierte für einen annexionistischen Siegfrieden. Vorsitzende waren Tirpitz und Kapp. Mit der Novemberrevolution aufgelöst, ging sie im Dez. 1918 in der DNVP (s. [123]) auf.

109   *Mackensen*] s. [4], *48*.

138   *das nächste Mal*] s. ‹Von großen Requisitionen› [13].

10

Zwei Erschlagene

V: Kaspar Hauser (D^1); Theobald Tiger (D^2)
D^1: WB Jg. 15, Nr. 4, 23.1.1919, I, S. 97
D^2: Fromme Gesänge 1919, S. 49–50
Bibl.: Nd s. Bonitz/Wirtz D 422; 9 Nd; GW 2

Varianten
Die Varianten sind nach D^2 verzeichnet
0 Zwei Erschlagene] *folgt auf neuer Zeile* (Rosa Luxemburg und Karl
Liebknecht) *folgt auf neuer Zeile* «Der Garde-Kavallerie-Schützen-Division zu Berlin in Liebe und Verehrung» 16 Beiden] beiden 18 Chikane]
Schikane 25 Beiden] beiden 35 Eine] eine 35 Beiden] beiden 40 Spartaciden] Spartakiden

Karl Liebknecht und Rosa Luxemburg waren am 15.1. von Freikorpsoffizieren ermordet worden; zum Tathergang und zum Prozeß s. [76].
Vgl. Hannover/Hannover-Drück: Mord an Rosa Luxemburg und Karl
Liebknecht. Dokumentation eines politischen Verbrechens. Frankfurt
1972.

5   *Theoretiker*] s. [2], *23*.

6   *Er: ein Wirrkopf*] Seine Einschätzung von Liebknecht revidierte KT etwas
später und sprach von ihm als einem «der wenigen, die im Weltenwahnsinn den Kopf mannhaft hochgetragen, ihn nicht unter den Stahlhelm
beugten!» (s. Bd. 5 [201], Z. 138ff), «[…] und ich bedaure, daß ich nicht,
wie der große Karl Liebknecht, den Mut aufgebracht habe, Nein zu sagen und den Heeresdienst zu verweigern», s. ‹Wo waren Sie im Kriege,
Herr –?›, in: WB 30.3.1926, I, 490; D 1601.

16   *Sie: der Mann*] Einen Monat zuvor hatte KT Sticheleien gegen Luxemburg und die Spartacusgruppe im ersten von ihm als Chefred. verantwor

teten Heft des ‹Ulk› veröffentlicht (‹Ulk› 13.12.1918: ‹Am Schalter›), eine Tatsache, die KT noch 1932 von Karl Kraus vorgeworfen wurde; s. [12], *9.*

17 *Leben voll Hatz und Gefängnisleiden*] s. [22], *101.*

18 *schwarz-weiße*] Die Farben Preußens, vgl. auch [26], *15.*

25 *Hotel Eden*] In dem Hotel am Kurfürstendamm befand sich das Stabsquartier der Garde-Kavallerie-Schützen-Division, in das Liebknecht und Luxemburg am 15.1. nach ihrer Verhaftung gebracht wurden.

31 *«Man schlug» … «die Galizierin tot!»*] Luxemburg war in der galizischen Provinzstadt Zamosc geboren. KT zitierte aus dem Artikel ‹Blut schrie nach Blut!›: «Das Blutbad, das Liebknecht angerichtet, verlangt Sühne. Sie ist schnell eingetreten und war bei der Rosa Luxemburg grausam aber gerecht. Man schlug die Galizierin tot […].» Der Artikel wurde am 17.1.1919 im ‹Vorwärts› zitiert aus der Ausg. vom 16.1. der ‹Täglichen Rundschau›, einer 1881 in Berlin gegr. nationalkonservativen Zeitung, die 1919 der DVP nahestand.

40 *Spartaciden*] Vgl. [260*] ‹Am Schalter›, 24.1.1919, Z. 1 ff.

II

Ausblick

V: Theobald Tiger
D[1]: Ulk Jg. 48, Nr. 4, 24.1.1919, [S. 2]
Bibl.: Nd s. Bonitz / Wirtz D 423; 1 Nd

2 *Pankefluß*] s. [7], *2.*

3 *Straßenkampf*] s. [7].

7 *Claire*] Gemeint ist Else Weil, KTs Jugendfreundin (vgl. ‹Rheinsberg› in Bd. 1 [72]) und erste Ehefrau (3.5.1920 bis 24.2.1924). KT hatte ihr den Namen «Claire Pimbusch» (eine Figur aus Heinrich Manns Roman ‹Im Schlaraffenland›) gegeben. Zur Namensentlehnung aus Manns Roman vgl. Grathoff 1996, 203 ff.

8 *zwanzig Jahr*] Am 12.11.1918 war das Frauenwahlrecht in Deutschland durch den «Aufruf an das deutsche Volk» des Rats der Volksbeauftragten mit Gesetzeskraft eingeführt worden. Das Mindestalter für das aktive und passive Wahlrecht für Männer und Frauen lag bei 20 Jahren.

Was darf die Satire?

V: Ignaz Wrobel

D[1]: Berliner Tageblatt Jg. 48, Nr. 36, 27.1.1919, A, [S. 2]

Bibl.: Nd s. Bonitz/Wirtz D 424; 34 Nd; GW 2

1 ff   *Frau Vockerat ... seine Freude.»*] Aus ‹Einsame Menschen›, s. Gerhart
Hauptmann: Sämtliche Werke. Hg. von Hans-Egon Hass. Centenar-
Ausg. Frankfurt, Berlin 1966, Bd. 1, 202.

9   *Zeichnung einer Kriegsanleihe*] Bei der von Staatssekretär Helfferich
organisierten Finanzierung der Kriegskosten dienten Anleihen als wich-
tigstes Mittel. Werbekampagnen trugen zum Erfolg der Anleihen bei. KT
hat zwei Gedichte verfaßt, in denen er zur Zeichnung von Kriegsanleihen
aufforderte: ‹Möweneier›, in: Der Flieger 31.3.1917; D 330 und ‹Trotzdem –!›, in: FZ 25.9.1918; D 377. Später wurde KT dafür von Kritikern
wie Karl Kraus und Hermann Kesten angegriffen. Noch 1930 verwies
Kraus auf den «Umstand: daß Tucholsky schon einmal einen Preis gewonnen hat, nämlich für das beste Gedicht über eine Kriegsanleihe» (‹Die
Fackel› Jg. 31, 1929/30, Nr. 827–833, 76) und Anfang März 1932 entschied er, es wäre «angebrachter gewesen, ihm den Knebel in den Mund
zu stecken, als er die fünfte Kriegsanleihe besang und als er Rosa Luxemburg verulkte» (‹Die Fackel› Jg. 33, 1931/32, Nr. 868–872, 59).

34   *Krähwinkel*] Das Landstädtchen wurde durch die Satire ‹Das heimliche
Klaglied der jetzigen Männer› (1801) von Jean Paul und Kotzebues Lust-
spiel ‹Die deutschen Kleinstädter› (1803) zum Inbegriff kleinstädtischer
Gesinnung. Zu Nestroys 1848er Posse ‹Freiheit in Krähwinkel› s. [101].

36   *‹Simplicissimus› hat damals*] Die 1896 in München gegr. illustrierte Wochenschrift wurde von KT 1912 als das «A und O der politischen deutschen Satire» gewürdigt (s. Bd. 1 [38]). Von 1913 an hat KT selbst gelegentlich im ‹Simplicissimus› publiziert und stand in ständigem Briefwechsel mit dem Red. Hans Erich Blaich («Dr. Owlglass»). Die hier noch
vorsichtig angedeutete Kritik gegenüber der nationalist. Haltung der
Zeitschrift im Weltkrieg, von KT in Briefen an Blaich seit dem 25.8.1917
wiederholt ausgesprochen, führte zum Bruch mit Blaich, als KT 1920 in
der WB öffentl. gegen den ‹Simplicissimus› zu Felde zog, s. Bd. 4 [37].
Vgl. auch [158], 17 ff und [210], 23.

50   *Bibelwort*] Vermutl. nach Prediger 9, 2: «Es begegnet dasselbe dem einen
wie dem anderen, dem Gerechten wie dem Gottlosen».

60   *französischen Kriegskarikaturen*] Vgl. [13], 3; [68].

*0 f *«Schlächtermeister ... heiligsten Güter!»*] Parodie auf den Ausspruch von
Wilhelm II.: «Völker Europas, wahret eure heiligsten Güter!», den er
1895 als Unterschrift für eine allegorische Zeichnung prägte.

13

Militaria III. Von großen Requisitionen

V: Ignaz Wrobel
D¹: WB Jg. 15, Nr. 5, 30.1.1919, I, S. 110–112
Bibl.: Nd s. Bonitz/Wirtz D 425; 6 Nd; GW 2

3 ff *französischen Kriegskarikaturen ... pendule*] Für die Darstellung von Soldaten, die in ihrem Beutegepäck Pendel- oder Stutzuhren mit sich tragen,
gibt es in der frz. Karikatur eine Reihe von Beispielen. Nicht selten fanden
sie sich auf Titelblättern von Satirezeitschriften, so z.B.: ‹La Guerre›,
Sonderheft der ‹L'Assiette au Beurre› (s. [68], 12ff und K); ‹La Baïon-
nette›, Sonderheft 1915; ‹Le Rire› vom 15.3.1915 mit der Überschrift ‹Le
Soldat du Kaiser›. Frz. Karikaturen wurden in Deutschland vielfach nach-
gedruckt in Beispielsammlungen für die Kriegspropaganda der Alliierten,
z.B.: Avenarius: Das Bild als Narr, vgl. [68]; ders.: Das Bild als Verleumder, 1915; ‹Hetz-Karikaturen. Zur Psychologie der Entente›. Berlin [1918].

2 *in Belgien*] Beim dt. Durchmarsch durch Belgien sowie während des Ein-
marsches in Nordfrankreich in den ersten beiden Kriegsmonaten war es
zu zahlreichen Übergriffen gegen die Zivilbevölkerung gekommen. Besonders stark im Gedächtnis haften blieb die Brandschatzung von Löwen
und seiner berühmten Bibliothek, sowie das Massaker an mehr als 200
Zivilisten vom 25. bis 28.8.1914. Umfang und Charakter der als «Greueltaten» bezeichneten dt. Repressionen sind Gegenstand der gegenwärtigen
histor. Forschung; die Aufklärung wird u.a. auch dadurch erschwert, daß
auf beiden kriegführenden Seiten zugespitzte, z.T. erfundene Berichte
über Kriegsverbrechen eine wesentliche Rolle in der Propagandaschlacht
spielten. Ein besonders brutales Kriegsverbrechen, das den dt. Soldaten
zur Last gelegt und in der Entente-Propaganda zum Symbol dt. Greueltaten wurde, waren die «abgehackten Kinderhände»; vgl. dazu [68], *37ff*.
Vgl. Alan Kramer: «Greueltaten». Zum Problem der deutschen Kriegsverbrechen in Belgien und Frankreich 1914. Frankfurt/M. 1996; Horne,
John: Les mains coupés: «Atrocités allemandes» et opinion française en
1914 (Guerres mondiales et conflits contemporains. Revue d'histoire Jg.
43, Nr. 171, Juli 1993, 29–45).

25 *Kriegspresseamts*] Das am 14.10.1915 als Erweiterung der Oberzensurstelle gegründete, der Nachrichtenabteilung der OHL unterstehende Kriegspresseamt diente der Vereinheitlichung der Aufsicht über Presse- und Buchveröffentlichungen. Daneben zeichnete es sich v.a. unter dem Einfluß Ludendorffs (III. OHL, seit Aug. 1916) durch die Beeinflussung der dt. Presselandschaft mittels eigenständiger militär. Propaganda in Form der von ihm publizierten und an die Zeitungen weitergegebenen «Korrespondenzen» (‹Deutsche Kriegsnachrichten›, ‹Deutsche Kriegswochenschau›, ‹Nachrichten der Auslandspresse›) aus. Die Propagandaabteilung im Kriegspresseamt war für die Verbreitung eigener Flugschriften und Plakate zuständig; Vortragsveranstaltungen wurden organisiert. Zum «vaterländischen Unterricht», der gleichfalls in das Ressort des Amtes fiel, vgl. [18], 2.

81 *Schieber*] s. [6], *89.*

99 *In Riga*] KT versah seinen Militärdienst seit der zweiten Jahreshälfte 1916 in Alt-Autz (Kurland), in der Nähe von Riga.

106 *In Rumänien*] Im Mai 1918 wurde KT zur Politischen Polizei nach Rumänien versetzt.

14

Zwischen den Schlachten

V: Kaspar Hauser (D^1); Theobald Tiger (D^2)
D^1: WB Jg. 15, Nr. 5, 30.1.1919, I, S. 119
D^2: Fromme Gesänge 1919, S. 95
Bibl.: Nd s. Bonitz/Wirtz D 426; 4 Nd; GW 2

Variante
Die Variante ist nach D^2 verzeichnet
20 Naumann] Noske

5 *Venus Amathusia!*] Zyprische Aphrodite (nach der phöniz. Stadt Amathus). Aphrodite ist die griech. Göttin der Schönheit und der Liebe, der die röm. Venus entspricht; s. auch [147], *20ff.*

10 ff *Before … After*] ‹Before› und ‹After›, zwei Kupferstiche des engl. Malers William Hogarth aus den Jahren 1730/31. Abb. in: Hogarth: Das vollständige graphische Werk. Gießen 1988, 108–109.

20 *Spaa*] In der belg. Kleinstadt Spa befand sich 1918 das dt. Große Hauptquartier. 1919 tagte dort die Waffenstillstandskommission.

15

Gute Nacht?

V: Theobald Tiger
D^1: Ulk Jg. 48, Nr. 5, 31.1.1919, [S. 2]
Bibl.: Bonitz/Wirtz D 427
Mit einer Zeichnung von Berthold Clauss

1 *Gute Nacht ... eiapopei*] In Anlehnung an KTs «Leib- und Magenlied»
   (s. KT an Ellen Tucholsky 29.2.1916; AB 1, 87): ‹Sonne und Regen› von
   Robert Kothe.
3 *Die Wahlen*] Die Wahlen zur verfassunggebenden Nationalversammlung
   hatten am 19.1., die Wahlen zur preuß. Landesversammlung und anderen
   Landesparlamenten am 26.1. stattgefunden.
12 *deine eigene Vertreterschaft*] Zwar waren die Sozialdemokraten als stärkste Partei aus den Wahlen von Jan. 1919 hervorgegangen, aber die Vertreter
   der bürgerlichen Parteien hatten zusammen die Mehrheit. So bildete die
   SPD eine Koalition der linken Mitte mit DDP und Zentrum.
13 *jenem General*] Bezieht sich vermutl. auf General Ludendorff, dessen
   Aufstieg im Weltkrieg u.a. auf dem legendären Sieg bei Tannenberg gründete. Zum 1. Generalquartiermeister ernannt, hatte er zwischen 1916 und
   1918 nicht nur militärisch (neben Hindenburg) die einflußreichste Position inne, sondern dominierte auch die polit. Führung des Reiches. Nachdem die von ihm geplanten großen Offensiven von 1918 scheiterten, trat
   er zurück und überließ der neuen Regierung die Waffenstillstandsverhandlungen. Am 26.10.1918 offiziell verabschiedet, begab er sich unter
   dem Namen Lindström für kurze Zeit ins schwedische Exil, bevor er 1919
   die politische Bühne mit seinen Memoiren wieder betrat; s. [41].
21 *im November*] s. [2], 1.

16

Militaria IV. Von kleinen Mädchen

V: Ignaz Wrobel
D^1: WB Jg. 15, Nr. 6, 6.2.1919, I, S. 134–136
Bibl.: Nd s. Bonitz/Wirtz D 428; 6 Nd; GW 2

5 *Frauen ins Heer*] Seit dem Frühjahr 1917 wurden planmäßig Frauen für
   den Dienst in der Etappe angeworben, um die Zahl der für die Front ein-

setzbaren Männer zu erhöhen. Zu diesem Zweck wurden Frauenreferate gebildet. An der Westfront wurden Frauen auch als «Erdarbeiterinnen» eingesetzt.

24 f *Miles ... fragte neulich*] Pseudonym von Arno Voigt, der am 16.1. in der Zeitschrift ‹Die Hilfe› (s. [22], *124*) die dt. Offiziere mit der rhetorischen Frage unterstützt hatte: «Was war denn nun eigentlich die Hauptsache: ob der Offizier einmal nach Brüssel fuhr und eine Flasche Schaumwein trank, vielleicht gar in Gesellschaft einer Tochter der Freude, oder ob er 1914 den Graben hielt, 1915 den Gasangriff abschlug, 1916 an der Somme standhielt, 1917 in der flutenden Erde Flanderns immer wieder oben drauf war und 1918 die feindlichen Tanks mit geballten Ladungen in Atome sprengte?» Vgl. die «Antwort» SJs vom 30.1. (WB 1919, I, 122), in der dieser sich gleichfalls kritisch mit diesem Artikel von Miles auseinandersetzte. Ab Juni 1919 wurde Voigt WB-Autor für militär. Artikel, die er mit «Miles» oder «Ein Stabsoffizier» zeichnete; s.a. [22], *124, 124f;* [89] und Bd.4 [17].

37 *aus Riga geholten) Helferinnen*] Zu diesen gehörte auch Mary Gerold, die im Herbst 1917 aus ihrer Heimatstadt Riga als Kriegsdienstverpflichtete zur Kassenverwaltung im Stab der Artillerie-Fliegerschule Ost nach Alt-Autz kam. KT verwaltete dort die Leihbibliothek und redigierte die Soldatenzeitung ‹Der Flieger›.

44 *voriges Mal angezogenen rumänischen Bericht*] s. [13], 57 ff.

79 *Kapitel V*] s. [18].

17

Olle Kamellen?

V: Kaspar Hauser (D^1); Theobald Tiger (D^2)
D^1: WB Jg. 15, Nr. 6, 6.2.1919, I, S. 145
D^2: Fromme Gesänge 1919, S. 54–55
Bibl.: Nd s. Bonitz/Wirtz D 429; 5 NdzL, 14 Nd; 2 weitere NdzL: Vorwärts Nr. 68, 6.2.1919; BVZ Jg. 67, Nr. 54, 6.2.1919, 1. Beibl.; GW 2

Varianten
Die Varianten sind nach D^2 verzeichnet
5 Kompanie] Kompagnie 13 Haus,] Haus; 14 sehen] sehn 22 noch in] noch heut in

Wirkung

Im Nachlaß KTs (KTA) sind zwei Gedichte erhalten: ‹Und das soll alles vergessen sein?›, ein Plagiat von Fritz Wollenberg, aus: ‹Der Galgen. Internationale Zeitschrift für alle kulturellen Interessen›, Berlin, Nr. 24, 13. 6. 1919. – Von Martin Müller: ‹An Kaspar Hauser: Olle Kamellen›, in: Vorwärts (Berlin) 27. 2. 1919: «Wir kennen ihn alle, den jungen Bengel,/ [...] Gewiß, Herr Hauser, wir kennen ihn schon./ Doch, was der deutsche Leutnant verstand,/ Das sagten Sie nicht: Er starb für sein Land!/ Vierzig von Hundert fielen allein! –/ Und das soll alles vergessen sein? [...].»

18

Militaria V. Vaterländischer Unterricht

V: Ignaz Wrobel
D[1]: WB Jg. 15, Nr. 7/8, 13. 2. 1919, I, S. 159–162
Bibl.: Nd s. Bonitz/Wirtz D 430; 6 Nd; GW 2

2   *Vaterländischer Unterricht*] Der «Vaterländische Unterricht» (so die offizielle Bezeichnung seit Sept. 1917, vorher «Aufklärungstätigkeit unter den Truppen») sollte v. a. beginnenden Zersetzungserscheinungen entgegenwirken. Seine Leitung oblag dem Kriegspresseamt, als Träger vor Ort wurden die Offiziere instruiert. Die von General Ludendorff unterzeichneten «Leitsätze für den Vaterländischen Unterricht» vom 29. 7. 1917 sahen u. a. vor, den Soldaten klarzumachen: daß der endgültige Sieg bereits erreicht und nurmehr zu befestigen sei; daß der Gegner, von der dt. militär. Überlegenheit überzeugt, auf den wirtschaftl. und polit. Zusammenbruch Deutschlands setze; daß mögliche Friedensverhandlungen letztlich auf die Schwächung Deutschlands zielten. Diskussionen während des Unterrichts wurden ausdrücklich untersagt.

3   *Wir haben gesehen*] s. [4]; [9]; [16].

0   *Kriegspresseamts*] s. [13], *25.*

2   *reklamierten*] s. [7], *11.*

3 f   *haben Andre aufgezeigt*] Vgl. z. B. den Artikel ‹Kriegs-Presse-Amt› («von einem Offizier») in der WB vom 14. 11. 1918, II, 456–459 und Kurt Mühsam: Wie wir belogen wurden. München 1918.

8   *Kriegsanleihen*] s. [12], *9.*

6   *U-Boot-Krieg*] Der bereits 1915 von Deutschland als Ausgleich seiner flottenmäßigen Unterlegenheit geführte uneingeschränkte U-Boot-Krieg

(unangekündigte Torpedierung auch von Handelsschiffen, die sich in Kriegsgewässern aufhalten) war nach der Versenkung der «Lusitania» (7.5.1915) und der anschließenden Kriegsdrohung der USA zunächst beendet worden. Trotz verstärkter Warnungen seitens dt. Diplomaten und Experten (etwa des Grafen Bernstorff) begann die dt. Militärführung am 1.2.1917 erneut den uneingeschränkten U-Boot-Krieg; die USA traten am 6.4.1917 in den Krieg gegen Deutschland ein.

34 f *deutschen Professoren*] Die Mehrzahl dt. Professoren, insbesondere Historiker, hatte die Bereitschaft gezeigt, sich an der Kriegspublizistik zu beteiligen. Stellvertretend kann der ‹Aufruf an die Kulturwelt› vom 4.10.1914 genannt werden, in dem die Unterzeichner (u.a. 56 Professoren) von einem Deutschland «aufgezwungenen Daseinskampf» sprachen und der im Ausland verbreiteten Ansicht, daß es ein militaristisches und ein nichtmilitaristisches Deutschland gäbe, entgegentraten (s. Böhme 1975, 47–49). Als die öffentl. Meinung prägend erwiesen sich etwa ‹Die Ideen von 1914› von Ernst Troeltsch sowie Werner Sombarts ‹Händler und Helden› (1915). Im Verlauf der Kriegsjahre bildete sich eine Trennlinie zwischen eher gemäßigten (wie Hans Delbrück) und annexionistisch orientierten (z.B. Dietrich Schäfer) Gelehrten heraus; einige wenige Pazifisten (etwa Ludwig Quidde, F.W. Foerster, G.F. Nikolai und W. Schücking) bildeten Ausnahmen.

35 *die Philosophen*] Zu ihnen gehörten z.B. Max Scheler, Ernst Troeltsch, Eduard Spranger und Max Wundt.

35 f *fast alle bekannten Schriftsteller*] So wurde der o.g. ‹Aufruf an die Kulturwelt› u.a. auch von Hauptmann, Dehmel und Sudermann unterzeichnet. Vgl. auch die Sammlung ‹Der Krieg der Geister›. Dresden 1915.

38 f *reklamiert*] Für Propagandadienste eingesetzte Schriftsteller und Journalisten konnten sich vom aktiven Dienst freistellen («reklamieren») lassen; s. auch [7], *11*.

45 *Feldzeitungen*] Die Feldzeitungen dienten als publizistisches Führungsmittel. Organisatorisch waren sie der Feldpressestelle zugeordnet, die der Abt. III b des Generalstabs des Feldheeres unterstand. Von dort aus wurden sie mit den «Korrespondenzen» des Kriegspresseamts (vgl. [13], *25*) versorgt. Eine dieser Soldatenzeitungen hatte KT im Nov. 1916 ins Leben gerufen. ‹Der Flieger›, Zeitung der Artillerie-Fliegerschule Ost I im kurländ. Alt-Autz wurde von KT bis zu seiner Versetzung nach Rumänien im April 1918 redigiert. Er habe sich «stets bemüht, das von der Abteilung III b des Generalstabes (Herr Nicolai) gelieferte Material zugunsten guter deutscher Literatur – Keller, Raabe, Storm, Liliencron, Schönaich-Carolath – zu unterdrücken» und «niemals ‹Gesinnungstüchtigkeit› und

‹Patriotismus› an den Tag gelegt» rechtfertigte sich KT gegenüber in der DTZ erhobenen Vorwürfen, er habe als Hg. der Fliegerzeitung stramme nationale Gesinnung bekundet; s. Bd. 5 [175]; [240]; [259]. Vgl. auch KTs Briefe an Blaich vom 17. 4. 1917 (AB 1, 47) und 6. 8. 1917 (AB 1, 50).

53 f *Feldzeitung der vierten Armee*] Die ‹Kriegszeitung der 4. Armee› erschien seit Nov. 1914 in Thielt. Sie enthielt zunächst auch Artikel in flämischer Sprache. Die Aufl. der später in Gent hergestellten Zeitung betrug im Nov. 1916 35 000, Anfang 1918 knapp 50 000 Exemplare, ihr inhaltlicher Schwerpunkt verlagerte sich mehr und mehr weg von der militär. Berichterstattung.

54 *‹Champagne-Kamerad›*] Diese Armeezeitung der 3. Armee, hg. durch Hauptmann d. R. Munzinger, erschien seit Dez. 1915 in Charleville. Sie enthielt u. a. ein umfangreiches Feuilleton. Ihre Aufl. betrug zunächst 25 000, 1918 30 000 Exemplare.

59 *Alldeutsche*] Anhänger der alldt. Bewegung, meist organisiert im «Alldeutschen Verband», der 1891 als «Allgemeiner Deutscher Verband» mit dem Ziel der Förderung des Deutschtums im Ausland und der dt. Kolonialpolitik gegr. worden war. Seit 1908 von Heinrich Claß geleitet, hatte der Verband im Weltkrieg annexionist. Positionen vertreten (im Bündnis v. a. mit der 3. OHL Ludendorffs und der DVLP, s. [9], *54 f*). Nach dem Krieg taten sich die «Alldeutschen», v. a. in polit. Zusammenarbeit mit der DNVP (s. [123], *0*), durch die vehemente Zurückweisung dt. Kriegsschuld (s. [59], *16*), später durch den Einsatz für eine Revision des Versailler Vertrags hervor (vgl. [257*]). Neben dem Verbandsorgan ‹Alldeutsche Blätter›, in dem 1919 insbes. antijüd. Hetzpropaganda betrieben wurde, waren die «Alldeutschen» publizistisch bevorzugt vertreten durch große dt. Presseorgane wie ‹Deutsche Tageszeitung›, ‹Deutsche Zeitung›, ‹Kreuz-Zeitung›, ‹Tägliche Rundschau› und nicht zuletzt die Berliner Wochenzeitung ‹Die Wahrheit› (s. [74], *78 f*; [85], *123*). Außerdem fanden sie ihr Forum in Zeitschriften, z. B. ‹Der Hammer. Zeitschrift für nationales Leben› (1902 gegr. von Theodor Fritsch in Leipzig), und die 1919 von Gottfried Traub gegr. ‹Eisernen Blätter. Zeitschrift für deutsche Politik und Kultur› (München), das Sprachrohr des alldt. Flügels der DNVP.

59 f *Zeitung der zehnten Armee*] Verantwortl. Schriftleiter der erstmals im Dez. 1915 in Wilna erschienenen ‹Zeitung der 10. Armee› war Leutnant d. R. Urbach. Als Bildbeilagen enthielt sie u. a. den ‹Scheinwerfer› und später die humorist. Bilderserie ‹Bilderbogen›. Sie wurde dem Umfang nach die größte Feldzeitung des Weltkriegs.

0 *Vaterlandspartei*] s. [9], *54 f*.

3 *hieß es im Reichstag*] Am 27. 9. 1917 richtete der Abg. Antrick (SPD) im

RT eine Interpellation an Reichskanzler Michaelis mit dem Wortlaut: «Ist dem Herrn Reichskanzler bekannt, daß im Heere von Vorgesetzten eine eifrige Agitation zugunsten alldeutscher Politik und namentlich auch gegen Beschlüsse des Reichstags betrieben wird?» (s. Verhandlungen des Reichstags. Anlagen zu den Stenographischen Berichten. Reprint. Bad Feilnbach 1986. Bd. 322, 1787). Michaelis äußerte sich dazu am 9.10.: «Es ist ausdrücklich gesagt worden [...] daß diese ganze Tätigkeit mit politischen Fragen nicht in Verbindung gebracht werden soll. Es handelt sich um vaterländischen Unterricht, wie wir ihn auch im Frieden zur Verteidigung der Vaterlandsliebe und zu Anerziehung selbstloser Hingabe bei den Truppen pflegten. [...] Es wird darüber gewacht werden, daß der vaterländische Unterricht nicht zum Mittel politischer Beeinflussung benutzt werde [...]» (s. Verhandlungen des Reichstags. Stenographische Berichte. Repr. Bad Feilnbach 1986. Bd. 310, 3774).

81   *Reichstag will den Frieden*] Im Anschluß an die Forderung nach einem «Verständigungsfrieden» des Zentrumsabg. Erzberger im Hauptausschuß des RT vom 6.7.1917 beschloß der RT am 19.7. mit den Stimmen der Mehrheitsparteien (SPD, Zentrum, Fortschrittsparteien) die Annahme einer Friedensresolution, in der ein annexionsloser «Verständigungsfriede» angestrebt wurde. Die Friedensbemühungen scheiterten am Widerstand der OHL.

95   *Mudra in der achten Armee*] Bruno von Mudra war der Oberbefehlshaber der 8. Armee, zu der KTs Einheit seit Dez. 1915 und zu der auch die Fliegerschule in Alt-Autz gehörte, s. Hepp 1993, 97 und 409f (Anm. 22).

171 f *«Unser Militär!»*] s. [22].

19

Christian Wagner

V: Peter Panter
D[1]: WB Jg. 15, Nr. 7/8, 13.2.1919, I, S. 182–183
Bibl.: Nd s. Bonitz/Wirtz D 431; 3 Nd; GW 2
Rez.: Christian Wagner: Gedichte. Ausgewählt von Hermann Hesse. München, Leipzig: Georg Müller 1913

KT schickte den Beitrag am 14.2.1919 an Hans Erich Blaich mit der Bemerkung: «Ich habe für Wagner getan, was ich konnte – obs hilft?» (DLA). Durch Blaich war KT vermutl. bereits 1910 auf Christian Wagner aufmerksam geworden, als dieser in der von Ludwig Thoma und Hesse hg. Zeitschrift ‹März› (Jg. 4, 1910, Bd. 3, 255) für Wagner eingetreten war. Für den ‹März› hatte KT 1913/14 Beiträge geschrieben. Aus der Korrespondenz mit Blaich während der Kriegsjahre ist bekannt, daß KT Wagners ‹Aus der Heimat. Ein Schwaben-Buch› (1913) mitnahm, als er 1915 zur Ostfront eingezogen wurde (KT an Blaich 30.9.1915; AB 1, 26) und den Dichter zu den «heiligsten Gütern der Nation» zählte (KT an Blaich 4.3.1916; AB 1, 31). An Mary Gerold, die die vorliegende Arbeit ebenfalls erhielt, schickte KT ein Exemplar von Wagners ‹Neue Dichtungen. (Ein Stück Ewigkeitsleben.) Herbstblumen› (1897) und vermerkte in der Widmung: «Hesse scheint das Beste herausgesucht zu haben» (DLA). Vgl. auch [103], 153 ff und K. Im Jahr 1933 verschenkte KT an Hedwig Müller die zweibändige Sammlung von Wagners ‹Dichtungen› (hg. von Wilhelm Rutz, Stuttgart 1927) mit Widmung in Bd. 1 (‹Sonntagsgänge›): «der lieben Nuna/bezüglich II, 84./Und so ist es denn auch». Weniger zufrieden zeigte sich KT von der Monographie des Münchner Germanisten Richard Weltrich ‹Christian Wagner, der Bauer und Dichter zu Warmbronn. Eine ästhetisch-kritische und sozialethische Studie› (Stuttgart 1898), die er sich aus der Königl. Bibliothek zu Berlin auslieh. Auf dem Leihschein (DLA) vermerkte er: «Wälzer, mit Proben». Im Jahr 1925 wurde in der WB eine von KT angezettelte Auseinandersetzung mit Heinrich Fischer ausgetragen, in der auch Karl Kraus vehement Partei ergriff. KT hatte Fischer verdächtigt, in seinem Gedicht ‹Rosa Luxemburg› Christian Wagner plagiiert zu haben; Ausführliches dazu s. Meyer/Bonitz 1990, 79–95.

1   *im vorigen Jahr gestorben*] KT am 8.3.1918 aus Alt-Autz an Blaich: «daß der alte Christian Wagner gestorben ist, las ich in den Zeitungen – und die Feldpresse hat denn auch auf ihre Weise den Mann gefeiert, ich glaube, so auf treudeutsch und bauernmäßig frisiert» (AB 1, 56).

2 f   *Hesse ... herausgegeben*] Hesses Auswahl wurde 1982 neu ediert mit einem Nachw. von Peter Handke im Suhrkamp-Verlag, Frankfurt/M.

7 f   *Husserl studiere ... naiven Toren spiele*] s. Kurt Hiller: Die Weisheit der Langeweile. Eine Zeit- und Streitschrift. Leipzig 1913, Bd. 1, 134 (Kapitel über Ernst Blaß: Die Straßen komme ich entlang geweht).

0 f   *Büchern, die höchst ungleich*] Dazu Hesse im Vorwort: «Wagners Bücher heißen: Sonntagsgänge, drei Bände (1885 bis 1890. [...]). Weihegeschenke (1893). Neuer Glaube (1894). Neue Dichtungen (1898). Ein Blumenstrauß (1906). Späte Garben (1909).» Hesse empfahl die «schönsten und originellsten Bücher: Sonntagsgänge und neue Dichtungen», letzteres bezeichnete er als «das flüssigste, frischeste, durchglühteste Buch Wagners»,

dagegen den ‹Blumenstrauß› als «eine populäre und wenig geglückte Zusammenstellung» (ebd., 8).

25 ‹*Spätes Erwachen*›] ebd., 11.

25 ‹*Freudenglaube*›] ebd., 12.

25 f ‹*Im Walde*›] ebd., 13.

31 *Schopenhauer gesagt hat*] Schopenhauer hat sich in seinem Werk vielfach zum Pantheismus geäußert; KT spielt hier wohl auf den einleitenden Satz in ‹Parerga und Paralipomena›, Bd. 2, Kap. V, § 70 an: «Gegen den Pantheismus habe ich hauptsächlich nur Dieses, daß er nichts besagt» (s. Schopenhauer 1891, Bd. 6, 105). Weitere Hinweise s. Wagner 1982, 307.

35 f *verzückten Krampfigkeit* ... *aus Prag*] Damit war wohl die expressionist. pathetische und visionäre Lyrik Franz Werfels gemeint, dessen Gedichtsammlungen von ‹Der Weltfreund› (1911) über ‹Wir sind› (1913) und ‹Einander› (1915) bis zum ‹Gerichtstag› (1919) wesentlich um die gleichen Themen kreisen: Schuld und Erlösung, Selbstanklage und Verzückung oder die All-Einheit im Kosmischen. Als «harmlose Bosheit» bezeichnete KT 1922 eine Attacke gegen Werfel, die u. d. T. ‹Zu diesem Werfel. Der Menschheitsdichter› (WB 14. 9. 1922, II, 283) erschienen war; s. ‹Ben Akiba› (Bd. 5 [239]).

45 *hebbelsch grübelnd*] KT am 1. 4. 1916 dazu an Blaich: «Das wäre bei Hebbel vergrübelt und mathematisch herausgekommen – hier ist es so abgeklärt und so wunderbar ruhig und sicher [...]!» (AB 1, 31).

46 ‹*Die Geschlechter*›] ebd., 42. Zur folgenden Passage kommentierte Blaich, KT habe Wagner «quasi als Sexualpsychologen vorgeführt»; s. Blaich an KT 17. 2. 1919, in: Hans Erich Blaich 1981, 327.

68 ‹*Totenfeier*›] ebd., 20–22.

73 ‹*Geburtsweihe*›] ebd., 71.

77 «*Herbstwiese meiner Seele*»] ‹Herbstwiese› (ebd., 45).

78 *Der Strauß*] ‹Blumen neben dem Krankenbette› (ebd., 41).

20

Spartacus in Moabit

V: Kaspar Hauser
D¹: WB Jg. 15, Nr. 7/8, 13. 2. 1919, I, S. 186
Bibl.: Nd s. Bonitz / Wirtz D 432; 2 Nd; GW 2

Im Februar und März 1919 wurde Teilnehmern am «Spartacus-Aufstand» (s. [7]) vor dem Moabiter Kriminalgericht der Prozeß gemacht. Es ging dabei u. a. um Anklagen wegen Aufruhr oder Raub bei der Besetzung des Polizeipräsidiums am Alexanderplatz oder der Verlagsgebäude im Zeitungsviertel.

12 *Wahlrecht*] Das aus der Revolution hervorgegangene neue Reichswahlgesetz vom 30. 11. 1918 – die Verordnung des Rates der Volksbeauftragten zur verfassunggebenden Nationalversammlung – stellte gegenüber dem früheren Reichstagswahlrecht und besonders gegenüber dem preuß. Dreiklassenwahlrecht eine deutliche Demokratisierung dar. Gleichzeitig bedeutete die mit den Wahlen zur NV befestigte Parlamentarisierung auch für konserv. Kräfte die Möglichkeit der Interessenwahrung.

20 *Du ... strafst gleich hart*] KT wollte vermutl. auf den Urteilsspruch aufmerksam machen, der am 5. 2. 1919 vom Moabiter Gericht gegen die Arbeiter Wilhelm Eilers und Theodor Hochscherf und den Jurastudenten Adolf Steinschneider ausgesprochen worden war. KTs Onkel, Justizrat Max Tucholski, gehörte zu den Verteidigern. Die Anklage lautete auf Aufruhr und Landfriedensbruch bei der Besetzung der Verlagsgebäude Ullstein und Mosse während des «Spartacusaufstands» (s. [7]). Die beiden Arbeiter, bereits mehrfach wegen Diebstahls und unerlaubten Waffentragens vorbestraft, waren bei ihrer Verhaftung bewaffnet gewesen. Dagegen hatte sich der bisher unbescholtene Student, der keine Waffe getragen hatte, offensichtlich aus idealist. Motiven für eine zweite Revolution eingesetzt. Das Strafmaß für die Vorbestraften war auf neun Monate Gefängnis, das für Steinschneider auf zwölf Monate festgesetzt worden.

5 *Mannschaft da von Langemark*] In der ersten Flandernschlacht bei Langemarck (21. 10. bis 10. 11. 1914) wurden am 10. 11. junge, schlecht ausgebildete dt. Kriegsfreiwillige vom kommandierenden General von Ilse (von KT auch «Kindermörder von Ypern» gen., s. [231], 48) eingesetzt. Laut Kommuniqué der OHL vom 11. 11. 1914 (von den meisten dt. Zeitungen auf der ersten Seite gedruckt) «brachen junge Regimenter unter dem Gesange ‹Deutschland, Deutschland über alles› gegen die erste Linie der feindlichen Stellungen vor und nahmen sie». Der militärisch sinnlose Angriff wurde von rechten Kreisen als Symbol der Opferbereitschaft und des Heldentums propagandistisch verklärt, der «Langemarck-Mythos» der heroischen Jugend zu einem der einflußreichsten Mythen der neueren dt. Geschichte.

21

Gedanken und Erinnerungen

V: Theobald Tiger
D[1]: Ulk Jg. 48, Nr. 7, 14. 2. 1919, [S. 2]
Bibl.: Nd s. Bonitz/Wirtz D 433; 1 Nd

1   *Bismarck-Werke*] Unter dem Titel ‹Gedanken und Erinnerungen› waren
    1898 zwei Bände von Bismarcks Autobiographie erschienen. Der dritte
    wurde u. a. wegen des Widerstands von Wilhelm II. zur Zeit des Kaiser-
    reiches nicht veröffentlicht, erschien dann aber 1919 zusammen mit einer
    Neuausg. der beiden ersten Bände im Cotta-Verlag, Stuttgart und Berlin.
9   *Schwarzrotgold!*] s. [2], *3*.
9   *Achtundvierzig!*] s. [2], *0*.
10 *Olmütz, Petersburg und Wien*] Die «Olmützer Punktation» vom
    29. 11. 1850 stellte eine Einigung zwischen Preußen und Österreich dar, in
    der Preußen auf seine dt. Unionspolitik verzichtete. Bismarck, seit 1851
    preuß. Gesandter beim Bundestag in Frankfurt, trat 1859 eine Gesand-
    tenstelle in Petersburg an.
11 *Etatsverweigerung*] Im von 1862 bis 1866 schwelenden preuß. Verfas-
    sungskonflikt gelang es Bismarck, die Interessen des Königshauses (er-
    höhter Heeresetat, dreijährige Dienstpflicht) gegen die liberale Mehrheit
    im Abgeordnetenhaus durchzusetzen, indem er ohne verfassungsmäßig
    bewilligtes Budget regierte.
18 *Bruderkrieg – Norddeutscher Bund*] Der sog. Bruderkrieg (auch: «Deut-
    scher Krieg»), in dem Preußen mit verbündeten kleineren norddt. Staaten
    gegen Österreich und Verbündete um die Vormachtstellung in Deutsch-
    land kämpfte, entschied sich im Juli 1866 zugunsten Preußens. Der
    1866/67 begründete Norddt. Bund umfaßte die führende Macht Preußen
    einschl. der annektierten Gebiete, die Bundesgenossen des Krieges von
    1866 sowie Sachsen und die nördlich des Mains gelegenen Teile des Groß-
    herzogtums Hessen.
20 *Der Sieg. Versailles.*] s. [2], *11*.
21 *Kongreß. Die Dreibundsware.*] Auf dem Berliner Kongreß (13. 6. bis
    13. 7. 1878) wurde unter Vorsitz Bismarcks eine Einigung zwischen Ruß-
    land, Großbritannien und Österreich-Ungarn über die territoriale Neu-
    ordnung Osteuropas erzielt, die u. a. als Folge des russ.-türk. Krieges von
    1877 notwendig geworden war. Mit dem am 20. 5. 1882 geschlossenen
    «Dreibund» zwischen Deutschland, Österreich-Ungarn und Italien
    strebte Bismarck v. a. die Isolierung Frankreichs an.

22 *sozialer Brand*] Die Vordringlichkeit der sozialen Frage veranlaßte Bismarck, mittels der seit Anfang der achtziger Jahre betriebenen Sozialgesetzgebung die Arbeiterschaft in den monarchist. Staat zu integrieren. Gleichzeitig wurde die stärker werdende Sozialdemokratie u. a. durch das 1878 verabschiedete «Sozialistengesetz» bekämpft. Der kirchenpolit. Gegensatz zwischen Bismarck auf der einen, Zentrum und kath. Kirchenkreisen auf der anderen Seite, weitete sich während dieser Zeit zum sog. Kulturkampf aus.

23 *Dreikaiserjahre*] Das Jahr 1888, in dem sowohl Wilhelm I., als auch sein Sohn Friedrich Wilhelm III. starben. Dessen Sohn, Wilhelm II., wurde Nachfolger.

26 *nach Hause*] Am 20.3.1890 erfolgte Bismarcks Entlassung, die vorrangig auf persönliche Gegensätze mit dem an stärkerer polit. Einflußnahme interessierten Wilhelm II. zurückgeführt wird.

22

Militaria VI. «Unser Militär»

V: Ignaz Wrobel
D[1]: WB Jg. 15, Nr. 9, 20.2.1919, I, S. 201–205
Bibl.: Nd s. Bonitz / Wirtz D 434; 9 Nd; GW 2

3 ff *Das rekelt sich … Person Geburt.*] s. Morgenstern: ‹Vier Epigramme›, in: SB 26.12.1907, 624; jetzt Morgenstern: Werke und Briefe, Bd. 2: Lyrik 1906–1914. Stuttgart 1992, 462.

11 *in den vorigen Heften*] s. [4]; [9]; [13]; [16]; [18].

19 f *quand même*] Trotzdem, dennoch.

20 *Abner der Deutsche*] Anspielung auf Wilhelm Hauffs Märchen ‹Abner der Jude, der nichts gesehen hat›, in ders.: Der Scheik von Alessandria. Stuttgart 1827.

22 ff *«Er genoß … Höheren handelte.»*] Zitat aus Kapitel V, s. Heinrich Mann: Der Untertan. Leipzig, Wien 1918, 303 f.

33 f *Wallenstein-Pose*] Anspielung auf den Ausspruch Wallensteins: «Daran erkenn ich meine Pappenheimer», s. Schiller: Wallensteins Tod III, 15.

76 *Spitzweg-Bürger*] KT dachte offensichtlich an das Gemälde ‹Der arme Poet› (1839).

101 *Als damals Rosa Luxemburg*] Im Febr. 1914 wurde Luxemburg wegen der Aufforderung an die Arbeiterschaft, im Falle eines Krieges den Gehorsam zu verweigern, zu einem Jahr Gefängnis verurteilt. Der Haftantritt verzö-

gerte sich u. a. durch ein erfolgloses Berufungsverfahren bis März 1915. Zwischenzeitlich, kurz nach ihrer Verurteilung, stellte Kriegsminister v. Falkenhayn erneut Strafantrag gegen sie aufgrund der bei einer Versammlung getätigten Äußerung, in der dt. Armee seien Soldatenmißhandlungen an der Tagesordnung. Der Vorwurf findet sich bspw. auch in ihren Artikeln ‹Die Bilanz von Zabern› (‹Sozialdemokratische Korrespondenz›, Berlin, Nr. 3, 6.1.1914) und ‹Nicht zuständig› (ebd., Nr. 50, 5.5.1914). Dieser zweite Prozeß, zu dem Luxemburgs Verteidiger nach Aufrufen in der sozialdemokratischen Presse zahlreiche Zeugen aufbieten konnten, wurde kurz vor Kriegsausbruch auf unbestimmte Zeit vertagt.

112 f   *«Disziplin … Absurdität»*] Das Zitat konnte nicht nachgewiesen werden; möglicherweise zit. KT frei aus Wassermanns 1919 ersch. Roman ‹Christian Wahnschaffe›, über dessen Lektüre sich KT gegenüber Blaich am 20.2.1919 äußerte. Dort heißt es: «Gehorsam ohne Überzeugung, was ist das denn? Die Wurzel von allem Übel» (s. Jakob Wassermann: Christian Wahnschaffe. Berlin 1919, 744).

117   ‹*Tag*›] Die Zeitung ‹Der Tag›, 1900 gegr. im Scherl-Verlag, seit 1916 im Besitz des Hugenberg-Konzerns, vertrat eine DNVP-nahe Linie.

117 f   *erzählt … Paschke*] Paschkes Artikel ‹Das deutsche Offizierkorps und die Neuordnung der Verhältnisse in Deutschland› führte Beispiele an von Machtmißbrauch der Offiziere, Drückebergerei aus Angst vor dem Frontdienst, Beschimpfung der Mannschaften und Privilegien bei Verpflegung und Quartieren, die das Vertrauen zum Offizierskorps untergraben hätten. Paschke bot der neuen Regierung Unterstützung an und trat am Schluß des Artikels sogar für «ein sozialistisches Staatswesen» in Deutschland ein (s. ‹Der Tag› 29.1.1919).

121   *im Militärwochenblatt*] s. den Leitartikel ‹Peccavi!› mit «K» unterzeichnet, in: Militär-Wochenblatt, Zeitschrift für die deutsche Wehrmacht, Nr. 90, 28.1.1919, 1586 ff.

124   ‹*Hilfe*›] ‹Die Hilfe. Wochenschrift für Politik, Literatur und Kunst› wurde 1895 von Friedrich Naumann gegr.; zum Mitarbeiterstab gehörten Erich Schairer, Theodor Heuss und Gertrud Bäumer.

124 f   *spricht … Miles*] Im Artikel ‹Die Offiziere› (‹Die Hilfe› 16.1.1919) sprach Voigt von guten, aber auch von feigen und brutalen Offizieren, die trotz Grausamkeit und Unfähigkeit ihre Posten behielten; vgl. [16], 24 ff und K.

127 f   ‹*Warum erfolgte der Zusammenbruch an der Westfront?*›] Die Broschüre erschien 1919 im Verlag Neues Vaterland in Berlin. Sie enthielt die im Juni 1918 an Ludendorff übermittelte Denkschrift ‹Wie der deutsche Soldat denkt und fühlt›, die sich u. a. mit der Stellung des Soldaten zum Vorgesetzten, dem Sold und der Verpflegung kritisch auseinandersetzte.

29 f ‹*Süddeutschen Monatshefte*›] National-konservative Kulturzeitschrift, seit 1904 hg. von Paul Nikolaus Cossmann, Friedrich Naumann, Josef Hofmiller, Hans Thoma u. a.

.31 *seine trüben Erlebnisse*] s. ‹Die Zermürbung der Front›, in: Süddeutsche Monatshefte, Dez. 1918, 176–192. Als Autor wird im Textvorspann ein Arzt genannt, der 40 Monate Truppendienst gemacht habe, davon 28 Monate bei der Infanterie im Westen. Noch im Okt. 1918 wurde der nach dem Zusammenbruch der bulgar. Front geschriebene Artikel verboten.

.49 *Erlaß über die Kommandogewalt*] Nach Gründung der Soldatenräte kam es zwischen diesen und den alten Offizieren zum Konflikt um Einfluß in den verbliebenen Militärformationen. Bis etwa Ende Dez. 1918 hatten die Räte die stärkere Position und setzten auf dem Reichsrätekongreß (18. 12. 1918) die «Hamburger Punkte» durch. Dazu gehörten die Oberste Kommandogewalt durch die Volksbeauftragten unter Kontrolle des Vollzugsrats, die Entfernung aller Rangabzeichen und die freie Führerwahl durch die Soldaten. Hindenburg weigerte sich am 19. 12. 1918 im Namen der OHL, die Resolution des Rätekongresses anzuerkennen. Mit Rücksicht auf die Offiziere, die sich der Regierung bei der Unterdrückung des «Januaraufstands» (s. [7]) unentbehrlich gemacht hatten, wurde die Resolution nicht angewandt. Statt dessen erließ der preuß. Kriegsminister Walter Reinhardt am 19. 1. 1919 die «vorläufige Regelung der Kommandogewalt und der Stellung der Soldatenräte im Friedensheer». Dadurch wurde der Einfluß der Soldatenräte auf ein Mitspracherecht in sozialen und wirtschaftlichen Fragen beschränkt, s. dazu ‹Die Regelung der Kommandogewalt›, BT 22. 1. 1919, M.

54 *Corps an der Ostgrenze*] s. [165], 0.

48 *Gruß-Erlaß*] Nachdem die Soldatenräte während der Revolution den Grußzwang abgeschafft hatten, setzten die Offiziere im Jan. 1919 eine neue «Grußpflicht» des jüngeren oder rangniederen Soldaten gegenüber dem Vorgesetzten durch (‹Armee-Verordnungsblatt› vom 21. 1. 1919).

23

Schäferliedchen

V: Kaspar Hauser (D¹); Theobald Tiger (D²)
D¹: WB Jg. 15, Nr. 9, 20. 2. 1919, I, S. 214
D²: Fromme Gesänge 1919, S. 56–57
Bibl.: Nd s. Bonitz / Wirtz D 435; 4 Nd; GW 2

Varianten
Die Varianten sind nach D² verzeichnet
25 Das] das **28** Der] der

1 f *Kaiser ... nicht zu Haus]* s. [1], *65.*
9 *die große Zeit!]* s. [132].
20 *Panjes]* Von poln.: Pan (Herr); während des Weltkriegs in der Soldaten-sprache Bezeichnung für die Zivilbevölkerung des östlichen Kriegsschau-platzes.
30 *Herren um Stresemann]* Die Mitgl. der von Stresemann im Dez. 1918 gegr. DVP stammten größtenteils vom rechten Flügel der aufgelösten Nationalliberalen Partei. Zum 60. Geburtstag des Kaisers am 27. Jan. hatte die DVP ihm «ein Zeichen des Gedenkens und der Würdigung seines Wirkens» übersandt, s. ‹Politische Umschau›, in: Deutsche Stimmen. Hg. von Gustav Stresemann, Jg. 31, Nr. 6, 9.2.1919, 84.

24

Nieder, bzw. Hoch die Frauen!

V: Theobald Tiger
D¹: Ulk Jg. 48, Nr. 8, 21.2.1919, [S. 2]
Bibl.: Nd s. Bonitz/Wirtz D 436; 1 Nd

3 *Pegasus]* Geflügeltes Roß der griech. Sage, Sinnbild der Dichter.
4 *Wie wirds künftig mit den Frauen sein?]* Im sog. Zentralarbeitsabkommen vom 15.11.1918 (vgl. auch [59], 8) vereinbarten Gewerkschaftsvertreter und Industrielle u.a. das Anrecht sämtlicher aus dem Kriegsdienst zu-rückkehrender Arbeitnehmer, an ihre vormaligen Arbeitsplätze zurück-zukehren. Das neugegr. Reichsamt für wirtschaftliche Demobilmachung und die Zentralarbeitsgemeinschaft leiteten daraufhin einen Umstruktu-rierungsprozeß ein, bei dem zahlreiche Frauen ihre während des Krieges eingenommenen Stellen räumen mußten und der Anteil der Frauenarbeit nach Krankenkassenstatistiken innerhalb weniger Monate auf den Vor-kriegsstand zurückfiel. Grundlage für die Entlassungen, die sich zunächst gegen verheiratete, dann aber auch gegen alleinstehende Frauen richteten, wurde u.a. die «Verordnung über Einstellung, Entlassung und Entloh-nung der gewerblichen Arbeiter während der Zeit der wirtschaftlichen Demobilmachung» vom 4.1.1919. Vgl. [16], 5.
7 *Budikerinnen]* Als «Budikerin» (von frz. boutique) wurde in Berlin eine

Kellnerin bezeichnet, die bei einem Schankwirt («Budiker»), meist in sog. Eckkneipen, (Weiß-)Bier ausschenkte, vgl. Hans Meyer 1911, 25.

23 ‹*Deutsche Tageszeitung*›] Publikationsorgan der DNVP, gegr. 1894 in Berlin als offizielles Organ des Bundes der Landwirte. Zu den Aktionären zählten vorwiegend Großagrarier; sie erreichte 1919 eine Aufl. von 50000 Exemplaren.

25

Spaziergänge in Berlin

V: Von einem Berliner
D^1: Berliner Volks-Zeitung Jg. 67, Nr. 86, 23.2.1919, M, [S. 2]
Bibl.: Nd s. Bonitz/Wirtz D 437; 1 Nd

Zuschreibung
Das Gedicht ist das erste von insgesamt 17 Gedichten, die bis zum 1.1.1920 in der BVZ mit der Signatur «Von einem Berliner» erschienen sind. Vierzehn dieser Texte sind in KTs Nachlaß (DLA) als Zeitungsausschnitt erhalten – von KT eigenhändig beschriftet, auf Pappe geklebt, geheftet in einem Ordner, in dem KT eigene Texte verwahrte; es sind dies: [25]; [30]; [35]; [41]; [52]; [60]; [79]; [102]; [106]; [163]; [199]; [205]; [219]; [238]. Diesem Textkorpus müssen die in jüngster Zeit entdeckten Gedichte zugeordnet werden, die in der gleichen Zeitung mit derselben Autorenzeichnung im gleichen Zeitraum publiziert wurden, in dem KT zudem die Chefredaktion des ‹Ulk›, der Wochenbeilage von BT und BVZ, innehatte; s. [46]; [182]; Bd. 4 [2].

3   *November achtzehn*] s. [2], *1*.
10 *Herren, die jetzt davongeloffen*] Gemeint sind Wilhelm II., s. [1], *65* und Ludendorff, s. [15], *13*.
11 f *Die breiten Massen, zerteilt in Kasten*] Bereits vor der Novemberrevolution sah die Verfassung des Dt. Reiches vor, den mit begrenzten Kompetenzen ausgestatteten Reichstag nach dem allgemeinen, gleichen, direkten und geheimen Wahlrecht zu wählen. Im Gegensatz dazu galt in zahlr. Gliedstaaten ein Klassenwahlrecht. In Preußen wurden die Wähler je nach Steueraufkommen in drei Klassen eingeteilt, wobei sich insgesamt eine starke Unterrepräsentation der Wähler mit niedrigem Steueraufkommen ergab.
0   *Schiebertropf*] s. [6], *89*.

42 *auf dem Tanzbein*] Nachdem der Rat der Volksbeauftragten das im Krieg
bestehende Tanzverbot aufgehoben hatte, wurden in Berlin zahlreiche
Tanzlokale eröffnet. Gegen die sich ausbreitende «Tanzwut» verfügte der
preuß. Innenminister und Berliner Polizeipräsident Eugen Ernst am
18.2.1919 «Tanzeinschränkungen». So mußten Gastwirte nachweisen,
daß ein öffentl. Bedürfnis zur Veranstaltung von Tanzvergnügungen in
ihrem Lokal vorlag. Tanzveranstaltungen durften an Wochentagen nicht
vor 19 Uhr beginnen (vgl. ‹Tanzeinschränkungen›, BT 19.2.1919, M).
52 *den vierfachen Lohn zu heischen*] KT hatte bereits im Dez. 1918 kritisiert,
daß «die Revolution in eine erpresserische Lohnbewegung ausgeartet»
sei; s. KT an Blaich 27.12.1918 (AB 1, 64).
68 *«großen» Zeit*] s. [132].

26

Eisner

V: Kaspar Hauser (D^1); Theobald Tiger (D^2)
D^1: WB Jg. 15, Nr. 10, 27.2.1919, I, S. 224–225
D^2: Fromme Gesänge 1919, S. 51–53
Bibl.: Nd s. Bonitz/Wirtz D 438; 4 Nd; GW 2

Varianten
Die Varianten sind nach D^2 verzeichnet
4 Denn wir haben] auf Z. 3 13 Einer] einer 16 Andern] andern 18 Aller]
aller 25 Jener] jener 26 Dieser kleiner –] auf Z. 25, *vor* dieser *Komma*
28 Eine Reinheit] auf Z. 27 29 Vieren] vieren 32 Ihr … leiden!] auf Z. 32
46 Andern] andern 65 Leiden,] Leiden. 66 die] Die

Kurt Eisner, Journalist und USPD-Vorsitzender in Bayern, rief am
7.11.1918 nach einer Demonstration für den sofortigen Frieden in München die bayr. Republik aus. Mit Unterstützung der Garnison und der
Arbeiter- und Bauernräte wurde er am 8.11. Ministerpräsident einer
Koalitionsregierung mit der SPD. Nach dem Scheitern der USPD bei der
bayr. Landtagswahl – sie bekam am 12.1. nur drei von 180 Mandaten –
wollte Eisner zurücktreten. Auf dem Weg zur Landtagseröffnung wurde
er von dem Reserveleutnant Anton Graf von Arco-Valley erschossen. Der
Mord löste die Ausrufung der Räterepublik in Bayern und die blutige
Rückeroberung der Stadt durch Freikorpstruppen aus.

5 *Schwarz-Weiß-Roten*] Die Farben Schwarz-Weiß-Rot (eine Vereinigung
der preuß. Farben Schwarz-Weiß mit den rot-weißen Farben der Hanse-
städte) wurden vom Deutschen Reich (Art. 55 der Reichsverfassung vom
16.4.1871) als Reichsfarben festgesetzt; s.a. ‹Flaggenlied›, WB 18.5.1926,
I, 773; D 1636.

23 *Es starb Jaurès*] Der frz. Sozialist und Pazifist Jean Jaurès, engagierter
Verfechter einer dt.-frz. Verständigung, war einen Tag vor Ausbruch des
1. Weltkriegs von frz. Nationalisten ermordet worden; s. auch ‹Jaurès im
Panthéon›, WB 2.12.1924, II, 823–827; D 1316.

23 *Karl Liebknecht, Luxemburg*] s. [10].

27

Zirkus Busch

V: Theobald Tiger
D¹: Ulk Jg. 48, Nr. 9, 28.2.1919, [S. 2]
Bibl.: Nd s. Bonitz/Wirtz D 439; 1 Nd

Am 17.2. fand die 26. Generalversammlung des «Bundes der Landwirte»
(1893 in Berlin gegr.) statt. Die Versammlung verabschiedete eine «Ent-
schließung», in der es u.a. hieß: «Der Bund der Landwirte hält die Revolution für ein Unheil und erblickt nach wie vor in der Monarchie die
für Deutschland geeignetste Staatsform. Um den Aufbau des Wirtschafts-
lebens zu erreichen, ist der schleunige Abbau der Zwangswirtschaft erforderlich. Um den drohenden Einbruch des russischen Bolschewismus
[…] zurückzudrängen, bedarf die Regierung zuverlässiger militärischer
Machtmittel: […] Wiedereinführung der Wehrpflicht […] Aufstellung
bewaffneter Bauernwehren» (zit. nach: ‹Tagung des Bundes der Landwirte. Das Bekenntnis zur Monarchie›, BT 18.2.1919, M).

0 *Zirkus Busch*] Die ‹Kreuz-Zeitung› (Berlin) wies am Morgen des
17.2.1919 eigens darauf hin, daß die Generalversammlung des Bundes der
Landwirte «in bedeutend bescheidenerem Rahmen als sonst […] nicht im
Zirkus Busch, sondern im Kaisersaal des Rheingold» stattfinde.

2 *o alter Siegerkranz!*] Die Hymne des Kaiserreichs ‹Heil dir im Siegerkranz› wurde 1793 von B.G. Schumacher gedichtet nach einem 1790 von
dem schleswigschen Dichter Heinrich Harries verfaßten Loblied auf den
dän. König Christian; gesungen auf die Melodie des engl. Liedes ‹God
save the King› von Henry Carey.

13 *Zirkus Oldenburg*] Elard von Oldenburg-Januschau, einflußreicher Rittergutsbesitzer und langjähriges Mitgl. des kaiserl. Reichstags, schloß seine Rede mit dem Ausdruck der Ehrfurcht vor dem Kaiser und dem Kronprinzen, «dieses tapferen Offiziers, der an der ganzen Entwicklung unschuldig war». Er habe «das Vertrauen, daß Gott unser Volk jetzt demütigt, aber daß er es aufrichten wird zu seiner Zeit». Er «ersehne den Tag, wenn es wieder durch die Straßen klingen wird, unser altes Sturmlied – und es wird kommen –: ‹Heil dir im Siegerkranz, Herrscher des Vaterlands!›» Worauf Oldenburg-Januschau von der Versammlung, die sich von den Plätzen erhoben hatte, mit stürmischem, langanhaltendem Beifall bedacht wurde (zit. aus ‹Der Januschauer redet ‹Fraktur›. Die Tagung des Bundes der Landwirte›, BVZ 18.2.1919, M).

28

Generalstreik

V: Theobald Tiger
D¹: Ulk Jg. 48, Nr. 10, 7.3.1919, [S. 2]
Bibl.: Nd s. Bonitz/Wirtz D 441; 1 Nd

Am 3.3. beschloß die Vollversammlung der Berliner Arbeiter- und Soldatenräte mit großer Mehrheit, aber rund 200 Enthaltungen von SPD-Delegierten, den Generalstreik mit polit. Forderungen: Anerkennung der Räte, Freilassung aller politischen Gefangenen, Aufhebung der Militärgerichtsbarkeit, Bildung einer revolutionären Arbeiterwehr, Aufhebung der antirepublikanischen Freiwilligenverbände, Anerkennung Sowjet-Rußlands. Die Reichsregierung lehnte Verhandlungen mit den Streikenden ab. Reichswehrminister Noske schickte wie im Januar Truppen nach Berlin. Am 9.3. erließ Noske den Befehl (auch: «Schießerlaß»), wonach jede Person, die mit der Waffe in der Hand gegen Regierungstruppen kämpfend angetroffen werde, erschossen werden sollte. Nach harten Kämpfen, vor allem am Alexanderplatz, und willkürlichen Übertretungen des Schießerlasses durch die Freiwilligentruppen, kamen 1200 Menschen ums Leben. Am 10.3. wurde der Generalstreik abgebrochen.

1 *Stinnes im Krieg*] Im Jan. 1918 brachen in Berlin, im Ruhrgebiet und anderen Industriezentren Massenstreiks aus, die von den der USPD nahestehenden Revolutionären Obleuten organisiert und gegen Krieg, Hunger und das monarchistische System gerichtet waren. Eine Million Arbei-

ter legten die Arbeit nieder. Der Ruhr-Industrielle Hugo Stinnes drohte mit der Einberufung der Streikenden zur Armee, die Regierung mit Kriegsgerichtsurteilen. Über Berlin wurde der Belagerungszustand verhängt. Am 4.2.1918 nahmen die Streikenden ihre Arbeit wieder auf.

5 *Die Räte heute*] Während der Novemberrevolution entstanden Arbeiter-, Soldaten- und Matrosenräte als direkt gewählte Organe dieser Gruppen. Während Spartakisten und linke Unabhängige die Schaffung eines Rätesystems befürworteten, das den Parlamentarismus ersetzen sollte, hatten die meisten Mitgl. des Reichsrätekongresses, der vom 16. bis 20.12.1918 tagte, die Forderung der Mehrheitssozialdemokraten nach schnellen Wahlen zur Nationalversammlung und zu Landes- und Kommunalparlamenten unterstützt. Damit wurden die Räte von einer Entscheidungs- zu einer bloßen Kontrollinstanz. Der zweite Reichskongreß vom April 1919 befaßte sich nur noch mit sozialpolit. Fragen. Im Jan. und Febr. 1919 hatten Spartakisten und andere Linke «Räterepubliken» in Bremen, Baden und Braunschweig ausgerufen, die nach kurzer Zeit entweder selbst aufgaben oder von Regierungstruppen zerschlagen wurden.

29

Die bezopfte Athene

V: Ignaz Wrobel
D[1]: Berliner Tageblatt Jg. 48, Nr. 103, 11.3.1919, M, [S. 2]
Bibl.: Bonitz / Wirtz D 442

1 *«Nutrimentum spiritus»*] Nahrung des Geistes; Inschrift des 1780 unter Friedrich d. Gr. vollendeten Gebäudes der «Königlichen Bibliothek zu Berlin» am Opernplatz; seit 1914 im Neubau Unter den Linden.

2 f *damaligen königlichen Bibliothek*] 1661 als «Churfürstliche Bibliothek» begründet, ab 1701 «Königliche Bibliothek», 1918 umbenannt in «Preußische Staatsbibliothek». Zahlreiche in KTs Nachlaß (DLA) erhaltene Leihscheine weisen KT als Benutzer dieser Institution aus.

5 *Athene*] Griech. Göttin, galt als Schutzherrin der Kunst und Wissenschaft.

8 ‹*Grünen Heinrich*›] Bildungsroman (1854 f) von Gottfried Keller.

Spaziergänge eines Berliners II.

V: Von einem Berliner
D¹: Berliner Volks-Zeitung Jg. 67, Nr. 105, 12. 3. 1919, M, [S. 2]
Bibl.: Nd s. Bonitz / Wirtz D 443; 5 Nd; GW 2

Zuschreibung s. [25].

8 *Beffstück*] In seinem Notizbuch ‹Eignes› (DLA) hat KT vermerkt: «Ein
gebratenes Fleisch ist kein Stück Fleisch – das ist ein Beefsteak.
Ein uniformierter Mörder ist kein Mörder – das ist ein General.»
21 *Neppomuck!*] Verballhornung des Namens von Johannes von Nepomuk,
der als Schutzheiliger der Brücken galt. Vgl. [43], *29 f.*

31

Das Elternhaus

V: Peter Panter
D¹: Berliner Tageblatt Jg. 48, Nr. 108, 13. 3. 1919, A, [S. 2]
D²: Berliner Volks-Zeitung Jg. 67, Nr. 152, 6. 4. 1919, M, 2. Beiblatt, [S. 1]
Bibl.: Nd s. Bonitz / Wirtz D 444; 4 Nd; Ackermann 2 NdzL; GW 2

Varianten
Die Varianten sind nach D² verzeichnet
65 vague] vage 73 Bereust] Bereuest

In KTs Nachlaß (KTA) ist ein von KT beschrifteter Zeitungsausschnitt
dieses Artikels erhalten, auf dem KT eine Korrektur vorgenommen hat:
Z. 11 stopfte] *hs. korr. zu* strickte

Vgl. ‹Die Familie› (WB 11. 1. 1923, I, 53–54; D 1154); ‹Die Verwandt-
schaft› (Voss 28. 3. 1925; D 1385); ‹Wie werden die nächsten Eltern?›
(Bd. 9 [41]); ‹Familienbande› (‹Uhu›, April 1929, 55–58; D 2216); ‹Die
Herren Eltern› (WB 19. 4. 1932, I, 590; D 2722) und das Chanson ‹Fang
nie was mit Verwandtschaft an!› (1921; C 39); s. a. KTs Referat über seine
Lektüre einer «wirtschaftlichen Untersuchung über die Familie» (d. i.
‹Die Familie› von F. Müller-Lyer, München 1911) im Brief vom 19. 8. 1918

an Mary Gerold (UuL, 140f) und seine Einschätzung über die Zukunft der Familie (KT an MT 19.9.1918; UuL, 167).

5   *gemeinen Hauseltern*] Die «gemeine Hausfamilie» porträtierte KT noch einmal in der Glosse ‹Die Familie› (WB 11.1.1923, I, 53–54; D 1154).

39   *furore teutonico*] Nach Lucanus: Pharsalia I, 255f: «furor teutonicus» (teutonisches Wüten, dt. Zorn).

41   *Eine Kugel kam geflogen*] Vers aus dem von Ludwig Uhland 1809 verfaßten Gedicht ‹Der gute Kamerad›, später nach einer Volksweise vertont, im Weltkrieg eines der meistgesungenen Soldatenlieder.

42   *schwarzweißrot*] Farben des dt. Kaiserreiches.

44 f   *Wilhelm ... Adalbert ... Oskar*] So hießen Söhne Wilhelms II.

50   *Kadavergehorsam*] Der Begriff für unbedingten Gehorsam geht zurück auf die Ordensregeln (‹Constitutionis Societatis Jesu›) der Jesuiten. «Kurz nach 1870/71 aufgekommenes Schlagwort, vor allem bei der Bekämpfung des Militarismus durch die Sozialdemokraten» (Küpper 1983, Bd. 4, 1394).

74   *Äpfel-Charlotte*] Eigentl. Bezeichnung für einen Nachtisch.

77 f   *«auch ... den Schmerz!»*] Nach dem dt. Sprichwort: «Quäle nie ein Tier zum Scherz, denn es fühlt wie Du den Schmerz».

80 f   *die alleinstehende Hausmegäre*] Offensichtl. eine Anspielung KTs auf seine Mutter, die nach dem Tod von Alex Tucholsky (1905) die Rolle des Haushaltsvorstands übernehmen mußte. In ähnlicher Weise, wie KT hier die alleinerziehende Mutter charakterisierte, porträtierte er 1914 Rosa Bertens in der Rolle der Mutter in Strindbergs ‹Scheiterhaufen› (s. ‹Rosa Bertens›, in: SB 7.5.1914, I, 520–524; D 288). Später bekannte er: «das ist nicht allein die Figur von Strindberg, auch nicht die Bertens, sondern meine Mutter» (s. KT an MT 4.9.1918; UuL, 157). Vgl. auch KTs Aussage über sein Verhältnis zu seiner Mutter im Brief an Mary Gerold vom 19.9.1918 (UuL, 167).

01   *Syndetikonfamilie*] Vgl. KTs Glosse ‹Familienbande›, in: ‹Uhu›, April 1929; D 2216. Zu «Syndetikon» s. [45], *47*.

07   *Ellen*] Vorname von KTs Schwester.

24 f   *kleines weißes Häuschen*] KT am 5.10.1919: «Das Idyll von dem weißen kleinen Haus, das ich mit Karlchen [Erich Danehl] [...] oft genug durchberaten habe – dieses Idyll ist wohl endgültig begraben. (Schade: es war schon alles genau ausgemacht – wie wir uns gegenseitig besuchen würden, und wie wir die Kinder dem Besuch zu Ehren vom Mist herunterkratzen würden – und so.)» (An MT; UuL, 261).

32

Wir Negativen

V: Kurt Tucholsky
D¹: WB Jg. 15, Nr. 12, 13.3.1919, I, S. 279–285
Bibl.: Nd s. Bonitz/Wirtz D 445; 10 Nd; GW 2

Wirkung
In KTs Nachlaß (DLA) ist ein Ausschnitt aus ‹Die große Glocke›, Berlin,
Jg. 14, Nr. 21, 21.5.1919, überliefert. In der Sparte «Briefe an Journali-
sten» wandte sich J.W. (von KT hs. erg.: Wolfsohn) an «Herrn Kurt
Tucholsky». Er setzte sich mit jedem einzelnen Punkt von KTs Artikel
auseinander und schloß sein Pamphlet: «Wir wollen vorläufig nicht wei-
terhin den alten Autoritäts-Dusel, aber auch keinen neuen, den gewisse
‹Geistige› in Broschüren und an Kaffeehaus-Tischen verzapfen [...]». Als
Reaktion auf einen nicht erhaltenen Beitrag eines «T.O.» findet sich in
der WB vom 1.5.1919 (I, 517) eine «Antwort».

1 ff Wie ... Aischylos.] Schopenhauer: Die Welt als Wille und Vorstellung, Bd.
      2, Ergänzungen zum vierten Buch, Kap. 45: Von der Bejahung des Wil-
      lens zum Leben; s. Arthur Schopenhauer 1891, Bd. 3, 653.
18 f der Herausgeber] Siegfried Jacobsohn.
40 f Die Zensur ist in Fortfall gekommen] Am 12.11.1918 hatte der Rat der
      Volksbeauftragten in seinem «Aufruf an das deutsche Volk» (RGBl, 1303)
      erklärt: «Eine Zensur findet nicht statt. Die Theaterzensur wird aufgeho-
      ben.» Durch das Übergangsgesetz vom 4.3.1919 (RGBl, 285) wurde die
      Erklärung zu einem bindenden Rechtssatz. Dieser bildete die Grundlage
      für Art. 118 WRV, am 11.8.1919 in Kraft getreten, in Abs. 2 wurde jedoch
      die Möglichkeit besonderer Gesetze gegen «Schmutz- und Schundlitera-
      tur» und zum «Schutz der Jugend» eingeräumt. Auch wurden mit dem
      Strafgesetzbuch wesentliche Zensurkriterien der Vorkriegszeit übernom-
      men, z.B.: Unzucht/Unsittlichkeit (§ 184 StGB), Gotteslästerung (§ 166
      StGB), Beleidigung (§ 185–187 StGB). Diese Paragraphen bildeten die
      Rechtsgrundlage für zahlreiche Prozesse gegen Journalisten und Künstler
      während der Weimarer Republik.
47   Wir haben hier nachgewiesen] KT vor allem in der ‹Militaria›-Serie, s. [4];
      [9]; [13]; [16]; [18]; [22].
141 f Naumannsche Rede] Am 13.2.1919 hatte sich Naumann in der National-
      versammlung in Weimar für eine Zusammenarbeit der Mehrheitssozial-
      demokraten mit den bürgerlich-demokr. Parteien ausgesprochen: «[...]

wir wollen zusammen trotz aller Eigenart und trotz aller Differenzen ein gemeinsames deutsches Einheitsreich bilden, wir wollen die eine große Gruppe der Neuaufrichter des Staates sein» (Verhandlungen der verfassunggebenden Deutschen Nationalversammlung. Stenographische Berichte. Bad Feilnbach 1986, Bd. 326, 55).

72 *Augiasstall*] Von Diodor (13, 3) wird als eine Kraftleistung des Herkules berichtet, daß er den verdreckten Rinderstall des Königs Augias in einem Tag ausmistete, indem er zwei Flüsse durch den Stall hindurchleitete.

25 f *schwarz-weiß-rotes Tuch*] Vgl. [26], *15*.

33 *Schiebern und Schleichern*] Vgl. [6], *89*.

33
Das Lied vom Kompromiß

V: Kaspar Hauser
D^1: WB Jg. 15, Nr. 12, 13.3.1919, I, S. 297
Bibl.: Nd s. Bonitz/Wirtz D 446; 16 Nd; GW 2

16 *Seit November*] Anspielung auf das Bündnis zwischen Ebert und Groener nach Ausrufung der Republik am 9.11.1918, in dem Groener Ebert die Unterstützung der Reichswehrtruppen gegen linksradikale Kräfte zusicherte (vgl. Wilhelm Groener: Lebenserinnerungen. Hg. von F. v. Gaertringen. Göttingen 1957, 467 f).

16 *Gavottchen*] Die Gavotte ist ein im Tempo gemäßigter, volkstümlicher frz. Gesellschaftstanz (im 17. und 18. Jh. auch höfischer Tanz) im 2/2-Takt. Getanzt wurde die Gavotte paarweise als Figurentanz.

17 *Carmagnole*] Frz. revolutionäres Tanzlied mit dem Refrain: «Dansons la Carmagnole! Vive le son du canon!», das 1792 bei der Einnahme der Stadt Carmagnola in Piemont entstanden sein soll. Die Carmagnole wurde 1792/93 während der Hinrichtungen beim Tanz um die Guillotine gesungen, von Napoleon I. später verboten.

2 *Wasch den Pelz ... naß!*] Sprichwörtl.; vgl. Wander 1963, Bd. 3, Sp. 1206.

0 *Menuettchen*] Frz. Tanz in mäßig bewegtem ¾ Takt; offener Paartanz mit kleinen Schritten und vielen Figuren.

6 *Ebert hin nach Holland geht*] Ebert hatte sich noch am 9.11.1918 für eine parlamentarische Monarchie unter einem unbelasteten Kaiser-Enkel ausgesprochen. Kaiser und Kronprinz waren im Exil in Holland, s. [1], *65*.

34

[Antwort]

V: Peter Panter
D¹: WB Jg. 15, Nr. 12, 13.3.1919, I, S. 300–301 [Rubrik:] Antworten
Bibl.: Bonitz/Wirtz D 447

Der Hg. Jacobsohn hat diesem Text KTs die Form einer «Antwort» gegeben. Von ihm stammt der einleitende Satz: «Peter Panter. Sie spiegeln
meinen Eindruck von Ludwig Hardt» und der Schluß: «Ich unterschrei-
be das freilich Wort für Wort und wünsche Jedem die gleiche Freude an
Ludwig Hardt, wie wir Beide sie neulich hatten. Eben entdecke ich, daß
er demnächst auch Karl Kraus liest, der täglich in jeder Stadt Deutschlands auf dem Programm aller Rezitatoren stehen sollte.»
Zur Gemeinschaftsarbeit bei der Abfassung dieser Texte, zu ihrer Form
und Funktion hatte KT im Brief vom 26.7.1918 an MT erklärt: «Was die
‹Antworten› angeht, so sind sie zur Hälfte von mir, und zum größten Teil
von Jacobsohn und mir zusammen – die wenigsten schreibt er allein. Ich
schicke ihm gewöhnlich von hier [Rumänien, s. [4], 0] aus den Entwurf
und er ändert nach Geschmack. Die meisten sind fingiert, das heißt, kein
Mensch hat gefragt: wir haben aber diese Form gewählt, weil man so allerhand Krimskrams bequem und nett unterbringen kann.» SJ legte
größten Wert darauf, daß «die Entstehung der ‹Antworten› als Berufsge-
heimnis» zwischen den beiden behandelt wurde, zumal er «ja beinah jede
Antwort in meinen Jargon übersetze» (SJ an KT o.D. [vermutl. Anfang
1919]; s. Jacobsohn 1989, 19 f). Ausführl. dazu sowie zu den Editionskri-
terien dieser Ausgabe für den Druck der «Antworten», s. Bd.1, 400 ff
und Bd.9, 1060 ff.

2   *Hardt*] Der Rezitator trat auf seiner Vortragsreise in Berlin im Meistersaal
und im Bechsteinsaal auf. Der ‹Vorwärts› (12.3.1919, A) zeigte zwei Programme an. Bei einem «Frohen Abend» gab Hardt Texte von Wied, Reuter und Morgenstern sowie zwölf «Porträts» Berliner Schauspieler; bei
einem anderen Programm sprach er zwei größere Prosastücke von Jean
Paul: ‹Rede des toten Christus vom Weltgebäude herab, daß kein Gott
sei› und von Wedekind: ‹Rabbi Esra›; dazu Verse von Goethe, Claudius,
Trakl, Li-Tai-Pe, Karl Kraus: Worte in Versen I–IV. KT hatte Hardt bereits im April 1918 in die Fliegerschule Ost in Alt-Autz (Kurland) zu einigen Vorlesungsabenden geholt. Zu einer Lesung 1921 s. ‹Drei Abende›
(Bd. 5 [86]). Hardt und KT blieben bis 1933 in Verbindung; vgl. Bd. 20
[B 2], 10, *10*; [B 74], 48, *48*.

7   *aus Friesland*] «Friesland./[...] Im lüttchen Städtchen Weener/Hockt
    Ludwigs zottigsteinern Elternnest» dichtete Else Lasker-Schüler: ‹Ludwig Hardt›, WB 10.7.1919, II, 50.
16 f *stellt auf den Tisch die duftenden Magnolien*] In Abwandlung des ersten
    Verses von Hermann von Gilms Gedicht ‹Allerseelen›: «Stell auf den
    Tisch die duftenden Reseden».
17 f *«Es läuft der Vorfrühlingswind ... Alleen –.»*] i. Orig.: «Es läuft der
    Frühlingswind ...», s. das Gedicht ‹Vorfrühling›, in: Hugo von Hofmannsthal: Sämtliche Werke, hg. von Eugene Weber. Frankfurt/M. 1984,
    Bd. 1, 26.

35

Armes Berlin!

V: Von einem Berliner
D¹: Berliner Volks-Zeitung Jg. 67, Nr. 118, 19.3.1919, M, [S. 2]
Bibl.: Nd s. Bonitz/Wirtz D 448; 1 Nd

Zuschreibung s. [25].
Zu den Vorgängen in Berlin während des Generalstreiks vom 3. bis
13.3.1919, s. [28].

4   *Pankekosaken*] s. [7], 2.
9   *in Weimar*] Am 6.2.1919 war in Weimar die Nationalversammlung eröffnet worden, die über die neue Verfassung beriet. Schon am 10.2. verabschiedete die Versammlung ohne gründliche Beratung ein «Gesetz über
    die vorläufige Reichsgewalt». Weimar war als Ort der NV gewählt worden, weil Berlin als politisch zu unruhig galt.
14 *auf ihren Rittergütern*] s. [27].
19 *russischen Dämpfen*] Am 14.3. hatte der preuß. Innenminister Heine
    (MSPD) in der preuß. Landesversammlung erklärt: «Nicht die russische
    Dampfwalze hat uns niedergedrückt, aber die Ansteckung mit dem russischen Gift des Bolschewismus ...», s. ‹Spartacus-Debatte in der Landesversammlung. Wolfgang Heine über den Belagerungszustand in Berlin›, BT 15.3.1919, M.

36

Berliner Spielhöllen

V: Ignaz Wrobel
D[1]: Berliner Tageblatt Jg. 48, Nr. 121, 20.3.1919, A, [S. 2]
Bibl.: Bonitz / Wirtz D 449; Nd s. Ackermann 2 NdzL

2 f   *in Deutschland verboten*] «Das Strafgesetzbuch befaßt sich mit dem
Glücksspiel an zwei Stellen: nach § 284 wird mit Gefängnis bestraft, wer
aus dem Glücksspiel ein Gewerbe macht [...] Nach § 285 verwirkt der
Inhaber eines öffentlichen Versammlungsorts, sobald er Glücksspiele ge-
stattet, eine Geldstrafe bis zu fünfzehnhundert Mark»; s. Epstein:
Spielclubs, in: WB 5.6.1919, I, 649.

4   *die Polizei*] Von seiten der Berliner Polizeibehörden war seit Anfang 1919
behauptet worden, daß die gesetzlichen Bestimmungen (s.o. *2f*) auf die
zahllosen Clubs, die sich gebildet hatten, nicht anwendbar seien, da angeblich die Öffentlichkeit des Versammlungsortes fehlte. Hintergrund
war, daß z.B. die Stadt Charlottenburg plante, einen hohen Steuersatz
von den Gewinnen oder den Umsätzen des Spiels zu erheben. Vgl. ‹Ge-
plante Konzessionierung des Glücksspiels›, BT 24.2.1919, M und die aus-
führliche Auseinandersetzung mit dem Thema von Max Epstein, der auf
die rechtlichen und moralischen Gefahren einer Konzessionierung hinweist (s.o. *2f*, ebd., 649–654). Vgl. auch [131] und K.

14   *Schieber*] s. [6], *89.*

23   *Lizentiat Mumm*] Der Theologe und DNVP-Abg. Reinhard Mumm war
seit 1918 Mitgl. des «Zentralausschusses für innere Mission». Er publizierte in der «Volksmissionarischen Schriftenreihe» und veröffentlichte
z.B. ‹Zu Schein und Sein in der heutigen Kulturpolitik›.

45 f   *Kriegswucheramt und seine Nachfolger*] Seit dem Weltkrieg gab es eine
Preiswuchergesetzgebung, die sich gegen die übermäßigen Gewinne beim
Handel mit Gegenständen des täglichen Lebens und Kriegsbedarf richtete. Die zahlreichen Gesetze entstammen den Jahren 1915–20. Zur Aburteilung von Schleichhandel und Preistreiberei wurde an jedem Landgericht ein Wuchergericht als Sondergericht eingesetzt, s. auch [84], *25.*

62 f   *Fontane beim Apfelsinensalat*] Vgl. [197], 1 ff.

Der Untertan

V: Ignaz Wrobel

D¹: WB Jg. 15, Nr. 13, 20. 3. 1919, I, S. 317–321

Bibl.: Nd s. Bonitz / Wirtz D 450; 13 Nd; GW 2

Rez.: Heinrich Mann: Der Untertan. Leipzig, Wien: Kurt Wolff 1918

1 ff   *Aber es … Adels lebt …*] s. Heinrich Manns Essay ‹Reichstag›, 1911 geschrieben, veröffentlicht in: ‹Macht und Mensch›. München 1919, 21–22. Vgl. auch KTs Rezension: ‹Macht und Mensch› (Bd. 4 [126]).

2   *«Der Roman … Anfang Juli 1914.»*] Mann 1918, 4. Ab Jan. 1914 waren Teile des Buches, das urspr. ‹Geschichte der öffentlichen Seele unter Wilhelm II.› betitelt werden sollte, in der Berliner illustr. Wochenzeitschrift ‹Zeit im Bild› abgedruckt worden. Bei Kriegsausbruch wurde der Vorabdruck abgebrochen, da, wie die Redaktion dem Autor mitteilte, gegenwärtig «nicht in satirischer Form an deutschen Verhältnissen Kritik» geübt werden könne (zit. nach ‹Werk und Leben in Dokumenten und Bildern. Berlin, Weimar 1971, 134). 1915 erschien ‹Der Untertan› in einer russ. Ausg., 1916 veranstaltete der Verleger Kurt Wolff einen Privatdruck und gab 1918 die offizielle Erstausg. in seinem Verlag heraus.

6 f   *«Leute! … gearbeitet wird.»*] Mann: Der Untertan 1918, 111.

7 f   *«Mein Kurs … herrlichen Tagen entgegen.»*] ebd., 111. Vgl. [2], *16.*

9 f   *«Er behandelte … Erfolg gehabt.»*] ebd., 214.

7   *«Die Weltgeschichte … Weltgericht!»*] s. Schiller: Resignation, Vers 95, in: Schillers Werke. Nationalausg. Bd. 1, Weimar 1943, 166–169, hier: 168.

6   *Lohengrin-Aufführung*] Mann: Der Untertan 1918, 370–379.

7 ff   *«denn hier … seiner Herren»*] ebd., 378.

4   *reale Verbandspersönlichkeit*] Otto v. Gierkes Theorie der realen Verbandspersönlichkeit geht davon aus, daß menschliche Verbände als soziale Organismen ein eigenständiges (Rechts-)Leben führen. Er entwickelte sie insbesondere in Bd. I seines ‹Deutschen Privatrechts› (1895), sowie in dem Vortrag ‹Das Wesen der menschlichen Verbände. Rektoratsrede vor der Univ. Berlin› vom 15. 10. 1902 (Darmstadt 1954).

7 f   *«Dem Europäer … voranweht»*] i. Orig.: «dem Europäer ist wohl, wenn ihm etwas voranweht», aus der Erzählung ‹Prag›; s. Gustav Meyrink: Des deutschen Spießers Wunderhorn. München, Wien 1981, 29.

7 ff   *«Wenn nun … Gattung.»*] i. Orig.: «(Platonische) Idee»; s. Schopenhauer: Die Welt als Wille und Vorstellung. Bd. 2, Ergänzungen zum dritten Buch. Kap. 37: Zur Ästhetik der Dichtkunst, in: Arthur Schopenhauer 1891. Bd. 3, 487.

144 *in dem Buch eine grandiose Szene*] Mann: Der Untertan 1918, 61–66.
159 f *«Da, nehmen Sie! ... damals!»*] ebd., 127.
170 *Schwarz-weiß-rot*] s. [26], *15*.
186 *seines gemischten Blutes*] Manns Mutter war die Tochter eines Plantagen-
     besitzers aus Lübeck und einer Brasilianerin.

38

Ein altes Lied

V: Kaspar Hauser
D^1: WB Jg. 15, Nr. 13, 20.3.1919, I, S. 326
Bibl.: Nd s. Bonitz/Wirtz D 451; 1 Nd

39

Gegen rechts und gegen links

V: Theobald Tiger
D^1: Ulk Jg. 48, Nr. 11/12, 21.3.1919, [S. 2]
Bibl.: Nd s. Bonitz/Wirtz D 452; 1 NdzL, 1 Nd

Vgl. [7]; [28] und [35].

19 *Reventlows*] Ernst Graf zu Reventlow war 1919 Redaktionsmitglied der
    ‹Deutschen Tageszeitung› (s. [24], *23*), für die er bereits während des
    Krieges als Leitartikler das annexionistische Programm des Alldeutschen
    Verbandes (s. [18], *59*) vertreten hatte.
19 *die Spartakisten*] s. [2], *23*; [7].
22 f *Denn gegen ... Demokraten.*] Anspielung auf die Schlußverse von Wil-
    helm von Merckels Gedicht ‹Die fünfte Zunft›: «Gegen Demokraten/
    Helfen nur Soldaten». Das Gedicht erschien nach der Märzrevolution
    1848 als fliegendes Blatt und wurde 1850 in die Sammlung ‹Zwanzig Ge-
    dichte› aufgenommen.

40

421 Gesichter

V: iwro
D¹: Berliner Tageblatt Jg. 48, Nr. 130, 25.3.1919, A, [S. 3]
Bibl.: Bonitz/Wirtz D 454
Rez.: Georg Maas: Die verfassunggebende Deutsche Nationalversamm-
lung. Lebensgang, Lebensarbeit, Lebensziele ihrer Mitglieder nach eige-
nen Mitteilungen und mit Bildnissen. Hg. unter Obhut des Deutschen
Wohlfahrtsbundes. [Berlin-]Charlottenburg: Baumann 1919

3   *Georg Maas*] Das Titelblatt weist Maas aus als «Professor Dr. jur.» und
    «Bibliothekar des Reichsmilitärgerichts».
5   *«pax ... muros!»*] «Lebensziel» von Ludwig Kaas (Christliche Volkspar-
    tei); ebd., 95.
5 f *«Das Glück ... Volkes»*] Oskar Maretzky (DVP); ebd., 126.
6 f *«Hebung ... Arbeiter ...»*] Leopold Rückert (MSPD); ebd., 162; ähnliche
    Formulierungen z.B. bei: Michael Hierl (MSPD), S. 83; Heinrich Im-
    busch (CVP), S. 92; Hermann Käppler (MSPD), S. 96; Alois Puschmann
    (CVP), S. 150; Walter Arthur Reek (MSPD), S. 155; Hermann Gottfried
    Sachse (MSPD), S. 164.
8 f *ruhender Pol in der Erscheinungen Flucht*] Schiller: Der Spaziergang, Vers
    134, in: Schillers Werke. Nationalausgabe. Weimar 1983. Bd. 2, 1, 312.
0 ff *«Arbeit ... Geistes.»*] Albrecht von Graefe (DNVP); s. Maas 1919, 66.
6   *«Freude»*] Maximilian Pfeiffer (CVP); ebd., 146.
7 ff *«Selbst ... erleichtern ...»*] Nikolaus Osterroth (MSPD); ebd., 141.
0 f *«Leben ... lügt.»*] ebd., 191.
3   *Stresemann*] ebd., 196.
4   *am sausenden Webstuhl der Zeit*] s. Goethe: Faust I, Vers 508.
6   *«Den alten ... Reich!»*] Wilhelm Kahl (DVP); ebd., 97.

41

Kusch!

V: Von einem Berliner
D¹: Berliner Volks-Zeitung Jg. 67, Nr. 134, 27.3.1919, A, [S. 2]
Bibl.: Nd s. Bonitz/Wirtz D 455; 1 Nd

Zuschreibung s. [25].

7 *Ludendorff*] Mit einem Schreiben an Ebert hatte Ludendorff am 24.2.
seine Rückkehr nach Deutschland aus dem schwed. Exil angekündigt.
Darin hieß es: «Es ist für das Vaterland, aber auch für mich notwendig,
daß allseitige Klarheit darüber herrscht, was ich während der vier
Kriegsjahre tat und wo die Wurzeln unseres Unglücks liegen» (s. ‹Was
will er? Ludendorff will dem deutschen Volke ‹weiter dienen ...›», BVZ
25.2.1919, M). Kurz zuvor, am 13.2., war Ludendorff von Scheidemann
in einer Rede vor der Nationalversammlung als «Hasardeur» bezeichnet
worden, was einen Protestbrief Hindenburgs zur Folge gehabt hatte.
Scheidemann hatte geantwortet, er bleibe bei seiner Auffassung:
«Hasardeur nenne ich den Mann, der alles auf eine Karte setzt, ohne die
Folgen zu bedenken [...]» (s. ‹Der Hasardspieler. Der Briefwechsel Hindenburg–Scheidemann›, BVZ 19.2.1919, A).

42

Schwere Zeit

V: Kaspar Hauser (D[1]); Theobald Tiger (D[2])
D[1]: WB Jg. 15, Nr. 14, 27.3.1919, I, S. 360
D[2]: Fromme Gesänge 1919, S. 100
Bibl.: Nd s. Bonitz/Wirtz D 456; 1 NdzL, 9 Nd; GW 2

Variante in D[2]: **17** Einzige] einzige

43

Erinnerung

V: Peter Panter
D[1]: WB Jg. 15, Nr. 14, 27.3.1919, I, S. 361–362 [Rubrik:] Rundschau
Bibl.: Bonitz/Wirtz D 457

1 *Rundschau-Seite*] Die zweispaltige Rubrik «Rundschau» war von SJ bereits im ersten Heft (7.9.1905) seiner ‹Schaubühne› eingerichtet worden,
sie hatte Bestand bis zum 10. Jg., Nr. 31/32 vom 6.8.1914. Von KTs Beiträgen für die ‹Schaubühne› (ab 9.1.1913) waren mehr als die Hälfte in
dieser Rubrik plaziert, stets gezeichnet mit dem Pseudonym Peter Panter,
das KT in dieser Zeit nur für drei Artikel im vorderen Teil der SB verwendete. Die «Rundschau» wurde 1923 in «Bemerkungen» umbenannt.

13 ‹*Antwort*›] Die Rubrik «Antworten» wurde zwei Monate nach Eintritt
KTs in den Redaktionsstab der SB, am 20.3.1913, eingeführt; s. [34], *O*.

20 *Sherlock Holmes*] Über Conan Doyles Detektiv schrieb KT z.B. in
‹Sehnsucht nach der Bakerstreet› (s. Bd. 1 [178]).

20 f *Prince und Linder*] Charles Prince, frz. Schauspieler, in Deutschland als
Moritz Prince bekannt und der dt. Schauspieler Max Linder, s. z.B. ‹Moritz Napoleon› (Bd. 1 [144]); ‹Moritz und Max› (Bd. 1 [212]).

21 *five sisters Brodersen*] Diese konnten nicht nachgewiesen werden. Die
Namensbezeichnung geht vermutl. zurück auf die zuletzt 1897 gemeinsam aufgetretenen «Five Sisters Barrison», die aufgrund ihres immensen
Erfolges häufig kopiert wurden.

22 *Sunshine-Girls*] Engl. Tanz-Ensemble, das 1913 im «Wintergarten» auftrat, s. ‹Wintergarten› (Bd. 1 [108]), ‹Die Girls› (Bd. 1 [185]) und ‹Das
Varieté von der andern Seite› (SB 30.4.1914, I, 499–502; D 286).

29 f *«Ein stilles Neppen ... Raum.»*] Im Okt. 1913 hatte das «Linden-Cabaret» KT wegen seiner Behauptung, es gehe dort «ein stilles Neppen
durch den Raum» (s. ‹Cabaret›, Bd. 1 [199]) der «verleumderischen Beleidigung» angeklagt. KT entschuldigte sich mit dem Eingeständnis
‹Peccavi› (Bd. 1 [204]).

31 *Gussy Holl*] In dem «Rundschau»-Artikel ‹Gussy Holl› (Bd. 1 [133]) hat
KT zum ersten Mal seine schwärmerische Liebe zu der Diseuse und
Schauspielerin öffentlich bekannt, s.a. [74], 78ff.

4 f *Hier darf ichs.*] Wohl ein Seitenhieb auf Theodor Wolff, KTs Vorgesetzten beim ‹Ulk›, bei dem er nicht «koppheistern» durfte wie in der WB
(s. KT an Blaich 16.3.1919, AB 1, 68); s. auch K zu [249*].

44

Lebensmittel! Lebensmittel!

V: Theobald Tiger
D^1: Ulk Jg. 48, Nr. 13, 28.3.1919, [S. 2]
Bibl.: Nd s. Bonitz/Wirtz D 458; 4 Nd; GW 10

Seit Ende 1914 bestand eine Wirtschaftsblockade der Alliierten gegen das
Dt. Reich, auch «Hungerblockade» genannt, die erst im Juli 1919 endgültig aufgehoben wurde. Dabei wurde von seiten Englands (das die Ausgänge der Nordsee sperrte) und Frankreichs zunehmend auch der Handel
Deutschlands mit den neutralen Ländern unterbunden. Als Mittel gegen
die durch die Blockade mitverantwortete Lebensmittelknappheit entstan-

den verschiedene neue Reichsbehörden für die Zwangsbewirtschaftung («Kriegsgesellschaften»), wie etwa die Kriegsgetreidegesellschaft, die Reichsfuttermittelstelle, die Reichskartoffelstelle u.a., die jedoch nicht verhindern konnten, daß v. a. während des «Hungerwinters» 1916/17 zahlreiche Deutsche an Hunger starben. Im März 1919 einigten sich Deutschland und die Alliierten über ein Lebensmittelabkommen, das die Blockade zwar nicht aufhob, aber lockerte. Daraufhin traf am 25.3. der amer. Dampfer «West Carnifax» mit 120000 Zentnern Mehl und 20–30000 Zentnern anderen Lebensmitteln in Hamburg ein.

20   *wie wir einst so glücklich waren!*] Weiter: «müssen's jetzt durch euch erfahren ...»; seit 1815 Vorspruch zu den ‹Römischen Elegien› von Goethe.
23   *Die große Zeit*] s. [132].

45

Fratzen an den Mauern

V: Ignaz Wrobel
D[1]: Berliner Tageblatt Jg. 48, Nr. 137, 29.3.1919, M, [S. 2]
Bibl.: Bonitz/Wirtz D 459; DT

Vgl. [80], weitere Texte zum Plakat [68]; [99*]; [138]; [148].

10   *Gespenster mit Affenarmen*] Auf den Plakaten der «Vereinigung zur Bekämpfung des Bolschewismus» (Berlin) Anfang 1919, z.B. von Walter Schnackenberg mit der Überschrift ‹Bolschewismus bringt Krieg, Arbeitslosigkeit und Hungersnot› (Abb. s. Diederich/Grübling/Bartholl: Die rote Gefahr. Antisozialistische Bildagitation 1918–1976. Berlin 1976, 17); von Julius Ussy Engelhard mit derselben Überschrift (ebd., 19); von Rudi Feld, betitelt: ‹Die Gefahr des Bolschewismus› (ebd., 24). Das regierungsoffizielle Plakat von Hachez zeigt ein riesenhaftes schwarzes Gespenst, das mit seinen Pranken ein Dorf zerstampft; Titel: ‹Die Heimat ist in Gefahr›, Text im unteren Feld des Plakats: «Die Welle des Bolschewismus gefährdet unsere Grenzen; im eigenen Lande regen sich bolschewistische Kräfte der Zersetzung, die unser Land wirtschaftler Vernichtung auszusetzen drohen. Polnische Verbände brechen in alte deutsche Lande ein und dringen nach Westen vor. Große Mittel sind nötig! Helft sofort! Eile tut not!» Unterzeichnet: «Die Reichsregierung Noske», «Die Preußische Regierung Hirsch» (ebd., 36).

19 *Liga zur Abwehr des Bolschewismus*] Die «Antibolschewistische Liga»
war eine von Eduard Stadtler im Dez. 1918 gegründete, mit Geldern der
dt. Schwerindustrie finanzierte Organisation, die nicht nur antirevolutio-
näre Propaganda betrieb, sondern auch den Freikorps für ihre Feldzüge
gegen die Kommunisten (und später gegen die Republik) Geld zukommen ließ. Stadtler zufolge soll es im Jan. 1919 seitens Hugo Stinnes und
anderer Wirtschaftsführer zur Einrichtung eines millionenschweren «An-
tibolschewistenfonds» gekommen sein (vgl. Nolte 1966, 34); s. auch Bd. 4
[203], *31 f.*
25 *Kriegsanleihen*] Vgl. [12], *9.*
25 f *der vaterländische Unterricht*] Vgl. [18], *0.*
32 f ‹*Die Jagd nach dem Glück*›] Hauptwerk von Rudolf Henneberg; ein in
Berlin um 1868 entstandenes großformatiges, mit vielen Zitaten und Anspielungen überladenes allegorisches Ölgemälde; s. Irmgard Wirth: Berliner Malerei im 19. Jahrhundert. Berlin 1990, Abb. 564.
34 *Preisausschreiben*] s. dazu die Notiz in der ‹Germania› 22.3.1919, M:
«Ein Preisausschreiben erläßt die Vereinigung zur Bekämpfung des Bolschewismus. Als Thema gilt die ‹Jagd nach dem Glück› nach dem bekannten Bilde der Nationalgalerie. Gesamtbetrag der Preise 1300 M.»
39 *Kriegspresseamts*] Vgl. [13], *25.*
47 *Spielklubs*] s. [36].
47 *Syndetikon*] Dickflüssiger Klebstoff.

46

Wohnungssuche

V: Von einem Berliner
D^1: Berliner Volks-Zeitung Jg. 67, Nr. 139, 30.3.1919, M, 1. Beiblatt, [S. 1]
Bibl.: Bonitz/Wirtz D 460

Zuschreibung s. [25].

Während des Krieges war es wegen Materialknappheit und fehlenden Arbeitskräften kaum zum Bau neuer Wohnungen gekommen. Da 1919 Hunderttausende Soldaten aus dem Krieg zurückkehrten und zahllose Deutsche aus Elsaß-Lothringen oder den an Polen fallenden Ostgebieten ins
Reich strömten, wurde das Wohnungselend der Großstädte zu einem
dringlichen Problem der Kommunalbehörden.

15 *fünf Zimmer kosteten*] «[...] ich weiß, daß das, was ich will, außerhalb Berlins mindestens 15 000, und in Berlin 30 000 Mark kostet» (KT an MT 5.7.1919; UuL, 222).

23 *Straßenschlacht*] In den Arbeitervierteln Ostberlins, vor allem in Lichtenberg (s. [55], *15*), war es während des Generalstreiks Anfang März zu blutigen Kämpfen zwischen Freikorps und Arbeitern gekommen; s. [28] und [35].

47

Der Mann mit den Spritzen

V: Peter Panter
D[1]: Berliner Tageblatt Jg. 48, Nr. 145, 2.4.1919, A, [S. 2]
Bibl.: Bonitz/Wirtz D 461; Nd s. Ackermann/Nickel 1 NdzL; GW 2

«Das Geheimnis der Zeit» (s. [150], 1) thematisierte KT wiederholt in Grotesken, Feuilletons, Essays und Briefen. War es 1913 ‹Der Zeitsparer›, ein Apparat der die Zeit aufhebt (s. Bd. 1 [171]), so ist es 1919 ‹Die Zeitbremse› (s. [114]) und 1926 der «Kleinzeitler». Diesen Begriff prägte KT in dem Artikel ‹Das Zeitdorf› (Voss 15.8.1926; D 1674), griff ihn 1930 in der Betrachtung ‹Die Zeit› (WB 18.2.1930, I, 283–286; D 2369) wieder auf und wies 1935 noch einmal in einem Brief an E.G. Dunant auf seine Wortschöpfung hin (s. Bd. 21 [B 78], 169ff).

76 *Geliebte los geworden*] Vermutl. Anspielung auf KTs Verlobte Kitty Frankfurther, von der er sich 1918 getrennt hatte.

79 f *Naturmenschen Nagel*] Gustaf Nagel, der bei Salzwedel in einer Höhle, seinem «Garten Eden», lebte.

48

Stufen

V: Ignaz Wrobel
D[1]: WB Jg. 15, Nr. 15, 3.4.1919, I, S. 386–387
Bibl.: Nd s. Bonitz/Wirtz D 462; 4 Nd; GW 2
Rez.: Christian Morgenstern: Stufen. Eine Entwicklung in Aphorismen und Tagebuch-Notizen. München: Piper 1918

1 *einem Berufenern*] s. Arthur Holitscher: Christian Morgensterns Nachlaß, in: WB 27.3.1919, I, 353–355. KT hat 1913 Morgensterns
‹Galgenlieder› und ‹Palmström› rezensiert; s. Bd. 1 [158].

2 *‹Stufen›*] KT las das Buch gleich nach seinem Erscheinen; an Mary Gerold schrieb er darüber am 9.8.1918: «Ich habe ein neues Buch da, von
Morgenstern […] das war ein ganz tiefer und frommer Mensch. Aber eine abgrundtiefe Frömmigkeit, nicht so mit Gebeten und fertig. In diesem
seinem Nachlaßbuch […] stehen fabelhafte Sachen […] einmal steht da:
‹Ein Künstler muß seine Weisen eigentlich immer einer Geliebten ins Ohr
geigen›.» (s. UuL, 129f). Morgenstern hatte sich seit 1909 der Anthropo-
sophie Rudolf Steiners zugewandt.

4 *Galgenlieder*] Die grotesk-phantastischen Verse der Sammlung ‹Galgenlieder› erschienen erstmals 1905 im Verlag von Bruno Cassirer, Berlin; der
Band lag 1919 in der 38. bis 49. Aufl. vor.

3 f *«Ich hörte … pfeifen.»*] In Morgenstern: Stufen. München 1918, 37: «Ich
höre einen Vogel fortwährend ‹Chi-rur-gie› flöten.»

2 *Landsknechte des Geistes*] Zu diesem Bild des Satirikers s. a. [158], 82f.

9 *alle sieben Nothelfer*] In der kath. Kirche Bezeichnung für 14 [!] Heilige,
die als Fürsprecher bei Gott angerufen werden.

49

Kriegsgefangen

V: Kaspar Hauser (D¹); Theobald Tiger (D²)
D¹: WB Jg. 15, Nr. 15, 3.4.1919, I, S. 387
D²: Fromme Gesänge 1919, S. 58–59
Bibl.: Nd s. Bonitz/Wirtz D 463; 5 Nd; GW 2

Varianten
Die Varianten sind nach D² verzeichnet
7 kleiner Rat] Rechnungsrat 10 (gezeichnet: Lehmann, Ortskommandant).»] (gez.) Lehmann, Ortskommandant.»

1 *in Belgiens Etappen*] Vgl. [13], 22 und [140], 207.

2 *«Travaillez! … Vite!»*] «Arbeitet! Vorwärts, ihr Boches! Schnell!
Schnell!»

3 *boches*] Urspr. Argotausdruck für einen schwerfälligen, liederlichen Menschen, wurde im 1. Weltkrieg zum Schimpfwort für die Deutschen.

5 *Kriegsgefangene*] Zu diesem Zeitpunkt häuften sich Zeitungsmeldungen

über die schlechte Behandlung dt. Kriegsgefangener in frz. Internierungs-
lagern. Der geregelte Rücktransport der Gefangenen begann erst im Sept.
1919, als die Briten, Belgier und Amerikaner die Freilassung der Inter-
nierten einleiteten. Frankreich, das die ehemaligen Soldaten zu Wieder-
aufbauarbeiten einsetzen wollte, verzögerte den Rücktransport noch eine
Zeitlang.

30   *Burschen von damals*] Die Alliierten verlangten als Teil der Friedensbedingungen die Auslieferung dt. Kriegsverbrecher, darunter des Ex-
Kaisers Wilhelm II.

30   *vor ein Gericht*] s. [135].

50

Die Wanzen

V: Peter Panter
D^1: WB Jg. 15, Nr. 15, 3.4.1919, I, S. 392 [Rubrik:] Rundschau
Bibl.: Nd s. Bonitz/Wirtz D 464; 2 Nd; GW 2

38   *Allegorie*] KT befaßte sich mehrfach mit diesem Stilmittel. 1916 definierte
er: «Eine Allegorie ist ein Sinnbild, eine rednerische Form des Vergleichs,
ein, wie es heißt, veraltetes Hilfsmittel» (‹Die Katze spielt mit der Maus›,
SB 9.11.1916, II, 443–444; D 317). Zum erneuerten Interesse an der Allegorie zu Anfang des 20. Jh. vgl. Nickel über ‹Tucholskys Allegorien›, in:
Tucholsky-Blätter Jg. 5, H. 12, März 1994, 2–6.

51

Die kleine Puppe

V: Theobald Tiger
D^1: Ulk Jg. 48, Nr. 14, 4.4.1919, [S. 2]
Bibl.: Nd s. Bonitz/Wirtz D 465; 1 Nd
Mit einer Zeichnung von Erich Godal

52

Spieler

V: Von einem Berliner
D¹: Berliner Volks-Zeitung Jg. 67, Nr. 152, 6.4.1919, M, 2. Beiblatt, [S. 1]
Bibl.: Nd s. Bonitz/Wirtz D 466; 1 Nd

Zuschreibung s. [25].
Vgl. ‹Berliner Spielhöllen› [36].

39 *Weinmeisterstraße*] Ärmliche Wohngegend am Hackeschen Markt im
Ostberliner Bezirk Mitte.
44 *braunen Lappen*] Tausendmarkschein. Nach der Farbe der bis 1919 im Dt.
Reich geltenden Geldscheine (1870 ff); s. Küpper 1987, Bd. 5, 1728.
55 *Pachulke*] Ungebildeter, ungesitteter, unzuverlässiger Mensch. Von Ost-
deutschland im Laufe des 19. Jh. westwärts vorgedrungen etwa bis zur
Elbe (ebd., Bd. 6, 2090).
55 *Schaute*] Lächerlicher, dummer, unfähiger, widerlicher Mensch. Seit dem
16. Jh. (ebd., Bd. 7, 2443).
56 *Haute volaute*] Spöttisch, abschätzig für «haute volée», die vornehmen
Gesellschaftskreise der oberen Zehntausend.

53

Idylle

V: Peter Panter
D¹: WB Jg. 15, Nr. 16, 10.4.1919, I, S. 424–425 [Rubrik:] Rundschau
Bibl.: Bonitz/Wirtz D 467; GW 2

*In seinem Handexemplar der WB (KTF) hat KT zwei Korrekturen vor-
genommen; in Z. 5 ist das Wort* himmlische *gestr. und alR durch* schöne
ersetzt; in Z. 10 ist Schleichhandelsbraten *korr. zu* kalten Händlerbra-
ten.

1 *damals*] Während des Generalstreiks (3. bis 10.3.1919); s. [28].
1 *General Noske*] s. [93], 0.
8 *Claire*] s. [11], 17.
9 *der Herausgeber*] Siegfried Jacobsohn, s.a. [209], 23.
1 *Meeresstille ... glückliche Fahrt!*] Die beiden Goethe-Gedichte (1796) sind

als eng verbundene Gegenstücke in allen Ausgaben auf einer Seite zusammengestellt.

24 *Und ich las*] Noch am 16.3. hatte KT an Blaich, der ihm ein Raabe-Autograph geschenkt hatte, geschrieben: «[…] nun fehlt mir nur noch die Ruhe, die nötig wäre und ist, um ihn ganz und gar so zu lesen, wie er es geschrieben hat: von innen heraus. Rechts oben auf dem Briefbogen aber steht: Berlin W 50 […]» (AB 1, 67 f). KTs Kenntnis der Werke des «alten heiligen Raabe» (s. ‹Meinen Freunden den Idealisten›, SB 1.2.1917, I, 108; D 326) geht auf die Kriegszeit zurück: «Schön ist es von Ihnen, daß Sie sich auf Ihren Kriegsschauplatz den Raabe e tutti quanti mitgenommen haben» (Blaich an KT 25.5.1916; AW, 302). Von KTs Raabe-Lektüre zeugen zahlreiche Zitate und Anspielungen in seinen Texten v. a. aus den Jahren 1916 bis 1918. Vgl. dazu Meyer/Bonitz 1990, 13–54.

25 *Gedelöcke, den sie dreimal beerdigt*] In der Erzählung ‹Gedelöcke› (1866), angesiedelt im Kopenhagen des frühen 18. Jh., schildert Raabe eine intolerante Gesellschaft, die dem dän. Kurator Gedelöcke, einem aufgeklärten Deisten und gutem Freund eines Mitglieds der jüd. Gemeinde, weder einen Platz auf dem christl., noch auf dem jüd. Friedhof einräumen will.

25 f ‹*Marsch nach Hause*›] Novelle (1870).

32 *O schöne Zeit –! O sel'ge Zeit –!*] Volksstück mit Gesang von Bruno Decker (s. a. [152], *41* und [252*]).

54

Der zwanzigjährigen ‹Fackel›

V: Kaspar Hauser
D[1]: WB Jg. 15, Nr. 16, 10.4.1919, I, S. 426 [Rubrik:] Rundschau
Bibl.: Nd s. Bonitz/Wirtz D 468; 2 NdzL, 1 Nd; GW 2

Das erste Heft der ‹Fackel› ist im April 1899 in Wien erschienen. Der Herausgeber Karl Kraus war etwa ab Ende 1911 alleiniger Verfasser und machte die ‹Fackel› zu einer der bedeutendsten politisch-literarischen Zeitschriften des deutschsprachigen Raums. Dem Lob der ‹Fackel› ließ KT 1920 ein Lob des ‹Weltgerichts› (s. Bd. 4 [97]) und begeisterte Kritiken über Lesungen des Autors folgen, s. Bd. 4 [16]; [106]. Kraus dagegen brachte später wiederholt seine Reserviertheit gegenüber KT zum Ausdruck, wobei er insbesondere auf dessen Werbungen für Kriegsanleihen hinwies; s. [10], *6ff*; [12], *9*.

5   *Schmöcken*] Gesinnungsloser Zeitungsschreiber oder Schriftsteller nach der Figur des «Schmock» in Gustav Freytags ‹Journalisten›, 2, 2: «Ich habe geschrieben links und wieder rechts. Ich kann schreiben nach jeder Richtung.»

11   *auch in großen Zeiten*] Kraus hatte in den Kriegsjahrgängen der ‹Fackel› unmißverständlich den Krieg und seine Lobredner bekämpft; das erste Kriegsheft (Nr. 404, 5.12.1914) begann: «In dieser großen Zeit, die ich noch gekannt habe, wie sie so klein war; die wieder klein werden wird, wenn ihr dazu noch Zeit bleibt [...]». In den folgenden Heften zeugten leere Seiten wiederholt vom Eingriff der Zensur. Seit Sommer 1915 arbeitete Kraus an der Tragödie für ein «Marstheater» und veröffentlichte einen Teil daraus unter dem späteren Buchtitel ‹Die letzten Tage der Menschheit› (s. ‹Die Fackel› Nr. 423–425, 5.5.1916, 1–11).

55

Schlagsahne

V: Theobald Tiger
D^1: Ulk Jg. 48, Nr. 15, 11.4.1919, [S. 2]
Bibl.: Nd s. Bonitz/Wirtz D 469; 1 Nd

Vgl. ‹Kümmernis› von Theobald Tiger, WB 17.10.1918, II, 372; D 385.

5   *Lichtenberg*] Der Ostberliner Bezirk Lichtenberg war Zentrum des Widerstands gegen die Regierungstruppen während des Generalstreiks vom 3. bis 10. März; s. [28], 0.

5   *Zabern*] In der elsässischen Kleinstadt war es im Nov. 1913 zu Protestkundgebungen gegen Übergriffe dt. Offiziere gekommen; Oberst Adolf von Reuter unterdrückte Demonstrationen mit brutaler Gewalt und nahm willkürliche Verhaftungen vor. Ein Kriegsgericht in Straßburg sprach Reuter im Jan. 1914 frei.

7   *Der Friede ... kommt er diesem Lande?*] Zu KTs Befürchtungen in Bezug auf den Versailler Friedensschluß s. [75] und [83].

56

Der falsche Sonntag

V: Ignaz Wrobel
D[1]: Berliner Tageblatt Jg. 48, Nr. 165, 13. 4. 1919, M, 2. Beiblatt, [S. 1]
Bibl.: Bonitz/Wirtz D 470; GW 2

Am 1. 4. 1919 war die «Verordnung über Sonntagsruhe im Handelsgewerbe und in Apotheken» (RGBl., 176) in Kraft getreten, sie bestimmte die volle Sonntagsruhe im Handelsgewerbe für Gehilfen, Lehrlinge und Arbeiter. Ausnahmen konnten polizeilich genehmigt werden, hatten allerdings die für den öffentlichen Gottesdienst vorgesehene Zeit zu berücksichtigen; s. ‹Aus der Reichshauptstadt. Die Sonntagsruhe›, in: DTZ 6. 3. 1919. Vgl. auch ‹Bußtag› in Bd. 4 [236].

57

Mit einem blauen Auge

V: Kaspar Hauser (D[1]); Theobald Tiger (D[2])
D[1]: WB Jg. 15, Nr. 17, 17. 4. 1919, I, S. 451
D[2]: Fromme Gesänge 1919, S. 61
Bibl.: Nd s. Bonitz/Wirtz D 471; 3 Nd; GW 2

Varianten
Die Varianten sind nach D[2] verzeichnet
9 Am] am **22** Krieges-Bestie] bunte Bestie

8   *Wer ist schuld am Ganzen?*] Zur Kriegsschulddebatte in Deutschland
     s. [75], **22**.
13   *Söldnerlanzen*] Zur Rolle der Freikorps vgl. [7]; [10]; [70], **22**.
19   *Sanft holt man ihn zurück*] Vgl. K zu [41].

58

Kleine Szene

V: Peter Panter
D[1]: WB Jg. 15, Nr. 17, 17. 4. 1919, I, S. 457 [Rubrik:] Rundschau
Bibl.: Bonitz/Wirtz D 472

30	*mais quel geste!*] Aber welche Geste!
31	*Ganymed*] Im altgriech. Mythos Mundschenk der Götter.
34	*Wintergarten*] s. [141].
41	*Excentrics*] Bezeichnung für Clowns, die in Varietés auftraten.

59

Fröhliche Ostern!

V: Theobald Tiger

D¹: Ulk Jg. 48, Nr. 16, 18. 4. 1919, [S. 2]

Bibl.: Nd s. Bonitz / Wirtz D 473; 1 Nd

Vgl. ‹Fröhliche Ostern›, in: SB 9. 4. 1914, I, 433; D 276.

6	*freie Handel*] s. [44], *0*.
8	*acht Stunden*] Am 15. 11. 1918 vereinbarten dt. Gewerkschaften und Arbeitgeberverbände neben anderen arbeitsrechtlichen Neuerungen die Festsetzung des Höchstmaßes der regelmäßigen täglichen Arbeitszeit auf acht Stunden. Verdiensteinbußen wurden vertraglich ausgeschlossen. Das Abkommen trat am 1. 1. 1919 in Kraft.
11	«*Räterepublik*»] Vgl. [28], *5* und [207], *1*.
14	*knallblau*] Blau galt als Farbe der altpreuß. Konservativen.
16	*Unschuld der Herren alldeutschen Kriegspolitiker*] In einer kurz zuvor publizierten ‹Erklärung des Alldeutschen Verbandes› hieß es u. a.: «Neben dem Kaiser und einer angeblichen, auf den Krieg lossteuernden ‹Militärkamarilla›, wird von planmäßigen Hetzern im Auslande, sowie von volksvergessenen Verleumdern in der Heimat dem Alldeutschen Verbande der Vorwurf gemacht, daß er am Ausbruch und an der Verlängerung des Krieges mitschuldig sei. Diese Behauptungen sind für jeden, der die geschichtlichen Tatsachen kennt und zu werten weiß, längst als unwahr, ja unmöglich widerlegt [...]» (s. ‹Alldeutsche Blätter› Jg. 29, Nr. 9, 1. 3. 1919, 65–69; ‹Kreuz-Zeitung› 11. 3. 1919, M, Beil.). Zur Kriegsschulddebatte vgl. auch [75], *22*. Zum Begriff «Alldeutsch» vgl. [18], *59*.

60

Osterspaziergang

V: Von einem Berliner
D¹: Berliner Volks-Zeitung Jg. 67, Nr. 177, 20. 4. 1919, M, [S. 2]
Bibl.: Nd s. Bonitz / Wirtz D 474; 2 Nd; GW 2

Zuschreibung s. [25].

0   *Osterspaziergang*] s. Goethe: Faust I, Vers 903–948.
5   *Die alten Monarchen*] Gemeint sind Wilhelm II. und dessen Sohn Kron-
    prinz Wilhelm, die im Nov. 1918 in die Niederlande geflohen waren; s.
    [1], *65*; [61], *7, 43*.
9   *beschuldigen jeder jeden*] s. [61], *43*.
10 *Memoiren*] Außer den ‹Kriegserinnerungen› von General Ludendorff (s.
    [41]) erschienen 1919 die ‹Erinnerungen› von Großadmiral Tirpitz; von
    Hindenburg: ‹Mein Leben›; von Reichskanzler a. D. Graf von Hertling:
    ‹Erinnerungen aus meinem Leben›; ‹Betrachtungen zum Weltkrieg› von
    Bethmann Hollweg; General von Lettow-Vorbeck: ‹Erinnerungen aus
    Ostafrika›.
20 *Kriegsgesellschaft*] Die Kriegsgesellschaften, im Rahmen der Zwangsbe-
    wirtschaftung zum Zwecke der Rohstoffbeschaffung und -verteilung ge-
    gründet (vgl. [44], *0*), sahen sich nach dem Krieg mit Bereicherungs- und
    Mißwirtschaftsvorwürfen konfrontiert. Eine führende Position in der
    Umstellung auf die gelenkte Kriegswirtschaft hatte Walther Rathenau
    (vgl. [85]) innegehabt, der nach seinem 1914 erfolgten Eintritt in das
    Preuß. Kriegsministerium dort die Kriegsrohstoffabteilung als Len-
    kungsorgan aufbaute. Ab April 1919 wurden die Kriegsgesellschaften
    schrittweise liquidiert. Vgl. BLA 14. 7. 1919: ‹Die Auflösung der Kriegsge-
    sellschaften›.
22 *Reklamierungs- und andern Banden*] s. [7], *11*.
34 *Amerikanisches Mehl*] s. [44] und K.
35 *Schieber*] s. [6], *89*.
38 *Ludendorffen entbieten wir Huld*] s. [41].
48 *Sozialisieren*] s. [7], *14*.

Was wäre, wenn ...?

V: Ignaz Wrobel

D[1]: Berliner Volks-Zeitung Jg. 67, Nr. 180, 23.4.1919, M, [S. 2]

Bibl.: Nd s. Bonitz/Wirtz D 475; 2 Nd; GW 2

0   *Was wäre, wenn ...?*] Unter diesem Titel hat KT sechs Artikel publiziert.
Zweimal ist Peter Panter der Verfasser, dreimal Ignaz Wrobel, einen Text
zeichnete KT mit vollem Namen. Bis auf den vorliegenden Beitrag in der
BVZ sind die Texte alle in der WB erschienen. Zum ersten Mal stellte KT
die Frage ‹Was wäre, wenn ...?› (der Friede käme) in der WB vom
4.7.1918 (II, 17–19; D 357). In dieser ‹Briefbeilage von Peter Panter› (s.
[147], 0) schrieb er einleitend: «Im Mai 1914 kritzelte ich diesen Titel in
mein Notizbuch – ich wollte eine Phantasie schreiben, wie es aussähe,
wenn ein Krieg ausbräche.» (In den überlieferten Notizbüchern (DLA)
konnte kein entsprechender Eintrag nachgewiesen werden.) 1919 erschien
neben dem vorliegenden ein weiterer Text, s. [245]. 1922 schrieb Kurt
Tucholsky unter diesem Titel eine Vision über die Zukunft der Republik,
s. Bd.5 [170]. Ignaz Wrobel imaginierte 1925 Nekrologe in Zeitungen ver-
schiedenster Couleur auf Wilhelm II., den er «in Doorn an den Folgen
einer Lungenentzündung» ableben ließ (WB 15.9.1925, II, 415–417; D
1482) und 1927 machte Wrobel sich Gedanken darüber, was wäre, wenn
... «in Deutschland die Prügelstrafe eingeführt würde», s. Bd. 9 [124],
auch Bd. 20 [B 155], 69 ff.

7   *der Kronprinz*] Kronprinz Wilhelm hatte am 11.11.1918 das Kommando
als Oberbefehlshaber der Heeresgruppe Kronprinz niedergelegt und am
1.12.1918 endgültig auf die Thronfolge verzichtet.

3 f *die vielen Söhne*] Der Kronprinz, seit 1905 mit Cecilie von Mecklenburg-
Schwerin verheiratet, hatte vier Söhne und zwei Töchter.

1   *gegen unbeliebte Zeitungen*] Im Frühjahr 1914 z.B. waren innerhalb weniger Wochen vier Berliner Journalisten wegen Beleidigung des Kronprinzen angeklagt und zu Freiheitsstrafen verurteilt worden. Die Journalisten der ‹Welt am Montag› und des ‹Vorwärts› hatten Kritik geübt an
mehreren in die Öffentlichkeit gedrungenen Äußerungen des Kronprinzen, wie z.B. das Telegramm an den Obersten in Zabern mit dem Wortlaut: «Immer feste druff!» und der Regimentsbefehl an die Husaren in
Langfuhr. Dabei hatten die Verfasser v.a. hervorgehoben, «daß in dem
Regimentsbefehl ein bedenklicher Ausbruch der Kriegslust zu erblicken
sei» und «daß es ein Unglück wäre, wenn der Kronprinz jetzt zur Regie-

rung käme, [...] denn er habe [...] durch seinen Regimentsbefehl das Mißtrauen Europas gegen sich» (s. ‹Immer feste drauf›, Vorwärts 6.3.1914; ‹Abermals Kronprinzenbeleidigung!›, Vorwärts 8.3.1914). Die Urteile gegen Hans Leuß (WaM) und Ernst Meyer (‹Vorwärts›) nahm KT 1914 als Aufhänger für den Artikel ‹Vormärz› (SB 2.4.1914, I, 381–384; D 270), den er 1926, nachdem der Kronprinz mit Unterstützung Stresemanns 1923 nach Deutschland zurückgekehrt war, nochmals aufnahm, und mit neuer Einleitung und einem Schlußwort versehen, in der WB nachdruckte, s. WB 23.11.1926, II, 803.

42   *bei Langemarck*] s. [20], 25.

43   *bei den ausländischen Reportern*] Der frühere Kronprinz gab an seinem Exilort, der Insel Wieringen, dem Korrespondenten der ‹Berlingske Tidende› ein Interview. Das BT berichtete darüber am 3.4. u.d.T.: ‹Auch der frühere Kronprinz schreibt Erinnerungen›: «[...] Der Kronprinz hat sich über Ludendorff und seinen Generalstab sehr erbittert ausgesprochen. Ludendorff sei nach der Meinung des Kronprinzen ein talentvoller und vortrefflicher General für einen kurzen Feldzug, aber vollkommen unzureichend für einen langen Krieg. [...] Zum Schluß sagte er: ‹Ich will nicht, daß man mich als besonders intelligent beurteilt, aber ich bin doch schließlich auch nicht entartet, wie einzelne französische, englische und amerikanische Zeitungen es behaupten. Wie könnte ich auch so dumm sein, einen Krieg zu erklären, wo die ganze Welt gegen uns war?›.»

62

Ein Königswort

V: Kaspar Hauser (D^1); Theobald Tiger (D^2)
D^1: WB Jg. 15, Nr. 18, 24.4.1919, I, S. 483
D^2: Fromme Gesänge 1919, S. 113–114
Bibl.: Nd s. Bonitz/Wirtz D 476; 2 Nd; GW 2

Varianten
Die Varianten sind nach D^2 verzeichnet
0 Ein] Das 1 Hoch und Niedrig] hoch und niedrig 4 heraus erwachsen] heraußer wachsen 9 Haiducken] Heiducken 19 Einer] einer 30 Keiner] keiner

2   *König Friedrich*] Friedrich August III., König von Sachsen, dankte am 13.11.1918 ab.

9   *Haiducken*] Auch: Heiducken (wie D²), ungar. Diener, Läufer, Lakaien; urspr.: ungar. Hirten, später Soldaten, dann Freischärler gegen die Türken.

35   *«In exilio bene!»*] Im Exil ist es gut.

63

Tänzerinnen

V: Peter Panter
D¹: WB Jg. 15, Nr. 18, 24.4.1919, I, S. 487 [Rubrik:] Rundschau
Bibl.: Bonitz/Wirtz D 477
Rez.: Paul Nikolaus: Tänzerinnen. Mit 32 Abb. und 4 Zeichnungen von Ernst E. Stern. Mannheim, München: Delphin-Verlag Dr. Richard Landauer 1919

2 f   *Photographien all der Damen*] z.B. Elsa und Berta Wiesenthal, Grete Wiesenthal, Anna Pawlowa, Lo Hesse, Clotilde von Derp, Lucy Kieselhausen, Valeska Gert, Hannelore Ziegler.
4 f   *«Der Tanzkünstler ... schafft ...»*] ebd., 63.
6   *Grete Wiesenthal*] Über die Wiesenthals s. das Kapitel «Der Ballett-Tanz»; ebd., 20 f.
13   *quand même*] Trotzdem.

64

Schwarzrotgold

V: Theobald Tiger
D¹: Ulk Jg. 48, Nr. 17, 25.4.1919, [S. 2]
Bibl.: Nd s. Bonitz/Wirtz D 478; 1 Nd

Als Vorlage diente Freiligraths Gedicht ‹Schwarz-Rot-Gold›, von dem hier die beiden ersten und letzten Strophen wiedergegeben werden nach der Ausgabe: Freiligraths Werke. Hg. von Paul Zaunert. Leipzig, Wien [1912], Bd. 2, 27–31 (Meyers Klassikerausgaben):
«In Kümmernis und Dunkelheit,/Da mußten wir sie bergen!/Nun haben wir sie doch befreit,/Befreit aus ihren Särgen!/Ha, wie das blitzt und rauscht und rollt!/Hurra, du Schwarz, du Rot, du Gold!/Pulver ist schwarz,/Blut ist rot,/Golden flackert die Flamme!/Das ist das alte Reichspanier,/Das sind die alten Farben!/Darunter haun

und holen wir / Uns bald wohl junge Narben! / Denn erst der Anfang ist gemacht, / Noch steht bevor die letzte Schlacht! / Pulver ist schwarz, / Blut ist rot, / Golden flackert die Flamme!
[...]
Zum Kampfe denn, zum Kampfe jetzt! / Der Kampf nur gibt dir Weihe! / Und kehrst du rauchig und zerfetzt, / So stickt man dich aufs neue! / Nicht wahr, ihr deutschen Jungfräulein? / Hurra, das wird ein Sticken sein! / Pulver ist schwarz, / Blut ist rot, / Golden flackert die Flamme!
Und der das Lied für euch erfand / In einer dieser Nächte, / Der wollte, daß ein Musikant / Es bald in Noten brächte! / Heißt das: ein rechter Musikant! / Dann kläng' es hell durchs deutsche Land: / Pulver ist schwarz, / Blut ist rot, / Golden flackert die Flamme!»
London, 17. März 1848.

7 ff   *Schwarz ... rot ... Golden*] s. [2], *3*.
22   «*Schmeißt den Kerl in die Elbe!*»] Am 12. 4. war der sächsische Kriegsminister Gustav Neuring (MSPD) ermordet worden. Im Anschluß an eine Demonstration gegen eine Verfügung Neurings, derzufolge Kriegsverwundeten die Leistungen gekürzt werden sollten, eskalierte die Situation; bewaffnete Demonstranten drangen in das Kriegsministerium ein und schleppten Neuring auf die Straße. Er wurde mißhandelt, in die Elbe geworfen und beim Versuch, sich zu retten, erschossen. Vgl. ‹Ermordung des sächsischen Kriegsministers›, BT 13. 4. 1919, M.
29   *Macht keine Revolutionen!*] Vgl. dazu auch den Artikel ‹Die neue Märzschlacht›, BT 8. 3. 1919, A: «Am 18. März 1848 standen in Berlin die Freiheitskämpfer auf den Barrikaden. Ferdinand Freiligrath konnte aus der Ferne Berlin feiern – ‹Berlin in Blut gebadet›. Eine Flamme des hellsten und reinsten Idealismus schlug empor, die besten Geister Deutschlands und der Welt grüßten den neuen Tag [...]. Heute ist [...] Berlin wieder ‹in Blut gebadet›, aber Freiligrath würde die neuen Barrikadenhelden ganz gewiß nicht feiern. Vom idealistischen Glauben derjenigen, die damals für Freiheit und Gleichheit stritten und sangen, führt kein Verbindungsweg zu der wirren Tobsucht der nur von blinden Trieben und von fanatischen Hetzern in die Straßenschlacht getriebenen Matrosen, der verbummelten Kasernenschläfer und des plündernden Mob ...».

65

Wie mit unserer Arbeitskraft umgegangen wurde

V: Ignaz Wrobel
D¹: Berliner Volks-Zeitung Jg. 67, Nr. 195, 1.5.1919, M, 1. Beiblatt, [S. 1]
Bibl.: Bonitz/Wirtz D 479; DT

Teil V der BVZ-Serie ‹Die Ursachen›. Beiträge zur Geschichte des Zu-
sammenbruches›, die Karl Vetter mit dem Artikel ‹Wie es kam› (BVZ
25.3.1919, M) eröffnet hatte. Das rege Interesse, das Vetters Schilderung
des Zusammenbruchs an der Westfront gefunden hatte, veranlaßte die
BVZ «in einigen weiteren Aufsätzen von verschiedenen ehemaligen Feldgrauen die tieferen Ursachen des Zusammenbruchs aufzuzeigen» (redak-
tioneller Vorspruch zu Teil II, geschrieben von Heinrich Heppenheimer,
in: BVZ 13.4.1919, M). Den dritten Beitrag verfaßte Georg Schulze-Moering (BVZ 18.4.1919, M). In Teil IV: ‹Was Offiziere sagen›, ließ die BVZ
am 26.4.1919, M, den Offizier Rudolf Fischer, Oberleutnant d.R., mit
einer Gegendarstellung zu Wort kommen und druckte anschließend die
Antwort eines seiner ehemaligen Kameraden, Frontoffizier Müller-Brandenburg ab. Den Schluß bildete Albert Schulz mit Teil VI: ‹Aus den Ge-
heimnissen eines Stabsquartiers› am 6.5.1919, M.

17 f *unmäßiges Schreibwerk*] Vgl. ‹Der Apparat›, BT 21.10.1918; D 386.
22 f *Ich leitete ... Felddruckerei*] Bei der Fliegerschule Ost in Autz, Kurland,
       vom Herbst 1916 bis April 1918.
30   *«Schippern»*] s. [4], *144f, 146.*
34   *bei der politischen Polizei*] s. [4], *146, 147.*
41   *«Dies alles ist mir untertänig!»*] s. Friedrich Schiller: Der Ring des Poly-
       krates, Strophe 1, Vers 4.
42   *‹Militaria›*] s. [4]; [9]; [13]; [16]; [18]; [22].

66

Der erste Mai

V: Theobald Tiger
D¹: Ulk Jg. 48, Nr. 18, 1.5.1919, [S. 2]
Bibl.: Nd s. Bonitz/Wirtz D 480; 1 Nd
Mit einer Zeichnung von Theodor Leisser

Der erste Mai

Von Theobald Tiger

Zeichnung von Theodor Leisser

Vgl. Leissers Umschlagzeichnung für die ‹Frommen Gesänge›; Abb. in K zu [187].

Die Nationalversammlung hatte am 15.4. beschlossen, diesen 1. Mai des Jahres 1919 als gesetzlichen Feiertag zu begehen. Bei der vorausgehenden Parlamentsdebatte hatte es Versuche gegeben, den 1. Mai, seit 1890 Demonstrations- und Feiertag der intern. Arbeiterbewegung, in einen allg. Volkstrauertag umzufunktionieren. Ab 1920 wurde der 1. Mai von den einzelnen Länderregierungen als gesetzlicher Feiertag verankert.

12 f *Dem Rachegotte … Kompagnie*] Anspielung auf die Zusammenarbeit des Reichswehrministers Noske mit Offizieren und Truppen der monarchistischen Armee bei der Niederschlagung der Aufstände im Januar und im März; s. [7]; [28]. .

14 *Wer im August*] Hinweis auf die Begeisterungsstürme bei Ausbruch des Weltkriegs.

21 *kein guter Landrat mag*] Wegen der Unruhen der letzten Monate hatten einige Länderregierungen öffentliche Kundgebungen verboten.

26 *Auguste*] So nannte KT die Schauspielerin Gussy Holl (Taufname: Auguste Maria Christina) meist in seinen Briefen (1923) an die Holl und ihren zweiten Ehemann Emil Jannings (DLA); an MT schrieb er am 27.6.1919: «Sie ist mit einem ganz jungen Mann verheiratet – er ist Filmschauspieler [Conrad Veidt] und verdient ein schreckliches Geld (was sie auch brauchen und verbrauchen)»; s. UuL, 217.

67

Das Heil von außen

V: Kaspar Hauser (D^1); Theobald Tiger (D^2)
D^1: WB Jg. 15, Nr. 19, 1.5.1919, I, S. 516 [Rubrik:] Rundschau
D^2: Fromme Gesänge 1919, S. 60
Bibl.: Nd s. Bonitz/Wirtz D 481; 7 Nd; GW 2

Varianten
Die Varianten sind nach D^2 verzeichnet
4 Commis] Kommis **8** wie] mit

Vgl. ‹Deutschland – ein Kasernenhof!› in Bd. 4 [147].

4   *Commis der Militaria*] («commis» (frz.): Handlungsgehilfe.) Die Nationalversammlung hatte am 6.3.1919 das «Gesetz über die Bildung einer
vorläufigen Reichswehr» verabschiedet, dem am 16.4. das «Gesetz über
die Bildung einer vorläufigen Reichsmarine» folgte. Dabei war eine Diskussion über die Voraussetzungen einer Demokratisierung der Armee
unterblieben, statt dessen vertraute man auf den Sachverstand der Militär-
bürokratie. Nachdem Reichswehrminister Noske bereits zuvor mit der
alten militär. Führung zusammengearbeitet hatte, befestigten die Gesetze,
die über zwei Jahre in Kraft blieben, endgültig die überkommenen Struk-
turen der Reichswehr und präjudizierten ihr weiteres Erscheinungsbild.
18   *Friede, der dies Heer zerbricht*] Der Versailler Friedensvertrag sah eine
Reduzierung der Reichswehr auf 100 000 Mann vor.

68

Das Bild als Narr

V: Peter Panter
D^1: WB Jg. 15, Nr. 19, 1.5.1919, I, S. 516–517 [Rubrik:] Rundschau
Bibl.: Bonitz/Wirtz D 482; GW 2
Rez.: Ferdinand Avenarius: Das Bild als Narr. Die Karikatur in der Völ-
kerverhetzung, was sie aussagt – und was sie verrät. Hg. vom Kunstwart.
Mit 338 Abb. München: Callwey 1918

Vgl. [45]; [80]; [99*]; [138]; [148].

1 f   *Avenarius, von der besten Überzeugung*] Der Hg. erklärte in der Einleitung, daß das Buch «nicht der Völker-Verhetzung, sondern der *Verständi-*

gung zwischen den Völkern dienen will» (ebd., 4). Avenarius war Hg. der national und bürgerl.-konservativ ausgerichteten Zeitschrift ‹Der Kunstwart› (1887–1931), die zunächst im Selbstverlag, ab 1894 bei Callwey in München erschien. Mitarb. waren u. a. Carl Spitteler, Adolf Bartels und Julius Langbehn. KT hat 1914 drei Beiträge im ‹Kunstwart› veröffentlicht: ‹Rechtliche Bedenken›, D 222; ‹Lärmschutz›, D 237; ‹Auch ein Stück ‹Alt›-Berlin›, D 287.

10 ‹*Assiette au beurre*›] Das 1901 gegr. satir. Journal, das von KT schon in dem Artikel ‹Ja früher› (SB 27. 8. 1914, II, 133–134; D 309) gelobt wurde, gehörte zu KTs ständiger Lektüre.

12 *Das Sonderheft*] ‹La Guerre› [Der Krieg] vom 4. 7. 1901 (‹L'Assiette au Beurre› Nr. 14) mit 13 Lithographien von Hermann-Paul. Das Heft wurde in dem Band von Avenarius ganz reproduziert (ebd., 9–24).

16 *mit Keulen schlagen*] KT schrieb 1925 über ‹L'Assiette au Beurre›: «daß dieses durchaus bürgerliche Witzblatt tausendmal frecher, witziger, schärfer und einprägsamer ist, als alles, was ich bei uns gesehen habe. Warum? Weil die Leute instinktiv begriffen haben, daß eine begriffliche Satire überhaupt Quatsch ist. […] Abstraktion, prägt sich nicht ein. Die ‹Assiette au beurre› hat immer begriffen, daß am meisten dasjenige Eindruck macht, was man mit den Sinnen wahrnehmen kann» (KT an G. Grosz 11. 3. 1925; AB 1, 166 f.).

19 *Frau über ihren tötenden Mann*] Avenarius 1918, 11. Die Lithographie Hermann-Pauls zeigt eine Frau, die Feldpost ihres Mannes lesend; Unterschrift [Übers.]: «Er hat vier getötet … er hat Pelzwerk und Schmuck genommen … er bekommt das Kreuz.» Darunter der Kommentar von Avenarius: «Der Vorwurf des Diebstahls, den man jetzt den ‹Boches› macht, ganz ebenso selbstverständlich den eigenen Leuten gemacht.»

21 «*Was man drüben sich selber nachsagt.*»] Überschrift und Kolumnentitel über dem Abdruck des Heftes ‹La Guerre› mit Erläuterungen von Avenarius in seinem einleitenden Text (S. 7) sowie zu den einzelnen Blättern von Hermann-Paul.

24 *cosi fan tutte*] So machen sie es alle; Titel einer zuerst 1790 in Wien aufgeführten Komischen Oper Mozarts, Text von Lorenzo Da Ponte.

28 *in Deutschland verboten*] Am 15. 3. 1925 schrieb KT als Berichterstatter der ‹Vossischen Zeitung› aus Paris über ‹L'Assiette au Beurre›: «Es erschien lange Jahre hindurch, war in Deutschland selbstverständlich immer, durch direkte Verfügung des Reichskanzlers stets auf zwei weitere Jahre, verboten, und enthielt das Kostbarste an Gesellschaftssatire, was man sich denken kann» (Voss 15. 3. 1925; D 1380).

32 *Bakel*] Rohrstock (lat. «baculus»).

37 ff *wir in Belgien ... aufgespießt*] Bezieht sich auf die von Avenarius unter
der Überschrift ‹Vom Glossierbild› versammelten Darstellungen aus «En-
tente-Witzblättern» (er nennt sie «verleumderische Hetzbilder *außerhalb*
der Karikatur», S. 150) von «Greueltaten», derer die dt. Soldaten bald
nach Ausbruch des 1. Weltkriegs beschuldigt wurden (vgl. [13], *22*). Die
Darstellung von Mißhandlungen, v.a. vom Abschneiden der Hände belg.
Kinder durch dt. Soldaten wurde mit zwölf Beispielen belegt (ebd., 158–
166). Auch für das von Deutschen auf Lanzen und Gewehren «aufgespießt getragene Kind» als Gegenstand frz. Flugblätter und Karikaturen
fand Avenarius mehrere Beispiele, ebd., 167–171. Vgl. [13], *22*.

40 *Zeichnungen Raemaekers*] Zeichnungen des belg. Karikaturisten Louis
Raemaekers werden von Avenarius häufig als Beispiele für besonders
krasse «Haß- und Hetzbilder» herangezogen, z.B. die Karikatur mit
dem Titel ‹La bête allemande› (S. 174), die einen Gorilla (mit Bauchbinde
«Gott mit uns») zeigt, der mit seinen Pranken zwei nackte Mädchen auf
die Erde drückt. Dazu Avenarius: «[...] Herr Raemaekers arbeitet hier
einfach in Mache, die auf perverse Lüsternheit spekuliert.»

41 *«allerlei Propheten»*] ebd., 111–115: «Zum Thema: Allerlei Propheten»
innerhalb des Kapitels: «Seid mit dem Spottbilde vorsichtig!»

47 *Publikation*] ‹Hetz-Karikaturen. Zur Psychologie der Entente›. Berlin:
Curtius [1918].

52 *deutsche Karikatur*] Die Beispiele für dt. Kriegskarikaturen sind ausnahmslos dem ‹Simplicissimus› entnommen, die meisten von Gulbransson. Avenarius wollte aufzeigen, daß «auch die Kriegskarikatur nicht gemein zu schimpfen und den Feind nur als scheusäligen Verbrecher zu
schildern braucht und daß sie trotzdem wirkungsvoll sein kann» (S. 222).

54 *reklamiert*] s. [7], *11*.

69

Die Prostitution mit der Maske

V: Ignaz Wrobel
D[1]: Berliner Volks-Zeitung Jg. 67, Nr. 204, 7.5.1919, M, 1. Beiblatt, [S. 1]
Bibl.: Bonitz/Wirtz D 483; GW 2
Filmrez.: Die Prostitution. Sozialhygienisches Filmwerk. Von Richard
Oswald. Unter Mitarbeit von San.-Rat Dr. Magnus Hirschfeld. Deutsch-
land 1919. UA 1.5.1919 im «Marmor Haus» am Kurfürstendamm. Dar-
steller: Fritz Beckmann, Conrad Veidt, Gussy Holl, Anita Berber, Rein-

hold Schünzel u.a.; s. Anzeige der UA in Voss 1.5.1919. Vgl. Film-Courier, Berlin, Nr. 1, 30.4.1919: ‹Die Prostitution›. Von F.W. Köbner

Weitere Filmkritiken KTs aus dem Jahr 1919 sind im Anhang dieses Bandes aufgelistet im «Verzeichnis der besprochenen Aufführungen und Filme»; zu den früheren, ab 1912 zahlr. von KT verfaßten Kritiken s. die entsprechenden Verzeichnisse in den vorhergehenden Bänden. Für grundsätzliche Stellungnahmen KTs zu Film resp. Kino vgl. [175] und Bd. 1 [78], 0.

1 *Magnus Hirschfeld*] Der Sexualforscher und -reformer gründete 1919 in Berlin das Institut für Sexualwissenschaft.
6 *Filmzensur*] In Preußen war auf Drängen der Lehrer und Volksbildner am 31.12.1911 eine Präventivzensur für Filme angeordnet worden. Die Notwendigkeit einer Filmzensur hatte KT 1913 akzeptiert, «weil Kinder eine starke Hand nötig haben» (s. ‹Verbotene Films›, Bd. 1 [177]). Nachdem durch die Verkündigung des Rates der Volksbeauftragten vom 12.11.1918, Ziffer 3, jegliche Zensur und damit auch die Filmzensur mit Gesetzeskraft aufgehoben worden war (vgl. [32], *40f*) und die Zensurfreiheit für Film und Kino auch durch Art. 32 der Reichsverfassung gesetzlich festgelegt werden sollte, wurde nur noch geprüft, ob ein Film sich zur Vorführung vor Jugendlichen eigne. Diese Prüfung wurde wie zuvor von regionalen Polizeibehörden vorgenommen. So entschied die bayr. Polizei, daß bestimmte Szenen aus dem Film ‹Prostitution› nicht für die öffentl. Vorführung zugelassen wurden und verfügte einen neuen Titel (‹Im Sumpfe der Großstadt›), vgl. Birett 1980, 562. Die Fülle der im Laufe des Jahres 1919 entstandenen sog. Aufklärungsfilme führte zur Wiedereinführung der Filmzensur. 1920 wurde die Polizeizensur durch die Reichsfilmzensur abgelöst; vgl. ‹Kino-Zensur›, Bd. 4 [189].
19 *Aufklärungsfilms*] Über das Genre im allgemeinen s. [97].
38 f *was ich seit langem im Kino zu sehen*] In einem Brief schrieb KT: «Einen Film Prostitution führen sie hier auf, pfui Deibel! Plätze bis zu 10 M. Ich muß zur Presseaufführung – es war nicht mal unpassend – nur dof […] Hirschfeld hat natürlich wieder seine schmutzigen Finger drin» (Brieffragment, DLA). Vgl. ‹Erotische Films› (Bd. 1 [157]).
55 *Das Publikum verlangt*] So KT bereits 1913 in seinem Artikel ‹Kinomüdigkeit› (s. Bd. 1 [110], 15ff) und 1931 in dem Gedicht ‹An das Publikum› (s. Bd. 14 [77]). Erst 1935 bekannte er: «Ich habe mich verhauen: 1913 habe ich an eine ‹Kinomüdigkeit› des Publikums geglaubt und die Bedeutung dieser löblichen Institution nicht erkannt. 1918/1919 habe ich über-

haupt nichts verstanden [...]» (Bd. 21 [B 115] An E. G. Dunant, um den 29. 9. 1935).

76   *Rinaldo Rinaldini*] Held des Romans von Christian August Vulpius: Rinaldo Rinaldini, der Räuberhauptmann. Eine romantische Geschichte unseres Jahrhunderts in 3 Theilen oder 9 Büchern (1798/99). Dem ersten Band (1798) ließ Vulpius weitere Teile folgen, als die Leser Protest gegen den Romantod des «gerechten Verbrechers» erhoben. Im 19. Jh. fand der Roman zahlreiche Nachahmer (z. B. ‹Jaromir, der große Räuberhauptmann in den polnischen Wäldern› von Leo Zznafer. Nordhausen 1835).

77   *Film hat mit der Kunst*] Zu der Ansicht, daß der Film keine eigenständige Kunstform sei, war KT bereits 1913 gelangt. Er vertrat diese Einschätzung in allen Beiträgen zur Diskussion um den «Kunstwert» von Kino und Film; vor dem Krieg v. a. im ‹Vorwärts› und in der SB (s. Bd. 1 [78], *0*; [110]; [121]; [195]) und 1919 vorzugsweise im BT und in der BVZ (s. [102]; [175]). Die Kino-Debatte hatte 1913 mit theoret. Arbeiten von Lukács (‹Gedanken zu einer Ästhetik des Kinos›), Paul Ernst (‹Möglichkeiten der Kinokunst›), Moritz Heimann, Kurt Pinthus, Paul Wegener (s. [203], *19*) einen vorläufigen Höhepunkt erreicht, in der WB wurde sie 1919 v. a. von Rudolf Kurtz und Hans Siemsen fortgesetzt. In diese Diskussion um den «Reform-Film» mischte sich KT 1921, indem er ‹Für Hans Siemsen› eintrat, s. Bd. 5 [14]. S. auch KTs positive Bewertung des ‹Cabinett des Dr. Caligari›, Bd. 4 [53] und die 1920 gestellte Frage: ‹Deutsche Kinodämmerung?›, Bd. 4 [162].

91 f *Mit euch, Herr Doktor ... bringt Gewinn*] s. Goethe: Faust I, 940–941; dort: «ist Gewinn». Vgl. [60].

01 f *Homosexualität verfilmen*] Der als ‹Prostitution II› propagierte Film ‹Anders als die Anderen› (Hauptrolle: Conrad Veidt, Regie: Richard Oswald) setzte sich mit dem Homosexualitäts-Paragraphen 175 StGB auseinander. Das «Prinzess-Theater» annoncierte im BT (1. 7. 1919, M): «Nur noch 3 Tage! Zum 100. Male: ‹Anders als die Andern› (§ 175)». Wegen der Angriffe gegen den Film von seiten des Publikums und von führenden Vertretern der Filmbranche fanden Anfang Juli 1919 verschiedentlich Vorführungen nur für geladene Gäste und Fachkreise statt. Vgl. Ludwig Marcuse in: Kothurn, 1919, 73–74 und B. E. Lüthge: Anders als die Andern, in: Film-Courier Nr. 1, 31. 5. 1919. KT kam 1920 noch einmal auf Hirschfelds «nicht immer geschmackvolles Eintreten für die Homosexuellen» zu sprechen, das «es jahrelang fast unmöglich gemacht [habe], die Aufhebung des § 175 zu betreiben [...]. Eine ziemlich üble Mischung von kitschiger Sentimentalität, falscher Romantik und einer Schein-Wissenschaftlichkeit», s. Bd. 4 [206], 7 ff. Der angegriffene Hirsch-

feld reagierte mit einem Brief (DLA), in dem er KT um der Sache willen den Versuch einer persönlichen Verständigung vorschlug, s. dazu Bd. 4 [206], *8.*

70

Preußische Studenten

V: Ignaz Wrobel
D[1]: WB Jg. 15, Nr. 20, 8.5.1919, I, S. 532–536
Bibl.: Nd s. Bonitz/Wirtz D 484; 2 Nd; GW 2

12   *das Wesen jeder Organisationstätigkeit*] Vgl. [65], s. auch ‹Der Apparat› (BT 21.10.1918; D 386).

22   *Freicorps*] Die Aufstellung von Freiwilligenregimentern unter dem Befehl kaiserlicher Offiziere, die bereits vor Januar 1919 begonnen hatte, setzte der nach dem Ausscheiden der Unabhängigen Sozialdemokraten aus dem Rat der Volksbeauftragten zum «Volksbeauftragten für Heer und Marine» bestimmte Gustav Noske (MSPD) zielgerichtet als polit. Mittel ein. Hatte die Regierung der Volksbeauftragten sich kurz zuvor noch für die Schaffung einer republikanischen «Volkswehr» ausgesprochen, billigte sie am 3.1. auf Betreiben Noskes den Entwurf eines «Aufrufes zur Bildung einer Freiwilligenarmee». Republikanische Gesinnung spielte für die Rekrutierung keine Rolle; während des Januaraufstandes (s. [7]) und danach wurde die Aufstellung der Freiwilligenverbände, auch «Noskegarden» genannt, forciert.

30   *Colberg*] Am 12.2.1919 war das große Hauptquartier der Obersten Heeresleitung von Spa nach Kolberg verlegt worden.

31   *Groener*] Nachfolger im Amt des Generalquartiermeisters von dem am Kriegsende nach Schweden geflohenen Ludendorff; s. [33], *16.*

33   *Formationen an der Ostgrenze*] s. [165], *0.*

35 f   *«Corsettstangen»*] s. dazu auch ‹Die Korsettstangen des Herrn Noske›, in: Die Freiheit (Berlin), 25.1.1919, A.

37   *werben*] Die ersten Aufrufe der Reichsregierung, die der Studentenschaft den Eintritt in die Freikorps nahelegten, stammten schon vom Dez. 1918. Nach den Märzunruhen des Jahres 1919 waren die diesbezügl. Anstrengungen verstärkt worden. Am 13.3.1919 hatte Kultusminister Haenisch einen ‹Aufruf an die akademische Jugend Preußens› erlassen, in dem es u.a. hieß: «Schulter an Schulter mit Euren Altersgenossen aus dem Ar-

beitsstande sollt Ihr jungen Akademiker der Regierung helfen, die Ordnung aufrecht zu erhalten» (s. ‹Die Freiheit›, Berlin, 16.3.1919, M: ‹Freiwillige vor!›).

42 *durch Schließung*] Bereits am 12.1. war die TH Berlin-Charlottenburg für acht Tage geschlossen worden, um den Studenten Gelegenheit zu geben, sich zu den Freikorps zu melden. Ende März 1919 wurde das für Kriegsteilnehmer eingeführte Zwischensemester, das bis Mitte April geplant war, aus demselben Grund vorzeitig beendet und die TH wieder geschlossen (‹Schließung der Technischen Hochschule›, DTZ 9.1.1919; ‹Vorzeitige Schließung der Hochschulen›, BLA 14.3.1919).

43 *Versammlung im Kaiserhof*] Es handelt sich vermutl. um die Versammlung der Vertreter der Senate und Studentenschaften dt. Hochschulen am 9.4. in Berlin, die die Reichsregierung aufgefordert hatte, das Volk mit jedem Mittel gegen Anarchie und Bolschewismus zu den Waffen zu rufen und den studentischen Freiwilligendienst unterstützt hatte.

45 *Erlangen und Leipzig haben geschlossen*] Vgl. ‹Schließung der Universität Erlangen. Eintritt der Studenten in die Freikorps›, BVZ 29.3.1919, M. In Leipzig war die Schließung am 12.4. beschlossen worden, s. ‹Studentenschaft und Grenzschutz›, BLA 12.4.1919, A.

53 f *Lüttwitz von der Knüppel-Garde-Schützen-Kavallerie-Division*] General Lüttwitz war 1919 Oberbefehlshaber des Gruppenkommandos 1 Berlin; die Garde-Kavallerie-Schützen-Division war Anfang des Jahres eingesetzt worden zur Niederschlagung von «Spartakusaufstand» und Generalstreik; aus ihren Reihen kamen die Mörder Luxemburgs und Liebknechts; vgl. [7]; [28]. Anfang des Jahres war ein Flugblatt der «Frontsoldaten» verbreitet worden, das sich an die «Arbeiter und Bürger!» wandte: «Das Vaterland ist dem Untergang nahe. Rettet es! Es wird nicht bedroht von außen, sondern von innen: Von der Spartakusgruppe. *Schlagt ihre Führer tot! Tötet Liebknecht!* Dann werdet ihr Frieden, Arbeit und Brot haben!» (s. Stefanie Vogel: Krieg. Berlin 1989, 91).

34 *O alte Burschenherrlichkeit!*] Der Anfang des zuerst 1825 anonym gedruckten Studentenliedes ‹Rückblicke eines alten Burschen›.

92 *ist ihnen Hekuba*] Nach Shakespeare: Hamlet II, 2.

01 *«Kerls»*] s. ‹Herren und Kerls› [87].

21 *zweiter Kongreß*] Vgl. ‹Studentenschaft und Reichswehr. Reichswehrminister Noske an die Studentenschaft›, Voss 3.5.1919, M.

39 f *Sieger das Waffentragen verbieten*] s. [67], *18*.

48 f *Bolschewistenplakate*] s. [45]; [80].

51 *Kriegsanleihen*] s. [12], *9*.

54 *spürest ... Hauch*] Nach Goethes ‹Wanderers Nachtlied›: «Über allen

Gipfeln / ist Ruh', / In allen Wipfeln / spürest du / Kaum einen Hauch ...»;
s. Goethe: WA, I, 1, 98.

171   *Was uns fehlt, ist eine Revolution.*] Vgl. dazu die «Antwort» an ‹B. Tr.›
vom 20. 3. 1919 in WB 1919, I, 331.

71

Die Flöhhatz

V: Peter Panter
D[1]: WB Jg. 15, Nr. 20, 8. 5. 1919, I, S. 536–538
Bibl.: Bonitz / Wirtz D 485; GW 2
Rez.: Johannes Fischart: Das alte und das neue System. Die politischen
Köpfe Deutschlands. Berlin: Oesterheld 1919

1 ff   ‹*Ein New* ... *lang machen*›] Untertitel von Johannes Fischart: Floeh Haz,
Weiber Traz. Der wunder vnrichtige vn' spotwichtige Rechtshandel der
Flöh mit den Weibern. Ein New geläs ... Getruckt zu Straßburg (1573).

4   *Namensvetter*] Unter dem Pseud. Johannes Fischart schrieb Erich Dombrowski zwischen 31. 1. 1918 und 27. 11. 1919 regelmäßig Politikerporträts
für die SB / WB u. d. T.: ‹Politiker und Publizisten›. 43 dieser Porträtskiz-
zen veröffentlichte er (teils überarb.) im Frühjahr 1919: ‹Das alte und das
neue System. Die politischen Köpfe Deutschlands›. Unter eigenem Namen schrieb Dombrowski Leitartikel für das BT.

17   *Freiherrn von Zedlitz*] Fischart 1919, 7–15.

17 f   *Karl Liebknecht*] ebd., 388–399.

20   *Ebert*] ebd., 16–24; E: WB 28. 11. 1918, II, 505–509.

20   *der fröhliche Erzberger*] ebd., 48–63 (E: WB 2. 5. 1918, I, 404 ff); vgl.
[107].

20 f   *lögenhaft to vertellen*] Niederdt.: Lügenhaft zu erzählen.

21   *Tirpitz*] Fischart 1919, 79–95 (E: WB 4. 4. 1918, I, 314–322).

21   *Paasche, der Agentenkönig*] ebd., 175–183 (E: WB 6. 6. 1918, I, 519–523).
Hermann Paasche, nationalliberales MdR (1893–1918), zuletzt Vizepräsi-
dent des Reichstags. Als Mitglied zahlreicher Aufsichtsräte wurde er von
Fischart der Verquickung von Politik und Geschäft bezichtigt, zumal er
sich für die Interessen der amer. Tabak- und der frz. Filmindustrie gegen
die dt. Konkurrenz einsetzte.

22   *Payer, der strenge Demokratenlehrer*] ebd., 258–267: ‹Friedrich von
Payer›. Als Abgeordneter aus Württemberg und Führer der Fortschrittlichen Volkspartei trat er für mehr Demokratie im Kaiserreich ein.

1917/18 war er Vizekanzler in der Regierung Hertling, dann DDP-Abgeordneter der Nationalversammlung.

37 *Eisner*] ebd., 359–368; E: WB 9.1.1919, I, 29–34.

37 f *Liebknecht, Luxemburg, nicht allzu ähnlich*] ebd., 344–349. Wie Fischart in dem Porträt Rosa Luxemburgs ihren «blutrünstigen Fanatismus» herausstrich und ihre Ermordung, noch dazu mit einem Zitat aus Goethes ‹Heidenröslein›, kommentierte: «Der Tod, den sie gegen Berlin mobilgemacht hatte, war ihr jetzt selbst unbarmherzig an die Gurgel gefahren. Röslein, Röslein, Röslein rot ...» (S. 349), so münzte er auf Liebknecht ein Zitat aus Uhlands ‹Des Sängers Fluch›: «Und organisierte den Spartakus-Spektakel, den deutschen Bolschewismus. Und was er sinnt, ist Schrecken, und was er blickt, ist Wut, und was er spricht, ist Geißel, und was er schreit, ist Blut» und kommt zu dem Fazit: «Ein Gemisch von Idealismus, Fanatismus, Eitelkeit und Psychose. Ihr erschreckt, wenn ihr ihn auf der Rednertribüne toben seht, und möchtet den Nervenarzt rufen» (E: Luxemburg, in: WB 16.1.1919, I, 59–61; Liebknecht: WB 19.12.1918, II, 573–578).

40 *Film Ludendorff*] ebd., 25–39. Fischart gestaltete das Porträt von Ludendorff, der 1917 die Bedeutung des Films für die psychologische Kriegführung festgestellt hatte, als ein «Filmspiel in acht Bildern» mit dem Titel ‹Die Tragödie des Generals oder In Ungnade gefallen› mit «Paul Wegener als Ludendorff. Musik ausgeführt von der Kapelle des Niederrheinischen Infanterie-Regiments 39» (E: WB 7.11.1918, II, 427–434).

43 f *Tagebuchstelle über ... Michaelis*] ebd., 228–237 (E: WB 12.9.1918, II, 239–244). Fischart beschreibt in Form eines «politischen Tagebuchs» den Weg Michaelis' vom preuß. Staatskommissar für das Ernährungswesen zur Wahl als Nachfolger des Reichskanzlers Bethmann Hollweg am 14.7.1917.

44 ff *«Als er seiner Frau ... ja verrückt!›»*] ebd., 231–232.

47 f *«Ob er ein salbungsvolles Amen ... weiß ich nicht.»*] ebd., 232.

61 f *Ich zähl' die Häupter meiner Lieben*] Schiller: ‹Das Lied von der Glocke›.

72

Sehnsucht nach der Sehnsucht

V: Kaspar Hauser (D^1); Theobald Tiger (D^2); Kurt Tucholsky (D^3)
D^1: WB Jg. 15, Nr. 20, 8.5.1919, I, S. 538
D^2: Fromme Gesänge 1919, S. 102–103
D^3: Mit 5 PS 1928, S. 329–330
Bibl.: Nd s. Bonitz/Wirtz D 486; 1 NdzL, 35 Nd; GW 2

Varianten
Die Varianten sind nach D^2 und D^3 verzeichnet
1 Sehnsucht nah'n] Keuschheit nahn D^2, D^3 4 und] Und D^2 9 Und] Denn
D^2, D^3 15 Alle] alle D^2, D^3 17 Alle] alle D^2, D^3

0   *Sehnsucht nach der Sehnsucht*] Schon in ‹Rheinsberg› (1912) führte KT
    den Gedanken aus: «Viel, fast alles auf der Welt war zu befriedigen, bei-
    nahe jede Sehnsucht war zu erfüllen – nur diese nicht. [...] Ganze Litera-
    turen wären nicht, riegelten die Mädchen ihre Türen auf [...]. Und es gibt
    keine tiefere Sehnsucht als diese: die Sehnsucht nach der Erfüllung. Sie
    kann nicht befriedigt werden ...», s. Bd. 1 [72], 775 f und 806 f.

73

Volk in Not

V: Theobald Tiger
D^1: Ulk Jg. 48, Nr. 19, 9.5.1919, [S. 2]
Bibl.: Nd s. Bonitz/Wirtz D 487; 1 Nd

Zu den von KT kritisierten gesellschaftlichen Erscheinungen Spielsucht
und Tanzwut s. auch [30]; [36] und [52].

1   *in Versailles*] Am 7.5. waren den dt. Delegierten im Trianon-Palast zu
    Versailles die alliierten Friedensbedingungen übergeben worden.
6   *Der Spielklub stippevoll*] s. auch [52] und K.
10 *Bac*] s. [131], 6.
25 *Orje!*] Auch: Orch; im Berliner Dialekt für Georg.
31 *Im Kino*] s. auch [69]; [97]; [102].
34 *Ludewich*] Lude, Zuhälter.
35 *Gent*] Ironisch für Gentleman.
58 *Er tastet nach dem Rhein*] Die von Clemenceau, Poincaré, Foch u. a. re-
    präsentierte Verhandlungsposition Frankreichs auf der Versailler Frie-
    denskonferenz sah vor, den Rhein als militär. Ostgrenze Frankreichs dau-
    erhaft zu etablieren. Zu diesem Zweck wurde die Bildung autonomer,
    faktisch von Frankreich dominierter Republiken am linken Rheinufer als
    Teil eines Sicherheitsgürtels favorisiert. Die letztlich getroffene Regelung
    sah eine zonenweise alliierte Besatzung auf 15, 10 und 5 Jahre vor. Das
    Saargebiet wurde für die Dauer von 15 Jahren unter Völkerbundsaufsicht
    gestellt; danach erfolgte (im Jan. 1935) eine Volksabstimmung über die

Zugehörigkeit (s. Bd. 21 [B 5], *28*). Ohne Abstimmung vom Dt. Reich abgetrennt wurde Elsaß-Lothringen.

59 *Wacht Deutschland*] Anspielung auf ‹Die Wacht am Rhein›, s. [178], *30*. Während der frz. Revolution war das Schlagwort vom Rhein als der «natürlichen Grenze» Frankreichs aufgekommen. Die napoleonischen Eroberungen verwirklichten die Vorstellung; der Wiener Kongreß im Anschluß an die Niederlage Napoleons sprach jedoch das Rheinland Preußen zu. Der dt.-frz. Krieg von 1870/71 beendete die frz. Hoffnungen, gegen die sich das Lied richtete, zwar vorläufig, nach der Niederlage Deutschlands im Weltkrieg rechnete man sich jedoch neue Chancen aus.

74

Politische Couplets

V: Ignaz Wrobel
D[1]: Berliner Tageblatt Jg. 48, Nr. 213, 12.5.1919, Montags-Ausg., [S. 2]
Bibl.: Nd s. Bonitz/Wirtz D 488; 2 Nd; GW 2

Vgl. [200].

2 *1848*] s. [2], *0*.

15 *Kriegspresseamt*] s. [13], *25*.

16 *neun Musen*] Göttinnen der schönen Künste und Wissenschaften, Töchter des Zeus und der Mnemosyme, darunter Clio und Thalia. Als zehnte Muse wurde von den Griechen die Dichterin Sappho gefeiert.

26 f *die Reklamation*] s. [7], *11*.

30 *Antibolschewistenpropaganda*] s. [45].

35 f *die Leute aufheitern … zum Nachdenken bringen*] Diese Kriterien erfüllten auch zwei Beiträge, die KT als Chefredakteur des ‹Ulk› von Reutter für sein Blatt erbeten hatte; s. Otto Reutter: Ein Bettelsang, in: Ulk Jg. 48, Nr. 5, 31.1.1919, [S. 3] und Nr. 18, 1.5.1919, [S. 4].

37 *politischen Richtung*] Dazu äußerte KT später: «Der Mann hat im Kriege geradezu furchtbare Monstrositäten an Siegesgewißheit von sich gegeben – so die typische Bierbankseligkeit des Hurras […]», s. Bd. 5 [3]; «Reutter hat so etwas wie eine politische Überzeugung. Für ihn spricht, daß er nie von ihr abgewichen ist; er hätte sicherlich kurz nach dem Kriege mit gewaltigem Erfolg nach links rutschen können – das hat er nie getan. Hut ab vor so viel Anständigkeit. Gegen seine Überzeugung spricht, daß sie fürchterlich gewesen ist. ‹Der Deutsche braucht Kolonien› – Immer feste

druff! – und was er nun gar erst im Kriege getrieben hat, das war bitter, bitter. Ein Radauhumorist übelster Sorte»; s. WB 16.2.1932, I, 254–258; D 2696.

38   *Die Zensur*] s. [32], *40*.

70   *die Räteregierung*] s. [28], *5*.

71   *Lebensmittel*] s. [44].

78 f *Goethe und Gussy Holl*] So lautete die Überschrift über einer Polemik in ‹Die Wahrheit› vom 14.5.1919. Der Verfasser, der sich ausführlich über «die lüsterne Begeisterung für die *blonde* Gussy Holl» ausließ, verortete den BT-Autor Ignaz Wrobel zugleich als «Mitarbeiter der Jacobsohnschen ‹Weltbühne›», der «dort unlängst eine ekle Artikelserie gemeinster Art gegen die deutschen Offiziere losgelassen» und zuletzt die ‹Preußischen Studenten› (s. [70]) «gegenrevolutionärer Gesinnung denunziatorisch verdächtigt hat».
Daraufhin reagierte SJ auf ein erneutes Ansinnen KTs, in der WB über G. Holl zu schreiben: «Sie werden begreifen, daß Sie diesen Namen in meinen Blättern nicht mehr nennen dürfen, in meinen Blättern nicht, Herr!, weil ich keine Lust, Ihretwegen noch öfter als bisher in die ‹Wahrheit› zu kommen» (SJ an KT 16.7.1919, s. Jacobsohn 1989, 42 f). – ‹Die Wahrheit. Freies deutsches Volksblatt› (Berlin 1905–1935) pflegte besonders in den Jahren 1919 bis 1922 KTs Beiträge in der WB kritisch zu begleiten, vgl. [85], *123* und die Auseinandersetzung um KTs «Schipper»-Vergangenheit 1922 mit Otto Riebicke s. Bd. 5 [230] und K.

79   *Gussy Holl*] An MT in Riga ging ein ebenso emphatischer Bericht «über die Dame, deren Bild bei mir in Autz hing», die er nun «endlich kennengelernt habe»: «Sie wollte Verse von mir haben, für ihre Vorträge […]. Sie ist – ja, es ist schwer zu sagen, was sie eigentlich ist. Kokotte großen Stils deckt es nicht […]. Bis in die Fingerspitzen im Benehmen Dame – nur manchmal, so wenns spät ist, sagt sie eine dicke Eindeutigkeit (‹ich brauche das›, sagte sie einmal) – aber so unbefangen, so heiter und graziös […]. Sie ist darin wie ein Mann – sie kann sich alles erlauben» (s. KT an MT 27.6.1919; UuL, 217 f). Vgl. ‹Erinnerung› [43], 31 ff.

94   *Wer schreibt ihr die?*] KT schrieb zwar Chansons für Gussy Holls Auftritte im Cabaret «Schall und Rauch» (s. [221], *0*), diese waren jedoch eher von harmlos-kesser Anzüglichkeit, denn von der hier geforderten kämpferischen Schärfe, s. ‹Zieh dich aus, Petronella› (Bd. 4 [4]), ‹Immer um die Litfaßsäule rum› (Bd. 4 [9]), ‹Wenn der Mond, wenn der Mond› (Bd. 4 [24]); s. auch [110].

75

Bilanz

V: Kaspar Hauser
D¹: WB Jg. 15, Nr. 21, 15.5.1919, I, S. 563
Bibl.: Nd s. Bonitz/Wirtz D 489; 1 Nd

Vgl. [83].

1   *Deutsches Land geht in fremde Hände*] Die am 7.5. der dt. Delegation
    übergebenen Friedensbedingungen sahen u.a. Gebietsabtretungen vor:
    Elsaß und Lothringen sollten an Frankreich, Posen und Westpreußen an
    das nach hundertzwanzig Jahren neu entstehende Polen abgetreten wer-
    den. Durch diesen «polnischen Korridor» blieb Ostpreußen vom übrigen
    Reichsgebiet getrennt. In anderen Gebieten an den poln., dän. und belg.
    Grenzen sollten Volksabstimmungen durchgeführt werden. Deutschland
    verlor sämtliche Kolonien. Der Anschluß Österreichs wurde von den
    Alliierten abgelehnt.
    Weitere Hauptpunkte der am 7.5. übergebenen Friedensbedingungen der
    Alliierten bildeten die für entstandene Schäden von Deutschland zu lei-
    stenden Reparationen (deren endgültige Höhe bis Mai 1921 festgelegt
    werden sollte), die Reduzierung des dt. Heeres auf 100000 Berufssolda-
    ten, die «Auslieferungsparagraphen» 227–230 (nach denen dt. Kriegsver-
    brecher den Alliierten übergeben werden sollten), sowie der «Kriegs-
    schuldartikel» 231 (s.u. 22).

9   *Hat Wilson sich und uns verraten?*] Grundlage der Rechtsposition der dt.
    Verhandlungsdelegation waren die «14 Punkte» des amer. Präsidenten
    Wilson gewesen, die insbesondere durch den darin enthaltenen Selbstbe-
    stimmungsgedanken einen gewissen Schutz vor Gebietsabtretungen zu
    versprechen schienen; vgl. [83], *19f.*

14 *«in Ehren untergehen»*] Der Reichsministerpräsident Scheidemann und
    Außenminister von Brockdorff-Rantzau lehnten den «Diktatfrieden» so-
    fort ab. Auch Hindenburg erklärte, militärischer Widerstand im Westen
    sei zwar unmöglich, aber als Soldat müsse er einem Schmachfrieden den
    ehrenvollen Untergang vorziehen.

22 *was dieser Friede bedeutet?*] Das Hauptargument in der öffentl. Ausein-
    andersetzung über die Friedensbedingungen bildete die Kriegsschuldfra-
    ge. Die von der Reichsregierung im April 1919 beschlossenen Richtlinien
    für die dt. Friedensunterhändler sahen u.a. eine neutrale Untersuchungs-
    kommission zur Schuldfrage vor. Auch die dt. «Gegenvorschläge» zu den

am 7.5. überreichten Bedingungen sprachen von einem neutralen Schiedsgericht zur Klärung der Frage. Zusammen mit den Gegenvorschlägen, die fast gänzlich unberücksichtigt blieben, übergab Verhandlungsführer Graf Brockdorff-Rantzau eine Denkschrift, in der die Verfasser Hans Delbrück, Albrecht Mendelssohn-Bartholdy, Max Weber und General Graf Montgelas die dt. Position zur Schuldfrage formulierten. Der nichtsdestotrotz unverändert im Versailler Vertrag enthaltene Art. 231 wurde in der öffentl. Wahrnehmung zu einem Anerkenntnis dt. Alleinschuld, indem er Deutschland und seine Verbündeten zu Urhebern aller Verluste und Schäden der alliierten und assoziierten Kriegsgegner erklärte und damit die juristische Grundlage der Reparationsforderungen bildete. In Deutschland entwickelte sich eine erbitterte Diskussion über die Unterzeichnung des Vertrages. Abgesehen von der USPD bestand in der Parteienlandschaft größtmögliche Einigkeit in der Zurückweisung einer dt. Kriegsschuld; der Friede von Versailles wurde als «imperialistischer Gewaltfriede», «Diktatfriede», «Schmach- und Vernichtungsfriede» o.ä. bezeichnet, die Formel von der «Kriegsschuldlüge» wurde geprägt, die Alleinschuldthese in der Folgezeit immer wieder zum Ausgangspunkt des Strebens nach Totalrevision des Vertrages gemacht. S. auch [78]; [83].

76

Die lebendigen Toten

V: Ignaz Wrobel
D¹: WB Jg. 15, Nr. 21, 15.5.1919, I, S. 564–568
Bibl.: Nd s. Bonitz/Wirtz D 490; 10 Nd; GW 2

1 ff *«Ich ... benehmen wissen.»*] Roda Roda: Erziehung, in: ders.: 500 Schwänke. 19.–24. Aufl. Berlin 1922, 201–202 (1. Aufl. 1912).
26 *Cause fameuse*] Berüchtigter Prozeß.
26 *Mordprozeß*] Am 8.5. begann vor einem Feldkriegsgericht der Prozeß gegen den Husaren Otto Runge, der beschuldigt wurde, Karl Liebknecht und Rosa Luxemburg am 15.1.1919 vor dem Eden-Hotel durch Hiebe mit dem Gewehrkolben schwer verletzt und ihren Tod herbeigeführt zu haben (vgl. [10]). Angeklagt wurden auch Kapitänleutnant Horst Gustav von Pflugk-Harttung, Oberleutnant z.S. Ulrich Rittgen, Oberleutnant z.S. Heinrich Stiege, Leutnant z.S. Bruno Schulze und Leutnant d.R. Rudolf Liepmann, denen vorsätzliche Tötung Liebknechts, und Oberleutnant Kurt Vogel, dem die Tötung Rosa Luxemburgs zur Last gelegt

wurde. Auch Hauptmann Heinz Fritz von Pflugk-Harttung und Hauptmann der Landwehr Weller standen unter Anklage. Alle Angeklagten gehörten der Garde-Kavallerie-Schützen-Division an. Verteidigt wurden sie durch Rechtsanwalt Fritz Grünspach.

29 *George Grosz*] Emend. aus Groß. Die engl. Schreibweise seines wirkl. Namens (Georg Ehrenfried Groß), die Grosz 1916 eingeführt hatte, wurde von KT anfänglich ignoriert, s. auch KTs Privatbriefe an Grosz. Vgl. George Grosz: Briefe 1913–1959, hg. von Herbert Knust. Reinbek 1979, 36.

41 ff *Auch habe Liebknecht … arbeiten würde*] Als Zeugen geladene Kollegen Runges widersprachen dieser Behauptung.

48 f *«um die Division nicht zu kompromittieren»*] Vgl. den ausführl. Prozeßbericht im BT 9.5.1919, M (‹Die Ermordung Liebknechts und Luxemburgs. Die Vernehmung der Angeklagten›).

49 *Weller tapst*] Laut Prozeßbericht der BVZ (9.5.1919, M) zeigte sich Weller verwundert, wegen Begünstigung angeklagt worden zu sein, da es seiner Ansicht nach lediglich um Beseitigung einer Leiche gegangen sei. Darauf angesprochen, daß er doch wohl aus den Zeitungen einiges erfahren habe, sorgte er für Heiterkeit im Gerichtssaal, indem er erwiderte, er lese grundsätzlich keine Zeitung (‹Die Ermordung Liebknechts und Rosa Luxemburgs. Schluß des ersten Verhandlungstages›).

.3 *die Wohnung*] Liebknecht und Luxemburg wurden in der Wohnung des Kaufmanns Marcusson in der Mannheimer Straße in Wilmersdorf von der dortigen Bürgerwehr gefangengenommen.

.8 *Kurt Rosenfeld*] In einer von Theodor Liebknecht und Rosenfeld unterzeichneten Erklärung hieß es: «Bei einem so offenkundigen Verbrechen des Militarismus an seinen unerbittlichsten Gegnern ist eine Aburteilung durch Militärs, also Kameraden der Mörder und politische Feinde der Gemordeten, ein Widersinn. Wir haben deshalb von vornherein eine revolutionäre Untersuchungskommission gefordert» (s. ‹Der Liebknecht-Mordprozeß. Eine Erklärung der Angehörigen›, BVZ 5.5.1919, M). Rosenfeld trat als Anwalt der Familie Liebknecht auf.

3 *Kriegsgericht*] Die Mitglieder des Feldkriegsgerichts waren: als Vorsitzender Kriegsgerichtsrat Ehrhardt, mit den Beisitzern Kriegsgerichtsrat Meyer, Kapitänleutnant Canaris, Offiziersstellvertreter Ernst und Kürassier Chimilewski; die drei letzteren waren vom Korpsvertrauensrat der Garde-Kavallerie-Schützen-Division gewählt. Die Anklage vertrat Kriegsgerichtsrat Jorns. Der am 24.3.1928 anonym im TB erschienene, von Berthold Jacob verfaßte Artikel ‹Kollege Jorns›, in dem Jorns schwere Versäumnisse im Liebknecht/Luxemburg-Prozeß vorgeworfen wurden,

führte zu einem Strafprozeß gegen den verantwortlichen TB-Redakteur Josef Bornstein, in dessen Verlauf Jorns von insgesamt drei Berliner Gerichten bescheinigt wurde, den Mördern Vorschub geleistet zu haben.

81 f *unterwegs erschossen*] Liebknecht wurde am Neuen See im Tiergarten erschossen, angeblich auf der Flucht. Die USPD-Zeitung ‹Die Freiheit› hatte bereits am 17.1. die Darstellung der Offiziere als falsch entlarvt. Liebknecht sei von vorn erschossen und die Leiche von den Mördern verschleppt worden.

86 *non liquet*] Nicht bewiesen, wörtl.: es fließt nicht.

86 f *den großen Unbekannten*] Der für den Transport Rosa Luxemburgs verantwortliche Oberleutnant Vogel behauptete, sie sei von einem auf den Wagen Heraufgesprungenen erschossen worden, der dann in die Dunkelheit verschwunden sei. Am 12.2.1919 brachte ‹Die Rote Fahne› einen genauen Bericht über den Mordverlauf, so daß Jorns widerwillig Vogel verhaften ließ, zunächst nur wegen Transportvergehens, zwei Tage später wegen Mordes.

97 *Ich bin des trocknen Tones nun satt*] s. Goethe: Faust I, Vers 2009.

123 *das Stubenmädchen*] Im ‹Vorwärts› vom 16.2.1919 ist die Rede von der «Aussage des Stubenmädchens, daß ein Offizier gesagt habe: ‹Kommt mal herunter, wir wollen Liebknecht im Tiergarten begrüßen›» (‹Eine Denkschrift zum Fall Liebknecht-Luxemburg›).

126 *den Jäger*] Der Jäger Grandke, der als Transportbegleiter fungiert hatte, sagte aus, Vogel habe Luxemburg in seinem Beisein in die linke Schläfe geschossen (vgl. ‹Der Mordprozeß Liebknecht-Luxemburg. Schluß des dritten Verhandlungstages›, BVZ 11.5.1919, M).

132 f *Umsonst sind die Mitglieder*] Zwei USPD-Mitglieder des Vollzugsrats (Rusch und Wegmann) und das MSPD-Mitglied des Zentralrats Struve wurden am 17.1.1919 von der Regierung beauftragt, den militärgerichtlichen Untersuchungen beizuwohnen, um irgendwelche Vertuschungen zu verhüten. In einer Denkschrift, die diese Dreierkommission der Regierung am 17.2.1919 unterbreitete, lehnte sie die weitere Teilnahme an der Untersuchung ab. Begründet wurde dieser Schritt mit der Ablehnung des Antrags, den Fall einem Zivilgericht zu überweisen, ferner damit, daß den Anträgen auf Verhaftung der durch Zeugenaussagen bekanntgewordenen Anstifter, Täter und Mitschuldigen nicht stattgegeben wurde und drittens, weil es dadurch einigen der Beschuldigten möglich geworden sei, zu entfliehen (vgl. ‹Der geheimnisvolle Tod der Spartacistenführer›, BVZ 17.2.1919).

135 *dem großen Krummen*] Erdgeist in Ibsens ‹Peer Gynt›, Zweiter Akt, in: Henrik Ibsen: Dramen. München 1973, Bd. 1, 462–463.

40 *kein Klang ... Einsamkeit*] Zitat der letzten zwei Verse des Gedichts ‹Abseits› von Theodor Storm, im Original heißt es «Drang noch».

46 f *dolus eventualis*] Bedingter Vorsatz.

71 *in maiorem patriae gloriam*] Zum größeren Ruhme des Vaterlands.

73 *das Urteil*] Es lautete: «1. Angeklagter Runge wegen Wachtvergehens im Felde, versuchten Totschlages in Tateinheit mit gefährlicher Körperverletzung unter Mißbrauch seiner Waffe in zwei Fällen, in einem Falle mit erschwertem Wachtverbrechen und Gebrauchmachung falscher Urkunden zu 2 Jahren Gefängnis, 2 Wochen Haft, 4 Jahren Ehrverlust und Entfernung aus dem Heere. Die Haftstrafe wird für verbüßt erachtet. [...] Der Oberleutnant Vogel wegen erschwerten Wachtverbrechens im Felde in Tateinheit mit Begünstigung in Ausübung des Dienstes, wegen Mißbrauch der Dienstgewalt und Beiseiteschaffung einer Leiche und wissentlich falscher Dienstmeldung zu zwei Jahren vier Monaten Gefängnis und Dienstentlassung. [...] Angeklagter Vogel wird von der weiteren Anklage der Duldung strafbarer Handlungen Untergebener, des erschwerten Wachtvergehens in einem zweiten Falle und des Mordes freigesprochen» (‹Freisprüche im Liebknecht-Luxemburg-Prozeß›, BVZ 15.5.1919, M). Die übrigen Angeklagten wurden, abgesehen von einer Bagatellstrafe für Leutnant Liepmann, freigesprochen. Vogel flüchtete zwei Tage nach Urteilsverkündung mit einem falschen Paß nach Holland, vgl. [79].

78 *Eulenburg*] Philipp Graf zu Eulenburg, ein enger Vertrauter von Wilhelm II., war 1906 von dem Publizisten Maximilian Harden in seiner Zeitschrift ‹Die Zukunft› der Homosexualität (nach § 175 StGB strafbar) bezichtigt worden. In einem gegen Harden geführten Beleidigungsprozeß bestritt Eulenburg unter Eid den Vorwurf, woraufhin Harden ihn des Meineids beschuldigte. Der folgende Strafprozeß wurde aufgrund einer Erkrankung Eulenburgs ausgesetzt und nie zu Ende geführt. Vgl. dazu ‹Hardens Prozesse›, in: ‹März›, H. 1, 3.1.1914; D 225.

83 *Noske*] Vgl. K zu [7] und [28], 5.

09 *Ecrasez l'infâme!*] Vernichtet das Schändliche! Von Voltaire in seinen Briefen an Friedrich II. von Preußen und andere häufig benutzter Ausdruck gegen religiöse Intoleranz und Fanatismus.

77

Max Adalbert

V: Peter Panter
D¹: WB Jg. 15, Nr. 21, 15.5.1919, I, S. 576 [Rubrik:] Rundschau
Bibl.: Bonitz/Wirtz D 491; DT

Zu KTs Würdigung der schauspielerischen Leistung von Max Adalbert vgl. in Bd. 5 ‹Drei Abende› [86] und ‹Ausjeh› [125].

1 *neuen Berlinertums*] Vgl. [120].

10 *Urberliner aus Posen*] Eine von KT und anderen immer wieder aufgestellte Behauptung: «Der richtige Berliner stammt entweder aus Posen oder aus Breslau» (s. ‹Breslau›, Bd. 5 [78]); vgl. [138], 56f.

25 *Komik Donat Herrnfelds*] Vgl. den Artikel ‹Die beiden Brüder H.›, mit dem KT 1913 in der ‹Schaubühne› debütierte (Bd. 1 [73]).

45 *B. Z.*] Die 1904 gegr. ‹B. Z. am Mittag› erschien im Ullstein-Verlag, sie war das erste dt. Boulevardblatt im Straßenverkauf.

78

Kopf hoch!

V: Theobald Tiger
D^1: Ulk Jg. 48, Nr. 20, 16. 5. 1919, [S. 2]
Bibl.: Nd s. Bonitz / Wirtz D 492; 1 Nd

Zum Versailler Vertrag s. [75].

5 *Clemenceau*] Der frz. Ministerpräsident Clemenceau, der als exponierter Gegner der dt.-frz. Aussöhnung galt, hatte am 7.5. den dt. Delegierten die Friedensbedingungen im Trianon-Palast mit den Worten übergeben: «Meine Herren Delegierten des Deutschen Reiches! Es ist hier weder der Ort noch die Stunde für überflüssige Worte. Sie haben vor sich die Versammlung der Bevollmächtigten der kleinen und großen Mächte, die sich vereinigt haben, um den fürchterlichsten Krieg auszufechten, der ihnen aufgezwungen worden ist. Die Stunde der Abrechnung ist da» (zit. nach Krumeich 1997, 917).

6 *Reventlow*] s. [39], *19*.

13 *gierig Länder rafften*] Vgl. [75], *1*; [83], *3, 11*.

79

Ein sauberer Vogel

V: Von einem Berliner
D^1: Berliner Volks-Zeitung Jg. 67, Nr. 227, 19. 5. 1919, A, [S. 2]
Bibl.: Nd s. Bonitz / Wirtz D 493; 4 Nd; GW 2

Zuschreibung s. [25].

Das Gedicht bezieht sich auf die Flucht des Mörders von Rosa Luxemburg, Oberleutnant Kurt Vogel; vgl. [76], *26, 173.*

Als Vorlage diente KT ein Lied aus Goethes Schauspiel ‹Götz von Berlichingen› 3. Akt, Schloßhof, das «Georg, im Stall, singt». Die erste Strophe lautet:
Es fing ein Knab ein Vögelein,
H'm! H'm!
Da lacht er in den Käfig 'nein
Hm! Hm!
So! So!
H'm! H'm!
Der Text folgt der 2. Fassung des ‹Götz›: ‹Götz von Berlichingen mit der eisernen Hand› (Erstdr. 1773), abgedruckt in der «Hamburger Ausgabe» (s. ‹Goethes Werke›. 10., neubearb. Aufl. München 1981, Bd. 4, 143). Vgl. G. Nickel: Neuentdeckte Texte von Kurt Tucholsky, in: Tucholsky-Blätter Jg. 5, H. 12, März 1994, 10.

80

Buschkämpfer

V: Ignaz Wrobel
D[1]: Berliner Volks-Zeitung Jg. 67, Nr. 232, 22.5.1919, M, 1. Beiblatt [S. 1]
Bibl.: Bonitz/Wirtz D 494; DT

1   *im November]* s. [2], *1.*
3   *der Kaiser floh]* s. [1], *65.*
0   *Arbeitsbünde]* Neben den aus der wilhelminischen Zeit stammenden Verbänden (wie etwa der «Reichshammerbund» und der «Alldeutsche Verband», s. [18], *59*), die nach dem Krieg wieder lebhafte Aktivitäten entwickelten, wurden zu dieser Zeit über 70 neue völkisch-antisemit. Vereine gegründet, darunter die «Deutschvölkische Beamtenvereinigung», der «Bund völkischer Frauenvereine», die «Vereinigung Völkischer Verleger», der «Deutschnationale Lehrerbund» (s. [81], *32*), der «Hochschulring deutscher Art» als Dachverband der völk. Gruppen an den Hochschulen und nicht zuletzt der «Deutschvölkische Schutz- und Trutzbund», der an Mitgliederzahl, Organisationsdichte und Agitationsdichte alle anderen übertraf. Zur «Antibolschewistischen Liga» und «Vereinigung zur Bekämpfung des Bolschewismus, Berlin» s. [45].

17 *Plakaten*] Zu den antibolschewistischen Plakataktionen s. [45].

23 *Wer sie bezahlt*] Zur Frage der Finanzierung vgl. [45], *19* und die vermutl. von KT verfaßte «Antwort» an ‹Hugo P.› in der WB vom 15.5.1919 (I, 577–578): «Sie fragen, woher das Geld für die irrsinnigen und wirkungslosen Antibolschewisten-Plakate stamme – wer den Rummel bezahle: die Preisausschreiben, die Maler, die Drucker, die Ankleber und die Autoren dieser Albernheiten. Wer? Nun, alle die Leute, denen Bolschewismus ein freudig begrüßter Anlaß ist, gegen jede Veränderung überhaupt anzurennen, alle, die den Umschwung in einem so unerschütterlich geglaubten Staat wie dem Rußland des Zaren als Vorwand benutzen, um noch den mildesten Liberalismus zu bekämpfen, und die jede Gewalttätigkeit dazu mißbrauchen, desto fester auf ihrem Geldsack zu hocken, je berechtigter die Ansprüche der Nation sind, sie da herunterzuwerfen. Die bunten Plakate entsprechen ganz diesem innern Feinde [...].»

73 f *Sozialistengesetz*] Zwischen 1878 und 1890 galt unter Reichskanzler Bismarck das «Gesetz gegen die gemeingefährlichen Bestrebungen der Sozialdemokratie», das sozialdemokrat., sozialist. und kommunistische Vereine, Versammlungen und Druckschriften verbot und die Ausweisung sog. Agitatoren ermöglichte.

81

Preußische Professoren

V: Kaspar Hauser
D^1: WB Jg. 15, Nr. 22, 22.5.1919, I, S. 597–598
Bibl.: Nd s. Bonitz/Wirtz D 495; 3 Nd; GW 2

1 *Pallas dienen*] Athene, griech. Göttin der Weisheit. Vgl. ‹Professoren›, in: WB 15.8.1918, II, 157; D 368.

12 *schwören das Fremdländische ab*] Der Krieg wurde von vielen Professoren und Literaten als Kulturkrieg gedeutet, in dem sich die dt. «Kultur» gegen die engl. oder frz. «Zivilisation» durchsetzen müsse. Vgl. die zahlreichen Belege bei Fritz K. Ringer: Die Gelehrten. Der Niedergang der deutschen Mandarine 1890–1933. München 1987, 169 ff; s.a. [18], *34 f.*

14 *«Kv.!»*] Kriegsverwendungsfähig.

27 *schwarz-weiß*] Die preuß. Farben.

32 *Roethe*] Gustav Roethe, seit 1902 Professor der dt. Literaturwissenschaft an der Berliner Universität gehörte zu den führenden Ideologen der Deutschnationalen. Neben seiner Lehrtätigkeit verfaßte er auch Leitarti-

kel für den ‹Tag› (s. [22], *117*) und trat als Redner auf Veranstaltungen verschiedener republikfeindlicher Organisationen hervor. 1919 war er an der Gründung des «Deutschnationalen Lehrerbundes» beteiligt, der die Abwehr von Haenischs Schulreformen (s. [5], *0*) betrieb. KT hat Roethe häufig zur Zielscheibe seines Spotts gemacht; vgl. Bd. 1 [236].

33 *Thersites*] In Homers ‹Ilias› (II. Gesang) wird der mißgestaltete Krieger Thersites als törichter Schwätzer beschrieben, der Schmähreden gegen die Anführer seiner griech. Mitkämpfer hält; s. auch KTs Übers. des Gedichts ‹Tersites› von Gustav Fröding, Bd. 21 [B 132] und K.

33 *Panke-Ufer*] s. [7], *2*.

34 *Wilhelm Kahl*] Der Professor für Rechtswissenschaft, seit 1874 Mitglied der Nationalliberalen Partei, gehörte nach dem Krieg der aus dieser hervorgegangenen DVP an. Als Mitglied des Zentralvorstands war er an der Formulierung des Programms der DVP 1919 maßgeblich beteiligt. In der Nationalversammlung gehörte Kahl dem Verfassungsausschuß an. Die staatskirchenrechtl. Bestimmungen der WRV, die im wesentlichen die bisherige Ordnung erhielten, waren weitgehend seinem Einfluß zuzuschreiben. Er und seine Partei stimmten bei der Schlußabstimmung gegen die WRV.

48 *Nauken*] Im Mecklenburger Dialekt Bezeichnung für Leute von kleiner Gestalt, oft auch Hundename (s. Wossidlo und Teuchert: Mecklenburgisches Wörterbuch. Neumünster 1996, Bd. 5, 78).

82

Variété

V: Peter Panter
D¹: WB Jg. 15, Nr. 22, 22.5.1919, I, S. 606–607 [Rubrik:] Rundschau
Bibl.: Bonitz / Wirtz D 496

1 *An dieser Stelle sollen fortan*] s. [98]; [141].

3 *Variétés von einigem Niveau*] Hierzu zählte KT den hier beschriebenen «Wintergarten» (s. auch [141]), das Apollo-Theater sowie das «Nelson-Theater» (s. [98]).

8 *Excentrics*] Clowns der Varietés.

3 *Der Rest ist Schweigen.*] Shakespeare: Hamlet 5, 2.

4 *politische Kampfcouplets*] Vgl. [74].

5 f *Alexanderplatz*] Dort befand sich das Berliner Polizeipräsidium und mithin die Zensurstelle, s. [32], *40*; [74], 38 ff.

83

Friede?

V: Theobald Tiger
D[1]: Ulk Jg. 48, Nr. 21, 23. 5. 1919, [S. 2]
Bibl.: Nd s. Bonitz/Wirtz D 498; 1 Nd

Zum Versailler Friedensvertrag s. [75].

2 *verdorren*] Am 12. 5. war die Nationalversammlung in der Aula der Berliner Universität zu einer Protestkundgebung zusammengetreten, bei der Ministerpräsident Scheidemann seine Ablehnung formulierte: «Wer kann als ehrlicher ... vertragstreuer Mann solche Bedingungen eingehen? Welche Hand müßte nicht verdorren, die sich und uns in solche Fesseln legte?» (‹Das ‹Unannehmbar› der Regierung. Die große Sitzung der Nationalversammlung›, BT 13. 5. 1919, M).

2 *sticken*] Vgl. dazu die Polemik im Sprachrohr der Deutschnationalen, die ‹Deutsche Tageszeitung› (Berlin) am 28. 5. 1919 unter der Rubrik «Kunst und Leben».

3 *an der Weichsel und am Rhein*] s. [75], *1*.

7 *Schuld am Kriege*] s. [75], *22*.

10 *Ihr gebt den Polen ... ihr Recht.*] Art. 87 des Vertrages besagte: Deutschland erkennt, wie die alliierten und assoziierten Mächte es bereits getan haben, die völlige Unabhängigkeit Polens an.

11 *die Dänen*] Nach der im Vertrag vorgesehenen Abstimmung in der nördl. und südl. Zone Nordschleswigs, die im Febr. bzw. März 1920 stattfand, fiel die nördl. Zone an Dänemark.

13 *Kühen und Kähnen*] Zu den in Art. 213 aufgeführten Sachlieferungen gehörten: 11 % des deutschen Rinderbestandes, 90 % der Handelsflotte.

19 f *Völkerbund ... vierzehn Punkten*] Die Schaffung eines Völkerbundes als intern. Organisation zur Wahrung des Friedens hatte US-Präsident Wilson als einen seiner «Vierzehn Punkte» für Weltfrieden und Neuordnung Europas vor dem US-Kongreß am 8. 1. 1918 vorgetragen. Weitere Punkte waren: Freiheit der Meere und des Welthandels, Rüstungsbeschränkungen, internationale Regelung der Kolonialfrage, Rückzug aus allen besetzten Gebieten, das Prinzip nationaler Selbstbestimmung u. a. Die Deutschen hielten sich bei den Friedensverhandlungen von Brest-Litowsk mit Rußland (s. [126], *12*) nicht daran, verlangten aber ihre Erfüllung nach dem militärischen Zusammenbruch.

22 *Waffenstillstand funkten*] Das Waffenstillstandsgesuch Deutschlands an die USA auf Grundlage der 14 Punkte Wilsons erging am 3. 10. 1918.

84

Flora, die Göttin der Blüten, spricht:

V: Theobald Tiger
D¹: Ulk Jg. 48, Nr. 22, 29. 5. 1919, [S. 2]
Bibl.: Nd s. Bonitz / Wirtz D 499; 1 Nd
Mit einer Zeichnung von Theodor Leisser

13   *Blaublümelein*] s. [59], *14*.
23   *Cancanöschen*] Im zeitgenöss. ‹Handbuch des Wissens› des ‹Brockhaus›
     (4 Bde, die auch KT besaß) wird zum «Cancan» erklärt: «(frz. ‹Ge-
     schwätz›), in Frankreich nur von Frauen getanzter kontertanzartiger, we-
     nig anständiger Tanz».
25   *Wucherreichsamt*] Vgl. ‹Die Tätigkeit des Kriegswucheramtes. Maßnah-
     men gegen den Schleichhandel›, BT 22. 7. 1919, M; s. a. [36], *45 f.*
25   *Schieber*] s. [6], *89*.
27 f *Und unserm Volk ... Tollkirschenstrauß.*] Gemeint sind vermutl. die am
     7.5. übergebenen Friedensbedingungen der Alliierten, s. [75] und [83].
31 f *entfliehn der Hoffnungsstrahl!*] Nach der griech. Mythologie wurde beim
     Öffnen der Büchse der Pandora durch Epimetheus alles Übel über die
     Erde verbreitet, die Elpis (Hoffnung) blieb darin zurück.

85

Der Schnellmaler

V: Kurt Tucholsky
D¹: WB Jg. 15, Nr. 23, 29. 5. 1919, I, S. 616–619
Bibl.: Nd s. Bonitz / Wirtz D 500; 1 Nd; GW 2
Rez.: Walther Rathenau: Der Kaiser. Berlin: S. Fischer 1919

3 f *schreibt Walther Rathenau dazu ein Buch*] Rathenau, Autor sozial- und
     kulturphilosophischer wie wirtschaftspolitischer Arbeiten, trat 1919 u. a.
     mit der Schrift ‹Autonome Wirtschaft› hervor, die in der von Erich Schai-
     rer hg. Schriftenreihe ‹Deutsche Gemeinwirtschaft› erschien (vgl. [223]).
     Gemeinwirtschaftliche Vorstellungen, wie sie auch Reichswirtschafts-
     minister Wissell und sein Staatssekretär Moellendorff vertraten, leitete er
     u. a. aus seinen Erfahrungen im Preuß. Kriegsministerium als Leiter der
     Rohstoffabteilung ab. 1919 erschienen von Rathenau außerdem ‹Nach der

Flut>, <Die neue Gesellschaft>, <Kritik der dreifachen Revolution> und <Der neue Staat> (alle bei S. Fischer).

16   *deutschen Passivität in politicis*] Vermutl. Anspielung auf Thomas Manns <Betrachtungen eines Unpolitischen> (1918).

20   *Heinrich Manns ‹Untertan›*] s. [37].

29   *«schlechthinnigen» Genialität*] s. Rathenau: Der Kaiser. 1919, 37: «Hier war das unerhörte Staunen seiner rassigen, vorwiegend ungeistigen Umgebung, die in solcher Vielseitigkeit schlechthinnige Genialität sah [...].»

29 ff *«Jeder Sudler ... zu verbessern.»*] s. Arthur Schopenhauer: Parerga und Paralipomena, Bd. 2, Kap. 23: «Über Schriftstellerei und Stil» (Schopenhauer 1891, Bd. 6, 568).

33   *Ein Mann, der im Unglück*] Anfang April 1919 gab Wilhelm II. dem <Daily Chronicle> ein Interview, dessen Inhalt das BT am 3.4. (A) unter der Überschrift <Wilhelm II. über die Selbstherrlichkeit seiner Generale> wiedergab. Dort heißt es, der Kaiser sei von seiner vollkommenen Unschuld überzeugt und habe sein Möglichstes getan, um den Krieg zu verhindern. «Rußland und die Diplomaten aller kriegführenden Staaten seien am Ausbruch des Weltkrieges schuld. Der Kaiser habe sich besonders erbittert gegen Rußland ausgesprochen. Er habe ferner erklärt, daß er sich lieber das Leben nehmen, als vor einem internationalen Gerichtshof erscheinen würde. Nicht aus Angst vor dem Urteil, sondern weil er das mit seiner Würde nicht vereinbaren könne. Der Kaiser erklärte weiter, seine Generale hätten ohne seine Zustimmung während des Krieges gemacht, was sie wollten. Niemals habe er Einblick in die strategischen Pläne erhalten [...] nie habe er den wahren Gang der Dinge gewußt [...].»

37   *vor Gericht erscheinen*] Nach den Artikeln 227–230 des Versailler Vertrages sollten von den Alliierten zu benennende Kriegsverbrecher ausgeliefert werden. In Artikel 232 wurde Wilhelm II. angeklagt «wegen schwerster Verletzung des internationalen Sittengesetzes und der geheiligten Macht der Verträge». Der frühere Reichskanzler Bethmann Hollweg sowie Prinz Eitel Friedrich und seine Brüder, die Söhne des Kaisers, boten sich den Alliierten als Geiseln anstelle des Kaisers an. Am 21.1.1920 lehnte die niederländische Regierung die Auslieferung des Kaisers ab.

39 f *Fischart hat an dieser Stelle*] s. <Politiker und Publizisten>, in: WB 2.1.1919, I, 6. Fischart schilderte die Episode etwas anders: Dem Kaiser waren auf dem Kreuzer «Nymphe» Kaviarschnitten gereicht worden: «Er schmierte von einer mit dem Zeigefinger der rechten Hand den Kaviar und die Butter herunter, strich sie sich in den Mund, trat wieder hinaus auf die Kommandobrücke, rief hinunter: <Ha – Hahnke, möchten wohl auch Kaviar haben ...!> und warf das leere Stück Brot hinunter.»

55 ff *«Um diese Schicht ... von der Beamtenschaft.»*] s. Rathenau: Der Kaiser.
Berlin 1919, 40.

78 f *an jenem schwarzen Oktobertag*] s. Rathenau: Ein dunkler Tag, in: Voss
7.10.1918, M. Ein Aufruf zum Massenaufstand des Volkes, zur nationalen
Verteidigung und Fortsetzung des Krieges, nachdem der neue dt. Reichskanzler Max v. Baden wenige Tage zuvor, am 3.10., ein Waffenstillstandsangebot an den amer. Präsidenten gerichtet hatte.

84 *Alldeutschen*] s. [18], *59*.

86 *dort ist er zitiert*] s. Louis Raemaekers: Devant l'histoire. Les origines de
la guerre. Textes allemands et dessins inédits de Louis Raemaekers. Ed.
Étienne Giran. Paris [1918], Kap. LX. Außerdem finden sich dort Texte
von Lagarde, Reventlow, Fritz Bley u.a.

97 f *Hinein ins volle Menschenleben*] s. Goethe: Faust I, Vers 167.

110 *Reventlow ... bei der alten Stange zu bleiben*] s. [39], *19*.

116 *Naumann*] s. [33], *141f*.

119 *reklamierten Mann*] s. [7], *11*.

123 *Wir lehnen ihn ab.*] Vgl. dagegen die Nekrologe nach der Ermordung Ra-
thenaus am 24.6.1922: ‹Das Opfer einer Republik› (s. Bd. 5 [176]) und
‹Rathenau› (Bd. 5 [178]). In KTs Nachlaß (DLA) ist eine Reaktion aus
‹Die Wahrheit› (s. [74], *78f*) vom 7.6.1919 erhalten, die konstatiert, daß
Rathenau jetzt auch schon von «gesinnungs- und artverwandtesten Leu-
ten», gemeint sind die Publizisten des Mosse-Verlages und insbesondere
KT, heftig kritisiert werde.

86

Unser Militär!

V: Kaspar Hauser (D^1); Theobald Tiger (D^2); Kurt Tucholsky (D^3)
D^1: WB Jg. 15, Nr. 23, 29.5.1919, I, S. 629–630
D^2: Fromme Gesänge 1919, S. 62–64
D^3: Das Lächeln der Mona Lisa 1929, S. 378–380
Bibl.: Nd s. Bonitz/Wirtz D 501; 1 NdzL, 12 Nd; GW 2

Varianten
Die Varianten sind nach D^2 und D^3 verzeichnet
16 nahe, und] nahe und D^3 **29** Einer] einer D^2, D^3 **32** Allen.] allen ... D^2,
D^3 **39** alten trostlosen] alten, trostlosen D^3 **41** heute –.] heute – D^2, D^3 **42**
Einer] einer D^2, D^3 **43** Andrer] andrer D^2, D^3 **57** Ihr] ihr D^2, D^3 **58** alten,
schmutzigen] alten schmutzigen D^2 **60** Corpsbefehl] Korpsbefehl D^2, D^3

64 Der] der D^2, D^3 66 Deutschland – eins] Deutschland –: eins D^3 68 So laß] Laß D^2, D^3

Wirkung

Ein halbes Jahr nach Veröffentlichung des Gedichts sahen sich Reichswehrminister Noske und der Chef der Heeresleitung Reinhardt veranlaßt, gegen KT und gegen Jacobsohn als verantwortlichen Redakteur Strafantrag wegen Beleidigung ihrer Truppen zu stellen. Diese Tatsache wurde zuerst von der Redaktion des ‹Vorwärts› (Berlin) am 18.1.1920 öffentlich gemacht und von SJ offenbar als Reaktion darauf in der WB vom 22.1.1920 (I, 128: ‹Jurist›) in der Rubrik «Antworten» bestätigt. Im ‹Vorwärts›-Artikel (‹Auf der Tigerjagd›) hieß es über den Vorgang: «Das Gedicht entstand in den *Marloh-Tagen* und es wäre längst *vergessen*, wenn es nicht zuerst von einem monarchistischen Hetzflugblatt wieder ausgegraben worden wäre.» Dieses Flugblatt konnte ebenso wie die weiteren in dem Artikel erwähnten Nachdrucke in der sozialdemokrat. Presse nicht verifiziert werden. «Für uns», erklärte der Redakteur des ‹Vorwärts›, «hat die Angelegenheit insofern besonderes Interesse, als ein Teil unserer Parteipresse dieses Gedicht vor kurzem abgedruckt hat und nunmehr dieselbe rächende Nemesis zu befürchten hat.» Als Beispiel wurde das Duisburger Parteiorgan, die ‹Niederrheinische Volksstimme›, genannt, gegen dessen Redakteur «eine Strafverfolgung durch das außerordentliche Kriegsgericht in Wesel eingeleitet worden» war. Die abschließende Bemerkung: «[…] man sollte glauben, es gäbe heute größere Sorgen, als hinter ein paar Reimen herzulaufen» wurde aufgegriffen in einer Replik, die im ‹Pressedienst der Deutschen Volkspartei› (‹Nationalliberale Correspondenz› Jg. 47, Nr. 20, 24.1.1920, 1) erschien. Gegen «‹Vorwärts› und ‹Ulk›» richtete sich hier der ungenannte Verfasser (d.i. G. Stresemann), der sich über die Aussicht auf «das interessante Schauspiel, daß der sozialistische Reichswehrminister gegen seine Parteipresse Strafantrag zu stellen gezwungen ist» mokierte und zum Schluß die «Mahnung» an die «Organisationen, die sich die Bekämpfung des Antisemitismus zur Aufgabe machen», richtete: «nicht lediglich hinter antisemitischen Flugblättern herzulaufen, sondern sich einmal die Frage vorzulegen, ob der Antisemitismus durch derartige Unverschämtheiten, die bei Blättern vom Schlage des ‹Ulk› an der Tagesordnung sind, nicht tausendmal mehr gefördert wird, als es durch seine eigenen Anhänger geschehen kann». In diesem Zusammenhang wurde das Gedicht KTs noch einmal zitiert, in dem Artikel ‹Die wirklichen Ursachen des Antisemitismus› (‹Deutsche Zeitung›, Berlin, 7.5.1920, M), mit dem Stresemann sich an der konzertierten Pressekampagne von DVP und DNVP gegen das von DDP-Mitgliedern geleitete BT des jüd. Mosse-Verlags beteiligte (vgl. Bonitz/Meyer-Voth 1998, 19 f).

15 *Jüngling im russischen Wind*] KT war von April 1915 bis April 1918 Soldat an der Ostfront; s. [4], *146*.
21 *Die Leutnants fressen*] Vgl. [9].
37 *Pater Noske*] Zu Noskes Rolle vgl. [7]; [28], *5*.
44 *Liebknecht ist tot. Vogel heidi.*] s. [10]; [76]; [79].
56 *Luxemburg verblutet*] s. [10].
57 *Freiwilligenverbände*] s. [7]; [10]; [70], *22*; [164], *75*.
62 f *Reißt ihre Achselstücke in Fetzen*] s. [22], *149*.

87

Herren und Kerls

V: Ignaz Wrobel
D[1]: Berliner Tageblatt Jg. 48, Nr. 251, 2.6.1919, Montags-Ausg., A, [S. 2]
Bibl.: Bonitz/Wirtz D 502; DT

1 f *«Hallo ... Präsident!»*] s. Arthur Holitscher: Mojave-Wüste, in: ders., Geschichten aus zwei Welten. 2. Aufl. Berlin 1914, 68; s. Z. 78 ff.
34 *Wir haben ... im Kriege erlebt*] Vgl. [4]; [9]; [134].
52 f *«Wem Gott Verstand ... auch ein Amt!»*] Das Sprichwort lautet: «Wer ein Amt erhält im Land, der erhält auch den Verstand», ebenfalls sprichwörtl. zitiert wird: «Wer ein Amt hat, braucht keinen Verstand», s. Wander 1866, Bd. 1.
78 *erzählt Holitscher*] Holitscher: Mojave-Wüste, ebd., 61–100.
84 f *deutschen Militarismus ... Friedensbedingung*] Gemeint ist die durch den Versailler Vertrag erzwungene Reduzierung des dt. Heeres, s. [75]; [83].

88

Preußische Presse

V: Kaspar Hauser
D[1]: WB Jg. 15, Nr. 24, 5.6.1919, I, S. 647–648
Bibl.: Nd s. Bonitz/Wirtz D 503; 7 Nd; GW 2

17 *Bernhardi immer geschrieben*] Friedrich von Bernhardi, General und Ver-
    fasser nationalistischer Propagandaschriften; über das im Ausland als
    Kriegsansage bewertete Buch ‹Deutschland und der nächste Krieg› (Stutt-
    gart 1913) schrieb KT im ‹Vorwärts›, s. Bd. 1 [26], 10 ff und K.
20 *ließen sich Alle reklamieren*] s. [7], *11*.
34 f *Ludendorff ... Schweden.*] s. [15], *13*.
41 *Geschreibe*] Erich Ludendorff: ‹Meine Kriegserinnerungen›. Berlin 1919,
    s. [41]; [94*], *24*.
74 *Der Feind steht rechts!*] s. [2], *25*.

89

Der Offizier der Zukunft

V: Ignaz Wrobel
D¹: WB Jg. 15, Nr. 24, 5.6.1919, I, S. 661–662 [Rubrik:] Rundschau
Bibl.: Nd s. Bonitz/Wirtz D 504; 4 Nd; GW 2
Rez.: Arno Voigt: Der deutsche Offizier der Zukunft. Gedanken eines
Unmilitärischen. Stuttgart: Engelhorn 1919 (Das neue Geschlecht. Bd. 2)

1 *«Miles»*] s. [16], 25 ff und K.
5 ff *«Vielleicht ... Ungeduld.»*] In der Vorrede zur ‹Genealogie der Moral›,
    vierter Absatz, über Paul Rée: ‹Der Ursprung der moralischen Empfin-
    dungen› (1877); s. Nietzsche's Werke. Taschenausg. Leipzig 1906, Bd. 8,
    291.
16 f *«Offiziere ... Gliederung.»*] s. Voigt 1919, 13.
17 f *«Das Charakteristikum ... Isoliertheit.»*] ebd., 21.
24 *geistiger Mensch*] ebd. Kapitel 7: «Das geistige Leben des Offiziers».
38 *von den japanischen Geishas*] s. Lafcadio Hearn: Die Geisha, in: ders.:
    Izumo. Blicke in das unbekannte Japan. Übers. aus dem Engl. von Berta
    Franzos. Frankfurt/M. 1907; in der Ausg. 1923, 118–151.
48 f *die reklamierten Dichter*] s. [7], *11*; [18], *38 f*.

90

Die dritte Kugel

V: Peter Panter
D¹: WB Jg. 15, Nr. 24, 5.6.1919, I, S. 662
Bibl.: Bonitz/Wirtz D 505; GW 2
Rez.: Leo Perutz: Die dritte Kugel. München: Langen 1915

1 f «*Kachelofenwärme*»] Ludwig Thoma: «Wem bei dieser Kachelofenwärme nicht wohl wird, dem ist nicht zu helfen.» Von KT bereits 1916 zitiert
(KT an Blaich 1.10.1916; AB 1, 36).

8 ff «*Der Alvarado ... liefen.*»] s. Leo Perutz 1915, 289, in dem Kapitel
«Pedro Alvarado».

30 *Gedelöcke*] s. [53], *25*.

31 *Schwarze Galeere*] ‹Die schwarze Galeere› (1860/61).

91
Rheinische Republik

V: Theobald Tiger
D[1]: Ulk Jg. 48, Nr. 23, 6.6.1919, [S. 2]
Bibl.: Nd s. Bonitz/Wirtz D 506; 1 Nd

Am 1.6. war in Mainz und Wiesbaden die Bildung einer «Rheinischen
Republik» angekündigt worden. Die rheinisch-katholische Loslösungs-
bewegung (vgl. [3], *13*) wandte sich zunächst gegen die Zugehörigkeit zu
Preußen, dessen territoriale Integrität jedoch von Sozialdemokraten und
bürgerlichen Parteien als wesentlich für die bedrohte Reichseinheit betrachtet wurde. Als Führer der auf die Unterstützung der frz. Besat-
zungsmacht bauenden Separatisten etablierte sich Hans Adam Dorten.
Der Versuch der Republikgründung scheiterte nach wenigen Tagen ebenso am Widerstand der Bevölkerung, wie die kurz zuvor ausgerufene
«Pfälzische Republik». Die dt. Regierung protestierte gegen die Begünstigung der Separatisten durch Frankreich, das an der Schaffung autono-
mer Republiken im Rheinland als Teil eines Sicherheitsgürtels interessiert
war (vgl. [73], *58*).

9 *bei Bölsche*] ‹Das Liebesleben in der Natur› (3 Bde, 1898–1902) von Wilhelm Bölsche.

11 f *Köllsche Volkszeitung*] Die ‹Kölnische Volkszeitung›, neben der ‹Germania› wichtigste Tageszeitung der katholischen Zentrumspartei, bildete mit
ihrer seit Kriegsende betriebenen Kampagne einen wesentlichen Antrieb
des rhein. Separatismus. Während sie im Weltkrieg zunehmend aggressi-
ve, annexionistische Positionen insbes. im Westen, also gegenüber Frankreich vertreten hatte, versuchte sie seither, die frz. Regierung zur Unterstützung ihrer Pläne für die Schaffung einer autonomen rhein. Republik
zu gewinnen.

20 *verdammte Eigenbrödelei*] s. auch [3].

Ein merkwürdiger Fall

V: Peter Panter
D[1]: Berliner Tageblatt Jg. 48, Nr. 264, 11.6.1919, M, [S. 2]
Bibl.: Bonitz/Wirtz D 507; Rep
Rez.: Hasse Zetterström: Der Dynamithund und andere Unmöglichkei-
ten. Übers. [aus dem Schwed.] von Åge Avenstrup und Elisabeth Treitel.
Illustriert von Eigil Schwab. Berlin: Verlag der Lustigen Blätter 1919 (Lu-
stige Bücherei. Bd. 20) – Hasse Zetterström: Meine merkwürdigste Nacht
und andere Grotesken. Übers. von Åge Avenstrup und Elisabeth Treitel.
Mit Bildern von Walter Trier. Berlin: Eysler 1919 (Lustige Bücherei. Bd.
29)

40 ff   «*Ach ... Milde – –!*»] Aus der Geschichte ‹Bloms Unbekanntschaften›,
in: ‹Der Dynamithund›. Berlin 1919, 86–91, hier: 91.
45 f   ‹*Glückliche Rettung*›] Zetterström: Meine merkwürdigste Nacht und andere Grotesken. 17.–24. Tsd. Berlin 1922, 51–54. In dieser Ausgabe wird
auf der letzten Buchseite für den Band ‹Der Dynamithund› geworben mit
den Z. 1–10 aus KTs Artikel, überschrieben: Wer ist Zetterström?
50   *unvergessenen Gustav Wied*] KT hat seine Vorliebe für den dän. Satiriker
und Gesellschaftskritiker, der sich im Herbst 1914 das Leben nahm, häufig zum Ausdruck gebracht.
52   *das Telephon*] ‹Mein Telephon› und ‹Telephon›, s. Zetterström: Meine
merkwürdigste Nacht, 17.–24. Tsd. Berlin 1922, 6–11 und 59–64.

93

An den Unteroffizier Noske

V: Kaspar Hauser
D[1]: WB Jg. 15, Nr. 25, 12.6.1919, I, S. 673
Bibl.: Nd s. Bonitz/Wirtz D 508; 2 Nd

0   *Unteroffizier*] Noske-Biograph Wette (1987, 157) schreibt dazu: «Noske
hatte nie gedient, war nie Soldat gewesen [...] die durch die Literatur gei-
sternde Behauptung, Noske sei Unteroffizier gewesen, ist unzutreffend.»
2   *Seinem Corps*] s. [70], 22.
11   *Vertrauensmann*] s. [67], 4.

94*

Der Mörder Ludendorffs

V: Anonym
D¹: WB Jg. 15, Nr. 25, 12.6.1919, I, S. 691–692
Bibl.: Bonitz/Wirtz D 509

Zuschreibung
Mit diesem Dialog beginnt in der WB der Druck einer Reihe von ungezeichneten szenischen Texten, die in dieser Ausgabe KT zugeordnet werden, s. Bd. 4 [13]; [26]; [40], im vorliegenden Band [225*]; [242*]. Zwar
gibt es keinen eindeutigen Quellennachweis für die Autorschaft von KT,
doch dürften folgende Indizien als hinreichende Begründung für die Zuschreibung gelten: Hinweise in Briefen Jacobsohns (s. z.B. Jacobsohn
1989, 59), thematische Überschneidungen mit Artikeln KTs (vgl. [225*];
[242*]) und Übereinstimmungen der Wortwahl, von Begriffsprägungen
und Stilelementen in den von KT 1920 veröffentlichten Dialogen in den
USPD-Blättern ‹Freiheit› und ‹Freie Welt› (s. Bd. 4 [99]; [105]; [132];
[157]; [169]; [195]) sowie in den von KT zur selben Zeit verfaßten Kaba-
rett-Texten.

6   *aufs Land schicken*] Bereits seit Beginn der Demobilmachung 1918 hatte
die Regierung versucht, die zurückkehrenden Soldaten wegen des Ar-
beitsplatzmangels in den Städten zu einer Ansiedlung auf dem Land zu
bewegen. Die Landfluchttendenz sollte umgekehrt werden, das benötigte
Land wollte man gegen Entschädigung aus dem Großgrundbesitz gewinnen. Zu diesem Zweck erließ die Regierung am 29.1.1919 die «Verordnung zur Beschaffung von landwirtschaftlichem Siedlungsland», aus der
das am 19.7. in dritter Lesung von der Nationalversammlung angenom-
mene «Reichssiedlungsgesetz» hervorging. Verordnung und Gesetz erleg-
ten den Ländern die Verpflichtung auf, gemeinnützige Siedlungsunter-
nehmen zu begründen und ländliche Kleinbetriebe zu fördern.

14   *Liebknecht und Rosa Luxemburg waren ermordet*] s. [10]; [20].

16   *Eisner erschossen*] s. [26].

24   *Hotel Adlon*] In dem Berliner Nobelhotel wohnte Ludendorff seit seiner
Rückkehr aus Schweden Anfang März und vollendete dort seine ‹Kriegserinnerungen›, s. [41]. In der WB stand dazu: «K.F. Ludendorff sitzt im
Adlon und liest Korrekturen – Rosa Luxemburg liegt auf dem Grunde
des Landwehrkanals. In keinem andern Land der bewohnten Erde ist diese Rollenverteilung möglich» (s. WB 3.4.1919, I, 396). Darunter vier Zei-

len, die noch mehrmals in der Rubrik «Antworten» erschienen: «*Lieb-knechts Mörder*. Seid Ihr noch sämtlich da? Alles in bester Ordnung? Das ist recht. Bei den neuen Sicherheitsverhältnissen kann euch zum Glück nichts passieren. Gute Verrichtung das nächste Mal!» (s. a. WB 17.4.1919, I, 460; WB 15.5.1919, I, 579).

66 *Fiat iustitia*] … et pereat mundus (Gerechtigkeit werde geübt, und sollte die Welt dabei zugrunde gehen) gilt als Wahlspruch Kaiser Ferdinands I. Bezieht sich auf die am 12.6. von den Standgerichten in München und Würzburg verhängten hohen Haftstrafen gegen Führer der Räterepublik.

95

Krieg dem Kriege

V: Theobald Tiger
D[1]: Ulk Jg. 48, Nr. 24, 13.6.1919, [S. 2]
Bibl.: Nd s. Bonitz / Wirtz D 510; 22 Nd; GW 2

12 *Schiebergeschäft*] s. [6], *89*.
13 *alldeutscher Skribenten*] Vgl. z. B. [18], *34 f*; [39], *19*; [81] und [178], 5.
16 *Sieg in Albanien*] Seit Anfang 1916 war der größte Teil Albaniens von Deutschlands Verbündeten besetzt.
16 *Sieg in Flandern!*»] s. [136], *19*.
32 *Der Kapitän hat den Abschied genommen*] Wilhelm II., s. [1], *65*.
38 *Vernichtungsfrieden*] Am 2.6. wurde Scheidemann im Zusammenhang mit einer Kontroverse mit dem Alldeutschen Verband (s. [18], *59*) mit dem Ausdruck «Vernichtungsfrieden» im BT zitiert (‹Scheidemann über die ‹Alldeutschen››, BT 2.6.1919, M). Vgl. zum Versailler Vertrag [75]; [83].
48 f *Imperialisten, die da drüben*] Bezieht sich vermutl. auf frz. Gebietsansprüche, vgl. [73], *58*.
51 *Und nach abermals zwanzig Jahren*] Vermutl. in Anspielung auf Friedrich Rückerts Gedicht ‹Chidher›, dessen Strophen jeweils mit dem Refrain enden: «Und aber nach fünfhundert Jahren / Kam ich desselbigen Wegs gefahren.» Auch in Fontanes Gedicht ‹Wo Bismarck liegen soll›: «Und kommen nach dreitausend Jahren / Fremde hier des Weges gefahren».
59 *Krieg dem Kriege!*] Mit dem Slogan schließt auch der Aufruf des Friedensbundes der Kriegsteilnehmer vom 19.10.1919 (vgl. [231], *0*). Zu den «Nie-wieder-Krieg»-Aktionen des FdK s. auch Bd. 4 [164]; [166].

96

Ach, sind wir unbeliebt!

V: Kaspar Hauser
D¹: WB Jg. 15, Nr. 26, 19.6.1919, I, S. 719
Bibl.: Nd s. Bonitz/Wirtz D 511; 2 Nd

7   *Liebknecht-Mord*] s. [10]; zum Prozeß s. [76].

97

Aufklärungsfilms

V: Ignaz Wrobel
D¹: WB Jg. 15, Nr. 26, 19.6.1919, I, S. 722 [Rubrik:] Rundschau
Bibl.: Bonitz/Wirtz D 512

8   *Aufklärungsfilms*] Vgl. [69].
11 ff *Ich persönlich ... heben?»*] s. ‹Lichtbild-Bühne› Nr. 22, 31.5.1919, 19:
       ‹Zur Zensurfrage› von L. B-er.
25   *Queue*] Schlange.
25   *Parvus Rehwiese*] Gemeint ist Magnus Hirschfeld. Der Sexualwissen-
       schaftler fungierte bei den Aufklärungsfilmen als wissenschaftlicher Bera-
       ter, s. [69].

98

Variété

V: Peter Panter
D¹: WB Jg. 15, Nr. 26, 19.6.1919, I, S. 723 [Rubrik:] Rundschau
Bibl.: Bonitz/Wirtz D 513

s. auch den gleichnamigen Artikel [82].

3 ff *Garcia ... habe ich ihn schon einmal*] In einer Kritik des März-Pro-
      gramms 1913 des Varietés «Wintergarten», s. Bd. 1 [90], 14 ff.
17   *callothafte*] Jacques Callot, frz. Zeichner und Radierer.
26   *«Herrnfeldiade»*] Im Juni/Juli gastierte Anton Herrnfeld im Apollo mit

der Burleske ‹Wer ist der Vater?› und der Schlager-Burleske ‹Nur nicht schiessen!›.

27 *Anton Herrnfeld ist noch da*] ‹Die beiden Brüder H.›, die Komiker Anton und Donat Herrnfeld, und ihr «Gebrüder Herrnfeld-Theater» (1884 als «Budapester Theater» gegr.) waren im Januar 1913 Thema von KTs erstem SB-Beitrag gewesen, s. Bd. 1 [73]. Das Theater existierte bis zum Tod von Donat Herrnfeld im Juni 1916.

27 *bömakelt*] Von dem «Deutsch in fremder Klangfärbung, hart, holzig, stotternd» und den «Tönen einer Rasse, die wie keine zweite befähigt ist, Brücken zu schlagen von Menscheneinsamkeit zu Menscheneinsamkeit», gab KT in seinem SB-Artikel ‹Die beiden Brüder H.› eine Reihe von Kostproben, s. Bd. 1 [73]. «Die Gebrüder Herrnfeld, zwei ‹ausbaldowerte› Juden aus den böhmischen Wäldern» (‹Neue Theater-Zeitschrift› H. 44, 29.10.1912, 1034) spielten anfänglich vorzugsweise jiddische Possen und Volksstücke.

41 *Nelsons Künstlerspiele*] Rudolf Nelson gründete und leitete das Berliner Kabarett «Chat Noir» und das Nelson-Theater. Für den Komponisten Nelson schrieb KT Chanson-Texte für die Revuen ‹Bitte zahlen!› (1921, s. Bd. 5 [56] bis [60]) und ‹Wir steh'n verkehrt› (1922, s. Bd. 5 [244] bis [252]).

43 *Wintergarten*] s. [141].

46 f *von einem Cabaret belangt worden*] s. [43], 29f.

99*

[Antwort]

V: Anonym
D[1]: WB Jg. 15, Nr. 26, 19.6.1919, I, S. 725 [Rubrik:] Antworten

Zuschreibung
Der in der Rubrik «Antworten» gedruckte Beitrag stellt eine Ergänzung des Textes ‹Buschkämpfer› (s. [80]) vom 25.5. dar. Dort hatte KT leitmotivisch wiederholt die Frage nach der Finanzierung antibolschewist. Plakataktionen (s. dazu auch [45]) gestellt; am 21.8. kam KT in dem Artikel über ‹Das politische Plakat› auf diese Frage zurück und verwies auf vorliegende «Antwort», s. [138], Z. 8f. In weiteren Betrachtungen KTs zum Plakatwesen in diesem Zeitabschnitt finden sich z.T. wörtl. Übereinstimmungen in der Argumentation über Wirksamkeit und Technik von Plakaten; vgl. z.B. die Forderung nach «Herz und Gefühl für die

Wahrheit» (Z. 27 f) mit den Ausführungen in dem Artikel ‹Das Bild als Narr› [68], Z. 35 und 56 f. Vgl. auch den Artikel über ‹Alte Plakate› [148].

Im Jahr 1919 etablierte sich eine neue politische Plakatkunst im deutschen Sprachraum. Die politischen Agitationsplakate zeichneten sich gegenüber früheren Formen – etwa den Kriegsanleiheplakaten – durch Lebendigkeit, Bewegung und große Geste aus. In den Ausdrucksmitteln waren die Plakate häufig vom Expressionismus beeinflußt. KT befaßte sich 1919 in mehreren Artikeln mit der künstlerisch gestalteten politischen Werbung, s. [45]; [80]; [138].

1   ‹*Das politische Werbewesen im Kriege*›] Berlin: Arbeitsbund für Werbelehre 1919.
1 f ‹*Das politische Werbewesen in der Umsturzzeit*›] Vortrag von E. E. Hermann Schmidt im «Arbeiterbund für Werbelehre» am 20. März 1919 in Berlin. Berlin: Selbstverl. Arbeitsbund für Werbelehre 1919.
10   *sogenannten Revolution*] s. [2], *1*.
15   *Organisationen*] s. [45]; [80], *10*.
22 f *Plakatmaler ... Modehäusern*] Vgl. KTs Artikel über den Graphiker und Modezeichner ‹Stephan Krotowski› in Bd. 1 [77] und über den ‹K.-K.› («Konfektions-Kommis») der Berliner Plakatmaler (s. Bd. 1 [122]).

100

Ich dachte schon ...

V: Kaspar Hauser
D^1: WB Jg. 15, Nr. 27, 26.6.1919, I, S. 747
Bibl.: Nd s. Bonitz / Wirtz D 514; 2 Nd; GW 2

1   *Willi türmte*] Wilhelm II., s. [1], *65*.
11   *Vater Noske*] Am 23.6., nachdem die neue Reichsregierung unter Gustav Bauer gegen Noskes Stimme die Unterzeichnung des Friedensvertrages beschlossen hatte, richtete dieser einen Aufruf an die Reichswehr. Darin führte er aus, daß seinem Rücktrittsgesuch nicht entsprochen worden sei, und er nunmehr die Angehörigen der Reichswehr bitte, «in der schwersten Stunde, die das deutsche Volk erlebt», ihm weiter beizustehen (‹Noske an die Reichswehr›, BVZ 24.6.1919, M). Verschiedene Reichswehr- und Freikorpsführer riefen daraufhin ihre Truppen öffentlich dazu auf, ihren Dienst weiterhin zu versehen.

23 *Wenn Weimar singt*] Reichspräsident Ebert hatte am 24.6. auf dem Weimarer Schloßhof eine Abordnung des Landesjägerkorps unter General
Maercker empfangen. Nachdem er an die Soldaten appelliert hatte, auch
nach Unterzeichnung des Friedensvertrages «nicht abzuspringen», wurde
das Lied ‹Deutschland, Deutschland über alles› angestimmt (vgl. ‹Die
Stellung der Reichswehrführer. Ebert über die Stellung des Militärs›, BVZ
25.6.1919, M).

101

Erinnerung

V: Peter Panter
D¹: WB Jg. 15, Nr. 27, 26.6.1919, I, S. 754 [Rubrik:] Rundschau
Bibl.: Nd s. Bonitz/Wirtz D 515; 1 Nd; GW 2

1 *restaurierte Reinhardt*] Zu Max Reinhardts Inszenierung im Deutschen
Theater s. Siegfried Jacobsohns Besprechung: Grabbe und Nestroy, in:
SB 19.11.1908, II, 485f.
1 f ‹*Revolution in Krähwinkel*›] Eine Umarbeitung von Johann Nepomuk
Nestroys Volksstück ‹Freiheit in Krähwinkel› (1848) mit «massenhaften
Anspielungen auf unsre politische Situation», einer «eingelegten Ge-
sangsparodie» und einem «Couplet vom Tage» (s. SJ, ebd.).
4 f *eine Revolution*] s. [2], *1*.

102

Kino

V: Von einem Berliner
D¹: Berliner Volks-Zeitung Jg. 67, Nr. 294, 1.7.1919, M, 1. Beiblatt, [S. 1]
Bibl.: Nd s. Bonitz/Wirtz D 516; 1 Nd

Zuschreibung s. [25].
Vgl. [69]; [97]; [161]; [175].

8 *Auf der Leinwand*] Am 26.6. schrieb KT an Mary Gerold: «Gestern war
ich zum zweiten Mal [über das erste Mal s. [97]] seit dem November im
Kino und muß sagen, daß es immer geschmackloser und dümmer wird.

Dazu neuerdings auch noch verlogen sexuell» (UuL, 217). Welchen Film sich KT angesehen hat, ist nicht zu ermitteln.

15 *Was geht mich das an?*] Die Wendung hat KT von Mary Gerold übernommen, s. KT an MT 27.6.1919: «Und nun gar – wie sagt Er immer? ‹Das geht Ihn gar nichts an!› – Nun, das geht Ihn gar nichts an. Doch: es geht Ihn sehr viel an» (s. UuL, 218).

48 *Ein schauriger Bildertext*] Noch 1927 mokierte sich KT über die Betextung der Stummfilme, s. ‹Der Lese-Film› (Bd. 9 [64]).

103

Ein untergehendes Land

V: Peter Panter
D[1]: WB Jg. 15, Nr. 28, 3.7.1919, II, S. 11–14
Bibl.: Bonitz / Wirtz D 517; GW 2
Rez.: Hans Vorst: Baltische Bilder. Leipzig: Verlag Der Neue Geist 1919

Zum Thema «Kurland» vgl. KT an E. Plietzsch 21.11.1925 (AB 1, 174f).

22 *Kurland*] Von Letten und Deutschbalten bewohntes Gebiet zwischen der Ostsee, der Bucht von Riga, Livland und Litauen, das seit der Ausrufung der Republik Lettland (18.11.1918) deren südl. Teil bildete. Bei Kriegsbeginn war Kurland noch russ. Gouvernement (seit 1795) gewesen, davor (seit 1561) poln. Lehnsherzogtum, zuvor seit etwa 1250 Besitz des Deutschen Ordens.

22 *Bis zum Kriege*] KT war von August 1916 bis April 1918 als Soldat in Kurland stationiert, dort lernte er die Rigaerin Mary Gerold kennen.

33 *Eduard Graf Keyserling*] KTs Bewunderung für den baltischen Erzähler ist in einer Reihe von Quellen bezeugt. Schon im Herbst 1913 hatte er ihn aufgefordert, an dem gemeinsam mit Szafranski geplanten ‹Orion›-Projekt mitzuarbeiten; 1918, als Soldat, schenkte KT seiner baltischen Freundin Mary den Novellenband ‹Schwüle Tage› mit der hs. Widmung: «Wegen der Luft – Für Meli –» und 1923 den Roman ‹Wellen› (beide Bände: KTA), s. auch KT an MT 2.10.1918, DLA; UuL, 170.

38 *was dort politisch vor sich geht*] s. [165]; [168].

40 f *der deutsche Okkupationsoffizier*] Kurland war seit Aug. 1915 dt. besetzt.

40 f *Buch über … Bergmann*] Arend Buchholtz: Ernst von Bergmann. Mit Bergmanns Kriegsbriefen von 1866, 1870/71 und 1877. Leipzig 1913.

42 *Monismus*] Philosoph. Anschauung, die die Welt aus einem einheitlichen,

weltimmanenten Prinzip heraus erklärt. Der 1906 in Jena durch E. Haeckel und A. Kalthoff begründete «Dt. Monistenbund» vertrat eine auf Naturerkenntnis beruhende wissenschaftl. Weltanschauung. KT karikierte die monist. Weltsicht in ‹Rheinsberg› durch die Figur der Lissy Aachner; s. Bd. 1 [72], 968–1038.

121   *Was aber nun wird*] Nach harten Kämpfen gegen lettische Truppen und dt. Freikorps hatten Sowjettruppen am 9. Juni Riga erobert.

136   *Kapitel «Kinderglück»*] Vorst: Baltische Bilder. Leipzig 1919, 109–121.

142 f   *«Mathildchen … soigniert!»*] ebd., 121.

144   *Und du?*] An Mary Gerold gerichtet, die noch immer im Baltikum Dienst tat und erst im Jan. 1920 mit den zurückkehrenden Freikorps nach Berlin kam. KT am 30.7.1919 an MT: «Daß Peter Panter Kurland überschätzt … Mag sein. […] Hans Vorst – klingelte mich wegen der Besprechung vor ein paar Tagen an; ich bin ja ein alter Narr, aber wenn ich diese knarrende harte baltische Stimme höre, dann ist es aus» (UuL, 232).

153 ff   *Was kündet … aufgehoben.*] Wagner: Holderbaum, in ders.: Gedichte. Ausgewählt von Hermann Hesse, 2. Aufl. München, Leipzig o.J., 75. KT hatte dieses Gedicht schon 1918 als Widmung für MT in den Band ‹Alt-Livland. Heitere Bilder aus dem Baltikum› (4.– 5. Tsd. Hamburg 1918; KTA) geschrieben (Faksimile in: Meyer/Bonitz 1995, 89). Zu Christian Wagner vgl. [19].

104

Die Schweigende

V: Kaspar Hauser (D^1); Theobald Tiger (D^2)
D^1: WB Jg. 15, Nr. 28, 3.7.1919, II, S. 22
D^2: Fromme Gesänge 1919, S. 101
Bibl.: Nd s. Bonitz/Wirtz D 518; 1 NdzL, 7 Nd; GW 2

4   *Hörselberg*] In Thüringen gelegener Berg, auch Venusberg genannt. Dort spielt sich zwischen Tannhäuser und Frau Venus die erste Szene der Wagner-Oper ab.

105

Na, mein Sohn?

V: Ignaz Wrobel
D¹: WB Jg. 15, Nr. 28, 3. 7. 1919, II, S. 25–26 [Rubrik:] Rundschau
Bibl.: Nd s. Bonitz / Wirtz D 519; 3 Nd; GW 2

6   *Eiserne Kreuz*] s. [119], *17.*
24   *der alte Fritz*] Friedrich II., der Große, König von Preußen.

106

Die Fahrt ins Glück

V: Von einem Berliner
D¹: Berliner Volks-Zeitung Jg. 67, Nr. 300, 4. 7. 1919, M, 1. Beiblatt, [S. 1]
Bibl.: Nd s. Bonitz / Wirtz D 520; 1 Nd

Zuschreibung s. [25].

Auf einem eigenhändig beschrifteten und auf Pappe aufgeklebten Zeitungsausschnitt (KTA) hat KT in Z. 11 nicht gestrikken zu lange nicht gestrikken korrigiert (lange hs. arR mit Einweisungsstrich vor nicht).

Ende Juni traten Berliner Eisen- und Straßenbahner in einen Streik, dem sich auch die Busfahrer anschlossen. Eine notdürftige Versorgung wurde durch Droschken und Privatwagen – gegen überhöhte Fahrpreise – gewährleistet.

34   «*Pascholl!*»] Marsch! Vorwärts! (niederdt.), verwendet von Fritz Reuter.
41   *Kremsern*] Von Pferden gezogener, an den Seiten offener, vielsitziger Mietwagen mit Verdeck. Genannt nach dem Berliner Fuhrunternehmer M. Kremser, der 1825 die ersten Wagen dieser Art in Betrieb nahm.
52   *Jauerscher*] Jauer, Kreisstadt im preuß. Reg.-Bez. Liegnitz, bekannt für Wurstfabrikation (Jauersche Würstchen).

Erzberger

V: Theobald Tiger
D[1]: Ulk Jg. 48, Nr. 27, 4.7.1919, [S. 2]
Bibl.: Nd s. Bonitz/Wirtz D 521; 2 Nd; GW 2

1   *Mond aus Buttenhausen*] Der in dem württemberg. Dorf Buttenhausen
    geborene Erzberger (seit Juni Finanzminister) wurde auch im ‹Kladdera-
    datsch› als «Mond aus Buttenhausen» apostrophiert, s. die Titelblattkari-
    katur von Nr. 17, 27.4.1919. Am 18.7. druckte KT im ‹Ulk› eine Karikatur
    von Paul Halke ab, auf der Erzbergers Gesicht als Mond über dem in
    Trümmern liegenden Deutschland leuchtete. Der Text dazu lautete: «Der
    optimistische Mond Erzberger: Alles, was da schlimm auf Erden –/Wird
    schon werden! wird schon werden!»

8   *Mathias lächelt*] Erzberger hatte seinen Ruf als unerschütterlicher Opti-
    mist kurz zuvor, am 14.6., mit der Eintragung in das Gästebuch des
    «Goldenen Adler» untermauert: «Erst mach dein Sach – dann trink und
    lach!». Die Angelegenheit rief bei seinen Gegnern (so A. v. Graefe, vgl.
    [136], *21*) große öffentliche Empörung hervor; Erzberger wurde zur Last
    gelegt, sich wenig um Deutschlands schweres Schicksal zu bekümmern.

9 f *im Krieg zu schuften … Schweiz*] Während des Krieges war Erzberger mit
    verschiedenen diplomatischen Missionen und mit der Auslandspropa-
    ganda (u.a. in der Schweiz) betraut worden. Die Schweiz spielte auch in
    den Angriffen der polit. Rechten gegen Erzberger nach Kriegsende eine
    Rolle: Der Deutschnationale Helfferich, der ihn mit einer Artikelserie in
    der ‹Kreuz-Zeitung› vom Juni/Juli 1919 sowie dem Pamphlet ‹Fort mit
    Erzberger› (Juli 1919) besonders scharf attackierte, brachte einen Schweiz-
    Aufenthalt der Familie Erzbergers mit Verstößen gegen Devisenbestim-
    mungen und mit der Verquickung persönlicher und öffentlicher Inter-
    essen in Verbindung. Zum Prozeß Erzberger–Helfferich s. Bd. 4 [6], *17*.

14 *hast Tirpitz wacker durchgehechelt*] Erzberger galt als scharfer Gegner
    einer Wiederaufnahme des uneingeschränkten U-Boot-Krieges (vgl. [18],
    26), die insbesondere von Admiral Tirpitz gefordert wurde. Nachdem
    sich Wilhelm II. zunächst gegen den U-Boot-Krieg entschieden hatte,
    nahm er am 17.3.1916 ein Rücktrittsgesuch Tirpitz' an.

18 ff *Weltannexionist … Pazifist*] s. [136], *28 f.*

Ordnung muß sein!

V: Peter Panter
D[1]: Berliner Tageblatt Jg. 48, Nr. 306, 7. 7. 1919, A, [S. 3]
Bibl.: Nd s. Bonitz / Wirtz D 522; 3 Nd; GW 2

32 *delictum sui generis*] Straftatbestand eigener Art.

109

Zehn Gebote

V: Peter Panter
D[1]: Berliner Tageblatt Jg. 48, Nr. 312, 10. 7. 1919, A, [S. 2]
Bibl.: Nd s. Bonitz / Wirtz D 523; 1 Nd; GW 2
Rez.: Friedrich Schleiermacher: Idee zu einem Katechismus der Vernunft
für edle Frauen. Berlin: Frensdorff 1905

Lesart
48 fantasierten] *emend. aus* fanatisierten *gemäß der Korr. von KTs Hand
auf einem ZA (KTA)*

13 *wie ... Recht jener Ben Akiba hatte*] Der jüd. Gesetzeslehrer Ben Joseph
Akiba, der die erste Mischnasammlung (1. Teil des Talmud) anlegte, wurde bekannt durch den Ausspruch: «Alles schon dagewesen».
16 *Im ‹Athenäum›*] s. ‹Athenäum›, erster Band, zweites Stück, S. 109 ff; die
Zeitschrift wurde von August Wilhelm und Friedrich Schlegel von 1798–
1800 herausgegeben.
18 f *Schlegels ... Schleiermacher*] Auch z. T. verfaßt von Novalis, s. ‹Nach-
wort›; ebd., 36.
28 *Ibsen*] Die Bewertung der Frau als selbständige Persönlichkeit ist ein in
immer neuen Variationen wiederkehrendes Hauptthema in Ibsens Gesell-
schaftsdramen.
28 *Wynecken*] Der Pädagoge Gustav Wyneken schreibt z. B.: «Und mag die
eigentliche Bestimmung des Weibes biologisch sein – erst *das* Weib wird
mehr als ein Tier oder eine Sklavin, wird Mensch und des Mannes Ge-
nossin sein, das sich dieser seiner Bestimmung *selbst* und *bewußt* weiht»;
s. Wyneken: Schule und Jugendkultur. Jena 1913, 46.

43 ff   1. *Du sollst … strenge Gottheit …*] Schleiermacher: Idee zu einem Kate-
         chismus der Vernunft für edle Frauen. Berlin 1905, 5–23.
68   *O Hedda!*] Anspielung auf Ibsens Stück ‹Hedda Gabler›, 1890. Vgl.
         [239], *57*.

110

Die blonde Dame singt

V: Kaspar Hauser (D^1); Theobald Tiger (D^2)
D^1: WB Jg. 15, Nr. 29, 10. 7. 1919, II, S. 53
D^2: Fromme Gesänge 1919, S. 43–44
Bibl.: Nd s. Bonitz / Wirtz D 524; 2 NdzL, 8 Nd; GW 2

Varianten
Die Varianten sind nach D^2 verzeichnet
12 treten;] treten, **24** sie gründen] man gründet **25** Spartacisten] Spartakisten

1   *Für Gussy Holl*] Vgl. [43], *31*; [66], *26*; [114], *111*.
9   «*Na und …?*»] Dieser Ausspruch war für KT von besonderer Bedeu-
     tung: 1927 schrieb er, an Georges Courteline gerichtet: «der Spruch ihres
     Lebens, und – verzeihen Sie – der des meinen auch. Nie wird mir einer
     glauben, daß dieselben Worte, genau dieselben Worte, seit Jahren in mei-
     nem Arbeitsbuch stehn, vorn auf der ersten Seite. […] Es sind nur zwei
     Worte und eine ganze Welt. Die Worte heißen: ‹Et après –?› Na und –?»
     (s. Bd. 9 [170], *72* ff). KT hat den Spruch seinem ‹Sudelbuch› (DLA) und
     einem Notizbuch von 1931 / 32 (AdK) vorangestellt und auf der letzten
     Seite seines ‹Sammelbuch für Zeitungsausschnitte aller Art› (DLA) no-
     tiert; außerdem ließ er den Spruch in einen Ring eingravieren (s. KT an
     Jean-Richard Bloch 19. 8. 1930).
19   *hohe Butterpreise*] Ende Juni berichtete KT aus Berlin: «Die Preise sind
     hoch […]. Man hofft nur, daß nach Unterzeichnung des Friedens die
     Grenzen geöffnet werden und dadurch die Preise etwas sinken werden.
     Zur Zeit ist es übel: Butter 32 M, Stiefel 200 M und so» (KT an MT
     24. 6. 1919; UuL, 212).
20   *Revolution!*] s. [2], *1*.
24   *sie gründen Räte*] s. [28], *5*; [207], *1*.
25   *Spartacisten*] s. [2], *23*.

III

Geschichten

V: Peter Panter
D¹: WB Jg. 15, Nr. 29, 10.7.1919, II, S. 56–57 [Rubrik:] Rundschau
Bibl.: Nd s. Bonitz/Wirtz D 525; 1 NdzL; DT

2   *Gussy Holl*] s. [43], *31*; [66], *26*; [114], *111*.
4   *Graf Stürgkh*] Am 21.10.1916 wurde der österr. Ministerpräsident Graf
     Stürgkh in Wien von Friedrich Adler, Sohn des SPÖ-Politikers Viktor
     Adler, aus Protest gegen die Kriegspolitik ermordet.
49 f *crimen laesae maiestatis*] Verbrechen der Majestätsbeleidigung; s. [6], *7*.
51   «*Gott erhalte – Franz – den Kaiser –!*»] Österr. Nationalhymne.

I I 2

Noch immer

V: Theobald Tiger
D¹: Ulk Jg. 48, Nr. 28, 11.7.1919, [S. 2]
Bibl.: Nd s. Bonitz/Wirtz D 526; 1 Nd

0   *Noch immer*] So lautete auch die Überschrift über der Titelkarikatur des
     ‹Ulk›-Heftes Nr. 28 von Paul Halke. Sie illustrierte z.B. das müßige Trei-
     ben des Büropersonals einer «Fürsorgestelle für beschäftigungslose
     Dienststellen».
1   *der Deutsche schreibt*] Vgl. [65]; ‹Der Apparat›, BT 21.10.1918; D 386.
31   *aber die Butter*] s. [110], *19*.

I I 3

Nicht wahr?

V: T.T.
D¹: Berliner Tageblatt Jg. 48, Nr. 316, 12.7.1919, A, [S. 2]
Bibl.: Bonitz/Wirtz D 527; Rep

Wie KT selbst 1932 rückblickend feststellte, glossierte er eine «Menge
deutscher Sprachunarten» (s. ‹Praktisch›, WB 10.5.1932, I, 717; D 2730)
in der dt. Umgangssprache und hatte von Beginn seiner journalist. Arbeit

an besonderen Spaß an der «Jagd auf Modewörter» (s. ‹Die Angelegen-
heit›, WB 27.4.1926; D 1622) wie z.B.: ‹Dienstlich›, s. Bd. 1 [180]; ‹Die
Einstellung›, WB 14.8.1924, II, 270; D 1263; ‹eigentlich›, Voss 14.3.1928;
D 1984; ‹Aufgezogen›, in diesem Band [183]. Vgl. auch ‹Neudeutsch›, in:
WB 7.11.1918, II, 439–440; D 393; ‹Der neudeutsche Stil›, in: WB
6.4.1926, I, 540–544; D 1605.

16 *Ach, dieses «doch!»*] Eine Woche später, nach Drucklegung des Artikels
‹Berlin! Berlin!›, ertappte sich KT selbst dabei, dieses *«doch»* eingeflickt
zu haben; auf einem Zeitungsausschnitt (erhalten im KTA) strich er das
Flickwort durch, s. [120], Varianten Z. 85.

114

Die Zeitbremse

V: Peter Panter
D^1: Berliner Tageblatt Jg. 48, Nr. 317, 13.7.1919, M, [S. 2]
Bibl.: Nd s. Bonitz/Wirtz D 528; 2 Nd; GW 2

Auf einem nachgelassenen Zeitungsausschnitt (KTA) hat KT zwei hs.
Korr. angebracht: Z. 9 Antenkogel] *Druckfehler in D^1* Anterkogel *korr.
zu* Antenkogel, *hier entsprechend emend.* Z. 82 Und er] er *gestr.*

s. dazu auch [47] und K.

 1 f *«Wenn ich … schön …!»*] s. Faust I, Vers 1699f.
 8 f *Professor Eucken*] Der Jenaer Philosophieprofessor und Nobelpreisträger
      (1908) Rudolf Eucken. Hauptwerke: ‹Die Einheit des Geisteslebens in
      Bewußtsein und Tat der Menschheit› (1888) und ‹Der Sinn und Wert des
      Lebens› (1908).
19   *Werneuchen*] Stadt nordöstl. von Berlin; (1919) 2073 Einwohner.
52 f *Sonne … im Tale Gibeon?»*] Josua, Kap. 10, Vers 12.
111   *Auguste*] Gemeint ist Gussy Holl (s. [66], *26*). KT an MT: «Sie lud mich
      ein paar Mal ein – wir saßen immer lange zusammen, bis spät in die
      Nacht» (27.6.1919; UuL, 217). «Ich hab sie am liebsten, wenn sie abends
      unter der Lampe sitzt und plaudert und trinkt und raucht» (17.10.1919;
      UuL, 270). Vgl. [43], *31*; [111].

Die Herren von gestern

V: Ignaz Wrobel

D¹: Berliner Volks-Zeitung Jg. 67, Nr. 320, 15.7.1919, M, 1. Beiblatt, [S. 1]

Bibl.: Bonitz/Wirtz D 529; GW 10

2 f *Satire zu schreiben*] Vgl. ‹Die moderne politische Satire in der Literatur›, Bd. 1 [38].

32 *hier durchgemacht*] Vgl. [207].

35 f *Die Stimmung der Befreiungskriege*] Anspielung auf die nationale Hochstimmung in Preußen während der Befreiungskriege zwischen 1813 und 1815 gegen die napoleonische Fremdherrschaft.

116

Kammerspiele

V: Kaspar Hauser

D¹: WB Jg. 15, Nr. 30, 17.7.1919, II, S. 83

Bibl.: Nd s. Bonitz/Wirtz D 530; 1 Nd

In den Berliner «Kammerspielen» wurde seit dem 26.6.1919 ‹Das Weib und der Hampelmann› aufgeführt. Eine Komödie von Ludwig Hardt nach einer Novelle von Pierre Louÿs. In den Hauptrollen: Leopoldine Konstantin und Theodor Loos.

KT, der das Gedicht unmittelbar nach seinem Theaterbesuch Ende Juni geschrieben hatte (es lag SJ bereits am 1.7. vor, s. Jacobsohn 1989, 30), ärgerte sich offenbar über den verspäteten Druck. SJ konterte am 6.7.: «Als ‹Kammerspiele› eintrafen, war der Umbruch der Nummer vom 10ᵗᵉⁿ längst in Potsdam. [...] Sie müssen sich eben derartige Aktualitäten verkneifen» (ebd., 34).

7 *Bombenrolle*] Der Rezensent des BT: «Frau Leopoldine ist [...] Carmen in kräftigster Auflage. Sie ist Weibbestie mit dem seidigen Fell und den grausamen Krallen, die sich in die liebebetörten Herzen eingraben. Sie schreit wie eine brünstige Stute, gibt sich mit den Augen hin und stößt rauhe Töne hysterischer Abwehr aus [...]» (H.F.: Kammerspiele. Zum ersten Mal: ‹Das Weib und der Hampelmann›, in: BT 27.6.1919, M). Die Vorliebe der Konstantin für «Bombenrollen» nahm KT im Nov. noch einmal aufs Korn, s. [180].

Noch immer ...

V: Ignaz Wrobel
D¹: WB Jg. 15, Nr. 30, 17.7.1919, II, S. 85 [Rubrik:] Rundschau
Bibl.: Nd s. Bonitz/Wirtz D 531; 1 NdzL, 1 Nd; GW 2

1   *in den deutschen Schulen*] s. [5]; [121].
16   *Klein Piepen-Eichen*] Vgl. [151].
19   *widernatürlichen Unzucht*] § 175 b StGB, vgl. KTs Stellungnahme zum
     ‹§ 297 Unzucht zwischen Männern?›, 1929; D 2163.
19 f *Hexenhammer*] Übers. (1489) des ‹Malleus maleficarum›, ein 1487 von
     den päpstl. Inquisitoren Heinrich Krämer und Jacob Sprenger verfaßter
     Kommentar zur Hexenbulle (1484) des Papstes Innozenz VIII. Vgl. ‹He-
     xenprozesse in alter und neuer Zeit›, Bd. 4 [188].
21   *Kuppelei*] § 180 StGB; vgl. ‹Kuppelei›, Bd. 4 [182].
22   *Gotteslästerung*] § 166 StGB, angewandt z. b. gegen die Mappe ‹Hinter-
     grund› von Grosz, kommentiert von KT in ‹Die Begründung›, WB
     19.3.1929, I, 435–438; D 2213.
26 f *Erziehungsheimen*] Vgl. ‹Die Anstalt› (WB 26.11.1929, II, 798–805; D
     2324) sowie die Nebenhandlung um ein Kinderheim in ‹Schloß Grips-
     holm›, s. Bd. 14 [51].

Der Gefangene, der sang

V: Peter Panter
D¹: WB Jg. 15, Nr. 30, 17.7.1919, II, S. 85–86 [Rubrik:] Rundschau
Bibl.: Bonitz/Wirtz D 532
Rez.: Johannes Bojer: Der Gefangene, der sang. Übers. aus dem Norwe-
gischen von Hermann Kiy. München, Berlin: Georg Müller [1916]

1   *«Peer, du lügst!»*] s. Henrik Ibsen: Peer Gynt, 1. Akt, Vers 1.
5 f *«und war ... Hose»*] Bojer: Der Gefangene, der sang. München [1916], 1.
13 ff *«Gesetzt den Fall ... huf!»*] ebd., 51.
25 f *würde der Weise sagen*] Gemeint ist Arthur Schopenhauer, der im zweiten
     Buch der ‹Welt als Wille und Vorstellung› (§ 23) einleitend erklärt, er wer-
     de «mit einem aus der alten eigentlichen Scholastik entlehnten Ausdruck
     Zeit und Raum das principium individuationis nennen, welches ich ein

für alle Mal zu merken bitte», im dritten Buch (§ 52) den Begriff definierte als «die Form der dem Individuo als solchem möglichen Erkenntniß»
und im vierten Buch (§ 67) aufzeigte, «wie aus der Durchschauung des
principii individuationis im geringern Grade die Gerechtigkeit, im höhern die eigentliche Güte der Gesinnung hervorging, welche sich als reine, d. h. uneigennützige Liebe gegen Andere zeigte. Wo nun diese vollkommen wird, setzt sich das fremde Individuum und sein Schicksal dem
eigenen völlig gleich»; ‹Die Welt als Wille und Vorstellung›, Bd. 1, s.
Schopenhauer 1891, Bd. 2, 134, 304, 443.

28 f *bessern – aber wen?*] Bojer [1916], 112 f.
42 *«Wie wird … annehmen?»*] ebd., 124.
46 f *«In den Nachbarzellen … sang.»*] ebd., 124.

119

Die Orden

V: Theobald Tiger
D[1]: Ulk Jg. 48, Nr. 29, 18. 7. 1919, [S. 2]
Bibl.: ND s. Bonitz / Wirtz D 533; 1 Nd

Nach Artikel 109 der WRV, die am 11. 8. 1919 in Kraft trat, durften Orden
und Ehrenzeichen vom Staat nicht mehr verliehen werden. Kein Deutscher durfte von einer ausländ. Regierung Titel oder Orden annehmen.
Die Übergangs- und Schlußbestimmungen enthalten die Ausnahmeklau-
sel in Art. 175 / Verdienste in den Kriegsjahren 1914 bis 1919: «Die Bestimmung des Art. 109 findet keine Anwendung auf Orden und Ehrenab-
zeichen, die für Verdienste in den Kriegsjahren 1914 bis 1919 verliehen
werden sollen.»

1 *Kronenorden*] Der preuß. Kronenorden (vier Klassen) wurde am
18. 10. 1861 von König Wilhelm I. gestiftet. Ordenszeichen war bei den
oberen drei Klassen ein goldenes, weiß emailliertes Kreuz, auf dem blau-
en Rand des Mittelschilds die Umschrift «Gott mit Uns», auf dem goldenen Grund die Königskrone.

6 *so bekam ich ihn*] Zu den aus Gefälligkeit verliehenen Orden s. das
Kriegstagebuch von Richard Dehmel: Zwischen Volk und Menschheit.
Berlin 1919, 176. Vgl. [134].

7 *Kreuz am weiß und schwarzen Bande*] Das Eiserne Kreuz zweiter Klasse,

das im 1. Weltkrieg an Nichtkämpfer verliehen wurde; das Kreuz am schwarzen Band mit weißen Streifen war für Kämpfer reserviert.

26 *das Kreuz*] Das in KTs Nachlaß (DLA) erhaltene «Besitzzeugnis über die Verleihung des Verdienstkreuzes an Kurt Tucholsky» vom 3.4.1918 besagt, «daß Seine Majestät dem Unteroffizier Tucholsky, Artillerie-Flieger-Schule Ost I, das Verdienstkreuz für Kriegshilfe zu verleihen geruht haben.»

120

Berlin! Berlin!

V: Ignaz Wrobel
D^1: Berliner Tageblatt Jg. 48, Nr. 332, 21.7.1919, A, [S. 2]
Bibl.: Nd s. Bonitz/Wirtz D 534; 10 Nd; Ackermann/Nickel 1 NdzL; GW 2

Lesarten
Auf einem Zeitungsausschnitt (KTA) hat KT folgende hs. Korrekturen und Streichungen vorgenommen:
16 der] *gestr.* **17** kommt] *korr. zu* kommen **22** selten] *dahinter Einweisungsstrich, alR* sehr **26** sit venia verbo!] *gestr.* **38–41** Der Berliner ... schläfrig.] *gestr.* **57–64** Denn gar ... für sich.] *gestr.* **73** , daß er wieder in Berlin ist] *gestr. und auR in Stolze-Schrey-Kurzschrift korr. in* daß sie noch fährt. **75** wären] *korr. aus Druckfehler* würden, *hier entsprechend emend.* **76ff** Etwas ... gehabt?] *gestr.* **85** doch] *gestr., vgl. [113], 16*

KT hat seine Geburtsstadt («der ich mein Bestes verdanke», s. Bd. 9 [42], 128 f) häufig zum Gegenstand seiner essayistischen Betrachtungen gemacht, s. in diesem Band [197], ‹Das Gesicht der Stadt› (Bd. 4 [233]) und die ebenfalls mit dem Titel ‹Berlin! Berlin!› überschriebenen Arbeiten in Bd. 4 [265] und Bd. 9 [42].
KT hatte seit längerem vorgehabt, diesen Artikel zu schreiben. Zahlreiche Vorformulierungen finden sich in seinen Briefen an Blaich und Mary Gerold, in denen er seine wachsende Abneigung gegen das Getriebe in der Stadt Berlin zum Ausdruck brachte, vgl. z.B. KT an MT 26.6.1919 (UuL, 216); an Blaich 11.7.1919 (AB 1, 71). Am 13.7.1919 hieß es in einem Brief von SJ: «Berlin! Berlin! – selbstverständlich» (Jacobsohn 1989, 41); auf den Druck des Artikels im BT reagierte SJ am 24.7.1919: «Haben Sie eine Ahnung, wie oft Sie mir von dem Plan eines Artikels ‹Berlin! Berlin!› ge-

schrieben haben? Und dann steht er, trotzdem ich immer freudig Ja gerufen habe, im ‹B.T.›.» (ebd., 50).

1 f *Quanquam ... vetat?*] Aus den ‹Satiren› I, 1, 24 des Horaz. «Das lateinische Motto heißt so viel wie: ‹Ist es denn verboten, lachend die Wahrheit zu sagen?›» (KT an MT 21.7.1919; UuL, 229).

7 f *Der Berliner ist meist aus Posen oder Breslau*] s. [77], 10 und K.

14   *aufgezogen*] Vgl. [183].

26   *sit venia verbo!*] Wenn es erlaubt ist, zu sagen; nach Plinius: Epistolae V, 6, 46: «venia sit dicto»; entspricht der von KT gern zitierten Wendung Stettenheims: «Verzeihen Sie das harte Wort», vgl. [197], *212f.* Schon am 11.2.1914 hatten KT und Szafranski in einem gemeinsamen Brief an Blaich (DLA) festgestellt: «Berlin ist ein, sit venia verbo, Drecknest».

35   *Die Berlinerin ist sachlich*] Vgl. ‹An die Berlinerin›, Bd. 5 [127].

39   *Geselligkeit*] s. [197].

47 f *wenn's fertig ist, dann ist's Mühe und Arbeit gewesen.*] Nach Psalm 90, 10.

57   *in Berlin gestreikt*] Vgl. z.B. [7]; [28]; [106].

61   *knurren sie*] «[...] sie haben gar kein Taktgefühl. Sie sagen Dinge – keine Unanständigkeiten – aber Dinge, die wie eine Ohrfeige wirken, ohne das geringste Gefühl dafür zu haben, daß das nicht geht [...]» (KT an MT 21.7.1919; UuL, 228).

67   *Baedecker*] Reisehandbuch aus dem 1827 in Koblenz gegr. Verlag Karl Baedeker.

121

Die Schule

V: Kaspar Hauser
D[1]: WB Jg. 15, Nr. 31, 24.7.1919, II, S. 110
Bibl.: Nd s. Bonitz/Wirtz D 535; 1 NdzL, 3 Nd; GW 2

Das Gedicht ist bereits Ende Juni 1919 entstanden; dies geht aus einem Brief Jacobsohns an KT vom 1.7. hervor (Jacobsohn 1989, 30). Mitte Juli war die zwischen den Parteien der Weimarer Koalition umstrittene Frage der Konfessionsschule (die SPD trat für eine weltliche Schule ohne Religionsunterricht, die DDP für die sog. Simultanschule, also weltliche Schule mit getrenntem Religionsunterricht, das Zentrum für die Konfessionsschule ein) mittels eines in Art. 146 WRV festgeschriebenen Formelkompromisses vorläufig beantwortet worden. Zu dem bereits seit Ende 1918 schwelenden Konflikt zwischen Sozialdemokraten und Zentrum um die Schulreform vgl. [5].

122

Lachkabinett

V: Peter Panter
D[1]: WB Jg. 15, Nr. 31, 24.7.1919, II, S. 116–117 [Rubrik:] Rundschau
Bibl.: Bonitz/Wirtz D 536
Bespr.: ‹Auch ich war ein Jüngling› von Max Neal und Max Ferner im Deutschen Theater in Berlin

1   *Pallenberg*] Dem österr. Schauspieler und Komiker Max Pallenberg hatte KT einen seiner ersten Artikel in der SB (13.2.1913) gewidmet, s. Bd. 1 [79], 122.

2   *neuen Schwank*] Zur Erstaufführung im Deutschen Theater, Berlin, vgl. die Besprechung im BT 2.7.1919, M: ‹Der neueste ‹Pallenberg››.

26   *stammt von Auburtin*] Aus Victor Auburtins Kriegsbericht ‹Was ich in Frankreich erlebte›. Berlin 1918, 121. Vgl. KTs Rez. dieses Buches: ‹Briefbeilagen. Auburtin› (WB 20.6.1918, I, 567–568; D 353).

29   *Grafen von Monte Christo*] Alexandre Dumas: Der Graf von Monte Christo, 1845/46.

37   *Fliegenden Blättern*] Ill. humorist. Zeitschrift (1844–1944); gegr. von Caspar Braun und Friedrich Schneider in München, zunächst unperiod. ersch., von 1845 an Wochenschrift. Mitarb. u.a. Moritz von Schwind, Spitzweg, W. Busch, Th. Th. Heine.

38   *Heinz tremolierte*] Der Schauspieler hatte offenbar die psalmodierende, melodische Sprechweise des Shakespeare-Darstellers Alexander Moissi imitiert, der gerade in Reinhardts Inszenierung von ‹Wie es euch gefällt› am Deutschen Theater in Berlin einen erneuten Triumph gefeiert hatte.

123

Deutschnationaler Parteitag

V: Theobald Tiger
D[1]: Ulk Jg. 48, Nr. 30, 25.7.1919, [S. 2]
Bibl.: Nd s. Bonitz/Wirtz D 537; 1 Nd

Am 12. und 13. Juli hatte der erste Parteitag der Deutschnationalen Volkspartei in Berlin stattgefunden. Die DNVP war Ende Nov. 1918 aus verschiedenen Rechtsparteien und -gruppierungen des Kaiserreichs hervorgegangen. In ihr versammelten sich Deutschkonservative, der rechte Flügel der Freikonservativen, Alldeutsche, Christlich-Soziale und Antisemiten, unterstützt von einflußreichen Verbänden, u. a. dem Bund der Landwirte. Ziel war die Restauration von Preußentum und Monarchie; die Parteianhänger verfochten die «Dolchstoßlegende», waren entschiedene Gegner des Versailler Vertrages und mitverantwortlich für das Anwachsen des Antisemitismus. Vorsitzender war bis 1924 Oskar Hergt.

5   *Pegasus*] s. [24], *3*.
9   *Herrn Trauben*] Über den ehemaligen ev. Theologen und damaligen DNVP-Abgeordneten Gottfried Traub s. [167].
13   *Helfferich*] Karl Helfferich, im Krieg Finanzstaatssekretär und Stellvertreter des Kanzlers Bethmann Hollweg, war für den Siegfrieden, den unbeschränkten U-Boot-Krieg und Ludendorffs Westoffensive eingetreten. Er avancierte zu einem der schärfsten parlamentar. Gegner der Republik.
14   *Jingo*] Bezeichnung für brit. und amer. Imperialisten und Nationalisten.
16   *par nobile fratrum*] Ein edles Brüderpaar, s. Horaz: Satiren II, 3, 243.
19   *Freiherr von Loringhoven*] Axel Freiherr von Freytag-Loringhoven hatte in seiner Rede die DNVP-Fraktion dazu aufgefordert, gegen die Weimarer Verfassung zu stimmen, in der «die gottverfluchte und verdammte Republik» festgelegt werden solle (s. ‹Parteitag der Deutschnationalen Volkspartei. Zurück zur Monarchie›, BT 13. 7. 1919, M).
28   *Absingung von verschiednen frumben Liedern*] Darüber berichtete die BVZ: «Graf Westarp schloß seine Programmrede mit den Worten: ‹Herrgott im Himmel, gib unserm Vaterland die Freiheit wieder›, worauf es zu minutenlangem, immer wieder einsetzenden, stürmischen Beifall kam. Die Versammlung erhob sich von den Plätzen und sang ‹Deutschland, Deutschland über alles›. Generalsuperintendent Dr. Reinhardt (Danzig) schloß seine Ausführungen mit einem Lob des altpreußischen Adels und einem Treuegelöbnis zum Reiche, worauf noch einmal stürmischer Beifall ertönte. Die Versammlung sang stehend ‹Ein feste Burg ist unser Gott›» (‹Graf Westarps Klage. Monarchistische Demonstrationen und Kampfgesänge auf dem Parteitage der Kriegsschuldigen›, BVZ 14. 7. 1919, M).

Krieg und Friede

V: Kaspar Hauser (D¹); Theobald Tiger (D²)
D¹: WB Jg. 15, Nr. 32, 31.7.1919, II, S. 145
D²: Fromme Gesänge 1919 u.d.T.: 's ist Krieg!, S. 15
Bibl.: Nd s. Bonitz/Wirtz D 538; 6 Nd; diese zum Teil und GW 2
u.d.T.: 's ist Krieg!

Varianten
Die Varianten sind nach D² verzeichnet
0 Krieg und Friede] 's ist Krieg! 1 Während ... gewesen] *fehlt* 7 andern]
anderen 14 all right] all right –, *keine Hervorhebung*

Das Gedicht ist vermutl. während KTs Stationierung in Rumänien im
Zeitraum zwischen Aug. und Okt. 1918 entstanden (vgl. das in Stil und
Aussage ähnliche Gedicht ‹Freundliche Aufforderung›, WB 12.9.1918, II,
244; D 374) und lag der Redaktion der WB seitdem zur Veröffentlichung
vor (s. Z. 1). 1919 findet es erstmals Erwähnung in Jacobsohns Brief an
KT vom 1.7. im Zusammenhang mit der Planung der anstehenden The-
menhefte der WB anläßlich des Gedenktages an den Ausbruch des 1.
Weltkriegs. SJ teilte mit, daß er «für den 31ˢᵗᵉⁿ ‹'s ist Krieg› –» vorgesehen
habe. (Unter diesem Titel nahm KT das Gedicht 1919 in den Sammelband
‹Fromme Gesänge›, s. [187], auf.) Gleichzeitig mit dieser Mitteilung erläuterte SJ seine Strategie für die Nummern 32 und 33 der WB: «Die ganze Nummer vom 31ˢᵗᵉⁿ Juli soll einen dicken Strich unter die abgelaufenen
fünf Jahre ziehen, noch einmal die Schandtaten zusammenfassen, die
Schuldigen ‹geißeln›; die ganze Nummer vom 7ᵗᵉⁿ August soll dann ein
neues Kapitel beginnen, über dem als unausgesprochenes Motto das Wort
der ‹Frankfurter Zeitung› stehen möge: ‹Wieder etwas mehr gegenseitiges
Verstehen, etwas mehr Güte, etwas weniger exaltierte Superlative – die
Zeit ist krank: wir alle müssen helfen, sie zu heilen.› Wir wollen dann
nach Möglichkeit [...] einfach mit gutem Beispiel vorangehen» (Jacobsohn 1989, 30). Für die «Nummer vom 31ˢᵗᵉⁿ» war urspr. auch ‹Militaria›
[134] vorgesehen. Am 20.7.1919 mußte SJ feststellen, «daß die so schön
geplanten Nummern vom 31ˢᵗᵉⁿ Juli und 7ᵗᵉⁿ August in die Brüche gehen»
(Jacobsohn 1989, 46). Vgl. [129], *0* und [134], *0*.

5   «'s ist Krieg!] Gedichtanfang von Matthias Claudius: ‹Kriegslied›.
8 f   *Noch ist die ... Rosen!»] Kehrreim eines Liedes in der Märchendichtung
      ‹Waldmeisters Brautfahrt› (Stuttgart 1851) von Otto Roquette.

10	*Vaterlandspartei*] Zur Deutschen Vaterlandspartei s. [9], *54f.*
20	*Prae*] Umgangssprachl. für: «Vorteil».
20	*Portepee*] Silberne oder goldene Degenquaste der dt. Offiziere und höheren Unteroffiziersgrade (am Portepee packen: an Ehr- und Pflichtgefühl appellieren).

125

Über die Cacteen

V: Peter Panter
D[1]: WB Jg. 15, Nr. 32, 31.7.1919, II, S. 147 [Rubrik:] Rundschau
Bibl.: Bonitz / Wirtz D 539
Rez.: H...... W........ [d.i. Hermann Weibezahn]: Über die Cacteen (de cactibus). Nach dem hinterlassenen Original-Manuskript hg. von A[dolf] König [d.i. Adolf Keysser]. Bad Rothenfelde: Holzwarth 1919

1	*Zeiten des guten Bierulks*] Der Hg. gibt im Vorwort als Entstehungszeitraum des Büchleins die Jahre 1844 bis 1850 an; der Text sei «im Klub ‹Beinkalt› – so genannt nach dem feuchtkalten Sitzungslokale – zuerst verlesen worden».
9	*Dr. H. W.*] Das ist Dr. Hermann Weibezahn. Der Hg., Adolf Keysser, Direktor der Kölner Stadtbibliothek, erklärt im Vorwort, W. habe ihm das alte Originalmanuskript mit dem Wunsch übergeben, daß der Text einige Zeit nach seinem Tod, doch nicht unter seinem vollen Namen, veröffentlicht werde. Zu dessen Biographie verrät er, daß W. eine im alten Kurhessen bekannte Persönlichkeit gewesen sei. Er habe, nachdem er wegen seiner 1848er Aktivitäten von seinem Amt in Kassel dispensiert worden sei, von 1862 bis 1889 in hochangesehener amtl. Stellung in Köln gewirkt.
16 f	*unsern guten braven Witzblättern*] Einige davon (‹Jugend›, ‹Kladderadatsch›, ‹Die Lustigen Blätter›, ‹Fliegende Blätter›) unterzog KT einer kritischen Betrachtung in einer ‹Briefbeilage› u.d.T.: ‹Witze›, WB 27.6.1918, I, 593–595; D 355.
19	*P. P.*] Eine von KT oft verwendete Abkürzung. Die im Brief vom 28.7.1930 von KT als «Pipilottchen» angesprochene Lisa Matthias erklärt dazu: «Die Anrede ist eine Verballhornisierung von P.P. das wir, als feine Leute, englisch – also wie PI-PI aussprachen. P.P. ist lateinisch und bedeutet praemissis praemittendis: ‹der gebührende Titel vorausgeschickt›.»; s. L. Matthias [1962], 222.

30 ff «*Die Semi- oder Halbcacteen ... interruptus ...*»] H. W. : Über die Cacteen, S. 10: «cactus necessarius interruptus, der gestörte Notcactus. Derselbe kommt nur bei Nacht in den Straßen vor und wird gewöhnlich bei einer hinter dem Cactus sich öffnenden Haustüre oder auftauchenden Handlaterne entdeckt.»

126

Zueignung / Von J. W. Goethe
Unter freundlicher Mitwirkung von Theobald Tiger

V: Theobald Tiger
D[1]: Ulk Jg. 48, Nr. 31, 1. 8. 1919, [S. 2]
Bibl.: Nd s. Bonitz / Wirtz D 540; 1 Nd
Mit Porträtphotos von Ludendorff, Bethmann Hollweg, Stresemann, Westarp, Dietrich Schäfer u. a.

Anlaß für das Gedicht ist der fünfte Jahrestag des Kriegsausbruchs.

0   *Zueignung / Von J. W. Goethe*] s. ‹Faust›, Verse 1–32.

12 *U-Boot-Krieg*] s. [18], 26.

12 *Brest-Litowsk*] Dort schlossen am 3.3.1918 Deutschland und die mit ihm verbündeten Länder einen Separatfrieden mit Sowjetrußland, das sich aufgrund seiner prekären Lage zu erheblichen Zugeständnissen bereitfinden mußte. Man sprach, wie später von Versailles, von einem Diktatfrieden. Dieser ermöglichte zudem der dt. OHL eine konzentrierte Westoffensive.

17 *Kahlkopf*] Wilhelm Kahl, s. [81], 34.

17 *Roethe*] s. [81], 32.

18 *Helfferich!*] s. [123], 13.

19 *Bethmann*] Der Reichskanzler (1909–1917) lavierte zwischen den Reformwünschen der Reichstagsmehrheit und den aggressiven Kriegszielen von Alldeutschen und OHL; Hindenburg und Ludendorff erzwangen durch Rücktrittsdrohung seine Entlassung.

19 *Kollege Goethe*] Goethe trat in Weimar 1776 in den Staatsdienst, zunächst als Geheimer Legationsrat, 1779 Geheimrat, 1782 Kammerpräsident, wurde als solcher erblich geadelt.

22 *Des großen Hasardeurs*] s. [41], 7.

24 *Admiral im Bart*] Tirpitz, der sich von der Flotte im allgemeinen und dem uneingeschränkten U-Boot-Krieg eine Wende des Krieges zu Deutschlands Gunsten versprach.

32 *Sie wußten leider all nicht*] Zu dieser Zeile kritisierte SJ: «‹Sie wußten leider *all* nicht, was sie taten› – wie ist so was nur möglich! ‹sie wußten allesamt nicht, was sie taten›», SJ an KT 3.8.1919 (Jacobsohn 1989, 54) und noch einmal am 10.8.: «Ja, die Zeile: ‹leider all nicht› ist nicht nur ‹so› furchtbar, sondern noch furchtbarer» (ebd., 56).

127

Leichenreden

V: Ignaz Wrobel
D[1]: Berliner Volks-Zeitung Jg. 67, Nr. 356, 3.8.1919, M, 2. Beiblatt, [S. 1–2]
Bibl.: Nd s. Bonitz / Wirtz D 541; 2 Nd; GW 2
Rez.: Kurt Hesse: Das Marnedrama des 15. Juli 1918. Wahrheiten aus der Front. Berlin: Mittler 1919

7   *Hasardeure*] s. [41], *7*.
13   *Marne-Drama*] Am 15.7.1918 drang die dt. Westoffensive an der Marne und in der Champagne auf 80 km Breite vor. Geplant war ein Vorstoß über die Marne bei Jaulgonne. Im feindlichen Artilleriefeuer blieb der dt. Angriff stecken, 60 % der beteiligten dt. Soldaten blieben tot oder verwundet zurück. Schon drei Tage später begannen die Alliierten unter Foch einen erfolgreichen Gegenangriff. Am 8.8. mußte Ludendorff erkennen, daß der Krieg verloren war.
15   *Oberleutnant*] Auf dem Titelblatt: «Kurt Hesse, Oberleutnant im Grenadier-Regiment Nr. 5, kommandiert zur Dienstleistung in das Reichswehrministerium».
18 ff   *«Unsre Presse … Wochen.›»*] s. Hesse: Das Marne-Drama des 15. Juli 1918. 3. Aufl. 1920, 27 f.
38   *Zeitungen … verboten worden*] Entsprechende Verbote waren bspw. gegen das BT verhängt worden. Es durfte vom 27. bis 29.6.1916 wegen eines kritischen Artikels über die Veröffentlichung annexionistischer Kriegsziele nicht erscheinen. Nach einem Artikel des Hg. Theodor Wolff, der die Kriegsbegeisterung des dt. Volkes im Aug. 1914 in Abrede stellte, wurde ein erneutes Verbot vom 1. bis 6.8.1916 ausgesprochen. Auch der ‹Vorwärts› wurde mehrfach verboten.
43 ff   *« Viel Schuld … nicht.»*] Hesse 1920, 28.
47   *Heeresberichterstattung*] s. [13], *25*.
52   *«Wir … Luft»*] ebd., *29*.
53 ff   *«Ludendorff … nicht.»*] ebd., *32*.
62 ff   *«Erzogen … sollten.»*] ebd., *53*.
70 f   *meine alten Behauptungen*] s. [4]; [22].
73 ff   *«In erster Linie … Tat.»*] Hesse 1920, 53.
83 f   *nur für die «Herren»*] s. [9]; [87].
85   *für sich requirierte*] s. [13].
87 f   *«Ich … Mann» … «Soll … schlägt?»*] Hesse 1920, 56.
98 f   *Schieber*] s. [6], *89*.
105 f   *«Der Wille … Reinigung bedurfte.»*] Hesse 1920, 62.
138   *von einem Freund*] Wer dieser Freund war, ist nicht überliefert.
139 ff *«So ungefähr … Messer!»*] Mit dem Zitat dieser Passage beginnt der Brief vom 20.9.1919 an Jacobsohn von Curt Eckhardt, dem Verfasser der Schrift ‹An alle Frontsoldaten› (s. [157]), mit der sich Eckhardt gegen den vorliegenden Artikel und gegen KTs ‹Militaria›-Serie richtete. Dem Brief lag diese Schrift offenbar bei, denn der Schreiber fuhr fort: «Nun hat sich das Messer gegen den gerichtet, der nach ihm rief. […] Nach alledem was ich, der ich meiner Geburt nach doch fast im einfach bürgerlichen Volk

wurzele, von den Wirkungen der negativen Kritik auf die Masse wahrgenommen habe, bin ich immer klarer der Überzeugung geworden, sie reißt nur Hemmungen ein, ohne was anderes Besseres an die Stelle setzen zu können. [...] Da ich in dieser Hinsicht nicht mit Dir sein kann, muß ich eben gegen Dich sein. Vielleicht, daß am Ende aus dem Saulus noch ein Paulus wird. Mit dem Namen Wrobel bist Du ja schließlich nicht verheiratet»; s. [173].

128

Ilka Grüning

V: Kurt Tucholsky

D[1]: WB Jg. 15, Nr. 33, 7.8.1919, II, S. 170–172

Bibl.: Nd s. Bonitz/Wirtz D 542; 3 Nd; GW 2

6   *Makartstrauß*] Nach dem österr. Maler Hans Makart benanntes Bukett aus getrockneten Palmenwedeln, Schilf, Gräsern u. a.

11 *tenue*] Haltung.

12 *Jettaugen*] Jett: engl. für Gagat (schwarzer Bernstein, Pechkohle).

21 *Witwe Truelsen*] Figur in Gustav Wieds Satyrspiel ‹Zweimal Zwei ist Fünf›; verkörpert von Ilka Grüning von der dt. Erstaufführung an (im Febr. 1908) über mehrere Jahre im «Kleinen Theater», ab 1914 in der Wiederaufnahme des Stücks im Lessing-Theater; beides Inszenierungen von Viktor Barnowsky, s. [147], *31.*

21 *Paul Alfred Abel*] Der Schauspieler Alfred Abel verkörperte in Wieds Stück den Schriftsteller und Lehrer Paul Abel. Wie Ilka Grüning spielte Abel in beiden Inszenierungen Barnowskys, s. [147], *32 ff.*

24 *packschierlich*] Anstellig, niedlich, sich zierend, stolz (aus bayr.-österr. Mundart «packschierig»).

35 *Lumich*] Taugenichts, Strolch, Flegel (mitteldt. und norddt. seit dem 19. Jh., gebildet aus «lui: faul, träge» und dem Vornamen Michel (s. Küpper 1984, Bd. 5, 1811).

35 ff «*Glauben Sie ... Herr Abel –!*»] Dialog aus dem 2. Akt; s. die anderslautende Druckfassung in Gustav Wied: Zweimal Zwei ist Fünf. 2. Tsd. Berlin, Stuttgart, Leipzig 1908, 59.

39 f *Cochonnerie*] Unanständigkeit.

79 *Ninon*] Anne Lenclos, gen. Ninon de Lenclos, hielt im 17. Jh. einen berühmten Salon in Paris. Bekannt durch ihre zahlr. und namhaften Liebhaber und durch ihre bis ins hohe Alter bewahrte Schönheit, war sie bis

ins 20. Jh. Vorbild für Dramenfiguren: Voltaires Komödie ‹Le dépositaire› (1767) spielt in der Wohnung der 40jährigen Ninon; Ernst Hardt
schrieb 1905 das Drama ‹Ninon de Lenclos›. Der histor. Stoff ist auch
von Paul Heyse und Paul Ernst dramat. bearbeitet worden, Ludwig
Thomas ‹Moral› handelt von «einer Privaten», Madame Ninon de Haute-
ville.

80   *Camargo*] Die frz. Tänzerin Marie-Anne de Camargo war zwischen 1726
und 1751 einer der Stars der Pariser Opéra. Sie führte Neuerungen in den
Frauentanz ein: übernahm Tanzschritte, die bis dahin Männern vorbehalten gewesen waren, verkürzte die Rocklänge der Kostüme und schaffte
den Blockabsatz der Tanzschuhe ab.

85   *Peer Gyntens Mutter*] Die Figur der Frau Aase in Ibsens Drama ‹Peer
Gynt› (1876) wurde von Ilka Grüning 1913 verkörpert in der Inszenierung von Barnowsky am Lessing-Theater. KT an MT (21. 11. 1919) über
‹Aases Tod›: «Das ist die Musik zu Ibsens schönstem Stück [...] Morgenstern hat es übersetzt. [...] Ich habe es vielleicht vier Mal gesehen,
und immer wieder packt es mich ins Herz» (s. UuL, 282).

129

Nach fünf Jahren

V: Kaspar Hauser
D[1]: WB Jg. 15, Nr. 33, 7. 8. 1919, II, S. 172
Bibl.: Nd s. Bonitz / Wirtz D 543; 7 Nd; GW 2

Auftragsgedicht für die WB, das Jacobsohn am 30. 6. 1919 anregte: «für
den 1ten August wärs vielleicht richtig, eins zu machen mit dem Titel:
Nach fünf Jahren» (Jacobsohn 1989, 28). Für Inhalt und Tendenz des Gedichts bestimmte SJ am 1. 7. die «Losung: Wiederaufbau! Noch einmal
und zum dritten Male Wiederaufbau!» (ebd., 30). Vierzehn Tage später
erfolgte die Aufforderung: «Bauen Sie nur: ‹Fünf Jahre›! Wenn ich bloß
wüßte, weswegen Ihnen der Mumm fehlt!» (ebd., 44). Am 22. 7. schließlich teilte SJ mit: «‹Nach fünf Jahren› erscheint nun also zugleich mit
‹Militaria› am 7ten August» und erkundigte sich gleichzeitig: «Wie wärs
für den 14ten August mit einem Aufbau-Gedicht?» (ebd., 49). Vgl. [124], *0*.

10 f   *Orden gleißt. Ihr Aar ist fortgeflogen.*] Gemeint ist Wilhelm II., der im
Nov. 1918 nach Holland geflohen war, s. [1], *65*; Anspielung auf den bis
1918 höchsten preuß. Orden, den «Schwarzen Adlerorden», der im Me-

daillon den kgl. Adler mit der Umschrift «Suum cuique» («Jedem das
Seine», Wahlspruch des Stifters des Ordens König Friedrich I.) zeigte.
17   *Schiebern?*] Vgl. [6], *89.*

130

Solneman, der Unsichtbare

V: Peter Panter
D[1]: WB Jg. 15, Nr. 33, 7.8.1919, II, S. 177–178 [Rubrik:] Rundschau
Bibl.: Bonitz/Wirtz D 544; GW 2
Rez.: Alexander Moritz Frey: Solneman der Unsichtbare. Roman. Mit 13
Holzschnitten von Otto Nückel. München: Delphin-Verlag 1914

6   *vor dem Kriege*] In der WB vom 17.6.1920, I, 735, wird Peter Panter in
      der Rubrik «Antworten» auf eine neue Ausgabe aufmerksam gemacht:
      «Das ist jetzt wieder aufgelegt und von Otto Nückel mit neuen Bildern
      versehen worden. Die seien putzig, wenngleich nicht so tragisch komisch
      wie seine Blätter in der ersten Ausgabe.»
14 f ‹*Wie wir einst so glücklich waren*› *von Willy Speyer*] Novelle. München:
      A. Langen 1909 (später: Berlin: Rowohlt).
20   *Mohnwiese E. A. Poes*] Poes phantastische Visionen in seinen Schauerge-
      schichten wurden gelegentlich als Drogenphantasien gedeutet.
40   *weiland allerhöchsten Person*] Kaiser Wilhelm II.
45   *«Kuckerball machen»*] Vgl. Brief vom 14.7.1918 an die Baltin Mary Ge-
      rold (UuL, 103).
52   *Meister Holzbocks*] Alfred Holzbock, Mitarbeiter des ‹Berliner Lokal-
      Anzeigers›, dem weitverbreitetsten nationalistisch ausgerichteten Massen-
      blatt der Weimarer Republik (1883 von Scherl gegr., 1916 von Hugenberg
      übernommen); vgl. [245], *1f.*
60   *rückwärts lesen*] s. Frey 1914, 192: «[...] und buchstabierte langsam: ‹na-
      menlos lebe icH›.»
61   *Schlußsatz*] ebd., 193: «Alle standen verstummt, wußten nicht, ob sie ge-
      hen – wohin sie denn gehen sollten. Da fand der Polizeipräsident ein be-
      freiendes Wort, und während er sprach, setzte man sich mit erlösten Mie-
      nen, froh des wichtigen Geschäftes, in Bewegung. Er entschied: ‹Au-
      genblicklich ist wohl die Hauptsache, daß Leutnant von Eckern-Becken-
      bruch seine Uniform wieder bekommt. Besorgen wir das doch gleich und
      schleunigst, meine Herren!›»

Im Bade

V: Theobald Tiger
D¹: Ulk Jg. 48, Nr. 32, 8. 8. 1919, [S. 2]
Bibl.: Nd s. Bonitz / Wirtz D 545; 1 Nd

6 *Herr Baccer*] Anspielung auf das in den zahlreichen Berliner Spielclubs beliebte, leicht zu erlernende Kartenspiel «Bac». Vgl. auch [36], sowie Max Epstein: Spielclubs, WB 5. 6. 1919, I, 649–654.

8 *«Ab dafür!»*] In den Spielclubs gebräuchliche Wendung für die Beendigung der Spieleinsätze (etwa: «Rien ne va plus»); ebd., 649.

132

Der Krieg ohne Namen

V: Ignaz Wrobel
D¹: Berliner Tageblatt Jg. 48, Nr. 373, 12. 8. 1919, A, [S. 7]
Bibl.: Nd s. Bonitz / Wirtz D 546; 1 Nd; GW 2

2 f *Siebenjährigen Krieg*] «Dritter Schlesischer Krieg», von Friedrich II. von Preußen, unterstützt von England (Hannover), 1756–1763 gegen Österreich, Rußland, Frankreich, Sachsen (Polen), Schweden und die Reichsarmee geführt.

3 *Kartoffelkrieg*] Scherzhafte Bezeichnung des Bayr. Erbfolgekrieges (1777–1779), weil sich die Truppen weniger kriegerisch betätigten, als sich vielmehr mit dem Ernten der damals zuerst in größeren Mengen angepflanzten Kartoffeln zu beschäftigen, s. auch ‹Die Kartoffeln›, Bd. 1 [136].

5 f *Spanischen Erbfolgekrieg*] 1701–1714, geführt um die Nachfolge des letzten span. Habsburgers, Karl II., die von Ludwig XIV. von Frankreich für Philipp von Anjou beansprucht wurde, während Kaiser Leopold I. die span. Erblande für seinen Sohn Karl verlangte.

6 *Freiheitskrieg*] s. [115], *35 f.*

11 f *dem dreißigjährigen*] Von 1618–1648 dauernder Kriegszustand in Deutschland, veranlaßt durch Verletzung der den böhm. Ständen von Kaiser Rudolf II. bewilligten Religionsfreiheit; beendet durch den Westfälischen Frieden in Münster und Osnabrück.

23 *Türkenkrieg*] Die Kriege Österreichs und Rußlands gegen die im 14. und

15. Jh. in Europa (Balkan und Nordufer des Schwarzen Meeres) einge-
drungenen Türken (Der «Große Türkenkrieg», 1683–1699; der 2. Krieg
1715–1717).
30 *Krieg zwischen Amerika und Japan*] Bei den Versailler Friedensverhandlungen war es zu Spannungen zwischen den beiden Staaten über die zu-
künftige Verwaltung ehemaliger dt. Kolonien in China gekommen (sog.
«Schantung-Frage»). Vgl. ‹Die japanische Gefahr auf der Friedenskonfe-
renz›, DZ 25. 4. 1919, und den Artikel ‹Japanische Politik›, BLA 24. 7. 1919,
A, in dem der Verf. W. v. Knorr weitere Reibungsflächen zwischen Amerika und Japan aufzeigte.
35 *reklamiert*] s. [7], *11*.
42 *Kleinen Katechismus*] Die täglich vom Kriegspresseamt herausgegebenen
Berichte über die militärische Lage, s. [13], *25*.

133

Zwei Mann: Gitarre und Mandoline

V: Ignaz Wrobel
D[1]: Berliner Volks-Zeitung Jg. 67, Nr. 376, 14. 8. 1919, M, [S. 2]
Bibl.: Nd s. Bonitz / Wirtz D 547; 3 Nd; GW 2

33 f *«In der Heimat ... Wiedersehn ...»*] Gemeint ist das Marschlied ‹Gloria,
Viktoria›. Das Lied ist als zweiter Teil von ‹Ich hatt' einen Kameraden›
abgedruckt in: Deutsche Soldatenlieder. Ausgewählt von Heinrich Scherrer. Leipzig 1914, 196. Darüber steht: «Aus Elsaß-Lothringen, jetzt durch
ganz Deutschland», darunter: «Dieses Lied dürfte das beim ‹Ausmarsch
1914› am meisten gesungene sein.»

134

Militaria. Zur Erinnerung an den Ersten August 1914

V: Ignaz Wrobel
D[1]: WB Jg. 15, Nr. 34, 14. 8. 1919, II, S. 190–199
D[2]: Freie Welt Jg. 1, H. 17, 13. 9. 1919, u. d. T.: Der deutsche Offizier. Aus-
zug mit 6 Photos
Bibl.: Nd s. Bonitz / Wirtz D 548; 8 Nd; GW 2

Wirkung
Es handelt sich um den vorläufig letzten Artikel der ‹Militaria›-Serie (s.
[4]; [9]; [13]; [16]; [18]; [22]). Die Serie löste eine heftige öffentliche Diskussion aus, an der sich u.a. Oberstleutnant v. Bornstedt (s.u. *411*) beteiligte. Weiterhin griff «ein Offizier» in der WB vom 20.3.1919 (I, 315–316)
die Vorwürfe KTs in einem Brief ‹An den Herrn Verfasser der ‹Militaria››
auf. Ebenso beschäftigte sich Arno Voigt, der bereits am 16.1.1919 in ‹Die
Hilfe› Stellung bezogen hatte (s. [16], *24f*), seit Jan. 1920 in seiner Artikelserie ‹Das alte Heer› mit KTs Kritik. Diese Stellungnahmen veranlaßten
KT, am 22.1.1920 noch einmal einen abschließenden ‹Militaria›-Artikel
zu verfassen, s. Bd. 4 [17]. Zur Diskussion s. auch in diesem Band [157].
Im Nachlaß (DLA) sind auch einige Leserbriefe zu den Artikeln erhalten.

5 f *Der deutsche Offiziersbund*] Am 28.11.1918 gegr. Berufsverband, der sich
neben der Interessensvertretung der Offiziere die Förderung des vaterländischen Gedankens zur Aufgabe gemacht hatte.

21 *Briefen*] s. [16], 24 ff und K; [22], *178*; [127], *139ff*; s.u. *411*.

21 *der Herausgeber*] Jacobsohn am 14.7.1919 an KT: «Irgendwo in den ‹Militaria› muß ein Satz stehen, der ungefähr lautet: ‹Es bedarf nicht der Versicherung, da es zu selbstverständlich ist, daß eine ganz große Anzahl von
Offizieren sich vom ersten bis zum letzten Tage des Krieges in jeder Beziehung untadelig geführt hat. Wenn man die Sünden und Verbrechen der
‹Presse› festnagelt und beklagt, stellt man ja auch nicht in Abrede, daß es
wahre Muster von Pressevertretern gibt.› Solch ein Satz würde den Un-
mut aller beschwichtigen, die sich nichts vorzuwerfen haben, und derer,
die solchene kennen» (Jacobsohn 1989, 42).

81 f *die Einjährigen*] Der Einjährig-Freiwilligen-Dienst beruhte auf § 11 des
Gesetzes betr. Verpflichtung zum Kriegsdienst vom 9.11.1867. Die Zulas-
sung wurde nach der Dt. Wehrordnung vom 22.7.1901 durch Erteilung
eines Berechtigungsscheins zuerkannt. Der Nachweis der Befähigung
hatte durch Schulzeugnisse oder Prüfung zu geschehen. KT legte «das
Einjährige» im Mai 1908 vor einer militär. Prüfungskommission ab und
erwarb damit die Berechtigung zum Königlich Einjährig-Freiwilligen-
Dienst; vgl. ‹Der Mann mit den zwei Einjährigen›, in: Voss 18.8.1929; D
2269; s. auch ‹Der Zweijährig-Unfreiwillige›, Bd. 1 [225].

117 f *Wirtshauses an der Lahn*] Rheinisches Studentenlied, das von Stegreif-
dichtern durch meist unanständige Verse ergänzt wurde. Näheres s. ‹Frau
Wirtin hat auch … Altes und Neues vom Wirtshaus an der Lahn›. Gesammelt und hg. von Theo Steinberg. Limburg a.d. Lahn 1925.

62 f *in einer Preßberichtigung*] Laut W.T.B.-Meldung war das im Jahr 1915
vom Infanterieregiment Nr. 45 in Serbien bei Ribarska-Banja erbeutete
königl.-serbische Feldtafelgerät bei der Auflösung des Regiments an die
Angehörigen des Offizierkorps verteilt worden. Vgl. ‹Der Silberschatz
des Königs von Serbien›, DTZ 21.7.1919, A.

66 *Der General v. d. Borne*] SJ zeigte sich besorgt: «sind Sie sicher, die Behauptung über den General Borne im Ernstfall beweisen zu können?»
(20.7.1919; Jacobsohn 1989, 47) und einen Tag später: «‹Militaria› bitte
ich in aller Ruhe und mit äußerster Sorgfalt zu korrigieren. [...] entfer-
nen Sie, was Sie [...] irgend für entbehrlich halten. [...] Ist Borne wirklich zu beweisen?» SJs Vorsicht erklärt sich daher, daß er im Juni gelesen
hatte, daß «die öffentliche Beschimpfung der Reichswehr in der Presse
mit Gefängnis bis zu einem Jahr bestraft» werde (ebd., 24). Am 30.6.1919
forderte er KT auf, «den Schluß-Militaria-Artikel [...] schleunigst herzu-
schicken. Material für einen Strafantrag wollen wir den lieben Leuten
nicht liefern» (ebd., 28).

66 *laut ‹Vorwärts›*] s. ‹Ein klassenbewußter General. Heldenkeller des Monarchisten›, in: Vorwärts 3.7.1919, A.

07 f *dem Feind ausgeliefert*] s. [85], 37.

10 *Offiziersrohlinge so bestrafen*] Vgl. [135].

39 ff *Im August ... verhöhnen?*] s. ‹Anklage der Gepeinigten. Geschichte eines
Feldlazaretts. Aus den Tagebüchern eines Sanitätsfeldwebels (1914–1918)›.
Mit einem Vorwort von Artur Zickler, Redakteur des ‹Vorwärts›, Berlin
1919. Die von KT zitierten Stellen befinden sich auf folgenden Seiten der
Broschüre: Z. 240–243, S. 9; Z. 244–248, S. 12; Z. 248–249, S. 13; Z.
149–251, S. 14; Z. 252–257, S. 17–18; Z. 258–266, S. 25–26; Z. 267–287,
S. 26–27; Z. 288–292, S. 28; Z. 293–303, S. 29.

11 ff *1914 war es ... Standesdünkel.*] s. Dehmel: Zwischen Volk und Menschheit. Berlin 1919, 50 (nicht ganz wörtl. zitiert).

18 ff *Besonders ... vor dem Kriege.*] ebd., 76–77 mit geringfügigen Abweichungen und Auslassungen.

44 ff *Sehr bezeichnend ... spedieren.*] ebd., 252.

55 ff *Der neue ... «Bon».*] ebd., 258 (leichte Abweichungen und Kürzungen).

62 ff *Noch schädlicher ... ausgekämpft werden.*] ebd., 382.

66 *Broschüre*] Karl Vetter: Ludendorff ist schuld. Berlin 1919.

97 *Friedensbedingungen*] s. [75]; [83].

11 *ein pensionierter Oberstleutnant*] Oberstleutnant v. Bornstedt hatte als
Reaktion auf KTs ‹Militaria› den hier erwähnten Brief an SJ geschrieben.
Bornstedts Brief bewegte sich im Rahmen eines Appells des Kriegsmini-
steriums, der dazu aufgefordert hatte, einzelne Pflichtverletzungen von

Offizieren unter Angabe des Namens anzuzeigen, generelle Angriffe auf das Offizierskorps aber abzuwehren (s. ‹Pressehetze gegen die Offiziere›, Militärwochenblatt 1919, Nr. 105, S. 1913/14). Zusammen mit KTs ablehnendem Antwortbrief vom 5.4.1919 erschienen Bornstedts Ausführungen in der ‹Deutschen Tageszeitung› Berlin (‹Wie die Verleumder unseres Offizierkorps aussehen›, 18.5.1919, M) und der ‹Deutschen Tageszeitung› Magdeburg (‹Ein interessanter Briefwechsel›, 23.5.1919). Den Artikeln waren jeweils Auszüge aus den ‹Militaria›-Artikeln (s. [13], Z. 99–125 und 128–134) sowie Kommentare der Zeitungsredaktionen angefügt. In KTs Nachlaß (DLA) ist ein Ausschnitt aus der Magdeburger Zeitung erhalten, beschriftet von KT. Der Brief KTs wird in dieser Ausg. in Bd. 17 abgedruckt.

426 *Als der Kaiser ausgeliefert werden sollte*] s. [85], 37.

445 *Die Dienstpflicht «ruht».*] Durch den Versailler Vertrag (Art. 173) wurde die allgemeine Wehrpflicht abgeschafft; die Reichswehr der Weimarer Republik war eine Freiwilligenarmee.

454 *im Osten*] s. K zu [165]. Am 11.8. hatten Verhandlungen über die Räumung der Polen zu überlassenden Ostgebiete begonnen.

471 f *Disziplin ohne moralische Einsicht*] Vgl. [22], 112 f.

135

Strafgericht?

V: Kaspar Hauser
D[1]: WB Jg. 15, Nr. 34, 14.8.1919, II, S. 200
Bibl.: Nd s. Bonitz/Wirtz D 549; 3 Nd; GW 2

0 *Strafgericht*] Die innerdeutsche Kriegsschulddiskussion hatte am 12.3.1919 einen ersten Höhepunkt erfahren, als Justizminister Landsberg einen Gesetzentwurf zur Errichtung eines «Staatsgerichtshofes zur Erforschung der Vorgänge vor und in dem Weltkrieg» eingebracht hatte, der im Frühjahr und Sommer 1919 in der Nationalversammlung, aber auch öffentlich und unter führenden Juristen heftig diskutiert wurde. Im Verlauf der Debatte wurde die Vorlage mehrfach modifiziert; als Kompromiß zeichnete sich schließlich die Schaffung eines parlamentarischen Untersuchungsausschusses ab, der sich am 21.8. konstituierte. Zur Steigerung der Effektivität wurden Unterausschüsse mit weitgehender Autonomie gebildet, die sich jeweils einzelnen Fragekomplexen widmeten (vgl. [208]).

1 *Sie sprachen ... lange Tage*] Ende Juli hatte die Nationalversammlung in

tagelangen Aussprachen über die Frage der Einrichtung eines Staatsgerichtshofes beraten. Reichsinnenminister David gab dazu die Maxime aus, der Staatsgerichtshof solle einen gewissen Schutz gewähren «gegen den Spruch eines einseitig zusammengesetzten Ententegerichts, wo die Ankläger gleichzeitig Richter und am Spruch politisch interessiert sind» («Neue Enthüllungen des Ministerpräsidenten Bauer. Die Kriegsziele der Militärpartei», BT 29. 7. 1919, M).

4   *Sechsmalhunderttausend*] Während der Diskussion bemerkte der Abgeordnete Haussmann, daß infolge der unnötigen Kriegsverlängerung «noch fünf- oder sechsmalhunderttausend Söhne Deutschlands sinnlos hingeopfert wurden, und daß durch die Annexionsgier der Militaristen, Schwerindustriellen und Konservativen und durch die beispiellose Verblendung dieser Kreise Deutschland unrettbar in die Katastrophe hineingeriet» (ebd., BT 29. 7. 1919).

5 f *Ludendorff ... schmutzigrote Sauce*] In der Debatte kam u. a. Ludendorffs annexionistische Kriegszielpolitik gegenüber Belgien zur Sprache, die zur Verlängerung des Krieges beigetragen habe.

7   *Tirpitz*] s. [7], *9.*

136

Auftrittslied

V: Theobald Tiger
D¹: Ulk Jg. 48, Nr. 33, 15. 8. 1919, [S. 2]
Bibl.: Nd s. Bonitz / Wirtz D 550; 1 Nd

4   *der Fiskus*] Die als Erzbergersche Reichsfinanzreform bekanntgewordene tiefgreifende Steuerreform des Jahres 1919 wurde gesetzlich fixiert durch das Reichsgesetz über die Finanzverwaltung (Sept.) sowie die Reichsabgabenordnung und das Landessteuergesetz (Dez.). Der wesentliche Effekt bestand in einer Zentralisierung der Steuerhoheit und -verwaltung zulasten der Länder; vgl. Erzberger: Reden zur Neuordnung des deutschen Finanzwesens. Berlin 1919.

10 *in Luzern*] Am 16. 8. 1919 verabschiedete die Nationalversammlung ein Gesetz gegen Kapitalflucht ins Ausland.

19 *nach Flandern*] In Flandern blieb die dt. Offensive nach Anfangserfolgen im Herbst 1914 stecken; der Bewegungskrieg wurde zum Stellungskrieg.

21 *Graefe vom Vaterland plärrn*] Während der großen Debatte in der NV Ende Juli kam es am 25. 7. zu einem vielbeachteten Rededuell zwischen

dem deutschnationalen Abgeordneten v. Graefe und Finanzminister Erzberger, der führend an den Waffenstillstandsverhandlungen beteiligt gewesen war, und dessen Argumentation wesentlich zur Annahme des Friedensvertrages beigetragen hatte. Graefe löste mit seinen Angriffen gegen die Sozialdemokraten (die er u. a. als «verbrecherische Illusionspolitiker» titulierte) und vor allem gegen Erzberger («Wenn er auch nicht im feindlichen Solde gehandelt hat, so hat er doch so gehandelt, als ob er im feindlichen Solde gestanden hätte») tumultartige Szenen aus. Erzberger reagierte auf die Angriffe in erster Linie mit der Präsentation von Dokumenten, die die Möglichkeit eines erheblich früheren Friedensschlusses, sowie die Verhinderung eines solchen durch die dt. militärische und politische Führung unter Mitwirkung der Konservativen untermauerten. Besonderes Aufsehen erregte Erzberger mit dem Verlesen eines Notenwechsels aus dem Sommer 1917, in dem die dt. Regierung eine päpstliche Friedensinitiative nach längerer Verzögerung zurückgewiesen hatte; vgl. ‹Die große Aussprache in Weimar›, in: BLA 26. 7. 1919, M.

24 ff *Mathias, mein Mond …*] Vgl. [107], *1, 8.*

28 f *Annexioniste … Pazifiste*] Zu Anfang des Krieges war Erzberger Vertreter eines extremen Annexionismus gewesen. Noch im Juni 1917 unterstützte er, damals Aufsichtsrat der Thyssen AG, die vom Firmenchef geforderte Annexion des nordfrz. Erzbeckens Longwy-Briey, einige Wochen danach verlangte er im Reichstag den Verständigungsfrieden ohne Annexionen. Darauf wies auch die Rechtspresse in den Tagen nach dem Schlagabtausch Erzbergers mit Graefe in der Debatte der Nationalversammlung vom 25., 27. und 28. Juli hin, s. ‹Erzberger als Annexionist›, in: DTZ (Berlin), 29.7.1919; ‹Erzbergers Annexionismus›, BLA 30.7.1919.

40 *es schmälen die Polen*] Am 11.8. begannen dt.-poln. Verhandlungen über die Räumung der dt. Ostgebiete, die der Friedensvertrag Polen zugesprochen hatte. Wegen Streiks und Unruhen in Oberschlesien brach die poln. Regierung am 20.8. die Verhandlungen ab.

41 *Revolten am Tiber*] Anfang Juli war es in den Provinzen Romagna, Emilia und in der Toskana zu Streiks aufgrund erheblicher Lebensmittelteuerungen gekommen.

137

Krieg

V: Peter Panter
D[1]: WB Jg. 15, Nr. 35, 21. 8. 1919, II, S. 233–234

Bibl.: Nd s. Bonitz / Wirtz D 551; 1 Nd; GW 2
Rez.: Willibald Krain: Krieg. 7 Blätter. Allen Völkern gewidmet. Zürich: Orell Füßli [1917]

1   *Willibald Krain*] Maler und Illustrator, Mitarbeiter KTs beim ‹Ulk›.
4 f *von der behördlichen Zensur befreit*] s. [32], 40.
7   *bei Latzko*] Andreas (Adolf) Latzko: Menschen im Krieg. 1.–5. Tsd. Zürich 1917 (ohne Verfasserangabe). 1918 erschien in Bern eine frz. Ausg.: ‹Hommes dans la guerre›.
11   *nur eine Seite*] Krain im Vorwort («Berlin, im Frühjahr 1916»): «Wenn in den vorliegenden sieben Bildern der Krieg einseitig dargestellt wurde, so geschah es in der Absicht, aus seinen vielen Masken *das grauenhafte Urgesicht* herauszulösen, das er in jedem Lande und Volke behält.»
27 f *die ‹Weltbühne› stritt schon einmal*] In der Rubrik «Antworten» der WB vom 12.12.1918, II, 565, vermutl. von KT verfaßt: «Adolf Andreas Latzko. Sie rufen durch eine Broschüre: ‹Frauen im Kriege› (erschienen bei Max Rascher) die Frauen zum Kriege gegen den Krieg auf. [...] Die Männer würden sich wandeln, wenn die Frauen nicht mehr die Totschläger bewunderten, sondern die Friedensfreunde. Aber eher kannst du die Beseitigung des Kriegs von den Generalen verlangen. Wo denken Sie hin! Wem hat die Frau, die Dame, das Weib, das Mädchen noch immer zugejubelt? Dem Sieger oder ...? [...] Erwarten Sie so gut wie nichts von der Frau. Die Frau ist konservativ. [...] Die Frau will den Sieg des Mannes. Ihres Mannes.» Vgl. auch KTs Artikel: ‹Der Krieg und die deutsche Frau›, Bd. 9 [97].

138

Das politische Plakat

V: Ignaz Wrobel
D[1]: WB Jg. 15, Nr. 35, 21.8.1919, II, S. 239–240 [Rubrik:] Rundschau
Bibl.: Bonitz / Wirtz D 552; DT
Rez.: Das politische Plakat. Hg. in amtlichem Auftrag. [Berlin-]Charlottenburg: Verlag «Das Plakat», 1919

Vgl. [45]; [68]; [99*]; [148].

1   ‹*Das Plakat*› *(Charlottenburg)*] Der Verlag des Mitteilungsblattes des Vereins der Plakatfreunde ‹Das Plakat› wurde seit der Gründung 1910 gelei-

tet von Hans Sachs, der auch Hg. der Zeitschrift war. KT war seit Sommer 1912 Mitglied des Vereins (gegr. 1905 in Berlin) und schrieb 1913 fünf Beiträge für ‹Das Plakat›, s. Bd. 1 [77]; [122]; [123]; [142]; [175].

1 f *im amtlichen Auftrag*] Der Verlag (vermutl. Hans Sachs) gab dazu zur Kenntnis: «Amtliche Stellen haben für die Zwecke der jungen deutschen Republik eine Reihe von Plakaten und Druckwerken herausgebracht, die programmatisch bedeutsam erscheinen. Zwar hat der Verlag keinen Teil an der Zusammenstellung dieser Blätter gehabt; erst das fertige Buch wurde ihm dargeboten. Dieses Angebot wurde aber um so bereitwilliger angenommen, als hier – unbeschwert durch veraltete behördliche Denkweise – neuzeitlicher Geist und festes, zielsicheres Wollen sich mit den bewegten Forderungen und Erkenntnissen des Tages vereinen» [S. 3].

8 *hier in den ‹Antworten›*] s. [99*].

13 *das wäre ein politisches Plakat*] Vgl. [68].

18 f *Verwendung Pechsteins und der Expressionisten*] Adolf Behne erläuterte dazu im einleitenden Kapitel ‹Alte und neue Plakate›: «Die Plakate, die in diesem Hefte abgebildet sind, stellen den ersten Versuch einer Behörde dar, für Werbezwecke radikale Künstler, Expressionisten und Kubisten heranzuziehen. Wir nennen unter anderen [z.B. Kokoschka, A.M. Cay, Heinz Fuchs] die Namen Feininger, Cesar Klein, Richter-Berlin und Max Pechstein, die […] seit der ‹Brücke› 1903 in Dresden, der ‹Neuen Sezession› 1910 in Berlin und dem ‹Herbstsalon› 1913 einen guten Klang haben. […] es handelt sich […] um den ersten offiziellen Schritt auf dem Wege, durch Mittel der neuen Kunst auf Massen zu wirken» (ebd., 5). Von Max Pechstein sind zwei Plakate abgedruckt (Abb. 8 und 9). Auf dem ersten winkt ein Arbeiter mit der Maurerkelle vom fahnenumwehten Quaderblock herüber und ruft: «Die Nationalversammlung, der Grundstein der deutschen sozialistischen Republik», auf dem zweiten Plakat steht ein nackter Junge, der eine rote Fahne umklammert, auf der zu lesen ist: «Erwürgt nicht die junge Freiheit durch Unordnung und Brudermord. Sonst verhungern Eure Kinder».

22 *Wirrwarr des Malers Richter*] s. Abb. 7, Behne sah in dem Blatt von Richter-Berlin das «stärkste Pathos […]. Rot ist die einzige Farbe des Bildes, aber die Art wie es angewendet ist […] gibt ihm eine merkwürdig aufwühlende Sprache» (ebd., 16–17).

36 *Buchhändler*] Zu den Praktiken des ‹Börsenblatts für den deutschen Buchhandel› vgl. [213].

51 f *Bei den Antibolschewisten*] Vgl. [45].

56 *Daumier! Wo bist du?*] Auf der Rückseite eines vermutl. 1908 aufgenommenen Photos, das KT zwischen seinen Tanten Agnes und Flora auf dem

Sofa sitzend darstellt, vermerkte KT: «Daumier!! Wo ist Daumier?»,
Abb. s. Soldenhoff 1985, 29. Vgl. KTs Rez. zu Daumiers Mappe ‹Recht
und Gericht› (Bd. 1 [197]).
56 f *Berliner aus Breslau*] s. auch [77], 10 und K.

139

Wir auch! (Gott behüte!)

V: Theobald Tiger
D¹: Ulk Jg. 48, Nr. 34, 22.8.1919, [S. 2]
Bibl.: Nd s. Bonitz/Wirtz D 553; 1 Nd

2   *Die Ungarn haben einen König*] Gemeint ist Erzherzog Joseph von
Österreich, den die Alliierten am 6.8. zum Reichsverweser ernannt hatten, nachdem die am 21.3.1919 proklamierte ungar. Räterepublik durch
den Einmarsch rumänischer und alliierter Truppen in Budapest am 4.8.
beendet worden war. Nach Protesten der Nachbarstaaten Tschechoslowa-
kei, Jugoslawien und Italien gegen die Rückkehr eines Habsburgers auf
den ungar. Thron mußte Erzherzog Joseph am 23.8. zurücktreten.
4   *Freiheitsmärz*] s. [2], *0, 7*; [64].
13 *keiner wird nicht pensioniert*] Auch unter dem neuen Oberbefehlshaber
Miklos Horthy behielten die ungar. Offiziere ihre Ämter. Fünftausend
Anhänger der Räterepublik hingegen wurden auf Befehl Horthys hin-
gerichtet.
24 *käm er*] Wilhelm II., s. [1], *65*.
26 *wie einst im Mai*] Kehrreim des Gedichts ‹Allerseelen› von Hermann von
Gilm.

140

Schuldbuch

V: Ignaz Wrobel
D¹: WB Jg. 15, Nr. 36, 28.8.1919, II, S. 250–255
Bibl.: Nd s. Bonitz/Wirtz D 554; 2 Nd; GW 2
Rez.: Vorgeschichte des Waffenstillstandes. Amtliche Urkunden, hg. im
Auftrage des Reichsministeriums von der Reichskanzlei. Berlin: Hobbing
1919

Aus der «Vorbemerkung»: «Die hier abgedruckten Aktenstücke beziehen sich auf die Zeit vom 14. August bis zum 11. November 1918. Sie geben die Beratungen und Verhandlungen wieder, die zwischen Regierung und Oberster Heeresleitung stattgefunden haben, nachdem diese auf Grund des militärischen Umschwunges im Juli und August 1918 zu dem Schluß gekommen war, daß der Feind trotz der gewaltigen Leistung unserer Heere nicht mehr durch einen Sieg zum Frieden genötigt werden könne. Die Veröffentlichung ist erforderlich geworden, um der Legendenbildung entgegenzutreten. [...] Die veröffentlichten Dokumente entstammen den Archiven des Auswärtigen Amtes und der Reichskanzlei.»

6   ‹*Der Fenriswolf*›] ‹Eine Finanznovelle› von Wilhelm Vershofen. Der Autor gab sich erst in der 2. Aufl. 1917, verlegt bei Eugen Diederichs in Jena, zu erkennen. Die Novelle erschien zuerst anonym im Jahr 1913 u. d. T.: ‹Ein Epos aus dem Leben des Kapitals› in den Heften III bis V der Vierteljahresschrift ‹Quadriga› der «Werkleute auf Haus Nyland». Kern dieser Gruppe junger Schriftsteller, die sich erstmals 1912 mit einer programmatischen Erklärung an die Öffentlichkeit wandte, bildete neben Vershofen Jakob Kneip und Josef Winckler (später G. Engelke, H. Lersch, Max Barthel, Paul Zech).

6   ‹*Das Weltreich und sein Kanzler*›] «Vom Verfasser des ‹Fenriswolf›» [Wilh. Vershofen]. Jena 1917 (Roman der ‹Quadriga›).

27   *Am vierzehnten August*] Besprechung im Großen Hauptquartier in Spa; Dokument Nr. 1 unter der Überschrift: ‹Erste grundlegende Besprechungen. Aufgabe der Hoffnung auf Erzwingung des Friedens durch Sieg›; s. ‹Vorgeschichte des Waffenstillstandes› 1919, 13–16.

37 f *Heinrich Manns ‹Untertan›*] s. [37].

39 f *Mehr Ordnung! Besser auskämmen!*] ebd., 14: «Die Stellvertretenden Kommandierenden Generale und der Kriegsminister müssen im Innern bessere Ordnung halten. [...] In bezug auf Ersatz müsse besser ausgekämmt werden.» Die weiteren Zitate aus der Rede Wilhelm II., ebd., 14–15.

66 ff «*General Ludendorff ... warten.*»] ebd., 36.

74 ff «*Noch ist ... zu stellen.*»] In einem «Vortrag des Vertreters der O. H. L. Major Frhr. von dem Bussche vor den Parteiführern des Reichstags am 2. Oktober 1918 vormittags». Dokument Nr. 28, ebd., 38.

78 ff «*Wenn die Armee ... fein heraus.*»] ebd., 75.

80 ff «*Es ist auch heute so ... schlecht gehen.*»] ebd., 77.

89 ff «*Ich habe ... fürchte ihn nicht.*»] Ludendorff auf der Sitzung vom 17. 10. 1918 (Dokument Nr. 57); ebd., 71.

96 ff *Der Reichskanzler ... noch nicht.*»] ebd., 85.

10 ff «*Der General … Hindenburg.*»] Der Reichskanzler über ein Telegramm von Wilhelm II. auf einer «Sitzung des engeren Kabinetts vom 17. Oktober 1918» (Dokument Nr. 55), ebd., 64.

14 *Verhalten … der Eisenbahner.*] Vom 26.6. bis 3.7. hatten die Berliner Eisenbahner gestreikt, wodurch der Verkehr weitgehend lahmgelegt worden war. Einer der Streikführer soll erklärt haben, die Eisenbahner hätten die Hand an der Gurgel des Staates, s. Wette 1987, 616 f.

19 f «*Noch im Juni … Psyche.*»] In einer Besprechung beim Reichskanzler am 9.10.1918 (Dokument Nr. 38), ebd., 46.

30 f «*Wir müssen … Kopf zerbrechen.*»] Ludendorff auf der Großen Sitzung vom 17.10.1918 (Dokument Nr. 57), ebd., 70.

37 ff «*Ich kann … vier lange schwere Jahre.*»] ebd., 68.

43 *floh nach Schweden*] s. [15], *13.*

48 ff «*Die Division … Kartoffeln.*»] Ludendorff auf der Sitzung vom 17.10.1918 (Dokument Nr. 57), ebd., 73.

56 f *Es geht mir durch die Seele, dieses gräßliche*] s. Lessing: Emilia Galotti, 1. Aufzug, 8. Auftritt.

62 ff «*Herr von Lersner … schenken.*»] Das Mitgl. der Waffenstillstandskommission Edgar Haniel in einer Aufzeichnung vom 25.10.1918 an Staatssekretär von Hintze (Dokument Nr. 79), ebd., 101.

72 ff «*… Waffenstillstandsbedingungen … unannehmbar.*»] ebd., 101–102.

87 ff «*Ebenso habe … verbreiten lassen.*»] General von Gallwitz auf der Staatssekretärssitzung vom 28.10.1918; ebd., 106 f.

93 *Daran erkenn' ich meine Pappenheimer!*] Schiller: Wallensteins Tod, 3, 15.

95 ff «*Dazu … entgegenzutreten.*»] General Groener auf der Sitzung der Staatssekretäre am 5.11.1918; ebd., 122.

99 ff «*Bei der Zurücknahme … nicht zu vermeiden.*»] ebd., 121.

07 *Mädchen von Lille, die sittenpolizeilich untersucht*] Vgl. [164], 21 ff; [219], 10. In der Erinnerung an den Kriegsbeginn ‹Vor acht Jahren› (‹Freiheit› 1.8.1922), nannte KT die Offiziere verantwortlich für «die völkerrechtswidrige Zwangsarbeit der Belgier und Belgierinnen in Lille, wobei die Frauen aus anständigen Familien sämtlich sittenpolizeilich untersucht wurden»; s. Bd. 5 [201], 106 ff.

16 ff «*Daß der Stab … essen.*»] ebd., 74.

22 f «*Die Flieger … bei uns.*»] ebd., 82. «Die Flieger […] Die Angaben über Feindverluste, die wir machen, bleiben weit hinter der Wirklichkeit zurück, wie wir später oft an den feindlichen Nachrichten feststellen können. Alles das schreckt mich nicht.»

24 ff «*Wir sind … unterlegen.*»] s. Kurt Hesse: Das Marnedrama des 15. Juli 1918. Berlin 1919, 29; vgl. [127].

230 *Die Pausen ... Clowns*] Vgl. [242*].

231 *Excentrics*] s. [141], *34*.

232 ff *«Das neue Kabinett ... haben ...»*] ebd., 29, Dokument Nr. 12, Kap.
«Vorbereitende Schritte für ein Friedensangebot an den Präsidenten
Wilson».

236 f *Hannemann, geh du voran!*] Aus dem Märchen ‹Die sieben Schwaben›.

238 ff *«Militärische Lage ... Parteien.»*] ebd., 35: Telegramm 1. 10. 1918 «gez.
von Hintze». Dokument Nr. 25, Kapitel: «Drängen der Obersten Heeresleitung auf sofortige Absendung des Friedensangebots».

246 ff *«Der Ausfall ... Einfluß.»*] ebd., 84.

247 f *U-Boot-Krieg*] s. [18], *26*.

256 f *Die Regierung ... wertet es nicht voll aus.*] Jacobsohn widersprach: «Ich
kann nicht finden, daß das Material ungeschickt verwertet ist. Alles
kommt niederschmetternd zur Geltung» (s. Jacobsohn 1989, 57).

141

Der Wintergarten

V: Peter Panter
D^1: WB Jg. 15, Nr. 36, 28. 8. 1919, II, S. 273–274 [Rubrik:] Rundschau
Bibl.: Bonitz / Wirtz D 555

Das weltberühmte Berliner Varieté «Wintergarten» gegenüber dem Bahnhof Friedrichstraße wurde 1887 von Julius Baron und Franz Dorn in dem
74 m langen, 22 m breiten und 18 m hohen Wintergarten des Central-
Hotels begründet. Seitdem entwickelte sich das Theater zu einem der er-
folgreichsten Unternehmen der Branche. Im «Wintergarten» begannen
nicht nur der Operettenstar Fritzi Massary oder der Coupletsänger Otto
Reutter seine Karriere, hier fand auch die erste Kinovorführung in Berlin
statt.

1 f *Es ist immer noch ... erste Klasse*] Über die Programme des «Wintergarten» hatte KT vor dem Krieg mehrmals in der SB geschrieben (s. Bd. 1
[90]; [108]; [119]; [165]; [191]; [209]); von einem Blick hinter die Kulissen
berichtete er in der SB vom 30. 4. 1914 (I, 499–502; D 286): ‹Das Varieté
von der andern Seite›.

14 *Claire Waldoffn*] «Vielleicht ist es das Höchste an Humor», meinte KT
1913 in einer Charakterisierung der Waldoff, s. Bd. 1 [84], 49 ff.

34 *Excentric*] Die Clowns der Varietés nannten sich «Excentriks», von ihren ehemaligen Circusnummern zeigten sie hier nur die Höhepunkte, in denen sich Musik, Akrobatik und Komik mischten.

142

Interview mit sich selbst

V: Peter Panter (D^1); Kurt Tucholsky (D^2)
D^1: Berliner Tageblatt Jg. 48, Nr. 414, 3. 9. 1919, A, [S. 2]
D^2: Lerne lachen ohne zu weinen 1931, S. 274–279
Bibl.: Nd s. Bonitz/Wirtz D 556; 7 Nd; GW 2

Varianten
Die Varianten sind nach D^2 verzeichnet
9 Luft –] Luft, **14** fragten mich»] fragen mich da» **17** fügten] fügen **22** «Zunächst,»] Zunächst», **23 f** «Meine Mama ist Lebensmittelhändlerin.»] *fehlt* **26** – immerhin –] , immerhin ... **28** «Meister,»] Meister», **36** seltsam –.] seltsam. **53** sich zu leben] zu leben sich **55** – einen] einen **56** – eine] eine **61** gesprochen –] gesprochen; **64** Freund,»] Freund», **74 f** , wenn ... ermangelt,] *fehlt* **84** Ihren] diesen **84** Ihrem] diesem **87 f** würden und – ich] würden, und ich **97** lebe,»] lebe», **107** nicht,»] nicht», **109** ich, was] ich was **109** mehr,] mehr **109** brauche –] brauche; **113** Mannes –] Mannes; **114** sein!] sein. **115** ich. «Ich] ich, «ich **115** Ich – – –»] Ich ...» **116** Der Meister ... Gedanken.] *fehlt* **120** Kompromiß;] Kompromiß, **122** sind] dann sind **124** aus, wie] aus wie **127** Sie's] Sie es **128** wohl und] wohl, und **134** flüsterte] sagte **135** Nun –] Nun, **136** selber] selbst **136** trinken gehn!] trinken! **137** Und er schellte.] *auf neuer Zeile* **138** aber,] aber **140** irgendwie] *fehlt* **141** andere recht] andre zum mindesten für sich recht

Wörtliche und versteckte Zitate aus Werken von Goethe und Schiller sowie offensichtliche Anspielung auf deren Persönlichkeiten lassen darauf schließen, daß KT im vorliegenden Text ebenso wie in den Beiträgen [60] und [126] auf konkrete Vorlagen zurückgriff. Dabei sind insbesondere zu nennen Goethes Niederschrift über seine ‹Erste Bekanntschaft mit Schiller› (1794; s. WA I, 36, 246–252), in der er die «ungeheure Kluft zwischen unseren Denkweisen» (ebd., 249) konstatierte sowie Schillers Briefe ‹Über die ästhetische Erziehung des Menschen› (1795) und ‹Über naive und sentimentalische Dichtung› (1795), wo er sich u. a. mit der Abgrenzung seines eigenen Dichtertums gegen das Goethes beschäftigte.

Die Zitate und Anspielungen aktualisieren den Gegensatz zwischen dem jungen «Stürmer und Dränger» (s. Z. 54 ff) und dem «Dichter» als etabliertem Mitglied der bürgerlichen Gesellschaft. Peter Panters ‹Interview› steht im Zusammenhang mit einem veränderten Selbstverständnis KTs zu dieser Zeit. Seit Mitte des Jahres erwog KT, das publizistische Tagesgeschäft einzuschränken bzw. aufzugeben und sich zum Schreiben an die Ostsee zurückzuziehen. Dazu dienten auch die angebahnten Geschäftsverbindungen zum Felix-Lehmann-Verlag, vgl. [187], 0. Vgl. auch die Korrespondenzen aus dieser Zeit mit Jacobsohn, Blaich und MT, der KT diesen Artikel am 17. 9. 1919 zuschickte.

12 ff   *Ihren merkwürdigen Brief!» ... kantig erschiene*] Wohl Anspielung auf Schillers Brief an Goethe vom 28. 10. 1794, in dem er von seinem «kantischen Glauben» schrieb; s. Briefwechsel zwischen Schiller und Goethe in den Jahren 1794 bis 1805. Hg. von Manfred Beetz. München 1990, 34– 37 (Goethe: Sämtliche Werke. Bd. 8. 1) und den Kommentar, ebd., Bd. 8. 2, S. 155 f. Schiller widmete sich seit 1793 dem intensiven Studium Kants, führte Kants Ästhetik weiter in den ‹Kalliasbriefen› und kritisierte dessen überzogenen moralischen Rigorismus in den Abhandlungen ‹Über Anmut und Würde› (1793) und ‹Über den moralischen Nutzen ästhetischer Sitten› (1796). Zu «kantig» vgl. [6], 6.

24   *Lebensmittelhändlerin.»*] Vgl. [6], 89.

43 ff   *«Schipper» ... in einer Presseabteilung, bei der politischen Polizei*] KT hatte diese drei Stellungen im Krieg durchlaufen, s. [4], *146, 147.*

56   *Geheimer Regierungsrat*] Goethe trat 1776 in den Staatsdienst, zunächst als Geh. Legationsrat, 1779 Geheimrat.

70   *hart im Raume ... Sachen!*] s. Schiller: Wallensteins Tod 2, 2.

88   *ich kann schweigen*] «Ich schweige zu vielem still; denn ich mag die Menschen nicht irre machen und bin wohl zufrieden, wenn sie sich freuen da, wo ich mich ärgere»; s. Goethe: Maximen und Reflexionen über Literatur und Ethik: Aus Wilhelm Meisters Wanderjahren; s. Goethe: WA I, 42 / 2, 174.

113 f   *Raum ... Villa*] Nach: «Raum ist in der kleinsten Hütte / Für ein glücklich liebend Paar», Schlußverse von Schillers Romanze ‹Der Jüngling am Bache›, s. ‹Parasiten› 4, 4.

114   *eine Villa muß es sein!*] Vgl. KT: ‹Das Ideal›, BIZ 31. 7. 1927 (s. Bd. 9 [98]).

143

Henny Noske

V: Ignaz Wrobel
D¹: WB Jg. 15, Nr. 37, 4.9.1919, II, S. 303–304 [Rubrik:] Rundschau
Bibl.: Nd s. Bonitz/Wirtz D 557; 1 NdzL, 1 Nd; GW 10
Rez.: Wie ich wurde. Selbstbiographie von Gustav Noske. Berlin: Kultur-Verlag 1919 – Wie ich wurde. Selbstbiographie von Henny Porten.
Berlin: Volkskraft-Verlag 1919

Der Artikel war von KT schon Anfang August konzipiert worden und
für den Druck umgearbeitet und gekürzt; SJ riet KT am 8.8.1919: «An
‹Henny Noske› ist bis jetzt nicht viel mehr brauchbar als der Einfall sowie der erste Absatz und die letzte Seite. Hauen Sie das Zwischenstück
mächtig zusammen, indem Sie nur die Schlager stehen lassen, und machen
Sie eine Rundschau aus dem Wälzer» (s. Jacobsohn 1989, 56).

4   *Chrie*] Veraltet für «Anweisung für Schulaufsätze».
8   *zwei Bilder*] Noske: Wie ich wurde. Berlin 1919, 9, 25.
17 f *von bleibendem … Wert*] ebd., 5.
33   *Beide dementierten*] Zu der angeblichen Selbstbiographie des Reichswehrministers Noske stellte die ‹Sozialistische Korrespondenz› fest, «daß
ein gewisser Professor Dr. Peter Silbermann der Verfasser ist. Noske ist an
dem Opus nur insofern beteiligt, als er diesen Silbermann einmal empfangen und ihm auf seinen Wunsch über seinen Lebensgang ungefähr so viel
mitgeteilt hat, wie man sie in einem Stündchen erzählen kann […]»; zit.
nach: ‹‹Wie Ich wurde.› Noske ist kein Filmstern!›, in: BVZ 5.8.1919, M.
Im BLA 11.7.1919, M, wurde zu ‹Henny Portens ‹Selbstbiographie›› bekanntgegeben: «Jetzt läßt die Künstlerin durch ihren Rechtsanwalt erklären, daß das Buch gar nicht von ihr herrührt, und das in ihrer Abwesenheit erschienene Buch ihren Absichten nicht entspricht.»

144

Kleine Zeit

V: Peter Panter
D¹: WB Jg. 15, Nr. 37, 4.9.1919, II, S. 304 [Rubrik:] Rundschau
Bibl.: Bonitz/Wirtz D 558
Rez.: Alfred Polgar: Kleine Zeit. Berlin: Gurlitt 1919

11   *Joseph von Lauff*] Verfasser von Hohenzollern-Dramen, von 1877 bis
     1898 preuß. Offizier, danach bis 1903 Dramaturg am Wiesbadener Hoft-
     heater.
13   *Krupp und Skoda*] Waffenfabrikanten in Essen und Pilsen.
15 f *Wie er im Vorwort sagt:*] «Die […] Skizzen sind während des Krieges ge-
     schrieben worden. Zur unmittelbaren Veröffentlichung bestimmt, mußten
     sie sich einer sozusagen maskierten Tonart befleißigen, um der Zensur
     unverdächtig zu erscheinen. Anders als fast bis zur Lautlosigkeit gedämpft
     konnte sich ja […] die Empörung gegen den blutigen Kretinismus der
     großen Zeit nicht vernehmbar machen» (Polgar: Kleine Zeit. 1919, 5).
21 f *Musterung*] ‹Musterung›, ebd., 28–30.
22   *Abschied auf dem Bahnhof*] ‹Abschied›, ebd., 41–44.

145

Panizza

V: Ignaz Wrobel
D^1: WB Jg. 15, Nr. 38, 11. 9. 1919, II, S. 321–325
Bibl.: Nd s. Bonitz/Wirtz D 559; 2 Nd; GW 2

KT, der in Panizza «einen der größten deutschen Dichter» (Bd. 9 [13],
139) verehrte, der «der frechste und kühnste, der geistvollste und revolu-
tionärste Prophet seines Landes gewesen ist» (s. Bd. 4 [148], 13 f), hatte im
Okt. 1913 den Plan entwickelt, eine Gesamtausgabe der Werke Panizzas
herauszugeben. Das Vorhaben scheiterte an der ablehnenden Haltung der
Mutter Panizzas, welche die Urheberrechte für den seit 1904 in einem Irrenhaus in Franken lebenden Sohn verwaltete, s. dazu KTs Korrespondenz mit Gustav Landauer (DLA) und Hermann Croissant (AB 2, 123–
125). 1914 edierte der von KT nicht sehr geschätzte Hanns Heinz Ewers
(s. [1], 7) Panizzas Erzählungen u. d. T.: ‹Visionen der Dämmerung› in
einer geglätteten Auswahl. Vgl. auch KTs spätere Artikel über Panizza:
‹Oskar Panizza›, Bd. 4 [148], ‹Sprechstunde am Kreuz›, WB 11. 12. 1928,
II, 881–885; D 2145.

1   *Die Zensur ist fort.*] s. [32], 40.
9   ‹*Die Büchse der Pandora*›] Von Frank Wedekind 1904 geschrieben, im
    Kaiserreich verboten, seit dem 20. 12. 1918 im Kleinen Schauspielhaus in
    Berlin aufgeführt. In der Inszenierung von Carl Heine wurde dem Stück
    nach Meinung Jacobsohns «das Todesurteil gesprochen. Dabei war hier

die beste Gelegenheit, die Zensur in das Unrecht zu setzen, das sie so viele Jahre gehabt hat»; s. SJ: ‹Die Büchse der Pandora›, in: WB 2.1.1919, I, 14–16; hier: 16.

10 ‹*Sohn*›] Von Walter Hasenclever 1913 geschrieben, 1916 in Prag mit Ernst Deutsch als Sohn uraufgeführt. In Deutschland von der Zensur verboten, fanden zunächst nur geschlossene Vorstellungen statt, so in Berlin im März 1918 auf der Versuchsbühne von Reinhardts Deutschem Theater (Zyklus: «Das junge Deutschland») in einer hergebrachten naturalist. Inszenierung von Felix Hollaender. Wenige Tage nach Aufhebung der Zensur gelang am 22.11.1918 in den Berliner Kammerspielen dem expressionist. Drama der Durchbruch.

10 ‹*Hans im Schnakenloch*›] René Schickeles Schauspiel war das erste Stück, das ein Problem aus dem Weltkrieg behandelte. 1914 entstanden, 1915 in den von Schickele redigierten ‹Weißen Blättern› gedruckt, wurde es 1916 zunächst nur für die Uraufführung in einer Matinee in Frankfurt von der Militärzensur freigegeben; 1917 wurde es in Berlin und fünf weiteren dt. Städten inszeniert, 1918 durch die OHL Ludendorffs verboten. Auch vom Soldatenrat wurde es 1919 zunächst nicht genehmigt.

19 ‹*Liebeskonzil*›] ‹Das Liebeskonzil. Eine Himmelstragödie in fünf Aufzügen› erschien zuerst beim Zürcher Verlags-Magazin J. Schabelitz im Jahr 1895. Die zuständige Münchner Staatsanwaltschaft erhob Anklage wegen Gotteslästerung. Im April 1895 wurde Panizza vom Münchner Schwurgericht wegen «Vergehen wider die Religion verübt durch die Presse» (§ 166 StGB) zu einem Jahr Einzelhaft verurteilt, das Stück wurde beschlagnahmt. Das Urteil wurde vom Reichsgericht bestätigt, Panizza war vom 4.8.1895 bis 8.8.1896 im Gefängnis Amberg inhaftiert. Näheres s. Knut Boeser (Hg.): Der Fall Oskar Panizza. Ein deutscher Dichter im Gefängnis. Eine Dokumentation. Berlin 1989.

36 *Privatdruck*] Der Neudruck mit Federzeichnungen von Alfred Kubin wurde 1913 in München im Selbstverlag herausgegeben.

39 *einer alten bigotten Verwandten*] Panizzas Mutter ordnete im März 1914 die Zensur der Werke ihres seit 1905 entmündigten Sohnes an: «Besser diese Schriftstellerei kommt in's Feuer, als daß Unheil für eine Seele gestiftet werde» (zit. nach: Rainer Strzolka: Oskar Panizza. Fremder in einer christlichen Gesellschaft. Berlin 1993, 44).

44 *Gartenlaube*] Illustrierte Wochenschrift für Unterhaltung und Belehrung, 1853 von Ernst Keil in Leipzig gegründet, ab 1904 im Besitz des Scherl-Verlags. Die Familienzeitschrift war u.a. Forum für Romane der Marlitt und Hedwig Courths-Mahler.

50 *Kappsteine*] Anspielung auf den Berliner Theologen und Schriftsteller

Theodor Kappstein. 1920 schrieb SJ an KT, er habe «Kappstein gesehen – es lebt ein Gott, zu strafen und zu rächen» (Jacobsohn 1989, 83).

62 f *Michael Georg Conrad*] Gründer des Zirkels der Münchener Moderne und Vorsitzender der Gesellschaft für modernes Leben Anfang der 1890er Jahre.

71 f *in Friedrichshagen*] «Friedrichshagener Kreis», 1860 gegr. Gruppe von Naturalisten, die sich zunächst in den Häusern von Bölsche und Bruno Wille in Friedrichshagen bei Berlin trafen; u.a. Hauptmann, Halbe, Hartleben, Strindberg, später auch die Brüder Hart.

75 *Heinrich Mann*] Vgl. [37].

80 ‹*Parisiana*›] Panizza: Parisjana, deutsche Verse aus Paris. Zürich 1899.

82 *schwarz-weiß-rote*] s. [26], *15*.

85 ff *Denn Blut ... Kitt.*] ebd., 7; 3. Strophe.

97 f *Heinrich Mann haben wir hier neulich*] s. [37].

99 f *«Ein deutscher Soldat ... Hund aus»*] Maurice Barrès: In deutschen Heeresdiensten. Übers. von Armin Schwarz. Budapest 1907, 171.

101 ff *«In dem dritten ... Größe zu haben.»*] ebd., 188.

112 f *«Ein Volk ... Knecht».*] Panizza: Parisjana. Zürich 1899, 21; 9. Strophe.

118 ff *Der Männerchor ... gemacht?*] ebd., 55; 37. Strophe.

119 *Männerbauch*] i. Orig.: Männerbrauch.

123 *weiblichen*] i. Orig.: weichlichen.

139 ff *Ihr meint ... Krieg ...*] ebd., 20; 9. Strophe.

157 ff *Wo bist Du ... geisteskrank.*] ebd., 70.

168 *Ottave rime*] Stanzen von acht Versen, von denen die ersten sechs abwechselnd, die letzten zwei aufeinander reimen; epische Versform der Italiener.

174 ff *Wenn einmal ... Melodeien!*] ebd., 37; 19. Strophe.

181 ff *Herr Moltke ... retour!*] ebd., 60; 40. Strophe.

191 f *wir kennen unsre Pappenheimer*] s. [140], *193*.

194 f *Revolution vom neunten November*] s. [2], *1*.

146

Der Ginganz

V: Peter Panter
D[1]: WB Jg. 15, Nr. 38, 11.9.1919, II, S. 335–336 [Rubrik:] Rundschau
Bibl.: Nd s. Bonitz/Wirtz D 560; 3 Nd; GW 2
Rez.: Christian Morgenstern: Der Ginganz. Aus dem Nachlaß hg. von Margareta Morgenstern. Berlin: Bruno Cassirer 1919

0   *Der Gingganz*] Das Titelgedicht ist den ‹Galgenliedern› (1905, 32) ent-
    nommen. Morgenstern dazu in den ‹Stufen›, München 1918, 95: «Ging-
    ganz ist einfach ein deutsches Wort für Ideologie».

5   *Palmström*] Christian Morgenstern: Palmström. Berlin 1910; vgl. KTs
    Rez. der 6. Aufl. 1913 (Bd. 1 [158]).

5   *Muhme Kunkel*] Morgenstern: Palma Kunkel. Berlin 1916; der Band lag
    1919 in der 19. bis 23. Aufl. vor.

15 *Pallenbergsche*] Seiner Eloge auf ‹Pallenberg› stellte KT Verse (‹Das
    Huhn›) aus ‹Galgenlieder nebst dem Gingganz› voran, s. Bd. 1 [79].

16 *(Jaguar ... Mandrill ...)*] «Wie sich das Galgenkind die Monatsnamen
    merkt»; s. ‹Der Gingganz› 1919, 10.

16 f *Taschentüchergespenst*] ‹Gespenst›: «Es gibt ein Gespenst,/das frißt Ta-
      schentücher ...»; ebd., 14.

17 f *Gedicht von drei Advokaten*] ‹Die drei Winkel›; ebd., 15.

21 f *Korfens Rat*] ‹Vom Zeitunglesen›; ebd., 57.

24 ff *«Korf ... bleibt»*] ‹Die Zimmerluft›; ebd., 59.

29 *Nachtruhe störende Nachtigall*] ‹Palmström an eine Nachtigall, die ihn
    nicht schlafen ließ›; ebd., 62.

32 *Von den Spatzen*] ‹Im Winterkurort›; ebd., 63.

34 *Kriegar-Ohs*] ‹Feuerprobe›; ebd., 65.

37 *Prosa-Anhang*] ‹Aus dem Anzeigenteil einer Tageszeitung des Jahres
    2407›; ebd., 69–74.

44 ff *Nächstens ... gelebt.*] Das Zitat konnte in dieser Form nicht ermittelt
       werden. In dem Kap. «Bürgerliche Bohème» in Oskar A.H. Schmitz'
       Buch ‹Die Weltanschauung der Halbgebildeten› (München 1914, 157) fin-
       det sich die Formulierung: «Sie leben nicht, sie werden im Konzertsaal
       gelebt».

49 *ein Buch erscheinen*] Hinweis auf den Sammelband ‹Träumereien an preu-
    ßischen Kaminen› von Peter Panter, der 1920 im Berliner Verlag Felix
    Lehmann erschien. Mit dem Plan, «die Geschichten mit der verbürger-
    lichten Phantasie» herauszugeben, trug sich KT seit 1916, s. KT an Blaich
    18.12.1916 (AB 1, 39).

147

Damals, im Kleinen Theater

V: Peter Panter
D¹: WB Jg. 15, Nr. 39, 18.9.1919, II, S. 362–363
Bibl.: Nd s. Bonitz/Wirtz D 561; 1 Nd

Der Text ist als «ganz kleiner Vor-Geburtstagswunsch» an Mary Gerold gerichtet (KT an MT 17.9.1919; DLA). KT schrieb seit seiner Versetzung nach Rumänien Ende April 1918 nicht nur zahlreiche Privatbriefe an die in Kurland zurückgebliebene Freundin, er machte sie auch häufig zur Adressatin seiner Essays und Gedichte und publizierte in der WB für sie bestimmte ‹Briefbeilagen›, wovon die erste, ‹Im Hinterzimmer›, am 13.6.1918 (I, 545–547; D 351) erschien. Bis 8.8.1919 ließ KT sechs weitere folgen, darunter den ersten Text mit dem Titel ‹Was wäre, wenn ...?› (vgl. [61]). Zwei dieser ‹Briefbeilagen› von Peter Panter überschriebenen Texte, ‹Aveu› und ‹Vision›, die im Nov. 1918 zur Veröffentlichung vorgesehen waren, konnten wegen der Revolution nicht erscheinen, KT sandte die Druckfahnen im Brief vom 24.6.1919 an Mary (s. UuL, 213 ff); sie werden in dieser Ausgabe in Bd. 15 gedruckt.

7   *unter den Linden*] Barnowsky übernahm 1905 als Nachfolger von Max Reinhardt die Leitung des Kleinen Theaters in Berlin Unter den Linden. 1913 wechselte er zum Lessing-Theater und blieb dort bis 1924.

12   ‹*Moral*› *von Thoma*] Die «Komödie in 3 Akten» wurde am 4.11.1908 im Kleinen Theater unter der Regie von Barnowsky uraufgeführt. Das Stück gegen die bürgerliche Moral war am 12.9.1908 abgeschlossen worden, konzipiert hatte es Thoma bereits in der Strafanstalt Stadelheim in München, wo er im Okt./Nov. 1906 wegen Beleidigung von Vertretern der Sittlichkeitsvereine in seinen Schlemihl-Versen ‹An die Sittlichkeitsprediger in Köln am Rheine› (‹Simplicissimus› 25.10.1904) inhaftiert gewesen war.

16   *rassige Kreolin*] Die Tänzerin Marietta di Rigardo wurde in Manila als Tochter des Schweizer Konsuls und seiner philippinisch-spanischen Frau geboren. Sie debütierte als span. Tänzerin im «Cabaret im siebenten Himmel», welches von 1901–1903 in einem Nebenraum des Berliner Theater des Westens spielte.

16   *Slevogt hat sie gemalt*] Das Gemälde von Max Slevogt aus dem Jahre 1904 zeigt die Tänzerin während eines Auftritts im «Cabaret im siebenten Himmel». Abb. s. Michael Freitag: Max Slevogt. Berlin 1988, Bild 6.

19   *eine alte Dame*] Ilka Grüning spielte «Frau Lund, eine alte Dame» über die Thoma selbst angab, er wollte «hauptsächlich aber zeigen, daß gerade eine feingebildete Frau alle Gründe gegen Heuchelei und Prüderie finden soll» (Thoma an Conrad Haussmann 21.10.1908, s. Thoma 1963, 210). Zu Ilka Grüning s. auch [128].

20 ff   «*Als dein Wonnedienst ... Venus Amathusia.*»] Nach Friedrich Schillers Gedicht ‹Die Götter Griechenlands›, Vers 5 ff; s. Schillers Werke. Nationalausg. Bd. 2, T. 1. Weimar 1983, 363. Vgl. [14], 5.

23 ff *«Ich dachte … Grundverschiedenes –.»*] Der Dialog im Original lautet: «Frau Lund: [...] Sie sind Kandidat für den Reichstag? [...] Bei welcher Kulör?/Beermann: Die vereinigten Liberal-Konservativen./Hauser: Und die Konservativ-Liberalen./Frau Lund: Früher war das doch ein Unterschied?/Hauser: Ja, früher!»; s. Ludwig Thoma 1963, Bd. 2, 323.

29 ‹*Ersten Klasse*›] Thomas Einakter ‹Erster Klasse› (1910). «Es gab mir Gelegenheit, die bayr. Bahn, bayr. Beamtenzopf und einen Berliner Geschäftsreisenden und dazu zwei Dachauer Hammel schön zu verulken», schrieb Thoma am 5.7.1910 an Ganghofer (Thoma 1963, 226). Die Uraufführung fand 1910 auf einer Bauernbühne in Egern statt, Rottmann spielte den Geschäftsreisenden mit der «Berliner Schnauze» in der Inszenierung von Barnowsky am Kleinen Theater im September 1910.

31 ‹*Zwei mal zwei ist fünf*›] Das Satyrspiel (‹Ranke Vilje›, 1907) des Dänen Gustav Wied erlebte seine dt. Uraufführung im Febr. 1908 am Kleinen Theater. Barnowsky nahm das Stück 1914 nach seinem Wechsel zum Lessing-Theater mit demselben Erfolg wieder auf. Vgl. die Kritiken von SJ in: SB 27.2.1908, I, 219–222: ‹Wied und Bab› und SB 12.11.1914, II, 362– 364: ‹Wieds Satyrspiel›; s.a. [128], 21 ff.

32 *Abel, der säcksche Lumich*] s. [128], 21 ff, *35*.

35 *Jüngling namens «Frieda»*] Zuerst gespielt von Otto Gebühr, später von Max Adalbert.

37 f *«Ihre Mutter … Bett!»*] s. ‹Zweimal Zwei ist Fünf›. Berlin, Stuttgart, Leipzig 1908, 33.

42 ‹*Der Nachtwächter*› *von Guitry*] ‹Le veilleur de nuit›, dt. von Peter Frei. Nach der Uraufführung am 5.3.1912 im Josefstädter Theater in Wien war das Stück bereits Ende April 1912 im Berliner Kleinen Theater zu sehen. Max Adalbert spielte den Nachtwächter, Alfred Abel den Ehemann und Ilka Grüning die Dienstmagd.

43 ‹*Mann mit der grünen Krawatte*›] Groteske in einem Akt von Villard. Aufgeführt in der Sommerspielzeit 1912 im Kleinen Theater. Unter der Regie von Barnowsky spielten Guido Herzfeld als Handlungsreisender und Landa als Staatsbeamter. Jacobsohn kritisierte: «eine matte Exzentrizität», s. SB 6.6.1912, I, 614.

45 *hier und da Wedekind*] s. ‹Wedekind in Berlin›, Bd. 1 [45]; [54].

46 ‹*Tanzmäuse*›] Der Satýr-Roman ‹Dansemus› (1905) von Gustav Wied erschien 1906 in der Übers. von Ida Anders im Axel Juncker-Verlag, Stuttgart, Berlin, Leipzig. In der Dramatisierung von Barnowsky aufgeführt 1912 im Kleinen Theater.

51 *Wied ist tot*] Wied hat sich am 24.10.1914 das Leben genommen; s.a. ‹Weshalb Gustav Wied starb› von Ida Anders (BT 28.10.1914, M).

51 f *in andre Hände*] Georg Altman trat 1913 die Nachfolge von Barnowsky an. Er leitete zuvor das Deutsche Theater in Hannover.

55 *Ludolfchen*] Das fiktive Kind von KT und MT, «der kleine, aber krummbeinige Ludolf» («geb.» Anf. 1918 in Alt-Autz, s. KT an MT [8.2.1918]; UuL, 39), war Anlaß dafür, daß KT Anf. Juli 1918 «seit Jahren wieder ein ernstes Gedicht gemacht» hatte (KT an MT 10.7.1918; UuL, 96). KT gab dem Drängen SJs, das Gedicht zu publizieren und «unter allen Umständen» den «vollen Namen darunterzusetzen», erst im Sept. 1920 nach, s. ‹Auf ein Kind›, Bd. 4 [186]. Aus dem Jahr 1919 sind mehrere von KT in kindlich verstellter Sütterlinschrift geschriebene und mit «Ludolf» unterzeichnete Briefe erhalten (DLA); s. den auf einem Briefbogen der ‹Ulk›-Red. gekrakelten Brief vom 18.7.1919, als Faks. in Meyer/Bonitz 1990, 253 f.

57 *du bist jung und blond und hell*] Am 30.8.1919 hatte KT an Mary Gerold, die er gerne als «Liebe Blonde» anredete, geschrieben: «Eben las ich [...]: ‹Blond sein ist keine Eigenschaft der Haare – blond sein, ist eine Eigenschaft der Seele.› –» (UuL, 246).

148

Alte Plakate

V: Ignaz Wrobel
D¹: WB Jg. 15, Nr. 39, 18.9.1919, II, S. 366 [Rubrik:] Rundschau
Bibl.: Bonitz/Wirtz D 562; DT

Vgl. weitere Texte über das Plakatwesen [45]; [68]; [80]; [138].

4 *Plakate*] Vgl. Abb. in: Hans Bohrmann (Hg.): Politische Plakate. Dortmund 1984. S. dort z.B. Nr. 44, Aufruf zur 6. Kriegsanleihe im April 1917, Entwurf von Lucien Bernhard mit dem Text: «So hilft Dein Geld Dir kämpfen! In U-Boote verwandelt, hält es Dir feindliche Granaten vom Leib!»

4 *Kriegsanleihen*] s. [12], 9.

11 f *Plakate ... feindlichen Handelsflotten*] Vgl. Bohrmann 1984, Nr. 61, o.D. u.d.T.: ‹Englands Not›, wo die «Erfolge» des uneingeschränkten U-Boot-Krieges als Kreuze auf einer Seekarte verzeichnet sind.

12 *jetzt müssen wir sie bezahlen*] Art. 231 des Versailler Vertrages erklärte Deutschland und seine Verbündeten als Urheber der im Krieg entstandenen Schäden schadenersatzpflichtig. Die genaue Höhe der zu leistenden Reparationen sollte erst später festgesetzt werden.

16 f *Freiwilligenverbände* ... *aufgelöst*] Nach Unterzeichnung des Friedensvertrages durfte Deutschland ab 1920 nur ein 100 000 Mann starkes Be-
rufsheer besitzen; die Freiwilligenverbände, soweit sie nicht in die
100 000-Mann-Armee integriert würden, sollten aufgelöst werden.
17 f *Plakate gegen einen Bolschewismus*] Vgl. [45] und [138].

149

Heimkehr

V: Kaspar Hauser
D[1]: WB Jg. 15, Nr. 40, 25. 9. 1919, II, S. 394
Bibl.: Nd s. Bonitz / Wirtz D 563; 1 Nd

KT hatte von Mitte Aug. bis Mitte Sept. Urlaub gemacht; zunächst im
Schwarzwald, im Ferienhaus seines Freundes Hans Fritsch in Nussbach
(Baden), dann auf der Ostseeinsel Poel bei Wismar; s. Briefe an MT
19. 8. 1919 bis 3. 9. 1919.

11 *Streikverbreitung*] Der Streik der Berliner Metallarbeiter dauerte bereits
mehrere Wochen.
12 *Reinhards I – III*] Der «Fall Reinhard» war zunächst Ende Aug. 1919 vor-
nehmlich vom ‹Vorwärts› aufgegriffen worden und führte später zu einer
öffentl. Kontroverse zwischen Noske und Scheidemann. Der Offizier-
Stellvertreter Georg Neuendorf hatte den Kommandeur der Berliner
Reichswehrbrigade 15, Oberst Wilhelm Reinhard, beschuldigt, Finanzminister Erzberger einen Lumpen, die Regierung ein Gesindel und die
Fahne der Republik eine Judenfahne genannt zu haben. Reinhard stritt
die Vorwürfe im wesentlichen nicht ab, blieb jedoch von Noske unbehelligt. Scheidemann warf die Frage auf, ob Noske noch über die tatsächliche
militär. Macht verfüge. Über den Fall Reinhard kursierten verschiedene
Versionen von Agenturberichten, vgl. ‹I., II. und III. Ein Spiel um Reinhard›, BVZ 7. 12. 1919, M.
14 *ungediente Mann*] s. [93], 0.
18 *Heften grün und blau*] Gemeint sind die grünblauen Hefte der Schriftenreihe ‹Deutsche Gemeinwirtschaft›, hg. von Erich Schairer. Als Heft Nr. 5
hatte Schairer ein ‹Rathenau-Brevier› (Jena 1918) zusammengestellt, 1919
war Rathenaus Schrift ‹Autonome Wirtschaft› als Heft 12 erschienen; vgl.
[85], *3 f* und [223].

Das Geheimnis der Lebenden

V: Peter Panter
D[1]: WB Jg. 15, Nr. 40, 25. 9. 1919, II, S. 395–396 [Rubrik:] Rundschau
Bibl.: Bonitz / Wirtz D 564; GW 2
Rez.: Claude Farrère: Das Geheimnis der Lebenden. Berechtigte Übers.
aus dem Frz. von Olga Sigall. Frankfurt / M.: Rütten & Loening 1912

1   *Geheimnis der Zeit*] Vgl. [47]; [114].
20   ‹*Zeitmaschine*›] ‹The Time Machine›. London 1895; dt.: ‹Die Zeitmaschine›. Minden 1904 (Meisterwerke der Weltliteratur. Bd. 13).
24 f ‹*Das Geheimnis der Lebenden*›] ‹La maison des hommes vivants› (1911).
28   *durch Hanns Heinz Ewers empfohlen*] Ewers hatte 1911 Claude Farrères Roman ‹Fumée d'opium› (1904) mit einem Vorwort herausgegeben, s. Farrère: Opium. Ins Dt. übertr. von Maria Ewers. München 1911.
30   *Abneigung gegen den Vermittler*] s. [1], 7.
37   «*Hic nulla, nulla pax*»] Hier gibt's keinen Frieden.
40   *Glaube an Sunamitinnen*] Der Volksglaube, nach dem die Ausstrahlung junger Personen auf alte (bes. junger Mädchen auf alte Männer) eine lebensverlängernde Wirkung haben soll; nach dem Beispiel von David und der Jungfrau Abisag von Sunem (1. Könige, 1–4).

151

Klein-Piepeneichen

V: Theobald Tiger
D[1]: Ulk Jg. 48, Nr. 39, 26. 9. 1919, [S. 4]
Bibl.: Nd s. Bonitz / Wirtz D 565; 1 NdzL (Td) in: Deutsche Stimmen Jg. 31, Nr. 40, 5. 10. 1919, 688

Zum Thema Berlin–Provinz s. [164] und K.

Wirkung

In der von Gustav Stresemann hg. Zeitschrift ‹Deutsche Stimmen› (Nr. 4, 5. 10. 1919) erschien u. d. T. ‹Klein-Piepeneichen und Berlin› ein Auszug aus KTs Gedicht, dem Guenther Thomas eigene Verse gegen die Reichshauptstadt anfügte: «Und in Berlin? [...] / Da höhnt man und schimpft man und spuckt auf das Gestern / Und kann nicht genug verdammen und

lästern, / Dem man noch soeben die Stiefel geleckt, / Vor dem man in Ehrfurcht so gern wär verreckt. / Nun hat sich der Tiger, o staunet und hört, /
Verwandelt zum Esel und eifrig begehrt, / Dem toten Löwen zu treten
aufs Fell, / Ein rechter, erbärmlicher Jammergesell [...].»
Ein Proteststurm erhob sich gegen die im selben Heft des ‹Ulk› Nr. 39
abgedruckten Karikaturen, insbesondere gegen das «Eulenburg-Bild»
(S. 2), auf dem karikierte Gemälde von Wilhelm II. und der Kaiserin zu
sehen sind, darunter ein Schuljunge, der ein Bild Eulenburgs an die Wand
hängt. Zur Rolle Eulenburgs s. [76], *178*.

Zunächst meldete sich ein Leser der DTZ zu Wort (s. ‹Neuberliner Witz›,
DTZ 27.9.1919). Am 1.10.1919 erhielt KT dann einen Brief von Hans
Sachs (NL Stresemann), dem Hg. der Zeitschrift ‹Das Plakat› (s. [138], *1,
1f*), in dem dieser sich über die mangelnde zeichnerische Qualität des
‹Ulk› ausließ und darauf hinwies: «Bilder, wie auf der zweiten Seite von
Nr. 39 wiedergegeben, können in der ganzen Welt nur den Eindruck her-

vorrufen, oder bestärken, daß die deutsche Kunst nicht nur im Nieder-
gange, sondern bereits erledigt sei, und daß alle Anschuldigungen gegen
die Unkultur der Boches einen außerordentlich realen Hintergrund haben.» Sachs bereitete KT darauf vor, daß es durchaus möglich sein könnte, daß «in nächster Zeit Künstlerverbände öffentlich gegen die jetzige
Gestaltung des Ulk Stellung nehmen». KT antwortete am 3.10.1919, indem er insbes. auf den zweiten Punkt von Sachs' Kritik einging: «Kritik
an unserer Politik: Die verbitten wir uns» (NL Stresemann).
Am 9.10.1919 kritisierte der DNVP-Abg. Gottfried Traub das «Eulenburg-Bild» in der Sitzung der Nationalversammlung, s. [167]. Am
15.10.1919 meldete sich Theodor Wolff bei KT (DLA). Er sehe sich in der
unangenehmen Lage, «sagen zu müssen, daß ich die Art, wie der ‹Ulk›
heute redigiert wird, nicht zu billigen vermag». Kaum habe er den «Brief-
sturm» abgewehrt, der sich infolge des «Eulenburgbildes» erhoben habe,
erhalte er von allen Seiten Proteste gegen das Gedicht ‹Der Alldeutsche
singt› (s. [257*]).
Gustav Stresemann argumentierte, «daß die Zeitungen des Herrn Dr. Rudolf Mosse [...] als direkte agents provocateurs für den Antisemitismus
gewirkt haben. [...] Was sich besonders der Ulk des Berliner Tageblatts,
in unanständiger Art monarchistisches Empfinden zum Ziel seines Witzes gemacht zu haben, geleistet hat, geht unbedingt über das Erlaubte
hinaus» (Stresemann an den Zentralverein Deutscher Staatsbürger jüdischen Glaubens 28.1.1920; NL Stresemann). Noch am 7.5.1920 stellte
Stresemann das «Eulenburg-Bild» und das H. 39 des ‹Ulk› ins Zentrum
seines Artikels ‹Die wirklichen Ursachen des Antisemitismus› in der
‹Deutschen Zeitung› (Berlin); s.a. [86], 0. Näheres s. Bonitz/Meyer-Voth
1998.

9   *der Arbeiterrat*] s. [28], 5.
11 *Thronverzicht*] s. [1], 65.
15 *Schuld am Kriege*] s. [75], 22.
23 *Staatsgericht*] s. [135].
35 *Tarifvertrag*] Im Juli war es in Pommern zu einem Streik der Landarbeiter
    gekommen, nachdem Großgrundbesitzer die Zahlung der vereinbarten
    Tariflöhne verweigert hatten. Am 18.7. hatte der preuß. Landwirtschafts-
    minister Otto Braun den Pommerschen Landbund, eine Organisation der
    dortigen Großagrarier, in der Landesversammlung scharf angegriffen:
    «Es ist kein Zufall, daß gerade in Pommern die Bewegung einen so ge-
    reizten Charakter angenommen hat, denn in Pommern ist der Pommer-
    sche Landbund zu Hause, der angeblich wirtschaftsfriedlichen Zielen

dient, in Wahrheit aber das Zustandekommen von Tarifverträgen vereitelt und politisch reaktionäre Ziele verfolgt. [...] Dieser Bund hat es auch verstanden, den militärischen Apparat in seine Dienste zu stellen. [...] Gewisse militärische Kommandostellen stecken mit diesem Landbund unter einer Decke [...]» (zit. nach BVZ 18.7.1919, M: ‹Minister Braun gegen die Agrarbolschewisten. Eine Anklagerede gegen den Pommerschen Landbund›).

47 *Sie hängen an Bildern.*] Mitte Sept. war es zu zahlreichen Schülerdemonstrationen gegen die Entfernung von Bildern des ehemaligen Kaisers und des Kronprinzen aus den Schulgebäuden gekommen. Der preuß. Kultusminister Haenisch (SPD) hatte in wiederholten Erlassen und Erklärungen jede polit. Werbung und Agitation an den höheren Schulen Preußens verboten; s.a. [179].

52 *Haby-Schnurrbart*] François Haby, kgl. Hoflieferant und Hoffriseur Sr. Majestät Wilhelm II., propagierte zwischen 1890 und dem 1. Weltkrieg mit dem Slogan «Es ist erreicht» die «Patent-Kaiser-Binde mit hohllagernden, federnden Spreizen, nach Wahl mit Ohren- oder ohne Ohrenschutz», das «weltberühmte Original-Schnurrbart-Bindenwasser» u.a.

152

Wir hätten sollen ...

V: Peter Panter
D[1]: Berliner Tageblatt Jg. 48, Nr. 465, 2.10.1919, A, [S. 2]
Bibl.: Nd s. Bonitz/Wirtz D 566; 3 Nd; GW 2

3 ff *«Wir hätten ... zu Hause bleiben!»*] s. Alexander Moszkowski: «... Wir hätten sollen ...» (Resumé einer größeren Vergnügungsreise); in ders.: Der dümmste Kerl der Welt. Ein Humoristikum. Berlin [1912], 198–199.

12 *Karlchen, Jakopp und ich, aus Rumänien*] Mitte Nov. 1918 verließ KT das rumän. Calafat, wo er zuletzt als Feldpolizeikommissar Dienst tat und fuhr über Hermannstadt, Budapest, Wien, München nach Berlin. Mit ihm unterwegs waren die «rumänischen Freunde» KTs (KT an MT 30.7.1919; UuL, 233): Erich Danehl, von KT stets «Karlchen» genannt, und Hans Fritsch («Jakopp»). «Die Freundschaft mit Karlchen datiert aus Autz» (KT an MT 29.10.1919; UuL, 274), wo Danehl im April 1917 Gerichtsoffizier war, mit Fritsch traf KT im Mai 1918 in Craiova zusammen. Ihn besuchte KT im Aug. 1919 in Hamburg, s. [149], *0*. Im Herbst 1919 dedizierte KT seine ‹Frommen Gesänge› (s. [187]) «Karlchen und

Jakopp zur Erinnerung an Rumänien». Beide tauchen auch später wiederholt in Texten KTs auf, z. B. im Tagebuch einer gemeinsamen Weinreise ‹Das Wirtshaus im Spessart› (Bd. 9 [154]), Danehl am ausführlichsten in ‹Schloß Gripsholm› (s. Bd. 14 [51]), Fritsch im ‹Pyrenäenbuch› (s. Bd. 9 [1], 1654 ff).

15 *an die Panke*] s. [7], 2.
35 *mit Augusten*] Mit Gussy Holl; s. [66], 26.
40 *Theater lag in der Großen Frankfurter Straße*] Dort befand sich das Rose-Theater unter der Direktion von Bernhard Rose.
41 *‹Doppelt geschändet› oder ‹Die Liebe des Freimaurers›*] Offensichtl. fiktiver Titel. Im April, während im Walhalla-Theater ‹Der Jäger von Kurpfalz› aufgeführt wurde (s. u. 55), gab das Rose-Theater ‹Stärker als der Tod› und ‹O schöne Zeit, o selige Zeit›, s. [53], 32 und K und [252*].
55 *Jäger von Kurpfalz*] Ferdinand Bonns Volksstück wurde am 2. 4. 1919 im Berliner Walhalla-Theater uraufgeführt: ‹Der Jäger von Kurpfalz›, Stück in drei Akten mit Gesang, frei nach Immermanns Roman ‹Der Oberhof›, Musik von Victor Hollaender, unter Benutzung dt. Volkslieder (‹Ein Jäger aus Kurpfalz› ist ein hessisches Volkslied aus dem 18. Jh.).
84 f *Einmal fuhren wir*] Ende August 1918, s. KT an MT aus Turn-Severin, 1. 9. 1918; UuL, 151 f.
116 f *Traktate über die Freiheit des Willens*] Schopenhauer: Die Welt als Wille und Vorstellung (1819 / 1847).

153

Neuer Militarismus

V: Ignaz Wrobel
D¹: WB Jg. 15, Nr. 41, 2. 10. 1919, II, S. 405–407
Bibl.: Nd s. Bonitz / Wirtz D 567; 2 Nd; GW 2

1 *derzeitigen Reichswehrminister*] Gustav Noske.
7 ff *«Eine Truppe ... neuntausend Mann betragen.»*] s. ‹Die Neuordnung des Sicherheitsdienstes. Die staatliche Polizei. Die ‹Hilfspolizeimannschaft›. – Die Aufgaben der alten Schutzmannschaft›, BT 30. 7. 1919, A.
13 *Verletzung des Friedensvertrages*] s. [75], 1.
16 f *ihre Organisation*] Dazu wird in dem Artikel ‹Die grüne Polizei an der Arbeit. Ein Probemanöver in der Kaserne› (BT 27. 9. 1919, A) ausgeführt: «An der Spitze der Sicherheitspolizei steht der Kommandeur, ihm zur Seite der Kommandostab. Ihm unterstehen drei Gruppen zu je drei Ab-

teilungen, zu je sechs gewöhnlichen und einer technischen Hundert-schaft. Außerdem sind dem Kommandostab unmittelbar untergeordnet zwei Parks für Geräte-, Reserven- und Instandsetzungsarbeiten aller Art, eine Flieger-, eine Nachrichten- und eine berittene Staffel. Unter techni-scher Hundertschaft ist eine Zusammenfassung von 100 bis 200 Beamten zu verstehen, die mit allen Kampfmitteln moderner Technik bewaffnet und mit zahlreichen Kraftwagen ausgestattet, geeignet ist, jeden Wider-stand zu brechen.»

19 *Artikel*] Heinrich Lindenau: Schutzmann oder Sicherheitssoldat?, BT 30.7.1919, A. Nach Darstellung Lindenaus war die Anregung zur Grün-dung der neuen Truppe vom Reichswehrminister Noske ausgegangen, und der Plan im Innenministerium von einem Stabsoffizier für Polizei-organisation ausgearbeitet worden.

33 *Kommandeur der neuen Polizeitruppe*] Als solcher fungierte Oberst v. Schoenstädt; s. ‹Die neue Sicherheitspolizei›, BLA 21.6.1919, M.

59 f *nicht mehr Herr seiner Entschlüsse*] s. [149], *12.*

61 *Schulreform*] s. [121].

65 *Die neue Polizeitruppe*] Vgl. auch ‹Die Schupo› in Bd. 5 [177].

73 *«englischen Söldner»*] Bei Kriegsausbruch bestand die brit. Armee aus Freiwilligen. Nach schweren Verlusten in Flandern und Nordfrankreich ging die brit. Regierung bis Kriegsende zur Wehrpflicht über.

94 *Belagerungszustand*] Der am 3.3., zu Beginn des Generalstreiks, über Berlin verhängte Belagerungszustand wurde erst am 5.12.1919 wieder aufgehoben; s.a. Ferdinand Nübell: Der Belagerungszustand, in: WB 20.11.1919, II, 621–625.

154

Ich schnitt es gern ...

V: Kaspar Hauser
D¹: WB Jg. 15, Nr. 41, 2.10.1919, II, S. 420
Bibl.: Nd s. Bonitz/Wirtz D 568; 1 Nd; GW 2

7 f *schnitt ... Rinden ein.*] Erster Vers des Gedichts ‹Ungeduld› von Wilhelm Müller.

Feuerwerk

V: Peter Panter
D[1]: WB Jg. 15, Nr. 41, 2.10.1919, II, S. 428–429 [Rubrik:] Rundschau
Bibl.: Bonitz/Wirtz D 569; GW 2
Rez.: Gilbert Keith Chesterton: Verteidigung des Unsinns, der Demut,
des Schundromans und anderer mißachteter Dinge. Leipzig: Verlag der
Weißen Bücher 1917

3 *Alain*] Alain [d.i. Émile Auguste Chartier]: Vorschläge und Meinungen
   zum Leben. Leipzig: Verlag der Weißen Blätter 1914.
3 *Bottom*] ‹Die Bemerkungen Jeroboams oder Das Geschäft in Aktien›.
   Übertragen von Vico Muralto. Leipzig: Verlag der Weißen Blätter 1914.
   Vgl. KTs Rez. in der WB vom 28.9.1922 (s. Bd. 5 [242], 5 ff), dort mut-
   maßt KT über den Verfasser: «das witzige Deutsch des Büchleins ist so
   gepflegt und graziös, daß man auf Franz Blei tippen möchte».
7 f *Oscar Wilde … ganz Wien verpestet hat*] Gemeint ist wohl das Wiener
   Theaterjahr 1907, in dem insgesamt vier Lustspiele Wildes in versch. Inszenierungen auf mehreren Wiener Bühnen gespielt wurden. Den größten Publikumserfolg hatten ‹Ein idealer Gatte› mit über einhundert
   Aufführungen und die dramatische Bearbeitung des ‹Dorian Gray›, die
   auf nicht weniger als vier Bühnen in Szene gesetzt wurde. Vgl. Willi
   Handl: Das wiener Theaterjahr, SB 11.7.1907, II, 36 f; Egon Friedell:
   Oscar Wilde in Wien›, SB 28.11.1907, II, 531.
8 *Paradoxa*] Vgl. KTs Aufführungsbespr. von Wildes ‹Bunbury›, Bd. 4
   [155].
11 f *Verband Deutscher Bolschewisten*] s. [45].
14 *Harry Walden noch jung war*] Der 1875 geb. Schauspieler Harry Walden,
   der vor dem Krieg ein wenig erfolgreiches Gastspiel am Berliner Lessing-
   Theater gegeben hatte, war zu einem begehrten Filmstar geworden; er
   war 1919 in den Berliner Kinos in ‹Am Tor des Todes›, ‹Der Mandarin›
   und in ‹Die Hindernis-Ehe› zu sehen. Anfang Okt. 1919 war Walden in
   den Schlagzeilen, da er seinen Austritt aus dem Burgtheater Wien vollzog
   und die Direktion der Wiener Volksbühne übernahm.
16 *Bild von Chesterton*] KT beschreibt hier die Porträtzeichnung, die er
   gerahmt über seinem Schreibtisch hängen hatte, erhalten im Nachlaß
   (KTA).
19 *‹Mannes, der Donnerstag war›*] Der Roman ‹The Man Who Was Thurs-
   day›, 1908 (dt. 1910). Vgl. auch KTs spätere Rezensionen zu Werken von

Chesterton: ‹Priester und Detektiv›, s. Bd. 4 [122]; ‹Das Paradies der Diebe›, in: WB 17.1.1928, I, 92–96; D 1967; ‹Der unsterbliche Mensch›, in: WB 9.12.1930, II, 859–865; D 2514; vgl. auch die Äußerungen über Chesterton in den Briefen an Marierose Fuchs 17.12.1929, Z. 199 ff und an HM 20.12.1933 (Bd. 20 [B 102], 11 ff).

19 f ‹Orthodoxie›] Die Essays ‹Orthodoxy›, 1908 (dt. 1909).
20 ‹Heretiker›] Die Essays ‹Heretics›, 1905 (dt. 1912).
20 ‹Magie›] Komödie 1913 (dt. 1914).
21 Tirpitz] s. [7], 9.
30 Die Verteidigungen der Planeten] In: ‹Die Verteidigung des Unsinns›. Leipzig 1917, 30–36.
30 f der Detektivgeschichten] ebd., 133–139.
31 des Schundromans] ebd., 14–23.
35 f ‹Verteidigung des Patriotismus›] ebd., 140–149.

156

Die Histörchen

V: Theobald Tiger
D¹: Ulk Jg. 48, Nr. 40, 3.10.1919, [S. 1]
Bibl.: Nd s. Bonitz/Wirtz D 570; 1 Nd
Mit Zeichnungen von Willi Steinert

Vorlage war das Gedicht ‹Die Histörchen› von August Kopisch, s. ‹Allerlei Geister›. Gedichte und Erzählungen von August Kopisch. Ausgewählt von Leo Greiner. München 1913, 68–79.

5 Die Nationalen] Zur Deutschnationalen Volkspartei s. [123].
7 Areopag] Volksgericht im antiken Athen.
15 reklamieren] s. [7], 11.
26 Die Unabhängigen] Die 1917 als Reaktion auf die mehrheitssozialdemokr. Kriegspolitik gegründete Unabhängige Sozialdemokratie (USPD) trat im Gegensatz zur MSPD für eine Radikalisierung der Revolution ein. Sie spaltete sich nach der Revolution zusehends in einen linken und einen rechten Flügel, wobei sich der Erstere mehr und mehr durchzusetzen vermochte. KT trat der Partei am 1.3.1920 bei und schrieb für die Parteiblätter ‹Freie Welt› und ‹Die Freiheit›.
30 f Ende der neuen Freiwilligen-Verbände] Seit ihrem Parteitag vom 2. bis 6.3.1919 in Berlin verlangte die USPD in ihrem Aktionsprogramm die so-

fortige Auflösung des durch Freiwilligenkorps gebildeten Söldnerheeres. Auf dem SPD-Parteitag in Weimar hatte Noske nicht nur seine antirepublikanischen Truppen verteidigt, sondern auch den ehemaligen USPD-Volksbeauftragten Emil Barth der Konspiration mit den Offizieren der Garde-Kavallerie-Schützen-Division beschuldigt. Am 7.6. habe Barth im GKSD-Hauptquartier die Herren davon zu überzeugen versucht, daß sie den Unabhängigen dienen müßten, um das Vaterland zu retten. Ob Noskes Anklage zutraf, ist nicht erwiesen (s. ‹Noskes Verteidigung›, BVZ 12.6.1919, M).

43 *Die Mehrheitler*] Die Mehrheitssozialdemokratie (MSPD), führend in der Weimarer Koalition mit DDP und Zentrum. Gegenüber den Anfangsmonaten der Republik befand sie sich inzwischen in einer deutlich schwächeren Position, da sich ein Teil ihrer Anhängerschaft aus Enttäuschung über den Kompromißkurs der Führung von ihr abgewandt hatte.

47 *wer am Kriege wohl schuldig sei*] Wie fast alle anderen Parteien hatte die MSPD die Friedensbedingungen der Alliierten mit dem Kriegsschuldartikel 231 zurückgewiesen (s. [75], 22). Zwar wurde parteiintern nicht nur die Schuldfrage, sondern auch der eigene Anteil an Verantwortung in bezug auf die Bewilligung der Kriegskredite im Aug. 1914 kontrovers diskutiert. Zu einem klaren öffentl. Bekenntnis des Schuldanteils Deutschlands bzw. der Träger seiner Vorkriegspolitik konnte sich die Parteiführung jedoch nicht entschließen. Die Nationalversammlung setzte am 21.8. einen Parlamentarischen Untersuchungsausschuß zur Klärung der Kriegsschuldfrage ein. Die Regierung beauftragte den ehemaligen General Graf Montgelas und den Völkerrechtler Prof. Schücking mit der Veröffentlichung der Urkunden über die Vorgeschichte des Krieges, die im Dez. erschienen. Montgelas und Schücking griffen auf die bereits im März abgeschlossenen, jedoch aufgrund polit. Kontroversen zunächst unveröffentlicht gebliebenen Untersuchungen Karl Kautskys zurück. Das Auswärtige Amt nahm über ein eigens gegr. Kriegsschuldreferat Einfluß auf die Tätigkeit der Herausgeber, so daß die Veröffentlichung besonders belastender Dokumente teilweise unterblieb.

60 *Die Zentrumsleute*] Die Zentrumspartei stellte die wesentliche parlamentarische Vertretung des politischen Katholizismus dar. Seit Bestehen des Kabinetts Scheidemann (13.2.) an der Regierung beteiligt, bildete sie seit Ende Juni bis zum Wiedereintritt der Demokraten in die Regierung am 3.10. neben der MSPD die einzige Regierungspartei.

62 *Konfessionslose Einheitsschule?*] Die Einheitsschule sollte der von Schulreformern geforderten Aufhebung der Unterteilung in Vorschule (als Vorbereitung auf das Gymnasium) und Volksschule, die meist von höhe-

rer Bildung ausschloß, dienen. Die WRV sah anstelle der Vorschulen eine
für alle gemeinsame Grundschule vor. Zur Beseitigung der Bekenntnis-
schule und der geistlichen Ortsschulaufsicht vgl. K zu [5] und [121].

73 *Die Demokraten*] Am Kabinett Bauer (seit 26. 6.) zunächst nicht beteiligt,
erfolgte der Wiedereintritt der Deutschen Demokratischen Partei in die
Regierung am 3. 10. 1919. Die DDP war im Nov. 1918 aus der Fortschrittlichen Volkspartei sowie Teilen der Nationalliberalen Partei hervorgegangen; sie bildete die politische Hauptvertretung des demokratisch gesinnten Bürgertums und als solche den Partner von SPD und Zentrum in der
Weimarer Koalition.

157

«An alle Frontsoldaten!»

V: Ignaz Wrobel
D[1]: Berliner Volks-Zeitung Jg. 67, Nr. 472, 6. 10. 1919, A, [S. 1–2]
Bibl.: Nd s. Bonitz/Wirtz D 571; 3 Nd; GW 2

Vgl. [173].

Dem Artikel ist folgende redaktionelle Bemerkung vorangestellt:
«Diesen Titel trägt eine Schrift des Scherl-Verlages, die sich in der Haupt-
sache mit einigen Artikeln unseres Mitarbeiters Ignaz Wrobel in einer
Weise beschäftigt, die eine Entgegnung notwendig macht. Wir geben da-
her dem Verfasser der auch von uns veröffentlichten Artikel das Wort.»
Zum Scherl-Verlag s. [173], 6.

0 «*An alle Frontsoldaten!*»] Curt Eckhardt: An alle Frontsoldaten. Berlin
[1919]. (Flugschriften des ‹Tag› Nr. 10).
1 *in der ‹Volkszeitung›*] s. [127]. Eckhardt hatte diesen Artikel von Ignaz
Wrobel in der BVZ zum Anlaß für einen Brief an den Hg. der WB, Jacobsohn, genommen, s. [127], *139ff*; Jacobsohn gab KT auch Raum zur Erwiderung auf Eckhardts Schrift in der WB, s. [173].
2 *in der ‹Weltbühne›*] Die ‹Militaria›-Serie; s. [4]; [9]; [13]; [16]; [18]; [22];
[134].
5 f «*Ich kenne ... einzelnen.*»] ebd., 10.
6 ff «*Die republikanische ... wagt ...*»] ebd., 13.
8 f «*Hetzartikel*». – «*Judas Ischarioth*»] ebd., 31.
34 *Ludendorff schreibt*] «Ich habe vier Jahre diese Anstrengung gehabt ohne

Ruhe und Rast. Da konnte ich von Feldküchenkost nicht leben. Und doch erklärte ich im Oktober 1918 dem neuen Kriegskabinett des Prinzen Max, auch die Oberste Heeresleitung würde aus der Feldküche essen, wenn sämtliche Staatssekretäre und ganz Berlin nur aus der Feldküche äßen. […] So lange wir noch eine staatliche Ordnung besitzen, so lange muß es Autoritäten geben. So lange werden auch gesellschaftliche Unterschiede bleiben» (s. Erich Ludendorff: Meine Kriegserinnerungen 1914–1918. Berlin 1919, 521). KT bezog diese Information vermutl. aus der BVZ 18.8.1919, M: ‹Ludendorff und die Goulaschkanone›.

45 ff *«Die mittlere Führung … vermerkt.»*] ebd., 41–42.

64 ff *Der falsche Einwand … die Front zermürbt*] Vgl. die Rede des deutschnationalen Abg. Graefe in der NV am 25.7., in der er den Sozialdemokraten zurief: «Mit welchen demagogischen Mitteln Sie […] unsere militärische Macht zerrütteten, dafür liegen die Bekenntnisse von Herrn Vater und Herrn Ledebour vor. Ebenso direkte Beweise von der Front selbst. Am 24. Juni 1917 schon erließ die Oberste Heeresleitung ein Rundschreiben gegen diese Wühlarbeit gegen die Manneszucht. […] Die Zermürbung unseres Heeres hat seinen Zusammenbruch herbeigeführt» (zit. nach BLA 26.7.1919, M: ‹Die große Aussprache in Weimar›).

76 f *meine Arbeit … «negativ»*] s. [32].

158

Politische Satire

V: Ignaz Wrobel (D^1); Theobald Tiger (D^2)
D^1: WB Jg. 15, Nr. 42, 9.10.1919, II, S. 441–443
D^2: Fromme Gesänge 1919, S. V–IX
Bibl.: Nd s. Bonitz/Wirtz D 572; 9 Nd; GW 2

s. auch [210].

Varianten
Die Varianten sind nach D^2 verzeichnet
1 Paul:] Paul *darüber auf extra Zeile, gesperrt gedruckt* 3 Frau Konik:] Frau Konik *darüber auf extra Zeile, gesperrt* 4 Paul … (zugleich):] Paul (zugleich) *auf extra Zeile, gesperrt* 5 Frau Konik:] Frau Konik *auf extra Zeile, gesperrt* 5 Ihr] ihr 7 Konik:] Konik, *darüber auf extra Zeile, gesperrt gedruckt* 7 Die] die 14 umso] um so 15 heißt:] heißt, 16 liegt] liegen 24 Keiner] keiner 60 eignen] eigenen 63 Einer] einer 63 Jeder] jeder

65 sechsunddreißig Monarchen] zweiunddreißig Monarchien **68** andres!»] anders!» − **69** andres] anders **76** Einzelner] einzelner **76 f** verkleinert −] verkleinert − − **89** frommer] frömmer **90** willen.] willen. − **92 ff** Ein
... erscheint),] *fehlt* **94** gibt] so gibt das vorliegende kleine Büchlein **108** Einige] einige **109** Und] − Und

1 ff *Paul ... gilt!*] s. ‹Zweimal Zwei ist Fünf›. Satyrspiel von Gustav Wied. Übers. von Ida Anders [d.i. Ida Jacobs]. Berlin, Stuttgart, Leipzig [1908], 162−163.

17 f ‹*Simplicissimus*› − *der alten Prägung*] s. [12], 36 ff und K; [244], 21 ff.

25 *Die Satire ist heute*] Vgl. ‹Die moderne politische Satire in der Literatur› von KT in der ‹Dresdner Volkszeitung› vom 14.5.1912, s. Bd. 1 [38].

28 *Die Zensur ist in Deutschland tot*] s. [32], 40.

33 *Thaliens*] Thalia, in der griech. Mythologie die Muse des Theaters.

43 f *mit Engelszungen ... Hasses nicht*] Nach 1. Korinther, Kap. 13, Vers 1: «Wenn ich mit Menschen- und Engelzungen redete und hätte der Liebe nicht, so wäre ich ein tönendes Erz oder eine klingende Schelle.»

65 *sechsunddreißig Monarchen*] Gemeint sind die seit dem Wiener Kongreß dem «Deutschen Bund» angehörenden 34 (später 28) souveränen Fürsten (und 4 Freien Städte). Das mit Bundestagsbeschluß vom 10.12.1835 erfolgte «Verbot aller bisherigen Schriften des sogenannten Jungen Deutschland» im ganzen Gebiet des Deutschen Bundes betraf auch die Werke von Heinrich Heine. Die Zahl «sechsunddreißig» hat KT wohl von Heine übernommen, der z.B. in dem Gedicht ‹Der Tannhäuser› (III, Strophe 11) «Von sechsunddreißig Monarchen» geschrieben hatte. Im Sammelband ‹Fromme Gesänge› änderte KT die Zahl in «zweiunddreißig».

68 f *Ja, Bauer ... andres*] Zitat aus Karl Wilhelm Ramler: ‹Der Junker und der Bauer›; s. ders.: ‹Fabellese›. Berlin 1783−1790.

159

Saisonbeginn

V: Kaspar Hauser
D¹: WB Jg. 15, Nr. 42, 9.10.1919, II, S. 449
Bibl.: Nd s. Bonitz/Wirtz D 573; 2 Nd; GW 2

3 *den alten Holzbock*] s. [130], 52.

4 *Rideau!*] Vorhang.

8 *Ullstein, Scherl und Mossen*] Die drei beherrschenden Berliner Zeitungs-
verlage. Bei Ullstein erschienen ‹Vossische Zeitung› und ‹Berliner Morgenpost›, bei Mosse BT und BVZ, im Scherl-Verlag ‹Der Tag›, ‹Berliner
Lokal-Anzeiger›.

10 *L. Fulda*] Ludwig (Anton Salomon) Fulda hatte vor 1914 zahlr. vom
Naturalismus Hauptmanns und Sudermanns beeinflußte Lustspiele ge-
schrieben. Nachdem ihm 1914 das für seine Molière-Übers. verliehene
Kreuz der Ehrenlegion wieder aberkannt worden war, sprach er sich im
Dez. 1916 als Vorstand des Verbandes dt. Bühnenschriftsteller gegen die
Aufführung der Stücke von Autoren aus deutschfeindlichen Ländern aus.
Während des Krieges schrieb er vier Lustspiele (s.a. [202], *51f*) und
wandte sich dem Kino zu, s. [224], *38*.

10 *der Knabe Hasenschiller*] Walter Hasenclever, der mit seinem Drama ‹Der
Sohn› den Durchbruch des Expressionismus im Theater bewirkte (s.
[145], *10*), war bereits 1914 (nach Erscheinen der Buchausgabe) mit dem
jungen Schiller verglichen worden: «Hasenclever, dem ein gleiches Pathos
aus erschütterter Seele quillt», schrieb Kurt Pinthus in der SB (2.4.1914,
I, 394). Ähnlich feierte ihn das revolutionäre Deutschland als «politischen» Dichter nach der Aufführung des ‹Sohns› am 22.11.1918.

11 *monatlich ein neues Stück*] Hasenclever hatte zwar nicht monatl., aber
jährlich ein neues Drama geschrieben: Dem ‹Sohn› (1914) folgte 1915 ‹Der
Retter›; 1916/17 schrieb er eine Neufassung der sophokleischen ‹Antigone›, für die er 1917 den Kleist-Preis erhielt und die 1919 im Febr. im
Schauspielhaus Frankfurt/M. aufgeführt wurde. 1918 entstand ‹Die Menschen› und im Sommer 1919 ‹Die Entscheidung›. Das Stück war von Hasenclever eigens zur Eröffnung der «Tribüne» am 12.9.1919 verfaßt worden, bei der auch ‹Der Retter› erstmals aufgeführt wurde. Mit der
Begründung der «Tribüne» und einem expressionistisch-aktivistischen
Spielplanentwurf für 1919, startete Karl-Heinz Martin den ersten Versuch
einer «Podiums-Bühne» in Berlin, deren geistig-politischer Konzeption
auch Tollers ‹Wandlung› entsprach, die dort am 30.9.1919 uraufgeführt
wurde (s. [202]).

17 *Herr Lubitsch*] Der Regisseur feierte mit seinem neuen Film ‹Madame
Dubarry› Triumphe. Vgl. [175], *1*.

19 *Die Orska bibbert*] s. [166], *6f*.

21 *Pfräulein Pfein*] Maria Fein, engagiert am Deutschen Theater in Berlin,
spielte 1919 auch die Hauptrolle in dem Kinofilm ‹Nicht eher sollst Du
Liebe fühlen, als …›. Mit dem «fetten Bissen» ist wohl die Rolle der
Elektra (‹Orestie› von Aischylos) gemeint, die Maria Fein bei *dem* Er-
eignis dieser Theatersaison spielen sollte, bei der Eröffnung des Großen

Schauspielhauses (28.11.1919) im Zirkus Schumann, den Max Reinhardt von Hans Poelzig zum sog. «Theater der Fünftausend» umbauen ließ.

22 *Thalia*] s. [158], *33*.

24 f *Nach Neune ist alles aus ...!*] Zitat aus Theodor Fontane: Von Zwanzig bis Dreißig, Schluß des 6. Kapitels über «Louis Schneider, Hofschauspieler, Geh. Hofrat, Vorleser Friedrich Wilhelm IV.»; von diesem, schreibt Fontane, habe er «einen Trostsatz, der lautete: ‹um neun ist alles aus›. Und mit diesem Satze haben wir manchen über schwere Stunden weggeholfen. Ich kann Ihnen diesen Satz nicht genug empfehlen.»

160

Sieben Anekdoten

V: Peter Panter
D^1: WB Jg. 15, Nr. 42, 9.10.1919, II, S. 458–459 [Rubrik:] Rundschau
Bibl.: Bonitz/Wirtz D 574
Rez.: Wilhelm Schäfer: Die begrabene Hand und andere Anekdoten. München: Georg Müller 1918

1 *dreiunddreißig Anekdoten*] Wilhelm Schäfer: Dreiunddreißig Anekdoten. München 1911.

15 *sieben Anekdoten*] Außer der Titelnovelle und der in Z. 16 f und Z. 26 erwähnten, enthält der Band: ‹Das Fräulein vom Stein› (S. 73–82); ‹Der Schimmel der Ostarmee› (S. 95–106); ‹An der Paßhöhe› (S. 107–123) und ‹Der fremde Hund› (S. 125–135). Auf diese Anekdote kommt KT in einem Brief an Hedwig Müller vom 16.3.1935 zurück, vgl. Bd. 21 [B 35], 85 ff.

16 f ‹*Der Brief ... Landammanns*›] s. Schäfer 1918, 57–71.

26 ‹*Das Heckerlied*›] ebd., 83–94.

161

Kino-Atelier

V: Theobald Tiger
D^1: Ulk Jg. 48, Nr. 41, 10.10.1919, [S. 2]
Bibl.: Nd s. Bonitz/Wirtz D 576; 9 Nd; GW 2

Der verbotene Kaiser Wilhelm

V: Ignaz Wrobel
D[1]: Berliner Volks-Zeitung Jg. 67, Nr. 482, 11. 10. 1919, A, [S. 2]
Bibl.: Bonitz / Wirtz D 577

1   ‹*Kaiser Wilhelms Glück und Ende*›] Film der Völkerbund Filmgesell-
    schaft 1919; Regie: Willy Achsel; Buch: Ferdinand Bonn. Darsteller: Fer-
    dinand Bonn (Wilhelm II.), Eugen Burg, Victor Janson u. a.
2   *verboten worden*] Der Film, dessen Uraufführung am 5. 10. stattgefunden
    hatte (s. Vorwärts 7. 10. 1919, M: ‹Der gefilmte Exkaiser›), wurde am Vor-
    abend der Kino-Erstaufführung (10. 10.) verboten. Die BVZ, die in der
    Morgen-Ausg. des 10. 10. 1919 eine Anzeige des «größten Kinos der
    Welt», des «Sport-Palasts», geschaltet hatte, mußte in derselben Ausgabe
    bekanntgeben, daß die öffentl. Vorführung auf Anregung des Staats-
    kommissars für die Überwachung der öffentl. Ordnung verboten worden
    war. In der amtl. Begründung hieß es: «Der Inhalt des Films ist [...] von
    einer so weitgehenden Geschmacklosigkeit, daß es sich um ein künstleri-
    sches Werk [...] keineswegs handeln kann. Vielmehr ist der Film geeig-
    net, die Gefühle von Angehörigen einer beträchtlichen Volksschicht stark
    zu verletzen. In der gegenwärtigen Zeit, die die denkbar schärfsten Ge-
    gensätze zwischen den politischen Parteien gebracht hat, muß aber unter
    allen Umständen verhindert werden, daß auch noch das Lichtspieltheater
    zur politischen Kampfstätte gemacht wird [...]»; zit. nach: ‹Der Kaiser-
    film verboten. Eine Maßnahme des Oberkommandos aus Gründen der
    öffentlichen Ordnung›, in: BT 10. 10. 1919, M.
3 f *hier das Nötige gesagt*] s. ‹Wilhelms Glück und Ende›, BVZ 6. 10. 1919, M.
8   *Amerongen*] Exilsitz von Wilhelm II., s. [1], 65.
12 *ehemaligen Gönner*] KT erwähnte bereits in seiner Rez. ‹Ferdinand
    Bonns gesammelte Werke› (SB 28. 5. 1914, I, 586–589; D 295) einen Be-
    such des Kaisers im «Berliner Theater», der dem in existenzielle Schwie-
    rigkeiten geratenen Theaterleiter (1905–1907) Bonn wieder zu Ansehen
    verhelfen sollte. Folgt man Bonns Rechtfertigungsschrift ‹Zwei Jahre
    Theaterdirektor in Berlin. Ein Beitrag zur deutschen Kulturgeschichte›
    (1908, Neudr. in Bd. 3 der ‹Gesammelten Werke›. Leipzig 1911, 345–346),
    so bestätigt sich dort KTs Annahme nicht, daß Bonn von seiten des Kai-
    sers Unterstützung erhalten habe. Dagegen schilderte Bonn in diesen
    «Tagebuchblättern» ausführlich seine verzweifelten Bemühungen um die
    Aufmerksamkeit des Kaisers. Am 21. 10. 1919, A berichtete das BT, Wil-

helm II. habe bei der Staatsanwaltschaft in Berlin Strafantrag gegen Bonn gestellt (‹Der Kaiser gegen Ferdinand Bonn. Der ‹Kaiserfilm›).

19 f *Lärm einer vorlauten Clique*] In der amtlichen Verbotsbegründung hieß es, es sei «beispielsweise schon ein Plakat verbreitet worden, das die Studentenschaft aufforderte, mit Hausschlüsseln und Pfeifen bewaffnet, zu der Erstaufführung zu erscheinen». Darauf die BVZ: «[...] diese lächerliche Furcht [...] ist tief beschämend für die Meinung, die unsere Staatslenker von der Festigkeit der Republik haben», s. «‹Wohin soll das führen?› Der verbotene Kaiserfilm. – Zurückweichen vor dem alldeutschen Terror›, in: BVZ 10.10.1919, M.

27 *Gustav, der bleiben muß*] Noske hatte auf der MSPD-Versammlung Groß-Berlins am 28.9.1919 den Zuhörern scherzhaft seinen Rücktritt angeboten, worauf einer der Delegierten rief: «Justav muß bleiben!»

30 *9. November*] s. [2], *1*.

163
Kandidaten! Kandidaten!

V: Von einem Berliner
D[1]: Berliner Volks-Zeitung Jg. 67, Nr. 483, 12.10.1919, M, [S. 2]
Bibl.: Nd s. Bonitz/Wirtz D 578; 1 Nd

Zuschreibung s. [25].

Ebert war am 11.2.1919 von den Abgeordneten der Nationalversammlung zum provisor. Reichspräsidenten gewählt worden. Die am 31.7. vom Parlament verabschiedete Weimarer Verfassung sah jedoch unter Artikel 41 vor, daß der Reichspräsident vom ganzen dt. Volk, nicht nur von den Abgeordneten zu wählen sei. Adolf Damaschke, Vorkämpfer der dt. Bodenreformbewegung, empfahl sich in den von ihm hg. ‹Deutschen Nachrichten› selbst als Kandidat für eine eventuelle Präsidentenwahl (s. ‹Der Kampf um die Reichspräsidentenwürde. Adolf Damaschke als erster Kandidat›, BT 5.10.1919, M). Angesichts der schwierigen innen- und außenpolitischen Lage kam es jedoch nicht zu einer Präsidentenwahl; Ebert behielt das Amt bis zu seinem Tod 1925.

1 *Bodenreformer*] Der 1888 gegr. «Dt. Bund für Bodenreformer» (seit 1898 unter Vorsitz Damaschkes «Bund dt. Bodenreformer») setzte sich für eine Sozialverpflichtung des Bodenbesitzes (etwa in Form einer Grundrente)

bei gleichzeitiger Beibehaltung des Privateigentums an Grund und Boden ein. Er wurde maßgeblich für Art. 155 WRV, der das Bodenreformprogramm als ein Grundrecht des dt. Volkes festschrieb. Damaschke proklamierte seine Ideen u. a. in der von ihm hg. Zeitschrift ‹Die Bodenreform›.

11 *Schappohklapp*] Chapeau claque, zusammenklappbarer Zylinderhut.

13 f *Vereinigung der westfälischen Großindustriellen*] Der unter schwerindustrieller Vorherrschaft stehende «Verein zur Wahrung der gemeinschaftlichen Interessen in Rheinland und Westfalen» («Langnamverein»).

164

Eindrücke von einer Reise

V: Ignaz Wrobel

D^1: WB Jg. 15, Nr. 43, 16. 10. 1919, II, S. 473–477

Bibl.: Nd s. Bonitz/Wirtz D 579; 2 Nd; GW 2

Die Kontroverse um Presse, Literatur und Kunst zwischen Berlin und der Provinz waren von 1919 an häufig Gegenstand der Texte KTs, s. [151]; ‹Auf verlorenem Posten› (Bd. 4 [89]); ‹In der Provinz› (Bd. 4 [93]); ‹Berlin! Berlin!› (Bd. 9 [42]); ‹Kampfmittel› (WB 28. 12. 1926, II, 1015; D 1757); ‹Berlin und die Provinz› (WB 13. 3. 1928, I, 405–408; D 1983).

0 *Reise*] Vgl. [149], *0* und [151], *0*.

1 *Provinz*] Berlin hatte sich – insbesondere seit der Reichsgründung, die Berlin von der preuß. zur Reichshauptstadt machte – im Zuge fortschreitender Industrialisierung und Zentralisierung immer stärker zum geistigen und polit. Mittelpunkt Deutschlands entwickelt; die Einwohnerzahl war zwischen 1871 und 1919 von 932 000 auf 3,8 Mio. angewachsen. Das Gefälle zwischen der Hauptstadt und dem Reichsgebiet äußerte sich nach der Novemberrevolution häufig als polit. Gegensatz zwischen dem «roten» Berlin und der konservativen Provinz. Vgl. Ulrike Haß: Vom «Aufstand der Landschaft gegen Berlin». In: Bernhard Weyergraf (Hg.): Literatur der Weimarer Republik 1918–1933. München 1995, 340–370 und Jochen Meyer: Berlin – Provinz. Literarische Kontroversen um 1930. Marbach 1985.

18 *Kriegspresseamt*] s. [13], *25*.

22 f *Frauen in Lille*] s. [140], *207*.

31 *deutsche Kultur veräußerlicht*] Kaiser Wilhelm II.; vgl. dazu KTs erste publizierte Arbeit ‹Märchen›, Bd. 1 [1].

50 f «*Abwicklungsstelle*»] Für die Durchführung der nach Art. 160 des Versailler Friedensvertrages vorgeschriebenen schrittweisen Reduzierung der Truppenstärke waren Heeres- und Marineabwicklungsämter geschaffen worden, die sich mit Entlassungen, Abfindungen und Versorgungsansprüchen befaßten. Vgl. auch Bd. 4 [13]. In einem Brief an MT schrieb KT am 19. 8. 1919: «Die Freiwilligenverbände, die zum Teil geschaffen wurden, um Leuten Posten zu verschaffen, die zu faul und zu feige waren, sich im Zivil eine Berufsstelle zu verschaffen, diese Verbände werden zerfallen, auch wenn sie noch so geschäftig tun. (‹Abwicklungsstelle› –!)» (s. UuL, 239–240).

53 f *wozu hätten wir denn die «Bolschewisten»?*] Vgl. [45].

69 ff «*Meinen Sie ... Römer werden?*»] Zitat aus aus dem Dialog «Über die Deutschen zwischen einem Optimisten und Pessimisten»; s. Panizza: ‹Dialoge im Geiste Huttens›. Zürich 1897, 4.

75 *Einwohnerwehren*] Auch: Bürger-, Orts-, Grenzwehren. Neben den Freikorps und den Zeitfreiwilligenverbänden nach der Revolution entstandene paramilitärische Verbände, meist mit antikommunistischer Ausrichtung. Schätzungen zufolge sollen sich während des Jahres 1919 mehrere Hunderttausend Freiwillige zur Mitarbeit in den verschiedenen, uneinheitlich strukturierten Einwohnerwehren bereitgefunden haben. Besonders in Bayern spielten die dort unter Leitung des Forstrates Escherich organisierten Wehren («Organisation Escherich», auch: «Orgesch»), von denen Teile an der Niederschlagung der Münchner Räterepublik mitwirkten, eine wichtige Rolle. Vgl. auch [164], *50f* und Bd. 4 [17], *355*.

96 *Liebknechts und Landauers Ermordung*] s. [10]; [76]; [207], *4f.*

35 f *in diesen Blättern gestanden*] s. [70], 84 ff.

51 f *In Berlin liest man Toller*] Im Potsdamer Kiepenheuer-Verlag war Tollers Revolutionsdichtung ‹Die Wandlung› erschienen. Die Uraufführung des Stücks am 30. 9. in der Berliner «Tribüne» hatte ihn über Nacht bekannt gemacht, s. [202].

52 *Dietrich Schäfer*] Innerhalb der Professorenschaft zählte der Berliner Historiker während des Weltkrieges zu den profiliertesten Vertretern des konservativen Flügels (vgl. [18], *34f*), dessen radikale Kriegsziele er etwa mit Bezug auf mittelalterliche dt. Ostkolonisation bekräftigte. Zu seinen Aktivitäten zählte u. a. die Verbreitung der mit über 3000 Unterschriften versehenen ‹Erklärung der Hochschullehrer des Deutschen Reiches› vom 16. 10. 1914 (s. Böhme 1975, 49–50), die die Konvergenz von dt. Wissenschaft und preuß. Militarismus herausstellte.

61 *Herausgeber dieses Blattes*] Siegfried Jacobsohn.

183 f *Schieber*] s. [6], *89.*
192 f *Winter ... unsres Mißvergnügens*] Nach Shakespeare: König Richard III.,
I, 1.

165

Kurländisches Landsknechtslied

V: Kaspar Hauser
D[1]: WB Jg. 15, Nr. 43, 16. 10. 1919, II, S. 486
D[2]: Die Freiheit Jg. 2, Nr. 513, 23. 10. 1919, S. 3
Bibl.: Nd s. Bonitz/Wirtz D 580; 1 Nd; Ackermann 1 NdzL

Vgl. [168].

Die Waffenstillstandsbedingungen sahen zwar den Rückzug der dt. Truppen hinter die Grenzen von 1914 vor, gleichzeitig jedoch zur Eindämmung des Bolschewismus und der Roten Armee auch den vorübergehenden Verbleib in Teilen des Baltikums. Die mangelnde Einsatzfähigkeit des sich demobilisierenden dt. Ostheeres versuchte die Reichsregierung durch die Anwerbung von Zeitfreiwilligen zu kompensieren, aus denen u. a. die Garde-Reserve-Division unter General v. d. Goltz gebildet wurde. Goltz' Truppen gelang es, gemeinsam mit diversen Verbündeten Kurland zurückzuerobern und weit gegen die Rote Armee vorzudringen. Nach Abschluß des Versailler Friedensvertrages wurde von seiten der Alliierten der Rückzug der dt. Freiwilligenverbände angemahnt. Diese widersetzten sich jedoch zum Teil – u. a. aufgrund eines Siedlungsversprechens der lettischen Regierung – dem Befehl von Reichswehrminister Noske und unterstellten sich eine Zeitlang der gegenrevolutionären Nordwestarmee des russ. Obersten Awaloff-Bermondt.

15 *Truppe, die Ihr selber schuft*] s. [168], *62.*
27 *Und hungern in der Heimat Die*] Am 28. 9. hatten die Alliierten der dt. Regierung vorgeworfen, sie versuche, sich der Verpflichtung zur Räumung des Baltikums zu entziehen und gedroht, alle Nahrungsmittel- und Rohstoffzufuhren einzustellen, also die erst im Juli 1919 aufgehobene Blockade (s. [44]) erneut zu verhängen; s. a. [168], 43 ff und 98 ff.
30 *Schwarz-Weiß-Rot –!*] s. [26], *15.*

166

Eugen Klöpfer

V: Peter Panter
D¹: WB Jg. 15, Nr. 43, 16.10.1919, II, S. 491–492 [Rubrik:] Rundschau
Bibl.: Nd s. Bonitz/Wirtz D 581; 1 Nd; GW 2

3   *neben S.J.*] Vgl. Siegfried Jacobsohns Aufführungsbesprechung: ‹Schau-
    spieler-Abende›, in: WB 25.9.1919, II, 391 f.

6 f *Orska als Milfordsche gemaunzt*] Einige Kostproben davon bot SJ auch
    den Lesern der WB in seiner Besprechung der Aufführung von Schillers
    ‹Kabale und Liebe› im Theater in der Königgrätzer Straße, in der Maria
    Orska die Favoritin des Fürsten spielte: «Statt Herz hat sie Häz, und
    auch das ist kinstlich. Seit sie dem Fürsten anheimgefallen ist, liebt sie
    zum ästen Mal. ‹Dähnesiesainlahndsoffie.›», ebd., 393.

9 f *rostige, verrauchte Stimme*] An die «rostige Stimme Klöpfers» erinnert
    sich KT noch 1934, als er Pläne für eine Besetzung von Hasenclevers
    Stück ‹Münchhausen› machte, s. Bd. 20 [B 207], 19 ff.

14   *‹Die letzten Ritter›*] Komödie von Heinrich Pfeiffer. Aufführung im
    Deutschen Künstler-Theater, Berlin, mit Klöpfer und Hanns Fischer in
    den Hauptrollen.

18   *Kebse*] Nebenfrau; urspr.: Sklavin, Magd (von mhd. «kebese»).

167

Saurer Traub

V: Theobald Tiger
D¹: Ulk Jg. 48, Nr. 42, 17.10.1919, [S. 2]
Bibl.: Nd s. Bonitz/Wirtz D 582; 1 Nd

2   *Erzchamäleon*] Anspielung auf Gottfried Traubs Werdegang vom ev.
    Pfarrer und Angehörigen der theologischen «Linken» zum deutschnatio-
    nalen Politiker; Traub begann seine polit. Laufbahn als Mitglied der
    linksliberalen Fortschrittlichen Volkspartei (FVP), die er von 1913–17 als
    Abgeordneter vertrat, gehörte 1917 zu den Gründungsmitgl. der Deut-
    schen Vaterlandspartei (s. [9], *54f*), vertrat deren annexionistische Posi-
    tionen im 1. Weltkrieg, war 1918 Mitbegründer und Wortführer der
    DNVP (s. [156], *5*) und 1919 deren Abgeordneter in der Nationalver-
    sammlung.

9   *im Reichstagssaale*] In der Sitzung der NV vom 9.10.1919, an der Traub
     als DNVP-Abgeordneter teilnahm, brachte er die Rede darauf, «was der
     ‹Ulk› in Nr. 39 des Blattes an Bildern von Kaiser und Kaiserin veröffent-
     licht in dem Stil, wie während des Krieges die Entente die Führer unseres
     Volkes in tierischer Form verzerrt dargestellt hat» (s. Verhandlungen der
     verfassunggebenden Deutschen Nationalversammlung. Bd. 330. Stenogra-
     phische Berichte. Reprint Bad Feilnbach 1986, 2971). Zu der Zeichnung
     im ‹Ulk› vom 26.9.1919, auf die sich Traub bezieht, s. [151], Wirkung.
     Vgl. auch [179].

22   *Krüppel, die jetzt blind*] Darauf reagierte das Sprachrohr des «Alldeut-
     schen Verbandes», die ‹Deutsche Zeitung› am 18.10.1919 mit dem Ge-
     dicht ‹Traub und Tiger› aus der Feder von «br»: «Kennt Ihr Theobald,
     den (Königs-)Tiger/Der den ‹Ulk› erfüllet mit Geschnaub?/Geifer
     spuckt er gegen Gottfried Traub,/Mit der Anmut der Vernichtungssie-
     ger./Jener warf es, Gottfried zu erschüttern/Mit der Frage, ob er je be-
     dacht,/Was der Krieg für Qualen hat gebracht/Krüppeln, Blinden und
     den grauen Müttern?/Panther! Tiger! Alter Passahhammel!/Höre auf
     mit Klageweibgestammel! –/*Deutsche* Mütter sind Spartaner Art!/Du
     sahst niemals *deutsche* Männer sterben! –/Was galt denen eigenes Verder-
     ben,/Wenn um *Deutschlands* Fahnen sie geschart!»

168

Die Baltischen Helden

V: Ignaz Wrobel
D[1]: WB Jg. 15, Nr. 44, 23.10.1919, II, S. 500–504
Bibl.: Nd s. Bonitz/Wirtz D 583; 1 Nd; GW 2

Vgl. [103]; [165].

9   *Achten Armee*] Zu dieser Armee gehörte die Fliegerschule Alt-Autz in
     Kurland, in der KT von August 1916 bis April 1918 stationiert war. Sie
     hatte am 3.9.1917 von den Russen die lettische Hauptstadt Riga erobert.

43   *Sie wollen ihr altes Leben weiterführen.*] s.u. *98 ff.*

52   *Die Letten*] Am 18.11.1918 war die Republik Lettland proklamiert wor-
     den.

62   *Ulmanis hat ihnen Land versprochen.*] Die lettische Regierung unter
     Staatspräsident Karlis Ulmanis hatte dt. Freiwilligen, die bereit wären, zur
     Unterstützung gegen die Rote Armee ins Baltikum zu kommen, das Ein-

bürgerungsrecht angeboten. Die im Reich mit Billigung Noskes operierende «Anwerbestelle Baltenland» arbeitete zusätzlich mit einem Ansiedlungsversprechen, das die lettische Regierung angeblich gegeben habe.

70 f *fast nur Ungünstiges zu berichten*] KT bezog seine Kenntnisse aus den Briefen von Mary Gerold, die mit den dt. Freiwilligenverbänden nach Mitau gezogen war und ihre Erlebnisse in detaillierten «Tagebuch-Briefen» für KT aufzeichnete, denen sie gelegentlich Beilagen wie Flugblätter und Feldzeitungen hinzufügte (s. Z. 93 ff). Das dritte und das vierte Extrablatt der ‹Trommel› vom 10. und 11. 10. 1919 wurden von MT aus Mitau an KT geschickt, sie sind im KT-Nachlaß (DLA) erhalten. Auf dem vierten Extrablatt fügte MT hs. hinzu: «Die ‹Trommel› ist in Riga verboten, weil sie sich nie ein Blatt vor den Mund nahm über die lettische Regierung.»

76 *sogenannten Eisernen Division*] Die «Eiserne Division», ein unter Leitung des «Generalbevollmächtigten für die baltischen Lande» August Winnig aufgestelltes und von Major Bischoff geführtes Freikorps, bildete einen Teil der Baltikumtruppen.

98 ff *Die Aufrufe ... Mache.*] Das Zitat entstammt dem dritten Extrablatt der in Mitau (heute Jelgava) hg. Zeitung ‹Trommel› vom 10. 10. 1919: ‹Die anfechtbaren Propagandamittel der Reichsregierung›. Die Reichsregierung hatte in Übereinstimmung mit den Alliierten die Baltikumtruppen zur Rückkehr aufgefordert. Am 24. 8. reagierten diese mit offener Befehlsverweigerung. Eine Versammlung von Vertretern der in Kurland stehenden dt. Truppen telegraphierte der Regierung ihre Absicht, bis auf weiteres im Baltikum zu bleiben und als «Vorposten der Heimat», besonders Ostpreußens, den Bolschewismus abzuwehren. Am Abend des 24. 8. kam es darüber hinaus zu Plünderungen und schweren Ausschreitungen dt. Freikorpsangehöriger im kurländischen Mitau.

11 *als Mache*] i. Orig. folgt: «Weder wird das deutsche Volk verhungern, noch wird sein Volksvermögen dadurch verkommen, daß 30 000 deutsche Soldaten, die in der Heimat keinen Raum mehr haben, Ausländer werden, und in russische Dienste treten. Das deutsche Volksvermögen verkommt aber wohl, weil sie in Deutschland an der Spitze des Reichsfinanzministeriums einen Mann sehen, der Matthias Erzberger heißt und den katastrophalen Sturz unserer Valuta nicht aufzuhalten vermag. Vom Hunger gilt dasselbe. Mit unserer Valuta ist es nicht möglich, genügend Lebensmittel für das Volk anzukaufen.»

16 *Leim und Mache*] Der Beitrag in der ‹Trommel› schließt: «Es konnte jeder, der in diesen Tagen Heimatblätter gelesen hat, feststellen, der Abtransport der Kriegsgefangenen sei ins Stocken geraten, weil die eng-

lischen Hafenarbeiter und Schiffsmannschaften wieder einmal in den Ausstand getreten sind. Wozu also von amtlicher Seite die Anwendung so anfechtbarer Überredungskunst?»

117 *General von der Goltz*] Mary Gerold schickte KT am 16.9.1919 als Beilage zu ihrem Brief eine Kopie des Notenwechsels zwischen dem engl. General Burt und von der Goltz:

«Folgender Schriftwechsel ist sämtlichen Truppen bekannt zu geben. Der Führer der alliierten Militärmission in Riga, General Burt übergab heute folgendes Schreiben:

‹An den Kommandierenden General VI. Reservekorps. Zu Ihrem Schreiben, No. 584 vom 4.9. ist bedauerlicherweise bemerkt, daß ihre Regierung die Gefahr ungesetzlicher Handlungen deutscher Soldaten in Kurland voraussieht [...].

Zur Vermeidung irgendwelcher Irrtümer wollen Sie mir bitte sobald wie möglich eine Liste derjenigen Leute liefern, die sich außerhalb des Gesetzes gestellt haben. gez. Alfred Burt, Brigadegeneral, Chef der alliierten Militärmission.›

Ich habe folgende Antwort erteilt:

An den Chef der Alliierten Militärmission, Riga. Zu Ihrem Schreiben vom 10.9., überreicht am 15.9. [...] Im letzten Absatz Ihres Schreibens wagen Sie es, mich zu ersuchen, Ihnen einzelne meiner Landsleute als Schuldige anzugeben. Ich sehe in dieser Zumutung eine schwere Beleidigung meiner Person und des deutschen Nationalgefühls. Ich möchte Ihnen daher raten, derartig niedrige Ansinnen in Zukunft weder mir noch meinen Untergebenen zu stellen. Ich würde sonst gezwungen sein, jeden Verkehr mit Ihnen abzubrechen und jeden Engländer aus dem noch von deutschen Truppen besetzten Gebiete auszuweisen, da die Sicherheit alliierter Kommissionen, die den deutschen Nationalstolz absichtlich und schroff verletzen, ausgeschlossen ist. [...] gez. Graf von der Goltz.»

Dazu schrieb KT an MT: «Die Beilage kannte ich. Ich mißbillige sie. Ich glaube, daß der betreffende Herr immer noch nicht weiß, welche Stellung wir in der Welt annehmen – die Regierung hat freilich einen Fehler gemacht – sie hat zu lange unfähig den Dingen da oben zugesehen –» (Brief an MT vom 5.10.1919; UuL, 260).

Anfang Okt. hatte General Burt dann die sofortige Räumung Lettlands durch die dt. Freikorpstruppen gefordert. Deren Befehlshaber v. d. Goltz weigerte sich und verlangte den vorherigen Rückzug der lettischen Truppen; s. ‹Die Räumung des Baltikums. Zwei Schreiben des Grafen Goltz an General Burt›, BT 9.10.1919.

123 ff *Die mannhaften ... sein wird.*] Von KT zit. aus dem Beitrag ‹Stolze Ant-

wort> in der ‹Trommel› vom 10.10.1919; die «hallenden Verse» hatten urspr. im ‹Kladderadatsch› (5.10., der Autor zeichnete M. Br.) gestanden.

125 f *ehemaligen Führers*] Von der Goltz war als Befehlshaber der Baltikumtruppen offiziell am 25.9. vom Reichskabinett (gegen die Stimme Noskes) abgesetzt und durch Generalleutnant von Eberhardt ersetzt worden.

133 ff *Die Sonne ... Hände.*] Betitelt: ‹Marsch-marsch!›, unterzeichnet: «Ein Musketier», aus: ‹Trommel› 10.10.1919.

162 f *einem Aufruf*] Im vierten Extrablatt der ‹Trommel› vom 11.10.1919.

176 *rocher de bronce*] Eherner Fels. Das geflügelte Wort geht auf eine Randbemerkung Friedrich Wilhelm I. von Preußen zurück, die er 1716 auf eine Eingabe bezüglich der Reform der Kriegssteuer schrieb.

179 *noch nicht zurückgekehrt*] Erst am 16.12. war das lettische Gebiet von den dt. Baltikumtruppen vollständig geräumt.

186 f *Reichswehr ... Einwohnerwehr.*] s. [153]; [164], 75.

205 f *Grenzsperre angekündigt*] Am 13.10. gab die Reichsregierung die Sperrung des Personenverkehrs bekannt und verschärfte Kontrollmaßnahmen gegen Munitionszufuhr in das Baltikum.

169

Klagelied eines Einsamen

V: Kaspar Hauser
D¹: WB Jg. 15, Nr. 44, 23.10.1919, II, S. 515
Bibl.: Nd s. Bonitz/Wirtz D 584; 1 NdzL, 2 Nd; GW 2

170

Saisonbeginn

V: Theobald Tiger
D¹: Ulk Jg. 48, Nr. 43, 24.10.1919, [S. 2]
Bibl.: Nd s. Bonitz/Wirtz D 585; 1 Nd

5 *Schappohklapp*] Chapeau claque, zusammenklappbarer Zylinderhut.

17 *Gent*] Ironisch für Gentleman.

24 f *Regisseur verfilmt ... das Strafgesetzbuch*] Gemeint sind die ‹Aufklärungsfilms› (s. [97]) von Richard Oswald, s. [69].

30 *Zunft der Schuster und Töpfer*] Anspielung auf sozialdemokr. Politiker, die häufig handwerkliche Berufe erlernt hatten, wie z.B. Ebert, der eine

Sattlerlehre absolviert hatte oder den Korbmacher Noske. Seit dem 19. Jh. wurden die Begriffe in der Bedeutung «ungeschickte, unfachmännische Arbeiter» verwandt. KT schrieb 1920 über Noske: «Man sagt, er sei Korbflechter von Beruf. Er ist ein Schuster» (s. Bd. 4 [137]).

31 *Wilhelmstraße*] Sitz der Reichskanzlei und mehrerer Ministerien.

33 *Matthias strahlt*] Gemeint ist Reichsfinanzminister Erzberger, s. [107].

38 *Hunyadi Janos geigt*] Das Klischee des zum Tanz aufspielenden Ungarn wird hier in Bezug gesetzt zum Feldherrn Janos Hunyadi, der 1456 in die Schlacht gegen die Türken zog und siegte.

171

Man muß dran glauben …

V: Peter Panter
D[1]: Berliner Tageblatt Jg. 48, Nr. 508, 27. 10. 1919, Montags-Ausg., [S. 2]
Bibl.: Nd s. Bonitz / Wirtz D 586; 5 Nd; Ackermann 1 NdzL; GW 2

1 *dicken Freund*] Kurt Szafranski, s. a. Bd. 1 [157], 15; Bd. 4 [162], 1.

40 *Reiter über dem Bodensee*] Eine schwäbische Sage, die Gustav Schwab nach mündlicher Überlieferung in seiner Ballade ‹Der Reiter und der Bodensee› bearbeitete. Der Sage nach sprengte ein Reiter über die Schneefläche des zugefrorenen Bodensees und fiel tot vom Pferd, als er hörte, welcher Gefahr er entronnen war.

48 *Maeterlinck hat einmal*] In: ‹Zur Psychologie der Unglücksfälle›, s. Maurice Maeterlinck: Die Intelligenz der Blumen. Übers. von Friedrich von Oppeln. Kapitel IX. Jena: Diederichs 1907, 146–156.

81 *Schopenhauer «Wille»*] s. [152], *116 f.*

90 *Rabulist*] Wortverdreher, Haarspalter.

119 *Zille … blinde Frau gezeichnet*] Das dritte von sechs Tableaus unter der gemeinsamen Überschrift ‹Unterm Niveau. (Berliner Kellerstudien)› zeigt eine Szene «Im Bouillonkeller», Text: «Der neue Führer. ‹Willem, ich glaube, du mußt ein schöner Mann sein!›» Die Frau, die ein Schild «Blind» um den Hals trägt, «fährt ihrem Führer» jedoch nicht «über das Gesicht», sondern hält seine Hand. Das Tableau ist aus dem Band ‹Berliner Luft› (1913), Bl. Abb. 9.

Mißachtung der Liebe

V: Kaspar Hauser
D¹: WB Jg. 15, Nr. 45, 30.10.1919, II, S. 549
Bibl.: Nd s. Bonitz/Wirtz D 587; 2 NdzL [Verf.:] Theobald Tiger, 12
Nd; GW 2

1   *Tante Julla, du in Neu-Ruppin*] Anspielung auf Otto Reutters Couplet
     ‹Onkel Fritz aus Neu-Ruppin› (1900).
21   *Themis*] Göttin der Justiz.

173

Präsentiert das ... Gwä!

V: Ignaz Wrobel
D¹: WB Jg. 15, Nr. 45, 30.10.1919, II, S. 551–553 [Rubrik:] Rundschau
Bibl.: Bonitz/Wirtz D 588; DT

Vgl. [127], *139ff* und [157].

1 f   *Feststellungen über das deutsche Offiziercorps*] Die ‹Militaria›-Serie, s.
      [4]; [9]; [13]; [16]; [18]; [22]; [134].
6   *Scherl*] Der Scherl-Verlag (seit 1883 von August Scherl aufgebaut) gab
      u.a. die national-konservativen Zeitungen ‹Berliner Lokal-Anzeiger› und
      ‹Der Tag› heraus. Er ging 1916 in den Besitz Alfred Hugenbergs über.
6 f   *‹An alle Frontsoldaten›*] Von Curt Eckhardt. Berlin [1919] (Flugschriften
      des ‹Tag› Nr. 10). Vgl. [157].
13 ff *«Ignaz, bekenne ... Ahn!»?*] ebd., 31.
43   *«sie hetzten ... Räume»*] Bei Andreas Latzko: Menschen im Krieg. Zü-
      rich 1917, 109 heißt es von einem requirierten Schloß: «Wer da täglich, als
      Herr des Hauses, die mächtige Freitreppe hinanstieg, seinen Willen laut
      durch die vornehm schlummernden Räume hetzte, – mußte sich als Kö-
      nig fühlen, konnte den Krieg nur wie ein herrliches Märchen erleben.»
55   *Oberst Bauer*] Verfasser der Nr. 2 der ‹Flugschriften des ‹Tag››: ‹Konnten
      wir den Krieg vermeiden, gewinnen, abbrechen?› (1918) und der Nr. 4
      u.d.T.: ‹Der Irrwahn des Verständigungs-Friedens› (1919). Oberst Max
      Bauer war es auch, der Curt Eckhardt gegen die Angriffe KTs (s. [157])
      verteidigte, indem er in seiner Rezension der Flugschrift Eckhardts von

KT als «einem der Haupthetzer, der den Krieg an der Front nie kennengelernt hat, sondern sich in der Etappe herumgedrückt hat» sprach und beipflichtend bemerkte: «Sehr richtig wirft Eckhardt dem Wrobel vor, daß ihm das Gefühl dafür, daß so viele Tausende sich dem nationalen Gedanken bis zur Selbstaufopferung weihen konnten, einfach fehle. Jawohl, das ist richtig, und wie Herrn Wrobel, so fehlt es denen vom Schlage des Tageblatts und der Frankfurter Zeitung, der Freiheit usw. Denn dies Gefühl ist tiefinnerstes deutsches Wesen»; s. Oberst Bauer: An alle Frontsoldaten, in: Berliner Lokal-Anzeiger 19. 10. 1919.

55 f *Otto Ernst*] Von dem Schriftsteller (Otto Ernst Schmidt) stammte die Nr. 1 der im Scherl-Verlag (Berlin) erschienenen ‹Flugschriften des ‹Tag››: ‹Wer tötet seine Mutter? Geschichten und Geschichte› (1918) und Nr. 3 u. d. T.: ‹Mann der Arbeit, aufgewacht!› (1919).

62 *Kitschgedicht von Otto Anthes*] s. Eckhardt [1919], 34.

174

Fahrt mit der «Bodensee»

V: Theobald Tiger
D¹: Ulk Jg. 48, Nr. 44, 31. 10. 1919, [S. 2]
Bibl.: Nd s. Bonitz/Wirtz D 589; 1 Nd

Am 24. 8. 1919 nahm das Luftschiff LZ 120 «Bodensee» Passagierflüge von Friedrichshafen (dort befand sich die Produktionsstätte der «Luftschiffbau Zeppelin GmbH») nach Berlin auf. Die durchschnittliche Flugzeit mit 21 Passagieren betrug sieben Stunden.

1 ff *«Und wenn … Meer.»*] Die letzten Strophen von Gottfried Kellers Gedicht: An Justinus Kerner. Erwiderung auf sein Lied: ‹Unter dem Himmel›, in: Gottfried Keller: Sämtliche Werke in sieben Bänden. Bd. 1: Gedichte. Frankfurt/M. 1995, 712 (Bibliothek deutscher Klassiker, 125).

32 *reklamierten*] s. [7], *11*.

38 *Reichsversorgungsstelle*] Zuständig für Versorgungsansprüche der Reichswehrangehörigen und ihrer Hinterbliebenen.

50 *Schieber*] s. [6], *89*.

Was fehlt dem Kino?

V: Ignaz Wrobel

D¹: Berliner Tageblatt Jg. 48, Nr. 520, 2. 11. 1919, M, [S. 15]

Bibl.: Bonitz / Wirtz D 590; GW 2

Vgl. [102]; [161].

1 *Filmwerk ‹Madame Dubarry›*] Ernst Lubitschs Historienfilm wurde seit dem 18. 9. 1919 mit großem Erfolg im Ufa-Palast am Zoo gezeigt. Neben der Hauptdarstellerin Pola Negri (die Mätresse Jeanne Vaubernier, später Madame Dubarry) spielten Emil Jannings (Louis XV.), Reinhold Schünzel (Herzog von Choiseul, Staatsminister), Harry Liedtke (Armand de Foix), Eduard von Winterstein (Graf Jean Dubarry), u. a. Das Drehbuch schrieben Fred Orbing und Hanns Kräly.

24 *etwas mit der Kunst*] s. [69], 77 ff und K.

30 f *Die Haltung dieses Blattes*] KTs Aufsatz waren im BT mehrere vernichtende Kritiken zu Literaturverfilmungen vorausgegangen; s. ‹Film-Rose› von Fritz Engel zu ‹Rose Bernd› nach Hauptmanns Roman (BT 6. 10. 1919, M); ders.: ‹Strindberg im Film› (BT 20. 10. 1919, M) zu ‹Kameraden›; s. a. ‹Film, Kunst, Zensur und Publikum› von Franz Pauff (BT 15. 9. 1919, M).

43 *Als Messter damals*] Oskar Meßter war der eigentliche Begründer der dt. Filmindustrie. Der Sohn eines Optikers konstruierte 1896 den ersten Filmprojektor in Deutschland, der in Serienfabrikation hergestellt und von vielen Schaustellern gekauft wurde; er baute Aufnahmekameras, Kopier-, Perforier- und Entwicklungsmaschinen und stellte in eigenen Ateliers die ersten kommerziellen Filme her. Meßter eröffnete 1905 das erste ständige Kinotheater in Berlin: «Meßters Biophon», Unter den Linden 21.

57 f *‹Prinz Kuckuck› verfilmt*] ‹Prinz Kuckuck!› Film in sechs Akten, frei nach dem Roman von Otto Julius Bierbaum. Regie: Paul Leni. Uraufführung am 24. 9. 1919 im Marmorhaus Berlin.

58 *der gute Ottju*] Otto Julius Bierbaums Roman ‹Prinz Kuckuck› von ‹Leben, Taten, Meinungen und Höllenfahrt eines Wollüstlings›, der bei Erscheinen 1907 einiges Aufsehen erregt hatte, galt als Vorlage für den «literarischen Film» von 1919. ‹Der Kinematograph› feierte den Film als «Die größte Tat!», er eröffne «Neue Perspektiven! Jetzt haben wir es: Nicht die inhaltlich sklavische Wiedergabe kann die psychologischen Feinheiten des literarischen Werkes auf die Leinwand zaubern, die technische Seite, das rein Bildhafte ist die Hauptsache, und beide ermöglichen den Genuß

des Psychologischen im Film»; s. «‹Prinz Kuckuck› als Film›, in: Der Kinematograph Nr. 656, 30.7.1919, 8.

59 f *schlimmen Gedichte*] Wohl Anspielung auf den 1901 erschienenen Band ‹Irrgarten der Liebe›.

64 f *spürtest du keinen Hauch*] s. [70], *154.*

80   *Goethe von Menschen gesagt*] «Aus einer großen Gesellschaft heraus / Ging einst ein stiller Gelehrter zu Haus. / Man fragte: ‹Wie seid ihr zufrieden gewesen?› / ‹Wären's Bücher›, sagt er, ‹ich würd' sie nicht lesen›»; s. Goethe: Sprüche II, 49: ‹Gesellschaft›, in: Goethe: Gedichte. Ausg. letzter Hand. 1827, 645 (in Goethe: WA I, 2/2, 273).

93   *Textinschriften*] Vgl. ‹Der Lese-Film›, in: Bd. 9 [64].

99   *Schieber*] s. [6], *89.*

176

Bakterienkultur

V: Ignaz Wrobel
D[1]: Berliner Volks-Zeitung Jg. 67, Nr. 520, 2.11.1919, M, [S. 3]
Bibl.: Bonitz/Wirtz D 591; DT

2   *in Gleiwitz*] Über den Vorfall hatte der ‹Vorwärts› am 27.10.1919, A u.d.T.: ‹Der heilige Geist auferstanden?› berichtet. In der WB findet sich dazu folgender (vermutl. von KT verfaßter) Kommentar: «Ein Bootsmannsmaat aus Wilhelmshaven kommt nach Gleiwitz auf Urlaub, grüßt dort die unbekannten Offiziere natürlich nicht und wird von den Herren des Heimatschutzes, die das Monocle unverändert hoch tragen, frischweg verhaftet. Auf der Wache läßt man ihn blutig schlagen. Der ‹Vorwärts› hat über diesen Vorfall einen Bericht gebracht, bei dem einem abwechselnd heiß und kalt wird. Nun erwartet Niemand von diesen Militärbolschewisten etwas andres als Gesetzlosigkeit und Roheit. Mich aber fragen Sie dauernd, was ich denn gegen Noske hätte. Eben dies: daß er in einem solchen Falle nicht durchgreift, sondern nach Vorlegung eines Rapports die Sache für erledigt erklärt und überhaupt alles beim alten läßt. Die Burschen, die da eine sogenannte Tätigkeit mit Geld und gutem Leben überund-überzahlt bekommen, bleiben unbestraft und dürfen ihr uniformiertes Rowdytum weiter betätigen, wo und wanns ihnen paßt. Wenn Noske nicht weiß, wie ein beruhigender Rapport an ihn hergestellt wird, dann taugt er nichts und müßte entfernt werden. Wäre die Arbeiterschaft – vom Bürgertum ist ja nichts zu erwarten – politisch vernünftiger: na,

sie würden ihm Beine machen!»; s. ‹Noske-Verehrer› in der Rubrik
«Antworten», in: WB 13.11.1919, II, 615–616.

3 f *Was er auch nicht nötig hatte.*] Laut Erlaß über die «Grußpflicht» vom
Jan. 1919, der den traditionellen «Grußzwang» gegenüber Vorgesetzten
außer Kraft setzte, ruhe die Grußpflicht «im Weichbild größerer Städte,
in belebten öffentlichen Räumlichkeiten wie innerhalb aller Menschenan-
sammlungen»; vgl. [22], *168.*

14 *für seinen recht großen Etat eingetreten*] In der Reichswehrdebatte der
NV am 29.10.1919; s. den stenograph. Bericht von E.D. [d.i. Erich Dom-
browski]: ‹Die Rede Noskes über die Aufgaben der Reichswehr. Die
Reichswehrdebatte in der Nationalversammlung›, BT 30.10.1919, M.

24 *auf dem Boden der gegebenen Tatsachen*] Zur Gesinnung der Reichswehrangehörigen hatte Noske vor der Nationalversammlung am
29.10.1919 erklärt: «Bei der Auswahl der Offiziere wird nicht nach der
politischen Zugehörigkeit gefragt. [...] Die Vereidigung der Truppen ist
beinahe restlos durchgeführt. Offiziere und Mannschaften haben damit
zum Ausdruck gebracht, daß sie die gegebenen Tatsachen anerkennen.
Soweit in der Marine und im Heer noch Kastengeist herrscht, wird er bekämpft» (ebd.).

29 *«Herren» und «Kerls»*] Vgl. [87].

177

Krankheit und Besserung

V: Peter Panter
D^1: Berliner Tageblatt Jg. 48, Nr. 521, 3.11.1919, Montags-Ausg., [S. 2]
Bibl.: Bonitz/Wirtz D 592; Rep

Vgl. [120]; [197].

1 f *«Wenn wir Berliner ... Schwung!)»*] s. ‹Berliner Karneval›, in: Peter
Scher: Holzbock im Sommer und andere aktuelle Lyrik. Berlin-
Wilmersdorf [1913], [S. 8]. Das Gedicht wurde von KT bereits 1914 zitiert
in dem (anonym ersch.) Artikel ‹Rin in die Escarpins!› (Vorwärts
7.2.1914; D 242)

4 *Die Worte, die Hans Landsberg*] s. ‹Berlinische Kultur›, BT 30.9.1919, M.
Landsberg forderte eine öffentliche Diskussion, «damit Berlin endlich
aus seiner Lethargie erwache und zu einer Art geistigen Führerstellung
im Reiche erzogen werde».

11 *Pankeleute*] s. [7], 2.

18   *Schieberkreise*] s. [6], *89*.

44 f   *Reihe guter alter Familien*] Landsberg hatte «die wirklich berufenen Führer des Berlinertums und die hier alteingesessenen Familien» als Träger
der neuen Moral entdeckt (ebd.).

77   *Expressionisterich*] KTs Haltung der expressionist. Bewegung gegenüber
ist aus zahlr. Bemerkungen in Texten und Briefen abzulesen. Verschiedentlich finden sich Anspielungen auf den «O-Mensch»-Duktus der Expressionisten, wie z.B. im Gedicht ‹Der Humorist singt› (Bd. 4 [49], 3),
in der Rez. von ‹Bert Brechts Hauspostille› (WB 28.2.1928, I, 334–336;
D 1978), wo vom «‹O Mensch!›-Geschrei» die Rede ist, oder in einem
Feuilleton, in dem KT einen «ausgedienten Expressionisten» unter dem
Gestammel: «Dichtwerk – Knall – Nachtigall […] gesteilt, geballt, ge-
türmt» auftreten läßt (s. ‹Die Aussortierten›, Bd. 14 [6]). Nahm er in dem
Artikel ‹Naturalismus? Naturalismus!› (Voss 8.10.1925; D 1495) das Wort
vom «sauren Kitsch», den der Expressionismus darstelle, auf, so urteilte
er über dessen Vertreter: «wenn heut einer nichts kann, sagt er, er habe es
innerlich und sei Expressionist» (s. ‹Feuerwerk›, Bd. 4 [155]). In diesem
Sinne richtete KT seinen Spott insbesondere gegen expressionist. Prosa-
isten wie Kasimir Edschmid und gegen erfolgreiche Dramatiker wie Fritz
von Unruh oder Walter Hasenclever, vgl. [159], 10 und K.

88 f   *«Die Füße … so soll es sein.»*] Einer der letzten Sätze in Hermann Löns'
Roman ‹Dahinten in der Heide›; s. Löns: Dahinten in der Haide [sic].
Hannover 1910, 218. KT hat das Zitat auch in sein Notizbuch ‹Fremdes›
(DLA) eingetragen.

178

Revolutions-Rückblick

V: Kaspar Hauser
D[1]: WB Jg. 15, Nr. 46, 6.11.1919, II, S. 576
Bibl.: Nd s. Bonitz/Wirtz D 593; 14 Nd; GW 2

Vgl. auch KTs ‹Revolutions-Rückblick› von 1920 (Bd. 4 [225]) und weitere Artikel zum 9. November 1920 (Bd. 4 [226] und [227]).

0   *Revolutions-Rückblick*] s. [2], *1*.

3   *Die O.H.L. verstummt*] Am 11.11.1918 hatte Hindenburg den letzten
Heeresbericht des Krieges herausgegeben; er sprach noch immer von «erfolgreichen Gegenstößen» sächsischer und brandenburgischer Regimenter, aber verkündete auch den Waffenstillstand an allen Fronten.

5 *die Pläne und die dicken Thesen*] Beispielsweise die Alldeutschen An-
nexionspläne von August 1914, die in Form einer Denkschrift von
Heinrich Claß erst 1917 vom Reichskanzler Bethmann Hollweg zur Diskussion freigegeben wurden: «Das Hauptziel des alldeutschen Programms bildete die Errichtung eines großen Wirtschaftsraums,
‹Mitteleuropa›. Seinen Kern sollten Deutschland und Österreich-Ungarn
mit einem erheblich erweiterten Gebietsbestand bilden. Im Westen sollten
Belgien, die französische Kanalküste, das Erzbecken von Briey-Longwy
sowie die französische Festungslinie Verdun-Belfort in deutsche Hand
kommen. Im Osten forderte das Programm die Annexion der russischen
Ostseeprovinzen Litauens, sowie weiter Teile Russisch-Polens» (Huber:
Deutsche Verfassungsgeschichte V, 223).

6 *die plumpen Renommisterein*] Vgl. z. B. die von KT im Artikel ‹Aus großer Zeit› gesammelten Zitate von dt. Dichtern und Politikern, s. Bd. 5
[205].

7 f *Behüt dich Gott ... nicht sollen sein!*] Zitat aus Joseph Victor von Schef-
fels ‹Trompeter von Säkkingen, ein Gesang vom Oberrhein› (1854), 14:
Das Büchlein der Lieder; Lieder Jung-Werners XII, s. J. V. v. Scheffel:
Sämtliche Werke. Leipzig, Wien 1855, 465–466.

9 *Der Kaiser hat verzichtet.*] s. [1], *65*.

11 f *Das ist im Leben ... stehn.*] Nach: «Das ist im Leben häßlich eingerichtet,
daß bei den Rosen gleich die Dornen stehn», s. Scheffel, ebd., 465.

12 *daß bei den Eberts gleich die Noskes stehn*] Vgl. K zu [7].

27 *Zum Abschiednehmen just das rechte Wetter*] Scheffel, ebd., 466.

30 *die Wacht am Rhein*] «Es braust ein Ruf wie Donnerhall» wurde bei Ausbruch des dt.-frz. Krieges von 1870/71 zur dt. Volkshymne, seitdem von
nationalist. Gesinnten jährlich am Sedanstag gesungen. Das Lied wurde
1840, als ein Krieg mit Frankreich drohte, gedichtet von Max Schneckenburger und 1854 komponiert von Karl Wilhelm; s. a. [73], *58*, *59*.

31 *Tatü-tata*] Das Hupsignal, mit dem die Ankunft des Automobils Kaiser
Wilhelms II. sich ankündigte, wurde damals häufig synonym für den
Namen des Kaisers gebraucht.

179

Kaiserbilder

V: Ignaz Wrobel
D¹: WB Jg. 15, Nr. 46, 6.11.1919, II, S. 583 [Rubrik:] Rundschau
Bibl.: Bonitz/Wirtz D 594; DT

0   *Kaiserbilder*] Zu den Schülerstreiks, die auf die Entfernung von Kaiser-
bildern aus den Schulen der Republik folgten, vgl. [151], *47*; s.a. [167], *9*.
16   *Die Brust voll Orden*] s. [119].

180

Die Konstantin

V: Peter Panter
D[1]: WB Jg. 15, Nr. 46, 6.11.1919, II, S. 583–584 [Rubrik:] Rundschau
Bibl.: Bonitz/Wirtz D 595; DT

Leopoldine Konstantin, die seit 1907 in Berlin an Max Reinhardts Deut-
schem Theater engagiert war (vgl. [116]), wechselte im Herbst 1919 zum
Lessing-Künstlertheaterkonzern. Für ihren ersten Auftritt im Deutschen
Künstlertheater am 24.10.1919 war das erfolgversprechende Lustspiel
‹Cyprienne› (1880) von Victorien Sardou gewählt worden, das der Kon-
stantin eine Paraderolle bot.

16   *Bernhardt*] Die frz. Schauspielerin Sarah Bernhardt, auch «die Göttliche»
genannt, feierte einen ihrer größten Erfolge als Marguérite Gauthier in
Alexandre Dumas' ‹Kameliendame›. Seit 1899 leitete sie das Pariser
«Théâtre des Nations».
19   *Komplimente von «Virtuosität»*] Von der «virtuosen Technik der Konstantin» schrieb St. Gr. [Stefan Großmann] in der Voss 25.10.1919, A:
‹Wiedersehen mit Cyprienne›. Der Rezensent der ‹Kreuz-Zeitung›
25.10.1919, A, befand: «Nun hat Leopoldine Konstantin wieder eine
Bombenrolle, in der sie alle Register ihrer Künste zeigen kann», bean-
standete aber: «In Frankreich wird Richard Wagner verboten, im übrigen
Auslande versperrt man der deutschen Literatur den Weg. Und wir bringen Sardou.» Den Verdacht, daß das vierzig Jahre alte Stück hervorgeholt
worden war, um der Konstantin eine «Paraderolle ersten Ranges» zu bieten, sprach «bi» in der BVZ aus, äußerte sich dennoch lobend über das
Spiel der ‹Leopoldine Konstantin als Cyprienne› (BVZ 25.10.1919, M, 1.
Beibl.). Positiv fiel auch die Besprechung von «R.W.» im BBC
(25.10.1919, 1. Beil.) aus, dagegen war Alfred Kerr vom BT der Meinung:
«Das Vorholen dieses Stückes war mehr ein Bedürfnis für die saftfrische
Frau Leopoldine Konstantin als für uns Zeitgenossen. Wir hätten auch so
weitergelebt» (BT 25.10.1919, A).

27 ff   «*Man soll artig ... dazu ist man da.*»] s. Theodor Fontane: Causerien über Theater. Hg. von Paul Schlenther. Berlin 1905, 421, Kapitel: «Aphoristisches», datiert: 31.12.1886.

181

An unsre Kleine

V: Theobald Tiger
D[1]: Ulk Jg. 48, Nr. 45, 7.11.1919, [S. 2]
Bibl.: Nd s. Bonitz/Wirtz D 596; 7 Nd; GW 2
Mit der gleichnamigen Titelblattzeichnung von Willi Steinert

Vgl. [2], *1*.

182

Gedenktag

V: Von einem Berliner
D[1]: Berliner Volks-Zeitung Jg. 67, Nr. 533, 9.11.1919, M, 1. Beiblatt, [S. 1]

Zuschreibung s. [25].

1   *Vor einem Jahr*] s. [2], *1*.
6   *Schweden*] Ludendorff floh im Nov. 1918 nach Schweden.
13   *spürst du ... Hauch*] s. [70], *154*.
13   *Die Löhne*] s. [25], *52*.

183

«Aufgezogen»

V: Peter Panter
D[1]: Berliner Tageblatt Jg. 48, Nr. 535, 10.11.1919, A, [S. 5]
Bibl.: Nd s. Bonitz/Wirtz D 597; 1 Nd; GW 2

Zu KTs Sprachglossen vgl. [113], *0*.

6   «*nicht wahr?*»] s. [113].

7   *hat Sanders zwölf Erklärungen*] s. Daniel Sanders: Wörterbuch der deut-
     schen Sprache. Leipzig 1876, Bd. 2 / 2, S. 1749 (Reprint: ‹Documenta Lin-
     guistica›. Quellen zur Geschichte der deutschen Sprache des 15. bis 20.
     Jahrhunderts. Hg. von Ludwig Erich Schmidt. Hildesheim 1969).

19   *Wustmann nennt … Modewörter*] KTs Exemplar von Gustav Wustmanns
     ‹Allerhand Sprachdummheiten› mit zahlr. Anstreichungen KTs ist in Pri-
     vatbesitz erhalten (Kopie KTF). Es ist die fünfte Auflage des Buches, das
     den Untertitel führt: ‹Kleine deutsche Grammatik des Zweifelhaften, des
     Falschen und des Häßlichen. Ein Hilfsbuch für alle, die sich öffentlich
     der deutschen Sprache bedienen›. Straßburg 1911. Das Kapitel «Mode-
     wörter» in dieser Ausgabe, S. 365–392.

184

Erweckung

V: Kaspar Hauser
D^1: WB Jg. 15, Nr. 47, 13.11.1919, II, S. 610
Bibl.: Nd s. Bonitz / Wirtz D 598; 3 Nd; GW 2

185

Amüsiervergnügen

V: Peter Panter
D^1: WB Jg. 15, Nr. 47, 13.11.1919, II, S. 614 [Rubrik:] Rundschau
Bibl.: Bonitz / Wirtz D 599; Rep

1 f *Felis pardus ridens*] Lachender Panther; «Felis pardus» ist (nach ‹Brehms
      Tierleben›) die zoolog. Bezeichnung für die Großkatze Leopard /
      Panther, «Felis tigris» für den Tiger.

6   *dieses rote Heft*] Die Heftumschläge der ‹Schau›- und ‹Weltbühne› waren
      von unterschiedlichster Rottönung, die von Orangerot bis Hell- und
      Dunkelviolett reichte. «‹Mein geronnenes Herzblut› sagte Siegfried Ja-
      cobsohn, wenn er die rote Reihe der Halbjahresbände der Weltbühne be-
      trachtete», s. ‹Fünfundzwanzig Jahre›, in: WB 9.9.1930, II, 374; D 2458.

13   *Zeitungskritik über die leichtern Dinge*] Vgl. ‹Varieté und Kritik› (Bd. 5
      [198]). Dort beschäftigte sich KT noch einmal mit Zeitungsrezensionen

von Film, Varieté und Cabaret und sah ihre Subjektivität und Unzuverlässigkeit in der Beeinflussung durch die Inseratengeschäfte begründet.

17 f ‹*Bummelstudenten*›] Die Neubearbeitung der Posse aus dem Jahr 1911 von Bernauer und Schanzer (nach der alten Berliner Posse ‹Auf eigenen Füßen› von Pohl und Wilkens) wurde seit dem 2.10.1919 im «Berliner Theater» aufgeführt. Von den Darstellern, die bei der Erstaufführung 1911 mitwirkten, war nur Hermann Picha übriggeblieben. In den Hauptrollen spielten Emil Birron, Berthold Reißig und Hilde Woerner. KT sprach sich hier wohl gegen das Lob dieser Neuinszenierung der ‹Bummelstudenten› in der Rechtspresse aus. Der ‹Berliner Lokal-Anzeiger› vom 3.10.1919, M, hob z.B. hervor, daß Studentenlieder und alte Burschenherrlichkeit «den Zuschauer in behaglichste Stimmung» versetzt und ihn in «das alte, gute, gemütliche Berlin der Biedermeierzeit» entführt habe: «Und wie wurden die Zuschauer, die von den Straßen des Revolutions-Berlin kamen, gepackt und mitgerissen von diesen Bildern einer schönen, längst vergangenen Zeit»; s. BLA 3.10.1919, M: ‹Kunst und Wissenschaft›, gez. mit dem Kürzel «P.».

18 f *Woerner weniger als nichts kann?*] Nicht nur im BLA (s.o. *17f*) wurde Hilde Woerner «eine große schauspielerische Begabung» bescheinigt. («Sie kopierte die Massary und Pallenberg in geradezu überwältigend treffender Weise, fast nach jedem Satz wurde sie durch Applaus unterbrochen»), auch vom BT (4.10.1919, A: ‹Im Berliner Theater›) kam ein Lob.

20 f *vielgerühmte Dubarry*] ‹Madame Dubarry›, Regie: Ernst Lubitsch, Ufa 1919; s.a. [175], 1 ff und K.

26 *Der Einfluß der Presse*] Dazu richtete in der WB vom 6.11.1919 (II, 584) vermutl. KT eine «Antwort» an den: «Kinofachmann. Sie beschweren sich in einer Ihrer vielen Fachzeitschriften über den Tiefstand der Kinokritik. Tiefstand ist nicht das Wort. Aber sie überschätzen die Wirkung dieses Geschreibsels. Bilden Sie sich ein, daß ein Mensch mehr oder weniger ins Kino läuft, weil Herr Muckelmann in der ‹Welt auf der Leinwand› geschrieben hat, Fräulein My Pinicke habe zu viel mit der Nase gewakkelt? Und wenn sie noch so wackelt, und wenn er noch so schreibt: diese Bumslokale sind voll. Was wollen Sie mehr?»

28 *Wegener-Film*] Im Ufa-Theater am Kurfürstendamm wurde seit dem 17.10. der Film ‹Der Galeerensträfling› gezeigt. Von dem «Phantastischen Film aus der Verbrecherwelt, nach Balzac verfaßt von Paul Wegener», zeigten sich die Kritiker enttäuscht; s. ‹Der neue Wegener-Film›, Vorwärts 19.10.1919; BLA 19.10.1919. Zu Wegeners Filmschaffen s.a. [203].

46 *Felix pardus tristis*] Trauriger Panther; s.o. *1f*. «Felix» (glücklich) wurde

von KT vermutl. absichtlich anstelle der korrekten Bezeichnung «Felis» gewählt.

51 *Frau Durieux*] Tilla Durieux spielte seit Anfang Nov. mit Klöpfer, Grüning und Veidt am Berliner Lessing-Theater in Schnitzlers ‹Der grüne Kakadu›. Über die schauspielerische Leistung der Durieux äußerte sich KT 1914: «Eine Duse dritten Rangs [...] kaum allzu ertragreich, will man hierher nicht eine gewisse Portion deplacierten Unnaturburschentums rechnen, womit ihre Gestalten die andern Personen der Stücke drangsalierten [...] sie interessiert mich nicht» (‹Tilla Durieux›, SB 12.2.1914, I, 184–188; D 244).

51 f *Pola Negri*] Hauptdarstellerin in Lubitschs Film ‹Madame Dubarry›.

186

Treue

V: Theobald Tiger
D^1: Ulk Jg. 48, Nr. 46, 14.11.1919, [S. 2]
Bibl.: Nd s. Bonitz/Wirtz D 600; 1 Nd

Vgl. [61].

2 *viel Zeugen*] Zu den Verteidigern des Kronprinzen gehörte beispielsweise dessen früherer Ordonnanzoffizier, Rittmeister Arnold Rechberg, der am 9.7.1919 an den frz. Präsidenten Clemenceau schrieb, s. [255*]. S. a. ‹Ein Brief des Kronprinzen›, ‹Der Tag› 14.10.1919, M.

9 *Drin steht: «Das Friedenspack*] In der Tagespresse vom 4.11. waren einige Telegramme veröffentlicht worden, die der damalige Thronfolger aus seinem Hauptquartier nach Berlin hatte senden lassen. Darin hatte er Kriegsgegner als «Flaumacher und weltfremde Idioten» beschimpft (Telegramm vom 26.2.1915); s. ‹Vorwärts› 4.11.1919, M: ‹Telegramme des Ex-Kronprinzen›; ‹Der telegraphierende Kronprinz›, BT 4.11.1919, A.

14 *Der «nationale» Speichel zischt*] In den vorhergehenden Wochen war es mehrfach zu monarchist. Kundgebungen gekommen. Auf einer Versammlung des «Treubundes» in Berlin im Beisein Ludendorffs erklärte Pfarrer Rump (vgl. [232], 60), Finanzminister Erzberger sei ein Verräter, Prinz Max von Baden habe das dt. Volk belogen und 22 Fürsten um Thron und Krone gebracht. Aber das dt. Reich werde wieder zu neuer Blüte erwachen (‹Eine deutschnationale Hetzversammlung›, BT 18.10.1919, A). Auf dem DVP-Parteitag in Leipzig forderte Wilhelm Kahl

die Rückkehr zur preuß. Monarchie, ohne allerdings einen bestimmten Thronprätendenten zu nennen, s. Ernst Feders Leitartikel ‹Republik oder Monarchie? Ein Wort zum Parteitag der Deutschen Volkspartei›, BT 24.10.1919, A.

187

[Fromme Gesänge]

V: Theobald Tiger
E/H¹: Fromme Gesänge. [Berlin-]Charlottenburg: Felix Lehmann Verlag 1919, Vorsatzblatt
Bibl.: Nd s. Bonitz/Wirtz D 2790; 1 Nd

Überlieferung
Als Druckvorlage diente das von der Hand KTs geschriebene Gedicht in Nr. 14 der Vorzugsausgabe von 50 Exemplaren (H¹; DLA, NL Blaich). Ein zweites Exemplar (H²; DLA, aus dem Besitz Peter Dörner) weist gegenüber H¹ zwei Abweichungen auf: 1 Oecke] Öcke 8 Spaß –!] Spaß! Weitere Exemplare konnten nicht ermittelt werden.

Mit dem Druck nach der Handschrift wurde hier ausnahmsweise von dem für diese Ausgabe gültigen Editionsprinzip (nach dem Erstdruck D¹) abgewichen, da das Gedicht untrennbar mit diesem Band verbunden ist. Dies ergibt sich aus der in der Buchhandelsausgabe der ‹Frommen Gesänge› auf S. II abgedruckten Erklärung, aus der hervorgeht, daß es sich um eine von KT beabsichtigte Erstveröffentlichung des Gedichts handelt: «Von diesem Buch wurden 50 Vorzugsexemplare abgezogen, vornehm gebunden, numeriert und vom Autor mit einem unveröffentlichten Gedicht handschriftlich versehen und signiert.»

Theobald Tiger:
Fromme Gesänge. Mit einer Vorrede von Ignaz Wrobel. 1.–6. Tsd. [Berlin-]Charlottenburg: Felix Lehmann Verlag 1919

Entstehung

Über das Zustandekommen des Bandes ‹Fromme Gesänge› geben nur einige wenige Briefzeugnisse Auskunft. Als frühestes erhaltenes Dokument darf wohl die Notiz gelten, die KT am 6.3.1919 an V. Lehmann richtete: «[...] die erste Strophe ziehe ich feierlich zurück – es geht doch nicht, den Leuten in den Rücken zu fallen und sei es auch nur im Scherz. –» (DLA). In den Briefen an den ‹Simplicissimus›-Red. Blaich, der ihm zur Drucklegung des Groteskenbandes ‹Träumereien an preußischen Kaminen› den Münchner Langen-Verlag empfohlen hatte, war erstmals am 27.5.1919 die Rede von der Gedichtsammlung: «Mit dem Verlagsvorschlag bei Langen bin ich abgerutscht [...] und nun stehe ich mit einem anderen in Unterhandlung. [...] Ich habe auch meine alten Tiger – aber nicht etwa die aus dem Ulk – gesammelt – und will mal sehen ...» (AB 1, 69). Ebenso vage lautete die Nachricht am 11.7.1919; erst am 6.8.1919 wurde KT konkreter: «Die Tigeriana gibt ein kleiner Berliner Verlag – Felix Lehmann – heraus, mit dem ich in nähere Geschäftsverbindung treten will. Wers wohl kauft –? und 128 Seiten? Es sind auch Erotica dabei, damits nicht gar so langweilig ist. Ich fürchte, es wird ein Fiasko sein [...]» (ebd., 72).

Die «Geschäftsverbindung» bezog sich auf die Verhandlungen, die KT für SJ mit dem Geschäftsführer des Felix-Lehmann-Verlags Ernst Engel um die Gründung einer Monatsschrift führte. Vgl. die Berichte KTs an SJ vom 23.6. und 5.7.1919 (DLA) und Jacobsohn 1989, 25 f u.ö.). Am 10.7.1919 antwortete SJ auf einen nicht erhaltenen Brief von KT: «Auf Wrobels Vorrede zu Theobald Tiger lege ich selbstverständlich Wert. Es freut mich, daß Sie mit E[ngel] zufrieden sind» (ebd., 38). Die Vorrede ‹Politische Satire› wurde am 9.10.1919 in der WB vorabgedruckt (s. [158]). Im Brief vom 12.10.1919 an Mary Gerold hieß es: «gesammelte Tiger-Gedichte erscheinen in drei Wochen – die habe ich Karlchen und Jakopp gewidmet – und sie sind sehr frech. Hopfentlich käuft sie auch einer» (UuL, 266). Mit dem Ausblick auf den Erscheinungstermin äußerte er sich selbstkritisch gegenüber Blaich am 14.10.1919: «‹Die Tigeriana› erscheinen in ungefähr drei Wochen [...] da ist etwas Gewachsenes darunter, immer wenn ich Zeit hatte, die Dinger ausreifen zu lassen – aber wann hatte ich die? Man soll ja nicht über sich spintisieren, und daß an mir kein übermäßig großes Talent verloren gegangen ist, weiß ich auch – aber ich glaube, ich könnte manches, besonders Kleinigkeiten, viel besser und runder machen, wenn ich Zeit hätte. [...] Hilft es und stehen Sie so mit dem lieben Gott, daß es hilft, wenn Sie die große Zehe für einen Exodus Theobaldii ex urbe kneifen? Dann tun Sies bitte» (AB 1, 73 f).

Datierung

Als Erscheinungsdatum wurde der 15.11.1919 angenommen: Im ‹Börsenblatt für den Dt. Buchhandel› Nr. 238 vom 29.10.1919 wurden die ‹Frommen Gesänge› in der Sparte «Verzeichnis von Neuigkeiten, die in dieser Nummer zum ersten Mal angekündigt sind» (ebd., 10992) aufgeführt, im selben Heft erschien eine ganzseitige Anzeige (ebd., 11048), mit der die Buchhändler aufgefordert wurden, ein Probeexemplar («mit 40%») zu bestellen und versprochen wurde: «Die Absatzfähigkeit des Buches wird außergewöhnlich groß sein; amüsante Leichtigkeit des Vortrags vereinigt sich mit höchster Aktualität des Stoffes. [...] Die Verse haben bei ihrem Erscheinen in der Weltbühne den größten Erfolg davongetragen; ihr Verfasser ist der Chefredakteur des ‹Ulk›.»
Am 1.11.1919, M, wurde im BT auf das baldige Erscheinen des Bandes hingewiesen. Im Brief vom 12.10.1919 an Mary Gerold hatte KT angekündigt, «die Tiger-Gedichte erscheinen in drei Wochen», ebenso hieß es im Brief an Blaich vom 14.10.1919 mit dem Versprechen: «Sie bekommen sie selbstverständlich». Wäre das Buch vor dem 7.11. erschienen, hätte KT seinem Brief an Blaich vom selben Tag ein Exemplar beigelegt. Blaichs Reaktion ist vom 27.11.1919 datiert, s. [210], 25. In der WB desselben Tages erschien KTs ‹Selbstanzeige›, s. [210].

Widmungen

Die ‹Frommen Gesänge› erschienen mit der gedruckten Widmung an KTs Freunde Erich Danehl und Hans Fritsch: «Karlchen und Jakopp zur Erinnerung an Rumänien» (S. III).
Von den mit hs. Widmungen versehenen Bänden sind den Hg. nur wenige bekannt. Eine der ersten Bewidmeten dürfte KTs damalige Freundin Mary Gerold gewesen sein, der das Buch um den 20.11.1919 in einem Geburtstagspaket nach Kurland zuging (s. KT an MT 24.11.1919; UuL, 283); in einer Tagebuchnotiz vermerkte sie den Eingang am 8.1.1920. Zwölf Jahre später, nach ihrer Trennung von KT, entdeckte MT den Verlust des Bandes (s. MT an KT 31.1.1932; DLA) und erhielt ihn von dem nach Schweden emigrierten KT Ende Febr. 1932 (MT an KT 1.3.1932; DLA) zurück. Der urspr. Widmung («Seiner Meli – Nungo. 1919.») hatte KT weitere Zeilen hinzugefügt: «Wenn ich heute davon müßte,/würde ich sagen:/‹Das war alles –?›/und:/‹Ich habe es eigentlich nicht so richtig/ verstanden.› Nungo. 1932.» (DLA).
Die Widmung mit der frühesten präzisen Datumsangabe galt dem WB-Kollegen und Kapitän a.D. Lothar Persius: «Dem großen Kreuzer ‹Persius›/der kleine/Torpedozerstörer ‹Tiger›./Tucholsky. 22.XI.19.» (DLA).

Vermutl. ebenfalls im Nov. 1919, wie die Widmungen in den Vorzugs-exemplaren (s.o.) auf 1920 vordatiert, dichtete KT für «Herrn Dr. Maxi-milian Pfeiffer herzlichst»: «Die Pfeife ist am Mann das Beste./Auf deine hört die ganze Welt./Ich lauscht als einer deiner Gäste/auf ein Konzert, das mir gefällt.//In Hameln pfiff einst ein Kollege./Die Flöte lockt. Es juchzt die Schar. –/Dies Heft, das ich hier niederlege,/sei Ihm geweiht, der allerwegen/gleich dir ein Rattenfänger war. –» (Privatarchiv Bernt Engelmann, Rottach Egern). Maximilian Joseph Pfeiffer war von Ende 1921 bis Mitte 1926 dt. Gesandter in Wien.

Undatiert ist die Buchwidmung für den Redakteur des BT Bernhard Jolles: «Dem großen Schweiger/widmet dieses beschädigte Remittenden-exemplar/Tiger./Wrobel./Panter./Hauser/und ick!» (NL Jolles, Fünen). Aus der ersten Zeit in Frankreich stammt die Widmung für den Zeichner, den KT durch George Grosz im April 1924 kennenlernte: «Für Franz Masereel, den Gesinnungsfreund – von einem dicken Mann. Tucholsky (Th. Tiger.) Paris 1924.» Bei KTs Übersiedlung nach Schweden ging ein Exemplar in den Besitz der Freundin Lisa Matthias über: «Mit anderen Haushaltungsgegenständen –/(1 Speibecken)/(2 Kinderkwagen)/(4 Erb-senzähler)/(1 Gummibettkissen)/entwendet von Lottchen/Der träu-mende Dichter/Ping – Pong./Scheden; Febuar 30.» (Faksimile s. Mat-thias 1962, 201).

Wirkung

Publizistische Reaktionen auf die ‹Frommen Gesänge› sind eher spärlich und bestätigen KTs Skepsis, die er vor Erscheinen des Bandes gegenüber MT und Blaich äußerte (s.o. Entstehung). Die ‹Allgemeine Zeitung› von Chemnitz hatte das Rezensionsexemplar an den Felix-Lehmann-Verlag zurückgeschickt mit der Begründung, sie habe von jeher den «Kampf ge-gen Schmutz und Schund in Literatur und Kunst» geführt, die Gedicht-sammlung von KT müsse «den Ekel und den Widerwillen jedes anständig fühlenden Lesers erwecken» und wies darauf hin, daß die Zeitung «Über 50000 Abonnenten» habe (Brief vom 8.12.1919; DLA). Erste Reaktionen kamen erst einen Monat später, nachdem KT in der ‹Selbstanzeige› (s. [210]) auf das Buch aufmerksam gemacht hatte. Am 14.12. lobte P.B. (Paul Block?) den «bacchantischen Tiger»: «– er kann's! Er hat die Me-lodie. Was den alten Beranger und auch manchen jüngeren Franzosen so angenehm macht, die flüssige Leichtigkeit des Tons, die Pointen aus dem Handgelenk, die Spitzbüberei hinter der Unschuldsmiene» (s. ‹Fromme Gesänge›, BT 14.12.1919, M). Im ‹Vorwärts› (Berlin) vom 14.12.1919 reimte der Hausdichter «Paulchen» (d.i. Artur Zickler) ein vierstrophiges Gedicht auf ‹Das Tigertier›. «Lieber Theobald Tiger, das hast du wirklich gut gemacht», begann ‹Ein Brief über ein Buch› (von A. K.), der am 17.12. in der Morgenausgabe der BVZ gedruckt wurde. Dagegen forderte F. C., der Kritiker der ‹Weser-Zeitung› (Bremen), von dem «alles kritisierenden Dichter [...] etwas mehr Selbstkritik» (s. ‹Weser-Zeitung› 8.2.1920, M, Literarische Beil.). Am 27.2.1920, A, meinte J. E. N. im ‹Mannheimer General-Anzeiger› in einer Betrachtung über die ‹Neue Lyrik›, die ‹Frommen Gesänge› ließen «sich schwer in den Rahmen lyrischer Streifzüge unterbringen – weil sie eben gar nicht lyrisch sind (auch wenn sich's zufällig reimt), sondern beißend, fast – ungezogen. [...] Sein Gebiet ist durchweg die politische Satire [...]. Verirrt er sich ins Menschlich-Allzumenschliche, so stößt seine Sucht, Häßliches aufzudecken, ab.» ‹Der Zwiebelfisch. Zeitschrift über Bücher und andere Dinge› (München) beschränkte sich auf eine Anzeige mit der Bemerkung: «Gehört zum besten und witzigsten, was an politischer Satire gedichtet wurde» (Jg. 11, H. 1/6, Juli 1920, 135). F. E. Weiß hob in der Zeitschrift ‹Die Kritik› vor allem die Liebesgedichte hervor und forderte die «Machthaber des Kabaretts» auf: «laßt den Tiger in euren Kabaretts los, und ihr werdet volle Häuser haben» (s. ‹Die Kritik. Zeitschrift und Sammelwerk für Theaterinteressenten. Ausg. A: Schauspiel und Presse Jg. 2, Nr. 33, 14.8.1920, 632). Carl Müller-Rastatt in der ‹Neuen Lyrik›-Schau des ‹Hamburger Correspondent› (26.9.1920, A) urteilte über die Gedichte: «Formal sind sie von Heine und den französischen Chansonniers abgeleitet, geistig von den Leitartikeln der Berliner Linken-Presse gespeist. Eintagsfliegen. Knallbonbons.» Alle erwähnten Rez. wurden von KT in seiner Zeitschriftensammlung archiviert (DLA).

188

Gute Nacht!

V: Theobald Tiger
D^1: Fromme Gesänge 1919, S. 99
Bibl.: Nd s. Bonitz/Wirtz C 4; 4 Nd; GW 2

Vermutl. entstanden während KTs Stationierung in Rumänien Anfang Sept. 1918; vgl. KT an MT 19.9.1918 (UuL, 165).

189

Mit einem japanischen Gott

V: Theobald Tiger
D^1: Fromme Gesänge 1919, S. 104
Bibl.: Nd s. Bonitz / Wirtz C 4; 3 Nd; GW 2

190

Versunkenes Träumen

V: Theobald Tiger
D^1: Fromme Gesänge 1919, S. 105
Bibl.: Nd s. Bonitz / Wirtz C 4; 5 Nd; GW 2

191

Persisch

V: Theobald Tiger
D^1: Fromme Gesänge 1919, S. 106
Bibl.: Nd s. Bonitz / Wirtz C 4; 4 Nd; GW 2

18   Clairen] Gemeint ist Else Weil, s. [11], *17*.

192

Verfehlte Nacht

V: Theobald Tiger
D^1: Fromme Gesänge 1919, S. 107
Bibl.: Nd s. Bonitz / Wirtz C 4; 3 Nd; GW 2

193

An ihren Papa

V: Theobald Tiger
D^1: Fromme Gesänge 1919, S. 108
Bibl.: Nd s. Bonitz / Wirtz C 4; 1 NdzL, 5 Nd; GW 2

1	*Amici! Plaudite!*] Freunde! Klatscht Beifall!
12	*Evoë!*] Jubelruf bei Bacchusfesten.

194

Er verheiratet sie

V: Theobald Tiger
D^1: Fromme Gesänge 1919, S. 109
Bibl.: Nd s. Bonitz / Wirtz C 4; 2 Nd; GW 2

3	*Clairen*] Else Weil, s. [11], *17*.
11	*brünstiger Leu*] Vgl. das Gedicht ‹Löwenliebe› (Bd. 4 [138]).

195

Mit dem Weininger

V: Theobald Tiger
D^1: Fromme Gesänge 1919, S. 110
Bibl.: Nd s. Bonitz / Wirtz C 4; 4 Nd; GW 2

0	*Weininger*] Otto Weininger: Geschlecht und Charakter. Wien, Leipzig 1903. Vgl. Bd. 4 [27].
5	*du bist null und nichtig*] In Kap. XII, ‹Das Wesen des Weibes und sein Sinn im Universum›, kommt Weininger zu dem Schluß: «Der reine Mann ist das Ebenbild Gottes, des absoluten Etwas, das Weib, auch das Weib im Manne, ist das Symbol des Nichts [...]», in: Weininger: Geschlecht und Charakter. 16., unveränd. Aufl. 1917, 403.
7	*Tier und Fraue*] Vgl. den Schluß Kapitel X, ebd., 312 ff.

196

Entrée

V: Theobald Tiger
D^1: Zirkus Berlin. Hg. von Lothar Brieger und Hanns Steiner. Berlin: Almanach-Verlag [15. 11. 1919], S. 5–6
Bibl.: Nd s. Bonitz / Wirtz D 411; 1 Nd

Datierung nach Anzeigen im ‹Börsenblatt für den Deutschen Buchhandel› (s. z. B. Nr. 243, 5.11.1919).

11 *Berolina*] Nach «Berolinum», lat. Name für Berlin; Anspielung auf die von Emil Hundrieser geschaffene und 1895 auf dem Alexanderplatz enthüllte weibliche Monumentalfigur «Berolina».

28 *Schieber*] s. [6], *89.*

197
Berliner Geselligkeiten

V: Peter Panter
D^1: Zirkus Berlin. Hg. von Lothar Brieger und Hanns Steiner. Berlin: Almanach-Verlag [15.11.1919], S. 71–81
Bibl.: Bonitz/Wirtz D 412; DT

Datierung s. [196].

15 *Poppenberg*] Der Berliner Schriftsteller Felix Poppenberg, von SJ als Theaterkritiker hochgeschätzt (s. ‹Kritiken von Felix Poppenberg›, SB 22.11.1906, II, 511 f), von KT als Hg. des ‹Taschenbuch für Damen› erwähnt, in: ‹Ein Taschenbuch›, s. Bd. 4 [27].

16 *Rideamus*] Unter diesem Pseud. verfaßte Fritz Oliven Satiren und Operettentexte; vgl. KTs Aufführungsbespr. von ‹Drei alte Schachteln› von Walter Kollo und Rideamus, WB 16.5.1918, I, 357–359; D 348.

19 *Oskar Bie*] Musikkritiker des BBC, Hg. der ‹Neuen Deutschen Rundschau› und gelegentl. Mitarb. der SB/WB. Er schrieb v. a. Bücher über Musik und Kunst, vgl. KTs Rez. des von Bie herausgegebenen und betexteten Bandes ‹Das Theater› von Karl Walser, s. Bd. 1 [152].

49 *Oberhof*] Wintersportort im Thüringer Wald.

50 *Binz*] Ostseebad auf der Insel Rügen.

52 *der Rahelsche*] Rahel Varnhagen von Enses Berliner Salon war Anfang des 19. Jh. Treffpunkt von Philosophen, Literaten (z. B. Heinrich Heine) und Künstlern.

82 «*schieben*»] Mit «Schieber» bezeichnete man den Onestep und Foxtrott, zur Entstehung des Begriffs in der Bedeutung von «Schleichhändler» s. [6], *89.*

113 f *Die Bar ... Zimmermann.*] Nach Friedrich Schiller ‹Wilhelm Tell› III, I: «Die Axt im Haus erspart den Zimmermann».

119 f *ein département pour Cythère*] Wörtl.: ein Bereich für Cythère; Cythère: Beiname der Göttin Venus, nach «Kytheira», dem griech. Beinamen der auf der Insel Kythera verehrten Aphrodite. Die ionische Insel gilt als Liebesinsel, dort soll nach der griech. Legende die Göttin Aphrodite, dem Meeresschaum entsprungen, zum ersten Mal an Land gegangen sein.

153 f ‹*Berlin ... Winke.*›] ‹Berlin und die Berliner. Leute. Dinge. Sitten. Winke›. Karlsruhe, Freiburg i. Br. 1905.

201 f *fett sein ... eine Weltanschauung*] Eine von KT häufig getroffene Feststellung, vgl. Bd. 4 [122], 7 f; Bd. 9 [81], 99; ‹Fünfundzwanzig Jahre›, in: WB 9. 9. 1930, II, 374; D 2458.

212 f *verzeih das harte Wort*] Von KT gern zitierte Wendung aus Julius Stettenheims ‹Wippchens sämmtliche Berichte›. Berlin 1878 ff; vgl. Bd. 21 [B 45Q]; [B 47Q]; [B 52Q], u. ö. S. a. SJs «Antwort» an Peter Panter über Stettenheim, in: WB 6. 3. 1919, I, 271.

198

Die Hausgeister

V: Peter Panter
D[1]: Almanach 1920. Schriftleitung Hans Flemming. Berlin: Mosse 15. 11. 1919, S. 252–257
Bibl.: Bonitz / Wirtz D 410; DT

Datierung
Der ‹Almanach› wurde im ‹Börsenblatt für den Deutschen Buchhandel› erstmals in der Nr. 243 vom 5. 11. 1919 für Mitte Nov. angekündigt, in der Sonntagsausg. des BT vom 16. 11. 1919 heißt es in der Anzeige «Soeben erschienen».

0 *Die Hausgeister*] Im Inhaltsverzeichnis des Almanachs mit dem Zusatz: «Modernes Märchen».

1 ff *«Doch siehe! ... Sprechergewicht ...»*] Verse 23–25 der Ballade ‹Hochzeitlied›, s. Goethe: WA I, 1, 178.

25 *Botokuden*] Brasilianischer Indianerstamm mit großen Ohren- und Lippenpflöcken.

60 *Antimakassar*] Zum Schutz gegen Haaröl (Makassaröl) auf Sessel- und Sofalehnen aufgelegte (Zier-)Deckchen.

72 *Herrscht Wohnungsnot?*] s. [46].

102 *Schiebapreise*] s. [6], *89*.

104 *schtantepeh*] «stante pede» (stehenden Fußes: sofort).

104 f *wie Bolle aufm Milchwagen*] Berliner Redewendung; bezieht sich, wie der Gassenhauer ‹Bolle reiste jüngst zu Pfingsten› mit dem Kehrreim: «aber dennoch hat sich Bolle janz köstlich amüsiert», auf den Unternehmer Carl Bolle. Dieser begründete 1881 in Alt-Moabit einen milchwirtschaftlichen Betrieb bis dahin unbekannter Größe. Die Milchtransportwagen der Meierei gehörten damals zum Berliner Straßenbild.

115 *den Casanova*] Die ‹Erinnerungen› des ital. Abenteurers waren 1907–1909 in dt. Übers. erschienen. 1912/13 erschienen ‹Frauenbriefe an Casanova› und Casanovas Briefwechsel.

116 f ‹*Was muß … Ehe wissen?*›] ‹Was muß ein junges Mädchen vor und von der Ehe wissen? Hand- und Lehrbuch für junge Mädchen über alle Verhältnisse des Braut- und Ehestandes›. Bearb. von E. von Szczepánska. 2. Aufl. Dessau [1902].

137 *Aufklärungsfilms*] s. [69]; [97].

148 f «*Ich kenne … Aushilfen!*»] Parodiert den Ausspruch Wilhelm II. aus seiner Rede vor dem Berliner Schloß am 1.8.1914: «Ich kenne keine Parteien mehr – ich kenne nur noch Deutsche!» In der Reichstagssitzung vom 4.8. wiederholte er den Satz.

152 f *Achtstundentag*] s. [59], *8*.

167 *mit den Lebensmitteln*] s. [44].

199

Monarchistenkundgebung?

V: Von einem Berliner
D[1]: Berliner Volks-Zeitung Jg. 67, Nr. 546, 16.11.1919, M, 2. Beiblatt, [S. 1]
Bibl.: Nd s. Bonitz/Wirtz D 601; 1 Nd

Zuschreibung s. [25].

3 ‹*Fiesco*›] Das Schiller-Theater Charlottenburg feierte den 100. Geburtstag Schillers am 10.11. mit einer Neuinszenierung (von Franz Bonno) des «republikanischen Trauerspiels», ‹Die Verschwörung des Fiesko zu Genua›. Der Kritiker des ‹Berliner Lokal-Anzeigers› würdigte die Leistung der Darsteller (Georg Paeschke, Willy Eberhardt, Harry Förster, Margarethe Neff) und schloß mit der Schilderung: «Wie schon bemerkt, stand

die große Schar der Zuschauer ganz im Banne der Dichtung und kargte nicht mit lebhaftem Beifall, als aber Fiesko in der Szene mit den genuesischen Handwerkern diese von der Notwendigkeit einer Monarchie überzeugte, da brach ein Beifallssturm los, der die Grundfesten des Hauses erschütterte» (BLA 11.11.1919).

16 ff   *keinen Löwen ... Magen*] Bezieht sich auf oben beschriebene Szene (s. o. 3) im ‹Fiesko›, Zweiter Aufzug, achter Auftritt. Dort heißt es: «Laßt uns einen Monarchen wählen, der Klauen und Hirn und nur *einen* Magen hat – und *einem* Oberhaupt huldigten alle – *einem* Genueser – aber [...] er war der Löwe.»

200

Die Kunst des Couplets

V: Ignaz Wrobel
D^1: Berliner Tageblatt Jg. 48, Nr. 549, 18.11.1919, M, [S. 2]
Bibl.: Nd s. Bonitz/Wirtz D 602; 5 Nd; GW 2

Vgl. [74].

1 f   *ein Couplet zu schreiben*] KT sah später noch öfter Veranlassung dazu, die «mühselige und [...] ernste Sache» (s. Bd. 4 [63], 1 f) des Couplet-Schreibens gegen die Geringschätzung dieser Kunstform zu verteidigen; vgl. ‹Das Couplet›, in: Bd. 4 [63]; ‹Das neue Lied›, Bd. 4 [242]; ‹Aus dem Ärmel geschüttelt›, Bd. 5 [55].

37   *alten Zensur*] s. [32], *40 f.*

71   *der junge Walter Mehring*] KT resümierte 1920: «Mehring begann mit diesen Couplets am Ende des Jahres 1918. [...] Er machte damals schon zweierlei: einmal eine wilde Hatz von Eindrücken in freien Rhythmen [...] oder er nimmt die alte Coupletform her mit dem richtigen Refrain, ordnet sich ihr scheinbar unter und wirft sie in Wirklichkeit über den Haufen. Der Refrain: eingehämmert. [...] Die virtuose Beherrschung einer neuen Form [...]»; s. Peter Panter: Das neue Lied, in: Bd. 4 [242].

78   *die Reuttersche Technik*] Zu Reutters Technik äußerte sich KT 1921: «Alles geht aus dem leichtesten Handgelenk, [...] er haucht seine Pointen in die Luft [...]. Ein Refrain immer besser als der andre – wie muß dieses merkwürdige Gehirn arbeiten, daß er zu jeder lustigen Endzeile immer noch eine neue Situation erfindet» (s. Bd. 5 [3]). Von Reutters «bewundernswerte[r] Technik, durch die er das Äußerste aus sich herausholt»

hieß es in einem Gedenkartikel KTs aus dem Jahr 1932: «Diese Technik hatte nur einen kleinen Radius – wäre er Franzose gewesen, er hätte das ‹génie de la race› gehabt […] Und doch … wie gut hat er das gemacht! Diese Refrains, die er zum Schluß gar nicht mehr vortrug, er bewegte nur noch die Lippen und ließ das Publikum die Pointe erraten – er verstand sein Handwerk» (s. ‹Otto Reutter›, WB 16.2.1932, I, 254–258; D 2696).

85 *Aristide Bruant*] KT hat den Dichter des alten frz. Cabarets, «der das soziale Cabaretchanson geschaffen hat» 1925 in Paris auf der Bühne erlebt, wo Bruant für wenige Tage in einer großen Singspielhalle aufgetreten ist, s. ‹Aristide Bruant›, in: Voss 7.1.1925; D 1338.

201

Badetag

V: Kaspar Hauser
D^1: WB Jg. 15, Nr. 48, 20.11.1919, II, S. 634
Bibl.: Nd s. Bonitz/Wirtz D 603; 1 Nd; GW 2

9 *Ebert auch*] Anspielung auf das in der ‹Berliner Illustrirten Zeitung› (Nr. 34, 24.8.1919) auf dem Titelblatt erschienene Photo von «Ebert und Noske in der Sommerfrische». Die Photomontage, die die beiden Politiker bis zu den Knien im Wasser stehend, nur mit Badehose bekleidet, sowie einen jungen Mann mit Dreizack zeigte, hatte Hohn und Empörung ausgelöst.
25 *Adjutant*] Major Erich von Gilsa, s. auch [208], 43 ff.
33 *Fuhrmann*] Wohl August Fuhrmann, Unternehmer, Besitzer des Kaiserpanoramas in Berlin.

202

Tollers Publikum

V: Ignaz Wrobel
D^1: WB Jg. 15, Nr. 48, 20.11.1919, II, S. 635–638
Bibl.: Nd s. Bonitz/Wirtz D 604; 6 Nd; GW 2
Bespr.: ‹Die Wandlung. Das Ringen eines Menschen› von Ernst Toller in der «Tribüne» in Berlin-Charlottenburg, UA am 30.9.1919. Die Hauptrolle spielte Fritz Kortner

0 *Tollers Publikum*] Die Uraufführung der ‹Wandlung› hatte in der neugegründeten, demokratisch organisierten «Tribüne» stattgefunden, die mit einem expressionistisch-revolutionären Programm angetreten war. Die meisten Kritiker besprachen die Aufführung positiv, einige stellten jedoch fest, daß das im vornehmen Bezirk Charlottenburg gelegene Theater nicht geeignet sei, das Publikum anzulocken, für das das Stück geschrieben worden sei. So stellte Paul Weiglin fest: «Die ‹Tribüne› ist ein teures Theater. Man geht hin, weil es das Neueste ist» (‹Berliner Bühnen›, in: Velhagen & Klasings Monatshefte Jg. 34 (1919/20), Bd. 1, 466). Nachdem eine bereits zugesagte Aufführung vor streikenden Arbeitern von der Mehrheit der Schauspieler verweigert worden war, intervenierte Toller mit einem Telegramm aus dem Festungsgefängnis Eichstätt, in dem er seit Juni inhaftiert war: «Erhebe schärfsten Protest gegen das Verhalten der Geldmänner der ‹Tribüne› gegenüber den Streikenden. Mein Stück gehört nicht dem Kurfürstendamm, sondern den Arbeitern. Weitere Schritte unternommen. Ernst Toller» (s. ‹Ernst Toller gegen die ‹Tribüne›. Der Dichter will vor Arbeitern gespielt werden›, in: Die Freiheit 17.10.1919, A).

27 *Szene, wo die fünf Soldaten*] s. ‹Die Wandlung›, erste Station, zweites Bild.

32 *«Lusitania»*] Am 7.5.1915 wurde der brit. Passagierdampfer «Lusitania» auf der Fahrt von New York nach Liverpool an der Südküste Irlands von einem dt. U-Boot versenkt. Das Schiff hatte für Britannien bestimmte Munition an Bord. 1200 Menschen ertranken, es kam zu einer schweren Krise in den Beziehungen zwischen dem Dt. Reich und den USA.

42 *drei Krankenschwestern*] s. ‹Die Wandlung›, dritte Station, sechstes Bild.

51 f *die Kriegspossen des Kriegsanfangs*] z.B.: Schmidtbonn: ‹1914›, aufgeführt im Sept. 1914 im Deutschen Theater (s. SJs Aufführungsbespr. WB 1.10.1914, II, 221); Ludwig Fulda: Jugendfreunde; Hans Gaus: ‹Es braust ein Ruf!› Ein Volksstück aus den Tagen der Mobilmachung, aufgeführt im Komödienhaus im Sept. 1914; ebenfalls im Sept. 1914, im Theater in der Weidendammer Brücke: ‹Anfang gut – alles gut›, ein vaterländisches Volksstück mit Gesang von Gerhard Preuß (s. Alfred Polgar: Theaterbarbarei, in: WB 1.10.1914, II, 229–230).

68 f *«Die Rüstungsindustrie ... das synthetische ein»*] s. dritte Station, sechstes Bild: «Wir könnten uns die positive Branche nennen,/ Die negative ist die Rüstungsindustrie./ Mit andern Worten: Wir Vertreter der Synthese./ Die Rüstungsindustrie geht analytisch vor.»

87 f *verlogenen Presse-Apparates*] Vgl. [13], 25.

104 *«... und hätte der Liebe nicht.»*] 1. Korinther, 13.

110 ff «*Kommis des Tages*» ... «*Marschiert! Marschiert!*»] s. fünfte Station,
elftes Bild.

118 *telegraphierte aus dem Gefängnis*] s. o. 0.

124 *in München politisch tätig*] Toller, der als Freiwilliger in den Krieg gezogen war, hatte sich Anfang 1918 am Streik der Munitionsarbeiter in München beteiligt, wurde nach Kriegsende Vorstandsmitglied des Zentralrats
der Arbeiter-, Bauern- und Soldatenräte Bayerns und wurde nach der
Niederwerfung der Räteregierung im Juli 1919 in einem Hochverratspro-
zeß durch das Standgericht zu fünf Jahren Festungshaft verurteilt. Toller
hat später, in der Autobiographie ‹Eine Jugend in Deutschland› (1933),
seine Rolle während der Ereignisse in Bayern selbstkritisch reflektiert
und die Räterepublik als Fehler bezeichnet, wofür ihm KT großen
Respekt zollte, vgl. Bd. 20 [B 39], 20 ff und K.

203

Die beiden Bindelbands

V: Peter Panter
D[1]: WB Jg. 15, Nr. 48, 20. 11. 1919, II, S. 646 [Rubrik:] Rundschau
Bibl.: Bonitz / Wirtz D 605; DT

0 *Bindelbands*] Die Brüder Alfred und Fritz Rotter, von KT meist «Bindelbands» genannt, übernahmen in der Weimarer Zeit das Metropol-
Theater, dann andere Bühnen (Theater des Westens, Zentraltheater, Großes Schauspielhaus). «Selbst nur noch Unternehmer, verpachteten sie
Theater an Zwischenpächter, die ganz gleich womit, volle Häuser zu
bringen hatten, um ihre Pacht zahlen zu können. In Theaterkreisen
sprach man verächtlich von ‹Kunstbordellen›, aber sie gastierten alle an
den Rotter-Bühnen: Wegener, die Durieux sogar [...] Bassermann»
(Annemarie Lange: Berlin in der Weimarer Republik. Berlin 1987, 757).
Die Theaterunternehmer wurden gegen Ende der WR durch gezielte an-
tisemit. Hetzkampagnen in den Ruin getrieben; vgl. Bd. 20 [B 248Q],
132 ff und K.

1 *Rotter haben ... Wegener*] Laut Meldung des BT 11. 11. 1919, M, war zwischen Paul Wegener und der Direktion Rotter ein Vertrag zustande-
gekommen, demzufolge sich Wegener ab 1. 3. 1920 bis zur Hälfte der
nächsten Spielzeit der Direktion Rotter verpflichtete. Wegener sollte am
Residenz-Theater zunächst die männliche Hauptrolle in Sudermanns

neuestem Bühnenwerk ›Die Raschhoffs› spielen, die Erstaufführung war auf den 1. März angesetzt.

10 *ist es Reinhardt gewesen*] Paul Wegener war seit 1906 am Deutschen Theater engagiert, wo er unter der Regie von Max Reinhardt zum erfolgreichen Charakterdarsteller avancierte. Wegeners Vertrag mit der Direktion Reinhardt lief am 1.3.1920 ab, ein neues Engagement war für die Winterspielzeit 1920 vorgesehen.

17 *sieben magern Jahre*] s. 1. Buch Mose, 41, 29–30.

19 *Fett für das Kino*] Wegener war seit 1913 auch Filmdarsteller, -regisseur und -verfasser mit dem Anspruch, den Film auf ein höheres künstlerisches Niveau zu heben. Bereits mit seinem Filmdebut ‹Der Student von Prag›, mit den ‹Golem›-Filmen (‹Der Golem›, 1914; ‹Der Golem und die Tänzerin›, 1917; ‹Der Golem – wie er in die Welt kam›, 1920) aber auch mit seinen Beiträgen zur filmtheoretischen Diskussion fand Wegener intern. Beachtung. Vgl. Wegener: Die künstlerischen Möglichkeiten des Films, Vortrag in der Berliner Singakademie am 24.4.1916, in: Kai Möller: Paul Wegener, sein Leben und seine Rollen. Hamburg 1954, 102–113. Der Vortrag erschien stark gekürzt im ‹Kunstwart› Jg. 30, Bd. 2, 1916/17, 13–15.

25 *Moissi!*] Alexander Moissi trat bei Reinhardt im Deutschen Theater 1919 in ‹Wie es euch gefällt› auf.

34 f *eine ... Maréchal Niel*] Nach dem frz. Marschall ben. Rosensorte.

38 *Gottes Mühlen*] Nach dem Anfang von Friedrich von Logaus Sinngedicht ‹Göttliche Rache›: «Gottes Mühlen mahlen langsam, mahlen aber trefflich klein», in: ‹Salomons von Golaw Deutscher Sinn-Gedichte Drey Tausend›. Breslau 1654, III, 2, 24.

42 f *auf Flügeln des Gesanges*] Anfangsvers des 9. Gedichts aus Heinrich Heine: ‹Lyrisches Intermezzo›, 1823.

204

Lamento

V: Theobald Tiger
D¹: Ulk Jg. 48, Nr. 47, 21.11.1919, [S. 2]
Bibl.: Nd s. Bonitz/Wirtz D 607; 1 Nd

2 *Gilkapulle*] Ein in Berlin hergestellter, nach dem Fabrikanten benannter Getreidekümmel.

8 *Götz von Berlichingen!*] s. Goethe ‹Götz von Berlichingen›, Dritter Akt,

Götzens Antwort an den Hauptmann, der ihn auffordert, sich zu ergeben. (Er kann mich ...), in: Goethes Werke, Weimarer Ausgabe, Bd. 9, 109.

9   *Da stehn am Königsplatz*] Paul v. Hindenburg war Mitte Nov. nach Berlin gekommen, um zusammen mit Ludendorff vor dem Untersuchungsausschuß über den Krieg und die Niederlage auszusagen (s. [205] und [208]). Seine Ankunft wurde am 14. 11. 1919 durch Kundgebungen deutschnationaler Schüler und Studenten am Königsplatz vor dem Reichstag begrüßt, obwohl öffentl. Versammlungen unter dem herrschenden Belagerungszustand untersagt waren (vgl. ‹Die Deutschnationalen auf der Straße›, BT 15. 11. 1919, M).

12 *U-Boot-Krieg*] s. [18], 26.

17 *Die Kohle fehlt*] Nach der Revolution ging die Kohleproduktion stark zurück; wegen der schlechten Finanzlage war auch an ausreichende Kohleneinfuhren nicht zu denken. Der von der Regierung zur Hilfe bei der Sozialisierung geschaffene Reichskohlenrat trat kaum in Aktion. Schon am 7.7. mußte die Siemens-Fabrik in Berlin-Lichtenberg wegen Kohlenmangels den Betrieb einstellen. Am 1.11. verfügte die Reichsregierung sogar die Einstellung des Personenzugverkehrs zwischen dem 5. und 15.11., um den Transport von Kohlen etwas zu erleichtern.

17 *Die Arbeit stockt*] Der Metallarbeiterstreik in Berlin dauerte trotz eines vorliegenden Schiedsspruchs schon zehn Wochen. Die Regierung warf dem Metallarbeiterverband vor, aus politischen und nicht aus wirtschaftl. Gründen den Streik fortzusetzen und die Regierung und die Demokratie stürzen zu wollen. Am 5. 11. hatte das USPD-Zentralorgan ‹Die Freiheit› zu einem Generalstreik aufgerufen; der Aufruf war jedoch nicht befolgt worden.

205

Das erdolchte Heer

V: Von einem Berliner
D[1]: Berliner Volks-Zeitung Jg. 67, Nr. 558, 23. 11. 1919, M, 1 Beiblatt, [S. 1]
Bibl.: Nd s. Bonitz / Wirtz D 608; 3 Nd; GW 2

Zuschreibung s. [25].

Am 18. 11. 1919 sagten die OHL-Führer Hindenburg und Ludendorff vor dem Untersuchungsausschuß der Nationalversammlung als Zeugen über die verpaßten Friedensmöglichkeiten im Weltkrieg aus. Der Ausschuß bot

Hindenburg die Gelegenheit, eine vorbereitete Rede vorzutragen, in der er und Ludendorff alle Schuld am verlorenen Krieg von sich wiesen und statt dessen das Volk und die Revolution für die Niederlage verantwortlich machten (abgedr. in Schulthess 1919, 1. Teil, 483–484). Mit dieser Rede wurde die bereits vorher kolportierte «Dolchstoß-Legende» zu einem festen Bestandteil der öffentl. Diskussion. S. auch [208].

10   *Dreimal kräht jetzt der biblische Hahn.*] s. Matthäus 26, 69–75.

206

Ich habe noch ...

V: Peter Panter
D^1: Berliner Tageblatt Jg. 48, Nr. 559, 24. 11. 1919, Montags-Ausg., [S. 2]
Bibl.: Bonitz / Wirtz D 609; GW 2

60   *nicht im Besitz großer Geldmittel*] Am 27. 9. 1919 hatte KT an Mary Gerold, die noch immer bei den dt. Truppen im Baltikum Dienst tat, geschrieben: «Ich kann Dir noch immer nicht das Heim bieten, in dem Du Dich wohl fühlen sollst.» Am 5. 10. wurde er konkreter: «In Berlin sind zur Zeit für eine vernünftige Ehe 30 000 Mark jährlich nötig. Noch sind sie nicht da» (s. UuL, 252 und 262).

75   *aber der Wagen rollt*] Refrain des Gedichts ‹Hoch auf dem gelben Wagen› (1879) von R. Baumbach.

91   *die Nationalökonomen*] Vgl. auch ‹Kurzer Abriß der Nationalökonomie›, Bd. 14 [108].

96 f *Zeiten des billigen Inselbuches*] Am 23. 5. 1912 trat der Inselverlag (auf der Umschlagseite des ‹Börsenblatts für den Deutschen Buchhandel›) erstmals mit dem Plan an die Öffentlichkeit, eine Buchreihe zu begründen, die den Namen «Insel-Bücherei» führen und «freundlich ausgestattete gebundene Bändchen umfassen, die jedes fünfzig Pfennig kosten» sollte. Bis 1914 erschienen 150 Bände, 1919 kamen z. B. auf den Markt die Nr. 261: Albert Einstein: Tubutsch; Nr. 283: ‹Oden› von Klopstock; Nikolaus Lenau: Lyrische Gedichte (Nr. 235). Vgl. KTs Kritik am Billigbuch: ‹Die diskreditierte Literatur›, in: Bd. 1 [218].

113   *Die Valuta ist gefallen*] Infolge des wirtschaftlichen Niedergangs sank der Mark-Kurs gegenüber Fremdwährungen. So stieg z. B. der Dollar von Mai 1919 bis Jan. 1920 von 12,85 Mark auf 99,11 Mark.

119   *Fort Douaumont*] Zwischen Deutschen und Franzosen blutig umkämpf-

ter Teil des Festungswerks Verdun; 1924 suchte KT das Schlachtfeld auf, s. ‹Vor Verdun›, in: WB 7.8.1924, II, 218–222; D 1257 und ‹Jemand besucht etwas mit seinem Kind›, in: WB 10.3.1925, I, 350–351; D 1377.

123 ff *«Dulde. Trage ... dulde, trage!»*] Aus den «Sprüchen» in Morgensterns Gedichtsammlung ‹Melancholie›. Berlin 1906, 73.

207

Das nervöse München

V: Anonym
D[1]: Berliner Tageblatt Jg. 48, Nr. 560, 24.11.1919, A, [S. 5]
Bibl.: Bonitz/Wirtz D 610

Zuschreibung
Im Nachlaß (KTA) erhalten als Zeitungsausschnitt mit Beschriftung von der Hand KTs, von ihm selbst abgelegt in einer Mappe mit eigenen Texten.

1 *Räterepublik niedergeworfen*] Bezieht sich auf die gewaltsame Beendigung der sog. 2. Räterepublik durch Freikorpstruppen, beginnend mit dem 1.5.1919. Diese 2., kommunistisch geführte Räterepublik war am 14.4. auf die erst kurz zuvor ausgerufene 1. gefolgt, die unter der Führung von USPD und Anarchisten gestanden hatte. Bei der blutigen Niederwerfung der 2. Räterepublik war ausgiebig von Noskes Schießbefehl vom 9.3. Gebrauch gemacht worden.

4 f *Ermordung Landauers*] Der Schriftsteller und Anarchist Gustav Landauer war in der ersten Räterepublik Volksbeauftragter für Volksaufklärung gewesen, hatte aber der zweiten, kommunistischen Räteregierung nicht mehr angehört. Nach seiner Verhaftung durch Regierungstruppen war er ins Gefängnis Stadelheim eingeliefert und dort von Freikorpssoldaten erschlagen worden. Vgl. dazu ‹Gib ihm Saures – er kann sich nicht wehren!› (s. Bd. 5 [81]), sowie Hannover, Hannover-Drück 1966, 56.

6 *Prozeß gegen den Mörder Eisners*] Der ehemalige Leutnant Anton Graf Arco-Valley, der am 21.2.1919 Kurt Eisner erschoß (vgl. [26]), wurde am 16.1.1920 vom Münchener Volksgericht zum Tode verurteilt. Das Kabinett Hoffmann (MSPD) wandelte die Strafe am folgenden Tag in lebenslange Freiheitsstrafe um. Am 13.4.1924 setzte das Ministerium von Knilling den weiteren Strafvollzug aus; 1927 wurde Arco-Valley begnadigt.

22 *9. November*] s. [178]; [182].

39 f   *österreichische Volksgenossen keine «Ausländer»*] Artikel 61 der Weimarer
        Verfassung enthielt die Zulassung Deutschösterreichs zum Reichsrat und
        die Gleichstellung Österreichs mit den das Dt. Reich bildenden dt. Län-
        dern nach erfolgtem Anschluß an das Dt. Reich. Zu dem von Deutsch-
        land und Österreich angestrebten Beitritt kam es aufgrund alliierten Wi-
        derstandes nicht.

42 ff   *Wir haben ... durchaus gebilligt*] So beurteilte das BT die Todesurteile im
        Geiselmörderprozeß als eine «angemessene Sühne für die Bestialitäten
        der Verurteilten» (s. ‹Die Sühne des Geiselmordes. Wirkungen der Dikta-
        tur›, BT 19.9.1919, A).

43   *Münchener Geiselmörder*] Am 30.4.1919 hielten die Regierungstruppen
        München eingeschlossen. Zehn Geiseln, darunter zwei Offiziere der an-
        greifenden Truppen und sechs Mitglieder der rechtsradikalen Organisa-
        tion Thule, wurden von Rotgardisten auf dem Hof des als Kaserne ver-
        wendeten Luitpold-Gymnasiums erschossen. Am 18.9.1919 verurteilte
        das Volksgericht München sechs Angeklagte zum Tode und weitere sie-
        ben zu fünfzehn Jahren Zuchthaus. Drei der zum Tod Verurteilten hatten
        nachweislich nicht mitgeschossen und keine Befehle erteilt. Die hohen
        Zuchthausstrafen wurden jeweils fürs «Zuschauen» und für «die Bereit-
        schaft, nötigenfalls selbst mitzuschießen» ausgesprochen. Vgl. dazu Han-
        nover, Hannover-Drück 1977, 68–75.

208

Zwei Mann in Zivil

V: Ignaz Wrobel
D¹: WB Jg. 15, Nr. 49, 27.11.1919, II, S. 659–664
Bibl.: Nd s. Bonitz/Wirtz D 611; 2 Nd; GW 2

Lesarten
KT hat in seinem Handexemplar der WB (KTF) folgende Streichungen
und Korrekturen vorgenommen:
16 ff Die Geschichte ... bedarf?] *gestr.* **38 f** das gelbe ... Bernhardts] *gestr.*
43 Gustavs] s *gestr.*, *alR* n **49** irgendwie] *gestr.* **77** sollen.] *dahinter Ein-
schub* Und er hätte sie tragen sollen **93 ff** Zwei Welten ... sein.] *gestr.* **116**
Man sah ... Ketzerei] *gestr.* **119** mehr] *gestr.* **128** anders] *gestr.* **132** unleid-
lich] *korr. zu* schwer **133 ff** Es konnte ... Leben lang.] *gestr.* **144 ff** Ressortpatriotismus ... gelernt.] *gestr.* **159 ff** Georg ... Zeit.] *gestr.* **165** Helden? Helden?] *zweites* Helden? *gestr.* **172 f** sich erst ... aufschwang] *gestr.*

178f Und der ... Herz.] *gestr.* **189** ganz] *gestr.* **190** gesamte] *gestr.* **208** Oder vielmehr] *gestr.* **217** Die Haltung ... überlegen] *gestr.*

8 *Hindenburg und Ludendorff*] s. [205].

9 *Der Alte*] Hindenburg war schon 1911 als Kommandierender General in Ruhestand gegangen und war 1919 zweiundsiebzig Jahre alt.

14 *Schweden*] Dorthin war Ludendorff im Nov. 1918 geflohen.

16 *fängt damit an, daß Ludendorff*] Am Anfang seiner Zeugenaussage erklärte Ludendorff, daß er eine Aussagepflicht als rechtlich gegeben nicht anerkennen könne, fuhr jedoch fort: «Wenn wir gleichwohl zur Eides- und Aussageleistung uns entschlossen haben, so geschieht es lediglich aus der Erwägung, daß nach einem vierjährigen Kriege ein so starkes Volk wie das deutsche ein Recht darauf hat zu sehen, wie sich die Tatsachen unverzerrt und ohne Parteileidenschaft an der Front und in der Heimat abgespielt haben. Nur an der Wahrheit kann das Volk wieder gesunden [...]» (zit. nach: Schulthess 1919, Teil 1, 482).

30 *Zimmermann*] Arthur Zimmermann, Staatssekretär im Auswärtigen Amt, schickte am 17.1.1917 ein Telegramm an den mexikanischen Präsidenten Carranza, in dem er Mexiko für den Fall eines Kriegseintritts der USA gegen das Deutsche Reich ein Bündnis und Hilfe bei Eroberungen in Texas und anderen Grenzstaaten anbot. Das Telegramm wurde von den Briten entschlüsselt und an die US-Regierung weitergegeben.

31 *Bernstorff*] Johann Heinrich Graf Bernstorff, dt. Botschafter in Washington bis 1917, hatte noch Ende 1916 mit US-Präsident Wilson nach Friedensmöglichkeiten durch amer. Vermittlung gesucht. Bernstorff hatte vom 21. bis 23.10. als erster Zeuge vor dem Ausschuß ausgesagt.

31 *«Rayonchef» Helfferich*] Karl Helfferich, 1915 Leiter des Reichsschatzamtes, organisierte die Finanzierung des 1. Weltkriegs, vor allem durch Anleihen. 1916 war er Staatssekretär im Innenministerium und Stellvertreter des Kanzlers, mußte aber das Amt 1917 an Friedrich v. Payer abgeben.

35 *Dietrich Schaefer*] Vgl. [164], *152.* Mit zwei anderen Professoren (M.J. Bonn aus München und O. Hoetzsch aus Berlin) nahm Schäfer als Sachverständiger an den Ausschußsitzungen teil.

43 *Major von Gilsa*] Erich von Gilsa war Adjutant des Reichswehrministers Noske.

46 *Bethmann*] Theobald von Bethmann Hollweg, Reichskanzler seit 1909, hatte am 31.10. vor dem Ausschuß ausgesagt. Sein nach anfänglicher Unterstützung annexionistischer Kriegsziele verfolgter Verständigungskurs hatte zu einem zunehmenden Verlust an Einfluß geführt; im Juli 1917 war er auf Druck der OHL aus dem Amt geschieden.

46   *«Qui tacet consentire videtur»*] Wer schweigt, scheint zuzustimmen. 6.
     Buch der Dekretalen des kanonischen Rechts; Grundsatz des Papstes
     Bonifaz VIII.

47   *Schulpforta*] In Pforta 1543 von Moritz von Sachsen gegr. Landesschule;
     Schüler waren u. a. Fichte, Klopstock, Nietzsche und von Ranke.

69   *Ludendorff sagt*] Bei der Erörterung der Frage, wieviel die OHL über die
     Friedenspläne Wilsons und Bernstorffs wußte, als sie sich für den unein-
     geschränkten U-Boot-Krieg entschied und ob ihr, als der Entschluß zur
     Eröffnung des uneingeschränkten U-Boot-Krieges gefaßt wurde, Bern-
     storffs Berichte über seine Kontaktaufnahme mit Wilson bekannt waren,
     antworteten Hindenburg und Ludendorff: «Für uns konnte nicht das
     Bernstorffsche Material maßgebend sein, sondern allein die Ansicht des
     Reichskanzlers» (Schulthess, ebd., 486).

86   *Sinzheimer*] Hugo Sinzheimer, Jurist und SPD-Abgeordneter, Mitglied
     des Untersuchungsausschusses.

109 f *Und ein Ausschuß wartet auf Antwort.*] Nach Heinrich Heine: Die Nord-
     see. 2. Zyklus, VII Fragen, letzter Vers: «Und ein Narr wartet auf Ant-
     wort».

121 f *Ersprießliches korporatives Arbeiten*] Vgl. [65] und ‹Der Apparat› (BT
     21. 10. 1918; D 386).

141 *fritzisch*] Typisch für die Epoche vom «alten Fritz», Friedrich II. von
     Preußen.

149 *Quid dicam, quod –?*] Was soll ich dazu sagen?

155 *alte Holzbock*] Vgl. [130], 52.

178 *verecundia*] Zurückhaltung, Schüchternheit.

178 f *der Zug des Herzens war des Schicksals Stimme*] Aus Friedrich Schiller:
     Die Piccolomini 3, 8.

210 f *vertagt sich*] Die Verhandlungen wurden wegen «Erschöpfung der Zeu-
     gen» abgebrochen und erst am 14. 4. 1920 wieder aufgenommen.

219 f *«Nieder mit dem Massenschlächter Hindenburg!»*] Nach der Sitzung des
     Untersuchungsausschusses fanden Kundgebungen für und gegen die bei-
     den Generäle statt. Laut Bericht des BT riefen die Nationalen «Hoch
     Hindenburg! Hoch Ludendorff! Nieder mit der Judenregierung! Nieder
     mit dem Judenausschuß!», s. ‹Hindenburg-Kundgebungen vor dem
     Reichstag›, BT 18. 11. 1919, A.

209

Die Morgenpost

V: Kaspar Hauser
D[1]: WB Jg. 15, Nr. 49, 27. 11. 1919, II, S. 674
Bibl.: Nd s. Bonitz / Wirtz D 612; 3 Nd; GW 2

11 *Einwohnerwehr!*] s. [164], 75.
11 f *Schützt euer Haus!*» *Ach, Spiegelberg*] Gemeint ist Fritz Spiegelberg, der
      im ‹Vorwärts› vom 27. 10. 1919, A die ‹Grenzen des Gastrechts› abzu-
      stecken versucht hatte: «Auch wir haben als Volk im Ganzen genommen
      die Gastfreundschaft bis zur Selbstentäußerung gepflegt. Wir haben
      nichts dagegen gehabt, daß alljährlich zehntausende von Italienern in un-
      ser Land kamen, um hier Verdienst zu suchen, und wir haben es auch ge-
      duldet, daß ständig mehr als eine halbe Millionen russisch-polnischer
      Berg- und Landarbeiter bei uns ihr Auskommen fanden. Beide Kategori-
      en waren für uns aber weder wirtschaftlich noch kulturell ein Gewinn.»
      Die Einwanderer aus dem Osten (z. B. Radek) seien nachweislich für den
      Bürgerkrieg in Deutschland verantwortlich: «Ob es russische Juden oder
      jüdische Russen sind, die unser Gesellschaftsleben unterminieren, kann
      für einen Sozialisten keine Rolle spielen.»
20   *Hymenaios*] Griech. Hochzeitsgott, dargestellt als Jüngling mit Braut-
      fackel und Kranz.
23   *schreibt S. J.*] Der Herausgeber der WB Siegfried Jacobsohn erwarb 1919
      ein Haus in Kampen auf Sylt, wo er sich die Sommermonate über auf-
      hielt. Von dort aus leitete er die Redaktion mit Hilfe von KT, dem er fast
      täglich Instruktionen nach Berlin sandte und den er zur Produktion an-
      trieb: «Er kitzelte das aus uns heraus, er peitschte es hervor, er lockte,
      rief, schalt, half, verbesserte» schrieb KT im ‹Gedenken an Siegfried Ja-
      cobsohn› (Bd. 9 [160]). SJs Aufforderungen an KT ergingen bei «der
      Milde eines Sklavenhalters, wie ich einer bin» meist in liebenswürdig
      witzig-ironischer Form, wie etwa: «Schick schöne Schartikel, Schedichte,
      Schundschauen, scheußlicher Schmierer!», s. Jacobsohn 1989, 119.
26   *so kommandiert die Poesie*] s. Goethe: Faust I, Vers 221.
31   *Verein der Antibolschewisten*] s. [45], 19.
35   *Der Feind steht rechts!*] s. [2], 25.

Selbstanzeige

V: Peter Panter
D[1]: WB Jg. 15, Nr. 49, 27.11.1919, II, S. 678–679 [Rubrik:] Rundschau
Bibl.: Nd s. Bonitz/Wirtz D 613; 2 Nd; GW 2

Vgl. [187].

2   ‹Fromme Gesänge›] s. auch [158].
6 f   für die ‹Weltbühne› verblichenen Theobald Tiger] s. [3], 4.
9   Hasenschiller] s. [159], 10.
23   der alte Ludwig Thoma] Über den ‹Simplicissimus›-Autor der Vorkriegs-
       zeit schrieb KT 1912: «Er hat überhaupt erst wieder eine gute politische
       Satire geschaffen, vorbildlich in der Form, rücksichtslos im Inhalt» (‹Die
       moderne politische Satire in der Literatur›, s. Bd. 1 [38]). KTs Ablehnung
       von Thomas kriegsbegeisterter Lyrik, die er vorerst mit Rücksicht auf
       Blaich vorsichtig äußerte, brachte KT Anfang 1920 jedoch unmißver-
       ständlich öffentlich zum Ausdruck. Die Kritik, vorgebracht in einer Rez.
       zu Thomas ‹Erinnerungen› (s. Bd. 4 [37]), eskalierte 1921 zu einem kräf-
       tigen Schlagabtausch, der von seiten Thomas v. a. im ‹Miesbacher Anzei-
       ger› ausgetragen wurde; s. Bd. 5 [9] und K.
25   Doktor Owlglaß wäre als Papa] Der ‹Simplicissimus›-Redakteur (Dr.
       Owlglass) Hans Erich Blaich reagierte reserviert: «ich habe Ihre ‹from-
       men Gesänge› in einem Zug gelesen: sehr alert, sehr witzig, überaus ge-
       wandt in der Form – wenn ich auch ‹in der Sache› mit allerhand nicht
       übereinstimme. Aber Sie tun mir zuviel Ehre an, wenn Sie schreiben, daß
       ohne mich ‹dieses Bändchen nicht u. nicht so wäre›. Sie sind darin ganz
       Sie (u. das ist doch das Wesentliche)» (Blaich an KT 27.11.1919, zit. nach:
       Blaich 1981, 338). Darauf KT am 30.11.1919: «Aber so ist es wirklich
       nicht. […] Sie glauben nicht, wie stark ich da von Ihnen abhängig bin. In
       allem: in der Form …, in der Anschauung der Dinge, die Sie nie so ganz
       für voll nehmen und doch sehr ernst begucken – in dem plötzlichen Um-
       kippen vom Spaß in den Ernst – wo wäre ich ohne Sie?» (AB 1, 75).
26   «Die blaue Blume» – eine Abteilung] In ‹Fromme Gesänge›, S. 93–114,
       enthält die Gedichte [14]; ‹An die Meinige› (SB 19.3.1914, I, 344); ‹Revue›
       (WB 25.7.1918, II, 85); ‹Die arme Frau› (WB 21.11.1918, II, 493); aus die-
       sem Band: [72]; [104]; [187] bis [195].
31 f dem Herausgeber unsern Dank] Zur Bedeutung Siegfried Jacobsohns als
       Mentor und Freund KTs vgl. Bd. 9 [160] und [173].

Die kleinen Parlamente

V: Ignaz Wrobel (D^1); Kurt Tucholsky (D^2)
D^1: Berliner Tageblatt Jg. 48, Nr. 568, 28. 11. 1919, A, [S. 2]
D^2: Das Lächeln der Mona Lisa 1929, S. 47–50
Bibl.: Nd s. Bonitz/Wirtz D 614; 4 Nd; GW 8

Varianten
Die Varianten sind nach D^2 verzeichnet
2 ist] kann 3 nur] *fehlt* 9 f bei ... sind] *fehlt* 10 der Teufel] vom Teufel 11
hat?] sind, nicht mehr achtzig Leute sind? 11 unfaßbaren, schrecklichen]
unfaßbar schrecklichen 17 weitertreiben. –] weitertreiben. 21 f Sie sind
hypnotisiert.] *fehlt* 26 f Mann mit uhrgeschmücktem Bauch. Aber] Mann,
sein Bauch liegt an einer Uhrkette; aber 31 Paragraph] § 36 deretwillen]
derentwillen 37 – entschuldigen Sie –] , entschuldigen Sie, 37 war] ist 38
pfeif'] pfeif 51 sprechen –] sprechen, 53 f sie sind] das ist 54 die] was 55
lassen] läßt 59 f Fuffzijer!») ... Präsidenten.] Fuffzijer!» ... Präsidenten.)
61 ff Und um elf ... gewahrt worden.] *fehlt* 72 nämlich] *fehlt* 76 eine] eins
78 kaschiert] versteckt 79 scheinbare, unbeirrbare] scheinbar unbeirrbare
85 werden;] werden – 87 Ich ...] *fehlt* 90 Zur Geschäftsordnung!] «Zur
Geschäftsordnung!» 94 ich denke gar nicht an] da sind nicht nur 97 ruk-
kelt] zuckt 102 aufgesagt haben] aufsagen 104 fühlen's] fühlens 109 Ach,
du lieber Himmel!] *fehlt* 113 abreden –] abreden, 115 wird –:] wird: 116
bleibt,] bleibt. 116 ff und ... Tändelei.] *fehlt* 126 Jedoch Anton?] Anton!
Wo ist Anton? 128 f Da lob ... wenig.] *fehlt* 130 tausenden] tausend 132 ,
erwachsene Menschen] und Frauen 135 Aber ... oben.] Aber das ist ein
weites Feld.

63 ff «*Aber die Uhr ... trennen.*»] Konnte nicht ermittelt werden. Unter dem
Pseud. «Vindex» schrieb der Wirtschaftsjurist Martin M. Friedländer seit
1913 in der SB/WB, er war ab 1918 Dozent an der Verwaltungsakademie
Berlin.

Untersuchungsausschuß

V: Theobald Tiger
D^1: Ulk Jg. 48, Nr. 48, 28. 11. 1919, [S. 2]
Bibl.: Nd s. Bonitz/Wirtz D 615; 1 Nd

Vgl. [205] und [208].

2 *Was ist Wahrheit?*] Johannes 18, Vers 38.
3 *Helfferich da spricht*] Vgl. [208], 80 f.
7 *Was Herr Ludendorff*] s. [205]; [208].
9 *Tannenberg*] Dort siegte 1914 die dt. 8. Armee unter Hindenburg über die russ. 2. Armee unter Samsonow.
11 *die Heimat ein Heer erstich*] s. [205].

213

Eine neue Bücherzensur

V: Ignaz Wrobel
D[1]: Berliner Volks-Zeitung Jg. 67, Nr. 571, 30.11.1919, M, 2. Beiblatt, [S. 1–2]
Bibl.: Bonitz/Wirtz D 616; GW 2

Vgl. ‹Das politische Feigenblatt›, Bd. 4 [116]; ‹Die Sittlichen›, Bd. 4 [173]; ‹Das Buchhändler-Börsenblatt›, in: WB 24.9.1929, II, 481–484; D 2291, KTs Kommentar zur Ablehnung des Börsenblatts, die zweite Auflage seines Buches ‹Deutschland, Deutschland über alles› anzuzeigen.

5 *gegen die Verfassung*] Zur Zensurgesetzgebung vgl. [32], *40*.
8 *Organisation*] «Börsenverein der Deutschen Buchhändler», gegr. 1825 zur Förderung der Interessen des dt. Buchhandels mit Sitz in Leipzig.
20 f *Kataloge*] ‹Verzeichnis der in der Zeit von 1903–1913 in Preußen verbotenen Bücher› (vgl. ‹Der Sadist der Landwehr›, in: Vorwärts 6.7.1914; D 303) und ‹Verzeichnis der verbotenen Bücher und Zeitschriften 1903 bis Ende März 1914. Hg. im Auftrag des Vorstandes des Börsenvereins der dt. Buchhändler. Leipzig 1914. 1915/16 gaben Generalkommandos in den Militärregionen Erlasse heraus. Zur Vereinheitlichung der regionalen Initiativen der Armeekorps erschien am 27.3.1916 zum ersten Mal in Berlin eine «Liste der verbotenen Schundschriften» mit 135 Einzel- und Reihentitel, die in ihrer dritten Ausgabe vom 21.5.1917 auf 228 Titel anwuchs. Verfasser der Listen war Karl Brunner, seit 1911 Sachverständiger beim Berliner Polizeipräsidium für die Gebiete «Jugendschutz gegen Schundliteratur» und «Theater- und Filmzensur».
30 ‹*Unsittliche Literatur*›] s. Börsenblatt für den Deutschen Buchhandel (Leipzig) Jg. 86, Nr. 236, 27.10.1919, 946.

31 *Schmutzliteratur gesprochen*] ebd.: «[...] Ist das Wohl des Vaterlandes der
    Maßstab, mit dem unser sittliches Verhalten gemessen werden muß, so
    muß auch gegen eine Literatur Front gemacht werden, die geeignet ist,
    unser Volkstum zu zerstören und seine Gesundheit zu untergraben.»
33 ff *«Es hieße ... einsetzen würde.»*] ebd., ohne die Hervorhebungen.
50 *Grellings Werke*] Es handelt sich um die erstmals 1915 in der Schweiz
    anonym veröffentlichte Anklageschrift ‹J'accuse›, die in zahlr.
    Sprachen übersetzt und ein Welterfolg wurde, in Deutschland jedoch zunächst ver-
    boten war. Richard Grelling, 1892 Mitbegründer der «Deutschen Frie-
    densgesellschaft», hatte bereits 1894 in der Schrift ‹Quousque tandem!
    Ein Friedenswort› zum allgemeinen Rüstungsstopp aufgerufen und
    1917/18 das dreibändige Werk ‹Das Verbrechen›, wie ‹J'accuse›, in Lau-
    sanne veröffentlicht. Grelling lebte seit 1903 bei Florenz, übersiedelte
    nach dem Kriegseintritt Italiens bis zum Frühjahr 1920 in die Schweiz
    (Zürich), wurde im Mai 1918 in Abwesenheit in Deutschland wegen ver-
    suchten Landesverrats angeklagt. Im Nov. 1918 bot Grelling, der inzwi-
    schen SPD-Mitglied geworden war, vergeblich Ebert und Scheidemann
    seine Dienste an. Im Nov. 1919 stieß auch sein Antrag, ihn als Sachver-
    ständigen für den parlamentar. Untersuchungsausschuß zur Prüfung der
    Kriegsschuld hinzuzuziehen, auf Ablehnung, s. Richard Grelling: Brief
    an den Herausgeber [Jacobsohn vom 3.12.1919], in: WB 18.12.1919, II,
    754.
51 *mit der brieflichen Begründung*] Die Redaktion des Börsenblatts an den
    Verlag Neues Vaterland, mitgeteilt in WB 23.10.1919 (II, 524): «Ihr Inse-
    rat betreffend ‹J'accuse› bedauern wir nicht veröffentlichen zu können,
    da es sich um ein verbotenes Werk handelt. Das Buch wird ferner als
    schwere Schädigung des deutschen Ansehens im Auslande betrachtet,
    und bedauern wir auch aus diesem Grunde, von einer Veröffentlichung
    Abstand nehmen zu müssen.» Hierzu gab die WB (möglicherweise KT)
    ihre Stellungnahme ab: «Gleichzeitig wimmelst du von den üppigsten
    Anpreisungen antisemitischer Hetzschriften, die dem deutschen Ansehen
    im Ausland genau so abträglich sind, wie ihm die Tatsache nützlich gewe-
    sen ist, daß wenigstens Ein deutscher Mann die Kenntnisse und den Mut
    gehabt hat, beizeiten die Wahrheit über den Krieg zu sagen. [...] Um dei-
    ne Motive zu verdecken, schwindelst du, daß ‹J'accuse› verboten sei.
    Heute ist nicht mehr Krieg. Diese Schrift kann jeder Sortimenter verkau-
    fen. [...] Du bist eine kaufmännische Veranstaltung, keine Vaterlandspar-
    tei. Die aufrechten Buchhändler und Verleger sollten sich endlich zusam-
    mentun, um dir Übergriffe abzugewöhnen, wie sie unter dem alten
    Regime eine Polizeibehörde sich tagtäglich geleistet hat und unter dem

neuen sich stündlich leistet» (s. Rubrik «Antworten»: ‹Buchhändlerbörsenblatt›).

53 f *Ankündigungen des Freien Verlages in Bern zurückgewiesen*] Dazu war in der WB (2.10.1919, II, 429 f) die (möglicherweise von KT verfaßte) «Antwort» zu lesen: «Buchhändlerbörsenblatt. Deine Reaktion – das finde ich bei der Korrektur anstatt Redaktion, laß' es freudig stehen und schüttle dem Setzer dankbar die Hand – also sie schreibt dem Freien Verlag in Bern, der das Buch des Professors [Friedrich] Nicolai: ‹Sechs Tatsachen zur Beurteilung der heutigen Machtpolitik› inserieren will, alles Ernstes: ‹Ihr uns mit Auftrag vom sechsundzwanzigsten August aufgegebenes Inserat, betreffend Nicolai, bedauern wir ablehnen zu müssen, da wir es nicht als Aufgabe des Börsenblattes betrachten, durch Abdruck derartiger Ankündigungen an der Verbreitung von Werken mitzuwirken, deren Tendenz auf die Herabsetzung der deutschen Armee und ihrer ehemaligen Führer gerichtet ist.› Der Freie Verlag hat Dir daraufhin in einem Brief an den ‹Ausschuß für das Börsenblatt der deutschen Buchhändler› das Recht zur politischen Zensur bestritten. Auch ich, vorläufig noch unbeteiligt, bestreite das. Es geht nicht an, daß ein Fachorgan, dem Verträge ein Monopol gesichert haben, für seinen Inseratenteil Bücher, die ihm aus den oder jenen Gründen mißfallen, ablehnt. So magst Dus mit Budapester Zoten halten, die der Staatsanwalt übersehen hat – hältst Dus da immer so? –: aber hier liegt die Sache doch wohl ein bißchen anders. Ob die deutsche Armee und ihre ehemaligen Führer herabgesetzt zu werden verdienen oder nicht, das ist eine Frage, die im öffentlichen Meinungsstreit ausgetragen wird, und deren Entscheidung keineswegs der Redaktion des Börsenblatts für den deutschen Buchhandel zusteht. Dieser ungeheuerliche Fall der Anmaßung einer politischen Zensur darf und wird Dir nicht durchgehen. Denn wir Alle können morgen das Pech haben, Dir zu pazifistisch zu sein, und dafür in den B.V. erklärt werden. Nein, meine Lieben: dazu haben wir Kessel, Nicolai und Henniger nicht abgeschafft.»

56 *Kriegspresseamts*] s. [13], *25.*

69 *Schmutzschriften aus Budapest*] 1914 nannte KT: ‹Das Tagebuch einer Masseuse›, dt. von Klara M., Budapest: Grimm (s. ‹Der Sadist der Landwehr›, Vorwärts 6.7.1914; D 303), später zählte er zu den «schmierigen Büchern aus Budapest ‹Lolotte im Bett› und ‹Geheimnisse eines Schlafzimmers›», s. Bd. 4 [116], 12 f.

72 *kriegsbegeisterte Sudelei Max Bewers*] ‹Kürschners Deutscher Literatur-Kalender auf das Jahr 1917› verzeichnete z.B.: ‹Der Kaiser im Felde, Kriegslyrik› 1915, 25. Tsd.; ‹Deutsches Kriegsgebetbuch› 1915, 10. Tsd.; ‹Feldgraue Ausgabe Kriegslieder› 1915; ‹200 Kriegslieder› 1916.

214

Motzstraße 38

V: Peter Panter
D[1]: Berliner Tageblatt Jg. 48, Nr. 578, 4.12.1919, M, [S. 3]
Bibl.: Bonitz/Wirtz D 618; GW 2

1   *diese Angelegenheit*] In einer Wohnung in der Berliner Motzstraße hatten
    der Leutnant d.R. Bodo Reimers und seine Frau seit Okt. 1919 regelmä-
    ßig vor zahlenden Zuschauern Beischlaf gepflegt. Am Abend des 22.11.
    führte ein Kriminalkommissar mit mehreren Beamten des Berliner Poli-
    zeipräsidiums eine Razzia durch. Vor den Augen der etwa vierzig Zu-
    schauer wurde das Ehepaar *in flagranti* verhaftet, s. ‹Die Schönheits-
    abende in der Motzstraße›, BT 24.11.1919, M und ‹Die Vorgänge in der
    Motzstraße›, BT 24.11.1919, A.
20 *«JEDER SEINS».*] Bei Gellius (‹Noctes Atticae›, XIII, 24, I) als Ausspruch
    Catos belegt: «Suum cuique per me uti atque frui licet» (soweit es an mir
    liegt, soll jeder das Seine nutzen und genießen dürfen). Vgl. [129], *10f.*
36 *angefaulte Sippschaft*] Der Schauspieler Alwin von Lepel und der Kauf-
    mann Koltzow hatten sich an dem Plan beteiligt, Sex-Szenen *in natura*
    vorzuführen. Laut BT übernahmen sie die Leitung und sorgten für Zu-
    schauer, s. ‹Die Schönheitsabende in der Motzstraße›, BT 24.11.1919, M.
41 *Berolina!*] s. [196], *11*.

215

Körperkultur

V: Kaspar Hauser
D[1]: WB Jg. 15, Nr. 50, 4.12.1919, II, S. 706
Bibl.: Nd s. Bonitz/Wirtz D 619; 2 Nd; GW 2

Bezieht sich auf die Vorgänge in der Berliner ‹Motzstraße›, s. [214].

216

Ein weißer Rabe

V: Ignaz Wrobel
D[1]: WB Jg. 15, Nr. 50, 4.12.1919, II, S. 709–710 [Rubrik:] Rundschau
Bibl.: Nd s. Bonitz/Wirtz D 620; 1 Nd; GW 2

Rez.: Hans Paasche: Das verlorene Afrika. Berlin: Verlag Neues Vaterland 1919 (Flugschriften des Bundes Neues Vaterland. Nr. 16)

2   *verlorene Afrika*›] Im Versailler Vertrag wurden Deutschland sämtliche Kolonien aberkannt. Zu den wichtigsten gehörten Deutsch-Ostafrika, Deutsch-Südwestafrika und Kamerun.

3   *ein Wahrheitsfreund*] Kapitänleutnant Paasche engagierte sich, nachdem er 1908 seinen Abschied von der kaiserl. Marine genommen hatte, für die Friedensbewegung. 1914 nahm er seinen Offiziersdienst wieder auf, geriet jedoch seiner pazifistisch-ethischen Grundhaltung wegen zunehmend in Widerspruch zu den Militärs und wurde Ende 1916 verabschiedet. Im Juli 1916 Mitbegründer der «Zentralstelle Völkerrecht», ging er nach seiner Entlassung in den polit. Untergrund, verbreitete von den Zensurbehörden verbotene Schriften und rief dazu auf, die Waffen niederzulegen. Im Okt. 1917 wegen Hochverrats angeklagt und in ein Berliner Nerven-Sanatorium in «Schutzhaft» genommen, wurde er im Nov. 1918 von revolutionären Matrosen befreit, setzte sich als Mitglied des Berliner Vollzugsrats der Arbeiter- und Soldatenräte für die Verurteilung der am Krieg Schuldigen und für die Kriegsverlängerung Verantwortlichen ein. Neben der hier besprochenen erschien 1919 auch die Flugschrift ‹Meine Mitschuld am Weltkrieg›. Paasche wurde im Mai 1920 von Grenzschutzsoldaten «auf der Flucht erschossen», s. Bd. 4 [101]; [111]; [113]; [124].

5 f   *Paasche ist unten ... gewesen*] Davon erzählt Paasche auch in: ‹Im Morgenlicht. Kriegs-, Jagd- und Reise-Erlebnisse in Ostafrika›. Berlin 1907.

8 f   *«Eine Änderung ... tut not.»*] s. Paasche: Das verlorene Afrika, 1919, 5.

20   *Spuk «Schwarz-weiß-rot»*] ebd., 19. Zu den Farben Schwarz-Weiß-Rot s. [26], *15*.

30   *Thersites*] s. [81], *33*.

30   *Herkules im Augiasstall*] s. [32], *172*.

217

Im Saal

V: Ignaz Wrobel
D[1]: Berliner Volks-Zeitung Jg. 67, Nr. 580, 5. 12. 1919, M, [S. 1]
Bibl.: Nd s. Bonitz / Wirtz D 621; 1 Nd; GW 10

Anlaß dieses Berichtes wie auch des Artikels ‹Prozeß Marloh› (s. [232]) war der am 3. 12. 1919 vor dem Kriegsgericht der Reichswehrbrigade III beginnende Prozeß gegen Oberleutnant Otto Marloh, der beschuldigt wurde, er habe am 11.3.1919 29 Mitglieder der Volksmarinedivision im Hof und im Keller des Hauses Französische Straße 32 in Berlin-Mitte erschießen lassen. Die in den Revolutionstagen Anfang Nov. 1918 in Kiel entstandene Volksmarinedivision unterschied sich von anderen Formationen dadurch, daß sie keine Offiziere in ihren Reihen hatte. Schon im Dez. 1918 war es zum Kampf zwischen Regierungstruppen unter General Lequis und der Volksmarinedivision gekommen, die daraufhin ihr Hauptquartier im Berliner Schloß hatte räumen müssen. Während des Spartakusaufstandes im Jan. 1919 (s. [7], 0) verhielt sich die Volksmarinedivision passiv. In den ersten Märztagen hörte sie praktisch auf zu existieren. Ihre ca. 600 Mitglieder warteten nur darauf, abgelöhnt und ordnungsgemäß entlassen zu werden. Dies sollte am 11.3. in den Büroräumen der Division in der Französischen Straße vonstatten gehen. Oberst Wilhelm Reinhard, Chef der nach ihm benannten Reichswehrbrigade, ergriff die Gelegenheit, die Matrosen loszuwerden und befahl Hauptmann v. Kessel, gegen sie «durchzugreifen». Dieser beauftragte seinen Kollegen Marloh, der mit fünfzig schwerbewaffneten Soldaten das Haus in der Französischen Straße besetzte, die eintreffenden Matrosen verhaftete und auf weitere Befehle wartete. Die von den Leutnants Schröder und Wehmeyer überbrachten Instruktionen lauteten «Energisch durchgreifen» und «In ergiebigstem Maße von der Waffe Gebrauch machen, und wenn er 150 erschießt!» Daraufhin teilte Marloh die Gefangenen in zwei Gruppen auf, ließ diejenigen, die ihm besonders intelligent erschienen (als Rädelsführer) und diejenigen, die Ringe oder Uhren trugen (als Plünderer) auf den Hof treiben und erschießen.

4 f *Der Vorsitzende aus dem berüchtigten Vogel-Prozeß*] Zum Prozeß, in dem das gleiche Kriegsgericht den Mörder Rosa Luxemburgs, Leutnant Kurt Vogel, zu einer Bagatellstrafe verurteilte, s. [76] und [79]. Bei dem von KT erkannten Prozeßteilnehmer handelte es sich vermutl. um Kriegsgerichtsrat Meyer, der im Vogel-Prozeß als Beisitzer fungiert hatte und im Marloh-Prozeß die Anklage vertrat; s. ‹Oberleutnant Marloh vor dem Kriegsgericht›, BT 3.12.1919, A.

5 *Oberst Reinhard*] Die in den Mord verwickelten Offiziere Reinhard und von Kessel saßen auf der Zeugen-, nicht auf der Anklagebank.

6 *großen Schwurgerichtssaales*] Landgericht III in der Turmstraße in Berlin-Moabit.

7 f *Zeuge Lewin ... sich tot stellte*] Vgl. ‹Die Beweisaufnahme im Prozeß Marloh›, BT 6.12.1919, M.

29 f *Hilfeleistung zur Flucht?*] Marloh war am 3.6. mit falschem Paß ver-
      schwunden, vor dem Prozeß jedoch wieder nach Berlin zurückgekehrt.
52 f *drei Berichte*] Für eine offizielle Meldung der Vorgänge schickte Kessel
      Marloh zum Staatsanwalt Zumbroich, der ihm den Bericht diktierte.
      Hierin waren die Vorgänge einschließlich des wörtlichen Befehls Rein-
      hards enthalten. Später diktierte Kessel Marloh eine zweite Darstellung,
      in der seine eigenen Befehle und diejenigen Reinhards fehlten. Drei Tage
      später wurde Marloh zu Reinhard und Staatsanwalt Weißmann zitiert und
      aufgefordert, einen dritten Bericht zu unterschreiben, aus dem hervor-
      ging, er habe in Notwehr gehandelt.
74 f *Münchner Geiselmord*] s. [207], *43.*
86   *Ob nur auf dem Hof*] Einige der Opfer wurden im Keller von Marlohs
      Soldaten erschlagen.

218

Philosophie

V: Theobald Tiger
D^1: Ulk Jg. 48, Nr. 49, 5.12.1919, [S. 2]
Bibl.: Nd s. Bonitz/Wirtz D 622; 1 Nd
Mit einer Zeichnung von Theodor Leisser: Ein graubärtiger Gelehrter
liest, während er sich eine Marmeladenstulle zum Mund führt, in Nietz-
sches ‹Also sprach Zarathustra›.

9   «*Der Mensch lebt nicht von Kunst allein*] Nach Matthäus 4, 4 (urspr. 5.
      Moses 8, 3): «Daß der Mensch nicht lebe vom Brot allein».
15 f *Konnexion wie Harz … Brüder Sklarz*] Heinrich Sklarz reichte wegen
      dieser Zeilen und ähnlicher Verse des im Febr. 1920 erschienenen Ge-
      dichts ‹Rechts und links› (s. Bd. 4 [43], 23 f) Beleidigungsklage gegen KT
      ein. Die Verhandlung fand am 3.1.1921 vor dem Schöffengericht des
      Amtsgerichts Berlin Mitte statt. Sklarz zog die Klage mit der Begründung
      zurück, daß er zu der Einsicht gelangt sei, daß es sich «bei den beiden zur
      Anklage stehenden Gedichten nicht um eine Beleidigung seiner Person,
      sondern um politische Satire handele und daß darin Vorwürfe tatsäch-
      licher Natur, insbesondere der politischen Korruption nicht gemacht
      werden sollten», s. ‹Der nicht beleidigte Sklarz›, in: BVZ 4.1.1921.
16   *Brüder Sklarz*] Die Brüder Georg und Heinrich Sklarz waren in mehrere
      Korruptionsaffären verwickelt. Georg Sklarz war während des Krieges
      durch Verpflegungsaufträge für die deutschen Truppen zu Reichtum ge-

kommen. Nach dem Waffenstillstand unterhielt er gute Kontakte zu MSPD-Ministern, darunter Scheidemann und Noske. Auch diese wurden deswegen von rechtsgerichteten Politikern der Korruption verdächtigt.

22 *Thespis*] Der Athener gilt als Begründer der Tragödie; er führte 534 v. Chr. zu den alten griech. Chören einen mit dem Chor redenden Schauspieler ein.

219

Die Unentwegten

V: Von einem Berliner
D[1]: Berliner Volks-Zeitung Jg. 67, Nr. 584, 7.12.1919, M, 2. Beiblatt, [S. 1]
Bibl.: Nd s. Bonitz / Wirtz D 623; 2 Nd

Zuschreibung s. [25].

8   *« Es braust ein Ruf wie Donnerhall!»*] ‹Die Wacht am Rhein›, s. [178], *30.*
9   *Marneschlacht*] s. [127], *13.*
10 *Lille*] s. [140], *207.*
11 *alldeutsch*] s. [18], *59.*
13 *Schwarzweiß*] s. [10], *18.*
19 *viel zu spät um Frieden bettelt*] s. K zu [208].
23 *«Dolch der Heimat»*] s. [205].

220

Entree mit einer alten Jungfer

V: Theobald Tiger
D[1]: Schall und Rauch H. 1, Dezember 1919, S. 6
Bibl.: Nd s. Bonitz / Wirtz D 617; 2 Nd

Das im Programmheft zum Eröffnungsabend des Kabaretts «Schall und Rauch» erschienene Gedicht wurde vermutl. auch öffentl. vorgetragen, vgl. [221].

Wenn der alte Motor wieder tackt …

V: Theobald Tiger (Musik: Friedrich Hollaender)
D[1]: Notendruck. Berlin: Fürstner 1919, Schall und Rauch Nr. 3
Bibl.: Nd s. Bonitz/Wirtz C 22 und C 22.2; 4 Nd teilweise mit Noten

Das Chanson wurde von Paul Graetz erstmals am 8.12.1919 beim Eröffnungsabend des Kabaretts «Schall und Rauch» vorgetragen. Die Vorstellungen fanden im Keller von Max Reinhardts Großem Schauspielhaus
statt, das dieser im Nov. im ehemaligen Gebäude des Zirkus Schumann
etabliert hatte, «in dem der Schauspieler auf ungeheurer Bühne für fünftausend Menschen spielt» (s. KT an MT 2.10.1919; UuL, 258), der riesige
Raum des Kabaretts bot Plätze für 1100 Gäste. Die Gründung des «Schall
und Rauch» ging auf eine Anregung Reinhardts zurück, der bereits 1901
ein gleichnamiges kabarettistisches Parodientheater aufgezogen hatte. Der
mit der Leitung beauftragte Rudolf Kurtz war im Sept. mit der Frage an
KT herangetreten, ob er «ihnen nicht für das Cabaret die Texte schreiben» wolle (ebd.). Der Vertrag wurde Mitte Okt. abgeschlossen: «Es ist
nicht sehr viel (800 M im Monat) – aber eine unerhörte Reklame» (KT an
MT 18.10.1919; UuL, 271f); bereits im Jan. 1920 gehörte KT neben Klabund und Friedrich Hollaender dem künstlerischen Beirat an. Für das
Eröffnungsprogramm hatte KT für Paul Graetz auch ein Kabarettsolo
getextet, das von Graetz (aus dem Stegreif mit aktuellen Tagesthemen an-
gereichert oder variiert) im Kostüm eines Berliner Straßenhändlers (Abb.
s. ‹Berliner Illustrirte Zeitung› Jg. 28, Nr. 52, 28.12.1919, 548) vorgetragen wurde und mit dem Tiger-Lied ‹Der alte Motor› abschloß. Die als
Typoskript im Nachlaß KT (DLA) erhaltene Version des ‹Zigaretten-
Fritze›-Solos wird in dieser Ausg. in Bd. 15 ediert (s. die Erstveröff. in
‹Hoppla, wir beben›. Hg. von Volker Kühn. Weinheim, Berlin 1988, 68–
73). Für das Januar-Programm 1920 schrieb KT v.a. Chansons für Gussy
Holl, s. Bd. 4 [4]; [9], später für Paul Heinz König, Ernestine Costa und
Mady Christians. Weitere Textdichter des Kabaretts waren Walter Mehring, Klabund, der selbst mit seinen Texten auftrat, Hans Heinrich v.
Twardowski und Ringelnatz. Figurinen und Dekorationsentwürfe
stammten von George Grosz, der zus. mit John Heartfield auch Beiträge
zur Gestaltung des Programmhefts lieferte. Die Kritiken, die nach dem
Eröffnungsabend in den Berliner Zeitungen erschienen, hoben die Leistung von Paul Graetz hervor, zeigten sich aber ansonsten enttäuscht von
den wenig innovativen Darbietungen, s. B.Z. 9.12.1919, M (von P.W.);

BT 9.12.1919, A (von J.W.B., d.i. Joseph Wiener-Braunsberg); ‹Berliner Börsenzeitung› 9.12.1919, A. Im ‹Tage-Buch› (Jg. 1, Nr. 1, 10.1.1920) berichtet Alfred Polgar (‹Ein paar Tage in Berlin›) von einem Besuch der Vorstellung: «kleingehacktes Amüsierzeug: Pierrotgesänge, Übermut, Weltschmerz, Späßchen mit politischer Stumpfe, Parodien».

1   *Blandine*] Blandine Ebinger trug beim Eröffnungsabend das Couplet ‹In der Bar› vor; Text und Musik von Friedrich Hollaender.

9   *Schieber*] s. [6], *89.*

13 f *fährt die Linden rauf und runter*] Wie vor ihm der Kaiser.

21   *für'n Sechser*] Der Sechser war in der Kaiserzeit ein halber Silbergroschen oder Sechspfennigstück, danach für ein Fünfpfennigstück.

36   *für den Valutapreis*] Die Mark war gegenüber dem Dollar und anderen Währungen so stark gefallen, daß manche Geschäftsleute die Bezahlung in Devisen verlangten, s. [206], *113.*

44   *Hauswirt gern uns einquartiert*] s. [46]. Am 9.12.1919 wurde die preuß. Höchstmietenverordnung, die die gesetzliche Mietpreisbindung regelte, erlassen.

45   *«Obersteiger»*] ‹Der Obersteiger› (1895), Operette von Karl Zeller.

68   ‹*Voß*›] Vossische Zeitung (Berlin); eine der führenden liberal-demokr. dt. Tageszeitungen; seit 1914 im Ullstein-Verlag ersch.; KT arbeitete von 1924 bis 1931 als Korespondent für Ullstein und die Voss in Paris.

68   ‹*Tageblatt*›] Berliner Tageblatt; im Mosse-Verlag ersch. liberal-demokr. Tageszeitung, die zu den meistgelesenen Zeitungen zählte; 1906–33 von Theodor Wolff geleitet. Zwischen 1914 und 1920 publizierte KT im BT.

80   *Panke*] s. [7], *2.*

81   *Mutter Bern*] Vermutl. die Schauspielerin Irmgard Bern, die 1919 an Max Reinhardts Deutschem Theater engagiert war und in mehreren Filmen mitwirkte, z.B. ‹Der Tänzer› nach dem Roman von Felix Hollaender, ‹Die Liebschaften der Käte Keller› nach dem Roman von Richard Skowronek oder ‹Junge Dame, aus guter Familie ...› nach dem Gesellschaftsstück von Felix Josky.

82   *Mutter Horn*] Möglicherweise die Schauspielerin Elisabeth Horn, die am Schiller-Theater engagiert war.

85   *Kriegsgesellschaft*] s. [60], *20.*

222

Der Vereinshumorist singt

V: Kaspar Hauser
D¹: WB Jg. 15, Nr. 51, 11. 12. 1919, II, S. 735
Bibl.: Nd s. Bonitz / Wirtz D 624; 1 Nd

5   *Schappohklapp*] Chapeau claque, zusammenklappbarer Zylinderhut.
9   *S. I.*] Siegfried Jacobsohn.
14   *Oberst Reinhard*] Vgl. [149], *12*; [217], *0* und [240], *13 f.*
15   *Justav*] Reichswehrminister Gustav Noske.
17   *Standmusik*] Als Hindenburg im Nov. 1919 von Hannover kommend am
     Lehrter Bahnhof in Berlin eintraf, um vor dem Untersuchungsausschuß
     auszusagen (vgl. K zu [208]), wurde er von Reinhard und einer Truppe
     Reichswehrsoldaten mit Musik empfangen.
36   *Potemkinsche Ludendörffer*] Die Bezeichnung «Potemkinsche Dörfer»
     für Blendwerk und leeren Schein geht zurück auf den russ. Politiker und
     Günstling Katharinas II., Fürst Grigorij Potemkin, der für eine Reise der
     Zarin durch die Steppen Südrußlands (1787) kulissenartige Dörfer errich-
     tet haben soll, um den Wohlstand des Landes vorzutäuschen.

223

Sozialisierung der Presse

V: Ignaz Wrobel
D¹: WB Jg. 15, Nr. 51, 11. 12. 1919, II, S. 738–739 [Rubrik:] Rundschau
Bibl.: Nd s. Bonitz / Wirtz D 625; 1 Nd; GW 2
Rez.: Erich Schairer: Sozialisierung der Presse. Jena: Diederichs 1919
(Deutsche Gemeinwirtschaft H. 12)

11 f *Deutsche Gemeinwirtschaft*] Die Schriftenreihe ‹Deutsche Gemeinwirt-
      schaft› wurde von Erich Schairer herausgegeben.
29   *Hiller, sagt*] «Nichts ist so sehr geistige Angelegenheit wie die Presse
      […]»; als Sozialisierungsform favorisierte er die Produktivgenossenschaft
      (s. ‹Zur Entbarbarisierung der Presse›, in: Die Erde 15. 5. 1919).
35   *denen vom Bau*] Den Fachleuten; die Bezeichnung «Männer vom Bau»
      geht auf den Einakter ‹Das Fest der Handwerker› (1828) von Louis
      Angely zurück. Artur Zickler, der Redakteur des ‹Vorwärts›, dedizierte

1920 KT das Bändchen ‹Die Brotwinsel› mit der gedruckten Widmung:
«Theodor Tiger, dem Kollegen vom andern Bau»; s. Bd. 4 [139].

36 f *«Die Zeitung ... Inserenten»*] ebd., 4.
63 f *dienenden Redakteur*] Vgl. ‹Herausgeber oder Verleger?› (Bd. 5 [38]).

224

Eine Enttäuschung

V: Peter Panter
D¹: WB Jg. 15, Nr. 51, 11.12.1919, II, S. 740–741 [Rubrik:] Rundschau
Bibl.: Bonitz/Wirtz D 626
Filmrez.: Die Puppe. Regie: Ernst Lubitsch. Uraufführung im Berliner
Ufa-Palast am Zoo am 4.12.1919. Hauptdarsteller: Hermann Thimig,
Victor Janson und Ossi Oswalda

34 f *Wir konnten zusammen ... viel zu tief*] Nach dem Lied ‹Es waren zwei
Königskinder›: «Sie konnten zusammen nicht kommen,/Das Wasser war
viel zu tief».
38 *Fulda*] Ludwig Fulda hatte 1916 zur Uraufführung des mit offizieller Unterstützung gedrehten patriotischen Films ‹Schwert und Herd› (von Fritz
Skowronnek) einen Prolog verfaßt, dessen letzte Strophe lautete: «Noch
immer Krieg und schriller Lärm der Waffen;/Doch wenn die Brandung
ebbt in stiller Bucht,/Soll Jenen, die den Frieden uns geschaffen,/Als ersten winken seine goldne Frucht./Ja Lohn für Jeglichen, der hochge-
mut/Hingab vom eignen Leib ein Stück,/Und wer für seine Scholle hat
geblutet,/Auf seiner Scholle soll ihm blüh'n das Glück» (zit. nach ‹Hätte
ich das Kino! Die Schriftsteller und der Stummfilm›. Stuttgart 1976, 75 f.
Marbacher Kataloge. Bd. 27). Zu Fulda s.a. [159], *10*.
39 *Konstantin*] s. [116] und [180].

225*

Stammtisch

V: Anonym
D¹: WB Jg. 15, Nr. 51, 11.12.1919, II, 742

Zuschreibung
Die Szene kann als Umsetzung der von KT in [232], Z. 60ff berichteten und kommentierten Aussage Rumps im ‹Prozeß Marloh› gelten. Die Dialoge weisen Übereinstimmungen in Wortwahl und Thematik mit anderen (v.a. ‹Militaria›-) Artikeln auf (vgl. insbes. «die Frauen von Lille» [140], 207 und K). Mit größter Wahrscheinlichkeit handelt es sich bei vorliegender Szene um ein Nebenprodukt der Arbeiten KTs für das Kabarett «Schall und Rauch»; vgl. dazu [221] und [242*] sowie das Kabarett-Solo ‹Der Zigaretten-Fritze› (Bonitz/Wirtz D 2824). Vgl. auch die für die ‹Freie Welt› geschriebenen Dialoge unter dem Pseud. Kaspar Hauser in Bd. 4 [99]; [105]; [132]; [157]; [169]; [195].

226

Wenn die Flocken fallen …

V: Theobald Tiger
D[1]: Ulk Jg. 48, Nr. 50, 12.12.1919, [S. 2]
Bibl.: Nd s. Bonitz/Wirtz D 627; 2 Nd; GW 2

5   *Umsatzsteuer*] Finanzminister Erzberger hatte eine von Freiberuflern zu zahlende zehnprozentige Umsatzsteuer von der Nationalversammlung verabschieden lassen, die am 1.1.1920 in Kraft treten sollte, s.a. [136], *4*.
33   *Als in München neulich Kommunisten*] s. [115], *32ff*; [207], *43*.
37   *dreißig Mann erschießen*] s. [217] und K; [232] und K.
40   *Gustav*] Reichswehrminister Noske.

227

Nacht!

V: Theobald Tiger
D[1]: Ulk Jg. 48, Nr. 50, 12.12.1919, [S. 3]
Bibl.: Nd s. Bonitz/Wirtz D 628; 1 Nd
Mit einer Zeichnung von Fritz Wolff

15 *Meta*] Die Gründerin der «Nahrungsmittel- und Kriegsbesorgungsgesellschaft» Meta Kupfer, die 1917 zu drei Jahren Gefängnis verurteilt wurde, s. KTs Gedicht ‹An Meta Kupfer›, in: SB 15. 2. 1917, I, 166; D 328.

17 *Ludewiche*] Lude: Zuhälter.

31 *Alexanderplatz*] s. [215], *13*.

228

Der Mantel

V: iwr
D¹: Berliner Volks-Zeitung Jg. 67, Nr. 597, 14. 12. 1919, M, 1. Beiblatt, [S. 1]
Bibl.: Nd s. Bonitz / Wirtz D 629; 2 Nd; GW 2

Lesarten
Hs. Korrekturen KTs auf einem Zeitungsausschnitt (erhalten im Nachlaß
KTA):
4 Nein.] *gestr.* 9 dem Stück] *unterstr.* 20 Du ... Du] *unterstr.* 23 als ... an]
Umstellung an als auf das 24 gepflegt und gehegt] *Umstellung* gehegt und
pflegt 25f zweiunddreißig Matrosen] *gestr. und korr. in* die hinge-
schlachteten Jungen von Langemarck 36 da] *gestr.*

19 *erdolcht*] Vgl. K zu [205] und [208].
25 f *zweiunddreißig Matrosen*] Vgl. K zu [217]; s.o. Lesarten 25f die von KT
beabsichtigte Variante: Jungen von Langemarck, s. dazu [20], 25.

229

Das Buch des Jahres 1919

V: Peter Panter
D[1]: Berliner Tageblatt Jg. 48, Nr. 602, 17.12.1919, M, [S. 2]
Bibl.: Bonitz/Wirtz D 630; Nd s. Ackermann 1 NdzL

3 f ‹*Das moderne Buch des Jahres 1910*›] Untertitel: ‹Ein neuer Weihnachts-
katalog›, Ausgabestelle: Der Tempel-Verlag, Berlin. Ein Gesamtkatalog,
den eine Reihe von Verlegern (s. Z. 10ff) gemeinsam begründet und eingerichtet hatten, um dem Leser einen überschaubaren Überblick (mit verschiedenen Registern) über das Buchangebot zu bieten.
32 *Walter von Molo*] z.B. Molo [Hg.]: Das Schönste von Max Dauthendey.
München: A. Langen [1919].
36 *Daumierbuch*] Honoré Daumier: Holzschnitte, 1833–1870. Hg. von
Eduard Fuchs. München: A. Langen [1918].
37 *Doré-Band*] Gustave Doré: Das heilige Rußland. Übers. und hg. von
Peter Scher. München: Langen [1917]; vgl. KTs Rez. dieses Bandes in:
‹Nette Bücher›, WB 29.8.1918, II, 193–196; D 370. In KTs Nachlaß
(KTA) ist das Widmungsexemplar für Mary Gerold erhalten. Die
Deutschbaltin, in Riga geb., bis zu ihrer Heirat mit KT (Aug. 1924) russ.
Staatsangehörige, betonte häufiger ihr Selbstverständnis als Russin. Mit
diesem Wesenszug setzte sich KT immer wieder auseinander, z.B. schrieb
er an sie am 21.12.1919: «weil Du eine Russin bist und selbständig und
stolz» (UuL, 287) und am 19.8.1923: «vielleicht ist Er viel mehr Russin,
als wir beide wissen» (UuL, 332).
39 *Bonsels – seine Indienfahrt*] Waldemar Bonsels: Indienfahrt. Frank-
furt/M.: Rütten & Loening, Erstausg. 1916. Eine ausführl. Rez. dieses
Buches von KT wurde in der WB nicht gedruckt, «weil schon ein anderer
über das Buch [...] geschrieben hat»; KT sandte sie in einem Brief
(5.6.1918) an Mary Gerold, s. UuL, 81–83. Das Widmungsexemplar dieses Bandes an MG ist erhalten im Nachlaß KTs (KTA).
41 f *Unroman Johann Christof*] Romain Rollands umfangreichster Roman-
zyklus ‹Jean-Christophe› (1904–1912; dt. 1914–1917).

42   *Hearn*] Vgl. [89], 38 und K.
44   ‹*Die Gesellschaft*›] Eine vom Verlag Rütten & Loening, Frankfurt/M.,
     seit 1906 veranstaltete «Sammlung sozialpsychologischer Monographien»,
     hg. von Martin Buber, in der z.B. erschienen waren: Gustav Landauer:
     Die Revolution (Bd. 13); ‹Das Parlament› von Hellmut von Gerlach (Bd.
     17); Fritz Mauthner: ‹Die Sprache› (Bd. 9).
47   *R. Piper*] Der Verlag R. Piper & Co. wurde 1904 in München gegr., ver-
     legte v.a. Kunst, illustrierte Bücher und Belletristik.
48 f *Schopenhauer-Ausgabe*] ‹Schopenhauers sämtliche Werke›. Wissenschaft-
     lich-kritische Ausgabe in zehn Bänden. Hg. von Paul Deussen. München:
     Piper 1911–1913, Bd. 11: Handschriftlicher Nachlaß, 1916.
50   *Morgenstern ‹Epigramme und Sprüche›*] München: Piper 1919.
51   *Lest Lagarde*] Empfehlungen des Werkes von Lagarde, dem Vertreter des
     patriotischen Idealismus, hat Morgenstern öfter ausgesprochen, in der
     von KT hier zitierten Form in den ‹Stufen› (München 1918): «Zu Niblum
     will ich begraben sein, [...] Und schreibt mir dort auf mein steinern
     Haus/ Nur den Namen und ‹lest Lagarde›/Ja nur die zwei Dinge klein
     und groß:/Diese Bitte und dann meinen Namen bloß./Nur den Namen
     und ‹lest Lagarde!›» (s. Morgenstern: Werke und Briefe. Stuttgart 1992,
     Bd. 2, 68f). Vgl. Bd. 21 [B 36Q], 85f und K.
53   *Dostojewski-Ausgabe*] Dostojewskis ‹Sämtliche Werke›, München: Piper
     1907ff war bereits im ersten Weihnachtskatalog von 1910 (s.o. *3f*) ange-
     zeigt worden.
53 f *Reden Buddhas*] ‹Die Reden Gotamo Buddhas›. Übers. von Karl Eugen
     Neumann. München: Piper 1911 u.ö.; vgl. Bd. 21 [B 49Q], 41ff und K.
59   *Meyrinkerfolge*] Gustav Meyrink: Des deutschen Spießers Wunderhorn.
     München: Langen 1913, von KT gefeiert als ‹Ein neuer Klassiker›, in: SB
     8.1.1914, I, 55; D 228. Außerdem: Der Golem. Leipzig 1915 und ‹Das
     grüne Gesicht›. Leipzig 1917; vgl. KTs Rez.: ‹Das grüne Gesicht›, in: SB
     15.2.1917, I, 156–158; D 327.
60   *Gustav, der bleiben muß*] Hinweis auf Gustav Noske, s. [162], 27 und K.
62   *Strindberg-Ausgabe*] In der Übers. von Else von Hollander erschienen
     1919 im Münchner Hyperionverlag: ‹Naturalistische Dramen›, ‹Ge-
     schichtliche Dramen›, ‹Ausgewählte Romane›.
62 f *aus dem Scheringschen*] Emil Schering war der Übers. der Werkausg.
     Strindbergs, die von 1914–1917 in München bei Georg Müller erschienen
     war.
64 f *Spitzwegpublikation*] Hermann Uhde-Bernays [Hg.]: Carl Spitzweg. Des
     Meisters Leben und Werk. Unter Beigabe von Briefen und sämtl. Gedich-
     ten des Künstlers. München: Delphin-Verlag 1913 u.ö.

66	*Buch über den Tanz*] Frank Thieß: Der Tanz als Kunstwerk. Studien zu einer Ästhetik der Tanzkunst. München: Delphin-Verlag 1919 u. ö.
67 f	*Solneman der Unsichtbare von A. M. Frey*] s. [130].
71	*Polgar (‹Kleine Zeit›)*] s. [144].
74	*erschwindlich*] s. [230].
121	*Zweyte Auflage*] Die erste Auflage erschien 1746. Zullichau: Waisenhaus (Fromman in Jena).

230

Berichtigung

V: Peter Panter
D^1: Berliner Tageblatt Jg. 48, Nr. 603, 17. 12. 1919, A, [S. 5]
Bibl.: Bonitz / Wirtz D 631

s. [229], Z. 74.

231

Der Tag der Wahrheit
Eindrücke aus einer Versammlung

V: Ignaz Wrobel
D^1: Berliner Volks-Zeitung Jg. 67, Nr. 603, 17. 12. 1919, A, [S. 1–2]
Bibl.: Bonitz / Wirtz D 632; Rep

0   *Versammlung*] Die erste Kundgebungsversammlung des «Friedensbundes der Kriegsteilnehmer», die am 14. 12. im Lehrervereinshaus Berlin stattgefunden hatte. Als Redner waren dort neben KT (als Ignaz Wrobel) Karl Vetter, Hauptmann a. D. Willi Meyer und BVZ-Red. Heinrich Heppenheimer aufgetreten. Zu der Versammlung waren auch zahlreiche Reichswehrsoldaten und Baltikumskämpfer erschienen, die sie zu stören versuchten. Der FdK, zu dessen Gründungsmitgliedern KT zählte, war am 2. 10. 1919 ins Leben gerufen worden. Die BVZ hatte am 19. 10. einen u. a. von KT (Ignaz Wrobel), Vetter, Zickler, Lehmann-Rußbüldt unterzeichneten Aufruf des FdK gedruckt: «Der Weltkrieger als Weltversöhner. Ein Aufruf des ‹Friedensbundes der Kriegsteilnehmer› […]:
‹Der Weltkrieg ist vorbei. Wenn er einen *Sinn* gehabt haben soll, kann es

nur der gewesen sein, die Völker über den *Aberwitz* bewaffneter Auseinandersetzungen zu belehren.

Auch solche gigantischen Lehren werden jedoch rasch vergessen. Es gilt,
die *Erinnerung* an die Leiden, das Blut, den Schmerz, das unterdrückte
Menschentum wachzuhalten.

Vor allem müssen sich die *Kriegsteilnehmer* hierfür einsetzen. Sie wissen,
was ‹Krieg› heißt. Sie müssen daher mit allen Mitteln gegen den Krieg
und für den Frieden kämpfen.

Kriegsteilnehmer aller Länder – vereinigt euch!

In Genf hat sich (von Franzosen und Deutschen begründet), eine *internationale Vereinigung* der Kriegsteilnehmer zum Kampf für die Versöh-
nung der Völker gebildet, als Protest gegen den Versailler Gewaltfrieden
und gegen die weiter fortgesetzte Verhetzung durch die Presse aller Länder.

An sie müßt ihr euch anschließen.

Ihr habt draußen kämpfen müssen für anderer Interessen.

Solltet ihr nicht bereit sein, mit aller Kraft für eure eigenen *wahren* Interessen einzutreten, die gleichzeitig die der gesamten Menschheit sind?

Ihr Soldaten müßt die Versöhner der Welt werden, sonst droht das
Schicksal der kommenden Generation sich wie das eure zu gestalten.

Ein *Dauerfriede* muß der Welt geschenkt werden.

Die Stimme der Millionen Kriegsteilnehmer, *ihre sozialen und, vor allem,
ihre ideellen Forderungen müssen gehört werden*; die Kriegsteilnehmer
sind die Berufensten, in den Dingen des Krieges mitzureden.

Kriegsteilnehmer, Kameraden, kommt daher zu uns als Mitstreiter gegen
Gewaltherrschaft und Völkerfrevel, gegen Chauvinismus und Politik, die
für den Nutzen einzelner kostbarstes Blut aufs Spiel gesetzt hat.

Krieg dem Kriege!»

4 f *Kriegspresseamts*] s. [13], 25.

12 *Bericht dieses Blattes*] F[ranz] L[eschnitzer]: Die Feldgrauen gegen die
OHL, in: BVZ 15.12.1919, M.

48 *der Kindermörder von Ypern*] General von Ilse, s. [20], 25.

53 *Ich hatte gesagt*] Laut BVZ-Bericht (s. o. *12*) führte KT im einzelnen aus:
«Der grünen Ecke in diesem Saal bemerke ich, daß hier nicht der Kasernenhof ist! Hier regiert nicht die große Schnauze sondern die *beste
Überzeugung! Nicht abgegebene Revolver sind keine Argumente!* (Stürmischer Beifall.) Ich stelle fest, daß der Freiherr v. d. *Bussche dem Hauptausschuß des Reichstages* noch Anfang Oktober 1918 unter ausdrücklicher
Billigung Ludendorffs gesagt hat: ‹Das Heer ist noch geschlossen und
stark genug für die Fortsetzung des Krieges!›

Wo bleibt *da die zersetzende Wirkung der Revolution, die sich in einem Millionenheere bis zu Anfang November durchgesetzt haben soll?* (stürmische Zustimmung). Wer draußen an der Front gewesen ist, muß zugeben, daß die allermeisten von uns anarchistische, kommunistische und sozialdemokratische Flugblätter *überhaupt nicht zu sehen bekommen* haben. (Allseitige Zustimmung: Lärm bei der Reichswehr.) Da sieht man (auf die Reichswehrleute zeigend), was die Erziehung des Militarismus wert ist. (Minutenlanger Beifall.) Die zersetzenden Einflüsse sind allein vom *Offizierkorps* ausgegangen! *Die Unterschiede in der Lebenshaltung zwischen dem Offizier und dem Mann* waren so ungeheuer, daß auch in dem stumpfsinnigsten Mann sich ungeheure *Erbitterung und Entrüstung* ansammeln mußten. Es genügt nicht, daß Sie (zu den tobenden Reichswehrleuten) mich beschimpfen, sondern Sie müssen meine Behauptung *widerlegen!* Und *das können sie nicht, denn sie ist richtig!* (Brausender Beifall.) Niemals wird es mir einfallen, das Offizierkorps für feige zu erklären, wenn selbstverständlich auch unter den Offizieren Fälle von Feigheit vorgekommen sind. Aber das andere muß ich sagen: *Sie haben die letzte Hure in Kurland mehr geachtet als die besten deutschen Soldaten!* (Tosender Beifall.) Wir wenden uns nicht gegen den *einzelnen* Offizier, wir wenden uns gegen den *Geist des Offizierkorps.*
Dieses hat in uns nichts anderes gesehen als eine *Gattung niederer Menschen.* (Stürmische Zustimmung.) Niemand von uns kann den kalten, niederträchtigen Blick vergessen, der dem ‹Mann› galt. So sieht man keinen Hund an! (Minutenlange, stürmische Zustimmung.) Die Versammlung kann längere Zeit nicht fortgesetzt werden. Die Offiziere in Zivil und Mannschaftsuniform lassen ihre Maske fallen und reden verhetzend auf ihre Leute ein. Man hört Rufe: ‹ *Wir wollen den Juden erschießen!* › Der *Versammlungsleiter teilt mit, daß vor dem Versammlungslokal ein Kapitänleutnant Posten gefaßt und erklärt habe, er werde den Hauptmann Meyer über den Haufen schießen!*
Der Redner fortfahrend: ‹Sagen Sie (zu den Reichswehrleuten) Ihren *Führern, daß mehr Mut dazu gehört, nüchtern in eine solche Versammlung* zu gehen, als *besoffen das Kasino zu verlassen.* › (Langanhaltender, stürmischer Beifall).»

Prozeß Marloh

V: Ignaz Wrobel
D[1]: WB Jg. 15, Nr. 52, 18.12.1919, II, S. 755–759 [Rubrik:] Rundschau
Bibl.: Nd s. Bonitz/Wirtz D 633; 7 Nd; GW 2

KTs erster Artikel über den Prozeß (s. [217]) schloß mit der Frage nach der Strafe für den Matrosenmörder Marloh. Inzwischen war das Urteil gefällt: Marloh wurde von der Anklage des Totschlags freigesprochen. Wegen unerlaubter Entfernung vom Heer wurde er zu drei Monaten Festung und wegen des Gebrauchs gefälschter Personalausweise zu 30 Mark Geldstrafe verurteilt. Er wurde sofort aus der Haft entlassen, weil die Festungshaft durch die Untersuchungshaft für verbüßt erklärt wurde.

1   *Ceterum censeo, Noske esse eundum*] Im übrigen bin ich der Meinung, daß Noske entfernt werden muß; nach dem Ausspruch, mit dem Cato (d. Ä.) seine Senatsreden beendet haben soll: «Ceterum censeo, Carthaginem esse delendam» (Übrigens bin ich der Meinung, daß Karthago zerstört werden muß).

6   *regierungsfeindlichen Putsch*] Vor dem Kriegsgericht sprach Oberst Reinhard nur von dem «Versuch der Neubildung» der Volksmarinedivision. Weiter führte er aus: «Ich hatte nicht geglaubt, daß diese Leute der Volksmarinedivision [...] es wagen würden, gerade jetzt sich wieder zusammenzutun. Ich hatte lediglich damit gerechnet, daß sich am 11. März nur wenige Menschen in der Französischen Straße einfinden würden, und zwar meist minderwertige Leute, Verbrecher und dergleichen. Ich hatte nicht mit dem Erscheinen von Hunderten gerechnet [...]» (zit. nach Friedrich Karl Kaul: Justiz wird zum Verbrechen. Berlin [1953], 22). Zu den Vorgängen im einzelnen s. K zu [217].

16   *falscher Bericht*] s. [217], *52 f.*

54   *der Überlebende*] Hugo Levin; s. [217], 7.

58 f *«Seht mal ... ausziehen!»*] Nach der Zeugenaussage Levins, dessen Bruder zu den Erschossenen gehörte. Keiner der anwesenden Offiziere widersprach der Aussage.

60   *Der Pfarrer Rump*] Marlohs Onkel war ein deutschnational eingestellter ev. Pfarrer, der in der Potsdamer Garnisonskirche vor Ludendorff gepredigt hatte.

72 f *in meinen ‹Militaria›*] s. [4]; [9]; [13]; [16]; [18]; [22]; [134].

90 f *ein junger Leutnant*] Der 21jährige Leutnant Wehmeyer, vgl. [217], 21.

103	*mein Juristenherz*] KT war promovierter Jurist, s. [6], 26.
108	*Berichte*] s. [217], *52 f.*
113	*die gefälschten Papiere*] s. [217], *29.*
116	*Der geschickte Verteidiger*] Rechtsanwalt Grünspach.
130	*sein Adjutant*] Zu dem Vorwurf der verhängnisvollen Beeinflussung Noskes durch seinen Adjutanten von Gilsa s. auch [208], 39 ff.
138	*Nach dem Bibelwort*] «Vater, vergib ihnen, denn sie wissen nicht, was sie tun» (Lukas 23, 24).
142 f	*Die Kommunisten in Dresden*] s. [64], *22.*
143	*die Kommunisten in München haben*] s. [115], *32 ff.*
184 f	*Sie sehen nicht ... doch.*] s. Matthäus 6, 26: «[...] sie säen nicht, sie ernten nicht, sie sammeln nicht in die Scheunen und euer himmlischer Vater nährt sie doch.»
190 f	*Koloß des eisernen Hindenburg*] Ein massives Hindenburg-Denkmal aus Holz wurde während des Krieges vor der Siegessäule im Tiergarten aufgestellt.

233

Nach einer Nacht

V: Kaspar Hauser
D[1]: WB Jg. 15, Nr. 52, 18.12.1919, II, S. 770
Bibl.: Nd s. Bonitz / Wirtz D 634; 1 Nd

Lesarten
KT hat in seinem Handexemplar der WB (KTF) Streichungen vorgenommen:
8 mir sagst] *gestr.* **10** vom Krach der Baltikumer.] *gestr., Korr. unleserlich* **18** Noske] *gestr., arR* Gräfe, *wieder gestr.* **25** neun] *gestr.*

| 10 | *Krach der Baltikumer*] s. [165], *0.* |
| 11 | *Winnig schützt noch die Bagasche*] Der Mehrheitssozialdemokrat August Winnig, Oberpräsident der Provinz Ostpreußen, war bereits an der Bildung der «Eisernen Division» maßgeblich beteiligt gewesen (vgl. [168], *76*). In seinem ‹Bericht an den Reichskanzler über den Verlauf des Abtransports der im Baltenlande stehenden Truppen› vom 29.11.1919 hatte er seine Sympathie mit den Baltikumkämpfern zum Ausdruck gebracht, indem er z.B. ihre finanziellen Forderungen unterstützt und ihre Ausschreitungen während des Rückzuges heruntergespielt hatte. |

18   *Noske als ein Kesselschmied*] Noske als Beschützer des Marloh-Vorgesetzten von Kessel (vgl. [217] und [232]).
19   *Gefangenenfrage und der Papst*] Papst Benedikt XV. hatte sich für eine Rückführung der dt. Gefangenen in Frankreich bis Weihnachten eingesetzt; s. auch [49].
25   *Die Mark*] s. [206], *113.*
30   *Zentrumskompromiß*] Zum Kompromiß zwischen Zentrumspartei, Demokraten und Sozialdemokraten vgl. [156], *62.*

234

Einkäufe

V: Theobald Tiger
D^1: Ulk Jg. 48, Nr. 51, 19.12.1919, [S. 2]
Bibl.: Nd s. Bonitz / Wirtz D 635; 21 Nd; GW 2

7   *Wiederaufbaukasten*] Am 21.10.1919 war Otto Geßler (DDP) zum Reichsminister für den Wiederaufbau ernannt worden.
8   *noch mehr Schreibpapier*] Vgl. [65]; [112].
9   *schwarzweißroten*] s. [26], *15.*
11   *Kriegsgericht*] Zur Tätigkeit der Kriegsgerichte s. [76]; [217] und [232]. Um dem Ansinnen der Alliierten nach Auslieferung derjenigen Deutschen, denen Kriegsrechtsverstöße zur Last gelegt wurden, entgegenzuwirken, beschloß die Nationalversammlung am 13.12. ein «Gesetz zur Verfolgung von Kriegsverbrechen und Kriegsvergehen» (RGBl. 2125); vgl. auch [135].
14   *Moratorium*] Bezieht sich vermutl. auf die Reparationsfrage. Die dt. Verhandlungsdelegation hatte Mitte Dez. einen Vorschlag über günstigere Wiedergutmachungsmodalitäten eingereicht (s. ‹Der Oberste Rat über die deutsche Note›, BT 17.12.1919, M).

235

Die Flecke

V: Ignaz Wrobel (D^1); Kurt Tucholsky (D^2)
D^1: Berliner Volks-Zeitung Jg. 67, Nr. 610, 21.12.1919, M, 1. Beiblatt, [S. 1]
D^2: Das Lächeln der Mona Lisa 1929, S.115–117
Bibl.: Nd s. Bonitz / Wirtz D 636; 11 Nd; GW 2

Varianten
Die Varianten sind nach D² verzeichnet
1 f Kriegsakademie] ehemaligen Kriegsakademie 2 ff Ein … langweilig.]
fehlt 5 läuft … Granitlage] läuft eine Granitlage um das Haus 8 f, Spuren
von früheren Dingen] *fehlt* 9 Was] was 11 hingen] hingen, 11 Zeit] Zeit, 11
deutschen Verlustlisten] *nicht hervorgehoben* 11 aus] *fehlt* 12 hingen – …
gewechselt –] hingen, … gewechselt, 13 aus] *fehlt* 13 diese] die 14 sauber]
sorgfältig 15 sind] stehen 15 und] *fehlt* 16 f herausgekommen] erschienen
19 («vermißt»)] «vermißt», 20 ausgestrichen –] ausgestrichen, 20 schwer
oder leicht] leicht oder schwer 22 Hunderte] die Hunderte 23 zitterten]
die zitterten 23 f den Namen,] *fehlt* 24 all] allen 24 f lesen würden] läsen
29 lag es] hat es gelegen 29 daß er] daß es 31 gegangen wäre] gedauert
hätte 32 wüßte] wisse 32 zu sterben wisse] sterben könne 33 f zu weinen
weiß] weinen kann 36 in die Wunden –?] in Wunden? 37 die] *fehlt* 38 zuschreien] zurufen 40 da langsam] allmählich 42 da] da, die 42 Flecke]
Spuren 46 f Klär sie auf.] *fehlt*

11 *während der großen Zeit*] s. [132].
50 *Nie wieder Krieg –!*] Zur Nie-wieder-Krieg-Bewegung s. [231].

236

Gefühle nach dem Kalender

V: Peter Panter
D¹: Berliner Tageblatt Jg. 48, Nr. 616, 24. 12. 1919, A, [S. 2]
Bibl.: Nd s. Bonitz / Wirtz D 637; 2 Nd; GW 2

12 *Geschichte vom Schauspieler*] ‹Das Weihnachtsfest des alten Schauspielers
Nesselgrün›, in: Mynona: Rosa, die schöne Schutzmannsfrau. Leipzig
1913, 128–131. Vgl. KTs Rez.: ‹Die schöne Schutzmannsfrau›, Bd. 1 [229].
33 f *Warum … am neunzehnten an sie denken*] Bezieht sich, wie aus dem
Briefwechsel zwischen KT und Mary Gerold hervorgeht, auf die fortwährend Auseinandersetzungen zwischen den beiden, «weil ich Deinen
+++ Geburtstag nicht behalten kann» (KT an MT 15. 10. 1919; UuL, 268):
«Voriges Jahr wurde er nach Deiner Angabe am 19. September und am 28.
September gefeiert – es war etwas mit russischem Kalender und ähnlichen
komplizierten Dingen – und nun möchte ich doch bitte einmal ganz genau wisssen: *Ist er überhaupt geboren? Wenn ja, wann? An welchem Tag?*
[…] Her mit dem Datum!» (KT an MT 27. 9. 1919; UuL, 254 f).

237

Berichtigung

V: Theobald Tiger
D¹: Der Drache Jg. 1, H. 13, 24. 12. 1919, S. 28
Bibl.: Bonitz / Wirtz D 638

3 *Ihrem geschätzten Drachen*] Die Wochenschrift ‹Der Drache› wurde von
   Hans Reimann 1919–1921 in Leipzig herausgegeben. Untertitel 1919/20:
   ‹Eine ungemütliche Leipziger Wochenschrift›. Beiträger der Kulturzeit-
   schrift waren u. a. Jan Altenburg, Erich Kästner, Walter Mehring, Joachim
   Ringelnatz. Reimann war seit 1917 Mitarbeiter der SB/WB und schrieb
   für das BT.

238

Friedens-Weihnachten

V: Von einem Berliner
D¹: Berliner Volks-Zeitung Jg. 67, Nr. 617, 25. 12. 1919, M, 1. Beiblatt, [S. 1]
Bibl.: Nd s. Bonitz / Wirtz D 639; 1 Nd

Zuschreibung s. [25].

239

Briefe an einen Kinoschauspieler

V: Peter Panter
D¹: Berliner Volks-Zeitung Jg. 67, Nr. 617, 25. 12. 1919, M, 2. Beiblatt, [S. 1]
Bibl.: Nd s. Bonitz / Wirtz D 640; 7 Nd; GW 2

4 *sehr bekannten Kinoschauspieler*] Gemeint ist vermutl. Conrad Veidt, mit
   dem KT über dessen damalige Ehefrau Gussy Holl bekannt war und 1919
   häufig zusammentraf; s. a. [66], 26.
10 f *da sind sie Mensch ... sein*] KT erinnert an die Szene «Vor dem Tor» in
   Goethes Faust, Erster Teil, s. [60].
32 *Lucie Höflich*] KT drückte seine Bewunderung für die Schauspielerin
   u. a. 1913 im SB-Artikel ‹Die Stimme der Höflich› aus (Bd. 1 [164]).

32 *Rosa Bertens*] Zu KTs Verehrung für diese Schauspielerin s. ‹Rosa Ber-
     tens›, SB 7.5.1914, I, 520–524; D 288.

57 *nach der Melodie: Hedda*] In der Manier von Hedda, der Protagonistin in
     Ibsens Drama ‹Hedda Gabler› (1890): eine Generalstochter, die sich zu
     Höherem berufen fühlte, sich zu einer Versorgungsehe entschloß, als «ih-
     re Zeit um war» und sie sich «müde getanzt» hatte und die an den klein-
     bürgerlichen Verhältnissen dieser Ehe leidet und zugrundegeht.

124 ff *« Liebe Hulda ... Lineal unterstreicht*] In der Sammlung ‹500 Schwänke›
         von Roda Roda. Berlin 1922, 78: «Leidenschaft. Der Bezirkskommissär
         Wyhlidal hat eine Braut. Täglich schreibt er ihr – täglich versichert er ihr,
         daß er sie wahnsinnig liebe. Und unterstreicht das Wort ‹wahnsinnig› im-
         mer zweimal mit dem Lineal.»

159 *‹Elterngrab›*] ‹Die Rasenbank am Elterngrab› von Winter-Thymian, s.
      ‹Volks- und Küchenlieder›, hg. von Harro Torneck und Hermann Mähr-
      lein. München 1977, 56–57.

240

Weihnachten

V: Theobald Tiger
D^1: Ulk Jg. 48, Nr. 52, 25.12.1919, [S. 2]
Bibl.: Nd s. Bonitz/Wirtz D 641; 3 Nd; GW 2

11 *Marloh*] s. [217] und [232].

13 *Oberst Reinhard*] Am 9.12. war Reinhard (s. [149], *12* und [217], *0*) aus
     der Reichswehr entlassen worden. Er selber behauptete später, zunächst
     keine Pension bezogen zu haben.

24 *Wedekinder*] Maria Orska hatte im Okt. in Wedekinds ‹Schloß Wetter-
     stein›, im Nov. in ‹Erdgeist› gespielt (Theater in der Königgrätzer Straße);
     vgl. [159], *19*.

24 *kesse Bollen*] Das Wörterbuch ‹Der richtige Berliner› weist mehrere Be-
     deutungen nach: «Bolle: Zwiebel, Nase; 'ne nette Bolle, 'ne riedije Bolle,
     von Menschen»; s. Hans Meyer 1911, 22; s. auch [198], *104f.*

28 *Fräulein Hippel*] Spitzname für KTs Schwester Ellen.

Der alte Fontane
Zum hundertsten Geburtstag

V: Kurt Tucholsky
D¹: WB Jg. 15, Nr. 53, 25.12.1919, II, S. 792–796
Bibl.: Nd s. Bonitz/Wirtz D 642; 3 Nd; GW 2
Rez.: Theodor Fontane: Causerien über Theater. Hg. von Paul Schlenther. Berlin: Friedrich Fontane & Co. 1905

1   «*Nach Neune ist alles aus.*»] s. [159], *24f.*
2   *seine Romane*] s. auch [246], 5 ff. KT an HM 3.3.1935: «in seinen Werken ist er nie ganz zu finden. Ganz rein hast Du ihn: in den Altersversen; in allen Briefen; in den ‹Causerien über Theater› und in den Autobiographien»; s. Bd. 21 [B 28], 33 ff.
12   *die aus dem Nachlaß*] ‹Aus dem Nachlaß›. Hg. von Josef Ettlinger. Berlin 1908.
13   *Theaterkritiker*] «Fontane war nahezu zwei Jahrzehnte hindurch (1870–1889) ständiger Referent der Vossischen Zeitung über das Berliner Königliche Schauspiel» (Schlenther im Vorw., III).
19   *Lest ... ‹Causerien über Theater›*] Aus einem Leihschein der Königl. Bibliothek (Berlin), der sich in KTs Nachlaß (DLA) erhalten hat, geht hervor, daß KT (um 1910/13) den Band ausgeliehen hatte; auf dem Schein ist von d. H. KTs vermerkt: «Sehr interessant: F's Stellung zu Ibsen u. Hauptmann».
27   *gab es einen guten Klang*] Anspielung auf Lichtenbergs Aphorismus «Wenn ein Buch und ein Kopf zusammenstoßen und es klingt hohl, ist das allemal im Buch?» (‹Sudelbücher› Heft D, 399, in: Georg Christoph Lichtenberg: Schriften und Briefe. Hg. von Wolfgang Promies. Frankfurt/M. 1994, Bd. 1, 291).
36 f *Polgars Grazie*] Vgl. KT über Polgars Theaterkritiken: ‹Am Sonntagnachmittag› (WB 17.5.1923, I, 582–583; D 1167).
48 f *Wildenbruch ... Ibsen*] ebd., 267; über das «neue vaterländische Drama» Ernst von Wildenbruchs ‹Die Quitzows› schrieb Fontane am 9.11.1888 u. a.: «Ein kühner Realismus [...] zieht sich nicht bloß durch das ganze Stück, sondern trägt es recht eigentlich; und so drängt sich einem wie von selbst ein Vergleich mit jener gerade jetzt mit Wildenbruch konkurrierenden anderen realistischen Bühnenmacht auf, mit Ibsen. In allem, was künstlerische Durchbildung seines Stoffes, was Kritik und Geschmack, was Konsequenz und Akkuratesse der Arbeit angeht, ist Ibsen ein Riese

neben Wildenbruch; die Vollendetheit der Form wirkt bei dem norwegischen Dichter hinreißend [...]. Von dieser Vollendung ist Wildenbruch weitab [...] aber er offenbart andererseits in diesem Stück einen dramatischen Instinkt, eine Findigkeit, eine Kühnheit glücklichster Griffe, die die grandiose Kunst Ibsens (den Accent auf Kunst gelegt) doch wiederum mannigfach in den Schatten stellen».

60   *S.J.*] Siegfried Jacobsohn war seit 1901 Theaterkritiker; zunächst bei Hellmut von Gerlachs WaM, gründete 1905 mit der SB seine eigene Theaterzeitschrift.

61   *Johanna Jachmann-Wagner*] ebd., 334–336; vgl. Z. 148 ff und K.

62   *Clara Meyer*] ebd., 355–356, auch über ihre Rolle in Ibsens ‹Die Frau vom Meere›, ebd., 193 ff.

62   *Hans Julius Rahn*] ebd., 374–376.

62   *die kleine Buska*] Über Johanna Buska «in ihrer mutmaßlich besten Rolle, nämlich als ‹Aschenbrödel›», ebd., 140–142.

67   *Die Zieglern*] Clara Ziegler, ebd., 344–354.

68 f   *Matkowsky, den Fontane nicht liebte*] ebd., 396–401.

76 ff   *«Das Ganze ... kürzen zu wollen!»*] ebd., 142; Aufführungsbespr. von ‹Die Neujahrsnacht› (28. 11. 1871) von Roderich Benedix.

93 ff   *«Im zweiten Akt ... Erhebung sein?»*] ebd., 191.

103 ff   *«Was von Zwischenfällen ... Beifall aus.»*] ebd., 138–139 in der Besprechung der Aufführung von ‹Der Störenfried›, Lustspiel von Roderich Benedix, am 1. 4. 1878.

114 ff   *«nie für den Buchdruck ... konnte».*] ebd., S. XIX, Schlenther fügt hinzu: «Er legte ihnen [den ‹journalistischen Arbeiten›] nicht einmal den Wert bei, den Ludwig Speidel als ‹die Unsterblichkeit eines Tages› bezeichnet hat.»

127   *Gendarmenmarkt*] Dort befand sich das Königliche Schauspielhaus.

130 ff   *«Und nun endlich ... freundlicher Klang.»*] ebd., 337 über den Abschied von der Bühne von Luise Erhartt am 31. 5. 1878 (die letzte Rolle war ‹Maria Stuart› von Schiller).

148 ff   *«Einer Vorstellung ... Verstoß.»*] ebd., 335 f; über das letzte Auftreten von Johanna Jachmann-Wagner im Königlichen Schauspielhaus in Berlin in der Rolle der Iphigenie (10. 1. 1872).

156 f   *Abteilung «Aphoristisches»*] ebd., 417–440.

161 ff   *«Und nun endlich ... nicht einmal er selbst.»*] ebd., 421.

242*

Die Pausen werden durch die Clowns …

V: Anonym
D[1]: WB Jg. 15, Nr. 53, 25.12.1919, II, S. 796
Bibl.: Bonitz / Wirtz D 643

Zuschreibung
Der Text enthält einige Formulierungen und Begriffsprägungen, die auch
in anderen, von KT gezeichneten Artikeln vorkommen; z.B. findet sich
die Titelzeile gleichlautend in [140], Z. 230, die Wendung «Gustav muß
bleiben» (s. u. *31*) mit Bezug auf Noske in vier weiteren Texten und die
Berliner Theaterunternehmer Rotter wurden von KT fast immer als
«Bindelbands» tituliert, s. [203]. Zu inhaltlichen Parallelen vgl. die Verweise im Zeilenkommentar. Es ist naheliegend, daß der Text als Vorlage
für ein Stegreif-Solo zum Vortrag im Reinhardt-Kabarett «Schall und
Rauch» (im Zirkuskeller) diente, dessen Eröffnungsprogramm im Dez.
von KT mit Chansons und Texten beliefert worden war, s. [221]. Möglicherweise deutet ein Passus in der Kritik der B.Z. vom 9.12. auf diesen
Text hin: «Graetz, der burleske Komiker, erscheint im roten Frack des
Zirkusdirektors und spricht einen Prolog, im Takt equestrischer Musik
die Peitsche schwingend».

14   *Zusatzsteuer*] s. [136], *4*; [226], *5*.
19   *kriegt Herr Sklarz*] Zu den der Korruption bezichtigten Brüdern Georg
     und Heinrich Sklarz s. [218], *16*.
25 f *Bendler-Straße*] Im Bendlerblock befand sich das Reichswehrministerium.
30   *Adjutantchen*] Major Erich von Gilsa, s. [208], 39 f.
31   *Gustav muß bleiben!*] s. [162], *27*.
32 f *Sarah Bernhardt!*] s. [180], *16*.
34   *die beiden Bindelbands –?*] s. [203].
36   *wie die Valuta fällt*] s. [206], *113*.

243

Sylvester

V: Kaspar Hauser (D[1]); Theobald Tiger (D[2])
D[1]: WB Jg. 15, Nr. 53, 25.12.1919, II, S. 804

D^2: WB Jg. 18, Nr. 52, 28. 12. 1922, II, S. 666
Bibl.: Nd s. Bonitz / Wirtz D 644; 1 NdzL, 4 Nd u. d. T. : Silvester; GW 2

Varianten
Die Varianten sind nach D^2 verzeichnet
9 Leutnant] Richter 13 Noske] Dollar 15 Handgranatenstil] Liebliches
Börsenspiel 21 bekleidet,] bekleidet 30 wolle] woll, *hier emend. aus* woll
gemäß KTs Korrektur in seinem Handexemplar der WB (KTF Olden-
burg)

13 *Halten den Noske in Ehren*] s. [162], *27.*
16 *Schieber!*] Vgl. [6], *89.*
22 *Melpomene*] Muse des Trauerspiels in der griech. Antike.
27 *dein blondes Haar*] Gerichtet an Mary Gerold.
30 *wolle aus deinen Händen*] In Anlehnung an die Verse aus Mörikes ‹Ge-
    bet›: «Wollest mit Freuden / Und wollest mit Leiden / Mich nicht über-
    schütten! / Doch in der Mitten / liegt holdes Bescheiden.» Vgl. Mörchen
    1992, 202–204.

244

Gesichter

V: Ignaz Wrobel
D^1: WB Jg. 15, Nr. 53, 25. 12. 1919, II, S. 805 [Rubrik:] Rundschau
Bibl.: Bonitz / Wirtz D 645; GW 2

In seinem Handexemplar der WB (KTF) hat KT in Z. 26 müßten *gestr.*

1   *mit einem bekannten Zeichner*] George Grosz, dem KT später eine ähn-
    liche Prosaskizze mit dem Titel ‹Gesicht› widmete: «Für George Groß,
    der uns diese sehen lehrte»; s. WB 3. 7. 1924, II, 33–34; D 1238 (zur
    Schreibweise «Groß» s. [76], *29*). Mit Grosz hatte KT im Mai 1919 Kon-
    takt aufgenommen, um ihn zur Mitarbeit am ‹Ulk› zu bewegen (s. KT an
    Grosz 14. und 26. 5. 1919, AdK). Dieses war KT zwar nicht gelungen, je-
    doch waren beide im Spätherbst 1919 in Reinhardts Kabarett «Schall und
    Rauch» zusammengetroffen, für das KT Texte (s. [221]), Grosz Figurinen
    und Dekorationsentwürfe beitrug.
21 ‹*Simplicissimus*›] s. [12], *36*; [158], *17* ff.
28 *Reklamation*] s. [7], *11.*

245

Was wäre, wenn ...

V: Peter Panter
D^1: WB Jg. 15, Nr. 53, 25.12.1919, II, S. 806 [Rubrik:] Rundschau
Bibl.: Nd s. Bonitz/Wirtz D 646; 1 NdzL; GW 2

0   *Was wäre, wenn ...*] Zur Titelserie vgl. [61], 0.
1 f *Schwerindustrie ihr Geld in den Berliner Lokalanzeiger*] Der ‹Berliner
     Lokal-Anzeiger› ging 1916 in den Besitz des unter Führung des Ruhr-
     industriellen Alfred Hugenberg gegründeten Zeitungskonzerns über.
13   *Amerongen*] Seit November 1918 Exilort von Wilhelm II.; s. [1], 65.
14   *Holzbock*] s. [130], 52.
21 f *Liebknechts Ermordung*] Am 15.1.1919, s. [10]; [76].
24   *Radek*] Karl Radek, der Verbindungsmann zwischen den russ. Bolsche-
     wiken und der neugegründeten KPD, war am 12.2. verhaftet worden.
     Am 4.12.1919 wurde er aus Deutschland abgeschoben.
28   *der siebenundzwanzigste Januar*] Geburtstag von Kaiser Wilhelm II.

246

Fontane und seine Zeit

V: Peter Panter
D^1: Berliner Tageblatt Jg. 48, Nr. 619, 27.12.1919, A, [S. 2]
Bibl.: Nd s. Bonitz/Wirtz D 647; 6 Nd; GW 2

5 f *seine Romane*] s. [241], 2 ff und K.
12   *mit den Gedichten*] s. [241], 12 und K.
23 f *Theaterkritiken*] s. [241].
25 f *Mannes aus einer Mischrasse*] Fontanes Vorfahren waren Hugenotten aus
     Frankreich, die sich in Brandenburg angesiedelt hatten und Einheimische
     heirateten.
48   *Thomas Mann tut's*] Thomas Mann: Der alte Fontane, in: Das Fontane-
     Buch. Beiträge zu seiner Charakteristik. Unveröffentlichtes aus seinem
     Nachlaß. Das Tagebuch aus seinen letzten Lebensjahren. Hg. von Ernst
     Heilborn. Berlin 1919, 35–62; zuerst ersch. in: ‹Die Zukunft› Jg. 19, H. 1,
     1.10.1910.
74   *wenn wir ihn lasen*] KTs Vertrautheit mit den Werken Fontanes reicht
     weit in die Vorkriegsjahre zurück. Er las z. B. die Autobiographie ‹Meine

Kinderjahre› in der Ausgabe von 1911 und vermerkte dazu auf dem Leihschein der Königl. Bibliothek (DLA): «Philiströs. Alte Bilder»; die ‹Causerien über Theater› (1905) s. [241], *19.* Während des Krieges bat KT
Blaich (im Brief vom 4.3.1916; AB 1, 31): «Sie aber bewahren bitte die
heiligen Güter der Nation indessen in einer Bauerntruhe auf […]: den
Herrn Dr. Schopenhauer und den Herrn Dr. Raabe und den Schriftsteller
Busch, Wilhelm […] und manches von Fontane […]». Anfang 1919
schrieb er: «Wenns gar zu doll kommt, lese ich den alten Fontane –
‹Zwischen zwanzig und dreißig›» (An Blaich 16.3.1919; AB 1, 68 f).

79 f   *das kleine Hafenstädtchen*] Das Ostseestädtchen Swinemünde, wo Fontane als Kind knapp fünf Jahre verbrachte (1827–1831), Schauplatz von
‹Meine Kinderjahre› (1893).

83   *ein weites Feld*] Redensart des alten Briest in Fontanes Roman ‹Effi
Briest›.

89   *Schieber*] s. [6], *89.*

141   *Beginn der großen Zeit*] s. [132].

Ungesicherte Texte

247*

Guckkasten

V: Anonym
D^1: Ulk Jg. 48, Nr. 1, 3.1.1919, [S. 2]

Zuschreibung
Mit dem ersten Heft, das KT als verantwortl. Red. des ‹Ulk› im Dez. 1918
gestaltete, führte er zwei Rubriken ein: «Guckkasten» und «Am Schalter» (s. [260*]). Unter der Überschrift ‹Guckkasten› versammelte KT
polit. Kurzkommentare, literarische Miniaturen und Witze zum Zeitge-
schehen. Als Vorbild diente wohl die Figur des «Guckkästner» von Adolf
Glaßbrenner in dessen Heftreihe ‹Berlin wie es ist – und trinkt›. Einige
der ersten ‹Guckkasten›-Beiträge enthalten (biograph.) Details, die eindeutig auf KT als Verfasser schließen lassen; vgl. ‹Weil wir gerade vom
Kriege sprechen …› (Bonitz/Wirtz; D 403). Mit vorliegendem ‹Guckkasten› endet diese Spalte; ab Heft 2/3 des Jg. 1919 änderte KT die Konzeption des Heftes, gruppierte Beiträge dieses Genres nicht mehr unter
der Überschrift, sondern plazierte sie auf dem Doppelblatt zwei/drei

rund um die Gedichte, die etwas umfänglicheren Prosabeiträge und Zeichnungen. Dadurch ergibt sich eine Mischung aus namentlich gezeichneten Arbeiten (etwa von Roda Roda, Hans Reimann, Twardowski und v. a. dem Mitred. Wiener-Braunsberg) und einer Vielzahl ungezeichneter Texte. Da mit ziemlicher Sicherheit auch andere Mitarbeiter als Verfasser dieser anonym erschienenen satir. Kurztexte, Verse und Witze in Frage kommen, ist eine Zuordnung zu KT als Urheber in den allermeisten Fällen nicht mehr zu erbringen. KT konstatierte 1935: «1918/19 […] – aus dieser Zeit datieren meine dümmsten Arbeiten, die ich teils selbst auf dem Gewissen habe, zum Teil ließ ich sie publizieren» (s. Bd. 21 [B 115]). Im folgenden (s. [248*] bis [258*]) wurden nur die Beiträge gedruckt, für die hinreichend Argumente für eine Urheberschaft KTs auszumachen waren.

248*

Rausch

V: Anonym
D^1: Ulk Jg. 48, Nr. 1, 3. 1. 1919, [S. 2]

Zuschreibung
Die redaktionelle Leitung des illustrierten Witzblattes ‹Ulk› verschaffte KT zum ersten Mal die Möglichkeit, seine bereits 1912 erhobene Forderung nach dem politisch-agitatorischen Einsatz von Photos in die Tat umzusetzen, s. ‹Mehr Photographien!› (Bd. 1 [47]). Vorliegende Collage entspricht der dort ausgesprochenen Empfehlung: «Mit Gegensätzen und Gegenüberstellungen. Und mit wenig Text» zu arbeiten. Anwendung fand KTs in den folgenden Jahren entwickelte Theorie der «Tendenzphotographie» v. a. in seinen Arbeiten für die ‹Freie Welt› (ab 1920; s. Bd. 4 [136]; [244]; [257]) und das kommunist. Kampfblatt ‹Arbeiter-Illustrierte-Zeitung› (1928–1930), hauptsächlich jedoch in dem Buch ‹Deutschland, Deutschland über alles› (1929) mit dem Untertitel ‹Ein Bilderbuch von Kurt Tucholsky und vielen Photographen›, s. auch das Vorwort KTs zu diesem Buch. Bemerkenswert ist auch die Komposition der Seite [2] des vorliegenden ‹Ulk›, die die Textbeiträge (im oberen Teil) ‹Ein Deutschland!› (s. [3]) und die Spalten des ‹Guckkasten› (s. [247*]) mit der Bild-Text-Collage ‹Rausch› im unteren Teil des Blattes verbindet. Im ‹Ulk› hatte zuvor die Photographie keine Verwendung gefunden. Vgl. [253*]; [255*].

249*

Wahl

V: Anonym
D¹: Ulk Jg. 48, Nr. 2/3, 17.1.1919, [S. 3]

Zuschreibung
Die exponierte Plazierung des Gedichts auf Seite 3 des ‹Ulk›, dem Leitgedicht Theobald Tigers (S. 2) gegenüber und zusätzlich in einen Rahmen
gestellt, läßt mit relativer Sicherheit auf eine Autorschaft des verantwortlichen Redakteurs KT schließen. Möglicherweise handelt es sich um ein
Auftragsgedicht des Chefredakteurs des BT, Theodor Wolff, für die am
19.1. anstehenden Wahlen zur Nationalversammlung. Wie auch die Gedichte ‹Generalstreik› [28], ‹Gegen rechts und gegen links› (s. [39]) u.a.
zeigen, war KT in den Blättern des Mosse-Verlages der DDP-Linie verpflichtet, die einen mittleren polit. Kurs gegen die Restauration des alten
Preußens, aber auch gegen linke Revolutionäre zu steuern versuchte. Dem
‹Simplicissimus›-Redakteur Blaich klagte KT am 16.3.1919: «Bei Mosse
sind einem die Ellenbogen geschnürt» (AB 1, 68) und am 27.5.1919 erklärte er: «Das mit Jacobsohn liegt anders. Ich gastiere im Ulk und bin
bei ihm zu Hause – er ist der einzige, der seine Leute frei von der Leber
weg reden läßt» (AB 1, 69).

250*

Am Telephon

V: Anonym
D¹: Ulk Jg. 48, Nr. 11/12, 21.3.1919, [S. 3]
Bibl.: Bonitz/Wirtz D 453

Zuschreibung
Es existieren mehrere Artikel KTs mit dem Titel ‹Am Telephon›. Insbesondere 1919 befaßte er sich mit dem Telephonieren (der «Berliner Reflexbewegung», s. [122], 21) als einem der Charakteristika des «neuen
Berlinertums», s.a. [53]. Inhaltlich ergeben sich deutliche Überschneidungen mit anderen Texten aus dieser Zeit. Vgl. auch K zu ‹Am Telephon› in Bd. 4 [13].

251*

Aus dem Berliner Telephonbuch

V: Anonym
D¹: Ulk Jg. 48, Nr. 14, 4. 4. 1919, [S. 4]

Zuschreibung
Der Text enthält Spitzen gegen Politiker und Institutionen, über die KT
sich auch in anderen Texten lustig macht oder an denen er Kritik übt,
z. B. Roethe, Naumann, Stresemann, Tirpitz. Die dabei verwendeten At-
tribute (z. B. Tirpitz' Vollbart, Naumann – Schlafwagengesellschaft Mitteleuropa) finden sich meist auch in den anderen entsprechenden gezeichneten Artikeln KTs. Der Ausdruck «Besetzt! Bitte später rufen!»
unter «Nationalversammlung» erscheint 1925 als Titel eines WB-Artikels
(23. 6. 1925, I, 918; D 1431).

252*

O schöne Zeit! O selige Zeit!

V: Anonym
D¹: Ulk Jg. 48, Nr. 21, 23. 5. 1919, [S. 3]

Zuschreibung
Die Zusatzbemerkungen in den Spalten 4 (überall für 25 Pfennig! Otto),
6 (Nepperei!) und 11 (Gesehen: Otto.) sind ohne Zweifel von der Hand
KTs geschrieben. Die Überschrift, Titel eines Volksstücks von Bruno
Decker, wurde von KT auch in der WB-Glosse ‹Idylle› zitiert (s. [53], Z.
32); das Stück wurde derzeit in Berlin aufgeführt (s. [152], 41). Eine Ehefrau Tucholsky gab es 1914 allerdings noch nicht, s. [11], 17.

253*

Albumblätter

V: Anonym
D¹: Ulk Jg. 48, Nr. 24, 13. 6. 1919, [S. 3]

Zuschreibung
Diese Art der Bild-Text-Komposition mit alten Photos findet sich später
noch öfter mit Signatur KTs, s. ‹Der vierblättrige Tucholsky› (Das Sta-

chelschwein, H. 3, 1926, 32; D 1542); ‹Sechs Bilder über einem Matrosen-
bett› (Bd. 9 [115]); ‹Aus einem alten Photographie-Album› (Bd. 9 [145]).
KT, der sich wiederholt Beschwerden über die geringe zeichnerische
Qualität des ‹Ulk› gegenübersah, war nicht in der Lage, diese zu verbessern, da ihm der Verlag keine ausreichenden Mittel zur Verpflichtung her-
vorragender Zeichner zur Verfügung stellte. Da ähnliche Bild-Text-
Kombinationen wie die vorliegende vor KTs Eintritt in die Redaktion
nicht vorkamen, ist anzunehmen, daß er durch solche Arbeiten versuchte,
den empfundenen zeichnerischen Mangel zu kompensieren. Die verwendete Technik hatte KT seit 1912 oft propagiert; vgl. dazu [248*].

254*

Die Bilanz

V: Anonym
D^1: Ulk Jg. 48, Nr. 31, 1. 8. 1919, [S. 3]

Zuschreibung
Die Gestaltung dieser sowie der unter [259*] abgedr. Tabelle wurde mit
hoher Wahrscheinlichkeit von KT vorgenommen. Es handelt sich um eine
Zusammenstellung wiederkehrender Themen aus den WB-‹Militaria›-Ar-
tikeln, gez. von der Muse der Geschichtsschreibung Clio. 1922 und später
veranschaulichte er anhand ähnlicher Tabellen (z. B. der mit Ignaz Wrobel
gezeichneten in WaM 6. 3. 1922; Bd 5 [120]) die politisch motivierte ten-
denziöse Rechtsprechung; vgl. Bd. 5 [276*]; [277*]; Bd. 9 [189*]; [193*].

255*

Illustrierte Weltgeschichte

V: Anonym
D^1: Ulk Jg. 48, Nr. 31, 1. 8. 1919, [S. 4]

Zuschreibung
s. [248*] und [253*]. Die Bildunterschrift findet ihre Entsprechung auf
einem Photo KTs von André Kertész: «Kurt Tucholsky im Kreise der
nicht reaktionären Mitglieder des Reichsgerichts», s. Die Neue Bücher-
schau Jg. 6, Nr. 4, April 1928 (Abb. in Soldenhoff 1987, 158). Zu Kronprinz Wilhelm und Rechberg vgl. [186].

256*

Vier Aktenstücke

V: Anonym
D¹: Ulk Jg. 48, Nr. 33, 15.8.1919, [S. 3]

Zuschreibung
Der Text ist dem ‹Auftrittslied› (s. [136]) auf Seite zwei dieses Heftes
gegenübergestellt und kann als Ergänzung und Illustrierung des Gedichts
gelten. Beide Beiträge beziehen sich auf die Vorgänge in der Nationalversammlung Ende Juli 1919, bei der sich Erzberger und der deutschnationale Abg. Graefe ein aufsehenerregendes Rededuell lieferten, in dessen Verlauf Erzberger einen Notenwechsel aus dem Jahr 1917 verlas; s. [136], *21.*
Zu ‹Erzberger› s.a. [107]. Der in Z. 37 gen. Heidborn war General der
6. Kavalleriedivision, zu der das Armierungs-Bataillon gehörte, zu dem
KT im April 1915 eingezogen wurde.

257*

Der Alldeutsche singt

V: Anonym
D¹: Ulk Jg. 48, Nr. 41, 10.10.1919, [S. 2]
Bibl.: Bonitz/Wirtz D 575

Zuschreibung
Die Zuschreibung erfolgte u.a. aufgrund der Tatsache, daß KT in den
Texten 1919 die «Alldeutschen» sehr häufig verspottete und angriff. Das
Gedicht kann auch als unmittelbare Reaktion auf den am Tag zuvor von
Gottfried Traub gegen KT gerichteten Angriff in der Nationalversamm-
lung gesehen werden, s. [167], *9.* Ein Hinweis auf die Verfasserschaft
Tucholskys kann außerdem in dem Schreiben Theodor Wolffs gesehen
werden, der am 15.10.1919 KT davon in Kenntnis setzte, daß er «von al-
len Seiten Proteste gegen das Gedicht ‹Der Alldeutsche singt›, dessen
Schlußwitz mir völlig entgangen war» erhalten habe. Er mißbillige das
Gedicht genauso, wie es die Protestler mißbilligen: «und es geht mir wider den Geschmack». Es gäbe dagegen einen freien anklagenden Witz,
«der sehr wohl der Sache der Demokraten nützlich sein könnte, der gegenwärtige Grundton des Ulk nützt nur den Gegnern der Demokratie»;
Theodor Wolff an KT 15.10.1919 (DLA).

258*

Rauf, runter, rauf – ein kleines Pünktchen drauf!

V: Anonym
D^1: Ulk Jg. 48, Nr. 47, 21.11.1919, [S. 3]

Zuschreibung
Die Schriftproben sind mit ziemlicher Sicherheit von der Hand KTs,
außerdem beschäftigte er sich zu dieser Zeit mit der Graphologie. Im
Nov. ließ KT ein (im Nachlaß DLA erhaltenes) grapholog. Gutachten von
MTs Schrift erstellen und sandte ihr dies am 9.11.1919 zu, s. UuL, 279.

259*

Zum Neunten November

V: Anonym
D^1: WB Jg. 15, Nr. 46, 6.11.1919, II, S. 581

Zuschreibung s. [254*].

260*

Am Schalter

V: Anonym
D^1: Ulk Jg. 48, Nr. 1, 3.1.1919, [S. 4]; Nr. 2/3, 17.1., [S. 4]; Nr. 4, 24.1.,
[S. 4]; Nr. 5, 31.1., [S. 4]; Nr. 6, 7.2., [S. 4]; Nr. 7, 14.2., [S. 4]; Nr. 10, 7.3.,
[S. 4]; Nr. 11/12, 21.3., [S. 4]; Nr. 13, 28.3., [S. 4]; Nr. 17, 25.4., [S. 4];
Nr. 20, 16.5., [S. 4]; Nr. 23, 6.6., [S. 4]; Nr. 27, 6.7., [S. 4]; Nr. 48, 28.11.,
[S. 3]

Zuschreibung
Die Rubrik «Am Schalter», die KT im ersten von ihm als Chefredakteur
eingerichteten Heft des ‹Ulk› einführte, entspricht den «Antworten» in
der SB/WB. Zur Konzeption und Funktion dieser Textform in der WB s.
[34], 0 und die «Editorische Einleitung zu den ‹Antworten›» in Bd. 9, S.
1060ff. KTs mehrfache schriftliche Äußerungen über seine Mitarbeit an
dieser Rubrik (vgl. KT an MT 26.7.1918; UuL, 117f; SJ an KT o.D., s. Jacobsohn 1989, 19f) zu Lebzeiten SJs und die Beharrlichkeit, mit der er die

vertragliche Fixierung für die Abfassung der «Antworten» als seine Aufgabe während seiner Redaktionszeit Anfang 1927 (nach dem Tod von SJ) betrieb, lassen erkennen, welche besondere Bedeutung er dieser Textform beimaß. Der Zeitpunkt der Einführung der «Antworten» in der SB, kurz nach KTs Eintritt in den Mitarbeiterstab, spricht dafür, daß KT einen entscheidenden Anteil am Zustandekommen der Rubrik hatte. In der von KT redigierten Soldatenzeitung ‹Der Flieger› findet sich entsprechend eine Spalte «Briefkasten» und eine «Rätselecke», gestaltet von «Onkel Kasimir». Mit diesem Namen führte sich auch der Verfasser der ersten «Schalter»-Texte in KTs Heften des ‹Ulk› im Dez. 1918 ein. Diese Aspekte zusammen betrachtet lassen den Schluß zu, daß KT sich diesen Bereich auch in dem von ihm verantworteten ‹Ulk› vorbehalten hat. Dafür spricht auch, daß in KTs Urlaubszeiten (z.B. Mitte Aug. bis Mitte Sept. 1919) sowie während seiner verstärkten Inanspruchnahme in der WB-Redaktion aufgrund der Abwesenheit SJs keine «Schalter»-Texte erschienen. Die Rubrik wurde mit zunehmender Unlust KTs an seiner Redaktionstätigkeit ab Mitte des Jahres 1919 immer kürzer, erschien in größeren Abständen und hörte schließlich zum Ende des Jahres hin ganz auf. Da in diesen Texten in aller Regel keine neue Thematik behandelt wird, wurde auf eine Kommentierung verzichtet. Informationen über Personen können über das Personenregister bezogen werden, zu bestimmten Sachverhalten geben die Kommentare der Artikel aus den betreffenden Zeiträumen Auskunft.

Übersicht über Tucholskys Tätigkeit
für Publikationsorgane 1919

Berliner Tageblatt (BT), 1871–1939, gegr. von Rudolf Mosse; linksliberale demokratische Tageszeitung, von 1906–1933 unter dem Chefredakteur Theodor Wolff Aufstieg zum demokratisch-republikanischen Blatt mit Weltruf. KT veröffentlichte von 1914 bis 1920 vereinzelte Artikel, meist unter den Pseudonymen Peter Panter, Theobald Tiger und Ignaz Wrobel.

Berliner Volkszeitung (BVZ), 1853–1939, 1904 vom Mosse-Verlag übernommen; linksliberal-republikanisches Massenblatt; 1915–33 war Otto Nuschke Chefredakteur; bekannte Mitarbeiter waren u. a. Franz Mehring (1886–90) und Carl von Ossietzky, der 1921 bis 1924 auch Redakteur war. KT veröffentlichte von 1919 bis 1924 zahlreiche Artikel.

Ulk. Wochenbeilage zum *Berliner Tageblatt.* (Als Beilage zur BVZ jeweils drei Tage später.) Im Nov. 1907 erschien im ‹Ulk› KTs erste gedruckte Arbeit; von Dez. 1918 bis Ende März 1920 war KT Chefredakteur des Satireblatts. Er schrieb regelmäßig das Leitgedicht, gezeichnet mit dem Pseudonym Theobald Tiger, das während dieser Zeit ausschließlich für den ‹Ulk› reserviert war; KT war auch Verfasser zahlreicher anonym erschienener Beiträge.

Schall und Rauch, Berlin Dez. 1919–Febr. 1921, Programmheft des Kabaretts Schall und Rauch; KT, der zum künstlerischen Beirat des Kabaretts gehörte, publizierte dort regelmäßig von Dez. 1919 bis Sept. 1920, für das Juni-Heft 1920 übernahm er die Schriftleitung.

Die Weltbühne (WB), Wochenschrift für Politik, Kunst, Wirtschaft. Berlin 1918–1933. 1905 von Siegfried Jacobsohn (SJ) als Theaterzeitschrift *Die Schaubühne* gegründet; nach dessen Tod 1926/27 von KT als Chefredakteur geleitet, danach von Carl von Ossietzky. KT war seit 1913 regelmäßiger Mitarbeiter; er schrieb meist unter den Pseudonymen Peter Panter, Theobald Tiger, Kaspar Hauser und Ignaz Wrobel, verfaßte aber auch zahlreiche der ungezeichneten *Antworten*, *Splitter*, *Liebe Weltbühne* und einige Dialoge.

Zeitungen und Zeitschriften, in denen KT nur sporadisch veröffentlichte, sind im jeweiligen Kommentar beschrieben.

Literaturverzeichnis

Ackermann, Gregor: Nachtrag zur Tucholsky-Bibliographie. 2., erw. Ausg., in: Tucholsky-Blätter Jg. 6, Dossier 1, Dez. 1995

Ackermann, Gregor/Nickel, Gunther: «Frostigkeit im Bibliographischen». In: Tucholsky-Blätter Jg. 8, H. 18, Juni 1997, 1–13

Birett, Herbert: Verzeichnis in Deutschland gelaufener Filme. Entscheidungen der Filmzensur 1911–1920 Berlin, Hamburg, München, Stuttgart. München 1980

Blaich, Hans Erich: Ausgewählte Werke des ‹Simplicissimus›-Dichters Hans Erich Blaich, Dr. Owlglass. Hg. von Volker Hoffmann. Kirchheim/Teck 1981

Böhme, Klaus: Aufrufe und Reden deutscher Professoren im Ersten Weltkrieg. Stuttgart 1975

Bonitz, Antje/Wirtz, Thomas: Kurt Tucholsky. Ein Verzeichnis seiner Schriften. 3 Bde. Marbach 1991

Bonitz, Antje/Meyer-Voth, Ingeborg: Gustav Stresemann «auf der Tigerjagd» oder: Die wirklichen Ursachen des Antisemitismus – Zu einem Brief Kurt Tucholskys im Nachlaß Stresemann. In: Tucholsky-Blätter Jg. 9, H. 20, Sept. 1998, 1–20

Goethe, Johann Wolfgang von: Werke. Hg. im Auftrag der Großherzogin Sophie von Sachsen. Abt. I–IV. Weimar 1887–1919 (Weimarer Ausgabe). Zit. Goethe: WA

Grathoff, Dirk: Kurt Tucholskys ‹Rheinsberg›: Die Inszenierung der Idylle im Rekurs auf Theodor Fontane und Heinrich Mann, in: Monatshefte 88, 1996, 197–216

Hannover, Heinrich/Hannover-Drück, Elisabeth: Politische Justiz 1918–1933. Hamburg 1977 (Erste Ausgabe: 1966)

Hepp, Michael: Kurt Tucholsky. Biographische Annäherungen. Reinbek 1993

Jacobsohn, Siegfried: Briefe an Kurt Tucholsky, 1915–1926. Hg. von R. v. Soldenhoff. München, Hamburg 1989

Krumeich, Gerd: Vergleichende Aspekte der «Kriegsschulddebatte» nach dem Ersten Weltkrieg, in: Der Erste Weltkrieg. Wirkung, Wahrnehmung, Analyse. Im Auftrag des Militärgeschichtlichen Forschungsamtes. Hg. von Wolfgang Michalka. Weyarn 1997

Küpper, Heinz: Illustriertes Lexikon der deutschen Umgangssprache. Bd. 1–8. Stuttgart 1984

Lichtenberg, Georg Christoph: Schriften und Briefe. 6 Bde. Hg. von Wolfgang Promies. München 1967 ff

Matthias, Lisa: Ich war Tucholskys Lottchen. Hamburg 1962
Meyer, Hans: Der richtige Berliner in Wörtern und Redensarten. 7. Aufl. Besorgt von Siegfried Mauermann. Berlin 1911
Meyer, Jochen / Bonitz, Antje: «Entlaufene Bürger». Kurt Tucholsky und die Seinen. Ausstellung und Katalog von Jochen Meyer in Zusammenarbeit mit Antje Bonitz. Marbach 1990
Mörchen, Helmut: Neujahrsgedichte Kurt Tucholskys als Beispiele deutscher Gelegenheitsdichtung, in: Ackermann, Hübner (Hg.): Tucholsky heute, Rückblick und Ausblick. München 1992, 202–204

Nietzsche, Friedrich: Werke. Kritische Gesamtausgabe. Hg. von Giorgio Colli und Mazzino Montinari. Berlin 1968 ff
Nolte, Ernst: Die faschistischen Bewegungen. München 1966

Ossietzky, Carl von: Sämtliche Schriften. Hg. von Werner Boldt, Dirk Grathoff, Gerhard Kraiker, Elke Suhr. 8 Bde. Reinbek 1994

Polgar, Alfred: Kleine Schriften. 6 Bde. Hg. von Marcel Reich-Ranicki, in Zusammenarbeit mit Ulrich Weinzierl. Reinbek 1982 ff

Ritter, Gerhard A. / Miller, Susanne (Hg.): Die deutsche Revolution 1918–1919. Dokumente. 2., erw. u. überarb. Aufl. Hamburg 1975

Schopenhauer, Arthur: Sämmtliche Werke. Hg. von Julius Frauenstädt. 2. Aufl. Bd. 1–6. Leipzig 1891
Schultheß' Europäischer Geschichtskalender. Bd. 60, I u. II: 1919. München 1923
Soldenhoff, Richard von: Kurt Tucholsky 1890–1935. Ein Lebensbild. «Erlebnis und Schreiben waren ja – wie immer – zweierlei». Weinheim, Berlin 1987
Stresemann, Gustav: Nachlaß des Reichsaußenministers (Germany, AA, Polit. Archiv), Mikrofilm, National Archives of the United States

Thoma, Ludwig: Gesammelte Werke. Bd. 2: Bühnenstücke. München 1963, 323
Thoma, Ludwig: Ein Leben in Briefen [1875–1921]. Hg. von Anton Keller. München 1963

Wagner, Gustav Friedrich: Schopenhauer-Register. Neu hg. von Arthur Hübscher. 2., unveränderte Aufl. Stuttgart-Bad Cannstadt 1982

Wander, Karl Friedrich Wilhelm: Deutsches Sprichwörter-Lexikon. In 5 Bänden. Neudr. der Ausg. Leipzig 1873. Aalen 1963

Wette, Wolfram: Gustav Noske. Eine politische Biographie. Düsseldorf 1987

Verzeichnis der rezensierten Bücher

Die Nummer des Textes, in dem das hier verzeichnete Buch rezensiert ist, findet sich am Ende der bibliographischen Angabe in eckigen Klammern.

Avenarius, Ferdinand: Das Bild als Narr. München: Callwey 1918 [68]

Bojer, Johannes: Der Gefangene, der sang. Übers. aus dem Norwegischen von Hermann Kiy. München, Berlin: Georg Müller [1916] [118]

Chesterton, Gilbert Keith: Verteidigung des Unsinns, der Demut, des Schundromans und anderer mißachteter Dinge. Leipzig: Verlag der Weißen Bücher 1917 [155]

Das politische Plakat. Hg. in amtlichem Auftrag. [Berlin-]Charlottenburg: Verlag «Das Plakat», 1919 [138]

Eckhardt, Curt: An alle Frontsoldaten. Berlin: Scherl 1919 [157]

Farrère, Claude: Das Geheimnis der Lebenden. Frankfurt/M.: Rütten & Loening 1912 [150]

Fischart, Johannes: Das alte und das neue System. Die politischen Köpfe Deutschlands. Berlin: Oesterheld 1919 [71]

Fontane, Theodor: Causerien über Theater. Hg. von Paul Schlenther. Berlin: Friedrich Fontane 1905 [241]

Frey, Alexander Moritz: Solneman der Unsichtbare. Roman. Mit 13 Holzschnitten von Otto Nückel. München: Delphin-Verlag 1914 [130]

Hesse, Kurt: Das Marnedrama des 15. Juli 1918. Wahrheiten aus der Front. Berlin: Mittler 1919 [127]

Krain, Willibald: Krieg. 7 Blätter. Allen Völkern gewidmet. Zürich: Orell Füßli [1917] [137]

Maas, Georg: Die verfassunggebende Deutsche Nationalversammlung. Lebensgang, Lebensarbeit, Lebensziele ihrer Mitglieder nach eigenen Mitteilungen und mit Bildnissen. Hg. unter Obhut des Deutschen Wohlfahrtsbundes. [Berlin-]Charlottenburg: Baumann 1919 [40]

Mann, Heinrich: Der Untertan. München: Wolff [1918] [37]

Morgenstern, Christian: Stufen. Eine Entwicklung in Aphorismen und Tagebuch-Notizen. München: Piper 1918 [48]

Morgenstern, Christian: Der Gingganz. Aus dem Nachlaß hg. von Margareta Morgenstern. Berlin: Bruno Cassirer 1919 [146]

Nikolaus, Paul: Tänzerinnen. Mit 32 Abb. und 4 Zeichnungen von Ernst E. Stern, Mannheim. München: Delphin-Verlag Dr. Richard Landauer 1919 [63]

Noske, Gustav: Wie ich wurde. Selbstbiographie. Berlin: Kultur-Verlag 1919 [143]

Paasche, Hans: Das verlorene Afrika. Berlin: Verlag Neues Vaterland 1919 (Flugschriften des Bundes Neues Vaterland. Nr. 16) [216]

Perutz, Leo: Die dritte Kugel. München: Langen 1915 [90]

Polgar, Alfred: Kleine Zeit. Berlin: Gurlitt 1919 [144]

Porten, Henny: Wie ich wurde. Selbstbiographie. Berlin: Volkskraft-Verlag 1919 [143]

Rathenau, Walther: Der Kaiser. Berlin: S. Fischer 1919 [85]

Reck-Malleczewen, Fritz: Frau Übersee. Roman. Berlin: Mosse 1918 [1]

Schäfer, Wilhelm: Die begrabene Hand und andere Anekdoten. München: Georg Müller 1918 [160]

Schairer, Erich: Sozialisierung der Presse. Jena: Diederichs 1919 (Deutsche Gemeinwirtschaft H. 12) [223]

Schleiermacher, Friedrich: Idee zu einem Katechismus der Vernunft für edle Frauen. Berlin: Frensdorff 1905 [109]

Voigt, Arno: Der deutsche Offizier der Zukunft. Gedanken eines Unmilitärischen. Stuttgart: Engelhorn 1919 (Das neue Geschlecht. Bd. 2) [89]

Vorgeschichte des Waffenstillstandes. Amtliche Urkunden, hg. im Auftrage des Reichsministeriums von der Reichskanzlei. Berlin: Hobbing 1919 [140]

Vorst, Hans: Baltische Bilder. Leipzig: Verlag Der Neue Geist 1919 [103]

Wagner, Christian: Gedichte. Ausgewählt von Hermann Hesse. München, Leipzig: Georg Müller 1913 [19]

Weibezahn, Hermann: Über die Cacteen (de cactibus). Nach dem hinterlassenen Original-Manuskript hg. von A[dolf] König [d.i. Adolf Keysser]. Bad Rothenfelde: Holzwarth 1919 [125]

Zetterström, Hasse: Der Dynamithund und andere Unmöglichkeiten. Übers. von Åge Avenstrup und Elisabeth Treitel. Ill. von Eigil Schwab. Berlin: Verlag der Lustigen Blätter 1919 (Lustige Bücherei. Bd. 20) [92]

Zetterström, Hasse: Meine merkwürdigste Nacht und andere Grotesken. Übers. von Åge Avenstrup und Elisabeth Treitel. Mit Bildern von Walter Trier. Berlin: Eysler 1919 (Lustige Bücherei. Bd. 29) [92]

Verzeichnis der besprochenen Aufführungen und Filme

‹Auch ich war ein Jüngling›. Komödie von Max Neal und Max Ferner [122]

‹Die letzten Ritter›. Komödie von Heinrich Pfeiffer. Aufführung im Deutschen Künstlertheater, Berlin, mit Klöpfer und Hanns Fischer in den Hauptrollen [166]

Die Prostitution. Sozialhygienisches Filmwerk. Von Richard Oswald. Unter Mitarbeit von San.-Rat Dr. Magnus Hirschfeld. Deutschland 1919. UA 1.5.1919 im «Marmor Haus» am Kurfürstendamm. [69]

Die Puppe. Ernst Lubitsch 1919. Uraufführung im Berliner Ufa-Palast am Zoo [224]

‹Die Wandlung› von Ernst Toller. UA in der «Tribüne» in Berlin-Charlottenburg [202]

Personen- und Werkregister

Verwiesen wird auf Textnummern und Zeilenzähler. Geradegestellte Zeilenzahlen verweisen auf Textstellen, in runde Klammern gesetzte Zeilenzahlen auf indirekte Nennungen, kursiv gesetzte Zeilenzahlen auf Kommentarstellen.

Abel, Alfred (1879–1937);
Schauspieler; [128], *21*, 21 ff;
[147], 32 ff, *42*
Achsel, Willy Amadeus Ernst
(1884–1955); Schriftsteller;
[162], *1*
Adalbert, Max (1874–1933); d. i.
M. Krampf, Schauspieler; [77],
passim; [147], *35*, *42*, *43*
Adler, Friedrich (1879–1960);
österr. sozialist. Politiker,
1911–25 Sekretär der
Sozialdem. Partei Österreichs,
1920–23 Abg. des National-
rates, 1923–40 Sekretär der
Sozialist. Arbeiter Inter-
nationale; [111], 4, *4*
Adler, Viktor (1852–1918); österr.
Politiker (Sozialdem.) und
Journalist, Okt. bis Nov. 1918
Außenminister; [111], *4*
Adolf Friedrich, Herzog von
Mecklenburg-Schwerin
(1873–1969); Afrikareisender
und Kolonialpolitiker, 1912–14
Gouverneur von Togo;
[9], 55 ff
Aischylos (525–456 v. Chr.);
attischer Schriftsteller; [32],
7, *265*
- ‹Die Orestie›; [159], *21*
Akiba, Ben Joseph (um 50–um

135); jüd. Schriftgelehrter; [109],
13, *13*
Alain (1868–1951); d. i. Émile
Auguste Chartier, frz.
Philosoph; [155], 3
- ‹Vorschläge und Meinungen
zum Leben›; [155], *3*
Altenburg, Jan (Pseud.) s.
Plietzsch, Eduard
Altman, Georg (1884–1962);
Schriftsteller, Regisseur und
Theaterwissenschaftler; [147],
(51 f), *51 f*
Anakreon (um 580–495 v. Chr.);
griech. Schriftsteller, verf.
Antikriegs- und Liebeslyrik;
[32], 3, *255*
Andermann, Erich (Pseud.) s.
Bornstein, Josef
Anders, Ida (geb. 1871); d. i.
I. Jacobs, Journalistin und
Übers.; [147], *46*, *51*; [158],
1 ff
Andra, Fern (1895–1974); d. i.
Baronin von Weichs, Schau-
spielerin, Stummfilmstar;
[201], 9
Angely, Louis (1787–1835);
Schriftsteller, Verf. zahlreicher
Lustspiele
- ‹Das Fest der Handwerker›;
[223], *35*

Anjou, Philipp von s. Phillipe V.
Anthes, Otto (1867–1954);
Schriftsteller, Oberstudienrat in
Lübeck; [173], 62, *62*
Antrick, Otto Friedrich Wilhelm
(1858–1924); Politiker (SPD),
1919–23 Ernährungsminister in
Braunschweig, 1922 Minister-
präs.; [18], *73*
Arco-Valley, Anton Graf von
(1897–1945); Leutnant in der
bayr. Armee, ermordete am
21.2.1919 K. Eisner; [26], *0*,
(15ff); [76], 179f; [207],
(6f), *6*
Auburtin, Victor (1870–1928);
Journalist und Schriftsteller,
Mitarb. ‹Simplicissimus›,
Auslandskorrespondent des BT
- ‹Was ich in Frankreich
erlebte›; [122], 25f, *26*
Auer, Ignaz (1846–1907); Politiker
(SPD), Mitgl. des
Parteivorstandes, 1877–1907
mit kurzen Unterbrechungen
MdR; [88], 10
Auguste Victoria (1858–1921); dt.
Kaiserin, Ehefrau von Wilhelm
II.; [167], *9*
Avenarius, Ferdinand
(1856–1923); Schriftsteller und
Kunsterzieher, Begr. und Hg.
der Zeitschrift ‹Kunstwart›,
Begr. des ‹Literaturratgebers›
- ‹Das Bild als Narr›; [13], *3ff*;
[68], passim
- ‹Das Bild als Verleumder›;
[13], *3ff*
Avenstrup, Åge (geb. 1876); Maler
und Übers.; [92], *0*

Awaloff-Bermondt, Pawel
Michailowitsch (1881–1936);
russ. Oberst, Befehlshaber der
russ. Westarmee, 1919 Organi-
sator eines antibolschewist.
Freikorps in Kurland; [165], *0*

Bäumer, Gertrud (1873–1954);
Politikerin (DDP), 1910–19
Vors. des Bundes Dt. Frauen-
vereine, Mitarb. an dessen
Organ ‹Die Frau› und an der
Zeitschrift ‹Die Hilfe›, 1919/20
Mitgl. der NV, 1919–32 MdR,
1920–33 Ministerialrätin im
Reichsministerium des Innern;
[22], *124*
Ballin, Albert (1857–1918);
Reeder, ab 1899 General-
direktor der Hamburg-
Amerika-Linie (HAPAG),
Berater Wilhelm II., Freitod;
[140], 53
Balzac, Honoré de (1799–1850);
frz. Schriftsteller; [185], *28*
Bamberger, Ludwig (1828–1899);
Wirtschaftspolitiker, 1871–73
und 1874–93 MdR (National-
lib., Lib., Freis.); [156], 80
Barnowsky, Viktor (1875–1952);
Theaterleiter und Regisseur,
leitete 1905 bis zu seiner Emi-
gration 1933 in Berlin u. a. das
Kleine Theater, das Lessing-
Theater (1913–24) und das
Theater in der Königgrätzer
Straße (später Hebbel-Theater);
[128], *21*, *85*; [147], passim
Baron, Julius (1834–1898); Jurist;
[141], *0*

Barrès, Maurice (1862–1923); frz. Schriftsteller, literar. Vertreter des frz. Nationalismus und Chauvinismus
- ‹In deutschen Heeresdiensten›; [145], *99f*, 99 ff
Barrison, Five Sisters; [43], *21*
Bartels, Adolf (1862–1945); Literaturhistoriker und Schriftsteller, Propagandist völkisch-antisemit. Schrifttums; [68], *1f*
Barth, Emil (1879–1941); Politiker (USPD, ab 1921 SPD), führender Vertreter der Revolutionären Obleute in der Vorbereitung der Novemberrevolution, Nov./Dez. 1918 im Rat der Volksbeauftragten; [156], *30f*
Barthel, Max (1893–1975); Schriftsteller; [140], *6*
Bassermann, Albert (1867–1952); Bühnen- und Filmschauspieler, 1898–1914 am Deutschen und am Lessing-Theater in Berlin, 1934 Emigration; [34], *12f*; [201], 33; [203], *0*
Bauer, Gustav (1870–1944); Politiker (SPD), 1920–25 MdR, 1919–20 Reichsministerpräs. bzw. Reichskanzler, trat 1920 nach dem Kapp-Putsch zurück, 1920 Reichsschatz- bzw. Reichsverkehrsminister, 1921–22 Reichsschatzminister und Vizekanzler; [100], *11*; [135], *1*; [156], *73*
Bauer, Max (1869–1929); Oberst, Mitarb. Ludendorffs, publizist. Mitwirkung an der Verbreitung

der Dolchstoßlegende, aktiv am Kapp-Putsch beteiligt, flüchtete nach dessen Scheitern ins Ausland, u. a. in China als Militärberater Chiang Kai-Sheks tätig; [173], 55
- ‹Der Irrwahn des Verständigungs-Friedens›; [173], *55*
- ‹Konnten wir den Krieg vermeiden, gewinnen, abbrechen?›; [173], *55*
Baumbach, Rudolf (1840–1905); Schriftsteller
- ‹Hoch auf dem gelben Wagen›; [206], 75, *75*
Bebel, August (1840–1913); gründete 1869 mit W. Liebknecht die Sozialdemokratische Arbeiterpartei, ab 1892 Vors. der SPD (mit P. Singer); [88], 10; [240], 8; [245], 16
Beckmann, Fritz (1867–1933); Schauspieler; [69], *0*
Beethoven, Ludwig van (1770–1827); [239], 20
Behne, Adolf (1885–1948); Kunstwissenschaftler und Publizist, Mitarb. WB; [138], *18f*, 22
Benedikt XV. (1854–1922); d. i. Giacomo della Chiesa, 1907 Erzbischof, 1914 Kardinal in Bologna, ab 1914 Papst, unternahm während des 1. Weltkriegs mehrere Vermittlungsversuche zwischen den Kriegsparteien; [136], *(21)*; [233], (19), *19*
Benedix, Roderich (1811–1873); Bühnenschriftsteller, Schauspieler und Sänger

- ‹Die Neujahrsnacht›; [241],
76ff, *76ff*
- ‹Der Störenfried›; [241], 103ff,
103ff
Béranger, Pierre Jean de
(1780–1857); frz. Lyriker;
[187], *0*
Berber, Anita (1899–1928);
Tänzerin, die durch ihre Nackt-
tänze Skandale verursachte;
[69], *0*
Bergmann, Ernst Gustav Benjamin
(1836–1907); Chirurg; [103],
90f, 90ff
Bern, Irmgard; Schauspielerin;
[221], 81, *81*
Bernauer, Rudolf (1880–1953);
Schauspieler und Regisseur,
Eigentümer versch. Berliner
Bühnen
- ‹Bummelstudenten›; [185],
17f, *17f*
Bernays, Hermann (1873–1965);
Literatur- und Kunsthistoriker
- ‹Carl Spitzweg›; [229], *64f*,
65f
Berndal, Karl Gustav
(1830–1885); Schauspieler, u. a.
am Berliner Hoftheater; [241],
105ff
Bernhard, Georg (1875–1944);
Journalist und Politiker (DDP),
ab 1908 red. Leiter der Abt.
Tageszeitungen im Ullstein-
Verlag, bis 1930 Chefred. der
Voss, 1928–30 MdR, 1930 von
Ullstein entlassen, gründete
1933 im Exil das PTB, später
‹Pariser Tageszeitung›, deren
Chefred. er 1937 abgeben

mußte, emigrierte nach einer
Internierung in Frankreich 1941
in die USA; [1], 65f, *65f*; [43],
62f; [98], 38; [208], 39, 159f
Bernhard, Lucian (1883–1953);
Maler und Architekt, vor allem
als Plakatkünstler bekannt, ent-
warf auch nach ihm benannte
Schrifttypen; [148], *4*
Bernhardi, Friedrich von
(1849–1930); preuß. General
und Militärschriftsteller; [88],
17, *17*
- ‹Deutschland und der nächste
Krieg›; [88], *17*
Bernhardt, Sarah (1844–1923); d. i.
Henriette-Rosine Bernard, frz.
Schauspielerin; [180], 16, *16*;
[242*], 32f
Bernstorff, Johann Heinrich Graf
von (1862–1939); Politiker
(DDP), 1908–17 Botschafter in
Washington, 1920–28 MdR;
[18], *26*; [208], 31, *31*, 69, 69ff,
112
Bertens, Rosa (1860–1934);
Schauspielerin; [31], *80f*; [239],
32, *32*
Bethmann Hollweg, Theobald von
(1856–1921); Politiker, 1905
preuß. Minister des Innern,
1907 Staatssekretär des Reichs-
amts des Innern, 1909–17
Reichskanzler und preuß.
Ministerpräs.; [71], *43f*; [85],
37; [123], *13*; [126], *0*, 19, *19*;
[178], *5*; [208], 29f, *31*, 46,
46ff, 69
- ‹Betrachtungen zum Weltkrieg›; [60], *10*

Bewer, Max (1861–1921); Publizist und Lyriker; [213], 72
- ‹Deutsches Kriegsgebetbuch›; [213], *72*
- ‹Feldgraue Ausgabe Kriegslieder›; [213], *72*
- ‹Der Kaiser im Felde. Kriegslyrik›; [213], *72*
- ‹200 Kriegslieder›; [213], *72*
Bie, Oscar (1864–1938); Schriftsteller und Kunstkritiker, 1905–26 sporad. Mitarb. SB / WB, Musikkritiker des BBC, Red. der ‹Neuen Deutschen Rundschau›; [197], 19, *19*
Bierbaum, Otto Julius (1865–1910); Schriftsteller, Hg. und Red. ‹Freie Bühne›, ‹Pan›, ‹Die Insel›
- ‹Irrgarten der Liebe›; [175], *59f*
- ‹Prinz Kuckuck›; [175], *57f*, *57ff*, *58*
Binder-Krieglstein, Eugen Freiherr von (1873–1914); Schriftsteller; [1], 32f, *33*
- ‹Im Lande der Verdammnis›; [1], *33*
- ‹Zwischen Weiß und Gelb›; [1], *33*
Birron, Emil (1878–1952); Schauspieler; [185], *17f*
Bischoff, Josef (1872–1948); Major, 1919 Führer der «Eisernen Division»; [168], 76
Bismarck, Otto von (1815–1898); 1871–90 Reichskanzler und preuß. Ministerpräs. (außer 1872/73); [5], *0*; [80], *73f*; [164], 29

- ‹Gedanken und Erinnerungen›; [21], passim
Blaich, Hans Erich (1873–1945), Pseud.: Dr. Owlglass; Arzt, Schriftsteller und Übers., 1912–24 und 1933–35 Chefred. ‹Simplicissimus›; [12], *36*; [18], *45*; [19], *0*, *45*, *46*; [22], *112f*; [25], *52*; [43], *44f*; [53], *24*; [90], *1f*; [120], *0*, *26*; [142], *0*; [146], *49*; [187], *0*; [210], *23*, 25, *25*; [246], *74*; [249*], *0*
Blaß, Ernst (1890–1939); expressionist. Lyriker, Mitarb. ‹Die Aktion›, BBC, BT, ‹Der Sturm›; [19], *7f*
Blei, Franz (1871–1942); österr. Schriftsteller, Kritiker und Übers.; [155], *3*
Bley, Fritz (1853–1931); erfolgreicher Jagdschriftsteller, Mitarb. konservativer Zeitungen, schrieb alldeutsche polit. Abhandlungen; [85], *86*
Bloch, Jean-Richard (1884–1947); frz. Schriftsteller; [110], *9*
Block, Paul (1866–1935); Journalist und Schriftsteller, ab 1899 zunächst Feuilletonred. des BT, dann dessen Korrespondent in Paris; [187], *0*
Blumenthal, Oskar (1852–1917); Schriftsteller, Gründer des Lessing-Theaters in Berlin (1888) und dessen Leiter bis 1897, Theaterkritiker des BT; [202], 12
Bode zu Insterburg; Oberstleutnant; [134], 162ff
Bölsche, Wilhelm (1861–1939);

Schriftsteller und Naturphilo-
soph, Verf. zahlreicher populär-
wissenschaftl. Schriften, 1890
Red. ‹Neue Rundschau›; [145],
71 f
- ‹Das Liebesleben in der
Natur›; [91], *9, 9 f*
Bojer, Johannes (1872–1959);
norw. Schriftsteller
- ‹Der Gefangene, der sang›;
[118], passim
Bolle, Carl (1832–1910);
Fabrikant; [198], *104 f*
Bonifatius VIII. (um 1235–1303);
Papst 1294–1303; [208], *46*
Bonn, Ferdinand (1861–1933);
Schauspieler, Schriftsteller und
Theaterdirektor
- ‹Der Jäger von Kurpfalz›;
[152], 55, *55*
- ‹Kaiser Wilhelms Glück und
Ende›; [162], passim
- ‹Zwei Jahre Theaterdirektor in
Berlin›; [162], *12*
Bonn, Moritz Julius (1873–1965);
Nationalökonom und Poli-
tiker (DDP), 1919 Sachver-
ständiger im Untersuchungs-
ausschuß der NV zur Kriegs-
schuldfrage, ab 1920 Prof. an
der Handelshochschule Berlin;
[208], *35*
Bonno, Franz; Regisseur am
Berliner Schiller-Theater; [199],
3
Bonsels, Waldemar (1880–1952);
österr. Schriftsteller, Kritiker
und Übers.
- ‹Indienfahrt›; [229], *39, 39 ff*
Borne, Kurt von dem

(1857–1933); General; [134],
166, 166 ff
Bornstedt, von; Oberstleutnant;
[134], *0*, *411*, (411 ff)
Bornstein, Josef (1899–1952),
Pseud.: Erich Andermann;
Journalist, Mitarb. des TB und
des MM, 1933–40 Mitarb. ‹Das
neue Tage-Buch›, 1933 Exil
(Paris, 1940 Marokko, 1941
USA); [76], *73*
Bottom; [155], 3
- ‹Die Bemerkungen Jeroboams
oder Das Geschäft in Aktien›;
[155], *3*
Braun, Caspar (1807–1877);
Graphiker und Verleger;
[122], *37*
Braun, Otto (1872–1955);
Politiker (SPD), 1920–32 mehr-
mals preuß. Ministerpräs.; [151],
35
Brecht, Bertolt (1898–1956);
Schriftsteller und Regisseur,
1933 Exil (über Prag, Wien und
die Schweiz nach Dänemark,
Schweden, Finnland, UdSSR,
USA); [177], *77*
Brieger, Lothar (1879–1949);
auch: Brieger-Wasservogel,
Buchhändler und Schriftsteller;
[196], *0*; [197], *0*
Brockdorff-Rantzau, Ulrich Graf
von (1869–1928); Diplomat und
Politiker, ab 1912 Gesandter in
Kopenhagen, ab Dez. 1918
Reichsaußenminister und Leiter
der dt. Delegation in Versailles,
trat am 21. 6. 1919 als Gegner des
Versailler Vertrags zurück,

1922–28 Botschafter in
Moskau; [75], *14, 22*

Brodersen, Five Sisters; [43], 21,
21

Bruant, Aristide (1851–1925); frz.
Chansondichter und -sänger;
[200], 85, *85*

Bruhn, Wilhelm (1869–1951);
Zeitungsverleger, Hg. der
‹Staatsbürgerzeitung›, seit 1903
MdR; [208], 157 ff

Brunner, Karl (geb. 1872);
Regierungsrat, ab 1911 Litera-
tur-Sachverständiger im Berliner Polizeipräsidium, zuständig
für Jugendschutz, ab 1919 zugleich Referent im preuß. Wohl-
fahrtsministerium, 1923 pensioniert; [213], *20 f*

Buber, Martin (1878–1965); jüd.
Religionsphilosoph, Zionist,
1930–33 Honorarprof. für
Religionswissenschaft an der
Univ. Frankfurt / M., 1938
Emigration nach Palästina,
Lehrtätigkeit an der Univ.
Jerusalem; [229], *44*

Buchholtz, Arend (1857–1938);
lett. Historiker und Bibliothekar
- ‹Ernst von Bergmann›; [103],
90 f, 90 ff

Buddha (560–480 v. Chr.)
- ‹Die Reden Gotamo
Buddhas›; [229], 53 f, *53 f*

Burg, Eugen (1871–1933); österr.
Schauspieler und Bühnen-
schriftsteller, begann 1897 am
Raimund-Theater in Wien, seit
1901 am Dt. Schauspielhaus in
Hamburg, im KZ Theresien-
stadt ermordet; [162], *1*

Burt, Alfred (1875–1949); brit.
Brigadegeneral; [168], *117*, 117 ff

Busch, Wilhelm (1832–1908);
Zeichner und Schriftsteller;
[122], *37*; [146], 1 ff; [246], 15 ff,
72, 74

Buska, Johanna (1848–1922);
Schauspielerin; [241], 62, *62*

Bussche-Haddenhausen, Hilmar
Freiherr von dem (1867–1939);
Jurist, seit 1894 Gesandter und
Unterstaatssekretär im AA;
[140], 73 ff, *74 ff*; [231], *53*

Caligula, Gaius Cäsar (12–41);
37–41 röm. Kaiser, litt an einer
Geisteskrankheit, bekannt für
despotische Willkürakte; [1],
65; [4], 125

Callot, Jacques (1592–1635); frz.
Zeichner und Radierer; [92], 49;
[98], 17, *17*

Camargo, Marie-Anne de
(1710–1770); frz. Tänzerin;
[128], 80, *80*

Canaris, Wilhelm (1887–1945);
Korvettenkapitän; [76], *73*

Carey, Henry (1688–1743); engl.
Dramatiker, Dichter und
Komponist; [27], *12*

Carranza, Venustiano
(1859–1920); mexik. Politiker,
Führer der Revolution gegen
Huerta, 1917–20 Staatspräs.;
[208], *30*

Casanova, Giacomo Girolamo
(1725–1798); ital. Abenteurer,
Schriftsteller; [198], 115, *115*

- ‹Erinnerungen›; [198], *115*
- ‹Frauenbriefe an Casanova›; [198], *115*
Cassirer, Bruno (1872–1941); Verleger, eröffnete 1898 mit seinem Vetter Paul C. in Berlin einen Kunstsalon, aus dem sich der Bruno Cassirer-Verlag entwickelte; [229], 68 f
Cato, Marcus Porcius, der Ältere (234–149 v. Chr.); röm. Politiker und Schriftsteller; [214], *20*; [232], *1*
Cay, Alexander M. (1887–1971); d. i. A. M. Kaiser, Graphiker und Karikaturist; [138], *18 f*
Cecilie (1886–1954); geb. Herzogin zu Mecklenburg-Schwerin, verh. mit Kronprinz Wilhelm seit 1905; [61], *23 f*
Chamisso, Adelbert von (1781–1838); d. i. Louis Charles Adélaide de Ch. de Boncourt, frz.-dt. Schriftsteller
- ‹Peter Schlemihls wundersame Geschichte›; [2], *31*
Charell, Eric (1894–1974); Tänzer, Choreograph, Regisseur und Autor, bekannt durch Revuen und Operetten, 1933 Exil (USA); [224], 31 f
Chartier, Émile s. Alain
Chesterton, Gilbert Keith (1874–1936); brit. Schriftsteller und Journalist; [155], passim
- ‹Heretiker›; [155], 20, *20*
- ‹Magie›; [155], 20, *20*
- ‹Der Mann, der Donnerstag war›; [155], 19, *19*
- ‹Orthodoxie›; [155], 19 f, *19 f*

- ‹Verteidigung des Patriotismus›; [155], 35 ff
- ‹Verteidigung des Unsinns, der Demut, des Schundromans und andrer mißachteter Dinge›; [155], passim
Chimilewski; Kürassier; [76], *73*
Christian VII. (1748–1808); dän. König seit 1766; [27], *12*
Christians, Margarete (Mady) (1900–1951); Schauspielerin, Schülerin von M. Reinhardt; [221], *0*
Cicero, Marcus Tullius (106–43 v. Chr.); röm. Politiker und berühmter Redner; [1], 65; [211], 52 f
Claß, Heinrich (1868–1953); Justizrat, ab 1908 Vors. des Alldeutschen Verbands, 1917 Mitbegr. der Vaterlandspartei, nach 1918 Inhaber der ‹Deutschen Zeitung›; [18], *59*; [178], *5*
Claudius, Matthias (1740–1815); Schriftsteller; [34], *2*
- ‹Kriegslied›; [124], 5, *5*
Clauss, Berthold (1882–1969); Maler, Lithograph und Illustrator; [15], *0*
Clemenceau, Georges (1841–1929); frz. Politiker, ab 1876 Abg. (Radikalsoz.), 1906–09 und 1917–20 Ministerpräs.; [73], *58*; [78], 5, *5*; [85], 95 f; [186], *2*; [255*], passim
Conrad, Michael Georg (1846–1927); Schriftsteller, Hg. der Zeitschrift ‹Die Gesellschaft›; [145], *62 f*, 62 ff
Cortez, Hernán (Hernando)

- ‹Zwischen Volk und Mensch-
heit›; [119], *16*; [134], 305 ff,
311 ff
Delbrück, Hans (1848–1929);
Historiker, 1885 Prof. in Berlin,
seit 1883 mit H. v. Treitschke
Hg. der ‹Preuß. Jahrbücher›,
1884–90 MdR (Freikonserv.);
[18], *34 f*; [75], *22*
Derp, Clotilde von (1892–1974);
Tänzerin; [63], *2 f*
Deussen, Paul (1845–1919);
Philosoph und Indologe, seit
1889 Prof. in Kiel, Gründer
der Schopenhauer-Gesellschaft,
Hg. von ‹Schopenhauers
sämtliche Werke›; [229], 48 f,
48 f
Deutsch, Ernst (1890–1969);
Schauspieler, 1933 Exil (USA);
[145], *10*
Dilthey, Wilhelm (1833–1911);
Philosoph
- ‹Leben Schleiermachers›;
[109], *19 ff*
Diodor (1. Jh. v. Chr.); griech.
Geschichtsschreiber, Verf. einer
Weltgeschichte in 40 Büchern;
[32], *172*
Dombrowski, Erich (1882–1972),
Pseud.: Johannes Fischart;
Schriftsteller, 1916–26 stellv.
Chefred. BT, Mitarb. WB,
‹Neue Rundschau›, 1926–33
Chefred. ‹Frankfurter General-
anzeiger›; [1], *65 f*; [85], *39 f,*
39 ff; [176], *14*
- ‹Das alte und das neue System.
Die politischen Köpfe Deutsch-
lands›; [71], passim

Doré, Gustave (1832–1883); frz.
Zeichner und Graphiker
- ‹Das heilige Rußland›; [229],
37, 37 f
Dorn, Franz (geb. 1855); Mitbegr.
des «Wintergarten»; [141], *0*
Dorten, Hans Adam (1880–1963);
Staatsanwalt, Führer der rhei-
nischen Separatisten, Präs. der
rheinischen Provinzen während
der frz. Besetzung; [91], *0*
Dostojewskij, Fjodor Michajlo-
witsch (1821–1881); russ.
Schriftsteller; [208], 66
- ‹Sämtliche Werke›; [229],
53, *53*
Doyle, Sir Arthur Conan
(1859–1930); brit. Arzt und
Schriftsteller
- ‹Sherlock Holmes›; [43],
20, *20*
Dubarry, Madame s. Vaubernier,
Jeanne
Dumas, Alexandre, der Ältere
(1802–1870); frz. Schriftsteller
- ‹Le comte de Monte-Cristo›;
[122], 29, *29*
Dumas, Alexandre, der Jüngere
(1824–1895); frz. Schriftsteller
- ‹Die Kameliendame›; [180], *16*
Dunant, Elisabeth Gertrud
(1897–1977); (von KT auch
gen.: Bin(t)sch, Lieschen, Trud-
chen, Trudi), schweizer. Juristin
und Journalistin, Schwester von
HM; [47], *0*; [69], *55*
Durieux, Tilla (1880–1971);
Schauspielerin, seit 1903 in
Berlin bei Max Reinhardt,
1933 Emigration nach

Jugoslawien; [185], 51, *51*;
[201], 17; [203], *0*

Eberhardt, Magnus v.
(1885–1939); Generalleutnant;
[168], *125f*

Eberhardt, Willy (1875–1955);
Regisseur und Schauspieler;
[199], *3*

Ebert, Friedrich (1871–1925);
Politiker (SPD), ab 1912 MdR,
1913–19 Parteivors., 1918
Reichskanzler, 1919–25 Reichs-
präs.; [2], *1*; [7], *0*; [33], *16*, 21 ff,
36; [41], *7*; [71], 20, *20*; [74], 70;
[100], *23*; [163], *0*, 6; [170], *30*;
[178], 12; [201], 9, *9*; [213], *50*;
[233], *11*

Ebinger, Blandine (1899–1993);
Schauspielerin und Diseuse;
[221], 1, *1*

Eckhardt, Curt; [127], *139ff*
- ‹An alle Frontsoldaten›; [127],
139ff; [157], passim; [173],
passim

Edison, Thomas Alva
(1847–1931); amer. Erfinder;
[47], 17

Edschmid, Kasimir (1890–1966);
d.i. Eduard Schmid, Schriftsteller; [177], *77*

Eger, Paul (1881–1947); Dramaturg und Regisseur, 1918–26
Intendant des Deutschen Schauspielhauses Hamburg; [213],
59ff

Ehrhardt; Kriegsgerichtsrat;
[76], *73*

Eichhorn, Emil (1863–1925);
Politiker, 1903–11 MdR (SPD),

ab 1917 USPD, 1918/19 Polizeipräs. von Berlin, 1919/20 Mitgl.
der NV, 1920–25 MdR (KPD);
[7], *0*

Eilers, Wilhelm; Arbeiter; [20], *20*

Einstein, Albert (1879–1955);
Physiker, 1921 Nobelpreis für
Physik, 1933 Exil (USA)
- ‹Tubutsch›; [206], *96f*

Eisner, Kurt (1867–1919);
Schriftsteller und Politiker, 1899
Red. ‹Vorwärts›, 1905 als Revi-
sionist entlassen, ab 1917 Mitgl.
der USPD, Ministerpräs. der
bayr. Räterepublik, ermordet;
[26], passim; [71], 37, *37*; [76],
180, 202; [94*], 16; [207], 6, *6*

Eitel Friedrich, Prinz von Preußen
(1883–1942); Generalmajor,
zweiter Sohn von Wilhelm II.;
[85], *37*

Endli, Florian s. Bonn, Ferdinand

Engel, Ernst; Geschäftsführer des
Felix-Lehmann-Verlags in
Berlin 1917–19; [187], *0*

Engel, Fritz (1867–1935); Schrift-
steller, ab 1890 Theater- und
Literaturkritiker, bis 1933
Feuilleton-Red. des BT, 1911
Begr. der Kleist-Stiftung, Vors.
des Bezirksehrengerichts Berlin
im Reichsverband der dt.
Presse; [175], *30f*

Engelhard, Julius Ussy
(1833–1964); Plakatmaler;
[45], *10*

Engelke, Gerrit (1890–1918);
Schriftsteller; [140], *6*

Epstein, Max (1874–1948); Theaterleiter und Publizist, Gründer

des Dt. Künstlertheaters Berlin,
Mitarb. SB / WB, 1919–29 Hg.
und 1920–33 Red. ‹Freie
Deutsche Bühne / Das Blaue
Heft› (Berlin), 1935 (?) Exil
(England); [36], *2f*, *4*; [131], *6*
Erhartt, Luise Maria Anna
(1844–1916); Schauspielerin;
[241], (130 ff), *130 ff*
Erlholz, Käthe (1876–1957); d. i.
Katharina Reinholz, Schau-
spielerin und Sängerin, Gattin
von R. Nelson, trat in dessen
Revuen auf; [98], (42 f)
Ernst; Offizierstellvertreter;
[76], *73*
Ernst, Eugen (1864–1954);
Politiker (SPD), 1906–09 Vors.
der Groß-Berliner und der
preuß. Landesorganisation der
SPD, Nov. 1918 bis Juni 1919
preuß. Innenminister, April
1919 bis April 1920 Berliner
Polizeipräs.; [25], *42*
Ernst, Otto (1862–1926); d. i.
O. E. Schmidt, Volksschullehrer
und Schriftsteller; [173], 55 f
- ‹Mann der Arbeit, aufge-
wacht!›; [173], *55 f*
- ‹Wer tötet seine Mutter?
Geschichten und Geschichte›;
[173], *55 f*
Ernst, Paul (1866–1933); Schrift-
steller; [128], *79*
- ‹Möglichkeiten der Kino-
kunst›; [69], *77*
Erzberger, Matthias (1875–1921);
Politiker (Zentrum), ab 1903
MdR, unterzeichnete als Staats-
sekretär im Nov. 1918 den Waf-

fenstillstand, 1919 Minister ohne
Geschäftsbereich, 1919–20
Reichsfinanzminister und Vizekanzler, ermordet; [8], *12*; [18],
81; [71], 20, *20*, 41; [107],
passim; [136], passim; [149], *12*;
[168], *111*; [170], 33, *33*; [186],
14; [226], 4, *5*; [242*], 13;
[250*], 4 ff; [256*], *0*
Escherich, Georg (1870–1941);
Forstrat, Landeshauptmann der
bayr. Einwohnerwehren, Gründer der Organisation Escherich;
[164], *75*
Et(t)linger, Karl (1882–1946);
Schauspieler und Schriftsteller;
[241], *12*
Eucken, Rudolf Christoph (1846–
1926); Philosoph; [114], 8 f
- ‹Die Einheit des Geisteslebens
in Bewußtsein und Tat der
Menschheit›; [114], *8 f*
- ‹Der Sinn und Wert des
Lebens›; [114], *8 f*
Eulenburg, Philipp Graf zu
(1847–1921); preuß. Groß-
grundbesitzer und Diplomat,
Berater von Wilhelm II.; [76],
178, 178 f; [151], *0*
Ewers, Hanns Heinz (1871–1943);
Schriftsteller, Kritiker und
Theaterleiter; [1], 6 f, *7*; [145], *0*;
[150], *28*, 28 ff
- ‹Indien und ich›; [1], *6*
- ‹Mit meinen Augen›; [1], *6*
Ewers, Maria (geb. 1845); Übers.;
[150], *28*

Falkenhayn, Erich von
(1861–1922); preuß. General,

1913–15 preuß. Kriegsminister, nach der Marneschlacht 1914 bis Aug. 1916 Chef des Generalstabs des Feldheeres, März 1918 bis Kriegsende Oberbefehlshaber der 10. Armee in Rußland; [22], *101*

Farrère, Claude (1876–1957); d.i. Frédéric-Charles Bargone, frz. Schriftsteller, 1905 Träger des Prix Goncourt, seit 1935 Mitgl. der Académie française
- ‹Fumée d'opium›; [150], *28*
- ‹Das Geheimnis der Lebenden›; [150], passim

Feder, Ernst (1881–1964); Publizist, 1919–31 Ressortleiter beim BT, 1906–07 Mitarb. SB; [186], *14*

Fein, Maria (1899–1965); Schauspielerin; [159], (21), *21*

Feininger, Lyonel (1871–1956); dt.-amer. Maler und Graphiker; [138], *18f*

Feld, Rudi (geb. 1896); Graphiker, Filmarchitekt und Bühnenmaler; [45], *10*

Ferdinand I. (1503–1564); röm.-dt. Kaiser seit 1558; [94*], *66*

Ferner, Max (1881–1940); d.i. M. Sommer, Lustspielautor
- ‹Auch ich war ein Jüngling›; [122], passim

Fichte, Johann Gottlieb (1762–1814); Philosoph; [208], *47*

Fischart, Johann(es) Baptist Friedrich (1546–1590); Satiriker
- ‹Floeh Haz, Weiber Traz›; [71], *1 ff, 1ff*

Fischart, Johannes (Pseud.) s. Dombrowski, Erich

Fischer, Hanns Friedrich (1865–1952); Schauspieler und Theaterleiter; [166], *14*

Fischer, Heinrich (1896–1974); Schriftsteller, 1920–24 Mitarb. WB; [19], *0*

Fischer, Rudolf; Oberleutnant d.R.; [65], *0*

Flemming, Hans (1877–1968); Journalist und Schriftsteller; [198], *0*

Foch, Ferdinand (1851–1929); frz. Marschall, 1914 Führer der 9. Armee in der Marneschlacht, ab 1916 Oberbefehlshaber der frz. Truppen, ab April 1918 Oberbefehlshaber der alliierten Streitkräfte in Frankreich; [8], *12*; [73], *58*; [127], *13*

Foerster, Friedrich Wilhelm (1869–1966); Pädagoge und Publizist, Pazifist, 1894–95 Hg. der Zeitschrift ‹Ethische Kultur›, 1895 wegen Kritik an Wilhelm II. Festungshaft, 1918–19 Gesandter der Eisner-Regierung in Bern, seit 1922 ständiger Aufenthalt in der Schweiz, Mitarb. u.a. WB, ‹Die Menschheit›, ‹Das Andere Deutschland›, 1926 Übersiedelung nach Paris, 1930–33 Hg. der Zeitschrift ‹Die Zeit›, 1940 Exil (USA); [18], *34f*

Förster, Harry (1880–1950); Schauspieler; [199], *3*

Fontane, Theodor (1819–1898); Schriftsteller; [36], 62; [103], 1;

[197], 1; [241], passim; [246],
passim
- ‹Aus dem Nachlaß›; [241], 10 f,
12
- ‹Causerien über Theater›;
[180], 27 ff, *27 ff*; [241], passim;
[246], *74*
- ‹Effi Briest›; [246], 83, *83*
- ‹Meine Kinderjahre›; [246], *74,*
79 f
- ‹Von Zwanzig bis Dreißig›;
[159], 24 f, *24 f*; [246], *74*
- ‹Wo Bismarck liegen soll›;
[95], *51*
Frankenberg, Agnes (1862–1927);
Schwester von KTs Vater Alex
T.; [138], *56*
Frankfurther, Kitty; 1912–18
Verlobte KTs; [47], (76), *76*
Franz Joseph I. (1830–1916); seit
1848 Kaiser von Österreich, seit
1867 zugleich König von
Ungarn; [111], passim; [239],
114 f
Franzos, Berta; Übers.; [89], *38*
Frei, Peter; Übers.; [147], *42*
Freiligrath, Ferdinand
(1810–1876); Schriftsteller
- ‹Schwarz-Rot-Gold›; [64],
passim
Frey, Alexander Moritz
(1881–1957); Schriftsteller
- ‹Solneman der Unsichtbare›;
[130], passim; [229], 67 f
Freytag, Gustav (1816–1895);
Kulturhistoriker und Schrift-
steller, 1867–70 Leiter der
Wochenzeitschrift ‹Der Grenz-
bote›
- ‹Die Journalisten›; [54], *5*

Freytag-Loringhoven, Axel
Freiherr von (1878–1942);
Staatsrechtslehrer, 1924–33
MdR (DNVP), 1933 Übertritt
zur NSDAP; [123], *19,* 19 ff
Fridericus Rex s. Friedrich II.
Friedell, Egon (1878–1938); d. i.
E. Friedmann, österr. Kultur-
historiker und Schriftsteller,
Mitarb. SB / WB 1906–32;
[155], *7 f*
- ‹Revolution in Krähwinkel›;
[101], passim
Friedländer, Martin s. Vindex
Friedlaender, Salomo (1871–1946),
Pseud.: Mynona; Philosoph
und satir. Erzähler, 1933 Exil
- ‹Das Weihnachtsfest des alten
Schauspielers Nesselgrün›;
[236], *12,* 12 ff
Friedrich August III. (1865–1932);
1904–18 König von Sachsen;
[62], passim
Friedrich II. (1712–1786);
1740–86 König von Preußen;
[76], 209; [105], 24, *24*; [127],
102 ff; [132], *2 f*; [208], *141,* 141 f
Friedrich III. (1831–1888); 1888 dt.
Kaiser und König von Preußen;
[21], *23*
Friedrich Wilhelm der Große von
Brandenburg (1620–1688);
1640–88 Kurfüst von Brandenburg; [29], 1 f
Friedrich Wilhelm I. (1688–1740);
ab 1713 König von Preußen,
wegen seiner Vorliebe für die
Armee «Soldatenkönig» ge-
nannt; [129], *10 f*; [168], *176*
Friedrich Wilhelm IV.

(1795–1861); 1840–1858 König
von Preußen; [159], *24f*
Fritsch, Hans (Johannes Hermann)
(1889–1931); (von KT Jakopp
gen.), Jurist, Freund KTs seit
dem 1. Weltkrieg, seit 1926
Geschäftsführer der Hamburger
Gaswerke; [149], *0*; [152], *12*,
12 ff; [187], *0*
Fritsch, Theodor (1852–1933);
Verleger, Publizist und
Politiker, Hg. der Zeitschrift
‹Hammer. Blätter für dt. Sinn›
(1902–40), seit 1910/12 Leiter
des rassist. «Reichshammer-
bundes», der 1919/20 im Dt.-
völk. Schutz- und Trutzbund
aufging, 1924 MdR (Nationalsoz. Freiheitsbewegung); [18],
59
Fröding, Gustaf (1860–1911);
schwed. Lyriker
- ‹Tersites›; [81], *33*
Fuchs, Eduard (1870–1940);
Schriftsteller und Kulturhisto-
riker; [229], *36*
Fuchs, Heinz (geb. 1886); Maler
und Graphiker, Prof.; [138], *18 f*
Fuchs, Marierose (1899–1978);
Publizistin, ihr Aufsatz ‹Jour-
nalistik im Buch› veranlaßte KT
zu einem Briefwechsel mit ihr
(1929–31); [155], *19*
Fuhrmann, August (1844–1925);
Unternehmer, Erfinder und Be-
sitzer des Kaiserpanoramas in
Berlin; [201], *33*, *33*
Fulda, Ludwig (1862–1939); d. i.
L. Anton Salomon, Schrift-
steller, Mitbegr. der ‹Freien

Bühne›, erfolgreicher Autor von
Bühnenstücken, auch als Übers.
tätig, ab 1926 Mitgl. der Sektion
für Dichtkunst der preuß.
Kunstakademie; [159], *10*, *10 ff*;
[197], 172; [224], 38, *38*
- ‹Jugendfreunde›; [202], *51 f*

Gallwitz, Max von (1852–1937);
preuß. General und Politiker
(DNVP), 1920–24 MdR; [140],
187 ff, *187 ff*
Ganghofer, Ludwig (1855–1920);
Schriftsteller; [147], *29*
Garcia; Schattenspieler; [98], 3 ff,
3 ff
Gaus, Hans (geb. 1868);
Schriftsteller und Librettist
- ‹Es braust ein Ruf!›;
[202], *51 f*
Gebühr, Otto (1877–1954);
Schauspieler; [147], *35*
Gellius, Aulus (um 130–170);
röm. Schriftsteller
- ‹Noctes Atticae›; [214], *20*
Gentner; 1918 Divisionär in
Rumänien; [4], 117 ff
Gerlach, Hellmut von
(1866–1935); Journalist und
Politiker, führender Vertreter
des dt. Pazifismus, seit 1906
Chefred. der WaM, 1903–06
MdR für die Freisinnige Ver-
einigung, 1908 Mitbegr. der
Demokr. Vereinigung, später der
DDP (Austritt 1922), Grün-
dungsmitgl. der DFG, Nov.
1918 bis März 1919 Unterstaats-
sekretär im preuß. Innenmini-
sterium, führende Rolle in der

DLfM, 1933 Exil (Frankreich); [241], *60*
- ‹Das Parlament›; [229], *44*
Gerold, Mary s. Tucholsky, Mary
Gert, Valeska (1892–1978); d. i.
  Gertrud Valesca Somosch,
  Tänzerin, Schauspielerin und
  Kabarettistin; [63], *2f*
Geßler, Otto (1875–1955);
  Politiker, ab 1913 Oberbür-
  germeister von Nürnberg, Mit-
  begr. der DDP, Austritt 1927,
  1919 Reichsminister für den
  Wiederaufbau, 1920–24 MdR,
  1920–28 Reichswehrminister,
  leitete mit H. v. Seeckt den
  Aufbau der Reichswehr; [234],
  7
Gierke, Otto von (1841–1921);
  Jurist, Prof. für dt. Recht in
  Breslau, Berlin und Heidelberg;
  [37], 113 ff, *114*
- ‹Deutsches Privatrecht›;
  [37], *114*
- ‹Das Wesen der menschlichen
  Verbände›; [37], *114*
Gilbert, Jean (1879–1942); d. i.
  Max Winterfeld, Operetten-
  komponist; [197], *64*
Gilm, Hermann von (1812–1864);
  österr. Lyriker und Dramatiker
- ‹Allerseelen›; [34], (16 f), *16 f*;
  [139], *26*
Gilsa, Erich von (1879–1963);
  Major, 1919/20 Chef des
  persönl. Stabes von Noske,
  später Oberst, 1928–30 MdR
  (DVP); [201], (25), *25*; [208], *43,
  43 f*; [222], 19; [232], (130), *130*;
  [242*], (30), *30*

Giran, Étienne (1871–1944); frz.
  Historiker und Theologe, im
  KZ Buchenwald ermordet
- ‹Devant l'histoire›; [85], 85, *86*
Glasenapp, Curt Karl Gustav von
  (geb. 1856); Zensor im Berliner
  Polizeipräsidium; [74], 40 f
Glaßbrenner, Adolf (1810–1876),
  Pseud.: Adolf Brennglas;
  Journalist und Schriftsteller, gilt
  als Begr. der humorist.-satir.
  Berliner Volksliteratur, 1848
  Führer der demokrat. Partei in
  Mecklenburg-Strelitz, zeitweise
  des Landes verwiesen; [247*], *0*
Godal, Erich (1899–1969); d. i.
  E. Goldbaum, Pressezeichner,
  Karikaturist am ‹8-Uhr-Abend-
  blatt› (Berlin), Exil Prag, dort
  Mitarb. ‹Simplicus› und ‹Prager
  Mittag›, später Emigration in
  die USA; [51], *0*
Goethe, Johann Wolfgang von
  (1749–1832); [34], *2*; [74], 78,
  78 f; [126], *19*; [142], *0, 12 ff, 54,
  56*; [208], 65; [218], 27; [246], 4,
  30
- ‹Faust I›; [40], 34, *34*; [60],
  passim; [69], 91 f, *91 f*; [76], 97,
  97; [85], *97 f*; [114], 1 f, *1 f*; [126],
  passim; [209], 26, *26*; [219], 27;
  [239], *10 f*
- ‹Gesellschaft›; [175], *80*, 80 ff
- ‹Glückliche Fahrt›; [53], 21, *21*
- ‹Götz von Berlichingen›; [79],
  passim; [204], 8, *8*, 16, 24, 33
- ‹Heidenröslein›; [71], *37 f*
- ‹Hochzeitlied›; [198], 1 ff, *1 ff*
- ‹Maximen und Reflexionen›;
  [142], *88*

- ‹Meeresstille›; [53], 21, *21*
- ‹Römische Elegie›; [44], *20*
- ‹Wandrers Nachtlied›; [70], (154), *154*

Gogol, Nicolaj Wassiljewitsch (1809–1852); russ. Schriftsteller; [229], 35

Goldbaum, Erich s. Godal, Erich

Goltz, Rüdiger Graf von der (1865–1946); Generalmajor, kommandierte 1919 die im südl. Baltikum stehenden dt. Truppen, im Okt. 1919 auf Druck der Alliierten abberufen, 1925–33 Vors. der «Vereinigten Vaterländischen Verbände»; [165], *0*; [168], *117*, 117 ff, *125 f*, 207

Graefe, Albrecht von (1868–1933); Politiker, 1899–1918 Mitgl. des Mecklenburger LT, 1912–18 MdR (Konserv.), 1919/20 Mitgl. der NV, 1920–28 MdR (DNVP, Deutschvölkische Freiheitspartei, ab 1924 Nationalsozialistische Freiheitspartei); [40], (*20 ff*), *20 ff*; [107], *8*; [136], 21, *21*, *28 f*; [157], *64 ff*; [256*], *0*

Graetz, Paul (1890–1937); Schauspieler und Kabarettist, u. a. im «Schall und Rauch», 1933 Exil (England, später USA); [221], *0*; [242*], *0*

Grandke; Zeuge im Liebknecht-Luxemburg-Prozeß; [76], *126*

Greiner, Leo (1876–1928); Schriftsteller; [156], *0*

Grelling, Richard (1853–1929); Berliner Rechtsanwalt, Mitbegr. der DFG, dann deren 2. Vors.,

Vorstandsmitgl. der von ihm mitbegr. «Literarischen Gesellschaft» in Berlin, 1903 Übersiedelung nach Italien; [213], *50*, 50 ff, *51*
- ‹J'accuse›; [213], *50*, *51*
- ‹Quousque tandem! Ein Friedenswort›; [213], *50*
- ‹Das Verbrechen›; [213], *50*

Groener, Wilhelm (1867–1939); General und Politiker, 1918 Nachfolger Ludendorffs, leitete 1918–19 den Rückmarsch und die Demobilmachung, 1920–23 Reichsverkehrs-, 1928–32 Reichswehrminister, 1931–32 zugleich Reichsinnenminister; [70], *31*, 31 ff; [140], *195 ff*, *199 ff*
- ‹Lebenserinnerungen›; [33], *16*

Großmann, Stefan (1875–1935); Journalist, 1913–19 Red. der Voss, 1920 Gründer und bis 1927 Mithg. TB, 1923 Mitbegr. ‹Montag Morgen›; [180], *19*

Grosz, George (1893–1959); d. i. Georg Ehrenfried Groß, Maler und Graphiker, Mitbegr. der Berliner Dada-Bewegung; [68], *16*; [76], *29*, *29 f*; [117], *22*; [187], *0*; [221], *0*; [244], *1*, (*1 ff*)

Grotius, Hugo s. Nübell, Ferdinand

Grüning, Ilka (1876–1964); österr. Schauspielerin, 1933 Exil (USA); [128], passim; [147], 18 ff, *19*, *42*, 47 f; [185], *51*

Grünspach, Fritz; Rechtsanwalt; [76], *26*; [232], (116), *116*

Guitry, Sascha (1885–1957); d. i.

Alexandre Pierre Georges G.,
frz. Schriftsteller, Schauspieler
und Regisseur
- ‹Der Nachtwächter›; [147], *42*,
42 f
Gulbransson, Olaf (1873–1958);
norw. Graphiker, seit 1902
Mitarb. ‹Simplicissimus›;
[68], *52*

Haby, François; königl. Hoflieferant und Hoffriseur von Wil-
helm II.; [151], 52, *52*
Hachez, Karl (geb. 1880); Maler
und Radierer; [45], *10*
Haeckel, Ernst (1834–1919);
Zoologe und monist. Natur-
philosoph; [103], *102*
Haenisch, Konrad (1876–1925);
Politiker (SPD), 1911–25 Mitgl.
des PrLT, 1918–21 preuß. Kul-
tusminister, 1923–25 Regie-
rungspräs. in Wiesbaden; [5], *0*;
[70], *37*; [81], *32*; [121], 39;
[151], *47*
Halbe, Max (1865–1944);
Schriftsteller, 1911 Mitgl. des
Münchner Zensurbeirats, 1927
Mitgl. der Preuß. Akademie der
Künste und Wissenschaften;
[145], *71 f*
Halke, Paul Rudolf Richard
(1866–1925); Kunstmaler,
Illustrator; [107], *1*; [112], *0*
Hamsun, Knut (1859–1952); d. i.
K. Pedersen, norw. Schrift-
steller, 1920 Literaturnobel-
preis; [229], 35
Handl, Willi (1872–1919);
Journalist, Mitarb. ‹Neue Freie

Presse›, Red. ‹Bohemia›, 1916
W. T. B.; [155], *7 f*
Haniel von Haimhausen, Edgar
Karl Anton (1870–1935);
Diplomat, 1911–17 Botschafter
in Washington, 1918/19 Mitgl.
der Waffenstillstandskommis-
sion in Spa und der Friedens-
delegation in Versailles, 1919
Unterstaatssekretär und 1920–
23 Staatssekretär des AA; [140],
162 ff
Hanussen, Eric Jan (1889–1933);
Hellseher, Hypnotiseur im
Kabarett «Wintergarten», er-
mordet; [141], 18
Harden, Maximilian (1861–1927);
d. i. M. Felix Ernst Witkowski,
Theaterkritiker und Publizist,
1899 Mitbegr. des Vereins Freie
Bühne, ab 1892 Hg. der
Wochenzeitschrift ‹Die Zu-
kunft›, ab 1905 Förderer und
Berater M. Reinhardts; [6], *7*;
[76], *178*
Hardenberg, Georg Philipp Fried-
rich Leopold von s. Novalis
Hardt, Ernst (1876–1947);
Schriftsteller, Theaterleiter und
Rundfunkintendant, 1919–24
Generalintendant des Deut-
schen Nationaltheaters in
Weimar, danach der Schauspiel-
bühne Köln, ab 1926 Rund-
funkintendant beim WDR, 1933
entlassen; [202], 12
- ‹Ninon de Lenclos›; [128], *79*
Hardt, Ludwig (1886–1947);
Rezitator, Dozent an der
Reinhardt-Schule, 1933 Exil

(Schweiz, 1935 Österreich, 1938
CSR, USA); [34], passim
- ‹Das Weib und der Hampel-
mann›; [116], *0*
Harries, Heinrich (1762–1802);
Pastor, Schriftsteller und Musi-
ker; [27], *12*
Hart, Heinrich (1855–1906);
Schriftsteller und Journalist,
Mitbegr. der naturalist. Bewe-
gung, Gründer und Hg. mehre-
rer naturalist. Publikations-
organe, u.a. der ‹Kritischen
Waffengänge›, Mitgl. des
«Friedrichshagener Kreises»;
[145], *71f*
Hart, Julius (1859–1930);
Publizist und Kritiker;
[145], *71f*
Hartleben, Otto Erich
(1864–1905); Schriftsteller;
[145], *71f*
Hase, Hermann von (geb. 1880);
Jurist und Literatursachverstän-
diger; [213], *59ff*
Hasenclever, Walter (1890–1940);
Schriftsteller, erhielt 1917 den
Kleist-Preis, 1912–28 Mitarb.
SB/WB, 1924–28 Pariser Kor-
respondent des ‹8-Uhr-Abend-
blattes› u.a., 1933 Exil (Frank-
reich, 1934 Jugoslawien, 1936
Italien, 1938 erneut Frankreich),
nach Internierung in Les Milles
Freitod; [1], *33*; [159], *10*, 10ff,
11; [177], *77*; [197], 64; [210], 9
- ‹Antigone›; [159], *11*
- ‹Die Entscheidung›; [159], *11*
- ‹Die Menschen›; [159], *11*
- ‹Münchhausen›; [166], *9f*

- ‹Der Retter›; [159], *11*
- ‹Der Sohn›; [145], 10, *10*;
[159], 10, *10*
Hauff, Wilhelm (1802–1827);
Schriftsteller
- ‹Abner der Jude, der nichts
gesehen hat›; [22], (20), *20*
Hauptmann, Gerhart
(1862–1946); Schriftsteller, 1912
Literaturnobelpreis; [18], *35f*;
[145], *71f*, 72f; [159], *10*;
[241], *19*
- ‹Einsame Menschen›; [12], 1ff,
1ff
- ‹Rose Bernd›; [175], *30f*
Haussmann, Konrad (1857–1922);
Politiker, 1890–1918 und
1920–22 MdR (DVP, Freis.,
DDP), 1918–21 Vors. der DDP,
1919 Vors. des Verfassungs-
ausschusses; [135], *4*; [147], *19*
Hearn, Lafcadio (1850–1904);
engl. Schriftsteller; [229], 42
- ‹Die Geisha›; [89], *38*, 38ff
- ‹Izumo. Blicke in das
unbekannte Japan›; [89], *38*
Heartfield, John (1891–1968); d.i.
Helmut Herzfeld, Graphiker,
1919 Mitbegr. der Berliner
Dada-Gruppe, entwickelte die
Photomontage zum Mittel der
polit. Agitation, Mitarb. AIZ,
Gestaltung von Buchumschlä-
gen für den Malik-Verlag, 1933
Exil (CSR, 1939 England);
[221], *0*
Hebbel, Friedrich (1813–1863);
Schriftsteller; [19], 45, *45*
Heckscher, Siegfried (1870–1929);
Jurist, Dir. der Hamburg-

Amerika-Linie (HAPAG);
[140], 54
Heidborn; General; [256*], 0
Heilborn, Ernst Friedrich
(1867–1942); Kritiker, Litera-
turhistoriker
- ‹Das Fontane-Buch›; [246],
48, *48*
Heimann, Moritz (1868–1925);
Schriftsteller, seit 1896 Lektor
im S. Fischer Verlag, Mitarb.
TB, 1910–25 SB/WB, Red.
‹Neue Rundschau›; [69], *77*
Heine, Carl (1861–1927);
Regisseur, u. a. am Dt. Theater
und anderen Berliner Bühnen;
[145], *9*
Heine, Heinrich (1797–1856);
[158], 64 f, *65*; [187], *0*; [197], *52*
- ‹Lyrisches Intermezzo›; [203],
42 f
- ‹Die Nordsee›; [208], (109 f),
109 f
- ‹Der Tannhäuser›; [158], *65*
Heine, Thomas Theodor
(1867–1948); Zeichner, Illustra-
tor und Schriftsteller, Mitbegr.
des ‹Simplicissimus›, 1933 Exil
(CSR); [122], *37*
Heine, Wolfgang (1861–1944);
Rechtsanwalt und Politiker
(SPD), 1898–1914 MdR, Dez.
1918 bis März 1919 preuß.
Justizminister, 1919/20 Mitgl.
der NV, März 1919 bis März
1920 preuß. Innenminister,
1923–25 Mitgl. des Staatsgerichtshofes zum Schutze der
Republik, Exil (Schweiz); [35],
19; [201], 8; [217], 39

Heinz, Wolfgang (1900–1984);
Schauspieler und Theater-
regisseur; [122], 37 ff, *38*
Helfferich, Karl (1872–1924);
konserv. Politiker, 1908–15
Vorstandsmitgl. der Deutschen
Bank, 1915–16 Staatssekretär im
Reichsschatzamt, 1916–17
Staatssekretär des Innern und
Vizekanzler, als Führer der
Deutschnationalen (ab 1919
Vorstandsmitglied der DNVP)
Sprecher der Rechtsopposition
im RT; [12], *9*; [107], *9 f*; [123],
13, 13 ff; [126], *0*, 18; [208], *31*,
31 f, 80 f, 153 f; [212], 3
- ‹Fort mit Erzberger›; [107], *9 f*
Henneberg, Rudolf (1825–1876);
Maler
- ‹Die Jagd nach dem Glück›;
[45], 32 f, *32 f*, *34*
Henniger; [213], *53 f*
Henschke, Alfred s. Klabund
Heppenheimer, Heinrich;
Journalist, Red. der BVZ; [65],
0; [231], *0*
Hergt, Oskar (1869–1967);
Politiker (DNVP), 1917–18
preuß. Finanzminister, 1918
Mitbegr. und bis 1925 Vors. der
DNVP, 1919–23 Mitgl. des
PrLT, 1920–33 MdR, 1927–28
Reichsjustizminister und Vize-
kanzler; [123], *0*
Hermann-Paul s. Paul, Hermann
Herrnfeld, Anton (1866–1929);
Theaterleiter, Schauspieler und
Schriftsteller; [98], *26*, 27, 27 ff
Herrnfeld, Donat (1868–1916);
Theaterleiter, betrieb mit sei-

nem Bruder Anton H. 1906–16
das «Gebrüder Herrnfeld-Thea-
ter»; [77], 25, *25*; [98], 27, (37 f)
Hertling, Georg Graf von
(1843–1919); Politiker, 1875–90
und 1896–1912 MdR (Zentrum),
1912–17 bayr. Ministerpräs.,
1917–18 Reichskanzler und
preuß. Ministerpräs.; [71], *22*
- ‹Erinnerungen aus meinem
Leben›; [60], *10*
Herzfeld, Guido (1865–1923);
Schauspieler; [147], *43*, 44 f
Hesse, Hermann (1877–1962);
Schriftsteller, seit 1923
schweizer. Staatsbürger, 1946
Literaturnobelpreis; [19], *0*, *2 f*,
2 ff, *20 f*; [103], *153 ff*
Hesse, Kurt (1894–1976);
Wirtschaftswissenschaftler und
Kriegshistoriker; [140], 223 f
- ‹Das Marne-Drama des 15. Juli
1918›; [127], passim; [140],
224 ff, *224 ff*
Hesse, Lo; Tänzerin; [63], *2 f*
Heuss, Theodor (1884–1963);
Politiker (DDP, ab 1930 Dt.
Staatspartei), 1920–33 Dozent
an der Hochschule für Politik in
Berlin, 1924–28 und 1930–33
MdR, 1949–59 Bundespräs.;
[22], *124*
Heyse, Paul (1830–1914);
Schriftsteller, 1910 Nobelpreis;
[128], *79*
Hierl, Michael (1868–1933);
Politiker (SPD), 1908–18 Mitgl.
der bayr. Abgeordnetenkam-
mer, 1912–20 MdR; [40], *16 f*
Hiller, Kurt (1885–1972);

Schriftsteller, Pazifist, Mitgl. der
aktivist. Bewegung, 1915–24
Hg. der ‹Ziel›-Jahrbücher, 1918
Vors. des Politischen Rats geisti-
ger Arbeiter (Berlin), 1920 Eintritt in die DFG, dort Mitarb.
im «linken Flügel», 1926–33
Führer der GRP, 1915–33 Mitarb. SB / WB, 1933–34 KZ-Haft
in Oranienburg, anschließend
Exil (CSR, 1938 Großbritannien); [223], 29 ff
- ‹Die Weisheit der Langeweile›;
[19], 6 ff, *7 f*
- ‹Zur Entbarbarisierung der
Presse›; [223], *29*
Hindenburg, Paul von Benecken-
dorff und von (1847–1934);
Generalfeldmarschall, 1925 als
Kandidat der Rechtsparteien
zum Reichspräs. gewählt, 1932
Wiederwahl; [15], *13*; [18], 119;
[22], *149*; [41], *7*; [70], 31 f; [75],
14; [126], *19*; [140], 30, *110 ff*,
111 f; [178], *3*; [200], 53; [204],
9; [205], *0*; [208], passim; [212],
9; [222], 17, *17*; [232], *190 f*, 191
- ‹Aus meinem Leben›; [60], *10*
Hintze, Paul von (1864–1941);
Marineoffizier und Diplomat;
[140], *162 ff*, *238 ff*
Hippel s. Milo-Tucholsky, Ellen
Hirsch, Paul (1868–1940);
Politiker (SPD), 1908–18 Mitgl.
des preuß. Abgeordneten-
hauses, 1919–33 Mitgl. des
PrLT, 1918–20 preuß. Ministerpräs.; [7], *0*; [45], *10*
Hirschfeld, Magnus (1868–1935);
Arzt und Sexualforscher,

gründete 1919 das Institut für
Sexualwissenschaften, 1933
Exil; [69], passim; [97], *25*, (25 f)
Hochscherf, Theodor; Arbeiter;
[20], *20*
Höflich, Lucie (1883–1956);
Schauspielerin; [239], 32, *32*
Hoetzsch, Otto (1876–1946); Prof.
für Geschichte in Berlin, Politi-
ker (DNVP), 1919–21 Mitgl.
des PrLT, 1920–30 MdR; [208],
35
Hoffmann, Adolph (1858–1930);
Politiker (zunächst SPD, 1917
USPD, 1920 KPD, ab 1922 wie-
der SPD), 1902–06 MdR, 1908–
18 Mitgl. des preuß. Abgeord-
netenhauses, Nov. bis Dez. 1918
preuß. Kultusminister, 1920–24
MdR; [5], *0*, *1*; [260*], 13 ff
Hofmannsthal, Hugo von
(1874–1929); österr. Schriftstel-
ler
- ‹Vorfrühling›; [34], 17 f, *17 f*
Hofmiller, Josef (1872–1933);
Schriftsteller und Literaturhistoriker, Mithg. der ‹Süddeut-
schen Monatshefte›; [22], *129 f*
Hogarth, William (1697–1764);
engl. Maler, Zeichner, Kupfer-
stecher und Kunsttheoretiker
- ‹After›; [14], *10 ff*, 13
- ‹Before›; [14], 10, *10 ff*
Holitscher, Arthur (1869–1941);
österr. Schriftsteller, Mitarb.
WB, Mitgl. der DLfM und der
«Liga gegen koloniale Unter-
drückung»
- ‹Christian Morgensterns
Nachlaß›; [48], *1*

- ‹Geschichten aus zwei
Welten›; [1], *32*; [87], *1 f*
- ‹Mojave-Wüste›; [1], 30 ff, *32*;
[87], 1 f, *1 f*, *78*, 78 ff
Holl, Gussy (1888–1966); d. i.
Auguste Maria Christine H.,
Schauspielerin und Kabarettistin, in erster Ehe mit C. Veidt
verh., in zweiter mit E. Jannings; [43], *31*, 31 ff, 53 f; [66],
(26), *26*; [69], *0*; [74], *78 f*, *79*,
79 ff, *94*; [110], 1; [111], 2, 52;
[114], *111*, (111 ff); [152], *35*,
(35 ff); [221], *0*; [239], *4*
Hollaender, Felix (1867–1931);
Schriftsteller und Theaterleiter,
1908–13 Dramaturg bei M.
Reinhardt, Theaterkritiker des
‹8-Uhr-Abendblatts›; [145], *10*
- ‹Der Tänzer›; [221], *81*
Hollaender, Friedrich
(1896–1976); Film-, Revue- und
Kabarettkomponist, vertonte
u. a. Texte von KT, 1933 Exil,
Filmkomponist in Hollywood;
[221], *0*
Hollaender, Victor (1866–1940);
Kapellmeister und Operetten-
komponist; [152], *55*
Holzbock, Alfred (1857–1927);
Journalist, Mitarb. ‹Berliner
Lokal-Anzeiger›; [130], *52*,
52 ff; [159], 3; [208], 155 f; [245],
14 ff
Homer (8. Jh. v. Chr.); griech.
Schriftsteller
- ‹Ilias›; [81], 33, *33*
Horaz (65–8 v. Chr.); d. i.
Quintus Horatius Flaccus, röm.
Schriftsteller

- ‹Satiren›; [120], 1 f, *1 f*; [123], *16*
Horn, Elisabeth; Schauspielerin; [221], 82, *82*
Horne, John
  - ‹Les mains coupés›; [13], *22*
Horthy, Miklós von Nagybánya (1868–1957); Admiral, 1920–44 ungar. Reichsverweser; [139], *13*
Hugenberg, Alfred (1865–1951); Inhaber des Hugenberg-Konzerns (Scherl-Verlag, Telegraphen-Union, Ala-Anzeigenunternehmen, Ufa u. a.), Politiker (DNVP), 1920–45 MdR, ab 1928 Parteivors., 1931 Mitbegr. der Harzburger Front, von Jan. bis Juni 1933 Wirtschaftsminister im Kabinett Hitler; [130], *52*; [173], *6*; [245], *1 f*
Hundrieser, Emil (1846–1911); Bildhauer, schuf u. a. die «Berolina» (1895); [196], *11*
Hunyadi, Janos (um 1386–1456); ungar. Feldherr; [170], 38, *38*
Husserl, Edmund (1859–1938); Philosoph; [19], 7, *7 f*

Ibsen, Henrik (1828–1906); norw. Schriftsteller; [109], 28, *28*; [241], *48 f*, *49*
  - ‹Die Frau vom Meere›; [241], *62*
  - ‹Hedda Gabler›; [109], 68, *68*; [239], 57, *57*
  - ‹Peer Gynt›; [76], *135*; [118], *1*, *1 ff*; [128], 85, *85*
  - ‹Die Wildente›; [241], 93 ff
Ilse, von; General, Chef des Generalstabs der 4. Armee in Belgien; [20], *25*; [231], (48), *48*
Imbusch, Heinrich (1878–1945); Politiker (Zentrum), ab 1919 Vors. des Gesamtverbandes der christl. Gewerkschaften Deutschlands, 1919/20 Mitgl. der NV, 1920–33 MdR; [40], *16 f*
Immermann, Karl (1796–1840); Jurist, Schriftsteller und Theaterdirektor
  - ‹Der Oberhof›; [152], *55*
Innozenz VIII. (1432–1492); seit 1484 Papst, Verf. der ‹Hexenbulle› von 1484; [117], *19 f*

Jachmann-Wagner, Johanna (1828–1894); Schauspielerin und Sängerin; [241], 61, *61*, (148 ff), *148 ff*
Jacob, Berthold (1898–1944); d. i. B. Salomon, Pseud.: Marcel Rollin; Journalist, Hg. der pazifist. Zeitschrift ‹Zeit-Notizen›, 1925–28 Mitarb. WB, führendes Mitgl. der DLfM, 1927/28 gemeinsam mit CvO wegen «Beleidigung der Reichswehr», 1928 in einem Verfahren wegen Landesverrats gemeinsam mit F. Küster verurteilt, 1932 Emigration nach Straßburg, 1935 von den Nazis aus Basel verschleppt und nach Intervention der Schweiz wieder freigelassen, 1941 erneut entführt (aus Lissabon), an den Folgen der KZ-Haft gestorben; [76], *73*
Jacobsohn, Siegfried (1881–1926);

Theaterkritiker, Publizist,
Gründer und Leiter der SB und
WB; [4], *0*; [16], *24f*; [32], (18f);
[34], *0*, 1; [43], *1*, 1ff; [53], (19);
[74], *78f*; [86], *0*; [94*], *0*; [97],
1; [101], *1*, *1f*; [116], *0*; [120], *0*;
[121], *0*; [124], *0*; [126], *32*;
[127], *139ff*; [129], *0*; [134], (21),
21, *411*; (412), [140], *256f*; [142],
0; [143], *0*; [145], *9*, *50*; [147], *31*,
43, 52, *55*; [157], *1*; [164], (161),
161; [166], *3*, 3ff, *6f*, (56); [185],
6; [187], *0*; [197], *15*; [202], *51f*;
[209], 23, *23*; [210], *31f*, 31ff;
[213], *50*; [222], 9, *9*; [241], *60*,
60ff; [249*], *0*; [259*], *0*;
[260*], *0*
Jakopp s. Fritsch, Hans
Jannings, Emil (1884–1950); d.i.
Theodor Friedrich E. Janenz,
Schauspieler, verh. in 3. Ehe mit
G. Holl; [66], *26*; [175], *1*
Janson, Victor (1884 od.
1887–1960); Regisseur; [162], *1*;
[224], *0*
Jaurès, Jean (1859–1914); frz.
Sozialistenführer, Pazifist,
1885–89, 1893–98 und 1902–14
Mitgl. der Kammer, gründete
1902 die Ztg. ‹L'Humanité›,
ermordet; [26], 23, *23*
Jean Paul (1763–1825); d.i. Johann
P. Friedrich Richter, Schriftstel-
ler
- ‹Das heimliche Klaglied der
jetzigen Männer›; [12], *34*
- ‹Rede des toten Christus vom
Weltgebäude herab, daß kein
Gott sei›; [34], *2*
Jensen, Johannes Vilhelm

(1873–1950); dän. Schriftsteller,
Literaturnobelpreis 1944; [1],
21ff, *23*
- ‹Die neue Welt›; [1], 21f, *21f*
Jolles, Bernhard; Journalist beim
BT; [187], *0*
Jorns, Paul (1871–1942); Kriegsge-
richtsrat, 1919 Untersuchungs-
führer im Mordprozeß Luxem-
burg-Liebknecht, ab 1925
Reichsanwalt; [76], *73*, *86f*
Joseph Ferdinand, Erzherzog von
Österreich (1872–1942); Gene-
raloberst, 1919 Reichsverweser
in Ungarn; [139], (2), *2*
Josky, Felix (geb. 1875); Bühnen-
schriftsteller
- ‹Junge Dame, aus guter
Familie …›; [221], *81*

Kaas, Ludwig (1881–1952); Prälat
und Politiker (Zentrum),
1919–20 Mitgl. der NV,
1920–33 MdR, 1928–33
Parteivors.; [40], (15), *15*
Käppler, Hermann (1863–1926);
Politiker (SPD), 1895–1910
MdL Sachsen-Altenburg,
1912–24 MdR; [40], *16f*
Kästner, Erich (1899–1974);
Schriftsteller und Kabarettautor, 1926–33 Mitarb. WB;
[237], *3*
Kahl, Wilhelm (1849–1932); Jurist
und Politiker (DVP), Prof. für
ev. Kirchenrecht, Staatsrecht
und Strafrecht, 1919/20 Mitgl.
der NV, 1920–32 MdR, Ehren-
vors. der DVP, Vors. des Straf-
rechtsausschusses im RT, Mithg.

‹Deutsche Juristenzeitung›;
[40], 35 ff, *36*; [81], 34, *34*; [126],
0, (17), *17*; [186], *14*; [201], 19 f;
[260*], 10
Kaiser, Alexander M. s. Cay,
Alexander M.
Kalthoff, Albert (1850–1906);
Pfarrer in Bremen, Vors. des Dt.
Monistenbundes; [103], *102*
Kant, Immanuel (1724–1804);
[6], 6, *6*; [142], *12 ff*, (19), *54*;
[146], 11
- ‹Metaphysik der Sitten›; [6], *6*
Kapp, Wolfgang (1858–1922); 1917
Mitbegr. der Dt. Vaterlands-
partei, im März 1920 Mitinitia-
tor des nach ihm benannten
Putschversuchs gegen die
Regierung der Weimarer
Koalition; [9], *54 f*
Kappstein, Theodor (1870–1960);
Theologe und Schriftsteller;
[145], (50), *50*
Karl II. (1661–1700); span. König
1665–1700; [132], *5 f*
Karlchen s. Danehl, Erich
Katharina II. (1729–1796);
[222], *36*
Kautsky, Karl (1854–1938); Poli-
tiker und Publizist, zunächst in
Zürich, ab 1897 in Berlin, Mit-
begr. der Zeitschrift ‹Die neue
Zeit›, Hauptverf. des Erfurter
Programms der SPD von 1891,
1917 Mitbegr. der USPD, Vertre-
ter des Zentrismus in der Partei;
[7], *14*; [156], *47*; [200], 53
Keil, Ernst (1816–1878); Hg.
‹Gartenlaube›; [145], *44*
Keller, Gottfried (1819–1890);

schweizer. Schriftsteller; [18],
45; [103], 1; [160], 31; [246],
72
- ‹An Justinus Kerner›; [174],
1 ff, *1 ff*
- ‹Der grüne Heinrich›; [29], 18,
18
Kerner, Justinus (1786–1862);
Schriftsteller und Arzt
- ‹Unter dem Himmel›; [174],
1 ff
Kerr, Alfred (1867–1948); d. i.
A. Kempner, Lyriker, Essayist
und Theaterkritiker, Mitarb.
zahlr. Zeitschriften und Ztg.,
1933 Exil (Schweiz, Frankreich,
1935 England); [180], *19*
Kertész, André (1894–1985); amer.
Photograph ungar. Herkunft;
[255*], *0*
Kessel, Eugen von (1890–1934);
Polizeioffizier, Vorgesetzter O.
Marlohs, mitverantwortl. für die
Erschießung von 29 Marine-
soldaten am 11.3.1919 in Berlin,
ermordet; [217], *0*, *5*, 29 ff, *52 f*;
[232], 83 f; [233], (18), *18*
Kessel, Gustav von (1846–1918);
Generaloberst und General-
adjutant; [213], *53 f*
Kesten, Hermann (1900–1996);
Schriftsteller, 1933 Exil
(Amsterdam, dann USA); [12], *9*
Keyserling, Eduard Graf von
(1855–1918); Schriftsteller;
[103], 32 f, *33*
- ‹Schwüle Tage›; [103], *33*
- ‹Wellen›; [103], *33*
Keysser, Adolf (1850–1932),
Pseud.: Adolf König; Jurist,

Dir. der Kölner Stadtbibliothek;
[125], *0*, *1*, *9*
Kieselhausen, Lucie (1897–1927);
Tänzerin, Sängerin und Schauspielerin; [63], *2f*
Kipling, Rudyard (1865–1936);
engl. Schriftsteller, 1907 Literaturnobelpreis; [1], 23, *23*, 31
Kiy, Hermann (geb. 1879); Übers.;
[118], *0*
Klabund (1890–1928); d.i. Alfred
Henschke, Schriftsteller,
1914–28 Mitarb. SB / WB, Mitarb. «Cabaret Voltaire», «Schall
und Rauch», «Wilde Bühne»;
[221], *0*
Klein, César (1876–1954); Maler,
Graphiker und Bühnenbildner;
[138], *18f*
Klöpfer, Eugen (1886–1950);
Schauspieler und Theaterleiter,
1936–44 Intendant der Volksbühne Berlin; [166], passim;
[185], *51*; [201], 39
Klopstock, Friedrich Gottlieb
(1724–1803); Schriftsteller;
[160], 24; [208], *47*
- ‹Oden›; [206], *96f*
Kneip, Jakob (1881–1958); Schriftsteller; [140], *6*
Knilling, Eugen Ritter von
(1865–1927); Politiker, 1912–18
bayr. Kultusminister, 1922–24
bayr. Ministerpräs.; [207], *6*
Knorr, W. von; [132], *30f*
Köbner, Franz Wolfgang (geb.
1887); Schriftsteller und Journalist; [69], *0*
König, Adolf (Pseud.) s. Keysser,
Adolf

König, Paul Heinz (geb. 1887);
Kabarettist und Sänger; [221], *0*
Köstner, Hermann s. Kesten,
Hermann
Kokoschka, Oskar (1886–1980);
Maler und Graphiker; [138], *18f*
Kollo, Walter (1883–1940);
Schlager- und Operetten-
komponist
- ‹Drei alte Schachteln›;
[197], *16*
Koltzow; Kaufmann; [214], *36*
Konstantin, Leopoldine
(1886–1965); österr. Schauspie-
lerin; [116], passim; [180],
passim; [224], 39
Kopisch, August (1799–1853);
Dichter, Dramatiker und Übers.
- ‹Die Histörchen›; [156],
passim
Kortner, Fritz (1892–1970); d.i.
Nathan Kohn, Schauspieler
und Filmregisseur, seit 1911
am Deutschen Theater, seit
1919 am Staatstheater Berlin;
[202], *0*
Kothe, Robert; Rechtsanwalt,
später Lautenmusiker, 1901
Mitbegr. der «Elf Scharf-
richter», wo er als Lautensänger
auftrat; [15], *1*
Kotze, Stefan von (1869–1909);
Reiseschriftsteller; [1], *34*, 34f
- ‹Australische Skizzen›; [1], *34*
Kotzebue, August von
(1761–1819); Dramatiker, zeitweise in den Diensten des
Zaren, gründete 1818 das anti-
liberale ‹Literar. Wochenblatt›,
ermordet

- ‹Die deutschen Kleinstädter›; [12], *34*

Kräly, Hanns (1885–1950); Filmschauspieler und Drehbuchautor, langjähriger Mitarb. von E. Lubitsch; [175], *1*

Krämer, Heinrich (gest. 1501); Inquisitor
- ‹Malleus maleficarum›; [117], *19f*

Krain, Willibald (1886–1945); Maler, Zeichner und Illustrator, Mitarb. KTs beim ‹Ulk›, Mitgl. im Vorstand des Friedensbundes der Kriegsteilnehmer
- ‹Krieg›; [137], passim

Kraus, Karl (1874–1936); österr. Schriftsteller, Gründer, Hg. und seit 1912 alleiniger Verf. der ‹Fackel› (1899–1936); [10], *16*; [12], *9*; [19], *0*; [34], *0, 2*; [54], *0*
- ‹Die Fackel›; [54], passim
- ‹Die letzten Tage der Menschheit›; [54], *11*
- ‹Weltgericht›; [54], *0*
- ‹Worte in Versen›; [34], *2*

Kremser, M.; Berliner Fuhrunternehmer; [106], *41*

Krieglstein, Eugen s. Binder-Krieglstein, Eugen Freiherr von

Krotowski, Stephan; Gebrauchsgraphiker, Modezeichner und Maler, in Berlin zuerst als Karikaturist der satir. Zeitschrift ‹Ulk›, als Modezeichner v. a. für die Zeitschrift ‹Fashion› tätig; [99*], *22f*

Krupp von Bohlen und Halbach, Gustav (1870–1950); Industrieller, Präs. des Reichsver-

bandes der dt. Industrie; [7], *9, 9*

Kubin, Alfred (1877–1959); österr. Zeichner und Schriftsteller; [145], *36, 37*

Kühne, Friedrich (1870–1958); Schauspieler; [122], *35ff*

Kupfer, Meta; Gründerin der «Nahrungsmittel- und Kriegsbesorgungsgesellschaft» [227], *15*

Kurtz, Rudolf (1884–1960); Journalist, Mitarb. von Franz Pfemferts ‹Aktion› 1913/14, in den 20er Jahren Chefred. der ‹Lichtbild-Bühne›, trat 1913 als Dramaturg in die Filmfirma «Union A.G.» (später Ufa) ein, wurde 1916 deren Direktor, 1919 Leiter des Kabaretts «Schall und Rauch»; [69], *77*; [221], *0*

Lagarde, Paul de (1827–1891); d.i. Paul Bötticher, Orientalist und Kulturphilosoph; [85], *86*; [229], 51, *51*

Lagerlöf, Selma (1858–1940); schwed. Schriftstellerin; [229], 35

Landa, Max (1880–1933); österr. Schauspieler; [147], *43*

Landauer, Gustav (1870–1919); Schriftsteller und Politiker, Sozialist und Anarchist, Mitgl. der Münchener Räteregierung, ermordet; [145], *0*; [164], 96; [207], 4f, *4f*
- ‹Die Revolution›; [229], *44*

Landsberg, Hans (1875–1920); Schriftsteller und Theaterkriti-

ker, Verf. literaturhistor. Untersuchungen, Mitgl. des SDS
- ‹Berlinische Kultur›; [177],
passim
Landsberg, Otto (1869–1957);
Rechtsanwalt und Politiker
(SPD), 1912–18 und 1924–33
MdR, 1918/19 Mitgl. im Rat der
Volksbeauftragten, 1919 Reichs-
justizminister, 1920–24 Bot-
schafter in Brüssel; [135], *0*
Langbehn, August Julius
(1851–1907); Schriftsteller;
[68], *1f*
Langen, Albert (1869–1909); Ver-
leger, gründete 1893 den «Buch-
und Kunstverlag A. L.» (seit
1932 Langen-Müller-Verlag),
1896 Mitbegr. des ‹Simpli-
cissimus›, seit 1907 Hg. ‹März›;
[6], *7*
Lasker, Eduard (1829–1884);
Jurist und Politiker, 1867–84
MdR, Mitbegr. der Nationallib.
Partei; [156], *79*
Lasker-Schüler, Else (1869–1945);
Schriftstellerin
- ‹Ludwig Hardt›; [34], *7*
Latzko, Adolf Andreas
(1876–1943); ungar. Schriftstel-
ler; [137], *7, 27f*
- ‹Frauen im Krieg›; [137], *27f*
- ‹Menschen im Krieg›; [137], *7*;
[173], *43,* 43 f
Lauff, Joseph von (1855–1933);
Schriftsteller; [144], 11, *11*
Ledebour, Georg (1850–1947);
Journalist und Politiker
(1890–1917 SPD, seit 1917
USPD, 1924–31 Sozialist.

Bund, danach Sozialist. Arbei-
terpartei), 1917–19 und 1920–
22 Mitvors. der USPD, 1921
Mitbegr. der Wiener Internatio-
nale, 1900–18 und 1920–24
MdR; [7], *0*; [157], *64ff*
Lehmann, Victor (1888–1961);
Jurist und Musikkritiker, 1933
Exil (Großbritannien); [187], *0*
Lehmann-Rußbüldt, Otto
(1873–1964); d. i. O. Lehmann,
Schriftsteller, Publizist und
Buchhändler, 1918–31 Mitarb.
WB, Mitbegr. und bis 1926
Generalsekretär der DLfM,
1933 Exil (GB); [231], *0*
- ‹Warum erfolgte der Zusam-
menbruch an der Westfront?›;
[22], *127f,* 127 ff
Leisser, Theodor; Zeichner,
Mitarb. KTs beim ‹Ulk›; [66],
0; [84], *0*; [218], *0*
Lenau, Nikolaus (1802–1850);
österr. Schriftsteller
- ‹Lyrische Gedichte›; [206],
96f
Lenclos, Anne (1620–1705); gen.
Ninon de Lenclos, Pariser
Kurtisane, Briefautorin und
Memoirenschreiberin; [128], *79,*
79
Leni, Paul (1885–1929); Theater-
und Filmregisseur
- ‹Prinz Kuckuck›; [175], *57f*
Leopold I. (1640–1705); dt. Kaiser
1658–1705; [132], *5f*
Lepel, Alwin von; Schauspieler;
[214], *36*
Lequis, Arnold (1861–1949);
General; [217], *0*

Lersch, Heinrich (1889–1936);
Arbeiterdichter; [140], *6*

Lersner, Kurt Freiherr von
(1883–1954); Politiker (DVP),
Legationsrat im AA, Vertreter
des AA in der OHL, Präs. der
dt. Friedensdelegation von
Versailles, 1920–24 MdR; [140],
65 ff, 162 ff

Leschnitzer, Franz (1905–1967);
Journalist, ab 1924 Mitarb. an
kommunist. Ztg., 1925–28 Mitarb. WB, 1928 Red. ‹Die Welt-
brille›, seit 1922 Mitgl. DFG,
seit 1926 der GRP, 1930 wegen
einer Kontroverse mit KT ausgeschlossen, 1932–33 Sekretär
des «Dt. Kampfkomitees gegen
Krieg und Faschismus», 1933
Exil (UdSSR); [231], *12*

Lessing, Gotthold Ephraim
(1729–1781); Philosoph und
Dramatiker
- ‹Emilia Galotti›; [140], (156),
156 f
- ‹Minna von Barnhelm›;
[260*], 13 ff
- ‹Nathan der Weise›; [260*], 17

Lettow-Vorbeck, Paul von
(1870–1964); General, 1913
Kommandeur der Schutztruppe
von Kamerun, seit 1914 Chef
der Schutztruppe von Deutsch-
Ostafrika, 1919–20 Komman-
deur der Reichswehrbrigade 9
(Schwerin), nach dem Kapp-
Putsch entlassen, 1928–30 MdR
(DNVP)
- ‹Erinnerungen aus Ostafrika›;
[60], *10*

Leuß, Hans (1861–1920); Publizist
und Politiker, ab 1909 Red.
WaM; [61], *41*

Levin, Hugo; Zeuge im Marloh-
Prozeß; [217], 7 ff; [232], (54),
54, 58 f

Liagre, Oskar de (geb. 1870);
Verlagsbuchhändler; [213],
59 ff

Lichtenberg, Georg Christoph
(1742–1799); Physiker und
Philosoph
- ‹Sudelbücher›; [241], *27*

Liebknecht, Karl (1871–1919);
Politiker und Jurist, ab 1912
MdR (SPD), während des 1.
Weltkrieges aus der Fraktion
ausgeschlossen, gründete 1917
zus. mit R. Luxemburg den
Spartakusbund und 1918 die RF,
im Dez. 1918 Mitbegr. der KPD,
während des Berliner Januaraufstandes 1919 ermordet; [2],
23; [7], *0*, 21; [10], passim; [26],
23; [70], *53 f*; [71], 17 f, *17 f*, 37 f,
37 f; [76], passim; [86], 44; [94*],
14; [96], 7; [158], 66; [164], 96;
[245], 21 f, *21 f*; [256*], 41

Liebknecht, Theodor
(1870–1948); Rechtsanwalt und
Politiker (USPD), Bruder von
Karl L., führte nach 1922 die
Rest-USPD bis zur Fusion mit
der Sozialist. Arbeiterpartei
1931 weiter, 1921 Mitgl. des
PrLT; [76], *68*

Liedtke, Harry (1880–1945);
Schauspieler; [175], *1*

Liepmann, Rudolf; Leutnant,
beteiligt an der Ermordung von

Rosa Luxemburg und Karl
Liebknecht; [76], 26, *173*
Lieschen s. Dunant, Elisabeth
Gertrud
Liliencron, Detlev von
(1844–1909); d.i. Friedrich
Adolf Axel Freiherr von L.,
Schriftsteller; [18], *45*; [145], 169
Lindenau, Heinrich (1872–1942);
Jurist; [153], 18 ff, *19*
Linder, Max (1883–1925);
Schauspieler; [43], *20 f*, 21
List, Paul (1869–1929); Verleger;
[213], 59 ff
Li-tai-po (701–762); chin.
Lyriker; [34], *2*
Löns, Hermann (1866–1914);
Schriftsteller, Berichterstatter
und Red. bei versch. Zeitungen
- ‹Dahinten in der Heide›;
[177], 88 f, *88 f*
Logau, Friedrich Freiherr von
(1604–1655); Regierungsrat und
Liederdichter
- ‹Göttliche Rache›; [203], 38,
38
Loos, Theodor (1883–1954);
Schauspieler; [116], *0*, 14 f
Loringhoven s. Freytag-Loring-
hoven, Axel Freiherr von
Louis XIV. s. Ludwig XIV.
Louÿs, Pierre (1870–1925); frz.
Schriftsteller; [116], *0*
Lubitsch, Ernst (1892–1947);
Filmregisseur, ging 1922 nach
Hollywood; [159], 17, *17*
- ‹Madame Dubarry›; [159], *17*;
[175], *1*, 1 ff; [185], *20 f*, 20 ff,
51 f
- ‹Die Puppe›; [224], passim

Lucanus (39–65); röm. Dichter
- ‹Pharsalia›; [31], 39, *39*
Ludendorff, Erich (1865–1937);
preuß. General und Politiker,
1916 mit Hindenburg in der
OHL, 1924–28 MdR
(NSDAP); [13], *25*; [15], (13),
13; [18], 2, 15 ff, *59*; [22], *127 f*;
[25], (10), *10*; [41], 7, 15; [48],
51; [53], 20; [57], 16 ff; [60], 38;
[61], *43*, 45; [70], *31*; [71], 40,
40; [75], 7; [85], 79 f; [88], 34 ff;
[91], 8; [94*], passim; [117], 2;
[123], *13*; [126], *0*, *19*, (22);
[127], (7), *13*, 53 f; [135], 5 f, *5 f*;
[140], passim; [144], 13; [145],
10; [146], 59; [164], 18, 90; [168],
46; [182], (6), *6*; [186], *14*; [201],
41; [204], *9*; [205], *0*; [208],
passim; [212], 7; [222], 36 ff;
[231], *53*; [232], *60*
- ‹Meine Kriegserinnerungen
1914–1918›; [60], *10*; [88], 41,
41 f; [157], *34*, 34 ff
Ludwig XIV. (1638–1715); seit
1643 König von Frankreich,
1661 Heirat mit Maria Theresia,
Infantin von Spanien; [132], *5 f*
Ludwig XV. (1710–1774); 1715–74
König von Frankreich; [175],
1, 2
Lüthge, Bobby E. (1891–1964);
d.i. Erwin Robert Konrad L.,
Journalist, Bühnen- und Film-
autor; [69], *101 f*
Lüttwitz, Walther Freiherr von
(1859–1942); General, 1919
Oberbefehlshaber des Gruppenkommandos 1 Berlin, wegen
seiner Beteiligung am Kapp-

Putsch 1920 entlassen; [70],
53, *53 f*
Lukács, Georg (1885–1971);
ungar. Philosoph und Literatur-
theoretiker
- ‹Gedanken zu einer Ästhetik
des Kinos›; [69], *77*
Luxemburg, Rosa (1870–1919);
polit. Schriftstellerin und Politikerin, gründete 1917 mit K.
Liebknecht den Spartakusbund
und 1918 die RF, im Dez. 1918
Mitbegr. der KPD, während des
Berliner Januaraufstandes ermordet; [2], *23*; [7], *0*; [10],
passim; [12], *9*; [22], *101*, 101 ff;
[26], 23; [70], *53 f*; [71], 37 f, *37 f*;
[76], passim; [79], *0, 7*; [86], 56;
[94*], 14, *24*; [217], *4 f*

Maas, Georg (geb. 1863); Jurist
und Bibliothekar des Reichs-
militärgerichts
- ‹Die verfassunggebende deutsche Nationalversammlung›;
[40], passim
Macchiavelli, Nicolò (1469–1527);
ital. Politiker und
Geschichtsschreiber; [48], 45
Mackensen, August von
(1849–1945); preuß. Generalfeldmarschall, Armeeführer im
1. Weltkrieg; [4], *48*, 48 ff;
[9], 109
Maercker, Georg (1865–1924);
Generalmajor, 1918/19 Führer
d. Freiwilligen Landesjägerkorps, seit Okt. 1919 Befehlshaber des Wehrkreises IV und
Kommandeur der RW-Brigade

Nr. 16 in Dresden, nach dem
Kapp-Putsch verabschiedet;
[100], *23*
Maeterlinck, Maurice
(1862–1949); belg. Schriftsteller,
1911 Literaturnobelpreis
- ‹Die Intelligenz der Blumen›;
[171], *48*
- ‹Zur Psychologie der Un-
glücksfälle›; [171], *48*, 48 ff
Makart, Hans (1840–1884); österr.
Maler, Repräsentant des Kunst-
historismus; [128], 6, *6*
Mann, Heinrich (1871–1950);
Schriftsteller, 1933 Exil (Frank-
reich, 1940 USA); [130], 47;
[145], 75
- ‹Im Schlaraffenland›; [11], *17*
- ‹Macht und Mensch›
(‹Reichstag›); [37], 1 ff, *1 ff*
- ‹Der Untertan›; [22], 41 ff,
42 ff; [37], passim; [85], 12 ff;
[140], 37 ff; [145], 97 f
Mann, Julia da Silva-Bruhus
(1851–1923); Mutter von
Thomas und Heinrich M.;
[37], *186*
Mann, Thomas (1875–1955);
Schriftsteller, 1929 Literatur-
nobelpreis, 1933 Exil (Schweiz,
1939 USA); [85], 13 ff; [130], 47;
[206], 76 f
- ‹Der alte Fontane›; [246], *48*,
48 ff
- ‹Betrachtungen eines
Unpolitischen›; [85], *16*
Marcuse, Ludwig (1894–1971);
Philosoph und Journalist, 1933
Exil (Frankreich, 1938 USA);
[69], *101 f*

Marcusson; Kaufmann; [76], *63*

Maretzky, Oskar (geb. 1881);
Jurist und Politiker, 1918 Bürgermeister in Berlin-Lichtenberg, 1920–24 MdR (DVP),
1924–28 Mitgl. des PrLT
(DNVP); [40], (15 f), *15 f*

Marlitt, Eugenie (1825–1887); d. i.
E. John, Schriftstellerin, verf.
Unterhaltungsromane, die meist
zuerst in der Zeitschrift ‹Die
Gartenlaube› erschienen;
[145], *44*

Marloh, Otto (geb. 1893);
Oberleutnant, verantwortlich
für die Erschießung von 29
Soldaten der Volksmarine-
division in Berlin am 11. 3. 1919;
[217], passim; [225*], *0*; [232],
passim; [240], 11 f

Martin, Karl Heinz (1888–1948);
Regisseur, ab 1929 künstler.
Leiter der Volksbühnen;
[159], *11*

Marx, Wilhelm (1863–1946);
Politiker (Zentrum), 1910–18
und 1920–32 MdR, 1922–28
Vors. des Zentrums, Nov. 1923
bis Jan. 1924 und Mai 1926 bis
Juni 1928 Reichskanzler, 1925
Reichspräsidentschaftskandidat
der rep. Parteien; [3], *13*

Masereel, Frans (1889–1972);
belg. Graphiker und Maler;
[187], *0*

Massary, Fritzi (1882–1969); d. i.
Friederike Massarek, Operet-
tensängerin und Schauspielerin,
Interpretin von KT-Chansons;
[141], *0*; [185], *18 f*

Matkowsky, Adalbert
(1858–1909); Schauspieler, seit
1889 am Königl. Schauspielhaus
Berlin; [241], 68 f, *68 f*

Matthias, Lisa (1894–1982);
Journalistin und Verlegerin,
1927–32 Mitarb. WB, 1927–31
Freundin von KT, 1933 Exil
(Schweden); [125], *19*; [187], *0*

Mauthner, Fritz (1849–1923);
österr. Schriftsteller und
Sprachphilosoph
- ‹Die Sprache›; [229], *44*

Max, Prinz von Baden
(1867–1929); bad. Thronfolger,
Okt. bis Nov. 1918 erster parlamentar. Reichskanzler, Mitbegr.
der Schule Schloß Salem; [2], *1*;
[85], *78 f*; [140], (30), 88 ff, *110 ff*,
119 f; [157], *34*; [186], *14*

Mehring, Sigmar (1856–1915);
Literaturwissenschaftler, Vater
von Walter M.; [200], 71

Mehring, Walter (1896–1981);
Schriftsteller und Kabarettautor, schloß sich 1918 der
Berliner Dada-Bewegung an,
begann 1919 für «Schall und
Rauch» zu schreiben, später
auch für R. Valettis «Größenwahn» und die «Wilde Bühne»,
Mitarb. WB, 1933 Exil (Frankreich, 1934 Österreich, 1941
USA); [200], 71, *71*; [221], *0*;
[237], *3*

Mendelssohn-Bartholdy, Albrecht
(1874–1936); Historiker und
Jurist, 1933 Exil in England,
dort als Universitätsprof. tätig;
[75], *22*

Merckel, Wilhelm von
(1803–1861); Schriftsteller
- ‹Die fünfte Zunft›; [39], *22f*
Meßter, Oskar (1866–1943);
Optiker und Feinmechaniker,
erfand den stufenweisen Film-
transport, drehte die ersten dt.
Spielfilme, 1914 die erste dt.
Wochenschau; [175], 43, *43*
Meyer, Clara (1848–1922);
Schauspielerin, u.a. am Berliner
Hoftheater; [241], 62, *62*
Meyer, Ernst (1887–1930); Politi-
ker (KPD), führendes Mitgl. der
Spartakusgruppe, dann der
KPD-Zentrale, 1920–21
Parteiführer, danach Führer der
«Mittelgruppe»; [61], *41*
Meyer, Willy (geb. 1885); Offizier,
Mitbegr. des Friedensbundes
der Kriegsteilnehmer, Schrift-
leiter des ‹Flugkapitäns›,
1919–29 Mitarb. WB; [231], *0*,
18ff, 53
Meyer; Kriegsgerichtsrat; [76], *73*;
[217], *4f*, *(4ff)*
Meyrink, Gustav (1868–1932);
d.i. G. Meyer, österr. Schrift-
steller; [229], *59f*
- ‹Des deutschen Spießers
Wunderhorn›; [37], 127f, *127f*;
[229], *59*
- ‹Der Golem›; [229], *59*
- ‹Das grüne Gesicht›; [229], *59*
- ‹Prag›; [37], *127f*
Michaelis, Georg (1857–1936);
Jurist, Staatsanwalt, 1902 Ober-
präs. in Breslau, 1917 Reichsminister für Volksernährung,
Juli bis Okt. 1917 Reichskanzler

und preuß. Ministerpräs., 1918
Oberpräs. von Pommern, 1919
in den Ruhestand versetzt,
danach in führender Position
für die Studentenfürsorge tätig;
[18], *73*; [71], *43f*, 44ff
Miles (Pseud.) s. Voigt, Arno
Milo-Tucholsky, Ellen
(1897–1982); d.i. Ella-Ida T.,
KTs Schwester, von ihm
«Hippel» genannt, Sekretärin,
Mode- und Reklamezeichnerin,
heiratete 1929 den staatenlosen
Rumänen Conrad Milo, 1933
Exil Frankreich, später Holland,
zog 1939 nach Rom, 1947 in die
USA übergesiedelt; [31], *107*;
[240], (28), *28*
Moellendorff, Wichard von
(1881–1937); Ingenieur,
1914–18 führend in der Kriegs-
rohstoffbewirtschaftung tätig,
1918–19 Unterstaatssekretär
im Reichswirtschafts-
ministerium, Verfechter einer
Gemeinwirtschaftskonzeption;
[85], *3f*
Mörike, Eduard (1804–1875);
Schriftsteller
- ‹Gebet›; [243], *30*
Moissi, Alexander (1880–1935);
Schauspieler, 1906–33 in Berlin
bei M. Reinhardt tätig, u.a. am
Dt. Theater; [122], *38*, 38ff;
[203], 25, *25*
Molière (1622–1673); d.i. Jean-
Baptiste Poquelin, frz. Drama-
tiker; [159], *10*
Molo, Walter von (1880–1958);
Schriftsteller; [229], *32*, 32ff

Moltke, Helmuth Graf von
(1800–1891); 1857–88 Chef des
Großen Generalstabs, ab 1871
preuß. Generalfeldmarschall;
[145], 181 ff
Montgelas, Max Graf von
(1860–1938); General, Mithg.
‹Deutsche Dokumente zum
Kriegsausbruch›; [75], 22;
[156], 47
Morgenstern, Christian
(1871–1914); Schriftsteller; [34],
2; [128], 85; [146], passim; [229],
50 ff, 51
- ‹Alle Galgenlieder›; [48], 1, 14,
14; [146], 0
- ‹Epigramme und Sprüche›;
[229], 50, 50 ff
- ‹Galgenlieder nebst dem
Gingganz›; [146], 15
- ‹Der Gingganz›; [146], passim
- ‹Melancholie›; [206], 123 ff,
123 ff
- ‹Palma Kunkel›; [146], 5, 5
- ‹Palmström›; [48], 1; [146],
5, 5
- ‹Stufen›; [48], passim; [146], 0;
[229], 51
- ‹Vier Epigramme›; [22], 3 ff,
3 ff
Morgenstern, Margareta
(1879–1968); Ehefrau von
Christian M.; [146], 0
Moritz von Sachsen (1521–1553);
Herzog (seit 1541) und Kurfürst
(seit 1547) von Sachsen;
[208], 47
Mosse, Rudolf (1843–1920);
Zeitungsverleger, u. a. Hg. des
BT; [151], 0; [249*], 0

Moszkowski, Alexander
(1851–1934); Journalist und
Schriftsteller, langjähr. Chefred.
der ‹Lustigen Blätter›
- ‹Der dümmste Kerl der Welt.
Ein Humoristikum›; [152], 1 ff,
3 ff
Mozart, Wolfgang Amadeus
(1756–1791)
- ‹Cosi fan tutte›; [68], 24
Mudra, Bruno von (1851–1931);
1916 Oberbefehlshaber der 8.
Armee an der Ostfront; [18],
95, 95 ff
Mühsam, Kurt (1882–1931);
Schriftsteller
- ‹Wie wir belogen wurden›;
[18], 13 f
Müller, Hedwig (1893–1973); (von
KT auch gen.: Nuuna, Emilie),
seit 1932 mit KT befreundet,
schweizer. Ärztin für Innere
Medizin und Kinderkrankhei-
ten, Korrespondenz zwischen
KT und Hedwig Müller fast
vollständig im Nachlaß KT
(DLA); [19], 0; [155], 19; [160],
15; [241], 2
Müller, Martin; [17], 0
Müller, Wilhelm (1794–1827);
Schriftsteller, seine Lyrik
wurde teilweise von Franz
Schubert vertont
(«Müllerlieder»)
- ‹Ungeduld›; [154], 0, 7 f
Müller-Brandenburg, Hermann
(geb. 1885); Regierungsrat,
Major, leitete 1919–21 den
«Rep. Führerbund», 1923
Mitgl. des «Wehrwolf»,

1918–23 SPD, 1922 als Polizei-
oberst Leiter der thüring. Lan-
despolizei, führte 1925–28 den
Landesverband Thüringen des
«Wehrwolf», 1928 den Lan-
desverband Brandenburg, im
selben Jahr ausgeschlossen;
[65], *0*
Müller-Lyer, Franz (1857–1916);
Arzt, Psychiater und Soziologe,
Begr. der «Phaseologischen
Methode», 1915–16 Vors. Dt.
Monistenbund
- ‹Die Familie›; [31], *0*
Müller-Rastatt, Carl (1861–1931);
Schriftsteller und Kritiker,
Feuilletonredakteur ‹Hambur-
gischer Correspondent›; [187], *0*
Mumm, Reinhard (1873–1932);
christlich-sozialer Politiker und
Theologe, 1912–18 und
1920–32 MdR (DNVP), 1919/
20 Mitgl. der NV, General-
sekretär des Kirchlich-sozialen
Bundes in Charlottenburg, ab
1921 Vors. des Reichstagsaus-
schusses für Bildungswesen;
[36], 23, *23*
Munzinger; Hauptmann d.R., Hg.
der Feldzeitung ‹Champagne-
Kamerad›; [18], *54*
Mynona (Pseud.) s. Friedlaender,
Salomo

Nagel, Gustaf; Naturapostel, lebte
in einer Höhle bei Anger-
münde; [47], *79f*, 80
Napoléon I. (1769–1821); 1804–14
Kaiser der Franzosen; [33], *17*;
[70], 142; [202], 126

Napoléon III. (1808–1873);
1852–70 frz. Kaiser; [73], *59*
Naumann, Friedrich (1860–1919);
polit. Schriftsteller und Politiker
(Freisinnige Vereinigung,
Deutsche Fortschrittspartei,
DDP), 1907–18 MdR, 1918
Mitbegr. der DDP, ab 1919 Vors.
der NV; [22], *124*, *129f*; [32],
141 f, *141f*; [85], 116; [251*], *0*
Neal, Max (1865–1941);
Schriftsteller
- ‹Auch ich war ein Jüngling›;
[122], passim
Neff, Margarethe; Schauspielerin;
[199], *3*
Negri, Pola (1897–1987); d.i.
Apolonia Chalupiec, poln.-
amer. Filmschauspielerin; [175],
1; [185], 51 f, *51f*
Nelson, Rudolf (1878–1960);
d.i. R. Lewinsohn, Schlager-
und Chansonkomponist, grün-
dete und leitete das Berliner Ka-
barett «Chat noir» und nach
dem 1. Weltkrieg das Nelson-
Theater, für das KT
Chansontexte schrieb, 1933 Exil
(Schweiz, Österreich, 1934
Niederlande); [98], *41*, 41 ff
Nero, Claudius Caesar (37–68 n.
Chr.); 54–68 n. Chr. röm.
Kaiser; [4], 91
Nestroy, Johann (1801–1862);
österr. Dramatiker
- ‹Freiheit in Krähwinkel›; [12],
34; [101], 1 f, *1f*
Neuendorf, Georg; Offizier-Stell-
vertreter in der Reichswehr-
brigade 15 (Berlin); [149], *12*

Neumann, Karl Eugen
(1865–1915); österr. Indologe
- ‹Die Reden Gotamo
Buddhas›; [229], 53 f, *53 f*
Neuring, Gustav (1879–1919);
Politiker (SPD), 1919 sächs.
Kriegsminister, ermordet; [64],
(22), *22*
Nicolai, Georg Friedrich
(1874–1964); Mediziner, Universitätsprof. und polit. Schriftsteller, Pazifist, hielt 1914/15
Vorlesungen gegen den Krieg,
war Kriegsdienstverweigerer
und flüchtete 1918 nach Kopenhagen, Mitgl. DFG und BNV,
Mitbegr. der Liga zur Förderung der Humanität, 1920–21
Mitarb. WB; [18], *34 f*
- ‹Sechs Tatsachen zur Beurteilung der heutigen Machtpolitik›; [213], *53 f*
Nicolai, Walther (1873–1945);
preuß. Oberstleutnant,
1912–18 Chef der Nachrichtenabteilung der OHL; [18],
45; [213], *53 f*
Niel, Adolphe (1802–1869); frz.
Marschall, leitete seit April 1855
die Belagerung von Sewastopol,
seit 1867 Kriegsminister [203],
(34 f), *34 f*
Nietzsche, Friedrich (1844–1900);
Philosoph; [208], *47*
- ‹Also sprach Zarathustra›;
[218], *0*
- ‹Genealogie der Moral›; [89],
5 ff, *5 ff*
Nijinski, Waslaw (1888–1950);
russ. Tänzer, 1909–13 Star

der «Ballets Russes» unter
Diaghilew; [82], 46
Nikolaus, Paul (1894–1933);
Kabarettautor, 1933 Exil
(Schweiz), Freitod
- ‹Tänzerinnen›; [63], passim
Norris, Frank (1870–1902); amer.
Schriftsteller; [1], 22
- ‹McTeague: A Story of San
Francisco›; [1], *22*
- ‹The Octopus: A Story of
California›; [1], *22*
- ‹The Pit›; [1], *22*
Noske, Gustav (1868–1946);
Politiker (SPD), ab 1897 Red.
versch. Ztg., 1906–18 MdR,
1919/20 Mitgl. der NV, schlug
als Leiter des Militärressorts des
Rats der Volksbeauftragten
(Dez. 1918 bis Febr. 1919) mit
Freiwilligen-Truppen im Jan.
1919 den «Spartakus-Aufstand»
nieder, setzte im März 1919 als
Reichswehrminister (1919–20)
reguläre Truppen gegen Streik-
kämpfe und Aufstandsversuche
ein, 1920–33 Oberpräs. der
Provinz Hannover; [7], *0*; [28],
0; [38], 12; [45], *10*; [53], 1; [66],
12 f; [67], *4*; [70], 22, *35 f*, 46 ff,
82, 118 ff, *121*, 123 f, 135; [76],
154, 183 ff; [86], *0*, 37; [93],
passim; [100], 11, *11*; [140], 259 f;
[143], passim; [149], *12*, 13 ff;
[153], passim; [154], 21, [156],
30 f; [162], 27, *27*; [165], *0*, 13 ff;
[168], 62, *125 f*, 196; [170], *30*;
[176], passim; [178], 12; [201], *9*,
25; [207], *1*; [208], 43, *43*; [217],
16 ff, 79; [218], *16*; [221], 11 ff;

[222], *15*, 15 ff; [226], 40, *40*;
[229], (60), *60*; [232], 1, *1*, 128 ff,
130, 185; [233], 18, *18*; [240], 7;
[242*], *0*, 26 ff; [243], 13 f
- ‹Wie ich wurde›; [143], passim
Novalis (1772–1801); d. i. Georg
Philipp Friedrich Leopold von
Hardenberg, Schriftsteller;
[109], *18 f*
Nübell, Ferdinand (1882–1955),
Pseud.: Hugo Grotius; Rechtsanwalt, 1919–30 Mitarb. WB,
1921 Verteidiger KTs in Be-
leidigungsprozessen; [153],
94
Nückel, Otto (1888–1956); Maler,
Zeichner und Graphiker;
[130], *0, 6*

Oldenburg-Januschau, Elard von
(1855–1937); Politiker (Konserv., DNVP), Rittergutsbesitzer auf Januschau (Westpreu-
ßen), Vertreter der ostelb.
Grundbesitzer, Vors. des Bundes der Landwirte in Westpreu-
ßen, 1902–12 und 1930–33
MdR; [27], *13*
Oliven, Fritz (1874–1956), Pseud.:
Rideamus; Schriftsteller; [197],
16, *16*
- ‹Drei alte Schachteln›;
[197], *16*
Oppeln-Bronikowski, Friedrich
von (1873–1936); Schriftsteller,
Hg. und Übers.; [171], *48*
Orbing, Fred; Drehbuchautor;
[175], *1*
Orska, Maria (1893–1930);
d. i. Daisy O., österr. Schau-

spielerin; [159], 19; [166], 6 f,
6 f; [201], 21; [240], 23 ff,
24
Osterroth, Nikolaus (1875–1933);
Politiker (SPD), Vorstandsmitgl.
und sozialpolit. Direktor der
Preuß. Bergwerks- und Hütten
AG, 1919/20 Mitgl. der NV, ab
1921 Mitgl. des PrLT; [40], 27 ff,
27 ff
Oswald, Richard (1880–1963);
Filmregisseur und Produzent,
1933 Exil (Frankreich, England,
1938 USA); [170], *24 f*, (24 ff)
- ‹Anders als die Anderen›;
[69], *101 f*
- ‹Die Prostitution›; [69],
passim
Oswalda, Ossi (1895–1947);
Schauspielerin; [224], *0*
Ottju s. Bierbaum, Otto Julius
Owlglass, Dr. (Pseud.) s. Blaich,
Hans Erich

Paasche, Hans (1881–1920);
Berufsoffizier und Publizist,
wurde im 1. Weltkrieg Pazifist,
Mitgl. des BNV, 1918/19 Mitgl.
des Berliner Vollzugsausschus-
ses, ermordet; [216], passim
- ‹Im Morgenlicht. Kriegs-,
Jagd- und Reise-Erlebnisse in
Ostafrika›; [216], *5 f*
- ‹Meine Mitschuld am Welt-
krieg›; [216], *3*
- ‹Das verlorene Afrika›; [216],
passim
Paasche, Hermann (1851–1925);
Nationalökonom und Politiker
(Nationalliberale Partei), 1881–

84 und 1893–1918 MdR, nach
1918 Mitgl. der DVP; [71], 21, *21*
Paeschke, Georg (1878–1929);
Schauspieler; [199], *3*
Paganini, Niccolò (1782–1840);
ital. Violinenvirtuose und
Komponist; [1], 39
Pallenberg, Max (1877–1934);
österr. Schauspieler, Charak-
terdarsteller und Komiker in
Wien, München, Berlin, verh.
mit F. Massary; [122], passim;
[145], 21; [146], 15, *15*; [185],
18f; [201], 23
Panizza, Mathilde (1821–1915);
Mutter von Oskar P.; [145], *0*,
39, (39f)
Panizza, Oskar (1853–1921);
Nervenarzt und Schriftsteller;
[145], passim
– ‹Dialoge im Geiste Huttens›;
[164], 69ff, *69ff*
– ‹Das Liebeskonzil›; [145], *19*,
19ff, *36*
– ‹Parisiana›; [145], *80*, 80ff,
112f
Paschke; Hauptmann; [22], *117f*,
118ff
Paul, Hermann (1864–1940); frz.
Karikaturist und Maler; [68],
10ff, *12*, *19*, *21*
Paul, Jean s. Jean Paul
Pawlowa, Anna (1885–1931); russ.
Ballettänzerin; [63], *2f*
Payer, Friedrich von (1847–1931);
Rechtsanwalt und Politiker
(Deutsche Dem. Volkspartei),
seit 1877 MdR, 1917–18 Vize-
kanzler, 1919/20 Mitgl. der
NV; [71], 22, *22*; [208], *31*

Pechstein, Max (1881–1955);
Maler und Graphiker; [138],
18f, 19
Persius, Lothar (1864–1944);
Marineoffizier und Publizist,
1908 Abschied vom aktiven
Dienst, schrieb zunächst für
konserv. Blätter, ab 1912 Red.
BT, wurde Pazifist, schrieb
1918–30 für die WB krit.
Artikel über die Marine, bis
1926 Mitgl. der DLfM;
[187], *0*
Perutz, Leo (1884–1957);
Schriftsteller, Verf. von histor.
und phantast. Romanen
– ‹Die dritte Kugel›; [90],
passim
Peter I. von Serbien (1844–1921);
1903–18 serb. König, 1918–21
König der Serben, Kroaten und
Slowenen; [134], *162f*, 164
Pfeiffer, Heinrich
– ‹Die letzten Ritter›; [166], *14*,
14ff
Pfeiffer, Maximilian (1875–1926);
Politiker (Zentrum), 1907–18
und 1919–24 MdR, 1918–20
Generalsekr. des Zentrums,
1921–26 Gesandter in Wien;
[40], 26, *26*; [187], *0*
Pfitzner, Hans (1869–1949);
Komponist; [197], 64
Pflugk-Harttung, Heinz Fritz von
(1899–1920); Hauptmann, an
der Ermordung K. Liebknechts
beteiligt; [76], *26*, 45f
Pflugk-Harttung, Horst Gustav
von (geb. 1889); Kapitän-
leutnant, beteiligt an der

Ermordung von K. Liebknecht;
[76], *26*, 36 f, 45 f

Phillipe V. (1683–1746); 1701–46
König von Spanien; [132], *5 f*

Picha, Hermann (1865–1936); d. i.
H. August Picher, Schauspieler;
[185], *17 f*

Pilatus, Pontius; 26–36 röm.
Statthalter in Judäa; [212], 2

Pinthus, Kurt (1886–1975);
Schriftsteller und Kritiker, Hg.
der expressionist. Anthologie
‹Menschheitsdämmerung›
(1920), 1932–34 Mitarb.
‹8-Uhr-Abendblatt›, TB; [69],
77; [159], *10*

Platon (427–347 v. Chr.); griech.
Philosoph; [37], *137 ff*

Plietzsch, Eduard (1886–1961),
Pseud.: Jan Altenburg; Kunsthistoriker und Publizist, Mitarb. WB; [103], *0*; [237], *3*

Plinius d. Ä. (23 od. 24–79); d. i.
Gaius P. Secundus, röm. Schrift-
steller
- ‹Epistolae›; [120], *26*

Poe, Edgar Allen (1809–1849);
amer. Schriftsteller; [130], 20,
20

Poelzig, Hans (1869–1936);
Architekt, 1916–20 Stadtbaurat
in Dresden, Mitgl. Architektur
der AdK, 1923–33 Prof. an der
Technischen Hochschule Berlin;
[159], *21*

Pohl, Julius (1868–1941); österr.
Bühnenschriftsteller und Schauspieler
- ‹Auf eigenen Füßen›; [185],
17 f

Poincaré, Raymond (1860–1934);
frz. Politiker, ab 1887 Abg.,
1912–13 Ministerpräs. und
Außenminister, 1913–20 Staatspräs., ab 1920 Vors. der Repara-
tionskommission, 1922–24
Ministerpräs., veranlaßte 1923
die Besetzung des Ruhrgebietes,
1926–29 nochmals Ministerpräs.; [73], *58*

Polgar, Alfred (1873–1955); österr.
Schriftsteller, Theaterkritiker
für SB/WB und TB, 1938 Exil
(Schweiz, Frankreich, 1940 über
Spanien in die USA); [202], *51 f*;
[221], *0*; [241], *36 f*, 36 ff, 59
- ‹Kleine Zeit›; [144], passim;
[229], 71
- ‹Revolution in Krähwinkel›;
[101], passim

Ponte, Lorenzo da s. Da Ponte

Poppenberg, Felix (1869–1915);
Schriftsteller; [197], 15, *15*

Porten, Henny (1890–1960); d. i.
Heeny von Kaufmann, Film-
schauspielerin, Star der Stumm-
filmzeit; [143], passim; [197],
169; [201], 34
- ‹Wie ich wurde›; [143], passim

Postl, Carl s. Sealsfield, Charles

Potemkin, Grigori Alexandro-
witsch s. Potjomkin

Potjomkin, Grigori Alexandro-
witsch (1739–1791); russ.
Politiker und Feldmarschall;
[222], 36, *36*

Preuß, Gerhard
- ‹Anfang gut – alles gut›; [202],
51 f

Prince, Charles (1872–1933);

Schauspieler, Filmkomiker, in
Deutschland als Moritz P.
bekannt; [43], 20, *20f*
Prince, Moritz s. Prince, Charles
Puschmann, Alois (1882–1939);
Landwirt und Politiker (CVP);
[40], *16f*

Quidde, Ludwig (1858–1941);
Historiker und Politiker
(DDP), Pazifist, 1894 bekannt
geworden wegen seiner gegen
Wilhelm II. gerichteten satir.
Schrift ‹Caligula›, 1914–29
Vors. der DFG, 1921–30 Vors.
des Dt. Friedenskartells, erhielt
1927 gemeinsam mit dem Franzosen F. Buisson den Friedensnobelpreis; [6], *7*; [18], *34f*
- ‹Caligula, eine Studie über
römischen Cäsarenwahnsinn›;
[6], *7*

Raabe, Wilhelm (1831–1910);
Schriftsteller; [18], *45*; [53], 23 f,
24, 33; [90], 1 ff, 30; [103], 1;
[246], 71, *74*
- ‹Gedelöcke›; [53], 25, *25*;
[90], 30
- ‹Marsch nach Hause›; [53],
25 f, *25 f*
- ‹Die schwarze Galeere›; [90],
30 f, *31*
Radek, Karl (1885–1939); d. i.
K. Bernhardowitsch Sobelsohn,
sowjet. Politiker, ab 1907 in
Deutschland, bis 1912 Mitgl. der
SPD, ab 1915 Mitarb. Lenins,
arbeitete ab 1918 am Aufbau der
KPD mit, Febr. 1919 in Berlin

verhaftet, Jan. 1920 ausgewiesen,
wegen Opposition gegen Stalin
als Trotzkist verbannt, später
wieder in die KPdSU aufgenommen, 1936 verhaftet, im
Gefängnis gestorben; [209], *11f*;
[245], 24, *24*; [250*], 64
Raemaekers, Louis (1869–1956);
belg. Karikaturist; [68], 40, 40 f
- ‹Devant l'histoire. Les origines
de la guerre›; [85], 84 ff, *86*
Rahn, Hans Julius (1850–1913);
Schauspieler; [241], 62
Ramler, Karl Wilhelm
(1725–1798); Schriftsteller, Hg.
und Übers., 1786 Mitgl. der
Akademie der Wissenschaften,
1790–96 Leiter des Königlichen
Nationaltheaters
- ‹Der Junker und der Bauer›;
[158], 68 f, *68f*
Ranke, Leopold von (1795–1886);
Historiker, ab 1825 Prof. in
Berlin; [208], *47*
Rapp, Maria (1867–1940);
Sängerin; [141], 21 ff
Rathenau, Walther (1867–1922);
Industrieller, Publizist und
Politiker, vor dem 1. Weltkrieg
Inhaber von 130 Aufsichtsrats-
mandaten (u. a. Präs. des AEG-
Aufsichtsrates), schrieb Essays
zu wirtschaftl., sozialen, philo-
soph. und kulturkrit. Fragen,
baute bei Beginn des 1. Welt-
kriegs die Kriegsrohstoffabtei-
lung im preuß. Kriegsministerium auf, 1920 in die 2. Sozialisierungskommission berufen,
1921 Wiederaufbauminister,

1922 Reichsaußenminister, von
Rechtsradikalen ermordet; [2],
25; [60], *20*; [149], *18*, 20
- ‹Autonome Wirtschaft›; [85],
3f; [149], *18*
- ‹Der Kaiser›; [85], passim
- ‹Kritik der dreifachen
Revolution›; [85], *3f*
- ‹Nach der Flut›; [85], *3f*
- ‹Die neue Gesellschaft›;
[85], *3f*
- ‹Der neue Staat›; [85], *3f*
Rauscher, Ulrich (1884–1930);
Diplomat und Politiker (SPD),
Dez. 1918 bis 1921 Pressechef
der Reichsregierung, später im
auswärtigen Dienst; [201], 17
Rechberg, Arnold (1879–1947);
Industrieller, Kommerzienrat,
1916 Mitgl. des «Deutschen
Nationalausschusses»; [186], *2*;
[255*], passim
Reck-Malleczewen, Fritz
(1884–1945); Schriftsteller, im
KZ Dachau ermordet
- ‹Frau Übersee›; [1], passim
Redwitz, Fritz (1871–1919);
Operettentenor; [145], 124
Rée, Paul (1849–1901); Philosoph
- ‹Der Ursprung der mora-
lischen Empfindungen›; [89], *5ff*
Reek, Walter Arthur (1878–1933);
Politiker (SPD); [40], *16f*
Reimann, Hans (1889–1969);
Schriftsteller, 1917–32 Mitarb.
SB / WB, 1919 Gründung ‹Der
Drache›, später Hg. ‹Garten-
laube der Intellektuellen› und
‹Das Stachelschwein›; [237],
(*2ff*), *3*; [247*], *0*

Reimers, Bodo; Leutnant d. R. ;
[214], *1*
Reimers, Frau; Ehefrau von Bodo
R.; [214], *1*
Reinhard, Wilhelm (1869–1955);
Oberst, Freikorpsführer,
NSDAP-Mitgl., SS-Gruppen-
führer; [149], 12, *12*; [217], *0*, 5,
5, 22 f, *52f*, 53 ff; [222], 14 ff, *17*;
[226], 37; [232], *6*, 82 ff; [240],
13, 13 f
Reinhardt; Generalsuperinten-
dent; [123], *28*
Reinhardt, Max (1873–1943); d. i.
M. Goldmann, Regisseur und
Theaterleiter, 1905–33 Direktor
des Deutschen Theaters und der
Kammerspiele in Berlin, Mit-
begr. des Kabaretts «Schall und
Rauch»; [101], 1, *1*; [122], *38*;
[145], *10*; [147], *7*; [159], *21*;
[180], *0*; [203], 10, *10*, 21 f, *25*;
[221], *0*, *81*; [242], *0*; [244], *1*
Reinhardt, Walter (1872–1930);
General, im Jan. 1919 letzter
preuß. Kriegsminister, befür-
wortete beim Kapp-Putsch den
Einsatz von Reichswehreinhei-
ten gegen die Aufständischen;
[22], *149*; [86], *0*
Reißig, Berthold (geb. 1877);
Schauspieler; [185], *17f*
Rembrandt (1606–1669); d. i.
R. Harmensz van Rijn, niederl.
Maler; [239], 21
Renz, Ernst Jakob (1815–1892);
Zirkusdirektor; [7], *28*
Reuter, Adolf von (1857–1926);
preuß. Offizier, ab 1913 Kom-
mandeur des Infanterieregi-

ments in Zabern, 1914 infolge der Zabernaffäre nach Frankfurt/Oder versetzt; [55], *15*; [61], *(41)*

Reuter, Fritz (1810–1874); niederdt. Schriftsteller, 1833–40 wegen Beteiligung an der Burschenschaft in Haft; [34], *2*; [106], *34*

Reutter, Otto (1870–1931); d.i. O. Pfützenreuter, Kabarettist, u.a. im Berliner Wintergarten; [74], 34 ff, *35 f, 37*; [141], *0*; [200], *78*, 78 ff
- ‹Onkel Fritz aus Neu-Ruppin›; [172], *1*

Reventlow, Ernst Graf zu (1869–1943); Marineoffizier und Politiker (Alldt., Nationalsoz. Freiheitsbewegung, NSDAP), Red. der DTZ in Berlin, Hg. der Wochenschrift ‹Der Reichswart›, 1924–33 MdR; [39], 19, *19*; [78], 6; [85], *86*, 109 ff

Richter, Eugen (1838–1906); Politiker, 1867 und 1871–1906 MdR, 1868–1905 Mitgl. des preuß. AH; [156], *79*

Richter, Hans (1888–1976); Maler und Filmavantgardist; [138], *18 f, 22*, 22 ff

Rideamus (Pseud.) s. Oliven, Fritz

Riebicke, Otto (1889–1965); Buchhändler, Journalist und Schriftsteller, im 1. Weltkrieg zeitweise mit KT in einer Kompanie, später Hg. der Soldatenzeitschrift ‹Kyffhäuser›

- ‹Als Schipper an der Front›; [74], *78 f*

Rigardo, Marietta di (geb. 1880); Tänzerin; [147], (15 ff), *16*

Ringelnatz, Joachim (1883–1934); d.i. Hans Bötticher, Schriftsteller und Maler, ab 1920 Kabarettautor bei «Schall und Rauch»; [221], *0*; [237], *3*

Rittgen, Ulrich; Oberleutnant z.S., Angeklagter im Liebknecht-Luxemburg-Prozeß; [76], *26*

Roda Roda, Alexander (1872–1945); d.i. A. Sandor Friedrich Rosenfeld, österr. Schriftsteller und Journalist, Mitarb. ‹Simplicissimus›, 1938 Exil (Schweiz, 1940/41 USA); [247*], *0*
- ‹Erziehung›; [76], 1 ff, *1 ff*
- ‹Fünfhundert Schwänke›; [239], *124 ff*
- ‹Leidenschaft›; [239], 124 ff, *124 ff*

Roethe, Gustav (1859–1926); Germanist, 1902–26 Prof. in Berlin, 1891–1926 Hg. der ‹Zeitschrift für dt. Altertum›; [81], 32, *32*; [126], *0*, 17; [251*], *0*; [260*], 1 ff

Rolland, Romain (1866–1944); frz. Schriftsteller, 1915 Literaturnobelpreis
- ‹Jean-Christophe›; [229], 41 f, *41 f*

Roquette, Otto (1824–1896); Dichter, Lehrer und Historiker
- ‹Waldmeisters Brautfahrt›; [124], 8 f, *8 f*

Rose, Bernhard (1865–1927);
Schauspieler und Theaterleiter;
[152], *40*
Rosenfeld, Kurt (1877–1943);
Rechtsanwalt und Politiker
(USPD, ab 1922 SPD, ab 1931
Sozialist. Arbeiterpartei),
1918/19 preuß. Justizminister,
Mitbegr. und zeitweise Vors. der
Sozialist. Arbeiterpartei,
1920–33 MdR, Verteidiger u. a.
von R. Luxemburg, K. Eisner,
G. Ledebour und CvO, 1933
Exil (über Prag in die USA);
[76], *68*, 68 f
Rotter, Alfred (1886–1933);
Theaterdirektor, Bruder von
Fritz R., gemeinsam mit diesem
Direktor des Berliner Metro-
poltheaters und anderer Büh-
nen, von Nazis ermordet; [203],
passim; [242*], *0*, *34*
Rotter, Fritz (1888–1936);
Theaterdirektor, Bruder von
Alfred R., gemeinsam mit
diesem Direktor des Berliner
Metropoltheaters und anderer
Bühnen; [203], passim; [242*],
0, *34*
Rottmann, Alexander
(1869–1916); Schauspieler;
[147], *28 ff*, *29*
Rudolf II. (1552–1612); dt. Kaiser
1576–1612; [132], *11 f*
Rückert, Friedrich (1788–1866);
Schriftsteller und Übers.
- ‹Chidher›; [95], *51*
Rückert, Leopold (1881–1942);
Politiker (SPD); [40], (16 f), *16 f*
Rump; ev. Pfarrer, Onkel O.

Marlohs; [186], *14*; [225*], *0*,
1 ff; [232], *60*, 60 ff
Runge, Otto (geb. 1875); Ange-
höriger der Garde-Kavallerie-
Schützen-Division, einer der
Mörder von R. Luxemburg;
[76], *26*, 30 ff, *41 ff*, 88, *173*
Rusch, Oskar (geb. 1884);
Metallarbeiter, Beauftragter des
Vollzugsrats für das preuß.
Kriegsministerium; [76], *132 f*

Sachs, Hans (1881–1974); Zahn-
arzt und Publizist, 1910–21
Hg. ‹Das Plakat›, 1938 in
Oranienburg interniert, im
selben Jahr Exil USA; [138], *1*,
1 f; [151], *0*
Sachse, Hermann Gottfried
(1862–1942); Bergmann,
1898–1920 MdR (SPD), Vors.
des Bergarbeiterverbandes;
[40], *16 f*
Samsonoff, Alexandre
Wassiljewitsch s. Samsonow
Samsonow, Alexandre Wassilje-
witsch (1859–1914); russ.
General; [212], *9*
Sanders, Daniel (1819–1897);
Schulleiter, danach Privatgelehr-
ter, Verf. mehrerer Wörter-
bücher, u. a. ‹Wörterbuch der
dt. Sprache› (1860–65)
- ‹Wörterbuch der deutschen
Sprache›; [183], *7*, 7 ff
Sappho (um 600 v. Chr.); griech.
Lyrikerin; [74], *16*
Sardou, Victorien (1831–1908);
frz. Schriftsteller
- ‹Cyprienne›; [180], passim

Sarganeck, Georg
- ‹Überzeugende und bewegliche Warnung vor allen Sünden›; [229], 105 ff, *121*
Schäfer, Dietrich (1845–1929);
Historiker, Prof., Schüler
Treitschkes, Mitgl. des Alldeut-
schen Verbandes, führte 1916
eine Kampagne für den U-Boot-
Krieg, unterstützte die annexio-
nist. Kriegszielpolitik, Mitgl.
der Deutschen Vaterlandspartei
1917; [18], *34 f*; [126], *0*; [164],
152, *152*; [208], *35*, 35 ff, 82
Schäfer, Wilhelm (1868–1952);
Schriftsteller und Publizist, Hg.
‹Die Rheinlande›
- ‹Die begrabene Hand und
andere Anekdoten›; [160],
passim
- ‹Dreiunddreißig Anekdoten›;
[160], 1, *1*, 34
Schaeffers, Willi (1884–1962);
Schauspieler und Kabarettist;
[98], 45
Schairer, Erich (1887–1956); ev.
Theologe, Red. und Publizist,
ab 1912 Sekretär F. Naumanns,
Red. der ‹Hilfe›, 1918–19 Chef-
red. der ‹Neckar-Zeitung› in
Heilbronn, 1920 Begr. und Hg.
‹Heilbronner Sonntags-Zei-
tung› (später umbenannt in ‹Die
Sonntags-Zeitung›); [22], *124*;
[85], *3 f*; [149], *18*
- ‹Rathenau-Brevier›; [149], *18*
- ‹Sozialisierung der Presse›;
[223], passim
Schanzer, Rudolf (1875–1944);
Schriftsteller

- ‹Bummelstudenten›; [185],
17 f, *17 f*
Scheer, Reinhard (1863–1928);
Admiral; [140], 246 ff
Scheffel, Joseph Victor von
(1826–1886); Lyriker,
Versepiker und Erzähler
- ‹Der Trompeter von
Säkkingen›; [178], passim
Scheidemann, Philipp
(1865–1939); Politiker (SPD),
1903–18 und 1920–33 MdR,
1919/20 Mitgl. der NV, im
Okt./Nov. 1918 Staatssekretär,
rief am 9. 11. 1918 die Republik
aus, führendes Mitgl. im Rat der
Volksbeauftragten, 1919 Reichsministerpräs., 1920–25 Ober-
bürgermeister von Kassel, ent-
ging 1922 nur knapp einem
Attentat von Rechtsradikalen,
1933 Exil, ab 1934 in Dänemark;
[2], *1*, *25*; [7], *0*; [41], *7*; [74],
70; [75], *14*; [83], *2*; [95], *38*;
[149], *12*; [156], *60*; [213], *50*;
[218], *16*
Scheler, Max (1874–1928); Philosoph und Soziologe; [18], *35*
Scher, Peter (1884–1935); d.i.
Hermann Fritz Schweynert,
Schriftsteller, Journalist,
1914–15 Red. ‹Simplicissimus›,
1913–32 Mitarb. SB/WB;
[229], *37*
- ‹Berliner Karneval›; [177], 1 f,
1 f
Schering, Emil (1873–1951);
Übers. und Red.; [229], *62 f*, 63
Scherl, August (1849–1921);
Verleger, u. a. ‹Berliner Lokal-

Anzeiger›, ‹Woche›, ‹Garten-
laube›; [130], *52*; [173], *6*
Scherrer, Heinrich
- ‹Deutsche Soldatenlieder›;
[133], *33 f*
Scheurich, Paul (1883–1945);
Porzellanplastiker, Maler und
Buchillustrator; [239], 158
Schickele, René (1883–1940);
elsäss. Schriftsteller und Journa-
list, Pazifist, 1907–25 Mitarb.
SB/WB, 1914–20 Hg. ‹Die wei-
ßen Blätter›, 1932 Emigration
(Frankreich)
- ‹Hans im Schnakenloch›;
[145], 10, *10*
Schiller, Friedrich (1759–1805);
[142], *0*, *12 ff*; [159], *10*
- ‹Die Götter Griechenlands›;
[147], *20 ff*
- ‹Der Jüngling am Bache›;
[142], 113 f, *113 f*
- ‹Kabale und Liebe›; [166],
6 f, *7*
- ‹Das Lied von der Glocke›;
[71], 61 f, *61 f*
- ‹Maria Stuart›; [241], *130 ff*
- ‹Die Piccolomini›; [208], 178 f,
178 f
- ‹Resignation›; [37], 67, *67*
- ‹Der Ring des Polykrates›;
[65], 121, *121*
- ‹Der Spaziergang›; [40], *18 f*
- ‹Die Verschwörung des Fiesko
zu Genua›; [199], passim
- ‹Wallensteins Tod›; [22], *63 f*;
[140], 193, *193*; [142], *70*; [145],
191 f
- ‹Wilhelm Tell›; [197], (113 f),
113 f

Schlegel, August Wilhelm von
(1767–1845); Schriftsteller und
Übers.; [109], *16*, 16 ff
Schlegel, Friedrich von
(1772–1829); Schriftsteller,
Kulturphilosoph, Literatur-
historiker und -kritiker; [109],
16, 16 ff
Schleiermacher, Friedrich Daniel
Ernst (1768–1834); ev. Theo-
loge, Philosoph und Pädagoge
- ‹Idee zu einem Katechismus
der Vernunft für edle Frauen›;
[109], passim
Schlenther, Paul (1854–1916);
Schriftsteller und Theaterleiter,
1886–98 Theaterkritiker der
Voss, trat als einer der ersten für
Ibsen und den Naturalismus
ein, leitete 1898-1910 das Wiener
Burgtheater, danach als freier
Schriftsteller in Berlin; [180],
27 ff; [241], *0*, 113 ff, *114 ff*
Schmidt, E. E. Hermann
- ‹Das politische Werbewesen
im Kriege›; [99*], passim
- ‹Das politische Werbewesen in
der Umsturzzeit›; [99*], passim
Schmidt, Erich (1853–1913);
Literaturhistoriker, Schüler W.
Scherers, seit 1887 Prof. in
Berlin; [183], *7*
Schmidt, Otto Ernst s. Ernst, Otto
Schmidtbonn, Wilhelm
(1876–1952); d. i. W. Schmidt,
Schriftsteller und Dramaturg,
Hg. der Zeitschrift ‹Masken›
- ‹1914›; [202], *51 f*
Schmitz, Oskar A. H. (1873–1931);
Schriftsteller; [146], 44 ff

- ‹Die Weltanschauung der Halbgebildeten›; [146], *44ff*
Schnackenberg, Walter (1880–1961); Maler; [45], *10*
Schneckenburger, Max (1819–1849); Schriftsteller
- ‹Die Wacht am Rhein›; [178], *30*
Schneider, Friedrich (1815–1859); Verleger und Buchhändler; [122], *37*
Schneider, Louis (1805–1878); Schauspieler und Schriftsteller; [159], *24f*
Schnitzler, Arthur (1862–1931); österr. Schriftsteller
- ‹Der grüne Kakadu›; [185], *51*
Schönaich-Carolath, Emil Prinz (1852–1908); Schriftsteller; [18], *45*
Schönherr, Karl (1867–1943); österr. Dramatiker; [202], 12
Schönstadt, von; Kommandeur der Berliner Sicherheitspolizei; [153], (32ff), *33*
Schopenhauer, Arthur (1788–1860); Philosoph; [85], (30); [152], 112ff; [171], 81; [246], *74*
- ‹Parerga und Paralipomena›; [19], 31, *31*; [85], 29ff, *29ff*
- ‹Sämtliche Werke›; [229], 48f, *48f*
- ‹Die Welt als Wille und Vorstellung›; [32], 1ff, *1ff*; [37], 137ff, *137ff*; [118], (25f), *25f*; [152], *116f*; [171], *81*
Schröder; Leutnant; [217], *0*
Schücking, Walther (1875–1935); Völkerrechtler, Pazifist und Politiker (DDP), Prof. in Breslau, Marburg, Berlin und Kiel, 1919/20 Mitgl. der NV, 1920–28 MdR; [18], *34f*; [156], *47*
Schünzel, Reinhold (1888–1954); Schauspieler, Regisseur, Autor und Produzent; [69], *0*; [175], *1*
Schulenburg-Kehnert, Friedrich Wilhelm Graf von der (1742–1815); preuß. Staatsmann; [7], *45*
Schulz, Albert (1895–1974); Politiker (SPD), 1921–33 Mitgl. des LT in Mecklenburg-Schwerin, 1932 MdR; [65], *0*
Schulze, Bruno; Leutnant z.S., Angeklagter im Liebknecht-Luxemburg-Prozeß; [76], *26*
Schulze-Moering, Georg; [65], *0*
Schumacher, Balthasar Gerhard
- ‹Heil dir im Siegerkranz›; [27], *12*
Schwab, Eigil (geb. 1882); schwed. Maler, Zeichner und Radierer; [92], *0*
Schwab, Gustav (1792–850); Schriftsteller
- ‹Der Reiter über den Bodensee›; [171], *40, 40ff*
Schwarz, Armin; Übers.; [145], *99f*
Schwind, Moritz von (1804–1871); österr.-dt. Maler und Zeichner; [122], *37*
Sealsfield, Charles (1793–1864); d.i. Carl Postl, schweizer. Erzähler und Journalist; [229], 35
Shakespeare, William (1564–1616)
- ‹Hamlet›; [70], 92, *92*; [82], 33, *33*; [239], 20

- ‹König Richard III.›; [164], 192f, *192f*
- ‹Wie es euch gefällt›; [122], *38*; [203], *25*

Shaw, George Bernard (1856–1950); irischer Schriftsteller, 1925 Literaturnobelpreis; [155], *24*

Siemsen, Hans (1891–1969); Schriftsteller, Bruder von Anna und August S., 1919–31 Mitarb. WB; [69], *77*

Siewert, Paul (1870–1919); Kapitän zur See, Führer der Deutschen Legion in Kurland; [168], *163 ff*

Sigall, Olga; Übers.; [150], *0*

Silbermann, Peter Adalbert (geb. 1878); Schriftsteller; [143], *33*

Sinzheimer, Hugo (1875–1945); Rechtsanwalt und Politiker (SPD), 1919/20 Mitgl. der NV, 1920–33 Prof. für Arbeitsrecht, Mitgl. des Rep. Richterbundes, Mithg. der Zeitschrift ‹Justiz›, 1933 Exil (Niederlande); [208], *86*, *86*

Sklarz, Georg; Berliner Kaufmann, Bruder von Heinrich S.; [218], 16, *16*; [242*], 19, *19*

Sklarz, Heinrich; Berliner Kaufmann, Bruder von Georg S., 1926 wegen Veruntreuung und Erpressung verurteilt; [218], *15f*, 16, *16*; [242*], 19, *19*

Skowronek, Richard (1862–1932); Schriftsteller
- ‹Die Liebschaften der Käte Keller›; [221], *81*
- ‹Schwert und Herd›; [224], *38*

Slevogt, Max (1868–1932); Maler; [147], 16, *16*

Sombart, Werner (1863–1941); Nationalökonom und Soziologe
- ‹Händler und Helden›; [18], *34f*

Speidel, Ludwig (1830–1906); Schriftsteller und Musikkritiker, seit 1854 in Wien, Mitarb. versch. Ztg.; [241], *114ff*

Speyer, Wilhelm (1887–1952); Schriftsteller
- ‹Wie wir einst so glücklich waren›; [130], 14, *14f*

Spiegelberg, Fritz
- ‹Grenzen des Gastrechts›; [209], 10ff, *11f*

Spitteler, Carl (1845–1924); schweizer. Schriftsteller, 1890–92 Feuilletonred. NZZ, danach freier Schriftsteller, trat zu Beginn des 1. Weltkrieges für die Neutralität der Schweiz ein, 1920 Literaturnobelpreis; [68], *1f*

Spitzweg, Carl (1808–1885); Maler und Illustrator; [92], 48; [108], 37; [122], *37*; [229], *64f*, 64 ff; [239], 157
- ‹Der arme Poet›; [22], 76, *76*

Spranger, Eduard (1882–1963); Philosoph, Psychologe und Pädagoge; [18], *35*

Sprenger, Jakob (1436 od. 38–1495); Dominikaner und päpstl. Inquisitor
- ‹Malleus maleficarum›; [117], *19f*

Stadtler, Eduard (1886–1945);

Publizist und Politiker
(DNVP), Führer der «Antibol-
schewistischen Liga» und der
Windthorst-Bünde, 1932–33
MdR; [45], *19*
Stapfer, Michael (1871–1950);
Landwirt und Politiker (Zen-
trum), 1919/20 Mitgl. der NV;
[40], *30* ff
Steinberg, Theo
– ‹Frau Wirtin hat auch … Altes
und Neues vom Wirtshaus an
der Lahn›; [134], *117 f*
Steiner, Hanns (geb. 1885); Maler
und Graphiker in Berlin; [196],
0; [197], *0*
Steiner, Rudolf (1861–1925; österr.
Anthroposoph, vertrat eine
absolute «Herrschaft des
Geistes», gründete bei Basel das
sog. Goetheanum, eine
«Hochschule des Geistes»;
[48], *2*
Steinert, Willi (geb. 1886); Zeich-
ner, seit 1912 Mitarb. ‹Der wahre
Jacob›; [156], *0*; [181], *0*
Steinschneider, Adolf;
Jurastudent; [20], *20*
Stern, Ernst E.; Zeichner und
Buchillustrator; [63], *0*
Stettenheim, Julius (1831–1916);
Schriftsteller; [120], *26*
– ‹Wippchen's sämmtliche
Berichte›; [197], 212 f, *212 f*
Stiege, Heinrich; Oberleutnant
z. S., Angeklagter im Lieb-
knecht-Luxemburg-Prozeß;
[76], *26*
Stinnes, Hugo (1870–1924);
Großindustrieller und Politiker

(DVP), im Nov. 1918 als führender Vertreter der Montanindu-
strie am Abschluß der Zentralarbeitsgemeinschaft zwischen
Unternehmern und Gewerk-
schaften beteiligt, 1919 Präsidial-
mitgl. des Reichsverbandes der
Dt. Industrie, 1920–24 MdR,
1920 Teilnehmer an der Kon-
ferenz von Spa; [28], 1, *1*; [45],
19
Storm, Theodor (1817–1888);
Schriftsteller; [18], *45*; [103], 1;
[229], 34
– ‹Abseits›; [76], 140, *140*
Stresemann, Gustav (1878–1929);
Politiker (Nationalliberale
Partei, DVP), 1907–12 und
1914–18 MdR, 1918 Gründung
der DVP, 1923 Reichskanzler,
1923–29 Außenminister, 1926
Friedensnobelpreis (zus. mit A.
Briand); [23], 30, *30*; [40], *33*,
33 f; [61], *41*; [86], *0*; [126], *0*;
[151], *0*; [247*], 39; [251*], *0*
Strindberg, August (1849–1912);
schwed. Schriftsteller; [31], *80 f*;
[145], *71 f*; [175], *30 f*; [229], 62,
62 f, *62 f*
Struve, Hugo; Mitgl. des Zentral-
rates der Arbeiter- und Soldatenräte; [76], *132 f*
Stürgkh, Karl Graf von
(1859–1916); österr. Politiker,
1908–11 Unterrichtsminister,
1911–16 Ministerpräs., ermordet; [111], *4*, 4 ff
Sudermann, Hermann
(1857–1928); Schriftsteller,
erfolgreich insbes. als naturalist.

Dramatiker; [18], *35f*; [159], *10*;
[197], 63; [203], 4
- ‹Die Raschhoffs›; [203], *1*
Szafranski, Kurt (1890–1964); Plakatmaler und Illustrator, Stu-
dienfreund KTs, Ill. von
‹Rheinsberg›, gemeinsame Pro-
jekte: «Bücherbar» und ‹Orion›,
Leiter der Zeitschriftenabteilung
des Ullstein-Verlages bis 1934,
1934 Exil (USA), begründete
dort die Illustrierte ‹Life›; [103],
33; [120], *26*; [171], *1*, (1 ff)
Szczepánska, E. von
- ‹Was muß ein junges Mädchen
vor und von der Ehe wissen?›;
[198], 116 f, *116f*

Tato & May; dän. Varietékünstler;
[82], 28
Thespis (6. Jh. v. Chr.); griech.
Tragödiendichter; [218], 22, *22*
Thieß, Frank (1890–1977);
Schriftsteller, 1915–19 Red. BT,
1920–21 Regisseur in Stuttgart
- ‹Der Tanz als Kunstwerk›;
[229], *66*, 66 f
Thimig, Hermann (1890–1982);
österr. Schauspieler, 1914–24 am
Dt. Theater Berlin; [224], *0*
Thoma, Hans (1839–1924); Maler
und Graphiker, überwiegend
Darstellung von Landschaften
und Porträts in realist. Manier;
[22], *129f*
Thoma, Ludwig (1867–1921);
Schriftsteller, seit 1899 Red. des
‹Simplicissimus›, 1907 Mithg.
‹März›, 1920–21 Mitarb. ‹Mies-
bacher Anzeiger›; [19], *0*; [90],

1 f, *1f*; [147], 12 ff; [210], *23*, 23 f
- ‹Erster Klasse›; [147], 29, *29*
- ‹Moral›; [128], *79*; [147], *12*,
12 ff, *19*, *23ff*
Thomas, Guenther (1861–1934);
Chefred., Berliner Vertreter des
‹Generalanzeigers für Stettin›
und der ‹Hildesheimer Allg.
Ztg.›; [151], *0*
Thorn, Ernst; Varietékünstler [82],
24 ff
Thyssen, August (1842–1926);
Großindustrieller; [136], *28f*
Tirpitz, Alfred von (1849–1930);
Großadmiral, Initiator der
kaiserl. Flottenpolitik, 1917 Mitbegr. der Dt. Vaterlandspartei,
1924–28 MdR (DNVP); [7], 9,
9; [9], *54f*; [48], 51; [71], 21, *21*,
41 ff; [107], 14, *14*; [126], (24),
24; [135], 7; [155], 21; [251*], *0*
- ‹Erinnerungen›; [60], *10*
Toller, Ernst (1893–1939); Schriftsteller und Politiker, 1918 Vors.
des Zentralrats der bayr. Arbei-
ter-, Soldaten- und Bauernräte,
1919 Mitgl. der Regierung der
bayr. Räterepublik, 1926 Mitgl.
der GRP, 1933 Exil (Schweiz,
1935 Frankreich, 1936 über
England in die USA), Freitod;
[164], 152; [202], passim
- ‹Eine Jugend in Deutschland›;
[202], *124*
- ‹Die Wandlung›; [159], *11*;
[164], *151f*; [202], passim
Tolstoi, Lew (Leo) Nikolajewitsch
Graf (1828–1910); russ.
Schriftsteller; [202], 81
- ‹Auferstehung›; [6], 63, *63*

Trakl, Georg (1887–1914); öster. Schriftsteller; [34], *2*

Traub, Gottfried (1869–1959); Politiker und ev. Pfarrer, 1912 amtsenthoben, 1918 wieder eingesetzt, ab 1913 Direktor des Deutschen Protestantenbundes, 1913–18 Mitgl. des PrLT, trat 1917 von der Fortschrittlichen Volkspartei zur Vaterlandspartei über, nach der Revolution Mitgl. der DNVP, 1919/20 Mitgl. der NV, 1920 Teilnehmer am Kapp-Putsch, ab 1921 Red. der ‹Augsburger Abendzeitung›, Hg. ‹Eiserne Blätter›; [18], *59*; [123], *9*, *9*ff; [151], *0*; [167], passim [257*], passim

Treitel, Elisabeth; Übers.; [92], *0*

Trier, Walter (geb. 1890); Maler und Zeichner (Karikaturist), seit 1910 Mitarb. ‹Jugend›, ‹Simplicissimus›, ‹Lustige Blätter›, ‹Die Dame›; [92], *0*, *48*

Trimborn, Karl (1854–1921); Politiker (Zentrum), 1896–1918 Mitgl. des preuß. Abgeordnetenhauses und MdR, 1919/20 Mitgl. der NV 1919, 1920 Vors. seiner Partei; [3], *13*

Troeltsch, Ernst (1865–1923); Theologe und Philosoph, 1918 Mitbegr. der DDP, 1920–22 Staatssekretär im preuß. Kultusministerium; [18], *35* - ‹Die Ideen von 1914›; [18], *34f*

Tucholski, Max (1865–1927); Onkel von KT (mütterlicherseits), Justizrat in Berlin; [20], *20*

Tucholsky, Agnes s. Frankenberg, Agnes

Tucholsky, Alexander (Alex) (1855–1905); Vater von KT, Direktor der «Berliner Handelsgesellschaft» (BHG), Vorstandsmitgl. der «Aktiengesellschaft für Verkehrswesen» (AGV); [31], *80f*

Tucholsky, Doris (1861–1943); geb. Tucholski, KTs Mutter, im KZ Theresienstadt ermordet; [31], *80f*

Tucholsky, Ella-Ida s. Milo-Tucholsky, Ellen

Tucholsky, Flora (1863–1929); Schwester von KTs Vater Alex T.; [138], *56*

Tucholsky, Mary (1898–1987); (von KT auch gen.: Mala), geb. Gerold, vor der Ehe russ. Staatsbürgerin, MT und KT lernten sich 1917 in Alt-Autz (Kurland) kennen, 1924–33 Ehefrau von KT, 1945–51 Leiterin des Berliner Büros des Rowohlt Verlags, baute das Tucholsky-Archiv auf und gab nach 1945 seine Werke heraus; [7], *11*; [16], *37*; [19], *0*; [31], *0*, *80f*, *124f*; [34], *0*; [46], *15*; [48], *2*; [74], *79*; [102], *8*, *15*; [103], *22*, *33*, *144*, (*144*ff), *153*ff; [110], *19*; [114], *111*; [120], *0*, *1f*, *61*; [128], *85*; [130], *45*; [142], *0*; [147], *0*, *55*, *57*; [149], *0*; [152], *12*, *84f*; [164], *50f*; [168], *70f*, *117*; [187], *0*; [206], *60*; [221], *0*; [229], *37*, *39*; [236], *33f*; [243], *27*, (*27*ff); [258*], *0*; [260*], *0*

Turscinsky, Walter (1874–1915);
Schriftsteller, Theaterkritiker;
[197], 156
Twain, Mark (1835–1910); d.i.
Samuel Langhorne Clemens,
amer. Schriftsteller; [92], 25 ff
Twardowski, Hans Heinrich von
(1898–1958); d.i. Paul
Bernhardt, Schriftsteller,
Schauspieler und Dramaturg,
1914–17 Mitarb. SB; [221], 0;
[247*], 0; [260*], 18 f

Uhde-Bernays, Hermann s.
Bernays, Hermann
Uhland, Ludwig (1787–1862);
Schriftsteller
- ‹Der gute Kamerad›; [31], 41
- ‹Des Sängers Fluch›; [71], 37 f
Ulmanis, Karlis (1877–1943); lett.
Politiker, 1919 Minister-
präsident; [168], 59 ff, 62
Unruh, Fritz von (1885–1970);
Schriftsteller, Pazifist, 1932 Exil
(Italien, 1935 Frankreich, 1940
USA); [177], 77
Urbach; Leutnant d. R.,
Schriftleiter der ‹Zeitung der 10.
Armee›; [18], 59 f

Vampir, Hanns Heinz s. Reimann,
Hans
Varnhagen von Ense, Rahel
(1771–1883); Schriftstellerin,
führte einen berühmten literar.
Salon in Berlin; [197], 52, 52
Vater, Albert (1859–1923);
Politiker (SPD) aus Magdeburg;
[157], 67 f
Vaubernier, Jeanne (1743–1793);

Mätresse Ludwig XV. von
Frankreich; [175], 1
Veidt, Conrad (1893–1943);
Bühnen- und Filmschauspieler,
1931 letzter Film in Deutsch-
land (‹Der Kongreß tanzt›),
1932 Emigration (GB, 1940
USA, Tätigkeit in Hollywood);
[66], 26; [69], 0, 101 f; [185], 51;
[201], 22; [239], 4
Vershofen, Wilhelm (1878–1960);
Schriftsteller; [140], 6
- ‹Der Fenriswolf›; [140], 6, 6 ff
- ‹Das Weltreich und sein
Kanzler›; [140], 6, 6 ff
Vetter, Karl (1894–1957); 1918
Soldatenrat, 1919 Mitbegr. des
Friedensbundes der Kriegsteil-
nehmer, 1914–24 Red. der BVZ,
ab 1930 Verlagsdirektor im
Verlag Rudolf Mosse; [65], 0;
[231], 0
- ‹Ludendorff ist schuld›; [134],
366, 366 ff
Villard, Jean (1895–1982);
schweizer. Chansonnier,
Komiker und Komponist
- ‹Der Mann mit der grünen
Krawatte›; [147], 43, 43 ff
Vindex (geb. 1880); d.i. Martin
Friedländer, Mitarb. SB,
Repetitor KTs in Berlin; [211],
61 ff, 63 ff
Virchow, Rudolf (1821–1902);
Mediziner und Politiker, ab
1862 Mitgl. des preuß. Ab-
geordnetenhauses, Gegner
Bismarcks im preuß. Ver-
fassungskonflikt; [156], 80
Vogel, Kurt Otto Burchard (geb.

1889); Oberleutnant, Führer des
Wachkommandos für Rosa
Luxemburg, an deren Ermordung beteiligt, nach Verurteilung zu 2 Jahren und 4 Monaten
Gefängnis am 17.5.1919 aus der
Haft entflohen, lebte danach in
den Niederlanden; [76], 26,
46 ff, 86 f, 86 ff, 103, 126, 127,
173; [79], passim; [86], 44 f;
[217], 4 f, 5

Voigt, Arno, Pseud.: Miles;
Stabsoffizier, Mitarb. WB; [16],
24, 24 f; [22], 124 f, 125; [134], 0
- ‹Der deutsche Offizier der
Zukunft›; [89], passim
- ‹Die Offiziere›; [16], 24 f, 24 ff;
[22], 124 f, 125 f

Voltaire (1694–1778); d.i. François
Marie Arouet, frz. Schriftsteller
und Philosoph; [76], 209
- ‹Le dépositaire›; [128], 79

Vorst, Hans (1884–1938); d.i.
Karl Johann von Voss, balt.
Publizist, Mitarb. BT und
BLA
- ‹Baltische Bilder›; [103], passim

Vulpius, Christian August
(1762–1827); Schriftsteller und
Privatgelehrter, verf. Räuber-
romane und Theaterstücke,
Bruder von Christiane V.
(Ehefrau Goethes)
- ‹Rinaldo Rinaldini, der
Räuberhauptmann›; [69], 76, 76

Wagner, Christian (1835–1918);
Lyriker; [19], passim
- ‹Aus der Heimat›; [19], 0
- ‹Gedichte›; [19], passim

- ‹Holderbaum›; [19], 0; [103],
153 ff, 153 ff
- ‹Neue Dichtungen›; [19], 0
- ‹Sonntagsgänge›; [19], 0

Wagner, Richard (1813–1883);
[180], 19
- ‹Lohengrin›; [37], 76 ff
- ‹Tannhäuser›; [104], 4

Walden, Harry (1875–1921);
Schauspieler; [155], 14, 14

Waldoff, Claire (1884–1957); d.i.
Clara Wortmann, Schauspielerin
und Kabarettistin, Interpretin
von KT-Chansons; [141], 14, 14

Wallenstein, Albrecht Wenzel
Eusebius (1583–1634); Feldherr
der kaiserl. Truppen im
Dreißigjährigen Krieg; [22], 63,
63 f

Walser, Karl (1877–1943);
schweizer. Maler, Graphiker
und Bühnenbildner, 1912–14 in
Berlin, danach in Twann,
Winterthur und Zürich, Mitgl.
der Berliner Sezession, seit 1927
der Preuß. Akademie der
Künste
- ‹Das Theater›; [197], 19

Wassermann, Jakob (1873–1934);
Schriftsteller, zeitweise Red.
‹Simplicissimus›; [22], 112 f
- ‹Christian Wahnschaffe›; [22],
112 f

Waßmann, Hans (1873–1932);
Schauspieler; [77], 43 ff

Weber, Max (1864–1920);
Sozialökonom, Wirtschafts-
historiker und Soziologe, Prof.
in Berlin, Freiburg, Heidelberg,
Wien, München, Gründungs-

mitgl. der «Dt. Ges. für Soziologie» und der DDP, Mitgl. der Kommission für die Weimarer Verfassung; [75], *22*
Wedekind, Frank (1864–1918); Schriftsteller; [145], 44 ff; [147], 45, *45*; [240], 24
- ‹Die Büchse der Pandora›; [145], 9, *9*; [260*], 16 ff
- ‹Der Erdgeist›; [240], *24*
- ‹Rabbi Esra›; [34], *2*
- ‹Schloß Wetterstein›; [240], *24*
Wegener, Paul (1874–1948); 1906–20 Charakterdarsteller am Dt. Theater, 1938–45 am Schillertheater Berlin, seit 1913 auch Filmschauspieler, Drehbuchautor, Regisseur und Filmtheoretiker; [69], *77*; [71], *40*; [185], 28, *28*; [203], passim
- ‹Der Galeerensträfling›; [185], *28*
- ‹Der Golem›; [203], *19*
- ‹Der Golem und die Tänzerin›; [203], *19*
- ‹Der Golem – wie er in die Welt kam›; [203], *19*
- ‹Die künstlerischen Möglichkeiten des Films›; [203], *19*
- ‹Der Student von Prag›; [203], *19*
Wegmann, Paul (1889–1945); Mitgl. des Kreises der Revolutionären Obleute, 1922–24 MdR; [76], *132 f*
Wehmeyer; Leutnant; [217], *0*, 21 f; [232], (90 f), *90 f*
Weibezahn, Hermann (1820–1909); Beamter, Münzfachmann

- ‹Über die Cacteen (de cactibus)›; [125], passim
Weiglin, Paul (1884–1958); Schriftsteller; [202], *0*
Weil, Else (1889–1942); (von KT auch gen.: Claire Pimbusch), Ärztin, 1920–24 Ehefrau KTs, 1935 Exil (Frankreich), 1942 Deportation nach Auschwitz; [11], *17*, 17 ff; [53], (18 f); [191], (18); [194], (3)
Weininger, Otto (1880–1903); österr. Philosoph und Psychologe, Freitod;
- ‹Geschlecht und Charakter›; [195], passim
Weiß, F. E.; [187], *0*
Weißmann, Robert (1869–1942); 1920 «Staatskommissar für die öffentliche Ordnung», 1923–32 Staatssekretär im preuß. Staatsministerium; [217], *52 f*
Weller; Hauptmann der Landwehr, Angeklagter im Liebknecht-Luxemburg-Prozeß; [76], *26*, 46 ff, *49*
Wells, Herbert George (1866–1946); brit. Schriftsteller
- ‹Zeitmaschine›; [150], *20*, 20 ff
Weltrich, Richard (1844–1912); Germanist und Literaturhistoriker
- ‹Christian Wagner, der Bauer und Dichter zu Warmbronn›; [19], *0*
Werfel, Franz (1890–1945); österr. Schriftsteller, 1938 Exil (Frankreich), 1940 über Portugal in die USA); [19], *35 f*
Westarp, Kuno Graf von

(1864–1945); Jurist und Politiker, (Konserv., DNVP, Konserv.
Volkspartei) 1908–18 und 1920–
32 MdR, 1925–29 Vors. der
DNVP-RT-Fraktion, 1926–28
Parteivors.; [123], *28*; [126], *0*
Wied, Gustav Johannes
(1858–1914); dän. Schriftsteller;
[34], *2*; [92], 50, *50*; [147],
49 f, *51*
- ‹Tanzmäuse›; [147], *46*, 46 ff
- ‹Zweimal zwei ist Fünf›; [128],
21, 21 ff, *35 ff*; [147], *31*, 31 ff,
37 f; [158], 1 ff, *1 ff*
Wiener-Braunsberg, Josef
(1866–1928); Schriftsteller,
1917–25 Red. des ‹Ulk›; [221],
0; [247*], *0*
Wiesenthal, Berta (1892–1953);
österr. Tänzerin; [63], *2 f*, *6*
Wiesenthal, Elsa (1887–1967);
österr. Tänzerin; [63], *2 f*, *6*
Wiesenthal, Grete (1885–1970);
österr. Tänzerin und Choreo-
graphin, trat seit 1908 mit ihren
Schwestern Elsa und Bertha als
Tanzgruppe mit eigenen Werken
auf, berühmt als «Botschafterin
des Walzers»; [63], *2 f*,
6, 6 f
Wilde, Oscar (1854–1900); engl.
Schriftsteller; [155], 7 f, *7 f*, *8*
- ‹Das Bildnis des Dorian
Gray›; [155], *7 f*
- ‹Bunbury›; [155], *8*
- ‹Ein idealer Gatte›; [155], *7 f*
Wildenbruch, Ernst von
(1845–1909); Schriftsteller;
[241], 48, *48 f*
- ‹Die Quitzows›; [241], *48 f*

Wilhelm Friedrich Viktor August
(1882–1951); ältester Sohn von
Wilhelm II., bis 1918 Kronprinz, 1918 Exil auf Wieringen
(Niederlande), 1923 Rückkehr
nach Deutschland (Oels); [27],
13; [33], *36*; [60], *5*; [61],
passim; [140], 30; [151], *47*;
[186], passim; [255*], passim
Wilhelm I. (1797–1888); ab 1861
König von Preußen und ab 1871
dt. Kaiser; [2], *11*; [21], (14), *23*;
[76], 194 f; [119], *11*
Wilhelm II. (1859–1941);
1888–1918 dt. Kaiser und König
von Preußen; [1], 65, *65*; [2], *1*,
16, (20), *20*; [6], *7*; [12], *70 f*;
[18], 119; [21], *1*, *23*, *26*, (28);
[23], 1 ff, *30*; [25], (10), *10*; [27],
13; [31], *44 f*; [33], *36*, 37; [37],
22, (37), (42 ff), (145); [41], *9*,
44 f; [49], *30*; [59], *16*; [60], *5*;
[61], *0*, 5; [76], *178*; [80], (3);
[85], passim; [95], (32 f); [100],
1, *1*; [107], *14*; [110], (4 f); [115],
41 f; [119], *26*; [129], *10 f*; [130],
(40), *40*; [134], 56 f, (426); [139],
(24), *24*; [140], (18), (29 ff), *39 f*,
110 ff; [151], *0*, 46 ff, *47*, *52*;
[162], passim; [164], *31*, 68;
[167], 4, *9*, 26; [178], (9), *31*;
[179], passim; [198], *148 f*; [208],
(186 f); [221], *13 f*; [232], (132);
[245], *13*, 13 ff, 28; [250*], 40
Wilhelm, Karl (1815–1873);
Musiker, 1840–65 Chordirigent
in Krefeld; [178], *30*
Wilkens, Heinrich; Schriftsteller
- ‹Auf eigenen Füßen›;
[185], *17 f*

Wille, Bruno (1860–1928);
Schriftsteller; [145], *71 f*
Wilson, Thomas Woodrow
(1856–1924); amer. Politiker
(Demokrat), 1913–21 Präs. der
USA, 1919 Friedensnobelpreis;
[8], *12*; [18], 61; [75], 9, *9*; [83],
19 f, *22*; [140], *232 ff*, 236; [208],
31, *69*, 105
Winckler, Josef (1881–1966);
Schriftsteller; [140], *6*
Winnig, August (1878–1956);
Schriftsteller, Gewerkschafter
und Politiker (SPD, Volkskon-
serv.), 1912 Vors. des Dt. Bauar-
beiterverbands, 1913–18 Mitgl.
des hamb. LT, 1919/20 Mitgl.
der NV, 1919–20 ostpreuß.
Oberpräs., wegen Beteiligung
am Kapp-Putsch entlassen und
aus der SPD ausgeschlossen;
[168], *76*; [233], 11, *11*
Winterstein, Eduard von
(1871–1961); d. i. E. Freiherr
von Wangenheim, Schauspieler;
[175], *1*
Winter-Tymian, Emil
(1860–1926); sächs. Herren-
sänger-Humorist und Theaterdirektor
- ‹Die Rasenbank am Elterngrab›; [239], 159, *159*
Wirth, Joseph (1879–1956);
Politiker (Zentrum), 1913–18
und 1919–21 Mitgl. des
badischen LT, 1914–33 MdR,
1919–20 badischer Finanz-
minister, 1920/21 Reichsfinanzminister, 1921/22 Reichskanzler, 1929/30 Minister für die
besetzten Gebiete, 1930/31
Reichsinnenminister, 1933 Exil;
[2], *25*
Wissell, Rudolf (1869–1962);
Gewerkschaftssekretär und
Politiker (SPD), 1918 und
1920–33 MdR, im Dez. 1918
Mitgl. im Rat der Volksbeauftragten, von Febr. bis Juli 1919
Reichswirtschaftsminister,
1928–30 Reichsarbeitsminister;
[85], *3 f*
Woerner, Hilde (geb. 1895);
Schauspielerin; [185], *17 f*, 18 f,
18 f, 50
Wolff, Kurt (August Paul)
(1887–1963); Verleger, wurde
1908/09 Teilhaber am Ernst
Rowohlt Verlag, übernahm
diesen 1913 (seither Kurt-Wolff-
Verl.), später auch den Hype-
rion-Verl., 1933 Exil (Frank-
reich, 1935–38 Italien, 1938
Frankeich, 1941 USA); [37], *22*,
165
Wolff, Theodor (1868–1943);
Publizist und Politiker, ab 1887
Literatur- und Theaterkritiker,
1889 Mitbegr. der «Freien
Bühne» in Berlin, 1894 als Kor-
respondent des BT nach Paris,
1906–33 Chefred. des BT, 1918
Mitbegr. der DDP, 1933 Exil
(Frankreich), 1942 an Deutsch-
land ausgeliefert, KZ-Haft; [43],
44 f; [127], *38*; [151], *0*; [221],
68; [249*], *0*; [257*], *0*
Wolfsohn, J.; [32], *0*
Wollenberg, Fritz; [17], *0*
Wrangel, Friedrich Heinrich Ernst

Graf von (1784–1877); preuß.
Generalfeldmarschall; [2], 4, *4*
Wundt, Max (1879–1963);
Philosoph; [18], *35*
Wustmann, Gustav (1844–1910);
Kulturhistoriker und
Schriftsteller
- ‹Allerhand Sprachdumm-
heiten›; [183], 19, *19*
Wyneken, Gustav (1875–1964);
Pädagoge, gründete 1906 mit
Paul Geheeb die Freie Schulge-
meinde Wickersorf; [109], 28, *28*
- ‹Schule und Jugendkultur›;
[109], *28*

Zech, Paul (1881–1946);
Schriftsteller, 1911–18 Mitarb.
SB; [138], 3 ff; [140], *6*
Zedlitz und Neukirch, Oktavio
Freiherr von (1840–1919);
Politiker (Freikonserv.),
1871–74 MdR, 1877–1918
Mitgl. des preuß. Abgeord-
netenhauses; [71], 17, *17*
Zeller, Wolfgang Friedrich
(1893–1967); Komponist,
Kapellmeister
- ‹Obersteiger›; [221], 45, *45*
Zetterström, Hasse (1877–1946);
schwed. Schriftsteller, Chefred.
versch. Witzblätter
- ‹Der Dynamithund und
andere Unmöglichkeiten›; [92],

passim
- ‹Meine merkwürdigste Nacht
und andere Grotesken›; [92],
passim
Zickler, Artur; Schriftsteller und
Journalist, Red. des ‹Vorwärts›
und Mitbegr. der Nie-Wieder-
Krieg-Bewegung, in den 20er
Jahren Chef vom Dienst beim
‹Tag›; [187], *0*; [223], *35*; [231],
0
- ‹Anklage der Gepeinigten›;
[134], 233 ff, *239 ff*
- ‹Die Brotwinsel›; [223], *35*
Ziegler, Clara (1844–1909);
Schauspielerin; [241], 67, *67*
Ziegler, Hannelore; Tänzerin;
[63], *2 f*
Zille, Heinrich (1858–1929);
Zeichner; [149], 19
- ‹Unterm Niveau (Berliner
Kellerstudien)›; [171], *119*, 119 ff
Zimmermann, Arthur
(1864–1940); 1916/17
Staatssekretär des AA; [208], *30*,
30 f
Zumbroich; Staatsanwalt;
[217], *52 f*
Zznafer, Leo; poln. Schriftsteller
- ‹Jaromir, der große
Räuberhauptmann in den
polnischen Wäldern und die
lustigen Brüder von Krakau›;
[69], *76*

Alphabetisches Titelverzeichnis

Die Nummern der Texte in diesem Band sind in eckige Klammern hinter die Titel gesetzt

Ach, sind wir unbeliebt! [96]
Achtundvierzig [2]
Albumblätter [253*]
Alte Plakate [148]
Am Schalter [260*]
Am Telephon [250*]
Amüsiervergnügen [185]
«An alle Frontsoldaten!» [157]
An den Unteroffizier Noske [93]
An ihren Papa [193]
An unsre Kleine [181]
[Antwort] [34]
[Antwort] [99*]
Armes Berlin! [35]
«Aufgezogen» [183]
Aufklärungsfilms [97]
Auftrittslied [136]
Aus dem Berliner Telephonbuch [251*]
Ausblick [11]

Badetag [201]
Bakterienkultur [176]
Berichtigung [230]
Berichtigung [237]
Berlin! Berlin! [120]
Berliner Drehorgellied [8]
Berliner Geselligkeiten [197]
Berliner Kämpfe [7]
Berliner Spielhöllen [36]
Bilanz [75]
Briefe an einen Kinoschauspieler [239]
Buschkämpfer [80]

Christian Wagner [19]

Damals, im Kleinen Theater [147]
Das Bild als Narr [68]
Das Buch des Jahres 1919 [229]
Das Elternhaus [31]
Das erdolchte Heer [205]
Das Geheimnis der Lebenden [150]
Das Heil von außen [67]
Das Lied vom Kompromiß [33]
Das nervöse München [207]
Das politische Plakat [138]
Der Alldeutsche singt [257*]
Der alte Fontane. Zum hundertsten Geburtstag [241]
Der deutsche Offizier s. Militaria. Zur Erinnerung an den Ersten August
1914
Der erste Mai [66]
Der falsche Sonntag [56]
Der Gefangene, der sang [118]
Der Gingganz [146]
Der Krieg ohne Namen [132]
Der Mann mit den Spritzen [47]
Der Mantel [228]
Der Mörder Ludendorffs [94*]
Der Offizier der Zukunft [89]
Der Schnellmaler [85]
Der Tag der Wahrheit. Eindrücke aus einer Versammlung [231]
Der Untertan [37]
Der verbotene Kaiser Wilhelm [162]
Der Vereinshumorist singt [222]
Der Wintergarten [141]
Der zwanzigjährigen ‹Fackel› [54]
Deutschnationaler Parteitag [123]
Die Baltischen Helden [168]
Die beiden Bindelbands [203]
Die bezopfte Athene [29]
Die Bilanz [254*]
Die blonde Dame singt [110]
Die dritte Kugel [90]
Die Fahrt ins Glück [106]
Die Flecke [235]
Die Flöhhatz [71]

Chronologisches Titelverzeichnis / Inhalt

Abbildungsnachweis

Editionsplan

Band	Inhalt	vorgesehener Erscheinungstermin
1	Texte 1907–1913*	*1997*
2	Texte 1914–1918	*2003*
3	Texte 1919*	*1999*
4	Texte 1920*	*1996*
5	Texte 1921–1922*	*1999*
6	Texte 1923–1924	*2000*
7	Texte 1925	*2001*
8	Texte 1926	*2002*
9	Texte 1927*	*1998*
10	Texte 1928	*2000*
11	Texte 1929	*2002*
12	Deutschland, Deutschland über alles (1929)	*2002*
13	Texte 1930	*2001*
14	Texte 1931*	*1998*
15	Texte 1932/1933 Texte aus dem Nachlaß	*2003*
16	Briefe 1911–1918	*2004*
17	Briefe 1919–1924	*2003*
18	Briefe 1925–1927	*2001*
19	Briefe 1928–1932	*2002*
20	Briefe 1933–1934*	*1996*
21	Briefe 1935*	*1997*
22	Register	*2004*

* bereits erschienen